Formação da literatura brasileira

Antonio Candido

Formação da literatura brasileira

Momentos decisivos
(1750-1880)

todavia

A Antonio de Almeida Prado

Prefácio da 1ª edição **13**
Prefácio da 2ª edição **18**
Prefácio da 6ª edição **22**

Introdução
1. Literatura como sistema **25**
2. Uma literatura empenhada **28**
3. Pressupostos **31**
4. O terreno e as atitudes críticas **33**
5. Os elementos de compreensão **35**
6. Conceitos **38**

Capítulo I
Razão, natureza, verdade

1. Traços gerais **43**
2. Razão e imitação **46**
3. Natureza e rusticidade **58**
4. Verdade e Ilustração **67**
5. A presença do Ocidente **72**

Capítulo II
Transição literária

1. Literatura congregada **79**
2. Grêmios e celebrações **82**
3. Sousa Nunes e a autonomia intelectual **88**
4. No limiar do novo estilo: Cláudio Manuel da Costa **91**

Capítulo III
Apogeu da reforma

1. Uma nova geração 115
2. Naturalidade e individualismo de Gonzaga 120
3. O disfarce épico de Basílio da Gama 134
4. Poesia e música em Silva Alvarenga e Caldas Barbosa 145

Capítulo IV
Musa utilitária

1. O poema satírico e o herói-cômico 163
2. *O desertor* e *O reino da estupidez* 165
3. *Cartas chilenas* 172
4. A laicização da inteligência 180

Capítulo V
O passadista

1. Santa Rita Durão 189

Capítulo VI
Formação da rotina

1. Rotina 203
2. As pessoas 207
3. Mau gosto 213
4. Sensualidade e naturismo 219
5. Pitoresco e nativismo 224
6. Religião 229

Capítulo VII
Promoção das luzes

1. As condições do meio 241
2. A nossa *Aufklärung* 252
3. Os gêneros públicos 258

Capítulo VIII
Resquícios e prenúncios

1. Poesia a reboque 285
2. Pré-Romantismo franco-brasileiro 293
3. O "vago n'alma" 300
4. Independência literária 317
5. O limbo 322

Capítulo IX
O indivíduo e a pátria

1. O nacionalismo literário 331
2. O Romantismo como posição do espírito e da sensibilidade 346
3. As formas de expressão 358

Capítulo X
Os primeiros românticos

1. Geração vacilante 371
2. A viagem de Magalhães 380
3. Porto-Alegre, amigo dos homens e da poesia 393
4. Êmulos 400
5. Gonçalves Dias consolida o Romantismo 406
6. Menores 423

Capítulo XI
O aparecimento da ficção

1. Um instrumento de descoberta e interpretação **435**
2. Os primeiros sinais **445**
3. Sob o signo do folhetim: Teixeira e Sousa **452**
4. O honrado e facundo Joaquim Manuel de Macedo **462**

Capítulo XII
Avatares do egotismo

1. Máscaras **475**
2. Conflito da forma e da sensibilidade em Junqueira Freire **481**
3. As flores de Laurindo Rabelo **488**
4. Bernardo Guimarães, poeta da natureza **495**
5. Álvares de Azevedo, ou Ariel e Caliban **505**
6. O "belo, doce e meigo": Casimiro de Abreu **521**
7. Os menores **529**

Capítulo XIII
O triunfo do romance

1. Novas experiências **541**
2. Manuel Antônio de Almeida: o romance em moto-contínuo **545**
3. Os três Alencares **550**
4. Um contador de casos: Bernardo Guimarães **564**

Capítulo XIV
A expansão do lirismo

1. Novas direções na poesia 575
2. Transição de Fagundes Varela 586
3. Poesia e oratória em Castro Alves 597
4. A morte da águia 614

Capítulo XV
A corte e a província

1. Romance de passagem 625
2. O regionalismo como programa e critério estético: Franklin Távora 628
3. A sensibilidade e o bom senso do visconde de Taunay 636

Capítulo XVI
A consciência literária

1. Raízes da crítica romântica 647
2. Teoria da literatura brasileira 656
3. Crítica retórica 672
4. Formação do cânon literário 676
5. A crítica viva 684

1. Biografias sumárias 699
2. Notas bibliográficas 731
3. Índice de nomes 775

Prefácio da 1ª edição

I

Cada literatura requer tratamento peculiar, em virtude dos seus problemas específicos ou da relação que mantém com outras. A brasileira é recente, gerou no seio da portuguesa e dependeu da influência de mais duas ou três para se constituir. A sua formação tem, assim, caracteres próprios e não pode ser estudada como as demais, mormente numa perspectiva histórica, como é o caso deste livro, que procura definir ao mesmo tempo o valor e a função das obras.

A dificuldade está em equilibrar os dois aspectos, sem valorizar indevidamente autores desprovidos de eficácia estética, nem menosprezar os que desempenharam papel apreciável, mesmo quando esteticamente secundários. Outra dificuldade é conseguir a medida exata para fazer sentir até que ponto a nossa literatura, nos momentos estudados, constitui um universo capaz de justificar o interesse do leitor, — não devendo o crítico subestimá-la nem superestimá-la. No primeiro caso, apagaria o efeito que deseja ter, que é justamente despertar leitores para os textos analisados; no segundo, daria a impressão errada que ela é, no todo ou em parte, capaz de suprir as necessidades de um leitor culto.

Há literaturas de que um homem não precisa sair para receber cultura e enriquecer a sensibilidade; outras, que só podem ocupar uma parte da sua vida de leitor, sob pena de lhe restringirem irremediavelmente o horizonte. Assim, podemos imaginar um francês, um italiano, um inglês, um alemão, mesmo um russo e um espanhol, que só conheçam os autores da sua terra e, não obstante, encontrem neles o suficiente para elaborar a visão das coisas, experimentando as mais altas emoções literárias.

Se isto já é impensável no caso de um português, o que se dirá de um brasileiro? A nossa literatura é galho secundário da portuguesa, por sua vez arbusto de segunda ordem no jardim das Musas... Os que se nutrem apenas delas são reconhecíveis à primeira vista, mesmo quando eruditos e inteligentes, pelo gosto provinciano e falta do senso de proporções. Estamos fadados, pois, a depender da experiência de outras letras, o que pode levar ao desinteresse e até menoscabo das nossas. Este livro procura apresentá-las, nas fases formativas, de modo a combater semelhante erro, que importa em limitação essencial da experiência literária. Por isso, embora fiel ao espírito crítico, é cheio de carinho e apreço por elas, procurando despertar o desejo de penetrar nas obras como em algo vivo, indispensável para formar a nossa sensibilidade e visão do mundo.

Comparada às grandes, a nossa literatura é pobre e fraca. Mas é ela, não outra, que nos exprime. Se não for amada, não revelará a sua mensagem; e se não a amarmos, ninguém o fará por nós. Se não lermos as obras que a compõem, ninguém as tomará do esquecimento, descaso ou incompreensão. Ninguém, além de nós, poderá dar vida a essas tentativas muitas vezes débeis, outras vezes fortes, sempre tocantes, em que os homens do passado, no fundo de uma terra inculta, em meio a uma aclimação penosa da cultura europeia, procuravam estilizar para nós, seus descendentes, os sentimentos que experimentavam, as observações que faziam, — dos quais se formaram os nossos.

A certa altura de *Guerra e paz*, Tolstói fala nos "ombros e braços de Helena, sobre os quais se estendia por assim dizer o polimento que haviam deixado milhares de olhos fascinados por sua beleza". A leitura produz efeito parecido em relação às obras que anima. Lidas com discernimento, revivem na nossa experiência, dando em compensação a inteligência e o sentimento das aventuras do espírito. Neste caso, o espírito do Ocidente, procurando uma nova morada nesta parte do mundo.

2

Este livro foi preparado e redigido entre 1945 e 1951. Uma vez pronto, ou quase, e submetido à leitura dos meus amigos Décio de Almeida Prado, Sérgio Buarque de Holanda e, parcialmente, outros, foi, apesar de bem recebido por eles, posto de lado alguns anos e retomado em 1955, para uma revisão terminada em 1956, quanto ao primeiro volume, e 1957, quanto ao segundo.

A base do trabalho foram essencialmente os textos, a que se juntou apenas o necessário de obras informativas e críticas, pois o intuito não foi a erudição, mas a interpretação, visando ao juízo crítico, fundado sobretudo no gosto. Sempre que me achei habilitado a isto, desinteressei-me de qualquer leitura ou pesquisa ulterior.

O leitor encontrará as referências nas notas ou na bibliografia. Mencionaram-se as obras utilizadas que se recomendam, excluindo-se deliberadamente as que, embora compulsadas, de nada serviram ou estão superadas por aquelas.

Nas citações, a obra é indicada pelo título e o número da página, ficando para a bibliografia os dados completos. Sempre que possível, isto é, no caso de citações sucessivas da mesma obra, as indicações da página são dadas no próprio texto, entre parênteses, ou reunidas numa única nota, para facilitar a leitura. Como é frequente em trabalhos desta natureza, não se dá especificação bibliográfica dos textos sobre os quais versa a interpretação; assim não se encontrará em nota, depois de um verso de Castro Alves, "livro tal, página tal".

As citações de autor estrangeiro são apresentadas diretamente em português, quando se trata de prosa. No caso mais delicado dos versos, adotou-se o critério seguinte: deixar no original, sem traduzir, os castelhanos, italianos e franceses, acessíveis ao leitor médio; nos latinos e ingleses dar o original e, em nota, a tradução; dos outros, apenas a tradução.

Como os dados biográficos são utilizados acidentalmente, na medida em que se reputam necessários à interpretação, juntei, às indicações bibliográficas, um rápido traçado da vida dos autores. Nisto e no mais deve haver muitos erros, cuja indicação aceitarei reconhecido.

Não tenho ilusões excessivas quanto à originalidade em livro de matéria tão ampla e diversa. Quando nos colocamos ante um texto sentimos, em boa parte, como os antecessores imediatos, que nos formaram, e os contemporâneos, a que nos liga a comunidade da cultura; por isso acabamos chegando a conclusões parecidas, ressalvada a personalidade por um pequeno timbre na maneira de apresentá-las. O que é nosso míngua ante a contribuição para o lugar-comum. Dizia o velho Fernandes Pinheiro, nas *Postilas de retórica e poética*, que

os homens têm quase as mesmas ideias acerca dos objetos que estão ao alcance de todos, sobre que versam habitualmente os discursos e escritos, constituindo a diferença na expressão, ou estilo, que apropria as coisas mais comuns, fortifica as mais fracas e dá grandeza às mais simples. Nem se pense que haja sempre novidades para exprimir; é uma ilusão dos parvos ou ignorantes acreditarem que possuem tesouros de originalidade, e que aquilo que pensam, ou dizem, nunca foi antes pensado, ou dito por ninguém.

3

A bem dizer, um trabalho como este não tem início, pois representa uma vida de interesse pelo assunto. Sempre que tive consciência, reconheci as fontes que me inspiraram, as informações, ideias, diretrizes de que me beneficiei. Desejo, aqui, mencionar um tipo especial de dívida em relação a duas obras bastante superadas que, paradoxalmente, pouco ou quase nada utilizei, mas devem estar na base de muitos pontos de vista, lidas que foram repetidamente na infância e adolescência. Primeiro, a *História da literatura brasileira*, de Sílvio Romero, cuja lombada vermelha, na edição Garnier de 1902, foi bem cedo uma das minhas fascinações na estante de meu pai, tendo sido dos livros que mais consultei entre os dez e quinze anos, à busca de excertos, dados biográficos e os saborosos julgamentos do autor. Nele estão, provavelmente, as raízes do meu interesse pelas nossas letras. Li também muito a *Pequena história*, de Ronald de Carvalho, pelos tempos do ginásio, reproduzindo-a abundantemente em provas e exames, de tal modo estava impregnado das suas páginas.

Só mais tarde, já sem paixão de neófito, li a *História*, de José Veríssimo, provavelmente a melhor e, ainda hoje, mais viva de quantas se escreveram; a influência deste crítico, naqueles primeiros tempos em que se formam as impressões básicas, recebi-a através das várias séries dos *Estudos de literatura*.

O preparo deste livro, feito por etapas, de permeio a trabalhos doutra especialidade, no decorrer de muitos anos, obedeceu a um plano desde logo fixado, por fidelidade ao qual respeitei, na revisão, certas orientações que, atualmente, não teria escolhido. Haja vista a exclusão do teatro, que me pareceu recomendável para coerência do plano, mas importa, em verdade, num empobrecimento, como verifiquei ao cabo da tarefa. O estudo das peças de Magalhães e Martins Pena, Teixeira e Sousa e Norberto, Porto-Alegre e Alencar, Gonçalves Dias e Agrário de Menezes teria, ao contrário, reforçado os meus pontos de vista sobre a disposição construtiva dos escritores, e o caráter sincrético, não raro ambivalente, do Romantismo. Talvez o argumento da coerência tenha sido uma racionalização para justificar, aos meus próprios olhos, a timidez em face dum tipo de crítica — a teatral — que nunca pratiquei e se torna, cada dia mais, especialidade amparada em conhecimentos práticos que não possuo. Outra falha me parece, agora, a exclusão do Machado de Assis romântico no estudo da ficção, que não quis empreender, como se verá, para não seccionar uma obra cuja unidade é cada vez mais patente aos estudiosos. Caso o livro alcance segunda edição pensarei em sanar estas e outras lacunas.

No capítulo dos agradecimentos, devo iniciar por José de Barros Martins, que me deu a tarefa em 1945. O projeto encarava uma história da literatura brasileira, das origens aos nossos dias, em dois volumes breves, entre a divulgação séria e o compêndio. Escusado dizer que, além de modificá-lo essencialmente, para realizar obra de natureza diversa, rompi todos os prazos possíveis e impossíveis, atrasando nada menos de dez anos… Mas o admirável editor e amigo se portou com uma tolerância e compreensão que fazem jus ao mais profundo reconhecimento.

Por auxílios de vária espécie, como empréstimo e oferecimento de livros, obtenção de microfilmes e reproduções, esclarecimentos de termos, agradeço a Lúcia Miguel Pereira, Carlos Drumond, Edgard Carone, Egon Schaden, João Cruz Costa, Laerte Ramos de Carvalho, Odilon Nogueira de Matos, Olyntho de Moura, Sérgio Buarque de Holanda. A Zilah de Arruda Novaes, um agradecimento muito especial por haver datilografado a primeira redação em 1950 e 1951.

Agradeço aos funcionários das seguintes instituições: Biblioteca Central da Faculdade de Filosofia, Ciências e Letras da Universidade de São Paulo, notadamente ao seu chefe, professor Aquiles Raspantini; Seção de Livros Raros da Biblioteca Municipal de São Paulo; Seção de Livros Raros da Biblioteca Nacional; Seção de Manuscritos do Instituto Histórico e Geográfico; Seção de Manuscritos do Arquivo Público Mineiro; Serviço de Documentação da Universidade de São Paulo; Serviço de Microfilme da Biblioteca Municipal de São Paulo; Serviço de Microfilme da Biblioteca Nacional. Agradeço ainda aos encarregados das seções comuns destas e de outras instituições, como a Biblioteca da Faculdade de Direito da Universidade de São Paulo; Biblioteca do Instituto de Administração da Faculdade de Ciências Econômicas, da mesma universidade; Biblioteca do Instituto de Educação de São Paulo; Real Gabinete Português de Leitura do Rio de Janeiro; Biblioteca da Secretaria do Interior do Estado de Minas Gerais; Biblioteca Municipal de Belo Horizonte; Biblioteca Pública de Florianópolis.

P.S. Agradeço finalmente o auxílio prestado na correção das provas pelas minhas colegas Carla de Queiroz, Maria Cecília Queiroz de Moraes e Sílvia Barbosa Ferraz.

Antonio Candido de Mello e Souza
São Paulo, agosto de 1957

Prefácio da 2ª edição

Ao contrário do que anunciava o prefácio da 1ª edição, não foi possível acrescentar matéria nova a esta 2ª. A tiragem esgotou antes do tempo previsto, outras tarefas absorveram o autor. Mas ela sai revisada, com vários erros corrigidos, lapsos reparados e melhoria de redação nalguns trechos. Registraram-se na bibliografia certos títulos recentes, quando de natureza a completá-la ou alterar juízos e informações.

Este livro foi recebido normalmente com louvores e censuras. Mas tanto num quanto noutro caso, o que parece haver interessado realmente aos críticos e noticiaristas foi a "Introdução", pois quase apenas ela foi comentada, favorável ou desfavoravelmente. Esse interesse pelo método talvez seja um sintoma de estarmos, no Brasil, preferindo falar sobre a maneira de fazer crítica, ou traçar panoramas esquemáticos, a fazer efetivamente crítica, revolvendo a intimidade das obras e as circunstâncias que as rodeiam. Ora, o presente livro é sobretudo um estudo de obras; a sua validade deve ser encarada em função do que traz ou deixa de trazer a este respeito. As ideias teóricas que encerra só aparecem como enquadramento para estudar as produções e se ligam organicamente a este desígnio. Tanto assim que devem ser buscadas no próprio corpo do livro, não na parte introdutória, voluntariamente sumária e indicativa. No Brasil estamos de tal maneira viciados com introduções pomposas, que não correspondem à realização, que preferi uma apresentação discreta, convidando inclusive o leitor a deixá-la de lado se assim desejasse, para buscar adiante o essencial. Por isso, encarar este livro como uma espécie de vasta teoria da literatura brasileira em dois volumes, à maneira do que fizeram alguns, é passar à margem da contribuição que desejou trazer para o esclarecimento de dois dos seus períodos.

A esse propósito, desejo repisar o que diz a referida introdução, e parece nem sempre ter sido levado em conta: jamais afirmei a inexistência de literatura no Brasil antes dos períodos estudados. Seria tolice pura e simples, mesmo para um ginasiano. No sentido amplo, houve literatura entre nós desde o século XVI; ralas e esparsas manifestações sem ressonância, mas que estabelecem um começo e marcam posições para o futuro. Elas aumentam no século XVII, quando surgem na Bahia escritores de porte; e na primeira metade do século XVIII as Academias dão à vida literária uma primeira densidade apreciável.

Mas há várias maneiras de encarar e de estudar a literatura. Suponhamos que, para se configurar plenamente como sistema articulado, ela dependa da existência do triângulo "autor-obra-público", em interação dinâmica,[1] e de uma certa continuidade da tradição. Sendo assim, a brasileira não nasce, é claro, mas se configura no decorrer do século XVIII, encorpando o processo formativo, que vinha de antes e continuou depois. Foi este o pressuposto geral do livro, no que toca ao problema da divisão de períodos. Procurei verificá-lo através das obras dos escritores, postas em absoluto primeiro plano, desde o meado daquele século até o momento em que a nossa literatura aparece integrada, articulada com a sociedade, pesando e fazendo sentir a sua presença, isto é, no último quartel do século XIX.

Neste sentido, tentei sugerir o segundo pressuposto atinente aos períodos, a saber, que há uma solidariedade estreita entre os dois que estudei (Arcadismo e Romantismo), pois se a atitude estética os separa radicalmente, a vocação histórica os aproxima, constituindo ambos um largo movimento, depois do qual se pode falar em literatura plenamente constituída, sempre dentro da hipótese do "sistema", acima mencionada.

Este ângulo de visão requer um método que seja histórico e estético ao mesmo tempo, mostrando, por exemplo, como certos elementos da formação nacional (dado histórico-social) levam o escritor a escolher e tratar de maneira determinada alguns temas literários (dado estético). Este é o terceiro pressuposto geral, relativo agora à atitude metodológica no sentido mais amplo. Não há nele qualquer pretensão à originalidade. É uma posição crítica bastante corriqueira, que eu próprio adotei e desenvolvi teoricamente há muitos anos numa tese universitária.[2] Nela procurei mostrar a inviabilidade da crítica determinista em geral, e mesmo da sociológica, em particular quando se erige em método exclusivo ou predominante; e procurei, ainda, mostrar até que ponto a consideração dos fatores externos (legítima e, conforme o caso, indispensável) só vale quando submetida ao princípio básico de que a obra é uma entidade autônoma no que tem de especificamente seu. Esta precedência do estético, mesmo em estudos literários de orientação ou natureza

---

1 Ver Thomas Clarck Pollock, *The Nature of Literature*, Princeton, 1942; e Antonio Candido, "Arte e sociedade", *Boletim de Psicologia*, ano X, n. 35-36, pp. 26-43.   2 Antonio Candido, *Introdução ao método crítico de Sílvio Romero*, publicado na Revista dos Tribunais, São Paulo, 1945 (2ª edição: Boletim n. 266, Faculdade de Filosofia da Universidade de São Paulo, 1962).

histórica, leva a jamais considerar a obra como produto; mas permite analisar a sua função nos processos culturais. É um esforço (falível como os outros) para fazer justiça aos vários fatores atuantes no mundo da literatura.

A aplicação deste critério permitiu chegar ao quarto pressuposto fundamental do livro, referente ao papel representado pelos dois períodos em foco. A matéria é longa e se encontra difundida por toda a obra. Mas podemos, para exemplo, destacar um dos seus aspectos centrais, a saber: o movimento arcádico, em vez de ser uma forma de *alienação*, (isto é, um desvio da atividade literária, que deixa a sua finalidade adequada a favor duma outra, espúria, prejudicando a si mesma e à sua função), foi admiravelmente ajustado à constituição da nossa literatura. O argumento romântico — incansavelmente repisado, revigorado pelos modernistas e agora pelos nacionalistas — é que os árcades fizeram literatura de empréstimo, submetendo-se a critérios estranhos à nossa realidade, incapazes de exprimir o local. Todavia, é preciso lembrar duas coisas: primeiro, que este modo de ver foi tomado pelos românticos aos autores estrangeiros que nos estudaram; segundo, que eles o completavam por outro, a saber, que os árcades foram os seus antepassados espirituais, e que fizeram a nossa literatura. Foi neste segundo ponto de vista que me reforcei para a atitude aqui adotada. Parece-me que o Arcadismo foi importante porque plantou de vez a literatura do Ocidente no Brasil, graças aos padrões universais por que se regia, e que permitiram articular a nossa atividade literária com o sistema expressivo da civilização a que pertencemos, e dentro da qual fomos definindo lentamente a nossa originalidade. Note-se que os árcades contribuíram ativamente para essa definição, ao contrário do que se costuma dizer. Fizeram, com a seriedade dos artistas conscientes, uma poesia civilizada, inteligível aos homens de cultura, que eram então os destinatários das obras. Com isto, permitiram que a literatura *funcionasse* no Brasil. E quando quiseram exprimir as particularidades do nosso universo, conseguiram elevá-las à categoria depurada dos melhores modelos. Assim fez Basílio da Gama, assim fez Silva Alvarenga, que foi buscar um sistema estrófico italiano e seguiu o rastro de Anacreonte, para criar uma das expressões mais transfundidas de *cor local* e de sensibilidade brasileira de que há notícia. Isto, note-se bem, não a *despeito* daquelas normas e fontes, como se pensa desde o Romantismo; mas *por causa delas*. Graças à disciplina clássica e à inspiração *tópica* então reinante (que unificavam as letras do Ocidente num grande organismo), tais escritores frearam ou compensaram de antemão certos desbragamentos que seriam românticos, devidos ao particularismo psicológico e descritivo. Seria, aliás, curioso, embora mais injusto ainda, inverter o raciocínio corrente e mostrar que os românticos é que poderiam ser considerados alienadores... O que escreveram corresponde em boa parte ao que os estrangeiros esperam da literatura brasileira, isto é, um certo exotismo que refresca o ramerrão dos velhos temas. Os velhos temas são os problemas fundamentais do homem, que eles preferem considerar privilégio das velhas literaturas. É como dizer que devemos exportar café, cacau ou borracha, deixando a indústria para quem a originou historicamente. E o mais picante é que os atuais nacionalistas literários acabam a contragosto nesta mesma canoa furada, sempre que levam a tese particularista às consequências finais.

A este problema se liga um derradeiro pressuposto do livro, que parece não ter sido bem compreendido, naturalmente porque o expliquei mal. Quero me referir à definição da nossa literatura como eminentemente interessada. Não quero dizer que seja "social", nem que deseje tomar partido ideologicamente. Mas apenas que é toda voltada, no intuito dos escritores ou na opinião dos críticos, para a construção duma cultura válida no país. Quem escreve, contribui e se inscreve num processo histórico de elaboração nacional. Os árcades, sobretudo Cláudio Manuel, Durão, Basílio da Gama, Silva Alvarenga, tinham a noção mais ou menos definida de que ilustravam o país produzindo literatura; e, de outro lado, levavam à Europa a sua mensagem. Não é um julgamento de valor que estabeleço, mas uma verificação dos fatos. Mesmo porque acho que esta participação foi frequentemente um empecilho, do ponto de vista estético, tanto quanto foi, noutros casos, uma inestimável vantagem. A literatura do Brasil, como a dos outros países latino-americanos, é marcada por este compromisso com a vida nacional no seu conjunto, circunstância que inexiste nas literaturas dos países de velha cultura. Nelas, os vínculos neste sentido são os que prendem necessariamente as produções do espírito ao conjunto das produções culturais; mas não a consciência, ou a intenção, de estar fazendo um pouco da nação ao fazer literatura.

Este rodeio espichado vale para mostrar os vários aspectos do método aqui adotado, e da sua aplicação. Aplicando-o, vemos como é reversível a relação "obra-circunstância", e como as considerações históricas, longe de desvirtuarem a interpretação dos autores e dos movimentos, podem levar a um juízo estético mais justo. Estas coisas, afirmadas através do livro, talvez ajudassem a compreender melhor os seus intuitos se tivessem sido todas sistematizadas na introdução. Achei que o leitor as encontraria em seu lugar; foi talvez um erro de cálculo, que procuro remediar agora.

Agradeço a todos os que se ocuparam deste livro, pró ou contra, menos, é claro, dois ou três que manifestaram má vontade injuriosa.

Antonio Candido de Mello e Souza
São Paulo, novembro de 1962

Prefácio da 6ª edição

Atendendo à insistência cordial dos editores José de Barros Martins e Pedro Paulo Moreira, aos quais agradeço o interesse, concordei com esta nova tiragem de um livro que, antes disto, deveria sofrer uma boa revisão, sobretudo na parte informativa. Depois da sua publicação, aumentou muito o conhecimento da literatura brasileira, principalmente por causa das investigações feitas nas universidades. No entanto, como orientação geral e contribuição para o estudo de diversas correntes, momentos e autores, talvez ainda possa prestar algum serviço assim como está. Inclusive porque não é uma justaposição de ensaios, mas uma tentativa de correlacionar as partes em função de pressupostos e hipóteses, desenvolvidos com vistas à coerência do todo.

Como eu não o lia há cerca de dez anos, pude sentir bem o efeito do tempo sobre ele. Por exemplo, no sentimentalismo da escrita de alguns trechos e na tendência quem sabe excessiva para avaliar, chegando a exageros de juízo. Mas, apesar de tudo, é possível que não caiba a refusão completa de um livro como este, feito para servir durante o tempo em que tiverem validade as informações e concepções sobre as quais se baseia. Além disso, o que somos é feito do que fomos, de modo que convém aceitar com serenidade o peso negativo das etapas vencidas.

Antonio Candido de Mello e Souza
Poços de Caldas, agosto de 1981

Introdução

1. Literatura como sistema **25**
2. Uma literatura empenhada **28**
3. Pressupostos **31**
4. O terreno e as atitudes críticas **33**
5. Os elementos de compreensão **35**
6. Conceitos **38**

I.
Literatura como sistema*

Este livro procura estudar a formação da literatura brasileira como síntese de tendências universalistas e particularistas. Embora elas não ocorram isoladas, mas se combinem de modo vário a cada passo desde as primeiras manifestações, aquelas parecem dominar nas concepções neoclássicas, estas nas românticas, — o que convida, além de motivos expostos abaixo, a dar realce aos respectivos períodos.

Muitos leitores acharão que o processo formativo, assim considerado, acaba tarde demais, em desacordo com o que ensinam os livros de história literária. Sem querer contestá-los, — pois nessa matéria tudo depende do ponto de vista, — espero mostrar a viabilidade do meu.

Para compreender em que sentido é tomada a palavra formação, e porque se qualificam de *decisivos* os momentos estudados, convém principiar distinguindo *manifestações literárias*, de *literatura* propriamente dita, considerada aqui um sistema de obras ligadas por denominadores comuns, que permitem reconhecer as notas dominantes duma fase. Estes denominadores são, além das características internas (língua, temas, imagens), certos elementos de natureza social e psíquica, embora literariamente organizados, que se manifestam historicamente e fazem da literatura aspecto orgânico da civilização. Entre eles se distinguem: a existência de um conjunto de produtores literários, mais ou menos conscientes do seu papel; um conjunto de receptores, formando os diferentes tipos de público, sem os quais a obra não vive; um mecanismo transmissor, (de modo geral, uma linguagem, traduzida em estilos), que liga uns a outros. O conjunto dos três elementos dá lugar a um tipo de comunicação inter-humana, a literatura, que aparece sob este ângulo como sistema simbólico, por meio do qual as veleidades mais profundas do indivíduo se transformam em elementos de contato entre os homens, e de interpretação das diferentes esferas da realidade.

Quando a atividade dos escritores de um dado período se integra em tal sistema, ocorre outro elemento decisivo: a formação da continuidade literária, — espécie de transmissão da tocha entre corredores, que assegura no

---

* A leitura desta "Introdução" é dispensável a quem não se interesse por questões de orientação crítica, podendo o livro ser abordado diretamente pelo capítulo I.

tempo o movimento conjunto, definindo os lineamentos de um todo. É uma tradição, no sentido completo do termo, isto é, transmissão de algo entre os homens, e o conjunto de elementos transmitidos, formando padrões que se impõem ao pensamento ou ao comportamento, e aos quais somos obrigados a nos referir, para aceitar ou rejeitar. Sem esta tradição não há literatura, como fenômeno de civilização.

Em um livro de crítica, mas escrito do ponto de vista histórico, como este, as obras não podem aparecer em si, na autonomia que manifestam, quando abstraímos as circunstâncias enumeradas; aparecem, por força da perspectiva escolhida, integrando em dado momento um sistema articulado e, ao influir sobre a elaboração de outras, formando, no tempo, uma tradição.

Em fases iniciais, é frequente não encontrarmos esta organização, dada a imaturidade do meio, que dificulta a formação dos grupos, a elaboração de uma linguagem própria e o interesse pelas obras. Isto não impede que surjam obras de valor, — seja por força da inspiração individual, seja pela influência de outras literaturas. Mas elas não são representativas de um sistema, significando quando muito o seu esboço. São *manifestações literárias*, como as que encontramos, no Brasil, em graus variáveis de isolamento e articulação, no período formativo inicial que vai das origens, no século XVI, com os autos e cantos de Anchieta, às Academias do século XVIII. Período importante e do maior interesse, onde se prendem as raízes da nossa vida literária e surgem, sem falar dos cronistas, homens do porte de Antônio Vieira e Gregório de Matos. Este poderá, aliás, servir de exemplo do que pretendo dizer. Com efeito, embora tenha permanecido na tradição local da Bahia, não existiu literariamente (em perspectiva histórica) até o Romantismo, quando foi redescoberto, sobretudo graças a Varnhagen; e só depois de 1882 e da edição de Vale Cabral pôde ser devidamente avaliado. Antes disso, não influiu, não contribuiu para formar o nosso sistema literário, e tão obscuro permaneceu sob os seus manuscritos, que Barbosa Machado, o minucioso erudito da *Biblioteca lusitana* (1741-1758), ignora-o completamente, embora registre quanto João de Brito e Lima pôde alcançar.

Se desejarmos focalizar os momentos em que se discerne a formação de um sistema, é preferível nos limitarmos aos seus artífices imediatos, mais os que se vão enquadrando como herdeiros nas suas diretrizes, ou simplesmente no seu exemplo. Trata-se então, (para dar realce às linhas), de averiguar quando e como se definiu uma continuidade ininterrupta de obras e autores, cientes quase sempre de integrarem um processo de formação literária. Salvo melhor juízo, sempre provável em tais casos, isto ocorre a partir dos meados do século XVIII, adquirindo plena nitidez na primeira metade do século XIX. Sem desconhecer grupos ou linhas temáticas anteriores, nem influências como as de Rocha Pita e Itaparica, é com os chamados árcades mineiros, as últimas academias e certos intelectuais *ilustrados*, que surgem homens de letras formando conjuntos orgânicos e manifestando em graus variáveis a vontade de fazer *literatura* brasileira. Tais homens foram considerados fundadores pelos que os sucederam, estabelecendo-se deste modo uma tradição contínua de estilos, temas, formas ou preocupações. Já que é preciso um começo, tomei como ponto de partida as Academias dos Seletos e dos Renascidos e os primeiros trabalhos de Cláudio Manuel da Costa, arredondando, para facilitar, a data de 1750, na verdade puramente convencional.

O leitor perceberá que me coloquei deliberadamente no ângulo dos nossos primeiros românticos e dos críticos estrangeiros que, antes deles, localizaram na fase arcádica o início da nossa verdadeira literatura, graças à manifestação de temas, notadamente o Indianismo, que dominarão a produção oitocentista. Esses críticos conceberam a literatura do Brasil como expressão da realidade local e, ao mesmo tempo, elemento positivo na construção nacional. Achei interessante estudar o sentido e a validade histórica dessa velha concepção cheia de equívocos, que forma o ponto de partida de toda a nossa crítica, revendo-a na perspectiva atual. Sob este aspecto, poder-se-ia dizer que o presente livro constitui (adaptando o título do conhecido estudo de Benda) uma "história dos brasileiros no seu desejo de ter uma literatura". É um critério válido para quem adota orientação histórica, sensível às articulações e à dinâmica das obras no tempo, mas de modo algum importa no exclusivismo de afirmar que só assim é possível estudá-las.

2.
Uma literatura empenhada

Este ponto de vista, aliás, é quase imposto pelo caráter da nossa literatura, sobretudo nos momentos estudados; se atentarmos bem, veremos que poucas têm sido tão conscientes da sua função histórica, em sentido amplo. Os escritores neoclássicos são quase todos animados do desejo de construir uma literatura como prova de que os brasileiros eram tão capazes quanto os europeus, e mesmo quando procuram exprimir uma realidade puramente individual, segundo os moldes universalistas do momento, estão visando este aspecto. É expressivo o fato de que mesmo os residentes em Portugal, incorporados à sua vida, timbravam em qualificar-se como brasileiros, sendo que os mais voltados para temas e sentimentos nossos foram, justamente, os que mais viveram lá, como Durão, Basílio ou Caldas Barbosa.

Depois da Independência o pendor se acentuou, levando a considerar a atividade literária como parte do esforço de construção do país livre, em cumprimento a um programa, bem cedo estabelecido, que visava a diferenciação e particularização dos temas e modos de exprimi-los. Isto explica a importância atribuída, neste livro, à "tomada de consciência" dos autores quanto ao seu papel, e à intenção mais ou menos declarada de escrever para a sua terra, mesmo quando não a descreviam. É este um dos fios condutores escolhidos, no pressuposto que, sob tal aspecto, os refinados madrigais de Silva Alvarenga, ou os sonetos camonianos de Cláudio, eram tão *nativistas* quanto o *Caramuru*.

Esta disposição de espírito, historicamente do maior proveito, exprime certa encarnação literária do espírito nacional, redundando muitas vezes nos escritores em prejuízo e desnorteio, sob o aspecto estético. Ela continha realmente um elemento ambíguo de pragmatismo, que se foi acentuando até alcançar o máximo em certos momentos, como a fase joanina e os primeiros tempos da Independência, a ponto de sermos por vezes obrigados, para acompanhar até o limite as suas manifestações, a abandonar o terreno específico das belas-letras.

Como não há literatura sem fuga ao real, e tentativas de transcendê-lo pela imaginação, os escritores se sentiram frequentemente tolhidos no voo, prejudicados no exercício da fantasia pelo peso do sentimento de missão, que acarretava a obrigação tácita de descrever a realidade imediata, ou exprimir determinados sentimentos de alcance geral. Este nacionalismo infuso contribuiu para certa renúncia à imaginação ou certa incapacidade de aplicá-la devidamente à representação do real, resolvendo-se por vezes na coexistência de realismo e fantasia, documento e devaneio, na obra de um mesmo autor, como José de Alencar. Por outro lado favoreceu a expressão de um conteúdo humano, bem significativo dos estados de espírito duma sociedade que se estruturava em bases modernas.

Aliás o nacionalismo artístico não pode ser condenado ou louvado em abstrato, pois é fruto de condições históricas, — quase imposição nos momentos em que o Estado se forma e adquire fisionomia nos povos antes desprovidos de autonomia ou unidade. Aparece no mundo contemporâneo como elemento de autoconsciência, nos povos velhos ou novos que adquirem ambas, ou nos que penetram de repente no ciclo da civilização ocidental, esposando as suas formas de organização política. Este processo leva a requerer em todos os setores da vida mental e artística um esforço de glorificação dos valores locais, que revitaliza a expressão, dando lastro e significado a formas polidas, mas incaracterísticas. Ao mesmo tempo compromete a universalidade da obra, fixando-a no pitoresco e no material bruto da experiência, além de querê-la, como vimos, empenhada, capaz de servir aos padrões do grupo. Para nós, foi auspicioso que o processo de sistematização literária se acentuasse na fase neoclássica, beneficiando-se da concepção universal, rigor de forma, contenção emocional que a caracterizam. Graças a isto, persistiu mais consciência estética do que seria de esperar do atraso do meio e da indisciplina romântica. Doutro lado, a fase neoclássica está indissoluvelmente ligada à Ilustração, ao *filosofismo* do século XVIII; e isto contribuiu para incutir e acentuar a vocação *aplicada* dos nossos escritores, por vezes verdadeiros delegados da realidade junto à literatura. Se não decorreu daí realismo no alto sentido, decorreu certo imediatismo, que não raro confunde as letras com o padrão jornalístico; uma bateria de fogo rasante, cortando baixo as flores mais espigadas da imaginação. Não espanta que os autores brasileiros tenham pouco da gratuidade que dá asas à obra de arte; e, ao contrário, muito da fidelidade documentária ou sentimental, que vincula à experiência bruta. Aliás, a coragem ou espontaneidade do gratuito é prova de amadurecimento, no indivíduo e na civilização; aos povos jovens e aos moços, parece traição e fraqueza.

Ao mesmo tempo, esta imaturidade, por vezes provinciana, deu à literatura sentido histórico e excepcional poder comunicativo, tornando-a língua geral duma sociedade à busca de autoconhecimento. Sempre que se particularizou, como manifestação afetiva e descrição local, adquiriu, para nós, a expressividade que estabelece comunicação entre autores e leitores, sem a qual a arte não passa de experimentação dos recursos técnicos. Neste livro, tentar-se-á mostrar o jogo dessas forças, universal e nacional, técnica e emocional, que a plasmaram como permanente mistura da tradição europeia e das descobertas do Brasil. Mistura do artesão neoclássico ao bardo romântico; duma arte de clareza e discernimento a uma "metafísica da confusão", para dizer como um filósofo francês.

A ideia de que a literatura brasileira *deve* ser interessada (no sentido exposto) foi expressa por toda a nossa crítica tradicional, desde Ferdinand Denis e Almeida Garrett, a partir dos quais se tomou a *brasilidade*, isto é, a presença de elementos descritivos locais, como traço diferencial e critério de valor. Para os românticos, a literatura brasileira começava propriamente, em virtude do tema indianista, com Durão e Basílio, reputados, por este motivo, superiores a Cláudio e Gonzaga.

O problema da autonomia, a definição do momento e motivos que a distinguem da portuguesa, é algo superado, que não interessou especialmente aqui. Justificava-se no século passado, quando se tratou de reforçar por todos os modos o perfil da jovem pátria e, portanto, nós agíamos, em relação a Portugal, como esses adolescentes malseguros, que negam a dívida aos pais e chegam a mudar de sobrenome. A nossa literatura é ramo da portuguesa; pode-se considerá-la independente desde Gregório de Matos ou só após Gonçalves Dias e José de Alencar, segundo a perspectiva adotada. No presente livro, a atenção se volta para o início de uma literatura propriamente dita, como fenômeno de civilização, não algo necessariamente diverso da portuguesa. Elas se unem tão intimamente, em todo o caso, até meados do século XIX, que utilizo em mais de um passo, para indicar este fato, a expressão "literatura comum" (brasileira e portuguesa). Acho por isso legítimo que os historiadores e críticos da mãe-pátria incorporem Cláudio ou Sousa Caldas, e acho legítimo incluí-los aqui; acho que o portuense Gonzaga é de ambos os lados, porém mais daqui do que de lá; e acho que o paulista Matias Aires é só de lá. Tudo depende do papel dos escritores na formação do *sistema*.

Mas o nacionalismo crítico, herdado dos românticos, pressupunha também, como ficou dito, que o valor da obra dependia do seu caráter representativo. Dum ponto de vista histórico, é evidente que o conteúdo brasileiro foi algo positivo, mesmo como fator de eficácia estética, dando pontos de apoio à imaginação e músculos à forma. Deve-se, pois, considerá-lo *subsídio* de avaliação, nos momentos estudados, lembrando que, após ter sido recurso ideológico, numa fase de construção e autodefinição, é atualmente inviável como *critério*, constituindo neste sentido um calamitoso erro de visão.

O presente livro tentou evitá-lo, evitando, ao mesmo tempo, estudar nas obras apenas o aspecto *empenhado*. Elas só podem ser compreendidas e explicadas na sua integridade artística, em função da qual é permitido ressaltar este ou aquele aspecto.

3.
Pressupostos

O fato de ser este um livro de história literária implica a convicção de que o ponto de vista histórico é um dos modos legítimos de estudar literatura, pressupondo que as obras se articulam no tempo, de modo a se poder discernir uma certa determinação na maneira por que são produzidas e incorporadas ao patrimônio de uma civilização.

Um esteticismo mal compreendido procurou, nos últimos decênios, negar validade a esta proposição, — o que em parte se explica como réplica aos exageros do velho método histórico, que reduziu a literatura a episódio da investigação sobre a sociedade, ao tomar indevidamente as obras como meros documentos, sintomas da realidade social. Por outro lado, deve-se à confusão entre formalismo e estética; enquanto aquele se fecha na visão dos elementos de fatura como universo autônomo e suficiente, esta não prescinde o conhecimento da realidade humana, psíquica e social, que anima as obras e recebe do escritor a forma adequada. Nem um ponto de vista histórico desejaria, em nossos dias, reduzir a obra aos fatores elementares.

Deste modo, sendo um livro de história, mas sobretudo de literatura, este procura apreender o fenômeno literário da maneira mais significativa e completa possível, não só averiguando o sentido de um contexto cultural, mas procurando estudar cada autor na sua integridade estética. É o que fazem, aliás, os críticos mais conscientes, num tempo, como o nosso, em que a coexistência e rápida emergência dos mais variados critérios de valor e experimentos técnicos, assim como o desejo de compreender todos os produtos do espírito, em todos os tempos e lugares, levam, fatalmente, a considerar o papel da obra no contexto histórico, utilizando este conhecimento como elemento de interpretação e, em certos casos, avaliação.

A tentativa de focalizar simultaneamente a obra como realidade própria e o contexto como sistema de obras parecerá ambiciosa a alguns, dada a força com que se arraigou o preconceito do divórcio entre história e estética, forma e conteúdo, erudição e gosto, objetividade e apreciação. Uma crítica equilibrada não pode, todavia, aceitar estas falsas incompatibilidades, procurando, ao contrário, mostrar que são partes de uma explicação tanto quanto possível total, que é o ideal do crítico, embora nunca atingido em virtude das limitações individuais e metodológicas.

Para chegar o mais perto possível do desígnio exposto, é necessário um movimento amplo e constante entre o geral e o particular, a síntese e a análise, a erudição e o gosto. É necessário um pendor para integrar contradições, inevitáveis quando se atenta, ao mesmo tempo, para o significado histórico do conjunto e o caráter singular dos autores. É preciso sentir, por vezes, que um autor e uma obra podem ser e não ser alguma coisa, sendo duas coisas opostas simultaneamente, — porque as obras vivas constituem uma tensão incessante entre os contrastes do espírito e da sensibilidade. A forma, através da qual se manifesta o conteúdo, perfazendo com ele a expressão, é uma tentativa mais ou menos feliz e duradoura de equilíbrio entre estes contrastes. Mas, mesmo quando relativamente perfeita, deixa vislumbrar a contradição e revela a fragilidade do equilíbrio. Por isso, quem quiser ver em profundidade tem de aceitar o contraditório, nos períodos e nos autores, porque, segundo uma frase justa, ele "é o próprio nervo da vida".

Por outro lado, se aceitarmos a realidade na minúcia completa das suas discordâncias e singularidades, sem querer mutilar a impressão vigorosa que deixa, temos de renunciar à ordem, indispensável em toda investigação intelectual. Esta só se efetua por meio de simplificações, reduções ao elementar, à dominante, em prejuízo da riqueza infinita dos pormenores. É preciso, então, ver simples onde é complexo, tentando demonstrar que o contraditório é harmônico. O espírito de esquema intervém, como forma, para traduzir a multiplicidade do real; seja a forma da arte aplicada às inspirações da vida, seja a da ciência, aos dados da realidade, seja a da crítica, à diversidade das obras. E se quisermos reter o máximo de vida com o máximo de ordem mental, só resta a visão acima referida, vendo na realidade um universo de fatos que se propõem e logo se contradizem, resolvendo-se na coerência transitória de uma unidade que sublima as duas etapas, em equilíbrio instável.

Procurando sobretudo interpretar, este não é um livro de erudição, e o aspecto informativo apenas serve de plataforma às operações do gosto. Acho valiosos e necessários os trabalhos de pura investigação, sem qualquer propósito estético; a eles se abre no Brasil um campo vasto. Acho igualmente valiosas as elucubrações gratuitas, de base intuitiva, que manifestam essa paixão de leitor, sem a qual não vive uma literatura. Aqui, todavia, não se visa a um polo nem a outro, mas um lugar equidistante e, a meu ver, mais favorável, no presente momento, à interpretação do nosso passado literário.

4.
O terreno e as atitudes críticas

Toda crítica viva — isto é, que empenha a personalidade do crítico e intervém na sensibilidade do leitor — parte de uma impressão para chegar a um juízo, e a histórica não foge a esta contingência. Isto não significa, porém, impressionismo nem dogmatismo, pois entre as duas pontas se interpõe algo que constitui a seara própria do crítico, dando validade ao seu esforço e seriedade ao seu propósito: o trabalho construtivo de pesquisa, informação, exegese.

Em face do texto, surgem no nosso espírito certos estados de prazer, tristeza, constatação, serenidade, reprovação, simples interesse. Estas impressões são preliminares importantes; o crítico tem de experimentá-las e deve manifestá-las, pois elas representam a dose necessária de arbítrio, que define a sua visão pessoal. O leitor será tanto mais crítico, sob este aspecto, quanto mais for capaz de ver, num escritor, o *seu* escritor, que vê como ninguém mais e opõe, com mais ou menos discrepância, ao que os outros veem. Por isso, a crítica viva usa largamente a intuição, aceitando e procurando exprimir as sugestões trazidas pela leitura. Delas sairá afinal o juízo, que não é julgamento puro e simples, mas avaliação, — reconhecimento e definição de valor.

Entre impressão e juízo, o trabalho paciente da elaboração, como uma espécie de moinho, tritura a impressão, subdividindo, filiando, analisando, comparando, a fim de que o arbítrio se reduza em benefício da objetividade, e o juízo resulte aceitável pelos leitores. A impressão, como timbre individual, permanece essencialmente, transferindo-se ao leitor pela elaboração que lhe deu generalidade; e o orgulho inicial do crítico, como leitor insubstituível, termina pela humildade de uma verificação objetiva, a que outros poderiam ter chegado, e o irmana aos lugares-comuns do seu tempo.

A crítica propriamente dita consiste nesse trabalho analítico intermediário, pois os dois outros momentos são de natureza estética e ocorrem necessariamente, embora nem sempre conscientemente, em qualquer leitura. O crítico é feito pelo esforço de compreender, para interpretar e explicar; mas aquelas etapas se integram no seu roteiro, que pressupõe, quando completo, um elemento perceptivo inicial, um elemento intelectual médio, um elemento voluntário final. Perceber, compreender, julgar.

Neste livro, o aparelho analítico da investigação é posto em movimento a serviço da receptividade individual, que busca na obra uma fonte de emoção e termina avaliando o seu significado.

As teorias e atitudes críticas se distinguem segundo a natureza deste trabalho analítico; dos recursos e pontos de vista utilizados. Não há, porém, uma crítica única, mas vários caminhos, conforme o objeto em foco; ora com maior recurso à análise formal, ora com atenção mais acurada aos fatores. Querer reduzi-la ao estudo de uma destas componentes, ou qualquer outra, é erro que compromete a sua autonomia e tende, no limite, a destruí-la em benefício de disciplinas afins.

Nos nossos dias, parece transposto o perigo de submissão ao estudo dos fatores básicos, sociais e psíquicos. Houve tempo, com efeito, em que o crítico cedeu lugar ao sociólogo, ao político, ao médico, ao psicanalista. Hoje, o perigo vem do lado oposto; das pretensões excessivas do formalismo, que importam, nos casos extremos, em reduzir a obra a problemas de linguagem, seja no sentido amplo da comunicação simbólica, seja no estrito sentido da língua.

As orientações formalistas não passam, todavia, do ponto de vista duma crítica compreensiva, de *técnicas* parciais de investigação; constituí-las em *método* explicativo é perigoso e desvirtua os serviços que prestam, quando limitadas ao seu âmbito. Nada melhor que o aprofundamento, que presenciamos, do estudo da metáfora, das constantes estilísticas, do significado profundo da forma. Mas erigi-lo em critério básico é sintoma da incapacidade de ver o homem e as suas obras de maneira una e total.

A crítica dos séculos XIX e XX constitui uma grande aventura do espírito, e isto foi possível graças à intervenção da filosofia e da história, que a libertaram dos gramáticos e retores. Se esta operação de salvamento teve aspectos excessivos e acabou por lhe comprometer a autonomia, foi ela que a erigiu em disciplina viva. O imperialismo formalista significaria, em perspectiva ampla, perigo de regresso, acorrentando-a de novo a preocupações superadas, que a tornariam especialidade restrita, desligada dos interesses fundamentais do homem.

5.
Os elementos de compreensão

Quando nos colocamos ante uma obra, ou uma sucessão de obras, temos vários níveis possíveis de compreensão, segundo o ângulo em que nos situamos. Em primeiro lugar, os fatores externos, que a vinculam ao tempo e se podem resumir na designação de sociais; em segundo lugar o fator individual, isto é, o autor, o homem que a intentou e realizou, e está presente no resultado; finalmente, este resultado, o *texto*, contendo os elementos anteriores e outros, específicos, que os transcendem e não se deixam reduzir a eles.

Se resistirmos ao fascínio da moda e adotarmos uma posição de bom senso, veremos que, num livro de história literária que não quiser ser parcial nem fragmentário, o crítico precisa referir-se a estas três ordens de realidade, ao mesmo tempo. É lícito estudar apenas as condições sociais, ou as biografias, ou a estrutura interna, separadamente; nestes casos, porém, arriscamos fazer tarefa menos de crítico, do que de sociólogo, psicólogo, biógrafo, esteta, linguista.

A crítica se interessa atualmente pela carga extraliterária, ou pelo idioma, na medida em que contribuem para o seu escopo, que é o estudo da formação, desenvolvimento e atuação dos processos literários. Uma obra é uma realidade autônoma, cujo valor está na fórmula que obteve para plasmar elementos não literários: impressões, paixões, ideias, fatos, acontecimentos, que são a matéria-prima do ato criador. A sua importância quase nunca é devida à circunstância de exprimir um aspecto da realidade, social ou individual, mas à maneira por que o faz. No limite, o elemento decisivo é o que permite compreendê-la e apreciá-la, mesmo que não soubéssemos onde, quando, por quem foi escrita. Esta autonomia depende, antes de tudo, da eloquência do sentimento, penetração analítica, força de observação, disposição das palavras, seleção e invenção das imagens; do jogo de elementos expressivos, cuja síntese constitui a sua fisionomia, deixando longe os pontos de partida não literários.

Tomemos o exemplo de três pais que, lacerados pela morte dum filho pequeno, recorrem ao verso para exprimir a sua dor: Borges de Barros, Vicente de Carvalho, Fagundes Varela. Pelo que sabemos, o sofrimento do primeiro foi o mais duradouro; admitamos que fossem iguais os três. Se lermos todavia os poemas resultantes, ficaremos insensíveis e mesmo aborrecidos com

Os túmulos, medianamente comovidos com o "Pequenino morto", enquanto o "Cântico do calvário" nos faz estremecer a cada leitura, arrastados pela sua força mágica. É que, sendo obras literárias, não documentos biográficos, a emoção, neles, é elemento essencial apenas como ponto de partida; o ponto de chegada é a reação do leitor, e esta, tratando-se de leitor culto, só é movida pela eficácia da expressão. Os três pais são igualmente dignos de piedade, do ponto de vista afetivo; literariamente o poema do primeiro é nulo; o do segundo, mediano no seu patético algo declamatório; o do terceiro, admirável pela solução formal.

Este exemplo serve para esclarecer o critério adotado no presente livro, isto é: a literatura é um conjunto de obras, não de fatores nem de autores. Como, porém, o texto é integração de elementos sociais e psíquicos, estes devem ser levados em conta para interpretá-lo, o que apenas na aparência contesta o que acaba de ser dito.

Com efeito, ao contrário do que pressupõem os formalistas, a compreensão da obra não prescinde a consideração dos elementos inicialmente não literários. O texto não os anula, ao transfigurá-los e, sendo um *resultado*, só pode ganhar pelo conhecimento da realidade que serviu de base à sua realidade própria. Por isso, se o entendimento dos fatores é desnecessário para a *emoção estética*, sem o seu estudo não há *crítica*, operação, segundo vimos, essencialmente de análise, sempre que pretendemos superar o impressionismo.

Entende-se agora por que, embora concentrando o trabalho na leitura do texto e utilizando tudo mais como auxílio de interpretação, não penso que esta se limite a indicar a ordenação das partes, o ritmo da composição, as constantes do estilo, as imagens, fontes, influências. Consiste nisso e mais em analisar a visão que a obra exprime do homem, a posição em face dos temas, através dos quais se manifestam o espírito ou a sociedade. Um poema revela sentimentos, ideias, experiências; um romance revela isto mesmo, com mais amplitude e menos concentração. Um e outro valem, todavia, não por copiar a vida, como pensaria, no limite, um crítico não literário; nem por criar uma expressão sem conteúdo, como pensaria também no limite um formalista radical. Valem porque *inventam* uma vida nova, segundo a organização formal, tanto quanto possível nova, que a imaginação imprime ao seu objeto.

Se quisermos ver na obra o reflexo dos fatores iniciais, achando que ela vale na medida em que os representa, estaremos errados. O que interessa é averiguar até que ponto interferiram na elaboração do conteúdo humano da obra, dotado da realidade própria que acabamos de apontar. Na tarefa crítica há, portanto, uma delicada operação, consistente em distinguir o elemento humano anterior à obra e o que, transfigurado pela técnica, representa nela o conteúdo, propriamente dito.

Dada esta complexidade de tipo especial, é ridículo despojar o vocabulário crítico das expressões indicativas da vida emocional ou social, contanto que, ao utilizá-las, não pensemos na matéria-prima, mas em sentimentos, ideias, objetos de natureza diferente, que podem ser mais ou menos parecidos com os da vida, mas em todo o caso foram redefinidos a partir deles, ao se integrarem na atmosfera própria do texto. Quando falamos na *ternura* de Casimiro de Abreu, ou no *naturismo* de Bernardo Guimarães, não queremos, em princípio, dizer que o homem Casimiro foi terno, ou amante da natureza o homem Bernardo, pois isso importa secundariamente. Queremos dizer que na obra deles há uma ternura e um naturismo construídos a partir da experiência e da imaginação, comunicados pelos meios expressivos, e que poderão ou não corresponder a sentimentos individuais. Para o crítico, desde que existam literariamente, são *forjados*, ao mesmo título que a coragem de Peri ou as astúcias do Sargento de Milícias.

Interessando definir, na obra, os elementos humanos formalmente elaborados, não importam a veracidade e a sinceridade, no sentido comum, ao contrário do que pensa o leitor desprevenido, que se desilude muitas vezes ao descobrir que um escritor avarento celebrou a caridade, que certo poema exaltadamente erótico provém dum homem casto, que determinado poeta, delicado e suave, espancava a mãe. Como disse Proust, o problema ético se coloca melhor nas naturezas depravadas, que avaliam no drama da sua consciência a terrível realidade do bem e do mal.

Em suma, importa no estudo da literatura o que o texto exprime. A pesquisa da vida e do momento vale menos para estabelecer uma verdade documentária, frequentemente inútil, do que para ver se nas condições do meio e na biografia há elementos que esclareçam a realidade superior do texto, por vezes uma gloriosa mentira, segundo os padrões usuais.

Já se vê que, ao lado das considerações formais, são usadas aqui livremente as técnicas de interpretação social e psicológica, quando julgadas necessárias ao entendimento da obra; este é o alvo, e todos os caminhos são bons para alcançá-lo, revelando-se a capacidade do crítico na maneira por que os utiliza, no momento exato e na medida suficiente. Há casos, por exemplo, em que a informação biográfica ajuda a compreender o texto; por que rejeitá-la, estribado em preconceito metodológico ou falsa pudicícia formalista? Há casos em que ela nada auxilia; por que recorrer obrigatoriamente a ela?

6.
Conceitos

No arsenal da história literária, dispomos, para o nosso caso, de conceitos como: período, fase, momento; geração, grupo, corrente; escola, teoria, tema; fonte, influência.

Embora reconheça a importância da noção de período, utilizei-a aqui incidentemente e atendendo à evidência estética e histórica, sem preocupar-me com distinções rigorosas. Isso, porque o intuito foi sugerir, tanto quanto possível, a ideia de movimento, passagem, comunicação, — entre fases, grupos e obras; sugerir uma certa labilidade que permitisse ao leitor sentir, por exemplo, que a separação evidente, do ponto de vista estético, entre as fases neoclássica e romântica, é contrabalançada, do ponto de vista histórico, pela sua unidade profunda. À diferença entre estas fases, procuro somar a ideia da sua continuidade, no sentido da tomada de consciência literária e tentativa de construir uma literatura.

Do mesmo modo, embora os escritores se disponham quase naturalmente por gerações, não interessou aqui utilizar este conceito com rigor nem exclusividade. Apesar de fecundo, pode facilmente levar a uma visão mecânica, impondo cortes transversais numa realidade que se quer apreender em sentido sobretudo longitudinal. Por isso, sobrepus ao conceito de geração o de tema, procurando apontar não apenas a sua ocorrência, num dado momento, mas a sua retomada pelas gerações sucessivas, através do tempo.

Isso conduz ao problema das influências, que vinculam os escritores uns aos outros, contribuindo para formar a continuidade no tempo e definir a fisionomia própria de cada momento. Embora a tenha utilizado largamente e sem dogmatismo, como técnica auxiliar, é preciso reconhecer que talvez seja o instrumento mais delicado, falível e perigoso de toda a crítica, pela dificuldade em distinguir coincidência, influência e plágio, bem como a impossibilidade de averiguar a parte da deliberação e do inconsciente. Além disso, nunca se sabe se as influências apontadas são significativas ou principais, pois há sempre as que não se manifestam visivelmente, sem contar as possíveis fontes ignoradas (autores desconhecidos, sugestões fugazes), que por vezes sobrelevam as mais evidentes.

Ainda mais sério é o caso da influência poder assumir sentidos variáveis, requerendo tratamento igualmente diverso. Pode, por exemplo, aparecer como transposição direta mal assimilada, permanecendo na obra ao modo de um corpo estranho de interesse crítico secundário. Pode, doutro lado, ser de tal modo incorporada à estrutura, que adquire um significado orgânico e perde o caráter de empréstimo; tomá-la, então, como influência importa em prejuízo do seu caráter atual, e mais verdadeiro, de elemento próprio de um conjunto orgânico.

Estas considerações exprimem um escrúpulo e uma atitude, conduzindo a um dos conceitos básicos do presente livro: que o eixo do trabalho interpretativo é descobrir a *coerência* das produções literárias, seja a interna, das obras, seja a externa, de uma fase, corrente ou grupo.

Por coerência, entende-se aqui a integração orgânica dos diferentes elementos e fatores, (meio, vida, ideias, temas, imagens etc.), formando uma diretriz, um tom, um conjunto, cuja descoberta explica a obra como *fórmula*, obtida pela elaboração do escritor. É a adesão recíproca dos elementos e fatores, dando lugar a uma unidade superior; mas não se confunde com a simplicidade, pois uma obra pode ser contraditória sem ser incoerente, se as suas condições forem superadas pela organização formal.

No nível do autor, ela se manifesta através da personalidade literária, que não é necessariamente o perfil psicológico, mas o sistema de traços afetivos, intelectuais e morais que decorrem da análise da obra, e correspondem ou não à vida, — como se viu há pouco ao mencionar a ternura de Casimiro. No nível do momento, ou fase, ela se manifesta pela afinidade, ou caráter complementar entre as obras, consequência da relativa articulação entre elas, originando o *estilo* do tempo, que permite as generalizações críticas. Por isso, não interessou aqui determinar rigorosamente as condições históricas — sociais, econômicas, políticas —, mas apenas sugerir o que poderíamos chamar de situação temporal, ou seja, a síntese das condições de interdependência, que estabelecem a fisionomia comum das obras, e são realidades de ordem literária, nas quais se absorvem e sublimam os fatores do meio.

A coerência é em parte descoberta pelos processos analíticos, mas em parte inventada pelo crítico, ao lograr, com base na intuição e na investigação, um traçado explicativo. *Um*, não *o* traçado, pois pode haver vários, se a obra é rica. Todos sabem que cada geração descobre e inventa o seu Góngora, o seu Stendhal, o seu Dostoiévski.

Por isso, há forçosamente na busca da coerência um elemento de escolha e risco, quando o crítico decide adotar os traços que isolou, embora sabendo que pode haver outros. Num período, começa por escolher os autores que lhe parecem representativos; nos autores, as obras que melhor se ajustam ao seu modo de ver; nas obras, os temas, imagens, traços fugidios que o justificam. Neste processo vai muito da *sua* coerência, a despeito do esforço e objetividade.

Sob este aspecto, a crítica é um ato arbitrário, se deseja ser criadora, não apenas registradora. Interpretar é, em grande parte, usar a capacidade de arbítrio; sendo o texto uma pluralidade de significados virtuais, é definir o que se escolheu, entre outros. A este arbítrio o crítico junta a sua linguagem própria, as ideias e imagens que exprimem a sua visão, recobrindo com elas o esqueleto do conhecimento objetivamente estabelecido.

Capítulo I
Razão, natureza, verdade

1. Traços gerais 43
2. Razão e imitação 46
3. Natureza e rusticidade 58
4. Verdade e Ilustração 67
5. A presença do Ocidente 72

I.
Traços gerais

O momento decisivo em que as manifestações literárias vão adquirir, no Brasil, características orgânicas de um sistema é marcado por três correntes principais de gosto e pensamento: o Neoclassicismo, a Ilustração, o Arcadismo.

Frequentemente elas se misturam e, embora predomine ora uma, ora outra, conforme o setor, autor ou momento considerado, é a sua reunião que caracteriza o período, que poderia ser denominado segundo qualquer uma delas. Neste livro, as três designações serão usadas conforme o aspecto referido, preferindo-se para o conjunto a designação tradicional de Arcadismo, por ser menos técnica, ficando subentendido que engloba as demais, sempre que não houver ressalva expressa.

Neoclassicismo é termo relativamente novo em nossa crítica, nesse contexto, e nos veio dos portugueses, que, por sua vez, o tomaram aos espanhóis. Estes e os ingleses costumam designar assim a imitação do Classicismo francês, verificada em toda a Europa no século XVIII. Na literatura comum (brasileira e portuguesa) o seu emprego é útil, se levarmos em conta que o movimento da Arcádia Lusitana, a partir da doutrinação de Verney, teve por *ideia-força* o combate ao Cultismo. Nessa empresa, os reformadores se inspiraram na codificação de Boileau, procuraram redefinir a imitação direta dos gregos e romanos, sobretudo Teócrito, Anacreonte, Virgílio, Horácio, e tentaram restabelecer vários padrões do período por excelência clássico na literatura portuguesa, o século XVI, promovendo, sob muitos aspectos, um verdadeiro Neoquinhentismo. E aí estão três derivações capazes de justificar a etiqueta neoclássica, que tem a vantagem de marcar a ligação com o movimento afim da literatura espanhola.

Por Ilustração, entende-se o conjunto das tendências ideológicas próprias do século XVIII, de fonte inglesa e francesa na maior parte: exaltação da natureza, divulgação apaixonada do saber, crença na melhoria da sociedade por seu intermédio, confiança na ação governamental para promover a civilização e o bem-estar coletivo. Sob o aspecto filosófico, fundem-se nela racionalismo e empirismo; nas letras, pendor didático e ético, visando a empenhá-las na propagação das Luzes.[1]

---

[1] Prefiro Ilustração a Iluminismo, muito usado em nossa língua, para evitar confusão com o movimento místico assim designado, que ocorre contemporaneamente.

A designação Arcadismo é menos rica e significativa, devendo-se à influência dos italianos, que reagiram contra o Maneirismo nas agremiações denominadas Arcádias, cuja teoria poética nos atingiu pela influência de Muratori e a prática do seu poeta máximo, Metastasio. Ela engloba os traços ilustrados, e se tivermos a preocupação de não restringi-la à convenção pastoral, que evoca imediatamente, ainda é melhor que as outras, dado o seu sentido histórico, pois, como se sabe, o movimento renovador partiu, em Portugal, da Arcádia Lusitana (1756). A sua grande vantagem é que, sendo um nome convencional, permite englobar os outros dois aspectos principais do movimento sem suprimir a ideia de outros, como as sobrevivências maneiristas, que persistem sobretudo graças à moda bucólica. Parece, com efeito, algo forçado chamar neoclássico a um período onde Marília evolui com os seus ademanes caprichosos, onde Silva Alvarenga traça as volutas amaneiradas dos rondós, e que aliás se articula com o Barroco de Minas e do Rio. Considerando, pois, que há nele forte lastro de Maneirismo, e a aspirada naturalidade anticultista é frequentemente alcançada pelo Rococó, não o Clássico, é bom conservar a velha etiqueta nos casos em que for preciso recorrer a uma designação geral, utilizando livremente as outras quando se tratar das componentes que elas exprimem.

Neste capítulo, procurar-se-á analisar e caracterizar esse período complexo, jogando livremente com os três conceitos e tentando ver a que realidades correspondem no mundo das ideias e teorias literárias.

A tarefa não é fácil, e pode servir de exemplo da influência que as mudanças de perspectiva exercem sobre a conceituação dos períodos. Com efeito, a situação tradicional do século XVIII na literatura foi desarticulada, em nosso tempo, graças a dois novos focos de interesse: de um lado, a revalorização do Barroco, que levou a pesquisar nele as sobrevivências de maneirismo e atenuar o aspecto clássico; este sofreu nova atenuação graças ao conceito de Pré-Romantismo, que localizou nele os germens da literatura do século XIX. Puxado dos dois lados, pouco sobraria de específico, sobretudo na literatura comum, onde o Romantismo inicial constitui, em parte, desenvolvimento de premissas líricas do século XVIII; e onde a presença absorvente dos quinhentistas, sobretudo Camões, garante certa semelhança entre ele e o século XVII, ambos dependentes da imitação greco-latina, do petrarquismo, da estética aristotélica e horaciana. Além do mais, a falta de genialidade dos autores contribui para esbater, nele, o relevo próprio, que todavia existe e se procurará salientar aqui.

Na literatura comum, a sua fórmula seria mais ou menos a seguinte: Arcadismo = Classicismo francês + herança greco-latina + tendências setecentistas. Estas variam de país para país, mas compreendem, em geral, como vimos, o culto da sensibilidade, a fé na razão e na ciência, o interesse pelos problemas sociais, podendo-se talvez reduzi-las à seguinte expressão: o verdadeiro é o natural, o natural é o racional. A literatura seria, consequentemente, expressão racional da natureza, para assim manifestar a verdade, buscando, à luz do espírito moderno, uma última encarnação da mímesis aristotélica.

Foi este o padrão ideal, o arquétipo a que se podem referir as várias manifestações particulares, e a cuja investigação convém proceder, tomando como ponto de referência os três grandes conceitos-chave mencionados: razão, natureza, verdade.

2.
Razão e imitação

Não esqueçamos que a ideia-força do Arcadismo português (de que o brasileiro é um aspecto) foi polêmica: tratava-se de opor; daí ter sido um movimento eminentemente crítico, fiado de preferência no discernimento, desconfiado em parte da inspiração, ou "furor poético", como vem nos tratadistas.

'Tis hard to say if greater want of skill
Appear in writing or in judging ill,

escreveu o grão-padre do Neoclassicismo inglês, ajuntando:

But of the two, less dang'rous is th'offence
To tire our patience than mislead our sense.[2]

Consequentemente, prezaram-se na poesia aqueles valores atribuídos de ordinário à prosa e que haviam sido, mesmo nela, obliterados por mais de um século de intemperança verbal: clareza, ordem lógica, simplicidade, adequação ao pensamento. Esta reconquista da naturalidade dá feições de clássico ao período, pois se liga a uma estética segundo a qual a palavra deve exprimir a ordem natural do mundo e do espírito.

Em Portugal o Arcadismo integra um amplo movimento de renovação cultural, paralelo a certas iniciativas pombalinas. Homens como Verney e Ribeiro Sanches queriam introduzir na pátria o novo espírito *filosófico*, impregnado das orientações metodológicas do racionalismo e do pós-racionalismo anglo-francês. Em literatura, à maneira, menos de Boileau, invocado pelo primeiro, quanto de Fontenelle, do seco Houdart de La Motte — *modernos*, seus antagonistas, — propugnavam uma poesia lógica, sem artifícios nem surpresas marcantes: poesia envergonhada e tímida em face da prosa, à qual pedia desculpas pelo que nela

---

2 "É difícil dizer onde aparece maior falta de competência: no escrever mal ou no julgar errado; entretanto, entre os dois, é menos perigosa a injúria de cansar a nossa paciência do que a de desorientar o nosso discernimento." Pope, *An Essay on Criticism*, p. 247. Note-se, a título de curiosidade, que o *Ensaio sobre a crítica*, na tradução do marquês de Aguiar, foi dos primeiros livros editados no Brasil pela Imprensa Régia (1810).

46

ainda restasse de poético. Boileau, nas *Reflexões sobre Longino*, dá como *test* da imagem a sua viabilidade ante expressões como — "por assim dizer", ou "se assim ouso falar", mediante as quais se suprimiriam ousadias indomáveis pelo freio da lógica... La Motte acusara Racine de impropriedade e exagero num verso de *Fedra*, onde narra o aparecimento do monstro que matou Hipólito:

Le flot qui l'apporta recule épouvanté.

Boileau retruca que a imagem é legítima, como se pode ver acrescentando mentalmente — "*pour ainsi dire*"; e desta maneira (deveria completar) justificando-a perante a prosa.[3]

Por estas e outras, a literatura francesa precisava de um movimento exatamente oposto ao racionalismo estético; movimento que restaurasse algo daquela fantasia irregular dos *preciosos* e *burlescos*, banida pela regularidade clássica do "século de Luís XIV". Noutras partes, porém, como a Itália e Portugal, essa dieta magra vinha corrigir os excessos de um século destemperado, que dera a certa altura produtos excelentes mas descaíra, em seguida, na orgia verbal. Assim como, cento e poucos anos depois, Verlaine exigiria, em meio às rotundidades plásticas do Parnaso, que a poesia "retomasse à música o que lhe pertencia", os árcades se empenhavam nas duas penínsulas em retomar à prosa o que não menos legitimamente pertence à poesia: decoro e dignidade da expressão.

Tais ideias constituem o ponto de referência da teoria literária do século XVIII em quase toda a Europa. Em Portugal, embora começassem a ser conhecidas desde os fins do século XVII e início do XVIII, em torno de homens como o conde da Ericeira, tradutor da *Arte poética de Boileau*, só ganharam força atuante pelos meados deste, graças ao movimento da Ilustração, capitaneado por Verney, por intermédio de quem passaram ao grupo da Arcádia Lusitana, — seja na teoria de Cândido Lusitano, seja na prática dos poetas.

Verney No *Verdadeiro método de estudar*, como se sabe, há três cartas dedicadas aos estudos literários: a 5ª e 6ª à oratória, a 7ª, que nos interessa, à poesia. Nela, Verney se encontra muito próximo dos teóricos franceses posteriores a Boileau, que por um lado despoetizaram ao máximo a teoria poética, mas insistiram por outro, alguns deles, no *gosto* como critério de apreciação, possibilitando desta forma a introdução de um ponto de vista mais pessoal, em contrapeso à aplicação estrita das normas.

---

3 Boileau, *Réflexions critiques sur quelques passages du rhéteur longin* etc., em *Oeuvres*, tomo III, pp. 116-121.

Como era todavia um consumado pedante, dá predomínio absoluto a estas, reduzindo aquele elemento mais vivo a mera garantia da sua aplicação. Extremado racionalista neste terreno, poetar dependia para ele de conhecer as normas da poesia; quando alguém as abandona e confia na inspiração, desanda:

> [...] ainda não vi livro português, que ensinasse um homem, a inventar e julgar bem; e formar um poema como deve ser. De que nasce, que os que querem poetar, o fazem segundo a força da sua imaginação: e não produzem coisa, digna de se ver.[4]

O poeta deve ter duas qualidades: engenho e juízo; aquele, subordinado à imaginação, este, seu guia, muito mais importante, decorrente da reflexão. Daí não haver beleza sem obediência à razão, que aponta o objetivo da arte: a verdade. Por isso,

> um conceito que não é justo, nem fundado sobre a natureza das coisas, não pode ser belo: porque o fundamento de todo conceito engenhoso é a verdade: nem se deve estimar algum, quando não se reconheça nele, vestígio de bom juízo. E como os Antigos observam muito isto, por isso neles se observa, certa maneira natural de escrever e certa simplicidade nobre, que os faz tanto admiráveis. (pp. 178-179)

Entretanto, como não possuíam o mesmo senso crítico dos modernos, devem ser estudados, respeitados, mas não erigidos em modelo absoluto.

Homem do seu tempo, Verney aceita o progresso na literatura e entende que os contemporâneos estavam mais aparelhados para escrever bem, graças à superação dos antecessores pela assimilação do seu exemplo. Nesse sentido, considera Longino superior aos tratadistas que o precederam; participa da simpatia pelo velho retórico, cuja obra ajudou, no século XVIII, a infundir maior liberdade crítica no esqueleto rígido do racionalismo (pp. 188-189). Todavia, não vai além de um tributo formal. Como pedagogo, que era essencialmente, a poesia lhe interessa enquanto instrumento e exercício mental; repudiava nela, por conseguinte, os aspectos mais livres e pessoais, para guardar os que se enquadrassem no preceito didático. Para ser poeta é preciso ser retórico, ou seja, ter a "arte de persuadir", "a qual supõe Juízo, e Critério". "Chamo critério, a uma boa lógica natural" (p. 192). Os culteranos foram maus poetas porque pensavam mal e assim sacrificavam a naturalidade em

---

4 Luís Antônio Verney, *Verdadeiro método de estudar* etc., tomo I, p. 177.

benefício da sutileza. Percebe-se o reformador nessa aversão profunda ao conceito, à agudeza, ao jogo de palavras, que lhe traziam certamente a imagem aborrecida do raciocínio escolástico, perdido no puro jogo mental. Daí criticar acerbamente o próprio Camões, culpado de preciosismo nos sonetos e n'*Os Lusíadas*, onde sente lacunas de instrução que enfraquecem a poesia (p. 214). Aqui tocamos no supremo pedantismo deste homem e, através dele, o do século que ele exprime, cujo racionalismo tendia, no limite, a um utilitarismo didático que é a própria negação da arte. Mas como não há ideia unívoca, de modo absoluto, as reflexões de Verney, no fundo antipoéticas, traziam um elemento justo e fecundo. "A Poesia não é coisa necessária, na República: é faculdade arbitrária, e de divertimento. E assim não havendo necessidade de fazer versos, ou fazê-los bem, ou não fazê-los" (p. 225). Repudiava, pois, a mania versejante, uma das taras do tempo, reservando o exercício do verso às vocações verdadeiras, dos que fossem capazes de escrever com lógica, naturalidade e modernidade. Se não aceitamos os requisitos que formulou como essenciais ao poeta, não podemos rejeitar o princípio geral de que a poesia deve depender da vocação.

Cândido Lusitano Este ponto de vista — coerente até o extremo com as ideias do tempo — suscitava todavia um grave problema: ou a poesia é mesmo algo secundário e não convém mantê-la; ou é, pelo contrário, algo importante, e merece consideração. Esta perplexidade desnudava a contradição da estética neoclássica, que submetia a poesia a uma *capitis diminutio*, mas não obstante a cultivava com abundância. Seria preciso reequilibrar a situação. Foi o que procurou fazer Francisco José Freire, analisando a sua finalidade e concluindo que não visava ao puro deleite; mas que, como as demais produções do espírito, era útil ao progresso moral. A sua *Arte poética*, embora partindo da doutrina, e mesmo do apelo do *Verdadeiro método*, empreenderá uma conceituação mais ampla que redignifica a poesia, inserindo-a, simultaneamente, nas aspirações do tempo e na tradição clássica.

> [...] li uns livros Portugueses, impressos fora, intitulados: *Verdadeiro método de estudar* etc. Vi que nesta obra se queixava justissimamente o seu Autor, de que aos Portugueses, para serem bons Poetas, lhes faltava uma Arte, a que verdadeiramente se pudesse chamar Poética.[5]

---

5 Francisco José Freire, *Arte poética* etc., v. I, "Prólogo". O nome arcádico de Freire foi Cândido Lusitano.

Pondo mãos à obra imediatamente (o seu livro é de 1748, um ano após o de Verney), escreve o tratado que se pode considerar como pedra fundamental da poesia arcádica portuguesa, no seu caráter de superação do cultismo, imitação da poética franco-italiana e intelectualismo mitigado pela fantasia.

Para ele a poesia não era puro deleite (e, portanto, coisa somenos) como para Verney; nem dependia da alternativa horaciana, segundo a qual deve instruir ou deleitar. Devia fazer as duas coisas ao mesmo tempo, e neste conceito segue de perto Muratori, que é dos modernos, com Luzán, o guia de que nunca se afasta.[6]

Além de ter muito mais compreensão e sensibilidade poética, Freire pôde contrabalançar a secura dos teóricos franceses, (modelos imediatos de Verney), graças à influência da Itália, cujo Arcadismo, se não trouxe grandeza, difundiu pela Europa uma doçura e musicalidade que esbateram algumas arestas mais didaticamente racionalistas da Ilustração. Neste sentido trabalharam a influência avassaladora de Metastasio e a teoria de Muratori, na qual a importância atribuída à inspiração compensa em parte a rigidez das normas.

Para Cândido Lusitano, há na poesia um elemento arrebatador e irracional; o "furor poético", ou "entusiasmo". Ele nada tem de sobrenatural, todavia; é algo que o poeta suscita pela vontade e amplia com o trabalho ("este Estro se pode adquirir com Arte", p. 43). Entra aí em cena um intelectualismo que confia a criação da beleza ao esforço do poeta enquanto artífice — pois ela reside precisamente no "artifício" com que este acrescenta algo de seu à "matéria"; esta tem em geral as características do lugar-comum e só poderá deleitar se apresentar a "novidade", o "maravilhoso", que ferem a imaginação do leitor (pp. 58, 91, 140, 144). Para isto é preciso que a obra tenha beleza e doçura. A beleza é o elemento racional da forma, que realça a verdade com a sua luz, que "não é outra coisa senão a brevidade, ou clareza, a energia, a utilidade, e outras circunstâncias". A doçura, elemento afetivo, consiste nas "qualidades (que) podem mover os aspectos do nosso ânimo" (pp. 54-55).

Imediatamente, porém, começam a entrar em jogo as peias da convenção, conduzindo o poeta a um enquadramento bastante rigoroso, mais próximo à concepção de Verney. Nota-se da parte do tratadista um duplo movimento

---

6 Ibid., capítulo IV, "Do fim da poesia", pp. 26-30. Ver à p. 55: "Seguiremos os passos do celebradíssimo Muratori, que magistralmente tratou desta ignorada matéria, escrevendo os livros *Della perfetta poesia italiana*; no que faremos aos Poetas Portugueses um particular serviço para o bom gosto das poesias".

de dar e tirar, concedendo à sensibilidade e à fantasia apenas para cerceá-las, logo depois, com o preceito racional; mas conseguindo enfim elaborar, como seu mestre Muratori, uma teoria relativamente compreensiva.

A poesia, tanto para ser útil quanto para ser agradável, deve basear-se na verdade — que não é a verdade objetiva e unívoca da ciência, mas a verossimilhança. Na conceituação desta encontra-se geralmente a pedra de toque das teorias poéticas de inspiração aristotélica e horaciana: para o nosso tratadista, ela é (como para os seus contemporâneos) uma *verdade possível*, presa, por um lado, à analogia com as verdades objetivamente constatáveis; por outro, à imaginação criadora (pp. 66, 67 e 71). E assim caímos de novo no referido "por assim dizer" de Boileau.

É preciso acentuar que, nesse conceito de "verdade provável", tomado a Muratori, o elemento fundamental para Cândido Lusitano não é a fantasia, mas a analogia com o verdadeiro, de que é uma espécie de aspecto imperfeito.

> Estas coisas pois, que são críveis, e possíveis, e prováveis chamamos-lhes *verossímeis*; porque são semelhantes ao verdadeiro certo, evidente e real; e também são certas na razão, e no gênero (digamos) de possibilidade, probabilidade, e credibilidade. (pp. 72-74)

Tanto assim que só é "próprio do Poeta" a fantasia unida ao entendimento (p. 88).

Não se poderia realmente esperar que um neoclássico aceitasse a criação como arbítrio, pois já vimos qual foi a característica do seu tempo: um esforço para recuperar o equilíbrio expressivo, que nunca se obtém sem realçar o elemento racional e voluntário do trabalho artístico. É compreensível, assim, que ele oponha limitações teóricas e barreiras práticas a qualquer deslize da fantasia fora do decoro, da inteligibilidade, da racionalidade.

Reconhecendo, por exemplo, que o poeta nem sempre é animado por uma "paixão violenta", nem deve abandonar-se com frequência aos "êxtases da fantasia", indica uma espécie de exacerbação desta: o voo, o rapto poético, que permite compor segundo uma certa desordem e ousadia de imagens, "sem observar ordem nem união, que ordinariamente costuma haver, quando a fantasia quieta se regula pelo entendimento" (p. 133). A última modalidade é a que lhe agrada sobre todas e a que considera verdadeiro nervo da poesia; tanto, que o próprio voo poético deve ser usado com moderação e sem perda da tonalidade racional do poema, devendo o poeta considerar se "pode natural, e verossimilmente mover tanto a fantasia, que racionalmente se possam usar estes voos poéticos", adequando-os ao assunto (p. 137). Daí estabelecer graus na ousadia: pode-se dizer verossimilmente que da boca de um homem saem palavras doces como o mel; já acha ousado, mas ainda dentro do possível, dizer que são o próprio mel; mas não admite qualquer desenvolvimento dessa imagem (o que se faria a partir do Romantismo e já se fizera ao tempo do Barroco), como dizer que "as abelhas queiram chupar este mel sonhado" (p. 124). Neste exemplo fica bem claro o jogo dos limites referido acima, por meio do qual a razão, após haver concedido várias liberdades, semeia armadilhas pelo caminho da poesia, pois "a beleza poética está fundada na verdade, e compõe-se de perfeições, reais, não de desconsertos, ou ilusões aéreas" (p. 127).

Este império da razão decorre da busca do natural, que é o seu "correlativo objetivo", sendo o limite permanente da imaginação e o critério definitivo para se aquilatar a validade da poesia, baseada na "natureza das coisas" e necessitando verossimilhança para merecer a "aprovação do entendimento" (p. 122). O que se desejava era uma imaginação fiel à razão. O "engenho" consistia numa percepção adequada, dependendo afinal mais da lógica do que da inspiração (pp. 138-139); e a afetação dos culteranos era considerada má, sobretudo por ir de encontro aos dois elementos indispensáveis da forma poética, geradores da beleza: objetividade e concisão (pp. 51-52). Embora não transforme a poesia, como Verney, num exercício retórico e frio, vê também no poeta um artífice, em que a instrução e a inteligência predominam, — consequência inevitável da poética dum período empenhado em fazer da arte uma linguagem racional, espelho do homem culto e imediatamente acessível a ele.

Busca da comunicação Para conseguir esse ideal de inteligibilidade, no sentido mais lato, (deixamos agora Cândido Lusitano, voltando a considerações de ordem geral), o escritor deveria escolher situações e emoções genéricas, que transcendem a condição individual. O leitor deveria poder, desde logo, libertar-se de qualquer obediência às condições estritamente pessoais do escritor, para receber a emoção artística através de paradigmas. Daí preferirem-se as grandes circunstâncias da vida para exercício do verso, — circunstâncias por assim dizer impessoais, comuns a todos: nascimento, casamento, acontecimentos, celebrações, morte. Ou as situações que dissolviam o detalhe pessoal, como a convenção bucólica. Ou, finalmente, o recurso às situações, nomes e sentimentos da mitologia e da história greco-latina, graças aos quais o caso particular se esbatia no significado genérico, de alcance universal. O fastio causado pela literatura arcádica, sobretudo nos representantes menores, vem da monotonia das imagens, relativamente limitadas. Para o nosso gosto, parece faltar-lhes aquela consciência de individuação, que leva o escritor a encarar as coisas sob o ângulo da sua posição pessoal em face do mundo. Mesmo nas poesias mais pessoais do século XVIII, notamos o jugo do diálogo, da presença de outrem, a evitar uma provável solidão.

Tu não verás, Marília, cem cativos,

ou:

Alexandre, Marília, qual o rio.

Grande parte da poesia setecentista é endereçada, é uma conversa poética, quando não é francamente comemorativa: "ao sr. Fulano", "às bodas de d. Beltrana" etc., — revelando cunho altamente sociável.

Um critério útil, embora de modo algum único, para a análise diferencial dos períodos e das escolas, é o que se poderia chamar a destinação pública da literatura, pois (salvo casos raros e por vezes admiráveis de solipsismo) o escritor, quando escreve, prefigura, conscientemente ou não, o seu público, a ele se conformando. Quase sempre o árcade prefigura um público de salão, um leitor a voz alta, um recitador. Por um corolário da própria estética baseada na verdade natural, a literatura se torna forçosamente comunicativa, mais ainda, aspira a ser instrumento de comunicação entre os homens, — geralmente os homens de um dado grupo. Daí, a poesia marcada pelo que se poderia chamar de sentimento do interlocutor, que se compraz nas odes raciocinantes e, sobretudo, na epístola, forma mais característica daquele sentimento. Certos autores, como Filinto Elísio, que para Garrett era superior a Bocage, chegam a estender o tom epistolar a tudo o mais; e mesmo quando fazem odes e sonetos, parecem escrever epístolas.

O Arcadismo é, pois, consciência de integração: de ajustamento a uma ordem natural, social e literária, decorrendo disso a estética da imitação, por meio da qual o espírito reproduz as formas naturais, não apenas como elas aparecem à razão, mas como as conceberam e recriaram os bons autores da Antiguidade e os que, modernamente, seguiram a sua trilha. O conceito aristotélico de mímesis, ou seja, criação artística a partir das sugestões da realidade, assume para os neoclássicos um sentido por assim dizer próprio, estrito.

Entre as sólidas máximas, com que Horácio pretende formar um bom poeta, não é [...] menos importante a imitação. Não falo da imitação da natureza, mas da imitação dos bons autores [...]. Os Gregos e os Latinos, que dia e noite não devemos largar das mãos, estes soberbos originais, são a única fonte de que emanam boas odes, boas tragédias e excelentes epopeias.[7]

Para a figura principal da Arcádia Lusitana, a literatura se concebia, pois, à maneira de um arquivo da natureza, formado pelos antigos e funcionando, por assim dizer, como natureza de segundo grau, recriada mediante a imitação literária, que dava à obra segurança e nobreza, dando-lhe genealogia estética. "O poeta, que não seguir os antigos, perderá de todo o norte, e não poderá jamais alcançar aquela força, energia e majestade, com que nos retratam o formoso e angélico semblante da natureza" (pp. 468). Imitar Virgílio é não apenas participar, por exemplo, na ordem de valores criados por ele, mas também assegurar um instrumento literário já verificado no trabalho da criação. A conformidade com o modelo é o orgulho do escritor neoclássico, a quem pareceria estulta a pretensão de originalidade dos românticos e pós-românticos porque para ele "só a aprovação da posteridade é capaz de estabelecer o verdadeiro mérito das obras", e por isso se "a antiguidade de um escritor não é título certo de seu mérito [...] a antiga e constante admiração havida sempre por suas obras é prova segura e infalível de que elas devem ser admiradas".[8]

Além desta garantia de excelência do modelo, a Antiguidade oferecia outros apoios à teoria arcádica: em primeiro lugar, um excelente recurso de despersonalização do lirismo, graças ao uso de temas e personagens antigos como veículo da emoção. O mito, a lenda e a história antiga, sedimentados em profundidade pela educação humanística na consciência do homem culto, formavam uma caixa de ressonância para a literatura, bastando uma alusão para pôr em movimento a receptividade do leitor. A loura Ceres, o carro de Apolo, a Sirinx melodiosa, o sacrifício de Múcio Cévola, a morte de Catão eram centelhas que acendiam imediatamente a imaginação e iluminavam a intenção do poeta, por serem uma linguagem universal. O acervo tradicional da Antiguidade era introjetado tão profundamente, que dava lugar a uma espécie de espontaneidade de segundo grau, (própria às tendências neoclássicas), indo os escritores prover-se nela automaticamente para corresponder aos estímulos da inspiração. Ela se tornava, assim, apoio à imaginação do criador e do receptor de literatura, como sistema de formas através do qual dava sentido à experiência humana. Pode-se supor, entre outros exemplos, que o soneto de Tenreiro Aranha, sobre a mameluca Maria Bárbara, que preferiu morrer a trair o marido, avulta tanto em meio à sua obra medíocre porque

---

7 P. A. Corrêa Garção, "Dissertação terceira", em *Obras poéticas*, p. 465.   **8** Boileau, *Réflexions critiques* etc., op. cit., pp. 64 e 70.

(sem citar, e talvez mesmo sem estar consciente) é animado pelo que se poderia chamar a "situação de Lucrécia", cuja ressonância fazia vibrar os contemporâneos, bem ou malnutridos de tradição greco-romana.

Se acaso aqui topares, caminhante,
Meu frio corpo já cadáver feito...

A Antiguidade fornecia ainda a solução do problema da forma, decisivo numa tendência literária que busca o efeito precisamente pela "organização formal" da expressão.[9] Ora, a adoção de gêneros e espécies tradicionais, com suas leis de composição, atenua o arbítrio do escritor e permite alcançar um dos alvos do Arcadismo: criar pontos de referência para o homem medianamente culto, propiciando e reforçando a comunicabilidade.

A autoridade da tradição garantia o emprego das regras que, uma vez descobertas pelos antigos, deviam perdurar, desde que eram a própria manifestação da ordem natural, e esta não muda.

Those RULES of old discover'd, not devis'd,
Are Nature still, but Nature methodiz'd;
Nature, like liberty, is but restrained
By the same laws which first herself ordain'd.[10]

As regras da retórica e da poética limitavam o indivíduo em benefício da norma, curvando-o à razão natural, banindo as temeridades do engenho, podando na fantasia o estranho e o excêntrico, que se sobrepõem à ordem racional da natureza em vez de espelhá-la. Firme nelas, o escritor deveria trabalhar "sem largar de mão o prumo", na expressão saborosa e sugestiva de Garção.[11]

Consequências da imitação e das regras são, no fundo, a perda da capacidade de observar diretamente a vida e uma visão algo superficial tanto da natureza exterior quanto humana. Note-se que a paisagem civilizada, racionalizada, da literatura arcádica é, principalmente, um escorço de paisagem da superfície da terra: árvores, prados, flores, regatos, e os animais pacíficos que nela repousam. Os árcades quase não sentiram a magia do mar, nem do ar, que o Romantismo povoaria de duendes e mistérios. Na própria terra, a

---

9 "Chamo clássica a obra que depende da sua organização formal para provocar emoção." Roger Fry, citado em Louis Untermeyer, *The Forms of Poetry*, p. 6.　**10** "Essas regras há muito descobertas, não achadas, são ainda a Natureza, mas a Natureza metodizada; a Natureza, como a liberdade, só é contida pelas mesmas leis que ela própria formou a princípio." Pope, *An Essay on Criticism*, op. cit., p. 247.　**11** Garção, "Dissertação segunda" etc., op. cit., p. 446.

sua consciência não teve noção, ou necessidade, do subterrâneo, da caverna. Sentiram as grutas, como as cascatas — ornatos prediletos dos jardins pré-românticos, onde a paisagem epidérmica se dava o luxo de uma simulada energia, como a caverna de Tanajura ou o caramanchão de Lindoia, n'*O Uraguai*. O antro de Polifemo, celebrado por Góngora com esplendor barroco —

> —) *la caverna profunda* [...]
> *caliginoso lecho* [...]
> [...] *formidable de la tierra*
> *bostezo* —

o tenebroso antro, cantado na *Odisseia*, não existe na "Écloga VIII" de Cláudio Manuel, nem na cantata amaneirada de seu mestre Metastasio, *Il Ciclope*. A maior rudeza dessa paisagem policiada são os penedos, ali postos para servir de comparação com as amadas ingratas, ou ecoar o lamento dos pastores namorados. O mundo exterior se adapta, inteiro, aos padrões requeridos pelo estoque limitado da imaginação clássica e pela suprema regra do *decoro*.

Na imitação da vida interior, este leva ao mesmo senso de moderação, restringindo a literatura à superfície da alma e tolerando mal os desvios. Mais do que nunca, é o tempo da psicologia do adulto, branco, civilizado e normal — à qual se procura reduzir a do próprio primitivo, do homem em estado de natureza, que era o padrão. Assim como não se desce aos subterrâneos da terra, não se baixa também aos do espírito. A moderação e o compasso toleravam a própria indecência, quando medíocre e amaneirada, como no caso de Parny e até de algumas peças — de quem seriam! — do austero Elói Ottoni, tradutor da Bíblia:

> Indo ao prado colher flores,
> A flor que tinha perdeu.

Mas rejeitava toda ousadia — mesmo *decente* — que ultrapassasse os limites *convencionais* da psicologia natural. Não é pois de estranhar que esse século dinâmico, malcontido pelo ideal horaciano da mediocridade áurea, estoure, aqui e ali, na obra de Bocage, na do marquês de Sade, na de Blake, como estourou na Revolução Francesa e no Romantismo.

Na literatura luso-brasileira, podemos avaliar este culto da mediania pelas figuras dos escritores, que, mesmo quando revoltos, inquietos, procuravam dar impressão de equilíbrio e urbanidade, não só nos escritos, como na própria vida. Poucos teriam a rebeldia barroca de Gregório de Matos. Desses cidadãos pacatos, na maioria formados em Coimbra, funcionários zelosos e convivas amenos, o modelo é Garção, cujos poemas se desfibram na porfia de cantar o encanto da vida familiar, os piqueniques e merendas entre amigos. De tal modo que o leitor não leva a sério este bebedor de chá, quando, se abalançando ao ditirambo, lança, convicto e provecto, o turbulento —

Evoé, o Padre Liêo,
Saboé, Evan Bassareu —

a que o obrigava o doce império da imitação dos antigos. Nos árcades, encontramos pouco daquela "divina maldade", evocada por Nietzsche, que lhes teria dado um travo mais saboroso.

3.
Natureza e rusticidade

Decorrência do conceito setecentista do belo = verdadeiro (verossímil) é a busca das formas naturais no mundo físico e moral.

Com intuito meramente ilustrativo, poderíamos dizer que há em literatura três atitudes estéticas possíveis. Ou a palavra é considerada algo maior que a natureza, capaz de sobrepor-lhe as suas formas próprias; ou é considerada menor que a natureza, incapaz de exprimi-la, abordando-a por tentativas fragmentárias; ou, finalmente, é considerada equivalente à natureza, capaz de criar um mundo de formas ideais que exprimam objetivamente o mundo das formas naturais. O primeiro caso é o do Barroco; o segundo, do Romantismo; o terceiro, do Classicismo. Neste, há portanto um esforço de equilíbrio, fundado no pressuposto de que as formas elaboradas pela inteligência se regem por leis essencialmente análogas às do mundo natural. Por isso será sempre mais belo (mais natural) descrever

Os seus compridos cabelos
que sobre as costas ondeiam
(Gonzaga)

do que falar na

... *crespa tempestad del oro undoso.*
(Quevedo)

O verbo literário encontra finalidade na equivalência ideal ao objeto, na plenitude duma interpenetração em que a realidade é a baliza do ato criador.

Todavia, não houve apenas isto. A fidelidade à Natureza traria consequências imprevistas pelos cultores da Razão, dando lugar a combinações bem mais complexas entre ambas. Talvez esta complexidade seja a característica fundamental do século XVIII, que, nos países do Ocidente, e sobretudo nos dois que então lideravam, França e Inglaterra, foi por excelência século de transição, no qual ainda persistiam quase intactos certos blocos do passado, ao lado de alguns traços característicos do século vindouro. O racionalismo e as ideias inatas misturavam-se ao empirismo e ao sensualismo, com uma vitalidade perturbadora, cuja marca sincrética vamos encontrar na literatura. Nesta, os esquemas mentais de Boileau e o culto da Antiguidade clássica coexistiram com a divulgação científica pelo poema didático e a modernidade gritante da revolução sentimental, que pôs em voga, desde meados do século, o estoque de imagens e sentimentos que mais tarde pareceriam inseparáveis do Romantismo oitocentista. No terreno geral das ideias, a chave para compreender com alguma unidade as principais manifestações literárias no século XVIII deve ser buscada no tipo de racionalismo que o caracterizou — pois, apesar de Locke e de Condillac, a razão foi nele a suprema instância. Não mais, porém, a do século XVII, a razão matemática que se exprimia na vida social e na vida do espírito pelo bom senso, ou seja, o senso das proporções, das conveniências.

Que toujours le bon sens s'accorde avec la rime.

A razão setecentista, contemporânea do empirismo e da física de Newton, é a mesma que transparece na ordenação do mundo natural, mostrada por Linneu ou Buffon. O mundo, que impressiona a folha branca do espírito, deixa nela um traçado coerente; é pois um mundo ordenado, ao qual corresponde uma inteligência humana igualmente ordenada, pelo fato mesmo de lhe ser coextensiva. A ordem intelectual prolonga a ordem natural, cujo mistério Newton interpreta para os contemporâneos. A atividade do espírito obedece, portanto, a uma lei geral, que é a própria razão do universo, e não se destaca da natureza, como implicava o dualismo racionalista de Descartes. Uma nova razão, pois, unida à natureza por vínculo muito mais poderoso, inelutável na sua força unificadora.

Deístas, céticos, ateus; materialistas, empiricistas, sensualistas — todos sentiam profundamente essa presença da lei natural, no homem e no universo. Para D'Alembert, o instinto existencial era algo de obscuro, poderoso e infalivelmente certo, que provava ao mesmo tempo a minha existência e a do mundo exterior. À claridade seca do universo cartesiano ia sucedendo uma penumbrosa magia, mal disfarçada por todo o aparato científico da *filosofia*, propiciando interesse bem mais acentuado por aquelas zonas imprecisas que a psicologia preferira banir, couraçando-se na distribuição dos fatos da alma entre entendimento e vontade. No fim do Setecentos, a psicologia de Kant, dando estado ao sentimento, sancionava a revolução implícita no empirismo e desencadeada principalmente pela literatura, com a obra de Rousseau.

Conservando, pois, o arcabouço do bom senso e da simetria matemática, as principais correntes do século XVIII amaciam-no de algum modo por sentimento muito mais agudo dos fenômenos naturais; e aquilo que se chamava de preferência *universo*, ou *mundo*, passa a chamar-se *natureza*. Enquanto os *libertinos* do século anterior se haviam distraído com a matemática e a física, neste os curiosos, os *filósofos*, sem desdenhá-la, se enamoram, cada vez mais, da botânica e da zoologia. O conceito de Natureza vai englobando o instinto, o sentimento, cujas manifestações, subordinadas a princípio, avultam ao ponto de promoverem, em literatura, explosões emocionais que desmancham de todo a clara linha da Razão.

É elucidativa a este propósito a voga do famoso preceito horaciano de que para comover é preciso estar comovido; preceito sempre referido que assume então renovada importância e é tratado menos como indicação de um recurso técnico, do que como verdadeiro apelo à sinceridade.[12] Na *Epístola* a José Basílio da Gama, de Silva Alvarenga, por exemplo, ela é transposta num contexto que lhe dá aspecto de acentuada valorização da emoção pessoal, rompendo o molde da convenção e abrindo caminho à tumultuosa revelação dos estados peculiares à alma de cada um. E a Natureza aparece como convite à sinceridade, isto é, à expressão direta do que o poeta sente; mais um passo e estaremos na anotação específica dos sentimentos "localizados e datados", que se indicarão noutra parte deste livro.

Alvarenga principia meditando sobre a essência, limites e alcance da poesia, que deveria partir (como se diria hoje) de uma *vivência* autêntica; não de um trabalho mais ou menos frio:

> Da simples natureza guardamos sempre as leis:
> Para mover-me ao pranto convém que vós choreis.

Até aqui, mera transcrição do preceito horaciano, obrigatoriamente retomado e glosado por todos os tratadistas e autores de artes poéticas a partir do Renascimento. Os versos seguintes alteram porém este significado, mostrando que para ele o sentimento era algo transcendente ao molde literário, e dotado de maior valor:

---

12 Ver Horácio, "Arte poética", pp. 102-103:
"... *Si vis me flere dolendum est*
primum ipsi tibi..."
(... Se queres que eu chore, começa por sentires tu mesmo a dor...).

Quem estuda o que diz, na pena não se iguala
Ao que de mágoa e dor geme, suspira e cala.

Reponta aqui algo menos corriqueiro na estética neoclássica e que se expandirá na romântica: a obra é capaz de exprimir apenas uma parcela da sensibilidade; logo, na ordem das grandezas, o humano transcende a arte, ao contrário da teoria clássica pura, que geralmente não reconhece problema algum além dos que a obra encerra na sua integridade formal. Nestes versos, a disciplina aparece como limite à riqueza afetiva, pois eles exaltam o sofrimento inexpresso, que se perdeu para a arte, mas de que o poeta deve participar no ato da criação. Manuel Inácio destaca assim, da teoria da Arcádia, tendências que avultarão na sua obra e o Romantismo levará ao máximo.

Noutro setor, dizia Carl Philipp Emanuel Bach aos discípulos que "um músico só pode comover se ele próprio estiver comovido". E, já que foi invocada, lembremos que a música ilustra bem, no século XVIII, a procura da emoção e da expressão individual, na passagem das tendências polifônicas ao "estilo galante", no respeito à sensibilidade, na dignidade conferida ao instrumento e na emergência de certas formas em que a individualidade deste é liberada, sem prejuízo da integração num conjunto, como o quarteto e o concerto de instrumento e orquestra. Em consequência, como assinala Geiringer,

> o estilo galante e a sensibilidade (*Empfindsamkeit*) se combinaram num idioma novo de classicismo inicial, jovial e delicado, não obstante terno e profundamente emotivo; idioma que representou um belo equilíbrio de forma e conteúdo, de linguagem do coração e da inteligência.[13]

Não se poderia exprimir melhor o que ocorreu também na literatura, quando foi possível atingir, sobretudo na obra de Gonzaga, essa harmonização difícil dos elementos racionais e afetivos, da fatura e da sinceridade. No que deixou de mais puro e realizado, (pouca coisa, na verdade), o nosso Arcadismo atingiu alguns momentos de plenitude, em que sentimos a presença tão rara daquela naturalidade complexa a que tendia, duma parte pelo exercício mental, de outra pela fidelidade aos impulsos da emoção. São os momentos de triunfo do *homem natural* (no sentido amplo), que constituiu um dos seus alvos permanentes, e cujo conceito deve ser tomado tanto no sentido próprio, de primitivismo, quanto no figurado, de obediência ao que em nós é sangue e nervo.

13 Karl Geiringer, *The Bach Family*, p. 302.

O homem natural Em história literária, convém sempre indagar qual o tipo, ou tipos ideais de homem invocado, explícita ou implicitamente, nas obras dos escritores, porque ele nos dá quase sempre a chave para compreender a correlação da literatura ao momento, ideológico e histórico. No século XVIII, o herói literário por excelência é o *homem natural*, que aparece de vários modos e em várias circunstâncias, mas sempre dotado de algumas das características do seu padrão ideal. É, por exemplo, o Tom Jones, de Fielding, buscando inserir-se ingenuamente no mundo através duma série de experiências que solicitam o que há nele de mais vário e contraditório, e acabam por conduzi-lo a uma posição idealmente sadia e equilibrada. É também — no sexo feminino — a Clarissa Harlowe, de Richardson, cuja pureza profunda, *natural*, não se contamina através de toda a sordidez em que mergulha. É, ainda, Saint-Preux, cuja vida pode ser considerada um encadeamento de pretextos para a exibição de tudo o que no homem existe de nobre e terno — de espontaneamente nobre e terno, para Rousseau. É, apesar da caricatura, o próprio Cândido, de Voltaire, no qual sobrenada forçosamente uma boa disposição, que é a própria marca da natureza.

Em suma, o homem natural, como aparece nos romances com um toque acentuado de ingenuidade, e cujo contrapeso virá depois com *As ligações perigosas*, de Laclos, e a obra de Sade, o homem natural, em prosa e verso, é sempre aquele herói cuja bondade inata é posta à prova pelas vicissitudes da vida social, e sabe, não obstante, triunfar delas pela fidelidade com que segue a voz das disposições profundas.

Anteriormente, a urbanidade, a civilização, pareciam a própria marca da humanidade, na medida em que domavam e enformavam uma natureza humana, uma *alma*, de si tendentes ao mal; agora, o humano parecia mais chegado ao que nesta *alma* havia de profundo e característico, e a civilização só parecia justa e conveniente na medida em que a ordenava, prolongando-a. Foi como se, depois do violento esforço de urbanização do homem, — manifestado pela arquitetura e o urbanismo barroco, pela monarquia centralizada e a difusão da etiqueta, — surgisse uma espécie de movimento compensatório, que volatiliza no Rococó e na paixão dos jardins, na assimilação do social ao natural, na naturalidade das maneiras e dos sentimentos, a concepção rígida e majestática da existência.

Queria-se que o homem natural fosse simultaneamente espontâneo e polido, simples e requintado, rústico e erudito, razoável e sentimental: um Emílio, em suma, com energia bastante para trazer no espírito, sem dilacerar-se, o embate de culturas e contradições históricas que faziam do seu tempo, como dissemos, uma espécie de ponte entre duas épocas e duas diferentes visões da vida espiritual e social. E a literatura se desenvolve, em grande parte, como trabalho de construção deste ideal, em que se sublimam as aspirações e a própria realidade existencial do século. Com o seu poder sintético e estilizador, ela criará imagens, personagens e situações, a partir da matéria-prima dos sentimentos e das ideias, que, em todos os tempos, aspiram profundamente à categoria literária que os eternizará.

Ao acentuar, porém, de modo tão marcado a identidade do racional e do natural, o pensamento setecentista preparava a ruptura do equilíbrio clássico, que afinal de contas nunca passou duma tendência. O ideal de naturalidade conduziu ao de espontaneidade, que abriu as portas ao sentimentalismo — negação gritante da racionalidade. Dando categoria de literatura aos sentimentos espontâneos, inaugurou a *lógica do coração* e a dicotomia inevitável entre ela e a razão raciocinante, promovendo a dissolução desta como instância superior na criação literária. Isto só se evidenciará definitivamente com o Romantismo: no século XVIII assistimos ao seu progresso lento, sem que chegue no entanto — em Portugal e no Brasil — a predominar a tendência *racional*, haurida no exemplo dos antigos e dos franceses e imanente no próprio esforço modernizador do despotismo de Pombal.

Bucolismo A esta altura, devemos tocar no problema dos gêneros pastorais, que representavam uma das principais manifestações de *naturalidade*, pelo encontro da tradição clássica e a procura de relações humanas simples, num quadro natural interpretado segundo normas racionais.

É, no sentido estrito, o Arcadismo, que deu nome ao período e deve ser considerado, mais que um conjunto de gêneros literários, verdadeira filosofia de vida, reinterpretando o mito da idade de ouro, que começava então a passar de retrospectivo a prospectivo, uma vez que a noção de homem natural dava lugar à ideia de progresso, passando-se da nostalgia à utopia.

Escolhendo a designação de Arcádia Lusitana para o seu grêmio, os reformadores da literatura portuguesa se conformavam ao exemplo italiano; ao cultivarem o gênero bucólico, ou adotarem nomenclatura bucólica nos seus poemas, integravam-se numa corrente, também de inspiração italiana imediata, mas de boas, excelentes raízes portuguesas; corrente que parecia a própria condição de um movimento cujo escopo era restabelecer a simplicidade e desbaratar a joalharia falsa do Cultismo decadente. O que havia mais simples, mais *natural*, que a vida dos pastores e a contemplação direta da natureza? Se os gêneros bucólicos propriamente ditos não constituem todo o Arcadismo, constituem sem dúvida uma das suas notas características — quer nos poetas que os praticaram como Cruz e Silva, Quita e Cláudio Manuel, quer nos que vazaram o lirismo em imagens pastorais, como Garção, Gonzaga, Silva Alvarenga.

A poesia pastoral, como *tema*, talvez esteja vinculada ao desenvolvimento da cultura urbana, que, opondo as linhas artificiais da cidade à paisagem natural, transforma o campo num bem perdido, que encarna facilmente os sentimentos de frustração. Os desajustamentos da convivência social se explicam pela perda da vida anterior, e o campo surge como cenário de uma perdida euforia. A sua evocação equilibra idealmente a angústia de viver, associada à vida presente, dando acesso aos mitos retrospectivos da idade de ouro. Em pleno prestígio da existência citadina os homens sonham com ele à maneira de uma felicidade passada, forjando a convenção da *naturalidade* como forma ideal de relação humana.

Os costumes setecentistas refletem bem esse desejo de recuperação natural e exprimem o quanto tinha de artificioso. Brincadeiras pastoris, festas campestres, renascimento do ar livre e, ao mesmo tempo, amenização da etiqueta barroca, simplificação do vestuário, valorização das atitudes sentimentais.

Literariamente, os gêneros pastoris neoclássicos simplificaram as imagens poéticas, por uma contemplação mais simples da paisagem e dos seres. Procurando exprimir o vínculo, (obliterado pelo anteparo fulgurante das metáforas barrocas), entre o homem e a água, os montes, as árvores, os animais, ajudaram a reconsiderar o próprio vínculo dos homens entre si. Sentimentos mais diretamente expressos, visão mais chã, menos majestosa do mundo e dos semelhantes; no fundo, porém, sentimento menos vivo e menos artístico da natureza, que se banaliza.

No Arcadismo, além das diferentes formas assumidas pelo mito da idade de ouro, e consequente exaltação da vida campestre, esta disposição do espírito se manifesta na diminuição de escala do sentimento amoroso, tratado com maior humildade ou, quando não, simplicidade mais acentuada. A poesia bucólica se caracteriza por uma *delegação poética*, a saber, a transferência da iniciativa lírica a um pastor fictício. Ao contrário do trovador dos Cancioneiros, do sonetista do século XVI, ou do futuro bardo romântico, o árcade não ama, nem mesmo anda com a sua própria personalidade; adota um estado pastoril e, portanto, disciplina, sistematizando-a, a sua manifestação individual. Esta abstração do comportamento é que leva a crítica a acentuar o *convencionalismo* arcádico, como se as demais escolas não funcionassem também segundo convenções. Apenas, esta é mais visível, e talvez mais contundente para a nossa sensibilidade pós-romântica, pela invariável *delegação*.

O Arcadismo português do século XVIII difere todavia bastante do quinhentista e do seiscentista. Amainado, polido, urbanizado, a paisagem nele é decorativa e quase sempre reduzida a indicações sumárias; os pastores, elegantes, discretos e comedidos. Sob as suas várias manifestações, sentimos a influência de Fontenelle, cuja teoria exprime a incorporação da poesia bucólica ao decoro neoclássico, estabelecendo que ela deve ser uma idealização da vida campestre segundo as normas do bom gosto. Graças à regra soberana da verossimilhança é possível apresentar pastores galantes, amorosos e bem-educados, imaginando-se que tais qualidades poder-se-iam desenvolver no ócio da vida campestre. "O verdadeiro é necessário para agradar à imaginação; mas ela não é difícil de contentar, bastando-lhe frequentemente a meia verdade." Daí não ser preciso subordinar-se ao naturalismo de muitos bucólicos:

> [...] a poesia pastoral não terá grande encanto se for tão grosseira quanto o natural ou limitar-se minuciosamente às coisas rurais. Falar de cabras e carneiros e dos cuidados que requerem nada tem de agradável em si; o que agrada é a ideia de tranquilidade, ligada à vida dos que cuidam das cabras e dos carneiros.

O inconveniente oposto é o estilo guindado, o conceito, a linguagem ornada, igualmente perigosos. Equidistante de ambos surge a teoria do pastor neoclássico: "Entre a grosseria própria aos pastores de Teócrito e o requinte excessivo da maioria dos nossos pastores modernos há um meio-termo a observar".[14]

À busca deste meio-termo saiu a campo o teórico principal dos gêneros bucólicos no Arcadismo português, Antônio Diniz da Cruz e Silva. Bem consciente do diálogo campo-cidade, ou rusticidade-civilização, que ele implicava, procede a uma classificação dicotômica: há uma "Poesia Pastoril", "que tinha por objeto o imitar da vida do campo" e "outra que se reduzia a tratar as ações, usos e costumes dos Cidadãos, a que para distinção podemos chamar Poesia Urbana".[15]

Firme no "meu estimadíssimo Muratori, Boileau, Fontenelle e o autor dos *Princípios da literatura*", mostra que a écloga não visa ao estilo rústico, mas ao simples, que obedece ao gosto e à razão, sendo construído segundo os seus ditames, visando ao mesmo tempo o deleite e a utilidade, "conforme a doutrina do nunca assaz louvado Muratori e do Padre Francisco José Freire, que dele a copiou" (pp. 13-14, 17-18).

Em consequência, prega a idealização racional da natureza e dos costumes rurais. A écloga deve sugerir a idade de ouro.

---

14 Fontenelle, "Discours sur la nature de l'églogue", em *Oeuvres de Fontenelle* etc., v. V, respectivamente pp. 43, 48, 48-56, 57.   **15** "Dissertação sobre o estilo das éclogas, para se recitar na Arcádia a 30 de setembro de 1757", em *Poesias de Antônio Diniz da Cruz e Silva* etc., v. II, pp. 6-7.

Os campos quase sempre hão de ser os mais férteis, os ares os mais puros, os rios os mais serenos, as aves as mais harmoniosas, e ainda os mesmos montes hão de brotar copiosas flores. O sossego, a paz, a liberdade, a abundância, os inocentes divertimentos, e uma suave brandura, que melhor se sabe sentir, do que explicar, finalmente tudo o que estiver respirando as felicidades daquele desejado século, faz um admirável efeito num poema destes.

Nos Pastores deve reinar a singeleza, a inocência, uma simples alegria, e ainda a mesma delicadeza, contanto que não seja buscada, ou como os franceses dizem, *recherchée*. (p. 10)

A instância final é ainda aqui Aristóteles. A mímesis, visando representar as coisas "conforme as ideias universais", permite idealizar a natureza, cujos dados reais transcende graças à fantasia, para "formar de todas estas ideias particulares uma ideia universal".[16]

No caso do Brasil a poesia pastoral tem significado próprio e importante, visto como a valorização da rusticidade serviu admiravelmente à situação do intelectual de cultura europeia num país semibárbaro, permitindo-lhe justificar de certo modo o seu papel. Poderíamos talvez dizer que, sob este ponto de vista, e ao contrário do que se vem dizendo desde o Romantismo, ela foi aqui mais *natural* e justificada, pois dava expressão a um diálogo por vezes angustiosamente travado entre civilização e primitivismo. A adoção de uma personalidade poética convencionalmente rústica, mas proposta na tradição clássica, permitia exprimir a situação de contraste cultural, valorizando ao mesmo tempo a componente local — que aspirava à expressão literária — e os cânones da Europa, matriz e forma da civilização a que o intelectual brasileiro pertencia, e a cujo patrimônio desejava incorporar a vida espiritual do seu país. No limite, surgiu o Indianismo, sobretudo com Basílio da Gama e Durão, verdadeira reinterpretação, segundo os dados especificamente locais, do diálogo campo-cidade, contido nos gêneros bucólicos. Como a vara da lenda, o cajado dos pastores virgilianos, fincado no solo brasileiro, floresceu em cocares e plumas, misturando velha seiva mediterrânea à "claridade do dia americano".

---

16 "Dissertação que sobre o estilo da écloga recitou aos 29 de outubro de 1757 no Monte Menalo Elpino Nonacriense", op. cit., v. II, p. 4. (Apesar de seguir uma à outra, as duas dissertações têm numeração independente.)

4.
Verdade e Ilustração

O conceito aristotélico de imitação foi sempre uma das chaves da teoria poética, dos séculos XVI ao XVIII. Dele decorria a noção de verdade, consequente à correlação entre racional e natural. Ao imitar os objetos da natureza, a arte caminha guiada pela razão; esta não visa a reproduzir, como quereriam mais tarde os naturalistas, mas, ao contrário, apreender a forma imanente, ou seja, uma verdade ideal. O belo é o verdadeiro porque este é o natural filtrado pela razão. Quer as teorias acentuassem o aspecto voluntário e intelectual do processo criador, quer dessem papel mais amplo à imaginação, resultava sempre esta pesquisa da verdade ideal, que justifica o verossímil, domínio da arte.

Nas manifestações teóricas mais consequentes, equilibram-se de modo harmonioso os três conceitos-chave, como em Boileau, teórico por excelência do Classicismo francês, que predominou como influência por todo o século XVIII, e cujas ideias a respeito Lanson sintetiza da maneira seguinte:

O que é em poesia um pensamento verdadeiro? A poesia é uma arte, e a verdade nela não é de ordem diversa da que aparece na pintura e na escultura: é a verdade da imitação, a conformidade da representação figurada com o modelo natural. No estilo é a equivalência da palavra à ideia: na concepção, a equivalência da ideia ao objeto. Basta aproximar um do outro dois ou três versos esparsos na obra de Boileau, e seu pensamento se desprenderá com perfeita nitidez:

Aimez donc la raison: que toujours vos écrits
Empruntent d'elle seule et leur lustre et leur prix.

Logo, a razão faz a beleza. Mas a beleza é a verdade:

Rien n'est beau que le vrai...

Mas a verdade é a natureza:

La nature est vraie...

Razão, verdade, natureza são portanto uma só coisa, e eis o termo a que se chega. Sob estas palavras abstratas — *razão, verdade* — não é a frieza da imaginação ou a secura científica que Boileau prescreve ao poeta: é o amor e o respeito da natureza.[17]

No século XVIII ocorreram, todavia, correntes de desequilíbrio deste padrão teórico, dando preponderância seja ao belo, seja ao verdadeiro. A segunda tendência representa, de um lado, a busca da sinceridade na expressão dos sentimentos; de outro, a extensão das preocupações literárias para o lado dos problemas intelectuais e políticos. Ambas conferem à arte um sentido de representação do mundo natural e social, mais que de deleite estético. "Não o belo, mas o Verdadeiro, ou seja, a imitação da vária Natureza, é o objeto das Belas-Artes [...]. A perfeição duma obra [...] não se mede pelo grau de beleza, mas pela perfeita imitação da Natureza."[18] Neste conceito tão setecentista do jovem Leopardi, vemos que a mímesis tem um sentido de fidelidade mais que de invenção.

Não espanta, pois, a orientação didática de grande parte da literatura neoclássica, interessada em *mostrar* ao leitor um verossímil imantado pelo polo da verdade. No domínio da vida política e social, também o pensamento aparece no século XVIII como uma espécie de mímesis, procurando, sob a multiplicidade do real, as formas ideais de convivência para apresentá-las como alvo da conduta. E é normal que as interpretações *naturalistas* da sociedade terminassem, em Rousseau, com a proposição de uma reforma do indivíduo pela educação, do mesmo modo que a tipologia política de Montesquieu, permitindo simplificar racionalmente a multiplicidade dos fatos e dar-lhes uma sequência coerente, convidava a rever as instituições públicas num sentido liberal.

A literatura se alinha nesta ordem de ideias, proclamando a sua *utilidade* e a sua capacidade de debater os temas *filosóficos*. Segundo Voltaire, Pope foi realmente o maior poeta ao conduzir a poesia para a investigação do homem, superando Horácio e Boileau, que se haviam limitado ao belo e ao verdadeiro:

D'un esprit plus hardi, d'un pas plus assuré,
Il porta le flambeau dans l'abîme de l'être;
Et l'homme avec lui seul apprit à se connaître.
L'art quelquefois frivole et quelquefois divin,
L'art des vers est, dans Pope, utile au genre humain.
("Poème sur la loi naturelle")

17 Gustave Lanson, *Boileau*, pp. 94-95.   18 Leopardi, *Zibaldone*, v. I, pp. 4-5.

Não é, pois, apenas a verdade como adequação da obra ao objeto que constituiu escopo da estética neoclássica; nela cabia também a busca da verdade científica e da verdade social, através do poema didático, da epístola e da sátira. Na França, por exemplo, o Classicismo do século XVII, sobretudo moral, ou seja, psicológico, dá lugar no século XVIII a um Neoclassicismo em parte social, que concebia a verdade não mais apenas como coerência do homem consigo mesmo, e da obra de arte com a natureza; mas também do homem com o semelhante, ou seja, a adequação da sociedade civil aos fins da razão.

Na *Henriade* ela aparece marcada por este novo signo, em versos de asseio lapidar:

Descends du haut des cieux, auguste Vérité!
Répands sur mes écrits ta force et ta clarté:
Que l'oreille des rois s'accoutume à t'entendre,
C'est à toi d'annoncer ce qu'ils doivent apprendre.

Note-se o racionalismo implícito na invocação à Verdade, que deste modo substitui os heróis e os feitos com que se abriam tradicionalmente as epopeias. Note-se ainda o caráter pragmático que lhe é atribuído; esta verdade que os reis têm de ouvir não é mais apenas a idealização das formas naturais: é a justiça na organização da sociedade.

À preocupação com a harmonia ou desarmonia da natureza vem juntar-se a preocupação com a harmonia e desarmonia do universo social, da "sociedade civil".

De vez que o homem prolonga a natureza, a lei humana deve ser da mesma essência que a lei natural. Fundindo-as numa definição famosa, Montesquieu operou uma das maiores revoluções teóricas do tempo, abrindo caminho para as ciências humanas e fundamentando a filosofia social, pois exprimia uma das ideias mais enraizadas no século XVIII: que a vida social obedece a leis objetivamente determináveis, é passível de modificar-se por um conhecimento adequado das mesmas, podendo o homem, por conseguinte, melhorar progressivamente. Traço fundamental do século é com efeito a ideia de progresso, a noção de um desenvolvimento histórico constituído por etapas decorrentes umas das outras, refundindo-se em consequência o conceito de homem estático, igual em toda parte e em todo tempo. Embora indicado pela incipiente filosofia da história, só com o *Tableau*, de Condorcet, no último decênio, este conceito aparece constituído, esquematizado, pronto para a larga aventura que teria até os nossos dias.

A nossa Ilustração A situação de tais problemas é bem diferente em Portugal e no Brasil, comparados aos países modelos, França e Inglaterra. O nosso foi um Século das Luzes dominantemente beato, escolástico, inquisitorial; mas elas se manifestaram nas concepções e no esforço reformador de certos intelectuais e administradores, enquadrados pelo despotismo relativamente esclarecido de Pombal. Seja qual for o juízo sobre este, sua ação foi decisiva e benéfica para o Brasil, favorecendo atitudes mentais evoluídas, que incrementariam o desejo de saber, a adoção de novos pontos de vista na literatura e na ciência, certa reação contra a tirania intelectual do clero e, finalmente, o nativismo.

A literatura de homenagem ao grande marquês teria raízes de interesse e lisonja; mas o certo é que habituou os intelectuais a prezar a renovação mental, a acreditar na força organizada para modificar a sociedade, a afastar-se do fator clerical mais duramente passadista, pela eficiência de sua ordenação: a Companhia de Jesus. Admitamos que os sonetos de Cláudio contra o atentado de João Batista Pela sejam mero rapapé subserviente; mas a écloga "Albano", o "Epicédio I à morte de Gomes Freire", o "Romance" a José Gomes de Araújo, revelam incontestável preito *ilustrado* ao bom governo, à ordem racional, à construção de uma vida social adequada. Talvez houvesse neles menos de meia convicção e mais de meia adulação, se não lhes pudéssemos dar como contraprova os sonetos e alusões à obra de Pedro, o Grande, "o russiano herói", déspota civilizador, mostrando aceitação e reverência por um certo tipo de intervenção social que se esperava do ministro de d. José I, capaz de difundir as luzes no Brasil inculto e integrá-lo no sistema das nações civilizadas. Ilustração, pombalismo e nativismo misturam-se desta forma estreitamente.

Não proveio sem razão dos brasileiros o ciclo mais característico de pombalismo literário, cujos pontos culminantes são *O Uraguai* (1769), de Basílio da Gama, no campo antijesuítico; *O desertor* (1771), de Silva Alvarenga, no setor da reforma intelectual; *O reino da estupidez* (1785), de Francisco de Melo Franco, no protesto contra a reação do tempo de d. Maria I.

Vistas sob este ângulo, todas as obras citadas, e mais o "Canto genetlíaco" e a "Ode" a d. Maria I, de Alvarenga Peixoto; "As artes", de Silva Alvarenga; "As aves", de Sousa Caldas, documentam uma atitude que, dentro das limitações apontadas, constituem o eco brasileiro, ou luso-brasileiro, das ideias modernas. Para nós elas se corporificariam cada vez mais no nativismo, na propaganda do saber, na aspiração ao bom governo, que marcariam a atitude e atividade dos publicistas e políticos até a proclamação e consolidação da Independência. Fora do campo especificamente literário, aparecem no otimismo utópico de um Azeredo Coutinho, em cujo *Ensaio sobre o comércio de*

Portugal fundem-se a acuidade do homem prático, o ardor do filantropo, o devaneio do "filósofo", querendo que o homem natural das florestas americanas, educado à Rousseau para o cultivo dos próprios interesses e aptidões, se tornasse o navegador experimentado, praticando, em navios tirados daquelas mesmas florestas, o comércio do sal, que daria riqueza à Colônia. Sonho e realidade, num país onde a magnitude das tarefas e a pobreza de recursos só se poderiam equacionar no apelo à utopia, ao plano salvador, que desde então tem sido uma das formas mais constantes do nosso intelectual se ajustar à situação.

Foi todavia com a vinda de d. João VI que o Brasil conheceu realmente, embora em escala modesta, a sua Época das Luzes, como entrosamento da iniciativa governamental, do pragmatismo intelectual, da literatura aplicada, que finalmente convergiram na promoção e consolidação da Independência. Se a poesia desse momento é de qualidade inferior, são excelentes o ensaio e o jornalismo, que, levando à consequência lógica as tendências didáticas da Ilustração, tomam o seu lugar no espírito dos melhores e contribuem para criar a atmosfera de cujo adensamento sairiam as iniciativas de independência literária. As tendências do século XVIII se coroam, entre nós, pela obra de liberais como Hipólito da Costa, frei Caneca e Evaristo da Veiga, a cujo lado operam os "realistas", os conservadores que trazem o elemento de freio, mas que, na perspectiva brasileira, são igualmente *ilustrados*, conscientes dos problemas do país, voltados para a aplicação da inteligência ao progresso. Como o seu paradigma, José Bonifácio, poderiam bradar: "Eu também sou cristão e filantropo!".[19] Cristianismo, concebido como fraternidade, não clericalismo; filantropia, ou seja, disposição de promover o bem dos homens pela razão: eis o lema destes maçons com ou sem batina, que entregam ao jovem Pedro II e aos jovens românticos as rédeas de uma cultura orientada pela razão, a verdade e o culto da natureza.

---

19 "Representação à Assembleia Geral Constituinte e Legislativa do Império do Brasil sobre a escravatura", em Alberto Sousa, *Os Andradas*, v. III, p. 450.

5.
A presença do Ocidente

Nos parágrafos anteriores tentou-se caracterizar o século XVIII, fazendo sentir como, apesar da importância nele conferida à razão, as suas componentes são bem mais complexas. Vimos que na literatura comum a reação ao Barroco levou à busca da naturalidade, em dois sentidos: simplicidade expressional e respeito ao sentimento. Aquela, envolvendo certo rigor depurativo que conduziu não raro ao formalismo; este, desandando às vezes em afetação ou licenciosidade. De modo geral, uma tensão constante entre dois polos, formalismo e sentimentalismo, — que se resolveria no Romantismo pelo predomínio do segundo. Quando ambos puderam equilibrar-se com harmonia, resultaram no período arcádico alguns momentos de excepcional beleza, que constituem o melhor da sua contribuição e que encontramos na obra de Basílio da Gama, Silva Alvarenga e Gonzaga. A de Cláudio, não inferior, é ainda muito presa ao Cultismo.

Nestes casos, obteve-se o alvo ideal do movimento: encontro da simplicidade, que parece espontânea, pela ação conjugada da razão, impondo as suas fórmulas, e do sentimento, derivado da imitação do natural. Não se evitou porém, sobretudo nos escritores de segunda plana, o artificialismo, devido ao esforço de ser natural por meio de receitas. Nos melhores, esta proscrição do *espontâneo*, o estrito particular do escritor, foi feliz quando redundou em benefício de uma generalização que afinal humaniza a experiência. Digamos que o defeito capital deste processo foi generalizar automaticamente por intermédio das imagens clássicas tradicionais, utilizadas com frieza e sem necessidade criadora. A sua maior qualidade, nos bons momentos, foi assegurar uma tonalidade universal e artisticamente elaborada à expressão literária, superando a "odiosa sinceridade, mãe das obras loquazes e imperfeitas", de que falava Ravel.

No caso do Brasil — mero apêndice da Metrópole — é necessário assinalar qual o significado e a influência das tendências arcádicas, no sentido amplo definido inicialmente, que engloba Classicismo e Ilustração. Começando pelo fim, podemos dizer que elas forneceram bons elementos para constituir a sua literatura e incorporá-la à cultura do Ocidente.

Quatro grandes temas presidem à formação da literatura brasileira como sistema entre 1750 e 1880, em correlação íntima com a elaboração de uma consciência nacional: o conhecimento da realidade local; a valorização das populações aborígines; o desejo de contribuir para o progresso do país: a incorporação aos padrões europeus. No interior desses limites os poetas cantarão as suas mágoas, os romancistas descreverão as situações dramáticas, os ensaístas traçarão as suas fórmulas. No fundo do desabafo mais pessoal ou da elucubração mais aérea, o escritor pretende inscrever-se naquelas balizas, que dão à nossa literatura, vista no conjunto, esse estranho caráter de nativismo e estrangeirismo; pieguice e realidade; utilitarismo e gratuidade.

Ora, esses temas se definem, no período estudado, como reinterpretação local das orientações estéticas e filosóficas, hauridas no exemplo europeu e enxertadas no arbusto frágil das tentativas literárias, que vinham se realizando, aqui, desde o primeiro século da colonização. O racionalismo deu lugar à filantropia e ao desejo de criar uma sociedade livre e bem organizada; o culto da natureza promoveu a valorização do pitoresco, alimento do nativismo e da descrição da realidade; a moda pastoril encaminhou para a valorização do homem natural, que para nós foi sobretudo o índio; a tradição clássica apresentou um estilo de civilidade que nos entroncava de certo modo na tradição e assegurava a participação no mesmo sistema simbólico do Ocidente.

Neste sentido, os escritores brasileiros que, em Portugal ou aqui, escrevem entre, digamos, 1750 (início da atividade literária de Cláudio) e 1836 (iniciativa consciente de modificação literária, com a *Niterói*), tais escritores lançaram as bases de uma literatura brasileira orgânica, como sistema coerente e não manifestações isoladas. Uns foram grandes espíritos, como os "mineiros", Sousa Caldas, José Bonifácio, Hipólito da Costa; outros, medianos repetidores ou pobres literatos provincianos. Em conjunto porém, a sua passagem pela literatura foi não apenas fecunda e necessária, como, em muitos casos, cheia de beleza. Possuídos pelo sentimento da dignidade e excelência do ofício intelectual; impregnados do sentido de regularidade artística e comunicabilidade da obra de arte, criaram uma consciência literária no criador e no público. O que as Academias não puderam, por falta de receptividade do meio e, sobretudo, falta de talento dos seus membros, puderam-no os neoclássicos e, dentre eles, sobretudo os poetas, num tempo em que a poesia era veículo de sentimentos e ideias na coletividade dos homens cultos.

Um vezo persistente da nossa crítica é censurá-los por não se haverem libertado da *quinquilharia greco-romana*. A censura vem de Ferdinand Denis e Garrett, em cujo excelente "Bosquejo da história da poesia e da língua portuguesa", de 1826, lemos o seguinte:

E agora começa a literatura portuguesa a avultar e enriquecer-se com as produções dos engenhos brasileiros. Certo é que as majestosas e novas cenas da natureza naquela vasta região deviam ter dado aos seus poetas mais originalidade, mais diferentes imagens, expressões e estilo, do que neles aparece: a educação europeia apagou-lhes o espírito nacional: parece que se receiam de mostrar americanos; e daí lhes vem uma afetação e impropriedade que dá quebra em suas melhores qualidades.

E falando de Gonzaga:

Se houvesse por minha parte de lhe fazer alguma censura, só me queixaria, não do que fez, mas do que deixou de fazer. Explico-me; quisera eu que em vez de nos debuxar no Brasil cenas da Arcádia, quadros inteiramente europeus, pintasse os seus painéis com as cores do país onde as situou. Oh! quanto não perdeu a poesia nesse fatal erro! Se essa amável, se essa ingênua Marília fosse, como a Virgínia de Saint-Pierre, sentar-se à sombra das palmeiras, enquanto lhe revoavam em torno o cardeal soberbo com a pintura dos reis, o sabiá terno e melodioso, — que saltasse pelos montes espessos a cotia fugaz, como a lebre da Europa, ou grave passeasse pela orla da ribeira o tatu escamoso, — ela se entretivesse em tecer para seu amigo e seu cantor uma grinalda não de rosas, não de jasmins, porém dos roxos martírios, das alvas flores, dos vermelhos bagos do lustroso cafezeiro; que pintura se a desenhara com sua natural graça, o pincel de Gonzaga![20]

Com semelhantes conceitos, inspirados no gosto pela expressão local, e mais ainda pelo sentimento do exótico, pode-se dizer que surgiu a teoria da literatura brasileira, cujo principal critério tem sido, até hoje, a análise do *brasileirismo* na expressão como elemento diferenciador. Em 1836, na *Niterói*, Magalhães retoma o ponto de vista, lamentando que os poetas brasileiros, seduzidos pelo modelo clássico, "olvidaram as simples imagens que uma natureza virgem com tanta profusão lhes oferecia".[21]

Ora, quando falamos em servilismo à tradição clássica, ou em imitação estrangeira, devemos considerar que a literatura colonial era um aspecto da literatura portuguesa, da qual não pode ser destacada: o cenário americano serviria para lhe dar sabor exótico, nunca para lhe dar autonomia, pois o cenário não basta se não corresponder à visão do mundo, ao sentimento especial que transforma a natureza física numa vivência — e a vivência neoclássica em relação à

---

20 *Parnaso lusitano*, v. I, pp. XLIV e XLVI-XLVII.   **21** D. J. G. de Magalhães, "Discurso sobre a história da literatura do Brasil", em *Opúsculos históricos e literários*, p. 257.

natureza física tendia a imprimir-lhe, qualquer que ela fosse, uma impessoalidade que se obtinha pelo desprezo do detalhe em prol da lei. Silva Alvarenga, que canta a onça, o gaturamo, a cobra, a mangueira, o cajueiro, não é esteticamente menos neoclássico do que Tomás Gonzaga, que os ignora. Pelo contrário: este está psicologicamente mais perto dos escritores românticos, não porque tenha cantado ou deixado de cantar as particularidades da terra, mas porque, como Bocage ou José Anastácio da Cunha, sofre o processo de decomposição do Neoclassicismo: intensificação do drama pessoal, aspiração à confidência. As peculiaridades americanas são um dado complementar, que não indicam autonomia intelectual, como é fácil ver na obra de Botelho de Oliveira, Itaparica ou Durão.

Talvez seja possível, mesmo, afirmar que a vituperada quinquilharia clássica tenha sido, no Brasil, excelente e proveitoso fator de integração cultural, estreitando com a cultura do Ocidente a nossa comunhão de coloniais mestiçados, atirados na aventura de plasmar no trópico uma sociedade em molde europeu. O poeta olhava pela janela, via o monstruoso jequitibá, suspirava ante "a grosseria das gentes" e punha resolutamente um freixo no poema: e fazia bem, porque a estética segundo a qual compunha exigia a imitação da Antiguidade, graças à qual, dentre as brenhas mineiras, comunicava espiritualmente com o Velho Mundo e dava categoria literária à produção bruxuleante da sua terra.

E o vosso sangue, que esta terra ensopa,
Já produz frutos do melhor da Europa.
Bem que venha a semente à terra estranha,
Quando produz, com igual força gera.
   (Alvarenga Peixoto)

O tempo era de literatura universalista, orientada para o que de mais geral houvesse no homem. Fazendo as "nostre Indiane" aplaudirem Metastasio e Tétis nadar no Recôncavo; metendo ninfas no Ribeirão do Carmo e no próprio sertão goiano, os escritores asseguravam universalidade às manifestações intelectuais da Colônia, vazando-as na linguagem comum da cultura europeia. E com isto realizavam o voto mais profundo dos brasileiros instruídos, expresso nos versos admiráveis de Cláudio:

Cresçam do pátrio rio à margem fria
A imarcescível hera, o verde louro

Capítulo II
Transição literária

1. Literatura congregada **79**
2. Grêmios e celebrações **82**
3. Sousa Nunes e a autonomia intelectual **88**
4. No limiar do novo estilo: Cláudio Manuel da Costa **91**

I.
Literatura congregada

O ambiente para a produção literária nos meados do século XVIII era, no Brasil, o mais pobre e menos estimulante que se pode imaginar, permanecendo a literatura, em consequência, um subproduto da vida religiosa e da sociabilidade das classes dirigentes. Neste sentido, as Academias foram a expressão por excelência do meio e dos letrados, sendo uma espécie de coletividade ao mesmo tempo autora e receptora da subliteratura reinante, — pois tratava-se de subliteratura não apenas pela qualidade estética inferior dos espíritos nela envolvidos, mas, ainda, pela deturpação da beleza e da coerência que foi o Cultismo português na sua fase final. A atual e justa revalorização do Barroco não nos deve levar ao extremo de dar valor à moxinifada sem músculo nem alma desses versejadores e retóricos. É preciso aqui referi-los de passagem, porque representavam o ponto de apoio da reforma neoclássica e porque o seu espírito e a sua prática se prolongaram até bem longe na segunda metade do século, formando uma espécie de literatura oficial em decadência progressiva.

Correspondendo não apenas às tradições de sociabilidade e à função das letras junto às classes dominantes, mas ao vivo senso do interlocutor que ficou assinalado, a literatura foi, no século XVIII, bastante associativa, tanto na fase final do Cultismo quanto na da reação arcádica. Os letrados tendiam a reunir-se em agrupamentos duradouros ou provisórios, — seja para cumprimento a longo prazo de um programa de estudos e debates literários, seja para comemorar determinado acontecimento. A duração e o grau de organização podem ser tomados portanto como critério diferenciador, desde que não levem a supor tipos extremadamente puros, que na realidade inexistiam, pois o elemento comemorativo — contingente e fortuito — ponderava também no primeiro tipo, servindo de pretexto e motor às suas sessões correntes. A Academia dos Renascidos, por exemplo, baseada em estatutos cuidadosamente elaborados e subordinando a atividade dos membros a um programa amplo, bem delineado, teve reuniões destinadas a celebrar o malogro do atentado de 1758 contra d. José I. Por outro lado, a dos Seletos, destinada a promover uma sessão de homenagem a Gomes Freire, organizou-se para este fim, definindo normas, distribuindo cargos. Como se vê a produção fugazmente circunstancial misturava-se ao esforço de relativa permanência.

Com tais ressalvas, é possível classificar as manifestações de literatura associativa em *permanentes*, *temporárias* e *ocasionais*; as primeiras, constituindo associações culturais propriamente ditas; as segundas e as terceiras, comemorações.[1] Dentro do período que nos interessa, temos, no primeiro tipo, a Academia dos Renascidos, a Academia Científica e a Sociedade Literária, — providas de organização e com o intuito de durar, embora as circunstâncias reduzissem o funcionamento da primeira a cerca de um ano. No segundo tipo encontramos a Academia dos Seletos; no terceiro, um número bem maior e ainda não fixado, de que podemos destacar como exemplo as Exéquias da Infanta d. Maria Francisca Doroteia, realizadas em Paracatu no ano de 1771, onde sentimos a conjugação de esforços de todos os letrados disponíveis, à volta de um orientador e principal colaborador. Em todos estes casos manifestam-se, porém, traços comuns, característicos da função social e intelectual exercida pela literatura associativa, que se tentará agora indicar.

É preciso frisar, de início, que a associação literária criava atmosfera estimulante para a vida intelectual, favorecendo o desenvolvimento de uma consciência de grupo entre os homens cultos e levando-os efetivamente a produzir. No século XVIII não se podia falar, com referência ao Brasil e mesmo Portugal, num grupo socialmente diferenciado de escritores, dissolvidos como estavam nos agrupamentos dirigentes, administrativos e profissionais. Mas a agremiação e a comemoração eram, precisamente, oportunidade para ressaltar a especificidade virtual do escritor, destacando-o das funções que lhe definiam realmente a posição social: magistrado, funcionário, militar, sacerdote, professor, fazendeiro. Na medida em que o faziam, estabeleciam um critério de identificação social do letrado *como letrado*, não como membro de um destes grupos funcionais, resultando a consequência muito significativa de lançarem, ainda que embrionariamente, as bases para a definição do status e do papel do escritor. Em certos casos a agremiação cultural aparecia como verdadeira superação das diferenças de classe, — que ilhavam os homens de então em camadas rigidamente superpostas, — igualando gente da mais diversa origem, como, na Arcádia Lusitana, o "bem-nascido" Garção, o modesto Diniz, o cabeleireiro Quita. É o esboço de uma *Inteligência* mais ou menos desvinculada da sua origem de classe, que se acentuaria no decorrer do século XIX.

Vista do ângulo do *consumo*, não da produção literária, a agremiação desempenhou outra função de igual relevo: proporcionar a formação de um

---

1 Encontro uma discriminação quase igual (a primeira publicada, a meu ver) em José Aderaldo Castello, "O movimento academicista", em *A literatura do Brasil*, direção de Afrânio Coutinho, v. I, tomo I, pp. 431-452.

público para as produções literárias. Não apenas os próprios consócios formavam grupo receptor em relação uns aos outros, como as atividades gremiais reuniam ou atingiam os demais elementos que na Colônia estavam em condições de apreciá-las. Foi, portanto, um *autopúblico*, num país sem públicos.

Estas duas funções mostram claramente a sua importância na formação duma atmosfera literária, ou intelectual, em sentido mais amplo, sendo preciso aqui distinguir os grêmios e as comemorações barrocas dos que se impregnaram do espírito moderno, a partir da Academia Científica, do Rio de Janeiro (1771). O caráter daqueles é extremamente convencional, de obediência às normas estéticas e sociais, tanto maior quanto menos pessoais e talentosos os seus membros. Daí decorrer a sua terceira grande função: tomados no conjunto, foram elemento de proposição e reforço dos padrões dominantes, girando as suas produções quase sempre em torno da devoção religiosa, a lealdade monárquica, o respeito à hierarquia; enfim, reforçando a cada passo a estrutura vigente de dominação. No caso da colônia brasileira, é preciso ajuntar que representavam, neste sentido, um reforço da política de imposição da cultura erudita de tipo europeu, em detrimento das manifestações de cunho popular, que assumiam relevo ameaçador em certos casos. Há mesmo vários exemplos de coexistência das duas culturas em certas comemorações, revelando a concorrência e a necessidade de consolidar a de tipo erudito e europeu.[2]

Um último traço importante: levados por preocupações eruditas e pelo desejo de difundir o saber, os grêmios permanentes consagraram atenção marcada às coisas do Brasil, reforçando o nativismo e contribuindo para despertar o sentimento nacional. As associações fundadas no Brasil depois da reforma pombalina não apenas se aplicarão com método aos estudos científicos, como chegarão a superar o conformismo a favor da liberdade de pensamento, deixando de lado a falação, a tirania clerical, a submissão política. A Sociedade Literária, do Rio de Janeiro (1786-1790; 1794), que deixaremos para outro capítulo, não é mais uma Academia: incorporando ao espírito associativo as diretrizes da Ilustração, é um meio caminho para os grêmios liberais de caráter quase sempre maçônico, operando, na expressão de Carlos Rizzini — que estudou bem este fenômeno —, a "metamorfose política das Academias Literárias".[3]

---

2 Veja-se por exemplo a informação sobre os festejos em honra de Sant'Ana, realizados em São Paulo no ano de 1770, em Artur Mota, *História da literatura brasileira*, v. II, pp. 29-31 e 218-219.　**3** Carlos Rizzini, *O livro, o jornal e a tipografia no Brasil* etc., pp. 259-280.

2.
Grêmios e celebrações

Os Renascidos A Academia Brasílica dos Renascidos foi estabelecida por iniciativa do desembargador José Mascarenhas Pacheco Pereira Coelho de Melo, em maio de 1759, na Bahia, para onde viera no ano anterior, encarregado de missões importantes, (inclusive as primeiras medidas oficiais contra os jesuítas), dissolvendo-se para sempre depois da sua prisão, no começo de 1760. Do acervo resultante das atividades acadêmicas, apenas parte foi publicada.[4]

As ambições do animador eram grandes e parece que se comunicaram aos sócios. Os estatutos são longos, minudentes e pretensiosos; as obras programadas, de bastante vulto, embora de interesse desigual, abrangendo questões de história, geografia, etnografia, zoologia e botânica do Brasil. Ao lado dessa parte de estudos, em que "o fútil, o supersticioso e o verdadeiramente científico se confundiam", segundo João Lúcio de Azevedo, manava a subliteratura mais grotesca, em poemas da pior qualidade e discursos totalmente vazios.[5]

Há todavia algo nessa tentativa malograda que merece atenção. Antes de tudo, o fato de haver procurado congregar como acadêmicos supranumerários os letrados de outras partes da Colônia, entre os quais aparecem Loreto Couto e Borges da Fonseca, em Pernambuco, frei Gaspar da Madre de Deus (que recomendou seu primo Pedro Taques para a mesma honraria), em São Paulo, Cláudio Manuel da Costa, em Minas. Pela primeira vez bruxuleou uma vaga consciência de integração intelectual no Brasil.

Nos documentos publicados por Lamego é patente o nativismo dos Renascidos, tanto no interesse em elucidar pontos da história local num sentido apologético, quanto na preocupação com o indígena. É o caso de uma lista interessante dos "Índios famosos em armas que neste Estado do Brasil concorreram para a sua conquista temporal e espiritual", onde se conclui que os autóctones da "nossa América Lusitana" são menos brutos do que parecem e

---

4 Alberto Lamego, "A Academia Brasílica dos Renascidos", contém o material mais abundante. Para a vida de Mascarenhas, consulte Henrique Fontes, *O conselheiro José Mascarenhas Pacheco Pereira Coelho de Melo.*   **5** João Lúcio de Azevedo, "Academia dos Renascidos", em *Novas epanáforas*, p. 233.

não merecem o tratamento recebido.[6] Não obstante, o único poema de tema indígena conhecido no espólio da Academia é a incrível "Silva", de Silvestre de Oliveira Serpa, troçando de

Todos os Índios deste novo Mundo

num espírito parecido ao que reinaria, em nosso tempo, no aproveitamento jocoso da situação do caipira em contato com a cidade.[7]

Ainda mais significativa é a preocupação com Diogo Álvares Correia, objeto de polêmicas eruditas entre os acadêmicos; isto mostra como se enraizava na consciência local o tema do contato e consequente permuta de traços culturais entre colonizador e aborígine. Nele se exprimia a visão da nossa gênese histórica e social, sistematicamente versada vinte anos depois por Santa Rita Durão.

Aliás, os Renascidos não deixaram de lado um dos interesses centrais do Setecentos brasileiro, que o passaria como legado ao século seguinte: o da epopeia nativista, dando categoria estética aos feitos da crônica local. A primeira academia baiana, dos Esquecidos, desincumbira-se em prosa, com a *História da América portuguesa*, de Rocha Pita; o fim malogrado dos Renascidos não permitiu que fosse realizado o intento de um sócio supranumerário, padre Domingos da Silva Teles, cuja *Brasileida*, ou *Petreida*, celebrando Pedro Álvares Cabral, permaneceu, ao que parece, no estado de esboço, publicado por João Lúcio de Azevedo.[8]

Os Seletos A Academia dos Seletos foi menos ambiciosa. Reuniu-se no Rio de Janeiro em 1752, com a única finalidade de celebrar Gomes Freire de Andrada, a pretexto de sua nomeação para o cargo de Comissário Real na questão das fronteiras do Sul. Foi seu presidente o padre-mestre Francisco de Faria, jesuíta; secretário, o dr. Manuel Tavares de Sequeira e Sá, magistrado, que promoveu, em 1754, a publicação do volume comemorativo, denominado *Júbilos da América*. Por alusões de ambos, sabemos todavia que Feliciano Joaquim de Sousa Nunes foi o verdadeiro "Promotor, ou Comissário deste negócio", auxiliando em todo o trabalho. É interessante assinalar a sua ausência da obra. Muito moço, sem títulos, modesto, apenas agenciou a loquacidade sonora dos clérigos, militares e bacharéis, que formavam a *inteligência* colonial, permanecendo na sombra como factótum.

6 Lamego, op. cit., pp. 90-93.   7 Ibid., pp. 26-29. Segundo um erudito, este Serpa poderia ser o Eureste Fenício, autor da resposta a um poema de Cláudio e cuja identidade vem sendo controvertida pelos interessados. Se assim for, é prova de relações literárias existentes entre os letrados de várias partes da Colônia. Ver Henrique Fontes, "Conjeturas sobre 3 acadêmicos", em *Anuário catarinense*, n. 4, pp. 32-34.   8 Op. cit., pp. 244-249.

A introdução do secretário, o discurso do presidente, as poesias dos acadêmicos, nada valem esteticamente. Desnudam uma subliteratura de fiteiros, glosando, adulando, comprazendo-se em equívocos e trocadilhos, exibindo-se por meio da negaça e da falsa modéstia, — como o secretário, que assina invariavelmente "Ganso entre Cisnes".

A este propósito, assinalemos que tais comemorações, a pretexto de elogiar um poderoso, cultuar um santo ou celebrar um acontecimento, eram sutilmente utilizadas pelos participantes para um amplo movimento de elogio mútuo, graças ao qual marcavam-se e reforçavam-se as posições dos membros, — constituindo mais um aspecto daquele mecanismo, já assinalado, de definição de status dos letrados. Aqui, ao lado dos encômios descabelados a Gomes Freire, há descabelados encômios recíprocos. Todos louvam o presidente e o secretário; este louva cada um nos cabeçalhos que põe às suas cartas e em referências várias; uns louvam os outros. Resulta uma barulhenta orgia de elogios, em que os autores acabam mais elogiados que o homenageado. Veja-se a combinação engenhosa de retórica antipoética, mau gosto, trocadilhos estéreis, engrossamento recíproco, nos seguintes sonetos, permutados entre o secretário (Manuel Tavares de *Sequeira* e Sá) e o "Meritíssimo Acadêmico o Desembargador dos Agravos, e Juiz do Fisco, o Doutor Roberto Car *Ribeiro*", tudo girando em torno dos nomes grifados por mim:

Deste Ribeiro a métrica corrente,
Que da Castália aljôfar se desata,
Deste Rio Tomando a Estância, grata
Às Musas mais, que o Pimpla florescente:

Nas produções de Engenho, que afluente
Nos despende, e na cópia, que dilata,
De conceitos bem mostra, em pura prata,
Ao Rio claro, e em glórias transparente.

Com razão, pois, se observo, que hoje Clio
A ilustrar este Rio de Janeiro,
Neste Ribeiro corre em desafio:

Discorro, que do Bipartido Outeiro
Discorre, para aumento deste Rio,
A torrente caudal deste Ribeiro.

O polido magistrado replicou no mesmo tom, "pelos mesmos consoantes", explicando em nota que *Secura* "alude ao *Sequeira*, Sobrenome do Secretário":

Do Oceano à umidíssima corrente,
Que em profundos abismos se desata,
Secura chama a Antífrase mais grata
Em vós sendo a dilúvios florescente.

Esse mar vosso fluido, e afluente,
Ao Parnasso por veias se dilata;
E dele enchentes de Apolínea prata
Traz ao Ribeiro, e ao Rio, transparente.

Essas enchentes, em que nada Clio,
No Ribeiro, e no Rio de Janeiro,
Vossas são, sem contenda, ou desafio:

Dos dois vértices desce do árduo Outeiro
Esse mar: já parece mar o Rio,
E já parece Rio este Ribeiro.

Estas produções dos doutores versejantes ilustram o principal recurso poético de todos os colaboradores: o símile, não raro trocadilho. Nisso e no mais são idênticos, revelando ao leitor, não individualidades, mas o estilo coletivo, indemarcável, de um grupo homogeneamente medíocre. A observação do secretário, de que os epigramas dos jesuítas eram iguais apesar de emanados de várias fontes, "procedeu de serem elaborados por diversos, mas em tudo iguais Engenhos", se aplica ao resto, como também uns versos que vêm noutra parte:

Pois nas vozes iguais, Canto uniformes,
Se se vêm nos conceitos encontrados,
É sinal de que são todos conformes.

Daí o valor documentário de tais obras, onde se exprime a mentalidade duma camada social, através dos seus porta-vozes ideológicos. Neste sentido, destaca-se a participação maciça do clero, não apenas individualmente, no caso dos seculares, mas incorporado por congregações, no caso dos regulares, que disciplinadamente se dissolvem no anonimato da produção coletiva: Musa Jesuítica, Musa Beneditina, Musa Seráfica, Musa Carmelitana. As "religiões" poderosas que controlavam o pensamento e mantinham, antes de Sebastião José de Carvalho, o monopólio da instrução colonial compareciam em bloco, garantindo os padrões de rotina e tradição literária, os valores de devoção e lealdade à Igreja e à Coroa, em colaboração com magistrados e militares.

As Exéquias de Paracatu Havia casos em que a comemoração era diretamente religiosa, como, para citar um exemplo desconhecido em nossa história literária, o das exéquias mandadas celebrar pelo conde de Valadares no Arraial do Paracatu, em 1771, por intenção duma Infanta de Portugal, filha de d. José I. As contribuições estão reunidas, com a descrição das solenidades e aquarelas das peças fúnebres, num belo manuscrito inédito da Biblioteca Central da Faculdade de Filosofia da Universidade de São Paulo, Coleção Lamego:

> Exposição Fúnebre, e Symbolica das Exequias que a memoravel morte da Serenissima Senhora d. Maria Francisca Dorotheia, Infanta de Portugal, Fêz officiar no arraial do Paracatu o Illmo. E Excmo. Snr. Conde de Valadares, Gov.or e Cap.m Gen.al da capitania de Minas Gerais etc. etc. Dedicada ao mesmo Snr. Por Manuel Lopes Sarayva, Furriel de Dragroens, e Commandante dos mesmos no dicto Arrayal. Seu Aucthor o R.do João de Sousa Tavares, Graduado em Leys pela Universidade de Coimbra etc.

O autor principal é este padre, que fora membro supranumerário da Academia dos Renascidos. São dele a "Exposição fúnebre", dezessete sonetos e uma elegia; os demais colaboradores eram magistrados, sacerdotes e professores locais. Na cidade pequena, como na capital, a literatura consistia em desfastio circunstancial dos homens bem-postos.

Interessa notar que a qualidade das produções nada tem de inferior à que vimos nas capitais, identificando-se também a ela no que respeita o conteúdo ideológico. Por toda a parte, a mesma estilização da rotina cultista, para glória dos padrões religiosos, morais e políticos superimpostos pela Igreja e a Coroa. Mas é preciso ainda dizer que esta circunstância revela o caráter altamente padronizado com que se manifestava na Colônia a cultura intelectual. Acima da barbárie e da incultura gerais, os letrados formavam grupos equivalentes pelas funções sociais, nível de instrução, diretrizes mentais e gostos, separando-se da massa na medida em que integravam os quadros dirigentes na política, na administração, na religião. Não espanta, pois, que, em todos os exemplos analisados, a literatura apareça como atividade grupal, exprimindo de modo maciçamente convencional os valores dominantes, tanto mais quanto a ausência de talento literário entre os seus membros favorecia particularmente a expressão do coletivo, de que não se destacavam as personalidades de pouco relevo.

3.
Sousa Nunes e a autonomia intelectual

Dessa revoada de maus poetas e letrados pedantes, convém talvez destacar Feliciano Joaquim de Sousa Nunes, ideador e promotor real da Academia dos Seletos. É, com efeito, digno de nota esse moço que, se for certa a data do nascimento assinalada pelos biógrafos, aos dezoitos anos põe em movimento os sacerdotes, magistrados, militares da capital da Colônia, animando-os, coordenando-os, propiciando a versalhada de que resultou o único volume impresso de literatura associativa do século XVIII. Que aos 21 anos teria composto sete volumes de um tratado moral, que assombrou os letrados do Rio e de que se imprimiu em 1758 apenas o primeiro, mandado destruir por Pombal, a quem fora dedicado. Para a história literária, interessa a breve aura de precocidade em que se revelou um dos brasileiros mais aplicados ao progresso mental da pátria.

A sua única obra é, pois, o primeiro volume dos *Discursos político-morais*, de que escaparam apenas três exemplares à inexplicável severidade do ministro português. Neles, o mocinho atochado de erudição estadeia uma sisudez convencional, desenvolvendo certos lugares-comuns com muita cobertura de citações, distinções, provas, argúcias, bem ao sabor dos moralistas, entre os quais buscou um dos principais inspiradores: o padre espanhol Feijó. Assim, vai nos mostrando que o excesso de bens é mal; que a verdadeira nobreza é a do caráter; que a virtude da mulher é a base do casamento; que os pais devem prover o futuro dos filhos; que as mulheres são intelectualmente tão capazes quanto os homens; que a capacidade, não a idade, marca a superioridade de um irmão sobre outro; que o bom amigo é um tesouro, o falso o pior mal.

Predomina o convencionalismo mais chato, numa linguagem sem relevo, embora correta e agradável, resultando um estilo banal, mas perfeitamente tolerável. Em dois discursos supera a mediocridade e revela certa largueza de vista: quando sustenta a equivalência intelectual da mulher e a quer educada como o homem; e quando combate a hierarquia do patriarcalismo, refutando a preeminência do mais velho na família. Para isto, aliás, não reconhece à idade o valor que lhe davam na sociedade de tipo tradicional, como era a sua, lembrando saborosamente que a juventude de Davi não obstou aos seus feitos, nem a velhice à lubricidade dos admiradores de Susana...

Embora possamos assegurar o mérito do autor com o *Discurso V*, sobre a igualdade dos sexos, (certamente o primeiro escrito brasileiro quase pedagógico sobre a educação feminina), ele é maior, do ponto de vista histórico, na "Satisfação apologética", anteposto à obra.

É um documento de justificação pessoal, que adquire significado amplo ao definir uma situação que era e seria a de grande parte dos intelectuais, e do país.

Sousa Nunes foi, ao que parece, completo autodidata, espantando-se o padre-mestre frei José Antônio de Santana, de que "sem mais exercício das Aulas, que a consulta dos livros, e sem mais Mestres, que o ditame do seu natural discurso, houvesse [...] de escrever esta obra".[9] Daí, duas atitudes, que serão as do brasileiro autodidata: de uma parte, respeito supersticioso pela instrução e os livros (em muitos casos, tanto maior quanto mais afastado de ambos); de outro, confiança jactanciosa na própria capacidade de dispensá-los, suprindo-os pelo entendimento natural.

Contrapondo-se aos bacharéis, mestres, doutores, presentados, lentes, cuja sonoridade vazia congregara nos Seletos, o rapaz medita sobre a própria, evidente superioridade, considerando ser

> melhor ter maior entendimento do que uma larga lição; como quem sabe que a mesma abundância de paramentos, que bem-ordenados e dispostos guarnecem, adornam e compõem uma sala espaçosa, forma uma confusão desagradável em a humilde choupana, e limitada palhoça. (p. 24. Ver também p. 29)

No caso dos brasileiros, a situação se complicava por um segundo fator de inferioridade: a arrogância do letrado reinol, cioso de participar da cultura metropolitana. Ser brasileiro era ficar no segundo plano.

> Bem sei eu que o serem as obras literárias escritas por um grande homem, ou por um homem de elevada fortuna, é a circunstância maior para a sua aceitação e aplauso; e que o não ser estrangeiro muitas vezes é a causa de que alguns não sejam peregrinos. (p. 33)

Finalmente, havia a pobreza intelectual do meio, que amortecia o efeito das obras ou as desconhecia de todo, isolando e mortificando o escritor — como exprime numa imagem rebuscada:

---

9 "Carta", em Feliciano Joaquim de Sousa Nunes, *Discursos político-morais*, p. 41.

> Na Hibérnia há umas árvores, cujas folhas, caindo nas águas, se convertem em aves, que começam logo a voar; neste Rio, porém [...] as folhas dos que escrevem (que também são aves às avessas) se convertem em penas que principiam logo a sentir. (p. 25)

Se não pertencesse a um dos grupos de prestígio social; se não fosse padre, militar, magistrado ou *república*, o intelectual brasileiro ficava em segundo plano, mesmo quando possuísse "elevados entendimentos"; a sociedade não apresentava diferenciação suficiente nem canais de ascensão, para classificá-lo como tal; "nela só se distinguem pelos grandes nomes o merecimento e as obras de cada um" (p. 35).

Na do mocinho carioca achamos, portanto, expressos com singular acuidade, alguns problemas relativos à posição do intelectual na sociedade brasileira da época, e uma espécie de revolta surda contra o estado de coisas no terreno da cultura, aflorando dentre a pesada crosta de convenção e conformismo. Encontramos também um dos temas que será ideia-força de todos os escritores brasileiros, desde então e pelo século XIX adentro: o desejo de mostrar que também nós, brasileiros, homens de uma terra inculta, éramos capazes de fazer como os europeus. Atitude decisiva e da maior consequência para a vida mental do tempo, que encontrará a primeira manifestação de alto nível nas disposições e na obra de um dos "Renascidos", Cláudio Manuel da Costa, na onomástica da Arcádia Glauceste Satúrnio, grande espírito que foi, no Brasil, ponte entre a herança cultista e os desígnios neoclássicos.

4.
No limiar do novo estilo: Cláudio Manuel da Costa

A terra sob o tópico De todos os poetas "mineiros", talvez seja ele o mais profundamente preso às emoções e aos valores da terra, embora uma inspeção superficial da sua obra possa sugerir o contrário. De fato, como se arraigou pela inteligência e disciplina estética nos padrões eruditos da Europa, levou por vezes até o formalismo a estilização dos seus temas mais caros, fazendo coexistir com o bairrista mineiro um afetado coimbrão. Ao modo dos caipiras, procura disfarçar as marcas de origem acentuando os traços aprendidos na cidade.

Mas o fato é que permaneceu a vida toda escravo das primeiras emoções, como revela qualquer leitura cuidadosa, manifestando uma "imaginação da pedra", (dir-se-ia à maneira de Bachelard), em que se exprime a fixação com o cenário rochoso da terra natal, — o famoso "peito de ferro", de Gorceix.

Se as imagens recorrentes valem alguma coisa para compreender os poetas, esta presença da rocha aponta nele para um anseio profundo de encontrar alicerce, ponto básico de referência, que a impregnação da infância e adolescência o levam a buscar no elemento característico da paisagem natal.[10] Quando quer localizar um personagem, é perto, ou sobre uma rocha que o situa:

Aqui entre estas penhas à porfia
Hei de chorar, Amigo, a tua morte.
   ("Écloga XI")

Aqui sobre esta penha, onde murmura
A onda mais quebrada...
   ("Écloga IV")

---

10 As imagens da pedra aparecem em quinze dos cem sonetos; dois dos três epicédios, uma das seis epístolas; quinze das vinte éclogas, isto é, em 33 de 129 peças, ou seja, quase a quarta parte. Nos trezentos sonetos de Diniz aparecem onze vezes, ou seja, pouco mais da décima parte. Em Garção e Gonzaga a ocorrência é ocasional.

Na pedra, quase tanto quanto nos troncos, obrigatórios na convenção pastoral, grava os seus lamentos:

Aqui sobre esta pedra, áspera e dura,
Teu nome hei de estampar, ó Franceliza.
   ("Soneto XXXIII")

Para imagem da dor ou sofrimento, não quer outro símile:

Vós, mudas penhas, triste
Figura da constância de meu peito.
   ("Écloga IX")

Todavia, é como antítese que mais aparecem, servindo para contrastar a ternura do sentimento; e não custa perceber que as vivências profundas da infância as trazem à imaginação, transformando inconscientemente o cenário natural em estado da sensibilidade. Nas *Obras* há um ciclo da oposição sentimento-rocha, brandura-dureza, em que vem se exprimir, segundo a convenção lírica, a sua sensibilidade profunda:

Que inflexível se mostra, que constante
Se vê este penhasco!
   ("Soneto XLVIII")

Altas serras, que ao Céu estais servindo.
   ("Soneto LVIII")

Lembrado estou, ó penhas, que algum dia.
   ("Soneto XLVII")

E sobretudo o admirável XCVIII, onde o poeta adquire consciência, e a imagem esposa claramente as sugestões obscuras da imaginação rupestre:

Destes penhascos fez a natureza
O berço em que nasci: oh quem cuidara
Que entre penhas tão duras se criara
Uma alma terna, um peito sem dureza!

Não será excessivo acrescentar que, enquanto a maioria dos poemas pastoris, desde a Antiguidade, tem por cenário prados e ribeiras, nos de Cláudio há vultosa proporção de montes e vales, mostrando que a imaginação não se apartava da terra natal e, nele, a emoção poética possuía raízes autênticas, ao contrário do que dizem frequentemente os críticos, inclinados a considerá-lo mero artífice.

No plano consciente, cultuava o berço invocando sobretudo o Ribeirão do Carmo, o "pátrio ribeirão", outro tema central das *Obras*, onde é inclusive motivo para uma "metamorfose" de sabor ovidiano, muito ao gosto das de Cruz e Silva. Nela, e noutros poemas, unem-se os dois temas centrais do seu amor localista, nascendo o rio do penhasco:

Aonde levantado
Gigante, a quem tocara,
Por decreto fatal de Jove irado,
A parte extrema e rara
Desta inculta região, vive Itamonte,
Parto da terra, transformado em monte;

De uma penha, que esposa
Foi do invicto Gigante,
Apagando Lucina a luminosa
A lâmpada brilhante,
Nasci; tendo em meu mal logo tão dura,
Como em meu nascimento, a desventura.
    ("Fábula do Ribeirão do Carmo")

O motivo poético do "Soneto XCVIII" se eleva aqui ao nível telúrico, identificando-se o poeta aos elementos da paisagem nativa.

Esta identificação talvez tenha algo a ver com outra constante da sua obra: o relativo dilaceramento interior, causado pelo contraste entre o rústico berço mineiro e a experiência intelectual e social da Metrópole, onde fez os estudos superiores e se tornou escritor. Intelectualmente propenso a esposar as normas estéticas e os temas líricos sugeridos pela Europa, sentia-se não obstante muito preso ao Brasil, cuja realidade devia por vezes fazê-los parecer inadequados, fazendo parecer inadequado ele próprio. Daí uma ambivalência que se manifesta de duas maneiras. Primeiro, pelas desculpas que pede da sua rusticidade, da "grosseria das gentes" de sua terra, indigna de pretender ombrear com a Metrópole:

Tu, Musa, que ensaiada
À sombra dos salgueiros,

Esta inculta região viste animada
Dos ecos lisonjeiros.
("Écloga III")

Mas (insinua na entrelinha) a sua obra é contribuição que traz para alinhar com as produções dos poetas portugueses, embora se origine dum filho da rude América:

E a vítima estrangeira, com que chego,
Em seus braços acolha o vosso agrado.
("Fábula")

A consciência de que é estrangeiro comporta não apenas o aspecto negativo mencionado (rústico *déplacé*), mas também o positivo, de pleitear a sua equiparação aos reinóis, visto que a eles se equipara pelo talento:

O canto, pois, que a minha voz derrama,
Porque ao menos o entoa um Peregrino,
Se faz digno entre vós também de fama.
("Soneto I")

Aliás, o tema da chegada e da partida; a melancolia ante a transformação das coisas e das pessoas, perpassa nos sonetos e pastorais, acentuando aquela referida oscilação moral entre duas terras e dois níveis de cultura.

Disso decorre que na sua obra a convenção arcádica vai corresponder a algo de mais fundo que a escolha de uma norma literária: exprime ambivalência de colonial bairrista, crescido entre os duros penhascos de Minas, e de intelectual formado na disciplina mental metropolitana. Exprime aquela dupla fidelidade afetiva de um lado, estética de outro, que o leva a alternar a invocação do Mondego com a do Ribeirão do Carmo, numa espécie de vasto amebeu continental, em que se reflete a dinâmica da nossa formação europeia e americana.

Com efeito, o contraste natureza-cultura, que norteia os sucessos do bucolismo literário, era uma linha adequada à expressão de tais sentimentos, em que o poeta se colocava, não de modo convencional, mas vital, entre a rusticidade do seu berço e a civilização da sua pátria intelectual. Os pastores de Cláudio encarnam frequentemente o drama do artista brasileiro, situado entre duas realidades, quase diríamos duas fidelidades. Há sem dúvida algo mais que retórica se o poeta escreve:

Torno a ver-vos, ó montes: o destino
Aqui me torna a pôr nestes oiteiros,
Onde um tempo os gabões deixei grosseiros
Pelo traje da Corte, rico e fino.
    ("Soneto LXII")

E é sincero quando afirma o apego tanto a Portugal quanto ao Brasil; pois ali estão as normas cultas a que se prende; aqui, as raízes da emoção e o objeto do seu interesse humano. Comparem-se os dois movimentos, que são dois modos da sensibilidade:

a.
A vós, canoras Ninfas, que no amado
Berço viveis do plácido Mondego,
Que sois da minha lira doce emprego,
Inda quando de vós mais apartado.
    ("Fábula")

b.
Leia a posteridade, ó pátrio Rio,
Em meus versos teu nome celebrado,
Porque vejas uma hora despertado
O sono vil do esquecimento frio.
    ("Soneto II")

Daí discernirmos uma terceira constante: o esforço de exprimir no plano da arte, e dentro dos moldes cultos, a realidade, os problemas da sua terra. Santa Rita Durão, isolado do Brasil desde os nove anos, e para toda a vida, manifestou esta preocupação através do exótico, à maneira dos escritores estrangeiros desde o Descobrimento, e procurou dar expressão épica à nossa história, vista como grande aventura da fé e da civilização numa terra nova e pitoresca. Também o nosso Cláudio o quis. Mas, vivendo na Colônia, empenhado na sua administração como secretário de governo e membro do Senado de Ouro Preto; na sua economia, como lavrador e minerador, exprime com tendência didática os problemas vivos da sociedade: devassamento e povoamento dos sertões, decadência das lavras, iniquidade fiscal. Na história, destaca um momento preciso, em que se percebe a instauração da ordem racional do europeu sobre as tendências caóticas da franja pioneira de mineradores, ressaltando a necessidade de ajustar as instituições à realidade local. São o *Vila Rica*;

o "Epicédio I" à morte de Bobadela; o "Romance" a José Gomes de Araújo; o "Canto heroico", a d. Antonio de Noronha; a "Fala", ao mesmo; um pouco da "Écloga IV". Assim, pois, a fixação à terra, a celebração dos seus encantos conduzem ao desejo de exprimi-la no plano da arte: daí, passa à exaltação patriótica, e desta ao senso dos problemas sociais. Do bairrista ao árcade; dele ao *ilustrado* e deste ao inconfidente, há um traçado que se pode rastrear na obra.

O artesão A este caminho do artista como homem se superpõe o do artista como artesão, discernível apenas na análise, pois formam inseparáveis a jornada do poeta.

Digamos desde já que em Cláudio se corporifica o movimento estético da Arcádia no que tem de profundo, pois tendo partido do Cultismo, chega ao neoclássico por uma recuperação do Quinhentismo português.

Estudante em Coimbra, foi contemporâneo de Diniz, Negrão, Gomes de Carvalho, Garção, os reformadores literários. Quando porém se definiu realmente a teoria da reforma, estava de volta ao Brasil (1753 a 1754), nem fez parte da sociedade que a promoveu (1756). A formação que levou da pátria e reforçou inicialmente em Portugal foi portanto barroca; de todos os poetas novos é o que conserva maior vínculo com a tradição. No entanto, a sua sensibilidade deve ter-lhe apontado desde logo (como aos citados colegas) a inviabilidade do estilo *culto*, já esgotado em Portugal pelos desmandos do mau gosto, para exprimir o espírito do século e as novas concepções. Daí um esforço pessoal de superação, paralelo ao do grupo da Arcádia Lusitana, que o levou à sólida base da literatura portuguesa moderna: o século XVI. Quis todavia ir adiante e ser plenamente homem do tempo, procurando a simplicidade didática e o interesse pela verdade humana contemporânea, no que talvez tenham influído os desenvolvimentos da Arcádia, embora, do Brasil, tivesse pouca oportunidade de familiarizar-se com eles.[11] O que todavia parece verossímil é que ele foi, não caudatário, mas coautor da transformação do gosto, embora do modo independente e mais conservador.[12]

A leitura da sua obra mostra porém que foi no segundo momento da sua evolução literária que se encontrou plenamente, ao encontrar os modelos quinhentistas. Estes traziam em si, ao mesmo tempo, germes de cultismo e de fresca espontaneidade popularesca, em que de certo modo se prefigura

---

11 As suas *Obras* são de 1768. As de Quita, de 1766. As de Garção e Diniz foram de publicação póstuma, respectivamente 1778 e 1807-1817. (*O Hissope*, em 1802.) A primeira estada brasileira deste vai de 1776 a 1789. Resta a possibilidade de cópias manuscritas que possivelmente iam chegando às mãos de Cláudio. **12** Norberto já o considerava precursor dos portugueses. Ver "Nacionalidade da literatura brasileira", RP, tomo VII, p. 205.

muito dos períodos posteriores, de tal forma aquele grande século é expressão completa do pensamento e da sensibilidade portuguesa. Assim, ao apoiar-se nele, Cláudio encontrou a possibilidade de manter muito da sua vocação cultista, encontrando ao mesmo tempo a medida que a conteve em limites compatíveis com a repulsa ao desbragado Culteranismo da decadência. No soneto, pôde exprimir o jogo intelectual que prezava, e cabia perfeitamente na linha desta forma poética, forjada nos moldes da dialética medieval e a seguir enriquecida com a exuberância formal do Renascimento. Nele, pôde ainda vazar o amor pela imagem peregrina, a rima sonora e a metáfora, herdadas do Barroco: pois, assim como o equilíbrio quinhentista de Camões ou Diogo Bernardes deslizou insensivelmente para o Cultismo, quase como para um complemento natural, ele pôde remontar deste àquele, sem perder as opulências de conceito e imagem aprendidas em Quevedo e Góngora. Nos sonetos se encontra pois, de modo geral, a sua mais alta realização, e não constitui novidade escrever que é dos maiores cultores desta forma em nossa língua.

O que neles chama desde logo atenção é a frequência de alguns temas, parecendo exprimir constantes da sua personalidade literária. Bom número versa o do amante infeliz, que das altitudes da *Vita Nuova* ou do *Canzoniere*, onde se sublima em contemplação espiritual; dos admiráveis poemas de Camões, onde punge mais viva a "malinconiosa carne", — vem dar no Cultismo em orgia de negaceios retóricos para terminar, com os árcades, em sociável e comedida nostalgia. Nos de Cláudio há um pouco de tudo isso, mas a sua diretriz mental sobressai nas séries em que ordena determinado aspecto do tema. Assim, os de números XVI, XXI, XXII, XLIV, LV, LXVI, LXVIII, LXXIV se articulam com a "Écloga VII" para traçar o roteiro da pena amorosa e morte do pastor Fido, que aparece aqui substantivado, a partir do qualificativo do Mirtilo, de Guarini. Os de número XXXIX, XLVIII, LXX parafraseiam o admirável

Horas breves do meu contentamento

citado por Gracián como exemplo excelso de conceito e agudeza, antes atribuído a Camões, hoje a Diogo Bernardes.

Outro tema, já referido, é o do contraste rústico-civilizado, (por exemplo os números XIV, LXII, LXIII), que exprime a condição de brasileiro e dá lugar a obras-primas como esta, onde caracteriza por meio de imagens admiráveis, dentro da mais nobre harmonia, a sua capitania de torrentes e socavões de ouro:

Leia a posteridade, ó pátrio Rio,
Em meus versos teu nome celebrado,
Porque vejas uma hora despertado
O sono vil do esquecimento frio:

Não vês nas tuas margens o sombrio,
Fresco assento de um álamo copado:
Não vês Ninfa cantar, pastar o gado,
Na tarde clara do calmoso estio.

Turvo banhando as pálidas areias,
Nas porções do riquíssimo tesouro
O vasto campo da ambição recreias:

Que de seus raios o Planeta louro,
Enriquecendo o influxo em tuas veias,
Quanto em chamas fecunda, brota em ouro.
   ("Soneto II")

Aos dois temas citados prende-se o que centraliza outros sonetos — por exemplo VI, VII, VIII, que formam um trio sobre a tristeza da mudança das coisas em relação aos estados do sentimento.

Apesar da majestosa calma que dá tanta dignidade e contenção ao seu verso, é inexato dizer que ele não vibra. A disciplina formal apenas disfarça um subsolo emotivo mais rico do que se poderia pensar, tendendo por vezes a certo dilaceramento dramático, como se pode ver no "Soneto XVIII", onde perpassa um arrepio de negrume e pesadelo:

Aquela cinta azul, que o Céu estende
À nossa mão esquerda; aquele grito
Com que está toda a noite o corvo aflito
Dizendo um não sei quê, que não se entende;

Levantar-me de um sonho, quando atende
O meu ouvido um mísero conflito,
A tempo que um voraz lobo maldito
A minha ovelha mais mimosa ofende;

Encontrar a dormir tão preguiçoso

Melampo, o meu fiel, que na manada
Sempre desperto está, sempre ansioso;

Ah! queira Deus que minta a sorte irada:
Mas de tão triste agouro cuidadoso
Só me lembro de Nize, e de mais nada.

A cada passo, vamos encontrando preciosismos que denotam pendor para os aspectos amaneirados do Quinhentismo, e marca dos seiscentistas espanhóis:

Nesta ardente estação, de fino amante
Dando mostras, Dalizo atravessava
O campo todo em busca de Violante.

Seu descuido em seu fogo desculpava;
Que mal seria o Sol tão penetrante,
Onde maior incêndio a alma abrasava.
   ("Soneto XII")

Às lágrimas a penha enternecida
Um rio fecundou, donde manava
D'ânsia mortal a cópia derretida.

A natureza em ambos se mudava:
Abalava-se a penha comovida,
Fido estátua de dor se congelava.
   ("Soneto XXII")

Vinde, olhos belos, vinde; e em fim trazendo
Do rosto de meu bem as prendas belas,
Dai alívio ao mal, que estou gemendo;

Mas ah! delírio meu que me atropelas!
Os olhos que eu cuidei, que estava vendo,
Eram (quem crera tal!), duas estrelas.
   ("Soneto XXXII")

Nas éclogas, odes, e outras peças, aparece, quase tiranicamente, um sinal de impregnação gongorina, que ocorre na maioria das estrofes do "Epicédio" a frei Gaspar da Encarnação, a mais seguramente antiga das suas peças conhecidas (1752 ou 1753):

> Pagou por feudo, tributou por culto
> ("Epicédio")

> O triste caso, o infeliz sucesso
> ("Écloga VII")

> O tempo veste, a sombra desfigura.
> ("Écloga IX")

> Ao bosque escuro, ao fúnebre arvoredo.
> ("Écloga XIV")

Como se pode ver nas estrofes contorcidas da "Fábula", citadas mais alto, nunca abandonou também o hipérbato, recurso culterano por excelência, utilizado por Góngora com admirável sentido expressivo e banido pelos árcades. Entre muitos exemplos:

> Formando um transparente
> Na verde relva resplendor luzente.
> ("Écloga XVI")

Hoje, quando a poesia moderna manifesta tanta inclinação para o amaneiramento, e portanto fomos levados a rever em sentido favorável o espírito cultista, não podemos deixar de sentir que os cultismos de Cláudio constituem força. Nem tampouco depreciar a circunstância de que o retorno à pátria, segregando-o do foco de renovação, lhe permitiu definir posição de equilíbrio entre as duas tendências — tornando-o um neoquinhentista filtrado através do Barroco.

Polifemo A referida "imaginação da pedra" nos permite entrever outros aspectos da sua impregnação barroca. Vimos que ela exprime vivências profundas, ligadas ao meio natal, e sabemos que o rochedo e a caverna fascinaram o Culteranismo, talvez pela irregularidade poderosa com que representam movimentos plásticos. Em Cláudio, a sua ocorrência mostra como a sensibilidade buscava certas constantes barrocas, por tropismo e pela eloquência com que, opostas ao sentimento, podiam exprimir uma daquelas fortes antíteses que lhe eram caras.

Para compreender até que ponto elas contribuíam para enriquecer a sua obra, nada melhor do que pesquisar nela o tema de Polifemo.

Pode-se qualificar de essencialmente barroca, pela desmedida contorção psicológica da situação, a história do ciclope enamorado de uma ninfa. Por isso mesmo, abordaram-na com livre fantasia Marino e Góngora, dando-lhe este uma altitude rara de obra-prima. Da sua versão, e da de Metastasio — que lhe dedicou uma cantata (*Il Ciclope*) e um drama lírico (*Galatea*) — inspirou-se Cláudio, que fez variações sobre o tema em duas cantatas ("Galateia", "Lize") e sobretudo na "Écloga VIII", "Polifemo".

Metastasio, inspirado na versão amaneirada e romanesca de Ovídio (*Metamorfoses*, Livro XIII), *arcadizou* por assim dizer o velho mito, suprimindo no amoroso disforme o drama pungente para lhe deixar uma brutalidade de ópera-bufa. A tendência na literatura portuguesa foi, acentuando a versão de Marino, (*Polifemeide*) confinar-se ao aspecto burlesco, não apenas no século XVII, com Jacinto Freire de Andrade e Francisco de Vasconcelos, mas no XVIII, onde aparece em dois sonetos de Cruz e Silva.

Aproximado de Metastasio pelo estilo, Cláudio se aproximou da *Fábula* de Góngora pelo espírito, indo todavia buscar, para além deles, o admirável "Idílio XI" de Teócrito, que lhe inspirou a forma pura e sintética da "Écloga VIII". Rejeitou porém a ironia contida no original grego, fiel à integridade barroca do mito.

Antes de ir além, acentuemos que ao tratar deste modo uma situação monstruosa, esteada em sentimentos sem medida comum, manifestou muito da ambivalência do seu destino e algo da de sua geração, que buscava o equilíbrio da naturalidade sem se desprender inteiramente dum cultismo ainda próximo.

Na cantata "Lize", Polifemo aparece como imagem do sentimento amoroso do poeta, que desta forma supera o amaneiramento afetivo da época, ao identificar-se com o sadismo da lenda:

Na sorte, Lize amada,
Do mísero Gigante,
Que triste do meu fado se traslada
O fúnebre semblante.
....
Mas, ai, fado aleivoso!
Que infeliz inda mais que Polifemo
Me queixo. Ele a ocasião do seu ciúme
Sufoca, estraga, desalenta e mata;

E eu de uma alma ingrata
Sinto desprezo e não extingo o lume;
Pois sempre desprezado
Vivo aflito, infeliz, desesperado.[13]

A cantata "Galateia", que antecede, descreve os amores da ninfa

— Mais cândida e bela
Que a neve congelada,
Que a clara luz da matutina estrela —

com o pastor Acis, que afirma a própria gentileza em contraste à disformidade do ciclope:

Vem ouvir-me um instante,
Que em mim tudo é ternura.
Do bárbaro Gigante
Não temas, não, a pálida figura,
Que o tem seu triste fado,
Tanto como infeliz, desenganado.

Ora, é justamente esta privação de amor e graça que leva o poeta a simpatizar com Polifemo (em nenhuma das principais versões anteriores objeto de compreensão ou piedade) e compreender o seu drama, desentranhando no antigo mito uma alegoria do desajuste amoroso. Assim, colocada esteticamente entre a cantata "Galateia" (onde aparece o amor feliz e harmonioso) e a cantata "Lize" (onde perpassa a vontade de aniquilamento que acompanha a frustração amorosa), a "Écloga VIII" visa ao drama pessoal do gigante. É um pináculo na obra de Cláudio, marcado por um frêmito que inflete o curso do poema e manifesta a presença da alta poesia.

A peça é curta (49 versos), circunstância não estranha ao êxito formal, visto como a sua tendência para alongar-se acarreta não raro a tara do prosaísmo,

13 Encontramos noutro sentido a identificação do amoroso infeliz com Polifemo numas redondilhas de Camões, onde há uma alusão pungente à própria cegueira, que vale a pena registrar porque o fato não ocorre nos vários tratamentos do mito:

Galateia sois, Senhora,
Da formosura extremo;
E eu, perdido Polifemo.

("ABC em motes", *Obras completas*, v. I, p. 168).

que infunde um ar demasiado didático a algumas das suas pastorais. Note-se ainda a habilidade, muito sua, em alternar os metros, no caso, decassílabos e hexassílabos escorreitos e puros:

> Ó linda Galateia,
> Que tantas vezes quantas
> Essa úmida morada busca Febo,
> Fazes por esta areia
> Que adore as tuas plantas
> O meu fiel cuidado: já que Erebo
> As sombras descarrega sobre o mundo,
> Deixa o reino profundo:
> Vem, ó Ninfa, a meus braços,
> Que neles tece Amor mais ternos laços.

O introito não pressagia a irrupção comovedora do sentimento, que surge na 2ª estrofe quando a paixão desprezada e o ciúme se avolumam e expandem de repente, num desespero que encapela o verso:

> Vem, ó Ninfa adorada,
> Que Acis enamorado,
> Para lograr teu rosto precioso,
> Bem que tanto te agrada
> Tem menos o cuidado,
> Menos sente a fadiga, e o rigoroso,
> Implacável rumor que eu n'alma alento.
> Nele o merecimento
> Minha dita assegura;
> Mas ah! que ele de mais tem a ventura.

Este passo equilibra o da cantata "Galateia", onde Acis aponta as limitações insuperáveis de Polifemo, que aqui tenta afirmar-se, afirmando a dignidade conferida pelo tormento da paixão,

> (... o rigoroso,
> Implacável rumor que eu n'alma alento),

que lhe deveria assegurar preferência sobre o fraco merecimento de Acis, todo superfície e graça adolescente; mas

> ... ah! que ele de mais tem a ventura.

E prossegue:

Esta frondosa faia
A qualquer hora (ai triste!)
Me observa neste sítio vigilante:
Vizinho a esta praia
Em uma gruta assiste,
Quem não pode viver de ti distante;
Pois de noite e de dia,
Ao mar, ao vento, às feras, desafia
A voz do meu lamento:
Ouvem-me as feras, ouve o mar, e o vento.

Humanamente, porém, a dor se aplaca; humanamente compreende que por si nada pode aspirar, pelo despropósito da aspiração, e oferece a Galateia os bens mais caros em troca do amor. A branda submissão marchetada de preciosismos, com que finaliza, reintroduz o equilíbrio inicial, emoldurando com ele a explosão das duas estrofes anteriores:

Não sei que mais pretendes:
Desprezas meu desvelo
E, excedendo o rigor da crueldade,
Com a chama do zelo
O coração me acendes;
Não é assim cruel a divindade.
Abranda extremo tanto;
Vem a viver nos mares do meu pranto:
Talvez sua ternura
Te faça a natureza menos dura.

E se não basta o excesso
De amor para abrandar-te,
Quanto rebanho vês cobrir o monte,
Tudo, tudo ofereço:
Esta obra do divino Alcimedonte;
Este branco novilho,
Daquela parda ovelha tenro filho,
De dar-te se contenta
Quem guarda amor, e zelos apascenta.

Com esta imagem, de sabor menos cultista que do melhor Quinhentismo, Cláudio termina o admirável poema em que a sua alta consciência artesanal exprimiu uma das emoções mais puras do Setecentos luso-brasileiro. A sua força deriva em parte da circunstância de haver a inspiração encontrado na tradição clássica um mito cujas formas desposou. Quando um mito ou alegoria tradicionais correspondem à emoção poética, esta flui no seu significado, de alcance universal, e a poesia brota mais forte, encontrando correlativo. No de Polifemo, o contraste dramático entre o gigante grotesco e a ternura que o anima permitiu a Cláudio um poema comovente, quase trágico. O pobre ciclope apaixonado, largado a soluçar a sua paixão desmesurada nas verdes relvas do prado arcádico, entre pastores e pastoras de ópera, produz o efeito de um estampido nessa atmosfera de "parnaso obsequioso" — graças à contenção clássica e à força barroca que o anima.

A naturalidade e a pólis Mas Cláudio quis ser também homem do seu tempo, exercitar-se na busca da verdade e da natureza por meio da dicção simples; se esta não abunda em suas obras, explica ao leitor em 1768, é que "foram compostas ou em Coimbra, ou pouco depois, nos meus primeiros anos; tempo em que Portugal apenas principiava a melhorar de gosto nas belas-letras". Talvez haja aí um pouco de artifício, pois a análise interna permite datar aproximadamente boa parte das composições maiores (epicédios, éclogas) revelando que são posteriores a 1754 e 1760. É provável que em certos casos haja retomado composições anteriores, ficando nelas, então, a marca cronológica desta revisão. E ao fazê-lo, talvez tenha querido aproximá-las da tonalidade mais moderna, o que explica em muitas delas a mescla de Cultismo e naturalidade, nem sempre favorável ao equilíbrio poético e ao efeito sobre o leitor.

Convém notar que em certos poemas pouco citados, e aliás pouco numerosos, os quatro "romances", manifesta a maior simplicidade que obtuve, aproximando-se eruditamente do popularesco tradicional com influência visível dos processos métricos caros aos espanhóis, que ainda aqui encontramos a influenciá-lo:

Pastora do branco arminho,
Não me sejas tão ingrata:
Que quem veste de inocente
Não se emprega em matar almas.
(II)

Vão porventura, Pastora,
A beber as cristalinas,

Doces águas, que discorrem
Por entre estas verdes silvas?
   (IV)

Mas nesses poemas (dos melhores na sua obra) a naturalidade parece obtida por recuperação do passado e se exprime pela espontaneidade do sentimento. Devemos procurar em peças maiores a que se definiu como própria do século, tendendo ao didático e ao racional. Nelas, fala o futuro inconfidente, falando o homem preocupado com a Virtude, a Justiça, a Pátria, e outras maiúsculas do tempo.

Uma das suas expressões é o "Epicédio I", à morte do 1º conde de Bobadela, grande administrador, amigo da Colônia, a quem o poeta vota rasgada e comovida admiração. Vibra nele sentimento profundo, que rompe a frieza do gênero e do conceitismo, mostrando o papel da justiça como requisito para a aceitação dum governo e o papel do mérito como critério de eminência social. Segundo ele, Gomes Freire não a deve ao rei mas ao próprio valor, que, num rasgo ilustrado, dissocia da sanção régia:

Não te faz grande o Rei: a ti tu deves
A glória de ser grande: tu te atreves
Somente a te exceder: outro ao Monarca
Deva o título egrégio, que o demarca
Entre os Grandes por Grande: em ti, louvado
Só pode ser o haver-te declarado.

É o rei, portanto, que se honra ao consagrar a virtude com o título nobiliárquico. Mais ousado é o seguinte, enfrentando o sistema tributário:

O vasto empório das douradas Minas
Por mim o falará: quando mais finas
Se derramam as lágrimas no imposto
De uma capitação, clama o desgosto
De um país decadente...

Aí está, escrito provavelmente em 1763 ou 1764, e impresso em Coimbra, "na oficina de Luís Seco Ferreira" em 1768, um ataque direto à famosa derrama, tratada conceituosamente num *equívoco* que dá singular reforço à repulsa pelo imposto, confundindo-o nas lágrimas que faz derramar. Aí está, 25 anos antes das *Cartas chilenas* e da Inconfidência, o "desgosto de um país decadente", que a equidade não permite continuar submetido a tais medidas. A intervenção de Gomes Freire aparece pois como ato daquilo que, segundo Cláudio, mais se preza num governante: a justiça, que para o seu tempo (e mesmo no abafamento metropolitano e colonial) era a própria expressão das leis naturais que equilibram a conduta segundo a razão, sendo o próprio encontro do racional com o natural.

A ideia mais feliz de ser aceito
À vontade de um Rei é ter o peito
Sempre animado de um constante impulso
De amar o que for justo: este acredita
Ao servo, que obedece; felicita
Ao Rei, que manda; este assegura a fama;
Este extingue a calúnia, e apaga a chama
De um ânimo perverso, que atropela
O precioso ardor de uma alma bela.

A justiça transcende a condição humana: deve ser igualmente observada pelo que obedece e pelo que manda, pois é alicerce da vida social. Por havê-la encarnado superiormente, Gomes Freire supera o critério régio e se consagra pelo valor próprio.

Mas ela não é o único elemento do bom governo: na obra de Cláudio é notória a preocupação com os feitos que ampliam a civilização e constroem o fundamento da vida racional, racionalmente ordenada. Deixemos de lado a écloga "Albano", de louvor talvez não objetivo a Pombal; mas não esqueçamos que em certas peças encomiásticas — o "Romance heroico", a José Gomes de Araújo; o "Canto heroico", a d. Antonio de Noronha (1776); a "Fala", ao mesmo (1779) — insinua-se por entre a loa pessoal o realce às obras de organização civil da capitania de Minas, em que se reconhece a qualidade do administrador. Neste sentido, devemos ressaltar a sua admiração por Pedro, o Grande, que plasmou na Rússia semibárbara um país moderno, intervindo com a vontade para estabelecer as normas da razão — empresa cara aos ilustrados, cuja menção em três ou quatro poemas marca a sua posição neste sentido.

Polir na guerra o bárbaro gentio,
Que as leis quase ignorou da natureza;
Romper de altos penhascos a rudeza,
Desentranhar o monte, abrir o rio;

Esta a virtude, a glória, o esforço, o brio
Do russiano herói; esta a grandeza

Que igualou de Alexandre a fortaleza,
Que venceu as desgraças de Dario.
   ("Soneto 83")

Não de outra sorte viu a Rússia um dia
Transportarem-se as túmidas torrentes
Já do Tanais, do Lena, ou já do Volga
Ao canal que abre a mão do grande Pedro.
   ("Fala")

O *Vila Rica* Esta celebração das grandes obras que poliam as terras rudes preocupou Cláudio, a ponto de absorvê-lo num poema épico, celebrando a incorporação das suas brenhas natais à civilização da Europa.

Poema fastidioso e medíocre, abaixo de tudo quanto fez, antes e depois, embora carinhosamente elaborado, com base em documentos, alguns dos quais obtidos em São Paulo por intermédio de Pedro Taques. É ponderável a sugestão de João Ribeiro, de que o poeta não o considerou, depois de pronto, digno para divulgar-se, conservando-o como esboço de tentativa gorada.[14] O mesmo crítico aponta as influências que sofreu:

Vila Rica é um produto originado pel'*O Uraguai*. Cláudio Manuel esforçou-se por parecer original, não adotou a *oitava rima* nem o verso *solto* como os seus antecessores; talvez por admiração a Voltaire preferiu aproximar-se da *Henriade* empregando rimas emparelhadas. (p. 35)

Vejo aqui um indício eloquente para compreender a evolução estética do poeta. A essa altura, empenhado em compor segundo as exigências da naturalidade, não quis adotar o sistema estrófico tradicional, que Durão aceitaria pouco depois. Ao mesmo tempo, o pendor e a herança cultista não lhe permitiram adotar, aos cinquenta anos, o verso branco, caro aos reformadores. Em tal situação interveio o exemplo de Voltaire, e Glauceste parodiou o alexandrino paralelo (capaz dos melhores efeitos na métrica francesa, onde é o esquema por excelência) em decassílabos emparelhados — processo perigoso na portuguesa, fator de monotonia e frouxidão que comprometeu o seu poema, como comprometeria mais tarde *A assunção*, de São Carlos. O caso é interessante para compreender a sua evolução estética, mostrando como a posição de poeta limiar prejudicava a adoção plena das atitudes *modernas*.

---

14 João Ribeiro, "Cláudio Manuel da Costa", nas *Obras poéticas*, v. I, pp. 36-37.

Na *Henriade* hauriu estímulo para o tratamento do tema nativista: lá, conflito de liguenses e realistas; no *Vila Rica*, de mineiros rebeldes e fiéis à autoridade régia, terminando ambos com o triunfo da autoridade legítima, que põe termo a um período de distúrbios e abre outro de prosperidade. A situação de guerra civil se exprime no plano alegórico pela presença da Discórdia, entidade fictícia preponderante no poema de Voltaire, e no de Cláudio. Lá buscou ainda o processo de documentar o poema, separando racionalmente o fictício e apoiando o verdadeiro num ensaio prévio, nele o conhecido "Fundamento histórico", além das notas explicativas.

A influência parece ter sido tão grande que, na "Ode" relativa ao suposto atentado contra Pombal (1774), equipara o "sacrílego Pela", autor putativo, aos regicidas Jacques Clément e Ravaillac, equiparando-lhes também quinze anos depois o Tiradentes, na inquirição judicial.[15]

Mais interessante para nós é a influência de Basílio da Gama, através de cuja obra talvez tenha chegado à de Voltaire.[16] N'*O Uraguai* encontrou a sugestão para tratar assunto brasileiro contemporâneo, ligado à sua experiência quase imediata. Encontrou a rejeição do esquema e do próprio tom camoniano, inclusive qualquer sistema estrófico, e a descoberta de incorporar o índio como assunto, versando-o de modo mais sentimental do que heroico, tendo sido o primeiro a celebrar, embora timidamente, os amores de branco e índia — logo depois retomados por Durão.

O episódio da morte de Aurora é calcado no de Lindoia, com pequenas alterações, sendo a comparação fatal para Cláudio. Até a tirada final, meio intempestiva e separada do corpo do poema, corresponde à d'*O Uraguai*, em nível bastante inferior:

> Enfim serás cantada, Vila Rica,
> Teu nome impresso nas memórias fica.
> Terás a glória de ter dado o berço
> A quem te fez girar pelo universo.

---

15 Apenas J. Clément aparece na ação da *Henriade*, que termina logo após haver assassinado Henrique III. Ravaillac aparece no apêndice em que Voltaire estuda a sua ação: "Dissertation sur la mort de Henri IV".   **16** A epopeia francesa é citada nas notas do *Vila Rica*, mas não há menção expressa da sua existência nas bibliotecas sequestradas dos Inconfidentes — é verdade que mal discriminadas. Na de Cláudio há menção global de nada menos que 189 obras, entre as quais ela poderia estar. Alvarenga Peixoto possuía um livro de "Vultério" e o cônego Luís Vieira "*Oeuvres de M. Voltaire* um volume em oitavo". Na sua biblioteca poderia Cláudio ter lido o *Paraíso perdido*, de que se valeu, conforme anota, para um passo do *Vila Rica*, na tradução francesa em prosa. Seria com certeza a de Dupré de Saint-Maur, corrente no século XVIII. Consagra também a Milton uma ode entusiasta.

Os críticos não estão de acordo quanto à sua decadência nas obras posteriores a 1768, sobretudo no poema épico, "artificioso e coriáceo exercício poético de um lírico já sem veia".[17] É preciso considerar três subsídios para poder aquilatá-la. Em primeiro lugar (repita-se pela última vez) o esforço de "se pôr em dia" com a moda, prejudicando a sua tendência inicial e fecunda. A seguir, o fato de que das obras não impressas só conhecemos até o momento (excetua-se o *Vila Rica*) peças de circunstância, geralmente laudatórias. Teria a veia secado e a capacidade se restringido a incensar poderosos em verso banal? Note-se que tais peças têm maior probabilidade de sobrevivência, pois são feitas para ser recitadas publicamente, sendo oferecida cópia cuidada ao homenageado. Isto indica a possibilidade de se ter perdido uma produção lírica desinteressada, necessária para avaliar o ritmo de decadência do poeta — como se perdeu toda a produção dramática referida nos *Apontamentos*, que enviou em 1759 à Academia dos Renascidos. As peças reveladas por Caio de Melo Franco são do ano da publicação das *Obras* (1768) e a sua qualidade, inferior à destas, é contudo igual a muitas das reveladas por Ramiz Galvão e algumas posteriores a 1780. Todas elas são incomparavelmente melhores que o erro poético do *Vila Rica*.

Finalmente, há indícios de uma crise espiritual em Cláudio, devida quem sabe à pouca repercussão da sua obra. Enquanto encontramos múltiplos sinais de que Basílio da Gama e Silva Alvarenga eram conhecidos e levados em conta na Metrópole, onde sempre viveu o primeiro, quase não se encontra referência a Cláudio em tempo de sua vida. Daí a amargura dos seguintes versos do *Vila Rica*, que revelam certa consciência de enfraquecimento poético e explicam talvez o esforço de acertar o passo com os modernos para ganhar a desejada fama:

> ... eu já te invoco
> Gênio do pátrio rio; nem a lira
> Tenho tão branda já, como se ouvira,
> Quando Nize cantei, quando os amores
> Cantei das belas ninfas e pastores.
>
> Vão os anos correndo, além passando
> Do oitavo lustro; as forças vai quebrando
> A pálida doença; e o humor nocivo
> Pouco a pouco destrói o suco ativo,
> Que da vista nutrira a luz amada:
> Tampouco vi a testa coroada

---

17 Eduardo Frieiro, *O diabo na livraria do cônego*, p. 29.

De capelas de loiro, nem de tanto
Preço tem sido o lisonjeiro canto,
Que os mesmos, que cantei, me não tornassem
Duro prêmio, se a mim não sobrassem
Estímulos de honrar o pátrio berço.
    ("Canto IX")

Por isso confiou na epopeia nativista, discreta e *natural*, para forçar a admiração dos contemporâneos, sentindo-se projetar no futuro através da celebração da pátria, como vem no prognóstico do "bom velho Itamonte", a penha por excelência da sua imaginação rochosa:

          ... do Gualacho
Nos futuros auspícios talvez acho,
Que um pequeno ribeiro o nome guarda,
Nas margens suas de nascer não tarda
O grosso engenho, que decante um dia
A memória da pátria, e de Garcia.
....
Crescei para o cercar, loiros formosos.
    ("Canto VIII")

Felizmente para a sua glória, havia títulos maiores, que permitiram o cumprimento do desejo: fundar uma literatura que significasse a incorporação do Brasil à cultura do Ocidente, aclimatando nele, de vez para sempre, as disciplinas mentais que pudessem exprimir a sua realidade.

Musas, canoras Musas, este canto
Vós me inspirastes; vós meu tenro alento
Erguestes brandamente àquele assento,
Que tanto, ó Musas, prezo, adoro tanto
....
Se em campos não pisados algum dia
Entra a Ninfa e o Pastor, a ovelha, o touro,
Efeitos são da vossa melodia;

Que muito, ó Musa, pois, que em fausto agouro,
Cresçam do pátrio rio à margem fria
A imarcescível hera, o verde louro!
    ("Soneto C")

Capítulo III

Apogeu da reforma

1. Uma nova geração 115
2. Naturalidade e individualismo de Gonzaga 120
3. O disfarce épico de Basílio da Gama 134
4. Poesia e música em Silva Alvarenga e Caldas Barbosa 145

I.
Uma nova geração

Os ideais neoclássicos só se realizaram, quanto aos escritores brasileiros, nos da geração seguinte à dos fundadores da Arcádia Lusitana, dos quais receberam, polidos e afinados, os instrumentos literários. São, de um lado, Basílio da Gama e Silva Alvarenga, acentuadamente pombalinos no pensamento e muito libertos na forma; de outro, Alvarenga Peixoto e seu parente Gonzaga, mais presos formalmente aos cânones arcádicos e à influência direta de Cláudio Manuel da Costa, que os estimulou sem dúvida no caminho da poesia, — pois a absoluta maioria dos poemas que deixaram, e que podem ser datados aproximadamente, são posteriores ao convívio com ele.[1] Em todos, porém, há nítida superação do momento inicial de compromisso entre Cultismo e novo estilo, característico da sua obra, inclusive menor interesse pelas formas tradicionais, como o soneto e a écloga. Basílio da Gama transfunde musicalidade serena, mas calorosa, no decassílabo solto; Gonzaga dá admirável plasticidade à ode; Silva Alvarenga imprime nova orientação melódica ao verso, inventando o *rondó*; Caldas Barbosa empresta categoria literária à modinha. São traços importantes para completar a expressão da nova sensibilidade, amaciando, colorindo, adoçando o verso português a fim de dobrá-lo às suas exigências, num processo de contrapeso ao estilo regular e lógico do Classicismo. Junto ao legado harmônico da Arcádia e às suas nobres cadências prepara-se deste modo uma invasão de melodia que habituará o ouvido à melopeia, facilitando, desintelectualizando a percepção lírica. A sensibilidade *natural* começa a se tornar *sentimental* e procura as formas expressionais adequadas, que o Romantismo levará às últimas consequências.

Basílio da Gama e Silva Alvarenga, mineiros de nascimento, são cariocas pelo sentimento da água, das cores, exprimindo-se com certa macieza que nos faz imaginá-los nas sombras frescas do Passeio Público, envoltos no denso fascínio da natureza tropical e na clara luminosidade do mar. Alvarenga Peixoto, carioca de nascimento, é mineiro de sensibilidade, como Cláudio, impregnado pela aspereza e pelos problemas da terra do ouro. Gonzaga,

---

1 Nota da 2. ed. — Esta opinião fica abalada, no tocante a Alvarenga, depois da edição recente de Rodrigues Lapa (Ver adiante, p. 741).

português, filho de carioca, crescido na Bahia, participa de um universo plástico e psíquico mais genérico, e talvez por isso mesmo foi o que melhor realizou a compenetração do sentimento com a expressão universal. Em todos eles, sobretudo quando querem ser anacreônticos, repontam laivos de amaneiramento que são um eco, ou uma transformação do Cultismo, e que marchetam a sua orientação neoclássica de um preciosismo que chamaríamos por analogia, e com as precauções devidas, de rococó.

Basílio e Silva Alvarenga conviveram na Metrópole, indo o segundo em 1782 para o Rio, onde ficou até morrer; em Vila Rica esteve Cláudio só desde 1754; depois, na companhia de Alvarenga Peixoto a partir de 1776, completando-se o trio com a chegada de Gonzaga em 1782. Durão (caso à parte) saiu do país aos nove anos e nunca mais voltou. Não há portanto uma Escola Mineira como *grupo*; mas é fora de dúvida que o Arcadismo brasileiro encontrou a sua mais alta expressão em poetas ligados à capitania das Minas por nascimento ou residência, podendo-se por este lado justificar a velha designação.

Alvarenga Peixoto Perfeitamente enquadrado na lição arcádica, Alvarenga Peixoto escreve como quem se exercita, aplicando fórmulas com talento mediano e versejando por desfastio. Por isso é mediana a qualidade de quase todos os seus poemas, sendo impossível equipará-lo literariamente — como é uso — aos outros poetas mineiros.

É admissível que o sequestro e a desgraça houvessem dispersado o seu espólio poético, deixando apenas as peças destinadas a louvar e comemorar. Seja como for, estas constituem quase tudo nas 28 restantes, dando a impressão de que o infeliz conspirador só invocava as "canoras Musas" para celebrar poderosos e amigos, numa demonstração compacta do caráter de sociabilidade da literatura setecentista.

Mas o interesse que apresenta hoje é devido a algo implícito na poesia de circunstância e que já pudemos entrever em Cláudio. Quero falar da utilização que os poetas fizeram do louvor a reis e governantes para, através dele, chegar à meditação sobre problemas locais, cumprindo assim um dos objetivos da literatura *ilustrada*, em busca da verdade social. A homenagem tornava-se pretexto, tanto mais seguro quanto o poeta se escudava no homenageado e misturava habilmente lisonja e reivindicação. É o que vemos em muitos poemas de Cláudio; nos de poetastros sem consequência, como Bartolomeu Antônio Cordovil; no que resta de mais vivo entre os de Alvarenga Peixoto: duas odes, o fragmento de uma terceira, uma cantata e o famoso "Canto genetlíaco".

Combinadas, referidas a alguns sonetos e devidamente lidas, desvendam um claro roteiro de poesia *ilustrada*, com apoio em alguns temas fundamentais: louvor do governo forte que promove a civilização; preeminência da paz sobre a guerra; necessidade de civilizar o Brasil por uma administração adequada; desejo que o soberano viesse efetivamente tomar conhecimento da nossa realidade; aspiração de sermos governados por brasileiros, que compreendessem os caracteres originais do país, marcado pela fusão das raças e a aclimação da cultura europeia. É a mistura, típica dos nossos *ilustrados*, de pombalismo, nativismo e confiança nas Luzes.

Esses pontos não aparecem, é claro, expressamente definidos e organizados; vêm contidos de modo mais ou menos explícito em sequências e imagens, com regularidade suficiente para fazer de Alvarenga Peixoto um *ilustrado à brasileira*. Aliás, parece ter sido, dentre os poetas "mineiros", o mais resolutamente envolvido na Inconfidência, não contando que seria homem progressista e cheio de planos, como os que procurou aplicar na melhoria das suas lavras do sul de Minas.

A ode a Pombal é com certeza a sua obra melhor e, apesar de descaídas ocasionais, uma das mais belas que nos legou o século XVIII no gênero estritamente político. O verso é conciso e seco, não raro lapidar, descrevendo a brutalidade da guerra para chegar, por contraste, a uma nobre visão da paz e do trabalho, bens maiores na vida dos povos.

Ensanguentados rios, quantas vezes
Vistes os férteis vales
Semeados de lanças e de arneses?
Quantas, ó Ceres loura,
Crescendo uns males sobre os outros males,
Em vez do trigo, que as espigas doura,
Viste espigas de ferro,
Frutos plantados pela mão do erro,
E colhidos em monte sobre eiras,
Rotos pedaços de servis bandeiras!

Mais longe:

Grande Marquês, os Sátiros saltando
Por entre as verdes parras
Defendidas por ti de estranhas garras;
Os trigos ondeando

Nas fecundas searas;
Os incensos fumando sobre as aras,
A nascente cidade,
Mostram a verdadeira heroicidade.

Em Pombal revia o esforço construtor que admirava, como Cláudio, na obra de Pedro, o Grande, o qual,

... errando incerto e vago
Bárbaros duros civiliza e doma.
   ("Soneto VIII")

A incultura da pátria — sublinhada na "Ode à rainha d. Maria I" — surge todavia nos versos do "Canto genetlíaco", ao batizado de um filho do governador conde de Cavaleiros, como rica diversidade de promessas, cujo alcance apenas um administrador brasileiro poderia apreender; daí o subterfúgio, por meio do qual atribuía ao pequenino d. José Tomás de Meneses, nascido nas Minas, o sentimento que iam tendo os intelectuais e proprietários da necessidade de autonomia:

Isto, que Europa barbaria chama,
Do seio de delícias tão diverso,
Quão diferente é para quem ama
Os ternos laços do seu pátrio berço.

Como em Basílio da Gama, Silva Alvarenga, Cordovil e o Cláudio da última fase, também para ele o índio ia se tornando símbolo do Brasil. Nas representações plásticas — escultura, pintura, artes aplicadas — isto se vinha dando desde o Descobrimento, por todo o Ocidente: mas a recorrência dos temas, em arte e literatura, só pode ser tomada em sentido estritamente contextual; de acordo com este, tal prática, no século XVIII e no Brasil, vem acrescida de significado diverso, englobando as ideias de homem natural, liberdade e nativismo, que convergem para a imagem do índio com algemas rompidas, corrente no tempo da Independência para exprimir a libertação do país. Em Alvarenga Peixoto e seus contemporâneos, ainda não se trata disso: também não se trata mais da emplumada alegoria da Quarta Parte do Mundo, no nível dos jacarés, onças e ananases. Na "Cantata", e principalmente na "Ode à rainha d. Maria I", o selvagem é um porta-voz que exprime à Europa os desejos locais, em particular dos poetas *ilustrados*, convictos da necessidade, para a Colônia, de bom governo que promovesse o império das Luzes, resgatando o povo da dura condição em que se achava e que é nitidamente denunciada num verso ousadíssimo, logo abafado em reticências pela tática ligeira da adulação:

Não há bárbara fera
Que o valor e a prudência não domine;
Quando a razão impera,
Que leão pode haver que não se ensine?
E o forte jugo, por si mesmo grave,
A doce mão que o põe, o faz suave.

Que fez a natureza
Em pôr neste país o seu tesouro
Das pedras na riqueza,
Nas grossas minas abundantes de ouro,
Se o povo miserável... Mas que digo!
Povo feliz, pois tem o vosso abrigo.
  ("Fragmento")

Mas, só quando aparecem poetas capazes de superar a estrita preocupação *ilustrada* e comunicar no verso a beleza do mundo e a emoção dos seres, é que esta geração alcançará verdadeiramente a poesia, — com Tomás Gonzaga, Basílio da Gama e Silva Alvarenga.

2.
Naturalidade e individualismo de Gonzaga

"[...] tomando o Réu respondente isto em menos preço, e dando as razões, por que lhe parecia isto impossível, concluiu dizendo, que quando eles saíssem ia fazer uma Ode, que tão sossegado ficava no seu espírito [...]."

Nesta resposta ao inquérito, Gonzaga deixa implícita uma teoria da criação poética bem diferente da que reputaríamos ajustada à sua obra. Espírito em paz e desanuviado não parece ter sido o que presidiu à feitura da maior parte das suas liras, compostas na prisão ou entre as dúvidas duma corte amorosa, nem sempre livre de oposições e dificuldades. Nem à das *Cartas chilenas*, a ser realmente ele o oculto Critilo.

No entanto, há neste recurso de acusado uma leveza de expressão que nos deixa pensativos: tão sossegado que ia fazer uma ode... O exemplo que escolheu denota, — queiramos ou não, — aquela nobre serenidade, aquela majestade tranquila que marca as suas boas liras, mesmo quando pungentes, sempre que superam o dengue da moda anacreôntica. Talvez a criação não dispensasse, para ele, a paz superior da visão artística, imposta pela força do espírito ao impulso frequentemente desordenado da paixão. E este invólucro brilhante e sereno daria dignidade e valor coletivo à nota da experiência pessoal.

Seja como for, o certo é que em Tomás Gonzaga a poesia parece fenômeno mais vivo e autêntico, menos *literário* do que em Cláudio, por ter brotado de experiências humanas palpitantes. O poeta Gonzaga existe, realmente, de 1782 a 1792; poeta de uma crise afetiva e de uma crise política, diferente nisto de Cláudio, cuja atividade parece um longo, consciencioso artesanato de escritor, no sentido estrito da palavra. O problema consiste em avaliar até que ponto a *Marília de Dirceu* é um poema de lirismo amoroso tecido à volta duma experiência concreta — a paixão, o noivado, a separação de Dirceu (Gonzaga) e Marília (Maria Doroteia Joaquina de Seixas) — ou o roteiro de uma personalidade, que se analisa e expõe, a pretexto da referida experiência. É certo que os dois aspectos não se apartam, nem se apresentam como alternativas. Mas também é certo que o significado da obra de Gonzaga varia conforme aceitemos a predominância de um ou de outro.

Para podermos formar juízo, é preciso mencionar pelo menos três pontos: a sua aventura sentimental, a sua formação poética, as características da sua poesia.

Presença de Marília Gonzaga é dos raros poetas brasileiros, e certamente o único entre os árcades, cuja vida amorosa tem algum interesse para a compreensão da obra. Primeiro, porque os seus versos invocam quase todos a pastora Marília, nome poético da namorada e depois noiva; segundo, porque eles criaram com isto um mito feminino, dos poucos em nossa literatura. É possível que os organizadores das edições gonzaguianas, seguindo a primeira seleção feita não se sabe por quem (1792), desprezassem composições não ligadas ao tema, que deste modo se extraviaram em maior número. Seja como for, o que resta é um bloco compacto, todo formado à volta de Marília. A Glaura de Silva Alvarenga pode ou não ter vivido; a sua existência corpórea não interfere com a pastora estilizada e despersonalizada que aparece nos rondós e madrigais; a nossa curiosidade não necessita ir além do que estes nos dizem. O mesmo não acontece com a heroína de Gonzaga, muito mais viva e presente.

O tema de Marília é modulado por ele com certa amplitude. Temos desde uma presença física concretamente sentida, até uma vaga pastorinha incaracterística, mero pretexto poético semelhante às Antandras e Amarílis.

Quando apareces
na madrugada,
mal embrulhada
na larga roupa,
e desgrenhada,
sem fita ou flor;
ah! que então brilha
a natureza!
Então se mostra
tua beleza
inda maior.
  (I, 17)

Fito os olhos na janela,
aonde, Marília bela,
tu chegas ao fim do dia.
  (I, 21)

Quando à janela saíres,
sem quereres, descuidada,
tu verás Marília, a minha,
e minha pobre morada
  (II, 12)

Pintam que entrando vou na grande igreja;
pintam que as mãos nos damos,
  (II, 34)

Entra nesta grande terra,
passa uma formosa ponte,
passa a segunda; a terceira
tem um palácio defronte.

Ele tem ao pé da porta
uma rasgada janela:
é da sala, aonde assiste
a minha Marília bela.
  (II, 37)

Versos como estes personificam e localizam concretamente a bem-amada, dando-lhe uma realidade que podemos reconstruir, superpondo a Vila Rica um roteiro amoroso que o visitante procura captar, contemplando janelas, medindo distâncias, refazendo itinerários, de todo possuído pela topografia mágica do antigo amor.

No entanto, se procurarmos completar esta presença exterior de Doroteia por um conhecimento mais completo do seu ser, as Liras fogem à nossa curiosidade. Entrevemos aqui um ciúme —

Minha Marília,
tu enfadada? —

imaginamos ali um leve esnobismo de mocinha fina —

É melhor, minha bela, ser lembrada
por quantos hão de vir sábios humanos,
que ter urcos, ter coches e tesouros
que morrem com os anos; —

apenas pressentimos mais longe certa frieza ante os ardores do poeta, que chama então como argumento

A devorante mão da negra morte

para persuadi-la:

Façamos, doce amada,
os nossos breves dias mais ditosos; —

e mais nada. Na medida em que é objeto de poesia, Doroteia de Seixas vai-se tornando cada vez mais um tema. Desprende-se da vida cotidiana, mal esboçada, para entrar na farândola rococó, de chapeuzinho de palha, corpete de veludo e cajado florido, num desalinho convencional que estimula a musa anacreôntica do Ouvidor e Procurador dos Ausentes. Todo este lado Sèvres e Fragonard contrabalança o outro. Doroteia se desindividualizou para ser absorvida na convenção arcádica: é a pastora Marília, objeto ideal de poesia, sem existência concreta. Por isso mesmo, ora é loura, ora morena; ora compassiva, ora cruel: em qualquer caso, sem nervo nem sangue. É uma estatueta de porcelana que o poeta envolve na revoada de cupidos, rosas e abelhas:

Apenas lhe morde,
c'o dedo fugiu.
Amor, que no bosque
estava brincando,
aos ais acudiu.
(I, 20)

Lembremos apenas que sob esta Marília dos poemas podem na verdade ocultar-se pedaços de Lauras, Nizes, Elviras, Ormias, Lidoras e Alfeias, que o poeta cantara em versos anteriores. O belo poema, talvez inspirado num soneto de Garção,

Eu não sou, minha Nize, pegureiro,
que viva de guardar alheio gado —

refeito em seguida —

> Eu, Marília, não sou algum vaqueiro
> Que viva de guardar alheio gado —

leva a pensar que não hesitava em retomar composições anteriores para ajustá-las às novas condições. É possível que outras liras endereçadas a Marília — sobretudo as anacreônticas — sejam adaptações de poemas mais velhos. Daí, em parte, a pastorinha que vai e vem como peteca, em tantos versos de hábil negaceio sentimental. Isto ajudaria a explicar a predominância do ciclo de Marília, que é quase toda a sua obra: seria realmente pouco vulgar que apenas aos quarenta anos tal poeta abrisse as asas, e o fizesse de maneira desde logo tão consumada.

Por outro lado, não há como escapar ao fato de que apenas em Vila Rica, a partir de 1782, a poesia avultou na sua vida. No Brasil, o homem de estudo, de ambição e de sala, que provavelmente era, encontrou condições inteiramente novas. Ficou talvez mais disponível, e o amor por Doroteia de Seixas o iniciou em ordem nova de sentimentos: o clássico florescimento da primavera no outono.

Foi um acaso feliz para a nossa literatura esta conjunção de um poeta de meia-idade com a menina de dezessete anos. O quarentão é o amoroso refinado, capaz de sentir poesia onde o adolescente só vê o embaraçoso cotidiano; e a proximidade da velhice intensifica, em relação à moça em flor, um encantamento que mais se apura pela fuga do tempo e a previsão da morte:

> Ah! enquanto os destinos impiedosos
> não voltam contra nós a face irada,
> façamos sim, façamos, doce amada,
> os nossos breves dias mais ditosos [...]

> Ornemos nossas testas com as flores
> e façamos de feno um brando leito;
> prendamo-nos, Marília, em laço estreito,
> gozemos do prazer de sãos amores [...]

> [...] aproveite-se o tempo, antes que faça
> o estrago de roubar ao corpo as forças
>   e ao semblante a graça.
>   (I, 13)

Daí, em sua poesia, a substituição da antiga pena de amor como impaciência sensual pela aspiração ao convívio doméstico, que coroa e consolida os amores da mocidade. São numerosas as suas liras de celebração do lar e de sonhos de vida conjugal. Por isso dignificam os sentimentos cotidianos, superando os disfarces alegóricos que o Arcadismo herdou da poesia seiscentista e quinhentista. Marília aparece então realmente como noiva e esposa, desimpedida de toda a tralha mitológica, livre da idealização exaustiva com que aparece noutros poemas.

Estas liras de cunho por assim dizer *doméstico* se tornam mais belas e pungentes quando escritas na prisão — de onde imagina a vida junto à esposa, delineando a velhice tranquila. Para o seu mestre Anacreonte, a fuga da mocidade, importando sobretudo em privação dos prazeres, despertava a evocação exaltada dos bens que se iam afastando; para ele, sendo não obstante ameaça ao amor, a velhice motiva de preferência a invocação da paz doméstica. E ele a trata com realismo nada inferior ao dos antigos.

> Já, já me vai, Marília, branquejando
> loiro cabelo, que circula a testa;
> este mesmo, que alveja, vai caindo,
>   e pouco já me resta,
>   (II, 4)

diz retomando Anacreonte:

> Já me alvejam as têmporas e a cabeça é calva: já passou a cara juventude e os dentes se arruinaram. Resta pouco tempo da doce vida.

E, mais próximo aqui de Horácio, a visão burguesa da decrepitude:

> Mas sempre passarei uma velhice
> muito menos penosa.
> Não trarei a muleta carregada,
> descansarei o já vergado corpo
> na tua mão piedosa,
> na tua mão nevada.
>
> As frias tardes, em que negra nuvem
> os chuveiros não lance,
> irei contigo ao prado florescente:
> aqui me buscarás um sítio ameno
> onde os membros descanse,
> e ao brando sol me aquente.
>   (I, 18)

Um homem de paixões fortes, de individualidade acentuada, que no entanto se embebe na visão da felicidade doméstica. E que pelo fato de nutrir essas visões, primeiro na posição de um namorado maduro, depois na solitude do cárcere, soube dar-lhes (superando muito remelexo pernóstico), ora uma dignidade, ora uma pungência que as tornam das experiências poéticas mais sentidas da nossa língua.

"O meu Glauceste" Estabelecido que o amor pela mocinha de Vila Rica influiu decididamente no rumo da sua vocação, é preciso agora tocar noutra grande influência: a de Cláudio Manuel da Costa.

Gonzaga, pertencendo à nova geração, sofreu o influxo da Arcádia Lusitana, e portanto de Cláudio, cujas *Obras*, publicadas no ano mesmo em que terminava o curso (1768), teria certamente lido. O ambiente em que se formou era outro, já penetrado das tendências de reforma, que haviam passado o apogeu quando veio de Portugal para as Minas Gerais (1782). Aqui, ligou-se desde logo ao colega mais velho que talvez já admirasse e com certeza o animou a escrever, empurrando no caminho da poesia o talento logo pressentido e manifestado.

Nas liras, fala constantemente do amigo; a intimidade entre ambos fica patente, não só aí, como nos *Autos de devassa*, onde declara que Cláudio o aconselhava em matéria poética: "[...] o doutor Cláudio Manuel da Costa [...] sabia muito bem, que ele tratava da sua retirada, que estava lendo e emendando as poesias do Réu Respondente que tratavam desta".[2] Num de seus poemas, querendo traçar o paradigma do poeta, diz:

e o terno Alceste chora
ao som dos versos, a que o gênio o guia[3]
   (I, 6)

Na "Lira 31" da Parte I, faz do amigo o elogio mais alto que se poderia esperar de um homem apaixonado:

Porém que importa
não valha nada
seres cantada

---

2 *Autos de devassa*, op. cit., v. IV, pp. 259-260. **3** Alceste seria Cláudio, como se depreende do contexto de várias liras. É opinião de Alberto Faria, estribado numa argumentação engenhosa ("Criptônimos das *Cartas chilenas*", em *Acendalhas*, pp. 38-39).

do teu Dirceu?
Tu tens, Marília,
cantor celeste;
o meu Glauceste
a voz ergueu:
irá teu nome
aos fins da Terra,
e ao mesmo Céu.

Na lira em que traça de maneira mais pormenorizada o próprio perfil, manifesta o orgulho que tinha em ser admirado por Cláudio:

Com tal destreza toco a sanfoninha,
que inveja até me tem o próprio Alceste;
ao som dela concerto a voz celeste,
nem canto letra que não seja minha.
   (I, I)

Pressentimos aí a enternecida reverência ante o mais velho, profundo conhecedor do ofício; o último verso talvez indique, da parte de Gonzaga, desvanecimento, não de estreante, mas de quem só então começava a poetar com verdadeiro discernimento e força para prosseguir: "nem canto letra que não seja minha".

O profundo amor de Cláudio pela terra mineira teria passado em parte ao luso-brasileiro Gonzaga. Por ocasião da contenda com o governador Luís da Cunha Meneses, o sentimento de justiça e o ardor combativo mais reforçariam o apego nascente, que haveria de contribuir para interessá-lo na Inconfidência, onde parece ter tido papel vagamente marginal, se é que teve algum.

É bela e comovente a amizade dos dois grandes poetas, tão chegada e afetuosa como se vê nas liras, onde Gonzaga fala no "meu honrado companheiro" e na "mais fiel união" (II, 12); ou nas declarações da devassa, onde procura, sempre, desviar de Cláudio perigo e suspeita. De Cláudio, que antes de matar-se no desespero o comprometera tão desastradamente, ilustrando o próprio verso, verdadeira profecia:

Ah! que falta valor ao sofrimento.
   ("Écloga VII")

Mais notável se torna o calor dessa fraternidade sem ciúmes, se repararmos que Gonzaga vinha de certo modo superar a obra de Cláudio, trazendo à literatura luso-brasileira um tom *moderno* dentro do Arcadismo, deslocando para um plano mais individual e espontâneo a *naturalidade*, que na geração anterior ainda é quase acadêmica. O "caro Glauceste" não combate nem rejeita estas manifestações como fazem geralmente os que, aos sessenta, veem os mais moços inovar na literatura em que produziram. Pelo contrário, emenda os versos do amigo, certamente entusiasmado e rejuvenescido pelo seu cristalino frescor; e, quem sabe, sentindo neles a consequência natural da reforma que ajudara a empreender, trinta anos antes, em busca da *naturalidade*. Gonzaga, de sua parte, seguia a orientação e o ensino do companheiro mais velho, porque nela encontrava o instrumento para dar corpo àquele mundo de poesia que descobriu entre as serranias mineiras.

Dirceu transfigurado Em nossa literatura é dos maiores poetas, dentre os sete ou oito que trouxeram alguma coisa à nossa visão do mundo. Com ele a pesquisa neoclássica da *natureza* alcança a expressão mais humana e artisticamente mais pura, liberta ao mesmo tempo da contorção barroca e dos escolhos da prosa. Nas literaturas românicas do tempo, não fica desmerecido ao lado de Bocage ou André Chénier.

Na primeira fase da sua poesia, anterior à prisão, denota preferência pelo verso leve e casquilho, tratado com uma facilidade que Cláudio talvez estimulasse, satisfeito por ver o amigo brilhar num caminho que nunca percorreu com êxito. Depois de preso, supera este lado rococó da inspiração, concentrando-se em formas mais severas; embora seja desse tempo a mais bela das odezinhas amorosas que compôs:

A minha amada
é mais formosa
que o branco lírio,
dobrada rosa,
que o cinamomo,
quando matiza
co'a folha a flor.
Vênus não chega
Ao meu amor;
 (II, 27)

melodia pura de que há vários exemplos na sua obra, e onde germinam os melhores ritmos, as mais belas imagens de um Casimiro de Abreu.[4]

Superando a todos os contemporâneos brasileiros e portugueses no verso gracioso, não é porém nisto que fundamenta a sua preeminência. Esta deriva principalmente do realismo e do individualismo com que elabora, em termos de poesia, um sentimento da vida e uma afirmação de si mesmo.

> Não é a persistência dos elementos tradicionais da poesia, mais ou menos pessoalmente elaborados, que nos dão definitivamente o seu estilo. Este consiste sobretudo nas novidades sentimentais e concepcionais que trouxe para uma literatura, derrancada no esforço de remoer sem cessar a antiguidade.[5]

Em Gonzaga, é interessante o contraste entre as precauções mitológicas com que celebra a mulher e o senso de realidade com que a integra no panorama da vida. Mais de uma lira é dedicada à tarefa quase didática de mostrar à bem-amada a naturalidade do amor, mostrando-lhe a ordenação das coisas naturais. E, por outro lado, valorizar a noção civil da vida social, salientando a nobreza das artes da paz, o falso heroísmo da violência, a ordem serena da razão. Em alguns dos seus melhores poemas, a beleza aparece como contemplação singela da regularidade das coisas.

> Um pouco meditemos
> na regular beleza,
> que em tudo quanto vive nos descobre
> a sábia Natureza.
> (I, 19)

A recuperação da naturalidade, cujos artífices foram os primeiros árcades, encontra em Gonzaga a nota fundamente humana. À simplicidade de chá com torradas em que se despoetizou o estilo de Garção, substitui a vivência calorosa do cotidiano. A suprema importância de sua obra é a maturação da vida interior, esboçada naquele poeta, mas que só avulta com ele e Bocage.

A *delegação poética* referida anteriormente não perturba aqui a emergência do lirismo pessoal: Gonzaga surge, vivo, sob o tênue disfarce do pastor Dirceu, e a sua obra é a única, entre as dos árcades, que permite acompanhar

---

4 As peças *leves* de Gonzaga, anacreônticas no sentido convencional, de metro geralmente curto e com a presença de Vênus e Cupido, são 24 sobre as 110 consideradas hoje autênticas com alguma certeza; delas dezessete pertencem ao período anterior à prisão e sete ao período desta. **5** Rodrigues Lapa, prefácio à edição Sá da Costa, pp. XXVII-XXVIII.

um drama pessoal e as linhas duma biografia. O impacto emocional sobre o leitor aumenta graças a este degelo do eu, sem o qual não irrompe o autêntico lirismo individual.

Ao contrário da tradição impessoal do Cultismo e da *delegação* arcádica, vemos uma personalidade que se revela, mas ao mesmo tempo se constrói no plano literário. Por outras palavras: que considera a si mesma como objeto legítimo da arte, e por isso se desvenda, nas suas penas, no seu gosto, em toda a escavação profunda e sinuosa da confidência; mas só desvenda para atingir a imagem eloquente, a frase bela que permite elaborar uma expressão artística, ou seja, uma estilização de si mesmo. Gonzaga se distingue ainda nisto dos românticos, que captam as mais das vezes a forma emergente no calor da inspiração, ansiosos por *registrar* o impulso afetivo. Não encontramos nele esta variabilidade de sismógrafo, riscando na percepção do leitor um traço nervoso e desigual. Não caça momentos fugazes, nem prefere a notação rara e pitoresca do que só acontece uma vez. O que procura construir é a linha média da sua vida moral, num traçado seguro, equidistante do inexprimível e das exigências de clareza. As liras são um roteiro pessoal, não uma série de indicações, como, setenta ou oitenta anos depois, *As primaveras*, de Casimiro de Abreu. Se elas pudessem ter sido ordenadas e publicadas pelo próprio autor, talvez isso ainda ficasse mais acentuado.

Este equilíbrio verdadeiramente neoclássico entre o *eu* e a palavra perdeu-se a seguir. A obra de Gonzaga é admirável graças a tal capacidade de extrair uma linha condutora da variedade de afetos e estados d'alma, construindo um só movimento, que funde a sua natureza e a forma que a demarca e revela. Deste modo ela é verdadeiramente sincera no plano artístico e, nas partes em que superou os modismos bastante corruptíveis do Rococó literário, admirável, geralmente superior às produções do Romantismo.

A superação do Rococó se opera principalmente pelo cunho especial que Tomás Antônio imprimiu à expressão do seu *eu*, pautado pelo decoro neoclássico, mas muito individual e revelador.

É que o sentimento da própria pessoa aparece, nele, exaltado e altivo. À gabolice e aos disfarces da poesia anterior, substituiu a revelação sincera e minuciosa do seu modo de ser. Fala com naturalidade e abundância (sem o ar de indiscrição que caracterizaria mais tarde os românticos) da sua inteligência, posição social, prestígio, habilidades. Preocupa-se com a aparência física e a erosão da idade; com o conforto, o futuro, os planos, a glória. Talvez a circunstância de namorar uma adolescente rica (ele, pobre e quarentão) tenha exacerbado esta tendência, que seria, além disso, exibicionismo compreensível de homem apaixonado. Entretanto, é mais provável que a descoberta do amor e da poesia o tenha levado a descobrir a si próprio e a comunicar o achado.

Suponhamos, com efeito, que o triunfo na carreira judicial, o prestígio na sociedade não bastassem para satisfazer certas necessidades espirituais. O malogro da carreira universitária, a falta de oportunidade e estímulo para a literatura teriam bloqueado parte das suas aspirações; o encontro de Doroteia e de Cláudio (do amor e da técnica...) abriu novo trilho para ela e a poesia surgiu deste modo, de repente, como veículo para afirmar brilhantemente o seu ser. Ainda mais num momento em que o governador Luís da Cunha Meneses feria os seus brios e os Ferrões, tios e tias de Doroteia, procuravam guardá-la para melhor partido.[6] Daí o cunho específico das liras pessoais; daí serem elas um roteiro pontilhado pela afirmação da própria dignidade e valia. Esta tendência se acentua e vem predominar na fase da prisão, quando a poesia passa a constituir quase a única via de manifestação da sua pessoa e o confinamento do cárcere desenvolve uma orgulhosa jactância, verdadeiro recurso de preservação da dignidade e integridade espiritual.

Enquanto tem posição e liberdade, Gonzaga se aplica principalmente a celebrar Doroteia, envolvendo-a cada vez mais nas vestes pastorais de Marília. São, de modo geral, as odezinhas, anacreônticas ou não, da Parte I, onde predomina o amaneiramento rococó.[7] Já aí, porém, em seis liras dentre as melhores que escreveu, aparece o timbre novo e inconfundível da sua mesurada confidência, vazada em metros mais longos que contrastam com os metros curtos, o ritmo saltitante da maioria dos poemas de louvação amorosa. E hoje, se dermos um balanço nesta Parte, reconheceremos certamente em tais liras a melhor e mais pura matriz gonzaguiana:

Eu, Marília, não sou algum vaqueiro

(1)

Oh! quanto pode em nós a vária estrela

(6)

Eu sou, gentil Marília, eu sou cativo

(9)

Minha bela Marília, tudo passa

(14)

---

6 Diz Tomás Brandão que a família de Doroteia não desejava o casamento e tudo fez para evitá-lo, por ser Gonzaga muito mais velho e estar de saída para Bahia, devendo pois levar a esposa. Mandaram-na inclusive para fora de Vila Rica, e só mesmo a tenaz insistência do Ouvidor pôde quebrar a oposição. A lira "Eu, Marília, não sou nenhum vaqueiro" (I, 1) teria sido escrita para alegar as suas qualidades, em resposta à prosápia da família materna de Doroteia. *Marília de Dirceu*, pp. 142-166. 7 Vinte e quatro liras sobre as 34 desta parte.

Não vês aquele velho respeitável
(18)
Alexandre, Marília, qual o rio.
(27)

Nelas, percebemos uma circunstância significativa, que avulta, até dominar nas liras da Parte II (fase da prisão), e esclarece o âmago da poesia de Gonzaga: na maioria dos poemas de envergadura, em que o espírito e o coração alçam voo largo, Marília, embora invocada a toda hora, aparece, quando muito, como pretexto, ou pelo menos ocasião dos versos. Nesta Parte II, são 21 sobre 36 as peças em que ele próprio é o centro, enquanto as de puro enleio amoroso são dez. Em outras quatro, equilibram-se os dois movimentos (como aliás nas Liras I e 14 da Parte I, já citadas), vibrando porém com maior ressonância a nota do destino pessoal, a ponto de podermos ampliar para 25 sobre 36 a conta das peças pessoais. É nelas que encontramos, como na Parte I, o melhor da inspiração de Gonzaga e os toques novos que trouxe à poesia. Assim, a sua grande mensagem é construída em torno dele próprio; não apenas da sua paixão, que entra muitas vezes como ponto de partida e ingrediente, mas da sua personalidade total, amadurecida e de certo modo recomposta pelo amor, a poesia, a política e a desgraça — que veio encontrar misturados na decadente Vila Rica de Ouro Preto.

Graças a esta aventura humana e artística, Tomás Antônio pôde traçar e exprimir o nítido contorno com que passou à História. Pôde legar através das gerações, a milhares de homens e mulheres que se dobram sobre o seu canto de ternura, dor e orgulho, uma imagem de grandeza invulgar:

Eu é que sou Herói, Marília bela,
seguindo da virtude a honrosa estrada;
(I, 27)

Eu tenho um coração maior que o mundo,
tu, formosa Marília, bem o sabes;
um coração, e basta,
onde tu mesma cabes
(II, 2)

Não importa que por duas vezes fraquejasse ou, penso eu, se fizesse de esperto, recomendando Marília ao visconde de Barbacena e dobrando-se ao pé deste (II, 14 e 23). São manobras de defesa, equivalentes às que desenvolveu com habilidade no decorrer do processo. O que permanece é a brusca tomada de consciência com que esculpiu contra o tempo a sua figura. Confiou mais do que ninguém em si mesmo e na força imortalizadora da poesia —

Só podem conservar um nome eterno
os versos ou a história —
    (I, 22)

e afirmou a dignidade do poeta, com uma segurança que será das posições-chave do bardo romântico, do futuro vidente que Hölderlin definia mais ou menos por este tempo e Magalhães proclamaria mediocremente no Brasil, em 1836.

São impressionantes a firmeza e a sabedoria reveladas nas liras da prisão. Nem um momento de desmoralização ou renúncia; sempre a certeza da sua valia, a confiança nas próprias forças. Um dos melhores critérios para constatarmos a inautenticidade da falsa Parte III é precisamente o desalento e a lamúria que a envolvem, tão em contraste com a fibra dos demais poemas.

Assim pois, amor e poesia refinaram a personalidade de Gonzaga; sem Doroteia e sem Cláudio não teríamos a sua obra. Entretanto, mais do que o cantor de Marília, ele é o cantor de si mesmo. A pieguice pastoral se esbateu nos seus versos porque, à medida que os compunha e se descobria, ia ficando cada vez menos o pastor Dirceu, cada vez mais o poeta Tomás Antônio Gonzaga, lançando dos jardins da Arcádia a sua forte alma sobre a posteridade.

3.
O disfarce épico de Basílio da Gama

A oposição entre rusticidade e civilização, que anima o Arcadismo, não poderia deixar de favorecer no Brasil o advento do índio como tema literário. Aos olhos do homem culto, era por excelência o rústico; e quando tais olhos buscavam o natural, nada melhor do que ele poderia representar a lei vivida segundo a natureza, já que as complicações da sua ordenação social escapavam na maior parte ao observador de cultura europeia.

O árcade romano Termindo Sipílio foi o primeiro, na língua portuguesa, que chegou aos limites da convenção bucólica, substituindo aos pastores virgilianos estes filhos mais autênticos da rusticidade. Nisto, portou-se como homem do tempo, fazendo a literatura tender à naturalidade e buscando apoio na convenção campestre para dissolver o excesso de formalismo intelectual, ainda nítido nas *Obras* de Cláudio. O seu poema *O Uraguai*, publicado um ano depois, marca um ponto decisivo, talvez o mais importante para a formação da nossa literatura.

Obra bastante complexa do ponto de vista dos intuitos e diretrizes, embora simplificada ao máximo na textura, pelas qualidades estilísticas do poeta, é erro considerá-la epopeia, não se devendo perder de vista que é, primeiramente, lírica; em seguida, heroica; finalmente, didática.

Contrário a Durão e sua empresa algo extemporânea, talvez o maior mérito de Basílio da Gama consista em haver encontrado solução ideal para o epos setecentista, reduzindo-o a proporções compatíveis com o tom lírico, além de lhe dar conteúdo ideológico moderno. Poder-se-ia com certa pertinência defini-la como uma espécie de écloga heroica, em cuja estrutura se percebe o canto alternado de pastores e citadinos, com o "lobo voraz" surgindo a cada passo na roupeta do jesuíta.

O assunto é a expedição mista de portugueses e espanhóis contra as missões jesuíticas do Rio Grande, para executar as cláusulas do Tratado de Madri, em 1756; a intenção ostensiva, fazer um panfleto antijesuítico para conciliar as graças de Pombal. Mas a análise revela que também outros intuitos animavam o poeta; notadamente descrever o conflito entre a ordenação racional da Europa e o primitivismo do índio. Ao contrário do que se dá em Cláudio, sentimos a cada passo certa indecisão entre ambos, como se o encantamento pelo pitoresco levasse o poeta a lamentar intimamente a ruptura do ritmo agreste pela civilidade imposta. Tanto assim que não conseguiu esconder a simpatia pelo vencido, pois tem-se a impressão de que prefere o elemento mais débil, plasticamente mais rico e colorido, revelando deste modo evidente predomínio da sensibilidade sobre os propósitos racionais.

Esta indecisão é resolvida pela presença dum terceiro elemento, ao qual transfere o ataque: o jesuíta. A virulência que não pôs na descrição dos combates fica reservada a este, não hesitando para isso em acolher o que de pior se dizia contra ele — seja com sinceridade, como quer José Veríssimo, seja hipocritamente, como querem Capistrano de Abreu e Afrânio Peixoto.[8]

No entanto, jesuíta de carne e osso só aparece um, o padre Balda, já que o padre Tedeo apenas se vislumbra.[9] Basílio lhes atribui algumas vilanias primárias, reservando o grosso do ataque para o *jesuíta* abstrato, que paira nos versos e vai alojar-se realmente nas notas.

Não tenho notícia de outro poema que seja, como este, desenvolvido em dois planos complementares: o dos versos e o das notas, que nele são parte integrante da composição, podendo-se considerar mutiladas essencialmente as edições que as suprimem, como é a de Varnhagen. Voltaire tinha introduzido com a *Henriade* a moda dos poemas largamente anotados pelo próprio autor, como se vê também no *Caramuru* e sobretudo no *Vila Rica*. Mas n'*O Uraguai* as notas se tornam verdadeiro suplemento em prosa, correndo paralelo ao verso, chamando a si a tarefa proposta de combater o jesuíta e exaltar Pombal. Valem como recurso para aliviar a sobrecarga polêmica, pois o objeto ostensivo lhes é confiado e o poeta, livre dum máximo de não poesia, pode abandonar-se às aventuras líricas que lhe são caras.

Esta estrutura peculiar revela claramente incapacidade épica de incorporar artisticamente o elemento ideológico, e faz d'*O Uraguai* um poemeto algo mal construído, cheio de quebras na sequência, mas leve e brilhante, revelando um dos poetas mais puros da nossa literatura. Salvo em alguns trechos (sobretudo no "Canto V", mais político), o encanto do leitor é ininterrupto.

---

8 José Veríssimo, "Introdução" a *Obras poéticas de José Basílio da Gama*, pp. 43-48; Afrânio Peixoto, "Nota preliminar", em *O Uraguai*, onde vem também citada a opinião de Capistrano (p. XXII). Note-se o estranho caráter desta edição comemorativa fac-similar, criticamente excelente, onde tudo converge para vilipendiar o poeta a pretexto de lhe celebrar o bicentenário.   **9** Sobre estes padres, principalmente o primeiro, defensor tenaz das reduções contra a incorporação à Coroa portuguesa, ver o livro interessantíssimo de C. Lugon, *La République communiste chrétienne des Guaranis*. Quanto à deformação a que os submeteu Basílio, consultar com precaução a *Reposta* (sic) *apologética ao poema intitulado "O Uraguai"* etc., publicação anônima do jesuíta Lourenço Kaulen.

Variedade, fluidez, colorido, movimento, sínteses admiráveis caracterizam esse decassílabo transfundido de melodia, embora equilibrado e sereno, onde o verso branco, tão caro à teoria poética dos Árcades, encontra a mais brilhante expressão. Ele será o modelo do decassílabo solto dos românticos, e lendo-o pressentimos Gonçalves Dias. Aqui a naturalidade combina a razão e o sentimento, como queriam as melhores tendências do Setecentos.

Em composição relativamente longa, admira a raridade dos prosaísmos e o impecável bom gosto. Ao lado da inspiração, havia em Basílio aproveitamento requintado e abundante das leituras, inclusive paráfrases ou imitações de versos dos mestres, preconizados pela estética do tempo:

Virgílio: Nos seus lugares cada qual imóvel
Pende da sua boca...
(I)

Rompe, sem fazer dano, a terra dura,
E treme fora muito tempo a hástea.
(II)

Petrarca: ... e o país belo, que parte
O Apenino, e cinge o mar, e os Alpes.
(III)

Tanto era bela no seu rosto a morte.
(IV)

Camões: Já a nossa do Mundo última Parte
Tinha voltado a ensanguentada fronte
Ao centro luminar.
(III)

Tasso: O rouco som da irada artilharia
(I)

Tu, vive e goza a luz serena e pura.
(V)

Nele a sensibilidade era plástica; não voltada para o escultórico e o arquitetônico, à maneira de Cláudio, mas para os arabescos e os matizes, que dão ao verso movimento contínuo. Apreende o mundo sensível com verdadeiro prazer dos sentidos, e a ordenação formal que lhe dá nunca vai ao ponto de transformar os seus aspectos em valores intelectuais, ou sequer simbólicos. O Rio de Janeiro, onde se educou e ao qual estava ligado por família e amizade, parece ter sido a sua terra querida, a cuja lembrança se manteve preso por uma nostalgia que o fez se sentir estrangeiro noutras partes. Daí, e das viagens, nasceriam talvez o gosto pelas coisas do mar, as cenas e imagens aquáticas, a sensibilidade líquida do verso, o brilho úmido encontrado não só n'*O Uraguai* mas em toda a obra restante, e que avultará ainda mais no seu amigo Silva Alvarenga, outro mineiro transplantado ao Rio e completamente seduzido pelas

Verdes ninfas azuis do pego undoso.
("Soneto VI")

N'*O Uraguai*, recria a frescura dos bosques, as águas claras, a cor das plumas, flores e tecidos; e nas cenas coletivas é belíssima a contínua translação de pormenores, sem desmanchar contudo a ordem serena da descrição. Tanto os brancos (A) quanto os índios (B) são ordenados conforme valores plásticos, distribuindo-se como componentes de espaços diversos. As batalhas (C) definem um espaço novo, onde os valores se misturam em novas combinações.

(A)   Com grandes passos, firme a testa e os olhos,
       Vão marchando os mitrados Granadeiros.

(B)   Leva negros penachos na cabeça;
       São vermelhas as outras penas todas,
       Cor que Cepé usava sempre em guerra.

(A)   Toda essa guerreira Infanteria,
       A flor da mocidade e da nobreza,
       Como ele, azul e branco e ouro vestem.

(B)   Esta foi de Cacambo a esquadra antiga;
       Penas da cor do céu trazem vestidas,
       Com cintas amarelas.

(A)   Este o primeiro

Ensinou entre nós por que caminhos
Se eleva aos céus a curva e grave bomba
Prenhe de fogo.

(B)   ... são tão destros
No exercício da flecha, que arrebatam
Ao verde papagaio o curvo bico,
Voando pelo ar.

(A)   ... fortes dragões de duros peitos
....
Erguem nuvens de pó por todo o campo
Co'tropel dos magnânimos cavalos.

(B)   ... e vem guiando
Tropel confuso de cavaleria,
Que combate desordenadamente.

(C)   Qual fera boca de lebréu raivoso,
De lisos e alvos dentes guarnecida,
Os índios ameaça a nossa frente
De agudas baionetas rodeada.

E

Erguem todos um bárbaro alarido
E sobre os nossos cada qual encurva
Mil vezes, e mil vezes solta o arco
Um chuveiro de setas despedindo.[10]

A finalidade das citações é sugerir ao leitor a equivalência plástica de que se vale o poeta para estabelecer o contraponto do civilizado e do silvícola, visando a uma nova interpretação do seu conflito, na qual procura ao mesmo tempo simpatizar com os povos naturais e confiar na obra civilizadora. E aí está outro fator de abrandamento do espírito épico: o poema deixa de ser a

---

10 Os versos marcados com (A) e (C) são do "Canto II"; os marcados com (B) pertencem ao "Canto IV".

celebração dum herói para tornar-se o estudo de uma situação. À guerrilha do Sul, superpõe-se o próprio drama do choque de culturas.

Senso da situação Por esta generalização do caso particular, Basílio se inscreve no espírito da época, e todo *O Uraguai* desprende um sentimento sereno das coisas naturais, humanizando a paisagem, valorizando o trabalho, desprezando o dinheiro, e (por incrível que pareça numa epopeia de assunto militar) a própria guerra.

> Vinha logo de guardas rodeado,
> Fonte de crimes, militar tesouro,
> Por quem deixa no rego o curvo arado
> O lavrador, que não conhece a glória;
> E vendendo a vil preço o sangue e a vida
> Move, e nem sabe por que move a guerra.

É a paz virgiliana cantada nas pastorais, em que a presença do trabalho confere dignidade à paisagem, desvinculando-a do pitoresco imediato para vê-la como Natureza (*n* maiúsculo), fonte da vida, guia da Razão. No formoso trecho do "Canto IV", que principia pelos versos:

> Mas quando o Sol, de lá do eterno e fixo
> Purpúreo encosto do dourado assento —

sentimos, mais do que uma descrição poética, o apelo ao equilíbrio trazido pela paz e o trabalho; a reverência pelas suas artes — agricultura, pecuária. Noutros trechos, reponta o carinho pelos amigos do homem —

> O cavalo [...] forte e brioso;
>   (III)

> [...] o imenso gado, que dos montes desce.
>   (III)

Esta visão civil é mais um elemento para frear o ímpeto bélico, transformando as cenas marciais em motivos plásticos, pois a guerra aparece (a quem sabe ler) como ruptura malsã do estado ideal de harmonia. O próprio herói, Gomes Freire de Andrada, cumpre o dever sem entusiasmo e não se rejubila nas vitórias:

... Descontente e triste
Marchava o General: não sofre o peito
Compadecido e generoso a vista
Daqueles frios e sangrados corpos,
Vítimas da ambição de injusto império
(III)

Daí a simpatia pelo índio, que, abordado quem sabe inicialmente por exigência do assunto, acabou superando no seu espírito ao guerreiro português, que era preciso exaltar, e ao jesuíta, que era preciso desmoralizar. Como filho da "simples natureza", ele assomou à primeira plana da consciência artística de Basílio, não só por ser o elemento esteticamente mais sugestivo (como ficou dito), mas quem sabe como recurso para manter a integridade espiritual, comprometida na lisonja ao militar, esmagadoramente superior, e no excessivo denegrimento do padre. O Indianismo surgiu assim como renovação da antítese arcádica e amenização da loa política, e tal foi a sua simpatia pelo pobre silvícola, amolgado entre ambições e interesses opostos, que atenuou para ele o modo heroico. Descreveu-o de preferência nos momentos tristes, mostrou-o hesitante em face da aventura a que o lançavam, como se vê na bela fala de Cacambo:

Gentes da Europa, nunca vos trouxera
O mar e o vento a nós! Ah! não debalde
Estendeu entre nós a natureza;
Todo esse plano espaço imenso de águas.
(II)

Embora ressalte a sua valentia, a nota principal d'*O Uraguai* parece o sentimento (bem setecentista) da irrupção do homem das cidades no equilíbrio de uma civilização natural, cujo filho surge como vítima de espoliação inevitável, pois

O sossego de Europa assim o pede.
(II)

Esta consciência de desajuste cultural motiva em Basílio a aludida simpatia e distingue o seu Cacambo (manso herói guerreando a contragosto e correspondendo deste modo ao Gomes Freire amansado do poema) dos marciais timbiras e ubirajaras altissonantes do Indianismo romântico. É um pastor infeliz por quem suspira a terna Lindoia, nome que o poeta inventou com eufonia bucólica para representar um personagem muito parecido às Marílias e Ormias da tradição. Aliás, ao contrário do que se tem dito, o nome do herói não é tomado ao *Cândido*, de Voltaire. Existiu efetivamente um índio missioneiro assim chamado; procurando entrar em contato com o general português, despertou a suspeita dos companheiros, que tencionaram matá-lo. Por intercessão do padre Balda, foi contudo preso, e na prisão morreu. Como se vê, aí estão os elementos de que partiu Basílio para o personagem, cuja morte atribui ao jesuíta, alterando os fatos. Penso desfazer de vez um equívoco literário com este esclarecimento, encontrado na citada *Reposta* (sic) *apologética* (pp. 132-133).[11]

Devido ao tema do índio, durante todo o Romantismo o nome de Basílio da Gama foi talvez o mais frequente na pena dos escritores, quando se tratava de apontar precursores da literatura *nacional*. Convém, todavia, distinguir nele o *nativismo* do interesse exterior pelo exótico, parecendo haver predomínio deste, pois o Indianismo não foi para ele uma vivência, como para os românticos; foi antes um tema arcádico transposto em roupagem mais pitoresca. Também o preto africano lhe feriu a sensibilidade, tendo sido o primeiro a celebrá-lo no *Quitubia*, mostrando, como registrou Diniz, que a virtude é de todos os lugares. ("Soneto II" no tomo IV das *Obras*.) Esta universalidade anima *O Uraguai*, e sob tal ponto de vista sua obra aparece como segundo momento na integração da nossa realidade à tradição cultural europeia. Enquanto Cláudio trazia ao Brasil a disciplina clássica, Basílio da Gama, sem transgredi-la, mas nela se movendo com maior liberdade estética e intelectual, levava à Europa o testemunho do mundo novo.

Leva de estranho céu, sobre ela espalha
Co'a peregrina mão bárbaras flores,

diz na breve e esplêndida peroração d'*O Uraguai*. A "peregrina mão" era o próprio "gênio da inculta América", invocado no exórdio; a sensibilidade nova que desejava incorporar à literatura eram os *"sentimenti del mio paese"* que se gaba de exprimir, na carta a Metastasio, onde firma: "Basílio da Gama,

---

11 Informa-me o professor Carlos Drumond, do Departamento de Etnografia Brasileira e Língua Tupi-Guarani da Universidade de São Paulo, que o *Dicionário botânico*, de Bertoni, registra: "Caacamby, Euphybbia, sp. *Herbaceae erectae*", de onde poderia ter partido a modificação admitida pelo professor Egon Schaden, consultado por mim: Caacamby — Cacambu — Cacambo. O índio assim chamado foi provavelmente referido nalguma notícia dos acontecimentos das Missões, onde o encontraram Basílio, para celebrá-lo, Voltaire, para efeitos burlescos.

brasiliano". Apesar de residente em Portugal quis acentuar a qualidade de brasileiro e sublinhar o teor exótico do poema, *"il cui soggetto è tutto americano"*.

Conclusão O restante da sua obra é também muito ligado ao Brasil, — não apenas no orgulho pelo seu progresso (tema da nau *Serpente*, que aparece n'*O Uraguai*, na "Ode II" e no "Soneto IV"), mas na impregnação sentimental. Fruto de experiências cariocas é o que ficou da lira amorosa, inclusive o "Soneto VIII", "A uma senhora natural do Rio de Janeiro", onde fere o velho assunto do amor ameaçado pelo tempo e é um dos pontos altos da nossa poesia:

> Já, Marfisa cruel, me não maltrata
> Saber que usas comigo de cautelas,
> Que inda te espero ver, por causa delas,
> Arrependida de ter sido ingrata.
>
> Com o tempo que tudo desbarata,
> Teus olhos deixarão de ser estrelas;
> Verás murchar no rosto as faces belas,
> E as tranças de ouro converter-se em prata.
>
> Pois se sabes que a tua formosura
> Por força há de sofrer da idade os danos,
> Por que me negas hoje esta ventura?
>
> Guarda para seu tempo os desenganos;
> Gozemo-nos agora, enquanto dura,
> Já que dura tão pouco a flor dos anos.

Que é um maravilhoso artífice, não há dúvida, e dos poemas longos da literatura brasileira talvez seja *O Uraguai* aquele em que há maior número de versos expressivos e lapidares, feitos para a citação. Basta o leitor reportar-se à série mencionada mais alto em paralelo para se capacitar do seu supremo virtuosismo: o passo cadenciado dos granadeiros, a curva da bala, o galope uniforme da cavalaria, os cavalos descompassados dos índios. Mas, além da maestria, *O Uraguai* revela concepção segura e alto equilíbrio criador.

Parece que se preocupava com problemas de estética literária, como se vê não só pelas epístolas críticas de Silva Alvarenga, mas ainda pela tradução duma parte do poema didático de Dorat sobre *La Déclamation théâtrale*, onde empregou pela primeira vez em nossa língua o alexandrino de treze sílabas para verter o dodecassílabo francês. No *Quitubia*, — fraca poesia — usa o decassílabo de rima emparelhada; e tudo mostra que jamais conseguiu de novo a perfeição dos incomparáveis versos soltos d'*O Uraguai*.

É pouco importante, mas não desprezível para compreender o poema, indagar se representa convicção sincera ou é ato de bajulação pura e simples a Pombal, renegando a condição anterior de noviço e protegido dos jesuítas.

A informação do poeta era sem dúvida improvisada; não há pormenores que revelem conhecimento, seja dos costumes primitivos, seja da vida nas Reduções, resultando índios esboçados sumariamente. Talvez por isso mesmo sejam tão poéticos, já que os formou com a sensibilidade, sem o esforço erudito a que se abalançaria mais tarde Santa Rita Durão. Quanto aos acontecimentos militares, limitou-se a indicações extraídas da *Relação abreviada*, publicação antijesuítica mandada fazer por Pombal e fonte onde hauriu argumentos, exemplos, às vezes os próprios termos. A comparação dos dois textos deixa claro que procurou exprimir exatamente a linha oficial de propaganda, e a *Reposta* (sic) *apologética* não mente quando chama à *Relação* o "seu Alcorão", qualificado de "charco imundo donde bebeu todas aquelas notícias falsas". É mesmo possível haver recebido material do acerbo ministro, que "lhe facilitou os meios e subministrou documentos"; certo é que "concluída a Obra lha fez imprimir em bom caracter na Estamparia Real e aprovar pela Mesa Censória".[12]

Não decorre, porém, que agisse por má-fé, se agiu em parte por interesse. O que ficou dito acima deve ter mostrado no poema a presença da inspiração e de problemas que a situação despertou na sua mente criadora. É preciso ainda lembrar que a campanha antijesuítica na Europa era extensa e violenta, patrocinada pelos governos, com adesão dos homens progressistas, que nela viam a própria marcha das Luzes. Por que não se impressionaria honestamente o inflamado e volúvel Basílio (assim o mostra desde a infância o autor da *Reposta* [*sic*]) com o peso e a verossimilhança da propaganda, que apenas hoje estamos conseguindo avaliar com certa objetividade? Não seria difícil ao leitor dos *filósofos* e de muitas publicações de propaganda, apoiadas no parecer e testemunho de bispos e teólogos. Quanto às injúrias assacadas aos padres (luxúria, cobiça,

12 *Reposta* (sic), op. cit. pp. 205, 210-211.

assassínio), basta ser homem do nosso tempo e ver o que se diz e acredita, por exemplo, pró e contra a Rússia, para compreender que um espírito liberal do século XVIII não mantivesse perfeita isenção.

A luta contra a aliás poderosa e prepotente Companhia de Jesus era parte das reformas de Sebastião José de Carvalho, e tudo leva a pensar que Basílio as aplaudia sinceramente, por opinião e por reconhecimento à proteção recebida. Segundo Teófilo Braga, não aderiu à Viradeira nem acompanhou os confrades no vilipêndio ao poderoso homem de Estado, que incensavam na véspera. Dedicou-lhe mesmo um mau soneto, que nem por haver permanecido inédito prova menos a convicção íntima.[13]

---

13 Teófilo Braga, *Filinto Elísio e os dissidentes da Arcádia*, p. 439, onde o soneto foi publicado pela primeira vez, sendo depois reproduzido na edição de José Veríssimo. Censura o satírico Tolentino e começa pelo verso: "Poeta português, bem que eloquente".

4.
Poesia e música em Silva Alvarenga
e Caldas Barbosa

Basta ler os poemas juvenis de Manuel Inácio da Silva Alvarenga para avaliar a influência exercida sobre ele por Basílio da Gama, patrício que admirava e queria bem.[14] No soneto de um E. G. P., saudando *O desertor*, os dois nomes vêm associados, como de confrades estreitamente unidos:

Ao índio livre já cantou Termindo.
Que falta, grande rei, à tua glória,
Se os louros de Minerva canta Alcindo?

Para os adversários, o mais velho seria um vaidoso e o mais moço seu caudatário servil, como se depreende dum soneto burlesco e malcriado, onde Cruz e Silva dá largas de modo grosseiro ao seu pendor pelas metamorfoses:

É Palmireno que eu mudei em burro,
Em pena d'incensar o vão Tremindo.
(Cent. I, 277)

Estas indicações ajudam a passar de um a outro, mostrando que Alvarenga partiu de Basílio como este partira dos primeiros árcades, levando às últimas consequências a busca da naturalidade, que nele se exprime pelo sentimentalismo algo lamurioso na psicologia e, na forma, pela melopeia adocicada. O brilho macio e sereno d'*O Uraguai* se transformará em *Glaura* numa verdadeira desarticulação da medida intelectual, em benefício da sensação fugidia. Até lá, porém, houve uma evolução cujas etapas devemos registrar.

A influência de Basílio da Gama se manifesta na preocupação com a teoria literária, na adoção do alexandrino (que aliás sabe usar com mais segurança e

---

14 Segundo Joaquim Norberto, "Notícia" etc., nas *Obras poéticas*, pp. 39-42, Basílio, já influente, teria animado e protegido o patrício, estudante em Coimbra, apresentando-o a Pombal, prestigiando-o, guiando-o no início da carreira literária, durante a estada na Metrópole (1771-1777). O pseudônimo arcádico do poeta foi Alcindo Palmireno.

fluência), e no americanismo poético; não indianista, mas visível na exploração de temas e imagens nutridos de natureza brasileira. Antes da sua irrupção feérica nos rondós, eles aparecem n'"A gruta americana", dedicada ao amigo, verdadeira apoteose do exotismo onde a pátria surge sob forma de índia, ao lado de "dríades formosas" e "faunos petulantes".

Mas que carro soberbo se apresenta?
Tigres e antas, fortíssima Amazona
Rege do alto lugar em que se assenta.

Prostrado aos pés da intrépida matrona,
Verde, escamoso jacaré se humilha,
Anfíbio habitador da ardente zona.

Quem és, do claro céu ínclita filha?
Vistosas penas de diversas cores
Vestem e adornam tanta maravilha

Preocupações teóricas Na primeira fase da carreira, vivida em Portugal, avulta na sua produção a tendência didática, adequada ao espírito *filosófico* do tempo, que cultivou mais do que outro qualquer poeta brasileiro e compreende quase a metade da sua obra: a *Ode* à reforma da Universidade de Coimbra; *O desertor*; as duas *Epístolas*; os poemetos *Os vícios* e *As artes*, — este, composto já de volta ao Brasil.

Deixando para outro lugar o aspecto militante desta poesia, mencionemos agora a *Epístola* a José Basílio da Gama, provavelmente inspirada na paráfrase de Basílio a Dorat e escrita no mesmo metro. É uma das peças mais brilhantes da crítica neoclássica na literatura comum, e já vimos que não só expõe certas tendências do movimento, como, desenvolvendo algumas dentre elas, prenuncia algo do futuro.

Januário da Cunha Barbosa, aluno do poeta, descreve-o como pessoa amável e jovial, de maneiras polidas e porte nobre na sua elevada estatura. A tradição aponta nele profunda melancolia, confirmada pela disposição insistentemente comunicada aos amigos de largar a cidade e meter-se no sertão, vivendo solitário numa "república de bichos", por isto acariciava, "nas horas de melancolia", o sonho de requerer uma sesmaria para as bandas de Itaguaí.[15]

---

15 O desejo não lhe deu sorte: quando foi preso no caso da Sociedade Literária (ver adiante o capítulo IV, § 5), suspeitaram dessa "república" e ligaram à sua misantropia propósitos subversivos. "Devassa ordenada pelo vice-rei conde de Resende — 1794", ABN, v. LXI, pp. 405-406.

Esta disposição de temperamento levá-lo-ia a ressaltar na teoria literária os valores da sensibilidade, o culto da emoção, que exprime os impulsos naturais e corresponde a verdades mais fundas que as da razão. Por isso o *si vis me flere* de Horácio aparece como algo mais que um chavão de escola na *Epístola a Termindo Sipílio*, como foi apontado mais alto.[16]

Além disso, há nela um trecho que prenuncia o tema de Joseph Prudhomme: o paralelo do poeta, que sofre e pensa, como o *burguês*, retratado conforme a tradição satírica do saudável e obtuso realista (cujos traços identifica aos de um personagem d'*O Uraguai*), mas assumindo, aqui, um toque do que será o "filistino" romântico, à margem de uma arte que não percebe, porque não sofre. O sofrimento se insinua, deste modo, como peça na panóplia do artista:

> Tu sabes os empregos que uma alma nobre busca,
> E aqueles que são dignos do mandrião Patusca,
> Que alegre, em boa paz, corado e bem-disposto
> Insensível a tudo não muda a cor do rosto:
> Nem se esquece entre sustos, gemidos e desmaios,
> Do vinho, do presunto, dos saborosos paios.

Firme nesta concepção da poesia como obra do sentimento profundo, como expressão de dor, repele o verso feito por exercício, verberando, num período de poesia bastante *cotidiana* e celebrativa, a

> Indiscreta vanglória aquela, que me obriga
> Por teima de rimar, a que em meu verso diga
> Quanto vi, quanto sei, e ainda é necessário
> Mil vezes folhear um grosso dicionário.
> Se a minha musa estéril não vem sendo chamada,
> Debalde é trabalhar, pois não virá forçada.

É verdade que ele próprio praticou o verso de circunstância, louvando o rei, a rainha, o vice-rei; chegando a fechar a "Epístola II", a d. José, com a seguinte barretada:

> Da meônia carreira, toco a difícil meta,
> O amor da vossa glória foi quem me fez poeta.

---

16 Cf. cap. I, § 3, p. 60.

Mas é precisamente essa parte laudatória da sua obra que prova a sinceridade da teoria poética expressa na "Epístola I", pelo contraste entre a sua aridez desenxabida e a frescura, a riqueza dos versos compostos a partir da inspiração verdadeira, quase todos em *Glaura*.

Ao lado do culto pela sinceridade (mais postulado estético do que vocação na maioria dos árcades), manifesta repulsa pela imagem rebuscada, defendendo uma simplicidade que, honra lhe seja, sempre observou fielmente. Ao criticar o tropo culterano, sente-se a posição estética assumida com veemência, num momento em que ainda havia remanescentes da maneira velha:

> Tu sabes evitar, se um tronco, ou jaspe animas,
> Do sombrio espanhol os góticos enigmas,
> Que inda entre nós abortam alentos dissolutos,
> Verdes indignações, escândalos corruptos.

A sua teoria busca a moderação formal, ao contrário de quem

> ... por buscar o belo, caiu no extravagante.

E aconselha o sentimento justo das proporções e distâncias, apontando a raridade do gênio,

> Pois tarde, e muito tarde, por um favor divino
> Nasce por entre nós quem de coroa é dino.

Esse ideário, que podemos extrair da "Epístola", está resumido no prefácio d'*O desertor*, onde escreve: "A imitação da natureza, em que consiste toda a força da poesia, é o meio mais eficaz para mover e deleitar os homens; porque estes têm um inato amor à imitação, harmonia e ritmo". Por imitação da natureza deve-se entender a obediência do poeta à sugestão dos sentimentos humanos, cuja manifestação tende a um certo ritmo. Este ritmo, esta variação na intensidade relativa das emoções e das paixões é que deve fundamentar a expressão literária, inspirada segundo a harmonia natural, pela qual têm os homens "um inato amor". Este, o verdadeiro

>   ... zelo
> Do bom gosto nascente...

que bane os

Equívocos malvados, frívolos trocadilhos,
Vós do péssimo gosto os mais prezados filhos.

Os rondós Daí ter sentido a incompatibilidade entre a teoria neoclássica e a epopeia, que deixou totalmente de lado, para concentrar-se afinal nas formas breves, adequadas à pesquisa lírica e à expressão dos estados poéticos.

É este o significado da epígrafe de Anacreonte que antepôs a *Glaura*, em tradução bastante pessoal:

Adeus, ó Heróis, que enfim
Nas cordas da doce lira
Se respira o terno amor.

O tema volta no primeiro rondó e condiciona todo o livro, assinalando a decisão de arquivar a musa heroica, inadmissível à concentração lírica, mesmo acomodada ao século, como no seu caro Basílio. Nessa rejeição, toma significativamente por símbolo do lirismo confidencial, desejado, uma coroa, não de louro, mas de folhas da mangueira — "alta e copada árvore de excelente pomos do Brasil", explica em nota aos europeus...

Dos Heróis te despediste,
Por quem musa eterna soa;
Mas de flores na coroa
Inda existe o teu louvor.
De agradar-te sou contente;
Sacro loiro não me inflama;
Da mangueira a nova rama
Orne a frente do pastor.

O modo subjuntivo do último verso soa como voto, como desejo lançado sobre o futuro em prol dum lirismo pessoal e localista. Sob o patrocínio de Anacreonte, ele se atira deste modo à grande aventura de *Glaura*, realizando-se como poeta e abrindo largamente a porta para as tonalidades sentimentais.

O livro consta de 59 rondós, quase todos obedecendo a um esquema métrico e estrófico invariável, tomado a Metastasio como adiante se verá, e 57 madrigais, de maior variedade rítmica. Versam o sentimento amoroso e sobretudo a pena de amor, fiéis ao subtítulo — "Poemas eróticos de um americano" — e à epígrafe de Ovídio, que precede a de Anacreonte e indica o seu estado de espírito:

Carminibus quaero miserarum oblivia rerum;
Praemia si studio consequar ista sat est.[17]

Se foram ou não inspirados por uma grande paixão infeliz, e logo cortada pela morte da amada, como dizem biógrafos inclinados à fantasia — o fato é que não se sente aqui a presença dela. Sente-se antes uma atmosfera poética saturada de sentimentalismo até a obsessão, traduzida tão completamente em imagens, que o mundo real se atenua em face duma espécie de lírico jardim além da vida, onde os contornos da natureza adquirem fluidez musical. Em Manuel Inácio, a recuperação da palavra natural contra o artifício supernatural dos culteranos atinge um ponto a que só poderá suceder a aventura romântica, trazendo a exaltação da natureza em detrimento da palavra; ou seja, outro tipo de desequilíbrio, simétrico ao do Barroco, ficando entre ambos a tentativa neoclássica de estabilizar os pratos da balança.

Talvez seja Gonzaga — o alto espírito neoclássico no Brasil — quem realizou a mais perfeita compenetração da matéria poética com o sentimento natural da vida. Silva Alvarenga, mais sentimental, menos profundo, deixou-se ir a certa facilidade que revela obediência passiva ao espontâneo, revelando ao mesmo tempo capacidade menor para ordenar formalmente a emoção. Entre a superordenação do grande artífice que foi Cláudio e a sua complacência afetiva, avulta o equilíbrio realmente admirável de Gonzaga — único dos três que, não precisando escravizar-se a uma determinada estrutura métrica para equilibrar o impulso criador, percorreu de maneira sempre excelente as mais caprichosas formas. Cláudio encerrou no arcabouço rígido dos sonetos grande parte da veia lírica. Alvarenga, mais terno, mais brasileiro na sensibilidade rítmica, apelou para os rondós de *Glaura*. Deliciosos, leves, saborosos como modinhas, mas indicando, na adoção sistemática, certa tendência para a inércia intelectual e o clichê.

O abandono do soneto foi atitude significativa de Gonzaga: na sua regularidade, se de um lado o espírito criador trabalhava para depurar o conceito e o sentimento, habituava-se de outro, bem cedo, a certo automatismo. Manuel Inácio não o restaurou: mas, adotando o rondó com a mesma regularidade e espírito de sistema, é possível que estivesse buscando caminho mais fácil para a inspiração. De qualquer modo, o certo é que sua obra é a primeira na nossa literatura que propõe aos vindouros, de modo sistemático e absorvente, um modelo de poesia lírica em metro fácil e cantante, de sabor quase popular.

---

17 "Peço ao verso o esquecimento das misérias, dando-me por pago se consegui-lo."

A melopeia adocicada dos rondós se baseia na retomada invariável (diríamos às vezes implacável) do mesmo esquema estrófico e métrico, apenas suspenso em meia dúzia dentre eles e que já se pôde ver nos exemplos citados: o estribilho de quatro versos retomado após cada oitava, pois devemos chamá-las deste modo apesar de separadas em duas quadras na edição original. No estribilho as rimas são internas, segundo o esquema:

```
.......................................................... A
................................. A .............................. B
........................... B ......................................... C
.......................... C .............................................. D
```

D rima obrigatoriamente com o verso final de cada quadra que compõe a oitava, que por sua vez obedece ao esquema:

```
.......................................................... E
.......................................................... F
.......................................................... F
..................... E .......................................... D
.......................................................... G
.......................................................... H
.......................................................... H
..................... G .......................................... D
```

D, que se poderia qualificar de "rima diretora", é obrigatória em todas as estrofes e, quase sempre, muito fácil, (em *ar*, *er*, *or*), tornando ainda mais insinuante a excessiva melodia devida ao travejamento das outras rimas e à acentuação invariável do setissílabo (3ª e 7ª). É, na verdade, a anestesia da razão pela musicalidade superficial.

Tanto quanto posso julgar, Silva Alvarenga foi o inventor desse tipo de rondó, assim chamado certamente devido ao estribilho e à recorrência das consoantes. Mas a estrofe, o sistema de rimas e a constância da redondilha isorrítmica, ele os encontrou prontos em Metastasio, que os utilizou largamente nas árias de dramas e cantatas, variando bastante o encadeamento da rima. Salvo erro ou inadvertência, há porém apenas um momento da obra deste onde a oitava (ou quadras justapostas) aparece exatamente como a empregou o nosso poeta; e é ao mesmo tempo o único caso em que não a utiliza isolada, como ária, mas em toda a sequência de um poema: trata-se da cançoneta *L'Estate*, de 1724, que pode ser, deste modo, considerada o modelo de onde saíram os rondós:

Più non hanno i primi albori	(A)
Le lor gelide rugiade;	(B)
Più dal ciel pioggia non cade	(B)
Che ristori (A) e l'erbe e i fior.	(C)
Alimento il fonte, il rio	(D)
Al terren più non comparte,	(E)
Che si fende in ogni parte	(E)
Per desio (D) di nuovo umor	(C)

Costa e Silva já o havia percebido, quando escreveu:

[...] pelo corte musical (das) estrofes, pela acentuação dos versos tão bem calculados para as cláusulas do canto, pela escolha e disposição das rimas, se conhece o estudo que o poeta havia feito das lindas cançonetas de Metastasio; e para melhor se conhecer esta verdade, coteje-se (o) estribilho com a primeira estrofe da cançoneta do poeta romano, intitulada *Estio*:

Or che niega i doni suoi
La stagion dei fiori amica,
Cinto il sen di bionda spica
  Volge a noi
  L'estate il piè.[18]

E assim vemos que o ritmo de *Glaura*, tão nosso e tão *popular*, é transposto do mais famoso poeta das línguas românicas no século XVIII.[19] Com

---

18 J. M. da Costa e Silva, "Biografia de Manuel Inácio da Silva Alvarenga", transcrita nos "Juízos críticos" reunidos por Joaquim Norberto na sua edição, p. 17. (A citação claudica no 3º verso, onde se lê no original "crin", como é lógico, e não "sen".) Note-se, quanto às citações de Metastasio, que nas edições antigas não apenas a oitava aparece dividida nas suas quadras componentes, mas o último verso de cada uma é desdobrado, para desvendar a rima interna:

Che ristori,
E l'erbe e i fior

Nas edições modernas, todavia, este artifício é suprimido e a estrofe impressa como oitava. É o caminho certo, adotado por Joaquim Norberto na sua edição de Silva Alvarenga. Ver respectivamente: *Opere di Pietro Metastasio*, 1815, 12 v., v. V, p. 352; *Tutte le Opere di Pietro Metastasio*, 1946-1954, 5 v., v. II, p. 771.

o seu ouvido de músico, Manuel Inácio sentiu quanto essa melodiosa solução italiana afinava com a índole do verso leve português e a nossa tendência para a melodia epidérmica. Usando-a sistematicamente, deu-lhe cunho pessoal ao confiar-lhe a sua mensagem lírica, dignificando-a enquanto portadora de um roteiro afetivo cheio de inspiração colorida e delicada. Desse modo, firmou em nossa poesia a tradição da estrofe isorrítmica, sequiosa de música, prenunciando um aspecto importante da poética romântica.

A "ternura brasileira" O leitor dos seus poemas amorosos sente, desde logo, obra mais afim à sensibilidade brasileira; um abandono por vezes dengoso, um encantamento pelo ritmo fácil e a imagem saborosa; inclusive o vago tom de serenata, que foge à cançoneta erudita e quase apela para o violão:

> Ferve a areia desta praia,
> Arde o musgo no rochedo,
> Esmorece o arvoredo,
> E desmaia a tenra flor.
> Todo o campo se desgosta,
> Tudo... ah! tudo a calma sente;
> Só a gélida serpente
> Dorme exposta ao vivo ardor.
>
> Glaura, as Ninfas te chamaram,
> E buscaram doce abrigo;
> Vem comigo, e nesta gruta
> Branda escuta o meu amor.
>
> Vês a plebe namorada
> De volantes borboletas?
> Loiras são, e azuis e pretas,
> De mesclada e vária cor.
> Aquela ave enternecida,
> Que cantou ao ver a Aurora,
> Abre as asas, geme agora
> Oprimida do calor.
>   (XIX)

---

19 Sérgio Buarque de Holanda chegou a conclusões semelhantes no caso do Arcadismo luso-
-brasileiro em geral. Ver no seu estudo "Gosto arcádico", na *Revista Brasiliense*, n. 3, pp. 106-114.

Foi o primeiro em nossa literatura que sentiu e exprimiu certos tons da nossa sensibilidade: o quebranto da volúpia à flor da pele e a surdina em que gostamos de cantá-la. Menos por haver inserido plantas e bichos do Brasil, do que por ter suscitado ritmos tão langorosos, merece a estima que lhe votam os amantes da cor local.

No entanto, um gosto poético mais apurado esbarra de entrada com a monótona elegância desse "mestre de facilidades". Tanto mais quanto a personalidade literária que os anima não denota relevo apreciável. A superfície polida dos rondós recobre, certamente, consciência artística bem armada, mas de envergadura mediana.

No seu bestiário (é o único árcade que deixa de lado carneiros e ovelhas) passam a cobra, a onça, o elefante, o morcego; mas o animal realmente caro ao seu verso, além da branca pomba, é o beija-flor, cantado em vários rondós e madrigais como alegoria da sua atividade amorosa. É o negaceio quase masoquista que Mário de Andrade estudou no Romantismo, e caracteriza tão fundamente a nossa poesia popular e erudita. Desejo de identificar-se voluptuosamente a passarinhos eufêmicos e, escudado na sua delicada pequenez, atenuar os aspectos agressivos da corte amorosa:

Deixo, ó Glaura, a triste lida
Submergida em doce calma;
E a minha alma ao bem se entrega,
Que lhe nega o teu rigor.

Neste bosque alegre e rindo
Sou amante afortunado;
E desejo ser mudado
No mais lindo beija-flor.
Todo o corpo num instante
Se atenua, exala e perde:
É já oiro, prata e verde
A brilhante e nova cor.
....
E num voo feliz ave
Chego intrépido até onde
Riso e pérolas se esconde
O suave e puro Amor.
    (VII)

A metamorfose é admirável de senso plástico, sinceridade psicológica e delicadeza poética. Mas o poeta toma o cuidado de advertir, adiante, qual é a sua natureza, proclamando o sentido real do dengoso negaceio:

Não me julgues inocente,
Nem abrandes meu castigo;
Que sou bárbaro inimigo,
Insolente e roubador.

No rondó IX, também chamado "O beija-flor" e contando idêntica transformação, é mais explícito:

No teu puro e brando seio
Por castigo me encerravas;
Eu me ria, e tu pensavas
Ver-me cheio de temor.

Esta poesia de pequenos pássaros, tão portuguesa, prenuncia, sob o tom seresteiro que lhe dá o poeta, mais de um aspecto que o sentimento amoroso ia assumir no Romantismo. Se não vibrou em seu verso a humanidade profunda de Gonzaga, nem a visão plástica de Cláudio Manuel, é muito dele essa líquida ternura que lustra os temas delicados dos rondós. Ternura líquida cujo correlato são as águas que, mais do que os outros árcades, e talvez por habitar o Rio de Janeiro, soube cantar com tanta graça, e vestem a sua obra lírica de um incessante e doce marulho, através do qual sentimos o airoso perpassar das nereides e hamadríades cariocas, tangidas pelo búzio marinho dos Tritões.

Vês, Ninfa, em alva escuma o pego irado
Que as penhas bate com furor medonho?
Inda o verás risonho e namorado
Beijar da longa praia a ruiva areia;
   Dóris e Galateia
Verás em concha azul sobre estas águas.
    Ah! Glaura! Ai, tristes mágoas!
Sossega o mar quando repousa o vento;
Mas quando terá fim o meu tormento?
  ("Madrigal, XXVI")

Os madrigais Vimos que a melodia cantante desse poeta (filho de músico, ele próprio bom violinista de salão) anuncia um traço básico do Romantismo: a musicalidade que dissolve os valores específicos da palavra. Este avanço para a nova sensibilidade é, na sua obra, representado pelos rondós; e ficaríamos quase tentados a dizer que ele se encontra meio deslocado entre os árcades, (apesar de corresponder a certas tendências características da Arcádia), se não fosse o movimento compensatório dos madrigais, que reequilibram a sua expressão, ancorando-a no leito sereno da mais pura harmonia neoclássica.

Nos madrigais, o quebranto gracioso dos rondós se refina em nobre elegância, e à facilidade duma solução feliz, mas abusada, sucede a variedade sem exibicionismo. Enquanto os rondós capitulam ante a melodia, os madrigais manifestam a dignidade do verbo literário, confiante no próprio valor, capaz de enfrentar com autonomia os problemas líricos. Se tomarmos isoladamente os rondós mais perfeitos, verificaremos que constituem o melhor título do poeta, como este arabesco admirável em que a música esposa a plástica de uma composição nutrida das mais belas formas naturais:

> Entre o musgo a penha dura
> Mostra azuis, mostra rosadas
> As conchinhas delicadas
> Com brandura a gotejar.
> Sobre a fonte cristalina
> Cedro anoso e curvo pende;
> Namorado a rama estende,
> E se inclina para o mar.
> (XL)

Mas devolvidos ao contexto, e lidos nele, dão no conjunto uma impressão de monotonia, que predispõe contra o seu critério artístico, ao contrário dos madrigais, integrados num sistema poético mais versátil e completo.

Eles nos fazem, pois, compreender melhor o timbre especial de Manuel Inácio: a graça elegante. Quando a encontramos neste nível, renunciamos de boa mente, em seu favor, à grandeza e à profundidade, pois também ela representa algo excepcional. Mesmo quando se trata dessa elegância setecentista, que supera a frivolidade guardando um pouco do seu perigoso encanto, pois ela nos traz a rara flor da eurritmia. Daí sermos levados a pensar que se houve entre nós momentos fugazes de verdadeiro Classicismo, um deles se encontra nesses madrigais em que Alvarenga soube, por assim dizer, abrasileirar a convenção.

Dríade, tu que habitas amorosa
Da mangueira no tronco áspero e duro.
     Ah! recebe piedosa
A grinalda, que terno aqui penduro!
     Pela tarde calmosa
     Glaura saudosa e bela
Te busca e vêm com ela mil amores;
Mil suspiros te deixo entre estas flores.
   (IV)

     Neste áspero rochedo,
A quem imitas, Glaura sempre dura,
     Gravo o triste segredo
Dum amor extremoso e sem ventura.
     Com sentimento agreste
     Os faunos da espessura
Aqui meu nome cubram de cipreste;
Ornem o teu as ninfas amorosas
De goivos, de jasmins, lírios e rosas.
   (VI)

Ó mangueira feliz, verde e sombria...
   (IX)

No ramo da mangueira venturosa
Triste emblema de amor gravei um dia,
E às dríades saudoso oferecia
Os brandos líricos e a purpúrea rosa...
   (XV)

Suave agosto as verdes laranjeiras
Vem feliz matizar de brancas flores...
   (XVIII)
     Ó sono fugitivo,
De vermelhas papoulas coroado...
   (XIX)

Já vistes sobre o mar formando giros...
   (XXII)

Copada laranjeira, onde os amores
Viram passar de agosto os dias belos...
   (XXIII)

Não desprezes, ó Glaura, entre estas flores,
Com que os prados matiza a linda flora,
      O jambo, que os amores
Colherão ao surgir a branca aurora...
   (XXIX)

      Não desmaies, ó rosa,
Que nasceste entre espinhos escondida...
   (XLIV)

Após o rodopio estonteante do pitoresco nos rondós, encontramos aqui o brilho do mundo exterior serenado e disciplinado, num equilíbrio feliz entre as exigências afetivas, o encantamento plástico e sonoro, a solução intelectual. As ondas da Guanabara, molhando a areia e polindo as rochas, que amaciam para esposar a ternura do poeta; o verde intenso da folhagem tropical, manchada de cores, onde avulta a nobre mangueira, tantas vezes invocada; as morenas e os seresteiros transfigurados em ninfas e faunos; a discrição plástica do verso, que se aperta cheio de melodias contidas pelo escorço lapidar, — todo esse brilho de Arcádia no trópico empresta aos madrigais um toque de verdadeira poesia que, por não se oferecer à compreensão epidérmica, como o violão sonoro dos rondós, retribui com achados de rara beleza quem se dispuser a senti-la com ouvido profundo. Neles, podemos realmente perceber a vitória da arte sobre o sentimentalismo, e aquela espécie de melancolia triunfal que assinala os momentos fortes desse terno cantador.

Domingos Caldas Barbosa Silva Alvarenga foi um homem culto e verdadeiro poeta, consciente das responsabilidades da inteligência no Brasil e ao mesmo tempo dotado de uma sensibilidade delicada, que o levou a realizar-se com refinamento e graça. Caldas Barbosa, como ele mestiço, músico, terno e amaneirado, foi um simples modinheiro sem relevo criador. No entanto, deve ser posto na mesma chave, porque a sua obra chega à consequência extrema de certas tendências melódicas e concepcionais da Arcádia, que em *Glaura* já tocam o ponto onde a poesia se desfaz na música. Metastasio, que passou a vida escrevendo para ser musicado, acentuava que o verso é o elemento diretor no consórcio entre ambas;[20] no limite, porém, a palavra se tornava mero pretexto para o banho sonoro que deveria provocar a emoção, como vemos em Caldas Barbosa.

Quanto ao temário e à atitude poética, os seus versinhos são interessantes pela candura e amor com que falam das coisas e dos sentimentos da pátria, definindo de modo explícito os traços afetivos correntemente associados ao brasileiro na psicologia popular: dengue, negaceio, quebranto, derretimento.

> Não posso negar, não posso,
> Não posso por mais que queira,
> Que meu coração se abrasa
> De ternura brasileira.
> > ("A ternura brasileira")

> Eu sei, cruel, que tu gostas,
> Sim gostas de me matar;
> Morro, e por dar-te mais gosto,
> Vou morrendo devagar.
> > ("Vou morrendo devagar")

Saborosa é a utilização do vocabulário mestiço da Colônia, com que obtinha certamente efeitos de surpresa e graça nos salões lisboetas, onde cantava com a sua viola:

> Nhanhá faz um pé de banco
> Com seus quindins, seus popôs,
> Tinha lançado os seus laços,
> Aperta assim mais os nós.
> > ("Lundum em ouro" etc.)

> Meu Xarapim, já não posso
> Aturar mais tanta arenga,
> O meu gênio deu à casca
> Metido nesta moenga.
> > ("Lundum de cantigas vagas")

---

20 "Quando a música [...] aspira no drama ao primeiro lugar em relação à poesia, destrói a esta e a si mesma." Metastasio, "Lettera sopra la musica", em *Opere*, 1815, op. cit., v. X, p. 283.

Uma nota pungente é a densa, profunda tristeza que em muitos versos dele parece transpor a lamúria, e deixa entrever um travo amargo sob o rodopio açucarado das cantigas:

Sou forçado a alegre canto;
Faço esforço de alegria,
E oculto no fundo d'alma
A mortal melancolia
     ("Lereno melancólico")

Numa ou outra peça como o "Retrato da minha linda pastora" sentimos roçar a asa de inspiração menos débil:

Verdes campos, fonte fria,
Fundo vale, altos rochedos,
De quem amantes segredos
Lereno aflito confia.

Troncos duros e frondosos,
Tenras plantas e florestas,
Vede as lágrimas pendentes
Duns tristes olhos saudosos.

Mas são momentos fugazes na inocuidade geral da sua lira. Na verdade a *Viola de Lereno* não é um livro de poesias; é uma coleção de modinhas a que falta a música para podermos avaliar devidamente. É possível que ela lhes desse o relevo que o autor com certeza lhes dava, a julgar pela relativa importância em que foi tido pela gente da Nova Arcádia. Entregues à leitura, inexistem, como acontece quase sempre às letras de modinhas, que Caldas teve contudo o mérito de dignificar e que influiria ponderavelmente na evolução rítmica do verso português. Mas embora haja contribuído, pois, para o adensamento daquela atmosfera encantadora e frívola de melodias fugitivas que embalaram o Rococó lisboeta, o fato é que, visto de hoje, o "trovista Caldas", tão simpático e boa pessoa, tão maltratado por Bocage, desaparece praticamente ao lado dos patrícios mais bem-dotados.

Capítulo IV

Musa utilitária

1. O poema satírico e o herói-cômico 163
2. *O desertor* e *O reino da estupidez* 165
3. *Cartas chilenas* 172
4. A laicização da inteligência 180

I.
O poema satírico e o herói-cômico

Para compreendermos hoje uma sátira escrita há duzentos anos é preciso lembrar a função que exercia, de tendência moralizadora muito próxima ao que é o jornalismo. Dos pequenos sonetos de maledicência ou debique aos poemas longos, ajustados à norma do gênero; uns arredondando-se no riso, outros encrespados pela indignação; uns visando às pessoas na sua singularidade, outros querendo abranger princípios e ideias, — todos assumiam atitude crítica e manifestavam desejo de orientar e corrigir, como a imprensa moderna.

No século XVII, o virtuosismo literário favoreceu a elaboração duma forma nova, em que a sátira tradicional se mesclava ao burlesco e à epopeia, gerando o chamado poema herói-cômico, de raízes firmadas talvez nos italianos do século XV. Alessandro Tassoni reivindicou a invenção, e do seu *O balde roubado* (*La secchia rapita*) provém, com efeito, direta ou indiretamente, os que em seguida o cultivaram. Silva Alvarenga remonta as origens à *Batracomiomaquia* e ao *Culex*, atribuídos a Homero e Virgílio. Cita em seguida Tassoni, Boileau, Butler, Pope, Gresset, pondo à parte Scarron e sua paródia de epopeia.[1]

Boileau, que sistematizava tudo, sintetizou as ideias do poeta italiano, definindo como objeto do poema herói-cômico a celebração, em tom épico, de um acontecimento sem a menor importância, consistindo a maestria em elaborar praticamente no vácuo. Foi o que fez em *Le Lutrin*, celebrando a querela do prelado da Sainte-Chapelle e do seu chantre por causa de uma questiúncula de prestígio, manifestada na localização desse móvel.[2] Deste modo a sátira passava a segundo plano e a jogralice poética a primeiro; mas o que

---

1 Manuel Inácio da Silva Alvarenga, "Discurso sobre o poema herói-cômico", n'*O desertor*, 1774, páginas iniciais sem numeração.   2 Boileau, "Au Lecteur", em *Le Lutrin: Poème héroï-comique*. A certa altura do "Canto IV", invoca Tassoni ao lado de Homero:

Ô toi qui sur ces bords qu'une eau dormante mouille,
Vis combattre autrefois le rat et la grenouille;
Qui, par les traits hardis d'un bizarre pinceau,
Mis l'Italie en feu pour la perte d'un seau
Muse, etc.

Entretanto, não reconhece que dele provêm a sua teoria e o exemplo da aplicação. Prefere dizer que *em francês* foi o primeiro a abordar o gênero. (*Lutrin* é a estante do coro.)

poderia significar abdicação do espírito crítico importava algumas vezes em disfarce cômodo para dizer certas verdades em regimes de opressão.

Na literatura portuguesa, apesar da referência a vários autores, o modelo seguido foi Boileau, ao qual se prende confessadamente Antônio Diniz da Cruz e Silva n'*O Hissope* (1772); nele também se entroncam *O desertor* (1774), de Manuel Inácio da Silva Alvarenga, e em parte *O reino da estupidez* (1785), de Francisco de Melo Franco. É possível quanto ao primeiro, certo quanto ao segundo, que a influência fosse coada através de Diniz.[3]

Do *Lutrin*, tirou este a sugestão para versar o tema igualmente fútil, e muito análogo, da querela entre o Bispo e o Deão de Elvas por uma questão de precedência. Tirou certos traços que em Portugal se tornariam constantes do gênero: uso burlesco da Fama virgiliana e de alegorias morais, notadamente a Discórdia; sátira contra clérigos, acentuando o sibaritismo dos leitos macios, longos sonos e refeições opíparas; hipertrofia grandiloquente dos detalhes da vida cotidiana.

N'*O Hissope* — geralmente louvado além do merecimento — acentuam-se todavia certos traços do modelo: assim, a crítica aos padres se torna virulento anticlericalismo, que ultrapassa a brincadeira e vai francamente à polêmica, antecipando tonalidades que só veremos um século depois em Eça de Queirós e Guerra Junqueiro. Com isso, a preconizada gratuidade se altera um pouco no sentido da crítica de ideias, tendência que avulta nos poemas dos dois estudantes mineiros, onde a sátira recupera algo das linhas tradicionais, abandonando muito do herói-cômico à maneira de Tassoni. Nas *Cartas chilenas* (1788-1789) a recuperação é completa e a sátira reaparece, depurada das fiorituras jocosas.

À medida que isto se dá, acentua-se naturalmente o cunho militante da poesia, a sua vocação utilitária de corretivo dos costumes, que no século XVIII não podia deixar de impregnar-se de ideias gerais correntes nos espíritos: n'*O desertor* e n'*O reino da estupidez*, crença na *filosofia* e repúdio à escolástica tradicional.

---

3 *O Hissope* foi divulgado em cópias manuscritas, sendo impresso apenas em 1802 depois da morte do autor.

2.
O desertor e *O reino da estupidez*

Os brasileiros estiveram bastante ligados à obra de Pombal. Neste sentido, ao antijesuitismo d'*O Uraguai* corresponde o pombalismo educacional destes dois poemas herói-cômicos, feitos para defender a reforma da universidade e atacar o ensino escolástico, formando os três uma espécie de tributo às medidas transformadoras, como se um gênio oculto insinuasse aos rapazes ultramarinos que elas abriam perspectivas favoráveis à superação do estatuto colonial, que ia se tornando um outro arcaísmo.

O desertor *O desertor*, de 1774, celebra a instauração da reforma e manifesta confiança esperançada no poder da ciência para demolir a rotina; daí o otimismo que fura que por entre os versos e o bom humor sadio das peripécias. *O reino*, de 1785, constata a persistência dos fantasmas intelectuais do passado e o relativo malogro da iniciativa renovadora; por isso escorrega do herói-cômico ao satírico, com azedume e revolta mal disfarçados pela aparente bonomia. Ambos se afastam do preceito referente à futilidade do tema básico, escrupulosamente observado por Cruz e Silva, pois se na fatura utilizam a hipertrofia épica de situações corriqueiras, o núcleo intencional é uma ideia da maior importância: celebração do espírito moderno, confiança nas luzes e no valor humano do ensino. Por este lado são jornalismo de combate, sendo poemas didáticos enroupados no burlesco.

O desertor conta as façanhas dum bando de estudantes afeitos à

> ... sonolenta... pigra ociosidade,
>> (I)

que, instigados pela ignorância, sob a forma dum passadista, fogem de Coimbra para um remanso onde possam cultivar a indolência, mas sofrem por castigo toda a sorte de reveses. O recurso demonstrativo consiste em associar a tradição escolástica e retórica aos espíritos incapazes e dissolutos, incompatíveis com as "ciências, que renascem" ("Canto V"), graças às quais, instauradas pelo "invicto marquês" ("Canto I") e garantidas pela administração

> ... de um prelado ilustre,

Prudente, pio, sábio, justo e firme,
(V)

Dissiparam-se as trevas horrorosas,
Que os belos horizontes assombravam.
(I)

Os decassílabos brancos são fluentes, mas o poema não é muito bem composto, faltando clareza na configuração e articulação dos episódios, muitas vezes desprovidos de interesse. Embora dê uma visão dos costumes e estado de espírito do momento, perdeu no correr do tempo bastante força cômica, ligada a circunstâncias que a tornariam significativa aos contemporâneos. Ainda são engraçados os tipos que esboça na fauna estudantil: o indolente, o arruaceiro, o devasso, o cantador, o afidalgado, formando a coorte d'

Os que aprendem o nome dos autores,
Os que só leem o prólogo dos livros,
E aqueles, cujo sono não perturba
O côncavo metal que as horas conta.
(II)

Muito poeticamente setecentista é a Verdade que aparece em sonho ao herói e, ao desdobrar-se nas ciências que a exprimem, mostra o filosofismo do poeta e a citada confiança na eficácia da nova ordem mental:

... verás como se eleva
Do meu nascente império a nova glória.
Esses muros, que a pérfida ignorância
Infamou temerária com seus erros,
Cobertos hão de ser em poucos dias
Com eternos sinais de meus triunfos.
Eu sou quem de intrincados labirintos
Pôs em salvo a razão, ilesa e pura.
(IV)

É saborosa a referência periódica às coisas do Brasil, inclusive a transposição dos boatos, lançados pela Fama, numa colorida imagem ornitológica:

Elas voam em turba, enchendo os ares
Dos ecos dissonantes, a que atendem
Crédulas velhas e homens ociosos.
Qual nos férteis sertões da Aiuruoca
Voga nuvem de verdes papagaios,
Que encobrem a luz do sol e que em seus gritos
É semelhante a um povo amotinado,
Assim vão as notícias...
    (III)

Pouco adiante encontramos um dos melhores trechos, onde adaptou e desenvolveu a tenebrosa descrição da morada da coruja, no *Lutrin*:

Jamais do cão feroz o ardor maligno
Desfez a neve eterna destas grutas.
Árvores, que se firmam sobre a rocha,
Famintas de sustento à terra enviam
As tortas e longuíssimas raízes;
Pendentes caracóis co'a frágil concha
Adornam as abóbadas sombrias.
Neste lugar se esconde temerosa
A noite envolta em longo e negro manto
Ao ver do sol os lúcidos cavalos;
Fúnebre, eterno abrigo aos tristes mochos,
Às velhas, às fatídicas corujas,
Que com medonha voz gemendo aumentam
O rouco som do rio alcantilado.
    (III)

O leitor percebe facilmente a influência de Basílio nestes decassílabos que lembram os d'*O Uraguai*, pelo arabesco e o gosto das imagens. Neles, e outros, aparece um tratamento da natureza física bem diverso do que Alvarenga lhe daria depois, ao encontrar a sua maneira pessoal, domesticando-a no jardim fechado e rococó de *Glaura*.

O reino N'*O reino da estupidez* em vão procuraremos trechos análogos de poesia repousante: dominam os valores de prosa, visados então pela poesia de cunho didático. O verso é pobre, seco, não raro malsoante; mas a invenção, embora limitada, é viva e ferina. Extravasando muito mais que *O desertor* a convenção do poema herói-cômico, entra pela sátira, pelo panfleto ideológico, alvejando com humor sarcástico a universidade, novamente rotinizada após a sacudidela da Reforma, violenta, mas breve e incompleta.

O entrecho é bem achado e expressivo: ameaçada pelo progresso da instrução e da ciência, a Estupidez convoca os asseclas, Fanatismo, Hipocrisia, Superstição, para uma investida mais vigorosa aos lugares onde o seu domínio vacila. Repelida nos países progressistas, resolve, a conselho do Fanatismo, tentar Portugal, onde escolhe Coimbra, sendo lá pomposamente acolhida pelos doutores, com protesto apenas do professor de matemática, *Tirceu*, criptônimo de José Monteiro da Rocha segundo Teófilo Braga.[4]

A ideia é ousada para o tempo e não espanta que houvessem perseguido várias pessoas no afã de descobrir o autor verdadeiro, que logrou manter-se desconhecido para as autoridades, embora a opinião literária o tivesse desde logo identificado. E justamente essa ousadia é que torna *O reino da estupidez* o mais ideologicamente legível de todos os poemas herói-cômicos do tempo, embora seja literariamente o mais fraco. Ainda hoje nos move o seu franco racionalismo, a denúncia cortante do retorno à escolástica, a crueza do ataque aos figurões universitários, revelando, sob o movimento burlesco dos episódios e da linguagem, funda amargura pelo descalabro de tantas aspirações. Talvez seja injusto e excessivo, como querem vários críticos. Representa, porém, atitude permanente do estudante: a desilusão das aspirações intelectuais, frustradas pela rotina dos corpos docentes, muito inclinados a repousar na mediocridade em países de nepotismo universitário e pouca concorrência intelectual, como era a Metrópole.

É o que vem expresso na fala do lente de teologia:

> Muito ilustres e sábios Acadêmicos;
> Por direito divino, e por humano,
> Creio que deve ser restituída
> À grande Estupidez a dignidade
> Que nesta Academia gozou sempre.
> Bem sabeis quão sagrados os direitos
> Da antiguidade são: por eles somos
> Ao lugar que ocupamos elevados;
> Oculta vos não é a violência
> Com que foi desta posse desbulhada.
>   (III)

---

4 Teófilo Braga, *História da Universidade de Coimbra*, v. III, p. 680.

Os doutores lamentam a Reforma e o advento dos estudos científicos,

Que vieram trazer os Estrangeiros,

e o único voto discrepante de Tirceu representa o espírito de renovação, exaltando em Pombal o reformador que baniu os "góticos estudos". Vê-se que a sua memória permanecia viva nos espíritos avançados, oito anos após a queda e três depois da morte. O jovem Melo Franco se reúne aqui a Basílio e Alvarenga, para saudar a promoção das Luzes no governo do

... grande, invicto, o imortal Carvalho:

Vistes ao grã-Marquês qual Sol brilhante
De escura noite dissipando as trevas,
A frouxa Estupidez lançar ao longe,
E erigir à Ciência novo trono
Em sábios estatutos estribado.

O nome do "gran Ministro", o "Pai da Pátria", desperta pavores nos lentes passadistas, que vencem todavia e de novo recebem a "vão Divindade", numa apoteose cômica, sem dúvida o melhor trecho do poema.

A violência da denúncia e a indicação quase sempre nominal dos professores explicam o êxito de escândalo. Hoje, interessa-nos principalmente a constatação de quanto permanecia venerado entre os estudantes liberais o nome de Sebastião José de Carvalho, e como era profundo entre os jovens brasileiros o culto pelo progresso científico.

José Bonifácio foi considerado autor, ou coautor do *Reino*; quem sabe teria sido cúmplice no esboço e conselheiro dalgum trecho? O poema é violento, como ele era, e os versos, tão maus quanto os que escrevia. Há dele (incluída nas *Poesias avulsas*) uma interessantíssima "Epístola escrita de Coimbra no começo da primavera de 1785", ano em que se divulgou o poema; penso que o destinatário, Armindo, é Melo Franco, celebrado como capaz de sátiras

Dignas do grande Pope...

Ressuma ilustração, celebrando a Natureza, a Virtude, "o pensador Rousseau sublime"; "Voltaire, o vate dos Filósofos", convidando à vida rústica o amigo,

... em quem liberal a Natureza
Uniu uma alma grande a um peito humano.

Supondo que Armindo não seja Melo Franco, ainda assim resta o ponto que mais interessa: a referência implícita ao seu poema numa sequência autônoma de vinte versos, onde vem celebrada a

Grande Deusa,
Coeterna do caos! Mãe dos asnos!
Estupidez afável...

cuja predominância, através de "símbolos" e "enigmas", espanta no ensino universitário a "tímida Verdade", que

... espavorida
Desampara a cadeira de Minerva

acabando, como no poema, por triunfar:

Reina no mundo, pois nasceste Deusa.

Um ciclo de protesto Sousa Caldas, preso da Inquisição, como Francisco de Melo Franco, por ideias avançadas, escreve em 1790 uma extraordinária *Carta*, (que será analisada a seu tempo), onde leva a questão a plano mais geral, criticando todo o fundamento humanístico do ensino. Poucos anos depois, Francisco Vilela Barbosa, estudante de matemáticas, natural do Rio, como o anterior, queixava-se que ir a Coimbra estudar, ou não, era o mesmo:

Maldito seja aquele que imagina
Que não pode fazer-se um dia sábio
Sem pisar as areias do Mondego.

Mais depressa se alcança um gênio grande
Dentro em seu gabinete folheando
Antigos e modernos d'alto preço,
Do que perdendo os dias com cadernos
Superficialmente decorados.
    ("Carta a Francisco d'Almada e Mendonça")

Há portanto um ciclo de protesto *filosófico* contra a rotina universitária e nele se destacam os brasileiros. Entre eles sobressai, se não poeticamente, ao menos pela força da atitude, Francisco de Melo Franco, rebelde, depois médico da moda em Lisboa, autor de um tratado de pediatria avançado para o tempo, onde mostra a paixão educativa; morto finalmente, pobre e desiludido, em Ubatuba, longe do sertão natal de Paracatu. Com ele, e apesar da invocação a Boileau e

> … aquele ativo
> E discreto Diniz na Hissopaida,
> (IV)

o herói-cômico se carrega de ideia e entra pela militância da sátira. A evolução se completaria poucos anos depois, na sua capitania de Minas, pela ideia descarnada e aderente ao fato, passando da reforma intelectual para as perigosas fronteiras da verrina política.

3.
Cartas chilenas

As *Cartas chilenas* são um poema satírico inacabado ou truncado, (treze epístolas, das quais a 7ª e a 13ª em estado de fragmento), no qual um morador de Vila Rica ataca os desmandos do governador Luís da Cunha Pacheco e Meneses, depois conde de Lumiares, que regeu Minas Gerais de 1783 a 1788. Onde se deveria ler Portugal, Lisboa, Coimbra, Minas, Vila Rica, lê-se Espanha, Madri, Salamanca, Chile, Santiago. Os nomes aparecem quase sempre ligeiramente deformados: Meneses é Minésio, Matos é Matúsio, Silvério é Silverino, Ribeiro é Robério. Mas há nomes e topônimos inalterados: Macedo, Capanema, Cata-Preta, a ermida do Senhor Bom Jesus de Matosinhos, a igreja do Pilar. O autor se chama Critilo e ao correspondente, Doroteu. Os amigos mais chegados chamam-se Alcimidonte, Alceu, Floridoro. A bem-amada, Nise. Finalmente, os fatos aludidos parecem expostos sem rebuço, identificáveis pelos leitores contemporâneos.

A matéria é toda referente aos desmandos do governador, — Fanfarrão Minésio — versando a sua falta de decoro, filhotismo, venalidade, prepotência e, sobretudo, desrespeito à lei.

Afirmam alguns, sem maior prova, que o poema circulava largamente por Vila Rica, em cópias manuscritas. É possível; mas na devassa da Inconfidência não se faz qualquer menção a ele, e no entanto seria peça de primeira ordem para delatores, acusadores e juízes. Parece, portanto, que as cópias tiveram curso pequeno e sigiloso. Nem teriam tempo de divulgar-se, visto como a repressão foi imediata à sua composição, que deve datar do fim do governo de Cunha Menezes, 1788, prolongando-se com certeza até o ano seguinte.[5]

A disputa sobre a autoria Quem teria sido Critilo? Não há até agora prova cabal. Sabemos de positivo que um contemporâneo residente em Vila Rica, Luís Saturnino da Veiga, afirmava ser pseudônimo de Gonzaga. Esta, a prova mais segura; imagine-se a relatividade das demais.

---

5 Ver a argumentação de Lívio de Castro, assim terminada: "Fica, pois, assente que as *Cartas chilenas* são de 1788." As *Cartas chilenas*, em *Questões e problemas*, pp. 25-26; cf. Alberto Faria: "[...] elaboradas entre fins de 1788 e começo de 1789 [...]", *Acendalhas*, p. 256.

É porém verossímil, e mesmo provável, que ele tenha sido o autor.

A maneira desabrida por que nas *Cartas chilenas* é tratado o Capitão José Pereira Marques, sob o nome de *Marquésio*, dá lugar a pensar que Gonzaga e Monteiro Bandeira, ou este somente, poderiam ser os seus autores. Sabe-se pelas *Instruções* outorgadas ao Visconde de Barbacena pelo célebre Ministro Martinho de Melo e Castro quanto foi escandalosa a proteção que o Capitão J. P. Marques mereceu do Governador Luís da Cunha Meneses por ocasião da arrematação do contrato das entradas no triênio de 1785 a 1787, ao passo que Gonzaga e Monteiro Bandeira protegiam o Capitão Antônio Ferreira da Silva, que ficou preterido.[6]

O autor destas linhas, Joaquim Norberto, não acreditava todavia na autoria de Gonzaga, apesar do seu faro ter acertado com o melhor indício neste sentido, descrito no trecho acima. Sabemos pelas pesquisas de Luís Camilo de Oliveira, em Portugal, pormenores da briga entre Gonzaga e o capitão-general, que favoreceu o protegido contra o interesse da Coroa e as normas jurídico-administrativas, desautorando a junta competente, cujo chefe era o nosso ouvidor. Decorreu violenta pendência entre ambos, resultando as referidas instruções do ministro.[7] Ora, esta ocorrência, matéria da 8ª carta, é um dos fundamentos da diatribe e bem poderia ter sido o seu ponto de partida.

Na falta de prova decisiva, cresce a importância da análise estilística, favorável a Gonzaga segundo a melhor efetuada até agora, devida a Manuel Bandeira,[8] onde se indica a analogia de imagens e recursos poéticos, notadamente o largo uso da figura chamada *separação* pelos velhos tratadistas, e que Lívio de Castro estudou sob o nome de *elmanismo*, em virtude do uso imoderado que dela fez Bocage:

Também, prezado amigo, também gosto.
Devera, doce amigo, sim devera.
Aonde, louco chefe, aonde corres.
Maldito, Doroteu, maldito sejas.

---

6 Joaquim Norberto de Sousa S. (sic), "Notícia", nas *Obras poéticas* de Inácio José de Alvarenga Peixoto, p. 103.   7 Luís Camilo de Oliveira, "As *Cartas chilenas*", série de seis artigos, em *O Jornal*, 24 dez. 1939 a 28 jan. 1940.   8 Manuel Bandeira, "A autoria das *Cartas chilenas*", RB (3), n. 22, 1940, pp. 1-25.

Em auxílio destas vem uma terceira prova, devida a Arlindo Chaves, com base no método preconizado por Udny-Yule, que, fundado nele, decidiu a favor de Kempis a autoria da *Imitação de Cristo*: consiste em comparar o número de palavras por período, no texto em dúvida e noutro de autoria certa. Utilizando em confronto as *Cartas* a *Marília de Dirceu* e o *Vila Rica*, concluiu matematicamente por Gonzaga, mostrando que os índices de coincidência são a seu favor. Em 116 períodos de cada obra, há um total de 2729 palavras em Gonzaga, 3151 nas *Cartas* e 6079 no poema de Cláudio Manuel, sendo o comprimento médio dos períodos respectivamente 23 palavras, 27 e 52. Os períodos de uma a cinquenta palavras são 113 (97%) na *Marília*, 107 (92%) nas *Cartas*, 64 (55%) no *Vila Rica*; os de 51 a cem, respectivamente, três (2%), oito (6%), 42 (36%); os de 101 a 120 palavras, zero, um (0,9%), dez (9%). É ainda nitidamente favorável a Gonzaga a "lei da constância da pontuação", determinada pelo próprio Arlindo Chaves.[9]

Usando critério sobretudo estilístico e conjecturas sobre correspondência de personagens, fatos e traços morais, Sílvio de Almeida e Lindolfo Gomes concluíram pela autoria de Cláudio, defendida também por Caio de Melo Franco.[10] É preciso notar, como já se fez, que sendo Gonzaga sabidamente influenciado pelo amigo mais velho, o que houver de peculiar a este nas *Cartas* correria por conta da influência. Mas poderia indicar também colaboração, hipótese sedutora, habilmente sustentada em nossos dias por Sud Mennucci.[11] Quanto à autoria de Alvarenga Peixoto, sugerida em certo momento por Varnhagen e retomada aereamente por Sílvio Romero, é impossível defendê-la, não só pela falta absoluta de indicações históricas, como porque a escassez da sua obra impossibilita a própria comparação do estilo.[12]

Aliás, a primeira opinião de Varnhagen é inacreditável: as *Cartas* seriam uma sátira do Rio, contra Bobadela, quiçá devidas a Domingos Caldas Barbosa... Mais tarde, optou por Cláudio.[13]

Há ainda a hipótese de autoria tríplice (Cláudio, Gonzaga, Alvarenga), mencionada por Pereira da Silva, mas insubsistente pelos motivos que

---

9 Arlindo Chaves, *Identificação estatística do autor das "Cartas chilenas"*.   **10** Sílvio de Almeida, "Problemas das *Cartas chilenas*", RAPL , V. III, n. 12, pp. 5-28 (reprodução de artigos de 1913); Lindolfo Gomes, *A autoria das "Cartas chilenas"*; Caio de Melo Franco, *O inconfidente Cláudio Manuel da Costa*.   **11** Sud Mennucci, *À margem das "Cartas chilenas"*, São Paulo, 1941.   **12** F. A. de Varnhagen, *Florilégio da poesia brasileira*, II, p. 14; Sílvio Romero, *História da literatura brasileira*, v. I, pp. 207 ss.   **13** Varnhagen, *Épicos brasileiros*, p. 401; "Carta ao sr. dr. L. F. da Veiga acerca do autor das *Cartas chilenas*", transcrita em nota à *História geral do Brasil*, v. IV, pp. 421-424.

invalidam qualquer atribuição ao terceiro.[14] Conjectura interessante foi a que sugeriu Joaquim Norberto sem grande convicção e Lívio de Castro esforçadamente defendeu: Critilo teria sido um outro poeta, talvez obscuro e anônimo.[15] Talvez não tenha sido nenhum dos três "mineiros", diz a mais recente das conjecturas, de Cecília Meireles, mas... ninguém menos que o seu juiz, Antônio Diniz da Cruz e Silva, único satírico de vulto na literatura luso-brasileira da segunda metade do século XVIII, adequado para autor ou colaborador das *Cartas*.[16]

O autor oculto Pessoalmente, inclino-me a admitir a autoria de Gonzaga, sem recusar a possibilidade de colaboração acessória de Cláudio Manuel e, quem sabe, algum reparo de Alvarenga; isso, quanto às *Cartas*, pois parece que a "Epístola" inicial de Doroteu só pode ter sido escrita por Cláudio. Além das provas referidas, (a que se devem juntar os trabalhos do admirável erudito Alberto Faria e a magistral "Introdução" de Afonso Arinos à sua edição crítica) dou valor à análise psicológica, preconizada por Luís Camilo. Vejo por todo o poema não só a presença duma personalidade afirmativa, reagindo a quem lhe feriu o orgulho, mas indicações de que se trata dum magistrado namorado, e poeta senhor dos seus dons e recursos. Estas características são perceptíveis pela marcha do poema, na textura e nos sentimentos; exprimem-se a cada passo indiretamente, sem intenção. Daí me parecerem importantes numa obra em que os dados objetivos eram voluntariamente baralhados, e cujos comentadores não sentem o ridículo que há em dar valor concludente às negaças feitas para atrapalhar. Com igual facilidade pode-se provar que Critilo é europeu ou brasileiro; casado ou solteiro; pobre ou rico. Que tal criptônimo deve corresponder a este ou aquele dos três poetas, porque tal era casado, ou gordo, ou rico; e outro, solteiro, pobre, magro... O certo é que alguns criptônimos são transparentes, permitindo a estudiosos como Alberto Faria localizar com segurança os indivíduos correspondentes. Nenhum deles, todavia, se refere a um dos três poetas maiores da Vila, unidos por amizade estreita, — embora haja um certo grupo de criptônimos indicando pessoas que podem ser eles, ou não, dadas as contradições.

Isto parece mostrar que o autor envolveu aos três, e só a eles, numa névoa de equívocos, misturando traços reais e fictícios, chamando-os de nomes vários. Entre eles, portanto, haveria de estar Critilo; e seria provavelmente o que fosse

14 Pereira da Silva, "Alvarenga Peixoto", em *Os varões ilustres do Brasil* etc., 2. ed., II, p. 84. Na I. ed., denominada *Plutarco brasileiro*, suspendia o juízo, dizendo que, pelo estilo, não lhe pareciam ser de Gonzaga (I, p. 206). 15 Lívio de Castro, "As *Cartas chilenas*", op. cit., pp. 23-51. 16 Cecília Meireles, "Um enigma do século XVIII: Antônio Diniz da Cruz e Silva", em *Proceedings of the International Colloquium on Luso-Brazilian Studies*, pp. 161-164.

magistrado, namorado e poeta em boa forma, assistido, aqui e ali, pelo conselho e algum retoque dos companheiros. Para afastar a autoria de Cláudio, basta ponderar o seguinte: há poucos versos dele que podem ser considerados posteriores a 1780, sendo que a sua produção depois de 1770 é de qualidade inferior, circunstancial e prosaica, inclusive o *Vila Rica*. Não se pode, sem imprudência, atribuir a um poeta em declínio o poema vibrante, firme, limpidamente escrito que são as *Cartas chilenas*, fruto com certeza de melindres feridos e prerrogativas amesquinhadas, como foi o caso do altivo Tomás Antônio na questão dos contratos.

Critilo se aplica de tal modo na sátira que — sentimos lendo-a — a beleza mal o preocupa; e os poucos momentos em que a diatribe amaina são meros recursos para repousar e aguçar a atenção. Os versos se concentram no ataque, revelando a tensão, a energia mental com que os elaborou.

Detenhamo-nos, para começar, nos momentos em que o verso abranda, pois neles encontramos elementos para avaliar a disposição geral do autor e, por contraste, a atmosfera em que compunha. É, por exemplo, o começo da "1ª Carta", onde acorda Doroteu para narrar-lhe as façanhas do Fanfarrão Minésio e invoca o prazer do repouso ao compasso da chuva.

> Quando salta a saraiva nos telhados
> E quando o sudoeste e outros ventos
> Movem dos troncos os frondosos ramos.

É, depois, o começo da "2ª Carta", onde não concilia o sono, acordado a cada passo pelo estrondo dos carros e os trabalhos da madrugada. É, ainda, o da "Carta 3ª", onde evoca de maneira admirável a melancolia das tardes chuvosas de Vila Rica:

> Que triste, Doroteu, se pôs a tarde!
> Assopra o vento sul, e densa nuvem
> Os horizontes cobre: a grossa chuva,
> Caindo das biqueiras dos telhados
> Forma regatos, que os portais inundam.
> Rompem os ares colubrinas fachas
> De fogo devorante e ao longe soa,
> De compridos trovões, o baixo estrondo.
> Agora, Doroteu, ninguém passeia,
> Todos em casa estão, e todos buscam
> Divertir a tristeza, que nos peitos
> Infunde a tarde, mais que a noite feia.

Ao começar a "4ª Epístola", invoca um jantar perdido por amor de relatar os desmandos do Fanfarrão; mas daí por diante cessa a preocupação de amenizar a narrativa, que se vai desenrolando em tom cada vez mais desabrido e concentrado, largando, no fogo da paixão, gratuidades artísticas que a princípio surgiam.

Sente-se um poeta capaz de escrever no tom familiar e chistoso que caracteriza o realismo dos neoclássicos, sabendo invocar a poesia do conforto, com certa inclinação para a pintura da vida doméstica. Sente-se ao lado disso que a preteriu facilmente, quando a lógica da composição o fez concentrar-se no combate, objeto próprio do poema.

Esta concentração permite avaliar a sua vivacidade, a flexibilidade do verso e o poder de fundir dados narrativos em sínteses por vezes altamente expressivas. Mas, ao mesmo tempo, como que o desgovernou um pouco, levando-o a chover no molhado, exceder-se nos detalhes, dar desmedida importância a episódios que saberia sugerir com dois traços. Numa palavra, sentimos o panfletário se impor ao poeta e o ressentimento pessoal nortear o panfleto. Era pois Critilo bom artista, mas homem de gênio forte. O poema deixa ainda pressentir que era bastante suscetível e cônscio do seu valor. De fato, sentimos por todo ele não sei que irascibilidade de orgulho ferido e acentuada confiança na própria capacidade de pesar e medir defeitos alheios. Ao lado disso, denota apego às formas e normas jurídicas e administrativas, cuja transgressão reputa, por si só, crime maior que o próprio conteúdo das arbitrariedades do Fanfarrão. Seria pois homem de leis, e provavelmente habituado a dirimir e julgar.

Além do mais, preocupava-se com o problema do mérito e do privilégio. A única ideia geral, diríamos quase a única posição filosófica evidente no poema, é a noção do contraste entre o valor específico das pessoas e a maneira por que a sociedade costuma definir as posições sociais.[17] O Fanfarrão é fidalgo; por isso desfruta prerrogativas que não merece, nem sabe usar, e as pessoas de valor ficam à sua mercê.

Oh! alma de fidalgo, oh! chefe digno
De vestir a libré de um vil lacaio!
(VI)

---

17 O mesmo aparece nitidamente n'*O desertor* e n'*O reino da estupidez*. A noção de que a nobreza moral é a verdadeira, e a outra apenas a confirma, é corrente em todos os poetas do tempo, inclusive Cláudio e Alvarenga Peixoto.

Quem tivesse as virtudes de fidalgo,
Nascesse de fidalgo e quem tivesse
Os vícios de vilão, nascesse embora,
Se devesse nascer, de algum lacaio.

(1)

Note-se afinal que o nosso poeta manifesta contra Fanfarrão um ódio que se justifica, no poema, pela indignação de ver a cada passo violados a moral e o direito: motivo abstrato, portanto. Mas, nas entrelinhas, sentimos o travo constante do ressentimento, da desafeição pessoal. E concluímos tratar-se, provavelmente, de antipatia que procura se elevar à categoria da indignação desinteressada: uma birra graduada em princípio — dir-se-ia no estilo machadiano. Esta presença do *eu* torna a diatribe viva e saborosa. Critilo não era homem de serenidade artística nem de muita isenção literária. A poesia é para ele instrumento de confidência e julgamento, pela necessidade que tem de se afirmar; a sátira resvala do tom didático para o monólogo e quase ficamos conhecendo melhor o seu modo de ser — palpitante em cada verso — que o verdadeiro perfil do Fanfarrão, caricaturado como os romanos e judeus que o Aleijadinho iria daí a pouco esculpir na

... grande ermida, que se chama
Senhor de Matosinhos.

Posição de Critilo Esta explosão pessoal busca justificativas de ordem geral; menos todavia do que parece à primeira vista. Nota-se, por exemplo, que a violação do direito atinge Critilo como jurista profissional, sobretudo como funcionário desautorado, mais do que por quaisquer motivos abstratos. Consequentemente, o referido sentimento de revolta ante o privilégio do Fanfarrão aparece como restrição pessoal a um fidalgo desaçaimado, não à fidalguia.

Tem-se querido ver nas *Cartas* manifestação de nativismo; é forçar a realidade. Neste ponto, fala mais o intelectual do que o brasileiro — nato ou adotivo. O intelectual cuja consciência jurídica, ao toque da afronta, se ergue em oposição ao mau governo enquanto tal, e não em desafronta aos interesses locais. Os brios feridos movimentam as convicções feridas e o poeta censura o desvio em relação às normas justas da administração régia. Assim, sob o ouvidor em oposição, surge o teórico do direito, escandalizado com o abuso dele feito pelo Fanfarrão. É digno de nota, lembra um comentador recente, não haver (nas *Cartas*) a menor crítica, o mais superficial ataque ao governo metropolitano e à sua organização administrativa. Ao contrário, na terrível e impiedosa sátira, Critilo apresenta-se-nos um tipo exemplar de conservadorismo, cheio de respeito pelo regime governamental então vigente, de que o Fanfarrão não era uma exceção. Nela são constantes as referências elogiosas aos criteriosos princípios administrativos e às sábias leis do reino.[18]

O problema talvez seja mais amplo. Para Critilo, o arbitrário governador constituía de certo modo um atentado ao equilíbrio natural da sociedade, e assim feria algo mais que ele; de maneira que ao reagir fazia-o primeiro como juiz ofendido, em seguida como teórico da ordem natural; jamais como nativista.

Com efeito, o horror manifestado à violação da lei se completa pelo que lhe desperta a violação do uso e do costume; de tal forma que Critilo não se sente mais seguro, nem mesmo *situado*, numa sociedade em que os homens de prol são menosprezados, as autoridades tratadas sem cortesia, as conveniências lestamente puladas. Reinado da canalha é o subtítulo que se poderia dar à obra, tal a obsessão com que se refere à ascensão de mulatos, tendeiros, gente miúda em geral. O Fanfarrão alterou as relações naturais duma sociedade hierarquizada, e isto é crime solidário da concussão e da prepotência.

O fato, porém, é que a sátira do bem-pensante e honrado Critilo desnudava, através da atuação de um régulo, as iniquidades potenciais do sistema: daí o seu significado político e o valor de índice duma época. Se, enquanto homem humilhado, queria que a verrina significasse desforço, enquanto homem público notava as desarmonias entre a autoridade e a sociedade. Daí não ser difícil que Critilo-Gonzaga se interessasse intelectualmente por projetos vagos de reforma e ao rigorismo estático do *Tratado de direito natural* sucedesse com as *Cartas* a possibilidade duma visão refundida pela experiência mineira, —

Que a força da paixão assopra a chama,
A chama ativa do picante gênio.
(XII)

---

18 Paulo Malta Ferraz, *Tomás Antônio Gonzaga*, p. 12.
Nota da 2. ed. — O problema das *Cartas chilenas* ficou singularmente esclarecido com os documentos, argumentos e análises de Rodrigues Lapa, levando ao máximo a convicção de que seu autor foi realmente Gonzaga (conforme bibliografia deste capítulo).

4.
A laicização da inteligência

Em 1771 alguns médicos do Rio fundaram uma Academia Científica, cujas atividades cessaram com a saída do seu protetor, o vice-rei marquês de Lavradio. Em 1786 o vice-rei Luís de Vasconcelos e Sousa animou a fundação da Sociedade Literária, com um presidente que fora membro proeminente da anterior e com estatutos elaborados por Manuel Inácio da Silva Alvarenga. A retirada do protetor acarretou a suspensão dos trabalhos, em 1790. Em 1794, com aquiescência do vice-rei conde de Resende, as atividades foram retomadas sob a orientação de Silva Alvarenga, com os estatutos anteriores, mas duraram apenas quatro meses, suspendendo-se por ordem da mesma autoridade. Alguns sócios continuaram a reunir-se na casa do poeta e, denunciados por um desafeto, foram presos, processados, mas não sentenciados, curtindo mais de dois anos de cárcere até que os soltasse à mercê da rainha. Presidiu o processo um confrade ilustre, que já funcionara no da Inconfidência; o desembargador Antônio Diniz da Cruz e Silva.

Estas agremiações definem um ciclo *ilustrado*, nada mais tendo a ver com os mutirões barrocos do Cultismo; os seus interesses e as atividades resumem admiravelmente o movimento lógico da Ilustração: partindo exclusivamente da "filosofia natural", — a investigação científica da natureza, — visam aplicar os seus resultados à melhoria da sociedade; em seguida acrescentam o interesse pelas "ciências morais" e as letras, companheiras na mesma tarefa de busca da razão; finalmente, chegam à pesquisa da verdade social, desejando adequar a vida dos homens aos princípios definidos pela observação racional da natureza. Iniciadas em 1771 com estudos de química e agronomia, terminam em 1794 por conciliábulos de admiradores da Revolução Francesa, anticlericais e nativistas. Neste processo, a figura axial foi Silva Alvarenga, poeta de cultura científica, amador de matemáticas, que operou a passagem da filosofia natural à filosofia social.

Que se tratava realmente de um ciclo uno, provam-no os próprios depoimentos na Devassa, onde não apenas a sociedade de 1794 é considerada a mesma de 1786 mas, ainda, esta é dada como prolongamento da de 1771, como se vê no depoimento do médico formado em Montpellier, Jacinto José da Silva, verdadeiro resumo de todo o movimento dos grêmios *ilustrados* no Rio de Janeiro:

Foi mais perguntado se ele respondente não tinha sido membro de uma sociedade literária que algum tempo existira nesta cidade, e se a mesma sociedade se tinha ou não ajuntado em algum tempo em casa de Manuel Inácio da Silva Alvarenga.

Respondeu que era verdade ter sido ele respondente membro da dita sociedade a qual tivera o seu nascimento no tempo que fora vice-rei deste Estado o Marquês de Lavradio e que então se devera à mesma a cultura do anil, e se introduzira e propagara a da cochonilha, e que, esmorecendo a mesma sociedade pela ausência do referido vice-rei, se tornara a renovar e florescer no tempo do seu sucessor Luís de Vasconcelos e Sousa, e que então se descobrira pelos trabalhos da mesma sociedade o Álcali tirado dos engastes das bananas, extração da aguardente de raiz do sapé, o álcali do mangue e outros descobrimentos úteis à Sociedade e ao Comércio, mas que igualmente pela ausência do dito vice-rei Luís de Vasconcelos e Sousa tornara a decair a referida Sociedade, e que finalmente tornara a mesma a tomar calor e a florescer no tempo do atual vice-rei o Ilustríssimo e Excelentíssimo Conde de Resende, mas que durara muito pouco tempo, porque passados quatro meses depois do seu restabelecimento [...] se extinguira de todo por ordem do mesmo atual vice-rei, mas que as conferências da sociedade nunca se celebraram na casa de Manuel Inácio da Silva Alvarenga, pois sempre a mesma tivera casas alugadas para este efeito, sendo as últimas o andar inferior da casa em que morava o dito Manuel Inácio.

Foi mais perguntado se as visitas e conversações que tinha ele respondente em casa de Manuel Inácio da Silva Alvarenga eram em consequência da mesma sociedade extinta ou por causa dela.

Respondeu que as referidas visitas e conversações procediam somente da amizade que ele respondente e os mais tinham com o mesmo Manuel Inácio e de nenhuma sorte eram em consequência ou respectivas à sobredita extinta sociedade.[19]

Não haveria provavelmente um grupo secreto, funcionando segundo estatutos. Mas todos os indícios convergem para nos dar a impressão de que os associados se reuniam para conversar, de modo informal, sobre problemas *perigosos*, com certeza versados anteriormente nas reuniões restritas da sociedade. Embora os principais denunciantes procurassem insinuar que tais conversas tinham um tom de sedição potencial, na verdade inexistente, o certo é que a massa das testemunhas permite concluir que os denunciados deixavam escapar em público, imprudentemente, certas opiniões

---

19 "Devassa ordenada pelo vice-rei conde de Resende — 1794", ABN, v. LXI, 1939, pp. 449-450.

condenadas pelo governo: descontentamento com o estado do país, simpatia pela Revolução Francesa e suas vitórias militares, vaga esperança de que as suas reformas ecoassem por aqui. Na ordem para a abertura da Devassa, o vice-rei, fundado na alegação dos principais delatores, acusava os indiciados de dizerem:

> Que os reis não são necessários: Que os Homens são livres, e podem em todo tempo reclamar a sua liberdade: Que as Leis por que hoje se governa na Nação Francesa são justas, e que o mesmo que aquela Nação praticou se devia praticar neste Continente: Que os Franceses deviam vir conquistar esta Cidade: Que a Sagrada Escritura, assim como dá poder aos reis para castigar os Vassalos, o dá aos Vassalos para castigar os reis... (p. 250).

Não diriam tudo isto com tanta nitidez, mas tudo isto andaria por certo no espírito de uns e outros, difundindo-se nas conversas. As perquirições mostraram a existência de jornais franceses em poder de alguns indiciados e, nas suas estantes, livros considerados então, subversivos uns, perigosos outros: De L'Église du pape, a Histoire philosophique et politique des établissements et du commerce des européens dans les deux indes, de Raynal, Des Droits et des devoirs du citoyen, de Mably, o Emílio, de Rousseau.

Mesmo dado o desconto da perfídia e da mentira por parte dos acusadores (cujo cabeça foi o odioso José Bernardo da Silveira Frade), tratava-se evidentemente dum grupo de intelectuais admiradores das "ideias francesas", descontentes com o governo português, desejosos de uma transformação que permitisse ao Brasil realizar-se conforme aspirações ilustradas.

Era notório, por exemplo, o seu anticlericalismo. O principal motor da denúncia, que permaneceu na sombra, parece ter sido um franciscano chamado frei Raimundo; e podemos considerar esta circunstância verdadeiro símbolo da competição entre a cultura "filosófica" do século e a tradição fradesca, que fazia das ordens religiosas verdadeiros árbitros intelectuais, como vimos na Academia dos Seletos. Conta José Bernardo que numa reunião em casa de Manuel Inácio "leram-se as obras poéticas feitas contra vários Religiosos de Santo Antônio; falaram contra os prelados Eclesiásticos" (p. 253). A causa que desencadeou a prisão e o processo foram com efeito uns versos satíricos contra os franciscanos, entre os quais o tal frei Raimundo, cuja autoria, imputada a Silva Alvarenga, foi por este repelida (p. 379). A ira do seráfico delator ter-se-ia apurado com o incidente havido entre ele e o jovem Mariano José Pereira da Fonseca, recém-graduado em Coimbra e um dos participantes das reuniões da rua do Cano, —

[...] porquanto havendo traduzido o mesmo Frade uma obra de um Autor Italiano chamado Marcheti que tinha escrito contra o padre Antônio Pereira, o dito frei Raimundo lhe ajuntara umas notas em que atacava o Marquês de Pombal e ao mesmo Padre Antônio Pereira, o que dera motivo a ele respondente pronunciar e proferir algumas palavras contra o dito Frade a respeito das mesmas notas, tratando-as de incivis e menos acertadas. (p. 425)

Revidando ao franciscano reacionário que, dentro do espírito da Viradeira, ia contra o grande ministro, o futuro marquês de Maricá exprimia uma posição de fidelidade ao progresso mental e correspondia aos sentimentos dos outros membros da Literária, em cujos estatutos (1786) há dois artigos reveladores:

36º O dia 6 de junho será contemplado como o dia aniversário da Sociedade, para que deste modo se conserve a saudosa e respeitosa memória pelo Nome do Augustíssimo Senhor d. José I, o Restaurador das Boas Letras em Portugal. 37º Igualmente procurará a Sociedade solenizar o Dia dos Felicíssimos Anos de S. Majestade, que Deus Guarde. (p. 522)

Aqui surge o mencionado tema do pombalismo, importante na caracterização dos *ilustrados* coloniais. É claro, efetivamente, que o inofensivo d. José aparece como heterônimo prudente do verdadeiro "Restaurador", reformador da universidade e iniciador dos estudos modernos em Portugal. A este movimento de renovação, em parte frustrado com o reinado de d. Maria I (relegada pelo artigo 37º a um impressionante segundo plano), se dirigia o preito dos associados, pois ele exprimia o advento oficial das Luzes no mundo luso-brasileiro. Em 1771 o mentor da Sociedade, Silva Alvarenga, já lhe consagrara um poema herói-cômico, *O desertor*, uma ode, e a "Epístola I"; nesta segunda fase, a permanência do seu pombalismo vem mostrar que não era um adulador, ou um caudatário de momento, mas um autêntico *ilustrado*, o mais convicto e ativo dentre os nossos árcades.

Em 1788 recita na Sociedade um poemeto didático, *As artes*, no qual passa em revista os vários ramos do conhecimento, da matemática à poesia. Digna de nota é a peroração, posta na boca de Calíope, onde vem implícita a correlação entre ciência e governo justo, condenando-se na opressão política a fonte da desgraça:

Os tiranos da pátria assoladores
Do povo desgraçado, são flagelos
Que envia ao mundo a cólera celeste.

Poder-se-ia pensar em alusão contra Pombal, injuriado pelos escritores depois de 1777 com a mesma aplicação com que antes o louvavam. Mas o desenvolvimento revela uma ousada glorificação do reino anterior e a justificação do seu despotismo reformista. D. José I é o

> ... monarca generoso e pio,

que

> ... abateu com braço hercúleo
> A horrível hidra, os detestáveis monstros.

A promoção das Luzes, celebrada noutros poemas, aparece como império das ideias de reforma intelectual, que haviam destruído a velha rotina:

> Vejo por terra a estúpida e maligna
> Coorte da ignorância, e se ainda restam
> Vestígios da feroz barbaridade
> O tempo as vai tragando.

O poeta d'*O desertor* continua, pois, intacto no promotor da cultura no Rio de Janeiro, onde se revelou democrata e *afrancesado*, procurando realizar as ideias de progresso intelectual conexo ao progresso político, expressas ou implícitas na sua poesia didática e satírica. Vive no autor dos *Estatutos*, que tinham uma formulação ostensiva e oficial, devidamente aprovada pelos vice-reis, outra privada, constante dum papel anexado aos Autos da Devassa, onde se exigia dos membros lealdade recíproca e estrito segredo, permitindo vislumbrar que às matérias científicas e literárias publicamente versadas vinham juntar-se preocupações políticas, animando-as e orientando-as, como se depreende de artigos como estes: "Não deve haver superioridade alguma nesta Sociedade, e será dirigida, igualmente, por modo democrático". "O objeto principal será a filosofia em toda a sua extensão, no que se compreende tudo quanto pode ser interessante." A cultura intelectual, para ele, representava evidentemente algo mais que pretexto de louvor aos grandes: na formulação apertada e sibilina da segunda norma sentimos que ela se amplia, até inscrever nas sociedades a sua força humanizadora.

Através da associação cultural procuraram, ele e seus companheiros, difundir as Luzes num sentido não apenas formativo, mas transformar a sociedade em que viviam. Daí a prática da democracia interna e a necessidade do segredo, que permitiam tentar timidamente a passagem *filosófica* da tradição retórica e da tirania clerical a um universo de valores modernos e dinâmicos. Esses homens haviam certamente encontrado em Raynal argumentos para criticar e condenar o sistema colonial, havendo nos documentos da Devassa indícios claros de que o seu nativismo ia virando decidida hostilidade a Portugal, *hum cubil de Ladroens* na saborosa expressão do preso Antônio Gonçalves dos Santos, vulgo Passageiro Bonito, aliás, reinol, que "discorria e falava com grande paixão pelos Franceses revoltados" e, sendo ourives de ofício, juntava-se a vários outros artesãos detidos para dar ao movimento dos intelectuais um significativo apoio popular (p. 291).

Os anos de cárcere com que estes pagaram pelas ideias conferem à sua atividade intelectual um sentido de sacrifício, condizente com os princípios da *Ilustração*. Entre eles, avulta Silva Alvarenga, mestre de liberdade e razão dos jovens do país, *filósofo* coerente com a ética intelectual do século, segundo a qual o pensamento, havendo encontrado a verdade, procura difundi-la na vida dos homens. Daí o significado muito real e quase augusto que assume, em sua obra, um trecho imitado de Voltaire, no poemeto "O recolhimento do parto"; trecho a cujo espírito fora fiel, com sacrifício da liberdade e dos bens:

Ah vem, formosa, cândida verdade,
Nos versos meus a tua luz derrama!

Capítulo V
O passadista

1. Santa Rita Durão **189**

I.
Santa Rita Durão

Não são raros num período literário fenômenos de sobrevivência e retrocesso; mas não é frequente se exprimirem através de obras ponderáveis e significativas. Quase sempre constituem a nota predominante da subliteratura e do provincianismo cultural, sem maior significado em face das correntes dominantes.

Nestas, todavia, ocorrem normalmente tensões internas devidas à presença de normas e conceitos superados, mistura de gerações, coexistência da fase final de uma etapa com o início de outra. Assim, vemos um Cláudio cheio de cultismo ao lado de Gonzaga, muito mais senhor da aspirada naturalidade. Na própria obra deste, as anacreônticas são matizadas de um amaneiramento rococó, laivo de transformação barroca visível ainda nos rondós de Silva Alvarenga.

O caso de Santa Rita Durão é mais interessante. Embora pertença à geração de Cláudio, é na de Gonzaga que escreve e publica o seu *Caramuru*, num estilo neocamoniano em que resquícios cultistas se misturam a traços da cosmovisão do seu tempo.

As tentativas épicas foram a debilidade e o anacronismo mais flagrante do século XVIII, tão aferrado ao senso das proporções e ao culto das formas naturais. Fraqueza a que não escapou o próprio Voltaire (muito ao contrário!) e alastrou o século de uma produção abundante e medíocre. O racionalismo e o movimento geral do pensamento e da sensibilidade moderna alteraram de modo profundo a visão do homem. Onde antes se via o transcendente, passou-se a ver apenas o excepcional; onde se ampliava, reduziu-se; o miraculoso, componente necessário ao gênero épico, desapareceu lentamente; o herói assumiu feição diversa da que lhe dera a tradição clássica ou a lenda medieval, perdendo amplitude para ganhar diversidade que o aproximava do cotidiano. Passando lenta mas decididamente da *visão* para a *análise*, a criação artística ia emudecendo a "tuba canora e belicosa" em favor do romance e da lírica. No século XVIII já predomina (se não quanto à quantidade, quanto ao significado) a análise novelística e a pesquisa poética da vida *diária*: século de Fielding, de Prévost, de Garção e de Bocage, onde os roncos atrasados da musa heroica só produziriam ecos mortiços ou, então, que inflectiam para se ajustar ao tempo, como foi o caso d'*O Uraguai*.

Na literatura portuguesa, ou luso-brasileira, menos penetrada do espírito do século e cuja reforma, como vimos, se prende muito ao Quinhentismo, a tradição encontra condições favoráveis à sobrevivência. Ainda assim não se compara a abundância da épica pós-camoniana no século XVII, com a do XVIII, já marcada além disso por traços novos. Durão representa nesta ordem de considerações um caso interessante, de tradição inserida em ideias modernas e de ideias modernas vincadas pela tradição. Dentre os que vieram a formar com ele, para a posteridade, a chamada Escola Mineira, é o mais isolado. Leu com certeza as obras de Cláudio e Basílio, e poderia ter-se avistado com este; mas não conviveu com escritores nem andou nas rodas literárias. Como poeta, deveria ter notícia das ideias da Arcádia Lusitana; mas não conhecemos dele qualquer preocupação teórica que permita relacioná-lo ao movimento, nem se nota em seus versos influência estilística dos árcades. O fato de não ser cultista é, provavelmente, devido à impregnação direta dos quinhentistas e a um senso de objetividade que encontramos nos documentos em prosa dele conhecidos. As influências gerais da época, agindo sobre o seu espírito, aproximaram-no virtualmente dos contemporâneos; daí nos parecer hoje não um arcaizante puro e simples, mas um homem do seu tempo enquadrado na tradição épica.

O poema O *Caramuru*, embora seguindo os cânones da epopeia (ao contrário d'*O Uraguai*, que os recria a seu modo) denota no embalo narrativo, na preocupação etnográfica, na fidelidade histórica, no sentimento das diferenças culturais, o escritor do século XVIII. Digamos, para resumir, que sendo o mais antiquado dos poetas brasileiros do "grupo mineiro", Durão é um homem à parte, inclusive pela importância que atribui na sua obra à inspiração religiosa; à parte, todavia, mais das escolas que do tempo.

Em 1781, quatro anos depois de voltar de Roma, publicou Durão o seu poema. A ideia, que lhe sorria de longe, deve-se-lhe ter radicado mais eficazmente desde que leu, a partir de 1769, *O Uraguai* do seu patrício José Basílio da Gama, que simultaneamente viveu em Itália de 1763 a 1767.[1]

É possível. O certo é que o *Caramuru* revela atitude muito mais livresca e nada lírica, em contraste com a espontânea naturalidade do outro. Afastado da pátria desde os nove anos, Durão construiu dela uma *noção* minuciosamente elaborada sobre alguns textos básicos, que cita no prefácio e nas

---

1 Artur Viegas, *O poeta Santa Rita Durão*, p. LXVII.

notas. Estes textos, — Simão de Vasconcelos, Brito Freire, Rocha Pita e outros, — de onde saem toda a informação, quase sempre a sequência e mesmo imagens e conceitos do poema, devem ter sido compulsados com real entusiasmo e carinho, a julgarmos pelo tom em que os metrificou. As frases iniciais das "Reflexões prévias" corresponderiam de fato a um nativismo sincero: "Os sucessos do Brasil não mereciam menos um poema que os da Índia. Incitou-me a escrever este o amor da Pátria".

O *Caramuru* tem os elementos tradicionais do gênero: duros trabalhos de um herói, contato de gentes diversas, visão de uma sequência histórica. É improvável que Durão haja lido o pontífice da epopeia em seu tempo, Voltaire, que influiu em Basílio e Cláudio: não conheceria também Milton, que este leu em francês, cantou numa ode e seguiu em certo trecho do *Vila Rica*. A sua linha é camoniana e o intuito foi "compor uma *brasilíada*", (Varnhagen), servindo de pretexto o caso de Diogo Álvares, que fora sistematizado em 1761 por Jaboatão no *Novo orbe seráfico*, mas vinha sendo relatado havia mais de um século pelos cronistas.

> A ação do poema é o descobrimento da Bahia, feito quase no meio do século XVI por Diogo Álvares Correia, nobre Vianês, compreendendo em vários episódios a história do Brasil, os ritos, tradições, milícias dos seus indígenas, como também a natural, e política das colônias. ("Reflexões prévias")

A estrutura revela conflito fundamental entre invenção e informação: aquela é insuficiente para se libertar dos quadros desta; o poeta não sabe equilibrar uma e outra, parecendo, sobretudo, incapaz de superar as fontes históricas. Notemos a este propósito que obtém coerência e síntese quando encontra textos que lhe sirvam de paradigma, oferecendo-lhe uma sequência elaborada, que transpõe ao verso; quando narra baseado apenas na imaginação, descamba frequentemente para a prolixidade, como ocorre no "Canto X". Para a parte que se poderia chamar etnográfica, lançou mão principalmente das "notícias antecedentes, curiosas e necessárias" da *Crônica da Companhia de Jesus*, do padre Simão de Vasconcelos (1663). Para os fatos históricos (franceses no Rio, holandeses na Bahia e no Recife), ampara-se na *Nova Lusitânia*, de Francisco de Brito Freire (1675) e na *História da América portuguesa*, de Sebastião da Rocha Pita (1730). Nestes mesmos autores encontrou também elementos da história de Diogo Álvares Correia. Circunstância digna de nota é ter deixado inteiramente sem menção a descoberta e povoamento das Minas, as "áureas terras" de que era filho —

Torrão, que do seu ouro se nomeava,
Por criar do mais fino ao pé das serras,
Mas que, feito enfim baixo e mal prezado,
O nome teve de ouro inficionado.

(IV, 21)

Rocha Pita versara o assunto, e Cláudio o celebrara no *Vila Rica*, já escrito, mas inédito no tempo da publicação do *Caramuru*. A omissão vem talvez do desejo de dar recuo histórico ao poema; ou quem sabe da falta de espaço devida aos erros de composição, já referidos, que o levaram a espraiar por sete cantos as vicissitudes iniciais de Diogo, os costumes dos índios e a descrição da terra, para atropelar nos três últimos a sequência das aventuras e toda a parte histórica. O pressuposto da narrativa épica é a capacidade de síntese — admirável capacidade que permite a Virgílio condensar em dois cantos toda a história da queda de Troia e das navegações de Eneias pelo Mediterrâneo oriental; ou a de Camões, enfeixando quinhentos anos de Portugal em espaço pouco maior. Ao lado desta síntese, por assim dizer genérica, o verdadeiro poeta épico manifesta outra, que se diria específica e importa em sugerir o maior número possível de elementos no menor número de versos, graças à imagem expressiva e seleção dos traços essenciais. Durão não possui a primeira e raro denota a segunda.

Por vezes somos levados a pensar que não emendava a composição nem voltava atrás, limitando-se a correções de pormenor. A maneira por que escreveu, segundo o testemunho de José Agostinho de Macedo, propiciaria certo desleixo e defeitos como os que venho assinalando. Dotado de grande facilidade, ditava fluentemente pela manhã certo número de estrofes cuja leitura lhe faziam à tarde, retocando-as então pelo mesmo processo.[2] O seu trabalho mental consistia principalmente em metrificar com mais ou menos habilidade as informações e sugestões colhidas nas fontes.

Informações, sugestões, não raro conceitos e imagens. É o caso da descrição do Brasil feita por Diogo a Henrique II de França no "Canto VII" (talvez o mais belo do poema), coroando as tentativas de louvação da terra na linha Manuel Botelho-Rocha Pita-Itaparica e prenunciando certos aspectos do nacionalismo romântico ("Minha terra tem palmeiras"...). Mas se assim é quanto ao espírito, quanto à forma a descrição do frade mineiro (censurada por Fernandes Pinheiro como violação das normas épicas)[3] é uma pura e simples transposição em verso dos trechos correspondentes de Rocha Pita. Neste, a celebração

---

2 Francisco Freire de Carvalho segundo Varnhagen, *Florilégio*, I, pp. 390-391; Costa e Silva segundo A. Viegas, op. cit., p. LVII. **3** *Curso elementar de literatura nacional*, p. 435.

da flora tropical, feita com bela e colorida prosa barroca, obedece tonalidade tão acentuadamente *poética* que Durão pôde copiar, não apenas a ordem da descrição, mas os conceitos, as imagens, as próprias palavras. E graças a Rocha Pita conseguiu efeitos magníficos do exótico brasileiro — que apreciava quem sabe com maior vivacidade, pela falta de contato direto que a imaginação era forçada a suprir.[4]

É de fato refrescante a experiência de vazar o exótico regional no sistema erudito da oitava heroica, fazendo ingressar na corrente da poesia europeia a realidade particular da terra nova, dando-lhe validade estética:

> Não são menos que as outras saborosas
> As várias frutas do Brasil campestres:
> Com gala de ouro e púrpura vistosas
> Brilha a mangaba e os mocujés silvestres.
>   (VI, 46)

> Quais ricas vegetáveis ametistas,
> As águas do violete em vária casta,
> O áureo pequiá com claras vistas,
> Que noutros lenhos por matiz se engasta;
> O vinhático pau, que quando avistas
> Massa de ouro parece extensa e vasta;
> O duro pau que ao ferro competira
> O angelim, tataipeva, o supopira.
>   (VI, 52)

Versos como o último abriam a possibilidade de renovar as sonoridades tradicionais, criar uma beleza gratuita e rara, como a que o senso de alguns poetas buscava noutro tipo de exótico, o da mitologia grega:

> *Procuste, Cercyon, et Scirron, et Sinnis.*
>   (Racine)

Fernandes Pinheiro censura a excessiva fidelidade aos cronistas e faz um levantamento hilariante das inverossimilhanças.   **4** Seria interessante estudar com o merecido cuidado este caso de aproveitamento literário, (que nada tinha de *plágio* segundo os padrões da época), filiando-o na corrente da celebração da fauna e da flora brasileira, que assume categoria realmente literária com frei Antônio do Rosário, ponto de condensação dos cronistas e inspirador provável dos escritores subsequentes. Ver o seu livro: *Frutas do Brasil numa nova e ascética monarquia* etc., 1702.

As ideias Mas se nisto foi um continuador, noutra esfera foi Durão verdadeiro precursor, entre os poetas, ao penetrar na vida do índio com um intento analítico diferente do devaneio lírico de Basílio da Gama. A fantasia a que se abandona é com efeito precedida pela descrição dos costumes, das técnicas, dos ritos, tão exata quanto possível no seu tempo. O sacrifício ritual, o sobreparto, o conselho dos varões, as danças, os combates, a estrutura das tabas, a própria construção das malocas são tratados em estrofes significativas.

Em Gonçalves Dias (que devendo muito à ternura elegíaca de Basílio da Gama, muito deve à maneira erudita de Durão) vamos encontrar várias inspirações do *Caramuru*. Compare-se o sacrifício descrito do "Canto I", estrofes 75-92 e o do "I-Juca-Pirama", calcado visivelmente nele, inclusive o movimento nervoso das mulheres. E não apenas a maneira de descrever os costumes, mas outros traços, como o tom cavalheiresco dos paladinos e, sobretudo, a melancolia da civilização arrasada pelo europeu, tema d'"O canto do piaga", esboçado aqui em duas estrofes:

Se o sacro ardor que ferve no meu peito,
Não me deixa enganar, vereis um dia
(Vivendo esse impostor) por seu respeito
Se encherá de Emboabas a Bahia.
Pagarão os tupis o insano feito,
E vereis entre a bélica porfia
Tomar-lhe esses estranhos, já vizinhos,
Escravas as mulheres co's filhinhos.

Vereis as nossas gentes desterradas
Entre os tigres viver no sertão fundo.
Cativa a plebe, as tabas arrombadas,
Levando para além do mar profundo
Nossos filhos e filhas desgraçadas;
Ou, quando as deixem cá no nosso mundo,
Poderemos sofrer, Paiaiás bravos,
Ver filhos, pais e mães feitos escravos?
  (IV, 34-35)

Numa camada mais profunda que o Nativismo e o Indianismo, o que verdadeiramente anima a epopeia do frade mineiro é a sua visão do mundo, ou seja, a inspiração religiosa. O poeta lírico pode dispensar convicções extrapoéticas, porque o seu impulso se constrói em torno do seu coração e do seu canto. O épico, todavia, deve amparar-se num elemento ideológico profundamente sentido, para enfunar e dirigir a inspiração. O alto civismo de Virgílio, a religiosidade e a paixão política de Dante, o patriotismo de Camões, a devoção cristã de Tasso e Milton são molas essenciais e talvez a própria razão de ser dos respectivos poemas. A forte e sincera visão religiosa de Durão ampara e dá significado ao *Caramuru*.

Para podermos contudo avaliar o significado real da sua obra, é necessário encarar o papel que nela desempenha a religião como ideologia. Veremos então que coube a brasileiros produzir não só os poemas mais significativos de apoio *ilustrado* ao pombalismo, mas ainda o que mais cabalmente exprime a reação do tempo de d. Maria I. Apesar de associados frequentemente, por serem épicos, "mineiros" e indianistas, *O Uraguai* e o *Caramuru* formam na verdade um par antitético: este é visivelmente uma réplica ao primeiro e, para além dele, a toda a Ilustração portuguesa. À elegante pseudoepopeia voltairiana pombalina e antijesuítica, elaborada em moldes desafogados e naturais, opõe a sua estrutura camoniana, devota e jesuítica, numa verdadeira tentativa de restauração intelectual, bem ao sabor da Viradeira.

A sua ideologia (tomada agora a palavra em sentido estritamente marxista) consiste em justificar e louvar a colonização como empresa religiosa desinteressada, trazendo a catequese ao primeiro plano e com ela cobrindo os aspectos materiais básicos. Assim encarado, Diogo Álvares nada mais faz que preparar o caminho aos "varões apostólicos",

> os operários santos,
> Que com fadiga dura, intenção reta,
> Padecem pela fé trabalhos tantos,
> O Nóbrega famoso, o claro Anchieta.
> (X, 55)

A visão laica e civil d'*O Uraguai* e dos poemas satíricos é aqui banida, fazendo do *Caramuru* o antagonista ideológico da melhor linha mental na literatura comum. É interessante, porém, verificar nele o impacto das ideias do século, atenuando certas pontas da ortodoxia, de modo a provocar dubiedades de saboroso efeito. Como católico e sacerdote, frei José reputava os índios um povo sem a luz da graça, e portanto desnorteado.

> Que horror da humanidade! ver tragada
> Da própria espécie a carne já corruta!
> Quanto não deve a Europa abençoada
> À fé do Redentor, que humilde escuta!
> (I, 18)

Daí valorizar a obra de Diogo principalmente como incorporação do gentio à fé cristã e dedicar o "Canto III" ao debate religioso, para chegar, no "Canto X", à apoteose da Companhia de Jesus.

Mas apesar deste sentimento muito forte de que a condição do homem só se perfaz realmente pela religião de Cristo, reponta aqui e ali simpatia pelo homem natural e, mesmo, esforço de compreender os seus costumes em função do estádio da cultura, chegando a reflexões como esta:

> Nós que zombamos deste povo insano,
> Se bem cavarmos no solar nativo,
> Dos antigos heróis dentro às imagens
> Não acharemos mais que outros selvagens
> (II, 47)

A vida do índio corre tão ordenada e em muitos pontos tão mais autêntica do que a nossa, que o erudito agostiniano suspira:

> Feliz gente, se unisse com fé pura
> A sóbria educação que simples teve!
> (II, 65)

Como homem da sua época, talvez sentisse atrás disso a presença de uma lei natural, que traria aos homens paz e justiça, independentemente da revelação. Mas como procura captar sob as lendas e costumes indígenas uma longínqua fonte comum, que as reduzisse ao tronco bíblico ("Canto III"), não lhe é difícil assimilar essa ordenação da vida e essa presença do bem a uma reminiscência gravada na memória coletiva: "Pois quem lhes transfundiu estes conhecimentos, se não a antiga tradição dos tempos diluvianos, e a harmonia que estas tradições têm com a natureza?" (Notas ao "Canto III").

A religião aparece, portanto, como coextensão do natural e do revelado, assim como para muitos dos seus contemporâneos a lei do mundo e da sociedade se definia pela coextensão do natural e do racional. Chave dos fenômenos e dos acontecimentos, a revelação divina tudo anima. A Providência guia os homens e em especial o branco na conquista das terras e gentes alheias à religião de Cristo. E toda a ação se esclarece na medida em que é referida pelo autor a este padrão.

A execução A análise poética do *Caramuru* revela algo bastante diverso dos outros poetas mineiros. Estamos aqui, pelas próprias exigências do gênero, em região mais sonora e ampla, onde os vocábulos se combinam com maior variedade. Durão se sente bem na narrativa e na descrição, sendo evidente que as palavras o embriagam e o arrebatam. A sua facúndia às vezes desliza para a monotonia e a prolixidade, como a dos oradores que não conseguem delimitar precisamente o que devem dizer. Mas este excesso nos conjuntos é compensado muitas vezes pela concisão nos detalhes, quando a síntese emerge para redimir demasias, em imagens e conceitos que denotam percepção viva e transmissão clarividente do essencial, nucleando largos trechos de excessivo derramamento. Eis a aldeia de índios que se ergue toda numa estrofe:

> Do recôncavo ameno um posto havia,
> De troncos imortais cercado à roda,
> Trincheira natural, com que impedia
> A quem quer penetrá-lo a entrada toda;
> Um plano vasto no seu centro abria
> Aonde, edificando à pátria moda,
> De troncos, varas, ramos, vimes, canas,
> Formaram, como em quadro, oito cabanas.
> (II, 58)

Quando descreve a súbita paixão que nasce à primeira vista em Diogo e na bela Paraguaçu,

> De cor tão alva como a branca neve,

discrimina em quatro versos a violência do desejo amoroso, mais próximo da fúria que da ternura:

> Em Deus, na natureza e na consciência
> Conhece que quer mal quem assim ama,
> E que fora sacrílego episódio
> Chamar à culpa amor, não chamar-lhe ódio.
> (II, 83)

É claro que a concisão não se deve apenas à habilidade verbal, mas, além disso, talvez principalmente, ao conhecimento do que se aborda. O conhecimento aparece em Durão como boa informação das coisas, discernimento das paixões, e também visão intelectual, ordenação mental da matéria poética.

A propósito convém notar as que se poderiam chamar suas imagens intelectuais, talvez prolongamento do Conceptismo barroco e, nele, uma das formas de criação poética:

> Se não lhe dera o ser, quem vence o nada?
> (III, 6)

> Mas, se há lugar à humana conjetura
> Dos possíveis na longa imensidade...
> (V, 8)

Ao lado disso, o toque cultista dos equívocos e agudezas, muito menos ocorrentes aliás do que se esperaria:

> As mãos ao céu levanta lacrimando;
> E tanto ardor na face se lhe imprime,
> Que acompanhar parece o humilde rogo
> Um dilúvio de água, outro de fogo.
> (I, 53)

> Descobre a todos a presença bela,
> E fica quem a prende ainda mais preso.
> (IV, 75)

> Nadando, o esposo pelo mar seguia,
> E nem tanta água que flutua vaga
> O ardor que o peito tem, banhando apaga.
> (VI, 36)

Traço marcado de barroco é, sem dúvida, a deslumbrada aplicação com que compôs em sistema poético as plantas, frutas, animais do trópico, combinando com imaginosa facúndia os seus nomes, cores, formas:

> Quais torravam o aipi, quem mandiocas,
> Outros na cinza as cândidas pipocas.
> (IV, 19)

Ainda mais bela é a nota deste verso: "Pipocas chamam o milho, que lançado na cinza quente, rebenta como em brancas flores". Ou esta consagração:

Das frutas do país a mais louvada
É o régio ananás, fruta tão boa,
Que a mesma natureza namorada
Quis como a rei cingi-la da coroa.

(VII, 42)

Nem teríamos mãos a medir se fôssemos revistar todo o esplendor exótico do "Canto VII", que circunda o Arcadismo brasileiro com uma viva moldura de brilho tropical, tomado a Rocha Pita e contido pela disciplina da oitava camoniana.

Sensibilidade tumultuosa Durão tinha portanto a mente épica além de inteligência viva, cultura, temperamento exaltado, densa e rica experiência. Graças aos documentos publicados pelo padre Antunes Vieira (Artur Viegas), conhecemos regularmente bem a sua vida. Sabemos que foi homem de paixões desencontradas; que chegou à vilania e soube resgatar-se por uma longa, estrênua penitência, não só religiosa como principalmente moral e intelectual. Na *Retratação* que apresentou ao papa e é o marco inicial da sua recuperação espiritual, não sabemos se mais apreciar a precisão nervosa do estilo ou a sinceridade integral, profunda, que o aproxima do patrono de sua Ordem, Santo Agostinho. Sinceridade pura, sem rodeios nem esperança de perdão e por isso mesmo capaz de esquadrinhar a alma sem complacência. Basta ler as páginas em que relata o modo pelo qual, movido da ambição, estimulou no bispo de Leiria toda a sorte de escritos e atitudes contra os jesuítas; ou aquelas onde, abandonado pelo bispo, já agora potentado graças a estes mesmos escritos, se entrega à desabalada energia do seu temperamento: "Sobrevieram-me alucinações de raiva, corrupção de costumes e um tamanho horror durante a celebração da Missa que a mim e a muitas outras pessoas se afigurou que andava possesso do diabo" (p. 41). "Saí eu dali furioso; e encontrando-me com o padre Carlos da Cunha, irmão do arcebispo, disparei contra a ingratidão deste as mais desabridas censuras" (p. 42). "Fácil é imaginar como eu ficaria escandescido de raiva. Por isso, já cego e fora de mim, lancei em rosto ao padre Carlos mil impropérios à pessoa do arcebispo etc." (p. 44).

O exílio, a prisão, as perseguições, não o quebraram:

O valor cantarei na adversa sorte,
Pois só conheço herói quem nela é forte.

(I, 1)

Por tê-lo sido, reconstituiu penosamente o perdido equilíbrio moral e brilhou de novo na sua cátedra de teologia em Coimbra, após dezesseis anos de Itália, vencendo inclusive a debilidade corporal, que contrastava nele com o vigor das paixões, "pois sou de compleição bastante delicada" (p. 57).

O *Caramuru*, terminado em 1781, quando muito, foi começado pelo menos em 1778. A referência pejorativa feita a Pombal pelo cardeal da Cunha prova que fora poeta desde sempre: "Lá talentoso ele é, mas creio que em pouco mais deve ser empregado que em coisas galhofeiras, como são poesias e assuntos de igual jaez" (p. 43). Farpa que o picara, sem dúvida, pois justifica-se vinte anos depois nas "Reflexões prévias": "Sei que a minha profissão exigiria de mim outros estudos; mas estes não são indignos de um religioso, porque o não foram de bispos santos".

O *Caramuru* coroa e de certo modo simboliza sua vida: a disciplina da religião e da civilidade, entrando pelas terras do gentio e nelas talhando uma ordem que procura sobrepor-se ao que lhe parecia indisciplina e erro, corresponde de alguma forma à aventura em que procurou superar-se a si mesmo. Coroa a sua vida cheia de trabalhos como a síntese que finalmente obteve sobre tudo que nele foi tumulto, desconcerto, complacência no erro e depois aspiração ao bem.

Capítulo VI
Formação da rotina

1. Rotina **203**
2. As pessoas **207**
3. Mau gosto **213**
4. Sensualidade e naturismo **219**
5. Pitoresco e nativismo **224**
6. Religião **229**

I.
Rotina

Os escritores da geração anterior representam o ponto máximo da contribuição brasileira ao Arcadismo da literatura comum; comparados a eles, os que veremos agora marcam acentuado desnível, levando-nos a refletir sobre o fato que, nas correntes literárias, fastígio é frequentemente véspera de declínio.

Este e os próximos capítulos estudam com efeito um momento em que reina estagnação na literatura: as tendências da Arcádia entram na rotina, sinaleira de decadência.

Para o crítico e o historiador tais fases apresentam bastante interesse, pois o estabelecimento da rotina importa em sugestiva dubiedade: a acentuação de características anteriores mistura-se a débeis sinais de mudança futura. De fato, a hipertrofia significa por vezes um deslocamento de eixo que já é transformação, fazendo paradoxalmente com que a rotina deforme até provocar a emergência de traços diferentes. A agonia de uma corrente literária abre quase sempre dois caminhos: o da próxima corrente dominante, construída em parte sobre a sua herança, e o da subliteratura passadista que lhe corre paralela por mais ou menos tempo. Cada período literário é ao mesmo tempo um jardim e um cemitério, onde vêm coexistir os produtos exuberantes da seiva renovada, as plantas enfezadas que não querem morrer, a ossaria petrificada de gerações perdidas.

No que estamos analisando, a acentuação de características fez com que a naturalidade neoclássica, penosamente obtida, se tornasse prosaísmo; a elegância, afetação; o Classicismo, frio arrolamento de alegorias; a *Ilustração*, pedantismo didático. Por outro lado, o mesmo processo ressaltou certas tendências menos ostensivas na fase anterior e agora salientadas pela hipertrofia. Assim, a preocupação geral com o humano, acentuando-se, concentrou-se no indivíduo singular; o culto da natureza propiciou o sentimentalismo, levando ao amolecimento da sensibilidade; a paixão pelas coisas civis desdobrou-se no patriotismo; a devoção religiosa, na pesquisa dos mais refinados estados d'alma.

É preciso ter em mente este processo de deslocamento para evitar dois enganos possíveis. Primeiro, supor que este momento seja um Pré-Romantismo, quando é sobretudo um fim de Arcadismo. Isto é, os traços que nele encontramos diferentes dos da geração anterior são menos um *aparecimento* do que um *desenvolvimento*. Certo e indubitável é que decorrem de virtualidades preexistentes; provável é que sejam fruto de alguns anseios novos. Segundo, supor que isto importe em estabelecer um hiato entre dois períodos: na verdade, o Romantismo brasileiro tem mais raízes locais do que se imagina frequentemente, e o seu primeiro momento, todo impregnado de Neoclassicismo, bem mostra como estava preso ao passado.[1]

A proporção das duas tendências de conservação e mudança nas fases de rotina é, aliás, em boa parte, questão de perspectiva histórica. Para nós, com mais dum século de recuo (tendo de permeio o Romantismo, as manifestações pós-românticas e o Modernismo), sobressaem os traços parecidos aos de desenvolvimentos subsequentes, que os contemporâneos e os próprios autores não perceberam, sinal ao mesmo tempo de que não destoavam no contexto arcádico e que o peso da rotina abafava o seu desenvolvimento, não lhes permitindo adquirir contornos aos quais (nos parece hoje) tenderiam obscuramente.

Para quebrar a rotina é de fato preciso a irrupção duma corrente nova, inspirada noutras fontes (foi o caso do nosso Romantismo), ou a presença de alguns grandes talentos inovadores. Geralmente, ambas as coisas. Ora, escritores e público de então, bastante medíocres na maioria, foram incapazes de perceber o significado dessas vagas premonições que, sendo consequências naturais do Arcadismo, poderiam dar lugar, como deram algumas, a novos estilos que correspondessem melhor à nova etapa da nossa história social e mental. Resultado, foi que se apegaram aos padrões dominantes: e estes, cada vez menos eficazes, utilizados sem inspiração profunda, desvitalizaram-se, esclerosando-se e exercendo um peso sufocante sobre as necessidades expressionais que iam surgindo.

Este abafamento foi agravado por outro aspecto da rotina: a aceitação e consolidação da corrente literária no gosto médio. É o momento em que, à sombra das normas ossificadas em convenção, pululam escritores de toda sorte, iguais nas qualidades e defeitos, certos de corresponderem a uma opinião acomodada pelo hábito. No momento que estudamos, abundam canastrões de vário porte, escritores e semiescritores meio arcádicos, produtores constantes ou ocasionais de sonetos empedernidos, cantatas, odes coriáceas, em que a *delegação* poética, desprovida de inspiração, se desvirtua numa verdadeira alienação literária.

---

[1] Consulte-se, com proveito, sobre os fatores brasileiros desse processo de transição a tese de José Aderaldo Castello, *A introdução do Romantismo no Brasil*.

Tudo isso talvez explique a razão da posteridade projetar retrospectivamente os defeitos dos instantes de rotina e decadência sobre os de fastígio, culpando as normas que passaram a produzir tão medíocre resultado, uma vez desfeito o equilíbrio fugaz em que surgem as obras-primas. Essa contaminação póstuma do bom pelo medíocre na contracorrente do tempo é típica na decomposição do Cultismo, quando a nascente reação neoclássica ficou insensível aos seus aspectos positivos, e o grande nome de Góngora se tornou qualificativo de aberração estética. A partir do Romantismo, foi o que aconteceu com o período arcádico, julgado quase sempre negativamente, não só graças ao contraste do gosto novo, mas ao agravamento trazido pelo contato direto dos primeiros românticos com as manifestações desvitalizadas da fase final de rotina. A irritação causada pela mecanização duma tendência literária, encastelada no gosto médio, leva a condenar as normas que a tornaram possível e já tiveram o seu momento de fecundidade. O momento literário que vamos analisar, em seus representantes principais, contribuiu decisivamente para fixar o estereótipo do Neoclassicismo, na literatura comum.

Aqui é preciso, todavia, distinguir a posição de combate dos românticos, da opinião que veio afinal cristalizar-se no Romantismo. O ataque se referia aos cânones, mas não às pessoas; contra aqueles, violência máxima em certos casos; contra estas, restrições pequenas.

O que se atacou foi principalmente a moda greco-romana, identificando-se o Neoclassicismo, além disso, com literatura *colonial*, a ser rejeitada pelos escritores de uma pátria livre. Nos predecessores, enquanto indivíduos, os românticos se comprouveram, ao contrário, em diagnosticar sinais precursores — principalmente *nativismo* e *religiosidade*, lamentando que não os tivessem desenvolvido mais.

Encarando o movimento geral da nossa literatura no século XIX com a perspectiva de hoje (e lembrando a imagem do jardim-cemitério), sentimos que, apesar da teorização dos primeiros românticos, o Romantismo não destruiu o decadente Arcadismo brasileiro: tomou lugar ao seu lado, relegando-o para segundo plano, mantendo com ele relações de concorrência e compromisso, cordiais apesar de tudo. Mesmo porque não teve força para liquidá-lo. Superado na esfera criadora, ele persistiu na subliteratura, impregnou a arte oficial e plasmou certas esferas do gosto médio pelo século afora. Persistiu, ainda, na própria subconsciência dos escritores; e toda vez que a inspiração falta, um poeta ou orador romântico nele cai automaticamente. Magalhães, que nunca o abandonou de todo, é um mau árcade da decadência na maioria dos versos posteriores a 1840: no mesmo terreno comum caem o Gonçalves Dias, o Junqueira Freire, o próprio Álvares de Azevedo dos momentos ruins, como quase todo o Bernardo Guimarães do declínio. Os figurões apoetados não conhecem outra maneira, enchendo o século de odes, ditirambos, elegias e sonetos, mesmo depois do Ultrarromantismo haver criado novos sulcos de rotina. O satírico padre Correia de Almeida, por exemplo, morto octogenário já neste século, é um epígono de Bocage e Tolentino, e bem poderia ter vivido no tempo de d. João VI. E ainda é uma espécie de "infra-Arcadismo" o que vemos na melancólica prosa rimada do segundo imperador.

Semelhante extensão e profundidade da rotina arcádica se deve, talvez, ao fato de ter sido ela a primeira forma em que se exprimiram e adquiriram configuração literária certos temas prediletos do século: patriotismo, religiosidade. Não contando que graças a ela se definiram os primeiros públicos regulares da nossa literatura, (leitores d'*O Patriota*, auditores de sermões etc.), correspondendo no Brasil ao primeiro momento de vida literária mais ou menos regular, centralizada de vez pelo Rio de Janeiro.

À luz de tais considerações devemos encarar os escritores delineados a seguir, neste e nos próximos capítulos, — homens de voo literário médio e curto, respirando uma atmosfera sufocante para o talento original, confortável para os rotineiros que quase todos foram.

Indicaremos, além do seu perfil, as características comuns da fase, através das suas obras, procurando sublinhar alguns aspectos de rotina que representam verdadeira corrupção das normas e práticas anteriores, e os que importam paradoxalmente em sementeira de traços novos, graças à sua hipertrofia.

2.
As pessoas

As gerações que se estendem entre os *mineiros* e o Romantismo compõem-se de escritores secundários, representando o seu papel sem qualquer manifestação firme de vitalidade criadora. Homens quase sempre melhor realizados noutros setores, a fama não lhes vem da literatura, que nesse período só apresenta interesse real na medida em que saímos das belas-letras para entrar no jornalismo ou no ensaio político-social. O que seria de Américo Elísio se não fosse o Patriarca da Independência? O poeta Vilela Barbosa é lembrado graças ao ministro marquês de Paranaguá; e a não terem sido políticos, pregadores, quem lembraria hoje os versos de Januário da Cunha Barbosa ou frei Caneca? Vocações mais exigentes parecem as de Elói Ottoni e Sousa Caldas; únicas sensibilidades novas, as de Monte Alverne e Borges de Barros, este, num período fugaz da vida.

Para quem gosta da coerência histórica nas manifestações da cultura, deve parecer estranho o fato dessas gerações esteticamente apagadas, rotineiras ou vacilantes, serem as mesmas que, no terreno político e científico, mostraram decisão e senso *atual* da vida. Por vezes, os mesmos poetas retrógrados são naturalistas, publicistas, homens de estado empenhados na aventura de construir a pátria e rasgar-lhe horizontes mentais, — como se o ranço arcádico, o conformismo religioso, a estagnação formal servissem de contrapeso aos arrojos de um espírito algo assustado com o barulho novo das próprias asas, na timorata monarquia de d. Maria I e d. João VI. Não compensação consciente; mas uma espécie de tributo pago pelo progresso à ordem tradicional.

Em nossos dias, porém, gostamos de rastrear, nessa fase tão maciçamente neoclássica, vestígios da passagem do humanismo para o individualismo, timbre dos românticos que só se manifestará com a geração da *Niterói*. Veremos nos próximos capítulos em que medida é viável essa projeção histórica do nosso desejo de descobrir continuidades e atribuir significados, à maneira de quem vaticina a posteriori. Neles, e neste, tentaremos caracterizar essa fase difícil, de relevo nem sempre palpável, ao mesmo tempo de esclerose e fluidez, persistência e mudança, destacando, para começar, um grupo que precede cronologicamente e se destaca, no conjunto, graças à personalidade intelectual dos seus membros.

Deles o mais preso à tradição é sem dúvida Francisco Vilela Barbosa, cuja obra, toda escrita na mocidade, continua os tons leves e graciosos da Arcádia. Com ele se abre uma longa série de amáveis poetas-estadistas, que tratam o verso com superficialidade e elegância, chegando-se ao gosto médio com uma felicidade que tornou proverbiais algumas das suas peças: marquês de Sapucaí, barão de Itamaracá, conselheiro Otaviano.

Pode-se aquilatar a aceitação de Vilela Barbosa pela frequência dos seus poemas nas antologias do século passado, — *Parnasos*, *Florilégios*, *Meandros*, *Mosaicos*, — embora nunca mais se reeditassem os *Poemas*, publicados em 1794. Com ele e o Elói Ottoni da primeira fase, esses epígonos encontram o fácil ponto de equilíbrio no qual, sem desmerecer de todo, a poesia adquire qualidade confortavelmente acessível às moderadas necessidades poéticas da maioria. Lê-los é sentir o que se tornou, na mensagem neoclássica, patrimônio do verso corriqueiro em língua portuguesa — tanto é verdade que os limites de uma tendência estética podem ser apreciados com vantagem nos cultores secundários.

José Bonifácio foi medíocre poeta, apesar da alta envergadura do talento de estadista e homem de ciência. Nas *Poesias avulsas de Américo Elísio*, publicadas em 1825, mas compreendendo versos escritos desde o decênio de 1780, o traço mais notável é a coexistência dum meticuloso neoclássico e dum tradutor inteligente dos pré-românticos ingleses.

É neoclássico não apenas no sentido arcádico, mas no sentido mais restrito que os estudiosos deram àquela designação, referindo-se à busca, subsequente a Winckelmann, de uma Grécia mais autêntica, ou pelo menos vitalizada, na segunda metade do século XVIII e começo do XIX. Evidencia-o a preocupação *arqueológica* das suas traduções de Hesíodo, Píndaro, Meleagro, em que procurou transpor de maneira rigorosa as qualidades do verso grego. As traduções de Young e Macpherson puseram-no em contato com tonalidades do Pré-Romantismo inglês: sabemos que leu e estudou as obras de Scott e Byron, nelas encontrando liberdades formais que reputou adequadas à própria inspiração. Nada autoriza, porém, a dizer que sofreu a influência deles, mesmo remota. O livrinho onde encerrou cerca de meio século de atividade poética revela temperamento vivo, atraído pelo *furor* dos gregos e a melancolia dos britânicos, mas enquadrado na estética predominante em Portugal no fim do século XVIII.

Mais premente foi a vocação poética de José Elói Ottoni, que principiou seguindo esses moldes, e nunca se aplicou essencialmente fora das letras, pois quando julgou renunciar a elas nada mais fez do que servi-las doutro modo a partir da crise religiosa, que o trouxe às sugestões da poesia sagrada.

Fundamentalmente escritor, participou da vida literária de Lisboa nos últimos anos do Setecentos, ligando-se a Bocage, a Filinto Elísio, à marquesa de Alorna, que o protegeu e de quem foi secretário. Não brilhou na vida, como os dois acima referidos, nem como eles aspirou a grandezas: dedicou-se à poesia com amor, testemunhado pelas longas versões dos *Provérbios* ditos de Salomão e do *Livro de Jó*, descontando a grande quantidade doutros escritos queimados no fim da vida, segundo afirma Teófilo Ottoni, seu sobrinho.[2]

Na fase anterior à crise religiosa (1808), foi árcade elegante e mediano, influenciado por Gonzaga. Caracteriza-o certa musicalidade bocagiana, que o aproxima de Silva Alvarenga e, muito mais que a dele, é francamente premonitória. Surpreendem, neste sentido, alguns decassílabos sáficos da *Anália de Josino* (1802), antepassados diretos da melodia e do vocabulário romântico:

... Que em solta nuvem de enrolados globos
Ao trono chegue de propício nume...

Acode, ó bela, se o teu astro brilha.
Se os nautas clamam, — deusa, não te escondas;
Náufrago lenho sobre estranho pego
Vence atrevido as empoladas ondas.
   ("Lira I")

É um momento de acentuado modernismo onde se prefigura, mais que o ritmo, o próprio imaginário do Romantismo. Nele, e outros na pequena obra da primeira fase, vai muito além do *elmanismo* gerador de melopeias, contra o qual se inteiriçava até à dureza prosaica, numa total incompreensão das novas necessidades expressionais, o senso neoclássico de Filinto Elísio, seguidor fascinado de Garção.

Com frei Francisco de São Carlos descemos bastante na escala poética, voltando a uma medíocre poesia devota com entremeios de naturismo, que a aproximam da linha nativista da nossa literatura.

A assunção é um fluxo de loquacidade metrificada, verdadeiro compêndio de má poesia, onde a leitura só é compensada por certos versos de involuntário efeito cômico... E se damos nalgum achado poético em meio às redundâncias implacáveis, à implacável prolixidade do versejador, logo farejamos o modelo: Camões, Tasso, por vezes ambos reunidos, como, respectivamente, no tópico

---

2 *Notícia histórica sobre a vida e poesias de Elói Ottoni*, 1851.

Um colar ao pescoço, de ouro fino,
Onde a matéria da obra é superada;
   (*Os Lusíadas*, II, 95)

con magistero tal che perde il pregio
de la ricca materia appo il lavoro,
   (*Gerussalemme Liberata*, II, 93)

transposto em

Onde a arte a matéria vence em preço.
   (VIII)

Através do longo poema, sentimos no mau poeta um homem cândido e reto; assim o mostram as testemunhas contemporâneas que exaltam as virtudes do sacerdote, a eficácia do professor de teologia, os dons oratórios que conquistaram de imediato a estima e admiração do príncipe regente quando se transportou ao Brasil.

Sousa Caldas Muito acima de todos estes, como personalidade literária e consciência crítica, fica Antônio Pereira de Sousa Caldas, merecedor de mais atenção.

Estudante em Coimbra, foi preso pelas ideias avançadas, ou *francesas*, como se dizia: era admirador da *filosofia* e versara as teorias de Rousseau numa "Ode ao homem natural". Bastante envelhecida para o leitor de hoje, guardou intacta a força de convicção, baseada no *Discurso sobre a origem e os fundamentos da desigualdade entre os homens*. Nostalgia do "estado natural":

Ó homem, que fizeste? tudo brada;
   Tua antiga grandeza
De todo se eclipsou; a paz dourada,
A liberdade, com ferros se vê presa;

condenação da propriedade em paráfrase fiel do mestre:

De tresdobrado bronze tinha o peito
   Aquele, ímpio tirano,
Que primeiro, enrugando o torvo aspeito,
Do *meu* e *teu* o grito desumano
   Fez soar em seu dano;

Tremeu a sossegada Natureza,
Ao ver deste mortal a louca empresa.

Maus versos e paixão ilustrada, ainda mais nítida porventura no inacabado poemeto d'"As aves", onde fala da

Altiva Independência, a cujo lado
Ergue a Razão o cetro sublimado.

Apesar das atenuações trazidas pela biografia oficial, que o apresenta desde a mocidade como brando e devoto, apenas um momento seduzido pelas más ideias; apesar das suas precauções de sacerdote, queimando a maioria da produção profana, estes e outros escritos mostram-no vivo, irrequieto, apaixonado, com marcada liberdade de espírito, apesar do sentimento religioso profundo e sincero. Um *ilustrado* sem anarquismo nem ateísmo, inseguro da vocação, solicitado por mais de uma, querendo ser grande sem saber como. Muito inclinado para as letras, mas desencantado ao mesmo tempo, fala na "Carta aos meus amigos, consultando sobre o emprego mais próprio de meus talentos" da

[...] mania [...]
[...] de deixar à idade
Vindoira escriptos vãos, que o tempo come.

Essa inquietude que o persegue é feita de rebeldia e obediência, tristeza e humor, senso crítico desandado em brincadeira. Quando viajou em 1790 para a Itália, mandou de lá uma descrição burlesca, — a "Carta dirigida a meu amigo João de Deus Pires Ferreira, em que lhe descrevo a minha viagem por mar até Gênova" — que é das peças mais interessantes da nossa literatura e espelha a riqueza da sua personalidade, destoando da nossa tradição de graça pesada devido ao humorismo elegante, ao mesmo tempo crítico e espontâneo. Como é escrito em prosa e verso, pode proporcionar os veículos naturais ao que é poético e ao que é prosaico. Em meio à comicidade crepitante, reponta simpatia pela revolucionária Assembleia Constituinte francesa, manifesta-se um vigoroso ataque à educação do tempo e à convenção literária greco-romana, reponta a unção religiosa (que faria dele poeta e orador sacro) numa ode que suspende um momento a farândola endiabrada e é das mais belas que escreveu:

Meu senhor e meu Deus,
Como ao longe se estende sobre a terra
De vosso nome a glória!

Na vida de Sousa Caldas esta epístola é um marco: da viagem voltaria padre, sem abandonar porém a "mania" referida na "Carta aos amigos", pois permanecendo à margem de cargos e prebendas, permaneceu, como poeta e orador sacro, um puro intelectual. Nem se pense que renunciou ao pendor crítico, vivamente manifestado em 1812, já à véspera da morte, nas *Cartas filosóficas*, mostrando a grande liberdade mental que conservou.

Ao lado da inquietação crítica, outra componente do seu espírito é a imaginação plástica. Esse adversário da tradição greco-latina possuía um sentimento vivo das formas naturais, como se vê no relevo parnasiano da bela ode sobre Pigmalião, talvez o seu melhor poema:

> Lança mão do cinzel; ergue o martelo;
> Repoli-los intenta,
> E o extremo ideal tocar o belo;

ou no colorido das "Odes anacreônticas".

> Ó quanto és bela
> Vermelha rosa,
> Tu me retratas
> Nize formosa.
> Lindo botão
> Vejo o teu lado,
> Qual junto a Vênus
> O filho alado.
>   (2ª)

Na poesia religiosa, onde se abrigou finalmente, fundem-se imaginação plástica e inquietude: esta se exprime com efeito pela meditação, em contornos arquitetônicos não raro pesados. E aí sentimos que não foi realmente grande poeta; mas uma forte mentalidade, uma personalidade rica e pouco segura, que escolheu o verso por ser, no seu tempo, o veículo adequado à transmissão de valores que se exprimiriam talvez melhor em prosa. As suas qualidades — nunca expressas tão bem quanto na epístola marinha — são todavia suficientes para fortalecer e animar a pesada cantaria das estrofes.[3]

---

3 Sobre outros escritores dessa geração, bastam as referências ocasionais que lhes serão feitas. Alguns mais moços, apenas mencionados aqui, serão desenvolvidos em outro capítulo (Borges de Barros, Monte Alverne, Saldanha).

3.
Mau gosto

Lendo uns e outros, parece-nos aliás que só foram poetas porque o verso era veículo quase obrigatório, casando-se a formas de expressão compatíveis com pouca sensibilidade. A "Ode aos baianos" caberia hoje melhor como artigo de jornal; e inversamente, o discurso de Rui Barbosa sobre o chicote do marechal Hermes teria naquele tempo sido um poema satírico de título adequado: "A rebenqueida".

Mesmo dado o desconto, não se pode negar o prosaísmo desses poetas, nos quais reconhecemos inteligência, cultura e chateza, peculiares ao vasto processo reinante de filintização. Daí o mau gosto que pulula no conceito, na imagem, na palavra, como verdadeiro desvio da sensibilidade. A obra de José Bonifácio é fértil no gênero e atinge ao máximo na espantosa ode que principia assim:

As nítidas maminhas vacilantes
    Da sobre-humana Eulina,
Se com férvidas mãos ousado toco,
    Ah! que me imprimem súbito
Elétrico tremor que o corpo inteiro
    Em convulsões me abala!

Nestes versos, tudo é de uma falta de gosto exemplar, começando pela imagem do desejo assimilado ao choque elétrico — como convinha a um naturalista versejante. Cada qualificativo está por assim dizer fora de foco, obedecendo a uma lógica puramente gramatical, sem o menor senso poético. Querendo ser original, desprezou as palavras comuns que funcionam pela força do contexto e procurou efeito no caráter singular de cada uma, desamparada de significado. Daí a brancura sugerida pretensiosamente por *nítido*, o impagável *vacilante*, o *sobre-humano*, que confunde tudo, e nelas engastadas as extraordinárias *maminhas*, prodígio de vulgaridade que provoca riso na primeira linha e o leva pelas outras a escandir todo o poema.

Esta falta de senso ocorre doutro modo num poeta muito mais sensível, Borges de Barros, que não raro quebra a ascensão emocional da estrofe pelo choque bruto de um prosaísmo inoportuno:

Tu dos amantes silenciosa amiga,
Que d'Amor os mistérios apadrinhas,
    Mais doces, *quão difíceis*. (grifo meu)

Neologismos Outra ocorrência do mau gosto são os neologismos em que se fundem substantivo e adjetivo, sujeito e complementos. Com dificuldade de transpor ao português os versos densos e sintéticos do grego, José Bonifácio foi levado a recomendar este processo, na "Advertência" à tradução de uma das *Olímpicas*, incluída nas *Poesias avulsas*:

> Para podermos pois traduzir dignamente a Píndaro, ser-nos-ia preciso enriquecer primeiro a língua com muitos vocábulos novos, principalmente compostos [...] e porque não faremos e adotaremos muitos outros, [...] como por exemplo: *Auricomada, Roxicomada, Boquirubra, Braciróse a, Olhinera, Olhiamorosa, Argentípede, Tranciloira, Docirisonha, Docifalante* etc. etc.

Se bem disse ele, melhor fez Odorico Mendes, como se sabe, alastrando a sua tradução da *Ilíada* de vocábulos e expressões que tocam as raias do bestialógico e a que Sílvio Romero já fez a devida justiça: *multimamante, olhicerúlea, albinitente*.

Na poesia e nos sermões desse tempo grassa, pois, um preciosismo do pior gosto, enfático, vazio, em que o termo raro, a imagem descabida, a construção arrevesada até à obscuridade são apoios duma inspiração pobre, em fase de decadência.

Que era pendor geral, não confinado à mentalidade arqueológica dos helenistas, mostra o uso simultâneo que das palavras artificialmente compostas fez Francisco de São Carlos n'*A assunção* cuja heroína, aliás, é chamada "a Puerpera Diva": ... O Nilo é "Septemfluo", os doutores da Igreja, "pulcros celicultores", São Francisco de Assis, "Padre Cristífero", o peixe, "aquícola", os romeiros devotos, "Romípetas", as aves noturnas, "lucífugas", os demônios, "ignícolas", os anjos, "celícolas", ou "célites"... No fim deste período, Natividade Saldanha empregará com frequência artifícios semelhantes.

Tal mania revela espíritos retorcidos que procuram compensar a imaginação vacilante com a elevação ilusória da palavra complicada, já que são incapazes de criar com os elementos normais da língua, cujos limites não precisaram extravasar um Cláudio Manuel ou um Basílio da Gama.

Mitologia decadente Mau gosto e prosaísmo se manifestam ainda no uso inferior da mitologia e, em geral, da tradição clássica, já então pouco significativa, como se os poetas não fossem mais capazes de encontrar nela o correlativo adequado à emoção e ao pensamento. Glaura foi a última ninfa realmente poética: depois dela, clamou-se em vão nas margens do Ribeirão do Carmo, do Capibaribe, do Recôncavo, desertados para sempre das "ficções amáveis" do passado.

Para se ter ideia desse ressecamento, basta comparar o uso do arsenal clássico nos "mineiros" e nestes epígonos. Em Gonzaga, a "Lira II" da 2ª parte,

> Se acaso não estou no fundo Averno,

é exemplo do melhor proveito que se podia extrair da mitologia como sistema de imagens alegóricas, exprimindo o sentimento e o destino pessoal:

> ... Eu não gasto, Marília, a vida toda
> em lançar o penedo da montanha
>   ou em mover a roda;
> mas tenho ainda mais cruel tormento;
> por cousas que me afligem, roda e gira
>   cansado pensamento.

> Com retorcidas unhas agarrado
> às tépidas entranhas, não me come
>   um abutre esfaimado;
> mas sinto de outro monstro a crueldade;
> devora o coração, que mal palpita,
>   o abutre da saudade.

> Não vejo os pomos, nem as águas vejo,
> que de mim se retiram, quando busco
>   fartar o meu desejo;
> mas quer, Marília, o meu destino ingrato
> que lograr-te não possa, estando vendo
>   nesta alma o teu retrato.

> Estou no inferno, estou, Marília bela;
> e numa coisa só é mais humana
>   a minha dura estrela;

uns não podem mover do inferno os passos;
eu pretendo voar e voar cedo
à glória dos teus braços.[4]

Nas *Liras de Jonino, pastor do Serro* (1807), o seu pobre imitador José Joaquim Lisboa mostra a que ponto o fecundo lugar-comum se havia esvaziado de qualquer sentido poético, a exemplo desta glosa em que são utilizados os mesmos mitos:

Íxion co'a roda parou,
Não sobe Sísifo ao monte,
Descansa o velho Caronte,
O abutre a Tício deixou;
Tântalo d'água provou,
Que a seu pesar lhe é vedada,
Foi a pena comutada
Por divina, alta clemência,
Por lhes servir de indulgência
Os anos da nossa Amada.

Em versos como estes, a invocação mitológica perde o caráter de correlativo da emoção para tornar-se mero recurso verbal. As imagens e mitos greco-romanos, tão nobremente interpretados pela estética pós-renascentista, são agora muletas de um verso sem poesia.

Reação Compreende-se que espíritos mais largos aspirassem ao seu abandono definitivo, como Sousa Caldas desde 1790, na referida "Carta marítima":

Como é louco e bárbaro o sistema de educação que os europeus têm adotado! Tomaram dos gregos e dos romanos o que estes tinham de pior; aprenderam a fazer-se pedantes e esqueceram-se de fazer homens. A adolescência, idade preciosa, gasta-se em granjear vícios e decorar coisas muitas vezes inúteis. Depois de muita fadiga, um rapaz europeu finda a sua educação nos colégios e nas universidades, quando tem adquirido um corpo efeminado, ou doente, e um espírito

---

4 Estes mitos (respectivamente os de Sísifo, Íxion, Tício, Tântalo) aparecem combinados, por toda a literatura pós-renascentista, servindo bem para exemplo. Veja-se o modo discreto e alusivo com que os emprega Alvarenga Peixoto no "Soneto XVII", da edição Norberto.

vaidoso, frívolo, recheado mais de nomes que de coisas, e tão extraviado do caminho das ciências, que ordinariamente nunca mais atina com ele.

Esta condenação (que revela o leitor do *Emílio*, pois decorre de não lhe haverem ensinado a nadar em tempo), desfecha no repúdio à moda greco-romana; as musas são alegremente troçadas e o poeta as despede com desenvoltura:

Hoje à porfia
Todas danadas,
Para enfadar-me,
Vindes ligadas.
Deixai-me embora,
E do Parnasso
No monte escasso
Ide habitar.

Sois nove doidas,
Ó nove Irmãs!
Envergonhai-vos;
Já tendes cãs.

Mas a grande figura da carta é um estupendo Tritão de opereta, tratado à maneira de Antônio José, no qual ridiculariza o antropomorfismo mitológico, revelando extraordinário senso do burlesco:

Muito tinha a dizer sobre esta obra admirável, se não fosse a vozeria da equipagem, que me obriga a largar mão da pena para atender a um indivíduo, que nos põe a todos de mau humor, e a mim em susto.

Um Tritão todo coberto
De marisco e verde limo,
Traz somente descoberto
O nariz agudo e frio.

Pelas ventas vem soprando;
Vento Leste enregelado,
E dobra, de instante a instante,
Seu furor endiabrado [...]

Que há de ser de mim, meu Pires? Em que língua hei de falar a este Tritão para abrandar a sua cólera! [...]

Basta já, senhor Tritão,
    (Não entende)
Per pietà Tritone amato,
    (Menos)
Triton, I can no more,
    (Tempo perdido)
Prudence, Seigneur Triton
    (Pior)
O Triton, esto pacato
Corde, animo, naso e ore.

Com efeito, a esta última língua fez um leve aceno, e é indubitável que até os Tritões veneram a antiguidade.

Esta esquecida "Carta" é um marco na literatura comum, assinalando a crise da linha de imitação clássica, em proveito não só de maior liberdade expressional, (de que é exemplo a sua alternância de prosa leve com os mais vários metros), mas de eventual concentração da poesia em torno de outros temas.

4.
Sensualidade e naturismo

Registrados os traços devidos ao empobrecimento de normas e concepções, vejamos agora alguns exemplos da sua hipertrofia.

Embora haja nos grandes árcades um forte sentimento amoroso, que vai rumando para o negaceio erótico na obra de Silva Alvarenga, nada encontramos neles de comparável à viva sexualidade de alguns poetas desta fase, manifestada, seja como vitalidade exuberante, seja como requinte provocador. As atenuações na expressão do sentimento amoroso, mesmo num poeta tão ardente quanto Gonzaga, são aqui afastadas. Entretanto, não desnudam paixão, como a que envolvera Marília, Glaura ou Marfisa; mas o desejo puro e simples.

Nalguns poemas de José Bonifácio ressalta o desejo quase fescenino, como a ode citada, que prossegue nos seguintes versos:

> O sangue ferve; em catadupas cai-me...
>   Brotam-me lume às faces...
> Raios vibram os olhos inquietos...
>   Os ouvidos me zunem!
> Fugir me quer o coração do peito...
>   Morro de todo, amada!
> Fraqueja o corpo, balbucia a fala!
>   Deleites mil me acabam!
> Mas ah! que impulso novo, ó minha Eulina!
>   Resistir-lhe não posso...
> Deixa com beijos abrasar teu peito;
>   Une-te a mim... morramos.

Essa preocupação direta com o ato de amor se manifesta em várias outras poesias: o "Epigrama imitado de Bernard", "A ausência", a "Paráfrase de parte do Cântico dos cânticos", culminando num passo brutal da "Cantata I":

> Se te vejo, as entranhas se me embebem
>   De insólito alvoroço.

Impossível maior minúcia e objetividade, a mais de meio caminho entre as brejeirices pastorais dos franceses e as descrições obscenas de Bocage. Ocorre aqui algo divergente da poesia amorosa dos predecessores, pressagiando, pela franqueza sem atenuações, expressiva da sensualidade robusta que o Patriarca demonstrou na vida, poetas como Teófilo Dias e Carvalho Júnior. Na paráfrase do Cântico dos cânticos, mostra a que ponto levou o Naturalismo pagão latente nos neoclássicos:

Ah! dá-me ó cara, os saborosos beijos
Dessa suave, purpurina boca!
Quais em torno das rosas orvalhadas
Abelhas diligentes, tais do aceso
Coração pulam férvidos desejos.
Já meus vorazes beijos vão roubando
Balsâmico tesouro sobre os lábios
Em que amor mora. A língua sitibunda
De néctar divinal todo me inunda.

As tradicionais abelhas de Anacreonte convertem-se aqui numa imagem bem menos galante do que o uso poético comportava; e, (mais agressivas que o beija-flor alegórico de Silva Alvarenga), propiciam a imagem final, de duvidoso gosto e inegável ousadia.

Vilela Barbosa não ressuma tanta euforia glandular: a censura amaina em seus versos o ímpeto da confissão carnal, que no entanto é mais rasgada que a dos poetas imediatamente antecessores:

Avançam juntas as paixões ao ataque,
E pelas veias escumando iroso
Vai de tropel o petulante sangue
    Proclamando justiça.

Ah! que não sei de nojo como o conte!
Venceu por fim a mocidade ativa;
E pelas carnes foi lavrando a chama
    De amorosos deleites.

Cedi cativo da razão o império,
A qual, fugindo do indolente corpo,
Exposto o deixa das paixões ardentes
    Às hórridas procelas.
        (Parte II, "Ode II")

Em Elói Ottoni estamos longe desses gritos do sexo; mas igualmente longe da discreta medida dos primeiros árcades, como se vê nesta tradução, ou paráfrase, dum poema espanhol:

Foi ao prado colher flores
Dorila terna e mimosa,
Tão alegre como é Maio,
Mais do que as graças formosa;

Eis que do prado chorando
Voltou confusa e afligida,
Desentrançado o cabelo,
A cor do rosto perdida.

Se lhe perguntam — que tem!
Dorila chora e se cala;
Se lhe falam, não responde,
Se a acusam mesmo, não fala.

Que tem Dorila? Os sinais
Indicam, a pesar seu,
Qu'indo ao prado a colher flores,
A flor que tinha, perdeu...
   ("Ode")

Ao amigo do cruíssimo Bocage junta-se aqui o provável leitor de Parny, traduzido e imitado com maior recato, mas interesse constante e significativo, por Domingos Borges de Barros.

Que os poetas cultivam geralmente a musa secreta, é sabido: nestes, o que chama atenção é publicarem oficialmente poemas tão ousados para o tempo — pois em Portugal o século XVIII não teve a mesma franca licenciosidade doutros países europeus. O que se admitia era a galantaria envolta em equívocos ou imagens, como vimos em *Glaura* e encontramos nesta geração no próprio Sousa Caldas da primeira fase:

Ó Flor mimosa,
Quero colher-te,
E no meu peito
Sempre trazer-te.

Mas ah! depressa
Tu murcharás,
E imagens tristes
Me lembrarás.
　　("Ode II")

Estes exemplos parecem indicar uma inflexão da sensibilidade literária, um desejo de manifestar emoções pessoais, que será duradouro, definindo no Romantismo forte impregnação sensual enroupada em novos disfarces e negaceios, que os parnasianos rasgarão como ao véu bilaquiano de Frineia. Nos poetas referidos, há um primeiro momento dessa franqueza naturalista nas coisas do sexo.

O particular Noutros setores, verificamos desejo equivalente de individualização da sensibilidade, com predomínio da emoção particular, definida, datada, sobre a tendência generalizadora da teoria neoclássica. É o que se verifica, por exemplo, na relativa mudança de atitude em face da natureza, e se poderia chamar o subjetivismo naturista dessas gerações, se se quiser marcá-las com um desses rótulos arbitrários diletos da história literária. Refiro-me ao fato de tais poetas manifestarem frequentemente um senso tangível da natureza como paisagem, não mais como composição ideal abstraída dos dados sensíveis. A Natureza como princípio vai-se trocando em *lugar* (jardim, riacho) e em *momento* (crepúsculo, aurora, primavera); é a *natureza naturada* que supera a *natureza naturante*, preparando a sua interiorização sentimental pelo Romantismo.

Em Vilela Barbosa, o poemeto "A primavera", apesar do caráter convencional de cantata, lembra composições inglesas do tempo: derramada aplicação do verso, tendência para traçar certo número de quadros que ilustram a reflexão sobre a vida civil, bem setecentista mas, nesta fase transitória, já menos inspirada pela visão clássica (como nos "mineiros"), do que pelos ensinamentos da história natural, então em grande moda. É o tempo em que as senhoras herborizam, os meninos colecionam borboletas, os poetas cantam as estações, os jardins, as flores: herdeiros de Thomson, Delille, Bernardin de Saint-Pierre, que viviam a aventura fascinante da sensibilidade natural.

Em José Bonifácio há um poema sobre "O inverno", uma epístola sobre a primavera, uma tradução da *Primeira noite* de Young, uma típica "meditação" sobre o crepúsculo, cheia ao mesmo tempo de detalhes concretos e nascente *vague à l'âme*, que é talvez o seu melhor poema:

　　　　... O vento surdo
De quando em quando só as folhas move!

À rouca voz pararam temerosos
Os esquivos jacus nos bastos galhos
Cheios de caraguatás das upiúbas.
Das asas vai lançando a fusca Noite
Terror gelado; o grito agudo e triste
Nos velhos sapezais dos verdes grilos
Somente soa; e o ar cheio de trevas
Que as árvores aumentam, vêm cortando
Do agoureiro morcego as tênues asas.
É este da tristeza o negro albergue!
Tudo é medonho e triste! só minh'alma
Não farta o triste peito de tristeza!

O poema se intitula "Uma tarde", trazendo por subtítulo: "No *sítio* de Santo Amaro perto da Vila de Santos, da província de São Paulo". Numa "Ode", anota: "A cena é sobre o Rio da Bertioga em Santos, no Brasil"; n'"O inverno": "A cena é em Almada defronte de Lisboa"; numa epístola: "Escrita de Coimbra no começo da primavera de 1785"; n'"A ausência": "Em Paris, no ano de 1790". Nas *Poesias oferecidas às senhoras brasileiras por um baiano*, Borges de Barros revela desejo inda maior de registrar as condições particulares da inspiração: "A noite — no mar em 1810, indo de França para New York"; "A saudade — indo de França para os Estados Unidos d'América em 1810"; "A melancolia — no mar, indo do Rio de Janeiro para Bahia — 1813"; "A gratidão — no mar em 1813"; "A virtude — indo do Rio de Janeiro para a Bahia — 1813"; "A amizade — indo do Rio de Janeiro para a Bahia, no mar, 1813"; "Epístola escrita da Fazenda do Pinum em 1812".

Até então, as indicações só ocorriam nas peças de circunstância, como parte de comemoração: nos anos do sr. Fulano; na feliz aclamação de S. M.; ao conde Beltrano pela fundação de tal coisa; ao meu amigo Sicrano enviando-lhe etc. Mesmo o poema inspirado diretamente num lugar não era referido a ele, pois o poeta procurava abstrair o particular em busca do padrão estético universalmente válido; daí, não raro, integrá-lo neste pelo recurso à mitologia, como fez Cruz e Silva nas suas *Metamorfoses*, em que a paisagem brasileira é classicamente *justificada* pela inclusão numa categoria poética tradicional e generalizadora. Mas os que foram citados indicam algo diferente: sentimento da natureza como *realidade localizada*, não construção abstrata, e como *presença*, não quadro.

5.
Pitoresco e nativismo

Esta *determinação* da paisagem, aproximando-a da sensibilidade pessoal, reforça de algum modo a velha tendência de celebração nativista, que dali a pouco dará lugar a uma das manifestações centrais da literatura romântica: a paisagem como estímulo e expressão do nacionalismo, seja o monumental, d'"O gigante de pedra", seja o sentimental, da "Canção do exílio". Na fase que estamos analisando, o pitoresco tradicional como exaltação da pátria aparece triunfante n'*A assunção*, onde o ingênuo frei Francisco promove a natureza brasileira a alturas inéditas, ornando o Paraíso de ipês, jaqueiras, bananeiras, cajueiros, abacaxis, e pedindo inspiração à mangueira, em perífrase de saborosa comicidade involuntária:

> A manga doce, e em cheiro soberana,
> Que imita o coração, no galho ufana,
> De um lado a crócea cor e fulva exalta
> Do luzente metal, que a muitos falta,
> De outro lado porém retrata aquela,
> Que o pudor chama às faces da donzela.
> (III)

Mas a celebração verdadeiramente apoteótica é a *Descrição curiosa das principais produções, rios e animais do Brasil, — principalmente da capitania de Minas Gerais*, poema do alferes José Joaquim Lisboa, composto provavelmente nos primeiros anos do século XIX, em 154 quadras saltitantes e ingênuas, onde a exploração poética das sonoridades locais, à maneira de Durão, encontra o bairrismo da veia popular:

> Nós temos a gabiroba,
> O araticum, a mangaba,
> A boa jabuticaba,
> O saboroso araçá.
>
> O rugado jenipapo,
> A goiaba, o bom caju,

Pitanga, bacupari,
Cambucá, azedinha, umbu [...]

Temos quibebes, quitutes,
Moquecas e quingobós,
Gerzelim, bolos d'arroz,
Abarás e mananés [...]

Temos dois tamanduás,
Um bandeira, outro mirim,
Temos o mono, o saguim,
O gambá e a capivara,

— e assim por diante, num redemoinho de ervas, flores, rios, morros, feras, aves, frutas, comidas; verdadeira "aquarela do Brasil" de modinheiro.

Nessa mesma veia popularesca, mas de cunho satírico e irreverente, temos nessa fase uma espécie de eco longínquo de Gregório de Matos. O "sapateiro Silva" (Joaquim José da Silva), do Rio, cultiva saborosamente o bestialógico, gênero de grande pitoresco, abrindo caminho para os futuros estudantes da Academia de São Paulo, notadamente Bernardo Guimarães, por certo inspirados nas suas décimas, como a desta "Glosa":

Atrás da Porta Otomana
Se conserva um bacamarte,
Com que Pedro Malasarte
Defende a Cúria Romana.
Nas margens do Guadiana
Dá Castela o reportório:
Um tal frade Frei Gregório
Nas ventas do seu nariz
Tem um letreiro que diz:
Alminhas do Purgatório.

No terreno pessoal, são excelentes, na Bahia, os versos burlescos, não raro temperados de amargura, com que Gualberto dos Reis fala das suas questões domésticas.

Indo mais para o lado do interesse público, e chegando, pois, ao nativismo que nos interessa agora, temos em Minas o padre Silvério do Paraopeba, em cujas décimas de apaixonada participação política parece a momentos reviver o "Boca do Inferno":

Os pelouros transtornar
Por engrossar o partido;
Trazer o povo oprimido
Sem poder alguém falar;
O sossego perturbar
Da província, e só querer
Proclamações escrever,
Editais de farelório;
— É o que fez o Provisório
Que não podia fazer
    ("Disparates provisórios")

Os Mulatos cativarem
Dos velhos cabeças fora;
Os moços sem mais demora
Com as negras se casarem;
Todos somente trajarem
Bambacholas de urucu,
Jaleco, e mais corpo nu;
Surrar-lhes bem os traseiros,
— Queriam os companheiros
Do vigário do Mandu.
    ("Deliberações provisórias")

É possível que tais manifestações de ingênuo nativismo e veia popularesca — correntes desde o século XVII — tenham então esposado mais estreitamente sentimentos de brasileirismo nascente e contribuído a seu modo para difundir a espontaneidade que seria tão prezada no Romantismo.

Certo, porém, é que o nativismo erudito desenvolve-se e encorpa, prolongando com mais decisão e coerência o que vimos delinear-se na obra de Cláudio Manuel. Aqui, já é o patriotismo, o amor da pátria ligado ao desejo de vê-la abrir-se para destinos mais altos. Se o vislumbramos na versalhada política de um padre Silvério, — entre outros, — deveremos buscar as suas mais nítidas manifestações em Sousa Caldas, São Carlos, José Bonifácio.

É anterior a 1790 o fragmento de poema didático do primeiro, "As aves", "Noite filosófica", dentro da linha, bem setecentista, de reflexão social e científica, num enquadramento de invocação à natureza. Nós o conhecemos inteiramente deformado pelo seu testamenteiro literário, Francisco de Borja Garção Stockler, — amigo solícito, mas excessivo na avaliação dos direitos sobre o espólio do poeta. Mesmo assim, há um trecho inicial, quase todo da mão deste, em que se pode ver a ousadia com que lamenta a servidão da pátria à Metrópole retrógrada e prepotente; da pátria onde as Musas

> Outra Hipocrene rebentar fariam,
> Outro Parnaso excelso e sublimado
> Aos Céus levantariam, se ao ruído
> De pesados grilhões jamais pudessem
> As filhas da Memória acostumar-se.*
> Ali a terra com perene vida
> Do seio liberal desaferrolha
> Riquezas mil, que o Lusitano avaro
> Ou mal contém, ou mal aproveitando,
> Esconde com ciúme ao mundo inteiro.
> Ali, ó dor!... ó minha Pátria amada!
> A Ignorância firmou seu rude assento,*
> E com hálito inerte tudo dana*
> Os erros difundindo, e da verdade
> O clarão ofuscando luminoso.
> Ali, servil temor e abatimento
> Os corações briosos amortece.[5]

Vivendo longe do Brasil desde menino, só voltando a ele em 1801, devemos supor que o amor da liberdade política, pela qual sofreu o cárcere, levou-o a estes sentimentos de grande ousadia para a época.

Escrevendo mais tarde, nos anos imediatamente anteriores ou posteriores à vinda de d. João VI, quando compôs a maior parte da versão que hoje conhecemos d'*A assunção*, São Carlos manifesta um tipo de nativismo bastante próximo ao que se desenvolverá por todo o século XIX, culminando no nosso

---

5 Os versos marcados com asterisco foram modificados por Stockler. Como se sabe, este andou malvisto por haver colaborado com os invasores franceses em 1808, constando que deveu a Sousa Caldas a reabilitação junto ao príncipe regente. É admissível, pois, que houvesse atenuado de propósito algum verso mais desabrido, no afã de não comprometer-se, pois foi o testamenteiro literário do amigo.

com o livro paradigma de Afonso Celso. Nativismo algo patrioteiro de livro de leitura, — *Através do Brasil* ou *A pátria brasileira*, — segundo o qual exalta belezas e riquezas, já agora ordenadas por província, num sentido de integração, desconhecido ao localismo de Rocha Pita, Itaparica ou Cláudio Manuel. O Brasil aparece realmente como a unidade consciente (que se ia definir por esse tempo e consolidar em seguida, não sem abalos) nos versos em que São Miguel assinala a multiplicação das cidades a partir da

Mãe de nobres colônias, que algum dia
Serás, ó Soterópole Bahia;

Assim matrona ilustre, grave e anosa
Vê, prolífica em frutos gloriosa,
Cem filhos dos seus filhos desposados,
Esgalhos de um só tronco derivados.
  (VI)

E, através da visão do arcanjo, reúne na mesma exaltação "o ínclito Janeiro"; Olinda, que vê "Surgir das ondas, marcial e linda"; o Maranhão, cidade "do arminho vegetal"; Belém, "com o nome, onde o Verbo à luz viera"; "a ilustre povoação de pauliceia" e seus bandeirantes; Minas, terra "do metal que a fortuna a muitos nega"; Santa Catarina, "ilha linda... da ilustre Mártir que o *Sinai* sepulta"; Porto Alegre, "cujo nome/natura deu-lhe, que ninguém lhe tome"; Vitória, "que já em teu nome ostentas tua glória".

Em certos trechos percebe-se que não concorda com a política colonial da Metrópole, por não corresponder às necessidades do país, estourando de repente num desabafo que exprime todo o sentimento duma geração:

País quase ao desdém, até que um dia
Lhe imprima destra mão nobre energia.
  (VI)

Aqui, encontra-se com o Sousa Caldas d'"As aves", devendo notar-se que os dois padres usariam a tribuna sagrada para dar largas ao amor da pátria, que levaria outros pregadores — frei Sampaio, Januário da Cunha Barbosa, frei Caneca — a enveredar pelo discurso e a ação política.

6.
Religião

A literatura religiosa ocupa, nessa e na próxima geração, maior espaço do que noutra qualquer: a oratória sagrada foi talvez o gênero de maior êxito social entre a vinda de d. João VI e os primeiros anos do reinado de d. Pedro I; em poesia, fornece as obras mais volumosas: *A assunção*, de São Carlos (1819); os *Salmos de Davi* (1820) e as *Poesias sagradas* (1821), de Sousa Caldas, a *Paráfrase dos provérbios de Salomão*, de Elói Ottoni (1815), não contando que este empreendeu logo a seguir a versão do *Livro de Jó*, publicado depois da sua morte. Juntem-se as produções de outros escritores, esparsas ou só mais tarde reunidas em volume, das quais podemos mencionar as *Obras sagradas e profanas* de Francisco Ferreira Barreto, coligidas por Antônio Joaquim de Melo (1872).

Quando lembramos que o Romantismo teve frequentemente cunho espiritualista e, na primeira fase, religioso, somos tentados a indagar se não se encontram aí as raízes desta tendência. Tanto mais quanto os primeiros românticos costumavam apontar São Carlos e Sousa Caldas como precursores, que tinham abandonado a imitação greco-latina a troco dos temas e sentimentos que os deslumbravam n'*O gênio do cristianismo* e n'*Os mártires*, de Chateaubriand, nas *Meditações* e *Harmonias*, de Lamartine.

Este assunto, pois, interessa não apenas em si, mas devido ao problema das influências na formação do Romantismo. Parece que houve aí outro caso da já referida contaminação literária inversa: não foi propriamente a literatura religiosa do fim deste período que condicionou a religiosidade romântica; esta, devida a motivos de ordem histórico-social (renascimento da fé depois da Revolução Francesa em países que nos inspirariam literariamente: França, Itália) e literária (moda nos mesmos países), foi buscar nos antecessores elementos que reforçassem a sua escolha. Os poetas religiosos do primeiro quartel do século XIX serviram mais de apoio que de determinante.

Devemos buscar vários fatores para esclarecer este vulto da produção religiosa. Os mais aparentes são, no campo da prosa, a presença da corte no Rio, desenvolvendo a procura de oradores sagrados, pois o rei era pessoalmente amador insaciável de sermões; no campo da poesia, a coincidência de serem padres muitos poetas do tempo, eminentes ou não: São Carlos, Sousa Caldas, Januário, Caneca, Ferreira Barreto, Bastos Baraúna etc.

Fator mais geral é a reação de beatice no reinado de d. Maria I, quando intelectuais "afrancesados" foram punidos por delito de opinião (Melo Franco, Sousa Caldas, Silva Alvarenga, Pereira da Fonseca), culminando no escândalo da Inconfidência (Cláudio, Gonzaga, Alvarenga Peixoto, Luís Vieira). A Revolução Francesa acentuou essa tendência, assimilando de uma vez por todas os tímidos voltairianos cristãos da literatura comum aos "inimigos do Trono e do Altar", expressão que animará toda a ideologia reacionária dos países católicos europeus no primeiro terço do século, repercutindo, é claro, nas suas colônias e ex-colônias.

A beatice agiu sobre a inteligência, quebrando-a e desviando-a. E como não havia realmente ateísmo entre os intelectuais, levou-os, pela pressão que fechava saídas, ao incremento sincero da fé religiosa, que serviu de amparo às suas dúvidas e à vacilação angustiosa entre as suas ideias e a sociedade retrógrada. Assim, Bocage e Sousa Caldas continuaram crentes depois do cárcere eclesiástico; um deles, inclusive, indo ao fim do processo, adotou o estado clerical. Assim, Elói Ottoni encontrou na devoção consolo para as suas queixas contra o mundo. A pesada atmosfera de beatério, contra a qual reagiram poucos (inclusive o nosso Hipólito da Costa), só se descarregaria com o movimento da Independência, quando os sacerdotes patriotas encontraram no civismo um novo meio de manifestar a sua vitalidade.

Além desses fatores, deve-se lembrar um outro, propriamente literário: a tradição dos gêneros e temas na literatura portuguesa, que nunca deixou de ser fortemente impregnada de religião. Mesmo o século XVIII, permeado de *filosofismo* e rebeldias virtuais, foi na literatura comum bastante religioso. A Arcádia Lusitana era afilhada de Nossa Senhora da Conceição, a quem os seus membros consagravam poemas de vários tipos. No Brasil, Cláudio Manuel tem não apenas uma "Cantata alla S. S. Vergine" mas a "Centúria sacra: Poema ao glorioso parto de Maria Santíssima, em oitava rima", que infelizmente se perdeu, talvez inspirado no *De Partu Virginis* de Sannazaro onde também encontraria São Carlos a ideia primeira do seu poema. O *Caramuru*, já vimos, é obra essencialmente religiosa, fundada na ideia de

Aumento da pequena cristandade.

Devoção convencional Tendo assim estabelecido tanto as ligações com o passado quanto as condições do momento, é preciso analisar a literatura religiosa do período estudado no que ela tem de novo e, deste modo, mais próximo dos desenvolvimentos subsequentes.

Os escritores dos séculos XVI, XVII e XVIII (falo da literatura comum) faziam poesia ou prosa *devota*, isto é, inspirada em Cristo, nos santos e dogmas da religião. Na passagem para o século XIX, nota-se interesse pelo Velho Testamento, isto é, a tradição pré-cristã; nele, porém, buscaram-se os livros morais e devocionais (Jó, Provérbios, Salmos). Com o Romantismo, virão as partes poéticas e romanescas, o aspecto lendário, donde sairão "A hebreia", de Castro Alves, "Ira de Saul", de Varela — retomando a admirável exploração plástica dos *Poemas antigos*, de Vigny, das *Melodias hebraicas*, de Byron, e tantos poemas de Victor Hugo.

Aceitando este esquema, vemos que não se pode, do ponto de vista estético, situar na mesma chave São Carlos, Sousa Caldas e Elói Ottoni: aquele, ainda completamente preso à primeira fase de loa devota, estes já manifestando aquela curiosidade pela Bíblia que será um dos aspectos da religiosidade romântica.

A assunção é uma epopeia religiosa em oito cantos, de versos decassílabos emparelhados, celebrando a subida da Virgem Maria aos céus. Dirigem-na dois sentimentos igualmente intensos, devoção e nativismo, que o escritor mobiliza para exaltar o seu objeto, empenhado em contribuir para o brilho do culto mariano e o desagravo de sacrilégios recentes da Revolução Francesa.

Literariamente, São Carlos tinha poucos intuitos definidos; um deles, porém, mais cheio de consequências do que poderia supor na sua mediana concepção. Foi o caso que, impregnado do referido espírito de reação religiosa, parece ter querido romper com as tradições do paganismo:

Não direi que no âmago da anosa
Faia se esconde Dríada formosa;
Que os travessos Caprípedos dão saltos
Na campina, alternando bailes altos;
Que as Napeias, brincando pelos prados,
Seus risos lhes consagram, seus agrados;
Nem que o Velho Sileno, honrando os velhos,
Dita ao jovem Tioneu almos conselhos.
Não, só presidem Anjos tutelares,
Que do lugar dissipam os pesares.

(III)

O fato porém é que as imagens e mitos da Antiguidade, como se vê, reaparecem a cada passo, mostrando as fundas raízes que tinham no espírito desses homens, incapazes de se exprimirem sem o seu intermédio.

Outro propósito de São Carlos — este, definido nitidamente — foi substituir às Musas uma inspiradora toda religiosa, personificada na Igreja católica:

E tu, Igreja, tu nunca invocada,
Musa do céu, de estrelas coroada;
Nesta via escabrosa e tão confusa,
Ah! digna-te de seres minha musa.
  (I)

Agora, Santa Igreja, tu me inspira
A narração da Virgem; minha Lira
Não invoca outra Musa, nem procura
Do Hélicon beber a Linfa pura.
  (IV)

Ó tu, Igreja Santa, linda Esposa
Do cordeiro de Deus; minha mimosa
Clara Musa gentil, que por capelas
Brilhantes cercaduras tens de estrelas.
  (VI)

Esta imagem de uma nova Musa, celeste e coroada de estrelas, é devida ao Tasso, que a invoca no início da *Jerusalém libertada*:

O Musa, tu che di caduchi allori
non circondi la fronte in Elicona,
ma su nel cielo infra i beati cori
hai di stelle immortali aurea corona,
tu spira al petto mio celeste ardori,
tu rischiara il mio canto e tu perdona
s'intesso fregi al ver, s'adorno in parte
d'altri diletti che de' tuoi le carte.
  (I, 2)

Inspirado, como refere, no poema latino de Sannazaro, não há indício de que São Carlos tenha lido Milton, ou a *Messíada*, de Klopstock. Tasso aparece todavia em vários pontos, inspirando a forma e o conteúdo, inclusive a descrição do inferno e os combates terrivelmente prolixos e dessorados entre as suas milícias e as do céu.

Para quem procura alguma vibração nova, é decepcionante o poema que o autor supunha de brilhante novidade. Desprovido de qualquer inquietude, as coisas nele se preestabelecem conforme a tradição e o dogma, resultando, por exemplo, em frouxo conflito de um inferno de catecismo com arcanjos de procissão o choque dos "ignícolas" com os "celícolas", onde São Miguel proclama de antemão a fácil vitória, em versos que fazem pelo menos sorrir:

Aos colegas bradou: "Não há perigo,
Eis-me aqui, não temais, vede o castigo;
Vede como um agente só do Eterno
Calca aos pés o rancor de todo o inferno.
....
Vereis já dispersar-se esta caterva,
Qual fumo em vento, qual em fogo a erva.
Perante mim é tudo débil palha
Que ao leve sopro do tufão se espalha".
(II)

A inflexão de Ottoni Ao contrário dessa piedade fácil e mesmo automática, Elói Ottoni chegou à poesia religiosa através duma crise pessoal. Conta o sobrinho Teófilo que, voltando ao Brasil e não recebendo do governo de d. João VI uma esperada nomeação, ficou de tal maneira ferido e desiludido que se refugiou na religião, sobretudo na leitura da Bíblia; daí o propósito de cultivar o gênero sagrado. Seja como for, a viravolta — que o marcaria pela vida inteira — foi pela altura de 1808: é provável que agisse nele o exemplo de Sousa Caldas, no esplendor da carreira de orador sacro, empenhado em verter os Salmos. Não conhecemos as relações entre os dois homens mas podemos entrevê-las pelo fato de, entre tantos sacerdotes letrados do tempo, ter cabido em 1814 ao poeta mineiro compor o epitáfio do confrade, a quem havia certa vez dirigido um poema. Ottoni fez um dístico latino acompanhado de paráfrase portuguesa, onde se discerne verdadeira fascinação pela personalidade intelectual do morto:

Brasiliae splendor, verbo, sermone tonabat,
Fulmen erat sermo, verbaque fulmen erat.

Do Brasil esplendor, da pátria glória,
Discorrendo, ou falando trovejava,

O discurso, a dicção, a essência, a forma,
Tão veloz como o raio s'inflamava.[6]

Não seria demais, portanto, imaginar que o interesse pelo Velho Testamento e talvez o desejo de passar à nossa língua algumas das suas partes encontrasse, se não origem, pelo menos estímulo nessas relações entrevistas.

Ottoni revela interesse puramente moral, tanto na escolha dos *Provérbios*, de sentido gnômico nada poético, quanto por só haver discernido este aspecto no patético *Livro de Jó*, não levando em conta a densa poesia dessa que os exegetas modernos consideram tragédia de cunho esquiliano, radicada no velhíssimo tema oriental dos sofrimentos do justo.[7]

Os *Provérbios* são parafraseados em quadrinhas fáceis e leves, lembrando o abecedário moral do *Peregrino da América*:

Resposta branda e suave
Quebra da ira o furor;
Palavras duras excitam
Ressentimento e rancor.

Do sábio a língua expressiva
Serve à ciência de ornato;
Evapora-se a loucura
Nas expressões do insensato.

A tradução do *Livro de Jó* é feita em decassílabos encadeados e representa esforço literário bem mais considerável.

Religião profunda Entretanto, dos três, apenas Sousa Caldas revela inspiração e prenuncia certos traços futuros. A tendência ética e devocional se combina, em seu espírito forte e irrequieto, ao pendor para a meditação; a religião aparece como ponto de vista, servindo para exprimir os sentimentos pessoais, dando elementos para uma concepção do homem e do mundo.

Sob este aspecto, há nítido paralelismo entre a peça mestra da sua "fase Rousseau", a "Ode ao homem selvagem", e a peça mestra da fase religiosa, a

---

6 Talvez se lembrasse o poeta de alguns trechos do famoso "Sermão da sexagésima", de Vieira: "[...] e todos com tal valentia no dizer que cada palavra era um trovão, cada cláusula, um raio e cada razão um triunfo". "Assim há de ser a voz do pregador — um trovão do céu, que assombre e faça tremer o mundo." 7 Confira por exemplo a "Introdução" de J. Steinman à sua tradução crítica: *Le Livre de Job*, 1955.

234

"Ode sobre a existência de Deus": é uma filosofia de vida que substitui outra. Numa das estrofes da segunda ode, construção maciça e árida, sentimos a transferência ao plano religioso da inquietação que nunca o deixou:

> Ó tu, reconcentrado, imenso Oceano
> De desejos ferventes,
> Insaciável coração humano,
> Que debalde com ânsias sempre ardentes
> Forcejas por contentes
> Passar da vida fugitiva e escassa
> Os momentos que a Parca ao longe ameaça.

Ao contrário do que se dá nos outros poetas, a religião não aparece nele apenas como indiscutida fidelidade à verdade revelada, isto é, submissão: é fruto de uma pesquisa interior, em que se corporificam respostas, duramente alcançadas, a perguntas metafísicas. Deste modo, é algo obtido, não um dado pacífico da tradição a que se incorporasse por automatismo ou falta de vibração; é a grande resposta que pôde, ele próprio, dar aos

> ... ásperos conflitos

referidos na interrogação inquieta e juvenil da "Carta aos meus amigos, consultando-os sobre o emprego mais próprio de meus talentos".

> Ó Infinito, ó ideia soberana
> Eis o termo anelado,
> Que só pode fartar a mente humana!
> Ó Deus! ó Providência! assim gravado
> Teu nome sublimado
> Em letra mais que o bronze duradoura,
> No íntimo de nós altivo mora,

exclama mediocremente na "Ode sobre a existência de Deus". E mesmo peças frias e amaneiradas como a cantata "A criação", ou pesadas e monótonas como as pindáricas sobre a imortalidade, mostram a constância com que vê a religião em seus aspectos psicológicos e filosóficos: sentimento de vazio interior que se preenche, destino do homem, significado da natureza. Raras vezes encontramos beleza na correção permanente do seu verso, na nobreza da sua concepção literária. Mesmo estrofes tão bem começadas quanto a citada em primeiro lugar descaem quase sempre. Nela, aos três versos admiráveis do início sucedem outros de implacável banalidade, comprometendo o largo movimento que configura a imagem oceânica do espírito — o "reconcentrado, imenso Oceano", de sabor quase romântico.

No entanto, se procuramos na sua leitura, com certa angústia, uma plenitude expressional que nunca vem, é porque sentimos por trás da poesia desse prosador transviado um drama espiritual ausente nos seus contemporâneos, mostrando como, nele, religião foi estado de alma e debate interior.

Mas a sua grande empresa poética foi a versão de quase toda a primeira parte dos Salmos (cerca de metade do total), e aí encontramos realizações melhores. O versículo bíblico da Vulgata, (que lhe serviu de texto), se apresenta geralmente ao leitor como fundo poético em forma semiprosaica. No tempo de Sousa Caldas já se conhecia o princípio fundamental da poesia hebraica, o paralelismo de imagens, conceitos e expressões, embora não o houvessem ainda aprofundado. Os tradutores sentiam-no provavelmente mais pela evidência das versões do que pelo conhecimento teórico, só mais tarde desenvolvido pela filologia. Daí ele subsistir na tradução apenas quando não era necessário sacrificá-lo ao sentido geral que, este sim, era visado. Doutra parte, ignorou-se até os nossos dias a natureza do verso hebraico, só nos últimos anos revelada pela descoberta de Tournay como um sistema rítmico de acentos tônicos, oxítonos e paroxítonos.[8] No tempo de Sousa Caldas, sabia-se que não se contava por sílabas, nem por pés, e, desconhecendo-se outro tipo de versificação, pensava-se que não possuía métrica nem ritmo regular. Foi esta certamente a opinião do poeta, pois era a do seu pedantesco e fiel Stockler, expressa no ensaio que antepôs à primeira edição dos *Salmos*.[9]

Em face dessa situação, o tradutor procurava transpor o significado e as imagens com a maior liberdade métrica, resultando poemas animados do espírito próprio da sua língua e versificação. Foi o que fizeram Elói Ottoni e Sousa Caldas. Em nossos dias veríamos fenômeno contrário, os poetas religiosos procurando compor, em sua língua, imitações do versículo bíblico, encarado ao modo de prosa poética (Péguy, La Tour du Pin; Schmidt, Murilo Mendes, Jorge de Lima, d. Marcos Barbosa).

Para Sousa Caldas, a tradução dos Salmos foi oportunidade de realizar uma obra animada, ao mesmo tempo, de sentido poético e valor religioso. Hoje, a versão *arqueológica* da Bíblia de Jerusalém, fiel às variações de ritmo do texto hebraico, nos permite avaliar o discernimento com que as sentiu, até certo

---

8 Para os admiráveis trabalhos deste erudito francês, consultar: *Les Psaumes*, traduits par R. Tournay, O. P. et Raymond Schwab.　**9** Francisco de Borja Garção Stockler, "Discurso sobre a língua e a poesia hebraica", em *Salmos de Davi vertidos em ritmo português pelo Revdo. Ant.º Pereira de Sousa Caldas* etc., pp. V-LIV, sobretudo pp. XIV-XIX.

ponto, sob a Vulgata e, consequentemente, empregando os mais variados metros e sistemas estróficos. Inclusive o uso da sua muito cara ode pseudopindárica deu, em vários casos, resultado inesperadamente bom, ao recriar o paralelismo pelo jogo dialético da estrofe, antístrofe e epodo.

No entanto, apesar destas qualidades, vista de hoje a sua obra aparece prejudicada pelos vícios formais do Neoclassicismo decadente, ora levando os poemas davídicos a certa rigidez, ora dissolvendo-os em arietas de cantata. O hábito com o ritmo do versículo bíblico nos faz contudo preferir o primeiro caso, em que não raro obtém certos movimentos de elevada nobreza:

> Ó Deus imenso, todo o meu amparo!
> Das mãos ferinas que abater-me intentam,
> E a cada instante de furor redobram,
> > Vem libertar-me.
> (VII)

> Do Senhor as palavras puras, santas,
> > São qual a branca prata
> Que o fogo acrisolou, e sete vezes
> > Passou a ardente prova.
> (XI)

> Suspende o teu furor, e não me acuses,
> > Senhor, na tua ira; vê meu peito
> Rasgado já das setas penetrantes
> > Que tens em mim cravado.
> (XXXVII)

As qualidades nobres do verso, a dignidade da inspiração fariam de Sousa Caldas o único a influir realmente nos primeiros românticos: Magalhães, que lhe pasticha a "Carta marítima" e recolhe, na medida das poucas forças, muito do tom religioso; Gonçalves Dias, onde vamos senti-lo no hino cheio de compostura clássica assim principiado:

> Senhor Deus Sabaó, três vezes santo.

Nele, portanto, encontramos realmente a vibração que empenha a personalidade na meditação e na contemplação, refinando no indivíduo certos estados d'alma que o fazem transportar-se além de si próprio, e ao mesmo tempo o levam a tomar-se como medida e ponto de referência.

Capítulo VII
Promoção das luzes

1. As condições do meio **241**
2. A nossa *Aufklärung* **252**
3. Os gêneros públicos **258**

I.
As condições do meio

Muitas das aspirações mais caras aos intelectuais brasileiros da segunda metade do século XVIII foram aqui realizadas nos primeiros anos do século XIX com apoio do próprio governo que as combatera — tanto é certo que as ideias básicas duma fase nova "foram subversivas antes de serem tutelares" (Anatole France). Imprensa, periódicos, escolas superiores, debate intelectual, grandes obras públicas, contato livre com o mundo (numa palavra: a promoção das Luzes) assinalam o reinado americano de d. João VI, obrigado a criar na Colônia pontos de apoio para o funcionamento das instituições. Foi a nossa Época das Luzes, produzindo algumas consequências importantes para o desenvolvimento da cultura intelectual e artística, da literatura em particular. Posta a cavaleiro entre um passado tateante e o século novo, que se abriria triunfal com a Independência, viu o aparecimento dos primeiros públicos consumidores regulares de arte e literatura; a definição da posição social do intelectual; a aquisição, por parte dele, de hábitos e características mentais que o marcariam quase até os nossos dias. Momento decisivo, portanto, que despertou nos contemporâneos os maiores entusiasmos, as mais rasgadas esperanças, e que se tentará delinear nas páginas seguintes. Os sonhos dos homens cultos pareciam realizar-se e a adulação se fazia indiscernível da sinceridade, no vasto movimento de gratidão ao simpático trânsfuga real, que abria para o país a era do progresso.

Comecemos registrando a produção literária de apoio às realizações oficiais, que foi, sob muitos aspectos, típico movimento de compensação ideológica, visando a encobrir o que houvesse de menos viril na migração da corte. Para os brasileiros exultantes, sublinhava-se a magnanimidade, a solicitude paternal com que o regente, depois rei, incorporava o Brasil à civilização, privilegiando-o no seu carinho. Para a Metrópole descontente, prejudicada pela abertura dos portos, equiparada administrativamente à Colônia, apresentava-se a fuga como um ato de finura e mesmo coragem, graças ao qual ficaram preservadas a independência e a dignidade da Coroa.

Literariamente, a máxima expressão desse disfarce aparece em dois longos, incríveis poemas épicos: a *Brasilíada*, de Tomás Antônio dos Santos e

Silva (doze cantos em verso branco), e a *Alfonsíada*, de Antônio José Osório de Pina Leitão (dez cantos em oitava rima). O primeiro celebra a fuga para o Brasil como feito comparável aos celebrados por Camões; o segundo, dedicado à fundação da monarquia, compara Afonso Henriques, fundador, a d. João VI, salvador.

Entre os brasileiros que afinaram pelo mesmo diapasão, mencionaremos, na longa série, o nosso já conhecido alferes Lisboa, Bernardo Avelino Ferreira e Sousa, Estanislau Vieira Cardoso e, noutro nível, José da Silva Lisboa, futuro visconde de Cairu.

O primeiro, que em 1808 cantara num feixe de poesias patrióticas "A proteção dos ingleses" como garantia de Portugal, faz em 1810 os diversos povos do Brasil beijarem a mão do príncipe em regozijo pela sua chegada aos

> Penhascos brutos das Brasíleas terras.

Os solícitos Bernardo e Estanislau foram versejadores de ocasiões festivas, notadamente no ensejo do coroamento, quando elaboraram, por "Ordem de Sua Majestade", uma *Relação dos festejos*, que a Intendência de Polícia fez imprimir na Tipografia Real e "gratuitamente distribuir [...] a fim de perpetuar a Memória do plausível Sucesso, de que mais se gloriam os Fastos Portugueses". Nela se encontram versos bem característicos do reconhecimento local no plano da lisonja:

> Sobre o fértil Brasil voa a ventura
> Abraçada no Herói, dele prezada;
> A Plaga afortunada
> De efeitos de ternura,
> De efeitos paternais as provas sente;
> Surge Império potente
> Do seio da grandeza e bom governo;
> Segura-se a ventura à Lusa Gente,
> Unida à força de um poder superno.
> ("Ode Iª")

Pouco melhor como estilo e igualmente palaciano na adulação é Silva Lisboa nos escritos econômicos desde 1809, culminando na *Memória dos benefícios políticos do governo de El-rei Nosso Senhor d. João VI*, também impresso por "Ordem de Sua Majestade" como propaganda ligada ao coroamento. São desvairadas lisonjas em quase duzentas páginas de prosa túrgida, onde o abuso do grifo e da maiúscula procura superar os mais descabelados adjetivos. A única ideia — como aliás nos outros escritos dele — é que a franquia dos portos abriu o período pós-colonial do Brasil. "A Vinda do Senhor d. João à Bahia marca uma *Grande Era* nos Anais da Civilização, pela *suspensão do Sistema Colonial* [...]. Estabelecendo no seu Principado um Liberal Sistema Econômico, que destruísse os antissociais efeitos do *Sistema do Continente*" (p. 67).

Bem mais discretos são os versos de José Bonifácio; a "Ode" belicosa de 1820, ou "O Brasil", do mesmo ano, onde aponta os benefícios do governo e, sobretudo, o que dele se espera, aconselhando ao rei descartar-se da lisonja cortesã para ver os problemas da terra, inclusive a assistência às populações —

> [...] socorro
> Pronto e seguro ao Índio tosco, ao Negro,
> Ao pobre desvalido —

a fim de se desenvolverem a agricultura e o comércio, as comunicações e indústrias,

> Porque despedaçando vás benigno
> A imunda vestidura da pobreza;
> E de brutos farás homens e Heróis!

Bons versos, bela ideia, que marcam a diferença entre Américo Elísio e os engrossadores citados.

Houve, pois, um ciclo literário de preito ao rei, onde se espelha o entusiasmo ante a reviravolta desencadeada pela transferência da família real, que foi efetivamente, sob vários aspectos, o acontecimento mais importante da nossa história intelectual e política. E se os brasileiros daqui, menos experientes do mundo, tendiam a engrossar a caudal de adulação — deslumbrados por tanta novidade — os homens de maior trato com a Europa encaravam os fatos com realismo. Ao longo dos volumes do *Correio Brasiliense*, Hipólito da Costa não cessa de mostrar que as medidas decorriam das necessidades de funcionamento administrativo; que em muitos casos sancionavam situações de fato; que as condições do meio as propiciavam; e, sobretudo, que o Governo real estava muito aquém das medidas realmente necessárias e completas. Há mesmo um diálogo Hipólito-Silva Lisboa, em que, a propósito das obras deste, ia aquele denunciando a pseudobeneficência joanina, procurando despertar nos brasileiros a noção das reformas que corresponderiam de fato às exigências do momento e do Brasil.

Em todo o caso, objetiva ou lisonjeira, toda essa produção em verso e prosa exprime um novo estado de espírito e de coisas; por isso é lembrada neste momento em que vamos falar da literatura vinculada à coisa pública. Exprime, com efeito, não só a grande esperança de liberdade e cultura que então percorreu o Brasil, como a ocorrência efetiva de reformas que mudaram o seu panorama e condicionaram novos rumos nas letras, artes e ciências. A vontade consciente de ter uma literatura nacional e o empenho em defini-la decorrem em boa parte do sentimento de confiança adquirido pelos intelectuais brasileiros durante a fase joanina, quando se estabeleceu realmente no país uma capital científica e literária, ao consolidar-se a preeminência do Rio de Janeiro, esboçada antes, mas ainda não efetivada e reconhecida. A partir de então, vivem nele, ou dependem da sua sanção, os escritores de maior valor. Mesmo porque os acontecimentos sociais e intelectuais nele ocorridos contribuirão para configurar o papel social do escritor, atribuindo-lhe posição nova na sociedade e modificando as condições da sua produção.

A Corte O que era culturalmente o Rio de Janeiro?[1] Mesquinho para o que veio a ser, significava imenso progresso comparado à situação precedente.

Termina a hegemonia intelectual dos conventos e se organiza o pensamento livre, que pouco antes eles ainda haviam podido pôr em xeque na repressão da Sociedade Literária. A censura diminui, malgrado o peso que continua a exercer através da fiscalização das publicações e da Intendência de Polícia, recém-criada: em 1813, Silvestre Pinheiro Ferreira foi obrigado, quando publicou as *Preleções filosóficas*, a cortá-las e acomodá-las às exigências do Governo, e Hipólito não cansa, no *Correio Brasiliense*, de atacar a compressão do pensamento.

Progresso decisivo é a fundação de cursos técnicos e superiores — o naval, o militar, o de comércio, o de medicina e, já no reinado de d. Pedro I, os de direito, — que permitiam afinal a formação completa no próprio país, fora da carreira eclesiástica. Quanto à divulgação do saber, mencionem-se as preleções e conferências públicas (de que foram citadas as mais ilustres de Silvestre Pinheiro); a imprensa periódica, a partir de 1812, e 1813, na Bahia e no Rio, existindo desde 1808 o jornal de Hipólito, editado em Londres; o funcionamento da Capela Real, depois Imperial, espécie de salão permanente

---

1 Para uma síntese admirável das transformações por que passou o Brasil, no terreno das realizações materiais e culturais, ler os capítulos IV e V, v. I, de *Dom João VI no Brasil*, de Oliveira Lima.

de concertos e conferências; as sociedades secretas e semissecretas, político-culturais, que, desde 1800 e quase sempre por influência maçônica, reúnem as inteligências mais ousadas.

O movimento da Imprensa Régia, depois ampliado por tipografias privadas, é insatisfatório, mas representava um começo. Publicaram-se principalmente trabalhos oficiais e de utilidade para o ensino, bem como os periódicos; mas a literatura comparece, desde o *Ensaio sobre a crítica*, de Pope, traduzido pelo marquês de Aguiar, até uma bem licenciosa *História de dois amantes*, adaptada do francês por J. P. S. A. (José Pedro de Sousa Azevedo), passando pela *Marília de Dirceu*. A fundação de bibliotecas públicas e a abertura de livrarias completam o quadro da divulgação do saber, cuja base permanece todavia precária, pela falta de escolas públicas primárias e a insuficiência das particulares, embora houvessem aumentado as aulas régias. Daí a importância educacional conservada pelo sacerdote, o mosteiro, o seminário, formadores de caracteres e dispensadores de instrução.

Livros Vejamos de mais perto a questão dos livros, dos quais depende a literatura.

A abertura dos portos aumentou sem dúvida a sua entrada, antes clandestina em grande parte, e os compradores iriam proporcionalmente aumentando, com a melhoria em relação ao que se dava nos primeiros anos do século, quando d. Rodrigo de Sousa Coutinho, tendo estabelecido a remessa de obras úteis e ordenado aos governadores que as vendessem, era informado pelo de São Paulo que ninguém se interessava por elas, sendo o governo obrigado a distribuí-las e arcar com a despesa.[2] No tempo de d. João VI, segundo um contemporâneo, o padre Perereca, "os livros são ainda escassos e por um preço exorbitante"; os anúncios dos livreiros revelam do seu lado como eram parcos e pouco variados.

Entre 1807 e 1817 as testemunhas não assinalam número maior de quatro livrarias mal fornecidas, esclarecendo uma delas que "são propriamente lojas de alfarrábios, cujo sortimento consiste em velhas traduções do inglês e do francês, e encalhes semelhantes".[3] Muito pior era a situação noutras partes, sendo que no Recife, em 1815, havia apenas uma porta onde se vendiam livros religiosos.[4] Em 1821 a situação melhora no Rio havendo "nada menos

---

2 *Documentos interessantes para servir à história e costumes de São Paulo*, v. XXX, p. 37.   **3** Gonçalves dos Santos, *Memórias para servir à história do reino do Brasil*, v. I, p. 426; Andrew Grant, *History of Brazil*, p. 143; Luccock, *Notas sobre o Rio de Janeiro* etc., p. 166; Spix e Martius, *Viagem ao Brasil*, v. I, p. 103; Ferdinand Denis, "Cartas", B, II, p. 656; Pohl, *Viagem no interior do Brasil*, v. I, p. 79.   **4** Koster, *Viagens ao Nordeste do Brasil*, p. 68.

de oito lojas de livros".[5] Evaristo da Veiga, que foi a vida toda, como o pai, livreiro (a certa altura, o maior da cidade), pôde, no seu comércio, conseguir uma abastança honrada.[6] Mas é preciso lembrar que na maioria esses estabelecimentos eram também papelaria e bazar.

Não é fácil avaliar a ocorrência de livros nas casas particulares, onde chegariam talvez menos por compra local do que pelo empréstimo, a permuta, a importação direta através de passageiros, comerciantes, amigos, tripulação de navios. Em Minas, por exemplo, há referência à boa e numerosa biblioteca do intendente Câmara, no Tijuco; à excelente de um "Senhor Teixeira", em Sabará (era o ouvidor dr. José Teixeira, futuro visconde de Caeté); à do último governador, d. Manuel de Portugal e Castro, em Vila Rica, igualmente boa.[7]

Note-se neste sentido a iniciativa dos *ilustrados* pernambucanos, que diligenciavam por tornar acessíveis os livros, como o padre João Ribeiro Pessoa na Academia do Paraíso, franqueando a sua coleção e procurando enriquecê-la.[8]

Os conventos, que possuíam praticamente as únicas bibliotecas antes de 1808, tornaram-se mais liberais, na sua franquia, a partir desta data.[9] Recife e Olinda contavam apenas com a do Mosteiro de São Bento, localizada nesta e reputada boa.[10] Na Bahia, a única apreciável fora a dos jesuítas, dispersada no último quartel do século XVIII, quando os seus livros se venderam aos comerciantes para embrulho.[11] Em 1811 fundou-se uma pública, por iniciativa de Pedro Gomes Ferrão Castelo Branco e acervo constituído por doações dele, do governador conde dos Arcos e do padre Francisco Agostinho Gomes, baseando-se no recrutamento de subscritores.[12] Em Minas, nenhuma nestas condições. Em São Paulo era apreciável a dos Franciscanos, franqueada em 1825 e logo depois anexada ao Curso Jurídico.[13]

---

5 Octávio Tarquínio de Sousa, *Evaristo da Veiga*, 1939, pp. 52-53. **6** Ibid., pp. 256-257. **7** Mawe, *Viagens ao interior do Brasil*, p. 221; Spix e Martius, op. cit., v. II, p. 87; Pohl, op. cit., v. II, pp. 391-392. **8** Muniz Tavares, *História da Revolução Pernambucana de 1817*, p. LXXX. **9** Luccock, op. cit., p. 380. **10** Muniz Tavares, op. cit., pp. XIII e LXXX. **11** Vilhena, *Notícias soteropolitanas*, v. I, p. 62. **12** Carlos Rizzini, *O livro, o jornal e a tipografia no Brasil*, op. cit., p. 307, e também *Correio Brasiliense*, v. VII, n. 39, 1811, pp. 219-233, onde vêm o requerimento do fundador e os estatutos. Essas palavras de Castelo Branco se aplicariam à Colônia: "Padece o Brasil, e particularmente esta capital, a mais absoluta falta de meios para entrarmos em relação de ideias com os Escritores da Europa, e para se nos patentearem os tesouros do saber espalhados nas suas obras, sem as quais nem se poderão conservar as ideias adquiridas, e muito menos promovê-las a benefício da sociedade" (p. 220). **13** Müller, *Quadro estatístico da província de S. Paulo*, pp. 257-258 e 261.

No Rio, a Biblioteca Real foi aberta ao público em 1814 no Hospital do Carmo e, recebendo vários acervos, inclusive os de Silva Alvarenga e do conde da Barca, já tinha mais de 60 mil volumes por volta de 1820. Os informantes mais objetivos deixam claro que era inatual, pouco variada e sem ordem, embora confortável a sala de leitura. Em 1817 acharam Spix e Martius que ficava às moscas, mas em 1825, segundo Schlichthorst, era muito frequentada, sobretudo por padres.[14] Se corresponderem à realidade, estas informações revelam o incremento no hábito de ler.

Os dados disponíveis mostram que se lia pouco, embora alguns autores fossem universalmente conhecidos; sobretudo franceses, mas sem excluir outros.

Muitos habitantes abastados daqui (Bahia) e do Rio ornam as salas com gravuras francesas, ilustrando feitos dos seus generais vitoriosos, que encaram com sentimentos do mais caloroso entusiasmo. Nas suas parcas bibliotecas acham-se escritos de D'Alembert, Buffon, Adam Smith, Thomas Paine etc.[15]

As liras de Gonzaga, postas em música, circulavam amplamente; parece que o *Caramuru* era lido e prezado; *Do contrato social* bateria a todos em divulgação e apreço, salvo no referente à literatura popularesca, tipo *Peregrino da América*, ou, sobretudo, a *História do imperador Carlos Magno*, possivelmente o livro mais divulgado e estimado pelo leitor inculto.[16] Luccock dá notícia dum leilão de livros em 1818, em que

saíram muito bem tanto obras inglesas como algumas latinas; poucas, porém, creio terem caído entre mãos brasileiras. Os livros franceses são procurados, mas foi impossível, por todos os meios, vender uma edição de Glasgow, da *Ilíada*, de Homero, em grego, a Septuaginta e Novo Testamento na mesma língua [...] como também não encontrou freguês um Saltério hebraico com tradução latina.[17]

A configuração do intelectual Além do sermão, da preleção e do livro, deve-se anotar a função das associações político-culturais onde se divulgaram e debateram informações e ideias hauridas nos poucos livros de interesse real para o tempo. É o momento em que floresce a maçonaria, não apenas multiplicando lojas propriamente ditas, a partir de 1800, como inspirando a formação de

---

14 Spix e Martius, op. cit., v. I, p. 98; Luccock, op. cit., pp. 379-380; Schlichthorst, *O Rio de Janeiro como é*, p. 74. **15** Grant, op. cit., p. 230. **16** Spix e Martius, op. cit., v. I, p. 286; Schlichthorst, op. cit., pp. 165 e 169; Pohl, op. cit., v. I, pp. 384; v. II, p. 332. **17** Luccock, op. cit., p. 380.

grupos interessados na difusão do saber e no culto da liberdade. Nesse tempo, tais associações desempenharam não apenas funções hoje atribuídas aos agrupamentos partidários, mas algumas das que se atribuem ao jornalismo, às sociedades profissionais, à Universidade. Assim foi que congregaram e poliram os patriotas, serviram de público às produções intelectuais, contribuíram para laicizar as atividades do espírito, formularam os problemas do país, tentando analisá-los à luz das referências teóricas da *Ilustração*. Foi um toque de reunir para os homens interessados na cultura e na política, corroborando o ponto de vista de Hipólito da Costa num dos seus melhores ensaios, onde analisa a necessidade e função das "sociedades particulares" (isto é, as associações): elas correspondem a uma necessidade de organização social, — pois a marcha da civilização está ligada à diferenciação da sociedade — e condicionam o próprio funcionamento do Estado, ao se interporem entre eles e os indivíduos, cujas atividades definem e coordenam.[18]

Neste sentido, contribuem para definir o papel do intelectual que, numa sociedade menos diferenciada e em vias de adquirir consciência de si própria, como a do período joanino, foi reconhecido na medida em que pôde se identificar ao patriota, o "votário da Liberdade" (Antônio Carlos). Em consonância com as fórmulas *ilustradas*, elas procuraram fundir no cidadão o intelectual e o político, propondo-lhes como critério de identidade e dignidade a participação nos grandes problemas sociais.

Analisando-as, podemos avaliar a importância do agrupamento intelectual no Brasil e o longo caminho percorrido a partir da Academia dos Renascidos: passagem da gratuidade à participação na vida social e da subordinação clerical ao pensamento livre; passagem do escritor marginal que se justapõe à sociedade e procura congregar-se para penetrar nela, ao escritor que o consegue ao se congregar politicamente para, deste modo, participar organicamente da vida nacional. Nesse processo, avulta como vimos a Sociedade Literária, verdadeiro ponto de transição, já recorrendo ao segredo para preservar-se, repudiando a influência fradesca e incorrendo na sua ira ao querer formular uma atitude moderna: laica, civil, interessada no progresso das luzes e da sociedade.

No começo do século XIX, devem ser destacados como mais característicos os *ilustrados* pernambucanos, pertencentes às várias sociedades a que se poderia chamar em conjunto o "complexo de Itambé", por derivarem diretamente do Areópago, fundado nessa localidade pelo grande padre Arruda Câmara, cerca de 1801, "para difundir a instrução e as ideias liberais". Sucedem-lhe o grupo

---

18 *Correio Brasiliense*, v. III, pp. 141-149 e 269-276.

conhecido por Academia Suassuna, reunido no engenho deste nome, a Oficina de Igaraçu, e sobretudo a Academia do Paraíso, onde o padre João Ribeiro Pessoa, discípulo amado de Arruda Câmara, continuou a orientação de que este o constituíra legatário.

Nesse momento decisivo configurou-se no Brasil pela primeira vez uma "vida intelectual" no sentido próprio; e as condições descritas convergem para dar ao escritor de então algumas características que hão de persistir até quase os nossos dias.

A raridade e dificuldade da instrução, a escassez de livros, o destaque dado bruscamente aos intelectuais (pela necessidade de recrutar entre eles funcionários, administradores, pregadores, oradores, professores, publicistas) deram-lhes um relevo inesperado. Daí a sua tendência, pelo século afora, a continuar ligados às funções de caráter público, não apenas como forma de remuneração, mas como critério de prestígio. Acrescentemos a esses fatores a tendência associativa que vinculava os intelectuais uns aos outros, fechando-os no sistema de solidariedade e reconhecimento mútuo das sociedades político-culturais, conferindo-lhes um timbre de exceção. Não espanta que se tenha gerado um certo sentimento de superioridade, a que não eram alheias algumas implicações da Ilustração — inclinada a supervalorizar o *filósofo*, detentor das luzes e capaz, por isso, de conduzir os homens ao progresso. Aí se encontram porventura as raízes da relativa jactância, reforçada a seguir pelo Romantismo, que deu aos grupos intelectuais, no Brasil, exagerada noção da própria importância e valia.

É preciso, naturalmente, lembrar o fator complementar decisivo que foi a profunda ignorância do povo e a mediocridade passiva dos públicos disponíveis — o que só concorreu para aumentar o hiato entre massa e *élite* e reforçar a autovalorização desta. Nesse estado de coisas, agiu como corretivo o caráter participante com que o intelectual surgiu aqui. A participação na vida social, preconizada ou favorecida pelos ditames *ilustrados*, impediu o divórcio e a segregação, fazendo com que lhe conferissem, e ele se arrogasse, deveres de intervenção na vida pública. Deu-lhe um certo senso de *serviço* e, da parte do público, contribuiu para cercá-lo de uma auréola de relativa simpatia e prestígio. Este estado de coisas, referente sobretudo ao orador, o jornalista, o legista, repercutiu também na posição do escritor, relativamente acatado no Brasil, mesmo quando as suas obras não eram lidas.

Sintoma interessante do que foi dito é a formação, nesse tempo, de dois temas, onde se vêm unir as condições reais da produção intelectual e certa fabulação, que procurava compensar a sua pobreza e lacunas. Refiro-me ao que se poderia chamar de temas do "saber universal" e da "obra-prima perdida".

Consiste o primeiro em atribuir ao intelectual brasileiro extraordinária cultura e inteligência, fazendo-o capaz de embasbacar os estrangeiros — fantasia que se desenvolve em três planos.

No plano pessoal, é fruto da pequena divisão do trabalho intelectual e da falta de autocrítica, decorrente tanto do autodidatismo quanto da falta de concorrência literária e científica. O homem de letras sente-se levado a informar-se e a falar de tudo, superestimando a própria capacidade; e como tem poucos pares capazes de criticá-lo e superá-lo, a sua ciência lhe parece realmente infinita, abrangendo todas as coisas sabíveis. Nada mais característico, sob este aspecto, do que a autobiografia de Monte Alverne, onde, por exemplo, o fato de haver aprendido sozinho a língua francesa aparece como empresa transcendente, e a sua modesta informação filosófica, maravilha da pátria.

Noutro plano, reflete-se pelo louvor dos confrades e pósteros, que ampliam o mérito real, exageram as provas de talento, procurando inconscientemente por esta forma dar repercussão às coisas do espírito, numa sociedade pouco capaz de avaliá-las e recebê-las dignamente.

Afinal, a massa elabora a fama literária num plano quase folclórico, ampliando ainda mais a capacidade de alguns escritores que conseguem firmar-se no seu conceito. Assim, a lenda de Rui Barbosa em Haia, ou de d. Silvério em Roma, ou do Sousinha na França, fazendo o mundo reconhecer a nossa superioridade. Neste ponto, o tema se entronca noutro, o da "Europa curvando-se ante o Brasil". Para o povo, o talento aparece principalmente sob a forma do dom das línguas, que exprime de modo concreto o domínio sobre algo da civilização misteriosa da Europa, compensando o sentimento de inferioridade. D. Silvério perguntando no Vaticano aos bispos reunidos em congresso que língua deveria falar e, como não obtivesse resposta, escolhendo e falando com fluência o mais puro latim, toma lugar na imaginação popular ao lado da tournée vitoriosa do Clube Atlético Paulistano ou dos voos parisienses de Santos Dumont. Há anos, no interior de Minas, um velho negro, de esplêndida barba branca, analfabeto e majestoso, me informou que Rui Barbosa falava todas as línguas do mundo.

Este tema radica no período que estudamos e reflete, de algum modo, a reação do país e dos próprios homens de saber em face das eminentes figuras, que então floresceram e nem sempre conseguiram oportunidade para dar o melhor rendimento, ou alcançar o prêmio do seu esforço.

A esta mesma circunstância vem prender-se o tema da obra-prima perdida, que não é apenas hipertrofia da realidade, mas expressão verdadeira das dificuldades em publicar ou mesmo conservar as produções. As obras de Alexandre Rodrigues Ferreira e frei Mariano da Conceição Veloso, inéditas ou de publicação apenas começada, existem ou existiram manuscritas. As peças de Cláudio Manuel, mencionadas nos *Apontamentos*, devem também ter existido. Mas ao lado disso, há casos em que vamos resvalando para a lenda. Alvarenga Peixoto teria escrito uma bela tragédia, *Eneias no Lácio*, e traduzido a *Mérope*, de Cipião Maffei. Basílio da Gama também teria escrito uma tragédia. Silva Alvarenga destruiu manuscritos. O mesmo fizeram Sousa Caldas, Elói Ottoni, Vilela Barbosa. São Carlos tinha uma versão refundida do seu poema, que alguns viram e acabou extraviando. Perderam-se quase todos os sermões de Sousa Caldas, São Carlos, Sampaio, Rodovalho.

Em tudo isso haverá verdade; mas há sem dúvida a tendência de reputar melhor a obra perdida, que daria a medida real do autor, e que se fosse encontrada etc. etc. Repetida em jornais, livros e revistas, sobretudo no início do Romantismo, constitui um álibi que permite construir livremente o mito da grandeza literária, e será sucedido, no meio do século, por outro recurso: o de afirmar que o escritor não pôde, ou não quis escrever, dar a sua medida, não sendo deste modo possível avaliar a sua verdadeira estatura. Daí termos em parte uma literatura de obras perdidas ou não escritas, de escritores meio realizados ou não realizados de todo...

Parece que tais atitudes ilustram bem a posição do escritor e as condições da produção, nesse momento e nos que o sucederam. Ele escrevia num meio culturalmente pobre, encontrando repercussão limitada; tinha poucas oportunidades de cultivar o espírito, dar publicidade às obras e medir os próprios limites. Tendia, pois, a atribuir um alto significado à própria atividade e a considerar-se o sal de uma terra inculta, onde a fama, quando vinha, podia penetrar no domínio da lenda.

2.
A nossa *Aufklärung*

Dentro desses limites acanhados e com todos os seus percalços, ocorreu, pois, a nossa breve Época das Luzes, coincidindo muito felizmente com um momento em que a superação do estatuto colonial abriu possibilidades para realizar os sonhos dos intelectuais. Por isso, no Brasil, a Independência foi o objetivo máximo do movimento *ilustrado* e a sua expressão principal; por isso, nesse momento, o intelectual considerado como artista cede lugar ao intelectual considerado como pensador e mentor da sociedade, voltado para a aplicação prática das ideias.

Na tradição colonial, a intelectualidade era constituída por padres e bacharéis de formação clássica, detentores de cargos e prebendas, identificados aos interesses da Coroa, sua patrona. No momento referido o quadro muda. Aumenta o número dos brasileiros que vão estudar na Europa, não apenas em Coimbra, mas em Montpellier, Edimburgo, Paris. Dentre eles uma porcentagem crescente procura os estudos *filosóficos*, isto é, científicos, estabelecidos pela Reforma de Pombal: José Bonifácio, Melo Franco, Vilela Barbosa, Borges de Barros, para não contar os que, sendo exclusivamente cientistas, não cabem neste livro: Rodrigues Ferreira, Câmara, Veloso, Arruda Câmara, Vieira Couto etc. O ensino das ciências, a leitura dos *filósofos*, os libertava, pelo menos em parte, da mentalidade jesuítica e legista das *élites* anteriores, preparando-os para uma concepção mais ousada do papel da inteligência na vida social e das relações entre Metrópole e Colônia. Daí formar-se uma certa mentalidade progressista, que toma consciência do desajuste entre ambas e procurará, a seu tempo, formular a posição brasileira, determinada por contradições mais profundas entre a economia colonial e a política portuguesa. Em poucos momentos, quanto naquele, a inteligência se identificou tão estreitamente aos interesses materiais das camadas dominantes, (que de certa forma eram os interesses imediatos do Brasil), dando-lhes roupagem ideológica e cooperação na luta.

A atitude *brasileira*, pragmática, desses intelectuais se nutriu do idealismo humanitário dos *filósofos* e de um acentuado utilitarismo, haurido no estudo ou na admiração das ciências. Se boa parte deles permanece nos quadros tradicionais de respeito e obediência aos poderes estabelecidos, outra cultivou os germens da insatisfação e evoluiu rapidamente para a Independência. Mas mesmo os do primeiro grupo eram de mentalidade reformadora e acabaram aceitando a separação inevitável, como José Bonifácio e Hipólito da Costa. A todos é comum a concepção pragmática da inteligência, a confiança na razão e na ciência para instaurar a era de progresso no Brasil, a repugnância em dedicar-se de todo à literatura. "Em quanto a mim", escreve Alexandre Rodrigues Ferreira, "nenhum obséquio faz à Filosofia quem a estuda por deleitável [...]. O grau de aplicação, que merece uma ciência, mede-se pela sua utilidade."[19] No primeiro número do *Correio Brasiliense*, apresentando o seu programa, Hipólito da Costa especifica este ponto de vista no terreno social, em que radica a atividade dos publicistas:

> O primeiro dever do homem em sociedade é ser útil aos membros dela; e cada um deve, segundo as suas forças Físicas ou Morais, administrar, em benefício da mesma, os conhecimentos ou talentos, que a natureza, a arte ou a educação lhe prestou. O indivíduo, que abrange o bem geral duma sociedade, vem a ser o membro mais distinto dela: as luzes que ele espalha, tiram das trevas ou da ilusão aqueles que a ignorância precipitou no labirinto da apatia, da inépcia, ou do engano. Ninguém mais útil pois do que aquele que se destina a mostrar, com evidência, os acontecimentos do presente, e desenvolver as sombras do futuro.[20]

A contraprova desta atitude se encontra no relativo acanhamento de ser poeta, o que incrementava os gêneros didáticos e esmorecia o lirismo. Publicando n'*O Patriota* a tradução da "Palinódia a Nize", de Metastasio, desculpava-se deste modo Elmano Bahiense: "O Público julgará como enchi alguns poucos momentos roubados a mais séria aplicação".[21]

Por isso não espanta que os gêneros públicos — oratória, jornalismo, ensaio político-social — avultassem em detrimento das belas-letras, e que neste capítulo nos encontremos de algum modo fora da literatura, aonde, aliás, conduziam, no limite, as tendências de militância intelectual da Ilustração. Esses homens, fervorosamente patriotas, procuravam agir conforme estas diretrizes para integrar o Brasil no mundo intemporal da razão e da ciência, onde se uniam os povos quando orientados pelos seus princípios. Assim como a franquia dos portos quebrava o isolamento econômico, o reino da ciência deveria romper o bloqueio cultural,

---

19 Segundo Correia Filho, *Alexandre Rodrigues Ferreira*, p. 22.   **20** *Correio Brasiliense*, v. I, p. 3.   **21** Tomo II, n. 4, p. 71. Este nome poético escondia o diretor da revista, Manuel Ferreira de Araújo Guimarães, natural da Bahia.

pelo império das ideias que equiparam os homens no tempo e no espaço. Desse deslumbramento ante as grandezas proporcionadas pelas luzes, dá fé a apresentação d'*O Patriota*.

> É uma verdade, conhecida pelos menos instruídos, que sem a prodigiosa invenção das letras, haveriam sido muito lentos os progressos nas ciências e nas artes. Por elas o Europeu transmite ao seu antípoda as suas descobertas, e as mais doces sensações da nossa alma, os nossos mesmos suspiros (para falar com Pope) vão do Polo à Índia. Os homens de todos os séculos são contemporâneos; e o sábio em seu gabinete instrui-se ainda hoje com os Arquimedes e Apolônios; recreia-se com os Homeros e Anacreontes; consulta os Tucídides e os Lívios; admira a eloquência dos Demóstenes e Cíceros; e ligando eras interrompidas por largas séries de calamidades, salta através das irrupções dos Bárbaros, voa a despeito das injúrias do tempo, e prende remotíssimos anéis da cadeia não interrompida dos erros do entendimento, e dos crimes do coração humano.[22]

Aí estão alguns motivos próprios à Ilustração: universalidade da cultura, identidade fundamental do espírito humano no tempo e no espaço, valor humano da cultura clássica e (o que mais interessa no momento) função ancilar da literatura como divulgadora da ciência e da técnica (as Artes) e como atividade recreativa, hierarquicamente inferior num momento de intenso pragmatismo mental.

Se percorrermos a *literatura pública* do tempo, encontraremos nela temas característicos: ânsia de instrução, crença na educação para plasmar o homem na sociedade, amor da liberdade política e intelectual, desejo de reformas políticas, patriotismo, confiança na razão para impor as normas do progresso. São estes os traços da nossa Época das Luzes que, cifrando-se afinal na aspiração de independência e desenvolvimento, passaram em grande parte às gerações posteriores.

O culto da instrução O desejo imperioso de instrução vai-se acumulando no fim do século XVIII e se exprime em tonalidade moderna e avançada no Seminário de Olinda, onde o bispo Azeredo Coutinho, maçom influenciado por Rousseau e as ideias do século, estabelece um currículo equilibrado com larga participação das ciências. Mas até nos setores mais tradicionalistas repercute aquele desejo: o famoso ermitão do Caraça, Irmão Lourenço de Nossa Senhora, lega sua ermida em 1819 a d. João VI com a condição de ali se estabelecer um

---

22 *O Patriota*, n. I, pp. III-IV.

colégio de meninos: e assim começam os estabelecimentos lazaristas, de tão decisiva influência na formação intelectual de Minas Gerais no século XIX. O estranho e admirável irmão Joaquim do Livramento, já denominado "o S. Vicente de Paulo brasileiro" (d. Silvério Gomes Pimenta), passando da caridade à pedagogia, depois de organizar mais de uma casa para recolher e educar meninos desvalidos, funda e organiza o Seminário de Jacuecanga, na província do Rio de Janeiro, baseado no desconhecimento das classes sociais, no respeito à vocação, na equiparação do trabalho manual ao intelectual, na gratuidade do ensino.[23]

A seus pés, de joelhos, humilhado,
Doutrinando meninos sem amparo,
Vê-se o pobre Joaquim aos céus pedindo
Para o pátrio Brasil dias de glória.
   (Porto-Alegre)

Exemplo extremo são as escolas de prisão, como a que Antônio Carlos fundou em 1817, na da Bahia, onde ele e outros revolucionários, enquanto esperavam a sentença e talvez a morte, que efetivamente caiu sobre alguns, ensinavam e aprendiam inglês, retórica, matemática, história.[24] Nada mais belo e significativo da reverência pela cultura do espírito que esta vigília dramática à sombra da forca.

Homens tais acreditavam, com efeito, na virtude quase mágica do saber, confiando na educação como alavanca principal de transformação do homem. Os índios são objeto de especulações de vária espécie, tendentes a incorporá-los à vida civilizada, tirando-os do estado de natureza por meio duma graduação mais ou menos sábia e complicada de aprendizagem. Se Maciel da Costa, Alves Branco e José Bonifácio pensam no caso com espírito assentado e mira normal, o ardente Azeredo Coutinho se abandona a um otimismo lírico sob a lógica da argumentação e, impregnado pelo *Emílio*, quer civilizar o índio, não tentando iniciá-lo nas técnicas e noções que para ele nada valem, (como nos aldeamentos e reduções), mas pesquisando os seus interesses fundamentais e os utilizando como estímulo de aprendizagem, base da atividade a lhe ser proposta. Ora, um deles é a pesca; logo, seja transformado em navegador e pescador, orientando as suas atividades para desenvolvimento do comércio, notadamente do sal.[25]

---

23 Padre Silvério Gomes Pimenta, *A vida de d. Antônio Ferreira Viçoso* etc., p. 23.   **24** Damasceno Vieira, *Memórias históricas brasileiras*, v. I, p. 434, e v. II, p. 174.   **25** D. José

Mas quase todos sentiam que essa ampla promoção das Luzes não se poderia efetuar dentro das restrições materiais e espirituais, impostas não só pelo regime colonial, como pelo próprio governo joanino, depois que se trasladou para aqui. Uns queriam liberdade de opinião e manifestação dentro da união com Portugal; outros sentiam que a consequência natural de tais reivindicações era a separação. Uns e outros viam contudo na liberdade uma condição necessária para a vida moderna; só ela permitiria o império da Razão e da Verdade, as grandes abstrações *filosóficas*.

Grande Shelley, cantor da Verdade!

exclama Joaquim B. Pereira num soneto ao grande poeta inglês, com quem se acamaradou em Edimburgo, onde estudava, e que termina por este verso revolucionário:

Surja *Queen Mab* a restaurar o mundo!

Shelley acabava de compor este vasto poema, e o amigo brasileiro, logo discípulo entusiasta, empreendeu a sua tradução portuguesa.[26] Quando lembramos que ele é uma rigorosa transposição em verso do anarquismo ateu de Godwin, podemos avaliar o radicalismo do jovem estudante, morto antes de terminar o empreendimento.

Nem todos iam tão longe, e o soneto à liberdade, composto por Antônio Carlos na cadeia da Bahia, exprime as posições avançadas da *Ilustração* brasileira:

Sagrada emanação da Divindade,
Aqui do cadafalso eu te saúdo;
Nem com tormentos, com reveses, mudo;
Fui teu votário e sou, ó Liberdade!

Pode a vida brutal ferocidade
Arrancar-me em tormento mais agudo;
Mas das fúrias do déspota sanhudo
Zomba d'alma a nativa dignidade.

Joaquim da Cunha de Azeredo Coutinho, *Ensaio econômico sobre o comércio de Portugal*, sobretudo cap. IV: "As pescarias são o meio mais próprio para civilizar os índios do Brasil, principalmente os que habitam junto às margens dos grandes rios, ou do mar". **26** Newman Ivey White, *Portrait of Shelley*, p. 145.

Livre nasci, vivi, e livre espero
Encerrar-me na fria sepultura,
Onde império não tem mando severo;

Nem da morte a medonha catadura
Incutir pode horror a um peito fero,
Que aos fracos tão somente a morte é dura.

Para sentir quanto ia de paixão desassombrada nesta clara profissão de fé, é preciso lembrar que o autor esperava como certa a execução capital.

No pensamento dos moderados, como Hipólito ou, mais ainda, Sousa Caldas, encontramos, em essência, posição análoga, embora concebida e exposta com menos ardor. Dela se nutriu a geração que preparou e fez a Independência, não se destacando menos os clérigos, que trouxeram ao nosso movimento ilustrado o prestígio e quase beneplácito de uma das colunas da Monarquia: a Igreja, que representavam. O clero encontrou então um dos poucos momentos em que, fora das suas finalidades específicas, realmente serviu ao país e à cultura; esses padres e frades semileigos, frouxos de costumes, militantes da política, maçons, simpatizantes dos "erros da filosofia", cerraram fileira no esquadrão das Luzes e lideraram as suas manifestações no Brasil: Arruda Câmara, João Ribeiro, Miguelinho, Januário, Sampaio, Roma, Caneca.

3.
Os gêneros públicos

Num momento percorrido por semelhantes ideias e tendências, é natural incluirmos na história literária certos autores que não lhe pertencem logicamente, ou aos quais bastaria uma referência por tocarem zonas limítrofes. Estas, porém, avançam em tais momentos, pois a literatura inflete o curso, para tangenciar a vida nas suas preocupações concretas; e a atividade puramente estética, não encontrando ressonância, esmorece, perde qualidade; no caso, os ideais da Ilustração impeliram as energias para os gêneros públicos, suscitando oradores e jornalistas.

Como orador e jornalista foi que o intelectual definiu então em grande parte a sua posição: e sob esse aspecto apareceria doravante ao público médio, como a própria encarnação da literatura. Até os nossos dias persiste algo desta ligação funcional entre o reconhecimento coletivo e os gêneros públicos, sem dúvida os caminhos mais seguros que o homem de letras encontra para adquirir prestígio e recompensa. Ainda aqui, a fase que abrange os reinados de d. João VI e d. Pedro I, mais a Regência, parece decisiva para apreendermos certas constantes da nossa vida mental independente.

A oratória, até aí quase só religiosa e vagamente acadêmica, encontra o seu primeiro momento laico e político. Além dos discursos parlamentares, imperfeitamente registrados a partir de 1823, nada ficou, porém, desse gênero feito as mais das vezes de inspiração do momento e perdido com o eco das palavras. Sabemos, pelo testemunho dos contemporâneos, que nas lojas maçônicas, nas sociedades político-literárias, a inteligência oprimida do colono se expandiu largamente por esta forma. Sabemos, também, que na tribuna sagrada os clérigos patriotas entremeavam os seus discursos de alusões, quando não ataque direto aos problemas políticos e culturais. Graças à preciosa imunidade do sacerdócio, enfrentavam os próprios governantes, como aquele franciscano (pela descrição física e o nome possivelmente estropiado, frei Francisco de Sampaio) que Schlichthorst viu analisar a situação do governo em frente do próprio imperador, que empalideceu e levantou-se enraivecido, sem que o pregador fizesse caso ou parasse na invectiva.[27]

---

27 Schlichthorst, op. cit., pp. 112-114. O observador comenta: "Por esta amostra da eloquência

Restam-nos as publicações periódicas e os ensaios, conservados em boa parte. Aquelas compreendem as revistas culturais e o jornalismo propriamente dito, que podemos dividir em três ramos no período que vai do seu aparecimento, em 1808, até as primeiras manifestações românticas, cerca de 1836: jornalismo de ensaio, de artigo e de panfleto. Todos os três procuravam analisar a situação, esclarecer o juízo do leitor e orientar a atividade do homem público; mas quanto à forma adotada e a densidade do pensamento, separavam-se conforme esta divisão, cujos representantes mais característicos e eminentes foram, na ordem, Hipólito da Costa, em Londres, Evaristo da Veiga, no Rio, frei Caneca, em Pernambuco.

As *Cartas* de Sousa Caldas No ensaio propriamente dito, a maior atividade do período é a de José da Silva Lisboa, de caráter econômico na maior parte e, pelo que poderia interessar ao nosso desígnio, — isto é, quanto ao pensamento social e a sua expressão, — de menor interesse do que, por exemplo, o diminuto espólio de Sousa Caldas: cinco restantes, das numerosas *Cartas* que escreveu e se perderam infelizmente, estando publicadas a 47ª e a 48ª, datadas do Rio de Janeiro, respectivamente de 7 de novembro e 8 de dezembro de 1812.

Nelas se confirma o descortínio desse padre eminente, puro de costumes e débil de saúde, modesto e tímido, que conciliou as convicções liberais com a sincera fé religiosa. A maioria absoluta de sua obra publicada, a atividade oratória no púlpito, a lembrança de sua doçura e virtude combinaram-se para traçar-lhe um perfil devoto e resignado. Mas este fragmento de um livro certamente volumoso (vejam-se os números das epístolas restantes, com cerca de cinco páginas cada uma) mostra que o autor da "Ode ao homem selvagem" e d'"As aves", o discípulo de Rousseau, encarcerado pela Inquisição, o simpatizante da Revolução Francesa persistiam no pregador famoso de 1812.

A "Carta 47ª" versa os problemas da liberdade da imprensa e da tolerância, com uma largueza comparável à de Hipólito, cuja influência provavelmente sofreu. Sousa Caldas principia dizendo que no tocante às ciências naturais não há problema: a liberdade de pesquisa e divulgação é nelas indubitável. As dúvidas se referem geralmente às "ciências morais e políticas, sobre as

do púlpito brasileiro, o generoso leitor poderá inferir mais ou menos até que ponto a ofuscante luz das ideias políticas penetrou no íntimo do clero"; e ajunta que a não ser pela ineficácia da Constituição, liberal mas violada a cada passo, seria felicidade "viver num país, onde semelhantes verdades podem ser articuladas por um sacerdote, em local sagrado e em face do imperante".

matérias religiosas, e os procedimentos dos públicos magistrados, e operações do governo". Acha que só cabe restrição no tocante aos seguintes pontos: existência de Deus, providência divina, imortalidade da alma;

[...] em toda outra matéria eu consentiria limpa e plena liberdade, consentiria que o espírito dos escritores se debatesse e esvoaçasse a seu bom grado, porque tal é a índole do entendimento, que se acanha e apouca quando o sopeiam e enfreiam com restrições e embargos, que não são a toda luz absolutamente necessários. Com este acanhamento sofrem as artes e as ciências, e sofre o progresso da verdade. Embora se diga que a liberdade da imprensa desfigura, escurece e cobre muitas vezes de negras sombras a verdade; não tarda a aparecer quem a tire novamente à luz, e apresente com mais luz o seu semblante majestoso e belo.

Passando da teoria à prática, como leitor simpático do *Correio Brasiliense*, dirige-se nestes termos ao governo: "Se os secretários de estado têm a peito a glória do príncipe e o zelo do bem público, protejam a liberdade de imprensa". Na carta seguinte: "Ó Irzerumo, tu verás que ela se compadece mui bem com os princípios do cristianismo".

A "48ª" (fundamental para compreender a posição dos nossos *ilustrados*, nunca ateus raramente deístas) aborda a divisão das esferas civil e religiosa, contestando que a intolerância contra as ideias consiga abafar o erro; nos bons escritos, a verdade aparece sempre, de qualquer modo, ainda quando misturada ao erro: não há portanto nenhuma justificativa para se ser intolerante com as publicações. Mesmo porque (note-se esta ideia na pena dum clérigo) o fato da Igreja desaprovar algum princípio não é motivo para o governo perseguir quem o siga: ela trata "da vida e felicidade eterna"; este, "da paz e ventura temporal". "Nunca a sociedade civil e a Igreja trabalham mais utilmente em recíproca vantagem como ao caminhar livremente na linha da sua direção, sem transpor jamais os limites que a sua instituição e natureza lhes prescreve."

Estabelecida esta premissa, — forte apoio à campanha do *Correio Brasiliense* pela liberdade de expressão — Sousa Caldas procede a um raciocínio interessante, como se estivesse interpretando a missão do cristianismo de um ângulo *ilustrado*: "Ensinar todas as nações é a ordem e mandamento de Jesus Cristo, e não se pode negar que a tolerância universal seria um meio mui apto para conseguir-se este fim". A missão dos apóstolos se traduz pois, modernamente, ao menos em parte, na difusão do saber; o erro deve ser combatido com argumentos, não com a violência, e a culpa cabe ao clero e ao governo, nunca ao pensamento livre. Belas e nobres verdades, expressas numa linguagem simples e correta, reforçando a impressão de que Sousa Caldas foi poeta por circunstâncias da moda, prosador por inclinação profunda:

> A decadência das virtudes dos ministros do altar, e contentamento do amor próprio quando manda, constrange e domina aqueles que não pode persuadir, a preguiça natural do homem, que acha mais fácil ameaçar e castigar, do que ensinar, instar, convencer com razões, mover e atrair com a prática da virtude, deram azo a abrir-se mão da doçura e mansidão evangélica, implorar-se o socorro e as armas temporais dos príncipes da terra. Estes de boa vontade as brandiam, porque esperavam destarte salvar-se, e era-lhes mais fácil consegui-lo à custa dos outros, do que à custa da penitência e mortificação pessoal.

Igreja e Estado se combinam assim para abafar o pensamento, retardando o progresso e pondo Portugal e o Brasil na retaguarda da civilização:

> Estabeleceram guardas, meirinhos, censores, prisões, levantaram mil figuras e tropeços aos pobres autores e o entendimento preso com tantas algemas, sem aquela airosa desenvoltura, que é filha da liberdade, amortece a cada instante, e não pode acompanhar no seu progresso aquelas nações em que existe a liberdade de imprensa.

"Seja portanto permitido imprimir-se tudo", e quando houver nos escritos desrespeito aos princípios fundamentais da fé e da sociedade, "haja ação fornecida pela lei e intentada pelos cidadãos, ou pelo magistrado", nunca o arbítrio das autoridades, o "odioso aparato perseguidor das letras, com que tribunais e censores embargam por toda a parte a imprensa".

As cartas inéditas versam as relações da Igreja com o Estado, a tolerância e a escravidão. De que tratariam as outras, perdidas quando enviadas para imprimir-se na Europa? A elegância, coragem e liberalismo das restantes permitem dizer que deveriam constituir um dos pontos altos do ensaio brasileiro.

O Patriota A atividade d'*O Patriota*, de 1813 a 1814, dirigido pelo baiano Manuel Ferreira de Araújo Guimarães, talvez seja a primeira manifestação pública de uma vida intelectual brasileira, voltada para a divulgação das ciências e das letras em benefício do progresso. A publicação de obras de Cláudio e Gonzaga; a colaboração do velho Silva Alvarenga; a divulgação de trabalhos científicos do século anterior, sobretudo observações sobre a salubridade do Rio de Janeiro, representam o reconhecimento de uma tradição local e o desejo de estabelecer o vínculo de continuidade entre ela e as manifestações intelectuais dos mais moços: descrições etnográficas de Ricardo Franco de Almeida Serra; divulgação matemática de Saturnino da Costa Pereira; trabalhos do laboratório do conde da Barca; estudos e poemas de Domingos Borges de Barros.

Como vimos pela citação feita mais alto do seu manifesto, animava-a um desígnio tipicamente *ilustrado* de divulgar o conhecimento, com a finalidade prática de utilizá-lo para o progresso do Brasil; as letras entravam como veículo e companheiro. Esta fórmula seria de longa duração entre nós, e sob este aspecto *O Patriota* definiu um tipo de revista brasileira, que ainda não desapareceu de todo em nossos dias. Ajustado às condições do meio, (pouca densidade cultural, pequena divisão do trabalho intelectual), é uma espécie de miscelânea onde, no mesmo número, há matemática, química, técnica agrícola, história, poesia.

Hipólito da Costa O "jornalismo de ensaio" se resume praticamente no *Correio Brasiliense* (1808-1822) e na figura de Hipólito da Costa, seu único redator, talvez a mais alta figura entre os nossos *ilustrados*.

Num livro de história literária, cabe não apenas como representante dum momento em que a literatura pública domina em qualidade e quantidade, mas como prosador de qualidade, como o primeiro brasileiro que usou uma prosa moderna, clara, vibrante e concisa, cheia de pensamento, tão despojada de elementos acessórios, que veio até nós intacta, fresca e bela, mais atual que a maioria da que nos legou o século XIX e o primeiro quarto deste. Além de ser o maior jornalista que o Brasil teve, o único cuja obra se lê toda hoje com interesse e proveito, foi um escritor e um homem de pensamento, exprimindo melhor que ninguém os temas centrais da nossa Época das Luzes.

Dele provém um modo de pensar e escrever que, através dos grandes publicistas da Regência e do Segundo Reinado, contribuiu até os nossos dias para dar nervo e decoro à prosa brasileira, contrabalançando o estilo predominante que lhe corre paralelo e, definido naquele mesmo tempo pelos oradores sacros, veio contorcendo-se até a perigosa retoriquice dum Rui Barbosa.

O pensamento de Hipólito não mudou essencialmente entre o primeiro e o 29º volume do seu jornal, notando-se um só caso em que modificou ponto de vista importante: partidário duma espécie de monarquia dual, em que Portugal e Brasil se encontrassem ao mesmo nível, acabou, como tantos outros, por aceitar a Independência. É preciso, no entanto, compreender bem o seu ponto de vista para não tachá-lo de oportunista, que não foi, mesmo no melhor sentido da palavra, apesar de vacilações ocasionais. Era monarquista liberal e patriota brasileiro; mas era sobretudo ilustrado, interessado no advento de uma sociedade pautada pelos princípios da razão. Daí a repulsa pelos extremos, que o fazia não raro suspeito a absolutistas e democratas.

Quando o governo português passou ao Brasil, aplaudiu a medida, vendo nela a possibilidade de estabelecer uma administração racional, livre dos prejuízos da Metrópole, "infeliz nação" cujo atraso é "tão proverbial na Europa, que se julga andarem os portugueses três séculos atrás das mais nações" (III, 146).[28] Como brasileiro, viu a oportunidade do Brasil sair do estatuto colonial e tornar-se uma nação livre, numa monarquia luso-brasileira com sede no Rio de Janeiro — opondo-se sempre tanto à separação quanto à volta da família real. Neste sentido combateu a Revolução Pernambucana (1817), cujos chefes, admiradores dos seus escritos, o haviam nomeado cônsul em Londres; mas quando viu que d. João retornaria e as disposições de Lisboa não respeitavam a soberania do Brasil, passou decididamente para o outro lado e saudou na Independência o coroamento do seu esforço publicístico, dando por encerrado o *Correio Brasiliense*, que havia quinze anos mantinha na luta.

Esta atitude final não foi repentina, mas amadureceu lenta e seguramente. Com efeito, as decepções de Hipólito se acumulavam ante a confusão, ineficácia e timidez da administração joanina, inclinada às meias medidas ou às iniciativas fantasistas. Um único ministro, o *ilustrado* Antônio de Araújo, conde da Barca, merece o seu apoio integral, pelo bom senso, retidão, objetividade e sincero amor ao Brasil. Opinião tanto mais significativa, quanto Araújo era do partido *francês* e Hipólito muito identificado aos pontos de vista britânicos — o que todavia não o fez apoiar o corifeu do partido *inglês*, conde de Linhares, nem emudecer ante as exorbitâncias e perigos da política de Londres.

Irritava-o sobretudo a atitude de gratidão exaltada pelos benefícios régios ao Brasil. Como vimos, procurava mostrar a cada passo que decorriam de necessidades de instalação do governo num lugar desprovido de recursos, e que a atitude correta era analisar, para apontar as insuficiências numa crítica construtiva: não louvar, e aceitar como dádiva.

Neste campo, Silva Lisboa esteve sempre na sua alça de mira. Reconhecia nele o "talento e mais partes" (como se dizia então), mas denunciava o perigo da sua lisonja sem crítica, própria para adormecer nos brasileiros o senso de análise e a compreensão dos problemas nacionais. Nas *Observações sobre o comércio franco do Brasil*, o futuro visconde de Cairu ia ao ponto de condenar

---

28 Os números romanos entre parênteses se referem ao volume do *Correio Brasiliense*; os arábicos, às respectivas páginas.

a crítica aos atos do governo. Da sua tribuna, Hipólito saúda o aparecimento desta "primeira obra impressa no Brasil (já no Brasil se imprime!)", mas aproveita para definir a missão da inteligência livre:

> O estar eu habituado a ver em Inglaterra discutir publicamente as medidas do Governo, e conhecendo os bens que daí resultam à Nação, me faz receber de muito mau grado este princípio, que aqui se insinua, de extrema submissão às opiniões do Governo [...].
>
> Se se admite o princípio de que é contra o *decoro civil* haver Oposição ainda que de pareceres às medidas do Governo, qual virá a ser o estado da nação onde o conselheiro for ignorante, ou malicioso? Justamente o estado de quase todas as nações onde não há liberdade de falar e escrever; isto é, a nação não prospera, porque os dons e vantagens da natureza são poucos para reparar os erros do Governo; e porque se alguém descobre o remédio ao mal, não lhe é permitido indicá-lo. (I, 475)

Aí está o seu propósito, seguido até o fim. Aplaudindo e animando as medidas justas, censurando acremente as más, clamando pela falta das necessárias. O pecado maior da administração joanina lhe parecia a falta de senso da realidade brasileira e, sobretudo, de imaginação e audácia, cuja falta define num trecho admirável, a propósito de problemas militares:

> O defeito que se chama cobardia consiste em que, quando os homens compararam as suas forças físicas e morais com as de outros homens, avaliam as próprias em menos do que devem, e as alheias em mais do que convém: e resulta daí o sentimento interno de fraqueza e temor, que impede fazerem-se os devidos esforços para a justa defesa dos indivíduos e das nações.
>
> Neste sentido imputamos à cobardia a opinião daqueles políticos portugueses, que asseveram que Portugal não tem forças nem meios de se defender e sustentar a sua dignidade como nação: e obram em consequência desses princípios. (XI, 810)

Tal governo não poderia realmente empreender as reformas necessárias, e o jornalista lhe diz que se não as realizar a Metrópole arrisca perder o Brasil (X, 202-204). A transferência de sede impunha o estabelecimento de medidas compatíveis com o estatuto de nação livre, que devia ser o nosso, pois os naturais da América já não eram os ignorantes de antanho; à maneira de pais velhos "que insistem em chamar os seus filhos crianças, e o que pior é a tratá-los como tais, ainda depois desses filhos terem chegado [...] a um vigor de corpo e de espírito, talvez superior aos dos seus mesmos pais", os países ibéricos não percebiam a maturidade das suas colônias, cheia das mais graves consequências (VII, 66, e XI, 742-743).

O que desejava Hipólito? No campo administrativo, participação das câmaras no governo da capitania por meio de representantes eleitos, quebrando o arbítrio dos governadores; quanto à Coroa, respeito à lei por meio de um funcionalismo consciente, ministros responsáveis e fim do arbítrio soberano. No campo econômico, as suas principais ideias visavam evitar o monopólio de fato sobre o comércio por parte de nações estrangeiras, notadamente a Inglaterra, e transformar a agricultura numa grande fonte de riqueza, por meio sobretudo da abolição progressiva da escravidão e do recrutamento de mão de obra qualificada, pela imigração de europeus.

A imigração, um dos seus temas queridos, deveria trazer não apenas agricultores, mas artesãos e intelectuais, pois esperava dela o material humano apto para a vida moderna. Atribuía também grande importância à transferência da capital para o interior do país, a fim de difundir a civilização e romper o desequilíbrio causado por um centro político na periferia.

No campo cultural, preocupavam-no as medidas que, através da instrução, promovessem a elevação do nível mental, e por isso batalhou sem interrupção:

> As boas qualidades, que em mais de um respeito tem mostrado o príncipe regente, nos dão esperanças de ver lançar os fundamentos à felicidade e independência nacional, admitindo e promovendo o estudo daquelas artes e ciências, que distinguem o homem civilizado do homem selvagem, e que têm a primeira influência em granjear respeito à Nação.
>
> O estabelecimento de uma universidade no Brasil; a introdução geral das escolas de ler e escrever; a ampla circulação de jornais e periódicos, nacionais e estrangeiros — são as medidas para que olhamos como base da desenvolução do caráter nacional; donde devem proceder os esforços de patriotismo, que são sempre desconhecidos em um povo ignorante, e sujeito ao despotismo. (XIII, 95-96)

Neste trecho se encontram as suas ideias fundamentais, que são a espinha do *Correio Brasiliense*, a preocupação de cada página: liberdade política, liberdade de expressão, difusão das Luzes.

O despotismo lhe parecia a raiz dos males sociais, e nos primeiros anos do seu jornal procurava argumentar dentro da própria estrutura política vigente, mostrando que a monarquia portuguesa não era despótica, isto é, arbitrária, mas absoluta, ou seja, limitada por si mesma; e o bom caminho seria o aumento e a observância das suas limitações. Esta é a base dum ensaio denso e longo — "Paralelo da Constituição portuguesa com a inglesa" — onde se encontra a primeira fase da sua teoria da monarquia liberal.[29] À medida que presenciava o desenvolvimento da política joanina no Brasil, esta teoria ia-se radicalizando, enquanto aumentava a sua desconfiança ante os governos não explicitamente limitados pela lei. Contrariavam-no sobretudo as prepotências dos governadores, que combateu acerbamente, vendo neles a pior manifestação do "governo despótico-militar", irresponsável, pessoal e arbitrário, como o desejavam os "godoianos", apodo que dava à facção reacionária junto a d. João VI, baseado no nome do famoso Godoi, ministro de Carlos IV da Espanha.

Ao mesmo ciclo de ideias pertence a luta pela liberdade de expressão, que fez do *Correio Brasiliense* o grande fanal das Luzes, e que manifestou a cada passo e por qualquer pretexto, pois

> jamais pude acomodar-me à opinião de que muitas verdades não se devem dizer ao público. Verdade é a conformidade das nossas ideias com os objetos que elas representam, ou com as ideias eternas: a verdade, logo, nunca pode ser nociva aos homens: o engano há mister de outros enganos para se sustentar; e o sistema de governar os povos com ilusões traz consigo sempre uma série de desgraças de que as páginas da história nos dão abundantes provas. (III, 175)

A difusão do saber não tinha para ele qualquer sentido acadêmico. Homem prático, era pouco sensível à cultura desinteressada e à literatura, que quase não aparece nos 174 números do *Correio*, onde vez por outra vemos uma ode política, e onde a referência a livros de literatura só ocorre quando se prestam a conclusões políticas, como é o caso do *Gama*, de José Agostinho de Macedo, seu odioso e odiado adversário. O saber lhe interessava sob os seus aspectos aplicáveis, e é notável que esse pensador culto, por ocasião da sua viagem aos Estados Unidos, só haja anotado os traços que permitiam uma visão da política, dos costumes, da economia, não cuidando praticamente da vida intelectual e artística.[30] Como sectário das Luzes, voltado para a coisa pública, a instrução lhe parecia chave de uma conduta racional e esta assegurava o funcionamento dos bons governos. Difundir as Luzes era criar condições para uma política justa e eficiente; logo, para uma sociedade concebida segundo os ditames da verdade e da razão:

---

29 v. III, pp. 175-182; 303-311; 371-383; 528-538; v. IV, pp. 77-785. **30** Ver Hipólito da Costa, *Diário da minha viagem para Filadélfia* (1798-1799).

[...] só a prosperidade do povo é quem faz a prosperidade do Governo, que quando se põem obstáculos, e entraves ao progresso, e propagação das ciências, devem ficar tão raros os homens sábios, que quando o Governo precisa deles, de repente, não os acha; e vê-se obrigado ou a lançar mão de um homem instruído, mas sem boa moral; ou de um homem bom, mas estúpido ou ignorante, e quanto menor é o número de gente instruída, menos probabilidade há de que o Estado seja servido por homens virtuosos e sábios. (I, 393-394)

Na crista da onda, pois, o sábio, o homem talhado para interpretar a vida social e apontar aos governantes e ao povo o caminho da *virtude*. Nota-se em mais de um texto que Hipólito queria ver no Brasil uma sociedade devidamente estruturada e aparelhada para permitir e servir de base à existência de um governo liberal. Num trecho admirável, mostra que o do príncipe regente, no Rio de Janeiro, era mais arbitrário, logo pior do que fora em Lisboa, pois lá a existência das ordens tradicionais da sociedade (nobreza, clero e povo), se não era capaz de amiudar a convocação das cortes, constituía ao menos uma expectativa de direito pendendo sobre os atos do poder; enquanto a sociedade brasileira não apresentava, na sua estrutura, elementos que interferissem do mesmo modo (VI, 566-576). Combinando-se este ensaio com o já citado sobre a maçonaria (III, 141-149; 269-276), temos um exemplo da acuidade sociológica do grande jornalista, cônscio das relações íntimas entre a diferenciação social, o governo, a conduta individual e a consciência política.

Tolerado a princípio, proibido depois, o *Correio Brasiliense* se difundiu apesar disso no Brasil, penetrando a fundo na opinião dos homens instruídos. Cada número trazia comentários políticos e econômicos, informações sobre o progresso técnico e científico, noticiário amplo de política internacional, análise dos acontecimentos do Brasil. No conjunto, é o maior documento da nossa Ilustração e o mais agudo comentário à política joanina, equivalendo como valor informativo, no plano do pensamento, ao que são, no plano de puro registro dos fatos, as *Cartas* de Luís Joaquim dos Santos Marrocos. Do refúgio de Londres, encastelado na cidadania inglesa, Hipólito educou as elites brasileiras segundo os princípios do liberalismo *ilustrado*, moderado mas firme. A sua longa e fecunda mensagem ultramarina foi uma presença da Europa no melhor sentido, simbolizando a dinâmica profunda do período que estamos estudando: posto nos centros da civilização matriz, um brasileiro além do oceano interpretava o Brasil segundo os seus termos, pensando a nossa realidade como prolongamento de uma ordem definida pela razão.

Frei Caneca Com os pés fincados na pátria, sem o descortínio duma formação ou longa residência europeia, frei Caneca viveu a sua missão política de um modo apaixonado e total. As suas ideias são as comuns do tempo, expressas sem maior personalidade; mas como não era um pensador, nunca as pôde encarar objetivamente, nem desenvolvê-las com arte. Nutrido na tradição de Arruda Câmara, abraçou o liberalismo com a veemência que sempre pôs nos atos e sentimentos, inclusive o amor e a paternidade. Quando viu as aspirações liberais contrariadas pela política autoritária do primeiro imperador, concentrou no governo a força da decepção e deu-lhe forma num tipo de jornalismo desabrido, violentamente panfletário, nobre nos intuitos e fundamentos. *O Tífis Pernambucano* é o melhor exemplo de literatura revolucionária nesse período, brandido como um punho à tirania, embriagado de liberalismo passional, onde as ideias são sentimentos e só existem na medida em que neles se encarnam. Pelo vigor da prosa irregular e férvida, pela dignidade patriótica do redator, coerente até a rebelião e o fuzilamento, destaca-se dos pasquins que, desde então até a maioridade, vão pesar fortemente na opinião pública em formação; mas representa o gênero, a que todos pertencem, pelo cunho pessoal do ataque, a predominância da paixão e o pouco desenvolvimento teórico. Ao lado do equilíbrio do *Correio Brasiliense*, desempenha o papel fecundo que, nos movimentos de ideias, cabe sempre ao radical, o que vai além do bom senso e da elegância para deste modo sacudir as consciências e tornar flagrante a iniquidade.

Nele o publicista aparece tardiamente, sucedendo ao tratadista de retórica e gramática, ao professor e poeta ocasional, no começo de 1822, com a *Dissertação sobre o que se deve entender por pátria do cidadão* etc. É de certo modo uma obra de transição, bastante prolixa, construída à moda escolástica sobre distinções e definições, com base no argumento de autoridade, através duma quantidade enorme de exemplos e citações. O político ainda não se desprendera do retórico. Mas já no ano seguinte aparece puro, nos panfletos em que responde à *Arara Pernambucana* (periódico de José Fernandes Gama), violentos desforços pessoais onde o argumento se mistura à injúria, e ele não trepida em invocar a tolerância conjugal do adversário ou a sua suposta heterodoxia em matéria de sexo.

A sua verdadeira medida é revelada nas dez *Cartas de Pítia a Damão*, de 1823, e n'*O Tífis Pernambucano*, jornal em que exprimiu os pontos de vista da dissidência pernambucana, que desfechou na revolta armada, do qual redigiu 29 números entre dezembro de 1823 e agosto de 1824.

São dois altos documentos de maestria polêmica e paixão liberal, onde se encontra o que de melhor deixou como pensamento e escrita. Para compreendê-los, devemos analisá-los como expressão coerente dum caráter, um ponto de vista e um estilo, que se unem para constituir a sua tumultuosa personalidade intelectual.

Como político, a marca principal de frei Caneca é a inteireza nos propósitos e na conduta, apesar da debilidade passageira que o assaltou muito humanamente no processo-crime, desvanecendo-se quando foi proferida a sentença e ele soube morrer com dignidade tranquila. Os seus escritos não revelam também dubiedade, ou sequer vacilação; as dúvidas, se as tinha, desapareciam no momento em que definia a conduta; as alternativas não pareciam inquietá-lo. Concebia a vida como cadeia de decisões firmes e necessárias, sendo compreensível que o neutro fosse para ele o pior elemento da sociedade. "*O neutral* nem abraça a virtude e a justiça aparente, nem real; o que o torna pior do que o injusto", pois este ao menos arrisca, e no risco está a dignidade ("1ª Carta", 299). Para assumi-lo, era necessário, segundo ele, um requisito psicológico, que é moral nas suas consequências: o caráter, "aquela disposição habitual da nossa alma pela qual somos muitas vezes conduzidos a obrar, e de fato obramos ações antes de um gênero, do que de gênero oposto" ("7ª Carta", 365). Na vida social, é decisiva esta capacidade de optar, que permite organizar o comportamento pela previsão do comportamento alheio; faltando, sobrevêm a insegurança e o caos.

> Nada se encontra de mais pernicioso na sociedade do que o homem sem caráter, isto é, cuja alma não tenha uma disposição mais habitual do que outra. Nós nos confiamos do homem virtuoso e desconfiamos do velhaco; mas o homem sem caráter é alternativamente ora uma coisa, ora outra, sem que possamos tê-lo por amigo ou inimigo. ("7ª Carta", 366)

Daí o apreço que tem pela integridade e coerência das atitudes; o homem pode mudar de ideia, mas espera-se dele um apego decidido e inflexível à ideia que tem; é a *teima*, de cuja necessidade fala no último número do seu jornal, à véspera da retirada, como testamento moral e definição política.

> A teima é um vício quando se trata de permanecer constante em coisas falsas, más e ilícitas. Fora porém deste círculo ela é uma virtude necessária à sociedade e ao bem dos homens; ela forma o caráter do cidadão, o torna digno de respeito, que não merece o homem volúvel e superficial; e quanto mais profundas, claras e exatas são as ideias que fazemos das coisas, mais forte é o assenso que damos aos conceitos, maior é a teima [...]. Nem Pilatos nos leva de vencida na inflexibilidade: o que escrevemos, escrevemos. (*Tífis*, XXVIII, 613)

Esta virtude quase sobre-humana da intransigência moral (a fixidez da estrela polar, a que se compara o César de Shakespeare como prova da sua singularidade) amparou-o no levante de 1817, nos quatro anos de prisão na Bahia, na campanha jornalística pela constituição e autonomia local, na retirada para o Ceará, na hora da morte, — traçando o seu perfil quase lendário de sobranceria e honestidade.

Ela viria em parte das suas ideias liberais; mas radicava sobretudo na força passional com que viveu e pensou, amando, odiando e crendo nas gamas extremas. As cartas que escreveu às filhas, em 1825, na prisão, valem por um claro retrato da sua alma. Escreve-as sucessivamente, e à medida que a pena corre e a emoção avoluma, a expansão vai-se fazendo mais viva, irreprimível, até estourar num grito lancinante de paternidade, amordaçada pela convenção clerical do celibato, "Carlota minha cara afilhada..."; "Joaninha, minha afilhada do coração..."; "Aninha, minha afilhada das minhas entranhas".

Esta paixão manifestou-se no plano público pelo bairrismo, campo indeterminado onde se misturam impulsos e ideias, geralmente os impulsos buscando justificar-se como ideias e estas adquirindo eficácia pela sua realidade fundamental de impulsos. Foi, em todo o caso, o eixo da sua ação, a ponte entre o afetivo e o racional, o catalisador que mobilizou o seu liberalismo e a sua atuação partidária.

Ó Pernambuco, pátria da liberdade, asilo da honra e alcáçar da virtude! Em ti floresceram os Vieiras, os Negreiros, os Camarões e os Dias, que fizeram tremer a Holanda, e deram espanto ao mundo universo; tu me deste o berço, tu ateaste no meu coração a chama celeste da liberdade, contigo ou descerei aos abismos da perdição e da desonra, ou a par da tua glória voarei à eternidade. (*Tífis*, I, 417)

Pernambuco, a cidade do refúgio dos homens honrados, o baluarte da liberdade, o viveiro dos mártires brasileiros, a bússola das províncias árticas, a muralha impertransível aos Tártaros do Sul, formidável aos *absolutos* do império, indomável às forças externas [...]. ("9ª Carta", 395)

A comparação dos dois trechos mostra que, nele, o bairrismo se configurava pela presença do seu traço característico: a animosidade, maior ou menor, em relação às outras regiões. Em frei Caneca era sincero o constitucionalismo que radicava numa admiração integral por Montesquieu: no seu tempo, segundo ele, regime coerente era o representativo, e o poder executivo só merecia obediência quando legalmente emanado de delegação popular. Por haver dissolvido a Constituinte e oferecido um projeto constitucional de cima para baixo, o governo central merecia desconfiança e as províncias estavam desobrigadas da subordinação a ele. Mas, no fundo, havia também a identificação bairrista "governo central = Rio de Janeiro", dando como conclusão: por que nos subordinarmos a quem somos iguais? Daí decorre o seu federalismo. No número XXI d'*O Tífis*, argumenta que o Brasil ficou independente em 1822 no todo e nas partes, e estas aceitaram d. Pedro como imperador para dar solução cabível à situação; mas antes de promulgada uma constituição livremente elaborada pelos representantes do povo, o país não estaria *constituído*, o "pacto social" não estaria efetivado; como se queria impor um governo absoluto (constituição elaborada por ordem do imperador), as partes poderiam destacar-se e determinar livremente a sua própria constituição. A união do Brasil dependeria de manter-se a combinação em virtude da qual as províncias renunciaram à independência, sem renunciar à autonomia. Daí sustentar, no número XXV, que o "Brasil tem todas as proporções para formar um *estado federativo*", chegando a dizer que éramos, na verdade, um grupo de nações diferentes.[31]

Neste sentido, é interessante observar como interpretava a seu modo a estrutura política dos Estados Unidos, teimando em vê-los como um conjunto de repúblicas voluntariamente associadas; constatava a autonomia real dos estados, sem referir ao mesmo tempo a correção operada pelos poderes da União. É que para ele a liberdade, que definia sempre conforme Montesquieu: "aquela tranquilidade de espírito que goza o cidadão, nascida da opinião que tem cada um da sua segurança", (*Tífis*, VI, 454) — a liberdade se manifestava na autodeterminação individual e na autodeterminação coletiva; e os limites desta pareciam-lhe exatamente os da província. Nele, liberalismo e bairrismo se fundiam sinceramente; por isso, foi no Brasil o teórico mais vivo e coerente do separatismo, única solução que lhe parecia capaz de contrastar "os Tártaros do Sul", identificados com o absolutismo e a recolonização.

Superior aos panfletários do tempo pela convergência do caráter, da inteligência, da cultura e da unidade de visão, superava-os também pelo estilo poderoso e expressivo na sua relativa desordem. O sangue quente das suas veias parecia comunicar-se à pena e fazê-la vibrar segundo o mesmo ritmo apaixonado. A ideia aparece como pulsação, e os batimentos da frase ora surgem picados pelo tumulto do arranco polêmico, ora se espraiam em compasso largo de ironia. Cada palavra é vivida, os conceitos caem na página como algo visceral, e tanto o seu riso quanto a sua cólera, enlaçando-se em

---

31 Nisto, seguia à risca a opinião certa vez expendida por Antônio Carlos, que expõe com entusiasmo na "4ª Carta de Pítia a Damão".

cadências variadas, dão lugar a uma das expressões mais saborosas do nosso jornalismo, redimindo o lugar-comum, vivificando os torneios cediços, lançando-se a ousadias de metáfora e sintaxe, inclusive o pronome oblíquo inicial: "me parece"; "se diria".

Para dizer que os recolonizadores estão ativos, diz que "o Brasil está sentenciado no sinédrio do chumbismo a que receba a lei da fabulosa filha de Ulisses" (Lisboa). Criticando o projeto constitucional elaborado sob a égide imperial pelo Conselho, com a orientação principal de João Severiano Maciel da Costa, faz pilhérias com alegorias químicas:

> Não têm sido [...] afortunados os projetos de constituição do Brasil. O dos Andradas, depois de três meses nas forjas de Lemnos, saiu com muito *caputmortuum*; metido no laboratório da assembleia, ainda não havia sofrido a primeira trituração, quando, abrasando-se a atmosfera, ribombando em trovões e desfechando raios, vem um que pôs em cacos *cúpelas, tubos ferruminatórios, balanças, tágulas docemásticas, fornalhas*, e escangalhando tudo, deixou os Stahlios, Bergmans, Sagios e Fourcrois mais estupefatos e aterrados, do que os frades do compadre Mateus, espancados pelo padre João de Donfort.[32]
>
> O do Severiano, como mais delicado, e por isso mais frágil, não deve de passar pela *cupulação*, de medo que o bismuto vitrescível dos debates da assembleia constituinte não reduza às escórias os metais superiores e inferiores daquela mistura; por isso anda por certas mãos delicadas, querendo-se que os povos o abracem, jurando na fé dos padrinhos, isto é, do senado muito leal e heroico. (*Tífis*, XVIII, 539)

Caçoando dos que lamentam a perda do velho brasão português, — as chagas manifestadas na Batalha de Ourique a d. Afonso Henriques — vai a extremos de irreverência, misturada a arroubos poéticos e a um nacionalismo pitoresco, análogo ao que os modernistas utilizarão, cem anos mais tarde.

> Quando depois de outros mais antigos, o padre Antônio Pereira de Figueiredo conseguiu estabelecer a existência deste fato portentoso (o milagre de Ourique), isto nada tinha conosco; só era de peso para os portugueses. A nossa terra é aquela de que fala o profeta Isaías, cap. 18; terra "címbalo de asas, além dos rios da Etiópia"; nós somos "aquele povo sensível, que manda embaixadas por mar e em vasos de

---

32 Frei Caneca alude a personagens do romance filosófico e jocoso de Dulaurens, *Le Compère Mathieu* (1766-1773), que teve grande voga no século XVIII.

junco sobre as águas". Completou-se o tempo prescrito "para sermos pisados aos pés e servirmos de pasto às aves dos montes, e alimárias da terra". Estamos na ocasião de "levarmos os nossos presentes ao Senhor dos exércitos". Não temos coisa alguma com castelos, dinheiros e chagas de Portugal, podemos escolher as armas que bem quisermos, como têm feito todos os povos da terra, antigos e modernos.

Se houvesse obrigação de trazer por armas alguma coisa sagrada ou sobrenatural, e eu fosse consultado sobre este objeto, o meu voto era que em campo vermelho tivéssemos um pé humano branco em memória do apóstolo São Tomé, que, como se diz, andou por aqui pregando aos índios e de si deixou um sinal, que é a pegada do seu pé, em uma pedra do rio Jaboatão, como nos conta a crônica dos franciscanos.

Este fato não é menos verdadeiro do que a *aparição* de Cristo no campo de Ourique; do que o *escudo* que caiu do céu em Roma, no tempo de Numa Pompílio; do que as *flores de lis* que caíram do céu, dos Franceses; nem finalmente do que a *auriflama*, que desapareceu depois que os reis da França usaram dela contra os Cristãos. ("9ª Carta", 387-388)

O "pesão de Sumé", que nos leva a pensar imediatamente em *Macunaíma*, dado o espírito com que é invocado aqui, serve de pretexto a uma irreverência que bordeja a incredulidade, nesse trecho movimentado onde o Brasil se transfigura, pela evocação de um dos mais belos trechos da Bíblia.

Noutros lugares, a ironia se carrega de violência, como ao atacar o farisaísmo político do Cabido de Olinda. O poder é de fonte popular e natural, não divino; Deus sanciona os governos independente da sua origem, e nos dias presentes as *luzes* mostram que eles são justos quando oriundos da vontade coletiva. Os cônegos fazem mal ao propiciar o absolutismo com as referências à divindade do mando; e a sua conversão recente ao liberalismo é suspeita; nem têm o direito de censurar nos párocos a abstenção política, pois eles próprios até agora só fizeram isto. No entanto, os bispos devem participar na vida política, orientando e esclarecendo.

Assim é que devia de obrar o santo Cabido de Olinda; mas que fez o Cabido?
Nada.
Com efeito muito antes de setembro passado viu o Santo Cabido os inimigos da ordem [...] caluniarem [...] os membros [da] Junta, com dizer que ela nem seguia Portugal, nem se decidia pelo Rio de Janeiro, por quererem fundar uma República; o Cabido sabia tanto das verdadeiras intenções daquela Junta, quanto sabe agora das desta; e que fez o Cabido?
Ficou caladinho.

Foi a Junta abaixo por esta ímproba facção, levantou-se um governo intruso; membros do legítimo e cidadãos de todas as classes presos, injuriados às portas mesmo do Cabido; a guerra civil rota; e o Cabido?

Caladinho.

Os demagogos dos sediciosos, que ainda não tinham consumado seus planos, urdem novas perturbações, esgrimem as mesmas armas da calúnia contra a provisória atual, procura-se com toda energia o seu baque; e o Cabido?

Caladinho.

Viu o Cabido a guerra civil abrir a lice; derrama-se o sangue precioso do irmão pela mão do mesmo irmão; e o Cabido?

Caladinho.

Viu os povos divididos entre o erro e a verdade, vacilantes sem saberem que estrada seguir; a intriga e a calúnia correndo com a rapidez do raio, levando os estandartes da revolta até o mais interior do bispado; os cidadãos probos caluniados, consternados, trementes, e esperando a cada momento pelo seu degoladouro sobre os altares do interesse e da ambição; e o Cabido?

Caladinho!

Oh! sempre infeliz rebanho! Desgraçadas ovelhas, a quem estes guardas estranhos mugem duas vezes por hora, e só sabem extrair a substância ao gado, e o leite aos cordeiros! ("2ª Carta", 302-303)

Ainda mais violentos são os ataques que lhe merecem os absolutistas e recolonizadores, os *corcundas*, sobre os quais tem várias páginas de pitoresco e violência.

O demônio do *corcundismo* é de todos os espíritos das trevas o mais maligno e prejudicial aos filhos da razão e da lei; e apossando-se dos corações é mais tenaz e difícil de ser expelido, do que o demônio mudo do Evangelho, que não pôde deixar o possesso pela eficácia dos Apóstolos. Este ainda se rendia ao jejum e oração, o do *corcundismo* nem pelo jejum, nem pela oração sai do *corcunda*; é uma fúria, que torna desgraçado o homem que lhe abriu entrada em sua alma. (*Tífis*, XXVII, 605)

Não espanta, pois, que os partidários do outro lado recebam da sua pena os mais duros castigos: Muniz Tavares; o marquês de Barbacena de quem traça um retrato satírico, a fugir de gatinhas pelas ruas da Bahia; Ferreira Barreto, "moleque rabudo"; Hipólito, vendido à corte, culminando em ataques desta ordem: "Embora o degenerado baiano José da Silva Lisboa achincalhe as nossas profecias no seu nojento *Rebate brasileiro*, não são os ladrados desse rabugento sabujo que destroem as nossas predições" (*Tífis*, XXVI, 601).

As longas citações tentaram mostrá-lo na força da sua inteligência empenhada nas lutas sociais. Naquele tempo, no Brasil, abria-se uma fase que ia durar mais de um quarto de século, onde a literatura pública seria dominante e, nela, avultaria o estilo panfletário. Não poderíamos escolher disso exemplo melhor que o desse frade eminente, sem rigor excessivo na averiguação dos fatos, como convinha ao gênero, intransigente e sincero, de cultura larga e variada que coroa a admirável linha, bem pernambucana, de paixão das luzes germinada no Seminário de Olinda, no Areópago de Itambé, na Academia do Paraíso, e que constitui uma das manifestações mais altas da Ilustração no Brasil.

Evaristo da Veiga Há certos homens cuja força vem da singularidade; outros, ao contrário, se destacam por encarnarem as qualidades médias, em que a maioria se vê espelhada. Evaristo da Veiga pertence à segunda categoria: foi um herói das virtudes medianas, e ninguém justifica melhor o dito de Leopardi, segundo o qual "a paciência é a mais heroica das virtudes justamente por não ter aparência alguma de heroísmo". É preciso com efeito afastar dele a imputação de mediocridade: o seu equilibrado imediatismo foi virtude, num tempo de paixões desencontradas, quando os homens ponderados se metem nas encolhas e deixam, por omissão, curso livre aos energúmenos e aventureiros. Sobretudo porque teve a rara capacidade de conciliar o equilíbrio com a energia, a prudência com o desassombro. A sua atitude pode ser caracterizada pela expressão com que desce à arena da polêmica, aceitando o repto de um pasquim: "O *Verdadeiro Patriota* nos chama a terreiro, e apesar de não termos fumos de valentão, não recusaremos por agora o duelo".[33] Nele a vontade predominava sobre a sensibilidade e a inteligência, traduzindo-se pela famosa moderação, que adotou por princípio tático e se tornou palavra de ordem do movimento subsequente ao Sete de Abril. Invocam-na todos os que escreveram sobre ele, desde os necrológios contemporâneos, um dos quais sintetiza deste modo a sua atitude política:

> Seu amor à constituição e à monarquia era filho da sua convicção; ele conhecia que no Brasil era mister liberdade moderada e na constituição do Estado se achava ela garantida; que era também mister força, e na monarquia se encontrava com todo o prestígio capaz de conservar inteiro o império americano.[34]

---

33 (AF, 418, 1763). Nas citações de Evaristo, AF é a sigla de *Aurora Fluminense*, referindo-se os primeiros algarismos ao número do jornal, os segundos, à página.   **34** N. S., "Necrologia" etc. n'*O Jornal do Commercio* transcrito em *Coleção das diversas peças relativas à morte do ilustre brasileiro Evaristo Ferreira da Veiga* etc., 1837, p. 15.

No apego à constituição foi realmente admirável: é o fundamento da sua atividade e das suas convicções, a expressão da sua crença na necessidade do "pacto social". Não via outra bússola para a nação recém-criada, nem outro meio de instituir a pauta da razão em face dos movimentos irregulares da sociedade em mudança. Daí ser um monarquista de cabeça, que não trepidou em derrubar o monarca no momento em que este pôs em perigo o funcionamento do govêrno representativo; e continuou não obstante apegado ao princípio da monarquia, como a um recurso de garantia constitucional. A aplicação correta da constituição era a ordem, a unidade, o progresso, e a presença de um soberano hereditário lhe parecia favorecê-los: Evaristo aceitou, pois, a dinastia de Bragança, para conciliar a liberdade com as exigências da ordem. O seu drama foi ser, no fundo, um republicano paralisado pelo reconhecimento desta necessidade básica dum momento de crise; a sua oportunidade, poder orientar a opinião num período de quase república, como foi o regencial.

Pelo que vislumbramos do seu desacordo final com Feijó, não podemos dizer que, se tivesse vivido, levaria o apego à ordem ao ponto de tornar-se um meticuloso reacionário, à maneira de Bernardo Pereira de Vasconcelos, que tinha tanta energia quanto ele, mais talento e menos integridade de caráter e convicções. O seu destino seria talvez parecido ao de Odorico Mendes, republicano íntimo, monarquista por senso de dever, dilacerado ao ponto de retirar-se completamente da política e mesmo do país, refugiando-se no pedantismo arqueológico das traduções de Homero e Virgílio.

É necessário, portanto, considerar que a sua moderação é menos traço de temperamento (isto é, parente da tibieza) do que concepção de estratégia política. Nem outra coisa ressalta do artigo importante em que define o seu ponto de vista, e de que vale a pena reproduzir um trecho longo, mas indispensável para compreendê-lo:

Confundem alguns a violência, o furor, com a energia; estão persuadidos de que a moderação é um indício de fraqueza, que em política se deve lançar mão de todos os meios para sustentar a causa de um partido, e que convém sair fora dos princípios para os fazer triunfar. Nada há de mais perigoso do que semelhante doutrina, especialmente nos tempos de mudanças políticas, e quando se opera nos costumes e nas instituições uma revolução cujo complemento só pode ser obra do tempo, da reflexão e de cálculos sisudos. O exaltamento faz perder o lume da razão, e abre entrada a todas as paixões ferozes e destruidoras; ele é assim incompatível com a permanência de qualquer forma de governo, e só serve de excitar desconfianças, de precipitar os homens em excessos condenáveis, e que desonram mil vezes a mais bela das causas, a da liberdade. Acreditar que a verdadeira moderação exclui a força (note-se que dizemos a verdadeira moderação, pois também há uma moderação hipócrita, que consiste em nada querer emendar, ou melhorar, com receio do que pode sobrevir; porém esta falsa moderação é tão fácil de distinguir-se da outra, como o estanho da prata ou a máscara do semblante) acreditar que a verdadeira moderação exclui a força é supor que o estado repousado da alma, em que se pode usar da inteligência sem perturbação, é para o homem um estado infeliz, e o leva a abater-se do espírito, a perder os sentidos nobres e generosos: nesse caso a insânia seria preferível ao bom senso, o que julgamos muito absurdo para ser defendido seriamente. (AF, 287, 1199)

Aí se encontra a sua filosofia da moderação, linha estratégica num momento de crise, presença verdadeira, na atividade política, da razão soberana preconizada pela Ilustração. Historicamente, ela explica a predileção pelos girondinos, que Evaristo parece ter tomado expressamente por modelos e cujo padrão fez predominar na primeira fase da Regência.[35] Como ele, são sempre girondinos, nas crises, os que embora sinceramente partidários de reformas radicais, deslizam insensivelmente para o centro, à medida que o processo político suscita à sua esquerda elementos mais avançados, dispostos a modificar a própria estrutura social. Mas não o devemos censurar, se lembrarmos que à sua esquerda juntaram-se grupos de duvidoso aventureirismo, nos quais não cabiam os democratas e republicanos sinceros, e cujo predomínio talvez acarretasse o esfacelamento do país; enquanto, à sua direita, se estendia a ampla franja de virulentos reacionários, de que saíram os caramurus restauradores. E a verdade é que se Evaristo condena os "demagogos", as suas mais fortes baterias se voltam contra os reacionários, os anticonstitucionais, que procuravam desmoralizar o regime representativo e não tinham confiança no povo como fator de progresso social e político.

No n. 32 da *Aurora*, ataca os falsos constitucionais, que aceitam teoricamente os princípios liberais, mas acham meio de combatê-los na prática, alegando inoportunidade e perigo das inovações, por falta de madureza do povo. Estes, diz bem, são mais perigosos do que os absolutistas. Num excelente artigo do n. 42 completa o quadro, mostrando que a boa organização política marcha lentamente, e só poderá realizar-se se os cidadãos se compenetrarem de que não há uma casta investida da atividade política; mas que esta se deve

---

35 Veja-se, por exemplo, AF, n. 303, onde, transcrevendo e comentando com apreço um artigo d'*O Farol Maranhense*, compara os nossos liberais aos girondinos. Veja-se também a apologia destes, no n. 355.

processar pela participação de todos, através do "poder invisível da opinião", capaz de estabelecer o verdadeiro regime constitucional no Brasil, "país talhado de molde para as reformas, e para as boas instituições".

Nem o assusta a pecha de radical ou subversivo, aplicada aos que procuram o progresso para deste modo incompatibilizá-los.

> As palavras *Revolução*, *Revolucionário*, são uma espécie de talismã mágico com que os Governos sabem a propósito fazer calar a opinião pública, e incutir terror nos homens pacíficos e moderados. E contudo as Revoluções são sempre filhas dos erros do Governo. (AF, 59, 241)

Simetricamente, desmascara "os impostores, que debaixo do emprestado nome de *defensores do trono e do altar* só defendem privados e miseráveis interesses" (AF, 76, 313).

O essencial para ele era o advento da liberdade política, mediante a qual se poderia realizar o comportamento humano baseado nos postulados da razão, como explica no importante artigo já citado:

> A Liberdade, revestida das suas próprias cores, agrada a quase todos os homens. O que pretende ela? Que gozemos melhor dos nossos direitos; que as sociedades sejam felizes e estáveis, regidas por Leis derivadas de uma sorte de consenso comum; que a razão tenha todo o necessário desenvolvimento; que a publicidade abra a porta dos Conselhos nacionais, e dê a conhecer ao Povo o como se tratam os seus interesses: que a Autoridade receba de cada cidadão o tributo das suas reflexões, e juízos sobre o que pertence à conveniência e proveito de todos. (AF, 287, 1200)

No amor por ela, Evaristo prezava as formas da austeridade republicana, odiando os privilégios, que combate a cada passo, mostrando o artificialismo ridículo dos títulos do império, pregando a igualdade das oportunidades, desprezando a riqueza e o luxo, atacando o militarismo e a cortesanice. Manifesta simpatia pelas repúblicas do continente, mormente os Estados Unidos, criticando as tendências cesaristas de Bolívar. Nem lhe faltava a convicção básica sem a qual não tem significado prático o amor da liberdade: confiança no povo, que entrevia cada vez mais esclarecido pela instrução e a imprensa, utilizando conscientemente o voto, sobrepujando as manobras da cúpula. Não esquecia as mulheres, de cujo progresso intelectual foi paladino, vendo nas brasileiras "excelentes disposições para as belas-letras", carecendo apenas de "uma cultura mais apurada e maior sociabilidade" (AF, 316, 1326).

Não é um pensador, como Hipólito, nem um apaixonado, como frei Caneca; faltam-lhe, em comparação a ambos, energia de sentimento e energia de pensamento. Todavia, foi, mais do que eles, jornalista no sentido moderno. Nos números da *Aurora Fluminense* debalde procuraremos um ensaio: a sua produção é de artigos e notas, ligados aos acontecimentos, que comenta e frequentemente analisa à luz dos seus princípios. Daí a influência na opinião e o papel de mentor que desde logo assumiu.

Nota-se bem a sua vocação específica de jornalista na despreocupação em expor mais a fundo as ideias que o norteiam, seja formulando-as, seja dando um toque pessoal às que ele e os contemporâneos buscavam nas fontes. Daí certa impressão, que nos fica, de honrado caudatário intelectual. Os artigos de fundo são em boa parte transcrições, seja de jornais liberais do Brasil, — como *O Cronista*, *O Farol Paulistano*, *O Farol Maranhense*, — seja de jornais e sobretudo publicistas estrangeiros: Benjamin Constant, Daunou, Rouilly, Junius, Ganilh, Jouy, Destutt de Tracy. No primeiro caso, assinalava a fraternidade de pensamento; no segundo, oferecia honestamente as fontes em que hauria as ideias.

Como escritor é fácil e correto, abandonando poucas vezes o tom de serenidade, objetivo e simples. O seu período tende à largueza, como era comum no tempo, e quando o ardor da argumentação o empolga chega a ser muito extenso, cortado de subordinadas sem perder a clareza e o fio. Se retomarmos a imagem proposta mais alto, e imaginarmos a pena como algo orgânico do escritor, fazendo parte do seu corpo e prolongando no contato com a página o ritmo da sua vida, diremos, à maneira simbólica de Roland Barthes, que o de Hipólito da Costa é um estilo-encéfalo, o de frei Caneca um estilo-sangue, o de Evaristo um estilo-linfa. Necessário à vida, mas pálido, evocando ideias de serenidade e mediania.

À história da literatura, Evaristo interessa principalmente devido ao tema da mocidade, que viveu e contribuiu para divulgar, contribuindo para definir uma das constantes do nacionalismo literário, de que o Romantismo foi a expressão por excelência. Foi ele, com efeito, um dos primeiros a proclamar a importância da juventude e as suas responsabilidades na construção da pátria, inclusive da literatura renovada. Saudou com entusiasmo os rapazes que realizariam a *Niterói* pouco antes da sua morte, custeando pelo menos em parte os estudos de dois deles na Europa: Porto-Alegre e Torres Homem. Em 1832 deu o apoio do seu jornal às *Poesias* de Magalhães, e em meio às preocupações dominantes da política encontrava oportunidade para comentar na *Aurora* uma peça ou um poema de autor jovem, augurando grandes feitos literários. Desejava uma literatura patriótica e um teatro nacional, não primando pelo discernimento nos juízos.

Recomendamos aos bons brasileiros a leitura de uns versos, ultimamente publicados, de J. T. de S.[36] ao aniversário do juramento da nossa Constituição. É a musa nascente, que promete muito se cultivar, com a leitura dos modelos do gosto, o talento que lhe deu a natureza: os seus versos são cheios de fogo, e pintam sentimentos de uma alma livre e patriota. As quatro estrofes abaixo citadas são de perfeita beleza, e muito tocantes:

Os teus filhinhos
Recém-nascidos
Dias floridos
Já desde o berço
Gozando estão.

Ah! não sofreram
Como os adultos
Árduos insultos,
Férreo grilhão.

O céu defenda
Da antiga peste
Filhos que deste
À luz já livres
Do jugo vil.

Tão mau contágio
Que ao Orco desce,
Não mais regresse
Para o Brasil
(AF, 30)

Versos tão ruins quanto os dele, mas nutridos de patriotismo, emoção nova e avassaladora que se propunha então como um dos esteios da arte. Aos moços eram confiadas grandes tarefas, — não cansa de lembrar — como a que logo chamariam a si Magalhães e companheiros, seus discípulos sob este aspecto, ao *fundarem* a literatura dos novos tempos. "É na juventude, criada com o leite das novas doutrinas, que havemos posto as nossas melhores esperanças; e ela vai perfeitamente correspondendo à

---

36 José Teodomiro de Santos.

expectação do Brasil" (AF, 318, 1334). Noticiando o aumento na frequência dos cursos jurídicos em São Paulo, já havia traçado no ano anterior o papel que lhe cabia:

Ideias elevadas, filhas da Filosofia do Século, triunfam nesta idade, que a moral dos interesses não corrompeu ainda; e os seus corações livres de seduções, que os esperam, só anelam o bem da Pátria, os cabedais da instrução, o aperfeiçoamento intelectual. O Brasil tem posto na sua *Mocidade* as suas mais caras esperanças: é deles que aguarda essa revolução moral, que nos deve tornar mais felizes, por isso que nos há de fazer melhores. (AF, 147, 607)

Associando-se a ele, os espíritos generosos e confiantes repetiriam com os melhores augúrios: "Os Brasileiros são comumente dotados de muito talento, e têm grande propensão para tudo o que requer imaginação viva e feliz fantasia; resta apenas desenvolver estas qualidades" (AF, 287, 1200).

Pregando a missão da mocidade; considerando as letras, ciências e artes como florão da pátria, que era preciso cultivar; protegendo os jovens estudiosos; fundando uma sociedade de cultura — Evaristo estabelece involuntariamente um vínculo sutil entre a sua atividade e a renovação literária que se anunciava. Não se enganaram os jovens, que o admiravam arrebatadamente e nele saudaram não apenas "o puro" (Porto-Alegre), "o homem probo" (Magalhães), mas um dos primeiros representantes do sentimento nacional na literatura. Norberto o situa no limiar da "reforma da poesia" ("moço de extraordinários talentos, um dos ornamentos literários da nossa pátria"); Pereira da Silva, na "nova escola", a "nova geração" formada na menoridade de d. Pedro II, ao lado de Odorico Mendes, José Maria do Amaral, Magalhães, Porto-Alegre e Gonçalves Dias — reunindo sem critério estético os homens marcados pelo mesmo desejo de renovar intelectualmente a pátria.[37]

Nesse livreiro gordo e honrado, modelo de virtudes públicas e privadas, excelente jornalista e péssimo poeta, se encarnou o movimento da juventude renovadora, que, olhos postos no destino da pátria, considerava a própria atividade, inclusive literária, como contribuição à sua grandeza, sentindo-se, moça com o país moço, responsável perante ele. "Éramos dois rapazes, o povo e eu; vínhamos da infância, com todos os arrebatamentos da juventude" (*Brás Cubas*).

---

37 Joaquim Norberto de Sousa Silva, "Bosquejo da história da poesia brasileira", em *Modulações poéticas* etc., p. 45; Conselheiro J. M. Pereira da Silva, *Memórias do meu tempo*, v. II, pp. 175-176.

Capítulo VIII
Resquícios e prenúncios

1. Poesia a reboque **285**
2. Pré-Romantismo franco-brasileiro **293**
3. O "vago n'alma" **300**
4. Independência literária **317**
5. O limbo **322**

I.
Poesia a reboque

As obras puramente literárias da fase correspondente à atividade dos publicistas que acabamos de estudar (isto é, mais ou menos entre 1810 e 1835) podem dividir-se em duas famílias: uma, de que trataremos depois, apresenta certos indícios de renovação; a outra, objeto do presente capítulo, continua pura e simplesmente a orientação dos neoclássicos decadentes; e sob este aspecto não passa de episódio da rotinização já analisada.

Dos escritores que a compõem, nenhum supera a mediania e quase todos são da maior mediocridade, valendo ainda aqui a observação de que os maus poetas são frequentemente bons oradores e publicistas. Lembrando que o Brasil começa nesse momento a existir como país, perceberemos que tal estado de coisas é talvez até certo ponto consequência da pouca divisão do trabalho, levando a concentrar-se nas atividades de cunho pragmático uma inteligência ainda pouco numerosa para atender a muitos apelos.

O sentimento dominante nesses homens foi o patriotismo, concentrado afinal em torno da Independência. Seria ele, com a sua força inspiradora, capaz de abrir novos caminhos à expressão? Nessa fase, pelo contrário, nós o vemos amoldar-se a caminhos já trilhados, acomodando-se perfeitamente na tradição arcádica. Por que motivos?

Em primeiro lugar, a falta de poeta realmente superior, capaz de inovar. Causa não suficiente, é verdade, pois no período seguinte veremos poetas de segunda ordem, como Gonçalves de Magalhães e Porto-Alegre, promoverem uma transformação de grande importância.

Pesa mais o segundo motivo: o patriotismo pertencia a um tipo de sentimentos cuja expressão já vinha consagrada e por assim dizer fixada na ode, no canto, no soneto, na epístola — formas acessíveis graças à extrema rotinização, reforçando a tradição e dispensando a pesquisa estética.

Pesa igualmente um terceiro motivo: o patriotismo desse período era extensão do civismo setecentista, arraigado na Ilustração, tributário da Revolução Francesa e da idealização retrospectiva de Roma; tendia para formas clássicas, sendo, com a sua obsessão de Brutos e Catões, um "sentir novo" a requerer "verso antigo".

Assim, embora trouxesse potencialmente muito do que seria mais tarde a dinâmica do nacionalismo romântico, foi, no período que nos ocupa, fator de preservação neoclássica, abafando porventura certos germens de novo lirismo, que hoje entrevemos na obra de Silva Alvarenga ou Borges de Barros.

Naquele tempo, o "votário da Liberdade" se abrasava no culto da Razão, da Virtude, das Luzes; exprimia-se pela retórica cívico-literária de inspiração latina; prefigurava a sociedade regenerada segundo padrões elaborados no século anterior. Por essa altura Afonso da Maia lia Rousseau, Volney, Helvétius, a *Enciclopédia* e ia "recitando pelas lojas maçônicas odes abomináveis ao Supremo Arquiteto do Universo". Não seriam piores que os poemas de frei Caneca, Domingos Martins, Alves Branco, Evaristo da Veiga, Natividade Saldanha, Odorico Mendes e o Gonçalves de Magalhães das *Poesias*, que encerra em 1832 esse patriotismo retórico.

É natural, portanto, que a obra deles vá duplamente a reboque: da política, preocupação central, e da convenção literária, da rotina neoclássica, molde acabado e cômodo. Não se percebe (excluído Magalhães) qualquer influência dos patrícios mais velhos, editados ao tempo em que muitos deles poetavam.[1] São tributários estritos, sem discrepância nem traços pessoais de Garção, Diniz ou Bocage; vez por outra pressentimos a leitura de Cláudio. Graças a essa falta de personalidade, vinculam-se integralmente ao passado, ou melhor, ao que o passado imediato apresentava de mais rigidamente característico, de menos compatível com desenvolvimentos ulteriores. Na sua obra, quase nunca percebemos toques pessoais, que afinal valem por contribuição, como vimos em José Bonifácio, Elói Ottoni e Sousa Caldas.

É interessante notar o acentuado pendor que mostram pela obra de Antônio Diniz da Cruz e Silva, cuja variedade de experiências era na verdade um compêndio poético aberto ao neófito; daí lhes veio com certeza o gosto pela ode pindárica e a *metamorfose*. Deve ser mencionada a predileção demonstrada por esta, baseada invariavelmente na transformação de um ser humano em acidente da natureza, animal ou planta. Foi como se quisessem ver — nesse fim de Classicismo, coincidente com a libertação nacional — a natureza do país viva e animada pelas entidades míticas, forjadas na imaginação milenar do Ocidente; como se desejassem sentir nela a mesma realidade significativa e estuante emprestada por Cláudio Manuel, na "Fábula do Ribeirão do Carmo", ao Itamonte e ao Ribeirão

---

[1] 1819, *A assunção*, de São Carlos; 1820-1821, *Poesias sacras e profanas*, de Sousa Caldas; 1825, *Poesias avulsas de Américo Elísio* e *Poesias oferecidas às senhoras brasileiras por um baiano*.

do Carmo. Estilizando em alegoria o quadro natural do país, dentro do molde clássico mais estrito, davam-lhe genealogia, incorporavam-no ao universo da mitologia greco-romana, completando nesse apagar de velas a tarefa dos predecessores.

Januário da Cunha Barbosa Pela via da metamorfose, segundo o modelo de Diniz, ocorreu em alguns deles verdadeira emergência de patriotismo literário, graças ao encontro entre a tradição clássica e certas tendências indianistas embrionárias. É por exemplo o caso do péssimo poema "Niterói", onde Januário da Cunha Barbosa, num esforço ao mesmo tempo ridículo e comovedor, traz ninfas, monstros, semideuses, para formar a Guanabara e suas montanhas, enquadrando, de maneira que desejou ciclópica, uma visão da história local expressa através de Glauco, divindade marinha que tinha o dom da profecia. Nunca se vira no Brasil tanto desperdício de mitologia, nessa hora em que ela ia deixar para sempre a supremacia poética.

> Nos braços maternais, nascido apenas,
> Jazia Niterói, satúrnea prole,
> Quando Mimas, seu pai, gigante enorme,
> Que ao céu com mão soberba arremessara
> A flamígera Lemnos, arrancada
> Dos mares no furor de guerra impia,
> Tingiu de sangue as águas, salpicando
> De seu cérebro o Ossa, o Olimpo, o Otris,
> Ferido pelo ferro com que Marte
> Vingou de Jove a injúria em morte acerba.

Filiando o Brasil a um episódio da luta entre os Gigantes e os Deuses (Mimas, filho de Urano e da Terra, participou do famoso drama mítico), Januário continuava a tradição de Cláudio e consagrava uma linha até hoje viva de representação hiperbólica da nossa realidade natural, definindo o "gigante pela própria natureza" do Hino.

Mencione-se ainda que "Niterói" é representado sob aspecto de índio, simbolizando o referido desejo de inserir a nossa realidade na tradição para dignificá-la literariamente:

> Cinge a fronte ao robusto, altivo jovem,
> Cocar plumoso, ornado de ametistas.

Nas faces brilha mocidade imberbe,
E a cor que as tinge porque o sol as cresta,
Similha o cobre lúcido, polido.

Natividade Saldanha Natividade Saldanha pode ser considerado paradigma de aluno literário, aplicado na cópia fascinada e meticulosa dos modelos fornecidos pela grande geração arcádica. A sua obra — a que não faltam qualidades de elegância e por vezes energia — constitui talvez o conjunto mais ortodoxamente arcádico da nossa literatura, com a ortodoxia dos momentos de decadência ou retardo, à maneira dos sonoros e inflexíveis parnasianos que ainda hoje nos afligem.

Nas suas odes, cantatas, idílios, metamorfoses, sonetos, de rigoroso preceito, sentimos a cada passo o leitor de Cláudio e Garção, o seguidor fanático de Bocage e Diniz, dos quais tomou não apenas sugestões no modo heroico, mas na falsa graça anacreôntica e na ternura pastoral de sonetos como este:

Saudoso bosque, rústica espessura,
Que ouvis os meus lamentos dolorosos,
Negros ciprestes, montes escabrosos,
Não me negueis amiga sepultura.

Em feia cova, habitação escura,
Onde encontram prazer os desditosos,
Meus dias findarão, dias penosos,
Bafejados da baça desventura.

Neste medonho abrigo sepultado,
Tendo por sócios mochos carpidores,
Serei com minha morte afortunado.

Sobre a campa se leia: "Aqui, pastores,
Josino está, pastor desventurado:
Morreu de ingratidão, morreu de amores".
    (XXXIV)

Esta melancolia talvez não seja apenas retórica: a vida trouxe várias humilhações ao filho natural do vigário Saldanha Marinho com a parda Lourença da Cruz, inclusive a exclusão da mesa comum nas hospedarias norte-americanas, quando lá andou exilado e de lá saiu tangido pelo preconceito, para morrer cinco anos depois em Caracas, em cuja sociedade tolerante se acomodara melhor. Nos seus versos, um tema constante é a obsessão com a morte, considerada única certeza do homem. Esta fixação nos faz ter menos indiferença pela familiaridade convencional com que ela aparece, principalmente quando se trata de peças tão realizadas como a seguinte, talvez o seu melhor soneto:

Noite, noite sombria, cujo manto
Rouba aos olhos mortais a luz febeia,
E em cuja escuridão medonha e feia
Mágoa inspira do mocho o triste canto.

Tu avessa ao prazer, sócia do pranto,
Que rompe do mortal a frágil teia,
Consola um infeliz, que amor anseia,
E a quem mágoa é prazer, pesar encanto.

Vem, compassiva morte, e com ternura
Recolhe os ais de uma alma, que suspira,
Oprimida de angústia e desventura.

Recebe os ais de um triste, que delira;
De um triste, que embrenhado na espessura
Suspirando saudoso arqueja, expira.
(XVIII)

A reflexão histórica nos leva a reputar cediços esta "luz febeia", esta "escuridão medonha e feia", esse pobre mocho fatigado por alguns séculos de ininterrupta indiscrição dos poetas; mas se suspendermos por um momento a sua força limitadora, sentiremos no lugar-comum certos traços de permanente encanto, que vence a moda e, quando se encaixa na forma poética verdadeiramente adequada, funciona com uma frescura de descoberta. Então, o que é mais banal fica mais poético, porque o geral é que melhor recebe as necessidades do nosso restrito particular, sempre pronto a mover-se com as sugestões da noite, do suspiro, do pranto, do amor infeliz, contanto que percam o sentido de experiência imediata para ganharem a transcendência conferida pela arte.

Para a posteridade, Natividade Saldanha ficou todavia como autor patriótico das quatro odes *pindáricas* sobre os heróis da Restauração Pernambucana, verdadeiros pastiches das que escrevera sobre as grandes figuras da história portuguesa o seu querido Diniz. Talvez pudéssemos, mesmo, chamá-las de apêndices, pois havendo este cantado João Fernandes Vieira, o nosso poeta dispôs-se a completar com os brasileiros natos a série dos chefes que pelejaram na mesma empresa: André Vidal de Negreiros, Francisco Rebelo, Henrique Dias e Antônio Filipe Camarão.

Esses poemas duros e entusiásticos incluem-se num ciclo de patriotismo pernambucano, que se vinha exprimindo literariamente desde as Academias, e integra, naquele momento, o exaltado localismo manifestado no movimento intelectual e político, de que as sociedades do "complexo de Itambé" foram as células e as rebeliões de 1817 e 1824 a expressão máxima. A evocação da guerra holandesa desempenhou então papel ideológico parecido ao que desempenharia, em nossos dias, a do bandeirismo com relação ao bairrismo político-econômico dos paulistas. Saldanha, republicano, secretário do governo de Manuel de Carvalho Pais de Andrade na Confederação do Equador, foi de certa forma o bardo desse patriotismo local, de que frei Caneca era o principal teórico. Como na expulsão dos flamengos estava envolvida a ideia de libertação do país, a liberdade vem muito a propósito se unir na pena dos escritores ao amor da pátria, para compor o sentimento dominante dos *ilustrados* de então.

Mais do que esses exercícios, na forma poética que seria a mais desagradavelmente convencional do tempo, se não existisse o pavoroso ditirambo (e a que recorreram outros patriotas, inclusive Alves Branco), preferimos hoje a poesia propriamente política de Saldanha: alguns sonetos de resistência, a "Ode à morte de Napoleão Bonaparte", a "Elegia aos seus amigos comprometidos na revolução de 1824", onde permanece, sem pusilanimidade, a nota de doçura e tristeza dos sonetos transcritos mais alto.

É realmente lamentável a perda, nas suas muitas viagens, dos manuscritos políticos, pessoais e poéticos, na maioria inacabados ou apenas esboçados, mas que ainda assim constituiriam documentos significativos da Ilustração no Brasil. Refiro-me principalmente às recordações de infância, à *Joaneida*, poema épico da Restauração Pernambucana; a *Atahualpa*, tragédia em verso, que a polícia francesa considerou perigosamente subversiva e onde, na linha do soneto de Basílio da Gama a Francisco Gomes de Amorim, via nas tradições indígenas da América a manifestação do espírito de liberdade.

O maço n. 2 contém algumas poesias onde brilha um talento verdadeiro, mas inteiramente estranhas à política, bem como o esboço de uma tragédia sobre Atahualpa. Descrevendo a catástrofe que precipitou do Trono o último soberano do Peru, o autor invoca visivelmente sobre os Europeus estabelecidos na América a vingança das Castas indígenas, às quais se associou sempre a dos mulatos.[2]

Evaristo da Veiga Excetuado Saldanha, vamos encontrar versejadores em que a poesia aparece como automatismo e mau hábito, e que recorrem a ela simplesmente por ser a forma estabelecida de exprimir as opiniões e marcar os momentos mais significativos da vida. Poesia de circunstância, comemorativa em alto grau, de que podemos tomar como exemplo representativo os 263 poemas de Evaristo da Veiga, metrificador tenaz desde os treze anos, que (atente-se bem) abandonou as musas quando passou ao jornalismo e nele encontrou veículo consentâneo às suas necessidades de expressão. Com efeito, os seus últimos poemas são de outubro, e o primeiro número da *Aurora Fluminense* de 21 de dezembro de 1827.

É difícil encontrar maior coleção de versos razoavelmente metrificados tão fora da poesia. Lê-los é experimentar a que ponto vai a força anuladora da rotina, mesmo em homens de talento; e como, à medida que as tendências literárias se ossificam, o verso passa a mero exercício, dando lugar a verdadeiros equívocos. Por meio dele, o pacato e saudável Evaristo saúda os colegas, cumprimenta os amigos, faz pilhérias, celebra os sentimentos nobres, (sobretudo a amizade), canta a pátria, faz reflexões políticas, certo de estar poetando, — sem ter n'alma qualquer vislumbre de poesia. Ignora de todo o que havia de mais poético nas tendências literárias do tempo: o pendor meditativo, o naturalismo, a melancolia — à qual dedica aliás umas "Estâncias" que se poderiam dar como paradigma do filistinismo, do "mandrião Patusca", em confronto com os sentimentos de um Natividade Saldanha ou um Borges de Barros:

Da fusca região do escuro Averno,
A turbar a dulcíssima alegria
De inocentes prazeres, veio ao Mundo
O monstro da fatal Melancolia.

Ninguém ilustra melhor a hipótese de que os sentimentos cívicos contribuíram, então, para manter a convenção neoclássica, nela encontrando forma adequada: Evaristo é o autor da letra do nosso primeiro Hino Nacional, (em estrofes metastasianas, ou alvarenguianas, de setissílabos isorrítmicos), de dezenas de odes e sonetos exaltadamente patrióticos:

---

2 Relatório da Polícia de Calais, em Alberto Rangel, *Textos e pretextos*, p. 51.

Minha Pátria, oh Brasil! tua grandeza
Por léguas mil imensa se dilata
Do Amazonas caudoso ao rico Prata,
Os dois irmãos sem par na redondeza;

Das tuas serranias na aspereza,
Na fechada extensão da intensa mata,
No solo d'oiro prenhe se recata
Tosca, sim, mas sublime a Natureza:

Da antiga Europa os dons em ti derrama
Junto dos mares a civil cultura,
Que das artes, e Indústria os frutos ama;

De teus filhos o amor mil bens te augura,
E aos lares teus a liberdade chama;
Não; não tens que invejar maior ventura.

Nele se compendiam algumas posições da nossa Época das Luzes: a confiança na grandeza do país, que do terreno material se refletiria no da cultura; a necessidade da independência como chave desse processo; a função construtiva do patriotismo; sobretudo a noção de que o nosso futuro dependia duma incorporação da tradição europeia ao ritmo do novo mundo, dum esforço para transfundir nas nossas veias a virtude mágica daqueles "dons", que contemplávamos deslumbrados "junto dos mares", mal saídos do confinamento colonial.

2.
Pré-Romantismo franco-brasileiro

O que acaba de ser dito descreve um estado de coisas que ainda é de certo modo prolongamento do século XVIII. Agora vamos analisar uma situação que lhe é cronologicamente paralela mas prenuncia, ao contrário, alguma coisa do que o século XIX terá de muito seu no Brasil. Ambas as tendências constituem, reunidas, a fisionomia da nossa literatura entre a vinda da família real e o Romantismo.

É preciso inicialmente proceder à tarefa difícil de apontar os traços que permitem entrever sensibilidade nova. Relativamente nova, é claro, pois quando estabelecemos distinções marcadas entre as fases literárias, nunca devemos esquecer o quanto há de comum entre elas e como as dominantes de uma preexistem nas anteriores. Mas como se costuma associar o Romantismo a certa expansão da subjetividade, é quase obrigatório determinar os progressos desta nos momentos de transição.

Como veremos adiante, no Romantismo não se trata propriamente de subjetivismo, que ocorre quase sempre onde há lirismo pessoal e vimos muito acentuado, por exemplo, na obra de Gonzaga: mas de uma das suas modalidades, que se poderia definir como a busca da singularidade da emoção. Há nele, com efeito, a tendência para ressaltar o elemento que, na percepção das coisas e nos estados do sentimento, é intransferível e peculiar ao sujeito determinado. Daí os escritores se manifestarem de modo muito íntimo, não raro confidencial, despertando no leitor uma impressão de maior sinceridade, comunicação espontânea e autêntica das emoções. Daí também o desejo de linguagem mais direta, sem recurso à alegoria clássica nem obediência às normas da sociabilidade, contida nas várias formas de "delegação poética".

No momento estudado, há certos traços de uma alvorada romântica (seja por desenvolvimento de tendências anteriores, seja por contágio de exemplo estrangeiro) em que percebemos esta inflexão da sensibilidade.

Esboça-se, por exemplo, um modo de ver a natureza com mais exaltação e maior fidelidade — pois não apenas se conta francamente a emoção por ela causada, como se deseja registrar a percepção elaborada em torno de objetos definidos. É o "pôr do sol localizado e datado", já referido em capítulo anterior; a montanha expressamente indicada que significa algo para o escritor na medida em que despertou determinado sentimento. Substituindo a visão mais abstrata e mentalmente elaborada do Classicismo, esta supõe identificação afetiva muito maior entre sujeito e objeto. Buscam-se então as *ressonâncias*, as *harmonias* entre natureza e espírito, que convidam o indivíduo a banhar-se numa atmosfera de mistério e, valorizando o significado dos seus modos de perceber e sentir, a exprimir-se com maior abandono, por meio do que os pré-românticos e primeiros românticos chamavam, muito significativamente, a *meditação*. Nela, é a experiência estritamente pessoal, no que tem de intransferível, que se oferece ao leitor, para despertar nele um movimento correspondente de desnudamento do *eu*.

Esta inclinação da personalidade se manifesta na experiência total do indivíduo; mas a natureza física desempenha papel importante na sua configuração literária.

Talvez seja excessivo falar em influência dos viajantes estrangeiros na formação do Romantismo brasileiro. Mas o certo é que se pode ao menos perceber neles, em face da nossa paisagem, uma emoção que tem muito da ternura e exaltado deslumbramento dos naturalistas do século XVIII, que passou aos românticos. Não apenas em homens como Ferdinand Denis, cuja importância veremos adiante;[3] mas nos puros naturalistas, sobretudo alemães, que veem de um ângulo semelhante, que poderia ter influído para reorientar a visão dos brasileiros com que entravam em contato. "A ideia que nos ocorria diante deste quadro melancólico era de saudade de um paraíso perdido" — dizem Spix e Martius.[4] É preciso lembrar que esses homens descreveram frequentemente a natureza como fonte de emoções, atuando sobre a sensibilidade, que se exaltava ao seu contato, mostrando aos brasileiros que a sua contemplação pode despertar verdadeiro rejuvenescimento espiritual. O mundo circundante assume então valor de um sistema de signos, que abrem a alma e aumentam a sua capacidade de vibrar. O que não significariam para os moços do tempo, ansiosos por encontrar nas coisas da pátria motivos de exaltação e estímulo para renovar a sua expressão, impressões como as que Pohl experimentou nas matas do Oeste de Minas:

> Penetramos imediatamente num corte de selva, cujas grossas árvores, de formas para mim desconhecidas, eram entrelaçadas, em estranhas voltas, por parasitas arbóreas; as quais, da grossura de um braço, frequentemente torcidas, às vezes esburacadas, em maravilhosas grinaldas, tornam a descer de vinte braças de altura para o solo materno; e formavam, por assim dizer, um tecido impermeável

3 Ver p. 297.   4 J. B. von Spix e C. F. P. von Martius, *Viagem pelo Brasil*, v. I, p. 345.

aos raios solares e que, como cordoalha de navio, se movia ao mais leve impulso. Essa imagem agiu poderosamente em meu espírito. Com temeroso respeito atravessei essa abóbada da selva, o escuro dessa floresta, que, com as figuras indefinidas, me apareceu como um grande segredo da natureza.[5]

Aí, não apenas vêm sugeridas as descrições transfiguradoras, como registrada a própria qualidade da emoção, o movimento do espírito subjugado pela expressividade da contemplação, — que veremos a cada passo na prosa e no verso dos nossos românticos.

Muito mais importante, porém, é o verdadeiro Pré-Romantismo franco--brasileiro que floresceu entre 1820 e 1830, mais ou menos, nas atitudes e escritos dum certo número de franceses encantados com o nosso país. Sobretudo a colônia da Tijuca, centralizada pela família Taunay e composta por pintores, escritores, diletantes que contribuíram para delimitar entre nós certas áreas de sensibilidade pré-romântica. No Rio de Janeiro sujo, atulhado e quente de d. João VI, o pintor Nicolas-Antoine Taunay (venerador de Rousseau, morador da casa onde o mestre vivera, em Montmorency) descobriu a Tijuca e lá se instalou com a família. Aos poucos, uma colônia francesa foi encorpando entre a Cascatinha e o Alto da Boa Vista (nome dado por Nicolas): a baronesa de Rouan, o conde d'Escragnolle, o conde de Scey, príncipe de Montbéliard, a condessa de Roquefeuil, seu primo, o conde de Gestas, encarregado de negócios da França, parente afim de Chateaubriand, e outros mais.[6] Gente apaixonada, à Chateaubriand, pela beleza úmida e fulgurante da paisagem carioca, nela se inspirando para poemas e quadros onde as massas de vegetação, a névoa das cascatas, o céu rútilo, aparecem tratados com movimento novo.

Théodore Taunay *Os idílios brasileiros* escritos em latim por Théodore Taunay, com tradução francesa paralela de seu irmão Félix Émile (1830), trazem na folha de rosto uma vinheta desenhada por este, onde os cipós e as parasitas se enroscam num tronco, rodeado de palmáceas, tinhorões e arbustos agitados, com a serra dos Órgãos ao fundo. Os poemas, integrados no convencionalismo neoclássico, citam Young e Ossian, parafraseiam Southey, cantam de maneira palaciana d. Pedro I e o jovem Império, a missão de José Bonifácio, as vantagens da vida agreste, o encanto da natureza. É possível que tenham contribuído para

---

5 João Emanuel Pohl, *Viagem no interior do Brasil* etc., v. I, p. 223.   **6** Consulte visconde de Taunay, *A cidade do ouro e das ruínas*, 2. ed., p. 16, e Afonso d'Escragnolle Taunay, *A missão artística de 1816*, pp. 62, 109-110, 120-121.

sugerir aos moços brasileiros a importância poética da Independência como tema, dando-lhes também o exemplo de certa moderação elegíaca, corrente no Pré-Romantismo e no Romantismo inicial.

Édouard Corbière Este mesmo tom menor de classicismo indeciso é o das *Élégies brésiliennes* (1823), de Édouard Corbière, pai do famoso "poeta maldito", que comandou uma fragata mercante, andou por aqui e, procurando valer-se da própria experiência, cultivou o romance marítimo, obtendo certa notoriedade de segundo plano.

Os seus poemas podem considerar-se o primeiro livro pré-romântico a tratar o aborígine brasileiro por certos ângulos, retomados em seguida por outros franceses como veremos — e, mais tarde, muito desenvolvidos no Indianismo. Neles se encontra a ideia de que os nossos selvagens eram nobres, independentes, preferindo a morte à escravidão; encontra-se a tristeza ante a sua cultura destruída, a impotência na defesa contra o colonizador, a admiração por suas paixões, reputadas espontâneas e violentas.

Sente-se bem claramente o admirador de Ossian nessa fascinação pelas tradições remotas, a poesia primitiva, a natureza áspera, as cenas de guerra, o colorido das civilizações perdidas. Sente-se sobretudo no desejo de apresentar as elegias como elaboração de fragmentos colhidos no sertão brasileiro, com alegado respeito pela espontaneidade criadora do "homem natural". Elas se organizam numa ligação frouxa de episódios guerreiros, lamentações, cantos marciais, de amor, de catástrofe. Falta-lhes todavia a "cor local", e os pormenores revelam pouco conhecimento ou afinidade poética em relação à matéria, faltando as notas de particularização próprias ao exotismo literário. Da toponímia brasileira ocorre apenas Sergipe num poema ("La Fontaine de Sergippe"); os índios são passados por um crivo de abstração que os dissolve como elemento de poesia, a começar pelos nomes, arbitrários como os de uma tragédia exótica de Voltaire: Olinde, Faloë, Alagoz, Zélabar. Este último é o suposto narrador, melancólico e arroubado, carpindo as desditas da sua gente como um Ossian franco-tupinambá. Mas do ângulo histórico é preciso registrar a tomada de posição desse poeta menos que medíocre, em face de temas que seriam decisivos para o desenvolvimento da nossa literatura, dentro de um espírito muito próximo do seu.[7]

---

7 Nota da 2. ed. — Diz Corbière que a sua obra não passa de aproveitamento de uns cantos primitivos, colhidos no sertão da Bahia, em 1818, por um jovem compatriota que por lá andou com dois outros, a serviço de M. Plassan, cônsul da França em Salvador ("Lettre à M. Ad. E... sur les brésiliens", que serve de prefácio, pp. 3-4). Vê-se, na obra recente de Léon Bourdon, que Ferdinand Denis foi para aquela cidade como secretário do referido cônsul; e que, em

Ferdinand Denis A exploração da natureza brasileira como fonte de novas emoções e o desejo de abordar os temas brasileiros como matéria literária convergem na obra de Ferdinand Denis, *Scènes de la nature sous les tropiques*, que Paul Hazard e Georges Le Gentil consideram muito justamente um marco na formação do nosso Romantismo.[8]

Neste livro encontra-se pela primeira vez um tratamento sistemático das impressões despertadas pela natureza do Brasil, com intuito puramente literário. Visivelmente seduzido pelo exemplo dos *Quadros da natureza*, de Alexander von Humboldt, Denis aplicou a sua fórmula ao país que conhecia de perto, por ter morado aqui de 1817 a 1821: descrições emocionais e poéticas, em que o exterior vai-se tornando insensivelmente estado d'alma e o homem civilizado parece redescobrir-se, renascendo ao contato de um mundo desconhecido, deixando perceber que ao exemplo do sábio alemão vem juntar-se o naturismo extático de Chateaubriand. À influência deste se prende o episódio romanesco intercalado no livro, "Les Machakalis", primeira tentativa de ficção indianista, devida a um escritor franco-brasileiro de decisiva influência entre nós, que podemos assim classificar na periferia da nossa literatura. Mesmo porque a sua importância, apreciável nela, não existe na francesa, onde só os estudiosos do Pré-Romantismo o encontrarão de passagem, por ter sido amigo fiel de Senancour e merecido a atenção de Sainte-Beuve. Esse polígrafo erudito, especialista em assuntos luso-brasileiros, tinha na alma certas zonas de fantasia e inspiração, que a experiência brasileira fecundou. A parte final do seu livro cheio de premonições é uma narrativa sobre Camões, em que o grande épico é tratado romanticamente num espírito muito próximo ao do poema de Garrett, aparecido quase ao mesmo tempo. Quer dizer que o bom Denis, com "Les Machakalis" e "Camoens et Jozé Índio", enquadrados pela evocação poética da natureza tropical, intuiu com espantosa segurança os rumos da renovação nas literaturas de língua portuguesa.

1819, empreendeu com dois companheiros longa expedição fluvial pelo Jequitinhonha, num negócio de algodão ligado a Plassan (*Lettres familières* etc., p. 35; cartas alusivas de Denis às pp. 120, 122-123, 124, 127-128). Isto leva a supor que Denis seja o moço aludido por Corbière, que a ele deveria assim, direta ou indiretamente, a iniciação nos temas indígenas, através de um material reinventado em seguida, ou remotamente utilizado, dado o caráter genérico e impreciso das suas poesias no que toca aos pormenores e ao lastro de realidade. **8** Paul Hazard teve o mérito de chamar a atenção para o papel de Denis como conector entre as tendências francesas e a nossa realidade literária, em "As origens do Romantismo no Brasil", RABL, v. XXV, 1927, pp. 24-45. Le Gentil, do seu lado, assinala como fontes do Romantismo brasileiro propriamente dito, ou Indianismo: 1) os poemas de Durão e Basílio, os relatos de viagem; 2) os romances de Chateaubriand e os *Quadros da natureza*, de Humboldt, ajuntando: "As duas correntes reúnem-se em Ferdinand Denis", *La Littérature portugaise*, p. 181.

Gavet e Boucher Ao mesmo tempo, Eugène de Monglave, que esteve aqui de 1820 a 1822 ou 1823, traduzia para o francês a *Marília de Dirceu* (em colaboração com Pierre Chalas) e o *Caramuru*, contribuindo com este para acentuar a valorização do tema indianista.

Consequência imediata foi o primeiro romance indianista, extenso e autônomo, *Jakaré-Ouassou ou Les Tupinambas*, de Daniel Gavet e Philippe Boucher. O primeiro viveu aqui de 1818 a 1825, dos sete aos catorze anos, momento decisivo para a formação da sensibilidade nos precoces, como parece ter sido, pois publicou aos quinze *Zaccaria: Anecdote brésilienne*; o segundo terá sido um colaborador mais velho. Embora não haja elementos para ajuizar a influência daquela obra medíocre, o certo é que ela é precursora de toda a ficção indianista no Brasil, cujos temas, espírito e forma prefigura nitidamente.

A sua grande inspiração é Chateaubriand; o modelo imediato, Ferdinand Denis, a quem tomou a sugestão, expressa no *Résumé de l'histoire littéraire du Brésil*, de desenvolver o conflito entre o donatário da Bahia e os índios, desprezado, a seu ver com prejuízo do poema, por Santa Rita Durão; a fonte principal do assunto, o *Caramuru*, que Gavet conhecia no original. Pela primeira vez encontramos o aproveitamento sistemático, para a ficção, do testemunho dos velhos cronistas franceses do século XVI e XVII, Thévet, Léry, d'Abbeville; quer diretamente, quer de segunda mão, através dos divulgadores contemporâneos, como Alphonse de Beauchamp, Denis e Hippolyte Taunay. *O Brésil*, dos dois últimos, é largamente aproveitado; mas a *Histoire du Brésil* (1815), do primeiro, parece ter fornecido elementos mais diretamente transpostos.

Jakaré-Ouassou tem como eixo histórico o conflito dos tupinambás com o donatário da Bahia, Francisco Pereira Coutinho, pondo em cena Caramuru e Paraguaçu; mas a maior parte do enredo é ocupada pelos índios, procurando os autores um enquadramento romanesco para pintar os seus costumes. Encontram-no nas cenas da vida tribal; nas vicissitudes do amor infeliz de Tamanduá pela filha de Coutinho, Inês; nas maquinações dos índios traidores, que põem à prova a amizade daquele guerreiro por seu amigo Jacaré.

A fórmula novelística é nitidamente inspirada em Chateaubriand, sobretudo n'*Os Natchez*, onde encontramos o mesmo aproveitamento de acontecimentos e personagens reais como ponto de partida de uma elaboração fictícia — que é aliás o núcleo do romance histórico. Encontramos também em comum a situação de amor entre índio e branco, com as devidas gamas de incompreensão. Ainda nos livros americanos de Chateaubriand devem ter buscado Gavet e Boucher a linguagem florida do índio, toda construída em torno da comparação poética, com imagens tomadas ao meio natural; o amor à liberdade; a nostalgia da cultura destruída, que Macpherson e Volney, partindo de ângulos e propósitos totalmente diversos, incutiram nos últimos clássicos e nos pré-românticos. É interessante, porém, registrar uma diferença: enquanto n'*Os Natchez* o comportamento dos guerreiros é inspirado principalmente nas epopeias homéricas, no *Jakaré-Ouassou* o índio é tratado à maneira do paladino medieval, num sentido próximo ao que adotariam os nossos românticos. De homérico, ficaria, aqui e por todo o Indianismo, o tipo de eloquência gnômica e belicosa, os discursos no conselho de varões e as apóstrofes de combate, que, na versão dos cronistas, se poderiam assimilar até certo ponto aos dos chefes gregos, ainda presos a certos traços de um passado tribal.

Vale também mencionar um elemento que encontramos vagamente indicado nas *Elegias* de Corbière e é aqui bastante acentuado, ao contrário do que ocorreu depois no Indianismo: a referência clara, compreensiva e mesmo valorativa da antropofagia, reputada costume de caráter heroico. Ora, como se sabe, os nossos românticos escamotearam pudicamente a questão, não querendo manchar de sangue humano os lábios de mel de Iracema ou as nobres feições de Peri... E como os tupis foram os seus heróis prediletos e idealizados, transferiram ao passivo de outros grupos o hábito que perturbava a assimilação do guerreiro americano ao paladino medieval. Para eles, antropófagos são os "vis Aimorés" de Gonçalves Dias, ou, na *A Confederação dos Tamoios*, de Gonçalves de Magalhães, os

... Tapuias, que comem carne humana.

Assim, pois, os Taunay, Corbière, Monglave, Denis, Gavet e Boucher formam um autêntico Pré-Romantismo franco-brasileiro. As suas obras foram certamente conhecidas da juventude que se formava depois da Independência, fornecendo sugestões para a exploração literária dos temas locais, que eles dignificavam por uma espécie de chancela europeia, sempre necessária às nossas iniciativas intelectuais e artísticas. Alguns deles são clássicos retardados; outros, românticos. Mas todos trazem as tonalidades renovadoras de Ossian, de Chateaubriand, do exotismo literário, da melancolia, da valorização da América, "o novo universo onde recomeça o gênero humano".[9]

---

9 Chateaubriand, *Mémoires d'Outre Tombe*, v. I, p. 252 (a frase é de 1822).

3.
O "vago n'alma"

Se pudermos falar num Pré-Romantismo propriamente brasileiro, será sobretudo com referência a dois homens que manifestaram aqui, pela primeira vez, alguns modos de sentir que seriam depois característicos do movimento: Domingos Borges de Barros e frei Francisco do Monte Alverne. Homens diferentes em tudo, especialmente na atitude literária, pois enquanto o primeiro se ocultou por sistema no anonimato e pouca influência exerceu, o segundo tinha alto conceito da própria capacidade e o proclamava a cada passo, enchendo mais de um quarto de século com a sua personalidade barulhenta, jactanciosa, de influência marcada, talvez decisiva, sobre a primeira geração romântica.

Em Borges de Barros reponta o gosto dos estados indefiníveis, que favorecem a melancolia e não deixam de aparentar-se à nova modalidade de sentimento religioso, a *religiosidade*, em cujas regiões penetramos com Monte Alverne. É o tipo de emoção que Chateaubriand denominou muito bem de *vague à l'âme*, no livro em que se compendiaram os fundamentos do primeiro Romantismo:

> [...] estado de alma que [...] precede o desenvolvimento das paixões, quando nossas faculdades, nascentes, ativas, mas reconcentradas, só se aplicaram sobre elas próprias, sem alvo nem objetivo. Quanto mais os povos se adiantam na civilização, mais aumenta esse estado de vago das paixões.[10]

Borges de Barros Domingos Borges de Barros foi sobretudo um aristocrata requintado, que praticou na juventude as ciências aplicadas à agricultura, na maturidade a política e a diplomacia, na velhice a caridade e a devoção. Embora ligado à marquesa de Alorna e a Filinto Elísio, relacionado a Legouvé e Delille, amigo de vários moços dados à literatura, como Paulo José de Melo; apesar de querer bem as letras e cultivá-las com apreço; — apesar de tudo foi um escritor envergonhado. N'*O Patriota* sempre assinou B.; no seu livro declina apenas a naturalidade — *Poesias oferecidas às senhoras brasileiras por um baiano*;

---

10 Chateaubriand, *Le Génie du christianisme*, v. I, p. 272.

só no fim da vida consentiu que Melo Morais Pai lhe publicasse o nome na versão completa d'*Os túmulos*. Modéstia e, provavelmente, certo preconceito de casta combinaram-se para torná-lo nada sequioso de fama literária, como indica a "Resposta de uma senhora a uns versos do autor":

Modeste favori des filles de Mémoire,
Qui sembles ignorer et mépriser la gloire.

A sua atividade poética vai de 1801 a 1825, com uma fase áurea de 1807 a 1814. É arcádica pela maioria dos temas, influências e preocupações, mas apresenta evidentes sinais de Pré-Romantismo, que Afrânio Peixoto foi o primeiro a assinalar.[11]

Começou traduzindo Safo, Virgílio, Voltaire, Metastasio, Parny — sobretudo este, cuja escolha revela predileção pelo verso elegante e casquilho, graças ao qual contrabalançou o peso do Arcadismo decadente do seu tempo. Mais tarde verteu Delille e Legouvé, clássicos da última fase, selecionando não raro na sua obra as peças de tonalidade mais próxima à sensibilidade que se formava; haja vista *A melancolia*, do segundo.

Os seus primeiros ensaios pessoais revelam um árcade gracioso nas peças de metro curto, como esta adaptação do conhecido poema de Anacreonte:

Por entre espesso rosal
Cupido um dia brincando,
Picou-lhe o pé um espinho,
As rosas ensanguentando;

ou didaticamente convencional nas odes e epístolas:

Paulo, consulta, lê, medita, estuda,
O livro que ante os olhos tens patente;
Arando as terras examina os sulcos,
Semeia, e da semente segue o curso:
Como rebenta o gérmen, como cresce,

---

11 Afrânio Peixoto, "Um precursor do Romantismo", em visconde de Pedra Branca, *Os túmulos*, 4. ed., pp. 5-44. Lembremos por equidade uma observação do barão de Loreto (Franklin Dória): "Educado no gosto e na admiração das musas clássicas, assistiu depois ao movimento reformador do Romantismo, a cuja influência não foi alheio". "O visconde de Pedra Branca", RB (2), v. VIII, pp. 129-130.

Que tempo, que terreno mais lhe quadra,
Se o fundo ou flor da terra mais deseja.
 ("Epístola I")

Em qualquer caso é de extrema simplicidade, afastando-se da ênfase oratória, do retorcimento frequente nos árcades da fase final. É o que se vê nos seus versos "bairristas", tendo sido porventura quem primeiro exprimiu em poesia o tema da saudade da pátria, que experimentou numa longa estadia na Europa, onde fora, segundo diz, aparelhar-se das luzes necessárias para servi-la:

De luzes sua pátria carecia,
Ir procurá-las seu dever lhe ordena,
E julgando que a pátria assim servia,
Pouco lhe pareceram riscos, pena.
 ("Oitavas")

O amor da natureza inspira-lhe poemas bem-compostos, dos quais a "Epístola escrita na fazenda do Pinum" (1812) é um belo exemplo, — cheia de fresco aroma da terra:

O emplumado cantor destas florestas,
Da cítara e da frauta ouvindo acentos,
Fingir procura, gorjeando o canto;
Do suspiroso bosque, o inquieto sopro
De favônio tranquila deixa a folha.

É a última duma série de oito; a sua naturalidade, o encantamento com o pitoresco eram consequência da evolução estética já expressa nas odes de 1810 a 1813, que fazem ressoar em nossa literatura um tom novo, de unção quase lamartiniana, — equilíbrio entre o naturalismo generalizador dos árcades e as tendências subjetivistas. À simplicidade elegante, junta aqui o toque contemplativo, que é o próprio timbre do Romantismo inicial:

Mimosa solidão, mãe da saudade!
Morta parece a natureza inquieta,
 Netuno, Eolo dormem.
 ("Ao nascer do sol", 1810)

Tu, dos amantes silenciosa amiga,
Que d'Amor os mistérios apadrinhas,
  Mais doces, quão difíceis.

Tu de quem o silêncio favorece
Meditações profundas; que do sábio
  És o templo querido,

Engrossa as trevas, enegrece as ondas,
Noite, outrora de risos companheira,
  Só hoje de suspiros.

Teu manto de brilhantes semeado,
Que me aprazia contemplar outrora
  Em pensativo arroubo.
 ("A noite", 1810)

Ó venturosa Lua que os lugares
Vás de meus gostos ver, este suspiro
  Toma, e neles derrama.

Dize-lhes onde estou; que só me deixas
Por triste companheira, noite, vagas,
  E o desabrido noto.

....

É dar amargo fel em taça de oiro;
Dobra o mal do infeliz do bem o aspecto,
  Basta, não mais, saudade.
 ("A saudade", 1810)

Não espanta, pois, que tenha produzido em 1814 um verdadeiro paradigma do que seria uma das notas características do Romantismo brasileiro inicial, — "A flor saudade", média entre os poemas arcádicos de um Vilela Barbosa e as melodias plangentes do futuro; verdadeiro eixo em torno do qual gira toda uma transformação literária, ponto inicial duma linha poética fadada ao êxito

303

mais duradouro. Compreende-se que Maciel Monteiro lhe tenha glosado desde logo a primeira quadra: a sua obra, e a de outros, decorre em grande parte da tonalidade por assim dizer intermediária d'"A flor saudade", que, marcando um início, foi ao mesmo tempo a posição extrema do Arcadismo:

> Vem cá, minha companheira,
> Vem, triste e mimosa flor,
> Se tens de saudade o nome,
> Da saudade eu tenho a dor

> Recebe este frio beijo,
> Beijo da melancolia,
> Tem d'amor toda a doçura,
> Mas não o ardor d'alegria.

Em 1813 tinha celebrado a melancolia numa ode, e as suas cançonetas arcadizantes dessa época têm sabor diferente das primeiras:

> Triste Salgueiro,
> Rama inclinada,
> Folhagem pálida
> Sombra magoada,

> Aceita o nome
> De minha amada

A suave emoção elegíaca desses poemas se ajusta bem à predileção pelo salgueiro, ao qual consagrara em 1807 a convencional metamorfose "Salix e Foloe". Sem dúvida é uma sensibilidade nova, que aplaina o caminho para a poesia da *meditação* e do dilaceramento interior. Os suspiros, na "Ode à saudade", não são mais "brandos", "doces" nem "ternos"; são impregnados daquela melancolia serena e profunda, que veremos em Gonçalves Dias daí a trinta anos, e será mais tarde, em Álvares de Azevedo e Junqueira Freire, tortura e drama desenfreado. Com ela, nesses poemas de Borges de Barros, começa a poesia do estado d'alma, dos vagos movimentos interiores que convidam ao devaneio e, sendo própria do adolescente, vai dar vontade de chorar e morrer a duas gerações de poetas mortos na flor da idade.

Ah! não me lembres, não, mudem-se, ó Noite,
Doces momentos em tristonhas horas,
Em lágrimas os risos.
("À noite")

Poesia de fronteiras, cara aos românticos, para a qual prazer e dor não são realidades distintas, mas simples modos de uma alma eternamente presa do seu indefinível embate.

Prazer que tens de dor feições mui fracas,
A tristeza te apraz, os ais te agradam,
São gostosas as lágrimas contigo,
Doce Melancolia.
("À melancolia")

Agro em teu doce tens, és mal, saudade!
("Improviso")

É a forma nova por que se exprime um velho tema da lírica portuguesa, — o da saudade agridoce, do amor terno e cruel, — que pouco depois receberia de Garrett a suprema consagração em termos modernos.

Em Borges de Barros, entretanto, na citada ode "À melancolia", entra novo matiz, que define o estado de alma predileto do poeta romântico (a estrofe segue imediatamente à outra):

Só delicado espírito aprecia
A delícia que dás, tu não te mostras
À escura multidão de humanos rudes,
E vulgares amantes.

Trata-se da alma de *élite* (a "alma sensível" de uma ode do mesmo ano, "A amizade"), para a qual a existência *fronteiriça*, vivida no limite extremo em que a dor e o prazer se confundem e perdem sentido, é por isso mesmo assinalada por um timbre raro, que a separa da "multidão de humanos rudes". O "estado de solidão", aludido por um crítico argentino, entra na literatura brasileira: *"Frente a esta gloriosa soledad, diálogo y compañía son reducidos a falaces apariencias que no pueden librarnos de nuestra profunda soledad más íntima".*[12] Dela se nutrirão doravante os poetas, porque ela define a sua

---

[12] Ricardo Rojas, segundo Guilhermo Diaz-Plaja, *Hacia un concepto de literatura española*, p. 145.

estirpe diversa. Como no poema de Mário de Andrade, poderiam dizer para definir o seu estado (ou, como dirão, em virtude do raro privilégio conferido por este estado, a sua *missão*):

> Na solidão solitude,
> Na solidão entrei.

Na obra de Borges de Barros, essas premonições românticas se encontram num grupo de poemas escritos no mar, entre 1810 e 1813. Simbolicamente, o Romantismo brasileiro tem os seus primeiros indícios ligados ao elemento romântico por excelência, que alarga até o infinito a solidão do homem, nutre a saudade e a melancolia, espelha as coisas grandes e, no seu moto-perpétuo, a própria vida humana.

> Meu peito em ânsias
> Imita undoso.
>   ("Cançoneta")

É interessante que, depois desta conjunção do poeta com o oceano, a sua musa praticamente emudeça até o poemeto de 1825 — *Os túmulos*. As peças intermédias são raras e sempre de circunstância, nos intervalos duma vida ativa de fazendeiro e político. A bem dizer, a sua verdadeira poesia está nesse período excepcional e marítimo. Antes, é a preparação, o Arcadismo elegante; depois, um poema fúnebre extremamente medíocre, inferior a tudo quanto fizera, um enfadonho desabafo sentimental pela morte do filho menino, que pouco tem de obra literária e nem consegue, — na sua prolixidade, indiscrição e lassidão formal — despertar simpatia ou respeito do leitor por um sofrimento sem dúvida cruciante.

Na verdade Borges de Barros é poeta mediano; sensibilidade delicada, não teve capacidade de ordenação formal nem inspiração suficientemente generosa para aprofundar os traços originais que nele afloram. Por isso a sua poesia é as mais das vezes rasteira, ou irritantemente desigual —, caindo quando parece subir, comprometendo imagens ricas, abandonando bons trilhos, como se pode verificar pelos exemplos aqui transcritos. A impressão que fica é de não havermos conseguido obter o que esperávamos de uma sensibilidade promissora na sua finura, capaz de emitir, vez por outra, quando encontra a intuição formal conveniente, certas ondas de magia:

> O ondeante verde prado, como alegra
> O matiz das boninas, que realça
> O aljôfar que entornaste!
>   ("A madrugada", 1811)

O seu Pré-Romantismo parece devido ao temperamento, não a qualquer iniciativa intelectual. Como tradutor, vimos que escolhia nos franceses cediçamente clássicos do tempo os aspectos de ternura, melancolia e certa maceração sentimental, — que começam a avultar nessa época de transição. Sob este aspecto, a sua obra apresenta não pequena afinidade com a de Millevoye, publicada pelo tempo da "fase marítima". Ambos partem da experiência de Parny para chegar a uma ternura elegíaca menos frívola e mais honesta; em ambos há uma espécie de Classicismo fatigado, que busca refúgio nas meias-tintas do sentimento. O nosso poeta poderia muito bem ter conhecido pessoalmente o francês, na sua longa estada em Paris (1805-1810); nada porém indica influência recebida; o que houve foi evolução paralela. Mais tarde, conheceu na Suíça, em casa da ex-rainha Hortênsia, mãe de Napoleão III, Lamartine e Delavigne, dos quais a sua obra se aproxima às vezes, sendo-lhes anterior na parte mais significativa. Tem com efeito o pendor de um para a meditação, a banalidade clássica do outro.[13]

Os seus pendores de cunho romântico parecem ter sido de temperamento, não de programa. Nem poderia ser de outro modo num admirador e dedicado amigo do bom Filinto Elísio. Ao contrário de Magalhães, nunca lhe ocorreria desejo de influir; ficou portanto à margem do desenvolvimento literário, abafado no anonimato; e as novas gerações nunca perceberam nele o precursor que realmente foi. Nem a sua obra tinha relevo para furar tantos empecilhos e vir mostrar-lhes que já continha o que se apreciava na "Saudade branca" de Laurindo Rabelo. Caiu no esquecimento e nele permaneceu até 1945, quando Afrânio Peixoto apontou o seu caráter pré-romântico, encontrando-o, sobretudo, a meu ver indevidamente, na nênia cediçamente clássica d'*Os túmulos*.

Monte Alverne Frei Francisco do Monte Alverne foi, ao contrário, vocação declarada e imperiosa para as letras e uma das grandes, confessadas influências da primeira geração romântica, fascinando o Rio de Janeiro entre 1816 e 1860. Literariamente, interessa por duas razões principais: haver praticado um tipo de oratória que influiria na expressão e ritmo da prosa romântica; haver introduzido no sentimento religioso, para além da devoção tradicional, o culto da religião como estado de alma, modo da sensibilidade.

Antes de tudo, sublinhemos a sua personalidade romântica, esteio do fascínio exercido sobre os contemporâneos. Homens fogosos e apaixonados, capazes de tornar contagiosa a própria emoção, foram, por exemplo, frei

---

13 Por falar em relações ilustres, não custa lembrar que casou a filha com um parente de Luís de Barral-Montferrat, o amigo que Stendhal dizia ser porventura o mais fiel de quantos tivera.

Sampaio e o cônego Januário. Em Monte Alverne, porém, acresce o culto do próprio *eu* e a necessidade de torná-lo público. Nos sermões onde parece realmente empenhar-se há uma procura de efeitos pessoais, de referências ou alusões à sua capacidade, tanto quanto permite um gênero em que o orador cristão deve, teoricamente, pôr-se à margem. De tal modo, que mesmo nas costumeiras afirmações profissionais de indignidade e desvalia o *eu* apenas se abaixa para subir mais alto, reivindicando o "lugar de honra a que devem aspirar" os pregadores, como diz no exórdio do "Panegírico de São Domingos". No "Sermão sobre a palavra de Deus" podemos avaliar o alto sentido que atribuía à carreira do púlpito "o ministério sublime", referido no "Sermão sobre o pequeno número dos escolhidos".

Interpretada sempre como vaidade pelos críticos, esta atitude deve também considerar-se manifestação romântica, expansão da personalidade que se considera medida das coisas. Visto de hoje, o belo e majestoso franciscano das descrições contemporâneas surge como servidor do culto do eu, do individualismo característico das tendências românticas.

Esse individualismo é nítido na sua própria concepção da vida religiosa e na sua noção da história do cristianismo, que aparece como longa sequência de atos pessoais, ampliados pela tonalidade heroica que lhes atribui. Para ele, o sacerdote, principalmente o santo, é um lutador e a sua carreira, uma batalha na qual triunfa como o guerreiro, tornando a evolução da Igreja uma espécie de vasto prélio em que avultam as figuras dos campeões da fé. Monte Alverne dá grande desenvolvimento a esta metáfora usual no púlpito, configurando o santo como herói combatente, a carreira religiosa como série de provas onde o valor pessoal triunfa, embora movido pela vontade divina. Lendo os seus sermões, anotando a ênfase com que descreve essas vocações de paladino, julgamos algumas vezes ouvir o mesmo som romanesco de Cavalaria, que o Romantismo difundia então; e, através dele, uma personalidade que interpreta a sua carreira como campo de autoafirmação.

Portanto, não espanta que a religião lhe haja aparecido como *experiência*, como emoção e modo de sentir. Uma das suas teclas preferidas é justamente que o cristianismo veio completar as necessidades da alma, proporcionando ensejos de amar e, assim, experimentar a emoção na sua plenitude. "O coração tinha necessidade de emoções que fixassem o vago dos seus desejos e saciassem completamente esta sede inextinguível de gozar, que faz sua ventura e seu tormento" ("Panegírico de São Sebastião"). O homem se apega, pois, ao cristianismo, não apenas pelos motivos éticos e metafísicos, mas, porque faz vibrar nele essa corda de sentimentos inefáveis, que definem o que há de próprio e incomunicável na experiência individual. Daí um conceito bastante romântico de religião como *harmonia*, mistério, exaltação, — acrescentando à devoção um elemento mais flexível e gratuito, quase uma atitude estética.

Não destoam disso a melancolia, as evocações de cenas e momentos tristes, o sentimento poético das ruínas e do fluir do tempo, que aparecem por vezes nele como traço pré-romântico:

> Um dia, quando o viajor passar por baixo dessas arcadas silenciosas, sem descobrir algum dos seus antigos habitantes, não recusará uma lágrima de sensibilidade; e bendirá estes pobres religiosos, cujas cinzas não terão escapado à violência do furacão. ("Panegírico de Santo Antônio")

O recurso às descrições históricas, o uso tempestuoso das imagens bastariam para confirmar a nossa impressão, caso não houvesse algo mais decisivo: a marcada influência de Chateaubriand no espírito, nos temas, na forma dos seus sermões.

Basta verificar, de início, que o cita com frequência: além dos textos sagrados e um ou outro autor eclesiástico, é o único escritor a que recorre como autoridade. A partir de 1816, isto é, no início da sua grande fase, após os primeiros cinco anos de prática, *Os mártires* e sobretudo *O gênio do cristianismo* aparecem volta e meia nas referências de rodapé. Além das citações, e nem sempre balizada por elas, a influência aparece também no espírito dos sermões: no conceito da religião como experiência pessoal e histórica, como filosofia superior às outras, como fonte das artes e letras, como alma da bravura cavalheiresca.

Lançada no tempo, ela é para ambos, além de revelação, totalidade de experiência humana, coletiva e individual; daí constituir um sistema de conhecimento e uma fonte de inspiração, sem os quais o engenho humano não preenche as suas possibilidades. Nesta qualidade opõe-se vitoriosamente, segundo ambos, ao deísmo e às correntes materialistas, enfrentando o enciclopedismo, o *filosofismo*, com perspectivas mais ricas, — como se vê, entre muitos outros, neste trecho do "Sermão sobre a maledicência":

> O filosofismo, erguido sobre o caos, dirigido pelo acaso, ousou aviltar a espécie humana, dando à virtude uma origem factícia, abandonando a justiça aos caprichos da prepotência, e ao direito do mais forte; porém o homem pondo a mão no seu coração, sentindo a violência e rapidez das suas palpitações à ideia de virtude, honra e probidade, reconheceu na existência de uma Lei imutável, e eterna, a fonte preciosa desta nobreza que os reveses, e as más tenções dos homens não podem destruir.

Esta prova de Deus pelo sentimento interior se junta, noutros sermões, à noção de harmonia entre religião e natureza, para chegar a um dos argumentos centrais de Chateaubriand, que passaria obsessivamente aos românticos: o divino revelado pelas coisas e sentimentos.

Encontram-se ainda os dois autores na concepção da literatura e das artes como servidoras da religião, dela recebendo vigor e beleza ("1º sermão do Espírito Santo"); ou na função civilizadora da Igreja através da sabedoria dos doutores, das ordens monacais e, muito, caracteristicamente, das ordens de cavalaria ("Panegírico do S. S. Coração de Jesus"; "Panegírico de São Gonçalo Garcia"; "Primeiro panegírico de São Pedro de Alcântara").

Este último traço, de larga repercussão no espírito romântico, casava-se bem ao gosto nascente pela Idade Média e à disposição heroica de Monte Alverne, que se exalta ao referi-lo:

> Doces efusões do amor da pátria, fagueiras recordações de lealdade, vós trazeis à nossa memória os milagres d'honra e os prodígios de bravura, lustre inalterável dessas ordens militares que tanto mereceram da Religião, que as santificou, e da humanidade a quem prestaram os mais relevantes serviços. Os feitos realizados nos sobejos fumegantes de Rodes, os troféus erguidos em Malta, os bárbaros do Norte subjugados por a ordem Teutônica, os mouros d'Espanha cortados por a espada dos cavaleiros de Calatrava e São Jacó, mil guerreiros ligados por a fraternidade, formando um círculo de ferro em torno do seu soberano, a auréola de Bayard, as vitórias de du Guesclin, os loiros de Nuno Álvares Pereira, e as proezas de Giraldo sem pavor traçam o mais completo elogio dessa antiga cavalaria, contra a qual não podem prevalecer as mais fortes prevenções. ("Sermão da fundação da Ordem do Cruzeiro")

O leitor de Chateaubriand percebe logo quanto lhe deve Monte Alverne, — provavelmente o primeiro a difundir entre nós a sua posição romântica em face da religião. O nosso franciscano encontrou nele apoio para as próprias tendências, estímulo para satisfazer a poderosa personalidade, ávida de sentir e transbordar o sentimento. As *Obras oratórias* são, por isso, transfundidas pelo culto da emoção, que vinha instaurando o sentimento religioso como *religiosidade*, ampla e não raro vaga, quase uma aventura pessoal. Religião de *harmonias*, de misteriosas afinidades entre homem, natureza e Deus, *frêmito* novo muito ajustado às manifestações do eu. "Estava reservado ao cristianismo criar estas harmonias tão tocantes, e tão maravilhosas, que revelam nossos destinos e justificam nossas esperanças" ("1º panegírico de N. S. da Glória").

A estas tendências se ajustava bem o seu estilo, cuja influência ficou registrada. Quando hoje o lemos e falamos da sua pompa verbal, é preciso lembrar o que era a tradição da oratória sagrada em língua portuguesa, ensopada do pior maneirismo, para sentir quanto ele era relativamente simples. Pelo menos não se encontra nele o jogo das antíteses, o gosto das sutilezas vazias e o abuso da metáfora; menos lógico e direto que Januário da Cunha Barbosa, é arroubado e palavroso sem ser pedante.

Encarados no conjunto, os seus sermões apresentam grande unidade de estilo e pensamento, — assemelhando-se uns aos outros quanto aos temas, a linguagem, a argumentação, a ponto de os identificarmos à primeira vista. É preciso ponderar que os reviu por volta de 1850 para a publicação, podendo provir daí certa comunidade de tom; e também que não constituem um texto exatamente igual ao que disse. São as versões básicas que ampliava e bordava no púlpito, como acontece com a maioria dos pregadores e ele próprio diz ser o seu caso: "Nunca decorei palavras [...]. Aceito as que a hora me traz; as que as circunstâncias me liberalizam; as que me inspira o auditório, que afinal não atua, não domina menos sobre mim, do que eu sobre ele".[14]

De qualquer forma, trazem todos a marca inconfundível da sua personalidade, inclusive certos modismos gramaticais (que assinalei noutro trabalho), por influência francesa, como o uso de *este* em lugar de *o*; a falta de contração das preposições *em* e *por* com os artigos definidos; o abuso de numerais, de pronomes pessoais e possessivos; o uso peculiar de *mesmo* (adjetivo) e do advérbio *mais*, peça do sistema de realce, gradação e comparação que é o âmago da sua eloquência. Há um modo muito dele de entrar direto no assunto, frequentemente pela forma negativa, como se já houvesse procedido a uma explicação prévia; de começar por períodos sonoros, de adjetivação elevada, no geral referentes à importância e verdade do cristianismo como regeneração do homem, quase sempre sem mencioná-lo diretamente. Daí o caráter concentrado, efetivo e poético dos seus exórdios, bem destacados do corpo do sermão, como se usava em seu tempo ao modo de Bossuet, a grande influência de toda essa fase da nossa oratória sagrada. Neles se encontra a parte mais literária, em que elabora a palavra com maior liberdade, menos preso pelas necessidades de narrar e demonstrar.

Diga-se, aliás, que não costuma progredir logicamente, debater um ponto determinado ou aproveitar o ensejo para argumentar sobre questões de dogma e moral. Mesmo quando tem um caso concreto e delimitado para

---

14 Palavras recolhidas por Castilho e transcritas na sua introdução à 2ª edição das *Obras oratórias*, feita no Porto, reproduzida em "Frei Francisco do Monte Alverne", *Estante clássica da Revista de Língua Portuguesa*, v. VI, p. 100.

tratar, foge para as generalidades, as descrições dramáticas, os chavões verbais. Nada mais instrutivo, sob este ponto de vista, do que comparar o seu "Sermão pregado (no) aniversário da sagração (de) d. Mateus de Abreu Pereira, bispo de S. Paulo" com o "Sermão da solenidade da sagração (de) d. Manuel do Monte Rodrigues de Araújo, bispo do Rio de Janeiro", de Januário da Cunha Barbosa. Enquanto este apresenta uma análise ordenada da função dos bispos na Igreja e na sociedade, com base na história eclesiástica e no direito canônico, ele aproveita para fazer um verdadeiro poema sacro sobre o episcopado, preferindo a emoção ao conhecimento. É pois normal que a marcha do seu espírito apareça menos como progressão de ideias, do que como soma de impressões e conceitos, repetidos até dominarem o auditor, ou leitor.

O estilo da oratória sagrada favorece e mesmo requer a repetição. Mas há uma repetição progressiva, lógica, encontrada, por exemplo, em Antônio Vieira; e outra imprecisa, que vai acumulando imagens ou conceitos de modo aproximativo, envolvendo aos poucos o objeto em vez de defini-lo. Chega-se à verdade por golpes aproximativos, como convém ao espírito romântico e encontramos, a cada passo, nesse homem desprovido de qualquer espírito de síntese ou da capacidade de estabelecer uma conclusão, no sentido lógico, ao modo das que Vieira sabe preparar com inflexível necessidade. A nossa convicção se elabora pela justaposição e acaba se formando pelo acúmulo: uma saturação do espírito e da sensibilidade, também conveniente às tendências românticas, não raro mais satisfeitas pelo assédio envolvente dos sentidos e da emoção do que pela marcha progressiva da razão.

Do que resta de outros oradores do tempo, podemos supor que o estilo de frei Francisco de São Carlos se aproximava deste padrão. Haveria uma linha franciscana de oratória poética? Ela seria, neste caso, a que de mais perto teria influído na linguagem romântica, desconfiada ante as qualidades próprias da palavra, levando o poeta ou o prosador à referida aproximação do objeto por meio da justaposição de imagens e conceitos, numa tentativa de fugir à exatidão pela impressão difusa.

> Ela se reputava pela mais desgraçada das mulheres da sua tribo; um tronco inerte, seco, estéril, incapaz de produzir frutos; uma terra amaldiçoada onde não caía o orvalho do céu; um ente nebuloso e eclipsado, que não podia brilhar nem lançar de si raios de luz.

Este trecho, em que São Carlos refere a esterilidade de Sant'Ana, lembra dezenas de outros do Romantismo, em prosa e verso. Veja-se, num poema típico do declínio romântico, — o "Eurico", de João Nepomuceno Kubitschek, — o fluxo de imagens desencadeado por um poeta secundário, no desejo de exprimir o caráter inelutável da palavra *nunca*:

> Nunca! Flama dos infernos
> Que a flor da esperança abrasa,
> Estilete agudo em brasa
> Nas fibras do coração,
> Nuvem prenhe de tormentas
> Que no céu rugindo passa,
> Hiena que despedaça
> Minha mais bela ilusão!

Em Monte Alverne, um grande número de sermões se suspendem por assim dizer no vácuo, sustentados pela palavra vertiginosamente lançada, sem que possamos apreender as linhas nítidas de um objeto lógico ou a marcha concatenada de uma demonstração. A multiplicidade de imagens e conceitos chega então ao limiar da prolixidade e transforma os sermões em vastas perífrases.

> Eu sei que o Apóstolo, a quem é confiado o imponente exercício da pregação, deve conhecer bem o estado moral do povo, que lhe tocou em partilha converter e salvar. Mas qual devia ser o meu procedimento no meio da desmoralização geral, que ameaça a ruína da Fé e a subversão da sociedade? Que objetos de Moral poderiam escolher-se com preferência, quando não há um só crime que não seja dominante; quando não há um só vício que não seja aplaudido e consagrado no meio de vós? ("Sermão sobre a demora da conversão")

Esta técnica ampliadora e tateante encontra aliado na embriaguez verbal, no pendor pela imagem altíssona, no adjetivo procurado como solução do pensamento. Ao invocar a religião, seus mistérios, episódios e vultos, Monte Alverne se enalta como um bardo, preferindo os qualificativos inefáveis, exaltantes e imprecisos que se dirigem mais à sensibilidade do que à razão. Em muitos trechos parece um Chateaubriand irregular e mais palavroso, como neste admirável do "2º panegírico de Santa Luzia", diretamente inspirado pelos processos e temas d'*O gênio do cristianismo*:

> Minha alma se extasia publicando estes triunfos quase sem valor no meio da mais fria indiferença e do mais vergonhoso ceticismo. Nós contestamos a veracidade desses portentos, porque não podemos sofrer o peso das armas, com que virgens

tímidas ousaram enfrentar estes inimigos, que nutrimos e afagamos com tanto esmero; e puderam, a despeito de todos os furores da prepotência, conseguir o mais precioso renome. Nós esquecemos sem dúvida, que foi este mesmo ímpeto divino, que depois de esmagar as potências da terra, conquistar os reis e vencer os tiranos, desceu dos cadafalsos e do alto das fogueiras, para dissipar o falso esplendor duma filosofia orgulhosa; aperfeiçoar a razão; civilizar o selvagem; humanizar o bárbaro e derramar a paz e a concórdia entre as nações rivais. Os mares, as tempestades, os gelos do polo, os fogos do trópico não puderam retardar a lava incendiada, com que a religião abrasou o Universo. Ela vive com o Esquimó no seu odre de pele de vaca-marinha; nutre-se d'azeite de baleia com o Groenlandês; corre a solidão com o Tártaro e o Iroquês; monta no dromedário do Árabe, ou segue o Cafre vagabundo nos seus desertos abrasados. O Chinês, o Índio, os habitantes das ilhas de Iedo foram seus neófitos. Não há ilha, não há escolho que tenha escapado ao seu desvelo. A terra falta à sua ardente caridade, como faltaram reinos à ambição d'Alexandre. Religião inefável, que depois d'arrancar a espécie humana da escravidão e da barbaridade, recolheu em seu seio todas as ruínas da civilização, das artes, da indústria e da grandeza dos povos.

Com tais características, esse grande artista do discurso galvanizou o seu tempo e deu às novas gerações, formadas depois da Independência, o exemplo do verbo literário a serviço da pátria, da religião e do *eu* — três apoios decisivos do Romantismo nascente.

Mont'Alverne foi por muitos anos para os brasileiros o primeiro homem do seu país. O povo em massa corria ansioso para ouvi-lo nos púlpitos, como a um enviado do Céu; no auditório que o ia admirar encontravam-se sempre as mais altas ilustrações brasileiras, e a mocidade, a mocidade ardente de saber e de glória, a mocidade admiradora entusiasta quase frenética do seu talento, essa entoava-lhe os mais lisonjeiros hinos de apoteose, aplaudia-o até com frenesi e venerava-o como a um apóstolo.[15]

Este testemunho de quem viveu ainda na aura da sua glória retoma o entusiasmo dos seus discípulos e auditores, como Porto-Alegre, que lhe fez a oração fúnebre em nome do Instituto Histórico e Geográfico, ou Magalhães, que o glorifica num belo artigo e pelo menos em dois cantos de má poesia e ardente preito.

---

15 Ramiz Galvão, *O púlpito no Brasil*, p. 180.

Quem há que possa competir contigo,
Oh gênio singular, egrégio Alverne,
Quando soltas os diques à sublime,
  Recôndita facúndia?

....

Ou já à Liberdade encômios teças
Da tua cara Pátria, e Pátria minha,
Que por mais de três séculos jazera
  Em vergonhosos ferros:

Ávido eu bebo as tuas puras frases
Mais doces para mim que o mel do Himeto,
E jamais de as beber os meus ouvidos
  Por cansados se deram.

Ainda, ainda o quadro se me antolha,
Por tuas mãos traçado; eu vejo, eu vejo
Moribundo o Brasil aos pés calcado
  De estúpido governo.

O feroz despotismo eu vejo erguido
Em torno de fogueiras flamejantes,
E sobre cadafalsos rodeados
  De punhais e de mortes.
  ("Ode", 1832)

 Aí se vê o papel que exerceu como exemplo literário e guia patriótico, este aspecto provavelmente mais acentuado nas aulas que nos sermões.

O próprio orador não recusou contribuir para a sua consagração:

O país tem altamente declarado que eu fui uma dessas glórias, de que ele ainda hoje se ufana [...] [e] sabe quais foram os meus sucessos neste combate desigual: ele apreciou os meus esforços e designou o lugar a que eu tenho direito entre os meus contemporâneos; pertence à posteridade sancionar este juízo.[16]

---

16 "Discurso preliminar" das *Obras oratórias*, v. I, p. IX.

Cego em 1836, recolheu-se ao convento e só voltou a pregar em 1854, quando produziu o famoso "2º panegírico de São Pedro de Alcântara", considerado a sua obra-prima pelos contemporâneos e pósteros, — o que só é verdade quanto ao exórdio. Para o estudioso, interessa notar que, à maneira dos compositores de ópera do seu tempo, escolheu nas próprias obras anteriores o que parecia adequado ao caso e construiu um mosaico novo. Este discurso é com efeito minucioso compêndio dos seus temas, imagens, palavras e recursos: o início decidido e largo, na forma negativa, retomando de perto o exórdio do "2º sermão do Santíssimo Sacramento"; a religião civilizadora, "ímpeto divino" e "regeneração", mas ao mesmo tempo experiência afetiva, "divina, misteriosa e encantadora" (mesmos qualificativos, trinta anos antes, no "Panegírico do Santíssimo Coração de Jesus"); a afirmação exaltada dele próprio, comparado aos cantores hebreus emudecidos pela tribulação, encarnada na imagem da "pira em que arderam os meus olhos", isto é, o púlpito onde cegou.

O triunfo desta peça foi enorme, ressuscitando as esperanças do velho frade, reconciliando-o com o século, de cujos aplausos sentia falta, "só e silencioso", "no retiro do claustro". Por vários testemunhos, inclusive o de Castilho, sabemos que voltou então ao primeiro plano das atenções como figura dominante na literatura; justa recompensa do destino ao orador emudecido que pôde, na véspera da morte, ver-se na perspectiva a que sempre aspirou em seu egotismo romântico, graças ao qual se reputava mestre, profeta e guia mental da jovem pátria.

4.
Independência literária

No ponto a que chegamos o Romantismo começa a exercer irresistível atração sobre o historiador, levando-o a buscar os traços precursores que constituem a sua raiz imediata. Vimos em parágrafos anteriores certos prenúncios franco-brasileiros e brasileiros, devidos à evolução interna da literatura local e aos primeiros efeitos de contágio europeu; o que pudemos localizar nos escritores brasileiros era devido a certa inflexão inconsciente da sua sensibilidade e concepção literária. No presente capítulo, indicar-se-á outro aspecto deste processo, a saber, a vontade consciente de definir no Brasil uma literatura independente, exprimindo a seu modo os temas, problemas e sentimentos da jovem Nação. No Brasil, esta disposição foi capital e serviu de base à iniciativa do grupo da *Niterói*, marco inicial no nacionalismo literário de tipo romântico, isto é, adequado ao espírito do tempo.

Para antecipar o que será exposto de maneira pormenorizada nos próximos capítulos, digamos desde já que o Romantismo no Brasil foi episódio do grande processo de tomada de consciência nacional, constituindo um aspecto do movimento de independência. Afirmar a autonomia no setor literário significava cortar mais um laço com a mãe-pátria. Para isto foi necessária uma elaboração que se veio realizando desde o período joanino, e apenas terminou no início do Segundo Reinado, graças em grande parte ao Romantismo que, pressupondo ruptura com o passado, chegou num momento em que era bem-vindo tudo que fosse mudança. O Classicismo terminou por ser assimilado à Colônia, o Romantismo à Independência — embora um continuasse a seu modo o mesmo movimento, iniciado pelo outro, de realização da vida intelectual e artística nesta parte da América, continuando o processo de incorporação à civilização do Ocidente.

Entre a Independência e a maioridade, a referida elaboração se deu ao longo de certas linhas, definidas pouco a pouco e afinal fundidas. Imaginemos que os coevos tivessem delas consciência clara, e que as formulassem do seguinte modo: 1) o Brasil tem uma tradição literária própria; 2) há nela elementos próprios que é preciso desenvolver; 3) a consequência será a formação de uma literatura nova, baseada em formas e sentimentos renovados, adequados a um país jovem que se afirmou na libertação política.

Na prática, as coisas não se passaram evidentemente com esta clareza, havendo entusiásticos defensores da *literatura separada* que continuavam tributários do passado, como Januário, Evaristo, Francisco Bernardino Ribeiro; ou escritores de sensibilidade em mudança, mas sem interesse pela autonomia literária, haja vista Borges de Barros. A caracterização parece válida, no entanto, como análise global do processo, isto é, tomada de consciência da necessidade duma nova atitude, que afirmasse na literatura as peculiaridades nacionais.

Reconhecer tradição literária no Brasil significava dar carta genealógica aos jovens, fundamentando no passado as suas tentativas. Durante cerca de vinte anos veremos a elaboração de catálogos de nomes pesquisados nos séculos anteriores, avidamente registrados dentre os contemporâneos, no esforço de avolumar a bagagem literária local. Foi uma espécie de criação retroativa da literatura brasileira, obedecendo às necessidades de afirmar a independência mental, e cuja iniciativa é devida a alguns escritores estrangeiros que, nos primeiros anos do Império, sentiram a importância de distinguir da portuguesa a literatura feita pelos brasileiros, obedecendo nisso ao postulado que então invadia a crítica, segundo o qual a literatura era um fenômeno histórico, exprimindo o espírito nacional. Se o Brasil era uma nação, deveria possuir espírito próprio como efetivamente manifestara pela Proclamação da Independência; decorria daí, por força, que tal espírito deveria manifestar-se na criação literária, que sempre o exprimia, conforme as teorias do momento.

Os estrangeiros Até 1826 ninguém havia percebido traços peculiares nos escritos de autores nascidos aqui, tácita e justamente dissolvidos no patrimônio português pelos bibliófilos e eruditos, como Barbosa Machado. Naquele ano, ao traçar o primeiro panorama evolutivo da literatura portuguesa, Almeida Garrett não apenas salienta os brasileiros, mas formula a ideia de que deveriam escrever seguindo as sugestões da terra, trocando a mitologia pela realidade local.[17] Mas coube a Ferdinand Denis, em obra aparecida simultaneamente, iniciar, embora em nível modesto, a história da literatura brasileira e lançar as bases teóricas do nosso nacionalismo romântico. O seu *Résumé de l'histoire littéraire du Brésil* traça uma linha de Bento Teixeira Pinto a Borges de Barros, Aires de Casal, Azeredo Coutinho, reconhecendo a existência de uma literatura brasileira. Mas para que esta se constituísse realmente, julgava necessário desenvolver os aspectos nacionais. Neste sentido, propõe a rejeição da mitologia greco-latina que, fundando-se na simbolização da natureza,

---

17 "Bosquejo da história da poesia e língua portuguesa", no *Parnaso lusitano*, v. I, pp. VII a LXVII.

não pode corresponder à do Novo Mundo; sugere a descrição desta e o aproveitamento, como tema, tanto do índio quanto dos primeiros colonos.[18]

Há portanto um encontro de ideias entre Garrett e Denis; não apenas no haverem esboçado simultaneamente os fundamentos da teoria literária do nosso Romantismo (o primeiro, apenas de raspão), mas no escreverem ao mesmo tempo sobre Camões como tema romântico.[19]

Além deles, alguns viajantes estrangeiros se referem ao passado literário do Brasil ou auguram o desenvolvimento de uma literatura original, quando não fazem as duas coisas ao mesmo tempo.

Ninguém, no primeiro sentido, foi mais minucioso, interessado e simpático do que o alemão Schlichthorst, oficial nos corpos estrangeiros do Exército Imperial de 1824 a 1826, que publicou em 1829 um dos livros mais interessantes sobre o país.[20] "É natural, num país que oferece à observação quadros tão amplos e encantadores, a imaginação desenvolver-se cedo e depressa." As qualidades do brasileiro, "se forem bem desenvolvidas pela educação, devem produzir grandes poetas".

> O poeta brasileiro [...] encontrará nas tradições dos povos vencidos por sua raça, em seus hábitos e costumes, rico manancial de motivos para o maravilhoso de que carece em seus versos. Então, se chamar em seu auxílio as figuras singelas e sublimes da Religião Cristã, nada nessa combinação contrariará a natureza das coisas, porque se funda na pura realidade.

> A mitologia grega, na maior parte baseada em fenômenos da natureza, faria triste papel sob o céu tropical.[21]

Schlichthorst apresenta uma espécie de esboço da literatura brasileira, começando com os baianos do século XVII e dando realce especial a Durão e Basílio da Gama.[22] Apesar dos erros e confusões, é uma contribuição paralela à de Garrett e Denis; mesmo que os brasileiros não tenham tomado

---

18 No capítulo XVI será analisada com mais vagar a contribuição de Denis, ao abordarmos a teoria crítica do Romantismo.   **19** As *Scènes de la nature sous les tropiques, suivies de Camoëns et Joze Indio* saíram em dezembro de 1824; o *Camões* em fevereiro de 1825, ambos em Paris. Garrett, na "Advertência" da obra, alega prioridade e sugere vagamente a possibilidade de Denis se haver de algum modo aproveitado da sua. O francês teria zangado (com razão): numa nota da 4ª edição de 1854, Garrett pede desculpas. Ver Francisco Gomes de Amorim, *Garrett: Memórias biográficas*, v. I, p. 368.   **20** C. Schlichthorst, *O Rio de Janeiro como é*, tradução, 1943. É evidente que o alemão conheceu e seguiu de perto a obra de Denis.   **21** Op. cit., respectivamente, pp. 151-152, 156-157.   **22** Como Denis, o alemão não menciona Gregório de Matos. É que não o mencionava Barbosa Machado, na *Biblioteca lusitana*, fonte do francês.

conhecimento da sua obra, escrita em alemão e a que não há referências no tempo, ela representa bem claramente o que nos interessa verificar: a noção da existência de uma continuidade literária no Brasil e a formulação de princípios que deveriam caracterizar as novas tentativas literárias.

No mesmo sentido se manifestam em 1830 Gavet e Boucher, formulando e procurando pôr em prática a ideia de que a natureza do Novo Mundo requeria "um pincel amplo, ousado, novo e audacioso, uma pincelada vigorosa e verdadeira".[23]

O primeiro "Parnaso" Mas já aí começara a aparecer a primeira e modesta tentativa de um brasileiro nato, no sentido de mostrar que existia literatura no Brasil e com o evidente intuito de trazer reforço ao movimento de autovalorização da jovem pátria: refiro-me ao *Parnaso brasileiro* de Januário da Cunha Barbosa. Agora que a nação era independente, "fora sem dúvida um descuido imperdoável o não fazer ressurgir a sua esmorecida literatura, apresentando na frente dela as excelentes Composições Poéticas dos seus mais Ilustres Engenhos", competindo aos moços estudá-las a fim de as poderem superar. O tema da mocidade, tão caro a Evaristo, é aqui também o pensamento diretor:

> Empreendi esta coleção das melhores Poesias dos nossos Poetas, com o fim de tornar ainda mais conhecido no mundo Literário o Gênio daqueles Brasileiros, que, ou podem servir de modelos ou de estímulo à nossa briosa mocidade, que já começa a trilhar a estrada das Belas-letras, quase abandonada nos últimos vinte anos dos nossos acontecimentos políticos.

> Agora, com efeito, os bons espíritos, animados de "patriótico ardor", desejavam

> ver florentes as belas-artes, que tanto casam com o nosso gênio, e especialmente nesta época, em que a Independência e a Liberdade desencolhem as asas à vista dos objetos, que devem ser cantados pelos Vates, que já respiram um ar mais saudável, que o dos anos antecedentes.[24]

Este intuito didático e nacionalista estabelece uma ponte entre a filosofia das Luzes e o nosso primeiro Romantismo, que (estamos vendo) vai manifestar-se em parte como esforço consciente de realizar os augúrios, prognósticos e diretrizes que apontamos.

---

23 Gavet e Boucher, *Jakaré-Ouassou*, op. cit., p. IX.   **24** *Parnaso brasileiro*, respectivamente: Introdução ao 2º caderno; 1º caderno, p. 3; 5º caderno, p. 25.

O *Parnaso* apareceu, sem nome de autor, de 1829 a 1831, em oito pequenos cadernos que formaram dois volumes e nos quais o compilador reuniu, sem ordem nem método e muito menos senso de valor, poesias editadas em livro, esparsas em coletâneas e inéditos, elaborando pequenas notas biográficas a partir do 2º volume. Parece claro que o exemplo seguido foi o *Parnaso lusitano*, de Garrett, ou melhor, do editor Aillaud. Era, com efeito, a primeira iniciativa brasileira de apanhar as deixas dos estrangeiros.

Januário não se limitaria a isto. Animador incansável dos jovens, promotor de iniciativas culturais, patrocinou a literatura no decênio de 1830, estendendo sobre ela o interesse do governo, com a sua dupla autoridade de promotor da Independência e orador famoso, culminando na fundação do Instituto Histórico e Geográfico, em 1838, que foi o consagrador oficial dos escritores na primeira fase romântica, compenetrada, decorosa e bem-pensante.

Nesse decênio começam a aparecer jovens escritores animados do desejo de promover uma literatura renovada, nacional e patriótica; ou manifestando inflexões que, prolongando as tonalidades de Borges de Barros e certas premonições mais remotas, aproximavam-se da simplicidade plangente ou popularesca, tão desenvolvida depois pelo Romantismo. Uns são clássicos na forma e "nacionais" no conteúdo, formando um episódio final da "poesia a reboque"; outros já são quase românticos. Juntos, formam um conjunto não raro contraditório, de classificação difícil, — verdadeiro limbo poético onde o fim é o começo, o começo é o fim, a mediocridade universal, com a exceção, não de autor, mas de um ou outro escrito.

5.
O limbo

Como se sabe, Sílvio Romero procurou discernir no movimento romântico origens anteriores ao grupo da *Niterói*. Assim foi que não apenas considerou *protorromânticos* os poetas mineiros, mas encontrou nos estudantes de Olinda e São Paulo, entre 1828 e 1834, prenúncios decididos da nova sensibilidade e, mesmo, da nova consciência literária. Mais tarde, fixou-se de preferência em Maciel Monteiro, de quem havia escrito na *História da literatura brasileira* que "não esperava, para ter nova intuição, que Magalhães, espírito muito mais tardio, clássico emperrado ainda em 1832, nas *Poesias avulsas*, fosse à Europa e enviasse dali os *Suspiros poéticos* em 1836".[25] Comentando a afirmação, diz Manuel Bandeira: "A verdade é que esperou. Se alguma novidade produziu antes daquela data, a coisa passou despercebida. Ao passo que o artigo da *Niterói* e os *Suspiros poéticos* exerceram desde logo enorme influência". E acrescenta que os

> ensaios de um lirismo brasileiro são visíveis não em Maciel Monteiro, mas nos irmãos Queirogas. Mas o fato é que eles também não tiveram força para criar um movimento. Essa quem a teve foi, notoriamente, Magalhães. Ele sonhou com o ideal de um lirismo de alta envergadura, a um tempo brasileiro e universal. Não pôde realizá-lo, porque era, no fundo, bem fraco poeta. Mas as gerações de românticos que lhe sucederam, animados no seu exemplo e não no de Maciel Monteiro ou dos irmãos Queirogas, fizeram a poesia mais genuinamente brasileira e mais expressiva dos grandes sentimentos universais que jamais se escreveu no Brasil.[26]

Nada se poderia acrescentar a este juízo certeiro, síntese do que a reflexão e a pesquisa nos ensinam a respeito da introdução do Romantismo entre nós.

Mas não obstante serem Magalhães e o grupo da *Niterói* os despertadores da consciência romântica, ocorrem antes deles, e ao lado deles, prenúncios não apenas nos temas, na sensibilidade, na forma como também na própria doutrina literária. "As Academias de Direito de São Paulo e Olinda

---

25 Sílvio Romero, *História da literatura brasileira*, v. I, p. 521.   **26** Manuel Bandeira, *Antologia dos poetas brasileiros da fase romântica*, pp. 357-358.

foram os ninhos de onde abriram voo os condores do Romantismo", escreve Haroldo Paranhos, que alude em seguida ao

> período de transformação romântica que se desenvolveu em torno da Academia de Olinda, ao tempo que em São Paulo os Queirogas, Bernardino Ribeiro, Firmino Rodrigues Silva e outros iniciavam no Convento de São Francisco o movimento preparatório do Romantismo brasileiro.[27]

É mais ou menos o que dissera Sílvio Romero, sempre muito preocupado em reivindicar primazias para o Norte; mas nada nos autoriza a falar de atmosfera romântica, ou grupo renovador, na Academia de Olinda, onde foram contemporâneos três poetas indicados por Sílvio como de transição para o Romantismo: Álvaro de Macedo e João de Barros Falcão, estudantes, Maciel Monteiro, diretor.

Já em São Paulo, no começo do decênio de 1830, houve prenúncio de coisa nova num agrupamento literário de alunos e professores, a Sociedade Filomática, marco inicial, segundo Couto de Magalhães, daquela intensa sociabilidade estudantil, tão ligada aos destinos do Romantismo. Recentemente, José Aderaldo Castello ressaltou-lhe a importância no movimento, fazendo o primeiro estudo sistemático da sua função pré-romântica.[28]

Não sabemos quanto durou a Sociedade; da revista que publicou há indicação certa de dois números, indícios de um terceiro. O seu fundador e principal figura foi o estudante Francisco Bernardino Ribeiro, logo em seguida professor, morto antes dos 23 anos e carinhosamente cultuado pela tradição acadêmica. Além dele, destacam-se Justiniano José da Rocha, José Salomé Queiroga e Antônio Augusto de Queiroga.

Em poesia, a contribuição do grupo é nula para o Romantismo. Os poucos poemas de Bernardino são ruins e inteiramente tributários da estética neoclássica. Dos de Augusto Queiroga, muito poucos igualmente, há uma "Lira ao sabiá" que denota acentuação daquela melodia que vimos manifestar-se em Elói Ottoni e Silva Alvarenga, e de uma certa ternura elegíaca de modinheiro, que iria expandir-se daí a pouco com os românticos.[29] O mais fecundo foi José Salomé, mas os seus versos deste tempo

---

27 Haroldo Paranhos, *História do Romantismo no Brasil*, 1500-1830, v. II, p. 436 e 460-461. **28** José Aderaldo Castello, *A introdução do Romantismo no Brasil*, 1950. **29** Joaquim Norberto, em 1841, considerava Antônio Augusto de Queiroga um dos componentes da "nova escola" aberta por Magalhães, ao lado de Porto-Alegre, Firmino Silva, Teixeira e Sousa, J. J. Teixeira e J. A. de Lemos Magalhães, "Bosquejo da história da poesia brasileira", *Modulações poéticas*, p. 53.

só foram publicados quarenta anos depois. Salomé escreveu então um prefácio onde procura visivelmente forçar o seu papel, e o da Sociedade Filomática, no movimento romântico. E como antedatou muitos dos poemas para justificar os seus plágios de Victor Hugo — como demonstrou Sílvio Romero — ficamos sem saber quais os que correspondem realmente ao tempo de estudante.

Nas ideias críticas, o grupo se caracteriza por uma extrema ambivalência. Pelo que podemos julgar atualmente, parece que os seus dois porta-vozes neste campo, Bernardino e Justiniano, encarnavam, o primeiro, a tendência clássica e o segundo a tendência reformadora. Ao aconselhar a imitação dos ingleses e franceses, na *Epístola* tão citada, parece que Bernardino obedecia mais a um critério de nacionalismo que de estética: tratava-se de rejeitar, também no campo literário, o português colonizador. Com efeito, a anônima "Vista d'olhos", que vem no n. 2 da *Revista da Sociedade Filomática*, e considero de sua autoria, assume vigorosamente o partido da tradição clássica, censurando as ousadias românticas de Garrett, propugnando a obediência às normas tradicionais da Poética e invocando contra os transgressores "o braço vingador da crítica", os "princípios eternos da razão e da natureza".[30]

No importante "Ensaio crítico sobre a Coleção de poesias do sr. D. J. G. Magalhães", de Justiniano Rocha, publicado no n. 2 da *Revista*, aparece a adesão franca ao ponto de vista de Garrett, no "Bosquejo". José Aderaldo Castello mostrou bem, no trabalho citado, como ele constitui um franco indício precursor do Romantismo, com o apelo a uma literatura nacional, liberta da imitação servil dos clássicos e atenta às sugestões locais.[31]

Entretanto, num escrito onde colaboram ambos e mais um dos Queiroga e só conhecemos pela referência de um anônimo na *Minerva Brasiliense*, vemos que este (a meu ver Santiago Nunes) lamenta o conservantismo de todos eles:

> É para sentir que os seus autores se deixassem influir tanto pelos prejuízos que nesse tempo e nos proximamente anteriores, propalava a desnatada e moribunda escola dos clássicos franceses, que, em vésperas do triunfo da fecunda escola de Hugo e de Dumas, desabafava o seu ressentimento e procurava fazer esquecer a sua impotência com os descompostos vitupérios que fazia a Schiller, Goethe, Mme. de Staël e outros espíritos famosos.[32]

---

30 "Vista d'olhos sobre a poesia portuguesa desde os últimos anos do século 18, e em particular sobre o Poema, 'Camões', geralmente atribuído ao sr. Garrett", RSF, n. 2, jun. 1833, p. 46.   **31** Op. cit., pp. 93-96.   **32** MB, v. II, 1844, pp. 556-558: "O dr. Francisco Ber-

Vê-se bem que os rapazes escorregavam nesse terreno de contradições. Anteviam a emergência de uma literatura nova, prevista e augurada por Garrett, Denis e outros; ao mesmo tempo, escandalizavam-se com as ousadias. Sabiam sentir o arcaísmo das *Poesias* de Magalhães, mas bradavam ante as novidades do *Camões*. Queriam e temiam simultaneamente a renovação, em parte porque não tinham dela uma noção definida. Por isso proclamam de um lado a necessidade de uma poesia colorida, *brasileira*:

> Quando porém atento a que nossas paisagens, os costumes dos nossos camponeses, em uma palavra, a Natureza virgem da América, inda oferecem quadros tão virgens como ela ao poeta que os quiser pintar: quando me lembro que o azulado Céu dos Trópicos ainda não foi cantado, que nem um só vate fez descansar seus amantes à sombra amena das nossas mangueiras, atrevo-me a esperar que nossa poesia majestosa, rica, variada e brilhante, como a natureza que a inspira, nada terá que invejar às cediças descrições Europeias de Coridons e Tircis, deitados sempre debaixo de cansadas faias.[33]

De outro lado porém, afirmam a soberania das normas tradicionais:

> O Poema *Camões* é construído sobre um plano não só defeituoso como inteiramente errado, ou para nos exprimirmos mais exatamente, o Poema *Camões* não tem plano. O poeta prescinde de proposição e de todo o gênero de exórdio em que nos possa dar ideia do assunto de sua composição; ao menos como tal não entendemos essa advertência em prosa que precede a obra, nem jamais nos persuadimos que da rigorosa obrigação de expor o que pretende livrasse o poeta quantos prólogos imaginasse: concedamos um absurdo destes, e veremos amanhã tragédias sem exposição? Qual é o vosso assunto, em que lugar estamos, em que tempo? perguntaremos ao autor do monstro acéfalo etc.[34]

Esta contradição é ligada em parte à educação retórica do Classicismo, que se prolongou através de compêndios por todo o século XIX, atrapalhando a livre expansão da literatura, propiciando a divergência entre sensibilidade

---

nardino Ribeiro", artigo anônimo que precede a *Nênia* de Firmino Rodrigues Silva. Segundo o A., o "Ensaio" referido foi publicado na RSF; não o foi certamente no n. 1 (cujo sumário é dado por Afonso de Freitas segundo Castello, op. cit.) ou n. 2. Logo, teria havido um 3º número, com a anunciada continuação da "Vista d'olhos" e o "Ensaio", a menos que se trate duma confusão entre ambos.   **33** J. J. da Rocha, "Ensaio crítico", op. cit., p. 4.   **34** "Vista d'olhos", op. cit., p. 45. Note-se a defesa intransigente das três unidades chamadas aristotélicas, que extravasam do teatro para o poema.

e razão. O escritor não recebia com efeito, dos colégios e dos tratados, elementos para disciplinar a sua inspiração pessoal, uma vez que continuavam a servir-lhe as regras de Aristóteles, Horácio, Bocalino ou Muratori, incompatíveis com a dinâmica do espírito moderno. Daí um abismo entre teoria e prática, responsável em parte pela indisciplina que viciou muito da produção romântica.

Sentimos isso bem no grupinho esforçado e medíocre da Filomática, querendo substituir o cipreste pela mangueira e o rouxinol pelo sabiá, mas escandalizado ante qualquer violação das normas. O autor da "Vista d'olhos", censurando em Garrett a ruptura com a tradição, brada:

> Se em nossas sociedades civilizadas aparece um homem a clamar em praça pública — não conheço normas sociais, dirigir-me-ei somente por meu próprio alvedrio — quem o não consideraria um louco rematado? E um tal protesto ataria as mãos da autoridade? Livrá-lo-ia do crime se alguma vez fossem por ele as leis postergadas? Pois igual império exerce a crítica na *República* das Letras.[35]

Sensibilidade mais próxima do que seria o Romantismo encontramos num estudante de Direito influenciado pela Filomática, Firmino Rodrigues Silva, amigo e discípulo amado de Bernardino, por ocasião de cuja morte escreveu a famosa *Nênia* (1837), considerada já nos meados do século passado a fundadora da poesia *nacional*, a saber, o Indianismo. Parece ter exercido influência semelhante à da "Terribilis Dea", de Pedro Luís, trinta anos depois, — ao gravar em toda uma geração certa tonalidade requerida pelo momento, e que serviu de guia para outros e melhores poetas. Para Álvares de Azevedo, Gonçalves Dias "veio regenerar-nos a rica poesia nacional de Basílio da Gama e Durão, assinalada por essa melancólica Nênia de um gênio brasileiro que há dez anos sentou-se aqui nos bancos acadêmicos".[36]

Nas *Cartas sobre "A Confederação dos Tamoios"*, José de Alencar aponta a *Nênia* como tipo de poesia nacional adequadamente concebida:

> O sr. Gonçalves Dias, nos seus cantos nacionais, mostrou quanta poesia havia nesses costumes índios [...]. Há também uma pequena Nênia americana, uma flor que uma pena de escritor político fez desabrochar nos seus primeiros ensaios e que para mim ficou como o verdadeiro tipo de poesia nacional; há aí o

35 Ibid., p. 46.   36 Álvares de Azevedo, "Discurso recitado no dia II de agosto de 1849" etc., *Obras completas*, v. 2, p. 414.

encanto da originalidade, e como um eco das vozes misteriosas de nossas florestas e dos nossos bosques.[37]

O barão de Paranapiacaba diz em nota a "O prisioneiro índio":

A poesia, que se vai ler, pertence à escola iniciada entre nós por Firmino Rodrigues Silva na "Ode (*sic*) à morte de F. Bernardino Ribeiro e desenvolvida mais tarde pelo autor dos Timbiras" etc.[38]

Segundo Paulo do Vale, abriu "a nova escola nacional, que já frei Francisco de São Carlos e Santa Rita Durão havia (sic) traçado etc.".[39]
E Sílvio Romero:

Gonçalves Dias já encontrou mesmo em seu tempo o caminho aberto. Como força diferenciadora em nossa evolução literária Firmino Silva pesa mais com aqueles poucos versos, do que algumas dúzias de certos paspalhões com seus indigestos cartapácios.[40]

Firmino, de quem apenas conhecemos seis poemas, coligidos no *Parnaso brasileiro* de Pereira da Silva, abandonou logo a poesia e atirou-se com êxito à política e ao jornalismo. A sua limitada importância provém desse lampejo, graças ao qual deu ao tema do índio um tom moderno, diretamente ligado à melancolia e ao patriotismo, preparando-o, deste modo, para ser manipulado não apenas como assunto, (à maneira de Durão e Basílio), mas como correlativo da sensibilidade romântica e nacionalista.

Dos demais poemas, pelo menos dois ("As lágrimas", "A saudade") prendem-se à memória de Bernardino; um outro é ainda inspirado pela amizade, que parece ter sido o sentimento dominante da sua breve atividade poética: a "Ode ao sr. José Maria do Amaral", que liga deste modo o grupo de São Paulo a outro poeta considerado quase romântico.

Excetuando-se a breve produção de Firmino Silva, pouco há em todos os citados escritores que permita considerá-los de influência no Romantismo, de que foram todavia precursores. Não abriram novos caminhos na crítica ou na poesia, nem foram considerados como modelos pelos seus

---

37 *Cartas sobre "A Confederação dos Tamoios"*, por Ig., p. 32.   **38** *Poesias e prosas seletas do barão de Paranapiacaba*, p. 27.   **39** Paulo Antônio do Vale, *Parnaso acadêmico paulistano*, p. 69. (Aproveito para observar que a *Nênia* vem truncada no *Parnaso*, e que as informações e transcrições de Paulo do Vale devem ser consideradas com bastante cautela.)   **40** Sílvio Romero, *História*, op. cit., v. I, p. 596.

contemporâneos. Descartado o papel histórico, que cabe a Magalhães e seu grupo, resta a possibilidade de haverem manifestado sensibilidade ou ideias românticas à margem do movimento. Quanto a isto, não há dúvida que a melodia de Antônio Augusto de Queiroga, o populismo de José Salomé, constituem sintomas típicos duma nova direção; e que o artigo de Justiniano não deixa de representar certa consciência de reforma, no sentido de um nacionalismo literário que ele não sabia o que podia ser, mas cuja necessidade pressentiu.

Nota da 10. ed. — Em nota da 3ª edição (1969), registrei que em 1962 a pesquisadora Pérola de Carvalho localizou na Biblioteca Nacional uma coleção completa (seis números de junho a dezembro de 1833) da *Revista da Sociedade Filomática*, não catalogada antes. Registrei também o primeiro estudo sobre o conjunto, de Onédia Célia de Carvalho Barboza, "Revista da Sociedade Filomática", *Suplemento Literário de O Estado de S. Paulo*, 18 mar. 1967. Em nota da 6ª edição (1981) registrei a edição fac-similar feita em 1977 por iniciativa de José Mindlin, com prefácio de Antônio Soares Amora. Só então pude ler todos os números e concluí, um pouco apressadamente, que a leitura completa não me parecia alterar o que escrevi aqui. Mas, relendo agora, eu diria que a RSF é sobretudo manifestação da repulsa ao Romantismo, embora laivos dele se infiltrem nos dois primeiros números, únicos conhecidos quando escrevi este livro. O exame dos seis números mostra que a peça de resistência como expressão dos dirigentes é um longo ensaio sobre a tragédia, publicado nos números 3, 4, 5 e 6 num total de 68 páginas, que corresponde a um terço das 198 de toda a revista. Assinado por Francisco Bernardino Ribeiro, Justiniano José da Rocha e Antônio Augusto de Queiroga, ataca o Romantismo com singular veemência e proclama a necessidade de manter a tradição clássica. Portanto, apesar de alguns pressentimentos, indicados acima, a RSF revela apego intransigente ao passado e pouca sensibilidade para o presente.

Capítulo IX
O indivíduo e a pátria

1. O nacionalismo literário **331**
2. O Romantismo como posição do espírito e da sensibilidade **346**
3. As formas de expressão **358**

I.
O nacionalismo literário

O movimento arcádico significou, no Brasil, incorporação da atividade intelectual aos padrões europeus tradicionais, ou seja, a um sistema expressivo, segundo o qual se havia forjado a literatura do Ocidente. Nesse processo verificamos o intuito de praticar a literatura, ao mesmo tempo, como atividade desinteressada e como instrumento, utilizando-a ao modo de um recurso de valorização do país — quer no ato de fazer aqui o mesmo que se fazia na Europa culta, quer exprimindo a realidade local.

O período que se abre à nossa frente prolonga sem ruptura essencial este aspecto, exprimindo-o todavia de maneira bastante diversa, graças a dois fatores novos: a Independência política e o Romantismo, desenvolvido este a exemplo dos países de onde nos vem influxo de civilização. De tal forma, que o movimento ideologicamente muito coerente da nossa formação literária se viu fraturado a certa altura, no tocante à expressão, surgindo novos gêneros, novas concepções formais; e, no tocante aos temas, a disposição para exprimir outros aspectos da realidade, tanto individual quanto social e natural. Como as formas e temas tradicionais já se iam revelando insuficientes para traduzir os modernos pontos de vista, foi uma fratura salutar, que permitiu sensível desafogo, devido à substituição, ou quando menos reajuste dos instrumentos velhos, com evidente benefício da expressão. Isto compensou largamente os prejuízos, uma vez que seria impossível guardar as vantagens do universalismo e do equilíbrio clássico, sem asfixiar ao mesmo tempo a manifestação do espírito novo na pátria nova. Graças ao Romantismo, a nossa literatura pôde se adequar ao presente.

Por outro lado, essas tendências reforçaram as que se vinham acentuando desde a segunda metade do século XVIII. Assim como a Ilustração favoreceu a aplicação social da poesia, voltando-a para uma visão construtiva do país, a Independência desenvolveu nela, no romance e no teatro, o intuito patriótico, ligando-se deste modo os dois períodos, por sobre a fratura expressional, na mesma disposição profunda de dotar o Brasil de uma literatura equivalente às europeias, que exprimisse de maneira adequada a sua realidade própria ou como então se dizia, uma "literatura nacional".

Que se entendia por semelhante coisa? Para uns era a celebração da pátria, para outros o Indianismo, para outros, enfim, algo indefinível, mas que *nos exprimisse*. Ninguém saberia dizer com absoluta precisão; mas todos tinham uma noção aproximada, que podemos avaliar lendo as várias manifestações a respeito, algumas bastante compreensivas para abranger vários ou todos os temas reputados nacionais. É o caso de um ensaio de Macedo Soares, lamentando que os escritores não se esforçassem por dar à nossa literatura uma categoria equivalente às europeias.

Entretanto — ajunta — não se carece de muito: inteligência culta, imaginação viva, sentimentos e linguagem expressiva, eis os requisitos subjetivos do poeta; tradições, religião, costumes, instituições, história, natureza, eis os materiais.

As nossas tradições são "dúplices", devendo o poeta, se quiser ser nacional, harmonizar as indígenas com as portuguesas.

Os costumes são, se assim me posso exprimir, a cor local da sociedade, o espírito do século. Seu caráter fixa-se mais ou menos segundo as crenças, as tradições e as instituições de um povo. Eles devem transparecer em toda a poesia nacional, para que o poeta seja compreendido pelos seus concidadãos.

Quanto à natureza, considerada como elemento da nacionalidade da literatura, onde ir buscá-la mais cheia de vida, beleza e poesia [...] do que sob os trópicos?

Se nossas instituições não nos são inteiramente peculiares, se nossa história não tem essa pompa das páginas da meia-idade, temos ao menos instituições e histórias nossas.

Em suma: despir andrajos e falsos atavios, compreender a natureza, compenetrar-se do espírito da religião, das leis e da história, dar vida às reminiscências do passado; eis a tarefa do poeta, eis os requisitos da nacionalidade da literatura.[1]

Como se vê, é um levantamento bem compreensivo, feito já no auge do Romantismo e tendo por mola o patriotismo, que se aponta ao escritor como estímulo e dever. Com efeito, a literatura foi considerada parcela dum esforço construtivo mais amplo, denotando o intuito de contribuir para a grandeza da

[1] Macedo Soares, "Considerações sobre a atualidade de nossa literatura", EAP, v. III, n. 3-4, 1857, pp. 396-397.

nação. Manteve-se durante todo o Romantismo este senso de dever patriótico, que levava os escritores não apenas a cantar a sua terra, mas a considerar as suas obras como contribuição ao progresso. Construir uma "literatura nacional" é afã, quase divisa, proclamada nos documentos do tempo até se tornar enfadonha. Folheando a publicação inicial do movimento renovador, a revista *Niterói*, notamos que os artigos sobre ciência e questões econômicas sobrepujam os literários; não apenas porque o número de intelectuais brasileiros era demasiado restrito para permitir a divisão do trabalho intelectual, como porque essa geração punha no culto à ciência o mesmo fervor com que venerava a arte; tratava-se de construir uma vida intelectual na sua totalidade, para progresso das Luzes e consequente grandeza da pátria.

A Independência importa de maneira decisiva no desenvolvimento da ideia romântica, para a qual contribuiu pelo menos com três elementos que se podem considerar como redefinição de posições análogas do Arcadismo: (a) desejo de exprimir uma nova ordem de sentimentos, agora reputados de primeiro plano, como o orgulho patriótico, extensão do antigo nativismo; (b) desejo de criar uma literatura *independente*, *diversa*, não apenas uma *literatura*, de vez que, aparecendo o Classicismo como manifestação do passado colonial, o nacionalismo literário e a busca de modelos novos, nem clássicos nem portugueses, davam um sentimento de libertação relativamente à mãe-pátria; finalmente (c) a noção já referida de atividade intelectual não mais apenas como prova de valor do brasileiro e esclarecimento mental do país, mas tarefa patriótica na construção nacional.

Na exposição abaixo, procurar-se-á sugerir principalmente a diferença, a ruptura entre os dois períodos que integram o movimento decisivo da nossa formação literária, acentuando os traços originais do período novo. Para isto é preciso analisar em que consistiu o Romantismo brasileiro, decantando nele os elementos constitutivos, tanto locais quanto universais.

Um grupo em Paris Comecemos pelos dados necessários. No capítulo VIII ficaram indicadas certas linhas que podem ser consideradas pré-românticas, como a nostalgia de Borges de Barros, o cristianismo lírico de Monte Alverne, o exotismo de certos franceses ligados ao Brasil, as vagas e contraditórias manifestações da Sociedade Filomática. Só se pode falar todavia de literatura nova, entre nós, a partir do momento em que se adquiriu consciência da transformação e claro intuito de promovê-la, praticando-a intencionalmente. Foi o que fez em Paris, de 1833 a 1836, mais ou menos, um grupo de jovens: Domingos José Gonçalves de Magalhães, Manuel de Araújo Porto-Alegre, Francisco de Sales Torres Homem, João Manuel Pereira da Silva, Cândido de Azeredo Coutinho, sob a liderança do primeiro. Lá se encontravam para estudar ou cultivar-se, e lá travaram contato com as novas orientações literárias, cabendo certamente a Magalhães a intuição decisiva de que elas correspondiam à intenção de definir uma literatura nova no Brasil, que fosse no plano da arte o que fora a Independência na vida política e social.

Para esta verificação, já os predispunham a doutrina e o exemplo de Ferdinand Denis e os *franco-brasileiros*, reapreciando e valorizando a tradição indianista de Basílio e Durão; as vagas aspirações antipagãs hauridas em Sousa Caldas e Monte Alverne, que admiravam estremecidamente; o pequeno mas significativo esforço de Januário da Cunha Barbosa para, continuando Denis, identificar uma literatura brasileira autônoma; o incentivo de Evaristo da Veiga, chamando a mocidade à expressão do país livre.

Como ainda não se fez uma pesquisa sistemática sobre a estada daquele grupo na Europa, é impossível acompanhar a marcha da sua adesão ao Romantismo. Sabemos que Porto-Alegre foi talvez o primeiro a ter alguns vislumbres, através de Garrett, que conheceu e frequentou em Paris no ano de 1832, dele recebendo uma espécie de revelação, que transmitiria ao amigo Magalhães, chegado no ano seguinte.

> Foi Garrett o primeiro poeta português que me fez amar a poesia, porque me mostrou a natureza pela face misteriosa do coração em todas as suas fases, em todas as suas sonoras modificações.[2]

Em 1834 teve lugar a primeira atividade comum do grupo: uma comunicação ao Instituto Histórico de Paris, sobre o estado da cultura brasileira, publicada na respectiva revista, tratando Magalhães de literatura, Torres Homem de ciência e Porto-Alegre de belas-artes; o primeiro, sumária e mediocremente; muito bem o último.[3] A oportunidade foi devida com certeza a Eugène de Monglave, um dos fundadores, e secretário da agremiação, que se ocupou na França mais de uma vez com assuntos nossos.[4]

---

2 Ver José Veríssimo, *Estudos de literatura*, II, p. 182: "É quase certo que foi sob a influência do *Bosquejo* e da obra crítica e literária de Garrett que, fazendo violência ao seu próprio temperamento, eles entraram na corrente puramente romântica".   **3** "Résumé de l'histoire de la littérature, des sciences et des arts au Brésil, par trois brésiliens, membres de l'Institut Historique", *Journal de l'Institut Historique*, Paris, ano I, tomo I, pp. 47-53, ago. 1834.   **4** Deu um curso (diz Santiago Nunes que talvez na Sorbonne) sobre literatura brasileira e portuguesa, reconhecendo a autonomia da nossa. Isso teria sido no decênio de 1830 ou primeiros anos do de 1840 (Ver MB, v. I, p. II). Em 1844, tomou a defesa do Brasil, ante certos ataques da imprensa

Este documento precioso e modesto, transição simbólica entre o *Parnaso* de Januário e a *Niterói*, constituiu um ponto de partida. Nele se exprime o tema proposto por Denis na *História literária*: há no Brasil uma comunidade literária, um conjunto de manifestações do espírito provando a nossa capacidade e autonomia em relação a Portugal. Exprime-se, de modo vago e implícito, a ideia (acentuada por Denis apenas na parte relativa ao Indianismo) de que alguns brasileiros, como Durão, Basílio, Sousa Caldas, José Bonifácio, haviam mostrado o caminho a seguir, quanto a sentimentos e temas. Bastava prosseguir no seu esforço, optando sistematicamente pelos assuntos locais, o patriotismo, o sentimento religioso.

Passo decisivo foi a revista publicada em Paris no ano de 1836, graças à munificência de um patrício, Manuel Moreira Neves, e cujos dois únicos números contêm o essencial da nova teoria literária; *Niterói*; *Revista Brasiliense de Ciências, Letras e Artes*, que trazia como epígrafe: "Tudo pelo Brasil, e para o Brasil". O solícito Monglave anunciou-a ao mundo culto da França, e os rapazes escreveram sobre literatura, música, química, economia, direito, astronomia. Os estudos críticos de Magalhães e Pereira da Silva estabeleceram o ponto de partida para a teoria do nacionalismo literário, como veremos noutra parte, aclimando as ideias de Denis, que lhes servia de bússola. Inspirado, o jovem autor dos *Suspiros poéticos* perguntava com ênfase, para logo propor a resposta, dentro das ideias de ligação causal entre o meio e a literatura, acentuando as forças sugestivas da natureza e do índio:

> Pode o Brasil inspirar a imaginação dos poetas e ter uma poesia própria? Os seus indígenas cultivaram porventura a poesia? Tão geralmente conhecida é hoje esta verdade, que a disposição e caráter de um país, grande influência exerce sobre o físico e o moral dos seus habitantes, que a damos como um princípio, e cremos inútil insistir em demonstrá-lo com argumentos e fatos por tantos naturalistas e filósofos apresentados.[5]

Estava lançada a cartada, fundindo medíocre, mas fecundamente, para uso nosso, o complexo Schlegel-Staël-Humboldt-Chateaubriand-Denis.

O maior trunfo, porém — para quem pesquisa as emergências misteriosas da sensibilidade, mais do que as racionalizações espetaculares — não está

---

francesa (Ver MB, v. II, p. 666). Muito conhecido e estimado no Brasil, é provável que o seu Institut Historique, criado em 1834, tenha inspirado a Januário e outros a ideia do nosso Instituto Histórico e Geográfico, fundado quatro anos depois.   **5** Magalhães, "Ensaio sobre a história da literatura do Brasil", reproduzido em *Opúsculos históricos e literários*, p. 264.

no ensaio ambicioso do futuro visconde. Encontra-se no número 2 da mesma revista, numa pequena nota de Porto-Alegre à sua "Voz da natureza", talvez o primeiro poema decididamente romântico publicado em nossa literatura; pequena e singela nota, onde o entusiasta de Garrett encerrava todas as aspirações da nova escola e definia a sua separação da literatura anterior: "Algumas expressões se encontram, pode ser, desusadas, mas elas são filhas das nossas impressões, e de mais vemos a natureza como Artista, e não como Gramático".[6] São palavras decisivas: desprezando a regra universal, a arte das impressões pessoais e intransmissíveis descia sobre a nossa pequena e débil literatura.

Local e universal Com isto já é possível indicar os elementos que integram a renovação literária designada genericamente por Romantismo — nome adequado e insubstituível, que não deve porém levar a uma identificação integral com os movimentos europeus, de que constitui ramificação cheia de peculiaridades. Tendo-se originado de uma convergência de fatores locais e sugestões externas, é ao mesmo tempo nacional e universal. O seu interesse maior, do ponto de vista da história literária e da literatura comparada, consiste porventura na felicidade com que as sugestões externas se prestaram à estilização das tendências locais, resultando um momento harmonioso e íntegro, que ainda hoje parece a muitos o mais *brasileiro*, mais autêntico entre os que tivemos.

Os contemporâneos intuíram ou pressentiram esse fato, arraigando-se em consequência no seu espírito a noção de que *fundavam* a literatura brasileira. Cada um que vinha — Magalhães, Gonçalves Dias, Alencar, Franklin Távora, Taunay — imaginava-se detentor da fórmula ideal de *fundação*, referindo-se invariavelmente às condições previstas por Denis e retomadas pelo grupo da *Niterói*: expressão nacional autêntica.

Digamos, pois, que a renovação literária apresenta, no Brasil, dois aspectos básicos: nacionalismo e Romantismo propriamente dito, sendo este o conjunto dos traços específicos do espírito e da estética imediatamente posteriores ao Neoclassicismo, na Europa e nas suas ramificações americanas. Deixando-o para um parágrafo especial, abordemos o primeiro, que engloba o nativismo em sentido estrito e já então tradicional em nossa cultura, (ligado à pura celebração ou aos sentimentos de afeto pelo país), mais o patriotismo, ou seja, o sentimento de apreço pela jovem nação e o intuito de dotá-la de uma literatura independente. No nativismo, predominando o sentimento da natureza; no patriotismo, o da pólis.

6 *Niterói*, n. II, p. 213. O poema finaliza um longo escrito sobre os "Contornos de Nápoles", pp. 161-211.

Teoricamente, o nacionalismo independe do Romantismo, embora tenha encontrado nele o aliado decisivo. Podemos mesmo supor, para argumentar, formas não românticas em que se teria desenvolvido. Há com efeito na literatura uma aspiração nacional, definida claramente a partir da Independência e precedendo o movimento romântico. Exemplo típico é a obra não obstante arcádica de Januário da Cunha Barbosa, acatado e prezado pelos renovadores, que o chamaram "decano da Literatura Brasileira", porque eram antes de tudo nacionalistas. Inversamente, a aceitação dos primeiros românticos pela opinião e pelo poder público (habituados aos moldes neoclássicos) se prende às mesmas razões: eram os que vinham estabelecer nas letras o correspondente da Independência, promovendo as Luzes de acordo com as novas aspirações.

O Romantismo brasileiro foi por isso tributário do nacionalismo. Embora nem todas as suas manifestações concretas se enquadrassem nele, ele foi o espírito diretor que animava a atividade geral da literatura. Nem é de espantar que assim fosse, pois sem falar da busca das tradições nacionais e do culto da história, o que se chamou em toda a Europa "despertar das nacionalidades", em seguida ao terremoto napoleônico, encontrou expressão no Romantismo. Sobretudo nos países novos e nos que adquiriram ou tentaram adquirir independência, o nacionalismo foi manifestação de vida, exaltação afetiva, tomada de consciência, afirmação do *próprio* contra o *imposto*. Daí a soberania do tema local e sua decisiva importância em tais países, entre os quais nos enquadramos. Descrever costumes, paisagens, fatos, sentimentos carregados de sentido nacional, era libertar-se do jugo da literatura clássica, universal, comum a todos, preestabelecida, demasiado abstrata — afirmando em contraposição o concreto espontâneo, característico, particular. Veremos no próximo parágrafo que tais necessidades de individuação nacional iam bem com as peculiaridades da estética romântica.

Esta tendência era reputada de tal modo fundamental para a expressão do Brasil, que os jovens da segunda geração manifestaram verdadeiro remorso ao sobrepor-lhe os problemas estritamente pessoais, ou ao deixá-la pelos temas universais e pelo cenário de outras terras. Ninguém mais eloquente a esse respeito que Álvares de Azevedo, o menos pitoresco de todos, o mais obcecado pelo seu drama íntimo e os modelos europeus. Há um trecho importante do *Macário* em que se desdobra nos personagens e faz um deles acusar, enquanto o outro defende, um poeta cético, pouco nacional, que é certamente ele próprio. Penseroso fala por toda a geração e pela consciência patriótica do autor, quando brada:

Esse americano não sente que ele é filho de uma nação nova, não a sente o maldito cheia de sangue, de mocidade e verdor? Não se lembra que seus arvoredos gigantescos, seus oceanos escumosos, os seus rios, suas cataratas, que tudo lá é grande e sublime? Nas ventanias do sertão, nas trovoadas do sul, no sussurro das florestas à noite não escutou nunca os prelúdios daquela música gigante da terra que entoa à manhã a epopeia do homem e de Deus? Não sentiu ele que aquela sua nação infante que se embala nos hinos da indústria europeia como Júpiter nas cavernas do Ida no alarido dos Coribantes — tem futuro imenso?

Mas Macário censura a artificialidade do Indianismo e da poesia *americana*, numa revolta de bom senso realista:

Falam nos gemidos da noite no sertão, nas tradições das raças perdidas das florestas, nas torrentes das serranias, como se lá tivessem dormido ao menos uma noite, como se acordassem procurando túmulos, e perguntando como Hamleto no cemitério a cada caveira do deserto o seu passado.

Mentidos! Tudo isso lhes veio à mente lendo as páginas de algum viajante que esqueceu-se talvez de contar que nos mangues e nas águas do Amazonas e do Orenoco há mais mosquitos e sezões do que inspiração: que na floresta há insetos repulsivos, répteis imundos, que a pele furta-cor do tigre não tem o perfume das flores — que tudo isto é sublime nos livros mas é soberanamente desagradável na realidade.[7]

Trechos capitais, exprimindo a ambivalência do nosso Romantismo, transfigurador de uma realidade mal conhecida e atraído irresistivelmente pelos modelos europeus, que acenavam com a magia dos países onde radica a nossa cultura intelectual.

Por isso, ao lado do nacionalismo há no Romantismo a miragem da Europa: o Norte brumoso, a Espanha, sobretudo a Itália, vestíbulo do Oriente byroniano. Poemas e mais poemas cheios de imagens desfiguradas de Verona, Florença, Roma, Nápoles, Veneza, vistas através do Shakespeare, Byron, Musset, Dumas, e das biografias lendárias de Dante ou Tasso, num universo de oleogravura semeado de gôndolas, mármores, muralhas, venenos, punhais, veludos, rendas, luares e morte. Em Álvares de Azevedo, em Castro Alves, noutros menores, perpassam em contraposição às "belas filhas do país

---

7 Manuel Antônio Álvares de Azevedo, *Obras*, 7. ed., v. 3, pp. 508 e 310-311. Uso sempre, neste trabalho, a 9. ed., de Homero Pires, cujo texto é melhor e mais completo. Mas como no trecho citado vem nela um grave erro, penso que de tipografia, preferi, no caso, a de Joaquim Norberto.

do Sul", as "italianas" — brancas e hieráticas, ou dementes de paixão, encarnando as necessidades de sonho e fuga, libertação e triunfo dos sentidos, transplantadas, como flores raras, das páginas de Byron para os jardins da imaginação tropical.

Religião Dentre os temas nacionais, onde esta imaginação se movia por dever e prazer, ocorriam alguns prediletos. A celebração da natureza, por exemplo, seja como realidade presente, seja evocada pela saudade, em peças que ficaram entre as mais queridas, como "Canção do exílio" e "O gigante de pedra", de Gonçalves Dias, "Sub Tegmine Fagi", de Castro Alves. Ou os poemas históricos, como o ciclo do Dois de Julho, o da Confederação do Equador, que inspiraram Castro Alves e Álvares de Azevedo; os poemas da América, tomada no conjunto, objeto de várias poesias de Varela; a Guerra do Paraguai, que mobilizou todas as musas do tempo. O interesse pelos costumes, regiões, passado brasileiro, se manifestou largamente no romance, como veremos.

A religião foi desde logo reputada elemento indispensável à reforma literária, não apenas por imitação dos modelos franceses, mas porque, opondo-se ao temário pagão dos neoclássicos, representava algo oposto ao passado colonial. Tanto mais quanto dois poetas considerados *brasileiros* e precursores, São Carlos e Caldas, versaram largamente esse tema, enquanto Monte Alverne dera exemplo de novos sentimentos através da oratória sagrada. Embora os poetas da primeira fase tivessem sido os mais declaradamente religiosos, no sentido estrito, todos os românticos, com poucas exceções, manifestam um ou outro avatar do sentimento religioso, desde a devoção caracterizada até um vago espiritualismo quase panteísta. É preciso, com efeito, distinguir mais de um aspecto nessa tendência.

Temos em primeiro lugar a religião como fé específica, como crença e devoção ao modo da que aparece num ensaio de Magalhães, publicado no pórtico da nova literatura que foi a *Niterói*, como que assinalando o seu papel indispensável.[8] No prefácio a *Os três dias de um noivado*, Teixeira e Sousa redige verdadeiro manifesto contra o materialismo, apontando nas convicções religiosas não apenas a filosofia reta, mas o requisito da inspiração poética. Em sentido estritamente devoto, temos, por exemplo, o livro de poesias de um estudante de Olinda, compactamente católico e quase devocional, constando apenas de poesias do tipo de propaganda diocesana: a *Oblação ao cristianismo*, de Torres Bandeira. O *Anchieta*, de Varela, é certamente o mais alto

---

8 Gonçalves de Magalhães, "Filosofia da religião", reproduzida em *Opúsculos históricos e literários*, pp. 273-304.

produto neste sentido realizando um catecismo metrificado com mais largueza de espírito.

Mas foi a segunda modalidade que dominou: religião concebida como posição afetiva, abertura da sensibilidade para o mundo e as coisas através de um espiritualismo mais ou menos indefinido que é propriamente a *religiosidade*, tão característica do Romantismo e já mencionada neste livro. Assim a vemos tanto num meticuloso devoto, como Magalhães, quanto num céptico irreverente, como Bernardo Guimarães. O espiritualismo era um pressuposto da escola, e todos pagavam o seu tributo.

No campo da crítica, volta e meia surgem declarações de que sem a religião não há literatura possível, aparecendo ela quase como sinônimo de densidade psicológica, senso dramático. Neste sentido a concebera um mestre de todos os românticos, Schlegel, para o qual o sentimento do pecado, levando ao dilaceramento interior, marcou o fim do Classicismo pagão e o advento de uma arte mais complexa e movimentada. "Sem religião não há arte", afirma dogmaticamente o jovem Macedo Soares, mas esclarece em nota:

> Ninguém ignora que é ao sensualismo e ao ceticismo, sua natural consequência, que se deve a aridez da literatura no século passado. Quando falo em religião, não quero apontar o catolicismo, não obstante ser aquela onde mais predomina o espiritualismo; falo do sentimento religioso; da religião do belo, ao menos.[9]

Não se podia exprimir mais limpidamente a posição romântica, oscilando numa gama bem ampla entre a devoção e a vaga *religiosidade*.

Indianismo Mas a forma reputada mais legítima de literatura nacional foi, desde logo, o Indianismo, que teve o momento áureo do meado do decênio de 1840 ao decênio de 1860, decaindo a partir daí até que os escritores se convencessem da sua inviabilidade. Naquele momento, porém, encontrou em Gonçalves Dias e José de Alencar representantes de alto quilate.

As suas origens são óbvias: busca do específico brasileiro, já orientada neste sentido (com meia consciência do problema) pelos poemas de Durão e Basílio e as metamorfoses de Diniz, além duma crescente utilização alegórica do aborígine na comemoração plástica e poética. Nas festas do Brasil joanino ele aparecia amplamente com este significado, representando o país com uma dignidade equiparável à das figuras mitológicas. O processo se intensifica a partir da Independência, pela adoção de

---

9 Macedo Soares, "*Cantos da solidão* (Impressões de leitura)", EAP, n. 3-4, 1857, p. 397.

nomes e atribuição de títulos indígenas; pela identificação do selvagem ao brio nacional e o seu aproveitamento plástico. Em 1825, uma gravura representava d. Pedro recebendo nos braços o Brasil liberto de grilhões, sob a forma duma índia; segundo Schlichthorst, o modelo foi a então viscondessa de Santos.[10]

O empuxe decisivo foi dado pelo exotismo dos franceses, principalmente Chateaubriand, aplicado ao Brasil, como vimos, pelos pré-românticos franco-brasileiros. Podemos dizer que esta foi a influência que ativou a de Basílio e Durão, reinterpretados, graças a ela, segundo as aspirações românticas. Seria preciso também lembrar a opinião de Capistrano de Abreu (infelizmente sumária e mal formulada), que o Indianismo, sendo "muito geral para surgir de causas puramente individuais, reflete profunda tendência popular, manifesta no folclore, de identificar o índio aos sentimentos nativistas".[11] Parece, ao contrário, que tal identificação provém de fonte erudita, e a utilização nativista do índio é que se projetou na consciência popular. Já os *ilustrados* da fase joanina utilizavam-no como símbolo, bastando lembrar o nome dado por José Bonifácio ao seu jornal, *O Tamoio*, evocando o adversário dos portugueses nas campanhas contra Villegaignon e encarnando nele a resistência nativista; ou ainda os nomes que aparecem na sociedade secreta que fundou, o Apostolado, onde ele era Tibiriçá e se verificava, expressivamente, "grande confusão de pseudônimos de sugestão clássica e nativista". Como Grão-Mestre do Grande Oriente do Brasil, o próprio d. Pedro, que acabara de proclamar a Independência, foi Guatimozim, nome que exprime a inclinação dos *ilustrados* pelos nativos mais adiantados da América Espanhola, que ofereceram resistência efetiva ao conquistador.[12] Contribuiria porventura neste sentido a influência d'*Os incas* de Marmontel, traduzido e muito lido em Portugal e Brasil. Lembremos a propósito a simpatia de Basílio da Gama pelo último revel que foi Túpac Amaru e a tragédia inacabada e perdida de Natividade Saldanha sobre Atahualpa, tomado como símbolo da resistência e rebelião do americano de cor — puro e mestiço — contra o jugo colonial.

Segundo João Francisco Lisboa, um dos fatores do Indianismo teria sido a natural reação contra os desmandos e violências do colonizador, por parte dos que estudavam o passado brasileiro. Neste sentido, deram no extremo oposto, louvando o índio e vituperando o português com igual demasia. E faz troça:

O nosso atual imperador, dizem, mostra grande interesse e curiosidade por tudo quanto diz respeito às raças aborígines, que antigamente senhoreavam o seu

---

10 C. Schlichthorst, *O Rio de Janeiro como é*, p. 55.   **11** Capistrano de Abreu, *Ensaios e estudos*, 1ª série, pp. 93-95.   **12** Octávio Tarquínio de Sousa, *A vida de Pedro I*, v. 2, p. 405.

vasto império. Um grande poeta (e os poetas são também reis e imperadores a seu modo, e dentro da sua esfera) no primeiro ardor de uma imaginação ainda virgem, e longe da pátria ausente, cantou, envernizou, amenizou, poetizou enfim os costumes ingênuos, as festas inocentes e singelas, as guerras heroicas, a resignação sublime, e a morte corajosa, bem como os trajes elegantes, e as decorações pomposas dos nossos selvagens. E eis aí todo o mundo a compor-se e menear-se a exemplo e feição dos reis, e aturdindo-nos em prosa e verso com tabas, muçuranas, janúbias e maracás.[13]

É visivelmente irônica a referência a Gonçalves Dias e ao pendor de Pedro II, partilhado pelos membros do Instituto Histórico e Geográfico — associação que foi um fator igualmente importante do movimento indianista, com o incentivo aos estudos etnográficos, resultando monografias como *O Brasil e a Oceânia*, do autor d'*Os timbiras* (1852).

Já vimos, na *Niterói*, os reformadores encararem o índio como elemento básico da sensibilidade patriótica; ao discorrer sobre a sua capacidade poética e o interesse que apresentava como tema, Magalhães lhe dava um primeiro e jeitoso empurrão para o lado do cavaleiro medieval.

Não há dúvida que, deformado pela imaginação, ele se prestava a receber as características que a este conferiu o Romantismo.

Em nossos dias, o Neoindianismo dos modernos de 1922 (precedido por meio século de etnografia sistemática) iria acentuar aspectos autênticos da vida do índio, encarando-o, não como gentil-homem embrionário, mas como primitivo, cujo interesse residia precisamente no que trouxesse de diferente, contraditório em relação à nossa cultura europeia. O Indianismo dos românticos, porém, preocupou-se sobremaneira em equipará-lo qualitativamente ao conquistador, realçando ou inventando aspectos do seu comportamento que pudessem fazê-lo ombrear com este — no cavalheirismo, na generosidade, na poesia.

A altivez, o culto da vindita, a destreza bélica, a generosidade, encontravam alguma ressonância nos costumes aborígines, como os descreveram cronistas nem sempre capazes de observar fora dos padrões europeus e, sobretudo, como os quiseram deliberadamente ver escritores animados do desejo patriótico de chancelar a independência política do país com o brilho de uma grandeza heroica especificamente brasileira. Deste modo, o Indianismo serviu não apenas como passado mítico e lendário, (à maneira da tradição folclórica dos germanos, celtas ou escandinavos), mas como passado histórico,

---

13 João Francisco Lisboa, *Obras*, v. II, p. 200.

à maneira da Idade Média. Lenda e história fundiram-se na poesia de Gonçalves Dias e mais ainda no romance de Alencar, pelo esforço de suscitar um mundo poético digno do europeu.

Estas duas tendências se prefiguram, em 1843, num artigo onde Joaquim Norberto tenta mostrar a capacidade poética dos índios e o valor estético dos seus costumes, num vislumbre de que o tema indianista serve à dupla necessidade da lenda e da história. "Seus costumes, suas usanças, suas crenças forneceram o maravilhoso tão necessário à poesia", diz no primeiro sentido; e, no segundo: "Não temos castelos feudais, nem essas justas, torneios, lidas e combates de ricos homens, de infanções e cavaleiros" (segue uma enumeração do armarinho medievista); "[...] mas possuiremos a idade desses povos primitivos, com todas as suas tradições" — seguindo a enumeração do correspondente armarinho indianista, com evidente intuito comparativo.[14]

É muito significativa esta utilização do tema indígena como compensação: era preciso, dentro do espírito romântico, encontrar um equivalente daqueles temas, e a preocupação é visível tanto nos escritores eminentes quanto nos secundários, como um que escrevia patrioticamente:

> Por que terão a Escócia e Alemanha a presunção de só elas possuírem esses rios, lagos, matas, montes e vales misteriosos donde surgem essas imagens lânguidas, transparentes, aéreas, qual névoa que sempre encobre a natureza desses torrões?
>
> Não. Nós também aqui temos os nossos mitos: gênios dos rios, lagos, matas, montes e vales.

E conclui, numa tirada que revela o sentido de afirmação particularista do Indianismo: "Tudo temos em sobejo, só nos faltam os pincéis com que traçar os formidáveis quadros d'Ossian, Faust e Ivanhoe".[15] Esta tendência define um desejo de individuação nacional, a que corresponde o de individuação pessoal: libertação graças à definição da autonomia estética e política (expressa principalmente pelo Indianismo) e a conquista do direito de exprimir direta e abertamente os sentimentos pessoais (manifesta sobretudo nas tendências propriamente românticas do lirismo individual).

Na medida em que toma a realidade local para integrá-la na tradição clássica do Ocidente, o Indianismo inicial dos árcades pode ser interpretado

---

14 J. Norberto de S. S. (sic), "Considerações gerais sobre a literatura brasileira", MB, v. II, pp. 415-416.   15 Carlos Miller, "Um fragmento do romance de A...", BF, v. I, n. 21, p. 7.

como tendência para dar *generalidade ao detalhe concreto*. Com efeito, concebido e esteticamente manipulado como se fosse um tipo especial de pastor arcádico, o índio ia integrar-se no padrão corrente do homem polido; ia testemunhar a viabilidade de incluir-se o Brasil na cultura do Ocidente, por meio da superação de suas particularidades.

O Indianismo dos românticos, ao contrário, denota tendência para *particularizar os grandes temas*, as grandes atitudes de que se nutria a literatura ocidental, inserindo-as na realidade local, tratando-as como próprias de uma tradição brasileira. Assim, o espírito cavalheiresco é enxertado no aborígine, a ética e a cortesia do gentil-homem são trazidas para interpretar o seu comportamento. A distinção pode parecer especiosa, mas o seu fundamento se encontra na atitude claramente diversa de um Basílio da Gama e de um José de Alencar.

A primeira composição em que o tema indígena aparece tratado ao modo romântico, embora de passagem, é a *Nênia* de Firmino Rodrigues Silva (1837), reconhecida por todos os sucessores imediatos como ponto inicial do Indianismo romântico.[16] Nela o índio ainda não aparece como personagem poético individuado, mas como alegoria, estabelecendo a passagem do índio-signo, do fim do período neoclássico, ao índio-personagem. Trata-se com efeito da Musa brasileira, que lamenta a morte de um dos seus fiéis, Francisco Bernardino Ribeiro, em tonalidade plangente e melancólica, revelando dilaceramento interior, que já é romântico, e será copiado mais tarde no poema equivalente de Machado de Assis à morte de Gonçalves Dias.

Apesar da doutrinação da *Niterói*, nenhum dos seus colaboradores praticou imediatamente o Indianismo, que apenas no começo do decênio de 1840 começou a ser versado de maneira sistemática por Joaquim Norberto, em medíocres balatas (1843), onde procura transpor o espírito popularesco e medieval dessa forma tão cara aos românticos. Versou-o sobretudo Teixeira e Sousa, autor da primeira composição de fôlego a se enquadrar no tema: *Os três dias de um noivado* (1844). Seguem-se alguns poetas de valor pouco maior, como Cardoso de Meneses, devendo-se mencionar, no fim do decênio, o belo "Gemido do índio", de Antônio Lopes de Oliveira Araújo, estudante de São Paulo. Os *Primeiros cantos* de Gonçalves Dias (1846) decidiram favoravelmente o destino ainda pouco definido do Indianismo, dando-lhe categoria que o tornou, para os contemporâneos, a poesia brasileira por excelência. Daí por diante, não houve mãos a medir: toda gente trouxe o seu poema, conto, crônica ou romance, principalmente os poetas-estudantes, estimulados pela doutrinação apaixonada de Macedo Soares — não se devendo esquecer que, ainda em

16 Ver o capítulo VIII deste livro, "O limbo".

1875, Machado de Assis publicou um livro inteiramente composto de poesias indianistas, *Americanas*. Os anos que vão de 1846 a 1865 assinalam contudo o momento decisivo, quando apareceram os outros *Cantos* de Gonçalves Dias, *Os timbiras*, *O guarani*, *Iracema*, *A Confederação dos Tamoios*.

Não se pense, todavia, que a moda só encontrasse adeptos. Veremos no capítulo XVI a atitude reticenciosa de Porto-Alegre. Já vimos, há pouco, a francamente adversa de João Francisco Lisboa, que falava sobretudo como historiador e via no Indianismo uma distorção da realidade, que lhe feria o bom senso racionalista. Mas feria-lhe também os preconceitos. Lia os cronistas com o mesmo etnocentrismo, e se escandalizava ante a barbárie e os *maus costumes* dos selvagens... Num rasgo de maldade, chega a qualificar o "Leito de folhas verdes" como deformação idealizada das cenas de luxúria pecaminosa descritas por Gabriel Soares, chamando-o de "rendez-vous no mato".[17]

17 Op. cit., v. II, p. 221.

2.
O Romantismo como posição do espírito e da sensibilidade

À maneira do Arcadismo, o Romantismo surge como momento de negação; negação, neste caso, e na literatura luso-brasileira, mais profunda e revolucionária, porque visava a redefinir não só a atitude poética, mas o próprio lugar do homem no mundo e na sociedade. O Arcadismo se irmanava aos dois séculos anteriores pelo culto da tradição greco-romana; aceitava o significado literário da mitologia e da história clássica; aceitava a hierarquia dos gêneros e a universalidade das convenções eruditas.

O Romantismo, porém, revoca tudo a novo juízo: concebe de maneira nova o papel do artista e o sentido da obra de arte, pretendendo liquidar a convenção universalista dos herdeiros de Grécia e Roma em benefício de um sentimento novo, embebido de inspirações locais, procurando o *único* em lugar do *perene*. E como a literatura dificilmente se acomoda sem um paraíso perdido para os seus ideais, assim como os clássicos viveram do mito da Idade de Ouro e da Antiguidade perfeita, os românticos foram buscar nos países estranhos, nas regiões esquecidas e na Idade Média pretextos para desferir o voo da imaginação. Era o êxito do irregular e do diferente, sobre a uniformidade que o Classicismo pretendeu eternizar.

Olhando em conjunto o movimento romântico nas literaturas do Ocidente da Europa e nas que lhe são tributárias, como a nossa, temos a impressão de um novo estado de consciência, cujos traços porventura mais salientes são o conceito do indivíduo e o senso da história. Por isso, individualismo e relativismo podem ser considerados a base da atitude romântica, em contraste com a tendência racionalista para o geral e o absoluto.

Do ponto de vista literário, o individualismo romântico importa numa alteração do próprio conceito de arte: ao equilíbrio que a estética neoclássica procurou estabelecer entre a expressão e o objeto da expressão, sucede um desequilíbrio. A palavra não é mais coextensiva à natureza nem tendem as duas a igualar-se; torna-se algo menor que ela, algo insuficiente para exprimir a nova escala em que o *eu* se coloca. Como foi dito anteriormente, a propósito de Silva Alvarenga, a arte parece ao espírito romântico uma limitação da expressão, de toda a inexprimível grandeza que o artista pressente no mundo e nele próprio; é um termo secundário relativamente ao drama do artista, que tenta em vão encontrar a forma. Deste conflito surge nele, ao lado da frustração, um sentimento de glória; a sua condição lhe parece suprema exatamente porque o seu *eu* transcende o instrumento imperfeito com que busca aproximar-se do mistério. Para a estética setecentista, nutrida dos ideais clássicos, havia na verdade dois termos superiores: natureza e arte, concebida como artesanato; o artista era um intermediário que desaparecia teoricamente na realização. O amor, a contemplação, o pensamento tinham alcance, não na medida em que eram manifestação de uma pessoa, mas na medida em que existiam num soneto, numa ode ou numa écloga; a imaginação humana se satisfazia com o ato de plasmar a forma artística correspondente.

Para a estética romântica, todavia, o equilíbrio dos termos se altera; importam agora a natureza e o artista; de permeio, a arte, sempre aquém da ordem de grandeza que lhe competia exprimir e, por isso mesmo, relegada a plano secundário.

Paralelamente, altera-se o conceito de natureza. Em vez de ser, como para os neoclássicos, um *princípio*, uma expressão do encadeamento das coisas, apreendido pela razão humana, que era um de seus aspectos, torna-se cada vez mais, para os românticos, o mundo, o cosmos, a natureza física cheia de graça e imprecisão, frente à qual se antepõe um homem desligado, cujo destino vai de encontro ao seu mistério. O individualismo, destacando o homem da sociedade ao forçá-lo sobre o próprio destino, rompe de certo modo a ideia de integração, de entrosamento — quer dele próprio com a sociedade em que vive, quer desta com a ordem natural entrevista pelo século XVIII. Daí certo baralhamento de posições, confusão na consciência coletiva e individual, de onde brota o senso de isolamento e uma tendência invencível para os rasgos pessoais, o ímpeto e o próprio desespero. Um romântico, Musset, afirmou em verso famoso que os poemas mais belos eram os desesperados, os que chegavam ao extremo de despojar-se da consciência estética para surgirem como pura expressão psicológica:

Les plus désespérés sont les chants les plus beaux,
Et j'en sais d'immortels qui sont de purs sanglots.
   ("Nuit de mai")

O soluço, em que rebenta um sentimento pessoal, seria o objetivo da poesia; e o verso aparece como interposição quase incômoda entre o leitor e a sequiosa individualidade que luta para mostrar-se. O mesmo Musset, noutro poema, apontava como objeto da poesia o enrolamento do artista sobre si, no trabalho de se auscultar:

Écouter dans son coeur l'écho de son génie.
("Impromptu")

A uma literatura extremamente sociável, pois, marcada pelo senso do interlocutor, pelo limite que o próximo impõe à expansão do eu, sucede outra, que procura, sendo preciso, violar os tratados de relação normalmente implícitos na expressão literária, em benefício de um estado de solidão. Na poesia — que é o termômetro mais sensível das tendências literárias — o escritor procura, de um lado, estabelecer para si próprio o estado de solidão; de outro, atrair para ele o leitor. Daí a *magia* romântica, sucedendo ao simples *encanto* dos árcades; magia como atmosfera da literatura e como técnica deliberadamente usada para criar essa atmosfera. Nas manifestações que sucedem ao Romantismo — muitas delas continuando-o, quase todas andando na estrada por ele aberta —, estas tendências são levadas ao extremo, como no Simbolismo e nas várias correntes modernistas.

Na literatura brasileira, pudemos ver que os neoclássicos apresentaram, em alguns casos, certo deslocamento rumo às atitudes características do Romantismo: atitudes propriamente psicológicas e atitudes literárias. Dentre as primeiras, o desenvolvimento da tendência contemplativa; sob o aspecto religioso, em Sousa Caldas; sob o aspecto pessoal, em Borges de Barros; sob ambos os aspectos, em Monte Alverne. Dentre as segundas, o abandono das formas poéticas mais características do Classicismo, como o soneto, e a busca de um sentido melódico mais acentuado no verso. Deus, o mar, a melancolia, a noite; a alma sensível, o poeta-eleito, o solitário — vão pouco a pouco avultando a partir das próprias premissas neoclássicas de busca da sensibilidade natural e preito à natureza. Embora a influência estrangeira tenha sido decisiva e principal, houve certos prenúncios internos, apontados em capítulo anterior.

Encarando deste modo a reforma romântica, vemos que corresponde, no Brasil e noutros países, a um processo capital na literatura moderna, sensível sobretudo na poesia, onde aparece como depuração progressiva do lirismo. De Cláudio Manuel a Gonçalves Dias, e sobretudo a Álvares de Azevedo e Casimiro, a poesia vai-se despojando de muito do que é comemoração, doutrina, debate, diálogo, para concentrar-se em torno da pesquisa lírica. Lírica no sentido mais restrito de manifestação puramente pessoal, de estado d'alma, sob a égide do sentimento, mais que da inteligência ou do engenho. Esta longa aventura da criação, que virá terminar no balbucio quase impalpável de alguns modernos — os *Poemas da negra*, de Mário de Andrade, *Estrela da manhã*, de Manuel Bandeira — corresponde ao próprio trabalho interno da evolução poética, especializando-se cada vez mais e largando um rico lastro novelístico, retórico e didático, que foi enriquecer outros gêneros, sobretudo o gênero novo e triunfante do romance, que na literatura brasileira é produto do Romantismo e desta divisão do trabalho literário.

No Romantismo, o romance é uma espécie de contrapeso do individualismo lírico, por mais de um aspecto. Gênero onímodo, dentro das suas fronteiras tolerantes enquadrou-se desde logo tanto o conto fantástico (*Noite na taverna*), quanto a reconstituição histórica (*As minas de prata*) ou a descrição dos costumes (*Memórias de um sargento de milícias*). Por isso, se de um lado trazia água para o moinho do *eu*, ia de outro preservando a atitude de objetividade e respeito ao material observado, que mais tarde produzirá o movimento naturalista. O realismo, aliás, é de todo romance, em todas as suas fases, pois o romance se constituiu sobretudo na medida em que aceitou, como alimento da imaginação criadora, o cotidiano e a descrição objetiva da vida social. Antes, aquilo que hoje nos parece de direito pertencer-lhe, como domínio próprio, foi matéria de conto, narrativa poética, poema. O *Orlando furioso* e o *Crisfal*, por exemplo, têm sentido no século XVI porque ainda não se constituíra a ficção moderna; *A nebulosa*, em pleno século XIX, já parece erro de visão, parecendo um retardatário.

Esta exigência de realismo, que assinala a maior parte da novelística moderna, conduz, no Brasil, ao romance de costumes e ao romance regional, que dentro do Romantismo limitam o voo lírico do eu, em proveito daquela consciência dos outros, que domina as concepções clássicas como a própria essência do decoro. Por isso, o romance, sob certos aspectos, serve de contrapeso ao individualismo, enriquecendo o panorama romântico, tão rico, na verdade, que dele sairá quase tudo o que literariamente temos realizado até agora.

A "missão do vate" Essencialmente lírica, a atitude romântica propriamente dita se revela melhor na poesia, no drama e nos romances de tendência poética. Analisemos a figura ideal do poeta romântico, para compreendermos o escritor romântico de modo geral.

A contribuição típica do Romantismo para a caracterização literária do escritor é o conceito de missão. Os poetas se sentiram sempre, mais numas fases que noutras, portadores de verdades ou sentimentos superiores aos dos outros homens: daí o *furor poético*, a inspiração divina, o transe, alegados como fonte de poesia. Nas épocas de equilíbrio, como o Neoclassicismo, estas interpretações funcionam como simples recurso estético, requeridas em certas formas, como o ditirambo. Francisco José Freire, por exemplo, afirma que o furor poético nada tem de extraordinário; é um estado da consciência, não algo superior que descesse sobre ela. O poeta romântico não apenas retoma em grande estilo as explicações transcendentes do mecanismo da criação, como lhes acrescenta a ideia de que a sua atividade corresponde a uma missão de beleza, ou de justiça, graças à qual participa duma certa categoria de divindade. Missão puramente espiritual, para uns, missão social, para outros — para todos, a nítida representação de um destino superior, regido por uma vocação superior. É o *bardo*, o profeta, o guia. Por isso, sua atitude inicial é a tendência para o monólogo. Monólogo capcioso, é verdade, na medida em que pressupõe auditores; verdadeiro monólogo de palco, em cujo fundo fica implícito o diálogo. Não diálogo sociável, com um semelhante, uma pastora, mas com algo que eleve a própria estatura do poeta. O religioso Gonçalves de Magalhães, nos *Suspiros poéticos*, deixa de lado prados e blandícias para atirar-se aos grandes valores: a Infância, a Religião, a Poesia, e sobretudo Deus, a cuja esfera tenta ascender, pois a solidão na terra deve ser compensada. Eis o que diz do poeta:

De mágico poder depositário,
Qual um Gênio entre os homens te apresentas,
Ante ti não há rei, nem há vassalo.
Tu nos homens só vês virtude, ou vício.

Desde que é intérprete de Deus, e só a Deus presta contas, seu primeiro movimento é superar as relações humanas, abandonando a sociabilidade arcádica:

Não, oh mortais, não vos pertenço, (exclama),
Eu sou órgão de um Deus; um Deus me inspira,
Seu intérprete sou; oh! terra, ouvi-me.

Embriagando-se progressivamente com este individualismo exacerbado, supera os liames normais da convivência, perdendo-se como pessoa para encontrar-se como poeta, num plano de verdadeira divindade:

Vate, o que és tu? És tu mortal ou nume?

Deste excesso mesmo de individualismo, deste egocentrismo, brota como natural consequência o sentimento da missão, de dever poético em relação aos outros homens, em cujo coração pode ler o bem e o mal, além das aparências:

Por que cantas, ó Vate? Por que cantas?
Qual é a tua missão? O que és tu mesmo?
Para ti nada é morto, nada é mudo!
Co'o sol, e o céu, e a terra, e a noite falas.
Tudo te escuta; e para responder-te,
Do passado o cadáver se remove,
E do túmulo seu a fronte eleva;
O presente te atende; e no futuro
Eternos vão soar os teus acentos!

No isolamento de inspirado, o poeta sente o povo que espera redenção da sua voz, e que ele ama, embora dele se isolando e castigando-o como turba rude. Em certos casos, de extremado egotismo a sua atitude nos lembra a dialética nietzschiana do Legislador do Futuro, o condutor que ama e maltrata a multidão submissa, enquanto esta vê na sua rudeza uma prova, ao mesmo tempo, de eleição e profundo amor. Assim, o isolamento a que o poeta romântico se deixa levar pela própria grandeza, sendo aparentemente desumana, seria na realidade o sinal da sua predestinação; e o auditório sacrifica a este algo, que lhe parece mais essencial, mais poderoso, a perdida sociabilidade arcádica. No máximo do isolamento o poeta atinge a condição divina, despojando-se de si mesmo para se dar à sua cruz, como o Cristo de Vigny, no Jardim das Oliveiras. E o nosso bom visconde, prosseguindo nos maus versos, brada:

Ó como é grande o Vate [...]
Dos lábios solta a voz, e a vibra em raios
Que o vício e o crime ferem, pulverizam.

Uma nova relação, portanto, em que a estatura do artista cresce até encontrar no isolamento a atmosfera predileta. Grandeza, missão, isolamento — posições novas, que motivarão outras, afastando-se cada vez mais do equilíbrio neoclássico, em benefício de um desequilíbrio novo, condicionado pela nova situação do artista em relação à palavra com que se exprime.

Revisão do mundo   O verbo literário, simples medianeiro entre a natureza e o intérprete, vai perder a categoria quase sagrada que lhe conferia a tradição clássica. Uma nova era de experimentalismo modificará a fisionomia estabelecida do discurso, quebrando a separação entre os gêneros, derrubando a hierarquia das palavras e — mais importante que tudo — procurando forjar a expressão para cada caso, cada nova necessidade. O poeta neoclássico opõe de certo modo uma forte barreira ao mundo, tanto exterior quanto interior, na medida em que prefere exprimi-lo conforme categorias já estabelecidas; não permite que ele se insinue no espírito sob formas novas, brotadas de uma visão inesperada e fora dos cânones. O sol deve ser o "carro de Faetonte", ou "o louro Febo", porque tais imagens, consagradas e veneráveis, permanecem fora do espírito do poeta, tanto quanto do leitor. São valor cunhado, previsto, que a inteligência decifra desde logo. Em face de uma natureza racionalizada e delimitada, representam a expressão natural, isto é, que ocorre naturalmente à média dos espíritos cultos.

Os românticos, porém, operando uma revisão de valores, não apenas veem coisas diferentes no mundo e no espírito, como desejam imprimir à sua visão um selo próprio e de certo modo único, desde que a literatura consiste, para eles, na manifestação de um *ponto de vista*, um ângulo pessoal. O sol nunca mais poderá ser a "lâmpada febeia", porque só interessa na medida em que iluminou um certo lugar, onde se deu algo, que nunca mais ocorrerá. As imagens do arsenal clássico pressupunham relativa fixidez do sentimento, sempre capaz de passar pelos mesmos estados. O Romantismo, impregnado de relativismo, possui em grau mais elevado que os clássicos a dolorosa consciência do irreversível; cada situação, diríamos retomando o exemplo acima, tem o seu próprio sol, específico, intransferível. Daí a noção de que a palavra é um molde renovável a cada experiência, permanecendo sempre aquém da sua plenitude fugaz e irreproduzível. No mais completo breviário do que a alma romântica tem para nós de essencial, o primeiro *Fausto* (que os alemães, todavia, consideram como expressão de um outro movimento literário), toda a angústia do velho sábio está presa ao sonho de encontrar a perfeita manifestação do ato perfeito, isto é, a plenitude inserida na duração; e não desfeita por ela.

> Se conseguires fazer com que eu diga ao instante
> fugaz — "Para, és tão belo!"...

Até o Romantismo, a fuga das horas motivara principalmente uma poesia de desencanto sensual — a balada de Villon, o soneto de Ronsard, o poema de Marvell, o soneto de Basílio, as liras de Gonzaga. A partir dele, todas as concepções do homem sofrem o seu embate, desde o relativismo histórico até o sentimento de inadaptação da vida aos seus fins, que constitui propriamente o famoso mal do século.

> No mundo exausto,
> Bastardas gerações vagam descridas.
> (Álvares de Azevedo)

Não há dúvida que uma das causas de semelhante estado de espírito se encontra na vitória da cultura urbana contemporânea, sobre o passado em grande parte rural do Ocidente. A mudança mais ou menos brusca no ritmo da vida econômica e social, com o advento da mecanização, tornou obsoletos um sem-número de valores centenários, alterando de repente a posição do homem em face da natureza. No segundo *Fausto*, o problema é colocado por Goethe de maneira cruciante. Ao cabo da vida, Fausto sente que apenas pelo domínio das coisas o espírito humano encontrará equilíbrio: são necessárias novas técnicas, novas relações, todo um aproveitamento inédito do tempo que foge. Mas, em meio à atividade febril que planeja e executa, resta um farrapo insistente do passado no pequeno horto em que Filemon e Baucis prolongam a visão bucólica e o ritmo agrário da existência. Levado pelo impulso inevitável da sua obra, Fausto destrói esse grumo indigesto para a nova vertigem do tempo e completa o domínio da natureza. Na consciência romântica, o horto de Filemon representa a alternativa condenada, a que o homem moderno se apega, ou que destrói, para curtir no remorso a nostalgia do bem perdido. Na "Maison du Berger", Vigny cantará o choque dos dois ritmos, o agrário e o urbano, vilipendiando a locomotiva; n'"O livro e a América", Castro Alves, embriagado de modernidade, verá no triunfo da nova ordem o próprio triunfo dos ideais humanos:

Agora que o trem de ferro...

No início do Romantismo, porém, a atitude mais corrente foi a busca de abrigo contra o tempo na contemplação do eu ou do mundo, revistos em todos os sentidos. A natureza superficial e polida dos neoclássicos parece percorrida de repente por um terremoto: o que se preza agora são os seus aspectos agrestes e inacessíveis — montanha, cascata, abismo, floresta, que irrompem de colinas, prados e jardins. A casta lua, a antiga Selene, sofre com a poesia das noites uma individualização que a banha de magia. Deixa de ser a referência unívoca, a divindade imutável de todos os momentos, para se tornar uma realidade nova a cada experiência, soldando-se ao estado emocional do poeta. Só Leopardi descobriu quatro ou cinco maneiras novas de rejuvenescê-la, mesmo sob a medida de pentâmetros quase latinos:

Placida noite e verecondo raggio
Della cadente luna...

Esta é a lua que amplia a solidão de Safo, no "Último canto", diversa da

... graziosa luna

que o poeta vê turvada através das lágrimas noutro poema ("Alla luna"); ou da que aparece na "Vita Solitaria", fantástica ao modo de um cenário shakes-peariano, esculpindo de prata as imagens do mundo:

O cara luna, al cui tranquillo raggio
Danzan le lepri nelle selve;

ou da que é invocada pelo pastor no "Canto notturno", confidente e enigmá-tica companheira do homem, como ele solitária, errante e inquieta:

Vergine luna...
Pur tu, solinga, eterna peregrina,
Che sì pensosa sei.

No "Tramonto", finalmente, ela é como a alma das coisas que se retira, se-pultando-as na noite privada da sua

...fuggente luce.

É que o poeta romântico procura, como ficou dito, refazer a expressão a cada experiência. Para isto, rejeita o império da tradição e reconhece autori-dade apenas na própria vocação, no gênio. A ideia de que a criação é um pro-cesso mágico, pelo qual ganham forma as misteriosas sugestões da natureza e da alma, a ideia, em suma, do poeta mediúnico, é frequente no Romantismo. "Canção do viandante sob a tempestade", de Goethe (1772), já o mostra em presa dos elementos, exprimindo a sua desencadeada energia. Na "Vocação do poeta", Hölderlin arranca-o aos quadros da vida cotidiana para fazê-lo in-térprete de Deus, possuído pelo

Gênio criador, o Espírito divino.

Na "Ode ao vento oeste", Shelley compara-se a uma lira da natureza e Vic-tor Hugo retoma a ideia em "Ce Siècle avait deux ans", declarando sua alma um eco sonoro, posto por Deus no coração do universo.

Dessa vocação mediúnica provém uma nova marca da natureza na sensi-bilidade romântica: o sentimento do mistério. Enquanto a natureza refinada do Neoclassicismo espelha na sua clara ordenação a própria verdade (real = natural), acolhendo e abrigando o espírito, para o romântico ela é sobretudo uma fonte de mistério, uma realidade inacessível, contra a qual vem bater inutilmente a limitação do homem. Ele a procura, então, nos aspectos mais desordenados, que, negando a ordem aparente, permitem uma visão profunda. Procura mostrá-la como algo convulso, quer no mundo físico, quer no psíquico: tempestade, furacão, raio, treva, crime, desnaturalidade, desarmonia, contraste. Em lugar de senti-la como problema resolvido, à maneira do neoclássico, adora-a e renega-a sucessivamente, sem desprender-se do seu fascínio nem pacificar-se ao seu contato.

Ante o signo do Macrocosmo, Fausto exprime bem a posição do espírito romântico em face duma natureza cerrada no mistério:

> Que espetáculo! mas é apenas um espetáculo! Por onde prender-te, Natureza infinita? Onde estão os teus seios — onde estais, fontes da vida, das quais pendem céu e terra, pelas quais anseia o coração ressecado? Vós sois a nascente que mata a sede, mas eu me consumo em vão.

Quando Mefistófeles o seduz com a miragem da vida estuante, em contraposição à esterilidade da vida racional, está de certo modo empurrando-o para uma aventura essencialmente romântica: abdicação dos aspectos racionais da atividade em troca da vertigem, pois se a natureza se fecha ante as nossas perguntas, não a conseguiremos apreender racionalmente, mas apenas deixando-nos ir à mesma irracionalidade que parece ser a sua essência. Ao definir a atitude de Fausto, Mefistófeles define todo esse aspecto antirracional do Romantismo:

> Despreza razão e ciência, força suprema do homem; deixa-te firmar pelo Espírito da mentira nas obras de ilusão e de magia; agora és meu, incondicionalmente... O destino lhe deu um espírito desenfreado, que se precipita, sempre avante, ultrapassando no seu ardor as alegrias da terra. Vou arrastá-lo pela vida áspera, através da morna insignificância, onde há de se inteiriçar, estrebuchar, agarrar-se. Atiçarei a sua insaciabilidade com iguarias e bebidas se agitando ante o seu lábio ávido, que em vão suplicará consolo. Mesmo que não se desse ao diabo, só lhe restaria perecer.

Para o romântico, a razão é um limite que importa superar pelo arranco das potências obscuras do ser. Mefistófeles, voltairiano e setecentista, sabe que ela é o único recurso do homem; mas Fausto sente que este recurso só funciona realmente ao compasso dos profundos ritmos vitais. Daí uma dialética da vida e do pensamento, que o Neoclassicismo atenuou ao postular a equivalência dos dois termos. Alguns românticos acentuarão a primazia da natureza, outros a do espírito — como Vigny, que num verso famoso contrapõe à insensibilidade das coisas a "majestade do sofrimento humano".

De qualquer modo, a natureza é algo supremo que o poeta procura exprimir e não consegue: a palavra, o molde estreito de que ela transborda, criando uma consciência de desajuste. Boa parte do "mal do século" provém desta condição estética: desconfiança da palavra em face do objeto que lhe toca exprimir. Daí o desejo de fuga, tão encontradiço na literatura romântica sob a forma de invocação da morte, ou "lembrança de morrer"; há nela uma corrente pessimista, para a qual a própria vida parece o mal. Entre as suas manifestações a mais significativa é a associação do sentimento amoroso à ideia da morte,

… irmã do amor e da Verdade!
    (Antero de Quental)

Este filete, de tonalidade sádica e masoquista, se tornará um veio opulento em certos pós-românticos, como Antero de Quental e sobretudo Baudelaire, cujo sangrento poema "Une martyre" (a mulher degolada e profanada pelo amante insatisfeito) é, por assim dizer, a consequência final, a materialização do sentimento todo ideal que Leopardi exprimira, ao geminar a morte e o amor:

E sorvolano insiem la via mortale,
Primi conforti d'ogni saggio core.

Pessimismo e sadismo condicionam a manifestação mais espetacular e original do espírito romântico — o satanismo, a negação e a revolta contra os valores sociais, quer pela ironia e sarcasmo, quer pelo ataque desabrido. Aquelas gerações assistiram a uma tal liquidação de valores éticos, políticos e estéticos, que não poderiam deixar de exprimir dúvida ante os valores, em geral, e curiosidade por tudo quanto fosse exceção ou contradição das normas. O crime, o vício, os desvios sexuais e morais, que a literatura do século XVIII começara a tratar com cinismo ou impudor, entram de repente em rajada para o romance e a poesia, tratados dramaticamente como expressões próprias do homem, tanto quanto a virtude, a temperança, a normalidade.

É conhecida a teoria hugoana dos contrastes, pela qual o drama romântico, obsedado por Shakespeare, procura superar a estilização das convenções clássicas. O *Manfredo*, de Byron, (que segundo Nietzsche era muito superior ao *Fausto…*) é um exemplo perfeito dessa vocação para o desmedido e o contraditório, a cuja temperatura se fundem aspectos aparentemente inconciliáveis do comportamento. No *Caim*, Byron simboliza os amores com a própria irmã; nas *Ilusões perdidas* e *Esplendor e miséria das cortesãs*, Balzac estuda o amor homossexual; o Julien Sorel, de Stendhal, é uma *alma bem formada*, que o romancista nos levou a considerar tal, mesmo depois da irrupção do crime — que aparece quase como desdobramento das suas qualidades. A coragem com que o romance francês desce aos subterrâneos do espírito e da sociedade representa, porventura, a conquista mais fecunda da literatura moderna; conquista iniciada no século XVIII e aprofundada por Laclos e o marquês de Sade.

Esta atitude nova, denotando individualismo acentuado, desejo de desacordo com as normas e a rotina, é em parte devida à nova posição social do escritor, entregue cada vez mais à carreira literária, isto é, a si próprio e ao vasto público, em lugar do escritor pensionado, protegido, quase confundido com a criadagem dos mecenas do período anterior. Deve ter havido na consciência literária um arrepio de desamparo, uma brusca falta de segurança, com a passagem do mecenato ao profissionalismo. A ruptura dos quadros sociais que sustinham o escritor — modificando igualmente o tipo de público a que se dirigia — alterou a sua posição, deixando-o muito mais entregue a si mesmo e inclinado às aventuras do individualismo e do inconformismo.

Em consequência torna-se não apenas mais sensível à condição social dos outros homens como, cada vez mais, disposto a intervir a seu favor. O advento das massas à vida política, em seguida à proletarização e à urbanização, decorrentes da Revolução Industrial e das lutas pela liberdade, traz para o universo do homem de inteligência um termo novo e uma perspectiva inédita. Por isso, ao lado dos pessimistas encontramos os profetas da redenção humana, às vezes irmanados na mesma pessoa; e o satanismo deságua não raro na rebeldia política e no sentimento de missão social. Wordsworth foi partidário da Revolução Francesa, Lamartine teve papel destacado na de 1848, Shelley foi um panfletário contra a tirania e a religião, Victor Hugo acalentou sonhos humanitários, o nosso Castro Alves lutou contra a escravidão negra e saudou a República. Assim, pois, individualismo e consciência de solidão entrecortados pelo desejo de solidariedade, pessimismo enlaçado à utopia social e à crença no progresso aumentam a complexidade desse "tempo patético e dourado", na expressão de um crítico italiano.

3.
As formas de expressão

As transformações bastante acentuadas que o Romantismo trouxe à concepção do homem e ao temário da literatura não poderiam, evidentemente, se manifestar sem mudança correlata nas formas de expressão, — tanto gêneros quanto estilo e técnicas. Com ele aparece no Brasil o romance e, pode-se dizer, também o teatro como gênero literário regular. Devido à influência de Basílio e Durão, o poema épico sobreviveu, contribuindo certamente para isto o estado de espírito simultâneo e posterior à Independência, que favoreceu a manifestação patriótica em tonalidade grandiloquente e escala heroica. O nacionalismo se exprimiu em vários poemas épicos, seja de cunho estritamente patriótico (*A Independência do Brasil*, de Teixeira e Sousa), seja indianista (*A Confederação dos Tamoios*, de Gonçalves de Magalhães; *Os timbiras*, de Gonçalves Dias; *Os filhos de Tupã*, de José de Alencar), seja se alargando na solidariedade continental (*Colombo*, de Porto-Alegre). Repercute ainda em obras de inspiração diversa, como a epopeia religiosa de Varela (*Anchieta* ou *O evangelho nas selvas*), para não falar na subliteratura onde floresceram obras de vários tipos, principalmente sob o estímulo da Guerra do Paraguai, como o *Riachuelo*, de Luís José Pereira da Silva. Essas tentativas se estenderiam, equívocos cada vez maiores, até os nossos dias, que viram surgir, no tema do bandeirismo, versado com mais senso de proporções por Bilac e Batista Cepelos, um derradeiro esforço: *Os brasileidas*, de Carlos Alberto Nunes.

Via de regra, porém, o Romantismo buscou maior liberdade, inclusive para o transporte épico, vivido por Castro Alves sem recurso às formas tradicionais. Deixando para capítulo especial a inovação do romance, mais importante que todas, lembremos, antes de abordar o problema da língua literária, o caso dum gênero ambíguo, — o conto ou romance metrificado.

A fluidez do espírito romântico, a sua profunda vocação lírica, o repúdio aos gêneros estanques, propiciaram esse gênero misto, onde, num momento em que já havia encontrado no romance o seu veículo moderno, a ficção se funde na poesia, aliança que permite maior liberdade à fantasia e, ao mesmo tempo, imprime à narrativa disciplina mais regular que a dos gêneros de prosa.

A maior influência neste sentido foi certamente Byron, que modernizou o poema novelesco italiano e criou verdadeiros romances em verso. Dele derivam, por toda a Europa, o *Eugênio Oneguin*, de Púchkin, *O estudante de Salamanca*, de Espronceda, *Rolla* e *Namouna*, de Musset, que temperou a influência, aí e noutros poemas, como *Don Paez*, com a tradição francesa do *conte en vers*. *O poema do frade* e *O conde Lopo*, de Álvares de Azevedo, são tributários de Byron e Musset; o inglês, em parte através do francês, que predomina em "Um cadáver de poeta" (sempre de Álvares de Azevedo) e domina exclusivamente a *Clara Verbena*, de Almeida Braga.

Outro fator neste sentido foi a moda medievista, o *genre troubadour*, de que são tributários a *Dona Branca*, de Garrett e *A noite do castelo*, de Antônio Feliciano de Castilho, dando no Brasil as *Sextilhas de frei Antão*, de Gonçalves Dias. Talvez *Os ciúmes do bardo*, de Castilho, tenham contribuído alguma coisa para *A nebulosa*, de Macedo, "poema-romance", como ele dizia. *Os três dias de um noivado*, de Teixeira e Sousa, têm o mérito de haver utilizado o gênero para uma tentativa indianista, ou semi-indianista — já que os seus protagonistas são índios cristianizados e aldeados.

Apesar de tudo, era porém um gênero condenado, que entre nós deu frutos medíocres. Mais importante é a questão da linguagem romântica, aliada frequentemente à oratória, na prosa, a ela e à música, na poesia.

O verso e a música O século XVIII, em Portugal, foi de profundo influxo da música italiana, que nos salões corria paralela ao verso, fundindo-se frequentemente os dois na ária, na cavatina, na modinha, e encontrando no drama lírico a sua compenetração ideal. Não espanta que Metastasio, grão-padre deste gênero, vincasse as sensibilidades. Já em Antônio José encontramos a sua impregnação, que se torna absorvente, como vimos, em Silva Alvarenga, precursor por certos aspectos da sensibilidade romântica no tocante à expressão. No Rio joanino a atmosfera musical fica de repente densa e cheia de encanto, orientada por Marcos Portugal e o padre José Maurício, atendendo à tradicional melomania da Casa de Bragança. A Capela Real foi verdadeira sala de concertos cuja música religiosa, italianizante até a medula, buscava a espontânea facilidade melódica da ópera e da cantata.

Entende-se bem que um movimento literário marcado pelo sentimento de inferioridade da palavra ante o seu objeto tendesse à aliança com a música como verdadeiro refúgio. A música, que exprime o inexprimível, poderia atenuar as lacunas do verbo; ele se atira pois desbragadamente à busca do som musical. Quando, no prefácio às *Inspirações do claustro*,

Junqueira Freire assinala a vitória da "cadência bocagiana", sobre "o módulo latino", está assinalando esta aventura, que renuncia em parte à exploração do ritmo específico da palavra (à moda clássica) em benefício de uma capitulação ante a música. Pelas tendências de sensibilidade e pelo meio em que brotou, o Romantismo foi portanto, em grande parte, tributário desta.[18] É iniludível (entre outras coisas) a afinidade da modinha e da ária com certo lirismo romântico, inclusive pela tendência métrica.

Para os nossos românticos, música foi sobretudo a italiana. Através dela, e dos metros adaptados à sua exigência rítmica, o ouvido luso-brasileiro operou a passagem da harmonia dos neoclássicos para a melodia musicalizante, com o seu resvalar incessante e fugidio. O fim da aventura será o Impressionismo dos simbolistas, onde a palavra, sufocada pelo sentimento de inferioridade, apela para os mais vagos matizes do som caprichosamente associado. Um poeta como Alphonsus de Guimaraens é o ápice do processo de desverbalização da palavra, implícito nas tendências melódicas do verso romântico.

Estas se manifestam de preferência através de certos metros, as mais das vezes utilizados na ópera e na canção pelos poetas italianos e os que escreveram a seu exemplo. É interessante notar, a propósito, que o setissílabo "metastasiano", assimilado por Silva Alvarenga nos rondós e largamente usado nos cantos patrióticos da Independência e da Regência (inclusive o hino de Evaristo musicado por Pedro I, que ainda hoje cantamos: "Já podeis, da Pátria filhos"), não foi incorporado pelos românticos à poesia erudita, talvez por estar demasiadamente preso a expressões típicas do espírito neoclássico. Mas quiçá pelo uso constante que dele faziam os libretistas italianos, conservaram-no os autores de letras de modinha, gênero que manteve longamente reminiscências das suas raízes arcádicas. Uma das árias mais queridas do Brasil romântico, a "Casta Diva", da *Norma*, de Bellini (trecho predileto d'*O diletante*, de Martins Pena) é composta nele, como a primeira estrofe de "Róseas flores da alvorada":

---

18 "Decididamente a vida romântica sentimental tendia mais para a música do que para a poesia, mais para a expressão indeterminada, sem relevo, evanescente, para a onda vaga dos sons, que sussurram mistérios e não palavras..." Arturo Farinelli, "O Romantismo e a música", *Conferências brasileiras*, p. 15. Nesse trabalho, considera-se um aspecto algo diverso do que abordamos aqui. Farinelli se interessa principalmente pela essência musical das concepções românticas, parecendo-lhe que seria menosprezo limitar o assunto às questões de forma, a que dou importância primordial no presente capítulo.

Casta Diva che inargenti
Queste sacre antiche piante,
A noi volgi il bel sembiante
Senza nubi e senza vel.

Róseas flores da Alvorada,
Teus perfumes causam dor;
Essa imagem que recordas
É meu puro e santo amor.

A sua função de envolvimento da inteligência pela melopeia isorrítmica de um metro fluido e cantante foi desempenhada por outros, que se poderiam legitimamente qualificar de românticos: o novessílabo anapéstico (acentos nas 3ª, 6ª e 9ª), o hendecassílabo com acentos nas 2ª, 5ª, 8ª e 11ª, o decassílabo chamado sáfico (acentos nas 4ª, 8ª e 10ª), secundariamente, a quintilha em estrofes isorrítmicas.

Notemos de passagem que a isorritmia (manutenção em todas as estrofes dum poema da mesma acentuação em todos os versos) proveio da intenção de fornecer ao compositor um texto já vinculado à regularidade rítmica, antecipando de certo modo a melodia e dando-lhe pontos de apoio. As árias de Metastasio, Ranieri de' Calzabigi, Lorenzo da Ponte e de outros obedeciam geralmente a este dispositivo nos metros ímpares, mais predispostos à regularidade pela divisão estrutural em segmentos equivalentes.

O novessílabo, acentuado nas 3ª, 6ª e 9ª, foi muito pouco usado na poesia de língua portuguesa até o século XIX, quando teve a sua grande voga. Serviu-se dele Gregório de Matos para efeitos burlescos;[19] Diniz, o maior experimentador do seu tempo, empregou-o nos ditirambos e nas odes anacreônticas, seduzido com certeza pela sua capacidade de movimento. Mais discriminado que os românticos, quebrava-lhe porém a monotonia pela alternância de metros.[20] Pouco estimado pelos tratadistas clássicos, afeitos a outra concepção, a sua raridade era tal que não vem enumerada entre os metros portugueses no *Tratado de eloquência*, de frei Caneca.[21] Deve ter influído

---

19 "Verso *Jâmbico*, (*sic*) ou *decassílabo*, que consta de dez sílabas. Também o denominam de *Gregório de Matos*, poeta brasileiro, por quem foram usados. É próprio para sátiras, porém sem graça." Manuel da Costa Honorato, *Sinopses de eloquência e poética nacional* etc., p. 141. Lembro que neste livro uso a contagem pelo sistema francês, até a última sílaba tônica, posto em uso por Castilho; o que chamo de novessílabo é decassílabo segundo a contagem tradicional, que está voltando a ser utilizada. **20** Ver um excelente exemplo no "Ditirambo IX", *Poesias*, v. III, pp. 74-117. **21** *Tratado de eloquência extraído dos melhores escritores dividido*

na sua voga o exemplo dos poetas espanhóis, como Zorrilla e Espronceda, dos italianos, e até do francês Béranger, muito prezado e traduzido pelos românticos portugueses e brasileiros, e que usava um tipo de decassílabo isorrítmico, desempenhando função análoga dentro da métrica da sua língua. Zorrilla, cujo decassílabo sáfico é muito parecido com o dos ultrarromânticos brasileiros e portugueses, chegou ao extremo quase cômico de alternar (no poema "Mistério") o novessílabo e o hendecassílabo, em nada menos de 22 quadras sucessivas. É escusado lembrar o êxito do novessílabo na poesia erudita e popularesca do Romantismo, que lhe esgotou praticamente o interesse e o tornou inaproveitável para os sucessores, mas que soube não raro utilizá-lo com força expressiva em poemas de movimento, como o "Galope infernal", de Bernardo Guimarães, ou de fantasmagoria, como "O canto do Piaga", de Gonçalves Dias:

> Ó guerreiros da taba sagrada,
> Ó guerreiros da tribo tupi:
> Falam deuses nos cantos do Piaga,
> Ó guerreiros, meus cantos ouvi.

O hendecassílabo com acentuação nas 2ª, 5ª, 8ª e 11ª (não se conheceu outro, salvo erro, durante o Romantismo) parece uma retomada, com grande regularidade, do verso "de arte maior" do século XV, usado por Gil Vicente nos autos de devoção.[22] Era então um metro flutuante, como se desenvolvera a partir dos Cancioneiros galaico-portugueses, sobretudo na poesia castelhana.[23] Só no século XIX ganharia o galope martelado e inflexível, que dá ao pensamento e à emoção uma melopeia fugaz condizente às aspirações românticas.

> A tarde morria. Nas águas barrentas
> As sombras das margens deitavam-se longas;
> Na esguia atalaia das árvores secas
> Ouvia-se um triste chorar de arapongas.
> (Castro Alves)

---

em três partes etc., em *Obras políticas e literárias*, v. 2, pp. 65-155.   **22** Ver Thiers Martins Moreira, *O verso de arte maior no teatro de Gil Vicente*.   **23** Ver Pedro Henríquez Ureña, *La versificación española irregular*, notadamente cap. I, pp. 7-36.

Talvez a raiz imediata da sua voga, e do caráter métrico que assumiu, esteja na solda de quintilhas, muito usadas nas peças leves dos árcades. O fôlego mais largo da sensibilidade romântica fundiu dois versos curtos e obteve uma unidade mais adaptada à sua necessidade de movimento. Nas origens, aliás, foi este o processo que lhe deu vida. Na poesia italiana (a que a nossa tanto deve formalmente), ele aparece com as tendências pós-clássicas. Inexistente, tanto quanto posso avaliar, nos dramas musicais do século XVIII, ocorre com certa frequência na ópera romântica, nos libretos de Piave, Cammarano e outros.

Estes metros, com estes acentos, são os mais tipicamente românticos, os que não foram quase empregados na boa poesia depois do Romantismo e exprimiam, na sua batida algo primária, a forma extrema da embriaguez melódica. Eram, romanticamente falando (ao lado de certos setissílabos e do decassílabo sáfico, de que se falará abaixo), os mais *poéticos*. Com efeito, pesquisando os prosadores clássicos, a fim de isolar em seus escritos os metros ocorrentes, Castilho chegou à conclusão estatística de que o mais natural da língua é o de oito sílabas, vindo em ordem decrescente os de seis, sete, três, dois, quatro, dez, onze, doze e nove.[24] Pode-se concluir que o octossílabo, predominando na prosa, é o menos musical dos versos portugueses (menos *poético*, no sentido romântico); e que o novessílabo e o hendecassílabo, sendo menos prosaicos, são os mais musicais. Não espanta, pois, que uma estética desconfiada dos valores da prosa e predisposta às fugas melódicas se apegasse a tais metros, ainda mais considerando que quase impõem a isorritmia, tendência, como vimos, nitidamente musical.

Usaram-no talvez inicialmente Herculano e Garrett, seguidos pelos medievistas e ultrarromânticos portugueses, devendo assim juntar-se essa ponderável influência à do drama musical italiano. No Brasil, Magalhães é o primeiro a utilizá-los, com parcimônia, de mistura a outros, nos *Suspiros poéticos*. Joaquim Norberto foi porventura quem os empregou sistematicamente nas *Balatas*, de 1843 a 1844.

> Eis retine o clarim clangoroso
> Que nas vozes a guerra proclama,
> Que o consorte aos carinhos arranca,
> Que das lides aos campos o chama.
> ("Vítima da saudade")

---

24 Antônio Feliciano de Castilho, *Tratado de metrificação portuguesa*, v. 2, p. 87.

Pela mesma altura, utilizou-os bastante Teixeira e Sousa, entremeados aos decassílabos soltos de *Os três dias de um noivado*.

O decassílabo é o grande, incomparável metro originado nos Cancioneiros mas, na forma atual, devido sobretudo ao modelo italiano, transplantado por Sá de Miranda. De Camões à "Louvação da tarde", de Mário de Andrade, sua história é a própria história da poesia da língua portuguesa, a que se prestou como se fosse descoberta do seu próprio gênio. A sua plasticidade lhe permitiu adaptar-se às novas exigências melódicas do Romantismo, de que foi talvez o mais belo metro — o do "Leito de folhas verdes" (Gonçalves Dias), "Pálida à luz da lâmpada sombria" (Álvares de Azevedo), "Minh'alma é triste" (Casimiro de Abreu), "Ira de Saul" (Varela), "A hebreia" (Castro Alves). No meio da orgia melódica em que se desmandaram frequentemente os poetas, permaneceu como esteio e elemento de equilíbrio, assegurando a continuidade plástica da evolução poética e a própria dignidade do lirismo.

Das suas muitas variedades, tiveram os românticos predileção marcada e significativa pelo de acentuação nas 4ª, 8ª e 10ª, o verso "sáfico", herdado dos italianos, usado desde os quinhentistas e, entre os árcades, querido de Bocage, precursor da fluidez melódica. "Os versos desta medida são mais sonoros, têm maior sublimidade, e são próprios da poesia lírica", ensina frei Caneca, advertindo com sabedoria: "mas se se usam frequentemente, fazem-se fastidiosos e molestos ao ouvido, por isso devem-se misturar com os da primeira medida" (2ª, 6ª, 10ª).[25] Os românticos praticaram o contrário, explorando até o fastio a sua rica musicalidade em estrofes isorrítmicas, como não se fizera ainda de modo continuado. Com isto, incorporaram-no ao que havia de mais característico na sua estética, transformando-o, como aos novessílabos 3-6-9 e aos hendecassílabos 2-5-8-11, em metro que se pode chamar romântico e comprometendo o seu tônus pela monotonia fácil do automatismo. O *sáfico* virou uma espécie de valsinha de salão, logo açambarcado pelos recitativos, açucarando-se por vezes desagradavelmente, mesmo nos melhores:

Quando eu te fujo e me desvio cauto
Da luz de fogo que te cerca, ó bela,
Contigo dizes, suspirando amores:
— Meu Deus! que gelo! que frieza aquela!
    (Casimiro de Abreu)

25 Frei Caneca, op. cit., p. 118.

O setissílabo, extremamente variável, posto entre a melopeia e a simplicidade prosaica, se ajusta a qualquer tipo de poesia e foi caro aos românticos, como fora aos clássicos. É o grande elo entre a inspiração popular e a erudita, servindo não raro de ponte entre ambas. Note-se que os românticos lhe deram geralmente o emprego que os clássicos preferiram dar ao verso de seis sílabas, mais duros e menos ajustados às demasias musicais, a que ele se presta nas suas variadas possibilidades de acentuação.

Minha terra tem palmeiras,
Onde canta o sabiá.
   (Gonçalves Dias)

Ó mar, por que não apagas,
Com a esponja das tuas vagas,
Do teu manto este borrão?
   (Castro Alves)

Ôh! que saudades que eu tenho
Da aurora da minha vida!
   (Casimiro de Abreu)

Na terceira geração romântica, a partir de 1865, mais ou menos, as necessidades de amplificação retórica levaram ao cultivo do alexandrino francês, de doze sílabas — introduzido em nossa poética por Bocage — e até do espanhol, de treze, usado pela primeira vez por Basílio da Gama ao traduzir a *Declamação trágica*, de Dorat. O dodecassílabo já se encontra em Francisco Otaviano, tendo sido talvez Fagundes Varela o primeiro poeta de valor a cultivá-lo sistematicamente. É possível que tenha influído a presença, no Brasil, de Antônio de Castilho, entusiasta deste metro. O seu emprego denota, de qualquer forma, no verso brasileiro, tendência mais plástica e oratória que musical, indicando os primeiros sinais contrarromânticos; mas indica também o apogeu das concepções retóricas, que tanto influíram em nossa poesia e nossa prosa.

Retórica À influência musical é preciso, com efeito, juntar a da oratória, para caracterizar a estética romântica no Brasil. Sendo uma arte intermediária entre a prosa e a poesia (pois é escrita como a primeira, mas feita para ser recitada, como a segunda), ela se prestava admiravelmente às aventuras da palavra em crise de inferioridade. Por isso vai empolgar a poesia e a prosa românticas, impondo o ritmo do discurso como padrão de composição literária. E, graças à vida política recém-inaugurada pela agitação da Independência, em seguida pela atividade parlamentar, vai tornar-se critério para aferir o valor intelectual.

Compreende-se bem a sua ação sobre a poesia, lembrando que esta era ensinada ao lado da eloquência como forma paralela, e não raro subordinada, de expressão.[26] À eloquência romântica, empolada, imaginosa e ébria de sonoridade, corresponde uma poesia de características análogas, concebida segundo as mesmas técnicas de composição e escolha de imagens. Quando a poesia se torna mais acentuadamente pública, na última etapa romântica, veremos estreitar-se este vínculo, patenteando a analogia das concepções.

Não esqueçamos, finalmente, que o primeiro terço do século XIX — quando crescia e se formava a primeira leva de escritores românticos —, foi, na Corte, período não apenas de vida musical intensa, mas também de oratória sacra exuberante. A Capela Real, depois Imperial, onde conviviam maestros e pregadores, era uma espécie de sala de concertos e conferências, unindo-se deste modo duas das principais influências formadoras da nova sensibilidade.[27] Homens como os frades Sampaio e Monte Alverne, o cônego Januário — professores de aula pública, patriotas e mesmo agitadores — ampliavam a ação do púlpito por uma atividade intensa que os tornou mentores da juventude, marcando-a fundamente pelo seu espiritualismo e patriotismo, enquanto a sua retórica permaneceu como paradigma de elevação intelectual. Como vimos ao estudar Monte Alverne, ela envolve o tema numa revoada de tentativas verbais, que dão a muitos escritos românticos um movimento perene de nadador aflito, bracejando e erguendo espuma para se manter à tona. Abandonado o equilíbrio clássico e a sua ordenada visão do mundo, entramos numa fase de moto-contínuo, que procura sacudir o espírito em todas as direções a fim de desvendar a sua misteriosa obscuridade. O pacto com a música e a oratória permitirá frequentemente ao Romantismo penetrar zonas profundas da nossa sensibilidade e vida social, dando-lhe aquela eficácia descobridora que o incorporou para sempre à vida brasileira. Ainda hoje têm cunho romântico a poesia musicada semierudita e o discurso, convencional e comemorativo. Romancistas como Alencar, poetas como Castro Alves, perduram e avultam

---

26 "Sendo pois o discurso o tipo de todas as obras intelectuais, os conselhos que a razão e a experiência podem dar ao orador aplicam-se igualmente às outras produções do espírito humano [...]." J. C. Fernandes Pinheiro, *Postilas de retórica e poética*, pp. 9-10.   **27** "[...] as peças oratórias eram escritas para ser recitadas mas eram-no com verdadeiro entusiasmo. O povo, que nada lia, era ávido por ouvir os oradores mais famosos [...]. Não havia divertimentos públicos, como hoje; o teatro era nulo; as festas de igreja eram concorridíssimas." Sílvio Romero, *História da literatura brasileira*, v. I, p. 270.

mais que os outros porque, na sua obra, foi mais cabal ou mais brilhante essa íntima aliança do verbo literário com a música e a retórica, dando origem à expressão artística mais grata à nossa sensibilidade média, que alguns pós-românticos, como Olavo Bilac, saberiam exprimir com igual maestria.

Se buscarmos as condições imediatas que asseguram a influência do estilo retórico, perceberemos, além das que foram indicadas, algumas outras que vale a pena referir, começando pelo nacionalismo. Com efeito, os intelectuais se viram na necessidade de criar uma representação exaltante da nova pátria, que ficasse fortemente impressa na consciência popular. Acentuaram então as tradições nativistas, estabelecendo uma técnica de exaltação da beleza, magnitude, futuro da terra brasileira, que muito bem se acomodava e até requeria o estilo empolado e palavroso. A exaltação nacionalista encontrou na oratória um aliado eficiente, e utilizou-a como cobertura ideológica de uma realidade bem menos exaltante, que requeria atitude diversa, mas pouco viável ante as possibilidades do país.

Além disso, ocorre a circunstância da falta de leitores, o que conferia maior viabilidade ao discurso e ao recitativo, meios bem mais seguros de difusão intelectual. O escritor brasileiro se habituou a escrever como se falasse, vendo no leitor problemático um auditor mais garantido. Inconscientemente, passou as suas obras por uma espécie de prova flaubertiana do *gueuloir*, no sentido de obter maior retumbância e impressividade, sendo que os mais populares são geralmente os que obedecem a esta técnica, parecendo quase solicitar o recitativo. O mais conhecido e admirado, Rui Barbosa, diminui impressionantemente de estatura à medida que desaparecem os que ainda o ouviram e puderam, assim, testemunhar plenamente a sua verdadeira natureza de produtor de falas, não escritos. Mais uma geração e ele aparecerá (simbolizando quiçá toda uma época da literatura brasileira) como o terrível palrador que, na verdade, é inerme ante o silêncio da leitura.

Finalmente — mas não de menor importância — há o padrão francês que herdamos, diretamente ou através dos portugueses, e se caracterizava pela grandiloquência e a riqueza verbal de que Chateaubriand foi o pontífice. Lembrando que o seu estilo foi em grande parte desenvolvido para transpor as emoções ante a natureza exuberante, a grandeza sem fim das solidões americanas, veremos que há algo como a recuperação de uma dívida, no tomá-lo de volta para exprimirmos, nós mesmos, estas e outras emoções.

Capítulo X
Os primeiros românticos

1. Geração vacilante **371**
2. A viagem de Magalhães **380**
3. Porto-Alegre, amigo dos homens e da poesia **393**
4. Êmulos **400**
5. Gonçalves Dias consolida o Romantismo **406**
6. Menores **423**

I.
Geração vacilante

Os escritores que amadureceram durante a Regência e os primeiros anos da maioridade formam um conjunto da maior importância na história da nossa vida mental. Habituados a evocar apenas o grupo da *Niterói*, esquecemos por vezes que entre eles se incluem não apenas Gonçalves Dias, mas Martins Pena, criador do teatro brasileiro, talvez o maior escritor teatral que já tivemos; e o grupo do Maranhão, que valeu o cognome de Atenas Brasileira à capital da província. Desse grupo se destacam Francisco Sotero dos Reis e João Francisco Lisboa, um dos publicistas mais inteligentes do Brasil.

Segundo o ângulo deste livro, é porém no setor das que Sílvio Romero chamava com desprezo "belas-letras" que vamos ficar, partindo do grupo reformador, mais os seus aliados e seguidores, que introduziram o Romantismo, reformando a poesia, inaugurando o romance e a crítica, criando por assim dizer a vida literária moderna no Brasil, com o seu arsenal de publicações, correntes, *cliques*, *rodas*, polêmicas. No conjunto, formam um todo mais homogêneo do que se poderia pensar, marcado por nítida dubiedade nas atitudes e na prática. Ainda um pouco neoclássicos, são por vezes românticos com reservas mentais. Não raro, parecem oscilar entre duas estéticas, como, na atitude política, misturam certo liberalismo de origem regencial e o respeitoso acatamento ao Monarca. Devemos, pois, abordá-los com largueza de espírito, prontos a interpretar a sua eventual dubiedade, própria menos dos indivíduos que da época em que viveram — situada entre duas literaturas, dois períodos, duas eras políticas. Época de liquidação do passado e de rumos novos para o futuro, na arte e na vida social.

Os primeiros românticos principiam a sua atividade na revista *Niterói* (1836), consolidam-na com a *Minerva Brasiliense* (1843), despedem-se na *Guanabara* (1849-1855). Daí por diante continuam a produzir, mas perdem terreno como grupo.

São, pois, três estratos: o primeiro, representado por Magalhães, Porto-Alegre, Torres Homem e Pereira da Silva; no segundo aparecem os discípulos mais jovens: Santiago Nunes, Joaquim Norberto, Dutra e Melo, Teixeira e Sousa, além do francês Emílio Adet; no terceiro o quadro se alarga, juntando-se Fernandes Pinheiro e Gonçalves Dias, que coroa e justifica toda essa fase, dando o primeiro grande exemplo de Romantismo *completo*. Até ele, com efeito, o Romantismo aparecia mais nos temas que nos processos formais: ele é o primeiro em que sentimos a fusão do assunto, do estilo e da concepção de vida. Por isso, notamos que esses três estratos se organizam em duas etapas, sendo a primeira totalmente absorvida por Magalhães e seus seguidores; a segunda, marcando o predomínio crescente de Gonçalves Dias.

No conjunto, porém, os seus componentes são parecidos quanto à atitude social e concepção literária, avessos aos aspectos extremados, "à falsa poesia, ou poesia anormal e exagerada, e quase poderíamos dizer do Romantismo monstruoso dos nossos dias", como disse, em frases que todos subscreveriam, alguém ligado a eles, o italiano De Simoni.[1] Antes, dissera Garrett, mestre, ao menos em parte, de muitos deles: "Pode o escritor exagerar-se num caráter ou noutro, afastar-se da real natureza aqui ou ali, mas nunca, nunca entrar nas regiões da fantástica e ideal natureza. Apenas o faça, mudará a índole do seu escrito".[2] Comparada à geração seguinte, esta é equilibrada e comedida, mesmo na melancolia de certas peças de Dutra e Melo e Gonçalves Dias. Só no decênio de 1850, quando já campeavam outros valores, alguns dos seus membros procurarão acertar o passo com o "mal do século".

Foi, portanto, um grupo *respeitável*, que conduziu o Romantismo inicial para o conformismo, o decoro, a aceitação pública. Nada revolucionário de temperamento ou intenção e, além do mais, sem sofrer qualquer antagonismo por parte dos mais velhos, poucos e decadentes, o seu principal trabalho foi oficializar a reforma. Amparados pelo Instituto Histórico e Geográfico, instalados nas três revistas mencionadas, deram-lhe viabilidade, aproximando-a do público e dos figurões, aos quais se articularam em bem montadas *cliques*, nelas escudando a sua obra e a sua pessoa. Era grande a comunidade de interesses entre os brasileiros cultos de toda idade e orientação, voltados para o progresso intelectual como forma de desdobramento da Independência. Por isso, toda produção do espírito era bem-vinda e a *Minerva Brasiliense* publica tanto as poesias de Dutra e Melo quanto as odes de Alves Branco; acolhe o poema tumular de Cadalso e um impagável ditirambo de Montezuma. Sobre o terreno comum do nacionalismo, abraçavam-se as boas intenções.

Estudando os retratos dessa gente honrada — Magalhães, Porto-Alegre, Norberto, Fernandes Pinheiro, Teixeira e Sousa, Macedo — sentimos imediatamente quanto estão longe do que nos habituamos, por extensão indevida, a considerar romântico, isto é, o ultrarromantismo da geração seguinte.

---

1 Luís Vicente De Simoni, *Gemidos poéticos sobre os túmulos*, p. VI.   2 Almeida Garrett, *O Cronista*, v. I, n. I, pp. 19, 1826.

Suíças veneráveis, cabelos arrumados, óculos de aro de ouro, pose de escritório. Homens de ordem e moderação, medianos na maioria, que viviam paradoxalmente o início da grande aventura romântica e, mesmo no aceso da paixão literária, desejavam manter as conveniências, nunca tirando um olho do Instituto Histórico e Geográfico ou da jovem e circunspecta majestade de d. Pedro, ao qual dedicam os seus livros. Eis um anúncio elucidativo da Garnier:

> *O livro dos meus amores*, poesias eróticas de J. Norberto de Sousa Silva [...]. Esta lindíssima coleção de poesias, em que o sr. Norberto inspira-se na musa d'Anacreonte e de Salomão, é dedicada à sua virtuosa esposa, bastando só esta circunstância para tranquilizar os que se assustassem com a denominação d'*eróticas* que lhes dera. Nem um quadro ali se encontra desse amor físico, desse instinto imperioso que confunde o homem com o bruto, nem uma pintura licenciosa, nem uma expressão menos casta. O ilustre poeta pinta mais vezes a formosa alma da sua *Armia* do que a sua beldade corpórea, e unge seu amor com o bálsamo da religião e da virtude. É este um excelente livro, cuja leitura afoitamente recomendamos.[3]

Esta fácil afoiteza foi em grande parte a dos primeiros românticos, que nem encontrariam no ambiente literário e social do Rio condições para outra atitude. A menos que quisessem, é claro, brigar com o Instituto e perder-se, como uns Gregórios de Matos. A constituição, em São Paulo e Recife, de grupos sociais menos peados por liames e tradições — os estudantes — permitiria ao espírito romântico maior folga de movimento a partir do decênio de 1840.

No fundo, como acontece em todo momento transitório, é uma geração cheia dos contrastes, que foram resolvidos por certa dissociação entre a prática literária, de unhas aparadas, e a teoria, onde se concentrou ousadia maior.

Vejamos um caso simbólico. Em 1843 o jovem Norberto leu aos amigos uma tragédia sua, *Clitenestra*, péssima, além de vazada nos piores moldes do passado; isto, depois de haver teorizado e praticado a maneira nova. Os amigos presentes romperam em aplausos, cada qual dando o seu parecer. Por último, o pintor Prilidiano Pueyrredón exclamou, segundo Emílio Adet, narrador da cena:

> Eu retratar-te-ei na composição do 3º ato, embuçado em teu capote, com os cabelos soltos pelo vento, em pé sobre as rochas de gravatá, onde o mar verde e coroado de espumas se rebentará em flor, escrevendo aos relâmpagos da tempestade, que formará o fundo do quadro.[4]

---

3 *Catálogo da Livraria de B. L. Garnier*, n. 23, Rio de Janeiro, [1865].   **4** Emílio Adet,

Uma peça vulgarmente neoclássica é deste modo situada em clima romântico (talvez inspirado no ar de ventania do retrato de Chateaubriand, por Girodet) revelando o choque das aspirações com sobrevivências teimosas. Olhando a fisionomia bem penteada do secretário perpétuo do Instituto, não conseguimos imaginá-lo nesse rochedo de ópera, onde subiam, ele e os confrades, para cantar a pátria, a religião, a melancolia, objetos centrais do seu Romantismo temático.

Política Se passarmos ao setor político, verificaremos nos escritores dessa fase outros traços, nos quais também reponta certa dualidade de tendências. Formados nos últimos anos do Primeiro Reinado ou no período regencial, impregnaram-se quase todos da densa atmosfera, então vigente, de paixão partidária e ideológica. Já vimos que a sua própria obra se situa nela como peça de um processo de construção patriótica.

De modo geral, são liberais, na medida em que o liberalismo representava então a forma mais pura e exigente do nacionalismo — a herança do espírito autonomista, o antilusitanismo, o constitucionalismo, o amor do progresso, o abolicionismo, a aversão ao governo absoluto. Alguns deles foram discípulos de Evaristo da Veiga e auditores entusiasmados de Monte Alverne; todos aceitavam a monarquia como fruto de livre escolha do povo e, dentro de tais limites, estavam prontos a acatar e reverenciar o monarca — sempre mais à medida que iam envelhecendo e se acomodando nos cargos e funções públicas. Daí a ambivalência que os faz oscilar entre o amor da liberdade e a fidelidade dinástica, reputada inicialmente condição de ordem e paz; em seguida (com a maturidade do imperador e o seu apoio ao progresso intelectual), preito e reverência pura e simples à sua pessoa.

Assinalemos de passagem que uma das expressões mais vivas do sentimento político desses escritores foi o interesse pela Inconfidência Mineira, que praticamente definiram, estudaram e incorporaram ao patriotismo dos brasileiros, vinculando os poetas arcádicos ao processo de construção nacional, ao proclamarem o seu papel de precursores da Independência. Deste modo se elaborou uma concepção coerente da literatura como fator nacionalista, aparecendo eles, reformadores, como herdeiros legítimos e continuadores de uma tradição.

Tudo começou por iniciativa do Instituto Histórico e Geográfico, onde, em 1846, o último conjurado sobrevivente, José de Rezende Costa, trouxe o seu depoimento.[5] Imediatamente Teixeira e Sousa explora o tema no romance *Gonzaga ou A Conjuração de Tiradentes* (1º volume, 1848), onde manifesta vivo

---

"A leitura de uma tragédia inédita", MB, v I, p. 356.   **5** Consulte Joaquim Norberto, *História da Conjuração Mineira*, p. XIII.

liberalismo; no decênio seguinte Norberto escreve o "canto épico" *A cabeça de Tiradentes* e reúne dados para a *História da Conjuração Mineira*, que lê em parte ao Instituto em 1860; logo a seguir, estuda a atuação dos poetas na "Introdução" às *Obras poéticas* de Alvarenga Peixoto. No mesmo sentido, funcionaram as biografias do *Plutarco brasileiro*, de Pereira da Silva (1847).

Se tomarmos agora cada um dos escritores, veremos que o seu liberalismo e interesse pela vida política variavam muito de intensidade: praticamente nulos no bondoso e palaciano Porto-Alegre, exaltados até a insurreição no Torres Homem anterior a 1850.

Magalhães manifestou acentuado civismo nas odes juvenis; e se como deputado liberal, no biênio 1846-1847, pouco se fez notar, a sua memória sobre a *Balaiada*, lida ao Instituto Histórico e Geográfico em 1847 e publicada no ano seguinte, revela capacidade de análise político-social e interesse pela coisa pública. A sua experiência foi devida à função de secretário de governo, primeiro no Maranhão, depois no Rio Grande do Sul, sempre com o pacificador Caxias.

Joaquim Manuel de Macedo foi deputado do Partido Liberal manifestando certa agudeza na sátira amena dos costumes políticos. *A carteira de meu tio* e *Memórias do sobrinho de meu tio* traçam com chiste a situação de meados do século, revelando um desencanto ameno e risonho, muito diferente do humor áspero, da contida indignação com que outro liberal — este, um grande liberal — João Francisco Lisboa, dissecava no *Jornal de Timon* a máquina eleitoral e administrativa do coronelismo. No entanto, o bom Macedo não era só amenidade. Veremos no lugar apropriado os frêmitos que por vezes encrespavam os seus romances, dando, por exemplo, a *As vítimas-algozes*, não só o caráter de romances-panfletos, mas um apaixonado esforço de análise social, ao condenar a escravidão pelos seus efeitos morais, formando deste modo ao lado dos mais firmes abolicionistas da nossa literatura.

Teixeira e Sousa teve momentos de radicalismo no seu pendor liberal. Na epopeia sobre a Independência, cria, entre as ficções requeridas pelo gênero, uma espécie de divindade contraposta às entidades infernais do despotismo, encarnando não apenas o sentimento da liberdade como equivalente à separação política, mas como defesa das conquistas populares. O seu liberalismo é nítido no citado romance sobre a Inconfidência, onde assume posição progressista em face da Igreja e do poder real, exalta os princípios da Revolução Francesa, deixando, com as devidas precauções, repontar nítida simpatia pela República como forma ideal de governo.

Mas as maiores expressões políticas de escritores da primeira fase romântica são devidas a Gonçalves Dias e Torres Homem: *Meditação*, do primeiro, *O Libelo do Povo*, do segundo; este, já fora da literatura propriamente dita.

Meditação é um escrito inacabado, redigido na cidade de Caxias em 1845-1846, cuja maior parte se publicou na *Guanabara* em 1849. Composto em versículos, no estilo profético do Romantismo messiânico, é provavelmente inspirado pela *A voz do profeta* (1836-1837), de Alexandre Herculano, ou, diretamente, na fonte comum, as *Palavras de um crente* (1833), de Lamennais, que já havia influído nalguns escritos de Dutra e Melo, tradutor do seu democrático "Hino à Polônia". É curioso notar que a obra de Herculano, verberando as contradições do liberalismo português num tom de amargo pessimismo, apareceu quase simultaneamente em edição brasileira, igualmente anônima e acompanhada de uma "Visão do Pico de Itajuru — achada entre os papéis de um solitário morto nas imediações de Macacu, vítima das febres de 1829". Trata-se de escrito provavelmente antedatado, de autoria desconhecida (apesar de uma atribuição duvidosa a José Bonifácio), abordando a tensão entre nativos e reinóis em torno de Pedro I. Esta literatura político-messiânica andava, portanto, no ar, facilitando o aparecimento de escritos como *Meditação*.

Quem nela procurar partidarismo nada encontrará; o poeta se põe acima das querelas do momento e, como sugere no título, esboça uma larga visão poética do país. Fala sobre as suas raças, os escravos, os índios à margem do progresso, a iniquidade da vida política, as dificuldades de acertar — abrindo uma perspectiva otimista com o apelo ao patriotismo, chamado a cumular as lacunas da civilização e compensar, tanto as falhas dos governos quanto a indisciplina dos costumes públicos.

Significativamente, o eixo é um diálogo entre passado e presente, prudência e arrojo, conservantismo e progresso, encarnados por velhos e moços. O Brasil velho e o Brasil novo se defrontam no debate inspirado, de que ressalta vivamente a posição abolicionista, a crítica aos processos governamentais, a aspiração de chancelar a Independência por um regime de fraternização das raças e das classes — unidas para o progresso, redimidas da mancha do cativeiro, operosas graças à dignificação do trabalho. Como toda a sua geração, o poeta não se decide de maneira cabal entre o velho e o moço, embora penda para este. Assim, corresponde ao estado de espírito dominante, que se manifestaria politicamente na tentativa conciliadora do marquês de Paraná em 1853, e cujo lema poderia ser tomado ao famoso panfleto de Justiniano José da Rocha, o pré-romântico da Sociedade Filomática: ação, reação, transação. Não havia condições, na literatura, para uma atitude rasgadamente liberal, que incorporasse o tema político à própria inspiração, incorporando-o à economia íntima das obras mais significativas, como ocorreria, vinte anos depois, na última geração romântica.

Por enquanto, Gonçalves Dias se refugiava no plano das visões:

E sobre essa terra mimosa, por baixo dessas árvores colossais vejo milhares de homens — de fisionomias discordes, de cor vária, e de caracteres diferentes.

E esses homens formam círculos concêntricos, como os que a pedra produz caindo no meio das águas plácidas de um lago.

E os homens que formam os círculos externos têm maneiras submissas e respeitosas, são de cor preta; — e os outros, que são como um punhado de homens, formando o centro de todos os círculos, têm maneiras senhoris e arrogantes; — são de cor branca.

E os homens de cor preta têm as mãos presas em longas correntes de ferro, cujos anéis vão de uns a outros — eternos como a maldição que passa de pais a filhos.[6]

Oposta é a atitude d'*O Libelo do Povo*, onde, sob o pseudônimo de Timandro, Torres Homem — o arauto de Magalhães, o diretor da *Minerva Brasiliense* — se coloca no ponto de vista estritamente partidário, verberando a política dos conservadores. Tendo em conta a confusão ideológica do momento, pode-se dizer que foi o interesse fundamental de "luzia" desancando "saquaremas" que o levou a acentuar o radicalismo da sua posição. Por isso, logicamente, o folheto deveria ser abordado pelo último capítulo, onde denuncia o gabinete de 29 de setembro de 1848 (a "restauração dos saquaremas"). Esta é a chave do seu intuito, a que os capítulos iniciais servem de justificativa. Mas como quer que seja, foi levado a desenvolver uma atitude liberal extremada, antimonárquica, federalista, democrática, favorável às conquistas populares, entusiasta das revoluções de 1848 na Europa, que descrevia ameaçadoramente, com vistas ao jovem soberano. Parecia-lhe que o curso normal dos acontecimentos iniciados no grito do Ipiranga fora obstado por conspirações palacianas, cujo desfecho seria o fim do regime representativo e a restauração do absolutismo. E, nesse sentido, foi o homem de responsabilidade que escreveu as palavras mais firmes e avançadas do tempo.

A revolução da independência, que devolveu-nos à posse de nós mesmos, firmava como dogma fundamental da nova ordem social o grande princípio da soberania do povo [...]. Em virtude daquele direito, preferiu a nação a monarquia,

---

6 Cito conforme *Obras póstumas de A. Gonçalves Dias, Meditação* etc., onde mesmo a parte publicada anteriormente na *Guanabara* aparece mais completa. (Ver nota de Antônio Henriques Leal à p. 68.) O trecho citado é das pp. 5-6.

do mesmo modo que poderia preferir a república de Franklin e de Washington; aclamou por seu rei o primogênito da casa de Bragança, como aclamaria o filho do Grão-turco, se fora isso do seu gosto. Esse rei era simples feitura de nossas mãos; [...] seu trono, contemporâneo da nossa liberdade, repousava sobre a mesma base que ela — a revolução! [...] O seu poder é emprestado, convencional, subordinado ao parecer e à vontade da nação [...] a soberania do povo é a única confessada pela civilização, pela justiça, pela consciência do gênero humano. Chamar-se-á a isto espírito democrático! Embora, se-lo-emos com o grande século positivo e desenganado, que vai substituindo em toda a parte a sombra pela realidade, a mentira pela verdade. [...] É já tempo que a única realeza que na América existe, abandone suas tradições góticas [...] e se a Providência não inspirar o imperador, também no Brasil a monarquia corre à sua perda infalível.[7]

Que o rompante era, no fundo, mais partidário que ideológico, mostra-o a facilidade com que o autor se incorporou ao marquês do Paraná, e, logo a seguir, ao Partido Conservador, acomodando-se na senatória, nos ministérios, nas comendas e no título de visconde de Inhomirim. Naquele tempo, mais ainda que hoje, a vida política era mesmo tecida à roda de homens e interesses; secundariamente, de ideias e princípios; bem hajam, pois, as birras que o levaram a escrever, n'*O Libelo do Povo*, a crítica mais forte e bem articulada contra o nosso coronelismo imperial, encimado pelo coronel-mor de coroa e cetro.[8]

Os vaivéns políticos desses homens; a sua relativa inconsistência ideológica; a fragilidade das suas posições eram devidas não tanto ao caráter de cada um, quanto às circunstâncias, que nos foram conduzindo, lentamente, da anarquia à autoridade, durante a Regência; da dispersão à centralização, nos primeiros anos do Segundo Reinado. Circunstâncias que propiciaram certa fluidez ideológica, ajustada à labilidade dum momento de formação.

---

7 Francisco de Sales Torres Homem, *O Libelo do Povo*, por Timandro, pp. 22-23, 78-79.   **8** Veja-se Magalhães, "Memória histórica da revolução na província do Maranhão" etc., *Opúsculos históricos e literários*, p. 5: "Nenhum partido representa entre nós ideias fixas, as quais também não representam as verdadeiras necessidades do país, cada qual afaga aquelas que melhor se prestam no momento para derribar o estabelecido". E Alencar: "Os nossos partidos, força é confessá-lo, nunca tiveram princípios bem pronunciados: e naquele tempo mais do que nunca certos dogmas de um e outro lado pareciam, se não prescritos, ao menos esquecidos ou modificados, os nomes eram únicos símbolos das duas opiniões que por muito tempo dividiram o país". *O marquês de Paraná*, pp. 19-20.

O mesmo se dá no terreno estritamente literário, onde eles oscilam entre Classicismo e Romantismo, numa reversibilidade que também exprime os estados transitivos. De todas as partes, encontramos, pois, transação. O marquês de Paraná foi o homem providencial do momento, porque soube amornar o banho-maria sedativo, após dois decênios agitados. Nesses primeiros românticos, havia esboços, embriões de Paranás literários.

2.
A viagem de Magalhães

É provável que a maior influência individual jamais exercida sobre contemporâneos tenha sido, na literatura brasileira, a de Gonçalves de Magalhães. Durante pelo menos dez anos ele foi a literatura brasileira; a impressão de quem lê artigos e prefácios daquele tempo é que só se ingressava nela com o seu visto. O "sr. Magalhaens" era considerado gênio, guia, fundador, com o qual haveria de começar a fase definitiva da nossa literatura, de que era o "representante legítimo e natural", conforme Santiago Nunes Ribeiro. "Esta pequena coleção não tem hoje outro merecimento além do de mostrar que também desejei acompanhar o Senhor Magalhaens na reforma da arte feita por ele em 1836" — escreve Porto-Alegre no prefácio das *Brasilianas*.

> O gênio fluminense, o autor dos *Suspiros poéticos e saudades*, já deu o sinal para a reforma [...]. Chefe de uma revolução toda literária, ele marcou nos anais da literatura do novo mundo uma época brilhante de poesia,

diz Joaquim Norberto no livro de estreia. Num eco derradeiro de tanta loa, qualifica-o Fernandes Pinheiro, em 1862, "o patriarca da nova escola", para chegar ao seguinte:

> Pensamos não cegar-nos o patriotismo e admiração que votamos ao nosso distinto diplomata, se dissermos que antepomos os seus *Mistérios* às *Contemplações* do êxul de Jersey!...[9]

De sua parte, Magalhães levou escrupulosamente a sério a tarefa de criar a nova literatura, pretendendo reformar a poesia lírica e a epopeia, dotá-la de teatro, romance, ensaio crítico, histórico, filosófico. "Arrastado pela energia do meu caráter, desejando cingir todas as coroas, abandonei-me com igual ardor

---

9 Santiago Nunes Ribeiro, "Da nacionalidade da literatura brasileira", MB, v. I, p. 23; Manuel de Araújo Porto-Alegre, *Brasilianas*, p. 2; Joaquim Norberto de Sousa Silva, "Bosquejo da história da poesia brasileira", p. 19; Joaquim Caetano Fernandes Pinheiro, *Curso elementar de literatura nacional*, p. 541.

à eloquência, à filosofia, à teologia." Estas palavras retumbantes do seu mestre e amigo Monte Alverne aplicam-se à ambição com que se atirou à reforma cultural do país. Digamos de boa mente que ninguém lhe poderá negar importância decisiva na literatura brasileira, em que foi apenas uma faísca, mas faísca renovadora; e todos sabem que os pequenos rastilhos incendeiam os paióis tanto quanto os raios do céu. Magalhães, que num poema se qualifica modestamente de "mísero, fosfórico meteoro", foi um rastilho que se tomou por cometa. Na desolação literária do tempo, a pequena chama foi, durante dez anos, ateando brandos fogachos — Porto-Alegre, Norberto, Teixeira e Sousa, Dutra e Melo — que clareavam aos poucos o penumbroso deserto, até que o fogaréu de Gonçalves Dias iluminasse tudo vivamente, a partir de 1846.

Gonçalves Dias representava uma outra experiência romântica, haurida no ambiente português e diferente da de Magalhães, carioca e parisiense. Por isso, a sua intervenção consolida estruturalmente o Romantismo brasileiro, ao trazer-lhe, direta e deliberadamente, o tom e os processos novos da literatura-mãe. A partir daí, de 1850, digamos, as diferentes coroas de Magalhães começam a vacilar e perder prestígio, ante a pura grinalda do cantor d'*Os timbiras*:

Talvez também nas folhas que engrinaldo...

Por isso mesmo o imperador se apressou em dar-lhe outra, de visconde, "com grandeza", para compensá-lo dos aborrecimentos literários... Mas a linha Magalhães perdura por todo o Romantismo, onde representa a literatura oficial, correspondendo a uma fração importante do gosto da época. Ele e os seus amigos — a sua corte, poder-se-ia dizer — representavam certo meio-termo universal, ajeitado às conveniências da burguesia bem-pensante. Meio-termo entre os clássicos (que ainda constituíam a base da educação e o mais alto exemplo) e o Ultrarromantismo, que por aqui se desenvolveu desde 1850; meio-termo entre o individualismo estético e o decoroso "respeito humano". Em sua companhia, não havia perigos ou surpresas desagradáveis; nem mesmo esforço muito sério de adaptação do ouvido e do espírito, — para essas gerações que aprendiam Retórica e Poética nos exemplos de Garção, Diniz, Sousa Caldas. Vimos que poetas como ele permitiram a liquidação suave do Neoclassicismo, realizando uma obra que não deixava supor as ousadias da próxima geração e tornou possível a rápida, eficiente inclusão da nova escola no ambiente literário oficial, consagrando-a junto ao público.

É inexato, porém, considerá-lo "romântico arrependido", à maneira de Alcântara Machado, num ensaio aliás pitoresco e inteligente. O seu, e dos seus amigos, foi um Romantismo de primeira hora, que parece clássico em comparação à vertigem ultrarromântica das gerações seguintes; mas significa decidido afastamento das normas tradicionais no que se refere ao temário, à concepção do mundo e da poesia. Garrett, Herculano, em parte o próprio Gonçalves Dias ainda poetavam dentro de certos limites formais, que lhes conferem também algo de clássico, e se parecem mais atuantes e modernos é porque tinham o que faltou a Magalhães: talento superior, para dar brilho e força através dos anos. Além disso, ele e os companheiros representavam um caso de intuito e temário românticos sem o estilo devidamente apurado para recebê-los. Mas é um representante legítimo da nova escola e merece o título de fundador do nosso Romantismo.

Maciel Monteiro Esta ideia não agradava a Sílvio Romero, que, sem negá-la de todo, procurou atenuar-lhe o significado: "Cremos que os primeiros versos românticos escritos por brasileiro foram de Maciel Monteiro".[10] Apesar de conhecer a precedência cronológica de Magalhães, apoiava-se na afirmação inoperante que, no *íntimo*, Maciel foi romântico antes dele![11] A essência do argumento pode ser reduzida a um mau silogismo, de que apenas é verdadeira a afirmação inicial: Maciel estudou em Paris de 1823 até 1829; nesse tempo surgiu o Romantismo e ele o aprendeu em Lamartine e Victor Hugo; logo, foi romântico antes de 1830.

Se procurarmos dados positivos para averiguar a hipótese, veremos que, salvo erro, só se conhece uma peça de Maciel Monteiro ao tempo da sua estada parisiense: a glosa à estrofe inicial d'"A flor saudade", de Borges de Barros, em cujo livro veio incluída, com data de 1824, e que fora também glosada pela marquesa de Alorna. Teria o autor d'*Os túmulos* influído no jovem patrício, com quem se encontraria, na qualidade de nosso plenipotenciário junto à corte francesa? O seu tom de Arcadismo fatigado, com laivos pré-românticos, ocorre, em todo o caso, na glosa mofina. É possível que a futura afinidade de Maciel com os românticos venha dessa raiz, não das tais influências imaginadas por Sílvio, pois, tendo se demorado na França até quase 1830, quando voltou à pátria versejou como qualquer árcade, sem demonstrar a impregnação da nova escola, de cuja estética só se aproximaria no decênio de 1840, após o movimento capitaneado por Magalhães.

Com efeito, se analisarmos a sua obra, publicada em volume no ano de 1905 (onde, aliás, não vem a referida glosa), só podemos concluir o que abaixo se expõe. São quatro traduções e 28 poesias originais, algumas de autoria duvidosa, sendo catorze datadas e catorze sem data, que ficam de lado por enquanto. Daquelas, duas são do decênio de 1830; doze, de 1846 a 1853; as primeiras correspondem à fase anterior a Magalhães e decidirão, portanto, da sua primazia. Ora, não passam

---

10 Sílvio Romero, *Evolução do lirismo brasileiro*, p. 59.   **11** Id., *História da literatura brasileira*, v. II, p. 521.

de um hino patriótico (1831), que poderia ser assinado por Evaristo da Veiga, e dum epigrama (1836), igualmente no mais puro molde do Arcadismo rotinizado.

Das catorze poesias sem data, a análise interna e a comparação de epígrafes permitem situar cinco nos decênios de 1840 e 1850; as nove restantes poderiam ser do de 1830, sendo quase todas de nítido corte arcádico — sonetos, glosas, anacreônticas, a Lílias, Fildes, Anardas.

Resulta que as peças *românticas* são as que vão de 1846 a 1853, isto é, quando a nova corrente já triunfara com o grupo da *Niterói*, Gonçalves Dias, Álvares de Azevedo. Nelas aparecem as epígrafes de Hugo e Lamartine; de 1846 a 1847 são as quatro traduções que fez do segundo — tudo mostrando que se os conheceu antes de 1830, só então se interessou por eles e lhes sofreu a influência como românticos. A prioridade — aliás nunca reivindicada por ele, que não se considerava certamente escritor — é pois uma lenda, sem qualquer fundamento. O certo é que, partindo do Arcadismo, chegou a tonalidades românticas elegantes e medidas, numa fase posterior ao movimento brasileiro, sendo provável que tenha sofrido a sua influência.

A sua obra é de muito pouca importância, revelando poeta superficial que não se empenha por não ter o que dizer. Para ele o verso era auxiliar da vida mundana, e as suas melhores poesias são cumprimentos, convites e manifestação de decepção carnal, com um tom frívolo e agradável de galanteio, cuja banalidade é compensada às vezes pelo meneio elegante da estrofe. Peças como "Um voto"; ou as três "Aos anos de...", celebrando em 1846, 1847 e 1849 o aniversário duma beldade; ou sobretudo "Um sonho" carpindo a partida da amante, não apresentam nenhum verso realmente belo ou um conceito pessoal; mas representam, no conjunto, um movimento airoso que acaricia o ouvido e a sensibilidade, mostrando mais fluência que Magalhães e o seu grupo.

Renovação nos temas Voltando a este: o seu livro de estreia, em 1832, foi saudado com alvoroço por Evaristo da Veiga. É produto do Neoclassicismo final dentro de cujos cânones adquiriu os instrumentos poéticos que usaria com pouca alteração pela vida afora, notadamente o ritmo *prosaico*, o torneio *anacreôntico* nos metros curtos, o tom epistolar, a preferência pelo verso branco, a desconfiança ante a rima, "pueril chocalho de consoantes repetidos e contados" (sic); "não há pensamento sublime, nem lance patético, nem grito de dor que toque o coração com a graça atenuante do consoante".[12]

Indo para a Europa em 1833, escreve porém, neste ano, do Havre, uma "Carta ao meu amigo dr. Cândido Borges Monteiro", minuciosamente

---

12 D. J. G. de Magalhães, *A Confederação dos Tamoios*, "Advertência", pp. XIII e XV.

decalcada na "Carta dirigida a meu amigo João de Deus Pires Ferreira", de Sousa Caldas, onde, retomando o modelo, sugere o repúdio do imaginário clássico: "Outro deve ser o maravilhoso da poesia moderna; e se eu tiver forças para escrever um poema, não me servirei dessas caducas fábulas do paganismo, custe-me o que custar".[13] Antes de chegar a Paris (se a data e o lugar de redação não forem fictícios) preocupavam-no, pois, os problemas de renovação literária; e é interessante haver-se inspirado no escrito onde aparece claramente, pela primeira vez, a rejeição da Antiguidade, mostrando uma vez mais o vínculo que prendeu os primeiros românticos ao lirismo religioso de Sousa Caldas.

Foi uma viagem providencial, que lhe permitiu descobrir a nova literatura francesa, impregnar-se dos temas românticos, perceber o quanto serviriam à definição de uma literatura nova em seu país e, vivendo-os como brasileiro, comunicá-los aos patrícios através dos *Suspiros poéticos e saudades*.

Comecemos assinalando que, graças à viagem, pôde fazer a experiência básica do Romantismo em todas as literaturas do Ocidente: o contato com países diversos, o deslocamento no espaço que oferece material novo e novas linhas à meditação. Experiência da viagem transfiguradora por que passaram Goethe, Chateaubriand, Wordsworth, Byron, Shelley, Keats, Espronceda, Garrett, Herculano. Dela extraiu Magalhães uma das linhas românticas por excelência da sua poesia: o vivo sentimento do lugar como fonte de emoções e incentivo a meditar. A impressão nascida num determinado sítio — os Alpes, a Catedral de Milão, as Tulherias, o Cemitério do Père Lachaise, o Jura, Roma, o Coliseu, Ferrara, Waterloo, Paris — leva o seu espírito, seja a desprender-se em busca da ideia de Deus, seja a evocar emoções passadas ou reconstruir acontecimentos ali ocorridos. Partindo da vivência imediata de um local o poeta se alça à filosofia, refaz a história, dissolvendo o espaço no tempo — dimensão essencial ao espírito romântico. A literatura brasileira deve a Magalhães esse agudo senso da história como sentimento do tempo, mais vivo na sua obra do que na de qualquer outro poeta oitocentista, e, certamente, determinado pelo cenário da civilização europeia.

Mas o viajante sensível experimenta outras emoções neste contato, como a nostalgia da pátria e a reativação de tudo que concerne diretamente ao *eu*. O cotidiano se desbanaliza ao mudar o quadro de vida, adquirindo extraordinária importância: cada ato de rotina se torna aventura, cada verificação um achado, e o viajante se descobre a cada passo, seja na surpresa das atitudes de que não se julgava capaz, seja no reavivar-se da vida interior pela liberação da emotividade e as bruscas erupções do passado, desencadeadas por mínimos estímulos

---

13 Id., *Poesias avulsas*, p. 340.

presentes. Antes de Proust, foram dois insignes viajantes — Chateaubriand e Byron — que melhor descreveram a volta global do passado (mantido intacto no inconsciente) pela ocorrência de uma emoção que fecha o circuito do tempo, aprisionando-o nessa espécie de imobilidade fugaz que é a reexperiência a anos de distância.

Magalhães passou por essa refusão de perspectiva e valorizou a sua experiência pessoal concreta, presente e passada, consagrando poemas a um assalto de que foi vítima com Torres Homem, no Coliseu, à tristeza da separação de Araújo Porto-Alegre, à evocação de uma grave doença, à morte do pai. E a cada novo lugar, a cada verificação nova, reportava-se ao Brasil, comparando belezas, suspirando saudades, refletindo sobre o seu destino.

Deste modo, *eu* e pátria surgem, romanticamente, como duas formas de sentimentalismo que assumem aspecto egotista, na medida em que também a pátria se apresenta como caso pessoal, não apenas objeto de patriotismo. Nutridas na densa atmosfera de paixão nacionalista que marcou o Primeiro Reinado e a Regência, as suas *Poesias* inaugurais já eram em grande parte manifestação de civismo: a viagem interiorizou este sentimento, dando-lhe a marca das vivências. Daí o visgo meio desagradável do seu patriotismo, o tom de menino manhoso longe da mãe, que passaria aos poetas mais moços.

Como se vê, é nitidamente romântica a atitude expressa nestes e noutros elementos característicos. A religião, por exemplo, considerada como ideia-força do poeta:

> Santa Religião, amor divino,
> Que benefícios sobre a terra espalhas!
> Quanto é misterioso o Ser que inflamas!
> De quanto ele é capaz!?..
> ("O cristianismo")

A fantasia, chamada para matizar e umedecer a secura dos neoclássicos:

> Como um suave perfume,
> Que com tudo se mistura;
> Como o sol que flores cria,
> E enche de vida a natura.
> ("A fantasia")

O novo e fascinante diálogo do homem com Deus, redescoberto enquanto alimento da sensibilidade e influxo inefável:

Eu te venero, oh Deus da Humanidade!
Meu amor o que tem para ofertar-te?
Digno de ti só tem minha alma um hino,
E este hino, ó meu Senhor, é o teu nome!
    ("Deus e o homem")

O queixume que se vai tornando pungência e fatigado abatimento diante da vida —

Ah! não queiras saber porque suspiro;
Porque geme minha alma como a rola,
Que outro canto não tem senão queixumes
Com que magoas os ares —

para concentrar-se afinal, de modo absorvente, na própria dor:

Vê agora se à lei posso eximir-me
Que a suspirar me obriga... Oh minha alma,
Arpeja a que possuis única fibra,
Exala teus suspiros.
    ("Por que estou triste?")

Neste poema, talvez a sua melhor peça lírica, perpassa um quebranto lamartiniano e vaga premonição de Casimiro de Abreu. Nele vem encerrar-se a última nota do Arcadismo intimista, que vimos manifestar-se em Borges de Barros, incorporando a delicadeza anacreôntica e a melancolia de Bocage:

De gota em gota o matutino rócio
Enche, e pende do lírio o débil cálix,
Que oprimido com o peso se lacera,
    Desbota e alfim falece.

Uma gota após outra um lago forma,
Novas gotas de chuva o lago aumentam,
Transborda enfim, e dá a um rio origem,
    Que nas planícies rola.

Eis de meu coração a fida imagem.
....

Suspirar, suspirar... Tal é meu fado!
Por que o céu faz-me assim? Ao céu pergunto,
Por que deu ele ao sol ígneos fulgores,
    E palidez à lua?

Enquanto o sabiá doce gorjeia,
Gemem na praia as merencórias ondas;
E ave sinistra, negra esvoaçando,
    Agoureira soluça.

Ao lado do cipreste verde-negro,
Desabrocha a corola purpurina
A perfumada rosa; e junto dela
    Pende a roxa saudade.

Eleva-se a palmeira suntuosa,
E desdobra nos ares verde leque,
E perto da raiz, à sombra sua,
    Definha humilde arbusto.

Eis da Natura o quadro! Isto harmonia,
Isto beleza e perfeição se chama!
Eu completo a harmonia da Natura
    Com os meus tristes suspiros.

Note-se a maceração sentimental em que vai repontando certo desvaneci-mento com a própria dor. O Romantismo trilhou de tal modo esse caminho que os versos citados parecem hoje dessorados e banais: mas se nos pusermos em espírito do ano de 1836, compreenderemos a sua novidade para os moços de então, que poderiam encontrar tonalidade igual noutro poema, "Canto do cisne", ou na "Invocação à saudade", muito garrettiana, mergulhada na mais típica atmosfera romântica, pressentida havia quase um quarto de século em "À saudade", de Borges de Barros:

Oh saudade! Oh martírio de alma nobre!
Malgrado o teu pungir, como és suave!

Reforçando a *modernidade* dessas áreas dúbias do sentimento, caras ao Roman-tismo, Magalhães procura amaciar e adoçar o verso, não o conseguindo, tem-se a impressão, por falta de talento e dureza de ouvido. Mas é o primeiro brasileiro a usar o novessílabo 3-6-9, que talvez tenha aprendido em Garrett e Herculano:

> Como é belo esmaltado de flores,
> Exalando balsâmico aroma;
> Dele em torno voltejam amores,
> E se escondem debaixo da coma.
>   ("A infância", 1834)

De realmente novo em nossa literatura, traz o culto do Gênio, a versão muito romântica do indivíduo que se distancia da sociedade em virtude da própria eminência e é por ela incompreendido, perseguido, derrotado: "O vate", de que se falou noutro capítulo; "A sepultura de Filinto Elísio", morto longe da pátria ingrata; "O cárcere de Tasso", a propósito de quem relembra Dante, os nossos Cláudio Manuel e Tomás Gonzaga; e sobretudo "Napoleão em Waterloo", que completa a escala do humano ao divino:

> Acima dele Deus, — Deus tão somente!

Havia portanto, em seu livro, muito para entusiasmar a mocidade e sugerir novos rumos. O prefácio que lhe juntou, "Lede", anuncia os temas que acabamos de indicar e define explicitamente a teoria romântica, fundamentando as razões que a amparavam, manifestando o intuito de participar duma nova estética:

> É um livro de poesias escritas segundo as impressões dos lugares; ora assentado entre as ruínas da antiga Roma, meditando sobre a sorte dos impérios; ora no cimo dos Alpes, a imaginação vagando no infinito como um átomo no espaço. Ora na gótica catedral, admirando a grandeza de Deus, e os prodígios do cristianismo; ora entre os ciprestes que espalham a sua sombra sobre os túmulos; ora enfim refletindo sobre a sorte da pátria, sobre as paixões dos homens, sobre o nada da vida.

Esta é, com efeito, a sua maior contribuição e, na verdade, a história o identifica, sempre mais, como o homem de 1836, destas palavras, daqueles poemas, da *Niterói*.

Tentativa épica Entretanto, quantitativamente isto é uma pequena parte da sua obra, que ainda se desenvolveria por quase meio século — no teatro, na lírica, na epopeia, com a empresa maior d'*A Confederação dos Tamoios*

(1856), elaborada certamente no intuito de conquistar a primazia definitiva da nossa literatura, brilhando no rumo que parecia caracterizá-la mais especificamente: o Indianismo.

O assunto é a rebelião dos tupis-fluminenses contra os portugueses, no decênio de 1560, destacando-se o chefe Aimbire como símbolo (caro ao nacionalismo romântico) do homem americano resistindo ao invasor e, deste modo, tornando-se antepassado do brio nacional:

> Vítima ilustre
> De amor do pátrio ninho e liberdade,
> Ele, que aqui nasceu, nos lega o exemplo
> De como esses dois bens amar devemos.
> E quando alguma vez vier altivo
> Leis pela força impor-nos o estrangeiro,
> Imitemos a Aimbire, defendendo
> A honra, a cara pátria e a liberdade.
> (X)

Mas ante a necessidade de celebrar também a obra civilizadora Magalhães é preso de certa indecisão, mais viva que a d'*O Uraguai*: celebra o índio converso, Tibiriçá (renegado, para a doutrina indianista pura), e o catequizador, Anchieta. Com isto, tresdobra por assim dizer o objeto épico, desfibrando um gênero fundado essencialmente na opção a favor dum ponto de vista. Não é convincente o recurso compensatório de distinguir dos bons os maus portugueses, atribuindo aos últimos a culpa de uma atitude que estava implícita no próprio esforço colonizador, incompatível com a sobrevivência das culturas aborígines.

No conjunto é uma maquinaria pesada e desgraciosa, sem a elevação indispensável ao gênero, cujos traços peculiares ficam parecendo defeitos: as longas falas, prolixidade; as previsões e retrospectos, inclusões artificiais; o tom expositivo, retórica prosaica. Se pusermos em ordem corrida grande número de trechos, não os distinguiremos da prosa comum:

> Para que nada aos hóspedes faltasse, cada qual lhes levou algum presente de cuias de farinha, aves e peixes, igaçabas de vinho e várias frutas, que nestes pingues bosques jamais faltam; e em frente da cabana de Coaquira, à sombra de frondentes cajueiros, no chão puseram tudo, em largas folhas de banana e de inhame, que serviam de toalhas e pratos viridentes do suspirado Éden [...].
> (IX)

Não é contudo a nulidade referida por muitos críticos; as obras deste tipo são geralmente lidas de carreira, ou mal folheadas, com a intenção prévia de louvar ou denegrir. Nada mais fácil do que fazer espírito à sua custa, como Alcântara Machado, destacando versos ridículos e trechos fracos. Mas uma epopeia vale pelo conjunto, e esta, apesar de medíocre e mesmo ruim, tem certa categoria na largueza da concepção, coerência do desenvolvimento, nobreza de muitas sequências e alguns bons trechos, como a descrição do Amazonas no "Canto I" —

Baliza natural ao Norte avulta
O das águas gigante caudaloso;

a rápida e excelente indicação da vida tribal no "Canto III" —

Já dos escuros bosques e altos montes;

o lamento de Iguaçu, no "Canto IV", paralelo ao canto do sabiá:

Sobre o cume de um monte alcantilado...

A partir do "Canto VI" a qualidade baixa, acentuando-se a dureza prosaica e a falta de imaginação, máximas no IX e X, que se precipitam com ar de remate apressado. Aí, porém, surge uma passagem, se não bela, tocante, onde o poeta, a propósito do poema de Anchieta em Iperoig, traça brevemente uma pequena genealogia da nossa literatura, nela incorporando o seu esforço:

Mas quem ali seus cantos entendia?
O céu, o puro céu a quem cantava;
Esse céu que o inspirava; e após, mais tarde,
Bíblicos salmos inspirou a Caldas,
E a San-Carlos os cantos numerosos
Da sidérea Assunção da Sacra Virgem;
Esse céu, onde os Anjos já sabiam
Os nomes de Durão, doś Alvarengas,
De Basílio e de Cláudio, e de outros vates...
....
Inspire-me este céu, que viu-me infante,
Nos braços maternais, beber co'a vida
Este amor da harmonia que afagou-me;
E possa ouvir meu canto derradeiro,

E o meu suspiro extremo, nessas terras
Do saudoso Carioca, onde descansam
Os ossos de meus pais.
(x)

O bafejo palaciano, que pretendeu sagrar e impor *A Confederação dos Tamoios*, contribuiu em vez disso para comprometê-lo junto ao público e à opinião dos literatos, acabando por torná-lo considerado pior do que é.

O fundo do alforje Nos *Cânticos fúnebres*, Magalhães reuniu poemas compostos e, alguns, publicados num lapso de trinta anos (1834-1864), onde encontramos desde o muito ruim até o péssimo absoluto, como os tais "Os mistérios", à memória dos filhos, que Fernandes Pinheiro, com verdadeiro espírito de cônego, reputava superiores às *Contemplações*... Só merece referência um poemeto em seis cantos, onde tenta, por meio da mudança de metros e ritmos, adequar o verso às variações da narrativa e estado de espírito dos personagens: "O louco do cemitério". Esta composição macabra talvez tenha sido motivada pelos tons lutuosos do decênio de 1850, marchetado, aqui e em Portugal, de "noivados no sepulcro".

Em 1842 um intelectual italiano do Rio, Luís Vicente De Simoni, publicara poemas tumulares, de autoria própria e traduzidos de Foscolo, Pindemonte e Torti; pouco depois, a *Minerva Brasiliense* (que reunia amigos e discípulos de Magalhães) estampava as *Noites lúgubres*, do espanhol Cadalso, na tradução de Francisco Bernardino; e não esqueçamos a publicação integral d'*Os túmulos*, de Borges de Barros, em 1850. "O louco do cemitério" pode ter sido estimulado por estas obras, sem falar que talvez o autor desejasse parecer *moderno*, equiparando-se ao moço Álvares de Azevedo; e ao atravessar deste modo as lindes do Romantismo *avançado*, condenado por ele e os da sua geração, mostrava-se menos "arrependido" do que julgou Alcântara Machado. Não é grande poesia, pois Magalhães nunca andou perto dela; mas há certa originalidade e desenvoltura mais acentuadas que no resto da sua obra, inclusive a fala do coveiro, lembrando o de Cadalso mas, sobretudo, o do *Hamlet*. Magalhães soube transmitir de modo convincente o macabro cinismo com que refere a sua impregnação de morte — transfundida na terra, no ar, no pão, na carne; relegada a uma espécie de rotina trágica:

Vivo co'os mortos,
Na cova os ponho,
Entre eles durmo,

Com eles sonho.
Quantos defuntos
Já enterrei!
Defunto eu mesmo
Também serei.

No pão que como,
No ar que respiro,
Na água que bebo,
A morte aspiro.
Já cheira a morto
O corpo meu.
Abre-te, ó terra,
Que serei teu.

Da morte o aspecto
Já não me assusta
Que a vida ganho
Da morte à custa.
Sempre cavando,
Sem descansar,
Vivo enterrado,
Para enterrar...

Da sua poesia lírica falta mencionar a reunião de poemas à noiva, em seguida mulher, de cujo nome, Januária, tirou o anagrama imperfeito do título — *Urânia*. São fracos, mas alcançaram voga e foram cantados pelo Brasil afora, na música de Rafael Coelho Machado.

Seja qual for, porém, o juízo a seu respeito, a força própria dos acontecimentos literários, independente das exigências do gosto, dá-lhe como feudo os anos que vão mais ou menos de 1836 a 1846 — isto é, os de formação do Romantismo — quando "reinou absoluto na literatura brasileira".[14]

14 Haroldo Paranhos, *História do Romantismo no Brasil*, v. II, p. 43.

3.
Porto-Alegre, amigo dos homens e da poesia

Em nossa literatura houve poucas amizades tão fiéis quanto a de Porto-Alegre por Magalhães; a ponto de esquivar-se para o amigo entrar mais folgado na História, quando teria sido humano, se não acentuar, ao menos lembrar o papel que ele também desempenhou nos fatos literários em que o outro foi líder. Mas parece que a faculdade de admirar foi sempre um dos modos por que se realizou esse homem bom e honesto. Encontramo-lo, primeiro, discípulo e amigo reverente de Debret, que segue à Europa. E se o francês lhe fixa a vocação para a pintura, penetra nas letras graças a uma nova amizade, a de Garrett, que passava então, em Paris, sérias dificuldades financeiras de exilado, que o levavam a fugir dos admiradores brasileiros para evitar despesas. Mas o solícito Porto-Alegre não apenas lhe fez o retrato, como conseguiu quebrar-lhe a resistência e levá-lo a divertir-se um pouco.

Aí o visitou muitas vezes o poeta e pintor brasileiro Manuel de Araújo Porto-Alegre, depois barão de Santo Ângelo, onde estudava a pintura (*sic*). E nessa ocasião foi feito, por esse distinto artista, o retrato do autor de *D. Branca*, vestido com a farda do corpo acadêmico, trabalho que ele muito estimava. Também nessa ocasião travou relações de amizade com outros estudantes brasileiros; mas como todos eram menos pobres, por independência de caráter se afastava deles, receoso de se ver humilhado se o convidassem para divertimentos ou passeios em que não pudesse gastar dinheiro. Uma única vez acompanhou Porto-Alegre ao diorama; e ficou tão encantado com as vistas que exclamou à saída, contemplando Paris ao clarão da lua: "Se me dissessem que tudo isto é pintado, facilmente o acreditaria agora!".[15]

Em seguida, é o encontro com Magalhães, que o lança decididamente na literatura, mas a quem ele por sua vez deve ter comunicado a descoberta do novo espírito literário, feita através do autor de *D. Branca*. Finalmente, o culto por d. Pedro II, cujo pai já lhe manifestara benevolência. Isso, não contando dezenas de amigos, entre os quais Gonçalves Dias, com quem

---

15 Francisco Gomes de Amorim, *Garrett*, v. I, p. 589.

fundou e dirigiu a revista *Guanabara*. Uma preciosa fotografia, tirada em Carlsbad no ano de 1862, reúne os três próceres do Romantismo inicial: sentados, o aristocrático Magalhães e o autor d'*Os timbiras*, com a sua fisionomia nervosa e aguda; de pé, Porto-Alegre apoia os braços no espaldar das cadeiras, envolvendo-os como um bom São Bernardo, grandalhão e vigilante. Uma natureza afável e plástica, não obstante briosa, inclinada a imitar e admirar.[16]

A sua obra compõe-se de poesias líricas, peças de teatro, artigos, discursos e a epopeia *Colombo*, que foi a grande ocupação da sua vida trabalhosa de funcionário, pintor e escritor. Para o movimento inicial do Romantismo interessam "Os contornos de Nápoles", as "Ideias sobre a música", publicados ambos na *Niterói*, e algumas dezenas de poesias espalhadas por revistas e jornais, enfeixadas mais tarde nas *Brasilianas* (1863).

Lírica A leitura desses escritos mostra que, sendo um poeta de pouca inspiração, manifestava contudo, por vezes, sentimento mais romântico do que muitos contemporâneos. "Os contornos de Nápoles" são um documento importante do sentimento ao mesmo tempo emocionado e afetado, terno e grandíloquo, tão dos nossos reformadores, inaugurando a poesia da Itália, majestosa e pitoresca, que obsedará os poetas mais novos. Deles faz parte o poema "A voz da natureza, canto sobre as ruínas de Cumas", onde se nota a influência de Garrett por um truque métrico destinado a ressaltar a melodia do rouxinol. No poema que traz o nome deste pássaro, na *Lírica de João Mínimo*, o poeta português representa o seu canto por meio de estrofes isorrítmicas (setissílabo 3-7): Porto-Alegre faz o mesmo com o novessílabo 3-6-9, usado pouco antes por Magalhães:

Sobre um olmo fabrico o meu paço,
Que iluminam os círios do céu.
E cantando adormeço contente,
Quando a noite desdobra o seu véu.

Daí por diante recorrerá a este metro, assim como ao hendecassílabo 2-5-8-11, para sugerir movimentos da natureza e do espírito, de maneira

---

16 "Tenho servido ao imperador, ao Governo e ao meu país com lealdade e desinteresses, e do imperador não tenho queixa. Tenho sofrido por ser leal e por ser amigo. Ainda não postulei uma só graça do Governo: até hoje tenho cumprido ordens, e até sacrificado o meu bem-estar geral." Da correspondência inédita, segundo Hélio Lobo, *Manuel de Araújo Porto-Alegre*, p. 33.

independente, ou intercalando-os em sequências de verso branco ("O céu", 1836; "A destruição das florestas", 1845; "O harpoador", 1846; trechos do *Colombo*). É como se quisesse completar a tendência escultórica da sua sensibilidade, eminentemente plástica, por certo tributo à música, de que fala com amor e transporte no ensaio da *Niterói*. Procura mais de uma vez senti-la no canto dos pássaros chegando, num rasgo do pior gosto, a chamar o rouxinol de "Rossini das aves", no poema dedicado a Magalhães (1835), onde também procurou, romanticamente, música mais pura e difícil, na voz da natureza:

Pálida Lua, teus suaves raios,
Que plácidos se esbatem nas campinas,
E as fugitivas ondas argenteiam,
Da consciência nossa a imagem pintam,
Que fala ao coração com tal potência,
Sem nos lábios volver um som de frase.

Misterioso acento, alta harmonia
Desenvolve a Natura em seus concertos.
   ("A meu amigo" etc.)

Contribuindo para a tentativa muito interessante de Joaquim Norberto, de adaptar ao Brasil a balada romântica, com que os alemães e franceses tentavam estilizar os temas medievais, refrescando a poesia erudita nos veios populares, compôs "O caçador" (1844), onde narra, em nítida e saborosa transposição da "Chasse du Burgrave" de Victor Hugo, a jornada venatória de um caboclo: acorda, sai, acua e mata a paca, comendo-a festivamente num banquete rústico. O poeta imprimiu certo recuo ao objeto, tratando-o com leve ranço de passado, que dá uma tonalidade agradável à narrativa pitoresca.

Noutros poemas, como "O pouso" (1850), vemos a poesia sertaneja sem atavios europeus, inclusive pelo aproveitamento do desafio e a presença muito sugestiva da viola, que aparece na literatura brasileira, já que se haviam arquivado a lira, a cítara e a grotesca "sanfoninha" dos árcades.

Como a rola gemebunda,
Desgarrada na espessura,
Na estrada de noite e dia
Choro a minha desventura.

Ao crebro som do sincerro,
Que o meu lote vai guiando,
Pela estrada taciturno
Vou gemendo e suspirando.

Vou gemendo e suspirando
De saudade e de aflição;
Que a dor para mim é vida
E o penar consolação.

Mas se passarmos dessas amostras de Romantismo para o conjunto da obra verificaremos quanto Porto-Alegre ainda se prendia aos neoclássicos da última fase, pelo tom retórico, o verso branco modelado fortemente em ritmo prosaico, a sintaxe e o vocabulário. Embora impregnados de certa exaltação contemplativa e mais fluência, os seus longos poemetos naturalistas e descritivos — "A destruição das florestas", notadamente "O Corcovado" — lembram peças como a *Niterói*, de Januário da Cunha Barbosa. A mesma prolixidade retumbante, envolvendo desígnios de exaltação patriótica.

Formado nas artes plásticas, imprime ao verso um relevo quase sempre fictício: desamparado de inspiração para sustentar a sua musculatura saliente, toma por esteio a palavra sonora, a sintaxe rebuscada, que intumescem o período e engodam o leitor:

Outros, curvados pelo próprio peso,
De escarnadas escamas se revestem,
De verdes lanças, de estrigadas farpas,
De róseos cachos em pedúnc'los áureos,
Como em festiva noite ornado mastro.
Outros de rubro agárico se bolsam,
E nas eivadas, bolorentas fendas,
À vista of'recem enfiados cardos.
    ("A destruição das florestas", I)

Ladeando a fauce undosa da alva ingente,
Dos monstros de granito se levantam
Como egípcios colossos sobre as ruínas
De antiga capital, ou sobre a campa
De extinto império, mesto argamassado,
Do pó do tempo e de esbr'oadas moles.
    ("O Corcovado", II)

Não é de espantar que tendesse à largueza da epopeia. Preferiu sempre o poema descritivo longo, cheio de dados e cenas, aproveitando qualquer pretexto para espraiar-se em minúcias. Seria o caso de perguntar se a vocação épica era nele responsável pelo derrame verbal, ou se apareceu como ajuste conveniente a esta caudalosa incontinência. De qualquer forma, daí nasceu o mais extenso poema da nossa literatura, o terrível *Colombo*, paquiderme de quarenta cantos, obra principal onde se compendiam os seus muitos defeitos e poucas qualidades (1866).

O *Colombo* Dois traços chamam desde logo a atenção: falta de necessidade em quase todas as partes; inexistência do protagonista. Trata-se de celebrar o feito de Colombo, começando por um prólogo sobre a tomada de Granada, onde o navegador aparece — Ivanhoe misturado de Eurico — como "Cavaleiro Negro", campeão ignoto de um torneio!... Vêm a viagem, despedidas, imprecações, fortaleza de ânimo. No "Canto X", aporta-se a uma ilha misteriosa e o herói entra em contato com o mais divertido figurante do livro: o diabo Pamórfio, que subjuga e se torna por algum tempo seu servidor. Fazendo jus ao nome, assumira as formas de intrigante canarim, depois dragão, depois beldade, para afinal tornar-se o próvido Virgílio de Colombo, levando-o ao Inferno, para de lá mostrar-lhe eruditamente as idades pré-históricas, as grandes civilizações do Velho e Novo Mundo, durante quinze cantos!

Mais pobre-diabo que outra coisa, tratado com mau humor por Colombo, reconhece a grandeza de Deus e suas obras, lamenta de certa forma a privação de graça a que está sujeito, de tal modo, que ao retomar no "Canto XXIV" a integridade infernal não o levamos a sério. Este demônio solícito possui o espírito generalizante e retórico dum professor de filosofia ou história do Imperial Colégio de Pedro II, recapitulando pontos de exame com inúteis pormenores e sínteses prolixas. Tais porções da obra (mais de um terço) lembram, em molde bem mais forte e correto, a versalhada incontida d'*A assunção*, com o qual apresenta analogias, inclusive a falta de assunto real, isto é, incapacidade de convencer ao leitor que a superabundância de detalhes e implacável prolixidade constituam realmente um *assunto*. Como as mães, cujo leite é geralmente pobre quando muito abundante, Porto-Alegre foi dotado de facilidade excessiva que, deixada sem freio, resultou em poesia oca e demasiada. Voltando o feitiço contra o feiticeiro, poderíamos aplicar-lhe um termo que usa com frequência e dizer que o seu poema é exemplo perfeito de vanilóquio...

Do "Canto XXV" ao "XL" esta impressão se acentua, ao narrar o resto da viagem; contato com os americanos, sua mitologia, flora, fauna, costumes;

maquinações dos invejosos; retorno; desamparo e morte do herói, que em meio a tudo circula sem vulto nem personalidade, mero acidente dos incidentes e digressões, revelando ausência completa de caracterização psicológica, mesmo no nível modesto em que a requerem as epopeias e Magalhães conseguiu atingir n'*A Confederação dos Tamoios*, onde deu ao protagonista certa estrutura épica e humana.

Para elevar esse imenso e frágil monumento de patriotismo ao nosso descobridor, Porto-Alegre mobilizou o estilo já referido; frase invertida, vocábulos raros, verso empolado, perífrases em abundância. Note-se que, tomado *em si*, o seu verso é quase sempre correto e expressivo: temos a impressão de um bailarino que apurou na barra os elementos fundamentais da técnica e foi depois espanar móveis ou servir à mesa. Não espanta, pois, que surjam espaçadamente bons momentos, quando a tendência retórica se sublima em certas imagens, sobrecarregadas, mas belas:

E a magnólia de jaspe, o escrínio odoro
De ebúrneo tirso alveolado, abriu-se,
Não fulgindo corais, mas a cabeça
De bilíngue serpente sibilando.
    (XXIV)

Quando calha poder acumular substantivos e adjetivos raros sem prejuízo (é o caso das descrições exóticas), tais momentos se ampliam, como, no "Canto XXVII", a descrição do chefe Guacanagari, ou sobretudo, no XXIX, as iguarias tropicais, retomando de perto Santa Rita Durão, dentro do espírito de todos os poemas análogos, a partir d'"A ilha da maré":

Enchia a taba, recendendo o aroma,
O rei das frutas, o ananás olente,
De cota de ouro e canitar de bronze;

e esta boa transposição duma nota do *Caramuru*:

... o barbado milho,
Em tostadas espigas, em canjica,
Em macias pipocas, rebentadas,
Quais brancas flores, no borralho intenso.

Outras vezes o verso perde o tom hirto e se amaina em suavidade:

Filho do céu, em cuja face brilha
Da branca lua o resplandor sereno...
 (XVII)

Mas a natural prolixidade leva-o a abusar dos recursos, e não raro a cadência sonora e doce do decassílabo sáfico, repetido seguidamente, dá monotonia melíflua a um contexto geralmente mais áspero.

Se quiséssemos alinhar exemplos de trechos rebuscados, não teríamos mãos a medir; eles constituem o eixo da sua concepção e da sua composição, que em torno deles se ordenam. Vá apenas um do Prólogo, vizinho da comicidade pela complicação desnecessária e a perversão erudita (trata-se de descrever um banquete):

Começa o prândio:
Tinem nos pratos os cortantes ferros,
Lavra o silêncio nos convivas férvidos,
E os nédios escanções co'a jovem destra
O ebrifestante xerez circunfluem,
Gorgorejando em lágrimas risonhas.

Sente-se o mesmo espírito que registramos nos árcades rotinizados, e que encontrou no Odorico Mendes tradutor de Homero um ápice de tolice, a que parece tender o nosso derramado poeta.

Não podemos entretanto abandoná-lo sem mencionar o comovente hiato do "Canto VII", quando suspende a narrativa para saudar o amigo Magalhães, queixar-se amargamente do malogro da carreira artística, num país sem estímulo nem compreensão, e assim justificar o cultivo da poesia. É um documento humano, sincero e profundo, traçado com emocionada e sóbria dignidade, constituindo, paradoxalmente, a melhor parte duma obra a que não pertence de modo orgânico e cuja sequência interrompe.

4.
Êmulos

Dentre os poetas que adotaram conscientemente a reforma da *Niterói*, destacam-se três por diversos títulos: Joaquim Norberto, Dutra e Melo, Teixeira e Sousa; aqueles, intimamente ligados ao grupo do "senhor de Magalhaens", este, menos bafejado pelos influxos da sólida panela, mais preso ao grupo da "Petalógica", de Paula Brito.

Norberto Este

> Estremado cantor, discip'lo exímio
> Do grande Magalhaens,
> (Soydo Júnior)

nunca fez um verso prestável, embora tenha publicado muitos volumes de poesia; mas, pelos temas e preocupações, é uma espécie de ponte entre Magalhães e Gonçalves Dias. Com efeito, se nas *Modulações poéticas* (1841) tange a lira sentimental e filosófica do mestre, durante esse decênio publicou várias baladas de cunho popularesco, medievista e indianista, que antecipam e anunciam os temas do maranhense. Mais tarde, escreveu vários *Cantos épicos*, dedicados ao imperador, sobre Tiradentes, a Guerra Holandesa, episódios da Independência e até Napoleão, decalcando o evidente modelo:

> Ei-lo em pé no rochedo, que lhe resta
> De tantos tronos que lhe dera o gênio,
> Cruzos os braços sobre o altivo peito
> E curva a augusta fronte, meditando;
> E a viração da tarde amena e fresca,
> Mansa e risonha refrangindo as ondas,
> Vêm as ondas múrmuras quebrar-se
> Contra esse escolho, que uma lousa, vale,
> Após tanto esplendor de vida e glória!
> ("A visão do proscrito")

Pertencendo a uma geração literária de maridos virtuosos, já vimos que cantou pudicamente a esposa n'*O livro de meus amores*, a exemplo da *Urânia*, de Magalhães. O seu pecado maior, artisticamente, são os "contos poéticos", que reuniu sob o nome de *Flores entre espinhos* (1864), de uma tolice pedestre, uma pasmosa vulgaridade, mostrando bem como era provinciana e acanhada a nossa literatura. Apesar dos pesares, as suas poesias toleráveis são ainda as balatas do decênio de 1840, nas quais a candura permitida pelo gênero acobertou um pouco da sua irremediável ingenuidade. Num eco remoto dos românticos alemães, refratados pelos medievistas portugueses, alinha aos nossos olhos uma sequência modesta de suicidas, velhos pobres, guerreiros índios, navegadores, como este "Canto do marinheiro":

Nasci como ave marinha,
Sobre estas ondas do mar;
Na triste minha barquinha
Cresci da onda ao embalar.

Na minha infância inocente,
Por terras nuvens tomei,
E dessa ilusão contente
Mil vezes — Terra! — gritei.

Poucas vezes soaram tão decepcionantes como no prefácio das *Modulações poéticas* as ilusões literárias de um jovem de boa vontade:

[...] sentindo rolar em nossa fantasia turbilhões de imagens poéticas e cadências, conhecemos que éramos poeta, que havíamos nascido para cantar a pátria, a religião e a natureza, para viver submerso em ondas de poesia, exalando poesia, como o sol nadando em oceanos de luz e vertendo oceanos de luz.

Dutra e Melo Se no exemplo medíocre de Magalhães, Norberto aproveitou e desenvolveu as sugestões mais característicamente românticas, outro seguidor, Dutra e Melo, escolheu os aspectos tradicionais, continuando preso aos processos neoclássicos. A sua pequena obra restante ilustra bem um fenômeno que se verá com mais detalhe a propósito de Junqueira Freire: inadequação da forma às exigências do conteúdo.

Os desenfreados encômios que recebeu dos contemporâneos são devidos principalmente à melancolia do seu destino de moço bom e infeliz, morto aos 23 anos; nada há em seus versos que os justifique. Lembre-se também que pertencia à roda da *Minerva Brasiliense*, onde saiu a maioria dos seus escritos avulsos e que não economizava hipérboles aos seus prediletos.

A impressão geral deixada pelos versos dele (seis poemas, dez ou doze fragmentos, traduções, prosas poéticas) é de banalidade.

Não tocam, nem chegam a interessar, freados pelo convencionalismo que sufoca as expressões líricas e dá um ar de pedantismo às descrições. A misantropia e a tristeza ficam parecendo fita; o ardor, mero recurso, como o furor dos ditirambos e epitalâmios neoclássicos.

> Minha alma inda tão limpa e tão serena
> Como este céu d'América — tão calma
> Como este golfo lânguido amoroso,
> Tão fresca e nova como a aurora d'hoje,
> Apraz-se aqui na solidão, fugindo
> Ao sorrir frio e cínico dos homens.
> A natureza, Deus, ela: — eis o seu mundo;
> Que o outro só d'horrores se povoa.
> ("Uma manhã na ilha dos Ferreiros")

O seu verso branco tem certa limpeza, baseada na ordem direta e na restrição dos adjetivos; mas na poesia rimada a vulgaridade é atroz:

> Ah! como não desejar
> Romper a térrea prisão
> Que nos impede o voltar
> À celeste habitação?

> Ah! como viver sem dor
> Neste deserto da vida!
> Ah! como não suspirar
> Por essa pátria querida.

> Lá somente venturosa
> Nossa alma ser poderá,
> E vista eterna dos justos
> A justa porção será.
> ("A melancolia")

O seu artigo sobre *A Moreninha* revela maturidade e penetração; doutro lado a preocupação absorvente com logogrifos e charadas em verso (de que publicou um volume inteiro) manifestam traços inquietadores de puerilidade. Os dois polos não puderam ser harmonizados, dada a morte prematura, e ajudam a entender a dubiedade insulsa da sua poesia, onde a ânsia romântica da confissão e do lamento é desvirtuada pela medida pedagógica do verso.

Teixeira e Sousa Embora fosse ainda pior que ambos, Teixeira e Sousa manifestou ambições de mais ampla envergadura, que se desdobraram em nada menos de dois volumes de poesias líricas, um longo poema indianista e a longuíssima epopeia sobre a Independência.

As poesias líricas são ruins; o poema indianista, *Os três dias de um noivado*, péssimo; *A Independência do Brasil*, pouco melhor.

> Menina, sabes tu por que nasceste?
> Sabes no mundo qual missão te espera?
>   Sabes donde vieste?
>
> Oh! não saias da infância deleitosa!
> Não entres neste mundo de misérias,
>   Morada venenosa!
>   ("Aos anos de uma menina")

Esta lenga-lenga pedestre, igual à de qualquer poetastro da época, se complica em *Os três dias de um noivado* (1844) pela perversão léxica e sintática dos neoclássicos rotinizados:

> Em doce arfar os de ébano lustroso,
> Sobre os formosos ombros de alabastro,
> Contrastam graciosos embalados
> Pelo amante bafejo de uma brisa,
> Que as meigas asas, suspirando, agita,
> Lindos cabelos negros, corredios:
> Sobre esta cor bem diz por sobre a coma
> Recendentes jasmins em nívea cr'oa!
> Assim as sobrancelhas se assimilham
> A tão formosa grenha.
>   ("Canto I", 49)

Tais versos se referem à noiva, Miriba, mestiça de índia e português, infaustamente assassinada pelo esposo, no terceiro dia, num acesso de injustificado ciúme — pois a casta criatura nada mais fazia que abraçar o pai, reputado morto, mas reaparecido de supetão. Ao lado de atavismos arcádicos, fulge a peripécia novelesca em todo o seu descabelado vigor: naufrágios, encontros providenciais, anacoretas misteriosos, visões tenebrosas, coincidências, que se escalonam em má composição e pior estilo, à volta do herói, Corimbaba. São notáveis, como exemplos de prolixidade e falta de inspiração, no 1º Canto a descrição da costa de Cabo Frio; no 2º, a história de Miriba.

Na empresa ambiciosa d'*A Independência do Brasil* (1847-1855), recorreu à oitava camoniana, cingindo-se aos moldes mais ortodoxos: um herói, um grande feito, narrações retrospectivas, profecias, disputa de entidades sobrenaturais que protegem ou combatem o herói — Pedro I. Este narra os fatos naturais e sobrenaturais durante oito cantos, na sua primeira viagem a Minas; nos finais, expõem-se os acontecimentos desfechados com o grito do Ipiranga, finalizando o poema por uma visão extática do primeiro imperador, que desvenda o futuro e ocupa todo o "Canto XII".

Embora não falte certo engenho à concepção, esta pesada traquitana, que avança a passo lento, é desvaliosa como realização poética. Há uma estranha mistura de facilidade popular e pedantismo erudito, desfigurando a oitava heroica, nivelando-a quase à poesia de cordel, pela banalidade da rima e do conceito, a familiaridade negativa do ritmo e da expressão. Eis o príncipe às margens do Ipiranga, no "Canto XI".

> Sem parar caminhando o moço ardente
> Parou neste lugar formoso e grato;
> Com sua pouca, mas alegre gente,
> Nas margens pernoitou deste regato:
> Até mui tarde conversou contente,
> Mui tarde procurou do sono o trato:
> Aquele corpo assim tão fatigado
> Deitou-se e adormeceu mui sossegado!
> (127)

Em sonho, apareceram-lhe, simbolizando as capitanias e trazendo uma coroa verde-amarela,

> Virgens seis vezes três, e uma, gemantes,
> De pulquérrimas galas pr'amentadas,

Cobertas d'ouro, prata e de diamantes,
De fúlgidas estrelas coroadas...
(131)

E eis o que consegue arranjar para o momento culminante:

Nada mais de união! d'ora em diante
Portugal para nós seja estrangeiro!
Viverá para si nobre e possante
O Venturoso reino Brasileiro!
Juremos pois, amigos, neste instante,
Com ânimo fiel, nobre e guerreiro,
Seguir da cara pátria a livre sorte
Bradando sempre — Independência, ou Morte! —
(150)

Não espanta que para gente desse naipe Magalhães aparecesse como verdadeiro gigante, inspirando e dando exemplo. Deu-lhes sobretudo a ideia do Romantismo, a que se apegam como princípio, mesmo quando recaem na tradição arcádica. Para todos eles, é fácil ver que a exaltação poética pela pátria, a religiosidade afetada, a ostentação do sofrimento, são fanais e carta de nobreza. Leia-se, como paradigma, o citado prólogo em prosa de *Os três dias de um noivado*, onde distendendo a corda romântica, Teixeira e Sousa dedilha as notas do infortúnio e da dor como quinhão do poeta; do sentimento religioso como ideologia. Os temas do poema "arrancaram à sua melancólica dor uma poesia sentimental".

5.
Gonçalves Dias consolida o Romantismo

Gonçalves Dias se destaca no medíocre panorama da primeira fase romântica pelas qualidades superiores de inspiração e consciência artística. Contribui ao lado de José de Alencar para dar à literatura, no Brasil, uma categoria perdida desde os árcades maiores e, ao modo de Cláudio Manuel, fornece aos sucessores o molde, o padrão a que se referem como inspiração e exemplo.

Vincula-se ao grupo de Magalhães não só pelas relações e o intuito *nacional*, como pelo apego à harmonia neoclássica, que herdou dos setecentistas e primeiros românticos portugueses. Por outro lado, separa-se dos mais moços pela ausência de pessimismo e deliberada resistência à intemperança sentimental. Dos escritores românticos é o mais sóbrio e elegante, embora não seja menos forte na expressão nem menos rico na personalidade. O seu traço peculiar talvez consista nessa difícil coexistência da medida com o vigor, num tempo em que os temperamentos literários mais poderosos se realizavam pelo transbordamento, valendo o equilíbrio quase como sinal de mediania afetiva e artística. A "Canção do exílio" (banalizada a ponto de perder a magia que no entanto a percorre de ponta a ponta) representa bem o seu ideal literário; beleza na simplicidade, fuga ao adjetivo, procura da expressão de tal maneira justa que outra seria difícil. É que, sob o patético da vocação romântica, persistia nele a necessidade da medida, legada pelo Neoclassicismo e sensível, em sua obra, até sob a manifestação ocasional do "mal do século".

O inspirador Se para o grupo da *Niterói* e da *Minerva Brasiliense* o "sr. Magalhaens" foi sempre o reformador da literatura brasileira e o patriarca do estilo novo, a maioria dos poetas e mesmo jornalistas considerava Gonçalves Dias, desde meados do século, como o verdadeiro criador da literatura *nacional*. Em 1849, Álvares de Azevedo via nele a fonte de inspiração para os novos e, por meio do "livro renovador, os *Primeiros cantos*", regenerador da "rica poesia nacional de Basílio da Gama e Durão". Coincide com este o ponto de vista de um crítico obscuro, N. J. Costa, que no mesmo ano assinalava a sua grandeza de pioneiro, revelador do Brasil aos brasileiros, pois era "o poeta que mais tem primado nesse gênero, e que deve com justiça ser chamado o criador da poesia nacional". Em 1859, Macedo Soares, chamando-o "soberbo cantor", considerava-o o mais alto dos nossos líricos, por ter celebrado a gente e as coisas do país; em 1871, a ele se dirige Varela, pedindo inspiração para o *Anchieta*:

> ... envia, oh, mestre,
> Envia-me o segredo da harmonia
> Que levaste contigo!...

No ano seguinte, Almeida Braga põe a *Clara Verbena* sob a sua égide, pois

> O hálito de Deus tocou-te a fronte,
> Formando-lhe ao redor uma coroa...

Em 1875 é publicada a *Nênia*, onde Machado de Assis consagra o bardo das glórias indígenas, chamado em 1876 por Franklin Távora "a mais poderosa e inspirada musa da nossa terra".[17] Entre as vozes discordantes, Bernardo Guimarães, mas apenas quanto a *Os timbiras*, que atacou severamente no ano de 1859.[18] Mais tarde, compendiou ritmos e modismos gonçalvinos num poema obsceno, "O elixir do pajé", consagrando, por assim dizer, o Indianismo na musa secreta.

Gonçalves Dias nunca foi jactancioso, nem se meteu em questões literárias; mas tinha consciência do seu papel:

> Fui para o Rio em 1846, em cujo ano apareceu o 1º volume de minhas poesias *Primeiros cantos*. Algum tempo se passou sem que nenhum jornal falasse nesse volume, que, apesar de todos os seus defeitos, ia causar uma espécie de revolução na poesia nacional. Depois acordaram todos ao mesmo tempo, e o autor dos primeiros cantos se viu exaltado muito acima do seu merecimento. O mais

---

17 Álvares de Azevedo, "Discurso recitado no dia 11 de agosto de 1849" etc., *Obras completas*, v. 2, p. 44; N. J. Costa, "Literatura brasileira: Algumas considerações sobre a poesia", BF, v. 1, n. 50, p. 2; Macedo Soares, "Jovens escritores e artistas da Academia de São Paulo", RP, ano I, tomo II, p. 377. Os versos de Varela estão no *Anchieta ou O evangelho nas selvas*, "Canto I"; os de Almeida Braga vêm como preâmbulo ao seu poema *Clara Verbena*; os de Machado constam das *Americanas*; a referência de Távora se encontra na carta-prefácio d'*O Cabeleira*.

A título de curiosidade: por ocasião da morte do poeta, um admirador português, José Joaquim da Silva Pereira Caldas, publicou um folheto contendo traços biográficos, poesias e os mais altos encômios: *Desafogo de saudade: Na desastrosa morte do distinto bardo maranhense* etc. etc., "coincidência ou destino, só a imensidade do mar abriu sepultura à imensidade do gênio d'Antônio Gonçalves Dias", p. 4. **18** Basílio de Magalhães, *Bernardo Guimarães*, pp. 214-216.

conceituado dos escritores portugueses — Alexande Herculano — falou desse volume com expressões bem lisonjeiras — e esse artigo causou muita impressão em Portugal e Brasil.

Mas já nesse tempo, o povo tinha adotado o poeta, repetindo e cantando em todos os ângulos do Brasil.[19]

Tudo isso se justifica, porque nele as novas gerações aprenderam o Romantismo. Sob este ponto de vista foi o acontecimento decisivo da poesia romântica e todos os poetas seguintes, de Junqueira Freire a Castro Alves, pressupõem a sua obra. A partir dos *Primeiros cantos*, o que antes era *tema* — saudade, melancolia, natureza, índio — se tornou experiência, nova e fascinante, graças à superioridade da inspiração e dos recursos formais.

Embora os sucessores hajam destacado a "poesia nacional", o Indianismo, nele encontraram muito mais: o modo de ver a natureza em profundidade, criando-a como significado, ao mesmo tempo que a *registravam* como realidade; o sentido heroico da vida, superação permanente da frustração; a tristeza digna, refinada pela arte; no terreno formal, a adequação dos metros à psicologia, a multiplicidade dos ritmos, a invenção da harmonia segundo as necessidades expressionais, o afinamento do verso branco. Mesmo quando se abandonaram à incontinência afetiva e à melopeia; mesmo quando buscaram modelos em poetas estrangeiros — sempre restava neles algo de Gonçalves Dias, cuja obra, rica e variada, continha inclusive o germe de certos desequilíbrios que as gerações seguintes cultivarão.

O indianista Mas como lhe coube, na linha central de formação da nossa literatura, promover a realização do tema reputado nacional por excelência, passemos à sua poesia americana (é o nome dado por ele), que coroa os esforços medíocres de Porto-Alegre e Norberto, em seguimento à *Nênia* tão influente de Firmino Rodrigues Silva.

Note-se que o Indianismo de Gonçalves Dias, mais que o das balatas de Norberto, é parente do medievismo coimbrão, que praticou in loco e deve ter influído no seu propósito de *aplicar* à pátria o mesmo critério de pesquisa lírica e heroica do passado.[20] *Sextilhas de frei Antão*, "O soldado espanhol", "O trovador" (poemas medievistas) poderiam ser considerados pares

---

19 "Autobiografia escrita em 1854 para Ferdinand Denis", em Manuel Bandeira, *Gonçalves Dias*, p. 10.   **20** "O poeta brasileiro Gonçalves Dias pertenceu a este grupo de poetas medievistas. Neste gosto escreveu *Sextilhas de frei Antão* [...]." Fidelino de Figueiredo, *História da literatura romântica*, p. 159, nota.

simétricos d'*Os timbiras*, do "I-Juca-Pirama", de "O canto do guerreiro", pela redução do índio aos padrões da cavalaria.

Vejamos, porém, como se comportou dentro dessa corrente literária, cuja importância genérica, tanto social quanto estética, foi porventura mais decisiva do que os produtos que deixou.

Como poeta, e talvez por atavismo neoclássico, ele procura nos comunicar uma visão geral do índio, por meio de cenas ou feitos ligados à vida de um índio qualquer, cuja identidade é puramente convencional e apenas funciona como padrão. Já Alencar, romancista, procura transformá-lo em personagem, particularizando-o e, por isso mesmo, tornando-o mais próximo à sensibilidade do leitor. O tamoio da canção, ou o prisioneiro do "I-Juca-Pirama", são vazios de personalidade — mas ricos de sentido simbólico. Por isso mesmo, talvez as peças mais *realizadas* e certamente mais belas da sua lira *nacional* sejam poemas como este último, onde nos apresenta uma rápida visão do índio integrado na tribo, nos costumes, naquele ocidentalizado sentimento de honra que, para os românticos, era a sua mais bela característica.

Gonçalves Dias é um grande poeta, em parte pela capacidade de encontrar na poesia o veículo natural para a sensação de deslumbramento ante o Novo Mundo, de que a prosa de Chateaubriand havia até então sido o principal intérprete. O seu verso, incorporando o detalhe pitoresco da vida americana ao ângulo romântico e europeu de visão, criou (verdadeiramente *criou*) uma convenção poética nova. Esse cocktail de medievismo, idealismo e etnografia fantasiada nos aparece como construção lírica e heroica, de que resulta uma composição nova para sentirmos os velhos temas da poesia ocidental. Belo exemplo é a admirável utilização da mulher de dois sangues, que traz ao lirismo uma ressonância mais pungente do sentimento de incompreensão amorosa. A marabá é desses *monstros* diletos do Romantismo (Quasímodo, Gwynplaine), postos pela fatalidade aquém da plenitude afetiva: só que, neste caso, monstro extremamente belo e, por isso, mais trágico no seu desamparo:

Meus olhos são garços, são cor das safiras,
Têm luz das estrelas, têm meigo brilhar;
Imitam as nuvens de um céu anilado,
As cores imitam das vagas do mar!

Se algum dos guerreiros não foge a meus passos:
— "Teus olhos são garços",
Responde enojado, "Mas és Marabá:
"Quero antes uns olhos bem pretos, luzentes,

"Uns olhos fulgentes,
"Bem pretos, retintos, não cor d'anajá!"

O "Leito de folhas verdes" é a obra-prima do exótico, tomado como pretexto para inserir em dado ambiente um tipo de emoção que, em si, independe de ambiente, mas vai se renovando, na lírica, pela constelação dos detalhes sensíveis. Numa das estrofes, a simples referência à *arazoia* (tanga de penas) faz a emoção vibrar numa tonalidade desusada, que refresca e torna mais expressiva a declaração de amor:

Meus olhos outros olhos nunca viram,
Não sentiram meus lábios outros lábios,
Nem outras mãos, Jatir, que não as tuas,
A arazoia na cinta me apertaram.

Para o leitor habituado à tradição europeia, é no efeito poético da surpresa que consiste o principal significado da poesia indianista — como o da liga vermelha de Araci, a liga rubra da virgindade, que tarda a ser rompida por Ubirajara e dá à paixão de ambos uma rara e colorida beleza.

Atentando para essa função propriamente estética do pitoresco e do exótico, vemos quanto carece do sentido a conhecida alegação de que o valor dum escritor indianista é proporcional à sua compreensão da vida indígena. Sendo recurso ideológico e estético, elaborado no seio de um grupo europeizado, o Indianismo, longe de ficar desmerecido pela imprecisão etnográfica, vale justamente pelo caráter convencional; pela possibilidade de enriquecer processos literários europeus com temário e imagens exóticas, incorporados deste modo à nossa sensibilidade. O índio de Gonçalves Dias não é mais *autêntico* do que o de Magalhães ou o de Norberto pela circunstância de ser mais índio, mas por ser mais poético, como é evidente pela situação quase anormal que fundamenta a obra-prima da poesia indianista brasileira — o "I-Juca-Pirama".

O "I-Juca-Pirama" é dessas coisas indiscutidas que se incorporam ao orgulho nacional e à própria representação da pátria, como a magnitude do Amazonas, o grito do Ipiranga ou as cores verde e amarela. Por isso mesmo, talvez, a crítica tem passado prudentemente de longe, tirando o chapéu sem comprometer-se com a eventual vulgaridade deste número obrigatório de antologia e recitativo. No entanto, é dos tais deslumbramentos que de vez em quando ocorrem em nossa literatura. No caso, heroico deslumbramento, com um poder quase mágico de enfeixar, em admirável malabarismo de ritmos, aqueles sentimentos padronizados que definem a concepção comum de heroísmo e generosidade e, por isso mesmo, nos comprazem quase sempre. Aqui, porém, o poeta inventou um recurso inesperado e excelente: o lamento do prisioneiro, caso único em nosso Indianismo, que rompe a tensão monótona da bravura tupi graças à supremacia da piedade filial:

Guerreiros, não coro
Do pranto que choro.

Esta suspensão da convenção heroica, não condizendo com a expectativa de valentia inquebrantável, introduz no poema um abatimento que mais realça, pelo contraste, a maldição dramática do velho pai:

Sempre o céu, como um teto incendido,
Creste e punja teus membros malditos
E oceano de pó denegrido
Seja a terra ao ignavo tupi.

A rotação psicológica do poema, as alternativas de pasmo e exaltação, se realizam de modo impecável na estrutura melódica, nos movimentos marcados pela variação de ritmo e amparados na escolha dos vocábulos. Bem romântico pela concepção, tema e arcabouço, o "I-Juca-Pirama" tem uma configuração plástica e musical que o aproxima do bailado. É mesmo, talvez, o grande bailado da nossa poesia, com cenário, partitura e riquíssima coreografia, fundidos pela força artística do poeta.

Exemplo de cenário:

No meio das tabas de amenos verdores,
Cercadas de troncos — cobertos de flores,
Alteiam-se os tetos de altiva nação.

Coreografia:

Entanto as mulheres com leda trigança,
Afeitas ao rito da bárbara usança,
O índio já querem cativo acabar:
A coma lhe cortam, os membros lhe tingem,
Brilhante enduape no corpo lhe cingem,
Sombreia-lhe a fronte gentil canitar.

Ou este solo majestoso:

Em larga roda de novéis guerreiros
Ledo caminha o festival Timbira,
A quem do sacrifício cabe as honras.
Na fronte o canitar sacode em ondas,
O enduape na cinta se embalança,
Na destra mão sopesa a iverapeme,
Orgulhoso e pujante. Ao menor passo,
Colar d'alvo marfim, insígnia d'honra,
Que lhe orna o colo e o peito, ruge e freme.

E o da 4ª parte, ofegante e ansioso:

Meu canto de morte,
Guerreiros, ouvi:
Sou filho das selvas,
Nas selvas cresci;
Guerreiros, descendo
Da tribo tupi.

Ou a sarabanda heroica da parte 9ª, de que se destacam os saltos bravios do prisioneiro.

A importância estética do "I-Juca-Pirama", para compreender a poesia gonçalvina, está na variedade de movimentos que integram a sua estrutura. Tomado no conjunto é uma experiência essencialmente romântica de poesia em movimento, em relação ao equilíbrio mais ou menos estável do poema neoclássico. Admirável, todavia, a existência, dentro da sua translação incessante, de certas áreas de repouso, quer pela parada momentânea da coreografia, quer pela cadência vagarosa de um movimento todo vazado no modelo setecentista:

Soltai-o! diz o chefe. Pasma a turba;
Os guerreiros murmuram: mal ouviram,
Nem pôde nunca um chefe dar tal ordem!
Brada segunda vez com voz mais alta,
Afrouxam-se as prisões, a embira cede,
A custo, sim; mas cede: o estranho é salvo.

Outros temas Esta dualidade é o próprio símbolo de toda a sua obra — na qual a musicalidade, o particularismo, o individualismo psicológico se fundem à dignidade clássica e ao gosto pela norma universalizante. Um poema como "Rosa no mar!" — puríssima obra-prima — parece brotado nos jardins da Arcádia, não obstante o típico meneio romântico. Pode-se dizer que aquela ponta extrema de sutileza e naturalidade a que um Silva Alvarenga, sobretudo um Gonzaga, haviam trazido a odezinha anacreôntica, vem adquirir em Gonçalves Dias, graças ao dinamismo próprio do espírito romântico, uma beleza mais quente:

> Agora, qual sempre usava,
>   Divagava
> Em seu pensar embebida;
> Tinha no seio uma rosa
>   Melindrosa,
> De verde-musgo vestida.

Outras vezes, para além do tom arcádico, é a tonalidade quinhentista mais pura que o poeta refunde no verso moderno, entranhando a sua poesia na corrente viva do lirismo português:

> São uns olhos verdes, verdes,
> Uns olhos de verde mar,
> Quando o tempo vai bonança,
> Uns olhos cor da esperança,
> Uns olhos por que morri;
>   Que ai de mi!
> Nem já sei qual fiquei sendo
>   Depois que os vi!

Diferente de Magalhães, ou dos portugueses Garrett e Castilho, que tendo passado da lição neoclássica para a aventura romântica, têm duas etapas na obra e, se ainda são clássicos na segunda é porque não se livraram da primeira; diferente deles, Gonçalves Dias é plenamente romântico, e o que há nele de neoclássico é fruto de uma impregnação de cultura e de sensibilidade, não da participação no decadente movimento pós-arcádico. Graças a esta dupla impregnação sua obra guardou o harmonioso balanceio que o distingue dos sucessores. Estes, seguindo o pendor da época, se conseguiram apreender e mesmo exagerar muito da sua riqueza melódica, nem sempre lograram reequilibrar-se pela assimilação paralela da sua grande intuição estilística.

Não é estranho, pois, que, na velha pendenga "Castro Alves versus Gonçalves Dias", os temperamentos mais tumultuosos, ou mais romanescos, ou mais indiscriminados se inclinem para o primeiro, enquanto as sensibilidades mais apuradas, ou menos ardentes, prefiram o segundo. A harmonia gonçalvina, para ser bem sentida, requer participação ativa da inteligência; requer sentimento alerta dos valores de construção, nem sempre evidentes na aparência do poema.

Não se justifica entretanto a assertiva que é um poeta *português*; a sua ligação mais visível com a sintaxe e mesmo o léxico de além-mar é de importância secundária em face da sua funda apreensão da sensibilidade e do gosto brasileiros — já a essa altura diversos do português. Mesmo no terreno das influências literárias, que sofreu de perto, a sua originalidade fica ressalvada pela superioridade com que as fecundou. Um exemplo disso pode ser encontrado na famosa introdução d'*Os timbiras*:

> Cantor das selvas, entre bravas matas
> Áspero tronco da palmeira escolho.
> Unido a ele soltarei meu canto,
> Enquanto o vento nos palmares zune,
> Rugindo os longos, encontrados leques.

Estes versos admiráveis repercutem outros, bem mais modestos, d'"A Arrábida", de Alexandre Herculano — poema onde Gonçalves Dias poderia ter encontrado mais de uma sugestão para a sua atitude em face da natureza —

> Cantor da solidão, vim assentar-me
> Junto do verde céspede do vale,
> E a paz de Deus do mundo me consola.

Por isso, os contemporâneos foram mais argutos que alguns críticos posteriores, ao verem sem hesitar o caráter *nacional* do seu lirismo. O que talvez não tivessem visto (porque se tratava, então, de aspirar ao contrário) foi a continuação, nele, da posição arcádica de integrar as manifestações da nossa inteligência e sensibilidade na tradição ocidental. Como vimos, ele enriqueceu esta tradição, ao lhe dar novos ângulos para olhar os seus velhos problemas estéticos e psicológicos.

Universal, e ao mesmo tempo apaixonadamente particularista, poucos tiveram, como ele, o gosto e sentimento da solidão. A influência da poesia religiosa de Herculano, a marca acentuada de Sousa Caldas, contribuíram para dar forma a esses traços, que aparecem combinados frequentemente à contemplação do mundo, e o apelo à eternidade.[21]

Nos "Hinos", que encerram porventura a melhor expressão deste sentimento, o discípulo de Caldas se aproxima de alguns grandes românticos da primeira hora, que vibraram a mesma nota grave, profunda; que revelaram o mesmo discernimento austero e comovido em face da natureza: Hölderlin, Wordsworth, Leopardi.

A tarde,

    Mãe da meditação

aparece num desses hinos como *presença*, substância da reflexão e do sentimento, que transfiguram a paisagem material. Noutro, uma cadência nobre e quase clássica dá à invocação da

    ... noite taciturna e queda.

aquela calma eloquência que aspiramos entrever na natureza, quando a queremos como correlativo e *sinal* da vida interior.

O mais belo é, porém, "O mar", onde o movimento das vagas é afinal domado pela comparação ao destino do poeta, que o transcende e se enxerga (numa premonição impressionante), dominando-o pela glória, depois de morto.

> Mas nesse instante que me está marcado,
> Em que hei de esta prisão fugir pra sempre,
> Irei tão alto, ó mar, que lá não chegue
>   Teu sonoro rugido.
> Então mais forte do que tu, minha alma,
> Desconhecendo o temor, o espaço, o tempo,
> Quebrará num relance o circl'o estreito
>   Do infinito e dos céus!
> Então, entre miríades de estrelas,
> Cantando hinos d'amor nas harpas d'anjos,
> Mais forte soará que as tuas vagas,

---

21 O estudo da influência de Herculano, principalmente quanto à poesia religiosa, é feito por Antônio Sales Campos, *Origens e evolução dos temas da primeira geração de poetas românticos*, São Paulo, 1945.

Mordendo a fulva areia;
Inda mais doce que o singelo canto
De merencória virgem, quando a noite
Ocupa a terra, — e do que a mansa brisa,
Que entre flores suspira.

A força deste aspecto da poesia gonçalvina vem da capacidade de organizar as sugestões do mundo exterior, num sistema poeticamente coerente de representações plásticas e musicais. Mais do que qualquer outro romântico, ele possui o misterioso discernimento do mundo visível, que leva a imaginação a criar um mundo oculto, inacessível aos sentidos, apenas ao alcance de uma percepção transcendente e inexprimível das cores, sons e perfumes. Esta capacidade de criação poética se manifesta na minoria de sua obra, pois corresponde a um esforço de seleção criadora, a uma felicidade de achados poéticos impossíveis de ocorrer constantemente em tantos versos quantos deixou.

Uma obra-prima Alguns poemas espelham-na com surpreendente densidade — como é o caso do citado "Leito de folhas verdes", tentativa de adivinhar a psicologia amorosa da mulher indígena pelo truque intelectualmente fácil, mas liricamente belo, de, como vimos, alterar apenas o ambiente e certos detalhes de uma espera sentimental doutro modo indiscernível da tradição lírica. Poesia admirável, das mais altas do nosso lirismo, verdadeiro compêndio daqueles *talismãs poéticos*, de que fala Henri Bremond. O arranjo dos vocábulos, a sua posição recíproca, dão origem à magia em que reconhecemos, sem conseguir defini-la, a presença constante da poesia, cujos fulcros são a angústia da índia à espera do amado e o imperceptível fluir, ao longo das nove estrofes, do tempo em que se inscreve a expectativa. As quatro estrofes iniciais traçam o quadro natural; as três seguintes o abandonam, para que o pensamento divague; as duas finais reintroduzem o quadro natural, já alterado pelo passar das horas, que conduziram a espera infrutífera da noite à madrugada.

A técnica de composição obedece a duplo movimento, que, de um lado, justapõe os detalhes da natureza como elementos de expressão psicológica; de outro lado, os vai combinando ao discurso amoroso, elaborado, porém, em torno de imagens naturais. E por todo o poema, a repetição, de estrofe a estrofe, ou com estrofes de intervalo, das mesmas palavras, tece a rede sutil do encantamento poético.

Por que tardas, Jatir, que tanto a custo
À voz do meu amor moves teus passos?

Da noite a viração, movendo as folhas,
Já nos cimos do bosque rumoreja.

Compare-se o sentido de "folhas", nesta primeira estrofe e na segunda:

Eu sob a copa da mangueira altiva
Nosso leito gentil cobri zelosa
Com mimoso tapiz de folhas brandas,
Onde o frouxo luar brinca entre as flores;

e agora na nona:

Não me escutas, Jatir! nem tardo acodes
À voz do meu amor, que em vão te chama!
Tupã! lá rompe o sol! do leito inútil
A brisa da manhã sacuda as folhas!

No primeiro caso, definem a hora noturna, a cuja brisa se agitam; no segundo, são o foco da espera amorosa, banhado de luar; no terceiro, testemunho da longa espera e sinal mais tangível da decepção. Análise semelhante podemos efetuar em relação aos outros vocábulos-chave do poema — tamarindo, bogari, flor, exalar — aferindo a sua variação em cada ocorrência, compreendida como fenômeno de movimento psicológico da personagem. Caso belíssimo é o de duas estrofes complementares, a 3ª e a 8ª:

Do tamarindo a flor abriu-se, há pouco,
Já solta o bogari mais doce aroma!
Como prece de amor, como estas preces,
No silêncio da noite o bosque exala. (3ª)

Do tamarindo a flor jaz entreaberta,
Já solta o bogari mais doce aroma;
Também meu coração, como estas flores,
Melhor perfume ao pé da noite exala! (8ª)

O verso referente ao bogari permanece, mas o seu significado poético não é o mesmo, devido à variação do verso anterior, de que é complemento. A flor do tamarindo, aberta *há pouco*, indica as primeiras horas da noite; o *jaz entreaberta* denota fato consumado, e dessa diferença decorre o sentimento de fuga do tempo, que vai dispersando, primeiro o perfume das flores, em seguida o do próprio coração.

Com esta mudança de função das palavras concorre outro processo, que vai reforçando, ao longo das estrofes, o desnível temporal e psíquico. Refiro-me à utilização sistemática dos verbos de movimento para manter o deslizar sutil das horas e o doloroso amadurecimento interior: mover, correr, ir, girar, perpassar, acudir, que empurram a composição, contrastando o sentimento inicial de permanência — o angustioso travamento do verso por meio de fortes aliterações, que exprimem a duração psicológica bloqueada pela expectativa:

Por que tardas, Jatir, que tanto a custo...

Dessa translação em vários planos resulta o sentimento de fuga do tempo, que é o tecido mesmo de que se enroupa a decepção amorosa. Note-se que toda a magia decorre do processo poético, da sábia estrutura de vocábulos e imagens extremamente singelos.

Tributo ao prosaico Contrastando com essas invenções, vemos na obra de Gonçalves Dias pesado lastro de prosa rimada. O apego aos valores neoclássicos, e consequente ausência de embriaguez musical, levou-o a cultivar o verso discursivo, sentencioso, que se distingue muito mais dificilmente da prosa, quando falta a verdadeira tensão poética. A longa peça "Amor! delírio — engano", dos *Primeiros cantos*, por exemplo, é fria, pesada, inexpressiva como um exercício de retórica:

Eu e ela, ambos nós, na terra ingrata
Oásis, paraíso, éden ou templo
Habitamos uma hora; e logo o tempo
Com a foice roaz quebrou-lhe o encanto,
Doce encanto que o amor nos fabricara.

Citações de versos destacados nem sempre representam o valor e a natureza do poema, pois no decurso duma sequência de prosa rimada bruscas erupções de inspiração podem poetizar os trechos adjacentes, que nos parecem deste modo veredas necessárias, ou pelo menos justificáveis ante o choque de poesia que as vai estremecer. É o caso de parte d'*Os timbiras*, mas não do poema citado. No mesmo livro, todavia, há uma curta peça — "Desejo" — vazada no mesmo tom discursivo e sentencioso, que, em virtude de indefinível frêmito de poesia, aparece como tocada por um *talismã*:

> Ah! que eu não morra sem provar, ao menos
> Sequer por um instante, nesta vida
> Amor igual ao meu!

A *sinceridade* e a *emoção*, na acepção comum, ocorrem por igual nos dois poemas: num deles, porém, o arranjo milagroso das palavras o fez galgar à esfera da poesia, ao contrário do outro. Em tais casos, podemos apreciar plenamente a simplicidade admirável de Gonçalves Dias, que, aceitando o risco da elocução quase prosaica, e sem recorrer a imagens mais refinadas, obtém ainda assim o toque difícil da verdadeira eficácia poética.

Os timbiras De poesia dura, pouco inspirada, são exemplo *Os timbiras*, de que publicou apenas quatro cantos iniciais em 1857, quando já produzira o melhor da sua obra. Conta Henriques Leal[22] que os escutou em 1847, com mais dois, e que o poema pretendia cantar amplamente a migração, para a Amazônia, dos timbiras de Alcântara, vencidos pelos gamelas no século XVII. A pretexto disso apareceriam o contato com o branco, a catequese, a extinção final do grupo. Sente-se que Gonçalves Dias pretendeu, nele, "dar a sua medida"; mostrar capacidade de arquitetar e executar uma epopeia nacional, uma brasilíada inspirada nos feitos e costumes da raça que tanto amou e exaltou.

> As festas e batalhas mal sangradas
> Do povo americano, agora extinto.

Haver publicado estes cantos mostra que os considerava prontos e viáveis, e isso depõe contra o seu critério. Obra semelhante pode ser publicada em partes quando estas possuem certa autonomia, como foi o caso do *Childe Harold*, de Byron, verdadeira série de ensaios críticos e psicológicos em verso. Ora, *Os timbiras* são interrompidos justamente no momento em que, depois de três cantos bastante dispersivos (que deixam o leitor hesitante quanto ao rumo do narrador), vai afinal configurar-se um episódio decisivo, cuja preparação ocupa o "Canto quarto". Isto contribui para tornar o poema, como estrutura, confuso, prolixo, inferior ao *Caramuru* e *O Uraguai*.

O entrecho é delineado sem muita clareza; as cenas são longas e redundantes; retóricos e afetados os tipos; o verso, não raro desarmonioso e prosaico, havendo alguns inconcebíveis na pena desse grande artífice:

---

22 Antônio Henriques Leal, *Pantheon maranhense*, v. III, pp. 300-302.

Bem sinto um não sei quê aferventar-se-me
Nos olhos, que vai prestes expandir-se.
   (II)

Cá dentro em mim nos decifrados sonhos,
Depois que os funestou propínquo sangue.
   (III)

A análise indica, porém, tratar-se mais de um malogro épico, no sentido estrito, que de um malogro poético, de modo geral, pois as partes líricas, marginais à narrativa, são frequentemente admiráveis, contando-se algumas entre o que de melhor escreveu. É o caso do exórdio famoso:

Como os sons do boré, soa o meu canto
Sagrado ao rudo povo americano,

terminado com estes versos deslumbrantes:

Talvez também nas folhas que engrinaldo,
A acácia branca o seu candor derrame
E a flor do sassafrás se estrele amiga.

É ainda o início do "Canto segundo":

Desdobra-se da noite o manto escuro...

onde um belo trecho lembra Victor Hugo, inscrevendo-se no sistema de imagens, muito caro aos românticos, em que o infinito é sugerido pelo afastamento das antíteses:

O pensamento, que incessante voa,
Vai do som à mudez, da luz às sombras,
E da terra sem flor ao céu sem astro.

É a magia de um momento deste mesmo canto:

Veste, Coema, as formas da neblina,
Ou vem nos raios trêmulos da Lua
Cantar viver e suspirar comigo.

É o início do "Canto terceiro", onde Castro Alves aprendeu várias harmonias da sua lira:

Era a hora em que a flor balança o cálix
Aos doces beijos da serena brisa,
Quando a ema soberba alteia o colo,
Roçando apenas o matiz relvoso.

....

Quando o vivo carmim do esbelto cáctus
Refulge a medo abrilhantado esmalte,
Doce poeira de aljofradas gotas,
Ou pó sutil de pérolas desfeitas.

Exemplos como estes, entre vários outros, afirmam a presença do grande poeta, mas confirmam a impressão de que, brilhando nos momentos em que suspende a ação, é incapaz de epopeia, gênero fundado essencialmente na organização do todo, capacidade narrativa, clareza dos propósitos. Sem elas, acontece o que sucedeu n'*Os timbiras*: os versos ficam desamparados, perdem significado, acumulam-se uns sobre os outros, abafando as eventuais qualidades de cada um. Faltou a Gonçalves Dias a clarividência do seu mestre Basílio da Gama, que domesticou habilmente a musa heroica pela redução ao lirismo. Querendo ser épico em modo maior, traiu a vocação real, salvando-se apenas quando ela voltou, teimosa e felizmente, pelas brechas largas do mau edifício.

Seria injusto, porém deixar a impressão de que malogra sempre no corpo narrativo do poema. Há movimento e relevo em cenas e evocações de combate, inclusive este belo desenho da fúria guerreira imitando o episódio de Ugolino, na *A divina comédia*:

E antes que tombe o corpo, aferra os dentes
No crânio fulminado: jorra o sangue
No rosto, e em gorgolhões se expande o cérebro,
Que a fera humana rábida mastiga!
E enquanto limpa à desgrenhada coma
Do sevo pasto o esquálido sobejo,
Bárbaras hostes do Gamela torcem,
A tanto horror, o transtornado rosto.
(IV)

No "Canto I", o chamado do chefe se exprime num belo movimento:

Disse; e vingando o cimo d'alto monte,
Que em roda largo espaço dominava,
O atroador membi soprou com força:
O tronco, o arbusto, a moita, a rocha, a pedra,
Convertem-se em guerreiros.

O delírio do louco Piaíba (II) é expressivo como métrica psicológica, isto é, o ajuste da variação de número e ritmo do verso aos movimentos da sensibilidade. E há algumas boas imitações de Basílio da Gama:

E sobe audaz onde não chega o raio
   (I)

América infeliz, já tão ditosa
antes que o mar e o vento não trouxessem
A nós o ferro e as cascavéis da Europa.
   (III)

Mais significativa é a presença de várias ideias, imagens, movimentos que aparecem melhor noutros poemas seus, anteriores e posteriores, como se aqui faltasse inspiração. É o caso da fala do tapuia (IV), onde se prefigura o canto de morte do "I-Juca-Pirama". Ele próprio deve ter percebido que não era bom o nível da obra mal começada, pois tendo vivido ainda sete anos depois da edição de Leipzig, e tendo composto, segundo Henriques Leal, ao menos doze dos dezesseis cantos programados,[23] não os quis publicar, nem consta que haja terminado o poema, cuja parte inédita teria desaparecido na tragédia do *Ville de Boulogne*.

23 Henriques Leal, op. cit., p. 282.

6.
Menores

Em torno de Gonçalves Dias podemos dispor alguns poetas que, por sofrerem a sua influência ou por mera afinidade, formam com ele, dentro da primeira fase, um setor mais lírico e *moderno*, identificado aos aspectos propriamente românticos do Romantismo. Têm melhor gosto e ouvido que os de Magalhães e seguidores, apresentando não raro afinidades com alguns poetas da segunda fase, inclusive o pendor pelos ritmos cantantes e a delicadeza da fatura.

Macedo Dentre eles, se Francisco Otaviano e Cardoso de Meneses, sobretudo aquele, ainda revelam impregnação do equilíbrio neoclássico, Joaquim Manuel de Macedo é um reverente cultor da treva, do desvario, em contraste com os traços dominantes da sua ficção em prosa. Apesar de mais velho que os outros, só se abandonou realmente à poesia pela altura de 1850, quando aparece na *Guanabara* a terça parte inicial d'*A nebulosa*, publicada em livro em 1857. Poeticamente, é, pois, contemporâneo dos primeiros ultrarromânticos; isto, somado à nítida influência gonçalvina, explica o avanço sobre os companheiros de geração e vida literária.

Autor de algumas poesias esparsas, três ou quatro peças de teatro em verso, é porém no referido "poema-romance", como o qualificava, que se encontra a sua melhor contribuição. Uma poesia de 1844, "A ilusão do beija-flor", ainda o mostra dengoso e pelintra, como os últimos árcades em veia anacreôntica; as que escreveu por volta de 1850 revelam acentuada mudança, devida certamente à publicação, nesse ínterim, dos *Primeiros* e *Segundos cantos* de Gonçalves Dias. Apesar de circunstanciais e medíocres, têm fluência e senso melódico:

> Quando ela se mostra, que a noite se avança,
> Andando, parece que a terra não pisa,
> É lua formosa, que, pálida e mansa,
>   No céu se desliza.
> Os seus olhos negros ardentes flamejam
> Mil setas que ferem, mas ferem sem dor;
> E as setas, que uns olhos tão belos desejam,
>   São raios de amor.
>   ("A bela encantada")

A nebulosa é talvez o melhor poema-romance do Romantismo, não excluindo os de Álvares de Azevedo; o seu interesse vem não apenas do significado que apresenta, como fato, para a história literária, mas também das qualidades de invenção, manipulação dos temas, beleza do verso em certos momentos. É uma inspirada oleogravura onde vemos, com limpeza e gosto, o universo material e os traços psíquicos mais característicos do "Romantismo monstruoso dos nossos dias", para falar como o citado De Simoni. Paixão fatal de um poeta, o Trovador, por uma insensível beldade, desenganada dos homens, a Peregrina; solilóquios desesperados sobre um rochedo, com o mar aos pés, à luz da lua; intervenção da Doida, filha de uma feiticeira, pobre donzela demente de sonho e paixão; colóquio dramático do Trovador e da Peregrina; aparecimento da Mãe que procura movê-la a favor do filho, prestes a matar-se; alucinada e inútil corrida noturna de ambas, pois ele se mata antes de chegarem em companhia da Doida, depois de quebrada a sua Harpa. Envolvendo tudo, a noite misteriosa, a claridade da lua, as vagas, a tempestade, a capela arruinada, o cemitério onde brilha uma lâmpada perene.

Como se vê, há nesse arsenal de paródias estofo para o maior ridículo, aos olhos de hoje. Mas se nos pusermos dentro das convenções do tempo, diferentes das nossas, encontraremos uma inesperada atmosfera de poesia fantasmal, apesar da prolixidade e facilidade do verso.

Há certa força byroniana no Trovador sobre o seu penhasco, todo negro, com um manto vermelho nos ombros, alegoria do desespero que o Romantismo incorporava ao ideal de poesia.

> Meia-noite!... ei-lo está: — talvez disséreis
> Num trono de granito o desespero;
> Pelo vento estendida, a rubra capa,
> Sobre o negro penhasco lembra a ideia
> De sangue e morte em alma de assassino;
> Soltos à brisa voam-lhe os cabelos,
> Cinge a harpa de amor com o braço esquerdo,
> Afaga-lhe com a destra as cordas mudas,
> E medita, olhos fitos no oceano.
>> (i, 14)

A este personagem estão associadas as imagens sólidas e definidas do poema, correspondendo à sua paixão precisa e áspera: lápides do cemitério, troncos nodosos, pedras. Como visão translúcida, insinua-se ao seu lado a tênue Doida, vestida de gazes, que vem do mar, chora, sonha, corre ao longo dos regatos por entre a folhagem, sente a atração do pélago e seus mistérios, contrapondo uma brancura diáfana ao luto cerrado do Trovador. Na sua natureza ambígua de mulher-fada, vacilando entre a terra dura e a fluidez do mar, há alguma coisa dos personagens de certas baladas e contos germânicos, como a Ondina inefável de La Motte-Fouqué, casta e fria na sua ternura; algo de uma

> ... Willis toda nua
> Das legendas da Alemanha,

como a que apareceria mais tarde no verso encantado de Raimundo Corrêa.

> Ei-la vai: — generoso sacrifício
> Mísera Doida a consumar se apressa.
> Sobe alta serra, entranha-se num bosque
> Umbroso e denso; e quem então a visse
> Nessa que alveja roçagante capa,
> Com as madeixas tão longas espargidas,
> E muda e só, de espanto estremecera,
> Qual se encontrara pálido fantasma,
> Ou branco gênio, que a floresta encanta.
> (III, II)

Entre a sua fluidez e a negra consistência do Trovador se interpõe, carnal e sólida na sua beleza, mas imaterializada pela aspiração ideal de castidade, a Peregrina; por ela o poeta morre, abraçado à meiga Ondina, numa noite de sábado, à luz da Lua, signo maior do poema, que clareia na sua brancura o negrume do mundo, e tem na Doida uma espécie de correlativo terrestre.

> Dos sábados a noite as fadas amam;
> Vagam então mais livres e atrevidas
> Dos malefícios a colher o fruto.
> Nadando pelo ar, silfos agora,
> Salamandras depois do Céu no fogo
> Em meteoros ígneos lampejando,
> Ondinas finalmente em claro lago,
> Na torrente ou no mar dançando à Lua,
> Dos sábados a noite as fadas amam.
> (VI, I)

Neste cenário, o Trovador desfere, sobre a Rocha Negra, o canto de adeus, onde vêm fundir-se alguns conceitos fundamentais do Romantismo: a beleza da morte, o seu caráter de fatalidade na vocação artística, libertando o poeta da incompreensão do mundo:

> Vão teatro da vida, alfim deixei-te!
> Eis-me pisando o umbral da eternidade.
> Mansão das ilusões, mundo, estou livre;
> Águia do inferno, o cisne te assoberba.
> Salve, morte piedosa! eterna amiga,
> Que enxugas sempre do infeliz o pranto;
> Vingança do oprimido, audaz recurso,
> Anjo da glória que coroa o gênio,
> Inimiga do mundo, que arrebatas
> Das garras desse tigre nobres vítimas;
> Abismo em cujo fundo a paz habita,
> Salve doce mistério! salve, ó morte!
> Caluniadora vida em vão pintou-te
> Hediondo esqueleto: — a vida mente! —
> Tu és pálida virgem compassiva,
> Que de uma vez a dor num sopro acabas;
>
> ....
> Rainha do silêncio, morte augusta,
> De sigilo e de olvido arca sagrada,
> Desencanto do pó, assomo d'alma,
> Porta solene que se fecha ao mundo
> E se abre à eternidade, salve!... salve!...
> Salve papoula dos jardins do Eterno!
>   (VI, 6)

Não é difícil perceber neste fragmento inicial a impregnação de Leopardi, inclusive imagens inspiradas por "Amore e morte", resultando um dos mais belos e serenos cantos fúnebres do nosso Romantismo. Por todo o poema, aliás, circula, como ficou sugerido, uma comunicabilidade entre os elementos e os seres, a vida e a morte, a dor e a paixão, que é um dos fatores da sua magia insinuante. O suicídio do Trovador, abraçado à mulher que não ama, mas irmanou à sua tragédia, aparece, deste modo, como rito propiciatório de uma existência mais bela e essencial, como a que a Doida lhe oferece na miragem do fundo do mar, para onde também quer fugir do destino que a marcou na fronte. Por isso, quando vem se unir ao poeta para a morte, é como se presenciássemos a um noivado além da vida:

Alvacenta barquinha, graciosa,
Amor das brisas, pérola das ondas,
Que entre os fulgores do luar te mostras
Ao longe duvidosa e já tão bela!
Serás tu da esperança mensageira,
Que traga a um triste inesperado alento?...
É da ventura benfazejo sopro
A que a vela te enfuna aura suave?
Linda filha do mar, a quem vestiram
Com as brancas vestes que a donzela estima,
Que quer dizer esse candor?... não sabes
Que o vestido da noiva em cor iguala
A mortalha da virgem?... não te lembra
Que da donzela a c'roa se desfolha
Num tálamo de amor, ou no sepulcro?...
Alva barquinha, teu candor que exprime?...
É véu de noiva, ou virginal mortalha?...
  (VI, 34)

Tais exemplos, a que se poderiam juntar outros muitos, mostram que *A nebulosa* abre as portas de um mundo romântico, onde poucos no Brasil se moveram tão bem. As lacunas, devidas sobretudo à prolixidade, não invalidam o poema, cuja leitura ainda hoje nos traz um hálito de fantasmagoria, sempre bem-vindo aos que são capazes de apreciar os vínculos entre "a alma romântica e o sonho" — a noite do sonho literário, onde as estrelas são as imagens dos poetas.

Otaviano, burguês sensível Muitas vezes a vocação existe; na maioria dos casos, porém, só parece existir porque não pudemos segui-la. Então, durante a vida inteira age como paraíso perdido e escusa, servindo-nos para justificar a mediania das realizações e alimentar o sonho banal de cada dia. Francisco Otaviano — que estaria um pouco neste caso — exprimiu com frequência a tristeza de haver sido arrebatado à poesia pela política, por ele chamada "Messalina impura", num epíteto famoso. Ingratamente, seja dito, pois ela lhe deu desde cedo os mais altos cargos do Império — deputado, senador, conselheiro, plenipotenciário — sem exigir excessivo sacrifício. Carreira fácil, respeitável e brilhante que teria satisfeito qualquer burguês razoável. Este, contudo, era poeta e cultivou sempre a nostalgia das letras, coroando o êxito mundano com a reticência elegante duma condicional. Se tivesse seguido a vocação... O interessante é que foi tomado ao pé da letra pelos contemporâneos, do insubmisso Sílvio Romero ao reverente Machado de Assis: se o conselheiro Otaviano...

A análise da sua obra revela, porém, que sorveu e elaborou a dose de poesia de que era capaz. Maior dedicação não produziria com certeza resultados mais sólidos; mas os que alcançou são de muito bom teor, revelando sensibilidade, gosto, elegância e equilíbrio. Qualidades nem sempre dos grandes criadores, mas florão maior do intelectual, do burguês culto e refinado, como ele foi de maneira exemplar.

O interesse da sua pequena obra vem da circunstância dela representar uma espécie de inspiração do homem médio, mas não banal, o que lhe dá, do ponto de vista psicológico, uma comunicabilidade aumentada pela transparência do verso, leve e corredio. Por isso, confere categoria poética a uma ordem de sentimentos raramente estimulantes da boa poesia. Nos seus versos estudantis a orgia só reponta como ocasião para aspirar à felicidade honesta do lar; casado, celebra a esposa e os filhos; se manifesta inclinação por outra mulher, cuida logo de refreá-la, a bem do decoro. Mas em tudo notamos certo dilaceramento que vitaliza; e justamente porque o tenebroso respeito humano o conduz sempre de volta às soluções de equilíbrio social, sentimos o drama da convenção que amarra o burguês ao seu papel, alienando-o frequentemente do que reponta nele de autêntico, em benefício da coerência exigida pela posição na sociedade. Otaviano confere autenticidade ao convencional, na medida em que exprime de modo elegante essa dinâmica refreada, exprimindo de certo modo a nossa condição geral de homens medianos. As suas preferências entre os latinos indicam de maneira significativa essa dualidade de espírito, reunindo o apaixonado e desabrido Catulo ao sereno, pacato Horácio. (Todo burguês traz na alma um Horácio que oferece compensações ao sequestro forçado de um Catulo.)

Em torno desse eixo central da sua personalidade literária se organizam as tendências comuns do tempo, que o levam a exprimir a melancolia e o desencontro, acentuar o sofrimento como condição da existência, comparar a vida humana à natureza, enroupar a sensualidade com imagens leves. Tudo isto num verso quase sempre harmonioso e bem cuidado, que o põe, como técnica, muito acima de todos os poetas do primeiro grupo romântico, excetuado Gonçalves Dias, de quem o aproximam o senso de equilíbrio, a correção da língua, a sensibilidade expressa sem alarde. O seu ouvido era excelente; prova-o a maestria com que usou o novessílabo e o hendecassílabo, freando discretamente a sua inevitável melopeia:

A noite era bela, fagueira, saudosa,
    De brando luar,
E meigos perfumes da brisa mimosa
Subiam do vale, pairando no ar...
    ("L'Éloge des larmes")

Oh! dá-me, te peço, sem mescla do mundo,
Teus olhos, teus lábios, teu sopro, teu canto;
Terás minha vida, amor tão profundo,
Que a terra o não tem, — amor puro e santo;
Em paga te peço, sem mescla do mundo,
Teus olhos, teus lábios, teu sopro, teu canto...
    ("Canção da mocidade")

Notemos que foi, salvo erro, um dos primeiros, se não o primeiro dos nossos românticos a utilizar regularmente o alexandrino, de doze e treze sílabas, fazendo-o com excelente mão:

A água é fresca e nova, mas a corrente a mesma;
As folhas se renovam, mas é constante a sombra;
As árvores são estas, que já nos sombrearam;
Corre ainda o regato por entre a verde alfombra.
    ("No campo")

Se tens, anjo ou mulher, no peito um coração...
    ("Delírio")

Certos poemas dele ficaram no gosto geral pelo tom sentencioso, ou a delicadeza com que manifestam os sentimentos dominantes na literatura de então, como "Recordações", um dos melhores exemplares que o Romantismo deixou do desespero amoroso:

Oh! se te amei! Toda a manhã da vida
Gastei-a em sonhos que de ti falavam!

Outro tema corrente, o da amada inacessível, brilha na excelente "Partida", onde encontramos como que a prefloração de um poema de Manuel Bandeira:

Por que foge a minha estrela,
Se no exílio em que me achava
O prazer que me restava,
O meu prazer era vê-la?
Por que foge a minha estrela?
Por que leva descaminho?
Por que me deixa no ermo,
Por que me deixa sozinho,
Inconsolável enfermo?

Meiga visão de um momento,
Breve sonho passageiro,
Deixou-me no isolamento
O meu astro feiticeiro.
Era uma estrela brilhante,
Uma estrela peregrina,
Era um astro cintilante,
Puro como a luz divina...

Para ser grande poeta, na escala brasileira, faltou-lhe todavia o essencial, que julgava ter e não tinha: vocação imperiosa, que requer o verso como único recurso para exprimir a personalidade. Tanto assim que o seu melhor conjunto de poemas talvez sejam as traduções — isto é, situações poéticas onde o impulso criador era dado por outros, cabendo-lhe pôr em jogo qualidades que possuía em alto grau: gosto, ouvido, plasticidade. Vertendo Horácio, Catulo, Alfieri, Byron, Shelley, Ossian, Moore, Musset, Victor Hugo, Uhland, Goethe, Schiller, Shakespeare, é sempre poeta excelente. Não conheço em língua portuguesa tradução mais perfeita que a do relato de Otelo ao conselho — empreendida quando estudante em São Paulo, no decênio de 1840 — onde vem preservada a nota mais autêntica do original, como espírito e forma. Bastante inferior é o famoso monólogo de Hamlet — "Ser ou não ser"; na cena amorosa de *Romeu e Julieta*, o nível sobe outra vez, para atingir pontos elevados nos fragmentos de *Childe Harold* e *Don Juan*. Portanto, um bom poeta, um homem culto e fino, que merece maior atenção do que lhe vem sendo concedida.

Cardoso de Meneses O mesmo não se pode escrever da obra de outro constante tradutor, este, aplicado e in extenso — João Cardoso de Meneses e Sousa, seu contemporâneo na Academia de São Paulo. Deixando de lado o que escreveu na velhice (a incrível adaptação d'*Os Lusíadas*; o pavoroso *À Virgem Santíssima: Poema em 8 carmes*, com retificações teológicas do cardeal-arcebispo; uma resma de sem gracíssimos versinhos de circunstância), deixando isto de lado, é preciso no entanto mencionar o seu nome pela circunstância de haver, nos meados do decênio de 1840, poetado com certo discernimento do que era então moderno, pondo-se pela concepção do verso à vanguarda de homens como Magalhães, Porto-Alegre, Norberto e anunciando alguns rumos imediatos do Romantismo: melancolia, isolamento, cenas históricas, Indianismo, ao qual quis dar um aspecto de autenticidade, semeando vocábulos tupis, devidamente traduzidos em nota. No seu "Babilônia" está todo o futuro "O festim de Baltazar" de Elzeário Lapa Pinto, gabado por Sílvio Romero; e "A serra de Paranapiacaba" forma como parente pobre, mas digno, d'"O gigante de pedra", de Gonçalves Dias, ao qual é anterior. Tudo somado, porém, a sua melhor produção talvez seja um soneto bestialógico, feito para responder a outro admirável, de Bernardo Guimarães:

> Era no inverno. Os grilos da Turquia,
> Sarapintados qual um burro frito,
> Pintavam com estólido palito
> A casa do Amaral e Companhia.
>
> Amassando um pedaço de harmonia,
> Cantava o "Kirie" um lânguido cabrito,
> E fumando, raivoso, enorme pito,
> Pilatos encostou-se à gelosia.
>
> Eis, súbito, no céu, troveja um raio;
> E o pobre Ali Pachá, fugindo à chuva,
> Monta depressa num cavalo baio.
>
> Passando, aperta a mão de um bago de uva,
> E, vendo que já estava em fins de Maio,
> Pávido calça de Petrarca a luva.

Por aí o futuro barão de Paranapiacaba se entronca na segunda fase romântica — do desespero e da dúvida, mas também do sarcasmo e da piada — de cujos representantes paulistanos mais destacados foi contemporâneo, tendo acabado o curso quando Bernardo e Aureliano estavam no 2º ano, Álvares de Azevedo, no 1º.

Capítulo XI

O aparecimento da ficção

1. Um instrumento de descoberta e interpretação 435
2. Os primeiros sinais 445
3. Sob o signo do folhetim: Teixeira e Sousa 452
4. O honrado e facundo Joaquim Manuel de Macedo 462

I.
Um instrumento de descoberta e interpretação

Tendo, no capítulo IX, considerado sobretudo a poesia como pedra de toque das tendências românticas, o estudo da ficção nos permitirá considerar outros aspectos que elas assumiram no Brasil, completando o panorama do nacionalismo literário. O romance, com efeito, exprime a realidade segundo um ponto de vista diferente, comparativamente analítico e objetivo, de certa maneira mais adequado às necessidades expressionais do século XIX.

O seu triunfo no Romantismo não é fortuito. Complexo e amplo, anticlássico por excelência, é o mais universal e irregular dos gêneros modernos. Mais ou menos equidistante da pesquisa lírica e do estudo sistemático da realidade, opera a ligação entre dois tipos opostos de conhecimento; e como vai de um polo ao outro, na gama das suas realizações, exerce atividade inacessível tanto à poesia quanto à ciência. O seu fundamento não é, com efeito, a transfigurada realidade da primeira, nem a realidade constatada da segunda, mas a realidade elaborada por um processo mental que guarda intacta a sua verossimilhança externa, fecundando-a interiormente por um fermento de fantasia, que a situa além do cotidiano — em concorrência com a vida. Graças aos seus produtos extremos, embebe-se de um lado em pleno sonho, tocando de outro no documentário. Os seus melhores momentos são, porém, aqueles em que permanece fiel à vocação de *elaborar* conscientemente uma realidade humana, que extrai da observação direta, para com ela construir um sistema imaginário e mais durável. Alguma coisa de semelhante ao "grande realismo", de Lukács, ou à "visão ética", de F. R. Leavis, com mais flexibilidade do que está contido no dogmatismo destes dois críticos.

A largura do seu âmbito, principalmente no que se refere ao tratamento formal da matéria novelística, leva-o a romper com as normas que delimitavam os gêneros. Entrando, à busca de temas e sugestões, pela história, economia, política, moral, poesia e pelo teatro, acaba também por lhes roubar vários meios técnicos — que ao se juntarem fazem dele um gênero eminentemente aberto, pouco redutível às receitas que regiam os gêneros clássicos. Daí a facilidade e a felicidade com que se tornou o gênero romântico por excelência; aquele, podemos dizer, que deveu ao Romantismo a definitiva incorporação à literatura séria e o alto posto que mantém desde então. Para uma estética avessa às distinções e limitações, era, com efeito, o mais cômodo, permitindo na sua frouxidão uma espécie de mistura de todos os outros.

Além deste motivo de natureza artística, outros intervieram para facilitar a sua voga. Em primeiro lugar, a ampliação do público ledor, devida à participação mais efetiva do povo na cultura, depois dos movimentos democráticos. Daí um desenvolvimento da imprensa periódica e da indústria do livro, que solicitaram desde logo um tipo accessível de literatura — bastante multiforme para agradar a muitos paladares, relativamente amorfo para se ajustar às conveniências da publicação (folhetim, seriados etc.).

Em segundo lugar, mencionemos a vocação histórica e sociológica do Romantismo, estimulando o interesse pelo comportamento humano, considerado em função do meio e das relações sociais. Ora, o estudo das sucessões históricas e dos grupos sociais, da rica diversificação estrutural de uma sociedade em crise, não cabia de modo algum na tragédia ou no poema: foi a seara própria do romance, que dele se alimentou, alimentando ao mesmo tempo o espírito histórico do século. O deslumbramento colombiano com que Balzac descobriu a interdependência dos indivíduos e dos grupos, fazendo da sociedade uma vasta estrutura misteriosamente solidária, equivale ao orgulhoso júbilo com que Auguste Comte julgou descobrir as leis de coexistência e evolução desta mesma sociedade.

Há pois, no romance, amplitude e ambição equivalentes às da epopeia; só que em vez de arrancar os homens da contingência para levá-los ao plano do milagre, procura encontrar o miraculoso nos refolhos do cotidiano. Mesmo o romance fantástico e tenebroso não escapa às limitações de tempo e espaço, embora as distenda até a fantasia; reciprocamente, a descrição minuciosa e fiel do "pedaço de vida" recebe nele um toque de fantasia inevitável, como a que empresta movimento quase épico às lavadeiras do *Assommoir*.

As contradições profundas do Romantismo encontraram neste gênero o veículo ideal. A emoção fácil e o refinamento perverso; a pressa das visões e o amor ao detalhe; os vínculos misteriosos, a simplificação dos caracteres, a incontinência verbal — tudo nele se fundiu, originando uma catadupa de obras do mais variado tipo, que vão do péssimo ao genial. É característico do tempo que esta escala qualitativa se encontra frequentemente no mesmo autor, como Victor Hugo, Balzac, Dickens, Herculano, Alencar — os escritores mais irregulares que se pode imaginar numa certa ordem de valor.

O lastro do real O eixo do romance oitocentista é pois o respeito inicial pela realidade, manifesto principalmente na verossimilhança que procura imprimir à narrativa. Há nele uma espécie de proporção áurea, um "número de ouro", obtido pelo ajustamento ideal entre a forma literária e o problema humano que ela exprime. No Romantismo, o afastamento dessa posição ideal se fez na direção e em favor da poesia; mais tarde, no Naturalismo, far-se-ia na direção da ciência e do jornalismo. Mas tanto num quanto noutro, permanece o esteio da verossimilhança e, mais fundo, a disposição comum de sugerir certa causalidade nos atos e pensamentos do personagem. A insistência dos naturalistas no determinismo inspirado pelas ciências naturais não nos deve fazer esquecer o dos românticos, de inspiração histórica. Com matizes mais ou menos acentuados de fatalismo, uns e outros se aplicavam em mostrar os diferentes modos por que a ação e o sentimento dos homens eram causados pelo meio, pelos antecedentes, a paixão ou o organismo. Daí um *realismo* dos românticos, que seria desnorteante se não lhe correspondesse um patente *Romantismo* dos naturalistas, para fazer da ficção literária no século XIX, e da brasileira em particular, um conjunto mais coeso do que se poderia supor à primeira vista. "Sendo a nossa pretensão, enquanto romancista, sobretudo a de encadear os acontecimentos uns aos outros com lógica quase fatal" — escreveu, não Zola, mas... Alexandre Dumas, n'*O visconde de Bragelonne*...

Esta noção de que os acontecimentos e as paixões "se encadeiam" é a própria lei do romance e a razão profunda da verossimilhança. Verossimilhança da história e da sociologia para os escritores do século XIX, até que os do século XX a fossem procurar em certos inverossímeis da psicologia moderna. Por isso, sempre que o romance romântico resistiu à tentação da poesia e buscou a *norma* desse gênero sem normas, encaminhou-se resolutamente para a descrição e o estudo das relações humanas em sociedade. Lugares, paisagens, cenas; épocas, acontecimentos; personagens-padrões, tipos sociais; convenções, usos, costumes — foram abundantemente levantados, quer no tempo (pelo romance histórico, que serviu de guia), quer no espaço. Uma vasta soma de realidade observada, herdada, transmitida, que se elaborou e transfigurou graças ao processo normal de tratamento da realidade no romance: um ponto de vista, uma posição, uma doutrina (política, artística, moral) mediante a qual o autor opera sobre a realidade, selecionando e agrupando os seus vários aspectos segundo uma diretriz. Lembremos, a título de exemplo, um dos pontos de vista mais caros à imaginação romântica: o conflito entre indivíduo e grupo, entre o gênio e os padrões sociais, que é o nervo dialético não apenas do Judeu Errante e do Conde de Monte Cristo, mas de Vautrin e Raskólnikov.

No Brasil o romance romântico, nas suas produções mais características (em Macedo, Alencar, Bernardo Guimarães, Franklin Távora, Taunay), elaborou a realidade graças ao ponto de vista, à posição intelectual e afetiva que norteou todo o nosso Romantismo, a saber, o nacionalismo literário.

Nacionalismo, na literatura brasileira, consistiu basicamente, como vimos, em escrever sobre coisas locais; no romance, a consequência imediata e salutar foi a descrição de lugares, cenas, fatos, costumes do Brasil. É o vínculo que une as *Memórias de um sargento de milícias* a *O guarani* e *Inocência*, e significa, por vezes, menos o impulso espontâneo de descrever a nossa realidade, do que a intenção programática, a resolução patriótica de fazê-lo.

Esta tendência naturalizou a literatura portuguesa no Brasil, dando-lhe um lastro ponderável de coisas brasileiras. E como, além de recurso estético, foi um *projeto* nacionalista, fez do romance verdadeira forma de pesquisa e descoberta do país. A nossa cultura intelectual encontrou nisto um elemento dinamizador de primeira ordem, que contribuiu para fixar uma consciência mais viva da literatura como estilização de determinadas condições locais. O ideal romântico-nacionalista de criar a expressão nova de um país novo encontra no romance a linguagem mais eficiente. Basta relancear em nossa literatura para sentir a importância deste, mais ainda como instrumento de interpretação social do que como realização artística de alto nível. Este alto nível, poucas vezes atingido; aquela interpretação, levada a efeito com vigor e eficácia equivalentes aos dos estudos históricos e sociais.

Visão do país No período romântico, a imaginação e a observação de alguns ficcionistas ampliaram largamente a visão da terra e do homem brasileiro. Numa sociedade pouco urbanizada (o Período Regencial, com as suas agitações, deu por assim dizer carta de maioridade ao Rio), e portanto ainda caracterizada por uma rede pouco vária de relações sociais, o romance não poderia realmente jogar-se desde logo ao estudo das complicações psicológicas. Estas surgem como espetáculo, ao nível da consciência literária, na medida em que o comportamento se vê ante expectativas múltiplas. Ora, nos grupos pouco numerosos e de estrutura estável, os padrões são universalmente aceitos, tornando menos frequentes os conflitos entre o ato e a norma. Na sociedade brasileira, até o começo do século XIX, a estratificação simples dos grupos familiais, regidos por padrões uniformes e superpostos à escravaria e aos desclassificados, não propiciava, no interior da classe dominante, a multiplicidade das dúvidas e opções morais. O advento da burguesia (se assim pudermos chamar o novo estrato formado, nas cidades, tanto pela imigração de fazendeiros, quanto pela ascensão de comerciantes e o desenvolvimento da burocracia) criava, porém, novos problemas de ajustamento da conduta. E ao definir uma classe mais culta, irrequieta e curiosa (ao contrário da rude obtusidade das *élites* rurais), determinava condições objetivas e subjetivas para o desenvolvimento da análise e o confronto do indivíduo com a sociedade.

Acompanhando de perto as vicissitudes do nacionalismo literário, e atendendo de certo modo às necessidades e aspirações desta nova classe, o romance se desdobra desde logo numa larga frente, que não cessaria de se ampliar e refinar. Iniciando em fins do decênio de 1830 com algumas novelas pouco apreciáveis e efetivamente pouco apreciadas de Pereira da Silva, toma corpo em 1843 com *O filho do pescador*, de Teixeira e Sousa, e *A Moreninha*, de Joaquim Manuel de Macedo, no ano seguinte.

Enredo e tipos: eis o que terá a princípio; e até a maturidade de Machado de Assis não passará realmente muito além destes elementos básicos, a que se vai juntando a consciência cada vez mais apurada do quadro geográfico e social. Ora a narrativa é soberana, como em Teixeira e Sousa, ora predominam os tipos como em Manuel Antônio de Almeida. As mais das vezes, misturam-se inseparavelmente os fatos do enredo e a pintura de tipos, como em Macedo, Alencar, Bernardo ou Franklin Távora. Em todos, porém, ressalta a atenção ao meio, ao espaço geográfico e social onde a narrativa se desenvolve; e através desta corrente geral, o filete vivo e ardente da poesia alencariana, criando com o Indianismo uma nova província para a sensibilidade e visão do país.

Quanto à matéria, o romance brasileiro nasceu regionalista e de costumes; ou melhor, tendeu desde cedo para a descrição dos tipos humanos e das formas de vida social nas cidades e nos campos. O romance histórico se enquadrou aqui nesta mesma orientação; o romance indianista constitui desenvolvimento à parte do ponto de vista da evolução do gênero, e corresponde não só à imitação de Chateaubriand e Cooper, como a certas necessidades já assinaladas, poéticas e históricas, de estabelecer um passado heroico e lendário para a nossa civilização, a que os românticos desejavam, numa utopia retrospectiva, dar tanto quanto possível traços autóctones.

Assim, pois, há três graus na matéria romanesca, determinados pelo espaço em que se desenvolve a narrativa: cidade, campo, selva; ou, por outra, vida urbana, vida rural, vida primitiva. A figura dominante do período, José de Alencar, passou pelos três e nos três deixou boas obras: *Lucíola*, *O sertanejo*, *Iracema*. E é esse caráter de exploração e levantamento — não apenas em sua obra, mas nas dos outros — que dá à ficção romântica importância capital como tomada de consciência da realidade brasileira no plano da arte: verdadeira consecução do ideal de nacionalismo literário, proclamado pela *Niterói*.

Por isso mesmo, o nosso romance tem fome de espaço e uma ânsia topográfica de apalpar todo o país. Talvez o seu legado consista menos em tipos, personagens e enredo do que em certas regiões tornadas literárias, a sequência narrativa inserindo-se no ambiente, quase se escravizando a ele. Assim, o que se vai formando e permanecendo na imaginação do leitor é um Brasil colorido e multiforme, que a criação artística sobrepõe à realidade geográfica e social. Esta vocação ecológica se manifesta por uma conquista progressiva de território. Primeiro, as pequenas vilas fluminenses de Teixeira e Sousa e Macedo, cercando o Rio familiar e as salas de visitas, do mesmo Macedo e de Alencar, ou o Rio popular e pícaro de Manuel Antônio; depois, as fazendas, os garimpos, os cerrados de Minas e Goiás, com Bernardo Guimarães. Alencar incorpora o Ceará dos campos e das praias, os pampas do extremo sul; Franklin Távora, o Pernambuco canavieiro, se estendendo pela Paraíba. Taunay revela Mato Grosso; Alencar e Bernardo traçam o São Paulo rural e urbano, enquanto o Naturalismo acrescenta o Maranhão de Aluísio e a Amazônia de Inglês de Sousa. Literatura extensiva, como se vê, esgotando regiões literárias e deixando pouca terra para os sucessores, num romance descritivo e de costumes como é o nosso.

Em país caracterizado por zonas tão separadas, de formação histórica diversa, tal romance, valendo por uma tomada de consciência, no plano literário, do espaço geográfico e social, é ao mesmo tempo documento eloquente da rarefação na densidade espiritual. Balzac, por exemplo, podia, sem sair de Paris, percorrer uma gama extensa de grupos, profissões, camadas, longamente amadurecidos, cuja interação vinha enriquecer, no plano do comportamento, aquelas opções e alternativas, já referidas, que são a própria carne da ficção de alto nível. No Brasil, riqueza e variedade foram buscadas pelo deslocamento da imaginação no espaço, procurando uma espécie de exotismo que estimula a observação do escritor e a curiosidade do leitor. Exotismo do Ceará para o homem do Sul; exotismo da própria Itaboraí para os leitores cariocas de Macedo.

O aprofundamento da análise vai-se tornando viável pela sedimentação do material estudado no romance extensivo. O romance rural de Bernardo e Távora; o romance urbano de Macedo, Manuel Antônio e Alencar (mais refinado na análise à medida que a burguesia ia se ampliando e diversificando como classe) constituem por assim dizer a superposição progressiva de camadas, que ia consolidando o terreno para a sondagem profunda de Machado de Assis.

Em Machado, juntam-se por um momento os dois processos gerais da nossa literatura: a pesquisa dos valores espirituais, num plano universal, o conhecimento do homem e da sociedade locais. Um eixo vertical e um eixo horizontal, cujas coordenadas delimitam, para o grande romancista, um espaço não mais geográfico ou social, mas simplesmente humano, que os engloba e transcende.

Temas e expressão O desenvolvimento do romance brasileiro, de Macedo a Jorge Amado, mostra quanto a nossa literatura tem sido consciente da sua aplicação social e responsabilidade na construção de uma cultura. Os românticos, em especial, se achavam possuídos, quase todos, de um senso de missão, um intuito de exprimir a realidade específica da sociedade brasileira. E o fato de não terem produzido grande literatura (longe disso) mostra como são imprescindíveis a consciência propriamente artística e a simpatia clarividente do leitor — coisas que não encontramos senão excepcionalmente no Brasil oitocentista. A vocação pública, o senso de dever literário não bastam, de vez que o próprio alcance social de uma obra é decidido pela sua densidade artística e a receptividade que desperta em certos meios.

A consciência social dos românticos imprime aos seus romances esse cunho realista que estou referindo, e provém da disposição de fixar literariamente a paisagem, os costumes, os tipos humanos. Este acentuado realismo (em nada inferior muitas vezes ao dos nossos naturalistas e modernos, tão marcados de Romantismo) estabelece no romance romântico uma contradição interna, um conflito por vezes constrangedor entre a realidade e o sonho.

Levados à descrição da realidade pelo programa nacionalista, os escritores de que vamos tratar eram contudo demasiado românticos para elaborar um estilo e uma composição adequados. A cada momento, a tendência idealista rompe nas junturas das frases, na articulação dos episódios, na configuração dos personagens, abrindo frinchas na objetividade da observação e restabelecendo certas tendências profundas da escola para o fantástico, o desmesurado, o incoerente, na linguagem e na concepção.

Isto nos leva a um interessante problema literário. Dentre os temas brasileiros impostos pelo nacionalismo, tenderiam a ser mais reputados os aspectos de sabor exótico para o homem da cidade, a cujo ângulo de visão se ajustava o romancista: primitivos habitantes, em estado de isolamento ou na fase dos contatos com o branco; habitantes rústicos, mais ou menos isolados da influência europeia direta. Daí as duas direções: Indianismo, regionalismo. O problema referido é o da expressão literária adequada a cada uma delas.

No caso do Indianismo, tratando-se de descrever populações de línguas e costumes totalmente diversos dos portugueses, podia a convenção poética agir com grande liberdade, *criando* com certo requinte de fantasia a linguagem e as atitudes dos personagens. O modelo respeitadíssimo de Chateaubriand, as convenções românticas de poesia primitiva (fortalecidas pelo ossianismo), favoreciam o emprego de um tom poético, visto que a matéria não levantava problemas de fidelidade ao real.

No caso do regionalismo, porém, a língua e os costumes descritos eram próximos dos da cidade, apresentando difícil problema de estilização; de respeito a uma realidade que não se podia fantasiar tão livremente quanto a do índio e que, não tendo nenhum Chateaubriand para modelo, dependia do esforço criador dos escritores daqui. A obtenção da verossimilhança era, neste caso, mais difícil, pois o original estava ao alcance do leitor. Daí a ambiguidade que desde o início marcou o nosso regionalismo, e que, levando o escritor a oscilar entre a fantasia e a fidelidade ao observado, acabou paradoxalmente por tornar artificial o gênero baseado na realidade mais *geral* e de certo modo mais *própria* do país. As palavras de Taunay, no limiar de *Juca, o tropeiro*, poderiam servir de epígrafe a quase toda a nossa literatura regionalista, sobretudo sob o aspecto *sertanejo* que assumiu com o Naturalismo:

> A autoria da presente narração pertence mais a um ex-sargento de voluntários de Minas, que nos disse haver conhecido de perto o personagem que nela figura, do que à nossa pena.
>
> O que fizemos foi desbastar o correr da história de incidentes por demais longos, de inúmeros termos familiares, e sobretudo de locuções chulas e sertanejas que podiam por vezes parecer inconvenientes. *Havendo contudo reconhecido a originalidade e força de colorido dessa linguagem, e desejando conservar ainda um quê da ingênua, mas pitoresca expressão do narrador, resultou uma coisa esquisita, nem como era contada pelo ex-sargento, nem como deveria ser, saída da mão de quem se atira a escrever para o público.*[1]

Mas justamente por implicar esforço pessoal de estilização (já que não podia canalizar tão facilmente quanto o Indianismo e o romance urbano a influência de modelos europeus), o regionalismo foi um fator decisivo de autonomia literária e, pela quota de observação que implicava, importante contrapeso realista. Quando se fala na *irrealidade* ou no *convencionalismo* dos romancistas românticos, é preciso notar que os bons, dentre eles, não foram irreais na descrição da realidade social, mas apenas nas *situações narrativas*. É digna de reparo a circunstância de não haverem, nos romances regionalistas e urbanos, inventado personagens socialmente inverossímeis, como se poderia esperar devido à influência estrangeira. Mais do que ela, funcionou aqui a fidelidade ao meio observado: e apesar da fascinação exercida por Balzac, Dumas, Feuillet, nunca se traçou em nossa literatura um Rastignac, um Monte Cristo ou um Camors, incompatíveis com as condições ambientes. Estude-se a influência do *Ivanhoe* n'*O sertanejo*, d'*A dama das camélias*, em *Lucíola*, ou d'*O romance dum rapaz pobre* em *Senhora* para se apreciar o tato com que Alencar manuseava sugestões europeias.

Este realismo, que foi virtude e obedeceu ao programa nacionalista, foi também fator de limitação, visto como a objetividade amarrou o escritor à

1 Sílvio Dinarte, *Histórias brasileiras*, p. 183. O grifo é meu.

representação de um meio pouco estimulante. Macedo é o caso mais típico neste sentido, tendo passado a vida a girar em torno de quatro ou cinco situações no mesmo e acanhado ambiente da burguesia carioca. Bem claro se torna pois o papel da história, do Indianismo e do *exotismo* regionalista, como ampliação de um limitado ecúmeno literário. Igualmente claro é o apelo constante ao padrão europeu, que sugeria situações inspiradas por um meio socialmente mais rico, e fórmulas amadurecidas por uma tradição literária mais refinada. Daí a dupla fidelidade dos nossos romancistas — atentos por um lado à realidade local, por outro à moda francesa e portuguesa. Fidelidade dilacerada, por isso mesmo difícil, que poderia ter prejudicado a constituição de uma verdadeira continuidade literária entre nós, já que cada escritor e cada geração tendiam a recomeçar a experiência por conta própria, sob o influxo da última novidade ultramarina, como se viu principalmente no caso do Naturalismo.

Significativa, com efeito, é a circunstância do romance pós-romântico haver renegado o trabalho admirável de Alencar, não falando nas duas excelentes realizações isoladas que foram as *Memórias de um sargento de milícias* e *Inocência*, para inspirar-se em Zola e Eça de Queirós. A consequência foi que os nossos naturalistas, com a exceção de Raul Pompeia e Adolfo Caminha, caíram nos mesmos erros dos românticos (sobretudo Aluísio Azevedo) sem aproveitar a sua lição.

Se voltarmos porém as vistas para Machado de Assis, veremos que esse mestre admirável se embebeu meticulosamente da obra dos predecessores. A sua linha evolutiva mostra o escritor altamente consciente, que compreendeu o que havia de certo, de definitivo, na orientação de Macedo para a descrição de costumes, no realismo sadio e colorido de Manuel Antônio, na vocação analítica de José de Alencar. Ele pressupõe a existência dos predecessores, e esta é uma das razões da sua grandeza: numa literatura em que, a cada geração, os melhores recomeçam da capo e só os medíocres continuam o passado, ele aplicou o seu gênio em assimilar, aprofundar, fecundar o legado positivo das experiências anteriores. Este é o segredo da sua independência em relação aos contemporâneos europeus, do seu alheamento às modas literárias de Portugal e França. Esta, a razão de não terem muitos críticos sabido onde classificá-lo.

Sob tal aspecto, é o herdeiro de Macedo, Manuel Antônio, Alencar, que foram no romance seus mestres e inspiradores. É claro que o seu gênio não decorre disto; pelo contrário, seguiu-os porque era um gênio com força suficiente para superá-los e dispensar os modelos estrangeiros. Por isso, é o escritor mais brasileiro que jamais houve, e certamente o maior. A sua aparente singularidade se esclarece, para o historiador da literatura, na medida em que se desvendam as suas filiações e, para o crítico, quando as liga ao talento peculiar com que fecundou a fórmula do romance romântico, acrescentando à apresentação realista das relações sociais urbanas uma profundidade analítica, inacessível à bonomia de Manuel Antônio, mas pressentida pelo Alencar de *Senhora* e *Lucíola*, no qual se entronca diretamente.

Assim, se Swift, Pascal, Schopenhauer, Sterne, a Bíblia ou outras fontes que sejam, podem esclarecer a sua visão do homem e a sua técnica, só a consciência da sua integração na continuidade da ficção romântica esclarece a natureza do seu romance. O fato de haver presenciado a evolução do gênero desde o começo da carreira de Alencar habilitou-o, com a consciência crítica de que sempre dispôs, a compreendê-lo, a avaliar o seu significado e sentir-lhe o amadurecimento. Prezou sempre a tradição romântica brasileira e, ao continuá-la, deu o exemplo de como se faz literatura universal pelo aprofundamento das sugestões locais. Comparadas às descobertas estrepitosas do Naturalismo, a sua orgulhosa humildade em face da cultura pátria ilustra bem a verdade do aforismo de monsieur Teste: *"Trouver n'est rien. Le difficile c'est de s'ajouter ce qu'on trouve"*. Graças a ele, a nossa ficção fixou e sublimou os achados modestos dos escritores que passaremos agora a estudar.

2.
Os primeiros sinais

O romance é d'origem moderna; veio substituir as novelas e as histórias, que tanto deleitavam a nossos pais. É uma leitura agradável e diríamos quase um alimento de fácil digestão proporcionado a estômagos fracos. Por seu intermédio pode-se moralizar e instruir o povo fazendo-lhe chegar o conhecimento de algumas verdades metafísicas, que aliás escapariam à sua compreensão. Se o teatro foi justamente chamado a escola dos costumes, o romance é a moral em ação [...].[2]

Este trecho de um crítico respeitado permite avaliar o conceito dos homens cultos sobre o romance, na fase inicial da sua existência entre nós. Para a gente sensata, era um gênero menor, imprevisto pela Retórica e a Poética, segundo as quais aprendiam literatura. Uma espécie de bastardinho brilhante, sem tradição nem regras, perigosamente festejado pela curiosidade popular. A esta devemos possivelmente um forte estímulo ao seu desenvolvimento, um apoio à imaginação dos escritores, que iam sentindo a eficácia e modernidade do novo instrumento. Os homens de responsabilidade, estes o admitiam como divulgação amena dos bons princípios.

"O plano é simples" — diz o mesmo crítico, da *Vicentina*, de Macedo — "e de suma moralidade: é uma lição dada às moças para que aprendam a preservar-se dessas serpentes, que se introduzem por entre as flores [...]."[3]

Alinhemos, portanto, os seguintes fatores para compreender a introdução do romance no Brasil, uns já referidos, outros mencionados agora: novas necessidades de expressão, correspondendo a uma visão diferente do indivíduo e da sociedade; influência estrangeira, dando o exemplo de livros atraentes assinados por nomes ilustres; receptividade do público ante um gênero que se podia apreciar sem iniciação teórica e atendia à perene necessidade de fantasia; racionalização por parte da opinião culta oficial, atribuindo-lhe significado compatível com as suas ideologias.

2 J. C. Fernandes Pinheiro, "*Vicentina*: Romance do sr. dr. Joaquim Manuel de Macedo", G, III, v. I, p. 17. 3 Ibid., p. 18.

Por tudo isso, já os reformadores da *Niterói* tentam cultivá-lo, embora ainda presos ao fascínio dos gêneros tradicionais, renovados ou não, a que dedicam muito maior afinco: epopeia, tragédia, lírica. Pereira da Silva produz várias pequenas obras de ficção em pouco mais de dois anos, entre as quais as novelas: *O aniversário de d. Miguel em 1828* e *Religião, amor e pátria* (1839), *Jerônimo Corte Real* (1840). O próprio Magalhães traz a sua contribuição em 1844, publicando na *Minerva Brasiliense* a novela *Amância*. Dos seguidores, a primazia coube a Norberto, com *As duas órfãs* (1841), seguida em 1844 por *Maria*, na *Minerva*. Em 1843 aparece *O filho do pescador*, de Teixeira e Sousa, considerado geralmente o primeiro romance brasileiro, já que os outros, apesar de trazerem por vezes essa designação, têm dimensões de conto ou novela. Em 1844 e 1845, respectivamente, *A Moreninha* e *O moço loiro*, de Macedo, surgem como as primeiras obras apreciáveis pela coerência e execução, fundindo tendências anteriormente esboçadas e dando exemplo dos rumos que o nosso romance seguiria, isto é, a tentativa de inserir os problemas humanos num ambiente social descrito com fidelidade.

Traduções Além dos fatores individuais, que se resumem geralmente com o nome de vocação, e da influência estrangeira, sempre decisiva, houve certamente por parte do público apreciável solicitação, ou pelo menos receptividade, a influir no aparecimento do romance entre nós. Provam-no a quantidade de traduções e a abundante publicação de folhetins seriados nos jornais, não apenas do Rio, mas de todo o país. Estudando o problema da propriedade literária, J. M. Vaz Pinto Coelho foi levado a pesquisar os folhetins, chegando a estabelecer uma lista, que considera "certamente muito incompleta", de 74 romances traduzidos e publicados desta forma, entre 1830 e 1854.[4] Admitindo que tenha escapado à sua investigação mais ou menos um terço, suponhamos que o número seja cem, o que dá a média de quatro romances anuais. É interessante verificar que a maioria aparece no ano de 1839, decaindo o ritmo a partir de 1847. Entre 1838 (aparecimento das novelas de Pereira da Silva) e 1845 (aparecimento d'*O moço loiro*) estão situados cinquenta dos 74 da lista de Pinto Coelho, ou seja, dois terços, em pouco menos de um terço de período investigado (sete anos sobre 24).

Estes números sugerem duas observações. Primeiro, que o interesse pelo romance parece coincidir com o aparecimento das primeiras manifestações românticas; considere-se, para evitar um raciocínio causal arriscado, que é

---

4 J. M. Vaz Pinto Coelho, "Da propriedade literária no Brasil", RB (2), v. 8, pp. 494-495. O introdutor da publicação de romances e contos em folhetins teria sido, no Brasil, Justiniano José da Rocha. Haroldo Paranhos, *História do Romantismo no Brasil*, v. II, p. 241.

também o momento em que começa a se desenvolver o jornalismo de maior porte, bem como a chegar aqui o exemplo francês. Talvez os três fatores devam ser combinados.

Em segundo lugar, a intensidade dos folhetins traduzidos diminui no momento em que se define a produção local; isto significaria que ela tomou em parte o seu lugar e viria a corresponder a necessidades do meio. Mas pelo século afora o romance estrangeiro, traduzido sem pagamento de direitos autorais, foi concorrente do nacional, chegando-se a dizer que prejudicava o seu desenvolvimento, desestimulando os nossos escritores.

> Como quereis que [os] editores nos comprem os nossos trabalhos, por melhores que eles sejam, quando acham já feitos, e o que é mais, com sucesso garantido? Como quereis que editem um romance, mesmo do nosso melhor romancista, se podem contrafazer *O primo Basílio* do sr. Eça de Queirós, ou traduzir o *Assommoir* do sr. Zola?

— perguntava José Veríssimo ainda em 1880, num congresso internacional.[5]

No decênio de 1830, a tradução foi todavia incentivo de primeira ordem, criando no público o hábito do romance e despertando interesse dos escritores. É preciso considerar não apenas os folhetins, mas as traduções em volume, publicadas aqui ou chegadas abundantemente de Portugal e da França. Os tradutores brasileiros eram muitas vezes de boa qualidade, como Caetano Lopez de Moura — médico dos exércitos de Napoleão, cuja biografia escreveu, ou melhor, compilou; que publicou um pouco de tudo para viver, em Paris, inclusive algo muito útil aos seus patrícios: uma *Arte de se curar a si mesmo nas doenças venéreas* (1839). Esse baiano, a quem se deve a publicação do *Cancioneiro de d. Dinis*, traduziu a maior parte dos romances de Walter Scott e do capitão Marryat, bem como *Os Natchez*, de Chateaubriand. Justiniano José da Rocha traduziu vários, começando em 1839 por uma novela da sua autoria, ou quem sabe adaptada do francês (como declara) — *Os assassinos misteriosos*, de autor ainda não identificado. Outro tradutor foi Paula Brito, de importante função auxiliar na literatura romântica, livreiro, editor, centro da Sociedade Petalógica.

Os livros traduzidos pertenciam, na maior parte, ao que hoje se considera literatura de carregação; mas eram novidades prezadas, muitas vezes, tanto quanto as obras de valor. Assim, ao lado de George Sand, Mérimée, Chateaubriand, Balzac, Goethe, Irving, Dumas, Vigny se alinhavam Paul de Kock,

---

5 Segundo Pinto Coelho, op. cit., p. 493.

Eugène Sue, Scribe, Soulié, Berthet, Souvestre, Féval, além de outros cujos nomes nada mais sugerem atualmente: Bard, Gonzalès, Rabou, Chevalier, David etc. Na maioria, franceses, revelando nos títulos o gênero que se convencionou chamar folhetinesco. Quem sabe quais e quantos desses subprodutos influíram na formação do nosso romance? Às vezes, mais do que os livros de peso em que se fixa de preferência a atenção.[6]

Tendências iniciais Para uma ideia das tendências iniciais da ficção brasileira, tomemos por amostra três obras, representativas de outras tantas tendências que serão fundidas e superadas na obra de Macedo, graças ao aparecimento do enquadramento social: a histórica, a trágica, a sentimental, respectivamente, ilustradas por Pereira da Silva (*Jerônimo Corte Real*), Joaquim Norberto (*Maria*) e Gonçalves de Magalhães (*Amância*).

Pereira da Silva se movimentava com desenvoltura entre a ficção e a realidade. A sua novelística é uma simples acentuação de tendências que podemos observar nos seus estudos históricos, mormente biográficos, onde supre lacunas documentárias com a achega da imaginação. No *Plutarco brasileiro*, mais tarde *Varões ilustres do Brasil durante os tempos coloniais*, e nos *Episódios do Brasil colonial*, estamos quase a meio caminho entre documento e invenção; em *Jerônimo Corte Real* e *Manuel de Morais* (não conheço os dois outros romances históricos), esta apenas corre mais livre a partir dos dados positivos. Tomada em conjunto, a sua obra poderia ter como epígrafe o título de um dos seus últimos livros: *A história e a legenda*...

Jerônimo Corte Real põe em cena o poeta deste nome, autor do *Sucesso do segundo cerco de Diu* e do *Naufrágio de Sepúlveda*. O fio da meada é a sua paixão por d. Leonor de Vasconcelos, cujo irmão abate em duelo, partindo em seguida com d. Sebastião para a África, onde fica prisioneiro após Alcácer-Quibir. Depois, volta, escreve, retira-se do mundo e morre. Mas sentimos que, para o autor, é tão importante quanto isso o desejo de pôr em cena personagens históricos, sobretudo Camões, que aparece esmolando com o fiel Jao, prevendo o desastre do jovem rei, aconselhando o protagonista, tudo numa língua recortada n'*Os Lusíadas*. As duas linhas se perturbam, aparecendo uma como pretexto da outra, reversivelmente, segundo o ângulo do leitor. Muito mais tarde, em *Manuel de Morais* (1866), faria obra melhor arquitetada, procurando recompor através da ficção a vida

---

6 Reporto-me sempre à lista de Pinto Coelho. Sobre as traduções de Lopes de Moura e Justiniano, bem como o início do nosso romance, consultar o levantamento de Basílio de Magalhães, *Bernardo Guimarães*, pp. 145-150.

turbulenta e mal conhecida do famoso jesuíta paulistano. E no respectivo prefácio, assim justificaria o seu método, escudando-se no romance histórico: "Confundir-se-ão no mesmo quadro a história real e a imaginação aventureira. Não é este o ramo mais popular da moderna literatura, a fórmula mais estimada pelo público da atualidade?".

Como os seus ensaios novelísticos iniciais têm por quadro Portugal, considerou-se o primeiro romance histórico brasileiro *Um roubo na Pavuna*, de Azambuja Suzano (1843); anos depois Teixeira e Sousa publicou *Gonzaga ou A Conjuração de Tiradentes* (1848); mas o gênero só brilhou realmente no Brasil romântico nas mãos de Alencar, em *O guarani* e *As minas de prata*, misturando-se ao Indianismo.

Maria ou Vinte anos depois, com a especificação de "romance brasiliense", é uma obrinha, preciosa pelo valor documentário, que se poderia definir como romance-relâmpago, pois apesar do tamanho (onze páginas da *Minerva Brasiliense*, equivalendo talvez a umas trinta de formato comum) não é certamente novela nem conto. A matéria é de romance, bem como a técnica e a inserção temporal dos episódios, que abrangem três gerações; por isso mesmo é um precioso esforço, onde se compendiam o estilo e o temário do Romantismo tenebroso — tão ruim, tão convencional, tão feito de encomenda para ilustrar os lados caricaturais da escola, que a sua leitura acaba divertindo. Eis o enredo: Pedro Rodrigues, casado, carvoeiro na floresta da Gávea, viola uma jovem que tomava banho; nove meses depois é exposto em sua casa o fruto do ato, que ele confessa à esposa, e esta cria a pequena Maria como filha. Maria cresce; o rico e perverso José Feliciano quer violentá-la, por sua vez, mas não consegue; casa-a então com o seu preposto Gaetano, calabrês honrado e bravio, e o casal tem uma filha, Clara. Feliciano manda o calabrês para longe e possui brutalmente Maria, cuja mãe adotiva morre de desgosto; a seu tempo nasce o pequeno Henrique, raptado com violência da choupana materna pelo pai, à véspera do calabrês voltar. Este já sabia de tudo e mata a mulher abraçada à filhinha, tinta com o seu sangue. Clara é criada pelo avô, Pedro, primeiro violentador da série. Passam vinte anos; há um naufrágio de que se salva um belo moço, logo identificado como Henrique pelo velho. Entre ele e Clara se esboça um leve interesse incestuoso, mas ele vai para o Rio. Meses depois, vem à mata visitar o avô e depara, à sua porta, um homem agredido por quatro; toma a sua defesa e atira, matando um dos agressores. O homem que defendeu vai morrer, mas antes conta que é Gaetano, matador da mãe dele, Henrique; e que este acaba de matar o próprio pai, José Feliciano, já então seu cunhado também, pois desposara entrementes a jovem Clara, isto é, filha de Gaetano e da mulher que violentara. Henrique enlouquece e é recolhido à Misericórdia.

É a complicação romântica em todo o esplendor, esteada pela maquinaria adequada: violência e cordura, bondade e maldade, alternando-se; incesto, coincidência, surpresa, reconhecimento por meio de sinais e, sobrevoando tudo, a Fatalidade. O estilo acompanha, na sua comovedora falta de jeito. É ainda uma língua que procura se adaptar ao novo gênero, sem saber como, perde-se no diálogo, recorre à segunda pessoa do plural, vinga-se nas descrições. Estas ponteiam a narrativa, acompanhando o acontecimento com docilidade; quando há violência e desastre nos homens, a tempestade comparece pontualmente; quando tudo amaina, a natureza se engalana. O cenário é a mata da Tijuca e da Gávea, marcando o intuito "brasiliense", sublinhado igualmente por outros traços tomados aos costumes.

A *Amância*, de Magalhães, qualificada de "novela", em subtítulo, apresenta igual valor de paradigma no gênero sentimental. O narrador, médico, socorre uma jovem desesperada, vestida de homem, que se atira da sacada do Passeio Público, onde então batia o mar. Lendo furtivamente uma das cartas que ela trazia, conhece o drama: o pai não a quer deixar casar com o bem-amado (amante como se dizia) para dá-la a um madurão endinheirado. Haviam marcado encontro para fugir, e como o jovem não viesse, resolveu morrer; mas o jovem fora, atrasado, e não vendo por sua vez ninguém, entrega-se ao desespero. Intervém o médico e concilia as boas graças do pai para o casal de namorados, auxiliado indiretamente pelo outro candidato, que se revela um grosseirão inaceitável.

O que sobressai é a imperícia do autor, fazendo os acontecimentos se dobrarem tão docilmente ao propósito esquemático, e os personagens se dobrarem tão docilmente aos acontecimentos, sem respeito à coerência, que não chegamos a sentir o efeito da convenção romanesca. *Amância* manifesta aliás um caráter frequente, de modo mais ou menos explícito, na maioria da ficção romântica: subordinação do sentimento ao acontecimento. Não sabendo, ou não querendo dar-lhe realidade própria, o autor o amarra ao fato, subordinando-o às variações deste, que se torna critério, fio diretor em torno do qual tudo vem se organizar. Em consequência, os aspectos psicológicos dificilmente alcançam verossimilhança, a menos que o autor possua o gênio narrativo de um Alexandre Dumas, que faz esquecer o personagem enquanto ser humano, para dar-lhe rara vivacidade como elemento de uma combinação de fatos vertiginosamente lançados. *Amância* — obra de escritor medíocre noutros gêneros, péssimo neste — oferece exemplos verdadeiramente caricaturais. A moça vem à praia para fugir; o namorado atrasa *meia hora*! Ela tenta se matar. O namorado não a encontra; reputa-a traidora e não quer mais saber de nada. Conhecem a verdade: imediatamente se reconciliam. O pai é inflexível e está disposto a fazer a desgraça sentimental da filha; entra o seu candidato e se comporta com uma grosseria encomendada nos bastidores pelo romancista; ele se torna compreensivo e concorda com tudo. Em suma, os personagens inexistem separados do acontecimento, que os dirige de fora, imposto pelo ficcionista com uma inabilidade que mata a verossimilhança. Sobra apenas o transbordamento de lamúrias, lágrimas, alegrias, arrependimentos, perdões, convergindo para soluções perfeitamente adequadas à moral reinante. Sob este aspecto, *Amância* traz uma fórmula, muito usada no Romantismo: o amor é um conjunto de complicações que põe os amantes à prova, a fim de melhor recompensá-los, ilustrando sempre o triunfo da virtude.

3.
Sob o signo do folhetim: Teixeira e Sousa

Imaginemos uma mistura dos elementos exemplificados nas obras de Norberto, Magalhães e Pereira da Silva: o resultado será Teixeira e Sousa, o bom, simpático e infeliz carpinteiro de Cabo Frio, festejado na "Petalógica", mas, ao que parece, menos acatado pelos figurões literários do tempo, notadamente a corte do "Senhor de Magalhaens", desdenhosa por certo ante a humildade das suas origens, a sua pobreza, o seu passado de trabalhador manual, o permanente caiporismo. Tanto mais, quanto estas condições negativas não eram compensadas pelo fulgor do talento.

Escrevendo sobre o romance nascente, Dutra e Melo ignora-o de todo; Fernandes Pinheiro trata-o com polidez condescendente; um anônimo do *Correio Mercantil*, porventura Gonçalves Dias, desanca de tal modo a sua epopeia nacionalista que ele desiste de continuar, terminando-a afinal quase dez anos mais tarde. Como romancista, os poucos que lhe deram importância foram, excetuado Santiago Nunes Ribeiro, gente secundária: Paula Brito, Félix Ferreira. Noutra geração, Sílvio Romero (duro com os medalhões, sempre generoso com os sofredores) recebeu-o na *História da literatura brasileira*, menos como crítico do que como hospedeiro compadecido.

Da parte do público o juízo não tem sido menos severo; Teixeira e Sousa é um escritor literalmente esquecido. Dos seus dez livros, os quatro de poesia nunca se reeditaram; dos seis romances, a metade ficou na primeira edição, precedida nalguns casos pela publicação periódica em folhetim, e nenhum foi além da segunda. Quanto às peças de teatro, o esquecimento foi pétreo.

No entanto, embora a qualidade literária seja realmente de terceira plana, é considerável a sua importância histórica, menos por lhe caber até nova ordem a prioridade na cronologia do nosso romance (não da nossa ficção), do que por representar no Brasil, maciçamente, o aspecto que se convencionou chamar *folhetinesco* do Romantismo. Ele o representa, com efeito, em todos os traços de forma e conteúdo, em todos os processos e convicções, nos cacoetes, ridículos, nas virtudes.

A sua carreira de ficcionista começa em 1843 com *O filho do pescador* e termina em 1856 com *As fatalidades de dois jovens*; de permeio, *As tardes de um pintor* ou *As intrigas de um jesuíta* (1847), *Gonzaga* ou *A Conjuração de*

Tiradentes (1848-1851), *Maria* ou *A menina roubada* (1852-1853); *A providência* (1854). Alguns, como o terceiro e o quarto, são incríveis de tolice e puerilidade; noutros, como sobretudo *A providência*, estas chegam a um tal grau de intensidade e complicação, que tocam as raias do grandioso; é o triunfo da subliteratura, com tanta generosa abundância que nos prende a atenção e quase impõe o respeito.

O culto da peripécia Se procurarmos analisar os elementos da ficção de Teixeira e Sousa (hesito em escrever — a sua arte), talvez possamos distinguir quatro: peripécia, digressão, crise psíquica, conclusão moral.

A peripécia não é um acontecimento qualquer, mas aquele cuja ocorrência pesa, impondo-se aos personagens, influindo decisivamente no seu destino e no curso da narrativa. Ela é pois, em literatura, um acontecimento privilegiado, na medida em que (já vimos a propósito de Magalhães) é a verdadeira mola do entrecho, governando tiranicamente o personagem. Nos livros de Teixeira e Sousa, este só se define por meio dela; não passa de elemento na concatenação dos acontecimentos, que, estes sim, constituem a alma, o esqueleto e o nervo do livro.

É necessário fazer aqui uma distinção. Como sabemos, em muitos romancistas de alto nível o personagem se revela em parte através do acontecimento, que surge a modo de suporte da sua verdade humana e ocasião para podermos apreendê-la. Qualquer leitor de Stendhal sabe disso, e se deleita, na *Chartreuse de Parme*, com as intrigas da corte ducal, as fugas, prisões, manobras, lutas. O autor vai comentando, apontando o significado humano da situação, desvendando a propósito o personagem, mostrando o seu amadurecimento ou simplesmente o seu imprevisto. Não se trata disso, porém, na esfera folhetinesca, onde, por uma inversão de perspectiva, o personagem é que serve ao acontecimento. Este adquire consistência própria, impõe-se em bloco, incorpora o personagem e apela para o que há de mais elementar no leitor, confundido nesta hora à criança, ao homem rústico, ao primitivo, na fascinação pela magia gratuita da fábula. Por isso, a maior conquista da ficção moderna foi de ordem estática, derrotando a cinemática da *história*, do *causo* — às vezes prodigiosa, às vezes elementar, mas implicando sempre a supremacia do acessório sobre o essencial, no desenrolar incessante dos fatos. Se em certos autores contemporâneos, como os que se afogam na "corrente da consciência", o processo atinge por vezes a um exagero inversamente pernicioso, o certo é que a grande era da ficção, aberta com os franceses e os ingleses do século XVIII, encerrada quem sabe por Marcel Proust, James Joyce e Kafka, a grande era da ficção representa o triunfo do personagem e da situação sobre a peripécia, marcando o triunfo dos aspectos essenciais da vida sobre o que nela é acessório, ante uma visão mais profunda. No romance folhetinesco do Romantismo, a peripécia consiste numa hipertrofia do fato corriqueiro, anulando o quadro normal da vida em proveito do excepcional. Os fatos não *ocorrem*; *acontecem*, vêm prenhes de consequências. Daí uma diminuição na lógica da narrativa, pois a verossimilhança é dissolvida, pela elevação à potência do *incomum* e do improvável. Ao insistir na integridade normal do fato, o realismo diminuiu e mesmo derrubou a soberania do acontecimento, restaurando o equilíbrio entre ele, a situação que lhe dá significado, e o personagem que dela emerge. De Teixeira e Sousa a Machado de Assis, o nosso romance sofreu um processo que freou progressivamente a corrida dos acontecimentos, instaurando um ritmo narrativo mais lento e menos sobrecarregado, que permitiu maior atenção do romancista à humanidade do personagem.

Com o nosso bom carpinteiro, estamos no nível elementar do acontecimento pelo acontecimento. Para servi-lo convenientemente, confia a tarefa romanesca a comparsas adequados: mistério e fatalidade. Aquele, englobando o imprevisto, a surpresa, o quiproquó, o desconhecido, as trevas; esta, as coincidências, encontros, maquinações, relações imprevisíveis, peso do passado sobre o presente. Mas na ficção de cunho folhetinesco a fatalidade é quase sempre mero recurso, que supre a capacidade de interpretar a concatenação da vida humana, enquanto o mistério nunca é a opacidade do desconhecido.

É interessante notar, com efeito, que, malgrado o movimento da peripécia, que deveria abrir perspectivas, e do mistério, que é uma espécie de ressonância a envolver as palavras e alongar o seu significado além dos limites comuns — malgrado tais elementos, o romance de Teixeira e Sousa é limitado e fechado em si mesmo. O acontecimento é totalmente esgotado, sem deixar qualquer margem para a imaginação; e todos os mistérios, rigorosamente esclarecidos. Esta elucidação meticulosa representa, ao mesmo tempo, uso e desrespeito do mistério, pois o autor estabelece uma espécie de contabilidade das complicações, que se desfazem na hora certa. Daí o caráter mecânico dos entrechos e episódios, o leitor permanecendo frio ante os trejeitos dramáticos do romancista, e, em muitos casos, prevendo facilmente o desfecho dos suspenses ou a identidade dos figurantes misteriosos, de que faz tão largo uso.

O abuso desses traços, utilizados com impudor tranquilo, atinge o ápice em *A providência*. Seria impossível resumir este livro, onde o que vale é justamente a riqueza de pormenores e a vertigem dos mistérios. Vogando no tema do incesto, prezado pelos românticos e ocorrente em suas próprias obras de modo dominante ou recessivo, faz os namorados terminarem irmãos uns dos outros, com filiações surpreendentes, violações e bastardias entrecruzadas, quase tudo partindo de um velho e, ao tempo dos acontecimentos, santo Jesuíta, o padre Chagas, verdadeiro "Pai, avô, Adão dos mais", dir-se-ia aplicando o verso de Mefistófeles, traduzido por Castilho. Do ponto de vista técnico, aparece aí um processo caro a Teixeira e Sousa: o entrecruzamento das diferentes histórias, manipuladas como *fios* de uma trança que se vai desenvolvendo. História de Pedro (que uma revelação final mostrará ser filho do fazendeiro Batista, contra quem maquinava) e seu infernal companheiro Jacinto; história de Felipe, seus avós, sua filha Narcisa; história de Batista, sua filha Rosa Branca e os namorados Benedito (irmão), Arcanjo (irmão), d. Geraldo (apenas primo); história de Renato e seu pai, o mouro. Todas acabam se cruzando, pois Pedro quer desposar Jacinta (não confundir com o referido Jacinto), mas esta casa com o viúvo Batista que é amigo de Renato, pai suposto de Arcanjo com quem vai casar Rosa Branca (filha de Batista), já quase se apaixonando por Benedito, irmão desconhecido. Pairando num plano superior, o padre Chagas (que desvenda, intervém) e nada menos que *A providência*, sob a forma de uma figura feminina cavernosa e fantasmal, antiga amante traída por Felipe, no Oriente, que vem à zona de Cabo Frio assustar os moradores, vingar e distribuir justiça. Tudo temperado com raptos, naufrágios, assaltos, duelos, gritos, choros, confissões, relatos, arrependimentos, reconhecimentos etc. etc.

A coisa é pouco menos complicada nos outros livros. Em *As fatalidades de dois jovens*, há igualmente filiações trocadas, reconhecimentos por sinais, raptos, assassínios, roubos, ladrões, morte de amor, subterrâneos, tesouros. O mais simples ainda é *Maria*, onde praticamente se cruzam duas séries narrativas: a da menina roubada e as estripulias do vilão Estevão (mais tarde Esteves), uma estreitamente solidária da outra.

Outros elementos O segundo elemento da ficção de Teixeira e Sousa, a que se chamou aqui *digressão*, consiste nessa sobrevivência dos romances medievais que é o enxerto de histórias secundárias. Os ingleses, na esteira dos picarescos espanhóis, usaram até pleno século XIX este processo, que dá encanto a tantos livros de Dickens e Thackeray, nos quais a história é geralmente intercalada por um personagem acessório ou meramente ocasional, como o caixeiro-viajante das *Aventuras de Pickwick*. Em Teixeira e Sousa, são quase sempre os protagonistas que dão lugar à digressão, que para ele não seria algo justaposto, mas essencial à narrativa. É propriamente a marcha em zigue-zague que transforma *A providência* num sistema de retrospectos, servindo a ação presente quase apenas de pretexto para eles ocorrerem. Em sentido algo diverso, é o que se dá em *As tardes de um pintor*, onde, antes de narrar o assalto praticado por um cigano espanhol, acha-se na obrigação de contar toda a organização da sociedade secreta a que se filia; ou, para introduzir um valentão que protege o herói, narra longamente o seu passado; ou, sobretudo, quando suspende o curso do entrecho central para espraiar-se na viagem de um preposto, que vai ao Rio Grande agenciar a morte do mocinho. E assim nos demais.

O terceiro elemento faz as vezes de análise psicológica, e aparece como violenta *crise* moral, que acomete o personagem a certa altura, fazendo-o sentir os seus crimes, medir o seu desespero, capacitar-se da situação em que está. Apelando para um paradigma ilustre, poder-se-ia dizer que é a situação de "tempestade num crânio", como Victor Hugo chama à vigília trágica de Jean Valjean, dilacerado entre deixar condenar o homem que supõem ser ele próprio (e assim conquistar a tranquilidade para sempre), ou denunciar-se e, perdendo posição social e fortuna, retornar às galés. Na obra do nosso romancista há vários momentos deste tipo, de intensidade variável, sendo o meio mais apurado a que recorre para pintar a vida interior. Citem-se, como exemplos característicos, n'*O filho do pescador*, o brusco arrependimento de Laura, deslocando para a possível redenção a sua vida de crimes rocambolescos; em *As tardes de um pintor*, a crise em que Leôncio, transformado pela paixão, freme ante a vilania que vai cometer; ou, em *As fatalidades de dois jovens*, a vigília de Geraldino, dilacerado por amar a filha do inimigo de seu pai. Estes encontros do personagem consigo mesmo revelam em Teixeira e Sousa esforço de ampliar o horizonte, suspendendo por um instante o fluxo dos acontecimentos, que neles encontram porém, não raro, apoio para desenvolvimentos maiores.

O elemento final, de natureza ideológica, é a preocupação constante em extrair a moral dos fatos. Eis como explica, no seu jargão típico, o entrelaçamento de ambos:

> O narrador aproveita a ocasião para declarar aos seus leitores, se lhe perguntarem no fim desta história quem é o herói dela, e qual a ação principal, que ele os não quis designar abertamente: o que porém o narrador declara muito positivamente é que os fatos mencionados são acontecimentos da vida humana, embora neles se compliquem personagens tão importantes, que se torne difícil o assinar-se-lhes o plano positivo em que devem figurar; embora eles sejam de tal maneira preponderantes, que se não conheça à primeira vista a ação principal que sobre o todo domina. Não obstante, o leitor judicioso verá que todos os fatos se reúnem afinal na vida de um homem, que todavia não parece ser o

principal personagem, ao menos em grande parte desta história: e então no fim dela, ou quase no fim, o leitor notará claramente o alvo que o narrador quis ferir, e a moralidade da sua história. (*A providência*)

Neste mesmo longo romance, bem como em *As fatalidades de dois jovens*, cada capítulo é encimado por uma máxima moral, ligada ao conteúdo da narrativa; e n'*O filho do pescador*, chega a dizer que o romancista não tem o direito de contar histórias em que o crime permaneça impune. Daí a função muito especial do elemento preponderante dos seus livros, que engloba todos os demais: a fatalidade — geralmente mostrada como providência, isto é, superordenação dos acontecimentos por algo que promove a pena e retribuição dos atos. É ela que conduz à punição dos culpados, embora nem sempre ao galardão dos justos, pois Teixeira e Sousa não tem a mesma bonomia complacente de Macedo, e dá por destino, a alguns dos seus heróis, a morte, ou o claustro.

O andamento do folhetim Como se vê, nada falta para a configuração do gênero folhetinesco, inclusive a luta do Bem e do Mal. Com alguns dos seus cultores ocorrem outras afinidades, haja vista certo anticlericalismo, entremeado de padres bons e santos. Em *As tardes de um pintor*, é jesuíta o vilão-mor, perverso, lúbrico, ateu, que tece todas as intrigas aludidas no subtítulo, para satisfazer a paixão sacrílega por Clara. Eis um pedaço do pacto infernal que estabelece com Leôncio:

— [...] E aquele que faltar à menor cláusula do pacto?
— Condenação eterna, disse Leôncio, e o padre, sorrindo-se sarcasticamente, disse de um modo quase satânico:
— Qual condenação eterna?... não acredito nessas asneiras. O pacto está solenemente celebrado; é um pacto bilateral, cujas condições são iguais para qualquer dos dois contratantes; e aquele que faltar à menor das condições será vítima do punhal vingativo do outro, que não for fedífrago. Aceitas?
— Aceito.
— Toca.

Em *Gonzaga*, Tiradentes é levado a conspirar pelo desejo de vingar a irmã e o cunhado, mortos por obra da Inquisição, por não ter ela querido ceder ao desejo de um padre, descrito com as piores cores. Mesmo n'*A providência*, onde há o bom jesuíta Chagas, pai de todos, aparece um sacerdote usurário.

Em compensação, os bandidos são por vezes bons e cavalheirescos, como Justo, em *As tardes de um pintor*, ou, principalmente, o Botocudo, aliás

Gonçalo Pereira Dias, em *As fatalidades de dois jovens*. Este e Gonzaga, no romance do mesmo nome, representam dois tipos queridos do Romantismo; o salteador de alma grande e o gênio infeliz. Ao contrário do Tomás Antônio que figura na peça de Castro Alves, liberal e abolicionista, este é apenas o poeta marcado na fronte pelo talento, pagando com a desgraça o tributo da própria genialidade.

O Botocudo é vítima de uma série de vilanias, que justificam abundantemente a sua revolta contra a sociedade má. Diferente de João Fera, que surgirá mais tarde no *Til*, de Alencar, é todavia um bandido impecável que só pratica o bem, defende os fracos, pune os culpados, não toca no ouro; um cavaleiro andante que não sabemos como está associado e mesmo é chefe dum bando de terríveis assassinos e ladrões, que formam, pelos vínculos múltiplos, a rede central das maldades e torpezas do livro. Como um anjo bom, intervém nos momentos preciosos, salva da morte e do fogo, arranja dinheiro aos necessitados, impede uniões criminosas, sempre misterioso, perpassando como um gigantesco embuçado, que os protegidos apenas vislumbram. É ele quem fecha o livro com chave de ouro nas bodas de Geraldino e Carolina, contando publicamente a sua história por ordem do vice-rei, e encontrando a filha perdida desde a infância, numa cena típica do nosso bom romancista:

Findo isto perguntou-lhe Geraldino:

— E qual é o lugar do seu nascimento?

— O Maranhão.

— O seu nome?

— Gonçalo Pereira Dias.

— Oh meu Deus!, exclamou Madalena.

Todos olharam para ela, e quase todos perguntaram o que tinha.

— E o nome de sua mulher?, perguntou ela ao Botocudo.

— Francisca Pereira da Conceição.

— É extraordinário! Meu pai também tinha o seu nome, e minha mãe também se chamava Francisca Pereira da Conceição.

O Botocudo contemplou Madalena e perguntou-lhe:

— Donde é filha, minha menina?

— Do Maranhão.

— Tem vossemecê algum sinal no pescoço do lado esquerdo, grande, vermelho e do feitio de um coração?

— Sim, senhor.

— E outro no braço direito, quase no curvo dele, pequeno, preto como a cabeça de um alfinete de encosto?

— Sim, senhor. Ei-los.

E dizendo isto, mostrou Madalena os dois sinais, que, apenas vistos pelo Boto-cudo, lançando-se a ela e abraçando-a exclamou:

— Minha filha!

Duas lágrimas correram de seus olhos! E o homem que jamais havia chorado em sua vida, chorou pela primeira vez, abraçando aquela a quem dera o ser!

Note-se o perfeito arranjo dos chavões, inclusive um sinal para garantir a certeza do outro, e ambos colocados em lugares que a moça poderia exibir em público...

Recursos narrativos Se encararmos mais de perto a composição desses livros, duas coisas nos chamam em seguida a atenção: o recurso ao passado e a falta de organicidade na integração das partes.

A fatalidade se manifesta melhor numa sequência temporal de fatos, ao longo dos quais fica patente o seu efeito; enquanto o mistério lucra com o recurso a outras eras e lugares. Isto, e certamente a voga da ficção histórica, levou Teixeira e Sousa a localizar no século XVIII quatro dos seus seis romances; só o primeiro e o último são contemporâneos. E se apenas *Gonzaga* é um romance histórico no sentido estrito, os outros se aproximam do gênero, tanto pela localização temporal e a tentativa de reconstituir os costumes, quanto pelo recurso a fatos ou personagens reais. Em *As tardes de um pintor*, perpassam os assaltos de Duclerc e Duguay-Trouin, mais tarde as guerras do Sul; Gomes Freire aparece como figurante e intervém ativamente ao lado do herói, Juliano. Em *As fatalidades de dois jovens*, desempenha papel ativo o vice-rei Luís de Vasconcelos, e assistimos ao incêndio do Recolhimento do Parto, onde se abriga a heroína e uma amiga, salvas pelo Botocudo. Em *A providência* não há tais elementos, devendo o leitor contentar-se com a evocação do Rio e, sobretudo, a zona rural da respectiva capitania. Aos romances quase históricos, poder-se-ia dar o qualificativo de "Recordações dos tempos coloniais", que dois deles trazem no subtítulo.

Estes livros, aprofundados e de certo modo espichados pelo passado, que entra além disso a cada passo pelo retrospecto da biografia dos personagens, são feitos por partes justapostas, alternando-se ou tripartindo-se as várias meadas, dando as mais das vezes a impressão de pedaços, cozidos numa duvidosa unidade. Romances-minhoca, temos por vezes vontade de chamá-los, desses em que o seccionamento duma parte não tira a vida às outras. A história da *borduna*, sociedade secreta espanhola, em *As tardes de um pintor*; ou a maior parte da viagem de Ligeiro, no mesmo livro, são impérios dentro de um império, elaborados pela técnica da digressão. E ainda nisso permanece Teixeira e Sousa fiel aos modelos folhetinescos, entre os quais talvez tenha sido importante Eugène Sue — com as suas camorras, os seus jesuítas, os seus pendores éticos. É preciso notar que a extrema complicação, levando a urdidura quase a desintegrar-se, é em parte um recurso literário consciente, para espicaçar a curiosidade do leitor, cuja sofreguidão foi pitorescamente comparada à da baleia em certo trecho d'*O filho do pescador*.

Para pôr em andamento isto tudo, dispõe de um estilo difuso e abundante, um diálogo entrecortado, intermináveis narrações, descrições empoladas, discursos do personagem e do autor. Por vezes abusa do direito de escrever mal, sem alinho nem ordem, desprovido de qualquer senso estético:

Este soneto não será um ótimo soneto, mas atenta a circunstância de ser feito quase de repente, e numa sala onde se conversava, é ele pois um muito bom soneto. Os entendedores da matéria aplaudiram o soneto, como a uma boa poesia, os que não entendiam aplaudiram por adulação a Agostinho, ou antes a Juliano como herdeiro de uma boa fortuna, isto é, os bens de Agostinho, que não tinha herdeiros, e que idolatrava ao seu mui querido sobrinho. (*As tardes de um pintor*)

Vejamos agora uma declaração de amor:

— Oh meu primo! Isso não é sincero...

— Malditos sejam do pecador os lábios que se movem para enganar os anjos de Deus! Maldição sobre o espírito do crime que procura enganar o espírito da inocência! Ah! Permiti que vos fale em uma linguagem de confiança e de amor. Ao ver-vos no meio deste delicioso jardim, alegrando com vossos divinos olhos estas felizes verduras, e animando com vossos celestes sorrisos estas bem-aventuradas flores, que, tão variadas, tão coloridas, tão cheirosas e belas, como que à porfia derramam em torno de vós suaves ondas de voluptuoso perfume, encantador tesouro de seus delicados cálices, pleiteando entre si a glória de vossos amorosos desvelos, confesso que, tomado de um religioso respeito, considero-me em um delicioso jardim, plantado por mãos divinas de invisíveis ninfas, velado por benéficos gênios e protegido por deuses! Eu vos contemplo como a deusa desta celeste mansão, a Flora deste bem-aventurado jardim, mas a nova deusa das flores, mil vezes mais cheia de encantos que a velha deusa dos antigos jardins! Então abalado pela extrema força de um culto íntimo, sinto que profano esta gleba sagrada, que felizes cultivam as mãos da mais bela de todas as deusas!

— Quanta lisonja... meu Deus... (*A providência*)

Se deixarmos todavia preocupações de estilo e composição, para atentar unicamente à carpintaria dos episódios — alma dos livros de Teixeira e Sousa — o juízo resulta mais favorável do que poderia parecer, afastados os três livros pior que péssimos e guardados os três outros, que chegam realmente a seduzir, pela corrida dos fatos e atmosfera setecentista. Em *As tardes de um pintor*, numa vaga repercussão d'*Os mistérios de Paris*, de Sue, é boa a descrição do bas-fond carioca, com seus valentões estipendiados, seus ciganos, falsos mendigos, bodegueiros, moleques, num primeiro esboço do que faria Manuel Antônio de Almeida. E o seu amor pela minúcia é às vezes fidelidade documentária, como quando entra pela contabilidade adentro, em *As fatalidades*, para explicar as falcatruas de Flávio e Liberato; ou indica, no mesmo livro, as providências moralizadoras do bispo Castelo-Branco. No mesmo espírito se enquadra a tendência para descrever com abundância e relevo os tipos e costumes: festa religiosa da Semana Santa, em *A providência*; festa de casamento, em *As fatalidades*, com suas comidas, danças e desafios; no mesmo livro, tenta reproduzir a prosódia lusitana de um vilão e, muito pitorescamente, a fala paulista de dois honrados tropeiros: "— Não sénhór, não séja mál créado... nós mánde ássobir qué lhé não quérémos fálar nó méio dá rua féitos négros...".

Pelos negros e mestiços (sendo ele filho de português e preta) tem simpatia marcada. Há maioria de escravos fiéis; o heroico Botocudo é mameluco; em *O filho do pescador*, *A providência*, *Maria* e *As fatalidades* são escravos que salvam situações difíceis, recebendo o justo galardão da alforria; no segundo livro citado, descreve uma beldade negra (talvez o primeiro caso em nossa literatura), justificando-se ante a opinião branca pela autoridade do Cântico dos cânticos...

4.
O honrado e facundo Joaquim Manuel de Macedo

Há escritores cuja obra é uma pesquisa deles próprios, e que parecem escrever em função de certas características pessoais, tomando o leitor como acessório e procurando convertê-lo à sua visão do homem. Por isso requerem de nós o esforço de substituir hábitos mentais por uma atitude nova, capaz de penetrar na maneira novamente proposta; e a intensidade do esforço despendido por nós dá o índice da sua singularidade.

Outros, todavia, parecem preocupar-se, não tanto com a sua mensagem, quanto com a possibilidade receptiva do leitor, a cujos hábitos mentais procuram ajustar a obra, sem grande exigência. Neste caso, a sua força não provém da singularidade do que exprimem, mas do fato de saberem fornecer ao leitor mais ou menos o que ele espera, ou é capaz de esperar. A facilidade com que o leitor apreende o texto é, geralmente, o índice da conformidade deste com as possibilidades médias de compreensão e as expectativas do meio.

Isto não quer dizer, como pareceria à primeira vista, que os da primeira espécie sejam grandes, e medíocres os da segunda. Mas apenas que há duas maneiras principais de comunicação literária pelo romance: uma, caracterizada pela circunstância do escritor impor os seus padrões; outra, pela sua adequação aos padrões correntes. Nos dois grupos há fortes e fracos, e nos grandes romancistas não é rara a coexistência das duas orientações. Assim, vemos por vezes uma superfície acessível e sem mistério cobrir, para o leitor ou mesmo a época literária menos experientes, certos valores raros e profundos, como os que Stendhal reservava aos happy few. Exemplo típico é Machado de Assis, celebrado longamente pelo que havia nele de mais epidérmico, até que nos nossos dias fosse ressaltada, por Augusto Meyer, Lúcia Miguel Pereira e Barreto Filho (os seus maiores críticos), a força recôndita, que faz a sua grandeza real e singular.

Balzac, Dickens, Eça de Queirós, são grandes romancistas que se enquadram no segundo dos grupos indicados. Nele se contém igualmente o folhetim de capa e espada, a ficção novelesca, sentimental ou humanitária, que foi alimento principal do leitor médio no século XIX e serviu para consolidar o romance enquanto gênero de primeiro plano, tornando-o hábito arraigado, como hoje o do cinema ou radionovela, que o vão substituindo.

Fidelidade ao meio Não poderíamos encontrar no Brasil, em todo o século passado, escritor mais ajustado a esta via de comunicação fácil do que Joaquim Manuel de Macedo. O pequeno valor literário da sua obra é principalmente social, pelo fato dele se ter esforçado em transpor a um gênero novo entre nós os tipos, as cenas, a vida de uma sociedade em fase de estabilização, lançando mão de estilo, construção, recursos narrativos os mais próximos possíveis da maneira de ser e falar das pessoas que o iriam ler. Ajustando-se estreitamente ao meio fluminense do tempo, proporcionou aos leitores duas coisas que lhe garantiram popularidade e, mesmo, a modesta imortalidade de que desfruta: narrativas cujo cenário e personagens eram familiares, de todo o dia; peripécias e sentimentos enredados e poéticos, de acordo com as necessidades médias de sonho e aventura.

Enquanto fornecia elementos gratos à sensibilidade do público, ia extraindo deles as consequências que não ocorrem no cotidiano e, desta forma, influindo no gosto, dando estilo às aspirações literárias do burguês carioca, ou, como se dizia então, fluminense. E assim como Alencar inventou um mito heroico, Macedo deu origem a um mito sentimental, a Moreninha, padroeira de namoros que ainda faz sonhar as adolescentes.

Realidade, mas só nos dados iniciais; sonho, mas de rédea curta; incoerência, à vontade; verossimilhança, ocasional; linguagem, familiar e espraiada: eis a estética dos seus romances.

Correndo os olhos por esta obra longa e prolixa (em 34 anos de produtividade, vinte romances, doze peças de teatro, um poema, mais de dez volumes de variedades), vem-nos a impressão de que o bom e simpático Macedinho, como era conhecido, cedeu antes de mais nada a um impulso irresistível de tagarelice. Os seus romances, digressivos e coloquiais, entremeados de piadas ou lágrimas, à vontade, tendendo à caricatura, mesmo ao lado da tragédia, cheios de alusões à política e aos acontecimentos — os seus romances parecem, antes, narrativa oral de alguém muito conversador, cheio de casos e novidades, não desdenhando uns enfeites para realçar a alegria ou tristeza do que vai contando.

Ora, em boa literatura, apenas na aparência a prosa é *natural* ou equivalente da fala diária; entre ambos há um afastamento necessário, sempre que o escritor pretende algo mais que divertir um público mediano. No romance brasileiro desse período, é muito acentuada a tendência para a prosa falada, seja familiar, seja oratória. Assim é em Teixeira e Sousa, em Macedo e, como veremos, Bernardo Guimarães, que é uma espécie de Macedo caipira.

A tagarelice possui vantagens e desvantagens. Vantagem é, por exemplo, o corretivo que traz à grandiloquência e gigantismo dos românticos. A vocação coloquial desperta o interesse pelo mundo circundante, onde se vão buscar os elementos da conversa; desperta acuidade para os pequenos casos, os pormenores expressivos e menos aparentes, que por vezes definem melhor a natureza das ações. Determina, por fim, a simplicidade e a familiaridade do estilo, que Dutra e Melo tanto gabou: "Vê-se que uma facilidade, uma simpleza, um não sei que de franco, de interessante, de desimpedido, são os dotes principais do estilo em que é manejada *A Moreninha*; e tal julgamos ser o caráter do autor" — diz com muita finura, pois ao definir o estilo, enumerou as características de Macedo.[7]

Esta simplicidade, portanto, esta abertura no modo de ser, conduziram o nosso conversador a observar o que lhe estava à roda. Se de um lado este pequeno realismo restringe a observação, limitando o seu alcance ao que fica dentro de um certo raio, de outro proporciona um substrato mais ou menos tangível e sólido, que as próprias fugas do devaneio romântico não dissolvem inteiramente — ao contrário do que se dá com Teixeira e Sousa, homem sombrio e nada comedido. Isto, porque é bastante fiel ao meio que observa, como se pode verificar, por exemplo, pelas profissões dos seus personagens. Raramente se esquece de indicá-las, e então vemos passar e repassar à nossa vista o comerciante, grande e pequeno, o empregado de comércio, o funcionário público, pequeno ou grande, o político, o estudante; ao fundo, o fazendeiro. Apenas vez por outra, quase sempre de modo transitório, surge o rapaz sem profissão certa, o marginal, por isso mesmo romântico, mas logo acomodado numa das categorias indicadas, que esgotavam praticamente as possibilidades de vida burguesa no Rio daquele tempo e, pois, no universo romanesco de Macedo, que o descreve fielmente. Homem da classe média urbana, quase não sentiu o atrativo do rebelde, do selvagem, do bandido, da decaída, que arrebataram as imaginações mais cálidas de Teixeira e Sousa, Bernardo, Alencar, Távora. Não lhe interessou também a arraia-miúda colorida e movimentada de Manuel Antônio de Almeida. Ficou no círculo restrito da sua classe e da sua cidade, desconhecendo personagens incompatíveis com os respectivos gêneros de vida.

Os heróis d'*A Moreninha* são quatro estudantes de medicina; as senhoras são filhas ou esposas de comerciantes. N'*O moço loiro*, duas famílias esteiam a narrativa; a primeira, modesta, de um funcionário algo ridículo, com uma mulher e uma filha tentando brilhar na sociedade, aparecer e dar festas. Outra, de comerciantes opulentos e dignos, mas cheia de mistérios e encrencas que dinamizam a narrativa toda, e à qual pertencem o herói e a heroína. O vilão e o subvilão, são, comerciante o primeiro, caixeiro o segundo. E assim vai tudo.

---

7 A. F. Dutra e Melo, "*A Moreninha*", MB, v. II, p. 748.

Alguns dos seus romances patenteiam, mais que outros, esta fidelidade ao sistema das posições e relações na sociedade do tempo. Se em muitos deles tudo gira em torno do amor, não é apenas porque o romancista leva em conta o público feminino, ou porque o sexo constitua um fulcro da literatura. Analisando o tipo de amor que descreve, veremos que na base das complicações sentimentais — namoricos, faniquitos, intriguinhas, negaceios — há uma infraestrutura determinada pela posição da mulher, nessa sociedade acanhada de comerciantes, funcionários e fazendeiros, onde ela era um dos principais transmissores de propriedade, um dos meios de obter fortuna ou qualificação. Daí os combates que se travam ao seu redor e cuja verdadeira natureza vem descrita em *Rosa*.

Se os homens se lançam ao amor com tanta aplicação, é porque nele está a oportunidade de colocação na vida. Os cínicos, como Faustino, calculam friamente e o autor se vale deles para estigmatizar o carreirismo matrimonial. Os puros, como o estudante Juca, obedecem ao sentimento... Mas não erram na escolha do melhor partido. As mulheres, do seu lado, percebem que, sendo o casamento a sua grande carreira, o amor é uma técnica de obtê-lo do melhor modo.

A fidelidade ao real leva Macedo a alicerçar as suas ingênuas intrigas sentimentais com fundamentos bem assentados no interesse econômico, e a descrever a estratégia masculina do ponto de vista da caça ao dinheiro. Ainda nisso revela fidelidade ao meio, desvendando alguns mecanismos essenciais da moral burguesa, apoiada na necessidade de adquirir, guardar e ampliar propriedade. Os labirintos românticos da paixão tornam-se as veredas sociais do namoro, neste bom burguês incapaz de trair a realidade que o cerca, acabando sempre por harmonizar no matrimônio o dote da noiva e o talento sutilmente mercável do noivo.

Não inventa, portanto, condições socialmente impossíveis para os personagens: os seus impossíveis são de ordem física ou psíquica, nunca de ordem social. Isto era implícito, aliás, na concepção que formava do romance, e exprime a certo passo de *Os dois amores*:

> — [...] pensas que os romances são mentiras?...
> — Tenho certeza disso.
> — Neste ponto estás muito atrasada, d. Celina; os romances têm sempre uma verdade por base; o maior trabalho dos romancistas consiste em desfigurar essa verdade de tal modo, que os contemporâneos não cheguem a dar os verdadeiros nomes de batismo às personagens que aí figuram.

Talvez os seus personagens nem sempre partam de tipos existentes, conforme pretende ele e recomendava Stendhal; mas a posição deles no mundo é sempre definida, testemunhando a fidelidade com que os transpunha do meio social carioca. Por isso já os contemporâneos o reputavam fiel na pintura dos costumes.

Banalidade e fantasia Se a vocação coloquial de Macedo serviu para estabilizar a sua obra, graças a um pequeno realismo que o tornou sensível às condições sociais do tempo, ela reforçou, por outro lado, a sua mediocridade. Aceitou os tipos que via em torno, sem maior exigência artística, dentro das normas sumárias duma psicologia pouco expressiva. Tanto que nos perguntamos como é possível pessoas tão chãs se envolverem nos arrancos romanescos a que as submete. Nada mais revelador, neste sentido, que os seus desfechos, onde tudo se equilibra e soluciona da melhor maneira e os personagens deixam de ser maus, ou aventureiros, ou excepcionais de qualquer modo, para se nivelarem e irmanarem, inteiramente iguais, uma vez passada a agitação mais exterior que interior da narrativa. A sua psicologia revela quase sempre este caráter: os personagens são apresentados por meio de avaliações, como era corrente entre os românticos (o bom, o mau, a leviana, o tolo) e sempre foi na conversa sem responsabilidade; e tais avaliações são provisórias, desfazendo-se geralmente no fim (ainda como na prosa fiada sem consequências). Em lugar de análises, efetua julgamentos sumários e sem matizes, pronto a reformá-los abruptamente quando as circunstâncias exigirem, e mesmo quando não exigirem, dando prova de uma boa índole que passa da vida à literatura. N'*O moço loiro*, por exemplo, as duas almas danadas, Lucrécia e Otávio, são descartadas amavelmente no final, para não serem humilhadas nem atrapalharem, mas antes ganham oportunidade para se revelarem boas pessoas, cegadas um momento pela paixão. A doce ingenuidade do trecho seguinte marca muito bem de que modo trazia os vilões à normalidade familiar, quando já não necessitava da sua vilania para a marcha do enredo:

> [...] livre por um instante do alarido das paixões, a alma de Otávio começou para logo a ouvir a voz pausada, grave e monótona da consciência, voz que é sempre a mesma, com o mesmo timbre, e que jamais se cala incessante e monótona como as vagas do mar, ou como o tique-taque da pêndula do relógio, que defronte estava.

(Note-se que a voz da consciência só se faz ouvir nos seus livros quando o autor precisa dela...) Muito mais surpreendente é a regeneração final do personagem de mais constante, meticulosa e acabada vilania de quantos criou, o Salustiano de *Os dois amores*.

Eu era um moço perdido, sem nobreza, sem generosidade, e sem amor do que é verdadeiramente belo; provarei, que, com o exemplo da honra, soube conhecer os meus erros [...]. Voltarei talvez um dia [...] quando o estudo, a meditação, as lágrimas e as viagens tiverem gasto todos os meus remorsos, e me disserem que já não sou o mesmo.

Como se vê, as mudanças espirituais são abruptas e vêm de acordo com os acontecimentos e as necessidades narrativas. Obediente, no ponto de partida, às sugestões do meio, traça personagens *convencionais*, isto é, correspondentes à expectativa corrente do leitor; traça-os segundo modelos cotidianos, acessíveis ao julgamento médio e, portanto, delimitados pelos padrões mais corriqueiros. No seu tempo estes exigiam também, na literatura, a excitação febril da peripécia; e Macedo, de seu lado, precisava dela para dar relevo aos seus personagens-de-toda-hora. Como não têm vida interior, mas apenas dois ou três traços mais ou menos pitorescos, a narrativa deve, na sua marcha, submetê-los ao acontecimento. E muito embora preferisse a piada e o prosaísmo, e em sua obra domine o mencionado pequeno realismo, nem por isso deixou de consumir desabaladamente tudo o que é acessório ou exterior à evolução dos sentimentos: segredos que afloram, mortes, revelações, intervenções oportunas; cordéis de toda casta.

O conformismo em face do cotidiano leva-o, pois, a um realismo miúdo, que não enxerga além das aparências banais nem penetra mais fundo que a psicologia elementar dos caixeiros bem-falantes, donzelas casadoiras e velhotes apatacados. Miúdo realismo que não provém apenas de um defeito de acuidade e imaginação, mas também desta aderência ao meio sem relevo social e humano da burguesia carioca — de vez que se afasta apreensivo, como a velha Ema, n'*O moço loiro*, do mundo mais rico e promissor das revoltas populares, da agitação ideológica do período que precede imediatamente a sua atividade literária. Mas a par desse primeiro tipo de conformismo, aparece na sua obra um outro, que chamaríamos poético, e vem a ser o emprego dos padrões mais próprios à concepção romântica, segundo acaba de ser sugerido: lágrimas, treva, traição, conflito. Em Macedo, esta ruptura parcial da bonomia pequeno-realista não é devida apenas à tendência folhetinesca, muito propensa a maltratar a verossimilhança. Se pula gostosamente sobre esta é porque obedece a uma inclinação, recessiva na sua personalidade literária, para o Romantismo tenebroso do dramalhão, da poesia tumular, do sentimentalismo masoquista. Por isso, emprega tão desenvoltamente os choques morais e as situações dramáticas. N'*O moço loiro* há um nítido "complexo de Monte Cristo", ou seja, a obsessão com as forças ocultas que se encarnam na missão de um personagem excepcional, dotado de ubiquidade, onisciência e onipotência, conduzindo fatalmente a narrativa a um alvo preestabelecido.

Assim, vemos que obedecia a duas convenções, porque a sua produção tinha dois esteios: o *real* e o *poético*. A sua alma romântica se manifesta saborosamente neste contraste (que não o era para o tempo) entre a normalidade inicial e final dos personagens e a anormalidade das peripécias por que os faz passar de permeio, e não nos parecem compatíveis com as tendências, gostos, posição deles. Vimos que isto é possível porque, na verdade, tudo está *fora*, não *dentro* dos personagens. A anormalidade da situação e dos sentimentos desliza por assim dizer sobre eles, e o eixo *poético* não interfere, no final das contas, com o *real*.

Se procurarmos encarar independentemente estes dois eixos, veremos que na sua obra cada um tende a manifestações mais ou menos puras, onde aparece com a máxima nitidez. O pequeno realismo se exprime, por exemplo, com maior pureza na veia cômica, entremeada por toda a sua obra. Ele adora a piada, a alusão engraçada, feita para o riso franco das rodas masculinas, exprimindo a vulgaridade do meio que retratou e fora estabilizado pelo período regencial sobre as ruínas de uma aristocracia incipiente e mais refinada, devida a um quarto de século de vida palaciana, bruscamente interrompida pelo impulso democrático posterior ao Sete de Abril. Só numa sociedade bastante chucra poderiam ter bom curso as suas chalaças, que ultrapassavam a vulgaridade, indo não raro à rasgada grosseria. Sirva de exemplo a graçola de Augusto, n'*A Moreninha*, preparada com delícias pelo autor na cena entre ele e d. Violante, e francamente saboreada por um homem tão delicado quanto Dutra e Melo, numa prova de quanto, ainda nisso, correspondia Macedo às expectativas do meio.

Além das piadas e ditos, abundam situações cômicas, algumas muito bem desenvolvidas, como a briga dos esposos Venâncio e Tomásia, d'*O moço loiro*, bom trecho de chanchada. Certos romances, como *A luneta mágica*, são todos cômicos; ao mesmo filão prendem-se *A carteira do meu tio* e *Memórias do sobrinho do meu tio*, sátiras políticas e sociais. É todavia no seu teatro que encontramos a mais depurada expressão desta tendência.

A tendência *poética* manifesta-se não apenas na peripécia folhetinesca, mas, ainda, no sentimentalismo por vezes deslavado das cenas de amor e amizade, das afeições alambicadas e deformadas pela mais vulgar pieguice. Esta idealização extrema de gestos e palavras desloca para o inverossímil (provisoriamente, como vimos) as maneiras burguesas registradas pela observação; mas já ficou dito até que ponto correspondia à convenção sentimental e artística prezada pelo leitor, que nela via um disfarce essencial ao romance. Em alguns predomina exclusivamente, como n'*Os dois amores*, para não falar n'*As vítimas-algozes*. Mas em estado por assim dizer de pureza, é n'*A nebulosa*, poema novelesco, que o vamos achar. O seu romance fica, pois, situado no cruzamento das duas tendências — uma tributária do realismo miúdo, outra, da idealização inverossímil.

Balanço Pelo dito, vemos que teve pouco das três acuidades fundamentais do bom romancista: a sociológica, a psicológica, a estética; em todo o caso, mais a primeira que as outras duas. Nele, a visão da sociedade e do homem era estreita e superficial; o sentimento da beleza, bem fraco. Como criador e como pessoa parece-nos mediano, sem relevo de qualquer espécie. Foi bem o Macedinho da tradição carinhosa, bom pai e bom cidadão, fiel ao imperador e aos correligionários, conformista e comedido, tão comodista que recusou a pasta de ministro por que ardeu o ambicioso Alencar. Professor dos filhos da princesa Isabel, homem representativo da ala conservadora do Partido Liberal, intermediário entre o Paço e os políticos, é possível, todavia, não ter experimentado outra ambição que a literária. Nunca utilizou a carta de médico, e parece que aceitou várias deputações como emprego pouco trabalhoso. O que fez realmente com amor, sem desfalecimento, durante quase quarenta anos, foi escrever. "Até no Colégio de Pedro II, enquanto fingia prestar atenção ao que dizia o aluno, que expunha a lição, corrigia provas de romances", conta um ex-discípulo.[8] Assim tão ameno e bom sujeito, não é de espantar que tenha sido o romancista querido das famílias.

Não é também de espantar que a sua visão seja tão pobre, e de quase todos os seus livros se desprenda uma boa vontade cheia de bonomia e otimismo. Se já houve quem dissesse que o mal é necessário, para Macedo ele é apenas passageiro. Vimos como em sua obra tudo se resolve, explica e perdoa. O escritor familiar timbra nas amenidades finais, que reconciliam com a vida e o semelhante. O vício é a privação momentânea da virtude; mesmo a pobreza é uma suspensão da abastança. A maldade é provisória, o bem, definitivo: eis a moral dos seus livros. Nunca escritor reduziu tanto a psicologia à moral, e esta ao catecismo. Se não fosse o vinco amargo deixado pela escravidão na sua consciência de homem e escritor (*As vítimas-algozes*), poderíamos dizer que o mal, para ele, era no fundo um recurso literário, feito para realçar o bem, como sentia Dutra e Melo com agrado ao celebrar a boa doutrina d'*A Moreninha*.

---

8 Alcides Flávio, "Joaquim Manuel de Macedo", *Velaturas*, p. 272.

Às vezes, porém, um sentimento mais vivo da realidade social e espiritual coava por entre essa pastosa mediocridade e ele compreendia não só a condição desumana do escravo, mas, no início da carreira, a dura sorte do homem pobre. A miséria é assinalada n'*Os dois amores* com um senso bastante agudo, que escapa ao sentimentalismo habitual das suas páginas e apreende o sentido contraditório das relações entre pobre e rico. Diríamos quase sentido dialético, porque entrevê um conflito que supera a oposição. Depois de analisar "a fisiologia do coração do pobre, a fisionomia da sociedade em que ele vive; sociedade geralmente pervertida, que repele sem discutir a pobreza e o desvalimento", conclui pela solidariedade na culpa de todos os privilegiados, mesmo quando bons individualmente, e remata:

> Sabeis qual é, e qual será o resultado de tudo isto?... É que hoje o pobre já não tem amor às instituições, nem confiança no governo; porque as leis servem somente para puni-lo, e o governo não cura de protegê-lo. É que amanhã o pobre terá em desprezo a lei, e há de desconfiar da sociedade que governa;[9] e depois de amanhã... e no futuro, num dia enfim que felizmente bem longe está ainda, o povo pobre que é muito mais numeroso do que o povo rico, perguntará àqueles que estão de cima — se ainda não é tempo de minorar-se o peso da sua cruz, se o seu calvário não se acaba de subir nunca.
>
> É que hoje o pobre, indiferente e sofredor, carrega o seu peso silencioso como o camelo, e um dia mais tarde, ai de nós se ele chegar, levantará a cabeça orgulhoso como o leão, e terrível como o tigre.

A experiência das agitações regenciais, toda a maré de inquietude e esperança democrática, rompida pela coligação cada vez mais sólida dos homens da ordem e do dinheiro, dissolvida no paternalismo escravocrata do Segundo Reinado, deve ter marcado a sensibilidade de Macedo, para que a sua vista ficasse, por um momento, tão clara e penetrante. Mas por pouco tempo; toda aquela tirada se faz a propósito do moço Cândido, terno herói sem dinheiro nem família. Macedo não tarda em lhe dar uma coisa e outra, mais a heroína, mais a mãe desconhecida, mais a regeneração do mau irmão. Mais houvesse mais daria, para desfazer a última ruga deste romance, dos mais negros que escreveu, cheio de lágrimas e sofrimento, tão carregado de mistérios e quiproquós que, a certa altura, se vê obrigado a levantar uma tabela das complicações... Romance exemplar da subliteratura romântica, a que nada falta no

---

9 Macedo chama "sociedade que governa" à classe política e economicamente dominante; e "sociedade em geral", à sociedade.

gênero e que por isso mesmo, pelo acúmulo de tolices e truques estereotipados, chega a ser valioso como paradigma.

Mas não sobrecarreguemos a memória do nosso Macedinho. Lembremos que lhe cabe a glória de haver lançado a ficção brasileira na senda dos estudos de costumes urbanos, e o mérito de haver procurado refletir fielmente os da sua cidade. O valor documentário permanece grande, por isso mesmo, na obra que deixou. Os saraus, as visitas, as partidas, as conversas; os domingos na chácara, os passeios de barca; as modas, as alusões à política; a técnica do namoro, de que procura elaborar verdadeira fenomenologia; a vida comercial e o seu reflexo nas relações domésticas e amorosas — eis uma série de temas essenciais para compreender a época, e que encontramos bem lançados em sua obra, de que constituem talvez o principal atrativo para o leitor de hoje. O que lhe faltou foi gosto ou força, para integrar esses elementos num sistema expressivo capaz de nos transportar, apresentando personagens carregados daquela densidade que veremos nalguns de Alencar, antes que surgisse a galeria de Machado de Assis.

Capítulo XII
Avatares do egotismo

1. Máscaras **475**
2. Conflito da forma e da sensibilidade em Junqueira Freire **481**
3. As flores de Laurindo Rabelo **488**
4. Bernardo Guimarães, poeta da natureza **495**
5. Álvares de Azevedo, ou Ariel e Caliban **505**
6. O "belo, doce e meigo": Casimiro de Abreu **521**
7. Os menores **529**

I.
Máscaras

Quando se fala em Romantismo, pensamos automaticamente nos poetas que Ronald de Carvalho chamou "da dúvida" e pertencem quase todos à segunda geração romântica. *Noite na taverna* e os desvarios da Sociedade Epicureia; Laurindo Rabelo, bêbado, rindo e chorando; o claustro de Junqueira Freire; o brando Casimiro e as borboletas da sua infância — eis algumas imagens que constituem o que vagamente se concebe sob a palavra *romântico*. Românticos ficaram sendo os rapazes que morrem cedo; que imaginamos ao mesmo tempo castos nos suspiros e terrivelmente carnais nos desregramentos; rapazes de que a lenda se apossou, deformando-os sob um jogo às vezes admirável de máscaras contraditórias.

Para os compreendermos, é na verdade através de máscaras que os devemos imaginar, mudando-as ao sabor das sugestões que deles vêm: máscara de devasso no moço bom que foi Álvares de Azevedo, cedendo o lugar a outras, de melancolia negra ou inesperada molecagem; máscaras de loucura, embriaguez, perversidade substituídas pelas de bonomia, ingenuidade e saudável galhofa no misterioso Bernardo Guimarães. Em poucas gerações literárias, como nessa, parece tão legítima a representação do poeta mascarado, cuja personalidade, para se realizar e impor, precisa multiplicar-se em manifestações por vezes incoerentes. Noutros, apreciamos o esforço da unificação espiritual, a superação das contradições; neles, queremos precisamente a multiplicidade destas e o rumor com que se chocam umas às outras, na sua obra e na sua vida.

Por isso, parecem-nos definitiva e irremediavelmente românticos, pois vivem no espírito e na carne um dos postulados fundamentais do movimento — a volúpia dos opostos, a filosofia do belo-horrível. E os mais característicos dentre eles — Junqueira Freire, Álvares de Azevedo, Varela — vivem perenemente do contraste e dele morrem. "Cuidado, leitor, ao voltar esta página!": na sua existência, como na sua arte, esse perigoso quebrar de esquinas faz lei. Daí a dialética das máscaras, surgindo de repente para assustar o leitor incauto, que, em vez da fronte pálida, anunciada pela "lembrança de morrer", dá de chofre com Macário soluçando e praguejando nas alturas do Ipiranga; ou escuta um brado dramaticamente carnal da cela de frei Luís de Santa Escolástica Junqueira Freire:

Ao gozo, ao gozo, amiga. O chão que pisas
A cada instante te oferece a cova.

Não é estranho, pois, que morram cedo. Deles, apenas um, que se fez romancista — Bernardo Guimarães —, viveu além do Romantismo. Ao contrário dos predecessores, como Gonçalves Dias ou Magalhães, que partem do Arcadismo moribundo, vivem e morrem no período romântico; são bem os "filhos do século", mais voltados para o próprio coração (segundo o conselho de Musset) do que para a Pátria, Deus ou o Povo, como os da primeira e da terceira geração. Por isso, já no seu tempo havia quem os reputasse menos *brasileiros* e, portanto (segundo os cânones do nacionalismo literário), menos originais. "Manuel Álvares de Azevedo pouco e muito pouco tem de brasileiro: apontaremos só a canção do Sertanejo", escrevem dois estudantes de São Paulo, em 1857.[1] Alguns anos mais tarde, sentenciava outro estudante:

As suas poesias, embelezadas nos perfumes da escola byroniana, não foram inspiradas ao fogo de nossos lares. As harmonias do nosso céu, os perfumes de nossa terra não ofereciam àquela alma ardente senão um espetáculo quase sem vida; eram maravilhas por assim dizer murchas, ante as quais o poeta não se inclinara.[2]

Como poderia, de fato, ser *brasileiro* — isto é, cantar índios, flechadas, montanhas, cachoeiras, o mundo exterior, enfim — aquele para o qual a vida toda se identificava à própria dor, era a "dor vivente" da imagem belíssima, em que o corpo se dilacera ao peso da fatalidade:

Quando em meu peito rebentar-se a fibra
Que o espírito enlaça à dor vivente...

Neste verso, justamente famoso, o "mal do século" encontra no Brasil uma das expressões mais pungentes e, ao mesmo tempo, raras, pelo arrojo do pessimismo que transfigura a própria matéria.

Pessimismo, "humor negro", perversidade, de mãos dadas com ternura, singeleza, doçura, nestes poetas é que os devemos procurar. Considerados em bloco, formam um conjunto em que se manifestam as características

[1] M. Nascimento da Fonseca Galvão e Luís Rômulo Peres Moreno, "Parecer", REF, 7ª série, n. 2, p. 19.   [2] A. Corrêa de Oliveira, "Fragmento de um escrito — III — A poesia", RIC, 2ª série, n. 2, 1863, p. 41.

mais peculiares do espírito romântico. Inclusive a atração pela morte, a autodestruição dos que não se sentem ajustados ao mundo. Todos eles sentiram de modo profundo a vocação da poesia; vocação exigente, que incompatibilizava com as carreiras abertas pela sociedade do Império e nas quais se acomodaram eficazmente, na geração anterior, Magalhães, Porto-Alegre, Norberto, o próprio Gonçalves Dias: advocacia, magistério, comércio, clero, armas, agricultura, burocracia. Por isso Junqueira Freire falhou como frade, Casimiro como caixeiro, Laurindo como médico, Varela como tudo.[3] Por isso o advogado Aureliano Lessa caía de bêbado na rua e o juiz de Catalão, Bernardo Guimarães, era demitido a bem do serviço. Por isso, o melhor estudante da Academia de São Paulo, Álvares de Azevedo, morreu antes de obter o canudo de bacharel. Todos eles escolhem as veredas mais perigosas, como quem experimenta com o próprio ser; um verdadeiro complexo de Chapeuzinho Vermelho, que leva a tomar o pior caminho para cair na boca do lobo, com um arrepio fascinado de masoquismo. São como a Zóluchka de um poeta russo moderno, Semion Kirsanov, aflitos por se entregarem à "consoladora inviolável":

Meu lobinho pardo, pede ela: devora-me!

Mas, enquanto não morriam e viviam na "lembrança de morrer", davam aos seus sentimentos expressões que iam da poesia obscena (cultivada por quase todos) ao mais lânguido quebranto; do devaneio balbuciante ao mais duro sarcasmo. Um largo movimento pendular, que oscila entre "Poesia e amor", de Casimiro, e a apoteose fálica d'"O elixir do pajé", de Bernardo Guimarães; entre "A saudade branca", de Laurindo, e "O poema do frade", de Álvares de Azevedo.

Aliás, havia no tempo várias formas de sociabilidade poética que favoreciam muitas dessas tendências. É o caso das rodas boêmias de improvisadores, no Rio e na Bahia, que tanto solicitaram a musa de Laurindo, o *Poeta Lagartixa*. É sobretudo o caso famoso das agremiações estudantis de São Paulo, não apenas as oficiais, como o Ensaio Filosófico, ou a Sociedade Dramática, mas as semissecretas, como a Epicureia — esta, propiciando, com os olhos

---

3 Varela poderia ser estudado neste capítulo, como indicam as referências feitas. Vai todavia para o próximo, além de motivos cronológicos, por dois outros: a sua obra é uma nítida consequência (com ares de balanço) de todas as tendências, sobretudo técnicas, da 2ª fase; denota, além disso, preocupação acentuada pelo lirismo social, característico da 3ª. Na verdade, é um poeta transitório, como observam os seus críticos, súmula dos predecessores e anunciador de Castro Alves.

fitos em Byron e Musset (ou melhor, nos heróis destes poetas: Don Juan, Jacques Rolla e Hassan), aquele desregramento das atitudes e das ideias, tão peculiar aos aspectos noturnos e satânicos do Romantismo.

Música e recitativo Não esqueçamos, porém, que este é também o momento em que a poesia romântica principia a triunfar nos salões, de mãos dadas com a música. Tempo de recitativos que divulgaram e tornaram queridos os poemas dessa geração, formando um tipo de público que influiu nos ritmos e no próprio espírito da poesia, dela requerendo inflexões de ternura e imagens acessíveis; favorecendo, numa palavra, o patético e a pieguice que marcam grande parte da convenção romântica.

Vimos, em capítulo anterior, que o Romantismo tendeu para a musicalidade, adequada à busca de estados emocionais indefiníveis, e à impaciência em relação às formas tradicionais, que lhe pareciam prosaicas, incapazes de exprimir os matizes do sentimento. Daí a preferência por metros e ritmos melodiosos, redimindo de certo modo as insuficiências da palavra. Na fase que nos ocupa, observa-se verdadeiro assalto da poesia pela música. A modinha, a arieta italianizante, a ópera, prosseguindo na sua influência, já assinalada, conduzem agora o verso a uma certa servidão, curvando-o docilmente às exigências do recitativo de sala, da cantiga ao som do violão e do piano.

Importante neste processo é o decênio de 1850, tempo de grande voga da ópera italiana, (agitada pelos novos brilhos de Verdi, que aqui vêm ter ao lado das melodias já conhecidas de Bellini e Donizetti), como podemos ajuizar lendo, por exemplo, as crônicas de José de Alencar no *Correio Mercantil* ("Ao correr da pena", 1854-1855), para ver a que ponto o melodrama apaixonava os brasileiros de então. De 1857 é a tentativa de criar um teatro lírico (a Ópera Nacional), que durou até 1865 e lançou as primeiras peças de Carlos Gomes. Nela se representaram óperas com libretos de Manuel Antônio de Almeida, José de Alencar, Machado de Assis, Salvador de Mendonça, — tudo sob o influxo de um melômano dedicadíssimo, o refugiado espanhol d. José Amat.[4] Este d. José musicou poesias de Gonçalves Dias, Porto-Alegre e outros, abrindo caminho para um acontecimento da maior importância na história da nossa sensibilidade: a ligação do canto ao verso dos melhores poetas românticos, que se alojaram assim na alma das famílias burguesas e do povo. Influência capital neste sentido teria tido, a partir de 1857, outro imigrado, o português Furtado Coelho — poeta, romancista, músico e ator — de tanta importância na história do nosso teatro. Segundo Melo Morais Filho a ele

---

4 Ver Renato Almeida, *História da música brasileira*, pp. 356-363.

deve a música no Brasil os *recitativos*, por isso que o primeiro que se passou da cena para os salões foi o intitulado *Elisa*, poesia de Bulhão Pato, o qual o festejado ator logrou popularizar, escrevendo para esses belos versos o inspirado acompanhamento que os tornou, desde a 1ª exibição, correntes em todo o país. E por tal forma influíram na nossa música as recitações de piano que muitíssimas foram as poesias que apareceram em seguida, com o mesmo ritmo e para igual fim, e variadíssimos também os trechos musicais propositalmente escritos, e ritmados a acompanhamentos.[5]

Este dado é da maior importância e permite localizar, no processo de musicalização do verso romântico, um momento decisivo que reforça e amplia a tendência sensível desde Gonçalves Dias e extremada em Casimiro de Abreu.

No presente capítulo estudaremos um grupo de poetas que, ou escreveram, ou começaram a escrever antes do auge desse delírio sonoro, mas em cuja obra ele se inicia e prefigura, em parte por influência dos ultrarromânticos portugueses, muito mais desabalados que os nossos na lamúria e na melopeia. *As primaveras*, de Casimiro de Abreu (1859), é o primeiro livro desta tendência, que terá em Varela, a partir de 1861, o único praticante de alto nível, abandonando-se, por exemplo, à rima interna com uma falta de medida que não encontraremos em Castro Alves.

Assim, ao lado das componentes de sarcasmo e desvario, há nessa fase um triunfo da musicalidade superficial, que tanto ajudou a divulgação da obra dos poetas, aproximando-os da tonalidade mediana da literatura de salão. Os impulsos de irregularidade se acomodaram à sensibilidade normal da época por meio desta estilização que os amainou e de certo modo banalizou, resultando o *convencionalismo* tão censurado nos românticos.

Dentre as obras que agora estudaremos, apenas uma parece ter realizado as intenções do autor com relativa harmonia: a de Casimiro de Abreu. Talvez por ser a menos ambiciosa, ou situar-se já num momento em que ia afrouxando o impulso sombrio dos predecessores. Os demais, e sobretudo o maior de todos, Álvares de Azevedo, apresentam obras muito inferiores aos problemas que levantam ou à força de personalidade que neles vislumbramos. Nisto são bem românticos — na falta de equilíbrio estético, na pressa, no culto da improvisação. Defeitos que se diriam próprios da quadra em que muitos deles morreram, e fora da qual os sobreviventes (Bernardo, Laurindo, Aureliano) nada fizeram de aproveitável. É mesmo

---

5 Melo Morais Filho, *Serenatas e saraus* etc., v. II, *Atualidades*, "Prefácio", pp. VI-VII.

possível que a idade, em vez de melhorar os seus defeitos, lhes estancasse a veia, de tal modo que a poesia desses rapazes parece inseparável da inspiração árdega, da escrita atabalhoada, da notação imediata de uma sensibilidade adolescente.

Mas como estas características correspondem de certo modo às do brasileiro, e como a atmosfera do tempo fez com que eles as manifestassem em alto grau de concentração, o seu valor é grande para a nossa literatura, como expressão de uma sensibilidade local. Imitadores de Byron, Musset, Espronceda, João de Lemos, Soares de Passos, Mendes Leal, participam por aí da corrente geral do Romantismo europeu, a que deram todavia matizes expressivos do nosso modo de ser: a obsessão da Europa, o amor enternecido da pátria, a inclinação para a confidência, o exibicionismo amoroso, a adaptação nervosa às modas literárias, o culto avassalador da superficialidade.

2.
Conflito da forma e da sensibilidade em Junqueira Freire

"Pelo lado da arte, os meus versos, segundo me parece, aspiram casar-se com a prosa medida dos antigos"; mas como "a versificação triunfou sobre as ruínas da prosa", "procuram, a pesar meu, a naturalidade da prosa, e receiam desprezar completamente a cadência bocagiana".[6] Estas palavras de Junqueira Freire nos situam dentro da contradição fundamental de sua obra, permitindo extrair da análise formal as linhas de uma personalidade literária.

Na sua geração foi o mais ligado aos padrões do Neoclassicismo: "um dos mais presos à tradição portuguesa — um lusitanizante", diz o seu mais competente biógrafo.[7] Empregou relativamente pouco os metros típicos do Romantismo, manteve quase sempre a cadência tradicional do setissílabo e do decassílabo, usou o verso branco em moldes setecentistas e, por fim, encontrou as melhores soluções na estrofe epódica, de sabor arcádico ("Vai", "Temor", "O arranco da morte").

Os motivos são vários. Considere-se em primeiro lugar o meio baiano, caracterizado por certa tradição clássica, o amor aos estudos linguísticos, a preferência pela oratória. Ao contrário do que aconteceu noutros lugares não houve *movimento romântico* em Salvador: Castro Alves encontrou ambiente estimulante em Recife e São Paulo, não na terra natal. O próprio Junqueira Freire é autor dum compêndio conservador, *Elementos de retórica nacional*, que explica a sua concepção da poesia como cadência medida e de certo modo prosaica. Explica, também, a desconfiança ante a melodia e o movimento, prezados no Romantismo, sendo interessante notar o modo reversível por que aborda a oratória e a poesia, irmanando-as de certo modo, segundo a tradição dos clássicos. Embora admirador de João de Lemos, era-o sobretudo de Gonçalves Dias, Garrett e Herculano, românticos ainda presos a certos aspectos da estética neoclássica; e, tanto quanto deles, de Garção e Filinto Elísio, cuja estreiteza formal adotou em grande parte, opondo-se à "cadência bocagiana". Não sofreu influência dos poetas modernos, franceses e ingleses, que marcariam decididamente os seus contemporâneos. Como Herculano, é Béranger que traduz,

---

6 L. J. Junqueira Freire, *Inspirações do claustro*, pp. 4 e 6.   **7** Homero Pires, *Junqueira Freire*, p. 263.

quando não o velho Fontenelle. Tem de comum com os neoclássicos da fase de rotina certa dureza de ouvido, a franqueza sensual cruamente expressa, o fraco pelas palavras de rebuscado mau gosto; sânie, cardines, tortor, gêsseo, ânxio, ciparisso, turturinas, latidão, abundoso, temulento, desnuada, ignífera, nutante, irrisor, senosas, ascosas.

É certo que o intento de não ceder à musicalidade excessiva poderia tê-lo conduzido, como Gonçalves Dias, a dicção mais nobre e pura, menos fácil que a média do verso oitocentista. Mas, ou porque ficasse aquém, ou porque fosse além da medida, caiu frequentemente em cheio na prosa metrificada, pois o "módulo clássico" significava, àquela altura da evolução do estilo, regresso puro e simples ao Arcadismo, isto é, a uma estética desajustada às novas necessidades expressionais.

O seu verso branco, louvado por mais de um crítico, poucas vezes é harmonioso; não espanta que grande número dos seus poemas, provavelmente a maioria, sejam duros, sem tato poético e até mal compostos, sobretudo os mais ambiciosos, que se desarticulam numa discursividade excessiva: "Por que canto?", "O apóstolo entre as gentes", "Os claustros", "O monge".

Mas, como ele próprio diz, sendo homem do tempo não resistiu às sugestões modernas; e (é interessante anotar, como exemplo da força exercida pelas tendências *naturais* de um dado momento literário) as poucas vezes que se deixou ir ao fio da melodia realizou alguns dos seus raros poemas realmente belos, como os setessílabos de "Não posso" (*Contradições poéticas*) e, sobretudo os novessílabos d'"A freira" (*Inspirações do claustro*). Neste, evidenciando o desejo de resistir à facilidade, em vez de praticar o verso acentuado na 3ª, 6ª e 9ª, como os contemporâneos brasileiros e portugueses, buscou ritmo mais raro, que encontraremos quase meio século depois no famoso "Plenilúnio" de Raimundo Corrêa (4ª e 9ª):

> Conversa à noite co'a estrela vésper,
> Ama o opaco do seu clarão.
> E sente chamas que julga dores,
> E o peito aperta co'a nívea mão.

Na maioria dos casos, porém, é tão monótono e sem fibra nos ritmos "românticos", quanto árido nos clássicos.

Um drama sem estilo Se passarmos agora ao *conteúdo* que tentou exprimir com esta *forma* notaremos um desacordo, responsável pela qualidade geralmente medíocre da sua realização. Notaremos que desejou confessar-se através do verso, desvendando ao leitor uma sensibilidade tumultuosa e um doloroso drama íntimo quase em estado bruto — propósito incompatível com a poética por ele adotada.

A forma literária está ligada de modo indissolúvel à qualidade, tipo e intensidade da experiência que a anima: por isso, ela só funciona para determinada matéria, e a adequação de ambas está na dependência do que se poderia designar como os níveis da elaboração emocional. O clássico ama, sofre, tem raiva ou prazer mais ou menos como o romântico; mas um e outro não exprimem estas emoções no mesmo nível de depuração; por isso cada um requer forma especial.

Junqueira Freire chora, se revolta, tem desejos insatisfeitos, clama na sua cela e traz desordenadamente este tumulto ao leitor. Será mais apaixonado ou sincero do que, por exemplo, Tomás Gonzaga, escrevendo com emoção freada, na masmorra da ilha das Cobras? De modo algum. Acontece que para Gonzaga a experiência emocional só podia ser comunicada em certo nível de estilização, depois de depurada por uma disciplina que lhe tirava o caráter de sentimento cru para lhe dar comunicabilidade através do equilíbrio expressional: para ele, o elemento fundamental é a *comunicação*, o encontro de uma linguagem elaborada. Submetida a este tratamento a emoção ganha maior alcance, perdendo o caráter de confissão direta.

A poética dos clássicos requer pois uma filtragem, o enquadramento numa certa serenidade, ou lugar comum: daí o recurso à situação-paradigma (Hércules fiando ao pé de Onfália; Bruto condenando os filhos), ao mito-símbolo (a roda de Íxion; o carro do Sol; o tonel das Danaides), à *delegação pastoral* — tudo expresso num estilo medido e frequentemente explícito, pressupondo nível relativamente elevado de abstração.

Mas se alguém deseja utilizar esta linguagem, sem aqueles recursos, para exprimir imediatamente a emoção, ou por outra, se deseja desvendar um nível primário de elaboração psíquica — provavelmente não conseguirá uma *expressão* e uma *comunicação*, no sentido artístico; para tal, ser-lhe-á preciso adotar ou inventar outro sistema expressivo. Por isso os românticos forjaram a sua forma própria: prosa mais desordenada e nervosa, verso musical e sinuoso, sistema de imagens calcado nas impressões diretas da realidade externa e interna. Nem poderia ser doutro modo, se aspiravam à comunicação imediata e mesmo indiscreta, dando ideia de testemunho, documento humano, apresentação do material bruto das emoções.

Ora, Junqueira Freire quis transmitir a dinâmica duma sensibilidade pouco desbastada por meio duma forma que requer maior depuração; e a sua mensagem, como a dos românticos em geral, era complexa demais para caber na regularidade do sistema clássico.

O seu intuito, manifestado por exemplo em "Por que canto?", verdadeira profissão de fé poética, era comunicar a experiência total da alma, acolhendo o bem e o mal, os impulsos eticamente positivos e negativos. A mente do poeta, por vezes,

483

[...] entre delíquios exaltados,
Desce às fatais, exteriores trevas,
Aos insondáveis boqueirões do inferno;

[...] prova um prazer terrível, forte,
Em ver a imagem desse horror tremendo,
Em ver a face desse caos torvado,
Em ver o orgulho do pecado infindo;

Sentir procura as emoções mais bárbaras.

Por isso vai

[...] beber no céu, no inferno,
No mundo, em tudo que medito ou vejo.

Qual era o drama que tencionava assim manifestar? O erro de vocação que o levou ao claustro, onde não pôde se aquietar. Daí provieram o horror ao celibato; o desejo reprimido que o perturbava e aguçava o sentimento de pecado; a revolta contra a regra e o mundo; a revolta contra si próprio; o remorso e, como consequência natural, a obsessão da morte.

O poemeto "O monge", mal realizado, discursivo e prolixo, mas onde há trechos fortes, é talvez a peça mais importante como confissão desse drama: descreve a ilusão da felicidade no convento, a decisão tomada quando ainda não tinha experiência, a desilusão, o horror, a revolta contra os mentores:

Antes de abrir-se-me a paixão no peito,
Quando em botão as afecções me estavam,
Fui arrojado aos cárceres eternos.

A toga férrea que estreitou-me os artos,
Como azinhavre devorou-me as carnes.

Tal sou, tal é o monge — ente não homem
A quem privou-se a liberdade, e dela
Privada topa a consciência em nada.

Um dos aspectos mais cruéis do seu estado está na exaltação erótica, que aparece na sua obra em vários graus. N'"A flor murcha do altar", vem enroupada na devoção piegas que funciona como disfarce; n'"A devota", surde em lampejo logo recalcado; "Ela" já traz nítido o conflito com o celibato, que encrespa durante outros poemas, como "O monge", onde adquire significado de vício, gerado pelo "ócio infamante", em cujo "colo — Boceja, estira-se a lascívia". Há dois poemas, todavia, dentre os melhores, onde aparece uma bela e saudável euforia dos sentidos, contida pela forma pura, cuja simplicidade não freia, mas, ao contrário, fortalece a tensão emocional:

> Levei-te em braços, ao cair da tarde,
> Para o mais denso coqueiral sombrio.
> Lutei ali co'as brisas que queriam
>   Levar os teus cabelos.

> Antes que o Sol galvanizasse as nuvens,
> Quando as estrelas matinais caíam,
> Eu te deitava à copa das mangueiras,
>   Que enchiam-te de flores.
>   ("Vai")

> Deitemo-nos aqui. Abre-me os braços.
> Escondamo-nos um no seio do outro.
> Não há de assim nos avistar a morte,
> Ou morreremos juntos.
>   ("Temor")

Raramente, porém, alcança poesia tão boa para exprimir os outros aspectos do seu drama. Consideremos neste sentido o caso do remorso, sentimento permanente e expresso na sua confissão, ou latente nos anátemas ao claustro, na dúvida, na ousadia carnal, mas que não soube manifestar com a força necessária para mover o leitor. Obsedado pela discursividade neoclássica, mas sem recorrer à tradição greco-latina; alheio às tendências que o Romantismo desenvolveu neste sentido — não pôde encontrar um símbolo, ou uma situação metafórica para encarnar este sentimento, como fizeram por exemplo, Álvares de Azevedo com a angústia sexual em "Meu sonho", ou Casimiro, em "Amor e medo", com a inquietação amorosa. O seu processo consiste no geral em afirmar, diretamente, aqueles referidos elementos de drama, que aparecem como proposições, não imagens ou situações poéticas. Daí a monotonia devida a certas posições fundamentais, sempre repisadas, e às mesmas soluções formais, revelando a falta de imaginação mencionada por Ronald de Carvalho, que redunda na impressão de pouca complexidade do mundo interior, que é não obstante tumultuado e doloroso.[8] O que denominamos complexidade de um escritor é quase sempre a capacidade de ver os próprios problemas por várias facetas, experimentando interiormente com eles, dando-lhes forma pela descoberta de imagens adequadas; não a existência pura e simples de um drama complicado, que é *matéria*, a partir da qual se elabora a expressão. Por não havê-la encontrado, Junqueira Freire é um poeta sem mistério, apesar da intensidade das suas emoções.

As *Contradições poéticas* A maioria dos seus bons momentos se encontra nas *Contradições poéticas*, onde é menos acentuado o hiato entre o conservantismo formal e a violência romântica da confissão, que atinge o afastamento máximo, e portanto condiciona poesia menos realizada, nas *Inspirações do claustro*.

Para apreciá-la é necessário operar uma seleção drástica na sua obra, conservando os poucos momentos de boa poesia, como os referidos há pouco, nos quais harmonizou a intensidade emocional e a concepção clássica do verso, ou se abandonou com elegância à "cadência bocagiana". É o caso também da poesia "Morte", das mais perfeitas e equilibradas que escreveu (apesar do subtítulo: "hora de delírio"), cujas três primeiras estrofes têm uma consistência magicamente leopardiana:

Pensamento gentil de paz eterna,
Amiga morte, vem. Tu és o termo
De dois fantasmas que a existência formam,
— Dessa alma vã e desse corpo enfermo.

Pensamento gentil de paz eterna,
Amiga morte, vem. Tu és o nada,
Tu és a ausência das moções da vida,
Do prazer que nos custa a dor passada.

Pensamento gentil de paz eterna,
Amiga morte, vem. Tu és apenas,
A visão mais real das que nos cercam,
Que nos extingues as visões terrenas.

---

8 "Junqueira Freire tinha mais sensibilidade que imaginação, era um poeta subjetivo, voltado para si mesmo, para as suas dores e miséria." Ronald de Carvalho, *Pequena história da literatura brasileira*, p. 259.

Dificilmente se encontrará, entre os contemporâneos, expressão mais pura de sentimento não obstante caro aos românticos, que, nesse pobre frade desesperado, vibra com serenidade tão profunda, tão nobremente bela. Todas as paixões aguçadas pelo hábito religioso se aquietam na placidez de uma transcendente visão de paz; e o desespero, aprofundado pela análise, torna-se realmente trágico.

Mas se aquietam mal, para logo a seguir percorrerem o poema com um frêmito meio satânico e estranhamente *moderno*:

Miríadas de vermes lá me esperam
Para nascer do meu fermento ainda.
Para nutrir-se de meu suco impuro,
Talvez me espera uma plantinha linda.

Vermes que sobre podridões refervem,
Plantinha que a raiz meus ossos ferra,
Em vós minh'alma e sentimento e corpo
Irão em partes agregar-se à terra.

E depois nada mais. Já não há tempo,
Nem vida, nem sentir, nem dor, nem gosto.
Agora o nada — esse real tão belo
Só nas terrenas vísceras deposto.

Depois de citar este poema diz Afrânio Peixoto: "Entre Byron e Baudelaire, que a um não conheceu, talvez, e a outro não poderia conhecer, está mais um poeta *damné*, e este acento é novo e insólito na poesia brasileira".[9] É, com efeito, antes de Guerra Junqueiro e Antero de Quental, um travo antecipado de Augusto dos Anjos e da poesia *realista* da morte, a que se vem juntar, em outros versos, a referência à vida embrionária, às vísceras, à célula, bem como o emprego de termos de sabor científico: galvanizar, fosfórico, fosforescente.

Havia nele mais dum traço original; é lamentável que a pressão insuportável das condições de vida e um formalismo constrangedor houvessem impedido a sua realização plena, no nível dos poucos, mas intensos momentos de beleza que logrou alcançar.

9 Afrânio Peixoto, "Vocação e martírio de Junqueira Freire", *Ramo de louro*, p. 54.

3.
As flores de Laurindo Rabelo

Leste-lhe a poesia? Eram arquejos
   Dum coração aflito!
De uma alma que ensaiava na matéria
   Os voos do infinito! —

exclama Laurindo por ocasião da morte de Junqueira Freire, verificada durante a sua residência na Bahia. Aflito era também o seu coração; mas de modo algum propiciou o tipo de poesia indicada no último verso. Ao contrário do beneditino dramático — "ave criada entre os altares", "cisne de luz" — foi um poeta raso, de asas curtas, extrovertido e sincero, manifestando em versos fáceis, geralmente agradáveis, mesmo quando tristes, os sentimentos mais comuns do homem comum: melancolia, patriotismo, pundonor, amor fraterno, amor filial, amizade, gratidão. Tudo medido e singelo, numa forma em que o desejo de comunicar prima qualquer artesania; o seu verso é notação psicológica imediatamente registrada, com a facilidade dos bons improvisadores.

Vate não sou, mortais; bem o conheço;
Meus versos, pela dor só inspirados,
Nem são versos; menti; são ais sentidos,
Às vezes sem querer d'alma exalados.
   ("O que são meus versos")

Este chavão romântico parece, nele, corresponder à realidade, na medida em que, repentista emérito, encontrava de pronto a forma adequada à confissão, inconsciente do trabalho profundo em que atua o mecanismo criador.

Há na sua obra três aspectos de significado e importância diversos: a poesia de circunstância, a obscena e a confidencial; ou seja, respectivamente, a do homem enquadrado na convenção, a do boêmio, a da experiência pessoal sentida.

O primeiro aspecto é o mais insignificante, incluindo peças comemorativas de aniversários, mortes, datas nacionais — inclusive o paquidérmico "Setenário poético", feito de encomenda e publicado com nome de terceiro, carpindo a rainha das Duas Sicílias, mãe da imperatriz Teresa Cristina. À mesma chave pertencem os improvisos, notadamente sonetos e glosas, que lhe deram renome durante a vida e onde brilha uma ginástica aparentemente original e audaz, no fundo mero automatismo baseado em habilidade mais coletiva que individual, própria de um gênero cuja essência é retórica, não poética. Pobre, insatisfeito, boêmio, é natural que valorizasse os dons de improvisador como recurso de prestígio; ao fazê-lo, sobrenadava nele o homem, no fundo, convencional, temente a Deus e à ordem, servindo exatamente os pratos requeridos pelo gosto dos salões burgueses. Nos da Bahia, onde viveu quatro anos e obteve mais fama que na terra natal, reinava uma mentalidade de outeiro poético em torno do famoso Moniz Barreto, que estimulou esta tendência da sua veia e a quem chamou

Amigo, porque o és, minha alma o sabe;
Mestre, porque me pede o entusiasmo
Dizer-te como tal.

Mas como também era sarcástico, irreverente e popular, cultivou com abundância a musa secreta, em versos que correspondem a outra sociabilidade — a do botequim, a das tertúlias masculinas, onde não foi menor a sua glória. É preciso lembrar que não constitui exceção neste trilho, pisado tanto por boêmios contumazes, como Bernardo Guimarães ou Aureliano Lessa quanto por Álvares de Azevedo e — quem diria! — frei Luís Junqueira Freire.

Obsessão floral Nada disso, entretanto, perdura na sua obra: o que nela vive é uma vintena de poesias onde falou espontânea e doloridamente das mágoas de amor, da solidão no mundo, do desejo de morrer, da saudade dos familiares. Nada de profundo nem muito belo: apenas sentimentos comuns, transmitidos com tal singeleza que parecem desabafo espontâneo, manifestação dessa autenticidade que desperta ressonância no leitor e o faz irmanar-se ao estado de alma do poeta. Em Laurindo há quase sempre sinceridade a mais e estilização a menos, deixando-nos algo alheios a este remoer de penas. Mas algumas vezes é tal a fluência do verso ou a felicidade das imagens, que o leitor se entrega, principalmente quando arrastado para a esfera da imaginação floral, com que deu corpo a alguns dos seus melhores poemas. Aliás, as flores talvez sejam a principal fonte de imagens dos poetas românticos brasileiros, prontos a explorarem as suas possibilidades de delicadeza e sentimentalismo, concebendo-as como uma espécie de intermediário entre o mundo físico e o homem, cuja vida interior pareciam refletir. Lembremos que o primeiro livro do nosso Romantismo tem um nome ambíguo, em que as *Saudades* são sentimento, mas também flor. E se fôssemos enumerar os que em seguida tiveram títulos nelas inspirados, não teríamos mãos a medir: *Rosas e goivos*, de José Bonifácio; *Flores entre espinhos*, de Norberto; *Flores silvestres*, de Bittencourt Sampaio; *Flores e frutos*, de Bruno Seabra; *Miosótis*, de Teixeira de Melo; *Corimbos*, de Luís Guimarães etc. Na obra de Laurindo, elas aparecem em 26 sobre 82 poemas coligidos na edição mais completa, ou seja mais de um terço.

Muitas vezes a ocorrência é puramente ocasional:

Se às vezes tentava
Brincar com as flores.
  ("O meu segredo")

De flores perfumado.
  ("O gênio e a morte")

Florezinhas, que quando era menino
Tanto servistes aos brinquedos meus.
  ("Adeus ao mundo")

Outras, reponta a intenção simbólica, ou apenas comparativa; e a flor é virtude, saudade, tristeza, prazer, amor:

Se de um lado a razão seu facho acende
De outro os lírios seus planta a saudade.
  ("Dois impossíveis")

O pranto, açucena de minh'alma.
  ("Último canto do cisne")

E da tristeza, que a minh'alma encobre,
Parte dos goivos te lancei no peito.
  ("Não posso mais")

O fogo santo que dá vida à vida
    Chama-se amor;
Botão de rosa que o pudor defende,
Quando dois corpos este fogo acende,
    Desabrocha em flor.
  ("Poesia etc.")

Mas os grandes momentos se dão quando surge uma ambiguidade poética e a imagem, ao mesmo tempo indicativa e metafórica, é flor e sentimento: é o *ciclo* da saudade e do amor-perfeito, que se prestam ao jogo de palavras.

> Que tens, mimosa saudade?
> Assim branca quem te fez?
> Quem te pôs tão desmaiada,
> Minha flor? Que palidez!...
>   ("A saudade branca")

Aqui, no mais famoso dos seus poemas, a saudade é flor, é símbolo do sentimento a que deve o nome, e é a irmã morta:

> Quem sabe... (Oh! meu Deus, não seja,
> Não seja esta ideia vã!)
> Se em ti não foi transformada
> A alma de minha irmã?!

> "Minh'alma é toda saudades;
> De saudades morrerei" —
> Disse-me, quando a minh'alma
> Em saudades lhe deixei;

> E agora esta saudade
> Tão triste e pálida... assim
> Como a saudade que geme
> Por ela dentro de mim.

Ao longo das estrofes a ambiguidade toma corpo e se desdobra, num jogo de espelhos contrapostos em que se cruzam e refletem os sentimentos do irmão e da irmã, sendo ambos simultaneamente a flor em que se encarna a imaginação. Adiante há novo desdobramento, a variedade botânica permitindo decantar na alma as variedades do sentimento:

> Nós temos duas saudades;
> Uma de sangue ensopada
> Pela mão do desespero
> No seio d'alma plantada;

> Outra da melancolia
> Toma o gesto e veste a cor,

Exangue, pálida e fria,
Mas calada em sua dor

Parece que a natureza
Quis provar esta verdade,
Quando diversa da roxa
Te criou, branca saudade.
   ("A saudade branca")

Neste sentido a melhor realização se encontra nas *Flores murchas*, coleção de seis poesias, quase um poemeto frouxamente composto em torno da metáfora floral:

Ai! flores de minh'alma! quem matou-vos...
   (I)

Na terceira peça encontramos admirável desenvolvimento da dupla acepção de amor-perfeito, que provoca certas antíteses de fecundo sabor cultista:

Secou-se a rosa; era rosa.
Flor tão fraca e melindrosa
Muito não pôde durar;
Exposta a tantos calores,
Embora fossem de amores,
Cedo devia murchar.

Porém tu, amor-perfeito,
Tu nascido, tu afeito
Aos incêndios que amor tem,
Tu que abrasas, tu que inflamas,
Tu que vegetas nas chamas,
Por que murchaste também?

Ah! bem sei: de acesas fráguas
As chamas são tuas águas,
Que o fogo é água de amor.
Como as rosas se murcharam,
Porque as águas lhes faltaram,
Sem fogo murchaste, flor!
   ("Amor-perfeito")

Assim as flores vão perdendo a identidade; passam da botânica à psicologia, confundem-se com os sentimentos que lhes dão nome e se tornam realmente saudade, amor-perfeito, martírio. Neste jardim fechado não há cor nem perfume, pois a flor-no-mundo se tornou flor-na-alma. Inodoras, descoloridas, as pétalas parecem guardadas entre as páginas da sua confissão, sem aquele brilho material que têm, por exemplo, nos rondós de Silva Alvarenga. De tal modo que o poeta acaba operando realmente a transfusão das duas realidades, invadindo a flora material com emoções que florescem segundo as leis de uma botânica subjetiva:

Na terra que cobrir-me as frias cinzas
Plantarás um suspiro, uma saudade.
  (*Flores murchas*, VI)

E talvez esteja aí um dos fatores da voga de Laurindo, em cujo horto se vêm reunir imagens tão espontaneamente prediletas da imaginação popular, como as das cantigas:

Craveiro, dá-me este cravo,
Roseira, dá-me um botão.

Vem, ó dália, flor mimosa.

Róseas flores d'alvorada,
Teus perfumes causam dor

A sua imaginação floral deita raízes nesse mundo onde o cravo briga com a rosa e cada flor pode ser pictograma na muda correspondência da ternura, do amor, da desilusão. Salvo um momento ou outro, não há propriamente elaboração metafórica em profundidade, como encontramos na flora barroca:

Anjo no nome, angélica na cara,
Isto é ser flor e anjo juntamente;
Ser angélica flor e anjo florente,
Em quem, senão em vós, se uniformara?
  (Gregório de Matos)

A sua imaginação é similar à que aparece em certas poesias ingênuas, em que a rosa é ao mesmo tempo planta, beijo e paixão:

Não dou-te as rosas das faces,
Nem as que tenho na mão;
Dar-te-ia, se me estimasses.
As rosas do coração.
   (Afonso Celso)

À semelhança do que ocorre nas concepções do primitivo e no folclore, predomina na sua poesia o sentimento de uma "alma exterior", em que a nossa se desdobra, encarnada no vegetal. A rosa, a açucena, o lírio, o amor-perfeito, as duas saudades, o goivo, são avatares da sua alma, sentindo e penando no mundo: o seu desejo, a sua melancolia, o amor da mãe e da irmã. No plano erudito, essas imagens coroam a linha pré-romântica e sentimental dos poemas de Borges de Barros, Araújo Viana, Maciel Monteiro, continuada por Magalhães e os sucessores, nos quais se vinha operando a passagem do vegetal ao simbólico, numa perda de matéria em que a flor, desataviando-se da graça presente, tende ao signo, não raro como comparação sentenciosa de pouca densidade poética.

A botânica de Laurindo é mais lírica, sobretudo no *ciclo* da saudade e do amor-perfeito. Nela sentimos um processo em dois tempos: o sentimento do mundo se configura, inicialmente, por intermédio de certas experiências ligadas à flor. Elaboradas no espírito, elas se desmaterializam e invadem o mundo, que aparece todo ele como um sistema de signos, caídas as barreiras que confinam o poeta na subjetividade. Assim, as rosas que a irmã lhe dava na infância, persistindo na memória, evocam as alegrias dessa quadra e servem para exprimir a desolação da juventude, num transbordamento de pétalas que lembra o poema inicial d'"O grito da morte", de Mário de Andrade. As sementes de saudade, que planta ao deixar a família, amadurecem, como a saudade que o acompanha, exprimindo doravante a recordação da mãe e da irmã. O seu coração se vai tornando um vaso (a imagem é de um poema dele), onde medram sentimentos-flores, a partir das corolas reais, que um dia lhe feriram a sensibilidade e ele hipostasiou, no mundo da imagem, como as do chinês extático de Mallarmé, inscritas para todo o sempre "na filigrana azul da alma".

4.
Bernardo Guimarães, poeta da natureza

A poesia de Bernardo Guimarães lembra uma polpa saborosa envolvendo pequena semente amarga. É saudável, equilibrada na maior parte e, de todo o Romantismo, a mais presa ao mundo exterior. Mas aqui e ali, surgem traços de azedume que, nos casos extremos, vão ao satanismo e à perversidade, mostrando a marca do meio paulistano, onde firmou a vocação e foi dos mais desordenados e pitorescos boêmios da tradição acadêmica. A porção mais vultosa e valiosa da sua poesia é, porém, feita de encanto pela vida, a natureza, o prazer e essa melancolia vestibular, tão frequente nos voluptuosos, prontos a encontrar nela um acicate a mais para a euforia da imaginação e dos sentidos.

Como artista era irregular, não raro descuidado e impaciente, desenvolto como os cantores que erram ou acertam ao sabor do estro. Mas como possuía sensibilidade plástica excepcional e musicalidade espontânea, obtinha versos admiráveis, sobretudo na segunda fase da sua evolução, a das *Poesias diversas*, quando domesticou melhor o impulso por vezes desordenado dos *Cantos da solidão* e *Inspirações da tarde*, onde estão, porém, as peças mais significativas do sentimento da natureza. Na última fase, a de quase todas as *Novas poesias* e das *Folhas do outono*, nota-se um processo interessante: à medida que envelhecia, acentuava-se nele o retorno à harmonia neoclássica, ao tom de ode e epístola que, associado à decadência da inspiração, roça pela prosa. Seria talvez porque, retirado na sua província de Minas, longe do movimento literário, foi se insinuando nele um atavismo estético, um insidioso Arcadismo, enraizado em lugar tanto mais embebido das tradições da "escola mineira" quanto à margem dos movimentos posteriores. Do ponto de vista formal, a última fase parece preceder cronologicamente às primeiras, que vão do fim do decênio de 1840 ao fim do decênio de 1860, quando já encontrara no romance outra forma de expressão.

Notemos que esse poeta sem requinte foi, do grupo em estudo, o mais preocupado com a experimentação métrica, revelando senso exato da adequação do ritmo à psicologia. Ninguém usou tão bem os perigosos versos anapésticos, que reservou aos poemas de movimento e inquietude ou os grotescos, sempre com o melhor proveito. Poucos utilizaram tão bem as estrofes de metros alternados para evocar a marcha do devaneio, ou tiveram a curiosidade, como ele, de brincar com o eco, à maneira do "Pas d'armes du roi Jean", de Victor Hugo, em poemas como o aliás medíocre "Gentil Sofia".

Desde a saída de São Paulo parece ter sofrido influência de Garrett, a que já estaria preparado pela de Gonçalves Dias, visível desde as primeiras obras, manifestando-se ambas em várias peças leves que roçam o pasticho — como "Olhos verdes" em relação à de igual nome do maranhense, ou, em relação ao português, "A sereia e o pescador", espécie de longo desenvolvimento do "Pescador da barca bela".

Como métrica psicológica é oportuno mencionar o "Galope infernal", paradigma de poesia romântica pelos ritmos, ambiente onírico, tom de balada — onde, no princípio e no fim, hendecassílabos 2-5-8-11 sugerem o ritmo desenfreado da cavalgada, enquadrando metros igualmente adequados aos estados de indecisão, serenidade, reflexão. É um admirável poema, que se junta "A uma estrela", "O devanear do cético", "Desalento" (*Cantos da solidão*), "Ao charuto", "Minha rede", "Idílio", "Uma filha do campo", "Que te darei", "A fugitiva" (*Poesias diversas*), "Terceira evocação" (*Evocações*), "O meu vale", "A cismadora, Barcelona", "Se eu de ti me esquecer" (*Novas poesias*) — que a eles se junta para formar a melhor parte da obra lírica desse poeta, não decerto grande, mas muito mais apreciável do que faria supor o olvido a que foi relegado, apesar de uma advertência de José Veríssimo, até que a *Antologia dos poetas brasileiros da fase romântica* de Manuel Bandeira o restaurasse.[10]

O mundo na paisagem O seu sentimento dominante foi o da natureza, que nele era apego real à paisagem, ao detalhe do mundo exterior, apaixonadamente percebido e amado. Caçador, nadador, viajante, sertanista, a terra exercia sobre ele atração poderosa, que é o estímulo principal da sua musa, enquadramento da inspiração, arsenal de imagens, "divina fonte" do canto:

> Engolfa-te no azul do firmamento
> Por abismos de luz e de harmonia,
> E da poesia nas divinas fontes
> Afoito vai saciar tua alma
> De luz, de amor, de êxtase. Contempla
> De nossa terra as solidões formosas...

---

10 "Bernardo Guimarães teve em seu tempo, e não sei se continuará a ter, mais nome como romancista que como poeta. Não me parece de todo acertado este modo de ver." José Veríssimo, *História da literatura brasileira*, p. 315. Ver também p. 289.

Que esplêndidos painéis!... ah quanta vida,
Quanta harmonia e cor, luz e beleza
Tu não vês derramada pela face
Dos infindos sertões!

E as montanhas, cascatas, colinas, matas,

Que mistérios de ignota melodia
Não guardam para a mente do inspirado
Que os interroga por serenas tardes,
Entregue a fronte aos tépidos bafejos
Da inspiradora viração dos ermos.
    ("A poesia")

Assim, a natureza não lhe aparece como sistema de *sinais* correspondentes aos estados de alma; estes, pelo contrário, é que parecem brotar e definir-se ao toque dos estímulos exteriores:

Minha alma que, a teu sopro despertada,
Murmura qual vergel harmonioso
Pelas brisas celestes embalado...
    ("Invocação")

A fim de pintá-la bem, apurou uma rara capacidade descritiva, em que o verso esposa os contornos, move-se com o vento, ondeia com as matas, flui com os regatos, brilha à luz do sol, frequentemente amparado nas experiências de Gonçalves Dias e Basílio da Gama, que parece ter sido o principal modelo do seu verso branco:

Ide, pois, cantos meus, voai asinha.
Ide; vossa missão é pura e santa;
Desdobrai sem receio as asas cândidas
Na esfera azul; transponde rios, serras,
Profundos vales, plainos e florestas,
E onde virdes retiro ameno e ledo,
Como que deste mundo separado
Por altos serros, que alcantis coroam,
Casto asilo soidoso, onde não chegam
O importuno alvoroço, os vãos rumores

Das procelas do mundo; — aonde virdes
Do hirsuto monte nas virentes faldas
Formoso alvergue branquejar risonho
Por entre a escura rama dos pinheiros,
Como um floco de neve, que dos montes
Rodou sobre o verdor do vale ameno,
Aí pousai.
   (Dedicatória dos *Cantos da solidão*)

Este movimento airoso e largo, que debuxa serenamente o quadro natural, é básico na sua composição, esteando, por exemplo, "O ermo", peça irregular, onde condiciona os movimentos melhores:

Ali campinas, róseos horizontes...
Ei-lo que vem, de ferro e fogo armado...

Em poemas discursivos, não descritivos, como "O devanear do cético", são ainda os largos movimentos que dão nervo e beleza, às vezes grande beleza, como o trecho iniciado com o verso

Quando espancando as sombras sonolentas,

onde há momentos como estes:

   ... ante meus olhos
A noite os véus diáfanos desdobra,
Vertendo sobre a terra almo silêncio,
Propício ao cismador...

Planetas, que em cadência harmoniosa
No éter cristalino ides boiando...

Não espanta, pois, que na derramada irregularidade de muitos poemas surjam por vezes *talismãs*:

Também tu choras, pois em minha fronte
Sinto o teu pranto, e o vejo em gotas límpidas
A cintilar na trêmula folhagem.
   ("Hino à aurora")

Numa segunda fase da sua poesia naturista pendeu para a estrofe rimada, em detrimento do verso solto corrido; nela conseguiu alguns poemas admiráveis, como "O meu vale", primor de singeleza em que se fundem descrição e emoção:

Num canto retraído da valada
Tenho entre verdes moitas sombra amiga
   Em chão de fresca relva;
Pela encosta de além ondeia a coma
   De verde negra selva.

....

E do alaúde tenteando as cordas
Foge-me dalma uma canção singela,
   Como ao passar da aragem
Sussurra pela copa do arvoredo
   A trêmula folhagem.

Isolamento e saudade Já se vê que os seus versos são, na maioria, ao mesmo tempo descritivos e evocativos: traçam o quadro natural e contam as emoções nele vividas, procurando associar a experiência afetiva à experiência dos lugares. Por isso mesmo revela acentuado pendor pela solidão e a saudade, frequentemente unidas na evocação — solidão com que desfruta melhor a poesia dos lugares, saudade com que suscita as emoções experimentadas neles.

Ao ermo, ó musa!

Mas a solidão, na sua obra, é diversa da de Junqueira Freire ou Álvares de Azevedo que, em pleno cotidiano, em meio aos homens, traçam um círculo em torno de si para se absorverem no mundo interior, esquecidos do tumulto da vida. Nele se trata mais de isolamento, segregação física em relação ao semelhante, para reequilibrar-se ao contato da natureza. Na cidade, padece a nostalgia do ermo e evoca matos, rios, morros, animais ("Cenas do sertão", "Saudades do sertão do oeste de Minas", "Adeus ao meu cavalo branco chamado Cisne"). Queixa-se, no Rio, da escravidão às folhas de papel

... as asas
Com que voa o progresso pelo mundo

segundo "dizem [...] os homens entendidos", mas que não se podem comparar às

... verdes folhas
Que a fronte adornam das viçosas selvas,
E vertendo ao cansado viandante
Com brando rumorejo alma frescura
Dão vida ao coração, repouso à mente.

Não é estranho, pois, que esse nostálgico recrie longamente cenas e amores passados:

Era uma tarde amena e sossegada
Tão plácida como esta.
   ("Recordação")

Oh! quem me dera ver essas campinas.
   ("Primeira evocação")

Eis-te tão bela, qual eu vi-te outrora
Pousada à sombra do jambeiro em flor.
   ("Terceira evocação")

Fui ontem visitar essa paragem
Em que te via passear outrora.
   ("Lembrança")

Oh! porque vindes me sorrir agora,
De meus campos natais doces lembranças.
   ("Nostalgia")

A saudade, quase sempre ligada ao quadro natural, é o sentimento do tempo nesse voluptuoso namorado da forma sensível. Não obstante, há por vezes na sua obra uma crispação devida ao medo de duvidar. Medo, porque no fundo sentimos que a dúvida não significava para ele drama cruciante, problema que desmanchasse a serenidade ou a melancolia do devaneio. Aqui e acolá, todavia, certa angústia de não crer pura e simplesmente, na espontaneidade com que a natureza existe. Daí o lamento que dirige à alma:

O tufão de desgraça desvairou-te
Por desertos sem fim, onde em vão buscas

Um abrigo onde pouses, uma fonte
Onde apagues a sede que te abrasa.

Um eco só da profundez do vácuo
Pavoroso retumba, e diz — duvida!...
　　　("O devanear do cético")

Humor e satanismo Mas o desespero não encontra nele morada propícia, uma vez que a contemplação da regularidade natural de novo o conduz para a equilibrada visão do mundo. Nos três poemas que, espaçadamente, consagra a si próprio, podemos verificar um processo bastante visível em sua poesia: o aquietamento progressivo da melancolia e da tristeza, em benefício de conformada serenidade, expressa cada vez mais pela "pena da galhofa", que mantinha acerada.

Amigo, o fatal sopro da descrença
Me roça às vezes nalma, e a deixa nua,
E fria como a laje do sepulcro,

diz no primeiro, que termina pela evocação do dia em que

　　... a plúmbea mão da morte
　　Nos venha despertar
E os sombrios mistérios revelar-nos
　　Que em seu escuro seio
　　Com férreo selo guarda a campa avara.

No segundo, de 1859, exclama, já em tom de piada:

Vai-te, ó dia importuno — vai-te asinha,
　　Ó tu, que em meu costado
Inda mais um janeiro sem remédio
　　Deixaste-me pregado.

A sua veia humorística era variada e rica, manifestando-se não apenas na produção *oficial*, mas numa vasta atividade oral de improviso e pilhéria, que entrou para a lenda junto às suas atitudes excêntricas.

Num primeiro nível encontramos produção bem parecida à ligeira poesia íntima do seu inseparável Álvares de Azevedo: poemas leves e excelentes em que a graça e o devaneio equilibram o humor, como "Ao charuto" ou "Minha rede". A seguir vêm outros em que o tema é impessoal e a intenção satírica: "O nariz perante os poetas", "Delírio de papel", "A saia-balão". Daí passamos ao bestialógico, gênero em que brilhou, produzindo peças da melhor qualidade, como os "Disparates rimados" e o famoso soneto:

Eu vi dos polos o gigante alado.

Adiante encontramos a poesia obscena, outro ramo dileto da sua musa; e ela nos permite chegar à etapa final, em que o humorismo vai-se carregando de intenções obscuras até tocar no sadismo. Com efeito, se o divertidíssimo "O elixir do pajé" pode ser considerado expressão dionisíaca e saudável do priapismo de anedotário, já em "A origem do mênstruo", que o acompanha geralmente nas edições de cordel, o sangue rutila na composição esmeradamente clássica, infiltrando estranhas manifestações de perversidade. Mais longe vai "A orgia dos duendes", encarada em geral como troça, mas que se pode considerar um dos fulcros do nosso satanismo. É desses tenebrosos estouros na criação literária, abrindo fissuras por onde jorram os lençóis subjacentes do espírito e no qual se evidenciam tendências, apenas parcialmente expressas, de toda uma geração desenquadrada pela embriaguez do individualismo estético. A invocação de Hieronymus Bosch talvez ajude a compreender a sua perturbadora força poética, feita de macabro, grotesco e o sadismo certamente mais cruel da nossa poesia.

Num primeiro plano, o simples bestialógico:

Junto dele um vermelho diabo
Que saíra do antro das focas,
Pendurado num pau pelo rabo,
No borralho torrava pipocas.

Mais ao fundo, a piada tende ao grotesco —

Da carcassa de um seco defunto
E das tripas de um velho barão,
De uma bruxa engenhosa o bestunto
Armou logo o feroz rabecão —

e o grotesco vai ombreando o macabro:

Assentado nos pés da rainha
Lobisome batia a batuta
Co'a canela de um frade, que tinha
Inda um pouco de carne corruta.

É a perversidade que reponta e, relativamente amainada pelo chiste nas quadras iniciais,

(Getirana com todo o sossego
A caldeira da sopa adubava
Com o sangue de um velho morcego,
Que ali mesmo co'as unhas sangrava)

vai-se afirmar na terceira parte, quando os fantasmas fazem as suas confissões:

Dos prazeres do amor as primícias,
De meu pai entre os braços gozei;
E de amor as extremas delícias
Deu-me um filho, que dele gerei.

Mas se a minha fraqueza foi tanta,
De um convento fui freira professa,
Onde morte morri de uma santa;
Vejam lá, que tal foi esta peça.

Incesto, toque profanatório e, na fala doutro duende, isto:

Os amantes a quem despojei,
Conduzi das desgraças ao cúmulo,
E alguns filhos, por artes que sei,
Me caíram do ventre no túmulo.

Na quarta parte, a Morte

(Hediondo esqueleto aos arrancos,
Chocalhava nas dobras da sela;
Era a Morte que vinha de tranco
Amontada numa égua amarela)

expulsa os batuqueiros infernais e, na quinta, raiando a manhã,

> ... na sombra daquele arvoredo,
> Que inda há pouco viu tantos horrores,
> Passeando sozinha e sem medo
> Linda virgem cismava de amores.

O tom de galhofa e o disfarce do estilo grotesco acobertaram (quem sabe para o próprio autor) e deram viabilidade em face da opinião pública e do sentimento individual a uma nítida manifestação de satanismo, luxúria desenfreada e pecaminosa, gosto pelos contrastes profanadores, volúpia do mal e do pecado. A ousadia da *Noite na taverna* pertence a essa mesma atmosfera paulistana em que Bernardo se formou — densa, carregada de inesperadas soluções.

5.
Álvares de Azevedo, ou Ariel e Caliban

Dentre os poetas românticos, Álvares de Azevedo é o que não podemos apreciar moderadamente: ou nos apegamos à sua obra passando por sobre defeitos e limitações que a deformam, ou a rejeitamos com veemência, rejeitando a magia que dela emana. Talvez por ter sido um caso de notável possibilidade artística sem a correspondente oportunidade ou capacidade de realização, temos de nos identificar ao seu espírito para aceitar o que escreveu. Podemos *gostar* de Castro Alves ou Gonçalves Dias, poetas superiores a ele; mas a ele só nos é dado amar ou repelir. Sentiu e concebeu demais, escreveu em tumulto, sem exercer devidamente o senso crítico, que possuía não obstante mais vivo do que qualquer poeta romântico, excetuado Gonçalves Dias. Mareiam a sua obra poemas sem relevo nem músculo, versalhada que escorre desprovida de necessidade artística. O que resta, porém, basta não só para lhe dar categoria mas, ainda, revelar a personalidade literária mais rica da geração. E sabemos que se a obra de um clássico prescinde quase por completo o conhecimento do artista que a criou, a dos românticos nos arrasta para ele, graças à vocação da confidência e a relativa inferioridade do verbo ante a insofreada necessidade de expressão.

Se o Romantismo, como disse alguém, foi um movimento de adolescência, ninguém o representou mais tipicamente no Brasil. O adolescente é muitas vezes um ser dividido, não raro ambíguo, ameaçado de dilaceramento, como ele, em cuja personalidade literária se misturam a ternura casimiriana e nítidos traços de perversidade; desejo de afirmar e submisso temor de menino amedrontado; rebeldia dos sentidos, que leva duma parte à extrema idealização da mulher e, de outra, à lubricidade que a degrada. Rebeldia que por vezes baralha os sexos no seu ímpeto cego, fazendo Satã inclinar-se pensativo sobre Macário desfalecido, e o próprio poeta mascarar-se de mulher, num baile, negaceando a noite toda um admirador equivocado. N'*O conde Lopo* e n'*O poema do frade* os jovens são descritos com traços femininos; n'"Um cadáver de poeta", pelo contrário, o moço revoltado e plangente que recolhe o corpo de Jônatas é mulher travestida.

Álvares de Azevedo sofre, como o adolescente, o fascínio do conhecimento e se atira aos livros com ardor; mas, ao mesmo tempo, é suspenso a cada passo pela obsessão de algo maior, a que não ousa entregar-se: a própria existência, que escorrega entre os dedos inexpertos. Há nele, sobretudo, como no escorço de vida que é a adolescência, aquela mistura de frescor juvenil e fatigada senilidade, presente nos moços do Romantismo e assinalada nas páginas declamatórias d'*O livro de Fra Gondicário*: "— Oh! mas teu coração era muito velho, desse engelhar precoce que rói como um cancro e aviventa nas veias com a *seiva da morte* de Hamleto, a *vitalidade do veneno* de Byron...".

O cansaço precoce de viver, o desejo anormal do fim, assaltam com frequência a sua imaginação, atraída pela sensualidade e ao mesmo tempo dela afastada pelo escrúpulo moral e a imagem punitiva da mãe, conduzindo a uma idealização que acarreta como contrapeso, em muitas imaginações vivazes, a nostalgia do vício e da revolta. No seu caso particular estas disposições foram animadas pela influência de Byron e Musset, que aceitou com o alvoroço de quem encontra forma para as próprias aspirações:[11]

> Alma de fogo, coração de lavas,
> Misterioso Bretão de ardentes sonhos,
> Minha musa serás — poeta altivo
> Das brumas de Albion, fronte acendida
> Em túrbido ferver! — a ti portanto,
> Errante trovador d'alma sombria,
> Do meu poema os delirantes versos!
>   (*O conde Lopo*, III)

Na obra de Junqueira Freire, esta exacerbação adolescente aparece reduzida a um extremo: o desespero da afetividade bloqueada. Casimiro de Abreu exprime outro extremo: a graça melancólica do lamento sentimental. Mais rico, o seu espírito engloba ambos os aspectos, revelando dinâmica mais intensa.

Dilaceramentos Se encararmos a personalidade literária, de um ângulo romântico, não como integração harmoniosa da possibilidade e da realização, mas como disponibilidade interior para o dramático, talvez a dele seja a mais

---

11 A este propósito, a título de curiosidade: como se sabe, Byron adotou no *Don Juan* a oitava rima, a exemplo do seu modelo confesso, Pulci; em *Namouna*, Musset utilizou uma estrofe de seis versos, com duas rimas alternadas. N'*O poema do frade*, composto sob a inspiração de ambos, mas particularmente do segundo, Álvares de Azevedo — como que reunindo as suas duas grandes admirações — emprega a oitava rima nos cantos I e II, passando nos III e IV à sextilha com três rimas em ordem variável.

característica do nosso Romantismo. O drama construído em sua obra não se originou, com efeito, das condições exteriores, mas dele próprio; da sua natureza contraditória, ao mesmo tempo frágil e poderosa.

Ao contrário de Gonçalves Dias, mestiço humilhado, filho natural de mãe adúltera; de Junqueira Freire, esmagado pelo erro de vocação, envergonhado pelos desmandos do pai; de Casimiro de Abreu, contrariado nas tendências, torcido pela carreira antipoética; ao contrário de todos eles, nasceu de família importante, cercado de recursos, estímulo e todo o carinho. As condições da vida sempre lhe foram favoráveis: dos homens e do mundo só vieram apoio e admiração ao "jovem de grandes esperanças". No entanto, independente do mundo e dos homens, devorou-se numa febre que lhe traçou o mais romântico dos destinos; e, morrendo embora aos vinte anos, teve o privilégio oneroso de corporificar as várias tendências psíquicas de uma geração, concentrando em si o peso do que se repartia em quinhão pelos outros.

Esta complexidade fez dele a figura de maior relevo do nosso ultrarromantismo; mas não lhe permitiu a integração artística necessária para equiparar-se a Gonçalves Dias, entre os mais velhos, a Castro Alves, entre os vindouros. Não tem a harmonia ou o senso formal do primeiro; nem o vigor, a fervorosa paixão lírica do segundo. Penetrou, todavia, mais fundo que ambos, no âmago do espírito romântico, no que se poderia chamar o individualismo dramático e consiste em sentir, permanentemente, a diversidade do espírito, o sincretismo tenuemente coberto pelo véu da norma social, que os clássicos procuraram eternizar na arte e se rompeu bruscamente no limiar do mundo contemporâneo. Daí podermos acompanhar em sua obra, nos menores detalhes, o emprego da discordância e do contraste, como corretivo a uma concepção estática e homogênea de literatura. Foi o primeiro, quase o único antes do Modernismo, a dar categoria poética ao prosaísmo cotidiano, à roupa suja, ao cachimbo sarrento; não só por exigência da personalidade contraditória, mas como execução de um programa conscientemente traçado. No prefácio à 2ª parte da *Lira dos vinte anos* (singular na literatura brasileira de então pela força do sarcasmo), a sua poesia gira nos gonzos e desvenda a dialética segundo a qual os contrastes favorecem a verdadeira realização do artista.

> Quase depois de Ariel esbarramos em Caliban. A razão é simples. É que a unidade deste livro funda-se numa binomia. Duas almas que moram nas cavernas de um cérebro pouco mais ou menos de poeta escreveram este livro, verdadeira medalha de duas faces [...]. Nos lábios onde suspirava a monodia amorosa, vem a sátira que morde.

Não é possível descrever com maior consciência a própria obra, nem resolver de antemão problemas que os críticos futuros remoerão sem a menor necessidade — como o de saber se é *sincero* no satanismo ou experiente nos desregramentos que canta. Uns, impressionados com a sua eficácia acadêmica, atribuem esta parte ao puro exercício mental; outros preferem considerá-lo um tenebroso devasso, precocemente viciado; nem faltou quem lhe negasse virilidade.

No fundo, a questão é secundária e pouco serve para esclarecer a sua poesia. Os críticos, como os outros homens, esquecem frequentemente a infância e a puberdade, uma vez encastelados na solução mais ou menos frágil obtida pelo adulto. É preciso, para compreender o destino poético desse estranho doutorzinho, considerar que os dramas do adolescente, as aspirações e decepções, os desejos e frustrações, a falta de segurança, a multiplicidade de tendências, toda essa ebulição onde se forja por vezes dolorosamente a personalidade, têm para o espírito um peso que independe do fato de corresponderem ou não a causas e situações *reais*. O sonho é nele tão forte quanto a realidade; os mundos imaginários, tão atuantes quanto o mundo concreto; e a fantasia se torna *experiência* mais viva que a experiência, podendo causar tanto sofrimento quanto ela. O fato de Álvares de Azevedo ter sido bem-comportado ou devasso nada tem a ver com o imperioso jato interior que o propelia e que, brotado na zona escura da alma, se clareava depois por uma lucidez intelectual raramente encontrada em nossa literatura.

Por obra desta lucidez, requintou às vezes a preocupação de patentear antinomias. De modo geral, a sua lira humorística e satânica é complemento da sentimental: são as duas referidas faces da medalha. Compare-se, por exemplo, "Lembrança de morrer" e "O poeta moribundo":

Descansem o meu leito solitário
Na floresta dos homens esquecida,
À sombra de uma cruz, e escrevam nela;
— Foi poeta, sonhou e amou na vida.

Sombras do vale, noites da montanha,
Que minh'alma cantou e amava tanto,
Protegei o meu corpo abandonado,
E no silêncio derramai-lhe o canto.

E agora:

Poetas! amanhã ao meu cadáver
Minha tripa cortai mais sonorosa!...
Façam dela uma corda e cantem nela
Os amores da vida esperançosa!

Cantem esse verão que me alentava...
O aroma dos currais, o bezerrinho,
As aves que na sombra suspiravam,
E os sapos que cantavam no caminho!

E, num refinamento superbyroniano, assim trata o próprio desespero:

Eu morro qual nas mãos da cozinheira
O marreco piando na agonia...
Como o cisne de outrora... que gemendo
Entre os hinos de amor se enternecia;

quando havia dito, na "Lembrança de morrer":

Eu deixo a vida, como deixa o tédio
Do deserto o poento caminheiro,
Como as horas de um longo pesadelo
Que se desfaz ao dobre de um sineiro.

Mas voltemos a "O poeta moribundo" e consideremos certas imagens: o cisne poético degolado ao cantar os amores, o noivado macabro com a morte,

— ... vejo a morte,
Aí vem lazarenta e desdentada...
Que noiva!... E devo então dormir com ela?...
Se ela ao menos dormisse mascarada! —

a visão orgiástica do inferno

— Lá se namora em boa companhia,
Não pode haver inferno com Senhoras! —

Analisando-as, e levando a análise a outras peças, veremos, sob o chiste, agitarem-se correntes obscuras de desencanto e receio de amar; e teremos indícios confirmando, nele, a solidariedade do cômico e do trágico na formação de uma linha dramática, de que o *Macário* e as "Ideias íntimas" constituem a expressão mais significativa.

O poema, até certo ponto perverso, "É ela!" (onde reponta um sentimento de classe tão antipático nesse filho de família bem-educado); ou outro, mais francamente jocoso, "Namoro a cavalo", parecem à primeira vista mero antídoto, ou pelo menos corretivo aos intangíveis amores de outros poemas. No entanto, têm também a função de reforçá-los. Uns e outros, com efeito, falam de amores não realizados; o burlesco de uns corresponde ao platonismo de outros. Marcando de grotesco os amores tangíveis, o poeta se exime deles, recuando-os para o impossível, da mesma forma que fez com os demais por meio da idealização extremada. Foge de ambos, numa palavra, com desculpas especiais para cada caso.

A lavadeira de "É ela!" é uma mulher que se pode possuir; mulher de classe servil, a respeito da qual não cabem, para o mocinho burguês, os escrúpulos e as negaças relativos à virgem idealizada. Por isso mesmo, porque ela está à sua mercê, cobre-a de ridículo a fim de justificar a repulsa. A timidez sexual leva-o a maneiras desenvoltas apenas com mulheres de condição inferior, que incorpora à poesia segundo o mesmo espírito de troça com que são tratados os servos da comédia clássica; que *poderia*, mas não *quer* possuir. Embora Macário se declare "capaz de amar a mulher do povo como a filha da aristocracia", é evidente que, nos poemas citados, a indecisão sentimental se transforma em esquivança ante uma, tanto quanto outra.

Compare-se o sono da virgem ideal com o da plebeia:

Quando à noite no leito perfumado
Lânguida fronte no sonhar reclinas,
No vapor da ilusão por que te orvalha
Pranto de amor as pálpebras divinas?

E quando eu te contemplo adormecida,
Solto o cabelo no suave leito,
Por que um suspiro tépido ressona
E desmaia suavíssimo em teu peito?

E agora:

Esta noite eu ousei mais atrevido
Nas telhas que estalavam nos meus passos

Ir espiar seu venturoso sono,
Vê-la mais bela de Morfeu nos braços!

Como dormia! que profundo sono!...
Tinha na mão o ferro do engomado...
Como roncava maviosa e pura!...
Quase caí na rua desmaiado!

Há porém um traço comum que irmana os dois poemas, indicando, no fundo, a mesma disposição: em ambos as mulheres dormem; em ambos o poeta as contempla e deixa em paz. Os amores aparentemente tangíveis, a posse grosseira que reserva à "filha do povo", servem para elevar mais alto o pedestal dos outros, mostrando que são belos apenas os que se perdem de todo na esfera das coisas irrealizáveis. Como lembra agudamente Mário de Andrade, a posse da mulher adormecida é manifestação característica do medo de amar.[12]

Não desejo, nem de leve, sugerir nele qualquer incapacidade, desvio ou anormalidade afetiva, mesmo porque estou me referindo ao poeta que, em suas obras, fala na primeira pessoa, não ao homem Álvares de Azevedo, necessariamente. A sua obra exprime, com a força ampliadora da arte, a condição normal do adolescente burguês e sensível em nossa civilização, mais acentuada ou prolongada nuns do que noutros: a dificuldade inicial de conciliar a ideia de amor com a de posse física. Sob este aspecto ele é o adolescente por excelência, exprimindo um drama inerente à educação cristã, que tem sido ao mesmo tempo fator dos mais graves desajustes individuais e estímulo para as mais altas sublimações da arte.

Encerremos esta discussão lembrando a importância, na sua obra, do tema da prostituta — pálida, bela, anjo poluído, herdeira direta da Marion, de Musset, portadora de um significado individual e social. De um lado, com efeito, é a possibilidade do prazer sem remorsos para o jovem mais

---

12 Esta discussão sobre o problema da contradição entre a atitude erótica e a renúncia ao ato sexual enquanto ato de amor, mas não necessariamente à prática do mesmo como função orgânica, parte, como o leitor deve ter percebido, do estudo clássico de Mário de Andrade, "Amor e medo", publicado primeiro na *Revista Nova*, ano I, n. 3, pp. 437-469, depois no livro *O Aleijadinho e Álvares de Azevedo*. Divirjo todavia do grande escritor, como se viu e verá, no tocante às conclusões a que chega sobre a abstenção sexual do poeta, que ele afirma com fundamento na análise psicanalítica e me parece não apenas sem importância, como de certa forma à margem do problema. O seu estudo permanece todavia intacto pela importância do ponto de vista e da discussão, constituindo certamente o melhor e mais fecundo trabalho escrito até o presente sobre a psicologia dos românticos brasileiros.

ou menos inibido ante o amor da carne; de outro, é um ser marginal, pária, fora da lei, como os queria o espírito romântico. Por isso, se nas poesias que usam a primeira pessoa ela não aparece, abunda nas que são escritas na terceira, entre veludos, cálices de vinho, tochas e punhais, completando o quadro das dissipações imaginárias, que o ardente mocinho acendia à luz da vela, nas "repúblicas" desconfortáveis da cidadezinha provinciana, transfigurando as pobres meretrizes de soldados e acadêmicos, descritas por Macário com tanta impiedade: "Têm uma lepra que ocultam num sorriso. Bufarinheiras de infâmia dão em troca do gozo o veneno da sífilis. Antes amar uma lazarenta!".

Mas, virgem ou rameira, a mulher aparece na sua obra com a força obsessiva que tem na adolescência. Acabamos francamente cansados com a saturação dos adjetivos e as imagens que a descrevem, no sono ou na orgia, por um torneio de lugares-comuns: seio palpitante, olhos lânguidos, morno suor, boca entreaberta, ais de amor, cabelos desfeitos; não falando da recorrência do substantivo *gozo* e do verbo *gozar*. Sentimos de repente a brusca necessidade de abrir Castro Alves e deixar entrar, nesta pesada atmosfera de desejo reprimido, o sopro largo e viril dos instintos realizados.

Noite e langor Ampliemos a análise, registrando a associação que ele faz frequentemente entre amor, sono e sonho, a começar pelo poema com este nome, onde ocorre o símbolo mais cruento e desesperado que a angústia carnal encontrou no Romantismo:

> Cavaleiro das armas escuras,
> Onde vais pelas trevas impuras
> Com a espada sanguenta na mão?

Se notarmos, em seguida, a abundância com que usa o verbo *dormir* para designar a posse, mas dum modo equívoco, pois o amante ou a amante efetivamente dormem; ou o recurso a *desmaio* e *desmaiar* como expressão da plenitude amorosa — veremos que há um substrato remoto a que essas imagens se reduzem. É, por toda a sua obra, uma sensação geral de evanescência, de passagem do consciente ao inconsciente, do definido ao indefinido, do concreto ao abstrato, do sólido ao vaporoso, que aparece na própria visão da natureza, na qual opera uma espécie de seleção, elegendo os aspectos que correspondem simbolicamente a estes estados do corpo e do espírito — como é o caso das névoas e vapores (os grifos são meus):

Quando o gênio da noite *vaporosa*
    Pela encosta bravia
Na laranjeira em flor toda *orvalhosa*
    De aroma se inebria

....

E o céu azul e o manto *nebuloso*
    Do céu da minha terra.
    ("Na minha terra")

Nas tardes *vaporentas* se perfuma.
    ("Itália")

No cinéreo *vapor* o céu desbota
    ("Crepúsculo nas montanhas")

E como orvalho que a manhã *vapora*.
    ("A harmonia")

Esta tendência para volatilizar e nebulizar a paisagem completa-se por outra, de aproximá-la da vida pelo mesmo sistema de imagens:

No *vapor* da ilusão porque te *orvalha*
Pranto de amor as pálpebras divinas?
    ("Quando à noite...")

Entre *nuvens* de amor ela dormia
    ("Pálida, à luz da lâmpada...")

E meus lábios *orvalha* d'esperança!
    ("Lágrimas da vida...")

Morno *suor* me banha o peito langue
    ("Minha amante...")

Parece não haver dúvida: trata-se de uma manifestação do sentimento muito romântico, e muito seu, do desfalecimento amoroso, da languidez que esfuma a visão interior e exterior, tendendo às imagens correspondentes de esvaecimento ou inconsistência. Na *Lira dos vinte anos* é frequente o vocábulo "palor": a palidez que marca a passagem dos estados emotivos e é, de certo modo, uma consubstanciação dos suores, névoas e vapores.

Pálida, à luz da lâmpada sombria.
Amoroso palor meu rosto inunda.
("A. T...")

Contrastando com esta palidez (como, em mais duma descrição dos seus heróis e de si mesmo, em prosa e verso, contrasta a da fronte com o negrume dos olhos e dos cabelos), contrastando com ela, a devoção extrema pela noite, a treva romântica, que soube como ninguém povoar de cenas e visões fantásticas. Trevas da *Noite na taverna*, do *Macário*, das vigílias em que contempla a amada adormecida,

... à noite no leito perfumado

ou em que rola, insone, no

... pobre leito meu, desfeito ainda.
("Ideias íntimas...")

Frequentemente associada ao vento, à lua, sobretudo ao mar, a noite ocupa na sua poesia, nos episódios da sua ficção e dos seus poemas, um lugar principal. É muito dele a imagem da donzela, adormecida ou não, na praia tenebrosa, molhada pelas ondas. Esta recorrência corresponde ao sentimento noturno, à visão lutuosa e desesperada do amor, irmanado frequentemente à morte e, algumas vezes, à profanação.

Era uma defunta! Preguei-lhe mil beijos nos lábios. Ela era bela assim: rasguei-lhe o sudário, despi-lhe o véu e a capela como o noivo as despe à sua noiva. Era uma forma puríssima. Meus sonhos nunca tinham evocado uma estátua tão perfeita... A luz dos tocheiros dava-lhe aquela palidez de âmbar que lustra os mármores antigos. O gozo foi fervoroso — cevei em perdição aquela vigília. (*Noite na taverna*)

Era tão bela! a palidez sorria!
E a forma feminil tão alvacenta
No diáfano véu transparecia!
Pendeu o homem da morte macilento
A cabeça no peito — em vil desejo
Longo, mui longo profanou-lhe um beijo!
(*O poema do frade*)

A noite significa não apenas enquadramento natural, mas meio psicológico, tonalidade afetiva correspondente às disposições do poeta, à sua concepção da vida e do amor, aos movimentos turvos do *eu* profundo.

Byronismo Dos poetas românticos foi o que deixou relativamente maior produção, pois é preciso considerar que a sua atividade não excedeu quatro ou cinco anos, tendo sido, além disso, estudante excepcionalmente aplicado. A febre de escrever atirou-o atabalhoadamente sobre o papel, como se as palavras viessem por demais imperiosas. Grande número dos seus escritos manifestam o fluxo incontrolado que, para o Romantismo, era o próprio sinal da inspiração. Em Gonçalves Dias, sentimos que o espírito pesa as palavras; em Castro Alves, que as palavras arrastam o espírito na sua força incontida. Situado não apenas cronologicamente entre ambos, Álvares de Azevedo é um misto dos dois processos. Na melhor parte da sua obra as palavras se ordenam com medida, indicando que a emoção logrou realizar-se pelo encontro da expressão justa. Infelizmente, porém, há nela uma pesada sobrecarga de verso e prosa vazios, inúteis, revelando indiscriminação artística.

Lembremos, a favor, que ela é toda de publicação póstuma; e as três que de fato o comprometem (*O poema do frade*, mas sobretudo *O conde Lopo* e *O livro de Fra Gondicário*) são rascunhos juvenis que talvez não tencionasse divulgar, desesperadas tentativas de "byronizar", compreensíveis na pena de um rapaz de dezesseis ou dezessete anos. E isto nos faz voltar à influência famosa, tão referida e não devidamente estudada.

A influência de Byron é avassaladora nele, embora coada em grande parte através de Musset, manifestando-se em declarações, citações, epígrafes, pastichos, temas, técnicas, concepção de vida. A ela se misturam as de Shakespeare, Hoffmann, Victor Hugo, os portugueses. Mas a parte estritamente byroniana da sua obra, há pouco citada, é a mais fraca e artificial.

O "misterioso Bretão" era, com efeito, influência perigosa, nos dois sentidos: moral e literário. O estilo que forjou, muito pessoal e composto, haurido nos neoclássicos e nos italianos renascentistas, roçava arriscadamente pela oratória e pelo romanesco barato. Se na sua obra propriamente lírica existe não raro uma serena contenção, a que lhe deu fama e definiu a sua maneira própria se caracteriza pela tendência à digressão e à prodigalidade verbal, que o tornaram, com o passar do tempo, o poeta desacreditado dos nossos dias. Mas tanto a loquacidade, quanto a sobrecarga das tintas, correspondiam ao seu gênio, tinham inegável autenticidade, sobretudo quando vogava no cômico e na sátira. Por isso, se o lermos sem a preocupação, muito nossa, de buscar a experiência lírica essencial; se encararmos os seus poemas como contos metrificados, que são realmente, poderemos sentir-lhe o vigor, o colorido e o humor mais acelerado que jamais entrou na boa poesia. Demos de barato as narrativas romanescas e o próprio *Childe Harold*: ainda resta o *Don Juan*, encontro milagroso entre a fantasia cômica e aventureira dos italianos quatrocentistas (Pulci, Boiardo), o que há de melhor no espírito setecentista (Pope, Voltaire) e um satanismo sem ênfase. Sente-se nesta obra de maturidade o uso soberano dos melhores recursos formais, para exprimir de maneira sarcástica e apaixonada o homem moderno, tomado entre as normas e a aventura, buscando espaço e experiência para se apaziguar. A leitura dos seus quase 20 mil versos é uma delícia poucas vezes interrompida.

Mesmo, porém, nas obras folhetinescas, sobrecarregadas de paixão, crime, incidentes — *O corsário*, *Lara*, *O Giaour*, *Parisina*, *A noiva de Abidos* — mesmo nelas se manifesta a personalidade de quem viveu profundamente, viu o mundo e os homens, experimentou emoções como as que descreve. A força com que magnetizou o século XIX provém dessa confusão algo impura entre os seus livros e o rumor escandaloso da sua vida. Foi um homem sensacional, ampliado pela lenda, no qual tomaram corpo tendências de rebelião próprias ao espírito romântico. Por isso, quando amorteceu o eco da sua carreira agitada, foram igualmente amortecendo o significado e a influência da obra, que a parasitava por assim dizer. Mas ainda hoje sentimos nos seus versos pelo menos aquele peso egocêntrico, aquela intensidade de experiência, buscados pelas obras tão marcadamente pessoais do Romantismo.

Quando porém os jovens tentaram criar artificialmente um estilo de vida byroniano e copiar o tom dos seus livros, o resultado foi quase sempre desastroso. Os estudantes de São Paulo, com suas blasfêmias exteriores e retórica decorada, suas pobres orgias à luz da lamparina, regadas de cachaça, ao som da magra viola sertaneja, não criaram atmosfera para outra coisa senão a paródia. Álvares de Azevedo, no círculo estreito da Academia, a "república", os bailes provincianos, as férias na Corte, foi bastante pueril nas três obras acentuadamente byronianas, onde o tom coloquial, a aisance insinuante das digressões do modelo, a sua maestria no jogo de contrastes, se tornam incoerência palavrosa e sem nexo, com os seus condes e cavaleiros grotescos, as suas mulheres fatais, num artificialismo de adolescente excitado. N'*O conde Lopo* surgem todos os piores e mais vulgares chavões românticos, com tão pasmosa minúcia, que se poderia aplicar a ele o que disse um crítico americano de outra obra: "é tão má, mas tão má, que quase chega a ser boa".

O mesmo não se dirá das narrativas que integram a *Noite na taverna*, onde as chapas lúgubres e a bravata juvenilmente perversa estão articuladas por não sei que intensidade emocional, e por uma expressão tensa, opulenta, dissolvendo o ridículo e a *pose* do satanismo provinciano. É como se o autor tivesse conseguido elaborar, em atmosfera fechada, um mundo artificial e coerente, um jogo estranho mas fascinador, cujas regras aceitamos.

Nesta linha, porém, o triunfo se encontra no extravagante *Macário*, mistura de teatro, narração dialogada e diário íntimo; no conjunto, e como estrutura, sem pé nem cabeça, mas desprendendo, sobretudo na primeira parte, irresistível fascínio. A sua força provém, talvez, de duas circunstâncias, que ancoram na experiência do poeta as elucubrações que, nas outras obras, são mera *atitude* de imitação. Em primeiro lugar, a presença de São Paulo, como quadro, dando realidade às falas e aos atos do herói e seu companheiro infernal. A couve das estalagens, as veredas da serra de Paranapiacaba, a evocação dos costumes, a localização dos episódios balizam a imaginação e trazem o poeta à realidade vivida. Do diálogo encrespado entre Macário e Satã desprende-se uma Piratininga fantasmal e noturna, onde fervia o devaneio cativo dos moços possuídos pelo "mal do século". Inseridos no seu quadro real, a angústia, a dúvida, o sarcasmo ganham densidade e nos atingem, ao contrário dos bonecos que se agitam n'*O conde Lopo* ou n'*O livro de Fra Gondicário*, movidos por inexpertos cordéis sem ponto de apoio. A outra circunstância é o caráter de projeção do debate interior, pelo desdobramento do poeta nos dois personagens de Macário e Penseroso — ambos ele próprio, cada um representando um lado da "binomia" que, segundo vimos, condiciona a sua vida e a sua obra, exprimindo o dilaceramento da adolescência.

Macário poderia ser o Álvares de Azevedo byroniano, ateu, desregrado, irreverente, universal; Penseroso, o Álvares de Azevedo sentimental, crente, estudioso e nacionalista. Aquele, por contraste, situado em São Paulo; este, na Itália: a pátria da sua realidade e a pátria da sua fantasia. Álvares de Azevedo-Penseroso censura Álvares de Azevedo-Macário por não se incorporar ao nacionalismo paisagista e indianista; este rebate, lembrando o convencionalismo da tendência e a ânsia de horizontes humanos, supernacionais. Penseroso morre, infeliz, puro e melancólico; Macário, sobrevivente, debruça com Satã à janela da taverna para ver, através da narrativa dos cinco moços, a materialização da sua vertigem interior. Esta densidade de experiência se aprofunda mais pelo fato do *Macário* constituir uma espécie de suma literária do nosso poeta. Nele exprime a sua teoria estética e a função que atribuía à literatura, bem como a teoria erótica e a função que podemos, na sua obra, atribuir ao amor como fuga e aspiração.

Plenitude É preciso agora sublinhar, na obra lírica, os que podem ser considerados momentos de maturidade deste adolescente; os momentos em que Álvares de Azevedo-Macário se manifesta sem afetação e Álvares de Azevedo-Penseroso, sem lamúrias. No primeiro caso temos "Spleen e charutos" e

"Ideias íntimas"; no segundo, certos poemas da 1ª parte da *Lira dos vinte anos*, como "No mar", "Na minha terra", "Pálida, à luz da lâmpada...", "Anima Mea", "Lembrança de morrer"; da 3ª como "Meu sonho", "O lenço dela"; das *Poesias diversas*, como "Teresa" e "A minha esteira".

As seis poesias da série "Spleen e charutos" formam um conjunto excepcional em nossa literatura, pela alegria saudável, graciosa, a dosagem exata do humor, podendo algumas ser consideradas pequenas obras-primas no gênero, como "Solidão" e "A lagartixa". Nelas aparece o rapaz por vezes endiabrado de que falam os contemporâneos, o observador engraçado e mordente da correspondência, o companheiro das petas de Bernardo Guimarães e Aureliano Lessa. Mas se passarmos desta poesia de relação para o poeta entregue a si mesmo, encontraremos nas "Ideias íntimas" a melancolia, o desencanto, contidos pelo desprendimento de alguém que se encara sem crueldade, mas sem complacência.

Não estaremos longe de acertar apontando nesses "fragmentos" (como os chamou) a sua contribuição mais original.[13] O humorismo se reúne aqui à delicadeza sentimental, mórbida e triste, para a descrição poética da vida diária, transfigurando a constelação de objetos, pormenores, hábitos, que formam o ambiente de cada um. A cama, os quadros, os livros, a roupa, os retratos, a lâmpada, o *cognac*, o pó, a insônia, o ritual do desejo solitário, o devaneio — formam uma atmosfera peculiar, que reflete e ao mesmo tempo estimula o sonho interior. Este é tanto mais pungente em sua frustração quando mais aparece, nestes versos, contido por tédio e ironia, que, revelando o cansaço da vida, se abrem para a "lembrança de morrer". Não haverá em nossa literatura peça equiparável, pela sedução com que nos arrasta ao mundo fechado do poeta, que consegue inscrever na duração o sinal permanente da própria imagem, cristalizada no cotidiano.

> Vivo fumando
> Minha casa não tem menores névoas
> Que as deste céu d'inverno...
> *
> Ali mistura-se o charuto havano
> Ao mesquinho cigarro e ao meu cachimbo.
> *
> Marca a folha do *Faust* um colarinho
> E Alfredo de Musset encobre às vezes
> De Guerreiro ou Velasco um texto obscuro.
> *

13 "[...] talvez o que fez de maior como poesia". Mário de Andrade, "Amor e medo", op. cit., p. 459.

E resta agora
Aquela vaga sombra na parede
— Fantasma de carvão e pó cerúleo,
Tão vaga, tão extinta e fumarenta
Como de um sonho o recordar incerto.

*

Imploro uma ilusão... tudo é silêncio!
Só o leito deserto, a sala muda!

*

Meu pobre leito! eu amo-te contudo!
Aqui levei sonhando noites belas;
As horas longas olvidei libando
Ardentes gotas de licor dourado,
Esqueci-as no fumo, na leitura
Das páginas lascivas do romance...

*

Junto do leito os meus poetas dormem
— O Dante, a Bíblia, Shakespeare e Byron —
Na mesa confundidos.

*

Eu me esquecia:
Faz-se noite; traz fogo e dois charutos
E na mesa do estudo acende a lâmpada...

Nada mais envolvente do que a magia dessa viagem à roda do quarto e do próprio *eu*, em que toda a alma se traduz na articulação do espaço material com os movimentos interiores.

A este depurado Macário devemos dar por companheiro o admirável Penseroso das poesias que salientamos nas outras partes da *Lira* e nas *Diversas*. Nelas o desejo e a timidez se equilibram; o devaneio abre asas com naturalidade; a natureza aparece como interpenetração do sentimento e da paisagem, representada com subjetivismo e rara beleza:

E que noite! que luar!
Como a brisa a soluçar
Se desmaiava de amor!
Como toda evaporava
Perfumes que respirava
Nas laranjeiras em flor!
("No mar")

Arvoredos do vale! derramai-me
Sobre o corpo estendido na indolência
O tépido frescor e o doce aroma!
E quando o vento vos tremer nos ramos
E sacudir-vos as abertas flores
Em chuva perfumada, concedei-me
Que encham meu leito, minha face, a relva
Onde o mole dormir a amor convida!
    ("Anima Mea")

Este aspecto da sua poesia nos mostra como a literatura depende do espaço físico e humano em que banha o escritor, e que se transfunde nas imagens, nas situações, na visão do mundo, na orientação da sensibilidade. É impossível deixar de sentir, sob os versos citados, a largueza das chácaras e arrabaldes, os hábitos de recreação duma classe, o seu contato com a natureza do país ainda pouco citadino, onde a vida cotidiana corria à vista das árvores, dos campos, das praias desertas, num ritmo mais lento e "natural".

Respiro o vento, e vivo de perfumes
No murmúrio das folhas da mangueira;
Nas noites de luar aqui descanso
E a lua enche de amor a minha esteira.
    ("A minha esteira")

A abafada poesia noturna desse bebedor de *cognac* se completa por um sopro de natureza, fresco e reparador, por onde entra a dimensão normal da vida brasileira. E assim vemos que em cada rumo seguido na leitura desta obra, os contrastes aparecem, só se unificando se os considerarmos de um ponto de vista dramático, como manifestações de personalidade adolescente. É com efeito nesta quadra que ela permaneceu, formando um maço de esboços, fragmentos, erros e acertos. Como experiência humana é isto precisamente que lhe dá um caráter único e raro de mensagem total da adolescência, selada pela morte e íntegra desde então na sua fecunda precariedade.

6.
O "belo, doce e meigo": Casimiro de Abreu

Há nessa geração um momento em que os modos maiores da poesia se esbatem, elevando-se a linha pura do gorjeio sentimental.

É o momento de Casimiro, em que não ouvimos o desespero amargo, a grandiloquência, nem as hipertrofias do sublime. No prefácio às *Sombras e sonhos*, Teixeira de Melo estabelece sem querer este novo modo, em contraposição ao que se concebera até aí: "Poetizei tudo o que Deus fizera poético e o ficou sendo de si; mas o amor materno é mais do que poético; é sublime! é divino! Querer poetizá-lo fora querer talvez desfigurá-lo".[14] O poético constitui, portanto, categoria inferior ao sublime, a que não deve pretender; é o "belo doce e meigo, o belo propriamente dito", de Álvares de Azevedo. A obra de Teixeira de Melo, fácil e plangente, ilustra bem a privação do sublime, com que se acomodou o temperamento artístico eminentemente "doce e meigo" de Casimiro de Abreu, o maior poeta dos modos menores que o nosso Romantismo teve.

Nele, o lirismo é pura expressão da sensibilidade, desligada de qualquer pretensão mais afoita. Saudade, ternura, natureza e desejo são modulados numa frauta singela, sem a envergadura que assumem em Junqueira Freire, Álvares de Azevedo, mesmo Bernardo Guimarães. Extremamente romântico na fuga à abstração, à generalização, sempre transpõe no poema um sentimento imediato (ou uma dada planta, um lugar determinado, uma certa hora do dia), banhando-o naquela magia desde então ligada ao seu nome. Ser casimiriano é ser suave e elegíaco, dar impressão de incomparável sinceridade, e, principalmente, nada supor no coração humano além de meia dúzia de sentimentos, comuns mas profundamente vividos. Por isso mesmo foi o predileto dos cestos de costura, levando a um fervoroso público feminino toda a gama permitida de variações em torno do enleio amoroso, negaceando os arrojos sensuais por meio de imagens elegantes:

> Dormia e sonhava — de manso cheguei-me
>   Sem leve rumor;
> Pendi-me tremendo e qual fraco vagido,

14 *Sombras e sonhos*, poesias de José Alexandre Teixeira de Melo, p. VI.

Qual sopro da brisa, baixando ao ouvido,
   Falei-lhe de amor!
Ao hálito ardente o peito palpita...
   Mas sem despertar;
E como nas ânsias dum sonho que é lindo,
A virgem na rede corando e sorrindo...
   Beijou-me — a sonhar!
   ("Na rede")

Noutro poema, encontra metáfora ainda mais hábil, para circunstância difícil de acomodar ao decoro dos recitativos de sala ou de serão familiar, transformando a posse numa chuva de pétalas sobre a amada simbolicamente adormecida:

Vem, tudo é tranquilo, a terra dorme,
Bebe o sereno o lírio do valado...
Sozinhos, sobre a relva da campina,
Que belo que será nosso noivado!

Tu dormirás ao som dos meus cantares,
Ó filha do sertão, sobre o meu peito!
O moço triste, o sonhador mancebo,
Desfolha rosas no teu casto leito,
   ("Noivado")

Estão longe a surda paixão carnal de Junqueira Freire ou os desejos irritados, macerados, do insone Álvares de Azevedo. Talvez mais feliz na vida dos instintos, pôde sublimar em lânguida ternura a sensualidade robusta, embora bem disfarçada quase sempre, dos seus poemas essencialmente diurnos, nos quais não sentimos a tensão dolorosa das vigílias. Como deixa implícito Mário de Andrade no seu estudo essencial para a psicologia romântica ("Amor e medo"), o negaceio de Casimiro é a velha estratégia de conquistador sonso, frequente na lira portuguesa.

Talvez devido às representações na maioria tangíveis dos seus amores, é tão real o laço que os une aos detalhes da natureza física. Na literatura romântica, é dos que mais objetivamente a reproduzem. Em Gonçalves Dias, em Álvares de Azevedo sobretudo, o mundo externo é mais ou menos criado pela imaginação, como sistema de imagens correlatas à visão interior. Nele, como em Bernardo, o mundo existe por si, como quadro real da vida; mas enquanto se associa neste ao desejo de isolamento e aparece sob aspectos majestosos, convidando o espírito a contemplar, manifesta-se em Casimiro pelos lados singelos e pitorescos. A sua é uma natureza de pomar, onde se caça passarinho, quando criança, onde se arma a rede para o devaneio ou se vai namorar, quando rapaz:

> Oh! quantas vezes a prendi nos braços!
> Que o diga e fale o laranjal florido!

A sua visão exterior está condicionada estreitamente pelo universo do burguês brasileiro da época imperial, das chácaras e dos jardins, que começavam a marcar uma etapa entre o campo e a vida cada vez mais dominadora das cidades. Por isso, às matas, aos rios, píncaros e horizontes sem fim do sertanejo Bernardo, contrapõe laranjeiras, mangueiras e regatos; contrapõe o espaço predileto das serenatas e das merendas:

> Eu quero ouvir na laranjeira, à tarde,
>> Cantar o sabiá.
>> ("Meu lar")

> A gota de orvalho
> Tremendo no galho
> Do velho carvalho,
> Nas folhas do ingá.
>> ("Poesia e amor")

> Brotam aromas do vergel florido.
>> (*As primaveras*)

Quando amplia o âmbito da visão, é ainda matizando de moderada beleza os aspectos ordinariamente exaltantes da paisagem (grifo meu):

> Perfumes da floresta vozes *doces*,
> *Mansa* lagoa que o luar prateia,
> *Claros* riachos, cachoeiras altas,
> Ondas *tranquilas* que morreis na areia.
>> ("No lar")

O fato dessa natureza amaciada *existir* denota o caráter concreto da sua poesia, que, apesar de intensamente subjetiva, se alia à realidade duma paisagem despojada de qualquer hipertrofia, em benefício da atmosfera tênue dos tons menores.

A este (digamos) amaneiramento da matéria poética, corresponde amaneiramento paralelo da forma. E com isso triunfa a "cadência bocagiana" censurada por Junqueira Freire, a musicalidade da melodia fácil, que Varela e Castro Alves levariam às últimas consequências, sem todavia praticá-las com tão entranhada parcialidade. Efetivamente, Casimiro desdenha o verso branco e o soneto, prefere a estrofe regular, que melhor transmite a cadência da inspiração "doce e meiga". Os seus versos buscam o ritmo mais cantante, que, mantido invariável quase sempre, transforma as suas peças em melopeias, às quais nos abandonamos sem fazer caso do sentido. É a anestesia da razão pelo feitiço da sensibilidade.

Assim a craveira dos sentimentos, os aspectos correlatos da natureza e a melodia poética a ambos ajustada emprestam à sua obra uma beleza comovedora e singela, que nalguns poemas se realiza plenamente. Em "Amor e medo", por exemplo, ou em "Minh'alma é triste":

Minh'alma é triste como a rola aflita
Que o bosque acorda desde o albor da aurora
E em doce arrulho que o soluço imita
O morto esposo gemedora chora.

O amor sonso Em 1859, quando saíram as *As primaveras*, parece que já ia se descarregando a pesada atmosfera noturna, desenvolvida no Brasil desde o decênio de 1840 e culminante na obra de Álvares de Azevedo. Em Casimiro, o senso dramático da vida reponta, logo atenuado pela vocação elegíaca e o arrepio sensual. A tristeza, nele, não impede o encantamento da carne; aumenta-o, pelo contrário, como acontece nos temperamentos voluptuosos:

Depois indolente firmou-se em meu braço,
Fugimos das salas, do mundo talvez!
Inda era mais bela rendida ao cansaço
Morrendo de amores em tal languidez!
    — Que noite e que festa! e que lânguido rosto
      Banhado ao reflexo do branco luar!
      A neve do colo e as ondas dos seios
      Não quero, não posso, não devo contar!
    ("Segredos")

Por isso, contribui decisivamente, com seu grande talento poético, para fixar um dos aspectos do amor romântico. Nem a unção de Gonçalves Dias, nem o desespero às vezes satânico de Junqueira Freire e Álvares de Azevedo, mas a excitação dos sentidos, bastante viva para despertar e envolver a imaginação e, todavia, mascarada por um jogo hábil de negaceios: ora a tristeza da posse inatingível, ora a ironia da posse disfarçada, ora o falso pudor da posse protelada. E, dominando tudo, a capacidade quase virtuosística de elaborar imagens delicadas, a fim de atenuar as consequências finais da corte amorosa:

Sempre teu lábio severo
Me chama de borboleta!
— Se eu deixo as rosas do prado
É só por ti — violeta!

Tu és formosa e modesta,
As outras são tão vaidosas!
Embora vivas na sombra
Amo-te mais do que às rosas.

A borboleta travessa
Vive de sol e de flores...
— Eu quero o sol de teus olhos,
O néctar dos teus amores!

Cativo do teu perfume
Não serei mais borboleta,
— Deixa eu dormir no teu seio,
Dá-me o teu mel — violeta!
     ("Violeta")

Este lindo poema (onde há ressonâncias de Silva Alvarenga, poeta afim de Casimiro) configura a teoria burguesa do amor romântico. Segundo ela, devem ficar subentendidos os aspectos carnais mais diretos, devendo, ao contrário, ser manifestado com o maior brilho e delicadeza possível o que for idealização da conduta. Uma aparente mediocridade afetiva que, sendo principalmente social, apenas recobre o veio rico de uma sensualidade ávida por manifestar-se; o contrário, em todo o caso, da brutalidade das *Contradições poéticas* ou a requintada perversidade da *Noite na taverna*. Noutros poemas, dissocia os dois aspectos complementares da sua melhor concepção amorosa, o carnal e o ideal, geralmente combinados em proporções felizes nos bons versos. Como resultado, ficam duma parte um desalento de clorose sentimental —

Qual reza o irmão pelas irmãs queridas,
Ou a mãe que sofre pela filha bela,
Eu, de joelhos, com as mãos erguidas,
Suplico ao céu a felicidade dela —
("De joelhos")

de outra, mais rara, a ousadia direta do desejo:

Ai! se eu te visse, Madalena pura,
Sobre o veludo reclinada a meio,
Olhos cerrados na volúpia doce,
Os braços frouxos — palpitante o seio!...
("Amor e medo")

Desalentos O desalento profundo, geralmente associado à inocência para definir Casimiro, é tão raro quanto esta na sua obra. Apenas nalguns poemas do "Livro negro" deu largas ao "mal do século"; e mesmo aí, a tristeza aparece algumas vezes como privação do prazer amoroso, (em "Mocidade", por exemplo) reanimando o velho tema do convite à volúpia como desafio ao mal de viver, que desde os latinos percorre o lirismo ocidental:

Doce filha da lânguida tristeza,
Ergue a fronte pendida — o sol fulgura!
— Como a flor indolente da campina
Abre ao sol da paixão tua alma pura!

Assim, apesar de exprimir também a angústia, e fremir de vez em quando ao desespero, a sua obra exprimiu principalmente uma nova vivência amorosa — um amor de carne, abrindo-se em idealização formal no plano do espírito. Depois dele — na obra de Castro Alves — a paixão aparecerá mais próxima à natureza, e o drama do espírito não mais sufocará a fruição das coisas. Nele, porém, a proximidade do Romantismo noturno ainda propicia zonas mortiças, admiráveis zonas de sentimentalismo elegíaco. Influenciado por Lamartine e Victor Hugo, é provável, no entanto, que tenha sofrido principalmente a marca dos ultrarromânticos portugueses, João de Lemos, Soares de Passos e outros, com os quais revela não apenas afinidades espirituais, mas orientação estética parecida. Inclusive a brandura com que refinava a tristeza e a elegância amena com que a exprimia.

No início deste capítulo, ficou escrito que os poetas da segunda geração romântica nutriam sua obra, em grande parte, do sentimento de contrastes. Ao longo d'*As primaveras*, opõe-se, em primeiro plano, o amor da carne, e sua exigência imperiosa, à visão da pureza ideal; um imperativo da espécie a chocar-se com um imperativo ideológico do grupo e se resolvendo quase sempre, como vimos, pela imagem literária ambígua. O conflito encontra saída, portanto, na ambiguidade poética; esta, obrigando, diríamos, a uma ocultação de atitude, (visível, por exemplo, no belo e antinômico "Amor e medo"), que permite achar o melhor modo de exprimir as intenções do poeta.

Em segundo plano, todavia, há outro contraste, que arranca as notas mais plangentes da sua lira: o da vocação com a condição; o contraste romântico da poesia e da vida, que, se não viveu, imaginou:

> Cuspiram-me na fronte e na grinalda,
> Vergaram-me a cabeça ao despotismo,
>   Às garras da opressão;
> E ao contato do mármore e do gelo
> A lira emudeceu, penderam flores,
>   Extinguiu-se o vulcão!

> Por cada canto eu tive ofensas duras,
> Pelos sonhos — o escárnio que apunhala,
>   Insultos por cantar!
> Deitaram-me na taça o fel que amarga,
> Mas a raça dos vis campeia impune,
>   Porque eu sei perdoar!
>   ("Meu livro negro")

Aliás, este poema, em toda a sua obra, é o único momento de amargura violenta e rebeldia mais acentuada; noutros o drama apenas se infiltra, menos compacto. De qualquer modo, é a ele que atribui a sua poesia; por causa dele é que

> Tenta enganar-se pra curar as mágoas,
> Cria fantasmas na cabeça em fogo.
>   ("Fragmento", IV)

Analisando a dinâmica espiritual de Casimiro e os temas apontados mais alto em sua obra, verifica-se que ela representa uma etapa de restrição do ecúmeno romântico; uma diminuição de fronteiras que reduz consideravelmente o universo da poesia, ao preferir os temas relativamente mais comuns da psicologia humana e os aspectos mais familiares da paisagem, tratando a uns e outros com menor amplitude. Por isso mesmo, talvez, realizou poesia acessível ao sentimento médio dos leitores e relativamente inteiriça na sua compenetração de matéria e forma. Sob este ponto de vista, não seria exagero repetir que foi, dos ultrarromânticos brasileiros, o único plenamente realizado, ao exprimir os intuitos que animaram o seu estro, por meio de uma forma perfeita na sua limitação.

7.
Os menores

Os poetas secundários mais significativos que formam o segundo plano no decênio de 1850 foram estudantes de direito de São Paulo e Recife, girando em órbitas mais ou menos afastadas à volta de Gonçalves Dias e Álvares de Azevedo, que encarnam duas das três linhas básicas da nossa poesia romântica até então: nacionalismo e meditação, o primeiro; drama interior, humor e satanismo, o segundo. A melancolia e o sentimentalismo formam a terceira, que embora acentuada neles, pode ser representada, de preferência, por quem a encarnou mais depuradamente que ninguém: Casimiro de Abreu.

Sabemos que o triunfo de uma corrente literária tem por companheiro inseparável a banalização dos seus padrões: eles se arraigam e difundem, com efeito, na medida em que, perdendo a dificuldade e o mistério, adquirem o curso fácil da moeda corrente. É o processo a que assistimos nesse decênio, dando certo ar de familiaridade aos poetas secundários de Norte e Sul. Em quase todos registramos pieguice, loquacidade, automatismo de imagens, uso detestável de diminutivos, frouxidão do verso, abuso dos ritmos que qualifiquei de "românticos", desleixo da métrica e da gramática. Em gente desse naipe encontrariam os parnasianos um arsenal de defeitos, para justificar a regeneração formal e o combate à indiscrição afetiva.

Há em quase todos uma espécie de hipertrofia das lacunas registradas nos da primeira plana, sem a compensação do estro e do talento. Lendo-os, temos por vezes a desagradável impressão de sermos vítimas de duas *chantages*: uma, psicológica, é a tentativa de comover pelo exibicionismo; outra, formal, a de esconder a deficiência técnica pelo truque fácil do verso cantante; ambas são contraproducentes, tornando a sua leitura um pesado e quase ininterrupto fastio.

Em 1859, Antônio Joaquim de Macedo Soares, estudante do terceiro ano da Academia de São Paulo, onde era a melhor cabeça crítica, organizou uma interessante antologia de poetas do Norte e do Sul, na maioria estudantes, procurando classificá-los por tendências. Ao fazê-lo estabeleceu um verdadeiro balanço das que então predominavam, ou apenas se esboçavam, reconhecendo a existência de "harmonias íntimas, selvagens, históricas, sertanejas, africanas e indianas", isto é, poemas cujos temas eram, respectivamente, sentimentos pessoais, descrição da natureza, episódios da nossa história, costumes regionais, o escravo, o índio.[15]

A análise dos poemas coligidos, mas sobretudo da obra completa dos seus autores, revela significativo desajuste entre programa e vocação. Conscientes dos intuitos construtivos de criação duma literatura, que foi, segundo vimos, o alvo da nossa aventura romântica inicial, os jovens reputavam necessário o cultivo de assuntos diretamente ligados ao nacionalismo, mormente o Indianismo, muito em voga nos anos de 1850 com o romance de Alencar, as epopeias de Gonçalves Dias e Magalhães. A classificação de Macedo Soares é não apenas levantamento da realidade, mas convite a preencher escaninhos vazios ou mal providos; e quase todos os jovens trouxeram contribuição a um ou outro, sendo que os mais entusiastas e ligados ao crítico timbraram em abordar *todos* os temas, como foi principalmente o caso de Bittencourt Sampaio.

Acontecia, porém, que tanto ele quanto os outros se sentiam impelidos para as "harmonias íntimas", — confidência, devaneio amoroso, melancolia — e, em segundo lugar, as "selvagens", isto é, descrição da natureza. A leitura mostra claramente que as suas melhores realizações, aquelas em que se sentem à vontade, são nestes setores. As outras revelam demais o intuito programático, a impedir bom resultado. Nesta geração, as capacidades poéticas se encasulavam realmente em torno do *eu* e de suas exigências.

Safra mediana A lista desses poetas secundários é grande, tornando-se difícil, na geral mediania que os caracteriza, apurar os que merecem referência. Penso ser pouco injusto mencionando Aureliano Lessa, Teixeira de Melo, Franklin Dória, Bittencourt Sampaio, Trajano Galvão, Almeida Braga, Bruno Seabra, Sousa Andrade.

Lessa é algo diverso dos outros, chegando por vezes ao tom de Bernardo Guimarães, embora de arte mais tosca e temperamento mais inclinado à melancolia. Geralmente banal, discursiva e por vezes pueril, a sua poesia não justifica absolutamente a posição que ocupa, e é devida com certeza a uma espécie de parasitismo em relação aos seus dois inseparáveis companheiros de vida acadêmica em São Paulo — Bernardo e Álvares de Azevedo. Como o primeiro, descreveu a natureza, usando moderadamente o novessílabo e o hendecassílabo, brincando também com a rima de eco, inclusive num poema onde se justifica, por ser imitativa deste

---

15 *Harmonias brasileiras: Cantos nacionais coligidos e publicados por Antônio Joaquim de Macedo Soares*, "Prefácio", p. x.

fenômeno ("O eco"). Manifestando igualmente certo atavismo arcádico, fez sonetos passáveis e poemas de metro curto, onde há ressaibos de cançoneta setecentista. Muito pouco resiste do que deixou, merecendo alusão o formoso "Ela", onde se abre uma perspectiva de devaneio pela recorrência da comparação.

> Mais bela que os silfos, que em plácidos sonhos
> Vagueiam na mente juncada de amores
> De linda donzela;
> Mais bela que um — quero — de lábios risonhos;
> Que os astros da noite mais bela, mais bela!

> Mais pura que a límpida fonte deitada
> Na cândida areia; mais pura que a brisa,
> Que baixo murmura
> Nas folhas; mais pura que a prece sagrada;
> Que a nuvem azulada que a aurora matiza,
> Mais pura, mais pura!

Os outros poetas apresentam marcadamente as características gerais mencionadas acima. Alguns (obedecendo a uma espécie de ouvido automático) praticam os "ritmos românticos" a torto e a direito, sem o menor senso de oportunidade, como Trajano Galvão, em cujas *Sertanejas* são em tais ritmos nove sobre 21 poemas, ou seja, quase a metade. Nas *Flores silvestres*, de Bittencourt Sampaio, a contagem revela dez sobre 46, pouco menos de um quarto; no *Enlevos*, de Franklin Dória, são dezoito sobre 88, ou a quinta parte; Teixeira de Melo apresenta sete sobre 52, ou menos da sétima parte, nas *Sombras e sonhos*; mas emprega com muito maior frequência a estrofe isorrítmica de decassílabos sáficos, que, sendo embora menos rígida e limitada, revela igual abandono à facilidade.

Todos cultivam a musa patriótica, alguns a indianista. Bittencourt Sampaio, Bruno Seabra, Sousa Andrade e Trajano Galvão cantam o negro pela primeira vez, lançando deste modo um elemento importante do que seria a quarta e última linha da poesia romântica: o lirismo social de Castro Alves.

Bittencourt Sampaio gostava de desarticular versos no interior da estrofe, dando um serpear não raro agradável à cadência das suas peças líricas, superficiais e fáceis, cheias de flores e pássaros:

Vem comigo, ó doce amada,
Vem sobre as ondas do mar:
 A garça mimosa
 Não é tão ligeira,
 Que a barca veleira,
  Formosa
  Levada
 Da brisa a voar.
("No mar")

Ulteriormente, revelando tendências místicas, metrificou o Evangelho de São João em decassílabos, sob o nome de *A divina epopeia*.

Mais regular foi Teixeira de Melo, paradigma da inspiração e dos processos métricos correntes no tempo, mostrando como é nos secundários que os padrões de uma escola aparecem mais claros e, por assim dizer, imobilizados.

Náiade viva da legenda antiga,
Deixa o seio do rio em que te encantas!
Dá-me um riso d'amor, gota do orvalho
Que em noites de verão desperta as plantas.

Vem às sombras dos pálidos vampiros
Sobre as asas em pó das borboletas!
Algum silfo talvez te espere em cuidos
Sobre os seios azuis das violetas!

Não vês a natureza a sono solto
Nos braços do silêncio, imóvel, fria?
A alma vagando, estrela d'outros mundos,
Pelos campos da loira fantasia?

Estas estrofes iniciais de "Fantasia" (*Sombras e sonhos*) mostram a sua melhor forma — um encanto gracioso que o aproxima de Casimiro de Abreu, cuja obra a sua precede um pouco.

Poeta fácil e bem mais primário foi Franklin Dória, cantor de cenas e emoções da sua ilha natal do Recôncavo baiano, passando com amena superficialidade das moreninhas praianas aos hinos patrióticos e até a uma peça democrática, "O povo", que antecipa a inspiração política dos decênios seguintes.

O que há nele de melhor é a fluida suavidade do verso —

Minha canoa no canal desliza
Leve qual folha, que à flor d'água desce,
Ou como infante que na relva pisa,
Quando espairece —
    ("Canção")

ou, sobretudo, certo sentimento diferencial das horas do dia, cuja peculiaridade apreende com a experiência de um amador compreensivo da natureza. Alacridade e movimento da aurora em "O sol nascente", quando despertam as cores, o calor, o trabalho, serena e promissora tranquilidade da
noite, em "Vulto":

Puro, limpo e risonho o firmamento;
O oceano coalhado, sonolento;
Silencioso o vale, calmo o vento,
E em tudo, como esmalte, este luar!
Não cansa a vista de mirar tal cena:
A alma estremece nesta hora amena
    E arde sequiosa por gozar.

E para não escapar à grande influência da geração, mostra nalgumas peças
a marca direta de Álvares de Azevedo, como "O charuto", verdadeiro pasticho do seu humorismo, equiparável, neste sentido, a "Com febre", de Bruno
Seabra, fundido no mesmo molde de "Spleen e charutos".

Bruno Seabra é com certeza o mais modesto do grupo, de que se dife-
rencia pela leveza e o bom humor de quase todas as composições, na maioria em fáceis setissílabos. Namoros, brejeirice, beijos roubados, promessas
falazes, flores e mais flores — eis o conteúdo das *Flores e frutos*, livrinho
sem importância, que se menciona por constituir verdadeiro ponto de jun-
ção entre a poesia erudita e a inspiração do povo. Inclusive sob o aspecto do
simbolismo floral, já referido a propósito de Laurindo Rabelo, em que produziu talvez a sua melhor poesia, as nove estrofes de "Açucena", onde esta
representa o sentimento autêntico destruído pelo amor fácil das levianas,
colocando-se o poeta numa estranha situação, bem típica do masoquismo
latente em muitos românticos, de homem afetivamente desflorado pela mu-
lher-Dalila, para usar um símbolo de Michel Leiris:

O que é da minha açucena,
Que é da minha branca flor?
Agora quem terá pena
Deste amor órfão de amor?
Dá-me a minha flor, morena,
Aquela branca açucena!

E vai responde a morena:
— Aquela mimosa flor?
Aquela branca açucena,
Aquela prenda de amor? —
E a desdenhosa, sem pena,
Deu-me as cinzas d'açucena.

Ninguém escute a morena,
Ninguém lhe ceda uma flor,
Que ela pede uma açucena
Para matar um amor,
E... rir-se depois sem pena,
De quem chora uma açucena.

É um poema encantador pela singeleza, com a magia das rimas nas mesmas palavras em todas as estrofes e a candura do verbo ir, usado à maneira do colóquio familiar: "Foi, nos seios"; "Fui, eu beijei"; "E vai, responde".

Gentil Homem de Almeida Braga é menos corredio, parecendo sofrer a influência moderadora de Gonçalves Dias, a quem dedica o principal dos seus livros. Há nos *Sonidos* uma impregnação amorosa, de aparência autobiográfica, bem como a tentativa de criar uma atmosfera musical: "Entre flauta e piano", "Pizzicato à surdina", "Cantiga em dó maior", "Variações em lá menor", "Solfejos em fá sustenido". A despeito de certa prolixidade, salvam-se alguns momentos de poesia agradável e delicada:

Como estrela de luz serena e pura
ou flor, que pende da vergôntea fina,
nos vossos olhos pinta-se a candura,
dos lábios vossos cai a luz divina.
    ("Ignoto Deo")

Vês como a onda é tranquila,
como recua medrosa,
deixando a praia arenosa,
à luz risonha do céu?

Sopra o vento; o mar cintila;
sobre a vaga, espuma e desce;
cava um leito e nele of'rece
jazigo a quem se perdeu.
    ("Cantiga")

Em várias peças mostra-se inclinado a certo tipo de poesia "de ambiente", muito prezada pelas gerações vindouras: descrição de salas, alfaias, toilettes, bailes (prenúncio de Luís Guimarães e B. Lopes), a que dá largas, por exemplo, na maior e mais ambiciosa das suas composições, o conto em verso *Clara Verbena*, onde à maneira de Álvares de Azevedo n'*O poema do frade*, imitou de perto os processos de composição de *Namouna*:

                 O mau ensino
de meu mestre Musset pôs-me o defeito,
que me torna por vezes imperfeito.
    (I)

Como o cantor de Rolla, aquele Alfredo
tão delicado e meigo e peregrino...
    (II)

Levando às consequências finais a técnica digressiva do modelo, faz uma série de quadros e sentenças em torno de dois personagens esfumados, um velho barão e sua filha, que ao cabo não existem, mas nasceram do trabalho da imaginação em face de dois retratos. Desconcertante é o final, onde, após ter vagueado livremente o poema todo com a ironia cínica do mestre, rompe num hino ao progresso, confiante na ciência, trabalho, justiça, democracia...

Mas um dia virá, século gigante,
em que da chama do bater do malho
apenas surgirá bom, triunfante,
o ferro do pacífico trabalho.
Há de o rei ser o povo; a guerra um mito,
tendo por símbolo a espada no granito!
    (IV)

São doze sextilhas deste teor, desvendando quanto havia de *atitude* no poema, e que terão feito estremecer de susto o cético e byroniano Hassan (de *Namouna*), no túmulo das ficções. A causa se encontra provavelmente na impressão produzida sobre Almeida Braga pelo lirismo social da Escola Coimbrã, do "grande Antero" e seus companheiros,

> ... enormes no ímprobo trabalho
> com que pretendeis pôr um céu na terra,

a que faz referência em várias estrofes do "Canto III".

Um original Não sendo melhor poeta, Sousa Andrade é por certo mais original do que os outros. O seu livro de estreia, *Harpas selvagens*, vem marcado por um Romantismo que poderia ser considerado interior, sem os cacoetes superficiais de métrica ou imagem. Poesia tensa e carregada de energia, desleixando os *ritmos românticos* e se realizando melhor no verso branco, não raro em poemas extensos, ao longo dos quais procura em vão a forma adequada. Um dos motivos de interesse da sua obra está nesse ar de procura, que, se não favorece a plenitude artística, testemunha em todo o caso uma verdadeira inquietação, elemento de dignidade intelectual nem sempre encontrada nos seus manhosos contemporâneos.

Outro fator de interesse é a importância que a viagem assume, para ele, como estímulo da emoção. Os poemas são datados de vários lugares do Brasil e da Europa, sugerindo que a mobilidade no espaço o ia revelando a si mesmo, ao variar o panorama do mundo e aguçar a reflexão: uma procura formal somada a uma procura dos lugares, exprimindo no fim a procura do próprio ser. Esses movimentos tecem a contextura da sua poesia, onde encontramos com prazer, em lugar da mobilidade algo falaciosa dos ritmos, como em seus contemporâneos, a mobilidade espiritual de um drama.

Mas este todavia é apenas esboçado, nem sempre se distinguindo dos temas banais do momento. Para livrar-se deles, o poeta recorre a certo preciosismo, geralmente do pior efeito, com um pendor para termos difíceis que roça o mau gosto, já que a simplicidade fundamental da sua concepção não se coaduna com o rebuscamento colado sobre ela. Maior liberdade, e desejo de dar nota pessoal, aparecem na ousadia de certas próclises, revolucionárias para o tempo.

Os seus momentos mais felizes estão nalgumas redondilhas delicadas, como as d'"O rouxinol", ou em composições de voo amplo, lançadas no declive da reflexão e da meditação. Estas revelam melhor o timbre de serenidade, a pesquisa constante da sua poesia, que não emerge em versos excepcionais, manifestando-se antes numa bitola regular e frequentemente prolixa, como a de certos poemas ingleses — *recollections, intimations* — a que se aparenta.

Entretanto, no esforço contínuo para definir o eu e exprimir o significado correlato da natureza, logra alguns momentos de felicidade, destacados da superfície lisa dos poemas, como este lampejo, nos difusos "Fragmentos do mar":

... o claro verde,
O puro azul das águas florescidas,
Como campo murchou.

Retenhamos contudo a ideia que, num momento de universal facilidade, ele se destaca entre os poetas menores pela inquietação e o esforço de traduzir algo original, como assinala Sílvio Romero: "Uma coisa porém, é preciso que se diga: o poeta sai quase inteiramente fora de toada comum da poetização do seu meio; suas ideias e linguagem têm outra estrutura".[16]

---

16 Sílvio Romero, *História da literatura brasileira*, v. II, pp. 406.

Capítulo XIII

O triunfo do romance

1. Novas experiências **541**
2. Manuel Antônio de Almeida: o romance em moto-contínuo **545**
3. Os três Alencares **550**
4. Um contador de casos: Bernardo Guimarães **564**

I.
Novas experiências

A partir de 1860 a produção novelística se intensifica e amplia no Brasil graças, principalmente, ao trabalho e exemplo de José de Alencar, logo reforçado em plano modesto por Bernardo Guimarães. À margem, e precedendo-os cronologicamente, fica o único livro de Manuel Antônio de Almeida. São os principais romancistas dessa etapa, devendo juntar-se a eles o veterano Joaquim Manuel de Macedo, que continua a produzir até 1876, data em que saem o seu último livro e o último livro de Alencar (*A baronesa de amor* e *O sertanejo*).

Entretanto Macedo já escrevera o essencial da sua obra antes do início da carreira de Alencar (1856) e da publicação das *Memórias de um sargento de milícias* (1852-1853); em seguida, pouco mais fez que repisar os mesmos temas com os mesmos processos. Abridor de caminhos, foi ele quem conferiu prestígio à ficção, dando-lhe por assim dizer posição social e, como pano de fundo, a vida burguesa do Rio de Janeiro. A sua lição foi importante, e a glória rápida que alcançou em nosso meio pobre e acanhado serviu de estímulo à vocação dos moços. "Que estranho sentir não despertava em meu coração adolescente a notícia dessas homenagens de admiração e respeito tributadas ao jovem autor d'*A Moreninha*! Qual régio diadema valia essa auréola de entusiasmo a cingir o nome de um escritor?" — escreve significativamente Alencar na sua autobiografia literária.[1] A ele coube retomar, fecundar e superar a obra de Macedo, como faria Machado de Assis em relação à sua.

Há portanto uma presença de Macedo, não apenas física, mas espiritual, que prolonga a sua orientação na fase que vamos estudar — fase na qual se refinam e aprofundam os elementos novelísticos propostos na anterior. Às peripécias elementares de Teixeira e Sousa, sucede a concatenação prodigiosa d'*As minas de prata*; às complicações mecanizadas d'*Os dois amores*, a urdidura muito mais firme de *Til* ou *O tronco do ipê*.

Além desse processo de depuração, há elementos novos que permitem caracterizar mais amplamente uma segunda etapa do romance romântico: o Indianismo, o regionalismo, a análise psicológica.

---

[1] José de Alencar, *Como e por que sou romancista*, pp. 27-28.

A propósito de Gonçalves Dias, ficou assinalado como o Indianismo funcionou à maneira de perspectiva exótica para redefinir velhos temas da literatura europeia; já vimos também, e veremos daqui a páginas, a propósito de Alencar, como foi um elemento ideológico, *racionalizando* alguns aspectos da nossa mestiçagem física e cultural e contribuindo para consolidar uma consciência nacional, tocada pelo sentimento de inferioridade em face dos padrões europeus. Lembremos, no campo específico do romance, que, introduzido triunfalmente por *O guarani*, ele foi oportunidade para corrigir a falta crônica de imaginação em nossa literatura, devida a tantos fatores pessoais e sociais. As dimensões fictícias em que foi situado o índio do Romantismo convidavam o escritor e o leitor a penetrar num mundo colorido, deformável quase à vontade. Sob esse ponto de vista o arbítrio do ficcionista foi instrumento favorável, não limitação. O Alencar mais espontâneo de *Iracema*, suscitando a magia de belíssimas combinações plásticas e melódicas, é superior ao Alencar erudito de *Ubirajara*, preocupado em mostrar informação etnográfica.

O regionalismo foi a manifestação por excelência daquela pesquisa do país, assinalada em capítulo anterior. É necessário, todavia, distinguir o regionalismo dos românticos daquele que veio mais tarde a ser designado por este nome — a "literatura sertaneja" de Afonso Arinos, Simões Lopes Neto, Valdomiro Silveira, Coelho Neto, Monteiro Lobato — e que, embora dele provenha, é desenvolvimento bastante diverso pelo espírito e pelas consequências.

Os românticos — Bernardo, Alencar, Taunay, Távora — tomaram a região como quadro natural e social em que se passavam atos e sentimentos sobre os quais incidia a atenção do ficcionista. É notório que livros como *O sertanejo*, *O garimpeiro*, *Inocência*, *Lourenço* são construídos em torno de um problema humano, individual ou social, e que, a despeito de todo o pitoresco, os personagens existem independentemente das peculiaridades regionais. Mesmo a inabilidade técnica ou a visão elementar de um batedor de estradas, como Bernardo Guimarães, não abafam esta humanidade da narrativa. Já o regionalismo pós-romântico dos citados escritores tende a anular o aspecto humano, em benefício de um pitoresco que se estende também à fala e ao gesto, tratando o homem como peça da paisagem, envolvendo ambos no mesmo tom de exotismo. É uma verdadeira alienação do homem dentro da literatura, uma reificação da sua substância espiritual, até pô-la no mesmo pé que as árvores e os cavalos, para deleite estético do homem da cidade. Não é à toa que a "literatura sertaneja", (bem versada apesar de tudo por aqueles mestres), deu lugar à pior subliteratura de que há notícia em nossa história, invadindo a sensibilidade do leitor mediano como praga nefasta, hoje revigorada pelo rádio.

O regionalismo dos românticos, ao contrário, distinguindo a qualidade respectiva do homem e da paisagem, constitui, na sua linha-tronco, uma das melhores direções de nossa evolução literária, vindo, através de Domingos Olímpio, ramificar-se no moderno romance, sobretudo no galho nordestino, onde vemos a região condicionar a vida sem sobrepor-se aos seus problemas específicos. Por isso, o regionalismo — o verdadeiro e fecundo — que aparece nesta fase com Bernardo Guimarães, teve a importância que lhe reconhecemos em capítulo anterior. Enquanto nas literaturas evoluídas do Ocidente ele é quase sempre um subproduto sem maiores consequências (uma espécie de bairrismo literário), no Brasil, que ainda se apalpa e estremece a cada momento com as surpresas do próprio corpo, foi e é um instrumento de descoberta.

Entretanto, as sendas poéticas do Indianismo e a humanidade sincera mas superficial do regionalismo não eram elementos suficientes para a maturidade do nosso romance. Faltavam-lhe para isso aquelas "pesquisas psicológicas", que segundo Lúcia Miguel Pereira constituem o brasão de Machado de Assis e Raul Pompeia.[2] Elas consistem, principalmente, em recusar o valor aparente do comportamento e das ideias, em não aceitá-los segundo a norma que lhes traçam o costume, ou os seus desvios mais frequentes. Há na pesquisa psicológica uma certa malícia e uma certa dor, que levam o romancista a esquadrinhar a composição dos atos e pensamentos; a reconstituir as maneiras possíveis por que teriam variado, levando-os, muitas vezes, a consequências inaceitáveis para a visão *normal*. Esta experimentação com o personagem é que o torna tão vivo e próximo da nossa vida profunda, na qual vai provocar o estremecimento de atos virtuais, de pensamentos sufocados, de toda uma fermentação obscura e vagamente pressentida. Na medida em que atua deste modo, o romance tem para nós uma função insubstituível, auxiliando-nos a vislumbrar em nós mesmos, e nos outros homens, certos abismos sobre os quais a engenharia da vida de relação constrói as suas pontes frágeis e questionáveis.

Uma literatura só pode ser considerada madura quando experimenta a vertigem de tais abismos. Na brasileira, experimentou-a intensamente Machado de Assis, dando-lhe, por esta forma, razão de ser num plano supranacional. Há, porém, certa injustiça em atribuir-lhe a iniciativa das análises psicológicas, encarando toda a ficção anterior como um conjunto ameno, superficial e pitoresco. Na verdade ele foi, sob vários aspectos, continuador genial, não figura isolada e literariamente sem genealogia no Brasil, tendo encontrado em Alencar, além da sociologia da vida urbana, sugestões psicológicas muito

---

2 Lúcia Miguel Pereira, *Prosa de ficção: de 1870 a 1920*, capítulo II.

acentuadas no sentido da pesquisa profunda. Veremos daqui a páginas como a obra de Alencar é percorrida por frêmitos inesperados, que destoam da imagem vulgarmente aceita do escritor para moças e rapazinhos. *Senhora*, mas sobretudo *Lucíola*, demonstram agudo senso da complexidade humana. Não foi por acaso que o Conselheiro Lafayette qualificou Lúcia e Diva de "monstrengos morais", e Araripe Júnior não soube explicá-las senão encaixando-as pejorativamente numa enfermaria.[3] Há em Alencar não apenas um leitor de Chateaubriand, Lamartine e Walter Scott, mas um apaixonado balzaquiano que se tem menosprezado; há uma sensibilidade eriçada e doentia, mal amainada pelo sedativo da vida familiar; há, finalmente, um homem de teatro, que se dobrou sobre a ação dramática, revolvendo problemas sociais e psíquicos com o poderoso instrumento analítico do diálogo. Por isso *Lucíola* apresenta certos elementos de pesquisa séria da alma humana, e um senso nada vulgar dos seus refolhos obscuros; de tal modo a podermos dizer que, ainda sob este aspecto, Machado de Assis aprendeu com o admirado confrade e amigo.

Mas não é apenas com Alencar que esta fase manifesta pressentimentos de aventura maior. Veremos, no tosco narrador de histórias que foi Bernardo Guimarães, repontarem certas ousadias pré-naturalistas, na descrição do temperamento de suas heroínas e, inclusive, n'*O seminarista*, se não análise conveniente, pelo menos esforço comovedor de análise *dum* caso moral, através da história de uma alma de adolescente. O que é menos estranho do que se poderia supor, pois afinal de contas trata-se do autor satânico d'"A orgia dos duendes".

---

3 Araripe Júnior, *José de Alencar*, pp. 84-89.

2.
Manuel Antônio de Almeida:
o romance em moto-contínuo

Há no Romantismo certas obras de ficção que poderíamos chamar de excêntricas em relação à corrente formada pelas outras. Num conjunto de livros que exprimem, de modo mais ou menos simultâneo, as diversas tendências da ficção romântica para o fantástico, o poético, o cotidiano, o pitoresco, o humorístico, elas encarnam de modo quase exclusivo uma ou outra dentre elas, ficando assim meio à parte, como as *Memórias de um sargento de milícias*. Consideremos, porém, que nem o seu ponderado realismo nem o satanismo da *Noite na taverna* ou a poesia em prosa de *Iracema* se afastam ou se opõem à corrente romântica: apenas decantam alguns dos seus aspectos.

Mas como exprime, dentre as tendências românticas, as que já ao seu tempo menos comumente se associavam à escola, costumamos ver nele um fenômeno de preflorescência do Realismo. Tanto assim que os contemporâneos, embora estimassem em Manuel Antônio o homem e o jornalista, parecem não ter prezado igualmente o seu livro, meio em desacordo com os padrões e o *tom* do momento. De fato, o extremismo poético e o extremismo fantástico se digerem mais facilmente, numa época de exaltação sentimental e vocação retórica, do que a demonstração de cabeça fria em que ele timbrou, no seu livro de costumes urbanos.

Não se havia de digerir, sobretudo, a surpreendente imparcialidade com que trata os personagens, rompendo a tensão romântica entre o Bem e o Mal por meio de nivelamento divertido dos atos e caracteres. Pouco atraído pela pesquisa das raízes do comportamento, ou a dinâmica do espírito, atém-se à vida de relação: espreita palavras e atos, comparando-os com outros atos e palavras, e deixa ver ao leitor que, no fundo, uns valem os outros: nem bons, nem maus. Isso, porém, sem a amargura que os naturalistas denotarão em seguida, sem qualquer intuito mais profundo de análise. A equivalência do bem e do mal pode ser postulada em dois níveis principais; o das camadas subjacentes do ser — onde um Dostoiévski, ou um Machado de Assis vão pesquisar a semente das ações — e o da vida de relação, acessível à observação superficial e geralmente, em literatura, estudado por meio da ironia ou o desencantado cinismo dos que não visam o fundo dos problemas. Nesta posição se entronca o romance picaresco, e com ele Manuel Antônio de Almeida.

Tudo se combina, em sua obra, para firmá-lo nesta posição, e ele próprio o diz:

> É infelicidade para nós que escrevemos estas linhas estar caindo na monotonia de repetir quase sempre as mesmas cenas com ligeiras variantes: a fidelidade porém com que acompanhamos a época, da qual pretendemos esboçar uma parte dos costumes, a isso nos obriga.

Com efeito, se detivermos a nossa visão na superfície dos fatos, limitando-lhe a profundidade a fim de estendê-la e englobar o maior número possível de aspectos da vida, condenamo-nos desde logo à repetição. A afirmação é paradoxal apenas na aparência. Em verdade, a variação no espaço é de importância secundária, pois a visão mais rica é não raro a que se demora em profundidade, descobrindo as ligações inesperadas de uma ordem limitada de fatos — um ciúme, por exemplo, ou o fracasso de um amor. Para compensar essa defasagem entre o humano e o detalhe pitoresco, os picarescos espanhóis e seus discípulos franceses e ingleses investiam vigorosamente pelo espaço físico e social, anexando cenas, costumes, circunstâncias à peregrinação do herói. Gil Braz e Roderick Random viajam, mudam de ofício, entram em contato com todas as classes, enriquecendo deste modo a visão do homem pela riqueza dos aspectos que se sucedem. À entrada do século XIX, um francês, Xavier de Maistre, cortou por assim dizer o fio dessa tendência, mostrando ironicamente que dentro do próprio quarto, em período exíguo de tempo, um só homem podia viver um turbilhão de peripécias e enriquecer a sua duração psicológica. Era a desforra das unidades moribundas de lugar, tempo e assunto, sobre o gênero multiforme e triunfante do romance.

O nosso Manuel Antônio estava colocado, pelas próprias condições de evolução literária da sua terra, numa posição intermediária. A sociedade com que se deparava era pouco complexa; o país, pouco conhecido, com núcleos de população esparsos e isolados. A literatura ainda não havia, com Alencar e Bernardo, se atirado à conquista do Norte, do Sul e do Oeste: a sua geografia não conhecia mais que a pequena mancha fluminense de Teixeira e Sousa e Macedo. Por outro lado, só depois de Machado haveria um refinamento suficiente do estilo e da penetração literária, que permitisse descobrir o mundo no próprio quarto; nem era Manuel Antônio, apesar de médico, homem de microscópio e escalpelo. Limitou-se, pois, no espaço, tanto geográfico quanto social: ficou no Rio do primeiro quartel do século XIX, no ambiente popular de barbeiros e comadres, de que se ia diferenciando a nossa vaga burguesia, e fora da qual só restava a massa de escravos e o reduzido punhado de recentes cortesãos. Com algumas excursões da pena, estava feito o levantamento do ambiente e fechado o ciclo possível para as aventuras de Leonardo. Depois das traquinagens, dos padres bilontras, dos feiticeiros, das festas religiosas, das "súcias" e das visitas, nada mais lhe restava: tinha sido moleque, coroinha, serviçal do Rei, soldado. Que lhe restava, de fato? A "felicidade cinzenta e neutra" de que fala Mário de Andrade, acentuando que o "livro acaba quando o inútil da felicidade principia".[4]

Com efeito, a felicidade é estática por vocação, e a lei principal das *Memórias* é o movimento. A impressão que nos deixa é de sarabanda — bizarra e alegre sarabanda em que os grupos vão e vêm, os pares se unem e separam, as combinações são por vezes estranhas, mas nada é irremediável. A própria morte, nas duas vezes que aparece, é oportuna e discreta. E quando o mestre de dança, isto é, o narrador, acha que todos já deram de si o que lhes caberia dar sem prejuízo da coreografia, corre no livro uma cortina de reticências antes que a vida, sempre igual, recomece da capo: "Daqui em diante aparece o reverso da medalha. Seguiu-se a morte de d. Maria, a do Leonardo-Pataca, e uma enfiada de acontecimentos tristes que pouparemos aos leitores, fazendo aqui ponto-final".

Manuel Antônio é, pois, um romancista consciente não apenas das próprias intenções, como (daí a sua categoria literária) dos meios necessários para realizá-las. Ao contrário de um Teixeira e Sousa ou de um Joaquim Manuel de Macedo, não procura violar os limites do romance de costumes pela inclusão do patético ou do excepcional. O romance de costumes tende para a norma, e, portanto, mais para a caracterização de *tipos* do que para a revelação de *pessoas*. Os seus personagens são, como diria E. M. Forster, *flat characters* — rasos psicologicamente, desprovidos de surpresas, avaliados pelo autor de uma vez por todas desde os primeiros golpes de vista. Assim são também os das *Memórias*, que não precisam sequer de uma pincelada após a primeira caracterização; os acontecimentos passam, envolvendo-os, e eles permanecem idênticos. Tanto que o autor procura dissolvê-los numa categoria geral, mais social do que psicológica, substituindo a própria indicação do nome pela do lugar que têm no grupo, a profissão, a função: o "compadre", a "comadre", o "*toma-largura*", o "Mestre de Cerimônias", os "primos", as duas "velhas", a "cigana", o "tenente-coronel", o "fidalgo" — que através de todo o livro não conhecemos doutra forma.[5] Até quase a metade, Leonardo é apenas "o menino": e uma vez definido pelo romancista aos quatro anos de idade,

---

4 Mário de Andrade, "Introdução", Manuel Antônio de Almeida, *Memórias de um sargento de milícias*, p. 15.   **5** "Algumas personagens — a começar pelo compadre e pela comadre, aparecem nas *Memórias* sem um nome próprio, que os individualize. São personagens típicas,

permanece tal e qual até a última página: travesso, esperto, malcriado, simpático, ágil. O tempo não atua sobre os tipos fixos desse romance horizontal, onde o que importa é o acontecimento, mais que o protagonista. Diferente do simples romance de aventuras, o acontecimento importa aqui, todavia, na medida em que revela certas formas de convivência e certas alterações na posição das pessoas, umas em relação às outras. As desventuras do Mestre de Cerimônias, por exemplo, não interessam como sucesso pitoresco, nem revelação duma personalidade, mas como ilustração dos costumes clericais da época. No fundo, qualquer outro padre serviria, pois o que Manuel Antônio pesquisa é a *norma*, não a singularidade. Os seus personagens-tipos são mais sociais do que psicológicos, definindo antes um modo de existir do que de ser. O que no *Esaú e Jacó*, por exemplo, é essencial (a saber, a duração interior, o conflito moral), é aqui acessório, para não dizer inexistente. O essencial daqui, em compensação, é o acessório de lá: usos, costumes, episódios.

Daí a composição do livro estar subordinada à lógica do acontecimento, que por sua vez obedece ao movimento mais amplo do panorama social. O que encontramos no fundo do romance é essa condição, de ordem sociológica. Manuel Antônio deseja contar de que maneira se vivia no Rio populiresco de d. João VI: as famílias mal organizadas, os vadios, as procissões, as festas, as danças, a polícia; o mecanismo dos empenhos, influências, compadrios, punições, que determinavam uma certa forma de convivência e se manifestavam por certos tipos de comportamento. Como é artista, vê, não o fenômeno, mas a sua manifestação, o fato: vê as situações em que aquelas condições se exprimem e apresenta uma coleção de cenas e acontecimentos. O livro aparece, pois, como sequência de situações, cuja precária unidade é garantida pela pessoa de Leonardo, verdadeiro *pretexto*, como nos romances picarescos. Essas situações, esses blocos de acontecimentos, se justapõem de certo modo e, salvo o tênue fio dos amores de Leonardo e Luizinha, não há entre eles precedência cronológica necessária. É que o tempo é quase inexistente na composição: aparece como dimensão inevitável de toda série de fatos, mas não como elemento conscientemente utilizado. Quando Leonardo surge, granadeiro, no piquenique da ex-amante (capítulo 18 da 2ª parte), não nos furtamos à necessidade de voltar atrás algumas páginas para procurar *sentir* o espaço mínimo de tempo, necessário à mudança na situação amorosa de Vidinha. O *toma-largura*, em página e meia, foi pretexto para passar de uma a outra situação narrativa, e o nosso espírito ressente a ausência de maturação

cujo anonimato resulta da circunstância de personalizarem certos costumes e só se valorizarem como tais." Astrojildo Pereira, "Romancistas da cidade: Macedo, Manuel Antônio e Lima Barreto", RDB (3), ano IV, n. 35, p. 35.

nos acontecimentos. O movimento, a agitação incessante do livro pressupõem o tempo, mas não se inserem devidamente nele.

O movimento de sarabanda é, aliás, tão vivo, constitui de tal forma o nervo da composição, que as pessoas, nele, valem na medida em que se agitam; fora de cena, desaparecem. A magia da ausência, a presença latente que amplia a atmosfera de certos romances, dificilmente se coaduna com o de costumes e muito menos com as *Memórias*. Fora da ação, ninguém existe, e Manuel Antônio manobra o seu elenco estritamente em função das necessidades do conjunto, daqueles blocos de narrativa acima referidos. "Os leitores terão talvez estranhado" — diz a certa altura referindo-se ao sacristão, amigo de Leonardo — "que em tudo quanto se tem passado [...] não tenhamos falado nesta última personagem; temo-lo feito de propósito, para dar assim a entender que em nada disso tem ele tomado parte alguma." Os figurantes interessam, pois, na medida em que contribuem para o acontecimento, não como unidades autônomas. É o contrário do que sucede em Machado de Assis — onde os acontecimentos só importam na medida em que contribuem para acentuar a singularidade do personagem. O método literário de Manuel Antônio implica uma subordinação deste — que o autor vira daqui, vira dali, revira adiante, torna a virar, pela razão de que cada virada, cada nova *posição*, acarreta nova *situação* da narrativa em geral. O personagem necessita, pois, mudar de posição a cada passo, a fim de que o movimento não cesse. Por isso, Leonardo tem uma *sina*, proclamada pela madrinha e aceita pelo autor: "para ele, não havia fortuna que não se transformasse em desdita, e desdita de que lhe não resultasse fortuna". Entre a desdita e a fortuna, como bola de tênis, vai permitindo ao autor variar o ponto de vista e descrever novos tipos, novas cenas, novos costumes, com a sua "liberdade de contador de histórias".

Admirável contador de histórias, com uma prosa direta e simples, nua como a visão desencantada e imparcial que tinha da vida. Por isso mesmo, interessava-se pelo geral, comum a um grupo. Os homens são todos mais ou menos os mesmos; logo, os seus costumes exprimiriam sem dúvida uma constância maior, seriam menos fugazes do que os matizes individuais. Manuel Antônio é, por excelência, em nossa literatura romântica, o romancista de costumes. E seu livro, o mais rico em informações seguras, o que mais objetivamente se embebeu numa dada realidade social. É quase incrível que, em 1852, um carioca de vinte anos conseguisse estrangular a retórica embriagadora, a distorção psicológica, o culto do sensacional a fim de exprimir uma visão direta da sociedade de sua terra. E por tê-lo feito, com tanto senso dos limites e possibilidades da sua arte, pressagiou entre nós o fenômeno de consciência literária que foi Machado de Assis, realizando a obra mais discretamente máscula da ficção romântica.

3.
Os três Alencares

O desejo de escrever romances veio por duas etapas a José de Alencar. Aos quinze anos, em São Paulo, ainda estudante de preparatórios, lendo Chateaubriand, Dumas, Vigny, Hugo, Balzac, imagina um livro que fosse, como os dos franceses, um "poema da vida real". Aos dezoito, viajando pelo Ceará e observando as suas paisagens, sente o impulso de cantar a terra natal — "uma coisa vaga e indecisa, que devia parecer-se com o primeiro broto d'*O guarani* ou de *Iracema*". Scott, Cooper e Marryat seduzem-no então completamente, arrastando-o para a linha da aventura e da fuga ao cotidiano, que procura, durante quatro anos de esforço, exprimir n'*Os contrabandistas*, inacabado e infelizmente perdido.[6]

A estreia se dá aos 27 com *Cinco minutos*, série de folhetins do *Correio Mercantil* em que esboça o primeiro dos "poemas da vida real". *O guarani*, publicado no mesmo jornal à medida que ia sendo escrito, em três rápidos meses de 1857, é uma lufada de fantasia, que realiza talvez com maior eficiência a literatura *nacional*, americana, que a opinião literária não cessava de pedir e Gonçalves de Magalhães tentara n'*A Confederação dos Tamoios*. Toda a sua obra, por vinte anos, será variação e enriquecimento dessas duas posições iniciais: a *complication sentimentale*, tenuemente esboçada em *Cinco minutos* e *A viuvinha*, e a idealização heroica d'*O guarani*.

De 1857 (o ano mais fecundo de sua vida) a 1860, ocupa-se com o teatro, voltando ao romance apenas em 1862, com *Lucíola*, onde se nota a marca da experiência teatral na firmeza do diálogo, o senso das situações reais e o gosto pelo conflito psicológico, que fazem deste um dos três ou quatro livros realmente excelentes que escreveu. *Diva*, de 1864, pouco, ou nada vale, mas *As minas de prata*, começado no tempo d'*O guarani* e escrito na maior parte de 1864 a 1865, denota capacidade de fabulação e segurança narrativa que até hoje nos prendem. Contrastando as suas linhas puras e delicadas com esse vasto andaime, *Iracema*, em 1865, brota, no limite da poesia, como o exemplar mais perfeito da prosa poética na ficção romântica — realizando o ideal tão acariciado de integrar a expressão literária numa ordem mais plena de evocação plástica e musical. Música figurativa, ao gosto do tempo e do meio.

---

6 José de Alencar, *Como e por que sou romancista*, op. cit. pp. 31, 35-37, 38-41.

A partir de 1870, estimulado por um contrato com a Livraria Garnier, publica em seis anos doze romances e um drama, sem contar os que deixou inacabados. O 13º, *Encarnação*, escrito no ano em que morreu, 1877, foi publicado mais tarde. Terá sido nessa fase que imaginou dar à sua obra um sentido de levantamento do Brasil, como deixa indicado no prefácio de *Sonhos d'ouro*. O fato é que cultiva então o regionalismo — descrição típica da vida e do homem nas regiões afastadas — com *O gaúcho* (1870) continuando-o n'*O sertanejo* (1875). *A pata da gazela* (1870), *Sonhos d'ouro* (1872) e *Senhora* (1875) são romances da burguesia carioca, ao primeiro dos quais, estudo curioso de fetichismo sexual, faltou músculo para ser um bom livro. O último, apesar de desigual, é excelente estudo psicológico. *Guerra dos mascates* (1874) é um romance histórico cheio de alusões à política do Império, muito mais cuidado documentariamente, muito mais "arranjado" como composição que *As minas de prata*; mas não tem a sua inspiração e vigor narrativo. *O garatuja*, *O ermitão da Glória* e *A alma do Lázaro* (1873) formam no conjunto *Os alfarrábios* baseados em tradições do Rio, valendo o primeiro por um certo humorismo. *O tronco do ipê* (1871) e *Til* (1872) inauguram o romance fazendeiro, a descrição da vida rural já marcada pelas influências urbanas. Em *Ubirajara* (1874) tenta de novo o Indianismo, desta vez na fase anterior ao contato do branco e requintes mais eruditos de reconstituição etnográfica, talvez para responder às críticas de Franklin Távora, o *Semprônio* das *Cartas a Cincinato*.

Desses 21 romances, nenhum é péssimo, todos merecem leitura e, na maioria, permanecem vivos, apesar da mudança dos padrões de gosto a partir do Naturalismo. Dentre eles, três podem ser relidos à vontade e o seu valor tenderá certamente a crescer para o leitor, à medida que a crítica souber assinalar a sua força criadora: *Lucíola*, *Iracema* e *Senhora*. Há outros que constituem uma boa segunda linha, como *O guarani*. Mais do que isso não convém dizer, porque a variedade da obra de Alencar é de natureza a dificultar a comparação dos livros uns com os outros. Basta com efeito atentar para a sua glória junto aos leitores — certamente a mais sólida de nossa literatura — para nos certificarmos de que há, pelo menos, dois Alencares em que se desdobrou nesses noventa anos de admiração: o Alencar dos rapazes, heroico, altissonante; o Alencar das mocinhas, gracioso, às vezes pelintra, outras, quase trágico.

Heroísmo e galanteria Sob o primeiro aspecto a sua obra significa, em nosso Romantismo, o advento do herói, que a poesia não pudera criar na epopeia neoclássica, ou no próprio Gonçalves Dias. Peri, Ubirajara, Estácio Correia (*As minas de prata*), Manuel Canho (*O gaúcho*), Arnaldo Louredo (*O sertanejo*) brotam como respostas ao desejo ideal de heroísmo e pureza a que se apegava, a fim de poder acreditar em si mesma, uma sociedade mal ajustada, agitada por lutas recentes de crescimento político. No meio de tanta revolução sangrenta (cada uma das quais, depois de sufocada, ficava como marco de uma liberdade perdida, de uma utopia cada vez mais remota); em meio à penosa realidade da escravidão e da vida diária — surgia a visão dos seus imaculados Parsifais, puros, inteiriços, imobilizados pelo sonho em meio à mobilidade da vida e das coisas. Por corresponderem a profunda necessidade de sonho os seus livros ficaram, para sempre, no gosto do público. Se Álvares de Azevedo exprime o aspecto dramático, dilacerado, da adolescência, esta parte da obra de Alencar exprime a sua vocação para a fuga do real. Nos romances heroicos — *O sertanejo*, *O gaúcho*, *Ubirajara*, *As minas de prata*, sobretudo *O guarani* — a vida aparece subordinada à manifestação de personalidades inteiriças. A vida corrente, a das *Memórias de um sargento de milícias*, obriga o personagem a dobrar, amoldar-se, recuar; a sofrer o medo, os maus desejos; a praticar atos dúbios ou degradantes; obriga-o a tudo a que estamos obrigados. Mas a vida no romance heroico é aparada, aplainada, a fim de que o herói caminhe numa apoteose sem fim. Os monstros, os vilões, os perigos, são parte do jogo e apenas aparentemente o constrangem; na verdade, a luta é combinada como em certos tablados de boxe, e o herói não pode deixar de vencer; mesmo que o triunfo final não lhe pertença, pode sempre dizer, como Aramis a D'Artagnan: "Os homens como nós só morrem saciados de glória e júbilo". A vida, artisticamente recortada pelo romancista, sujeita-se docilmente a um padrão ideal e absoluto de grandeza épica, pois no mundo falaz do adolescente, onde tudo é possível, a lógica decorre de princípios soberanamente arbitrários. Se aceitarmos de início o caráter excepcional de Arnaldo Louredo, não oporemos nenhuma objeção ao vê-lo dormir na copa da mais alta árvore da mata, com uma onça no galho inferior; nem à descida de Peri no precipício, à busca do escrínio de Cecília. Uma vez embalado, o sonho voa célere sem dar satisfações à vida, a que se prende pelo fio tênue, embora necessário, da verossimilhança literária.

Esta força de Alencar — o único escritor de nossa literatura a criar um mito heroico, o de Peri — tornou-o suspeito ao gosto do nosso século. Não será de fato escritor para a cabeceira, nem para absorver uma vocação de leitor; mas não aceitar este seu lado épico, não ter vibrado com ele, é prova de imaginação pedestre ou ressecamento de tudo o que em nós, mesmo adultos, permanece verde e flexível.

Assim como Walter Scott fascinou a imaginação da Europa com os seus castelos e cavaleiros, Alencar fixou um dos mais caros modelos da sensibilidade brasileira: o do índio ideal, elaborado por Gonçalves Dias, mas lançado por ele na própria vida cotidiana. As Iracemas, Jacis, Ubiratãs, Ubirajaras, Aracis, Peris, que todos os anos, há quase um século, vão semeando em batistérios e registros civis a "mentirada gentil" do Indianismo, traduzem a vontade profunda do brasileiro de perpetuar a convenção, que dá a um país de mestiços o álibi duma raça heroica, e a uma nação de história curta a profundidade do tempo lendário.

Debaixo das barbas neurastênicas e petulantes do Conselheiro Alencar, velho precoce, fácil triunfador num estado de facilidades, reponta a sôfrega adolescência de todos os tempos, nossa e dele próprio, tão encartolada, abafada antes da hora. Reponta a aspiração de heroísmo e o desejo eterno de submeter a realidade ao ideal. Quem já achou necessário indagar a vida interior de Peri ou queixar-se do primarismo do vaqueiro Arnaldo? É como estão que devem permanecer, puros e eternos, admiráveis bonecos da imaginação, realizando para nós o milagre da inviolável coerência, da suprema liberdade, que só se obtém no espírito e na arte.

> Ubirajara travou do arco de Itaquê e, desdenhando fincá-lo no chão, elevou-o acima da fronte; a flecha ornada de penas de tucano partiu [...]. Ubirajara largou o arco de Itaquê para tomar o arco de Camacã. A flecha araguaia também partiu e foi atravessar nos ares a outra que tornava à terra. As duas setas desceram trespassadas uma pela outra como os braços de um guerreiro quando se cruzam ao peito para exprimir a amizade. Ubirajara apanhou-as no ar:
> — Este é o emblema da união. Ubirajara fará a nação Tocantim tão poderosa como a nação Araguaia. Ambas serão irmãs na glória e formarão uma só, que há de ser a grande nação de Ubirajara, senhora dos rios, montes e florestas.

Nessa fusão de duas nações guerreiras, graças à energia superior de um homem, está o ápice do heroísmo de Alencar; e a imaginação adolescente (não forçosamente dos adolescentes) sobe com as flechas e vem parar, com elas, no símbolo do supremo vigor, o boneco Ubirajara, herói sem vacilações, mais hirto que Peri na sua inteireza de ânimo.

Bem diverso é o Alencar das mocinhas — criador de mulheres cândidas e de moços impecavelmente bons, que dançam aos olhos do leitor uma branda quadrilha, ao compasso do dever e da consciência, mais fortes que a paixão. As regras desse jogo bem conduzido exigem inicialmente um obstáculo, que ameace a união dos namorados, sem contudo destruí-la: tuberculose, em *Cinco minutos*; honra comercial, n'*A viuvinha*; orgulho, em *Diva*; erro sentimental, n'*A pata da gazela*; fidelidade ao passado, n'*O tronco do ipê*; respeito à palavra, em *Sonhos d'ouro*. Em todos esses livros, salvo *O tronco do ipê*, o fulcro de energia narrativa é sempre a mulher, desde as evanescentes e apagadas, como a viuvinha, até a imperiosa Diva, que procura compensar a fraqueza e desconfiança de menina feia, tornada de repente bonita, por meio duma desequilibrada energia. Delas todas, porém, apenas a Guida de *Sonhos d'ouro* se destaca, na equilibrada dignidade de mulher de gosto e caráter, que "sentia, como toda moça bonita, o desejo inato de ser castamente admirada".

Deve-se notar que nos romances de que os homens são foco — os romances do sertão — Alencar não apela para o desfecho da união feliz. A palmeira d'*O guarani* desaparece sem deixar vestígios; Arnaldo, n'*O sertanejo*, continua servindo a dama inacessível; Manuel Canho, n'*O gaúcho*, precipita-se no abismo enlaçado à amada que lhe roubaram — como se a fibra heroica ficasse mais convincente posta acima da harmonia sentimental dos romances urbanos, nos quais a rusga ou a barreira não passam de preâmbulo daquelas cenas de entendimento final, onde surge, triunfante e cheio de cortinados, o "ninho de amor em que o bom gosto, a elegância e a singeleza tinham imprimido um cunho de graça e distinção que bem revelava que a mão do artista fora dirigida pela inspiração de uma mulher" (*A viuvinha*). Nos seus livros sentimos aquele desejo de refinada elegância mundana, que a presença da mulher burguesa condiciona no romance "de salão" do século XIX.

Temas profundos No entanto, há pelo menos um terceiro Alencar, menos patente que esses dois, mas constituindo não raro a força de um e outro.

É o Alencar que se poderia chamar dos adultos, formado por uma série de elementos pouco heroicos e pouco elegantes, mas denotadores dum senso artístico e humano que dá contorno aquilino a alguns dos seus perfis de homem e de mulher. Este Alencar, difuso pelos outros livros, se contém mais visivelmente em *Senhora* e, sobretudo, *Lucíola*, únicos livros em que a mulher e o homem se defrontam num plano de igualdade, dotados de peso específico e capazes daquele amadurecimento interior inexistente nos outros bonecos e bonecas. A Berta, de *Til*, tem algo dessa densidade humana, que encontramos também num esboço de grande personagem novelesco — o jesuíta Gusmão de Molina, d'*As minas de prata*. Dessa energia dão testemunho certos traços atrevidos, como a orgia vermelha de *Lucíola*, a paixão mórbida de Horácio de Almeida por um pé, n'*A pata da gazela*, ou o cretino epiléptico de *Til*, Brás, descrito com sangue-frio naturalista.

Assim, o impulso heroico e a quadrilha idealizada dos romances de salão — um sobrevoando o cotidiano, outro retocando-o — se aprofundam por terceira dimensão, que corresponde, na exploração da alma, ao mesmo desejo de coisa nova e liberdade de gestos, que o levaram a buscar meios os mais diversos para cenário da sua obra.

Mais importantes, todavia, do que os ambientes, são as relações humanas que estuda em função deles. Como em quase todo romancista de certa envergadura, há em Alencar um sociólogo implícito. Na maioria dos seus livros, o movimento narrativo ganha força graças aos problemas de desnivelamento nas posições sociais, que vão afetar a própria afetividade dos personagens. As posições sociais, por sua vez, estão ligadas ao nível econômico, que constitui preocupação central nos seus romances da cidade e da fazenda. Apenas no primeiro, *Cinco minutos*, tudo corre como se o dinheiro fosse um dado implícito, os personagens agindo independentemente dele. Nos outros, o conflito da alma dos protagonistas com as possibilidades materiais é básico no encaminhamento da ação.

A sociedade brasileira lhe aparece como campo de concorrência pela felicidade e bem-estar, onde a segurança, a solidez, se encarnam em dois tipos: o comerciante e o fazendeiro. O moço de talento, que nos seus livros parte sempre à busca do amor e da consideração social, tem pela frente o problema de ascender à esfera do capitalista sem quebra da vocação. Posto entre Deus e Mamon, salva-o sempre a intervenção do romancista, que o livra de apuros da melhor maneira, casando-o com a filha do ricaço (*Diva, A pata da gazela, O tronco do ipê, Til, Sonhos d'ouro*). Todavia, num romance do começo e outro do fim — *A viuvinha* e *Senhora* — Alencar toca mais diretamente na questão da consciência individual em face do dinheiro. O primeiro é a história dum rapaz falido, que morre alguns anos para o mundo a fim de arranjar meios de saldar os compromissos e restaurar o seu nome: uma pequena aquarela balzaquiana, cheia de lições para a psicologia e a sociologia do nosso romancista.

O drama do jovem sensível em face da sociedade burguesa é, de fato, a contradição entre a necessidade de obter pecúnia (critério supremo de seleção social) e a de preservar as disponibilidades para a vida do espírito. Se escolher o dinheiro, deverá ganhá-lo sem tréguas, como, no tempo de Alencar, os caixeiros e tropeiros, que terminavam barões e comendadores na maturidade. O barão de Saí (*Sonhos d'ouro*) "começara a vida como tocador de tropa" e

em uma de suas viagens à corte arrumou-se de caixeiro no armazém de mantimentos do consignatário. Aos cinquenta anos achou-se [...] possuidor de algumas centenas de contos; e convencido que não era próprio de um grande capitalista chamar-se pela mesma forma que um moço tropeiro, trocou por um título à toa o nome que valia um brasão.

"O visconde de Aljuba começara a sua vida mercantil na escola, onde exercia o mister de belchior"; mais tarde "arranjou ele uma espelunca chamada casa de penhor, onde emprestava dinheiro especialmente aos pretos quitandeiros". Uma vida inteira de aplicação, portanto, que no Ocidente capitalista acabou por transformar-se em verdadeira ascese pelo avesso e acarreta o abandono do sonho e da utopia. O jeito de remediar é a alienação da consciência, que nos mitos medievais foi a venda da alma ao diabo e, na sociedade burguesa, veio a ser a prostituição da inteligência ou do sentimento. Carreirismo político nuns casos, casamento com herdeira rica, noutros.

N'*A viuvinha*, Alencar quis superar tudo e fazer o herói rico, feliz e honesto, na flor da mocidade. Condensou, então, em cinco anos, o que demanda uma vida de trabalho, fazendo Jorge da Silva retirar-se do mundo e aplicar-se ao comércio com fervor monástico, na porfia de resgatar a firma do pai. "O seu aposento era de uma pobreza e nudez que pouco distava da miséria." Esta reclusão, porém, não se repete nos outros livros, nos quais os personagens não suspendem provisoriamente a vida para liquidar o problema financeiro. Em *Senhora*, resolve, mesmo, largar um pouco o herói e em vez de casá-lo com a herdeira rica, o faz vender-se a uma esposa milionária. Fernando Seixas é um intelectual elegante e pobre, que, incapaz da ascese comercial de Jorge da Silva, resolve o problema da posição social trocando por cem contos a liberdade de solteiro numa transação escusa.

> A sociedade, no meio da qual me eduquei, fez de mim um homem à sua feição [...]. Habituei-me a considerar a riqueza como a primeira força viva da existência, e os exemplos ensinavam-me que o casamento era meio tão legítimo de adquiri-la, como a herança de qualquer honesta especulação.

Alencar sentiu muito bem a dura opção do homem de sensibilidade no limiar da competição burguesa. Não tinha, contudo, o senso stendhaliano e balzaquiano do drama da carreira, nem a ascensão, na sociedade em que vivia, demandava a luta áspera de Rastignac ou Julien Sorel. Por isso, *ajeitou* quase sempre os seus heróis com paternal solicitude, sem mesmo lhes ferir a suscetibilidade. Em *Sonhos d'ouro*, por exemplo, faz Guida e o pai auxiliarem Ricardo sem que este perceba. Como bom romântico, procura sempre preservar a altivez e a pureza dos heróis, levando-os ao casamento rico por meio dum jogo hábil de amor, constância e inocência, que tornariam inoperante a acusação de interesse. Com efeito, no casamento de Augusto Amaral com Diva (*Diva*), no de Mário com Alice (*O tronco do ipê*), no de Miguel com Linda (*Til*), no de Leopoldo com Amélia (*A pata da gazela*) — quem ousaria falar noutra coisa senão "o mais verdadeiro, o mais santo amor"? O certo, entretanto, é que os rapazes são *todos* pobres e as amadas muito ricas, filhas de grandes comerciantes e fazendeiros. A capacidade de observação levou o romancista a discernir o conflito da condição econômica e social com a virtude, ou as leis da paixão; o seu idealismo artístico levou-o a atenuar o mais possível as consequências do conflito, inclusive no happy end da forte história de conspurcação pelo dinheiro, que é *Senhora*.

Desníveis Esta diferença de condições sociais é uma das molas da ficção de Alencar, correspondendo-lhe, no terreno psicológico, uma diferença de disposições e comportamentos, que é a essência do seu processo narrativo. Pelo fato de serem pobres ou socialmente menos bem-postos, os seus galãs nunca enfrentam as heroínas no mesmo terreno: ou se acachapam de algum modo ante elas, como o Augusto Amaral de *Diva* e o Leopoldo d'*A pata da gazela*; ou as tratam com altiva reserva, como Ricardo, em *Sonhos d'ouro* e Mário, n'*O tronco do ipê*. Este segundo caso é o do orgulho peculiar ao *jeune homme pauvre* da literatura romântica, prolongado até hoje pela literatura de carregação e novelas para moças. Vale a pena, neste sentido, observar que apenas um galã de Alencar — um galã vencido ao cabo do livro — trata as heroínas com certa naturalidade superior: Horácio, d'*A pata da gazela*, rico e desocupado.

A diferença de situação, como elemento dinâmico na psicologia e na própria composição literária é, aliás, peculiar a toda a sua obra, ultrapassando os limites dos romances urbanos e de fazenda. N'*O sertanejo*, a posição subordinada do vaqueiro Arnaldo, afastando a própria ideia da união a dona Flor, determina o seu heroísmo, que aparece como necessidade de compensação, assumindo aos poucos um caráter tirânico de vigilância, que imobiliza finalmente o destino da moça. N'*O guarani*, a diversidade, mais que de posição, é quase de natureza, entre a fidalga loura e o índio selvagem. Se nos lembrarmos, em *Lucíola*, da inviabilidade das relações *normais* entre um jovem ambicioso de boa família e uma meretriz; se nos lembrarmos do conflito, em *Senhora*, do grande amor de Aurélia com a vergonhosa transação que põe Fernando à sua mercê, veremos que os seus melhores livros são aqueles em que o conflito é máximo; nos quais só pode haver happy end graças a um expediente imposto à coerência da narrativa, como em *Senhora*; e que deixam um sulco de melancolia no espírito do leitor. Profundamente romântico, Alencar parece mais senhor das suas capacidades criadoras nas situações mais dramaticamente contraditórias.

A este desnível da situação, vem juntar-se outro, na concepção literária: o do presente e do passado. Uma simples vista de olhos em sua obra mostra o papel decisivo do passado, como elemento condutor da narrativa e critério de revelação psicológica dos personagens. Já em *A viuvinha* dois passados determinam o destino de Jorge: o honrado, de seu pai, e o seu, eivado de fraquezas que virão pedir-lhe contas numa hora decisiva, encurralando-o na respeitabilidade burguesa. N'*O guarani*, quase todo o elemento romanesco repousa sobre Loredano, que é, por assim dizer, o amarrilho das meadas; ora, Loredano é um desses escravos da vida anterior, que povoam a ficção romântica de tenebrosas possibilidades de crime e de mistério. Esta vocação romântica foi ao auge em dois livros: *As minas de prata* e *Encarnação*. No primeiro, o presente é governado, passo a passo, pelas coisas que foram: o segredo de Robério Dias pairando sobre tudo; a vida de Gusmão de Molina; a de d. Diogo de Mariz; até o símbolo duma era perdida que é o velho Pajé. No segundo, a heroína se substitui praticamente à esposa morta de Hermano, que, petrificado emocionalmente pela lembrança das primeiras núpcias, recusa a nova experiência na sua integridade, tentando reviver em Amália a imagem obsessiva de Julieta.

Em *Lucíola*, a situação é mais complexa, superando este jogo fácil de cordéis. A pureza da infância; o sacrifício da honra à saúde do pai; a brutalidade fria com que é violada condicionam toda a vida de Lúcia. A lembrança de uma inocência perdida é não apenas possibilidade permanente duma pureza futura (que desabrocha ao toque do amor), mas a própria razão do seu asco à prostituição. A vigorosa luxúria com que subjugava os amantes é um recurso de ajustamento por assim dizer profissional, que consegue desenvolver; uma espécie de autoatordoamento; quase de imposição, a si mesma, duma personalidade de circunstância que se amoldasse à lei da prostituição, preservando intacta a pureza que hibernava sob o estardalhaço da mundana. Por outras palavras, a sua sensualidade desenfreada nos aparece como técnica masoquista de reforço do sentimento de culpa, renovando incessantemente as oportunidades de autopunição. Este processo psíquico, admiravelmente tocado por Alencar no mais profundo de seus livros, reduz-se — em termos da presente análise — a uma dialética do passado e do presente, cujo desfecho é a redenção final. Só mesmo a obsessão *cientifizante* do Naturalismo pode explicar a cincada de Araripe Júnior, ao analisar como caso de ninfomania esse vislumbre do que seria, n'*O idiota*, o drama de Nastácia Filíppovna.

N'*O gaúcho*, a infância e a mocidade de Manuel Canho são condicionadas pela impressão do assassínio do pai e do desejo de vingá-lo. É preciso assinalar, neste livro aparentemente plano, e sem dúvida medíocre, o inesperado fator edipiano que explica a misoginia e aspereza de Manuel, respeitoso, mas surdamente revoltado contra a mãe, que desposara, pouco depois de viúva, o involuntário causador da morte do marido. A discrição de Alencar é não obstante suficiente para crispar a narrativa.

O tronco do ipê e *Til* decorrem direta, e quase simploriamente, da mancha no passado dos dois fazendeiros: barão da Espera e Luís Galvão. No primeiro, encarna-se em Pai Benedito, testemunho das gerações que passam; no segundo, é o alimento de cada página, simbolizado na loucura da velha escrava, Zana, e na revolta que leva Jão Fera ao banditismo.

Em *Sonhos d'ouro* Ricardo age, no presente, em função do compromisso com Bela; desfeito este, assume a atitude romanesca de lhe dar validade perene, cravando o passado na trama da vida cotidiana, apegando-se à beleza da fidelidade e gozando o próprio sacrifício, como ferida que se porfia em lacerar.

Essa presença do passado, na interpretação da conduta e na técnica narrativa, representa de certo modo, no romance de Alencar, a lei dos acontecimentos, a causação dos atos e das peripécias, que os naturalistas pesquisarão mais tarde no condicionamento biológico. Para o Romantismo, tanto os indivíduos quanto os povos são feitos da substância do que aconteceu antes; e a frase de Comte, que os mortos governam os vivos, exprime esse profundo desejo de ancorar o destino do homem na fuga do tempo.

Desarmonias Outro fator dinâmico na obra de Alencar é a desarmonia, o contraste duma situação, duma pessoa ou dum sentimento normal, e tido por isso como bom, com uma situação, pessoa ou sentimento discordante. Sob a forma mais elementar, é o choque do bem e do mal. Já vimos que n'*O guarani* a perversidade de Loredano dinamiza o livro; sem ele não haveria drama, como não haveria n'*As minas de prata* sem o padre Gusmão de Molina, que tece praticamente todos os empecilhos desse livro fecundo em acontecimentos.

Em *Lucíola*, a luxúria do velho Couto, e mais tarde a prática do vício, torcem a personalidade de Lúcia. *Diva* é uma longa e monótona luta interior da moça — entre o orgulho, que estimula o sadismo, e o amor, que finalmente a salva. *Til* é uma exibição de malvados, a partir duma vilania inicial, formando roda em torno da bondade e da inocência. N'*O sertanejo*, o entrecho decorre das perfídias do capitão Fragoso — o Reginald Front-de-Boeuf deste romance calcado no arcabouço do *Ivanhoe*.

A forma refinada desse sentimento da discordância é certa preocupação com o desvio do equilíbrio fisiológico ou psíquico. Relembre-se a depravação com que Lúcia se estimula e castiga ao mesmo tempo, e cujo momento culminante é a orgia promovida por Sá — orgia espetacular, com tapetes de pelúcia escarlate, quadros vivos obscenos, flores e meia-luz, ultrapassando pelo realismo qualquer outra cena em nossa literatura séria. Relembre-se, em *Til*, o cretino epiléptico e cruel, rojando em crises a cada momento, desmanchando a elegância burguesa dos almoços da família Galvão com a sua ruidosa porcaria.

O fetichismo sexual de Horácio, n'*A pata da gazela*, é talvez a manifestação mais flagrante desse aspecto de Alencar. Cansado de amar normalmente,

Horácio se apaixona por um pé, a ponto de desprendê-lo de todo resto do corpo e mudar de amor quando supõe que errara quanto à dona. Em sua casa (como exemplo citado em livros de sexologia), tem o sapatinho numa almofada vermelha, sob redoma de vidro. E ao acabar a leitura, embora sintamos a relativa argúcia do autor, imaginamos, pesarosos, que conto não teria aquilo rendido nas mãos de Machado de Assis. Em *Senhora* — para dar um último exemplo — a compra do ex-noivo pela menina pobre e humilhada, agora grande dama milionária, sendo um truque habilidoso de romancista de salão é, psicologicamente, profundo recurso de análise. Graças à situação anormal e constrangedora que determina, reponta, sob a grandeza de alma e o refinamento de Aurélia, um estranho recalque sádico-masoquista, dando músculo e relevo a um entrecho que, sem ele, talvez não fosse além de *Diva* ou *Sonhos d'ouro*.

A força do romancista Assim, sob vários aspectos — uns convencionais, outros mais raros; uns aparentes, outros virtuais — sentimos em Alencar a percepção complexa do mal, do anormal ou do recalque, como obstáculo à perfeição e como elemento permanente na conduta humana. É uma manifestação da dialética do bem e do mal que percorre a ficção romântica, inclusive a nossa. No menos característico Manuel Antônio de Almeida, vimos que não existe; em Bernardo ela se atenua, sob a influência de um otimismo natural e sadio. Em Teixeira e Sousa e em Macedo, aparece como luta convencional dos contrários, para atingir, em Alencar, a um refinamento que pressagia Machado de Assis.

Por isso, a sua galeria de tipos é vária e ampla. Afrontando o possível ridículo, poderíamos dividi-los em três categorias: os inteiriços, os rotativos e os simultâneos... Inteiriços são d. Antônio de Mariz, Loredano, Peri, Arnaldo (*O sertanejo*), Ricardo (*Sonhos d'ouro*), Ribeiro Barroso (*Til*) — sempre os mesmos, no bem e no mal, inteiramente fixados duma vez por todas pelo autor. São os que predominam em sua obra. Em seguida vêm os rotativos, ou seja, os que passam do bem para o mal, ou do mal para o bem. Exemplos típicos: Jão Fera, de *Til*, que passa de bom a vilão com a desgraça de Besita; depois, de vilão a bom, graças à bondade evangélica de Berta; Gusmão de Molina, de doidivanas a jesuíta sinistro, daí a santo ermitão; Diva, de feia e meiga a bonita e má; depois, meiga de novo; e muitos outros. Os simultâneos são aqueles em que o bem e o mal perdem, praticamente, a conotação simples com que aparecem nos demais, cedendo lugar à humaníssima complexidade com que agem: Lúcia e Paulo Silva (*Lucíola*), Aurélia e Fernando Seixas (*Senhora*); um pouco, a Guida de *Sonhos d'ouro*.

Isto não quer dizer apenas que Alencar foi melhor romancista ao criá-los, pois a simplificação dos demais corresponde a outro tipo de ficção; mas que foi capaz de fazer literatura de boa qualidade tanto dentro do esquematismo psicológico quanto do senso da realidade humana. Por estender-se da poesia ao realismo cotidiano, e da visão heroica à observação da sociedade, a sua obra tem a amplitude que tem, fazendo dele o nosso pequeno Balzac.

No Romantismo, é o grande artista da ficção, dotado não apenas da capacidade básica da narrativa como do senso apurado do estilo. Neste setor os seus defeitos são os do tempo. Menos independente do que Manuel Antônio de Almeida, o seu *tom* não aberra das normas contemporâneas: abusa por vezes da descrição, como n'*O gaúcho*; e da leitura dos romances folhetinescos guardou um amor constante pela peripécia espetacular, o jogo arbitrário dos cordéis. Gosta de revelações surpreendentes, como a filiação de Berta, em *Til*, o falso suicídio de Jorge, n'*A viuvinha*, o passado monacal de Loredano. Gosta de espraiar-se em considerações gerais; mas apenas de passagem, e frequentemente com ironia, assume o tom sentencioso. E se por um lado tenta preservar a pureza e a sanidade das relações dos seus heróis, observa, por outro, fidelidade realista quando é preciso.

> Sempre tive horror às reticências [diz o narrador de *Lucíola*]; nesta ocasião antes queria desistir do meu propósito, do que desdobrar aos seus olhos esse véu de pontinhos, manto espesso, que para os severos moralistas da época aplaca todos os escrúpulos, e que em minha opinião tem o mesmo efeito da máscara, o de aguçar a curiosidade.

Por isso, falando de certos aspectos da prostituição tem a frase seguinte: "é a brutalidade da jumenta ciosa que se precipita pelo campo, mordendo os cavalos para despertar-lhes o tardo apetite". E na descrição dos amores de Lúcia e Paulo, vai tão longe quanto é possível.

Quando, porém, idealiza, pende para o extremo oposto. Há nos seus livros o impudor muito romântico de ostentar e acentuar sentimentos óbvios: mães, pais, irmãos, são amados com uma veemência que anula as penumbras da afetividade, como se o romancista quisesse pagar tributo à instituição da família pela hipertrofia das suas relações básicas.

> Nesta irmã tinha ele resumido todas as afeições da família, prematuramente arrebatada à sua ternura; o amor filial, que não tivera tempo de expandir-se, a amizade de um irmão, seu companheiro de infância, todos esses sentimentos cortados em flor, ele os transportara para aquele ente querido, que era a imagem de sua mãe. (*A pata da gazela*)

Também a paixão é descrita pelo mesmo processo, de tal forma, que respiramos aliviados quando Paulo Silva ofende e tortura Lúcia, desrespeitando-a com egoísmo masculino; ou quando o amor de Fernando Seixas é abafado pela vaidade e o interesse. A força de Alencar fica provada pelo fato de ainda estimarmos os seus livros apesar do açucaramento, que acabou por enfastiar, ao fim de duas gerações.

Os seus diálogos, na maioria excelentes quanto à distribuição e à dosagem, denotam igual tendência para idealizar. Talvez correspondam ao esforço de dar estilo e *tom* a uma sociedade de hábitos pouco refinados, composta na maioria de comerciantes enriquecidos ou provincianos em pleno ajustamento. As cenas mundanas, as conversas, parecem ter poucas raízes na realidade de cada dia, sendo uma espécie de convenção literária calcada nas crônicas sociais do tempo. Mas superados estes obstáculos à nossa acomodação, poderemos sentir o seu excelente e variado estilo, como aparece principalmente n'*O guarani*, *Iracema*, *Lucíola*, *Senhora* e *O sertanejo*.

Na língua d'*O guarani* ainda há um pouco da deslumbrada facúndia de quem descobre uma fórmula de prosa; daí, em mais dum passo, algum desfibramento do estilo, que, embora belo, tem menos mordente do que terá em *Lucíola*, e menos densidade lírica do que em *Iracema*. Em nenhum outro, porém, aparece melhor o trabalho de visualização artística, compondo uma atmosfera de cores, formas e brilhos para celebrar a poesia da vida americana. Aliás, seu exaltado senso visual era quase sempre diretamente descritivo, construindo por vezes certas visões sintéticas de um luminoso impressionismo:

Não me posso agora recordar as minúcias do traje de Lúcia naquela noite. O que ainda vejo neste momento, se fecho os olhos, são as nuvens brancas e nítidas que se frocavam graciosamente, aflando com o lento movimento de seu leque: o mesmo leque de penas que eu apanhara, e que de longe parecia uma grande borboleta rubra pairando no cálice das magnólias. O rosto suave e harmonioso, o colo e as espáduas nuas, nadavam como cisnes naquele mar de leite, que ondeava sobre formas divinas. (*Lucíola*)

A poesia e a verdade da sua linguagem permitiram-lhe adaptar-se a uma longa escala de assuntos e ambientes, do mato ao salão elegante, da Colônia aos seus dias, da desenfreada peripécia ao refinamento da análise. A verdade e a eloquência de muitos dos seus personagens provêm menos da capacidade de análise, que de certos toques estilísticos de força divinatória, que revelam por meio da roupa, da voz, dos detalhes de ambiente. A nobre e resignada pureza de Berta está sutilmente presa ao honrado asseio da casinha em que vive, e à poesia doméstica do forno e dos quitutes de sua mãe adotiva. Em *Senhora* há um passeio cotidiano pelo jardim, que envolve e assinala o processo psíquico dos esposos inimigos. Enquanto Fernando conserta a trepadeira, rega as hortênsias, Aurélia apanha uma flor ou contempla os peixinhos vermelhos no tanque; e esse passeio diário vai dando expressão e densidade ao drama também diário de que é episódio, ao aferi-lo periodicamente na sombra das árvores.

Alencar tem um golpe de vista infalível para o detalhe expressivo, desde o charuto aceso e a mão que apanha a cauda até as frutas de um prato ou os gestos comerciais dum corretor. Em *Sonhos d'ouro*, toda a acanhada modéstia de dona Joaquina se contém numa inesquecível manteigueira azul, cujo conteúdo, nunca renovado, vai-se esvaindo até o lambisco das bordas.

Mas é na atenção com a moda feminina que podemos avaliar todo o senso dos detalhes exteriores, que iluminam a personalidade ou os lances da vida. Balzac foi porventura o *inventor* da moda no romance, o primeiro a perceber a sua íntima associação com o próprio ritmo da vida social e a caracterização psicológica. Alencar não denota a influência marcada do mestre francês apenas na criação de mulheres cujo porte espiritual domina os homens ou na mistura do romanesco e da realidade. Denota-a principalmente na intuição da vestimenta feminina, que aborda como elemento de revelação da vida interior: os vestidos de Lúcia, por exemplo, desde o discreto, de sarja gris, com que aparece na festa da Glória, até a chama de sedas vermelhas com que se envolve num momento de desesperada resolução, são tratados com expressivo discernimento. A personalidade terna e reta de Guida transparece nas cassas brancas, no roupão de montaria com que galopa pela Tijuca. Em *Senhora*, um peignoir de veludo verde marca o âmbito máximo da tensão entre os dois esposos.

A sua arte literária é, portanto, mais consciente e bem armada do que suporíamos à primeira vista. Parecendo um escritor de conjuntos, de largos traços atirados com certa desordem, a leitura mais discriminada de sua obra revela, pelo contrário, que a desenvoltura aparente recobre um trabalho esclarecido dos detalhes, e a sua inspiração, longe de confirmar-se soberana, é contrabalançada por boa reflexão crítica. Tanto assim, poderíamos dizer, que na verdade não escreveu mais do que dois ou três romances, ou melhor, nada mais fez, nos 21 publicados, do que retomar alguns temas básicos, que experimentou e enriqueceu, com admirável consciência estética, a partir do compromisso com a fama, assumido n'*O guarani*.

4.
Um contador de casos: Bernardo Guimarães

Passando em Catalão, de viagem para Oeste, Couto de Magalhães pretendeu hospedar-se na casa do juiz municipal, antigo condiscípulo na Faculdade de São Paulo. Apeou, entrou e pediu água: o dono da casa trouxe-a num bule de orifícios mais ou menos tapados com pedaços de cera: o amigo desculpasse, mas não tinha copo nem moringa. O futuro presidente de Goiás bebeu, agradeceu e, inferindo da amostra a organização doméstica do magistrado, foi pedir pouso noutro lugar...[7]

Se em vez de ordem e asseio quisesse bom fumo, boa pinga, bom violão, ou bom companheiro para caçar, pescar, nadar, varar campos, morros e (como se depreende dum processo arquivado em tempo) outros divertimentos mais picantes, não poderia ter batido em melhor porta. Por isso, os romances deste juiz, Bernardo Joaquim da Silva Guimarães, parecem boa prosa da roça, cadenciada pelo fumo de rolo que vai caindo no côncavo da mão ou pela marcha das bestas de viagem, sem outro ritmo além do que lhes imprime a disposição de narrar sadiamente, com simplicidade, o fruto de uma pitoresca experiência humana e artística. *O ermitão do Muquém* é contado em quatro pousos por um companheiro de jornada; e quase todos os outros livros não deixam de apresentar essa tonalidade de conversa de rancho. Conversa de bacharel bastante letrado para florear as descrições e suspender a curiosidade do ouvinte, mas bastante matuto para exprimir fielmente a inspiração do gênio dos lugares.

Na segunda geração romântica, opera por assim dizer a fusão de Álvares de Azevedo com Manuel Antônio de Almeida. Uma olhada cronológica em sua obra mostra como o poeta, nele, foi cedendo passo ao ficcionista — à medida que o devaneio e o satanismo burlesco da mocidade cediam lugar a um naturalismo cada vez mais saudável e equilibrado. Aliás, a sua boa produção poética vai até o decênio de 1860; de 1870 em diante escreve quase todos os romances e nem mais um verso aproveitável. O autor convulso e dramático d'"A orgia dos duendes" ia desaparecendo sob o romancista de olhos abertos para o pitoresco da natureza.

---

7 Basílio de Magalhães, *Bernardo Guimarães*, pp. 35-37.

Apesar de ter situado uma narrativa em São Paulo e outra na Província do Rio de Janeiro (*Rosaura* e *A escrava Isaura*); apesar de ter escrito uma história fantástica do Amazonas ("O pão de ouro") o seu mundo predileto é o oeste de Minas e o sul de Goiás, onde se passam *O ermitão do Muquém*, *O seminarista*, *O garimpeiro*, *O índio Afonso*, *A filha do fazendeiro*, que constituem o bloco central e mais característico da sua ficção; *Maurício* e o *Bandido do rio das Mortes* (inacabado) passam-se no século XVIII em São João del-Rei, limite oriental da zona de campos que tanto amou. Zona de fazendas esparsas, gente rude e primitiva, que deixou péssima impressão em Saint-Hilaire; para Bernardo, todavia, as mulheres eram ali mais belas, e os homens, melhores, mais valentes.

Aliás, para ele, os homens eram, no fundo, todos honestos. Por isso mesmo, certa vez, sendo juiz de Catalão, mandou abrir a cadeia e soltar os coitados dos presos, depois dum simulacro de julgamento... O índio Afonso, que mutila o ofensor da irmã com bárbara pachorra,

> não é um facínora, mas sim um homem de bem, cheio de belas qualidades e sentimentos generosos, porém vivendo quase no estado natural no meio das florestas [...]. Se se excedeu um pouco na crueldade da vingança, é porque idolatrava sua irmã e estava aceso em cólera, e somente a justiça social tem o privilégio de ser fria e impassível na aplicação da pena.

Gonçalo (*O ermitão do Muquém*), que mata e mutila o amigo por ciúme banal, "não era mau por natureza; tinha no fundo excelentes qualidades e generosos instintos de coração"; de fato, acaba santamente como eremita. O vilão de *Rosaura*, Bueno de Morais, denota ao cabo de tudo "alma ainda suscetível de pundonor", morrendo com grande senso de oportunidade... O primo brutamonte d'*A filha do fazendeiro*, Roberto, cuja obstinação causa a morte de Paulina, é um excelente coração, que paga o malfeito com o suicídio. O único perverso integral e sem retorno é Leôncio, o senhor e carrasco da escrava Isaura.

O brutalhão de alma boa constitui aliás parte do senso psicológico de Bernardo; outra parte é ocupada por tipos igualmente elementares — a começar pelo moço bom e puro, geralmente perseguido pelo destino: Conrado (*Rosaura*), Elias (*O garimpeiro*), Eduardo (*A filha do fazendeiro*), Eugênio (*O seminarista*), o próprio Maurício, no romance do mesmo nome. Vêm a seguir os pais afetuosos, mas pirracentos que, levados por um capricho, tiranizam as filhas ou filhos: o major (*O garimpeiro*), Joaquim Ribeiro (*A filha do fazendeiro*), o casal Antunes (*O seminarista*), o major Damásio (*Rosaura*), o capitão-mor (*Maurício*). Depois deles, o rival, bruto ou patife: Fernando (*Maurício*), Luciano (*O seminarista*), Leonel (*O garimpeiro*), os já citados Roberto e Bueno de Morais. Completando a quadra vêm finalmente as heroínas, vítimas da paixão contrariada, de que escapam apenas as duas "moreninhas", Isaura e Rosaura: Margarida (*O seminarista*), Lúcia (*O garimpeiro*), Paulina (*A filha do fazendeiro*), Adelaide (*Rosaura*), Leonor (*Maurício*).

Um universo psicológico de concepção essencialmente romântica, redutível a poucas situações e tipos fundamentais, esquematizados a partir das representações mais correntes de herói, heroína, pai e vilão. Isto nos leva a pensar que o eixo da sua obra são algumas constatações decisivas, quer psíquicas, quer sociais, condicionadas principalmente pela observação da vida sertaneja. Habituou-se a descrever todos aqueles tipos segundo modelos que lhe fornecia o sertão mineiro e goiano, e que transpôs para São Paulo quando, no fim da carreira, compôs o seu único romance urbano (*Rosaura*). A dinâmica espiritual dos seus personagens pode ser ilustrada pelo que escreve da zona predileta, em certo passo d'*A filha do fazendeiro*: "A índole do homem ali é plácida e calma na aparência, como o céu, que o cobre, mas no fundo é ardente de sentimento e de paixão. O sopro das paixões lhe ruge n'alma violento e tormentoso como os pavorosos temporais que atroam aquelas solidões". Os seus livros começam por uma situação de equilíbrio e bonança, definida principalmente pela descrição eufórica da paisagem em que se vai desenrolar a ação; a partir daí, procura surpreender no personagem o nascimento da paixão, cujo percurso e estouro descreverá, mostrando que a euforia inicial é como a placidez aparente do sertão e do sertanejo.

Em torno de tipos elementares, portanto, desenrola-se o tumulto sentimental que parecia, no Romantismo, indispensável à nobreza e expressividade da literatura. Ancorando-o na terra e na verossimilhança, acentuados traços daquele realismo inseparável da ficção romântica, sobretudo a nossa, e mais tarde desenvolvidos pelo Naturalismo. Dos livros de Bernardo pouca coisa permanece incorporada à nossa sensibilidade, além da vaga lembrança dos enredos. Esse pouco é constituído principalmente por uma impressão de ordem plástica: — relevo da paisagem, certos verdes e azuis, contornos de morros e vales, presença indefinível de uma atmosfera campestre que nos faz respirar bem. É que Bernardo capricha em *situar* as narrativas, com o agudo senso topográfico e social característico da nossa ficção romântica. Antes de encetá-las, localiza-as; no seu decorrer, descreve as fórmulas de tratamento, a hierarquia e formas de prestígio, as relações de família, os costumes regionais — como a cavalhada (*O garimpeiro*), o mutirão e a quatragem (*O seminarista*), o batuque (*O ermitão do Muquém*). A observação social completa a disposição para descrever e sentir a natureza, que já encontramos em seus versos. Mas nos romances, é a natureza trabalhada pelo homem que vem ao primeiro plano; natureza em que se ajustam a casa, o caminho, a roça. Quem leu *O seminarista* não pode esquecer a várzea com o riacho, a ponte, a porteira de varas, as duas paineiras, os dois caminhos que levam à casa do capitão Antunes e à da tia Umbelina, ao lado da figueira; não poderá sobretudo esquecer a utilização por assim dizer psicológica que o romancista deles faz, como cenário *qualitativo* dos amores de Eugênio e Margarida — transformando-os numa paisagem subjetiva, variável na consistência e na densidade.

Eis um exemplo dos seus panos de fundo prediletos:

> Em frente à casa há sempre um vasto curral ou terreiro, em torno do qual estão o engenho, o moinho, o paiol e outros acessórios da fazenda. Por detrás se estende um vasto pomar, um verdadeiro bosque sombrio e perfumoso, onde a laranjeira, o limoeiro, a jabuticabeira, o jambeiro, o jenipapeiro, o mamoeiro, o jaracatiá, as bananeiras e coqueiros de diversas espécies crescem promiscuamente e cruzam suas ramagens em uma espessa abóbada cheia de fresquidão, de murmúrios e perfumes. (*A filha do fazendeiro*)

Todavia, apesar da atenção e minúcia dispensadas ao quadro da narrativa e a fidelidade com que a situa no espaço, o seu realismo aparece ainda mais no tratamento quase naturalístico da paixão amorosa. Paixão que, em muitos dos seus romances, liga estreitamente às manifestações fisiológicas, como fariam mais tarde os naturalistas. Mesmo estes — românticos a seu modo — preferiam associar a carne às formas pecaminosas de amor, às taras, ou a personagens de pouca respeitabilidade moral. Em Bernardo, porém, graças à visão *natural* que imprime tanta saúde à sua obra (em contraste com os traços quase patológicos da sua boêmia e misantropia), a carne é componente normal e necessária, embora ele a encare de preferência em situações anormais do ponto de vista social.

É o caso da contradição inerente aos amores de um jovem padre com a amiga de infância (*O seminarista*), ou aos de um jovem branco de boa família com uma mestiça de origem irregular (*Rosaura*). Mas em quase todos os seus livros notamos aquela presença *natural* dos instintos, que aceitou com bom senso, sem afetação nem alarde; inclusive na maneira objetiva com que estuda as heroínas — nem sempre belas mas quase sempre dotadas de sensualidade exigente, colidindo com a idealização predominante no Romantismo.

> De temperamento ardente, de compleição sanguínea e vigorosa, Margarida não era muito própria para manter por largo tempo a sua afeição na esfera de uma aspiração ideal, de um celeste devaneio. Feita para os prazeres do amor e para as expansões ternas do coração, os instintos sensuais achavam em sua natureza estímulos de indomável energia

— diz da heroína d'*O seminarista*, cuja paixão violenta, instilando no jovem padre "o filtro delicioso da volúpia", arrasta-o para o pecado. Adelaide, que se torna amante furtiva do moço Conrado, nascendo da ligação a pequena Rosaura, é menos pura e espontânea:

> O amor ideal alimentado pela leitura de romances e poesias, que sem escolha e sem critérios lhe eram fornecidos, com todas as suas exaltações febris e romanescas aberrações, escaldava-lhe a imaginação já de si mesma viva e apaixonada, ao passo que os instintos sensuais se desenvolviam com não menos energia naquela organização exuberante de viço e cheia de ardente e vigorosa seiva.

A colisão com os padrões românticos, que envolviam a mulher na literatura, vai ao máximo n'*A filha do fazendeiro*, onde, ao descrever a doença em que a exaltada Paulina se abrasa de amor insatisfeito, põe na boca do médico este diagnóstico de surpreendente ousadia: "— Não há de ser nada, senhor Ribeiro, disse ele saindo; a menina teve e ainda tem uma forte febre maligna complicada com alguma irregularidade nas funções uterinas" (ó manes de Elvira...).

E, falando das angústias de Margarida, tem esta premonição dos naturalistas:

> O sangue rico, juvenil e ardente da moça, agitado pelas violentas inquietações e padecimentos da alma, precipitava-se tempestuoso pelas artérias, ameaçava rompê-las. O histerismo também de quando em quando lhe enrijava os músculos, e lhe excitava no cérebro abrasado terríveis e deploráveis alucinações.

É a causalidade fisiológica, de Aluísio e Júlio Ribeiro, despontando, não no *naturalismo*, mas na naturalidade de Bernardo.

O seminarista O senso regionalista dos costumes e da paisagem; a hipertrofia romântica e esquemática dos sentimentos; a presença tangível da carne — aparecem harmoniosamente entrosados no melhor dos seus livros, *O seminarista*, que ainda hoje podemos ler com atenção e proveito.

Baseado ao que parece em fato real, conta a luta sem êxito do seminarista Eugênio para abafar um amor de infância; logo depois de ordenado possui a namorada, que morre. Em consequência, ele enlouquece. "*O seminarista* é o *Eurico* brasileiro", escreve Dilermando Cruz, para indicar a sua filiação no combate contra o celibato clerical.[8] Sob este ponto de vista, situa-se não apenas cronológica, mas ideologicamente, entre a obra de Herculano e *O crime do padre Amaro*.

Graças à singeleza de contador de casos, Bernardo passa longe do romance de tese, embora defina claramente a sua posição afirmando que o amor não é incompatível com o sacerdócio, mas seria, pelo contrário, reforço à sua pureza e eficiência. O que lhe interessa, em primeiro lugar, é o drama interior de Eugênio, a coexistência, nele, de acentuada tendência mística e de uma disposição amorosa não menos viva. É quase comovente, no desenrolar do romance, o esforço que vai fazendo para tratar convenientemente problemas tão delicados e acima das suas preocupações habituais. A circunstância de haver conseguido urdir satisfatoriamente o conflito moral através da narrativa, dando-lhe interesse e consistência literária, mostra que não era o espontâneo absoluto que se costuma ver nele; atrás da pachorra de caipira havia capacidade de discriminação e organização intelectual.

No jovem Eugênio, descreve como, a princípio, o amor infantil se identifica à mesma afetividade difusa com que propendia ao misticismo: "Sua alma subia ao céu nas asas do amor e da devoção, porém envolta em uma sombra de melancolia".

> Amor e devoção se confundiam na alma ingênua e cândida do educando, que ainda não compreendia a incompatibilidade que os homens têm pretendido estabelecer entre o amor do criador e o amor de uma das suas mais belas e perfeitas criaturas — a mulher.

A disciplina do seminário obriga-o, porém, através dos diretores espirituais, a capacitar-se da inviabilidade dessa fusão afetiva; da necessidade de distinguir, para separar e renunciar a um deles. É o ponto cruciante, que o escritor localiza muito bem. A análise cria a noção da dualidade e, a partir daí, começa a luta para manter a integridade espiritual — ora o amor cedendo à mística, ora superando-a. Mas como na alma fraca de Eugênio não há energia para optar decididamente entre o amor de Margarida e o amor de

---

8 Dilermando Cruz, *Bernardo Guimarães*, p. 160. Basílio de Magalhães repete a mesma coisa, op. cit., p. 176.

Deus, a luta se prolonga até uma aparente unificação, rompida finalmente pela paixão recalcada e levando, nesta ruptura, a luz da razão.

Bernardo conduz a análise com bastante galhardia, embora nele a intuição supere o propósito consciente de organização literária. É muito bem descrita a brusca erupção da carne no seminarista adolescente, desde que lhe mostraram a inviabilidade do seu afeto, a princípio puramente ideal, ao modo dos meninos. A sensualidade aparece como asserção imperiosa da integridade humana, ameaçada de mutilação pela norma clerical; e ao lutar contra a identificação do amor à devoção, os diretores espirituais motivaram, através da consciência do pecado, o aparecimento muito mais perigoso da dualidade entre carne e espírito. Mesmo do fundo do seu mau jeito artístico, Bernardo consegue sugerir a ocorrência fatal deste problema na formação eclesiástica, perturbando, segundo ele, o desenvolvimento normal da vocação para o sacerdócio, que em Eugênio não se separava do amor de Margarida.

Só em alguns livros de Alencar encontraremos disposição para enfrentar problemas de tamanha gravidade. Louvemos o velho Bernardo por tê-lo feito, encontrando solução literária conveniente.

A escrava Isaura Outro grave problema que enfrentou foi o do regime servil, n'*A escrava Isaura* e *Rosaura, a enjeitada*, o primeiro dos quais ficou sendo o mais popular dos seus livros, não devendo porém, de maneira alguma, ser considerado a sua obra-prima.

Nos seus romances mais característicos, ele traça personagens parecidos com os tipos que conhece, situando-os em quadros naturais e sociais igualmente familiares. Quando isto se dá, em literatura, a *invenção* constitui um certo tipo de *observação*, a cuja custa se desenvolve; é o caso da maioria dos nossos romances, que se poderia definir como participando de um *universo de invenção limitada* — sendo o limite constituído pelos dados iniciais da realidade de que o escritor tem conhecimento. Para prescindir daqueles quadros, sem sair da realidade é preciso força imaginativa bem acentuada — como tinha Alencar e não tinha Bernardo. Por isso, quando os abandona, vai diretamente às *lendas* — "O pão de ouro", "A garganta do inferno", "A dança dos ossos" — manifestações, na ficção, da fantasia de tantos poemas seus.

Ora, *A escrava Isaura* foi composta fora do enquadramento habitual dos outros romances e é algo excêntrica em relação a eles: conta as desditas de uma escrava com aparência de branca, educada, de caráter nobre, vítima dum senhor devasso e cruel, terminando tudo com a punição dos culpados e o triunfo dos justos. A narrativa se funda em pessoas e lugares alheios à experiência de Bernardo — fazenda luxuosa de Campos, a cidade do Recife — reclamando esforço aturado de imaginação. O resultado não foi bom: o livro se encontra mais próximo das *lendas* que dos outros romances, quando o seu próprio caráter de tese requeria maior peso de realidade.

A primeira falha que notamos é a do senso ecológico: embora também se abra por uma descrição de fazenda, daí por diante desaparece a presença do meio, um dos apoios da sua técnica. Isso realça os seus defeitos, atenuados noutros livros em virtude duma naturalidade desafogada e espontânea: idealização descabida, ênfase psicológica e verbal, banalidade e excesso dos adjetivos, caracterização mecânica dos personagens. Desagradavelmente românticos, no pior sentido, são a vilania de Leôncio, a pureza monocórdica de Isaura, o cavalheirismo de Álvaro. Neste livro, Bernardo aparece como o caipira que perdeu autenticidade ao envergar roupas de cerimônia.

O malogro é devido em parte à tese que desejou expor, e que faz da construção novelística mero pretexto, já que não soube transcender o tom esquemático, de parábola. Mas, considerada a situação brasileira do tempo, daí provém igualmente o alcance humano e social que consagrou o livro, destacando-o como panfleto corajoso e viril, que pôs em relevo ante a imaginação popular situações intoleráveis do cativeiro. Numa literatura tão *aplicada* quanto a nossa, não é qualidade desprezível. Tanto mais quanto o romancista timbrou em passar da descrição à doutrina, pondo na boca de personagens (sobretudo na parte decorrida em Recife) tiradas e argumentos abolicionistas. Depois da cena do baile, em que Isaura é desmascarada como escrava fugida, seu apaixonado, Álvaro — mancebo impecável, "original e excêntrico como um rico lorde inglês, (que) professava em seus costumes a pureza e severidade de um quaker"; que "tinha ódio a todos os privilégios e distinções socais" e "era liberal, republicano e quase socialista" — Álvaro declara em frases que sintetizam a posição ideológica do autor:

> Parece que Deus de propósito tinha preparado aquela interessante cena, para mostrar de um modo palpitante quanto é vã e ridícula toda distinção que provém do nascimento e da riqueza, para humilhar até ao pó da terra o orgulho e fatuidade dos grandes e exaltar e enobrecer os humildes de nascimento, mostrando que uma escrava pode valer mais do que uma duquesa.

Escrava, aliás, cuja pele e maneiras não denunciavam a casta, como se vê na descrição que dela faz o anúncio de negro fugido, descartando qualquer traço africano e tratando-a como a mais privilegiada heroína romântica:

Cor clara e tez delicada como de qualquer branca: olhos pretos e grandes; cabelos da mesma cor, compridos e ligeiramente ondeados; boca pequena, rosada e bem-feita; dentes alvos e bem-dispostos; nariz saliente e bem talhado; cintura delgada, talhe esbelto e estatura regular [...]. Traja-se com muito gosto e elegância; canta e toca piano com perfeição. Como teve excelente educação, e tem uma boa figura, pode passar por uma senhora livre e de boa sociedade.

A este propósito, lembremos que a cor de Isaura é não apenas tributo talvez inconsciente ao preconceito (que aceitaria como heroína uma escrava *branca*), mas, ainda, arma polêmica, mostrando a extrema odiosidade a que podia chegar a escravidão, atingindo pessoas iguais na aparência às do grupo livre. Serve, finalmente, para facilitar a ação de Álvaro, compreensivelmente apaixonado e decidido a desposá-la, como fez.

Rosaura, passado em São Paulo, é bem mais interessante, refletindo experiências da mocidade e pondo em cena companheiros como Álvares de Azevedo e Aureliano Lessa. Vindo mais tarde, porém, e possuindo menos exacerbação dramática, não pôde superar a sólida posição d'*A escrava Isaura*, que o relegou para a sombra.

Capítulo XIV

A expansão do lirismo

1. Novas direções na poesia 575
2. Transição de Fagundes Varela 586
3. Poesia e oratória em Castro Alves 597
4. A morte da águia 614

I.
Novas direções na poesia

Os poetas da terceira geração receberam o benefício de uma tradição literária apreciável, de que pelo menos três nomes se destacavam como fontes inspiradoras. Em quase todos, com efeito, é mais ou menos perceptível a marca de Gonçalves Dias, Álvares de Azevedo e Casimiro de Abreu, dando a impressão de que a nossa literatura já havia cavado certos sulcos bem assinalados, que solicitavam as formas de concepção e de expressão. A melhor prova disso são as epígrafes dos poemas, tomadas na maioria a poetas brasileiros. É um momento homogêneo da poesia — com certo ar de afinidade presente na obra de cada poeta e, no verso, aquela facilitação que permite a manifestação dos medianos e dos medíocres. Daí a facilidade que amesquinha o estilo, tirando-lhe o caráter de descoberta pessoal e de obtenção, tão essencial à boa poesia. Com os recursos técnicos, esses poetas herdam os defeitos, que sufocariam a poesia romântica até provocar a reação inevitável. Defeitos de concepção, como o idealismo extremado e o preconceito sentimental, com o decorrente exibicionismo; defeitos de fatura, como o abuso da cadência musical, a estereotipia do adjetivo, a preferência pelo verso demonstrativo e consequente incapacidade para o verso de sentido implícito. Nos dois grandes poetas do momento — Varela e Castro Alves — a força da personalidade e a intuição artística não só assimilam como fecundam e superam, com defeitos e tudo, o legado das gerações anteriores. Mas nos menores sentimos um automatismo desprovido de surpresa, com a excitação epidérmica própria da poesia acomodada em receitas.

No decênio de 1860, com efeito, a já mencionada voga do recitativo chegará a tiranizar a poesia, dissolvendo-a literalmente na melodia excessiva, devida não apenas aos *ritmos românticos* como à rima interna, às vezes no interior de cada verso da estrofe isorrítmica, vazada de preferência no decassílabo sáfico mais cantante, que relega o nobre metro à melopeia automática e sem fibra. Ao contrário da modinha, que, sendo efetivamente musicada, pôde conservar os seus ritmos tradicionais (embora deslizando aos poucos para os *românticos*), o recitativo precisa criar uma *música* própria, amparada no acompanhamento de piano (a famosa *Dalila*); daí abdicar a dignidade do estilo em benefício de combinações vazias de significado, ou de significado acessório, pois, feito para ser *ouvido*, não *lido*, o interesse residia na melopeia crescente e envolvente do poema tomado em conjunto. Ao fim da segunda ou terceira estrofe já não prestamos atenção ao conteúdo, entregues ao torpor anestésico. Sobretudo porque também os temas são, nestes casos, os mais desfibrados, piegas, lamuriosos, havendo alguns que se repetem quase obsessivamente de autor para autor. Há nesse sentido verdadeiros ciclos a que se poderiam dar nomes: "do perdão erótico" — o poeta implorando que a donzela perdoe a ousadia do seu desejo, ou a mancha que lhe trouxe o amor; o de "minh'alma é triste", para lembrar o poema-paradigma de Casimiro, que está na sua origem e é submetido às mais diferentes variações; o do "quero morrer", onde atinge ao máximo a vocação letal do Romantismo. Mas no nível semipopular e mecânico da maioria desses versos, o poder de convicção é nulo, ressaltando o que há de afetado e artificial.

> Perdão donzela, se te amei com ânsia
> Se ousei na infância meu amor te dar:
> Nasci na plebe, tu nasceste nobre,
> Tu — rica, eu — pobre; não te posso amar!
>
> ....
>
> Pequei, donzela, por te amar, perdido:
> A meu gemido teu desprezo deste:
> Não te envergonhes de alentar o pobre;
> Que o pobre é nobre na mansão celeste.
>   (Genuíno Mancebo)

> Minh'alma é triste como a luz dos círios
> Bem junto à eça que sustenta um morto;
> É como o órfão que em saudade apenas
> Tem o direito de encontrar conforto.
>   (J. P. Monteiro Júnior)

> A virgem da noite no azul transparente
> Do lago tremente reflete o perfil:
> E o manto de estrelas sorrindo desata
> Em ondas de prata no éter sutil!
>   (Emílio Zaluar)

> Encantos santos que gozaste e amaste
> O mundo outrora, com desdém mordaz,

Roubou, lançou no profundo imundo
Abismo infrene da paixão audaz.

Enquanto o encanto realçou, brilhou,
Tu foste a fada dos salões da orgia,
Sorrias, vias ao teu lado amado
A mão do rico te apertar tão fria.
(Cândido José Ferreira Leal)[1]

Poesia participante Mas no temário essa geração traz contribuições válidas, que caracterizam a sua fisionomia, como o rompante da poesia política e humanitária, ampliando o ecúmeno literário num largo gesto de desafogo. A passagem de Casimiro a Pedro Luís, no início do decênio de 1860, é expressiva e esclarecedora.

Esse decênio de 1860 — cuja importância em nossa vida política foi acentuada por Sílvio Romero, Nabuco e, depois, mais de uma vez, Euclides da Cunha — estimula os sentimentos cívicos com a inauguração da estátua de Pedro I, "a mentira de bronze"; com o caso Christie; a Guerra do Paraguai; o início da agitação abolicionista e republicana. Marcam-no a virada nas eleições de 1860, a cisão radical dos liberais em 1868, a fundação do Partido Republicano em 1870. De ponta a ponta, percorre-o uma onda de poesia *participante*, que vai eclodir no assomo admirável de Castro Alves. São os poemas sonoros de Pedro Luís e José Bonifácio, o moço; são os poemas *mexicanos* e abolicionistas de Varela; é todo o ciclo *paraguaio*, com Tobias Barreto, Bernardo Guimarães, e até um mastodonte em cinco cantos e oitava rima, *Riachuelo*, de Luís José Pereira da Silva.

Poder-se-ia, pois, dizer que o fator determinante da nova orientação poética se encontra no próprio decênio de 1860, com a sua densa atmosfera política, gerando explosões cívicas facilmente explicáveis.

Entretanto, o movimento da Independência e toda a ebulição democrática do período regencial deveriam ter sido estímulos mais poderosos para a imaginação literária — pois foram fases mais ardentes e decisivas para o país. O patriotismo e a exaltação verbal não lhes faltaram, com efeito; mas na poesia, ficaram as odes medíocres de Alves Branco ou do moço Gonçalves de Magalhães, o hino de Evaristo, o fraco lirismo heroico de Natividade Saldanha, as congratulações oficiais de Gonçalves Dias. É que a literatura não tem um

---

[1] Os exemplos são tomados aos diferentes volumes do *Trovador: Coleção de modinhas, recitativos, árias, lundus* etc., 1876.

fator que a determine, nem são os acontecimentos políticos, ou as modificações econômico-sociais que nutrem o gênio dos poetas. De 1820 a 1850 houve estímulos exteriores; mas faltou o estímulo interno, na corrente literária e nos escritores. O Neoclassicismo em decadência mostrava-se incapaz de dar forma aos sentimentos nacionalistas de muitos dos seus cultores: o seu reino era outro, a sua hora já havia esteticamente soado. Quanto ao Romantismo nascente, a sua orientação inicial visou a outro tipo de vibração heroica — o da história universal, ou do nosso passado lendário. A realidade presente era um alimento muito forte para os seus tateios, voltados para o pitoresco e a reminiscência idealizada; os sentimentos cívicos e o amor da liberdade manifestaram-se melhor na oratória e no jornalismo.

Em 1860, porém, já vimos que a poesia se beneficiava de uma tradição mais rica; vinte e poucos anos de fermentação e pesquisa haviam afinado o instrumento e alertado os espíritos. Por outro lado as lutas liberais na Europa e o arranco democrático da França, cerceado em 1852, inspiravam uma poesia participante e grandiloquente, que veio nos atingir com Palmeirim, Mendes Leal e, sobretudo, Victor Hugo. Assim, pois, se os acontecimentos de 1860 em diante deram matéria e estímulo para a poesia, esta brotou principalmente de um amadurecimento interno, além das costumeiras influências exteriores que a encaminhavam então para as intenções públicas.

O seu tom oratório (incorporado definitivamente e guardado através de transformações quase até os nossos dias) vem não apenas da imposição dos temas, quanto, provavelmente, das novas características do discurso político. Até então, os oradores de alto nível falavam sobretudo no recinto fechado, ficando a agitação de rua entregue aos capangas da retórica. Na nova onda democrática de 1860, os grandes oradores virão mais vezes à sacada, à praça, comunicar diretamente ao povo um teor bem mais elevado de forma e pensamento: Teófilo Ottoni, Saldanha Marinho, Pedro Luís, mais tarde Rui e Nabuco. Ao mesmo tempo, o jornalismo político começa a prescindir do pasquim e da difamação, manifestando-se em folhas de maior porte e dignidade, mas nem por isso menos veementes: *Diário do Rio de Janeiro*, *A Atualidade*, *A República*. Poesia e oratória se aproximam, pois, e os poetas são também tribunos que se apoiam na coluna do jornal, como Pedro Luís ou Castro Alves. Acontecimentos como a inauguração da estátua do Rocio, o ultraje do ministro inglês, a partida de voluntários para o Sul, a lei de 27 de setembro, são toques de reunir para demagogos, poetas, jornalistas; ocasiões de passeatas, discurseira, poemas, tudo de envolta, numa vibração liberal, humanitária e patriótica, de que a obra de Castro Alves permanece o documento mais alto e duradouro.

Consequentemente, surgem na poesia certos conceitos novos, certos temas desconhecidos, ou pouco sentidos pela geração anterior. A América, por exemplo, concebida como pátria da liberdade e do futuro: Estados Unidos, cantados por Castro Alves; México, por Varela, e sobretudo o continente na sua totalidade, o d'"O livro e a América", celebrado por todos eles. Modifica-se em muitos a expressão povo-rei, que assume o sentido do povo soberano, povo como fonte de soberania, e não o povo romano, que designava inicialmente. No "Eurico", de Kubitschek —

Não provaram-lhe o denodo
As águias do povo-rei? —

ainda é esta a sua acepção. Em Castro Alves, já surge a acepção democrática:

Libertai tribunas, prelos...
São fracos, mesquinhos elos...
Não calqueis o povo-rei!
Que este mar de almas e peitos,
Com as vagas de seus direitos,
Virá partir-vos a lei.
("O século")

Saudando o imperador, em 1872, Rozendo Moniz Barreto tem esta tirada de má poesia e franco liberalismo:

Repercuti uníssonos,
Ecos do Novo Mundo:
— Em Pedro, que é rei-povo,
honra-se um povo-rei!
("Ave Imperator", *Voos icários*)

O simpático João Júlio dos Santos — epígono da cabeça aos pés, encharcado de Álvares de Azevedo, Casimiro, Varela, e afinal Castro Alves — abandona por vezes a sua placidez para cantar a democracia e a liberdade, como em "Redenção" (1870):

Porém não tardará que do Oriente
Jorrem raios de luz, que despedacem
Das tênebras o horror;

O homem acordará do sono ignóbil,
Da liberdade o hino descantando
    Em êxtases de amor;

e esta imagem, digna de Castro Alves:

De novo as águas de um dilúvio imenso
Hão de afogar — em punição tremenda —
    Inteira a criação;
As águas cobrirão os tronos todos,
Só a arca do povo há de salvar-se
    Por sobre a inundação.

Rozendo Moniz — poeta bem inferior a João Júlio — se havia dirigido dois anos antes "Aos operários", numa festa do trabalho, com o tom de fraternidade universal algo paternalista, que, no Brasil, representava não obstante progresso digno de nota:

Infenso aos grandes-pequenos
que só desdenham do povo,
converto em hinos meus trenos,
e os pequenos-grandes louvo.
Desses vós sois, operários,
incansáveis proletários,
exemplo de honra e de amor;
sois da última camada
do povo, surgis do nada;
mas, tudo alcança o labor.

O arrebatamento é tão forte, que até uma jovem fluminense, a

Inspirada e gentil Narcisa Amália,
    Poetisa imortal

de saudação benevolente e carinhosa de Varela, invectiva a tirania nas suas *Nebulosas* (1872), canta a revolução e

... o tríplice brado altipotente
Do peito popular.
    ("Vinte e cinco de março")

A moda principiara, todavia, uns dez anos antes, com o próprio Varela e com Pedro Luís, cujo renome foi devido ao tom mais ou menos novo que imprimiu a meia dúzia de peças altissonantes, de vibração patriótica e política. O prefaciador das *Poesias*, referindo-se ao seu aparecimento, no seio da geração que sucedia à de Álvares de Azevedo, assinala que a sua glória consistiu em haver quebrado "a monotonia daqueles cantos tristes com os clangores do seu clarim de guerreiro". Apesar de pouco produtivo, e logo absorvido pela política, influiu profundamente:

Quando ela apareceu no escuro do horizonte,
O cabelo revolto... a palidez na fronte...
Aos ventos sacudindo o rubro pavilhão,
Resplendente de sol, de sangue fumegante,
O raio iluminou a terra... nesse instante
Frenética e viril ergueu-se uma nação!

Esta é a estrofe inicial da "Terribilis Dea", parafraseada por Castro Alves na réplica por ele escrita, sobre a imprensa. Vemos também a sua marca na "Ignobilis Dea", de Rozendo; na "Solemnia Verba", de Luís Delfino; e a própria musa da ciência que abre as *Visões modernas*, de Martins Júnior, é calcada nessa revolta da imagem feminina que parece ter impressionado toda uma geração.

Mais ou menos pelo mesmo tempo, Tobias Barreto trovejava no Recife a grandiloquência que se chamou condoreira e que o moço Castro Alves absorvia, quando estudante naquela cidade, com a predisposição de leitor precoce de Victor Hugo. Poeta menor, não obstante a desmedida vaidade e o incenso dos amigos (Sílvio Romero consagra-lhe 110 páginas na *História da literatura brasileira*, chamando Castro Alves de seu "aproveitado discípulo", ao abordá-lo a seguir, em quinze páginas!) — Tobias Barreto deixou alguns poemas heroicos de bom corte oratório. A largueza das suas apóstrofes, a escolha deliberada de assuntos arrebatadores, contribuíram com certeza para difundir e fixar o novo tom.

É a cidade valente
Brio da altiva nação,
Soberba, ilustre, candente,
Como uma imensa explosão
De pedra, ferro e bravura,
De aurora e de formosura,
De glória, fogo e loucura...

Quem é que lhe põe a mão?

....

Assopras nas grandes tubas,
Que despertam as nações;
Eriçam-se as férreas jubas,
Uivam as revoluções...
Teus edifícios doirados
Vão-se erguendo, penetrados
Da voz dos Nunes Machados,
Do grito dos Camarões...
    ("A vista do Recife")

Se a este exemplo juntarmos o já citado, de Pedro Luís, e um de Varela, d'"A estátua equestre" (1861)

Vota-se à treva o busto dos Andradas,
Some-se a glória de ferventes mártires
    Na lama do ervaçal!
Mas fria a estátua pisa a turba, como
As duas patas do corcel de bronze
    O chão do pedestal! —

poderemos sentir a nova inflexão da poesia romântica, no último período. E ver que, no momento em que a sua dissolução pela música atingia o ápice, a oratória se intensifica, funcionando como recurso de preservação da palavra. Os sentimentos fugidios, aptos à expressão musical — característicos de Casimiro ou Teixeira de Melo — são, quando não substituídos, ao menos subordinados a sentimentos precisos, claramente afirmados, como os de inspiração política e social. A fase final do Romantismo se desenrola, pois, num tumultuoso decênio de sonoridades e melopeias, num cruzamento do verso com a ênfase do discurso.

É na poesia abolicionista que essas tendências vão encontrar expressão principal, fundindo humanitarismo, rebeldia e quebranto lírico. Quase todos os poetas da geração pagam-lhe tributo, embora apenas Castro Alves a tenha elevado à categoria de grandeza: Varela, Rozendo Moniz, João Júlio, Narcisa Amália, Melo Morais Filho, Tobias etc.

Os tons menores Não esqueçamos, em meio ao ribombo da poesia social e heroica, as inflexões pós-casimirianas que percorrem essa fase e se manifestam com verdadeira beleza na obra de Varela. Sob este aspecto, poderíamos juntar num grupo os poetas sentimentais, que prolongam o "belo, doce e meigo", sem prejuízo de um ou outro apelo a Calíope; noutro grupo, os que trouxeram à lírica entonações mais fortes, com preferência marcada pela energia da dicção e a seiva ardente do sentimento. Varela chefiaria o primeiro, em que se podem enumerar João Júlio dos Santos, Luís Guimarães Júnior, Narcisa Amália, Machado de Assis. Ao segundo, com Castro Alves à frente, pertenceriam Tobias, Luís Delfino, Melo Morais Filho, Rozendo Moniz.

Luís Guimarães Júnior, ao publicar *Corimbos*, em 1869, mostrava-se epígono de Casimiro de Abreu; mais brando e plangente, porém, sem o seu ardor nervoso e encoberto:

Olha-me ainda! Delirante, pálida,
Banha minh'alma nesse ardente olhar!
Deita em teu seio a minha fronte cálida:
Faze que eu possa, que inda possa amar!

Por que tremeste? A viração perdida
Dorme na relva dos vergéis em flor:
Tudo é silêncio e tudo fala à vida:
Cala-te e escuta: vai passar o amor.
   ("Arroubo")

Poesia agradável, mas insignificante, que não fazia prever o poeta mais vigoroso e artista dos *Sonetos e rimas*, compostos sob a inspiração de outros cânones. Lendo-a, sentimos que o Romantismo havia atingido aquele sistema de clichês, a partir do qual tornam-se cada vez mais possíveis os versejadores e cada vez mais raros os poetas. É quando a primavera é ridente, a vida sorri, a morte é traidora, a campa é fria, os sonhos, dourados, as crenças, desfolhadas — como num poema de João Júlio:

Da primavera na estação ridente,
Quando tudo na vida lhe sorria,
Veio traidora a morte, de repente,
Sem dó prostrá-lo sobre a campa fria.

No trilho em flores a seus pés aberto,
Por onde crente e alegre caminhava
Não sabia — infeliz! — que ali bem perto
Negro o abismo de um túmulo o esperava!

Ah! ver de um golpe sonhos mil dourados,
Amor, anelos, crenças no futuro,
Sobre a pedra de um túmulo esfolhados,
Astros sumidos sob um céu escuro.

Seria dor sem nome — se uma ideia
Não despontasse em nós, toda esperança:
Morta a flor, seu perfume aos céus se alteia,
Morto o corpo, nossa alma em Deus descansa.

Narcisa Amália de Campos deve ser mencionada como exemplo típico da pessoa de aptidões medianas que pôde, graças ao automatismo dos processos literários, versejar desembaraçadamente e arrancar, de uma crítica não menos automatizada e gratuita, o juízo seguinte:

Seu estilo vigoroso, fluente, acadêmico; a riqueza das rimas, tão eufônicas, tão reclamadas e necessárias ao verso lírico, suas convicções falando à alma e à imaginação, justificam a sua já precoce celebridade, confirmam a sua surpreendente e rápida aparição precedida do respeitoso coro da crítica sincera e grave.[2]

Mais robusta é a obra lírica de Tobias, denotando o sabor agreste dos poetas nordestinos e nortistas da 2ª e da 3ª fase românticas: cheiro de relva molhada, presença tangível de flores bravas e gente do campo. E, também, uma saúde mental inexistente no mórbido sentimentalismo da época, roçando por vezes na vulgaridade e mesmo grosseria, sob pretexto de faceirice, como n'"O beija-flor", no "Papel queimado", n'"O beijo". As suas poesias amorosas são veementes e bem lançadas, sem nenhuma inquietação ou refinamento formal. Acomodou-se bem dentro dos torneios e ritmos usuais, e apenas vez por outra consegue versos de certa ressonância profunda:

Há muita sombra, meu amor, no vale,
No agreste vale em que medito a sós.
   ("Carmen")

Ou nestes, humorísticos, de visível impregnação alvaresiana:

A lua é meio loura, e o céu sereno.

---

2 Pessanha Póvoa, "Prefácio", *Nebulosas: Poesias de Narcisa Amália*, p. XXIII.

Desperta, alegre, estremecida, lânguida,
A noite é uma viúva de quinze anos.
    ("Lenda civil")

Se fosse mau escritor, Machado de Assis teria tido por característica a banalidade que podemos vislumbrar, como em nenhuma outra parte de sua obra, nas poesias da fase romântica. São bem penteadas e não fazem feio; mas a correção, pelo menos nele, não basta para esconder a falta de originalidade. Há nas *Crisálidas* (1864) uma linha casimiriana menos piegas e também menos emocional, que aparece com mais firmeza nas *Falenas* (1869); as *Americanas* (1875) são o último produto apreciável do Indianismo, pela fatura cuidadosa e a limpeza de composição; mas nada acrescentam, se não for certa mistura dos dois tons gonçalvinos: a harmonia livre do lirismo *nacional* e o exercício vernáculo das peças medievistas. Mais tarde, nas *Ocidentais* (1901), a experiência parnasiana e sobretudo o amadurecimento da sua prosa ajudaram-no a encontrar uma poesia filosófica pessoal.

Dessa primeira fase nos encanta hoje a "Lira chinesa", traduções onde o caráter direto e concreto da poesia oriental, a sua representação sintética da natureza e dos sentimentos, permitiram ao poeta uma forma contida e expressiva, adequada à serenidade dos temas — como este moderníssimo "O poeta a rir", semelhante a um epigrama irônico e sentimental de Ronald de Carvalho:

Taça d'água parece o lago ameno;
Têm os bambus a forma de cabanas,
Que as árvores em flor, mais altas, cobrem
    Com verdejantes tetos.

As pontiagudas rochas entre flores,
Dos pagodes o grave aspecto ostentam...
Faz-me rir ver-te assim, ó natureza,
    Cópia servil dos homens.

2.
Transição de Fagundes Varela

Quando Fagundes Varela surgiu na vida literária de São Paulo por volta de 1860, já estava amortecida a tradição byroniana do decênio precedente — a concepção da literatura como broto de uma vida necessariamente desbragada e misteriosa. Coube-lhe a sina de reviver essa furiosa boêmia, tendo sido no Romantismo o último arcanjo revel; sua vida tem algo do "desregramento prolongado e minucioso" a que já se tem condicionado o milagre da poesia. A impressão deixada por ele, é, com efeito, de que nada fez senão beber, poetar, vaguear e desvairar-se. Mas é preciso ponderar que só uma tensão espiritual acentuada permitira a esse ébrio contumaz elaborar o longuíssimo poema d'*O evangelho nas selvas*. Não é, pois, um caso fácil de psicologia literária.

Também não é fácil o seu caso em face da história literária. Vivendo na última fase do Romantismo, absorveu várias tendências anteriores, deixando entrever, de outro lado, o que se faria em seguida. Os ciosos de unidade e originalidade costumam por isso menosprezá-lo, enquanto os amantes da inspiração fácil e generosa o situam entre os maiores. Mas Varela não é poeta fácil nem contraditório, apesar de refletir mais de uma tendência; e é injusto inferir que, perdendo-se entre as correntes, nada mais tenha feito que continuá-las, sem manifestar uma equação pessoal.

Sua obra tem pelo menos quatro ou cinco aspectos — patriótico, religioso, amoroso, bucólico — versados em duas fases, nas quais deixou a marca de uma personalidade versátil, mas bem delimitada por certos rasgos que denotam a vocação poética. A primeira e melhor vai das *Noturnas* (1861), aos *Cantos e fantasias* (1865) passando por *Vozes da América* (1864). A atmosfera romântica, ainda bastante densa, terá contribuído para enquadrar a sua inspiração, estimulando-a a percorrer caminhos mais ou menos estabelecidos; doutro lado, é o momento do primeiro ímpeto criador, em geral o melhor nos temperamentos facilmente esgotáveis do Romantismo e, certamente, o mais propício num espírito ameaçado pelo álcool.

Os dez poemas das *Noturnas* constituem, além do valor artístico, documento precioso para estudar influências literárias no Brasil. Casimiro, Gonçalves Dias e Álvares de Azevedo aparecem bem aproveitados por esse seguidor de gênio, que soube extrair deles as melhores lições, com admirável tato poético. "Arquétipo", para dar um exemplo, provém da segunda parte da *Lira dos vinte anos* — não apenas pelo spleen byroniano do herói, como pelo próprio tom e natureza das imagens:[3]

> Era mais caprichoso, mais bizarro,
> Do que um filho de Albion, mais vário
> Que um profundo político: uma tarde,
> Após haver jantado, recordou-se
> Que ainda era solteiro! — Pelo Papa!
> É preciso tentar, disse consigo.

E sobretudo:

> Por fim de contas, uma noite bela,
> Depois de ter ceado entre dois padres,
> Em casa da morena Cidalisa,
> Pegou numa pistola e, entre as fumaças
> Do saboroso havana, à eternidade
> Foi ver se divertia-se um momento.

A este pasticho se acrescentam peças menos diretamente condicionadas, mas, em todo o caso, com a marca visível dos modelos: "Fragmentos", verso gonçalvino e tema azevediano; "Tristeza", eco dos *Primeiros cantos*; "Vida de flor", "Névoas", exercícios melódicos de um casimiriano embriagado pelo som dos versos, que em suas mãos atingiram o máximo da musicalidade:

> Nas horas tardias que a noite desmaia,
> Que rolam na praia mil vagas azuis,
> E a lua cercada de pálida chama
> Nos mares derrama seu pranto de luz,
>
> Eu vi entre as flores de névoas imensas,
> Que em grutas extensas se elevam no ar,
> Um corpo de fada, serena dormindo,
> Tranquila sorrindo num brando sonhar.

---

3 "Nas *Noturnas...* vem um canto intitulado 'Arquétipo', datado de São Paulo, 1861, que é evidentemente moldado pelo *O poema do frade*." Homero Pires, "Influência de Álvares de Azevedo", *Revista Nova*, ano I, n. 3, p. 366.

Como estas, mais dez estrofes onde o hendecassílabo 2-5-8-11 em estrofes isorrítmicas, de rimas internas, e mais a vaporosidade das imagens, parecem dissolver na música a emoção poética. Elas revelam que se havia chegado a um ponto extremo da experiência romântica, no qual se situa Varela, o primeiro dentre os poetas de alto nível a cultivar com abundância a rima interna, no esforço de açucarar ainda mais o já de si melodioso decassílabo sáfico, por ele usado sem medida. Ao fazê-lo, foi como se adotasse os processos da subliteratura de recitativo, sacrificando a coerência em favor da anestesia pelo som:

> À luz d'aurora, nos jardins da Itália,
> Floresce a dália de sentida cor,
> Conta-lhe o vento divinais desejos
> E geme aos beijos da mimosa flor.
> ("Juvenília", X)

Dos *Primeiros cantos*, de Gonçalves Dias, ao seu livro inaugural, decorrem quinze anos que esgotam as principais orientações técnicas do Romantismo. Por isso, homens como ele não apenas denotam certa estereotipia, mas tentam alguns recursos novos como o alexandrino e o aumento da tensão hiperbólica, preparando o arranco soberano e final de Castro Alves.

Com efeito, embora a presença muito sensível dos modelos não facilitasse plena afirmação pessoal, as *Noturnas* marcavam o aparecimento de um bom artífice e o alargamento de fronteiras poéticas pela importância conferida à poesia política, n'"A estátua equestre", poema final da coletânea. Dois anos depois, fará mais política rimada, por sinal muito má, n'"O estandarte auriverde", estouro patriótico a propósito do caso Christie. No livro seguinte, *Vozes da América*, lança a poesia por novos caminhos de lirismo épico e narrativo, os mesmos que Castro Alves trilharia dali a pouco; mas embora já provido de recursos próprios, continua a assimilação de outros poetas, que parece ter sido um dos estímulos principais da sua inspiração.[4] Assim, neste livro (onde há tantas premonições de Castro Alves, não só nos temas do escravo, da liberdade e da justiça social, mas no próprio tom) um dos poemas mais castroalvinos, "Napoleão", é decalcado sobre outro do mesmo nome, do poeta português Luís Augusto Palmeirim. Comparem-se estas estrofes:

---

4 Ao contrário do que se costumava afirmar, a influência foi de Varela sobre Castro Alves. Ver Edgard Cavalheiro, *Fagundes Varela*, pp. 186-187.

Entre os fortes o mais forte,
Em cem combates de morte,
Sempre por si teve a sorte,
Teve sempre o seu condão:
A França tinha por fito,
Mas herói, colosso, mito,
Té nas moles do Egito
Fez ouvir — Napoleão!
   (Palmeirim)

Desde onde o crescente brilha
Até onde o Sena trilha,
Tive o mundo por partilha,
Tive imensa adoração;
E de um trono de fulgores
Fiz dos grandes — servidores,
Fiz dos pequenos — senhores,
— E sempre fui Napoleão.
   (Varela)

Noutro poema — "Deixa-me" — uma viva lembrança de Álvares de Azevedo funde-se ao tom casimiriano. Apesar disso, o resto do livro é marcadamente pessoal nas qualidades de melodia e generosidade lírica, embora também nos defeitos que, a seguir, lhe comprometerão boa parte da obra; sobretudo o derramamento, a discursividade por vezes frouxa, o excesso de imagens justapostas, demonstrando lacunas no discernimento artístico. Entretanto, nalgumas peças reponta, quase parnasiano, o lavor atento em recobrir de esmaltada beleza um tema caprichoso, como neste charão de antegosto *fin de siècle*:

Quem eu amo, te digo, está longe...
Lá nas terras do império chinês,
Num palácio de louça vermelha,
Sobre um trono de azul japonês.
   ("Ideal")[5]

---

5 Este poema foi mais tarde musicado e se tornou canção bastante popular.

O apogeu O livro seguinte, *Cantos e fantasias*, é com certeza o momento mais alto de sua obra, momento ideal de maturidade e força lírica.[6] Em "Juvenília", espécie de poemeto impressionista em dez partes, apenas ligadas pela vaga associação emocional, surge a música vareliana em sua matizada frescura, sua radiosa fusão do brilho da natureza com estados de alma inefáveis:

> Tu és a aragem perdida
> Na espessura do pomar,
> Eu sou a folha caída
> Que levas sobre as asas ao passar.
> Ah! voa, voa, a sina cumprirei!
> Te seguirei.

Na "Ira de Saul" — belo poema onde se contém a substância do que será "A hebreia", ou seja, o melhor lirismo de Castro Alves — transpõe a magia das evocações bíblicas, num eco remoto das *Melodias hebraicas*, de Byron, e, mais ainda, dos *Poemas antigos e modernos*, de Vigny (pelo toque quase simbólico do verso). A força plástica da estrofe inicial nos fecha numa atmosfera revolta onde a visão vai cavando, junto ao vento que sibila nas aliterações, uma dimensão intérmina para o pesadelo:

> A noite desce. Os furacões de Assur
> Passam dobrando os galhos à videira,
> Todos os plainos de Salisa e Sur
> Perdem-se ao longe em nuvens de poeira.

A segunda e a terceira mostram que a paisagem é símile da luta íntima de Saul, da paisagem convulsa de sua alma, onde o desespero cria também desmedida profundidade:

> Minh'alma se exacerba. O fel d'Arábia
> Coalha-se todo neste peito agora:
> Oh! nenhum mago da Caldeia sábia
> A dor abrandará que me devora!

---

6 "*Cantos e fantasias* é porventura o seu melhor livro, com os dez poemas de 'Juvenília', ressumantes de fresca melodia, na evocação da infância feliz na fazenda natal." Manuel Bandeira, *Apresentação da poesia brasileira*, p. 82.

Nenhum! Não vem da terra, não tem nome,
Só eu conheço tão profundo mal,
Que lavra como chama e que consome
A alma e o corpo no calor fatal!

Na alma do rei, o vento da planície é chama que lavra e cujo remédio é o canto reparador:

Maldição! Maldição! Ei-lo que vem!
Oh! mais não posso! A ira me quebranta!...
Toma tu'harpa, filho de Belém,
Toma tu'harpa sonorosa e canta!

A magia poética de Davi traduz-se num aplacamento, que o poeta representa por nova série de imagens visuais, contrapondo ao furacão, à treva, à areia, aspectos suaves e balsâmicos da terra palestina:

Canta, louro mancebo! O som que acordas
É doce como as auras do Cedron,
Lembra-me o arroio de florentes bordas
Junto à minha romeira de Magron.

Lembra-me a vista do Carmelo, as tendas
Brancas sobre as encostas de Efraim,
E pouco a pouco apagam-se as tremendas
Fúrias do gênio que me oprime assim!

O movimento psicológico se incorpora ao do mundo exterior, e, passando do desespero à fúria, daí à tranquilidade, é comunicado pelo movimento correspondente das imagens e o próprio ritmo. À visualização, no início, de cores escuras e movimentos violentos (a noite, os galhos vergados) sucede a margem florida dos regatos, o perfume das romãs, como as "auras do Cedron" sucedem aos "furacões de Assur", tudo se aquietando no movimento plácido das alvas tendas espraiadas pela encosta, em lugar do fel que enegrecia o peito do rei:

... as tendas
Brancas sobre as encostas de Efraim.

Não há, na poesia romântica, verso mais belo e sabiamente elaborado, com seus plurais arrastados e a clara visão de paz que transmite. A colisão de consoantes no início do segundo verso — "Brancas sobre" — força uma pausa, que, somada ao poder atrativo do enjambement — "tendas Brancas" — demora o acento na primeira sílaba, dando força pictórica e psicológica ao adjetivo e, ao verso inteiro, admirável toque de devaneio.

A "Ira de Saul" é de certo modo um canto sobre o milagre da poesia, na sua força de purgar paixões e refundir a visão interior. "Davi tomava a harpa e a tocava com a sua mão; então Saul sentia alívio e se achava melhor, e o espírito mau se retirava dele." Longe da concepção geométrica desenvolvida mais tarde, a poesia, neste trecho do Livro de Samuel e no poema de Varela aparece como lamento e, ao mesmo tempo, medicina da alma opressa.

A obra-prima Paradoxalmente, todavia, esse virtuoso de rimas e melopeias encontrará o pináculo da inspiração no verso branco do "Cântico do calvário", à memória do filho Emiliano.

Se há milagre poético, devemos procurá-lo nessa longa peça que, não obstante o peso das imagens acumuladas, dos desenvolvimentos e invocações lançados sem economia, não baixa um só momento o admirável voo lírico de uma das mais puras emoções da nossa literatura.

Eras na vida a pomba predileta...

A imagem inicial, de puríssima tonalidade bíblica, vai encontrar no último verso outra evocação das Escrituras, encerrando o poema numa atmosfera de transcendente fervor:

Escada de Jacó serão teus raios,
Por onde asinha subirá minh'alma.

Pomba, estrela, escada: a simbologia mística se humaniza e faz carne no lamento fúnebre; na certeza de que a obra de arte brotará da dor transfigurada, como do pai se elevou o poeta:

Correi, correi, ó lágrimas saudosas...
....
Correi! Um dia vos verei mais belas
Que os diamantes de Ofir e de Golconda
Fulgurar na coroa de martírios
Que me circunda a fronte cismadora!

As imagens indicando transubstanciação da dor nas lágrimas, destas em flores e pedras raras, estabelecem uma corrente entre o mistério da criação poética e a extinção do filho, ao toque régio da Morte —

(... a soberana
Dos sinistros impérios de além-mundo
Com seus dedos reais selou-te a fronte).

O despojo humano, volatilizado na imaginação pela alquimia da metáfora, transforma-se pouco a pouco numa entidade simbólica, operando o contato dos impossíveis, tornando a morte translúcida para o poeta e constituindo fonte sideral de inspiração:

E são teus raios que meu estro aquecem!
Pois bem! Mostra-me as voltas do caminho!
Brilha e fulgura no azulado manto!
Mas não te arrojes, lágrima da noite,
Nas ondas nebulosas do ocidente!
Brilha e fulgura!

Conduzindo o ramo da esperança, guiando o pegureiro, trazendo o lume da aliança, voando mais alto que o condor, falando na voz dos ventos — o filho morto concentra, não mais no corpo extinto, porém na ideia que dele ficou, as virtudes de intercessão e resgate da humana condição, da condição humana que se revolve em nada:

Um passo ainda,
E o fruto de meus dias, negro, podre,
Do galho eivado rolará por terra.

A importância do "Cântico do calvário" não vem apenas do impacto emocional, mas do cunho simbólico, onde se fundem a experiência imediata (perda do filho) e a vista por ela aberta sobre o mistério da criação poética, surgindo entre ambos a morte como intercessor. Com uma profundidade rara em nossa literatura, vamos sentindo o poder de resgate que ela assume, ao forçar o diálogo do artista com o que há de essencial nele próprio. Da queixa magoada brota não sei que exaltação triunfante, expressa nos raios, luzes, flores, estrelas, diademas, que formam um dos sistemas metafóricos do poema, redimindo a vida pela poesia. Com um toque bem romântico, bem leopardiano, a megera esquálida de tantas alegorias, como a encontramos já n'"A orgia dos duendes", de Bernardo Guimarães, se torna a *"heureuse et profitable Mort"*, saudada no verso de Ronsard.

Para exprimir essa emoção poderosa, Varela conseguiu plasmar um instrumento admirável: o verso branco dos melhores momentos de Álvares de Azevedo e Gonçalves Dias, refinado por uma cadência mais lírica, onde os enjambements prolongam o grito d'alma quase até o limite do fôlego; onde, noutros passos, o ritmo abreviado se reduz ao balbucio.

Fim de carreira O poeta não conseguiria mais atingir semelhante altura. Nos livros da segunda fase, *Cantos meridionais* e *Cantos do ermo e da cidade*, ambos de 1869, não conseguiria também o equilíbrio dos *Cantos e fantasias*. A emoção lírica e a beleza formal conservam-se em grande número de poemas; continua a poesia social e surge o idílio campestre em poemetos narrativos de toque malicioso e alegre ("Mimosa", "Antonico e Corá"), que dão corpo ao sentimento da vida rural, como desdobramento do naturismo dos livros anteriores e oposição à existência nas cidades.

> Eis a cidade! Ali a guerra, as trevas,
> A lama, a podridão, a iniquidade;
> Aqui o céu azul, as selvas virgens,
> O ar, a luz, a vida, a liberdade!
> ("A cidade")

Ao contrário do saudável Bernardo Guimarães, para quem a natureza era o enquadramento mais equilibrado da vida, não refúgio de desajustado, ela aparece em sua obra corporificando verdadeiro sentimento de fuga, nascido do horror insuperável pela norma social, encarnada nas relações da vida urbana:

> ... nossa mãe sublime, a natureza,
> Que nossas almas numa só fundira,
> E a inspiração soprara-me na lira
> Muda, arruinada nos mundanos cantos.
> ("A despedida")

Nos momentos de crise (lemos em sua biografia por Edgard Cavalheiro) metia-se pelos campos e estradas, a andar, dias e dias; e de 1866 em diante (período correspondente aos dois livros em apreço) viveu principalmente na fazenda, como caboclo, descalço, quase confundido com a terra. Por isso, pôde dar categoria à lira sertaneja, que poucos, depois dele, pulsarão com real beleza. Nos seus predecessores Bruno Seabra, Juvenal Galeno e Trajano Galvão — regionalistas nordestinos — nada há comparável às suas boas composições bucólicas, familiares, informais e ao mesmo tempo harmoniosamente compostas, como "A flor do maracujá" ou "A roça". Se Alberto de Oliveira e Vicente de Carvalho, na geração seguinte, prolongarão muito da tonalidade de seus poemetos narrativos e suas contemplações da natureza, ninguém mais dará, tão bem quanto ele, a nota caipira dos poemas rústicos.

Além do lirismo bucólico, Varela amplia o território poético por uma retomada espetacular da poesia religiosa, no longo poema *Anchieta* ou *O evangelho nas selvas*. Como julgá-lo? Inicialmente, é possível, quem sabe, explicar o empreendimento por um motivo psicológico. Datado de 1871, foi com certeza elaborado nos anos imediatamente anteriores, quando abandonou de vez os estudos e a vida da cidade, para desaparecer na fazenda. Não é demais supor uma séria crise moral, dessas que acompanham o sentimento de falência associado às capitulações em face da vida. Largado no mato, em más condições financeiras, é possível que o burguês repontasse de quando em vez no boêmio, punindo-o com o remorso, mais grupal que individual, da carreira sem horizonte, da queda de nível. E a própria marcha do drama interior o levaria a buscar um apoio, uma boia para o espírito abatido. Nessas condições, *O evangelho nas selvas* teria surgido como longo esforço para preservar-se, afirmando a própria dignidade.

A concepção é defeituosa, não havendo relação necessária entre a matéria central (vida de Jesus) e o pretexto de imaginá-la narrada aos catecúmenos por Anchieta, que aparece no começo e no fim de cada canto, em cenas que servem apenas de tributo ao sentimento nacional. A narrativa poderia desenrolar-se, sem o menor prejuízo, na China ou no Congo.

Há portanto duas linhas a considerar: o Evangelho rimado e a presença do Brasil catequético. Aquela tem a coerência natural do texto bíblico; esta é um conjunto de descrições, evocações, episódios frouxamente amontoados, com um fio tênue de ligação — a personalidade esfumada e melancólica da indiazinha Naída, que perpassa de leve e morre como um sopro, sem que o caráter puramente acessório do caixilho indianista consinta a exploração poética do seu encanto.

No conjunto é um poema monótono e sem interesse, desprovido de fibra criadora. O poeta nada precisou inventar no tema central, limitando-se a acompanhar os Evangelhos na sucessão dos milagres, parábolas e incidentes. Daí, talvez, o ar de exercício aplicado e chato. Na parte referente aos índios e Anchieta, a falta de inspiração é flagrante, transformando-a num desagradável nariz de cera.

No esforço apreciável de superar o excesso de melodia a que se vinha abandonando, Varela recorre a um verso mais austero, simples e fluido, mas sem força. Nem um momento temos impressão de alta poesia, embora surjam trechos belos, sobretudo quando a narrativa cede lugar à descrição. É a cena das estalagens de Belém, no parágrafo 25 do "Canto I", com um movimento vivo e desordenado de pessoas e animais; é a luminosidade da estrela dos Magos, no parágrafo 28 do mesmo:

Porém... milagre!... nos sidéreos climas
Uma formosa estrela, nunca vista
Nas eras que passaram, fulgurante
Apareceu de súbito inundando
O rio, os campos, os vergéis frondosos,
Os extensos jardins, e os elevados
Coruchéus dos palácios, da mais pura,
Da mais serena luz, que haja caído
Das empíreas alturas! Tristes, pálidas,
As mil constelações se tresmalharam
Quais errantes lucíolas: a láctea
Banda que o firmamento em dois divide,
Como um cinto de frágeis filigranas,
Na vastidão perdeu-se! Os grandes lagos,
Os tanques primorosos, as colinas
Coroadas de vinhas e oliveiras,
Transformaram-se em mares encantados,
Ilhas de nácar, mágicos pomares,
Grutas de fadas e amorosos gênios.

No fim deste canto há uma linda descrição da natureza na mata (§ 40) e outra, no canto seguinte (§ 6), na cena em que fala o Taumaturgo, superada no "Canto V" (§ 3) pela da noite tropical. A cena da Virgem Maria no "Canto VI" (§ 12); a invocação da pátria no começo do VII; no VIII, a prece do poeta (§ 7) e a belíssima morte de Naída (§ 14) — talvez sejam o que resta de eficácia poética em meio à morna banalidade do poema, sempre suspenso entre o bom e o mau, sem cair nem transpor a meta.

Totalmente irrealizada é a sua obra derradeira, que deixou em estado de rascunho — o *Diário de Lázaro* — onde o verso prosaico e a falta de variedade psicológica desfibram o drama que pretendeu traçar.

3.
Poesia e oratória em Castro Alves

Ao grande pilar do Romantismo inicial, Gonçalves Dias, corresponde simetricamente, no fim do período, Castro Alves, como o outro apoio da curva poética desse tempo, que, iniciada nos últimos dias do Neoclassicismo, vai perder-se nas primeiras tentativas de reequilibrar a forma literária, a que se chamou Parnasianismo.

Já ficou dito que cada poeta romântico tem uma fisionomia mais ou menos convencional, composta pelo nosso espírito com farrapos da sua vida, poemas, aparência física. A dele ressalta imediatamente como o bardo que fulmina a escravidão e a injustiça, de cabeleira ao vento. Talvez por sentir tanta obscuridade em torno de si — cativeiro, ignorância, opressão — a sua poesia faz um consumo desusado de luz; e esta luminosidade o envolve num halo perene, uma

... chama de músicas e gritos.
   (Moacir de Almeida)

Na própria visão que temos dele sobressai, pois, de início, o contraste das trevas espancadas pela luz, para destacar a sua máscula energia de poeta humanitário. Da mesma maneira que Gonçalves Dias para o índio, ele ficou sendo o cantor do negro escravo; e, por extensão, dos oprimidos, que amou realmente com sentimento de justiça mais imperioso que o de Varela. Esta simplificação da personalidade poética pela opinião corresponde ao seu traço mais saliente, pois a sua novidade e força decorrem, em boa parte, duma superação do drama da segunda geração romântica. O conflito interior que, originando forte contradição psicológica, dobra o escritor sobre si mesmo, é projetado, por ele, do *eu* sobre o mundo. E a parte mais característica de sua obra é devida a esta projeção.

Assim enquanto Junqueira Freire e Álvares de Azevedo, depois de Gonçalves Dias, viam a desarmonia como fruto das lutas interiores, ele a vê sobretudo como resultante de lutas externas: do homem contra a sociedade, de oprimido contra o opressor — outra maneira de sentir o conflito, caro aos românticos, entre bem e mal. A dialética da sua poesia implica menos a visão do escravo (ou do oprimido em geral) como realidade presente, do que como episódio de um drama mais amplo e abstrato: o do próprio destino humano, em presa aos desajustamentos da história. Por isso ela encarna as tendências messiânicas do Romantismo, transformando-se no maior episódio de literatura participante que o seu tempo conheceu.

Sob este ponto de vista, poderíamos dizer que, nela, o principal fator é o complexo de Ahasvérus —

> o precito,
> O mísero judeu que tinha escrito
> Na fronte o selo atroz!
> ("Ahasvérus e o gênio")

Jamil Almansur Haddad esclareceu, num excelente estudo de influências castroalvinas, o sentido, em sua obra, deste mito, buscado na versão épica de Edgar Quinet e corporificando toda a utopia libertária do século.[7] Mas é preciso notar que para Castro Alves o Judeu Errante, sendo símbolo da luta eterna da humanidade em busca de redenção e justiça (como em Quinet), é também símbolo do gênio.

> O Gênio é como Ahasvérus... solitário
> A marchar, a marchar no itinerário
> Sem termo de existir.

Daí um caráter peculiar da sua poesia: a psicologia do poeta criador se identifica em profundidade com o ritmo da vida social, determinando a referida projeção dos dramas do eu sobre o mundo. O movimento incessante de Ahasvérus, cuja personalidade vai se redefinindo ao contato das vicissitudes por que passa, corresponde ao movimento perene dos povos, superando-se igualmente sem parar pelo

> ... batismo luminoso
> Das grandes revoluções.
> ("O livro e a América")

E se o poeta pode e deve exprimir este processo, é porque, nele, também a vida e o espírito são um permanente agitar-se, um conflito de forças e contradições.

---

7 Jamil Almansur Haddad, *Revisão de Castro Alves*, v. 3, pp. 24-25.

Assim, pois, há inicialmente em Castro Alves o sentimento da história como fluxo, e do indivíduo como parcela consciente deste fluxo. Por isso logrou uma visão larga e humana do escravo, que não é para ele apenas *caso* imediato a ser solucionado, mas símbolo de uma problemática permanente, termo e episódio do velho drama da alienação do homem, que ele sente, como bom romântico, em termos da luta perpétua entre o bem e o mal.

Senhor Deus dos desgraçados...

Nesta apóstrofe famosa e ainda fresca, ressoante como cristal puro após tanto recital, discurso e antologia — nesta famosa apóstrofe sentimos a mesma contenção digna e surda de certos grandes diálogos da poesia com o mistério do destino, a mesma interrogação angustiada que levou Villon a dizer que Deus preferia calar-se, para não perder o debate:

Nostre Seigneur se tient tout coi,
Car au tancer il le perdroit.

Da presença da história decorre um compromisso com a eloquência: a poesia, como força histórica, se aproxima automaticamente do discurso, incorporando a ênfase oratória à sua magia, que, por isso mesmo, se restringe ante esta invasão imperiosa. Notamos, em Varela, os extremos de musicalidade que, nele como em Casimiro, embalam o espírito e dispensam a intervenção do sentido lógico. Em Castro Alves vemos outro aspecto desse transporte poético: diluição do sentido, não propriamente pelo abandono à música, mas à retórica. Muitos dos seus poemas denotam a incontinência verbal tão brasileira, expressa pela floração de oradores que constituem a expressão intelectual mediana do povo. No seu tempo, mais que agora, o orador exprimia o gosto ambiente, cujas necessidades estéticas e espirituais se encontravam na sua movimentada elocução. No limite, tínhamos, como ainda temos aqui e acolá, o orador de bestialógico, no salão ou na esquina, cujo fluxo incoordenado representava, por alguns aspectos, a obra-prima do gênero, com a eloquência vazia e sem necessidade de nexo, apoiada apenas nas combinações sonoras.

Esta embriaguez verbal existe em Pedro Luís e num sem-número de poetas menores; mas em Castro Alves encontra o apogeu, dando à poesia poder excepcional de comunicabilidade, num país de prestígio do discurso:

Dos oceanos em tropa,
Um traz-lhe as artes da Europa,

Outro as bagas do Ceilão;
E os Andes petrificados,
Como braços levantados,
Lhe apontam para a amplidão.
    ("O livro e a América")

Aspectos negativos Hipérboles semelhantes têm uma pujança que embriaga o leitor (mas sobretudo o auditor), descartando o problema do gosto. Este depende de certo discernimento, certo gelo que permite suspender a emoção, ainda que por lampejos. O fogo permanente de Castro Alves dissolve-o sem cessar; e nós acabamos por aceitar a pavorosa "tropa dos oceanos", ou a banalidade pomposa dos braços andinos, porque, nos bons momentos, há nele uma força de gênio que transpõe a emoção além dos problemas de gosto, ao superar a tendência para o verbalismo sem nexo, presente em boa parte da sua obra. É fácil colher nela exemplos de semibestialógico, quando a vertigem oral e a necessidade de rima não têm a sorte de encontrar solução imediata de beleza. Mesmo os castroalvinos mais intrépidos (como é preciso ser) recuarão por certo ante coisas como estas:

    — "Como o sabes?..." — "Confessas?" — "Sim! confesso..."
    — "E o seu nome..." — "Qu'importa?" — "Fala, alteza!..."
    — "Que chama doida teu olhar espalha,
    És ciumenta?..." — "Mylord, eu sou da Itália!"
    — "Vingativa?..." — "Mylord, eu sou Princesa!..."[8]
        ("O derradeiro amor de Byron")

    — E tu, irmã! e mãe e amante minha!
    Queres que eu guarde a faca na bainha!
        ("Amante")

    Na hipérbole do ousado cataclisma
    Um dia Deus morreu... fuzila um prisma
        Do Calvário ao Tabor!
        ("Tragédia no lar")

---

8 Trata-se dum diálogo de Byron com a condessa Teresa Guiccioli. O derradeiro amor é a Liberdade.

"Mentira!" respondia em voz canora
    O filho de Jesus...
"Pescadores!... nós vamos ao mar fundo
"Pescar almas pra o Cristo em todo o mundo,
    "Com um anzol — a cruz!"
   ("Jesuítas")

Que babam fel e ironia
Sobre o ovo da utopia
Que guarda a ave do porvir.
   ("Adeus, meu canto")

Recuarão por certo antes outras coisas, como a obsessão descabida com a palavra orquestra, as mais das vezes deformada em *orquesta* para dar consoante; ou *Espartaco* rimando com Graco e *Dantão* com canhão! A tal ponto que o riso nos assalta, incoercível, em peças do mais sério intuito, e a obra autêntica não se distingue, por vezes, de paródias como esta, aliás perfeita pela penetração nos seus processos literários:

Ó jardins de Capuleto,
Robespierre, Danton...
A Polinésia é um coreto
Onde o mar toca piston.

Passando a outro aspecto dos seus defeitos, notemos entre eles certa inconsciência da função da imagem, manifestada de dois modos principais: o abuso de apostos e a superposição de imagens sobre um tema, ou emoção. No primeiro caso, trata-se de um truque oratório por excelência, mais comentário e reforço que necessidade interna do verso:

Aqui — o México ardente,
— Vasto filho independente
Da liberdade e do sol —
Jaz por terra...
   ("O século")

Prantos de sangue — vagas escarlates —
Toldam teus rios — lúbricos Eufrates —
   Dos servos de Sião.
   ("Ao romper d'alva")

E me curvo no túmulo das idades
— Crânios de pedra, cheios de verdades
    E da sombra de Deus
  ("Confidência")

A comparação aposta é recurso extremamente perigoso, a que Castro Alves recorre por causa de métrica, rima, ou simples *efeito*, quando não por incontinência. A sua imaginação escaldante, atirada no processo criador, rolava em declive, incapaz frequentemente de conter-se. Daí o excesso, visível na pouca discrição. Nem sempre se contenta com o essencial ou a sugestão: uma vez embriagado — sobretudo no discurso humanitário — vai implacável às últimas consequências. Para citar um caso apenas, veja-se o "Epílogo" do poema "Lúcia", espécie de moral da fábula do pior gosto; ou os detalhes pueris e desnecessários de "Tragédia no lar" — que tornam realmente pesado o tributo cobrado pela oratória.

A força da inspiração Doutro lado, uma floração admirável de achados e tiradas, da maior beleza, dão-lhe aos discursos em verso um toque daquele "belo sublime", recuperado pela sua geração:

Caminheiro! do escravo desgraçado
O sono agora mesmo começou!
Não lhe toques no leito do noivado,
Há pouco a liberdade o desposou.
  ("A cruz da estrada")

— "Quereis saber então qual seja o arcanjo
Que inda vem me enlevar o ser corrupto?
O sonho que os cadáveres renova,
O amor que a Lázaro arrancou da cova,
O ideal de Satã?..."
  ("O derradeiro amor de Byron")

Um grito passa despertando os ares,
Levanta as lousas invisível mão,
Os mortos saltam, poeirentos, lívidos,
Da lua pálida ao fatal clarão.
  ("A visão dos mortos")

É portanto, um grande poeta, talvez o maior do Romantismo, e deve haver explicação para a coexistência, nele, de voos tão belos e descaídas tão frequentes — como se observa também na obra do seu mestre Victor Hugo.

Afrontando concepções antirromânticas de poesia pura, poderíamos dizer que a sua excelência provém, em boa parte, precisamente do fato de ser orador em verso. O pescoço da retórica, torcido pelo menos na intenção pelos simbolistas, é, no Brasil, mais tenaz do que se poderia pensar. Esta tenacidade resulta da sua profunda eficácia literária; da correspondência a um desejo arraigado de compreensão pelo transporte entusiasmado. E quando a poesia assume compromissos com a vida, inserindo-se deliberadamente no tempo histórico e social, a eloquência aparece, mais que recurso, como força realmente poética. De tal forma que, na poesia política, satírica ou simplesmente de ideias, a virtude deve ser buscada sobretudo no movimento geral do poema. A nossa atenção moderna e algo míope com o vocábulo — com cada vocábulo de um contexto — atrofiou nas sensibilidades mais finas esta percepção das envergaduras. Em Castro Alves — como em Victor Hugo, Byron, Shelley — a poesia existe primeiro no conjunto, em seguida nas partes, nos pontos de ossificação da imagem e do ritmo interno. Nos seus poemas há sempre uma atmosfera circundante, uma espécie de eco dos versos — limite máximo da concepção, ressonância que não conseguiu atingir, e que marca o âmbito verdadeiro da inspiração. Como bom romântico, o verbo, nele, apesar de ousado e quase desmedido, permanece aquém da tensão que o suscitou: e o movimento essencial do seu estro deve ser apreendido em função da amplitude que envolve o sistema estrófico. "O navio negreiro" é lançado numa admirável parábola; mas apesar de toda a energia condensada nele, há uma margem inexpressa de ressonância, que precisa ser pressentida para compreendermos a sua aspiração ambiciosa.

Semelhante poesia, assertiva e deblaterante, resiste menos ao tempo do que a que procura evitar a marca do momento.

> [...] as tendas
> Brancas sobre as encostas de Efraim

têm um poder sugestivo mais geral (porque mais liberto do conteúdo) do que

> Existe um povo que a bandeira empresta
> Pra cobrir tanta infâmia e covardia.

Mas se a de Castro Alves envelheceu em muito da discurseira retumbante, dos apostos distribuídos sem medida, ela se ampara, doutro lado, em tal discernimento lírico da natureza e do sentimento, que o seu efeito persiste em larga parte. Os seus aspectos positivo e negativo atingem o grau máximo na poesia abolicionista, onde a beleza lírica se alterna ou mistura ao mau gosto oratório e folhetinesco. Ela é o seu florão maior, não apenas por ser a sua contribuição mais pessoal à nossa evolução poética, mas porque reúne os dois aspectos fundamentais da sua obra: poesia *pública* e poesia *privada* — a sociedade e o eu.

O tema do escravo Para podermos sentir bem estas afirmações, é necessário analisar de mais perto o significado do tema do negro na literatura do tempo. O índio, praticamente desaparecido da vida urbana, era quase mitológico. Tendo funcionado como fixador de aspirações e compensações da jovem nação, tornou-se paradigma de heroísmo, uma das pedras de toque do orgulho patriótico. O negro, escravizado, misturado à vida cotidiana em posição de inferioridade, não se podia facilmente elevar a objeto estético, numa literatura ligada ideologicamente à estrutura de castas. Ressalvados um ou outro poema lírico, podemos dizer que foi como problema social que despertou a consciência literária, seja sob forma alegórica na *Meditação*, de Gonçalves Dias, em 1849, seja como estudo de costumes, n'*O demônio familiar* (1857) e *Mãe* (1860), de José de Alencar. Estas peças dão corpo à opinião dos publicistas, viajantes, políticos sobre a situação de desequilíbrio moral resultante da presença do escravo no lar; opinião que o mestre-régio Vilhena exprimira com perspicácia definitiva, à entrada do século, e Joaquim Manuel de Macedo retomaria, com vibração humana mais indignada, em 1869, n'*As vítimas-algozes*.

Foi como sentimento humanitário que o abolicionismo progrediu na literatura e ocorreu na maioria dos poetas. Talvez tenha sido Varela o primeiro a dar ao negro consistência mais nobre traçando o perfil heroico de "Mauro, o escravo" (1864); mas só Castro Alves estenderia sobre ele o manto redentor da poesia, tratando-o como herói, amante, ser integralmente humano.

Para compreender o verdadeiro milagre literário que foi a sua poesia *negra*, lembremos, mais uma vez, o que se disse do Indianismo — sentimento de compensação para um povo mestiço de história curta, graças à glorificação do autóctone, já celebrado por escritores europeus e bastante afastado da vida corrente para suportar a deformação do ideal. O negro, pelo contrário, era a realidade degradante, sem categoria de arte, sem lenda heroica. Admitir a ancestralidade indígena foi orgulho bem cedo vigoroso, graças à possibilidade de escamotear, por meio dela, a origem africana de uma cor bronzeada — origem que ninguém acusava, podendo-a disfarçar. Trazer o negro à literatura, como *herói*, foi portanto um feito apenas compreensível à luz da vocação retórica daquele tempo, facilmente predisposto à generosidade humanitária.

Um golpe de vista, mesmo rápido, nas obras que originou, mostra todavia as resistências que o processo encontrava, não apenas no público, mas no próprio escritor. Enquanto se tratava de cantar as mães pretas, os fiéis pais-joões, as crioulinhas peraltas, ia tudo bem; mas na hora do amor e do heroísmo o ímpeto procurava acomodar-se às representações do preconceito. Assim, os protagonistas de romances e poemas, quando escravos, são ordinariamente mulatos a fim de que o autor possa dar-lhes traços *brancos* e, deste modo, encaixá-los nos padrões da sensibilidade *branca*. O moleque d'*O demônio familiar*, matreiro, corruptor, é retinto e encarapinhado; mas o nobre Mauro, de Varela,

> Oh! Mauro era belo! Da raça africana
> Herdara a coragem sem par, sobre-humana,
> Que aos sopros do gênio se torna um vulcão.
> Apenas das faces um leve crestado,
> Um fino cabelo, contudo anelado,
> Traíam do sangue longínqua fusão.

Em Bernardo Guimarães, já vimos como era Isaura. Veja-se a escravazinha Rosaura:

> Eis uma menina, que parecia ter catorze anos, de belo porte, cabelos de azeviche não mui finos e sedosos, mas espessos e de um brilho refulgente como o do aço polido [...]. A boca pequena, com lábios carnudos do mais voluptuoso e encantador relevo formava com o queixo algum tanto pronunciado e o nariz reto e afilado um perfil das mais delicadas e harmoniosas curvas. A tez do rosto e das mãos era de um moreno algum tanto carregado; mas quem embebesse o olhar curioso pelo pouco que se podia entrever do colo por baixo do corpilho do vestido, bem podia adivinhar que era o sol que a tinha assim crestado, e que a sua cor natural era fina e mimosa como a do jambo.

Note-se a habilidosa tática de avanços e recuos, insinuando um traço *suspeito* para justificá-lo adiante; no entanto, Bernardo escrevia em 1884, no auge do abolicionismo, depois da incorporação definitiva do negro à literatura, por Castro Alves.

Mas o fato é que mesmo este não ousou, ou com certeza não conseguiu romper de todo as convenções. As suas belas *moreninhas* (eufemismo corrente no tempo) possuem, também elas, traços que atenuam os caracteres africanos.

> Eram-lhe as tranças a cair no busto
> Os esparsos festões da granadilha,

diz da heroína d'*A Cachoeira de Paulo Afonso*, Maria,

> Morena flor do sertão.

Quanto a Lúcia, no poema do mesmo nome,

> Os cabelos caíam-lhe anelados
> Como doidos festões de parasitas.

Lucas tem

> ... bela testa espaçosa...
> E sob o chapéu de couro,
> Que cabeleira abundante!

Tais exemplos mostram as barreiras sociais, psíquicas e estéticas que os poetas e romancistas precisaram transpor — neles e nos outros — a fim de incorporarem o negro à literatura. Daí a extrema idealização de traços físicos e morais com que o apresentam; apenas Melo Morais Filho denota, além do sentimento humanitário e a simpatia artística, certa curiosidade realista, que aparece bem no poema sobre "O candomblé",

> ... a pátria saturnal!...

Se encaramos a literatura sem os preconceitos que o Naturalismo deixou e as correntes modernas não conseguiram ainda temperar, concluiremos que esta idealização foi porventura o traço mais original, mais importante e mesmo mais positivo da poesia *negra*. Com efeito, o tom humanitário e reivindicatório — o d'"O escravo", de Varela, ou d'"O navio negreiro" — representa, duma parte, a extensão à poesia de um mecanismo de pensamento e de um sentimento já existentes na oratória, e largamente desenvolvidos nela. De outra parte, mesmo na participação sincera e indignada, não implica fusão afetiva, não obriga o escritor a despir-se dos preconceitos da sua cor e, sobretudo, da sua classe. É um ideal de justiça pelo qual se luta, sem efetuar a penetração *simpática* na alma do negro.

A idealização, porém, agindo no terreno lírico, permitiu impor o escravo à sensibilidade burguesa, não como espoliado ou mártir; mas, o que é mais difícil, como ser igual aos demais no amor, no pranto, na maternidade, na cólera, na ternura. Esta mesma idealização que já havia dado um penacho medievalesco ao índio, conseguiu impor a dignidade humana do negro graças à poetização da sua vida afetiva. Castro Alves se tornou o poeta por excelência do escravo ao lhe dar, não só um brado de revolta, mas uma atmosfera de dignidade lírica, em que os seus sentimentos podiam encontrar amparo; ao garantir à sua dor, ao seu amor, a categoria reservada aos do branco, ou do índio literário. O idílio trágico de Lucas e Maria exige, da parte do leitor, ruptura mais funda de preconceitos que o lamento das "Vozes d'África".

Por estes motivos, talvez *A Cachoeira de Paulo Afonso* seja o ponto central, o eixo da sua obra, enroupando o tema social do escravo no mais belo tratamento lírico, apesar de defeitos e irregularidades. "O navio negreiro" é menos rico sob este ponto de vista, mas nele a poesia oratória alcança uma grandeza sem desfalecimento, uma beleza presente em cada verso, cada palavra, deixando, depois de lido, uma ressonância que sulca o espírito,

Como um íris no pélago profundo!

Ao modo do "I-Juca-Pirama", em Gonçalves Dias, ele representa, em Castro Alves, um compêndio das capacidades poéticas, tanto virtuosísticas quanto realmente criadoras.

Stamos em pleno mar... Abrindo as velas
Ao quente arfar das virações marinhas,
Veleiro brigue corre à flor dos mares,
Como roçam na vaga as andorinhas...

Uma estrofe como esta permite avaliar o refinamento com que sabia modelar o turbilhão do verbalismo, reduzindo-o à disciplina da arte. N'"O navio negreiro", sentimos, com efeito, a pressão vigorosa da palavra, contida pela cutícula brilhante duma forma admiravelmente elaborada — quer nas imagens visuais, de expressividade poderosa e simples, como a da estrofe citada; quer nos vocativos (ao albatroz, "águia do oceano"; aos "heróis do Novo Mundo"), quer nos desenvolvimentos patéticos:

Quem são estes desgraçados
Que não encontram em vós

Mais que o rir calmo da turba
Que excita a fúria do algoz?
Quem são? Se a estrela se cala,
Se a vaga à pressa resvala
Como um cúmplice fugaz,
Perante a noite confusa...
Dize-o tu, severa Musa,
Musa libérrima, audaz!

Plenamente realizada, surge aqui a missão definida três anos antes nos versos ainda juvenis de "Adeus, meu canto", profissão de fé da poesia social romântica. Se pôde cumpri-la, foi porque manteve até o fim, intacta e pura, a grande capacidade lírica de vibração pessoal, onde devemos buscar a fonte da sua expressão, o substrato que lhe fundamenta a percepção do mundo e, portanto, a visão poética.

A paixão na poesia Castro Alves se distingue pelo vigor da paixão que supera os elementos predominantes em outros românticos e, alguns, presentes também na sua obra: dúvida, abatimento, cinismo, melancolia. É a força que o anima, na vida íntima e pública, distendendo a sua poesia como um arco, tornando o poema inferior à energia acumulada, que o nimba, ao se libertar, com um misterioso eco circundante.

No plano estritamente pessoal, citemos um exemplo: a intensidade com que exprime o amor, como desejo, frêmito, encantamento da alma e do corpo, superando completamente o negaceio casimiriano, a esquivança de Álvares de Azevedo, o desespero acuado de Junqueira Freire. A grande e fecundante paixão por Eugênia Câmara (até que enfim uma mulher de carne e osso, localizada e datada, após as construções da imaginação adolescente) percorreu-o como corrente elétrica, reorganizando-lhe a personalidade, inspirando alguns dos seus mais belos poemas de esperança, euforia, desespero, saudade; outros amores e encantamentos constituem o ponto de partida igualmente concreto de outros poemas.[9]

Graças a isto, encontramos pela primeira vez, na poesia romântica, uma obra onde a dor não se traduz em lamúria, onde não há lubricidade nem devaneio etéreo dissociando a integridade da paixão, que parece plena em "Boa noite", "Aves de arribação" e "Os perfumes". O seu sentimentalismo amoroso percorre a gama completa da carne e do espírito; é adulto, numa palavra, como o de Victor Hugo, a quem prendiam-no afinidades profundas, não mera

9 "Castro Alves, na vida sentimental brasileira, marca a hora da Revolução. Dele vem a lição de que o sexo não desonra." Jamil Almansur Haddad, *Revisão de Castro Alves*, op. cit., v. I, p. 176.

influência literária. "Aves de arribação" mostra de que maneira a realidade imediata da experiência amorosa se transfundia, para ele, na criação poética, unindo a vida e a arte num movimento solidário, como se unem em metáforas florais a beleza da amada e o verso nela inspirado (são meus os grifos finais):

É noite! Treme a lâmpada medrosa
Velando a longa noite do poeta...
Além, sob as cortinas transparentes,
Ela dorme, formosa Julieta!

Entram pela janela quase aberta
Da meia-noite os preguiçosos ventos
E a lua beija o seio alvinitente
— Flor que abrira das noites aos relentos.

O Poeta trabalha!... A fronte pálida
Guarda talvez fatídica tristeza...
Que importa? A inspiração lhe acende o verso
Tendo por musa — o amor e a natureza!

E como o cáctus desabrocha a medo
Das noites tropicais na mansa calma,
A estrofe entreabre a pétala mimosa
Perfumada da essência de sua alma.

Não se poderia encontrar verso mais expressivo da sua poesia, que unifica incessantemente a paixão amorosa e o sentimento da natureza. A maioria das suas imagens são *naturais*, tomadas ao cosmos e à terra; a sua experiência mais vivida se traduzia sempre numa linguagem haurida neles, para retornar a eles com a densidade da palavra elaborada. O mundo adquiria, então, um significado misterioso, uma espécie de cumplicidade profunda com a alma do poeta, rompendo-se as barreiras entre ambos.

Neste sentido, podemos falar, na sua obra, duma espécie de *sentimento de Olímpio*, com referência ao personagem autobiográfico de Victor Hugo, cuja submissão inicial às sugestões do ambiente se transforma em certa tirania sobre ele, desmaterializando-o para reorganizá-lo como sistema quase subjetivo de signos. E aí temos outro exemplo da sua força passional — na capacidade de transfigurar intensamente os cenários onde amara ou sofrera, vivendo a saudade (ele, morto aos 23 anos) com uma profundeza e vigor evocativo só proporcionados geralmente pelo tempo, através da sedimentação lenta no subconsciente.

Vejam-se, como exemplo da fusão imediata de experiência e ambiente, "Murmúrios da tarde"; como exemplo do *sentimento de Olímpio*, (além da "Aves de arribação"), "A Boa Vista" e "Horas de saudade", admirável poema que termina com um puríssimo *talismã*:

> E teu rastro de amor guarda minh'alma,
> Estrela, que fugiste aos meus anelos,
> Que levaste-me a vida entrelaçada
> Na sombra sideral dos teus cabelos... —

apenas superado pelo verso inicial d'"O tonel das Danaides":

> Na torrente caudal dos teus cabelos negros
> Alegre eu embarquei da vida a rubra flor.

Afeito ao lirismo cósmico, às sugestões da paisagem, consegue certas imagens ousadas, nas quais ocorre, à luz de analogias felizes, uma humanização dos elementos que amplia o sentido dos poemas, — como, n'*A Cachoeira de Paulo Afonso*, o despenhar das águas sobre o rochedo assimilado ao combate do touro e da jiboia; ou, noutra escala, a espada florescente de um poema não obstante medíocre, "Quem dá aos pobres empresta a Deus":

> Quando em loureiros se biparte o gládio,
> Do vasto pampa no funéreo chão.

A vocação cósmica responde, nele, a certa visão pendular, que o faz passar constantemente de um extremo a outro, do pequeno ao grande, traduzindo-se formalmente pela antítese. O leitor observa isto facilmente, registrando a amplitude em que traduz o compasso da inspiração, e o leva das imagens de morte às de vida, do mal ao bem, da terra ao céu, da treva à luz, do cativeiro à redenção, da tirania à liberdade. Resulta um movimento ascensional que completa o movimento histórico, já registrado, fundindo-se com ele na obsessão do progresso, da marcha dos séculos, mas que ocorre igualmente nas peças de tema individual. Paradoxalmente, a ascensão libertadora surge às vezes por intermédio da morte, como em "A cruz da estrada", onde é o resgate da escravidão; ou n'*A Cachoeira de Paulo Afonso*, onde une os amantes separados pela desgraça:

> "— Já na proa espadana, salta a espuma..."
> "— São as flores gentis da laranjeira

Que o pego vem nos dar...
Oh! névoa! Eu amo teu cendal de gaze!
Abram-se as ondas como virgens louras,
    Para a esposa passar!..."

Não esqueçamos a propósito o mito de Lázaro em muitos poemas, marcando o movimento ascensional sob a forma de ressurreição.

O grande artista Quem possui este discernimento poético das coisas é capaz, quando livre do delírio verbal, de obter as imagens mais belas e ousadas, os mais ricos e sugestivos movimentos de composição. N'*A Cachoeira* há um desses momentos, "Crepúsculo sertanejo", onde, suspendendo o curso algo folhetinesco da narrativa, o poeta consegue uma demonstração de impecável maestria. Maria acaba de contar a Lucas a identidade do sedutor, depois duma tensão moral que dura páginas e vem romper-se no

Mata-me!... É teu irmão!...

Para fechar esta parte do poema, Castro Alves desvia bruscamente o foco e, num jato de imagens que se sucedem, descreve a natureza circundante com senso plástico admirável, animando o mundo com vibração fantasmagórica:

A tarde morria! Dos ramos, das lascas,
Das pedras, do líquen, das heras, dos cardos,
As trevas rasteiras com o ventre por terra
Saíam, quais negros, cruéis leopardos.

É uma experiência poética realmente excepcional acompanhar o arabesco nervoso desta cena, composto pelo movimento incessante das imagens, até a aparição final do touro, que espraia o voo das gaivotas e fica imóvel, cravado em nosso espírito com a sua força elementar, centralizando na inquieta imobilidade de estátua o rodopio airoso do poema:

As garças metiam o bico vermelho
Por baixo das asas — da brisa ao açoite;
E a terra na vaga de azul do infinito
Cobria a cabeça co'as penas da noite!

Somente por vezes, dos jungles das bordas
Dos golfos enormes daquela paragem,
Erguia a cabeça, surpreso, inquieto,
Coberto de limos — um touro selvagem.

Então as marrecas em torno boiando,
O voo encurvavam medrosas, à toa...
E o tímido bando pedindo outras praias
Passava gritando por sobre a canoa!...

As imagens deste tipo — visão rápida que emerge de movimento amplo, coordenando-o por assim dizer — não são raras em Castro Alves. Lembre-se apenas a pincelada belíssima de "Ao romper d'alva", prenúncio e quase esboço do touro de "O crepúsculo sertanejo":

Dentre a flor amarela das encostas
Mostra a testa luzida, as largas costas
      No rio o jacaré.

Esses exemplos mostram quanto *ensinou* ao nosso verso no tocante à plástica e à metáfora. Dentro da musicalidade romântica, a sua fuga ao estático se manifesta não apenas pelos *ritmos românticos* (que usou como parcimoniosa habilidade, sem cair nos excessos de Varela), quanto pela construção dinâmica, fugindo sempre pelo torvelinho das imagens ou a acentuada preferência por representações do movimento, quer nas descrições, quer na vida interior.

Este ritmo geral, que predomina em sua poesia oratória, como vimos, sobre os ritmos interiores do poema, talvez encontre a mais pura e completa expressão n'"A hebreia" — admirável canto lírico no qual a discursividade recua, para deixar campo à magia resultante da própria invenção das imagens. Confiado na força encantatória das imagens o poeta justapõe; e da perigosa justaposição, que desfibra muito da obra de Varela e a sua própria, vai brotando um inefável traçado poético, que carreia toda a paleta das rejuvenescidas evocações bíblicas.

Pomba d'espr'ança sobre um mar de escolhos,
Lírio do vale oriental, brilhante,
Estrela vésper do pastor errante,
Ramo de murta, a rescender, cheirosa.

A imaginação do leitor, ao receber a sugestão de cada imagem, refaz o movimento do arabesco, que ilumina pouco a pouco a visão integral da emoção comunicada pelo poeta — nos versos fugazes, em que esse orador incontinente se domina e não sobrecarrega as analogias sutilmente propostas:

Por que descoras quando a tarde esquiva
Mira-se triste no azul das vagas?

— nos versos escultóricos, que palpamos com os olhos:

... as caravanas no deserto extenso?
E os pegureiros da palmeira à sombra?

— nos quadros de colorido profundo, encerrados numa simples estrofe:

Depois, nas águas de cheiroso banho
— Como Susana a estremecer de frio —
Fitar-te, ó flor do Babilônio rio,
Fitar-te a medo no salgueiro oculto...

Este poema foi escrito aos dezenove anos, antes da fase em que compôs os melhores versos, ou seja, mais ou menos de 1868 a 1870, dos 21 aos 23; é, pois, na sua perfeição, uma espécie de achado premonitório, indicando como se formaram cedo em Castro Alves os recursos expressionais, apurados depois pela maturidade do sentimento abolicionista, a dolorosa ruptura com Eugênia Câmara, a mutilação e a doença.

Sempre que os utilizou devidamente, realizou obra de alto quilate, unificando, graças ao vigor da inspiração, as contradições implícitas na vocação pendular. Assim, no final do Romantismo surge uma poesia que não é contraditória e exprime etapa diferente porque o poeta soube, como os alquimistas, criar pela fusão dos opostos que permaneciam inconciliáveis na obra dos predecessores, aos quais deve muito. Tomando o Ultrarromantismo por ponto de referência, podemos dizer que a obra de Gonçalves Dias constitui unificação mais fácil, porque anterior ao seu dilaceramento moral. Castro Alves, ao contrário, sentiu, conheceu e até certo ponto assumiu os conflitos da geração precedente; mas pôde superá-los pela vitalidade da inspiração, forjando uma poesia generosa e plástica, na qual, desenvolvendo a tentativa sintetizadora de Varela, modelou as descobertas fundamentais do Romantismo na matriz original do seu talento.

4.
A morte da águia

A derradeira manifestação do Romantismo, em suas características próprias, se encontra nalguns poetas, que, no decênio de 1870, levaram a oratória às últimas consequências, enveredando decididamente pela dissertação e exposição de ideias. São, além dos poetas sociais, os científicos, que Sílvio Romero, um deles, sagrou fundadores da nova poesia e julgou os coveiros do Romantismo. Na verdade, possuídos das ideias modernas, naturalistas, evolucionistas, republicanos, socialistas, campeões não raro da batalha antiespiritualista e antirromântica são, em poesia, condoreiros atrasados e, quase, diríamos, pervertidos. Mas assim como a perversão não passa muitas vezes de hipertrofia dos impulsos normais, a sua poesia se reduz, analisada de perto, a uma tentativa de bater ainda mais largamente as asas da oratória humanitária ou revolucionária, vibradas pelos poetas da terceira fase romântica. O amor à ciência, o culto dos ciclos históricos, a tumescência verbal, se enquadram perfeitamente nos aspectos messiânicos do Romantismo, na sua visão exaltada do progresso, no culto ao saber, que Victor Hugo exprimiu e, entre nós, encontrou em Castro Alves o maior porta-voz.

Mas como se opunham à ideologia espiritualista e a todo o acervo de ideias e comportamentos próprios dos românticos, e já em pleno declínio, declararam-se antirromânticos e iniciadores da poesia nova. A perspectiva que nos dão hoje quase oitenta anos depois permite situá-los com maior objetividade, fazendo menor conta das suas alegações e certezas: são românticos desenquadrados, sem serem qualquer outra coisa de definido, de tal forma a podermos considerá-los, no conjunto, uma geração poeticamente perdida. As junções de períodos têm desses terrenos dúbios e contestados, cujos ocupantes parecem incaracterísticos à posteridade. Alguns recuam, outros seguem as correntes novas — como os plasticíssimos Luís Delfino e Múcio Teixeira; outros fincam pé e se perdem para a poesia, incapazes de sentir as tendências essenciais do próprio tempo. Dentre eles se destacam, por serem mais característicos, Sílvio Romero, Martins Júnior, Matias Carvalho e, à parte, Lúcio de Mendonça.

Sílvio Romero declarou-se fundador do "cientificismo", e parece ter sido reconhecido pelos demais como tal. Apesar de ter teorizado à grande, nunca deixou bem clara a sua concepção de poesia [...]. O seu ideal seria, porventura, o mesmo de Guyau: uma poesia nutrida de pensamento, usando a alegoria com discrição, mas de um ponto de vista acentuadamente pessoal. Um lirismo filosófico à maneira de Sully Prudhomme, que não fosse a grandiloquência da *Légende des siècles*, do *Ahasvérus*, de Quinet, ou dos ciclos de Teófilo Braga, que ele considerava prolongamentos do Romantismo e da metafísica.[10]

Na predominância do ângulo pessoal, na presença incessante do poeta, fica patente o caráter romântico desses *cientistas*. O fato é que Sílvio foi sempre acentuadamente romântico, pendendo em cada poema para o "lirismo piegas" que verberava. Na sua crítica, jamais compreendeu bem outra forma de poesia e passou a vida a resmungar contra as correntes modernas, sobretudo o Parnasianismo, só as elogiando naquilo que apresentavam de prolongamento dos processos e concepções românticas. Eis as armas com que pretendia combater a *maneira velha* e dar exemplo de outra, moderna e *científica*:

Aceso em todos os lados
O temporal das paixões,
Os elos todos quebrados
Da cólera nos corações,
De glória e noite rebenta
A agigantada tormenta,
Que a imensidade arrastou
Para escutar o ruído,
Esse insondável zumbido,
Dessa lava — Mirabeau.
        ("A revolução")

Sub-Tobias, sub-Castro Alves, sem nada de novo; basta aliás correr os olhos pelo índice dos *Cantos do fim do século* para perceber o velho temário romântico. Nos *Últimos harpejos* a coisa piora, com uns fumos de lirismo gracioso que fazem o grande crítico se tornar lamentavelmente grotesco.

Mas é o Romantismo característico da terceira fase que aparece continuado por estes sucessores. O decênio de 1870, e o de 1880, são percorridos por um vagalhão surpreendente de poesia social e política. A herança de

---

10 Antonio Candido, *Introdução ao método crítico de Sílvio Romero*, pp. 53-54. (Nota da 1. ed. — Em edições posteriores, inclusive a quarta, da Editora Ouro sobre Azul, este livro passou a ter o título de *O método crítico de Sílvio Romero*.)

Pedro Luís e Castro Alves é ampliada ao máximo do vigor e grandiloquência por esses jovens que, agora, leem e admiram Guerra Junqueiro. O humanitarismo e a indignação abolicionista de Castro Alves parecem moderados, perto da nova oratória poética, republicana, agressivamente antimonárquica e anticlerical, de Lúcio de Mendonça, Matias Carvalho ou Martins Júnior. Se a veemência e a intenção social fossem condições de boa poesia, nenhuma seria mais alta que a deles.

Matias Carvalho, autor da *Linha reta*, agride Pedro II com uma dureza que chega a surpreender, fala em Proudhon, dedica todo um poemeto a desancar as irmãs de caridade, canta embevecido a ciência e o progresso, faz abertamente apologia do terrorismo anarquista e da vingança popular, tudo porque

> ... o peito me incendeia
> O valor imortal da fé republicana!

Em o "Imposto do vintém", chama ladrões aos ministros que votaram a lei (dando-lhes os nomes em apêndice) e acaba recomendando que os levem

> ... à guilhotina, à roda!

As invectivas do "Bandido negro", de Castro Alves, parecem floreios ao lado da sua veemência direta e insurrecional, o seu apelo ao "machado (que) sobe abençoado", ou aos métodos niilistas:

> E como a gargalhar de reação tamanha,
> Estoura a niilista homérica espingarda.

Mas o destemido e simpático Matias era péssimo poeta, sem nenhum senso além do próprio fluxo verbal. Nele e outros do tempo, a oratória em verso vai chegando ao limite, que é a sua consequência lógica: incoerência e perda do discernimento poético.

Lúcio de Mendonça tem outra categoria e, dos escolhidos aqui para exemplo, é o que ainda merece leitura. Os seus versos sentimentais não destoam da média banal do tempo; a sua poesia política é ousada e forte.

Nas primeiras obras, segue muito de perto Castro Alves, "o laureado atleta", cuja morte lhe inspirou um poema nas *Névoas matutinas*; depois, Guerra Junqueiro se tornou o seu modelo evidente, não só nas ideias, mas na forma.

Para com o imperador e a Monarquia, tem durezas equivalentes às de Matias; diz as últimas de ministros, senadores, e quando celebra o matador de Alexandre II da Rússia, não trepida ante a apologia do regicídio:

> É bom que estes velhacos,
> Estufados de orgulho e reis pelo terror,
> Vejam que custa pouco a reduzir a cacos
> Um grande imperador.
> ("A morte do czar", *Vergastas*)

Sem nenhuma pretensão *científica*, a sua musa é toda social, votada à república, à abolição, à democracia, revelando-se nalguns momentos quase socialista, na crítica à propriedade (*Visões do abismo*). Nutre-se de um humanitarismo lírico, onde Cristo entra, como era praxe na poesia social do Romantismo e na que seguiu imediatamente, ao modo de um revolucionário. Quando lhe nasce o primogênito, mostra-lhe o caminho das suas ideias e o ameaça de maldição caso não as siga:

> Ama o povo; abomina a tirania;
> Defende o fraco, luta com a maldade
> Sem tréguas nem perdão, filho! Confia
> Na Justiça, no Amor e na Verdade.
>
> Chovam-te minhas bençōes aos milhares!
> E se meu coração todo desejas,
> Segue-me os passos; — mas se apostatares,
> Filho do meu amor, maldito sejas!
> ("A meu primeiro filho", *Vergastas*)

Martins Júnior tem alguma inspiração e certa desenvoltura verbal, não se podendo negar inflexões pessoais à forma de condoreirismo que praticou. Se não permaneceu como poeta e artista, merece referência como *sintoma*, expressão de um tipo especial de Romantismo científico e pretensioso, embora provido de toda a generosa aspiração de grandeza, própria do messianismo idealista e da confiança cega no valor da ciência. A sua obra é uma espécie de articulação, nos limites da prosa, do lirismo épico e da divulgação do saber.

Victor Hugo, Castro Alves, Guerra Junqueiro são, em poesia, os seus modelos. Às rebeldias de Matias Carvalho, acrescenta a deliberação de elaborar um pensamento poético, de realizar em poesia a síntese do saber positivo, que destroçará o lirismo individualista e integrará a poesia nas grandes vibrações do conhecimento. Nos românticos, odeia sobretudo o erotismo, o sentimentalismo, a falta de ideias e a abstenção política. E como os desanca!

> Eu conheci de perto a triste Musa antiga...
>   ... Agora mesmo a vejo
> Atravessar a praça, estúpida, sombria,
> Deixando germinar a flor da hipocondria
> Naquele seio vil como um montão de estrume.
>   ("A poesia antiga", *Estilhaços*)

Vemos porém que não se dirige aos condoreiros: entusiasta de Castro Alves, dedica-lhe um poema inflamado —

> Foi grande como a luz.
>   ("Castro Alves")

A sua concepção de poesia social continua o apelo do baiano; como ele, convida o poeta a lutar sem trégua, a deixar de lado o lirismo casimiriano:

> Desdobrai pelo ar vossas enormes almas
> ....
> Faz-se mister que além dos langues trovadores
> Da lira modulada ao vento das paixões,
> Haja titãs de bronze, ousados lutadores
> ....
> — O poeta deve ter somente contra o Mal
> Este canhão — a Ideia; este pelouro — o Verso!
>   ("A guerra do século")

Nas *Visões de hoje* aparece mais caracterizada a preocupação *científica*, não de metrificar ciência, conforme explica; mas de interiorizar pela inspiração, sintetizando-os, os grandes princípios gerais do que não ousa chamar *filosofia* moderna. Na série de "Sínteses" que compõem o livro, a "Científica" é a mais bem realizada:

> Século dezenove! o bronze do teu vulto
> Há de ser venerado, há de se impor ao culto

Dos pósteros, bem como impõe-se à escuridão
Um relâmpago, um raio, um brilho, uma explosão!

Estamos, sem dúvida, ante o epílogo da poesia condoreira; só que o sentimentalismo liberal se junta aqui ao científico:

O século tem no dorso o estado positivo.

E a glorificação de Auguste Comte termina com o endeusamento da sociologia, nova divindade que vem substituir a história em estampas da oratória castroalvina:

Deixando embaixo Kant, Simon, Burdin, Turgot,
Newton e Condorcet e Leibniz, — voou
Ele para as alturas mágicas da glória,
Após ter arrancado ao pélago da História
A vasta concha azul da Ciência social!

É uma poesia nascida da fusão dos condoreiros com a divulgação positivista, que, pretendendo-se antirromântica e revolucionadora, exprime, na verdade, as tendências desenvolvidas na terceira fase romântica. Note-se a construção da ideia, expressa por um movimento amplo, estaqueada na imagem retumbante; a embriagada confiança no progresso; a busca deliberada do estado de transe oratório; a predominância soberana do alexandrino.

O verso de doze sílabas só foi usado sistematicamente a partir de 1860, com o de treze, não raro pela necessidade de distender o arremesso verbal. Os poetas dessa geração, perdida entre as tendências, se atiram decididamente ao dodecassílabo, que ocorre em toda a sua poesia de luta e debate. Os metros melodiosos — sete, nove, doze, onze, com *ritmos românticos* — desaparecem de todo, indicando o fim da musicalidade. Levando ao cabo a tendência oratória, os de 1870 se abalançam a uma tal abundância verbal, que somente os metros largos lhes poderão convir; aos excessos de musicalidade, opõem o excesso palavroso que os conduz ao próprio bestialógico.

Folgara o capital, o fero panteísta!

brada Matias Carvalho. Pretendendo ser começo, não passam de epílogo — última contração de um músculo cansado.

O mais interessante é que têm uma desconfiança invencível de que estão saindo dos trilhos poéticos — desconfiança manifestada pela afirmação de que bem sabem da sua possível inferioridade poética; mas que, visando a valores mais altos, esta circunstância não lhes causa mossa.

> Incorretos, talvez, na forma e na linguagem
> Os meus versos serão, porém no fundamento
> Têm essas correções que são do sentimento —
> Aplausos para a Luz, apodos à voragem,

diz Matias Carvalho no início de *Linha reta*. E Lúcio de Mendonça no prefácio de *Alvoradas*: "Vão estes versos como nasceram: incultos como o que é espontâneo, incoerentes uns como é quase sempre o sentimento, inflexíveis outros, como deve ser a ideia". Em Martins Júnior, encontramos declarações análogas. Daí, talvez, o tédio profundo que assalta por vezes esses republicanos ardorosos, divididos entre dois períodos, duas estéticas.

> Sinto um cansaço negro em meio às grandes lutas
> Que abalam brutalmente o meu viver rasteiro
> ....
> Ando cínico e mau; inconscientemente,
> Arrasto atrás de mim um tédio formidável
>   (Martins Júnior, "Atonia", *Estilhaços*)

> Tenho na alma um caos.
>   ("Crise psíquica", ibid.)

O rastilho da explosão que será Augusto dos Anjos começa em Martins Júnior e passa por outros poetas do tempo, também votados à musa social. Nele, a embriaguez da terminologia científica, a visão materialista da carne corrupta e as taras fisiológicas são a derradeira manifestação daquele sentimento romântico da morte, que vem abalar a pletora verbal dos últimos e vacilantes condores. Com efeito, se o lirismo romântico continuaria em grande parte, sob outra forma, nas manifestações poéticas do Pós-Romantismo — o Parnasianismo, o chamado Simbolismo — não há dúvida que a sua última expressão, digamos ortodoxa, vem morrer nesses epígonos com pretensão a renovadores. O condor alçou o voo imenso até

> O espaço azul onde não chega o raio,

fundindo na obra de Castro Alves a mais pura essência lírica e a mais forte inflexão heroica de que era capaz a escola. O "filosofismo poético" (Sílvio Romero) foi a sua queda estrepitosa e final. Poderíamos dizer que o fecho d'"A morte da águia", de Luís Guimarães Júnior (transposto dum trecho da *Éloa*, de Vigny), simboliza as diversas fases da aventura condoreira, que marcou o fim do Romantismo poético no Brasil:

Pairou sobre o navio — imensa e bela —
Como uma branca, uma isolada vela,
A demandar um livre e novo mundo;
Crescia o sol nas nuvens refulgentes,
E como um turbilhão de águias frementes,
Zunia o vento na amplidão — profundo.

Ela lutou ansiosa! Atra agonia
Sufocava-a. O escravo lhe estendia
Os miseráveis e covardes braços;
Nu, o Oceano ao longe cintilava,
E a rainha do ar, em vão, buscava
Onde pousar os grandes membros lassos.

Sobre o barco pairou ainda — e alçando,
Alçando mais os voos, e afogando
Na luz do sol a fronte alvinitente,
Ébria de espaço, ébria de liberdade,
Como um astro que cai na imensidade,
Afundou-se nas ondas de repente.

Capítulo XV
A corte e a província

1. Romance de passagem **625**
2. O regionalismo como programa e critério estético: Franklin Távora **628**
3. A sensibilidade e o bom senso do visconde de Taunay **636**

I.
Romance de passagem

Em história literária, basta estabelecer uma divisão para vê-la escorregar entre os dedos, arbitrária e insuficiente, embora necessária. Entrando agora na etapa final da ficção romântica estamos pela altura de 1870; mas não devemos imaginar que os romancistas nela incluídos escrevem sós, depois de encerrada a atividade dos predecessores. Pelo contrário, Macedo está vivo, em plena forma, Alencar na metade do seu trabalho, Bernardo apenas iniciando. Só Teixeira e Sousa e Manuel Antônio de Almeida ficaram para trás, ambos mortos de 1861.

Podemos tomar como marco da nossa etapa o ano de 1872, quando se manifestam, com personalidade e decisão, os três escritores que a integram — desprezados os de nível inferior, que não servem aos nossos desígnios. Naquele ano, Machado de Assis estreia no romance com *Ressurreição*; Taunay, tendo publicado no anterior o livro inaugural, lança *Inocência*, a sua obra-prima; Franklin Távora, que vinha escrevendo há mais de dez anos e publicara em 1869 a sua melhor ficção, *Um casamento no arrabalde*, mas ainda não entrara na fase característica da sua obra, reúne em volume as *Cartas a Cincinato*, aparecidas periodicamente em 1871. Elas são (veremos a seu tempo) verdadeiro manifesto contra os aspectos mais arbitrários do idealismo romântico, a favor da fidelidade documentária e da orientação social definida. Entretanto, no mesmo ano aparecem três romances de Macedo, um de Alencar, dois de Bernardo. Macedo escreverá até 1876, Alencar até 1877, quando Taunay já encerrara a fase mais puramente romântica, para só voltar à ficção em 1893: Bernardo ainda publica *Rosaura, a enjeitada* no ano de 1883, depois do último livro de Távora. Já se vê que a cronologia entra aqui em segundo plano, cedendo lugar a outros fatores.

O que interessa é sobretudo a contribuição própria dos escritores desta fase e a maneira por que a vestiram — muito diferente dos predecessores ou contemporâneos mais velhos. Para compreendê-la, é de bom aviso mencionar rapidamente o legado dos que os precederam.

Numa etapa inicial, que vai grosso modo de 1843 a 1857, surgem o senso de urdidura, pelo arranjo do episódio e a descrição dos costumes, forma elementar de estudo do homem na ficção. A etapa seguinte vai de 1857, isto é, da revelação de Alencar, até mais ou menos 1872, ou seja o marco inicial da etapa cujo estudo agora iniciamos. Nela aparecem a poesia do Indianismo e os rudimentos de análise psicológica, bem como a descrição dos costumes regionais; este último elemento alarga o panorama, os dois primeiros o aprofundam, trazendo o senso da beleza e a noção da complexidade humana.

Em face dessas duas etapas, a terceira nada traz de novo como tema, mas a sua contribuição não é menor: consiste em dar refinamento à análise, sentido ao regionalismo, fidelidade à observação, naturalidade à expressão. Compare-se o regionalismo de Bernardo, puramente romanesco, e o de Távora, a partir d'*O Cabeleira* — voltado para a interpretação social de uma determinada zona. Comparem-se os personagens de Macedo e mesmo Alencar com a marcha ascendente da pesquisa machadiana, de *Ressurreição* a *Iaiá Garcia*. Certos livros, como *Inocência*, fundem harmoniosamente a intensidade emocional, o pitoresco regionalista, a fidelidade da observação e a felicidade do estilo, obtendo um equilíbrio até então desconhecido.

Não se pense, todavia, que este acréscimo de experiência signifique necessariamente melhoria de nível. O grande homem da ficção romântica permanece José de Alencar, que é o cume da montanha. Antes dele, o aclive irregular, quase sempre tosco; depois, um declive mais suave e bem traçado, por onde agora nos encaminharemos. Declive que leva ao Naturalismo e no qual deixaremos de lado a obra de Machado de Assis, para guardar apenas as de Távora e Taunay. Dela, só caberia aqui a primeira parte, que não apenas é o seu aspecto menos significativo, mas importa, se for analisada, em seccionar uma produção novelística cuja unidade profunda os críticos mais compreensivos dos nossos dias têm procurado assinalar. Ficam de lado, igualmente, escritores cuja obra começa nesse tempo, mas pertence ao período seguinte, como Inglês de Sousa e Júlio Ribeiro.

Considerando os dois escritores a que nos vamos ater, convém assinalar que a sua obra encerra harmoniosamente o período romântico, ao se inscrever em pleno Nacionalismo literário. Poucos terão efetuado levantamento tão cabal do país quanto Alfredo de Taunay que, na ficção e no documentário, só fez descrever as suas cidades e campos, a natureza e o homem, preocupado em registrar, depor, interpretar. Este pendor se acentua com a idade, levando-o a escrever recordações da sua experiência de guerra, política e administração, e, no romance, ao estudo social d'*O encilhamento*. Franklin Távora principia com dramalhões e romances indianistas, que não serão considerados aqui, por nada significarem como evolução literária nem qualidade artística; mas, superada esta fase, desenvolve na ficção verdadeiro programa de descrição regional. Por estes e outros motivos — inclusive de ordem cronológica — alguns críticos situam ambos os romancistas fora do período romântico, o que é perfeitamente defensável, pois são com efeito escritores de transição. No entanto, embora Franklin Távora haja escrito *O sacrifício*, um dos precursores da ficção naturalista; e Taunay o referido estudo social, e mais *No declínio*, estudo psicológico à Bourget, ambos depois de 1890; apesar disso, prefiro enquadrá-los no Romantismo, ao qual os prende a retomada das preocupações centrais do Nacionalismo literário, e uma espécie de balanço que dão (ao lado do primeiro Machado de Assis) de todos os temas das etapas anteriores.

Resta dizer que os dois romancistas não são de qualidade equivalente. O cearense apresenta hoje um interesse quase apenas histórico, como fundador dum tipo especial de regionalismo, de cunho social, que, através de Domingos Olímpio, chegaria até nós com os "romancistas do Nordeste". Taunay, pelo contrário, sendo no conjunto escritor igualmente mediano, tem mais senso artístico, e continua vivo graças ao idílio sertanejo de *Inocência*, um dos romances mais bonitos do Romantismo.

2.
O regionalismo como programa e critério estético: Franklin Távora

A unidade política, preservada às vezes por circunstâncias quase miraculosas, pode fazer esquecer a diversidade que presidiu à formação e ao desenvolvimento da nossa cultura. A colonização se processou em núcleos separados, praticamente isolados entre si: o desenvolvimento econômico e a evolução social foram, assim, bastante heterogêneos, consideradas as diferentes regiões. Um historiador contemporâneo, Alfredo Ellis Jr., se recusa a falar em Colônia, ou Brasil Colônia, acentuando o fato, assinalado desde Handelmann e fecundado por João Ribeiro, de que houve na América não uma, senão várias colônias portuguesas.[1] Trazendo a ideia para o terreno literário, Viana Moog procurou interpretar a nossa literatura em função das que chamou "ilhas de cultura mais ou menos autônomas e diferenciadas", caracterizada cada uma pelo seu *genius loci* particular.[2]

Comprovante desta ideia engenhosa, e em parte verdadeira, é sem dúvida o caso do Nordeste, que se destaca na geografia, na história e na cultura brasileira com impressionante autonomia e nitidez. Desta autonomia derivou bem cedo um sentimento regionalista que encontra expressão típica na confederação do Equador, tentativa, à maneira da República de Piratini, de dar expressão política à referida diversidade e que, se falhou no terreno político, persistiu teimosamente no plano da inteligência. A literatura e a oratória tornaram-se, com efeito, a forma preferencial daquela região velha e ilustre exprimir a sua consciência e dar estilo à sua cultura intelectual, que antecedeu e por muito tempo superou a do resto do país.

O Nacionalismo romântico, cioso da terra e dos feitos brasileiros, se transformou lá, graças a este processo, num regionalismo literário sem equivalente entre nós e bem ilustrado nos romances de Franklin Távora. O regionalismo pinturesco de um Trajano Galvão, um Juvenal Galeno ou mesmo um Alencar, torna-se, com ele, programa quase culto, acentuado com a decadência do Nordeste e a supremacia política do Sul.

Conscientes de formarem uma equipe vigorosa, fruto de maturidade da sua região, os escritores nordestinos não se conformaram em ser pássaros do

---

1 Notas de aula na Universidade de São Paulo.　　2 Viana Moog, *Uma interpretação da literatura brasileira*, p. 22.

crepúsculo e desenvolveram, com relação às instituições intelectuais e políticas, uma virulência crítica permeada de intensa suscetibilidade — excelente fermento de dúvida, análise e irreverência, que contribuiu decisivamente para desenvolver o movimento crítico do decênio de 1870. É a famosa Escola do Recife, que levou ao máximo esta tendência, prolongando-se por todo o Pós-Romantismo e, em nossos dias, pelo "romance nordestino" e a obra de Gilberto Freyre. Para Sílvio Romero, apóstolo combativo e convicto do regionalismo nordestino, o resto do país vivia armando conspirações de silêncio contra a sua região, desconhecendo-lhe o talento, procurando escamotear a prioridade e a primazia que lhe cabiam na vida intelectual — vezo reivindicatório que ainda hoje persiste.

Fundador de linhagem Franklin Távora sentiu tudo isto profundamente, ao ponto de tentar uma espécie de félibrige; só que félibrige pela metade, dentro não apenas do mesmo país, mas da mesma língua. "Norte e Sul são irmãos, mas são dois. Cada um há de ter uma literatura sua, porque o gênio de um não se confunde com o de outro. Cada um tem as suas aspirações, seus interesses, e há de ter, se já não tem, sua política."[3] Desvio evidente que, levando-o a dissociar o que era uno e fazer de características regionais princípio de independência, traía de certo modo a grande tarefa romântica de definir uma literatura nacional.

O seu regionalismo parece fundar-se em três elementos, que ainda hoje constituem, em proporções variáveis, a principal argamassa do regionalismo literário do Nordeste. Primeiro o senso da terra, da paisagem que condiciona tão estreitamente a vida de toda a região, marcando o ritmo da sua história pela famosa "intercadência" de Euclides da Cunha. Em seguida, o que se poderia chamar patriotismo regional, orgulhoso das guerras holandesas, do velho patriarcado açucareiro, das rebeliões nativistas. Finalmente, a disposição polêmica de reivindicar a preeminência do Norte, reputado mais brasileiro, "onde abundam os elementos para a formação de uma literatura propriamente brasileira, filha da terra. A razão é óbvia: o Norte ainda não foi invadido como está sendo o Sul de dia em dia pelo estrangeiro".[4]

Távora foi o primeiro "romancista do Nordeste", no sentido em que ainda hoje entendemos a expressão; e deste modo abriu caminho a uma linhagem ilustre, culminada pela geração de 1930, mais de meio século depois das suas tentativas, reforçadas a meio caminho pelo baiano fluminense d'*Os sertões*.

Em sua obra, portanto, há inicialmente uma vivência regional, uma interpenetração da sensibilidade com a paisagem geográfica e social do Nordeste, em cuja célula formadora, Pernambuco, bem cedo se integrou. Se deixarmos de lado

---

3 Franklin Távora, *O Cabeleira*, "Prefácio", p. XIV.　　**4** Ibid., p. XII.

a primeira tentativa no romance, *Os índios do Jaguaribe* (1862), veremos, com efeito, que toda a sua obra gira em torno da história e dos costumes pernambucanos: *Um casamento no arrabalde* (1869), *O Cabeleira* (1876), *O matuto* (1878), *O sacrifício* (1879), *Lourenço* (1881), além dos dois trabalhos históricos sobre a Guerra dos Mascates e a Revolução de 1817, cujos originais (não sei em que grau de acabamento) destruiu antes de morrer.

Região e realidade A virtude maior de Távora foi sentir a importância literária de um levantamento regional; sentir como a ficção é beneficiada pelo contato de uma realidade concretamente demarcada no espaço e no tempo, que serviria de limite e em certos casos, no Romantismo, de corretivo à fantasia. Ora, para ele este contato se funda na experiência direta da paisagem, que o romancista deve conhecer e descrever precisamente.

> O grande merecimento de Cooper consiste em ser verdadeiro; porque não teve a quem imitar senão à natureza; é um paisagista completo e fidelíssimo.
>
> Não escreveria um livro sequer, talvez, fechado em seu gabinete. Vê primeiro, observa, apanha todos os matizes da natureza, estuda as sensações do *eu* e do *não eu*, o estremecimento da folhagem, o ruído das águas, o colorido do todo; e tudo transmite com uma exatidão daguerreotípica.[5]

A principal censura que dirige a Alencar é a de não conhecer o cenário geográfico dos seus livros, ou conhecê-lo mal. Ele, ao contrário, não abandona uma área relativamente pequena, que conhece bem. *Um casamento no arrabalde* e *O sacrifício* se desenrolam nas cercanias do Recife ou na zona rural imediata. *O Cabeleira*, *O matuto* e *Lourenço* alargam o âmbito para o norte, até atingirem a Paraíba. Esta velha área canavieira é o seu mundo, cujos rios e acidentes registra com amor topográfico — demorando-se nas matas, baixadas, trilhos, descrevendo as enchentes e as secas. Vê-se que ama profundamente a cana-de-açúcar, como planta e realidade econômica. N'*O matuto*, dedica-lhe verdadeiro hino, nostálgico da sua gloriosa história, abespinhado pela preeminência do café; e a impressão do leitor é que está lamentando, em termos de geografia econômica, a passagem da hegemonia cultural e política do Norte para o Sul.

A cena culminante d'*O Cabeleira* desenrola-se num canavial onde o famoso bandido está oculto e que, num ritmo de suspense, é posto abaixo, a fim de desvendar-lhe o esconderijo. N'*O matuto*, os senhores rurais preparam a sua guerra de açúcar contra balcão numa festa joanina do engenho Bujari, por ocasião da

---

5 *Cartas a Cincinato*, p. 13.

botada. E a paisagem econômica se completa pela descrição das roças, o fabrico da farinha de mandioca, os currais, que vão marcando a presença do homem na região. Vimos que reputava fundamentais à boa literatura as "sensações do *eu* e do *não eu*", ou seja, o discernimento simultâneo, por parte do escritor, da psicologia e do ambiente. Não se pode, com efeito, negar-lhe uma atenção constante ao quadro natural — bem como às influências da estação, do calor, das chuvas, da hora, sobre os itinerários, as cavalgadas, as próprias reações dos personagens. É, sem dúvida, o modesto precursor do agudo senso ecológico de Gilberto Freyre ou, no romance, José Lins do Rego e Graciliano Ramos.

Para ele, o escritor deveria partir de um conhecimento exato do quadro em que se localizam as ações descritas ("a exatidão daguerreotípica"). Mas esta condição, por assim dizer de ética literária, não envolvia a de reproduzir minuciosamente a realidade, nem substituir pelo arrolamento e a observação o trabalho imaginativo, que continuava em primeira linha. Este trabalho da imaginação consiste, para Távora, em selecionar os aspectos que conduzem a uma noção ideal da natureza. Acha, por exemplo, que Alencar faz mal ao mencionar o tamanduá, bicho grotesco.

> Segundo penso, meu amigo, e me parece recomendar a estética, o artista não tem o direito de perder de vista o belo ou o ideal, posto que combinando-o sempre com a natureza [...]. Interpretando-a, ou limitando-a, o artista se dirige sempre ao alvo da beleza ideal [...]. Li um precioso livro, intitulado — *A ciência do belo* — por Levèque, obra que mereceu ser coroada por três Academias da França, nunca mais me esqueci de um pedacito que lá vem, concebido nestes termos: "Se o romancista não é senão o arrolador (*greffier*) da vida de todos os dias, quero antes a vida em si mesma, que é viva, e onde não me demorarei com a vista senão sobre o que me interessar".[6]

Embora não tenha seguido escrupulosamente este conceito, não há dúvida de que procura construir uma visão ideal da realidade, colocando quase sempre os personagens além das contingências de todo o dia, dotando-os de qualidades acima, ou abaixo da norma.

Por isso, a história vem lhe permitir desafogo maior da imaginação, desempenhando o papel que a ela coube por excelência no Romantismo: proporcionar o recuo de tempo (que sacode o jugo do cotidiano) e a imprecisão de contornos (que abre campo livre à idealização poética). Nos seus romances do Setecentos pernambucano, utiliza desde a lenda popular até a citação documentária,

6 Ibid., p. 215.

num âmbito larguíssimo, portanto, que permite combinar à vontade os elementos, dando-lhes ao mesmo tempo enquadramento que facilita o trabalho criador.

E não apenas quanto ao aspecto estético, mas também quanto ao ideológico, a história se tornou elemento importante no seu romance, permitindo-lhe estribar o ardente regionalismo no passado, sempre suscetível de maior prestígio pelo embelezamento; assim, deu ao bairrismo o amparo de grandes feitos e uma genealogia ilustre. A história é, pois, uma segunda dimensão que vem juntar-se à geografia como componente da estética de Franklin Távora. Ao senso ecológico acrescenta o da duração temporal; e, graças aos dois, leva adiante o programa de literatura nortista.

Há com efeito muito de programa em sua obra, quem sabe devido à preocupação com os problemas sociais da região. Alguém (não me lembro quem) disse que Távora incorreu num certo equívoco ao escolher o romance para exprimir uma realidade que se trataria melhor doutra forma. É verdade que ele tinha algo de pesquisador, e se vivesse mais talvez recorresse apenas à história, como sugerem os dois trabalhos inacabados sobre as revoluções pernambucanas. Note-se todavia que, antes das teorias da arte pela arte, os escritores consideravam o romance um estudo e um meio de debater. Alguns apelavam para a imaginação pura e simples, e eram quase sempre os de menor valia; outros se atribuíam uma função mais alta e pretendiam mostrar a verdade ao leitor, seja em matéria moral e social como Eugène Sue, Dickens, seja em matéria histórica, como Scott, Alexandre Herculano, Lytton. Mais tarde — depois de Flaubert, dos simbolistas, de Henry James — o inevitável lastro informativo e ideológico apareceu no romance como que a despeito do romancista e muito a pesar seu; naquele tempo, ao contrário, este fazia questão de acentuá-lo e dele se orgulhava, mesmo quando tênue e sem valia.

As lacunas de Távora provêm a meu ver de imperícia e carência estética, não da matéria, nem do ponto de vista, coerentes, em seu tempo, com a concepção de romance. Nem tampouco da nítida intenção ideológica, do programa definido de demonstrar teses e sugerir modelos. Ao contrário do que muito se afirma em nossos dias, à eficácia de um romance não é indiferente a intenção ideológica do autor, nem esta entra como simples argamassa da forma. A julgar-se desta maneira, a obra de um Tolstói ou um Gottfried Keller seria bela com ou sem os propósitos éticos e sociais, que não bastaram para fazer grandes os livros de Charlotte Yonge ou Hector Malot. A verdade, porém, é que a eminência vem ligada frequentemente, em matéria de romance, à possibilidade de dar certo toque de ficção à realidade sentida e compreendida à luz de um propósito ideológico. Este não basta, mas sem ele não há romance duradouro. A importância de Távora consiste, como disse, em ter percebido a importância de uma visão da realidade local, que era a sua.

Ora, para ele (como atualmente para Jorge Amado e o José Lins do Rego, de *Banguê, Usina* e *O moleque Ricardo*), a região não era apenas motivo de contemplação, orgulho ou enlevo; mas também complexo de problemas sociais, sobressaindo (não custa repisar) a perda de hegemonia político-econômica. A Guerra dos Mascates lhe interessa como pano de fundo romanesco, mas também como competição entre dois grupos rivais — o fazendeiro e o comerciante — início de crise para o açúcar e, portanto, da decadência material já avultada em seus dias.

N'*O matuto*, repele interpretações superficiais que veem na luta Olinda-Recife uma querela de preconceitos, para defini-la, em termos de competição econômica, como conflito entre a agricultura e a *indústria*, segundo escreve. Os seus três romances históricos, as cartas contra Alencar, os manifestos literários, os fragmentos restantes das obras históricas, constituem um roteiro de afirmação crítica e polêmica, procurando definir literariamente a autonomia da região, explicar a sua fisionomia, os fatos, a decadência, enumerando os tipos humanos e procurando interpretar-lhes o comportamento, o modo de ser, que conduz à rebelião política (*O matuto, Lourenço*), ao cangaço (*O Cabeleira*), à irreverência intelectual (*Cartas a Cincinato*), ao bairrismo (prefácios, estudos históricos).

Aliás, para ele literatura não era apenas obra de fantasia, nem dispensava objetivos extraliterários: "[...] o romance tem influência civilizadora; [...] moraliza, educa, forma o sentimento pelas lições e pelas advertências; [...] até certo ponto acompanha o teatro em suas vistas de conquista do ideal social". Por isso é que preferia "o romance verossímil, possível", que tentava por meio da história e dos costumes, para representar "o homem junto das coisas, definição da arte por Bacon".[7]

Técnicas históricas Devido, porém, às mencionadas carências e imperícias, esse homem prático e apaixonado, fundador de uma das correntes mais poderosas do nosso romance, não é um grande escritor. O conhecimento histórico-geográfico da região, o equipamento ideológico do bairrismo eram condições necessárias que lhe pareceram também suficientes. Achava que Alencar falhou n'*O gaúcho* por não conhecer objetivamente o pampa e os seus habitantes. Ora, o que lhe faltou foi justamente o poder alencariano de construir o ambiente e os personagens com mais elementos do que a fidelidade — que em literatura consiste, sobretudo, na coerência entre personagens e ambiente, não entre autor e ambiente, como pensava. Ele próprio, falando de "romance *verossímil*, *possível*", apontava para a verdade da literatura, que é a verossimilhança, a possibilidade *literária* da ação proposta e do meio descrito. Alencar possuía a capacidade de criar este mundo autônomo, que não viola necessariamente o mundo real, mas sem dúvida o transcende e envolve;

7 Ibid., pp. 98-99.

Távora não tinha valor artístico, estilo, nem imaginação suficiente para elevar acima da média a absoluta maioria das suas páginas. Deficiência grave para quem, ao aceitar as imposições do romance histórico, se comprometia implicitamente a descrever uma realidade morta para os sentidos e apenas suscitável pelo conhecimento; requerendo, pois, para tornar-se matéria de arte, a magia (que lhe faltou) das intuições e das invenções.

Um dos pais da ficção moderna, Walter Scott, legou a técnica bifocal, que se tornou básica na composição do romance histórico. Consiste em pôr no primeiro plano um personagem fictício (como Eurico) ou semifictício (como D'Artagnan), que serve de pretexto para traçar em plano mais distante os personagens históricos (como Richelieu, no *Cinq-Mars*, de Vigny; ou d. João I, n'*O monge de Cister*) e a reconstituição do momento em que se passa a narrativa, e ao qual se prendem solidariamente os acontecimentos, históricos ou fictícios. A narrativa oscila entre o plano inventado e o plano reconstituído, e esta oscilação constitui poderoso elemento de verossimilhança — da mesma natureza, formalmente, que a descrição da realidade presente no romance de costumes contemporâneos.

Medularmente romântico na sua trilogia setecentista, Távora obedece a esta técnica, sobretudo em *O matuto* e *Lourenço*, onde este personagem é pretexto para traçar o ambiente revoltoso da Guerra dos Mascates e onde a narrativa vai e vem, das suas aventuras aos fatos da revolta. No tratamento da matéria, parece ter sofrido influência marcada d'*O monge de Cister*, através do qual emprega a técnica bifocal de Scott. A tensão político-econômica entre senhores de engenho e comerciantes é descrita com um colorido, um tom muito próximos à tensão entre burguesia e nobreza, que Herculano deu como pano de fundo às vinganças de frei Vasco, no livro citado, e de Leonor Teles, em *Arras por foro de Espanha*, documentado nas páginas de Fernão Lopes. As tavernas dos mascates, onde se armam conluios por entre espias, parecem gêmeas das de Lisboa medieval, onde, naqueles livros, também se traçam planos de rebelião. Afinal de contas, o fenômeno histórico que ele transpôs para a ficção não deixava de apresentar semelhanças com o tratado por Távora: ascensão das camadas burguesas, amparadas no comércio, em detrimento dos latifundiários em decadência. E se no brasileiro não encontramos a mesma argúcia histórica, nem quadros tão ricos como a procissão dos mesteirais, n'*O monge*, ou o ajuntamento da arraia-miúda, nas *Arras*, não lhe poderemos negar consciência do problema traçado (como vimos), nem algumas cenas de boa qualidade, sobretudo o excelente combate de Goiana, n'*O matuto*.

Cincada Embora valorizando com excessiva benevolência os livros do amigo, Sílvio Romero já havia registrado o progresso constante que vai d'*O Cabeleira* a

Lourenço, o melhor como composição e estilo.[8] A sua obra-prima é contudo uma novela, *Um casamento no arrabalde* (1869), cujo singelo encanto já fora destacado por José Veríssimo como traço de realismo e, segundo Lúcia Miguel Pereira o único dos seus livros que subsiste.[9] É, não há dúvida, uma ilhota de elegância e equilíbrio entre os demais escritos, e pena foi que Távora houvesse perdido a fórmula dessa narrativa, que reputava de menor importância que as outras. Talvez por não debater tese alguma, nem depender da elaboração requerida pelos romances históricos, pôde beneficiar de um momento feliz de inspiração, tratando com harmonia uma despretensiosa visão dos costumes pernambucanos.

Com o correr dos anos e a nascente influência do Naturalismo, é possível que vislumbrasse traços da nova escola na naturalidade que havia obtido sem esforço ao narrar com singeleza, e resolvesse explorá-los. Foi então que transformou a encantadora novela suburbana num romance ambicioso, *O sacrifício*, publicado em partes na *Revista Brasileira* (1879).

O resultado foi uma deformação lamentável, em que os pobres personagens aparecem desfigurados, o entrecho distendido e incoerente, a língua deselegante e banal. A grande novidade é o *Naturalismo*, que no Brasil serviu algumas vezes de pretexto para vulgaridades piores que as do sub-Romantismo. Aqui já aparecem, num exibicionismo ingênuo que hoje faz sorrir, mas que ao tempo eram a ousadia suprema, alguns tópicos sexuais prediletos em seguida. Esquecido da pudicícia de alguns anos atrás, quando censurava a Alencar um personagem banhando-se no rio, descreve nada menos que o duplo banho lúbrico e rumoroso de um d. João de fancaria e uma mulatinha fácil; e, iniciador também nisto, introduz em nosso romance as descrições de pernas mestiças, tão em voga até hoje.

Não podemos avaliar as consequências eventuais, na obra de Távora, deste *fiasco* literário, escrito mais ou menos ao mesmo tempo que o seu último romance, *Lourenço*, e meio à parte de uma obra que se vinha desenvolvendo sob outra inspiração. Iria ele engrossar a fileira naturalista, cuja marcha principiava então, com Inglês de Sousa e Aluísio Azevedo? Interrompida a carreira pela morte prematura, devemos classificá-lo como romântico; as ousadias de *O sacrifício* realçam, na sua imperícia, o inconfundível timbre melodramático da escola, e essas cenas cruas, encaixadas numa sequência puramente romântica pela técnica e ritmo narrativo, servem para mostrar de que modo o Naturalismo, parecendo ruptura abrupta, foi muitas vezes continuação de modismos anteriores.

---

8 Sílvio Romero e João Ribeiro, *História da literatura brasileira*, pp. 307-308.   **9** José Veríssimo, *História da literatura brasileira*, p. 237; Lúcia Miguel Pereira, *Prosa de ficção: de 1870 a 1920*, p. 45.

3.
A sensibilidade e o bom senso
do visconde de Taunay

Dentre os burocratas, jornalistas e políticos, homens de cidade que pouco sabiam do resto do país, Bernardo Guimarães e Taunay se diferenciam como viajantes do sertão. Este, nem bacharel nem médico, mas militar, enfronhado em problemas práticos, é particularmente um caso raro na literatura do tempo, para a qual trouxe uma rica experiência de guerra e sertão, depurada por sensibilidade e cultura nutridas de música e artes plásticas. Esta combinação de senso prático e refinamento estético fundamenta as suas boas obras e compõe o traçado geral da sua personalidade.

Raras para o tempo foram também condições como as que encontrou no lar franco-brasileiro, na tradição duma parentela de artistas e escritores, que haviam contribuído para delimitar entre nós certas áreas de sensibilidade pré-romântica, já referidas anteriormente.

Entre alguns desses homens — tios, primos, amigos — que se apaixonaram à Chateaubriand pela beleza úmida e rutilante da floresta carioca, nasceu e se formou Alfredo d'Escragnolle Taunay. Os pais e tios prepararam-no para senti-la com um amor avivado de exotismo, e ele se orgulhava de saber apreciar a paisagem com mais finura e enlevo do que os seus patrícios:

> Com a educação artística que recebera de meu pai, acostumado desde pequeno a vê-lo extasiar-se diante dos esplendores da natureza brasileira, era eu o único dentre os companheiros, e portanto de toda a força expedicionária, que ia olhando para os encantos dos grandes quadros naturais e lhes dando o devido apreço.[10]

Viajava de lápis na mão, registrando as cenas de viagem em desenhos de "ingênuo paisagista", como se qualifica. Desenhos de traço elementar, com efeito, mas atentos à realidade e transpondo-a com amenizada placidez, diferente do risco nervoso de outro romancista bem-dotado para as artes plásticas — Raul Pompeia.

Mas o que predominava nele era a sensibilidade musical. Compôs com facilidade e elegância, escreveu com acerto sobre assuntos de música, e mesmo nas descrições do sertão percebemos que também o ouvido elaborava as impressões da paisagem. No primeiro capítulo de *Inocência* ("O sertão e o sertanejo"), a paisagem e a vida daqueles ermos são apresentadas a partir de alguns temas

---

10 *Memórias do visconde de Taunay*, pp. 175-176.

fundamentais, *compostos* em seguida num ritmo que se diria musical. Daí o tom de *ouverture* dessa página, aliás admirável na sua inspiração telúrica, uma das melhores da literatura romântica, onde se pré-formam certos movimentos d'"A terra" e d'"O homem", n'*Os sertões*, de Euclides da Cunha.

Nada impedia, pois, que esse esteta de sangue francês construísse da pátria uma visão exótica e brilhante, sentindo-a à maneira de um Ribeyrolles ou um Ferdinand Denis. As circunstâncias levaram-no, todavia, a conhecê-la mais fundo; a internar-se no interior bruto, lutar por ela, enfrentar asperamente a paisagem em lugar de contemplá-la. A paisagem deixou de ser, para ele, um espetáculo: integrou-se na sua mais vivida experiência de homem. Ao naturismo pré-romântico da Tijuca, do avô, dos tios e do parente de Chateaubriand (ver no capítulo VIII: "Pré-Romantismo franco-brasileiro"), vem fundir-se o sertanismo prático da Expedição de Mato Grosso. Ao músico e desenhista, orgulhoso dos dotes físicos e artísticos, o tenente da Comissão de Engenheiros, integrado no corpo do país de um modo desconhecido a qualquer outro romancista do tempo.

Daí resultar um brasileirismo, misto de entusiasmo plástico e consciência dos problemas econômicos e sociais, alguns dos quais abordou com bom senso e eficiência.[11] Daí, também, o fato de suas obras mais significativas estarem ligadas à experiência do sertão e da guerra, que elaborou durante toda a vida, sem poder desprender-se do seu fascínio.

Impressão e lembrança Duas palavras poderiam sintetizar a sua obra: impressão e lembrança, pois o que há nela de melhor é fruto das impressões de mocidade, e da lembrança em que as conservou. Uso tais palavras intencionalmente, em vez, por exemplo, de memória e emoção, para assinalar o cunho pouco profundo da criação literária de Taunay. A sua recordação não vai àqueles poços de introspecção, donde sai refeita em nível simbólico; nem equivalem as suas impressões ao discernimento agudo, que descobre novas regiões da sensibilidade. São dois traços modestos, que delimitam um gráfico plano e linear.

Mesmo assim, é preciso apontá-los como singularidade a mais do romancista: é única entre nós, naquele tempo, a insistência com que passou a vida (sem desprender-se dela, dos seus trabalhos e ambições) elaborando sem cessar a própria experiência. A sua obra é um longo diário, numa literatura parca de documentação pessoal; ainda hoje os seus herdeiros publicam periodicamente um trecho a mais

---

11 Principalmente a questão imigratória, que não apenas debateu teoricamente como legislador, mas em que interveio como presidente de duas províncias, estabelecendo colônias alemãs, italianas e polonesas no Paraná e em Santa Catarina. Sobre as suas ideias gerais no assunto, ver *Questões de imigração* (Rio de Janeiro: Leuzinger, 1889).

das suas opiniões e reminiscências, centralizadas agora pelas *Memórias*. Não seria fortuita a simpatia que mostra por Stendhal, a quem se equiparou certa vez ao conversar com o possível leitor do futuro.[12] Também ele se ocupava longamente, incansavelmente, do próprio eu: só que em vez da penetrante visão do francês, mostrava-se todo em superfície, com uma vaidade satisfeita e quase ingênua:

> Ao passar por diante das senhoras ouvi uma que disse bem alto: "É o mais bonito de todos!" e tal elogio ainda mais me intumesceu o peito.

> Nesse tempo tinha eu muita vaidade do meu físico, dos meus cabelos encaracolados, do meu porte, muita satisfação, enfim, do meu todo e para tanto concorriam, muito, os elogios que recebia à queima-roupa.

> Os traços da fisionomia, um tanto afeminados, haviam-se, com os trabalhos e as fadigas de Mato Grosso, virilizado de maneira que o meu todo, o meu tipo chamava a atenção, donde assomos de vaidade positivamente mulheril, quando ouvia elogios à queima-roupa.
> — "Que guapo oficial! Que rapagão!"[13]

Ao lado dessa ufania pueril, tinha formas bem mais elevadas de orgulho, que contribuem para firmar os traços da sua personalidade: haja vista o alto conceito das próprias obras e a serena confiança com que se dirigia à posteridade.

Este culto sempre vivo de si mesmo foi de boas consequências para a nossa literatura, uma vez que não enveredou para as pirraças estéreis ou a megalomania que o acompanharam ordinariamente no Brasil; e, sendo saudável, foi bastante forte para dobrá-lo artisticamente sobre a própria vida, tida como digna de ser literariamente elaborada. O esteta e o sertanista se completam, pois, pelo *egotista*, enxergando no *eu* o critério seletivo da experiência, que Franklin Távora enxergava na consciência regional.

Taunay sentia muito bem quais eram as suas obras duradouras.

> Talvez [...] possa parecer imodéstia de minha parte; mas não sei, nutro a ambição de que hão de chegar à posteridade duas obras minhas, *A retirada da Laguna* e *Inocência* [...].
> A este respeito, tomei um dia a liberdade de dizer ao imperador [...] mostrando-lhe aqueles dois livros [...]: "Eis as duas asas que me levarão à imortalidade".[14]

---

12 *Memórias*, p. 261.   13 Ibid., pp. 72, 160 e 417.   14 Ibid., p. 124. Ver no mesmo livro

Inocência lhe parecia algo definitivo, pelo cunho de realidade e por concretizar uma aspiração literária fundamental do Romantismo: o Nacionalismo estético.

No meu pensar bem leal, talvez ingênuo, por isso mesmo e de bastante imodéstia, este romance é a base da verdadeira *literatura brasileira*.

O estilo suficientemente cuidado e de boa feição vernácula preenche bem o fim revestindo do prestígio da frase descrições perfeitamente verdadeiras em que procurei reproduzir, com exatidão, impressões recolhidas em pleno sertão.

É um livro honesto e sincero, e estou que as gerações futuras não hão de tê-lo em conta somenos.[15]

Comparando-se com Alencar, não o desmerece, mas pondera que ele

não conhecia absolutamente a natureza brasileira que tanto queria reproduzir nem dela estava imbuído. Não lhe sentia a possança e verdade. Descrevia-a do fundo do seu gabinete, lembrando-se muito mais do que lera do que daquilo que vira com os próprios olhos.[16]

Os modelos conscientes Para esse desenhista, descendente de pintores, o valor da obra dependia da autenticidade dos modelos. Ao contrário do grande mestre, ele vira o ambiente, quase os personagens de *Inocência*, para onde transpôs, diretamente e sem retoque, tipos observados em Santana do Paranaíba e descritos nas *Visões do sertão*: o major, o vigário, o coletor, que ao participarem do diálogo (capítulo XXIV) passam do cotidiano para a ficção. Inversamente, nas narrativas o romance é citado como documento:

No dia sete de julho entrávamos na Vila de Santana do Paranaíba, miserável e sezonática localidade de que dei descrição na *Viagem de regresso* e em *Inocência* não esquecendo, em ambos esses livros, de me referir ao nosso bom e loquaz hospedeiro o major Taques, tutu daquelas redondezas, morador da casa única de sobrado e grade de ferro da povoação.

Portanto não apenas os quadros naturais e os costumes, mas várias das pessoas que viu foram reproduzidas com uma fidelidade que dá valor documentário à sua ficção.

as pp. 223, 229, 233, e 328, verdadeira *suite* de apreço a *Inocência*. No entanto, José Veríssimo escreveu: "Taunay, como todos os autores de uma obra copiosa desigualmente apreciada tinha um íntimo despeito e sentimento da preferência dada àqueles seus dois livros". (*Estudos de literatura brasileira*, v. II, p. 268).   **15** *Memórias*, op. cit., p. 233.   **16** Ibid., p. 229.

Num segundo plano, contudo, vamos encontrar maior elaboração artística dos dados, fundidos pela imaginação para afeiçoá-los ao tratamento romanesco. Sabemos que o anão Tico foi inspirado fisicamente pelo anão barqueiro do rio Sucuriú. Para o pai de Inocência, Pereira, utilizou entre outros elementos a carrancice de um mineiro velho, que o ia matando por zelo doméstico; para a própria heroína, a jovem leprosa de extraordinária beleza, Jacinta, em cuja casa almoçou. Quanto ao herói: "Um pouco adiante [...] encontrei um curandeiro que se intitulava doutor ou cirurgião, à vontade, e me serviu para a figura do apaixonado Cirino de Campos, atenuando os modos insolentes, antipáticos, daquele modelo".[17]

Devemos, porém, não tomá-lo ao pé da letra quando insiste na veracidade copiada dos tipos, mas ressaltar desde logo a parte do trabalho fabulador. O velho leproso Garcia, avô da mocinha, torna-se no livro, diz ele, o pobre doente do mesmo nome, que entrevemos um momento, escorraçado e infeliz, no capítulo XVII: simples mudança de situação, portanto. Manuel Coelho, fazendeiro com mania de doença, torna-se um tipo acidental, o "empalamado" do capítulo XVI, mas alguns dos seus traços, diz o autor, foram incorporados a Pereira: — ou seja, duplo aproveitamento do mesmo modelo.

Por conseguinte, há tipos copiados fielmente, outros elaborados a partir da sugestão inicial, outros compostos com elementos tomados a mais de um modelo. E isso denota maior complicação do que supunha o próprio Taunay, ao proclamar a sua fidelidade ao real porque, em qualquer arte, desde que apareça uma certa tensão criadora, mais importantes que as sugestões da vida (acessíveis a todos) tornam-se a invenção e a deformação, devidas não só às capacidades intelectuais de composição, como às possibilidades afetivas, à memória profunda, ao dinamismo recôndito do inconsciente.

Em *Inocência*, vemos de fato que os tipos acessórios são às vezes "fotografados da realidade" (como diria Sílvio Romero); mas quando são importantes ou essenciais à narrativa (isto é, quando são *personagens*) vão se deformando cada vez mais pela necessidade criadora. Se, por exemplo, ainda há muito de Manuel Coelho no Coelho "empalamado", a que serviu de modelo e apenas passa no livro, a título de pitoresco, muito pouco haverá, dele e "de outros de mais acentuado zelo", na personalidade do velho Pereira, composta com fragmentos de experiência do autor, mas dotada de autonomia suficiente para superar as sugestões iniciais e inscrever-se no plano da criação literária propriamente dita. Doutra forma, e num outro exemplo, como poderia o curandeiro mentiroso e antipático transformar-se no terno e

---

17 As indicações de Taunay sobre os modelos de *Inocência* encontram-se em *Visões do sertão*, capítulos VII e VIII. A citação referente ao major Taques se encontra à p. 75; a Cirino, à p. 72. Tudo se acha agora, com pouca diferença, nas *Memórias*, capítulos LXI e LXII.

elegante Cirino, que aceita a morte de amor com tão romântico fatalismo? Nem a beleza física da jovem doente bastaria para criar o encanto indefinível de Inocência, ou a força profunda com que morre de paixão. É que se a contextura geral do livro e dos personagens é devida à descoberta plástica e humana do sertão (cujo significado já foi dito), a sua boa qualidade literária deve-se a um terceiro nível da consciência artística de Taunay. Além da reprodução e da estilização de que tanto se gabava, e que na verdade são essenciais à economia do livro, havia nele as forças criadoras profundas, indispensáveis à ficção literária. No seu caso, elas se manifestam pelo discernimento com que ajuntou os dados da impressão e da memória, para reviver num caso particular, inventado, o antigo drama da paixão contrariada, em toda a sua cega e, no caso, singela fatalidade. Se as sombras de Paulo e Virgínia perpassam aqui, como em boa parte dos nossos idílios românticos, também pressentimos o eterno filtro do amor e da morte, que faz Tristão dizer a Isolda:

Belle amie, ainsi va de nous:
Ni vous sans moi, ni moi sans vous.

A força do inconsciente Ora, esta vigorosa, embora amaneirada consciência dramática, não ocorre nos outros romances de Taunay; assim também, a que vemos n'*A retirada da Laguna* não se encontra nas demais narrativas de guerra e de viagem. É que há no fundo de ambas certas *vivências* cuja expressão mais forte se fundiu neles. N'*A retirada da Laguna*, o longo padecimento da tropa — compartilhado a cada instante, transfigurado pelos problemas de honra militar e sentimento nacional — permitiram-lhe transpor a jornada a uma categoria dramática. Se em *Inocência* a experiência artística do sertão serviu-lhe de veículo para exprimir uma versão rústica da fatalidade amorosa, foi porque ele vivera em Mato Grosso uma aventura apenas recentemente revelada nas *Memórias*, em páginas admiráveis pela sinceridade da emoção.

São os amores, durante a estada nesses "Morros" quase fantásticos, com a indiazinha *chané*, cuja posse comprou ao pai por "um saco de feijão, outro de milho, dois alqueires de arroz, uma vaca para o corte e um boi de montaria — o que tudo importava naquelas alturas e pelo preço corrente, nuns cento e vinte mil-réis". O consentimento da própria indiazinha, Antônia, foi comprado por "um colar de contas de ouro, que, em Uberaba, me havia custado quarenta e cinquenta mil-réis". O fato, porém, foi que

a bela Antônia apegou-se logo a mim e ainda mais eu a ela me apeguei. Em tudo lhe achava graça, especialmente no modo ingênuo de dizer as coisas e na elegância inata dos gestos e movimentos. Embelezei-me de todo por esta amável rapariga e, sem resistência, me entreguei ao sentimento forte, demasiado forte, que em mim nasceu. Passei, pois, ao seu lado dias descuidosos e bem felizes, desejando de coração que muito tempo decorresse antes que me visse constrangido a voltar às agitações do mundo, de que me achava tão separado e alheio.

Pensando por vezes e sempre com sinceras saudades daquela época, quer parecer-me que essa ingênua índia foi das mulheres a quem mais amei.[18]

Tal foi, na verdade, a emoção, que ela gerou em Taunay, diretamente, um belo conto, o melhor de quantos escreveu — "Ierecê a Guaná", publicado em 1874 nas *Histórias brasileiras*, com o pseudônimo de Sílvio Dinarte; e, indiretamente, o que há de mais profundo em *Inocência*: o perfume indefinível da donzela sertaneja e a tristeza dos seus amores frustrados.

O conto relata, com um mínimo de fantasia, a paixão silvestre que termina pela morte da índia abandonada pelo amante. Em todo ele perpassa uma ternura e encantamento que o tornam dos bons trechos da nossa prosa romântica. Nem lhe falta a situação descrita por Chateaubriand em *René* e *Os Natchez*, retomada com o mais alto impulso lírico por Alencar, em *Iracema*, e que simboliza um aspecto importante da literatura americana: o contato espiritual e afetivo do europeu com o primitivo.

Num plano mais fundo de análise veríamos, pois, que o *efeito* literário de *Inocência* deve-se à força germinal desse idílio, que tanto marcou o autor. A bela neta do sitiante leproso, destinada a casar com o primo, talvez sem amor, serviu para fixar as recordações da índia Antônia: a candura e a beleza desta comunicaram à personagem central do livro aquele encanto no amor e no padecimento que lhe abriram a posteridade, cumulando os sonhos literários de Taunay. O entrecho e o quadro sertanejo serviram para delimitar e enformar a sua experiência pessoal, que, ao projetar-se desta maneira na forma artística, pôde satisfazer anseios menos conscientes de expressão afetiva. Aí talvez esteja o segredo deste romance que supera de tão alto as produções e transposições da realidade, entre as quais ele o incluía com orgulho. Na verdade, os dois processos literários que empregou conscientemente — a reprodução e a elaboração premeditada do real — teriam sido suficientes para acender a imaginação e compor em *Inocência* o que é um *enredo*, até certo ponto banal. Mas não bastariam para realizar o que realizou, graças à intervenção do inconsciente.

Evolução de um romancista A experiência da guerra, do sertão, e do amor no sertão, condicionaram estes traços, que se tornaram os mais vivos e importantes, para

---

18 *Memórias*, op. cit., pp. 284 e 292.

nós, numa personalidade em que, no entanto, havia outros. Entre eles, os pendores de mundanismo, que se tornaram secundários mas nunca desapareceram, e que correm por grande parte da sua obra de ficção, dando-lhe um ar curiosamente ajanotado. Não esqueçamos que o autor de *Inocência*, das narrativas de guerra e viagem, d'*A retirada da Laguna*, é também autor do *Manuscrito de uma mulher*, *Ouro sobre azul*, *No declínio*, isto é um continuador de Macedo (a quem dedica o livro de estreia) e do Alencar mais ameno de certos romances de costumes. Entre eles e ele há uma nítida linha de contato, que sob certos aspectos é também de evolução. Evolução não tanto na qualidade, de modo absoluto, mas em certos recursos, como a sobriedade, e, sobretudo, evolução da sociedade descrita — desde a burguesia mal talhada d'*A Moreninha* até a gente mais polida e mesmo sofisticada dos seus romances de cidade. Trinta anos de desenvolvimento da Corte não passariam sem deixar marca, paralelamente à fadiga da ficção romântica brasileira, que ia acabando numa idealização meio banal, à Octave Feuillet, mestre de muitas páginas de Alencar e do nosso visconde.

De 1871 a 1875 (isto é, dos 27 aos 31), ele publicou quatro dos seus seis romances. Por vinte anos não voltou ao gênero, absorvido pela política, em que desempenhou bom papel, e que abandonou com a Proclamação da República. Pôs-se então a refazer o passado em escritos de reminiscência, que contribuem para esclarecer não apenas a sua obra, mas alguns aspectos e pessoas do seu tempo. E publicou os dois romances finais.

O mundanismo de Taunay se traduz por um certo desprezo latente em relação à "boa sociedade", para ele não suficientemente polida, e pela idealização compensatória de tipos requintados, geralmente cosmopolitas, iniciados nos costumes europeus, conhecedores da etiqueta, de vinhos e citações literárias. Traduz-se, ainda, na frívola complacência do tom aristocrático, que no entanto parece provinciano, pela banalidade dos adjetivos, a ingênua afetação de conhecimentos, o teor rasteiro de um humorismo que tenciona ser fino.

Ao lado disso, é preciso registrar, em quase todos os seus romances, toques mais construtivos, como o pendor pelos problemas sociais, embora nem sempre os apresente com a elaboração conveniente, fazendo-os parecer inclusões meio indigestas. N'*A mocidade de Trajano* (1871) aborda de maneira difusa os problemas da escravidão, da consciência política, da imigração, da naturalização, que ocupariam mais tarde boa parte da sua atividade pública. N'*O encilhamento* (1894), procura analisar o jogo da especulação e do carreirismo econômico; em *No declínio* (1899), intercala com discreta habilidade a situação miserável das classes pobres.

O seu primeiro romance, o mais longo e ambicioso de todos, é uma espécie de *Bildungsroman*, bastante mal composto, sobrecarregado, onde os elementos melodramáticos e os cordéis de folhetim cruzam com dissertações políticas, econômicas e literárias. Nele ocorrem muitos dos temas da sua predileção, inclusive a presença da Europa, cujo conhecimento timbra ingenuamente em manifestar (e que aparece até no Epílogo de *Inocência*, levando-nos do sertão de Mato Grosso para a Alemanha). O panorama da vida fazendeira, que nele esboça, se refinará, misturado ao da vida urbana, em *Ouro sobre azul* (1875), onde encontrou a fórmula mais equilibrada do seu mundanismo. *Lágrimas do coração*, que na 2ª edição se tornou *Manuscrito de uma mulher* (1873), e *No declínio* (1899) têm ambição de estudo psicológico e são os seus dois "perfis de mulher". O primeiro (talvez influenciado de fato por José de Alencar) é pior que mau, e o autor não consegue tornar convincente o seu "monstrengo moral", decepcionante e frouxo. O segundo escapou de ser bom, seja pela coerência apreciável da composição, seja pela originalidade da situação inventada: uma quarentona, que parece jovem, e se conserva ao se preservar das emoções, cai bruscamente na verdade física e moral dos anos, quando é tocada pela paixão de um moço. Neste livro, a influência possível de Paul Bourget vem dar um toque mais moderno aos conflitos românticos da obra anterior.

Os seus artigos de crítica, publicados no intervalo das duas fases de criação novelística, revelam bastante interesse pelo romance naturalista. Apesar de rejeitá-lo com certa indignação, reconhece nele, meio constrangido, as qualidades de análise da vida real, que o atraíam de certo modo desde a juventude. Daí censurar o "convencionalismo" dos românticos e declarar-se a favor do respeito à realidade, embora proscreva a descrição da vida sexual (em *No declínio*, acabará por dar alguns toques quase metafóricos neste sentido). Por isso, louva o realismo comedido dos ingleses, de Fielding a George Eliot; e nas *Memórias*, ao analisar as próprias obras, deixa de lado todos os seus romances, salvo *Inocência*, que lhe parecia o mais *real*. Nos seus dois últimos romances há algo de *estudo*, ou seja, da concepção realista, e sobretudo naturalista, que trata como caso o aspecto descrito da realidade. Caso social n'*O encilhamento*; caso psicológico em *No declínio*; ambos mais secos do que as produções da mocidade, tendendo a um pouco do "realismo mitigado", que enxergava em Daudet.

Entretanto, foi sempre tão vivo nele o senso da realidade e o gosto pela observação, que não se deve ver nas duas etapas da sua produção novelística uma contradição ou ruptura. É o mesmo Taunay de *Ouro sobre azul*, menos idealizador e mais linear. Não há motivos, portanto, para classificá-lo fora do Romantismo. A sua obra continua o relativo sincretismo deste, tanto no rumo urbano quanto no regional. O que se pode talvez dizer é que os romances do fim representam um final mais ponderado, beneficiando da experiência anterior de Alencar e do conhecimento do romance europeu pós-romântico. Mas a maneira de apreender a realidade e interpretar os atos e sentimentos — esta permanece no universo do Romantismo.

Capítulo XVI

A consciência literária

1. Raízes da crítica romântica **647**
2. Teoria da literatura brasileira **656**
3. Crítica retórica **672**
4. Formação do cânon literário **676**
5. A crítica viva **684**

I.
Raízes da crítica romântica

Ao descrever os sentimentos e as ideias de um dado período literário, elaboramos frequentemente um ponto de vista que existe mais em nós, segundo a perspectiva da nossa época, do que nos indivíduos que o integraram. Para contrabalançar a deformação excessiva deste processo, aliás inevitável, é conveniente um esforço de determinar o que eles próprios diziam a respeito; de que modo exprimiam as ideias que sintetizamos e interpretamos. Neste sentido, impõe-se o estudo da crítica no período em apreço, porque ela é de certo modo a consciência da literatura, o registro ou reflexo das suas diretrizes e dos seus pontos de apoio.

No Brasil, a crítica se estabeleceu com o Romantismo. Vimos anteriormente manifestações do maior interesse, como a epístola de Silva Alvarenga a Basílio da Gama, ou a "Carta marítima" de Sousa Caldas, para não falar nas lições de frei Caneca, mero compêndio escolar. Como atividade regular da inteligência, só aparece todavia com a *Niterói*, ou, se quiserem, pouco antes, com o grupo da Sociedade Filomática. Mas se buscarmos as suas raízes, veremos que não se prendem aqui, na maior e mais significativa parte.

Com efeito, a crítica romântica brasileira se baseia na teoria do Nacionalismo literário, cujo iniciador foi, para a nossa literatura, um estrangeiro; intelectualmente e pelo significado histórico, franco-brasileiro: Ferdinand Denis. Em segundo plano, pode-se considerar Almeida Garrett, não apenas por certa coincidência de ideias expressas sumariamente, mas pela provável ação de presença que exerceu junto aos moços da *Niterói*.

Os alicerces Denis aplicou ao nosso caso, com grande acuidade, certos princípios da então jovem teoria romântica, sobretudo como vinha expressa na obra de quatro escritores: Chateaubriand, Madame de Staël, Augusto Guilherme Schlegel e Sismonde de Sismondi. Em seguida os nossos primeiros românticos devem ter retomado esses autores, seja diretamente, seja através de expositores ainda não determinados pela pesquisa erudita. Como também Garrett se funda neles em grande parte, podemos dizer que as origens da nossa crítica romântica se encontram nas obras deles.

O mais importante e sistemático, do ponto de vista da história da crítica, foi sem dúvida Schlegel, teórico e mentor do Romantismo alemão, espírito fino e vasto de erudito e poeta. Baseado em seu irmão Frederico, que por sua vez se inspirara na famosa divisão de Schiller entre "poesia espontânea" e "poesia sentimental", estabeleceu de maneira distinta e algo rígida a diferença entre clássico e romântico; definiu as características da estética romântica; traçou o perfil ideal do artista romântico, influindo decididamente em toda a Europa, sobretudo pelo seu *Curso de literatura dramática*, professado em Viena em 1808, publicado de 1809 a 1811 e logo difundido nos países de língua românica pela tradução de Madame Necker de Saussure (1813).

Para ele, o Classicismo repousa sobre uma concepção equilibrada do homem em paz com a natureza, que ele vê como sistema de signos e estiliza segundo normas traçadas pela razão; decorre, em consequência, uma literatura de cima para baixo, produto das classes requintadas e cultas. Assim foi na Grécia, onde alcançou o apogeu; em Roma, onde já é de qualidade inferior; na França, onde não passou da imitação e frieza racional. O Romantismo, ao contrário, repousa sobre a poesia eterna dos povos; vem de baixo para cima, das tradições e da inspiração popular para a estilização erudita. Embora os povos primitivos tenham poesia autêntica, o Romantismo aparece realmente com o cristianismo: com a noção de pecado, os dramas da consciência, o dilaceramento interior. É a literatura medieval, são os dramas de Calderón e Shakespeare e deve ser o rumo da literatura moderna, de que a alemã é o paradigma.

Apaixonado pela estética romântica, Schlegel realça a sua força poética, senso do mistério, valor simbólico, busca das forças incógnitas do universo e da alma, graças ao dinamismo do espírito cristão, que rompe a euforia do paganismo. Ao mesmo tempo, acentua o seu caráter particularista, fundado na teoria, que então predomina, de que a literatura exprime as condições locais, o espírito nacional, dependente da raça e das tradições.[1]

Madame de Staël, em *Da Alemanha* (impresso em 1810, sequestrado pela polícia napoleônica, dado ao público em 1813), aceita vários pontos fundamentais da teoria de Schlegel, ou coincide com eles, temperando, porém, os arroubos do misticismo germânico com acentuada fidelidade aos modelos clássicos franceses. Através dela, a maioria dos escritores tomou conhecimento da distinção clássico-romântico, bem como da contribuição alemã ao pensamento

---

[1] As ideias de Schlegel se encontram por todo o livro. Consultem-se todavia a 1ª lição para as definições básicas; a 2ª para o conceito de Classicismo; as 10ª e 11ª para a crítica do Neoclassicismo; a 13ª para uma formulação do espírito romântico, comparado ao clássico. (Cito pela tradução referida: *Cours de littérature dramatique*.)

moderno. Em 1800, num livro anterior, *Da literatura*, havia proposto um dos temas mais fecundos da crítica oitocentista, ao estudar, ou melhor, indicar a ligação entre as produções do espírito e a sociedade, ressaltando a sua ação recíproca. Além disso, pregava a supremacia do sentimento e das paixões sobre a razão, fazendo a eficiência e grandeza das obras dependerem da intensidade com que as manifestavam. Finalmente, na linha otimista, que encontrara pouco antes em Condorcet a expressão mais pura, concebe a evolução literária, junto com a social, como um progresso incessante, fazendo da literatura, ao mesmo tempo, reflexo e veículo de aperfeiçoamento humano.

N'*O gênio do cristianismo* (1802), Chateaubriand leva mais longe as ideias que Schlegel desenvolvera desde os fins do século XVIII, considerando a religião cristã o principal fator de grandeza das obras de arte; mostrando a sua influência nos sentimentos, nos temas, no estilo; valorizando a Idade Média; opondo os modernos aos antigos. Ao mesmo tempo, em dois episódios depois destacados da obra e destinados ao maior êxito e influência — *Atala* e *René* — exemplificava concretamente a força poética e psicológica da angústia interior e da vida primitiva.

Ferdinand Denis Ferdinand Denis pode ser classificado como discípulo direto de Bernardin de Saint-Pierre e Chateaubriand, com influência lateral de Madame de Staël e (possivelmente através dela) Schlegel.

Interessado pela África, a Índia, a Arábia, a América, residiu no Brasil de 1816 a 1820 e escreveu abundantemente sobre nós e os portugueses. Humboldt, como assinala Le Gentil, influiu na sua visão do trópico, enquanto Chateaubriand lhe comunicou o interesse pelo índio, como fonte de poesia, e Bernardin de Saint-Pierre, o fervor pela natureza. Os anseios de autonomia e progresso, que presenciou aqui, fizeram-no interessar-se pelo problema da literatura nacional, pois já sabia, com Madame de Staël, que as artes e letras vinculam-se estreitamente ao estado da sociedade; e, com Schlegel, que cada nação destila por assim dizer uma literatura adequada ao gênio do seu povo — a grande fonte criadora; imitar é morrer. Mas ainda era preso à tradição clássica francesa e avesso a rupturas marcadas; a prudência de Mme. de Staël ia bem com o seu temperamento e suas admirações, como as que votava ao pré-romântico Senancour, de quem foi amigo fidelíssimo, e ao voltairiano Guinguené, redator do *Mercúrio Estrangeiro*, a quem se refere com veneração.

Postas estas bases, podemos imaginar em Denis um processo mental mais ou menos do seguinte teor: não se deve imitar servilmente os clássicos; muito menos o Brasil, que, sendo país novo, há de procurar expressão literária própria que exprima o seu gênio. A literatura vem de baixo, e os próprios primitivos têm capacidade poética; os primitivos brasileiros são os índios, que consequentemente devem ser tema literário e fonte de inspiração. Os sentimentos dominantes na literatura serão portanto o Nacionalismo, o Indianismo e o cristianismo, pois este foi o ideal que dirigiu a nossa colonização. A tradição clássica, levando à imitação do passado, não corresponde ao nosso gênio nacional, impede a comunhão do artista com a natureza misteriosa que o circunda no trópico e, sobretudo, liga-o a Portugal, isto é, ao jugo colonial. A língua e as imagens da literatura são, assim, estreitamente ligadas à sociedade.

A presença no Brasil de pré-românticos como ele foi importante, pois uma vez que as condições do país os convidavam a assumir atitude literária diferente do Classicismo, foram levados a aplicar ao nosso caso o que fornecia, neste sentido, a teoria europeia. Ante a exuberância da natureza tropical, a vastidão dos lugares desabitados, o silêncio, a solidão, as raças primitivas, sentiam como que a justificação desta teoria e a debilidade da tradição greco-latina. "Os arvoredos, flores e regatos bastavam aos poetas do paganismo; a solidão das florestas, o Oceano sem limite, o céu estrelado, mal chegam para exprimir o eterno e o infinito que enche a alma dos cristãos" — dissera Madame de Staël numa tirada à Chateaubriand.[2] Ao jovem Denis, tais frases seriam estímulo a ver, no Brasil, um país talhado para se exprimir segundo as novas diretrizes, sobretudo levando em conta as capacidades que nos reconhecia:

"Os brasileiros têm geralmente singular aptidão para o estudo das ciências e das letras; não trepidamos em afirmar que darão um dia, neste gênero, exemplos brilhantes ao resto do Novo Mundo"; éramos "um país que parece reservado a altos destinos científicos e literários."[3]

Em 1824, ilustra as teses de Chateaubriand e Madame de Staël, segundo uma orientação inspirada por Humboldt, em *Scènes de la nature sous les tropiques*, descrevendo romanticamente a nossa natureza como fonte de inspiração e criando, de certo modo, o nosso Indianismo romântico, no conto sobre os maxacalis, já referido neste livro. Mas é em 1826 que junta o *Resumo da história literária do Brasil* ao *Resumo da história literária de Portugal*, fundando a teoria da nossa literatura segundo os moldes românticos, num sentido que a orientaria por meio século e iria repercutir quase até os nossos dias.

2 Madame de Staël, *De l'Allemagne*, v. i, p. 150.   3 Ferdinand Denis, *Histoire géographique du Brésil*, v. i, respectivamente pp. 91 e 62.

Cabe-lhe, sem dúvida, o mérito de haver estabelecido a existência de uma literatura brasileira, o que Garrett apenas estava sugerindo ao mesmo tempo, na "Introdução" ao *Parnaso lusitano*. Nisto, foi fiel ao espírito moderno, nacionalista e liberal em política, schlegeliano em crítica, segundo o qual a diferenciação nacional acarreta forçosamente a diferenciação estética.

> O Brasil, que sentiu necessidade de adotar instituições diferentes das que lhe haviam sido impostas pela Europa já sente necessidade de haurir inspirações poéticas numa fonte que lhe pertença de fato; e, na sua glória nascente, bem cedo nos dará obras-primas deste primeiro entusiasmo, que atesta a juventude de um povo. Se esta parte da América adotou uma língua aperfeiçoada pela nossa velha Europa, deve todavia repelir as ideias mitológicas devidas às fábulas da Grécia: gastas pela nossa antiga civilização foram levadas a essas plagas onde as nações não as poderiam compreender bem, e onde deveriam ter sido sempre desconhecidas; não estão em harmonia nem de acordo com a natureza, o clima, as tradições [...]. Nessas belas paragens, tão favorecidas pela natureza, o pensamento deve crescer com o espetáculo que lhe é oferecido; majestoso, graças às obras-primas antigas, deve ficar independente e guiar-se apenas pela observação. A América, enfim, deve ser livre na sua poesia como no seu governo.[4]

Desta verdadeira proclamação de independência literária, como se poderia dizer glosando um escritor atual,[5] decorrem, do ponto de vista crítico, certos temas que serão condutores no Romantismo: estabelecimento de uma genealogia literária, análise da capacidade criadora das raças autóctones, aspectos locais como estímulos da inspiração.

Com Denis, principia (no que se refere aos dois últimos temas) a longa aventura dos fatores mesológico e racial na crítica brasileira, que Sílvio Romero levou ao máximo de sistematização. Era, com efeito, o tempo das especulações sobre o "espírito nacional" e a influência das latitudes; da peculiaridade das raças e atuação dos climas. Madame de Staël, continuando a linha francesa que teve em Montesquieu o maior expoente, acentuava a importância do fator geográfico, enquanto Schlegel, prolongando as cogitações de Herder, acentuava a do fator racial. "Literaturas do norte e do meio-dia", em Sismondi; "dos povos germânicos e latinos", em Schlegel; ambas as coisas

---

4 Ferdinand Denis, *Résumé de l'histoire littéraire du Brésil*, pp. 515-516.   **5** Jamil Almansur Haddad, *Revisão de Castro Alves*, op. cit., v. 3, p. 44: "O prefácio do Cromwell do Romantismo brasileiro não foi lançado em 1836, como afirmam os compêndios [...] mas em 1824 por um livro de Ferdinand Denis [...]".

em Madame de Staël, exprimem a entrada aparatosa da geografia e da etnologia na crítica. Com isto, ficou relegada, de fato, a segundo plano a correlação muito mais fecunda, entre literatura e instituições sociais, proposta com acuidade por Madame de Staël em *De la Littérature*, retomada mais tarde por Villemain, através do qual repercutiria frouxamente, no Brasil, em Sotero dos Reis.

No caso brasileiro, impunha-se, portanto, segundo os cânones do momento, considerar a raça e o meio. Quanto a este, tudo se resumiu em tiradas, como as já referidas, sobre a diferença e a grandeza da natureza tropical, originando forçosamente sentimentos diferentes. Daí um persistente exotismo, que eivou a nossa visão de nós mesmos até hoje, levando-nos a nos encarar como faziam os estrangeiros, propiciando, nas letras, a exploração do pitoresco no sentido europeu, como se estivéssemos condenados a exportar produtos tropicais também no terreno da cultura espiritual. Homens como Denis se encontram na origem de tal processo, e é claro que um francês acentuaria o encanto do local, vendo nele a contribuição que o Brasil poderia dar. Ainda hoje, os leitores estrangeiros aceitam muito melhor *Jubiabá*, de Jorge Amado, que lhes traz uma Bahia colorida e brilhante, que *Angústia*, de Graciliano Ramos, onde vão encontrar problemas longamente versados pelos seus próprios escritores. No entender dos franceses — como Denis, Monglave, Gavet — Durão era brasileiro, não Cláudio, pois aquele punha índios, flechadas e episódios históricos em cena, enquanto este falava a linguagem dos homens cultos de todo o Ocidente. O Romantismo embarcará nesta duvidosa canoa e nela se arriscará frequentemente, salvando-se, como vimos, na medida em que, sendo uma aceitação necessária e justa do detalhe local, é, ao mesmo tempo, prolongamento da atitude setecentista de promoção das Luzes; e a formação da nossa literatura só adquire sentido vista na inteireza dos dois movimentos solidários: o neoclássico, de integração; o romântico, de diferenciação.

Quanto à raça, Denis era otimista, dizendo coisas como estas, que embriagaram os nossos jovens reformadores e até hoje fazem parte do equipamento da crítica vulgar:

> Quer descenda do europeu, quer se tenha aliado ao negro ou ao primitivo habitante da América, o brasileiro é naturalmente inclinado a receber as impressões profundas; e para se entregar à poesia, não é preciso ter recebido a educação das cidades; parece que o gênio próprio de tantas raças diferentes se mostra nele. Sucessivamente ardente como o africano, cavaleiresco como o guerreiro das margens do Tejo, sonhador como o Americano, quer percorra as florestas

primitivas, quer cultive as terras mais férteis do mundo, quer apascente os seus rebanhos em pastagens imensas, é sempre poeta. (*Résumé*, p. 521)

Para ele, cada uma das nossas raças constitutivas possui caráter poético próprio. O índio é triste e melancólico; o negro, imaginoso, inflamado e comunicativo; o branco, nostálgico da civilização dos avós, entusiasmado pelo seu país. O mameluco é aventuroso, sonhador, capaz de grandes coisas, enquanto o mulato é amoroso e imaginoso como o árabe. Retomando uma preocupação dos *ilustrados* pernambucanos, que será dos mais persistentes lugares-comuns da nossa história oficial, lembra que as três raças assinalaram a sua importância na construção nacional ao se unirem na guerra contra os holandeses (pp. 523-525). Nem lhe faltou apontar que a cavalaria, tão necessária na fase inicial para configurar o próprio conceito do Romantismo, encontrava no Brasil correspondente entre os bandeirantes (p. 518).

Isto posto, restava-lhe apenas mostrar que não só o Brasil possuía uma literatura cuja história era possível fazer, mas que nela já se poderiam apontar certos traços precursores do Nacionalismo literário, bastando aos escritores atuais retomá-los e desenvolvê-los. Neste sentido traça o seu estudo, repetindo as notícias de Barbosa Machado (a ponto de ignorar, como este, Gregório de Matos) até a "escola mineira", quando entra a emitir juízos pessoais. Descartando Cláudio como demasiado europeu (pouco adequado ao seu propósito), trata bem Gonzaga, desleixa Silva Alvarenga e ressalta principalmente Durão e Basílio da Gama, em seguida Cruz e Silva, português que deu nas *Metamorfoses* um exemplo de aproveitamento adequado na natureza brasileira. Dentre os mais recentes destaca Sousa Caldas e, sobretudo, Borges de Barros (naturalmente por ser ministro em Paris), passando afinal aos historiadores e economistas, ao teatro e às artes.

Para ele, os grandes homens são os dois épicos, que abordaram o tema indígena, apontado como objeto principal da poesia brasileira. Do *Caramuru* (a que consagra dezenove páginas), diz que "é nacional e indica bem o alvo a que se deve dirigir a poesia americana". Preocupado, todavia, com o aproveitamento da nossa história, censura a Durão não ter aprofundado o tratamento dos fatos relativos à colonização, notadamente o conflito de Francisco Pereira Coutinho e Diogo Álvares (pp. 553 e 552-553). É fácil perceber que desta observação deve ter nascido em grande parte o estímulo para o *Jakaré-Ouassou*, de Gavet e Boucher.

As ideias de Denis aparecem, mais ou menos modificadas e fragmentárias, em todos os estrangeiros que trataram de passagem da literatura brasileira a partir de então, como os referidos romancistas, Monglave, o alemão Schlichthorst.

Garrett Garrett, em cuja crítica parece predominar a influência staëliana, fez simultaneamente a Denis um traçado histórico da poesia portuguesa, na referida "Introdução" do *Parnaso lusitano*, destacando a contribuição dos brasileiros, que para ele principia com a obra de Cláudio Manuel da Costa.[6] Por este lado, a sua contribuição é mínima; vale pelo fato de haver destacado os nossos autores, o que logo inspirou a Januário da Cunha Barbosa o seu *Parnaso brasileiro*, complemento natural do outro.

No entanto, as relações com os jovens brasileiros em Paris, e a afinidade entre a sua atitude crítica e a que eles vieram a assumir, sugerem uma influência, que poderá ter-se exercido não só pelo contato pessoal, mas pelos escritos que produziu, antes ainda de 1830, nos seus dois periódicos: *O Português* e *O Cronista* (1826-1827).

A sua posição é extremamente circunspecta; recebe com simpatia as obras românticas sem desmerecer as clássicas, anotando com bom humor os exageros do sentimentalismo, a mania medievalista, as irregularidades formais. Mas apesar das ideias de meio-termo, não o seduziram os produtos finais do Neoclassicismo, naquele momento transitivo: "Em geral nas novas poesias francesas encontra-se pouca naturalidade, sobejo artifício, e exceto nos versos dos srs. Casimir Delavigne e Afonso de Lamartine, pouca e forçada imaginação".[7] Numa preferência que revela o seu ponto de vista, considera o primeiro o "poeta francês atualmente o mais estimado dos seus, e porventura mais que nenhum o merece" (n. 6, p. 132). Comenta *Os Natchez* com apreço e admira os ingleses, principalmente Walter Scott, desejando que o romance histórico floresça em Portugal (n. 10 e 17). No fundo, é conciliador e equilibrado, como seriam sem exceção os nossos primeiros românticos.

> Não há coisa mais para rir do que ver uma jovem dama de Paris toda entusiasmada com a descrição dum castelo gótico, ou dum sítio romanesco, encantada das grosserias do Otelo inglês, ou das chalaças sensabor dos criados sentimentais dos sentimentalíssimos dramas de Kotzebue. Mas enfim, deixemos a cada qual com seu gosto. Em todos os gêneros há belezas, e em todos muito que admirar. Kotzebue tem cenas de infinito preço; Shakespeare rasgos de sublime, que o talento humano dificilmente igualará jamais. Sejamos tolerantes; admiremos os grandes gênios no que têm de admirável, seja qual for a sua escola ou sistema. Deixemos para a crítica invejosa e ferrugenta o esmiuçar defeitos para arguir, sem fazer caso das virtudes para louvá-las. (n. 7, p. 180)

6 "Bosquejo da história da poesia e língua portuguesa", *Parnaso lusitano*, v. 1, pp. XLIV- -XLV. **7** *O Cronista*, n. 1, p. 19.

Note-se a *"critique des beautés"*, propugnada por Chateaubriand, contra a carrancice formalista dos neoclássicos.

Nessa quadra era, pois, um romântico moderado, embora já autor do *Camões* e de *Dona Branca*, que, nas suas próprias palavras, "proclamaram e começaram a nossa regeneração literária; nacionalizaram e popularizaram a poesia que antes deles era, quase se pode dizer, somente grega, romana, francesa ou italiana, tudo menos portuguesa".[8] Aos jovens brasileiros, trazia não só este "cauteloso pouco a pouco" (Mário de Andrade), que era também o de Denis, e antes o de Madame de Staël em *De l'Allemagne* (que celebra no n. 2 d'*O Cronista*), mas o interesse pela atualidade literária da Alemanha e, sobretudo, Inglaterra. Seria conveniente averiguar onde buscou a sua divisão da poesia — mais dinâmica do que a predominante, que abrangia apenas a clássica e romântica:

> E são estes os três gêneros de poesia mais distintos, e conhecidos: oriental, romântico e clássico. O primeiro é dos salmos, de todos os livros da Bíblia, e ainda hoje seguido na Ásia. O segundo é o de Milton, de Shakespeare, de Klopstock, e de quase todos os ingleses e alemães. O terceiro finalmente é o de Homero e Sófocles, de Virgílio e Horácio, de Camões e de Filinto, de Tasso e de Racine. Os poetas espanhóis antigos escreveram quase todos no gênero romântico, ou naquele que outras regras não tem, mais que a imaginação e fantasia. Mas os modernos já se amoldaram ao clássico, e muitos deles têm progredido admiravelmente.
>
> Dos nossos portugueses, também alguns afinaram a lira no modo romântico, porém poucos.[9]

---

8 Manuscrito autobiográfico citado em Gomes de Amorim, *Garrett*, v. I, p. 363. **9** *O Cronista*, op. cit., n. 8, p. 179.

2.
Teoria da literatura brasileira

A crítica brasileira do tempo do Romantismo é quase toda muito medíocre, girando em torno das mesmas ideias básicas, segundo os mesmos recursos de expressão. Não se pode todavia negar-lhe compreensão do fenômeno que tinha lugar sob as suas vistas, e cujo sentido geral apreendeu bem, graças às indicações iniciais dos escritores franceses, embora nem sempre haja percebido os seus aspectos particulares.

Do ponto de vista histórico a sua importância é maior: ela deu amparo aos escritores, orientando-os, confirmando-os no sentido do Nacionalismo literário e, assim, contribuindo de modo acentuado para o próprio desenvolvimento romântico entre nós. Sobretudo, desenvolveu um esforço decisivo no setor do conhecimento da nossa literatura, promovendo a identificação e avaliação dos autores do passado, publicando as suas obras, traçando as suas biografias, até criar o conjunto orgânico do que hoje entendemos por literatura brasileira — um cânon cujos elementos reuniu, para que Sílvio Romero o definisse. Devemos, pois, entender por crítica, no período estudado, em primeiro lugar, as definições e interpretações gerais da literatura brasileira; em seguida, os esforços para criar uma história literária, superando a crítica estática e convencional do passado; finalmente, as manifestações vivas da opinião a propósito da arte literária e dos seus produtos atuais. Esta será, mais ou menos, a marcha do capítulo daqui por diante.

Provavelmente, as linhas internas de desenvolvimento não teriam conduzido a nossa literatura aonde foi depois de 1830; a renovação dependeu então, como sempre, do que se passava em nossas matrizes culturais. Daí a importância da crítica como tomada de consciência, como formação de um ponto de vista segundo o qual a literatura clássica se identificava à Colônia, e a literatura da pátria livre deveria se inspirar noutros modelos. No fundo, portanto, uma questão de modelos a seguir, como todos sentiam e se pode verificar no documento significativo que é a *Epístola* de Francisco Bernardino Ribeiro escrita com certeza nos primeiros anos do decênio de 1830 e largamente citada pelo século afora. Os gêneros clássicos são aí identificados à herança portuguesa, que o poeta aconselha seja repudiada, adotando-se em seu lugar o exemplo dos escritores que demonstraram fantasia criadora, fossem latinos, renascentistas ou modernos. Basicamente, é o argumento romântico que o escritor deve criar com independência, a partir das sugestões do mundo e do espírito, inventando, se for o caso, um universo fictício além da vida, mas de modo algum permanecer na rotina, escrevendo de segunda mão. Sente-se que invoca os estrangeiros como exemplos dessa atitude criadora; não como modelos a repetir.

> Imita o Anglo excelso, o Galo astuto
>
> ....
>
> Na lira entoa não ouvidas vozes,
> Sublime inspiração do estro divino.
> Ou se o mundo real, tudo o que existe,
> Te não desperta a mente, inflama o espírito,
> Da longa fantasia os campos ara.
>
> ....
>
> Aí tens o belo, o encantador Ovídio,
> Que te dirija os passos, aí tens o Ariosto,
> Byron, Sterne, Garrett, honra dos lusos.

Dada esta disposição de "arar os campos da longa fantasia", a medida acertada foi compreender que as modernas tendências românticas se adequavam às necessidades expressionais do jovem país. A crítica de Schlegel e de Staël, diretamente ou através de vulgarizadores, como Denis, deu elementos para os inovadores perceberem a dualidade Classicismo-Romantismo e, imediatamente, efetuarem a identificação — clássico igual a colônia; romântico igual a nação independente.

Em compensação, pouco avançaram no terreno crítico além dessas posições iniciais, que só foram superadas quando Sílvio Romero as retomou e reinterpretou, segundo os dados do espírito positivo, substituindo Denis por Taine como fanal de guia. A nossa crítica romântica se desenrolou, até a *História da literatura brasileira*, como um repisar das premissas do *Résumé*. O grande problema era definir quais os caracteres de uma literatura brasileira, a fim de transformá-los em diretrizes para os escritores. Neste sentido, foram indicados, nunca seriamente investigados nem mesmo debatidos, alguns traços cuja soma constitui o temário central da crítica romântica e podem ser expressos do seguinte modo, vendo-se que não passam, na maioria, de uma retomada das posições de Denis: 1) o Brasil precisa ter uma literatura independente; 2) esta literatura recebe suas características do meio, das raças e dos costumes próprios do país; 3) os índios são os brasileiros mais lídimos, devendo-se investigar as suas características poéticas e tomá-los como tema; 4) além do índio, são critérios de identificação nacional a descrição da natureza e dos costumes; 5) a religião não é característica nacional mas é elemento indispensável da nova literatura; 6) é preciso reconhecer a existência de uma literatura brasileira no passado e determinar quais os escritores que anunciam as correntes atuais. Este conjunto constituiu, então, o campo do que se pode chamar de "teoria geral da literatura brasileira", que agora se analisará, deixando para depois a discriminação dos demais gêneros críticos.

Magalhães Trouxeram-lhe contribuição alguns poucos, mas todos deram, a seu tempo, opiniões sobre um ou outro dos temas enumerados, a começar por Gonçalves de Magalhães com dois ensaios na *Niterói* e uma memória apresentada ao Instituto Histórico e Geográfico: "Discurso sobre a história da literatura do Brasil" e "Filosofia da religião" (1836); "Os indígenas do Brasil perante a história" (1859). Os três formam uma sequência coerente, mostrando, o primeiro, que o Brasil possuiu uma literatura ligada à sua evolução histórica e apresenta objetos dignos de inspirar os escritores; o segundo afirma que a religião é um dos elementos básicos da sociabilidade e deve, em consequência, transfundir-se nas produções do homem; o terceiro estuda a cultura dos índios, indicando a sua grande contribuição à nossa civilização, a sua capacidade poética e, mesmo, afirmando que constituem o elemento predominante em nosso tipo racial.

No primeiro escrito, Magalhães firma alguns pontos importantes. A literatura é a expressão de um povo, espelhando-se nela o que ele tem de mais alto e característico. Por isso, "cada povo tem sua literatura própria como cada homem seu caráter particular, cada árvore seu fruto específico".[10] Mas lembra que os contatos de civilização reúnem no mesmo tronco frutos originais e outros de empréstimo, que se cruzam, todavia, de modo a produzir uma feição própria, pois há sempre um tema central que define as épocas e exprime a homogeneidade dos povos, aparecendo a propósito um conceito caro aos pensadores alemães: "esta ideia é o espírito, o pensamento mais íntimo da sua época, é a razão oculta dos fatos contemporâneos" (p. 244).

O seu intuito seria mostrar a literatura como espírito da nossa evolução histórica — o que só faz por meras indicações preambulares, afogadas em digressões, talvez, em parte, por faltarem conhecimentos que a distância da pátria não permitia recordar ou adquirir. Não obstante, estabelece dois

---

10 D. J. G. de Magalhães, *Opúsculos históricos e literários*, p. 242.

princípios importantes: é preciso estudar os escritores brasileiros do passado para definir a continuidade viva entre ele e o presente. Mais ainda: isto deve ser feito sem partidarismo filosófico e estético, englobando todos os valores que produzimos. Citando Madame de Staël, que indicara antes que "a glória dos grandes homens é o patrimônio de um país livre" (p. 247); por isso, "nada de exclusão, nada de desprezo"; "depois de tantos sistemas exclusivos, o espírito eclético anima o nosso século" (p. 255). Vemos assim o ecletismo se ajustar a uma necessidade ideológica do Brasil de então: para estabelecer a conexão com o passado é preciso ter em conta os homens que o país produziu, clássicos ou não; os de ontem e os de hoje se unem, sobre as diferenças de escola, no processo histórico de formação duma continuidade espiritual. Tendo ele próprio começado nos arraiais do Neoclassicismo, sentiu bem a coesão do processo (que se tem procurado salientar neste livro), e quis superar o Classicismo sem vituperar os clássicos, antes recebendo-os com larga tolerância, como estava aliás no seu feitio de homem liminar.[11]

Isto posto, lamenta que a influência clássica, atribuída como culpa a Portugal, tenha impedido aqui o desenvolvimento de uma literatura baseada nas peculiaridades locais. Embora a literatura estivesse dominada pela tradição, teria sido possível aos nossos escritores ouvirem as inspirações da religião e do meio, libertando-se do universal, que a todos pertencendo, a ninguém caracteriza (pp. 256 e 259).

Seguindo Garrett mais que Denis, marca o início da nossa literatura no século XVIII, assinala a importância da vinda de d. João VI e define o momento em que escrevia como de influência francesa, contraposta à de Portugal (pp. 260-262). Em seguida, assenta as duas pedras fundamentais do Nacionalismo romântico: a força inspiradora da nossa natureza e a capacidade poética dos índios, motivada por ela. "Do que ficou dito, podemos concluir que o país se não opõe a uma poesia original, antes a inspira" (p. 269). Para isto, basta rejeitar a imitação dos antigos e ouvir as sugestões do meio com liberdade de espírito, pois (aqui entra o tema final deste artigo cheio de sugestões) "o poeta independente, diz Schiller, não reconhece por lei senão as inspirações da sua alma, e por soberano o seu gênio" (p. 270). Como se vê, é todo o temário do Romantismo que passa neste esboço inicial da sua teoria.

---

11 O apelo ao ecletismo é talvez um jeito pessoal de adotar o ponto de vista de Schlegel, que atacara vivamente os exclusivismos, a favor de uma crítica compreensiva: "Não há em poesia monopólio em benefício de certas épocas e regiões". *Cours*, op. cit., v. I, p. 33. Ver também p. 38.

Pereira da Silva No número 2 da mesma revista, Pereira da Silva estampa os "Estudos sobre a literatura", retomando certas posições de Magalhães em sentido mais geral, orientado de perto pelo livro de Madame de Staël, *De la Littérature*. No fundo, utilizando os conceitos com a mesma intenção: a literatura é expressão da sociedade e influi na sua vida espiritual; um país novo, como o Brasil, deve manifestar literatura própria, o que antes de mais nada depende de se rejeitar a imitação clássica para ouvir as inspirações locais. Para isto, aponta o Romantismo como guia, sendo o primeiro a fazê-lo explicitamente entre nós.

> A literatura é sempre a expressão da civilização; ambas caminham em paralelo: a civilização consistindo no desenvolvimento da sociedade e do indivíduo, fatos necessariamente unidos e reproduzindo-se ao mesmo tempo, não pode deixar de ser guiada pelo esforço das letras; uma não se pode desenvolver sem a outra, ambas se erguem e caem ao mesmo tempo.[12]

Em seguida, esta formulação de corte nitidamente staëliano, sobre a sua função social:

> A poesia é considerada no nosso século como representante dos povos, como uma arte moral, que muito influiu sobre a civilização, a sociabilidade, os costumes; sua importância na prática das virtudes, seus esforços a favor da liberdade e da glória lhe marcam um lugar elevado entre as artes que honram uma nação. (p. 237)

A respeito das novas correntes escreve:

> No começo do século a poesia romântica levantou seu estandarte vitorioso em toda a Europa; a França, a Itália, que até então tinham-se inteiramente lançado nos braços de uma poesia imitativa, contentes quebraram o jugo de bronze que lhes pesava [...]. Assim pois, hoje o horizonte da poesia moderna aparece claro e belo, as faixas e vestes estranhas, que sobre nós pesavam, caíram, e já nos adornamos com o que é nosso e com o que nos pertence. No Brasil, porém, infelizmente ainda esta revolução poética não se fez completamente sentir, nossos vates renegam sua pátria, deixam de cantar as belezas das palmeiras, as deliciosas margens do Amazonas e do Prata, as virgens florestas, as superstições e pensamentos de nossos patrícios, seus usos, costumes e religião, para saudarem os

---

12 J. M. Pereira da Silva, "Estudos sobre a literatura", *Niterói*, n. 2, p. 214.

Deuses do Politeísmo grego, inspirarem-se de estranhas crenças, em que não acreditamos, e com que nos não importamos, e destarte não passam de meros imitadores de ideias e pensamentos alheios. (pp. 237-239)

Note-se que aparece aí, embora sob o ângulo restritivo do Indianismo, a primeira indicação completa do que os jovens reformadores consideravam elementos do "Nacionalismo", fundado não só no pitoresco e na religião, como aparece na maioria dos escritos do tempo, mas também nas crenças e costumes, dando lugar a uma literatura popular, baseada no "espírito do povo" e na descrição dos seus tipos de vida e concepções.

Na comunicação inicial dos três brasileiros ao Instituto Histórico de Paris, referida noutra parte deste livro, Porto-Alegre, homem de bom senso, declarava que era preciso ter cautela com as divagações sobre a poesia dos nossos índios, meros cantos que não deixaram eco e não poderiam ser reunidos em corpus, como se fazia então com as tradições dos povos europeus e asiáticos: "Apesar desses belos romances com que se costuma embalar a credulidade europeia, os indígenas não possuem, no geral, o tipo de originalidade poética que lhes é aqui liberalmente atribuída".[13]

Com isto, desencorajava os eventuais Macphersons e talvez quisesse pôr certo cobro ao Indianismo de homens como Gavet e Boucher. No escrito acima, Pereira da Silva, ao contrário de Magalhães, é reticencioso no assunto. Alguns anos depois volta a ele com mais segurança que o amigo, estabelecendo a distinção, nem sempre devidamente observada pelos nossos românticos, entre poesia *dos* índios e poesia *sobre* os índios. Aquela não sobreviveu e é pueril querer tomá-la como início da nossa literatura: "Questiona-se hoje sobre a literatura que poderiam possuir esses povos, e a civilização que teriam atingido. Sonho nos parece semelhante pleito".[14] Mas aceita o tema indianista, o índio utilizado pelo homem culto como objeto da arte, e chega a ver nisto um elemento importante, pois é equivalente ao tema medieval (pp. 18-20). Como os predecessores estrangeiros e os contemporâneos brasileiros, acha que os escritores coloniais poderiam tê-lo feito.

A literatura brasileira do século XVIII, seguindo as mesmas pisadas das literaturas dos diversos Estados da Europa, máxime de Portugal, nada tem de nacional, senão o nome dos seus escritores, e o acaso de haverem no Brasil nascido. É fato que até este século que ora decorre, havendo o Brasil produzido tantos e

13 "Résumé de l'histoire de la littérature, des sciences et des arts au Brésil", op. cit., p. 49.
14 J. M. Pereira da Silva, PB (2), v. I, pp. 7-8.

tão grandes gênios, a todos ou a quase todos se possa imputar o defeito de limitarem muito os escritores europeus, e de se não entregarem ao voo livre de sua romanesca imaginação. Este defeito se tornou no século XVIII tão saliente, que os srs. Garrett e Ferdinand Denis, nos seus esboços de literatura, imediatamente o reconheceram, e fortemente o censuraram. (p. 31)

Mas de vez em quando, esses poetas versavam o tema local, como que envergonhados de se abandonarem às musas estranhas; isto era "como remorsos do criminoso" (p. 33). Com este conceito, Pereira da Silva definia o que expus no capítulo IX, "O nacionalismo literário": o tema nacional era uma espécie de dever patriótico; não cultivá-lo, gerava no escritor um senso de traição que angustiava a consciência. Por isso, na literatura passada destaca Santa Rita Durão e sobretudo Basílio da Gama, "de todos o mais nacional" (p. 43). Com eles, valoriza Sousa Caldas, o "primeiro lírico brasileiro".

Ainda não tinha aparecido Lamartine, com seus cânticos de dor, seus suspiros de entusiasmo religioso, seu arroubo celeste; e já Caldas tangia essa corda da lira moderna. Sua alma grande como o universo, sua imaginação vasta como o pensamento de Deus, e melancólica como o som da harpa no meio da escuridão das trevas, lhe haviam aberto a verdadeira estrada da poesia, dessa poesia sublime, inspirada pelo céu, e que hoje se tem apelidado *Romantismo*. (pp. 38-39)

Como se vê, na genealogia literária com que os românticos desejavam justificar a sua empresa e dar dignidade às nossas letras, eram sempre destacados esses três escritores, tão clássicos no espírito e na forma, mas próximos deles, como irmãos mais velhos, pelos temas. Note-se aliás que Sousa Caldas, completamente esquecido hoje, foi muito prezado durante o século XIX, aparecendo em destaque nas antologias, utilizado no ensino, geralmente louvado pela crítica.

Quanto a Torres Homem, basta referir que, no artigo sobre os *Suspiros poéticos*, nada mais fez que repetir as ideias de Magalhães. Deve-se todavia levar ao seu crédito não apenas a nítida compreensão do que significava este livro para a nossa literatura, mas, ainda, uma indicação inteligente dos temas e estados de espírito que, nele, representavam orientação nova, destinada a servir de modelo aos jovens brasileiros.

Joaquim Norberto Dentre estes, trouxeram reforço à teoria inicial do Nacionalismo literário Joaquim Norberto e Santiago Nunes Ribeiro. O primeiro foi talvez a figura central da crítica romântica, pela operosidade e constância com que se dedicou ao estudo da nossa história literária; o segundo morreu cedo demais para confirmar o que sugerem os seus poucos escritos, isto é, que seria talvez o melhor crítico da sua geração.

No setor das generalidades, que agora nos ocupa, Joaquim Norberto se aplicou em desenvolver as ideias de Magalhães, ou melhor, a maneira por que este expunha as ideias de Denis. A sua contribuição, neste sentido, pode ser dividida em duas fases, compreendendo a primeira os seguintes escritos: "Bosquejo da história da poesia brasileira", publicada em 1841 à entrada das *Modulações poéticas*; "Considerações gerais sobre a literatura brasileira", na *Minerva Brasiliense* (1843); "Introdução" à antologia publicada em colaboração com Emílio Adet, *Mosaico poético* (1844). A segunda fase, que deixaremos para depois, compreende principalmente os artigos publicados na *Revista Popular* (1859-1860), constituindo os capítulos iniciais de uma projetada história da literatura brasileira que não terminou.

A exemplo de Magalhães, assinala a capacidade poética dos índios e chega a considerá-los iniciadores da nossa literatura, fundando-se vagamente em cantos recolhidos ou aproveitados pelos catequizadores:

> As encantadoras cenas, que em quadros portentosos oferece a natureza em todos os sítios os inspirava, e de povos rudes e bárbaros faziam-nos poetas. No seu estudo, pois, se encerram verdadeiramente as primeiras épocas da nossa história literária, e que fora curioso indagar nesses monumentos que dizem existir nas velhas bibliotecas de alguns mosteiros.[15]

Já vimos no capítulo IX, ao tratar do Indianismo, trechos de outro artigo seu, em que dá balanço nos aspectos poéticos da cultura tupi, reputando-a tão capaz de inspirar os poetas quanto a medieval, em que se perdia a imaginação dos românticos. Ela representava

> um povo heroico que merece de ser cantado, cuja coragem, aniquilada pelos europeus, fora pelos europeus admirada, e que talvez com ela tivesse submetido os povos que o conquistaram, se seus antigos ódios não obstassem a junção de tanto milhar de tribos, que poderiam como um muro de bronze opor enérgica resistência à escravidão europeia.[16]

Textos como estes mostram certos aspectos extremos do Nacionalismo romântico, segundo os quais o ideal teria sido um Brasil desenvolvido a partir

---

15 Joaquim Norberto de Sousa Silva e Emílio Adet, *Mosaico poético*, "Introdução", p. 10. **16** Joaquim Norberto de Sousa Silva, "Considerações gerais sobre a história brasileira", MB, v. II, p. 415.

da evolução própria dos habitantes primitivos, sem colonização portuguesa, fornecendo aos pósteros um rico acervo inicial de tradições e poesias heroicas, que lhes serviram para construir uma literatura ossianesca, reluzente de autenticidade brasileira, livre das deformações clássicas...

A Norberto devemos ainda a primeira tentativa de distinguir períodos configurados em nosso passado literário, o que fez no "Bosquejo", distinguindo seis épocas; a primeira, abrangendo os séculos XVI e XVII; a segunda e a terceira, respectivamente a primeira e a segunda metade do século XVIII; a quarta, do início do século XIX à Independência; a quinta, daí à "reforma da poesia"; esta, que define a sexta, foi principiada com "meu mestre", o "rei das canções", o "bardo brasileiro", o "distinto poeta sr. dr. J. G. de Magalhães". Divisões na maioria mecânicas, como se vê, mas que em todo caso representam um começo.[17]

Santiago Nunes Ribeiro Mais razoável é a divisão de Santiago Nunes Ribeiro:

> Nós entendemos dividir a história da literatura brasileira em três períodos. O primeiro abrange os tempos decorridos desde o descobrimento do Brasil até o meado do século XVIII. Cláudio Manuel da Costa faz a transição desta época para o segundo, que termina em 1830. Os padres Caldas e São Carlos, bem como o sr. José Bonifácio, formam a transição para este terceiro em que nos achamos.[18]

Como se vê é, em linhas gerais, a que se aceita ainda hoje, sendo de notar o critério valioso de estabelecer zonas e autores de transição e o sentimento muito mais firme dos blocos de produção literária.

Talento e equilíbrio aparecem nos poucos escritos que deixou, todos publicados na *Minerva Brasiliense*, de que foi um dos fundadores e, a partir do 3º e último volume, diretor, em substituição a Torres Homem. O principal é um ensaio, "Da nacionalidade da literatura brasileira", escrito com ordem e lógica, sem as lacunas dos predecessores, com muito mais discernimento e informação teórica. A começar pela epígrafe, tomada ao *Hamlet*: "*Poets are abstract and brief chronicles of the time*".

Com este brasileiro adotivo (nascera no Chile e viera menino para cá), a teoria nacionalista dos fundadores do nosso Romantismo atinge ao mesmo tempo o máximo de radicalismo e de compreensão. A tese, desenvolvida com boa lógica, é a seguinte: o Brasil tem literatura própria desde a Colônia, pois sendo a literatura expressão do espírito de um povo, e dependendo este das

---

17 Id., "Bosquejo da história da poesia brasileira", pp. 15-53.   **18** Santiago Nunes Ribeiro, "Da nacionalidade da literatura brasileira" etc., MB, v. I, p. 23.

condições físicas e sociais, é impossível que um país tão caracterizado geograficamente não determine uma orientação definida nas manifestações intelectuais. Neste sentido, rebate não só os que negam a autonomia, como Gama e Castro, alegando que não há duas literaturas dentro da mesma língua; mas ainda os que a consideram imitadora das estrangeiras, isto é, Denis, Garrett, Magalhães, Norberto, Torres Homem... Esta parte final é extremada, mas exprime não obstante um fato curioso: Santiago foi o único a levar às consequências lógicas o realce dado pelos românticos à ação dos fatores locais. Se estes agem, então devem forçosamente produzir algo específico, diferente do que se dá em outros lugares, sob a influência de outras condições. Mas o homem não se submete passivamente a tais influências; ele as enfrenta, e o que resulta é produto do embate. Ressaltando este papel ativo na história, justifica em parte os clássicos brasileiros, indicando, de um lado, que não poderiam, num momento de predomínio daqueles padrões, ter escapado ao seu influxo; de outro, que não se submeteram passivamente, mas registrando na sua obra as impressões devidas às circunstâncias locais. Portanto, se houve imitação inevitável, houve também reação original; daí não se poderem considerar os nossos velhos escritores meros reflexos da Europa.

Boas verdades, repassadas de um senso histórico que falta completamente a qualquer outro crítico brasileiro antes de Sílvio Romero, e fazem lamentar que o seu autor tivesse morrido na quadra dos vinte anos, quando apenas começava a escrever e ordenar as ideias. Vejam-se alguns exemplos da superioridade do seu "tom".

> Não é princípio incontestável que a divisão das literaturas deva ser feita invariavelmente segundo as línguas em que se acham consignadas. Outra divisão, talvez mais filosófica, seria a que atendesse ao espírito que anima, à ideia que preside aos trabalhos intelectuais de um povo, isto é, de um sistema, de um centro, de um foco de vida social. Este princípio literário e artístico é o resultado das influências, do sentimento, das crenças, dos costumes e hábitos peculiares a um certo número de homens, que estão em certas e determinadas relações [...]. As condições sociais e o clima do Novo Mundo necessariamente devem modificar as obras nele escritas nessa ou naquela língua da velha Europa. Quando vemos que o organismo dos seres vivos não pode subtrair-se à ação dessas causas naturais, como não admitir que as faculdades mais nobres participem da ação dessa influência e que os produtos da inteligência devem ressentir-se dela? [...] A escola histórica de Hegel tem posto a questão dos climas na sua luz verdadeira, com a superioridade de vistas que (a) distingue. As influências que ela chama exteriores, o clima, as raças etc. são outras tantas fatalidades naturais com as quais

a humanidade travou a luta que os séculos contemplam. O progressivo triunfo, a emancipação da liberdade, do eu, é o resultado que ela nos vai dando. (pp. 9-10)

Por isso mesmo, o escritor é até certo ponto sujeito aos padrões da sua época; censurar em nossos autores coloniais a fidelidade aos que então se impunham é uma incoerência histórica. O Romantismo, que mostrou a estreiteza da crítica clássica, não pode gerar uma estreiteza correspondente:

Quando não se atende ao caráter de cada uma das fases literárias, a cada uma das modificações que a arte recebe das causas interiores e exteriores, não se faz justiça aos homens desta ou daquela época, só porque vemos neles o que chamamos defeitos. Esta crítica estreita foi a do século passado. Foi preciso que ela desaparecesse e cedesse lugar a outra mais ilustrada, liberal e compreensiva para que justiça fosse feita a Homero, Dante, Shakespeare e Calderón, em cuja obra se acham certas formas que parecem imperfeitas e até monstruosas aos que tudo querem referir a um tipo. Mas o Romantismo, que muito contribuiu para que esta crítica liberal predominasse, terá razão em pretender que as literaturas de outras épocas carecem de beleza neste ou naquele dos seus aspectos, só porque nele não se acha a forma que nos agrada? Não, isto seria voltar aos princípios acanhados da crítica dos clássicos. Procuremos pois compreender que o gosto é, como Goethe o ensina, a justa apreciação do que deve agradar em tal país ou em tal época, segundo o estado moral dos espíritos. Ora, como conhecer o estado moral sem atender à religião, aos costumes, às instituições civis? Quem quiser estudar a literatura fora de tudo quanto forma ou contribui à existência social de um povo criará uma espantosa mentira, como Chateaubriand lhe chama. (pp. 12-13)

Vemos que tendia para um ângulo relativista, baseado na correlação entre literatura e sociedade nos diferentes momentos históricos, segundo um critério dinâmico fornecido pela interação dos homens com os fatores da sua existência. Baseado em Madame de Staël e Hegel, obteve assim uma visão *ativa*, libertando-se da rigidez a que os seus contemporâneos brasileiros se submetiam, no afã da polêmica anticlássica. Graças sem dúvida à leitura de Schlegel (que cita), pôde compreender o sentido histórico das categorias *clássico* e *romântico*; e embora visse na última a condição de eficácia literária no mundo contemporâneo, nem por isso punha de lado os bons produtos da outra. A enumeração que faz nas linhas citadas há pouco, onde irmana o *clássico* Homero aos *românticos* Dante, Calderón e Shakespeare, mostra ao mesmo tempo a diretriz schlegeliana e o desejo de compreender a contribuição dos poetas anteriores ao Romantismo. Quanto aos nossos coloniais, acha que se equiparam aos melhores portugueses, sendo notável a parcimônia com que seguiram a moda clássica. Sente apesar de tudo, em face deles, uma espécie de nostalgia por não terem sido mais ousados; não que pudessem ter sido românticos antes da hora (como queriam Denis, Garrett e os seus seguidores brasileiros); mas porque lhe pareceria com certeza, conforme Schlegel, que o Neoclassicismo — o Classicismo nos modernos — é sempre imitação de um passado que não encontra correspondência nas condições atuais; portanto, uma renúncia à originalidade criadora.

Este ensaio de Santiago Nunes é o momento decisivo na elaboração de uma teoria geral da literatura brasileira como algo independente. Os escritos de Januário, Magalhães, Pereira da Silva, tinham provocado opiniões adversas, que a reputavam inseparável da portuguesa; manter o ponto de vista autonomista era essencial, nessa fase em que o impulso criador se ligava estreitamente ao desígnio ideológico de colaborar na construção nacional. Refutando Abreu e Lima, e também Gama e Castro, Santiago Nunes colaborava neste propósito, e a firmeza das suas razões não tardou em suscitar controvérsia, gerando-se uma pequena polêmica, cujas linhas gerais se podem traçar do seguinte modo: em 1841, artigo de Gama e Castro sob o título "Satisfação a um escrupuloso", quiçá contra o "Bosquejo", de Norberto; em 1843, ensaio de Santiago, respondido por um anônimo do *Jornal do Commercio* sob o título "Reflexões sobre a nacionalidade da literatura brasileira". Santiago replica na *Minerva Brasiliense* sob o título original do seu estudo, e é de novo contestado pelo anônimo; entra em campo o venerável Januário da Cunha Barbosa, na *Minerva*, para transcrever um discurso de Édouard Mennechet, recentemente proferido em Paris num Congresso de História, sobre o problema da nacionalidade em literatura.[19] Isto mostra que o assunto era palpitante; e embora não se haja dito coisa nova depois de Santiago, ele prosseguiu em tela por muitos anos, alimentando veleidades críticas.

Novamente Joaquim Norberto Pode-se considerar que o balanço foi dado por Joaquim Norberto de 1859 a 1862, nos capítulos da inacabada história da nossa literatura que publicou na *Revista Popular*, e abrangem justamente os temas debatidos. O principal orientador da revista, cônego Fernandes

---

19 Não conheço diretamente os artigos de Gama e Castro e do anônimo, que se podem avaliar pelas citações de Santiago e de Norberto. Ver Santiago Nunes Ribeiro, op. cit. e mais MB, v. I, pp. 111-115; Januário da Cunha Barbosa, MB, v. I, pp. 168-172; Joaquim Norberto, RP, tomo VI, pp. 303-305 e tomo VII, pp. 101-104 e 153-163

Pinheiro, era contra a tese da autonomia total, isto é, desde as origens; mas recebeu com tolerância a contribuição do amigo. Percorrê-la, é ler o que o Romantismo produziu de mais completo no assunto como quantidade e sistematização.

Norberto principia celebrando a nossa natureza, para argumentar que deveria forçosamente inspirar obras literárias; além disso, afirma a "proverbial propensão dos brasileiros para as letras", como se verifica desde o início da colonização, apesar do despotismo português ter impedido o quanto pôde a expansão do nosso gênio nacional.[20] Passando à questão da "nacionalidade" da literatura, funda-se principalmente em Santiago e traz alguns complementos. Mostra que o sentimento nacional foi se diferenciando lentamente entre nós, como prova a rivalidade com os colonizadores, não raro gerando conflitos e lutas; e os talentos brasileiros se afirmaram desde cedo, chegando a antecipar os portugueses na reforma arcádica: "[...] quando Garção, Diniz e outros empreenderam a reforma da poesia portuguesa [...] não acharam em Cláudio Manuel da Costa um digno predecessor?".[21]

Em seguida, afirma que o Novo Mundo é uma fonte original de inspiração para os poetas, o que é fundamental para a formação da literatura, visto como o mundo exterior influi diretamente no espírito. A este propósito, alinha uma quantidade de citações, ressaltando o significado da obra de Humboldt:

O ilustre sábio [...] que averiguou com a profundidade dos seus conhecimentos a força do reflexo do mundo sobre a imaginação do homem, bem deixa ver em suas eruditas pesquisas sobre o sentimento da natureza, segundo a diferença das raças e dos tempos, toda a importância dos países americanos quando vieram pelo seu descobrimento a concorrer com o contingente de magníficas imagens.[22]

A próxima etapa é a discussão sobre a originalidade — dependente da harmonia entre a literatura produzida e a natureza que a inspira, o que lhe parece verificar-se no nosso caso.

A originalidade da literatura de qualquer nação se demonstra por si mesma. Transuda de suas obras nessa cor local que provém da natureza e do clima do país. Patenteia-se dando a conhecer-se nos próprios costumes, usos e leis da sociedade.

---

20 Joaquim Norberto de Sousa Silva, "Introdução histórica sobre a literatura brasileira", RP, tomo IV, pp. 357-364   **21** Id., "Nacionalidade da literatura brasileira", RP, tomo VI, pp. 153-163 e 201-208; a citação é da p. 205.   **22** Id., "Da inspiração", RP, tomo XVI, pp. 261-269. A citação é da p. 263.

Mostra-se nas inspirações da religião que segue o povo. Distingue-se finalmente nas ficções históricas, derramando um reflexo dessa glória que faz pulsar de entusiasmo os corações bem gerados. Assim a literatura que não for servilmente modelada por outra ou que não tiver nascido debaixo da sua influência, apresentará sempre uma tal ou qual originalidade proveniente do espetáculo da natureza etc.[23]

Os nossos primeiros poetas não foram tão originais quanto poderiam ter sido porque as influências locais se atenuaram ou desviaram pela educação portuguesa, e sobretudo a pressão dos modelos de além-mar (p. 161). Deste modo, a originalidade se intensificará à medida que predominarem sugestões brasileiras. "A independência política nos trouxe a independência literária" (p. 200).

Com isto considera encerrada a parte introdutória da obra e entra no estudo da literatura propriamente dita — dedicando-lhe apenas dois capítulos, que para nós se enquadram ainda na parte anterior: um sobre a poesia dos índios e outro sobre a literatura da catequese. Para ele, as lendas e cantos dos aborígines, sobretudo dos tupis, que reputa os mais inspirados e ricos sob este aspecto, constituem a literatura do "1º século", ao lado dos autos sacramentais, poesias e discursos em língua geral, que os jesuítas produziram para fins de conversão e instrução religiosa. Nesta parte, pouco avança além do que haviam dito os predecessores, mas produz em abono uma cópia muito larga de textos, firmando-se principalmente nas lendas cosmogônicas. Na parte da literatura catequética é mais completo que outro qualquer, utilizando com inteligência o testemunho de Fernão Cardim.[24] Chegando ao fim das suas considerações, notamos claramente o papel que se atribuía então ao Indianismo, ou seja, recuperar a poesia nacional, entroncando-a na dos aborígines, que foram, segundo os teóricos nacionalistas radicais, os nossos primeiros e mais legítimos poetas.

Assinalemos a pouca originalidade de Norberto, que ainda aqui deu largas à sua tendência compilatória, bem como ao apreço pelo argumento de autoridade, alinhando subsídios pouco digeridos criticamente, além de retomar em alguns passos trechos inteiros de artigos seus anteriores; o progresso que há sobre estes é devido sobretudo à impregnação de Santiago Nunes, cujas ideias lhes servem de esteio, explícita ou implicitamente.

---

23 Id., "Originalidade da literatura brasileira", RP, tomo IX, pp. 160-161. **24** Id., "Tendência dos selvagens brasileiros para a poesia", RP, tomo II, pp. 343 ss.; tomo III, pp. 5 ss.; tomo IV, pp. 271 ss.; "Catequese e instrução dos selvagens brasileiros pelos jesuítas", RP, tomo III, pp. 287 ss.

Depois disso, nada mais se encontra para registrar de novo no assunto, embora este tenha sido repisado inflexivelmente por articulistas de vário porte; por escritores em prefácios e justificações pessoais; por estudantes nas suas folhas literárias. Sabemos, como efeito, que todo o período romântico foi de consciência aguda de *fundação* da nossa literatura; logo, de justificação da sua existência, proclamação da sua originalidade etc.

Contra o Nacionalismo Mas não sem controvérsia. Os artigos citados provocaram réplica no *Jornal do Commercio*, por parte de alguém acobertado sob o pseudônimo de *Scot*, e houve gente de responsabilidade que negou, no todo ou em parte, a "causa americana", como chama Norberto significativamente ao ponto de vista nacionalista.[25]

É preciso agora, com efeito, mencionar este fenômeno de contracorrente; a opinião dos que negavam caráter distinto à nossa literatura, reputando-a, no todo ou na parte inicial, mero galho da portuguesa, sem com isso deixarem de ser nacionalistas a seu modo, isto é, vendo no seu enriquecimento uma forma de grandeza nacional. É o caso de um jovem do maior talento, Álvares de Azevedo, e de um compassado canastrão, o cônego Fernandes Pinheiro. O primeiro, no estudo sobre "A literatura e a civilização em Portugal", acha que a individuação literária depende da linguística:

> Quanto a nosso muito humilde parecer, sem língua à parte não há literatura à parte. E (releve-se-nos dizê-lo em digressão) achamo-la por isso, se não ridícula, de mesquinha pequenez essa lembrança do sr. Santiago Nunes Ribeiro, já dantes apresentada pelo coletor das preciosidades poéticas do primeiro *Parnaso brasileiro*.[26]

Reconhece que a poesia americana de Gonçalves Dias é nacional; mas entra logo numa digressão algo confusa, cujo resultado parece o seguinte: é um nacional exótico, que não basta para conferir-lhe autonomia; os poemas orientais de Victor Hugo ou Byron não deixam de ser franceses ou ingleses. Acha que a literatura é "resultado das relações de um povo", mas a língua também o é, e exprime, no caso brasileiro, sentimentos que não se diferenciam dos portugueses a ponto de dar origem a uma nova literatura. Basílio e Durão "não foram tão poetas brasileiros quanto se pensa" — ajunta numa imprecisão derradeira, pois deixa implícito que há alguma coisa como ser "poeta brasileiro" (pp. 340-341). O fato é que Álvares de

---

25 Sobre Scot, consultar RP, tomo VII, p. 153.   **26** Álvares de Azevedo, "A literatura e a civilização em Portugal", *Obras completas*, v. 2, p. 340.

Azevedo era escritor de tendência universal, menos interessado no particularismo literário, como foi dito no decorrer deste livro. Via a literatura mais sob o ponto de vista do valor e do significado geral que do sentimento local; por isso ponderava:

> [...] ignoro eu que lucro houvera — se ganha a demanda — em não querermos derramar nossa mão cheia de joias nesse cofre abundante da literatura pátria; por causa de Durão, não podermos chamar Camões nosso; por causa, por causa de quem?... (de Alvarenga?) nos resignarmos a dizer estrangeiro o livro de sonetos de Bocage! (p. 340)

Por isso, "literatura pátria", "nossas letras", se referem sempre na sua pena à portuguesa.

A opinião de Fernandes Pinheiro é mais justa e clara; não há literatura brasileira antes do Romantismo porque, até então, apesar de particularidades manifestas, os nossos autores nada exprimiam de diferente dos portugueses. Foram "gloriosos precursores", mas

> não descobrimos [...] em seus versos uma ideia verdadeiramente brasileira, um pensamento que não fosse comum aos poetas de além-mar [...]. Se por empregarem alguns nomes indígenas devem esses autores serem classificados na literatura brasileira, injusto fora excluir da indostânica Camões, Barros e Castanheda.[27]

> [...] formamos primeiro uma nação livre e soberana antes que nos emancipássemos do jugo intelectual; hasteamos o pendão auriverde, batizado pela vitória nos campos de Pirajá, muito tempo antes que deixassem de ser as nossas letras pupilas das ninfas do Tejo e do Mondego.[28]

Como se vê, foi este o principal problema crítico dos românticos; a tal ponto que se comunicou aos pósteros, e ainda hoje vemos gente seriamente ocupada em traçar limites, avançar ou recuar barreiras, discutir como e quando passamos a ter uma literatura independente. O problema não foi inócuo no século passado; primeiro, porque se vinculava então muito estreitamente a expressão literária ao sentimento pátrio; segundo, porque fazia parte dum ciclo de tomada de consciência nacional, de que a literatura foi um dos fatores. Na medida em que só nos conhecemos quando nos opomos, a alguém ou a alguma coisa, esse diálogo reivindicatório com Portugal foi um bom auxiliar de crescimento.

---

27 Joaquim Caetano Fernandes Pinheiro, *Curso elementar de literatura nacional*, p. 10.　**28** Ibid., p. 534. Ver também do mesmo autor o *Resumo de história literária*, v. 2, p. 293.

3.
Crítica retórica

O Romantismo e o Nacionalismo legaram uma grande aversão pela retórica e a poética dos neoclássicos, que pareciam representar o próprio código da escravidão literária. Aquelas regras constritoras, originadas havia mais de dois mil anos, exprimiam o avesso do espírito criador, que, em princípio, se justificava não pela adesão a moldes genéricos, mas pela expansão livre do talento.

Natural que assim fosse. A poética tradicional era útil enquanto valesse a compartimentação dos gêneros, e enquanto a arte, não o artista, fosse o termo superior. Quanto à retórica, o êxito da prosa de ficção tornou quase de todo inoperantes as suas receitas, que pressupunham a eloquência como gênero orientador do gosto. Ambas deixavam logicamente de tiranizar os escritores, desde que eles se decidiram, segundo uma expressão famosa, a cobrir com um barrete frígio o dicionário e a gramática.

Impunha-se, no caso, um esforço de codificar, ou ao menos sistematizar os princípios da corrente nova, para oferecer ao neófito e ao amador o mínimo de formação artesanal indispensável à prática e à apreciação das obras literárias. Mas aí intervieram vários fatores, que impediram essa refusão e favoreceram, na literatura, um estado de acentuada ambiguidade, como se verá a seguir.

Em primeiro lugar está a própria natureza do espírito romântico, avesso a traçar normas para um instrumento que lhe parecia vago, desprovido da soberania que lhe conferiram os clássicos. Por ser imperfeita e insatisfatória, a palavra se tornou paradoxalmente soberana a seu modo, na medida em que aumentou a liberdade do intermediário que a usava — o escritor — agora considerado termo predominante na fatura da obra de arte. Mas, ao mesmo tempo, a estrutura do verso não se modificou essencialmente, e isso facilitou a aceitação das normas já comodamente existentes para a sua elaboração. Ainda mais: o ensino permaneceu, com a sua tendência conservadora, a ser ministrado segundo os critérios estabelecidos, como uma gramática literária. Acresce ainda, no Brasil, a circunstância do Romantismo não ter aparecido como ruptura, mas, de um lado, como continuação; de outro, como início de um período auspicioso, logo incorporado à ideologia oficial, nas formas moderadas e transicionais com que surgiu. Só falta acrescentar o fato de não ter aparecido nenhum espírito crítico exigente ou capaz de reinterpretar a velha poética, adequando-a ao espírito novo.

O resultado foi que a retórica e a poética permaneceram intactas pelo século a fora, e até quase os nossos dias, criando uma estranha contradição, nesse movimento que preconizava a liberdade e a renovação da palavra. Tanto mais prejudicial, quanto ficou entregue a espíritos secundários; na maioria dos casos, professores despidos de gosto e senso da literatura. Quando algum talento se arriscava nas suas malhas ossificadas, era para nelas perder qualquer originalidade, como foi o caso de Junqueira Freire.

O mau efeito desse estado de coisas veio em grande parte do fato de que, durante todo o século XIX (pode-se dizer até os nossos dias), o ensino da literatura se fez como mero capítulo do ensino da língua, para não escrever da gramática, pautando-se por aquela orientação clássica, em muitos pontos incompatível com a literatura que se desenvolveu após 1830. Ensino baseado na convicção de que o gênero, não a obra, é a realidade básica, havendo-os nitidamente estanques e definíveis por características fixas, a que se deveriam ater os escritores; que as obras se compõem de partes racionalmente traçadas e o estilo é construído pela aplicação de regras, relativas à sua intensidade, variação, disposição das palavras etc.; que existem, em suma, uma retórica e uma poética irmanadas, e a literatura é empresa racional, cuja anatomia se faz por meio de critérios fixos, constituindo verdadeiras receitas, que permitem ao iniciado manipular por sua vez as palavras rebeldes. Assim estudaram os primeiros românticos, assim estudaram os românticos da última fase, assim estudou ainda a minha geração.

Um espírito largo, o conselheiro Lafayette Rodrigues Pereira, assinalava agudamente esse estado de "demora cultural" representado por uma crítica tão em desacordo com o espírito do século.

> A crítica da escola antiga, como o sabem todos que se dão a este gênero de estudos, nascida na Idade Média, filha da filosofia escolástica, nada mais era do que a aplicação nua e descarnada das regras aristotélicas e horacianas aos produtos do engenho humano; era uma operação mecânica que consistia em comparar o texto, isolado de suas afinidades históricas, com as máximas recebidas. Esta escola tacanha, árida e estéril assentava em uma base falsa: tomava as manifestações do belo por via da palavra — os monumentos da poesia e da eloquência, como dados matemáticos; mutilava cruelmente o fato literário; ignorando que a literatura é a vida de um povo em cada época, de suas ideias e sentimentos, de seus hábitos e costumes, de seus preconceitos e aspirações.

A velha escola tem ainda adeptos aqui no Brasil, em Portugal e até nos mais cultos países da Europa. Ela aí anda a esterilizar a imaginação da mocidade na *Poética* de Freire de Carvalho, no *Bosquejo* da literatura do sr. Figueiredo, em mil outros *compêndios de retórica.*[29]

Este trecho de um intelectual insuspeito, pois dado às melhores letras clássicas, mostra que havia consciência do conflito e que se aspirava a uma concepção de literatura diferente da que nutria o programa das escolas, e acabava interferindo na atividade crítica.

A resistência do ensino oficial à literatura viva foi um dos responsáveis pelo divórcio entre a literatura e os leitores, tão acentuado no Brasil, sobretudo no período que estudamos. E produziu uma consciência dilacerada, que reconhece e ao mesmo tempo rejeita as normas que escravizam a palavra, fazendo dos nossos escritores um misto, não raro desagradável, de românticos e clássicos, homens de imaginação livre e forma escrava — como podemos verificar abrindo as prosas de Álvares de Azevedo, aluno sempre consciencioso, que passou a curta vida obedecendo, de um lado, ao desvario vocabular do Romantismo, de outro, ao pedantismo gramatical do ensino.

Notemos que, durante todo o século XIX, não se produziu dentro dessa orientação preceptiva nenhuma obra equivalente à bela *Arte poética*, de Cândido Lusitano, escrita num tempo em que certas normas tinham sentido e a imaginação do escritor se acomodava com facilidade aos seus ditames. Ela parece mais livre e moderna que as do tempo do Romantismo, com a sua confiança no gosto, o apelo ao "furor poético", a fé no discernimento da razão para orientá-lo.

Os que cultivaram este gênero entre nós se pautaram, em geral, pelas *Lições de retórica e belas-letras*, de Hugh Blair, diretamente ou através do mau imitador português Francisco Freire de Carvalho. Mas não aproveitaram o que havia de aplicável à situação moderna no seu excelente livro, que ainda hoje se consulta com prazer e vantagem. Blair esteve diretamente ligado ao movimento protorromântico das antigualhas escocesas, tendo apadrinhado as estripulias ossianescas de Macpherson. Embora elaborado no molde neoclássico tradicional, o seu livro se caracteriza por grande abertura de espírito. Assim, no estudo liminar sobre o gosto, combina compreensivamente as normas racionais e o bom senso com o respeito ao quid individual, ressaltando

---

29 Lafayette Rodrigues Pereira, "Literatura: Curso de literatura portuguesa e brasileira proferido pelo sr. F. Sotero dos Reis" etc. em apêndice a Antônio Henriques Leal, *Pantheon maranhense* etc., v. I, pp. 308-309.

a importância, em literatura, do fator específico que ele representa. Aceita a liberdade do talento criador — o gênio — exemplificando-as com Shakespeare, grande apesar de violar as normas; estas são necessárias, mas não absolutas.[30] No estudo do efeito produzido pelas obras, distingue o belo e o sublime, estudando este com um discernimento que se aproxima dos pontos de vista românticos (pp. 65-83). Por isso tudo, os críticos do Romantismo poderiam ter explorado os seus germens de progresso para a elaboração de uma estética moderna, mas preferiram, invariavelmente, apegar-se ao lastro tradicional da sua obra, piorando-a sob todos os aspectos. É o caso (para citar um exemplo) da sua opinião sobre o romance, reservada, mas simpática e compreensiva; no entanto, foi provavelmente sobre ela que Fernandes Pinheiro baseou o seu ponto de vista, de intolerável filistinismo, em que permanecem apenas a reserva e a incompreensão. Entretanto, o escocês escrevia em 1783 e ele em 1850...[31]

Dos livros inspirados em Blair, mencionemos: *Elementos de retórica nacional*, de Junqueira Freire; *Lições elementares de literatura*, de Montefiore; *Postilas de retórica e poética*, de Fernandes Pinheiro e *Sinopse de eloquência e poética nacional*, de Honorato, devendo notar-se que os quatro autores são eclesiásticos. O primeiro é o mais bem escrito e pessoal; o último, o mais informativo e sistemático. Em todos é lamentável a inconsciência total da evolução estilística e métrica. Nenhum parece perceber que há metros usados de preferência, certos ritmos abandonados a favor de outros; e todos escrevem como se estivessem no tempo de Filinto Elísio. Alguns chegam a não registrar certos metros preferidos, como o hendecassílabo 2-5-8-11, que Honorato, por exemplo, nem exemplifica, alegando não ser usado! Isto, em 1870, depois de anos de orgia melódica, e o "I-Juca-Pirama" cantando por toda a parte.

---

30 Hugh Blair, *Leçons de rhétorique et de belles-lettres* etc., v. I, pp. 29-46 e 50.   **31** Cp. ibid., v. II, lição 37, s.f., e Fernandes Pinheiro, crítica à *Vicentina*, de Macedo, G, V. III, p. 17.

4.
Formação do cânon literário

O espírito romântico — no seu relativismo, individualismo e sentimento do tempo — é tributário da história, como vimos. Em crítica, tenderia para um apelo decidido ao ponto de vista pessoal do crítico e, na análise da obra, para o escritor, a época e a sequência das produções, como viu claramente o conselheiro Lafayette no artigo citado, onde se baseia na apologia do relativismo, do gosto pessoal e da liberdade de apreciação, fundados na familiaridade com o texto. Neste sentido, apela para um dos espíritos mais livres que já houve:

> Em meados do século XVI Montaigne, com uma liberdade de exame que surpreende, desafogado dos aforismos preconizados, com aquela isenção e facilidade de espírito que tanto distinguem os escritos do amável gascão, aplicava aos admiráveis monumentos das letras antigas a *crítica experimental*.[32]

Em seguida, lembra as contribuições de Addison, Samuel Johnson, Lessing, Schlegel, La Harpe, para chegar a quem lhe parecia, como a Sotero dos Reis, possuir a melhor fórmula.

> Villemain anima com o sopro vivificador do seu gênio os monumentos literários que escolhe para assunto da discussão; estuda-os em todos os sentidos; interroga a história e a biografia; explora todas as fontes de informações; institui paralelos; e de sua crítica profunda e luminosa ressalta fielmente interpretado o pensamento do escritor: a sublimidade da ideia, o movimento das paixões, a pintura dos caracteres, a urdidura da composição, os primores da forma, defeitos e desvios; tudo é julgado à luz de uma estética superior e de uma filosofia elevada.
>
> A crítica, assim praticada, é uma grande arte, fecunda em resultados e que, inspirando-se nas fontes do belo, enriquece as literaturas com suas produções, com obras-primas. (pp. 309-310)

---

32 Lafayette Rodrigues Pereira, op. cit., p. 309. Crítica experimental significa, neste caso, a utilização livre dos textos, tomados como exemplo e base do julgamento, em contraposição aos juízos formulados pela aplicação de normas preestabelecidas, e repetidas, muitas vezes, sem experiência do texto por parte do crítico.

De modo mais ou menos completo, com maior ou menor consciência, tal atitude foi a de todos os autores do tempo. Compreende-se que, fundado nela, o Romantismo brasileiro tendesse, no terreno crítico, para a informação e a sistematização histórica, tentando coroar os magros bosquejos iniciais com uma vista coerente e íntegra da nossa literatura passada. A sua longa e constante aspiração foi, com efeito, elaborar uma história literária que exprimisse a imagem da inteligência nacional na sequência do tempo — projeto quase coletivo que apenas Sílvio Romero pôde realizar satisfatoriamente, mas para o qual trabalharam gerações de críticos, eruditos e professores, reunindo textos, editando obras, pesquisando biografias, num esforço de meio século que tornou possível a sua *História da literatura brasileira*, no decênio de 1880.

Visto de hoje, esse esforço semissecular aparece coerente na sucessão das etapas. Primeiro, o panorama geral, o "bosquejo", visando traçar rapidamente o passado literário; ao lado dele, a antologia dos poucos textos disponíveis, o "florilégio", ou "parnaso". Em seguida, a concentração em cada autor, antes referido rapidamente no panorama: são as biografias literárias, reunidas em "galerias", em "panteons". Ao lado disso, um incremento de interesse pelos textos, que se desejam mais completos; são as edições, reedições, acompanhadas geralmente de notas explicativas e informação biográfica. Depois, a tentativa de elaborar a história, o livro documentado, construído sobre os elementos citados.

Na primeira etapa, são os esboços de Magalhães, Norberto, Pereira da Silva; as antologias de Januário, Pereira da Silva, Norberto-Adet, Varnhagen. Na segunda etapa, as biografias, em série ou isoladas de Pereira da Silva, Antônio Joaquim de Melo, Antônio Henriques Leal, Norberto; são as edições de Varnhagen, Norberto, Fernandes Pinheiro, Henriques Leal etc. Na terceira, os "cursos" de Fernandes Pinheiro e Sotero dos Reis, os fragmentos da história que Norberto não chegou a escrever.

A publicação dos textos Comecemos pela publicação dos textos, assinalando a função das antologias do tempo, que não eram, como hoje, seleção de obras conhecidas, mas repositórios de inéditos e raridades, doutra maneira inacessíveis. Leitores e críticos não tinham outra maneira de conhecer a maioria das obras, como se pode avaliar pela sua pobreza de conhecimentos, transparente nos esboços históricos que então se faziam do passado literário. Comparando as três obras principais dessa etapa antológica — o *Parnaso* de Januário (1829-1831), o *Parnaso* de Pereira da Silva (1843-1848), o *Florilégio* de Varnhagen (1850-1853) — verificamos um progresso constante na seleção dos autores, na qualidade e quantidade das amostras escolhidas, revelando consciência crescente dos valores e esforço para constituir o elenco básico, o cânon da nossa literatura. Passo decisivo foram as edições, incrementadas principalmente depois de 1860, que superam a fase da antologia-texto, cabendo neste terreno a palma a Varnhagen e Norberto, aquele mais erudito, este mais crítico. Varnhagen reúne o *Caramuru* e *O Uraguai* em 1845, nos *Épicos brasileiros* (onde declara inspirar-se nos métodos de Schlegel para o estudo sobre Durão); descobre frei Vicente do Salvador; redescobre praticamente a *Prosopopeia*, de Bento Teixeira; publica o *Diálogos das grandezas do Brasil*; e o *Roteiro*, de Gabriel Soares; sem contar que o seu *Florilégio* é a mais rica antologia do tempo, proporcionando pela primeira vez um conjunto apreciável de poemas de Gregório de Matos, descoberto pelo Romantismo e crescendo lentamente de prestígio, até a edição do primeiro volume das obras por Vale Cabral, em 1882. Deixando de lado os seus estudos sobre a Idade Média portuguesa, lembremos ainda, na *História geral do Brasil* (1854-1857), os capítulos onde trata do desenvolvimento intelectual e artístico, incorporados assim ao panorama sistemático da nossa evolução.

Joaquim Norberto organizou as edições mais completas e satisfatórias do tempo, a despeito de erros e leviandades. Reuniu pela primeira vez Alvarenga Peixoto e, em parte, Silva Alvarenga, reeditou Gonzaga — tudo com longas biografias, documentos, notas — preparando, além disso, o material para a edição completa de Basílio e a reedição de Cláudio, mais tarde aproveitados respectivamente por José Veríssimo e João Ribeiro, aos quais o editor Garnier confiou a tarefa deixada em meio. Além do mais, compilou a sua antologia, biografou as *Brasileiras célebres*, estudou os aldeamentos de índios e fez a *História da Conjuração Mineira*.

Só estes dois beneméritos, como se vê, proporcionaram aos contemporâneos um material considerável, superando a fase dos fragmentos e da ignorância, em que até então mergulhava o conhecimento da nossa vida espiritual durante a Colônia. O panorama se completou pela reedição de obras mais recentes, como *A assunção*, de São Carlos, por Fernandes Pinheiro; ou a reunião dos contemporâneos em edições completas, quase sempre providas de subsídios informativos, segundo o modelo estabelecido por Varnhagen e Norberto. Assim, publicaram-se as de Laurindo Rabelo, Álvares de Azevedo e Casimiro de Abreu (Norberto), Gonçalves Dias (Norberto e Antônio Henriques Leal), Junqueira Freire (Franklin Dória), mais tarde Varela (Visconti Coaraci).

Nesse processo, sobressai a figura exemplar de Norberto, que viveu todas as suas etapas, formando a ligação viva entre os esboços iniciais e a realização de Sílvio Romero, cujo precursor sem dúvida foi. Sem grande talento, de cultura mediana e gosto limitado, era todavia aberto de espírito, consciencioso, dotado de boa intuição histórica e certo faro crítico, além de uma espantosa capacidade de trabalho. Era crédulo por inclinação, mas costumava documentar-se escrupulosamente, num respeito religioso à verdade e ao dever de escritor. Os seus erros já foram corrigidos em grande parte, permitindo avaliar o que deixou de positivo; com isto pode-se afirmar que ninguém mais do que ele mereceu tanto na construção da nossa história literária.

A investigação biográfica Além da iniciativa de elaborar um corpus pela publicação de textos, a tarefa imediata rumo à história literária eram as biografias, isto é, o conhecimento dos indivíduos responsáveis pelos textos, como exigia cada vez mais a nova crítica, adequada ao espírito romântico. A ela se atiraram muitos no Brasil. Como a pressa era grande e nem todos possuíam o senso da exatidão, deixaram-se ir frequentemente ao sabor das inferências arriscadas, conclusões rápidas, e, mesmo, imaginação pura e simples. A partir de informações esparsas, da tradição oral, de livros como os de Pizarro e Baltasar Lisboa, levantaram rapidamente a vida dos grandes homens. Era preciso fornecê-los à pátria como exemplo, pois todo esse movimento biográfico é animado de um espírito plutarquiano que conduzia ao embelezamento do herói. Um trabalho interessante seria levantar a origem e deformação das informações biográficas, repetidas pelo século afora por Pereira da Silva, Norberto, Macedo, Moreira de Azevedo, discriminando o que é leviandade e o que é credulidade. Pereira da Silva, quase ficcionista, inventava praticamente largos trechos da vida do biografado; mas mesmo o cauto e consciencioso Norberto fornecia listas dos membros das pseudoarcádias e encontrava um parente de Gonzaga para dizer que este nascera em Pernambuco... Em compensação, mandava averiguar em Roma se houvera brasileiros inscritos na Arcádia, e em matéria de escrúpulo podia atingir ao pitoresco. Foi o caso de certa vez, em que o Instituto Histórico e Geográfico o encarregou de identificar os despojos de Sousa Caldas, no Convento de Santo Antônio, e o esforçado crítico chegou à conclusão de que era impossível distinguir, no meio das várias ossadas, qual seria a do tradutor de Davi. Recorrera-se a Porto-Alegre, dado à frenologia, e este andou medindo e comparando para localizar, pelas bossas do gênio, o crânio ilustre... Assim eram eles, esforçados e levianos, pesquisadores e crédulos, animados de um desejo que primava tudo: estabelecer um passado ilustre; dar cartas de nobreza à nossa vida mental, mesmo com sacrifício da exatidão. Tratava-se duma espécie de ritual patriótico de ressurreição, fortalecido pela teoria vigente a respeito do gênio, que acentuava a importância, na obra, do escritor e dos fatores individuais.

Isto posto compreende-se melhor o espírito de Pereira da Silva, que inaugura entre nós a técnica da "galeria" de homens ilustres, com o *Plutarco brasileiro* (1847), cujo nome bem manifesta o espírito, e onde há vinte biografias, das quais apenas duas (as de Jorge de Albuquerque Coelho e Salvador Corrêa) não interessam à vida intelectual. O intuito principal do autor era despertar admiração pelos varões e traçar existências movimentadas; daí meter-se na pele deles e trabalhar os poucos dados seguros por meio da imaginação, mais ou menos como se faz nas biografias romanceadas. Assim, por exemplo, para cumular as lacunas de informações sobre a viagem de Sousa Caldas à França, depois à Itália, descreve a situação daquele país e imagina o que deveria sentir o poeta, ante a monarquia agonizante e a anarquia que começava; mas sem usar o condicional, e afirmando como se algum documento o autorizasse. Quanto à Itália, faz um rol das cidades principais e descreve os sentimentos que o poeta poderia ter tido a seu respeito; depois, gratuitamente, imagina que fez sucesso nos círculos intelectuais e granjeou a simpatia do papa Pio VI... Sabendo que veio ao Rio em 1801, descobre, não se sabe como, que aqui permaneceu até 1805, retirando-se desgostoso com a opressão reinante, depois de ter procurado reanimar as sociedades literárias anteriores (quais não especifica)! Em 1858, publicou, com o título mudado para *Varões ilustres do Brasil durante os tempos coloniais*, uma segunda e, em 1868, uma terceira edição, bastante refundidas, diminuindo o voo da imaginação e até o tamanho dos períodos, além de corrigir vários erros mais grosseiros. No caso citado, a viagem de Sousa Caldas em 1801 é reduzida às proporções normais de alguns meses, sem tentativas liberais.

No entanto, os seus perfis biográficos são atraentes, há marcado interesse pela correlação entre a obra e a vida, apreciações críticas judiciosas, resultando no conjunto algo vivaz, que nos faz sentir a personalidade literária e humana; com isto, contribuiu decerto para estabelecer e difundir o conhecimento dos nossos homens de letras do passado. Lembremos que talvez a ideia para o seu livro tenha vindo do repertório biográfico *Plutarque français*, (8 v., 1835-1841), de Édouard Mennechet, escritor apreciado e citado no Brasil, àquele tempo.

Bem diversa é a obra de Antônio Joaquim de Melo: *Biografias de alguns poetas e homens ilustres da província de Pernambuco* (1856-1859), catorze ao todo, reunidas em volume, de que apenas três interessam à literatura. Mas o seu melhor estudo biográfico é o livro póstumo sobre Natividade Saldanha, de quem foi amigo, e sobre cuja vida anterior ao exílio ainda é autoridade. Ao contrário de Pereira da Silva, é um biógrafo parcimonioso e prudente, muito preso aos documentos, que reproduz com abundância em apêndice.

Muito acima de ambos ficam os quatro volumes do *Panteon maranhense*, de Antônio Henriques Leal (1873-1875). São estudos pormenorizados, trazendo documentos valiosos e baseados no conhecimento direto dos biografados. À história literária, interessam principalmente as de Odorico Mendes, Trajano Galvão,

Sotero dos Reis, João Francisco Lisboa e Gonçalves Dias — esta, ocupando todo o 3º volume e constituindo, por certo, a primeira biografia literária de vulto em nossa literatura. Ainda hoje é a fonte básica sobre o poeta, não apenas dada a riqueza de informações e alicerce documentário, mas também pelo esforço honesto de estudar criticamente a obra. Este biógrafo equilibrado — em cujo método deve ter influído Sotero dos Reis — combina a segurança dos dados com a apreciação crítica e a capacidade de retratar vivamente (a começar pela aparência física), resultando estudos ponderáveis, apesar do tom de louvação, próprio dessa linha *plutarquiana*.

Lembremos, fora das "galerias", os trabalhos de Norberto nas suas edições, sobre Gonzaga, Alvarenga Peixoto, Silva Alvarenga, Álvares de Azevedo, Casimiro de Abreu, Laurindo Rabelo para não falar de obras sumárias, como os três volumes do *Ano biográfico* de Joaquim Manuel de Macedo.

A história literária *O curso elementar de literatura nacional* (1862), isto é, portuguesa e brasileira, de Fernandes Pinheiro, foi "a primeira obra de brasileiro sobre o conjunto da nossa história literária, por sinal que entrosando a literatura colonial em suas origens portuguesas mais agudamente que muitos historiadores que o sucederam".[33] Mais ou menos refundido, ele aparece, em continuação ao estudo das grandes literaturas estrangeiras, nos dois volumes do *Resumo de história literária* (prefácio datado de 1872). São livros didáticos muito banais, com pouco senso histórico, embaraçados numa divisão complicada de épocas e gêneros, estes predominando como critério, o que faz a exposição em dado setor vir de 1500 a 1700 e voltar de novo para trás, num zigue-zague pesado e confuso. A limitada inteligência do bom cônego transparece a cada passo, no convencionalismo dos juízos, na ênfase vazia do estilo, na incapacidade de dar vida aos elementos biográficos. Na parte relativa à literatura contemporânea do Brasil (única reputada independente da de Portugal), governa-se pelo espírito de clã e o medo da novidade, exaltando com os mais descabelados louvores os companheiros de revista literária, Colégio Pedro II ou Instituto Histórico e Geográfico, mal contemplando os jovens de talento, já consagrados pela opinião. Mas é preciso creditar-lhe o louvável esforço de sistematizar uma realidade contemporânea sem o recuo confortável do tempo; e a decisão de apresentar compreensivamente o que admira, guardando, quanto ao resto, pelo menos uma reticenciosa prudência.

De outra qualidade é o *Curso de literatura portuguesa e brasileira* (1866-1873) de Sotero dos Reis, a cujo propósito vimos que Lafayette pôde falar em crítica

---

33 Wilson Martins, *A crítica literária do Brasil*, p. 46. Ver também Antonio Candido, *Introdução ao método crítico de Sílvio Romero*, op. cit., pp. 20-23.

moderna, com recurso à biografia e à história. O alvoroço era todavia maior que a obra; apenas em parte ela constitui uma passagem da retórica à história, mas é sem dúvida, apesar de tudo, o mais considerável empreendimento no gênero, antes de Sílvio Romero.

Já na quadra dos 1860 quando a encetou, formado inteiramente na tradição clássica, autor de um compêndio de gramática, vivendo num meio apaixonado pelo vernáculo e pelos valores tradicionais, como o Maranhão, não lhe era possível realizar algo decisivo; o que apresenta de novo já é bastante, à vista de tantas condições negativas.

A maior parte é consagrada à literatura portuguesa, cabendo à brasileira o 4º e a primeira metade do 5º e último volume. De início, aceita pontos de vista então modernos para nós, citando a definição de Bonald: "A literatura é a expressão da sociedade": se a completarmos pela que formula ele próprio, teremos a sua posição e a chave teórica do livro: "[...] é a expressão do belo intelectual por meio da palavra escrita".[34] Um elemento relativo e outro absoluto; um externo, outro interno; um histórico, outro estético. Em consequência, uma crítica ou melhor, um ensino da literatura (é o seu caso) que procede pelo conhecimento dos fatos literários historicamente ordenados, mais a análise apreciativa dos textos, os grandes modelos que fazem sentir o que é a obra e caracterizam a "crítica experimental" de Lafayette. Esta combinação de história e exegese deriva da sua adesão aos críticos iniciais do Romantismo:

> Os franceses modernos, e nomeadamente Mr. Villemain, têm compreendido melhor a necessidade de fazer um estudo sério e aprofundado desta segunda parte, dando-nos a análise das produções do gênio em cursos especiais, onde tudo quanto respeita à literatura de diversos povos é tratado e exposto com o preciso desenvolvimento. Já o sábio professor Hugh Blair no seu curso de retórica e belas-letras tinha disto feito um ensaio do maior louvor.[35]

Para ele, como para Garrett, há três tipos de literatura: a clássica, a romântica (definidas exatamente segundo Schlegel) e a bíblica (p. 5). O interessante é que os considera em sentido estritamente tipológico, não histórico: sucedem-se cronologicamente, mas não se excluem. Assim, Sousa

---

34 Francisco Sotero dos Reis, *Curso de literatura portuguesa e brasileira* etc., v. 1, pp. 2 e 4, respectivamente.   **35** Ibid., pp. 6-7. Sotero inspirou-se em Villemain para o tratamento histórico e a importância conferida ao texto. Quanto ao segundo caso, deve ter seguido também o exemplo de Blair, que nas citadas *Lições* desenvolveu uma atenção minuciosa aos trechos escolhidos para análise e demonstração. Sob este ponto de vista, Sotero é sumário e pouco satisfatório, de modo geral.

Caldas é bíblico em nossos dias, como Odorico Mendes é clássico e Gonçalves Dias, romântico; embora assinale a predominância da última tendência, com emprego da cor local, parece não ver impossibilidade na coexistência — o que talvez seja ainda influência do Maranhão, onde se acotovelam fraternalmente clássicos e românticos. Em nossa literatura, a sua maior admiração vai para Sousa Caldas ("[...] o poeta mais distinto nascido e falecido no Brasil enquanto este fazia parte da monarquia portuguesa"; "o primeiro poeta lírico brasileiro") e Gonçalves Dias, que

> como poeta romântico a nenhum dos dois grandes líricos do século XIX, Lamartine e Victor Hugo, cede em concepção imaginosa, fogo de inspiração e delicada expressão sentimental porque a ambos iguala em grandeza de engenho, sendo o maior, sem contradição, que produziu o Brasil em nossos dias.[36]

À vista de tais ideias, não espanta que o sintamos realmente à vontade no estudo dos clássicos portugueses do século XVI, os que mais admira e dão lugar às suas melhores páginas (volume 2). A abundância de material biográfico e histórico, a importância e a consagração dos textos lhe permitem desenvolver comodamente o método adotado. Assim, começa por uma apreciação geral, apoiada na indicação do momento histórico, passa à exposição da vida, para chegar finalmente às obras, classificadas por gêneros e largamente exemplificadas, entremeadas ou seguidas da análise, que se reduz as mais das vezes a chamar atenção para a beleza, justeza, habilidade. É sem dúvida bonito o passo em que mostra Camões fixando a língua poética, e João de Barros a prosa portuguesa; ou em que realça a pureza do estilo de Antônio Ferreira. Encontrando campo, o gramático apoia o crítico com felicidade.

A despeito do tom convencional, pouca originalidade e mediania que vai de página a página, é um livro importante para o tempo, como bem viu Lafayette. Ignorou a literatura brasileira depois de Gonçalves Dias,[37] recuou prudentemente ante o romance, que não cabia nas regras tradicionais e não saberia por certo manipular criticamente;[38] mas deu à sua pátria o primeiro livro coerente e pensado de história literária, fundindo e superando o espírito de florilégio, de biografia e de retórica, pela adoção dos métodos de Villemain. Merece, portanto, mais do que lhe tem sido dado.

36 Sobre Caldas, op. cit., respectivamente v. 4, p. 231 e v. I, p. 63; sobre Gonçalves Dias, respectivamente, v. 4, p. 352 e v. 5, p. 41.   **37** No prefácio ao 5º volume, de publicação póstuma, diz seu filho Américo Vespúcio dos Reis que pretendia estudar Álvares de Azevedo. Op. cit., v. 5., p. VI.   **38** Embora tenha consagrado uma análise convencional a um romance já bem debatido e explicado, o *Eurico*, de Herculano (op. cit., v. 2., Livro 8, parte 2ª, 2ª Lição).

5.
A crítica viva

Se procurarmos uma crítica viva, empenhando a personalidade do autor e revelando preocupação literária mais exigente, só a encontraremos em alguns poucos ensaios, prefácios, artigos, polêmicas, na maioria incursões ocasionais de escritores orientados para outros gêneros: Dutra e Melo, Junqueira Freire, Álvares de Azevedo, José de Alencar, Franklin Távora, Francisco Otaviano, Bernardo Guimarães, Gonçalves Dias; no fim do período, alguns artigos excelentes de Machado de Assis. Mas parece que a única vocação predominantemente crítica seria a de Macedo Soares, logo desviada para o direito. Os seus artigos nas revistas acadêmicas são muito bons, como forma e pensamento. Embora apaixonado pelo Nacionalismo literário, não lhe faltou compreensão de outros rumos da poesia, como se pode ver nos estudos que dedicou a Bernardo Guimarães e Junqueira Freire.[39]

Dutra e Melo deixou apenas dois trabalhos, um dos quais Sílvio Romero tinha na melhor conta, chegando a reproduzi-lo na maior parte em sua *História da literatura*: o ensaio sobre *A Moreninha*, de Macedo.[40] É com efeito um escrito de boa qualidade, manifestando senso do romance como gênero, informação sobre as suas tendências contemporâneas, ponto de vista claro sobre o que deveria ser entre nós. Rejeita os exageros devidos à popularização do folhetim, bem como a tendência para o fantástico, repelindo o *Louis Lambert*, de Balzac, e o "romance filosófico". A sua simpatia vai para o romance histórico, que lamenta não ver cultivado aqui, e para o ameno realismo de Macedo, cuja obra analisa com minúcia e senso de valores da ficção: estrutura, enredo, diálogo, linguagem.

Vemos que estava perfeitamente cônscio da importância desse gênero essencialmente moderno (cujo triunfo assinala, sobre as ruínas da epopeia) e, mais ainda, dos rumos que deveria tomar no Brasil. Ao repelir o folhetinesco, repelia implicitamente *O filho do pescador*, de Teixeira e Sousa, aparecido um

---

39 Muitos artigos de Macedo Soares se encontram em números do *Correio Paulistano*, que não pude obter.   **40** Não encontrei a revista *Nova Minerva*, em cujo número 1 está, segundo L. F. da Veiga: "um artigo intitulado 'Bibliografia: Algumas reflexões a propósito da nova edição da *Marília de Dirceu*'". Antônio Francisco Dutra e Melo, RIHGB, XLI, 2, p. 178.

ano antes, mas que não lhe merece qualquer referência. Considerando *A Moreninha* um começo, uma inauguração, apontava o sentido muito mais construtivo com que realmente este livro traçou a linha central da nossa ficção romântica e ele descreve com agrado: a criação de um mundo de fantasia com referência constante à realidade, segundo uma fidelidade básica ao dado real, envolto pela idealização cara ao espírito romântico. Poucas vezes se veria em nossa literatura compreensão tão imediata, no plano crítico, do significado de uma obra para o desenvolvimento do gênero a que pertence.

Outro crítico penetrante foi Junqueira Freire, cujo prefácio às *Inspirações do claustro* manifesta (como ficou dito) o discernimento de um problema crucial da estética romântica: a passagem de uma poesia baseada nos valores próprios da palavra, para uma outra que tentará explorar até os limites máximos as suas virtualidades musicais. Ele foi certamente o único escritor brasileiro a compreender claramente essa transição cheia de significado, que é um dos pressupostos teóricos do presente livro. Nesse poeta mal realizado talvez houvesse um excelente crítico em potência, o que vem confirmado por outros trabalhos secundários (*Tratado de eloquência nacional*), pela capacidade analítica dos seus documentos inéditos, pela lucidez psicológica dos seus melhores poemas.

Álvares de Azevedo Álvares de Azevedo deixou alguns ensaios mais extensos, escritos os dois principais nas férias de 1849-1850: "Jacques Rolla" e "Literatura e civilização em Portugal", perfazendo ambos o tamanho dum livro pequeno. Além disso escreveu "Lucano", "George Sand", "Carta sobre a atualidade do teatro entre nós", o prefácio d'*O conde Lopo* e dois discursos de circunstância em que há matéria crítica. Esta surge também no *Macário* e em vários poemas longos.

Suas ideias sobre a questão da nacionalidade na literatura brasileira já ficaram assinaladas no devido lugar. Vejamos as que manifestou sobre a literatura em geral e procuremos definir a sua posição na estética romântica. Elas giram fundamentalmente em torno de uma certa concepção do belo — exposta no prefácio d'*O conde Lopo* — e da psicologia literária, exposta principalmente no estudo sobre o "Jacques Rolla" de Musset.

O seu pensamento, expresso com muita ênfase e esquartejado pelas digressões, é no fundo simples e se baseia num ponto de vista bastante empírico, caracterizado pela natureza das imagens poéticas e grau de intensidade com que são elaboradas. Assim: "Há dois gêneros de belo — Há o belo doce e meigo, o belo propriamente dito — e esse outro mais alto — o sublime".[41]

---

41 Álvares de Azevedo, *Obras completas*, v. I, p. 424.

A sua diferença reside apenas no grau de intensidade das emoções associadas às imagens em que se manifestam. A águia no ninho, acariciando os filhotes, é bela; nas alturas, lutando com a tempestade, é sublime.

Apesar das incongruências da exposição, parece que a classificação depende essencialmente da qualidade da emoção despertada, embora esta não se separe da natureza das imagens. As imagens evanescentes despertam o sentimento do belo ideal; as imagens que enternecem correspondem ao belo sentimental; as que ferem vivamente os sentidos, ao belo material. O sublime ideal decorre das imagens que exaltam e transportam; o sublime sentimental, das que comovem e desesperam; o sublime material, das que atemorizam e despertam a admiração. Num plano recessivo e inexpresso da consciência crítica de Álvares de Azevedo, sentimos que a classificação depende por vezes do nível de apreensão: sensação (belo material); emoção (belo sentimental); representação (belo ideal).

Na verdade, o ponto de partida é ainda a tecla habitual do tempo, isto é, a distinção entre clássico e romântico, latente sob as suas considerações. O belo ideal é, por excelência, o "das visões vaporosas e nevoentas", que fazem a imaginação flutuar num universo impreciso como o das lendas nórdicas. Os poetas clássicos não o conheceram, por estarem mais próximos do belo material, ligado a imagens de uma situação concreta, que fere vivamente os sentidos.[42] Pertencem a esta última categoria, por exemplo, no grau normal do belo, a mulher em situação amorosa (que o poeta descreve com a sua habitual exaltação nesses casos); no grau superlativo do sublime, uma procela que convulsiona a natureza. Entre ambos, a categoria do sentimental, a cujo propósito Álvares de Azevedo acentua menos a situação do que as emoções que elas despertam: é a expansão lírica na categoria do belo; a angústia indizível, na do sublime. "A poesia do belo sentimental é para nós a mais bela" (p. 423).

Como vemos, o critério é flutuante, e certamente incompleto. As imagens são sempre confundidas com situações concretas que elas exprimem num sentido descritivo; ora o belo depende da natureza delas, ora apenas das emoções experimentadas. Podemos supor que o poeta reputava as duas coisas necessárias à integridade do conceito, referente ora a uma realidade mais subjetiva, ora a uma realidade exterior. Como quer que seja, pensa que os

---

42 Ibid., p. 420: "[...] em nenhum dos poetas antigos aparece a primeira classe que apresentamos. Dizem os poetas idealistas que isso pende de duas causas — da filosofia e das tendências do clima voluptuoso das terras do Sul. [...] Talvez o Sol oriental chame os homens à realidade, e a bruma e as nuvens cinzentas dos luares boreais levem-nos ao idealismo".

tipos devem misturar-se numa obra para obtenção do melhor efeito: "mais se lhes realça o valor a esses três gêneros do belo, quando se reúnem num objeto. É esse, ou pretende sê-lo ao menos, o fim da poesia romântica" (p. 424).

A sua posição se completa, assim, por uma aspiração à experiência total, superando os limites dos gêneros e mesmo das conveniências. Pouco antes, abordara de passagem o problema da moralidade da obra de arte, concluindo que ela pode ser moral ou imoral, mas deverá ser sempre bela, pois "o imoral pode ser belo" e "o fim da poesia é o belo" (pp. 419 e 413).

É uma discussão meio canhestra na pena desse rapaz de menos de vinte anos, mas ainda assim rara no Brasil daquele tempo, pela consciência dos problemas estéticos e disposição de os enfrentar como complemento do trabalho criador.

A ânsia de beleza total, englobando elementos diversos, gerando por vezes impressão contraditória, superando limites éticos, é bem romântica e se coaduna com os seus desígnios literários, como já se viu em tempo. No estudo sobre o "Jacques Rolla", de Musset, fica patente a adesão à teoria dos contrastes, que dos brasileiros ele é o único a proclamar explicitamente, fundado em Victor Hugo e sua obra antitética, louvada num trecho do citado prefácio d'*O conde Lopo*:

> Se há poeta francês a que votamos decidida afeição por suas obras, a quem rendamos dos fundos d'alma culto como é de render-se ao gênio — é esse mancebo louro, de olhos límpidos e azuis, sonhador de pesadelos onde sorri satânico e infernal sempre na forma encarnada de gênio do mal — quer seja Han d'Islande o bebedor de sangue e água do mar, ou Habibrah o anão, ou Triboulet o bufão, em oposição a essas cândidas criaturas de Esmeralda e Branca, Ethel e Maria de Neuburg. (pp. 415-416)

Todo o estudo desenvolve em vários planos a teoria dos contrastes (no caso a devassidão e a pureza, que se encontram romanticamente como os dois aspectos essenciais do personagem), a partir da metáfora inicial das duas faces da medalha, que caracteriza os verdadeiros escritores.

> Goethe é assim — como aquelas medalhas de Pompeia, a soterrada. Num dos versos é o sorrir juvenil que se apura nos sonhos, que se embebera de esperanças [...]. A outra face é a amarelidez atrabiliária da testa que entontece às febres do descrido.[43]

---

43 Álvares de Azevedo, "Alfred de Musset — Jacques Rolla", op. cit., p. 277.

Com efeito, o elemento básico da discussão é aqui o problema da fé e da descrença, tratado como um aspecto do "mal do século", característico desses jovens, comprimidos entre a tradição e as grandes mudanças dos tempos novos. O ensaio termina realmente com um capítulo sobre a "Descrença em Byron, Shelley, Voltaire, Musset", onde o ceticismo dos românticos vem justificado pelo sofrimento que o acompanha e lhe confere uma espécie de carta de nobreza. "A diferença é que Byron inda no satânico do seu rir de escárnio era menos infernal que Voltaire. [...] Sob o seu manto negro de Don Juan, guardava no peito uma chaga dorida e funda" (p. 278).

Neste estudo aparecem talvez da maneira mais equilibrada as qualidades e os defeitos de Álvares de Azevedo como crítico. A sua análise de texto é descritiva, baseada em longas transcrições. A essência do seu método são as comparações, como a do estilo são os apostos, as antíteses, as aproximações; num e noutro caso, com apoio forte das digressões e associações de vário tipo. Os juízos vêm geralmente encartuchados nesses processos: "Don Juan não é livro de epigramas como os de Horácio — parasita imperial, e Boileau — o abade" (p. 278). "[...] a alma do poeta é como o sol — nem há fisga de túmulo, ou grade negra de calabouço onde não corra a luz uma réstia, uma esperança no oiro dessa luz" (p. 285).

> Quanto à linguagem, dissemo-lo, ajeita-se à feição do seu modelo: Rolla amanta-se como o Cavaleiro do mar. Não se enubla nas melodias confusas da escola francesa, reflexo macio das harmonias do lakismo de Wordsworth — belos mas a quem se pudera aplicar as palavras da rainha Agandeca de George Sand, ao pálido Aldo, o bardo — "poeta, és belo como a Lua à meia-noite, e monótono como ela". Nem também ofusca na sobejidão do brilho, como o pompear das *Orientais*; ou na riqueza luxuriosa de imagens como o poema — porventura de mais imaginação que tenhamos lido — o *Ahasvérus* de Quinet. (p. 292)

O que diz é geralmente de boa qualidade, embora vá jogando tudo um pouco de cambulhada. Por isso o ensaio é ao mesmo tempo definição da poesia romântica, estudo do poeta romântico como indivíduo psicologicamente dividido e moralmente contraditório, análise da obra de Musset, indicação da influência de Byron sobre ele, relação da poesia com as condições do tempo. De tudo há um pouco, à roda do tema central, que é a análise do poema. E deste todo resulta um ensaio rico, útil não apenas para avaliar a capacidade crítica de Álvares de Azevedo — que se anunciava grande — mas para confirmar o conhecimento da sua personalidade literária. Os outros estudos — alguns magníficos, como o breve artigo sobre o nosso teatro — confirmam a orientação geral do seu pensamento crítico, essencialmente romântico:

a beleza está na fusão dos diferentes aspectos da realidade, que exprimem as contradições do mundo; a eficácia do artista está igualmente ligada à sua complexidade interior, vivida como aceitação dos contrastes que a animam.

Alencar e Távora A publicação d'*A Confederação dos Tamoios* de Gonçalves de Magalhães, em 1856, deu lugar ao movimento polêmico mais importante do nosso Romantismo, geralmente tão acomodado e sem bulha. O poema fora impresso à custa do imperador, como obra suprema de um poeta que representava por assim dizer a literatura oficial. Talvez em parte por causa disso, José de Alencar desceu à arena, aproveitando para manifestar a sua concepção de literatura e a sua posição em face das correntes nacionalistas. Os seus artigos, assinados com pseudônimo de Ig., são admiravelmente escritos, severos do ponto de vista estritamente polêmico (crescendo a dureza à medida que saíam a campo os paladinos de Magalhães), não raro injustos. Procuram aumentar defeitos secundários, deformam a intenção do poema, manifestam certa estreiteza no apelo a velhas regras poéticas para comprimir a liberdade criadora. Mas no fundo os juízos são certos, pois, conforme vimos, o poema é realmente medíocre.

O primeiro defensor, sob o nome de "Um amigo do poeta", foi Porto-Alegre, que se desmandou no afã de amparar o colega, prejudicando alguns bons argumentos, como o que denunciava a falta do senso de proporções com que Alencar pretendia, a cada passo, confrontar as grandes epopeias da humanidade com a tentativa do nosso escritor, para amesquinhá-lo. A pedido do imperador, Monte Alverne deixou o recolhimento em que vivia para escudar o antigo discípulo com a sua eloquência cava, portando-se aliás com sobriedade e equilíbrio, ao matizar os louvores pela indicação das lacunas. O acontecimento extraordinário (único no gênero em toda a história, ao que eu saiba) foi todavia o fato do próprio Pedro II tomar a pena e, sob o pseudônimo de "Outro amigo do poeta", alinhar seis artigos ponderados, comedidos e de invariável dignidade (reconhecida, aliás, pelo contendor), que honram o seu amor às letras e estão à altura da boa crítica brasileira do tempo.

Ao lado de Ig. postaram-se alguns anônimos de tonalidade pasquineira. Um tal "Ômega", de maior calibre que os outros, feriu de cheio uma nota importante ao denunciar um grupo de elogio mútuo chefiado por Magalhães — a bem articulada claque originada com a *Niterói* e dominante desde então através das revistas, cargos, publicidade, sob a proteção imperial e o encosto do Instituto Histórico e Geográfico.[44]

---

44 Consultar os artigos citados em *A polêmica sobre "A Confederação dos Tamoios"*, por José Aderaldo Castello. Esta importante publicação veio tornar acessíveis as peças da famosa

Já foi dito noutra parte deste livro que essa polêmica assinala o momento culminante do Indianismo, anunciando ao mesmo tempo a sua decadência, acelerada no decênio de 1860. Para a história literária, pesadas bem as razões, interessa hoje sobretudo pela participação de Alencar e importância que tem para compreender a sua teoria literária, e o desenvolvimento posterior da obra. Com efeito, a sua atitude negativa em relação ao poema revela os elementos que julgava positivos para a literatura nacional.

A base do seu argumento é a inferioridade da realização de Magalhães ante a magnitude do objeto. A natureza brasileira, a que dedica o mais vivo fervor, deveria dar lugar a rasgos sublimes; os índios possuíam uma poesia elevada, que o poeta moderno deve saber interpretar com vigor e beleza; o seu heroísmo deve ser mostrado em situações ciclópicas, que transportem o espírito; os seus sentimentos, através de personagens e cenas repassadas de ternura e poesia. Ora, Magalhães teria falhado em todos estes pontos. Ignorando a natureza do Brasil, mostra-se incapaz de exprimi-la, amesquinhando-a; é o caso, por exemplo, de quando desmerece a grandeza do rio Paraná, após haver cantado a do Amazonas; ou quando empana o glorioso sol dos trópicos em doze magros versos, insuficientes como quantidade e qualidade para celebrar a sua luz deslumbrante.

Falhou na caracterização dos índios, dando-lhes uma dimensão inferior, apresentando-os sem virilidade, nem grandeza, a partir de uma rixa mesquinha com os colonos. Não foi capaz de explorar as suas tradições, que em conjunto formam as nossas sagas, os nossos *Nibelungen*; faltou-lhe força para descrever os lances heroicos como lhe faltou inspiração para elaborar uma heroína comovente, um tipo feminino poetizado que perfumasse os versos e contrastasse os lances de epopeia. Em consequência, falta-lhe o estilo adequado, que não forjou porque foi incapaz de despir-se das deformações da civilização, para receber em estado de pureza toda a força sugestiva da natureza e dos primitivos.

Se atentarmos para os corretivos que propõe, veremos surgir da polêmica todo um programa de literatura indianista, que em seguida executou, levando-nos a supor que *A Confederação dos Tamoios* foi a mola que o atirou nessas veredas, o estímulo a cujo toque brotaram nele, ordenadas e prontas, as ideias que norteariam doravante esse aspecto de sua obra. A crítica dos criadores é muitas vezes programa; examinando outros escritores, procuram ver claro neles mesmos; o que lhes desagrada é o que não fariam, e ao defini-lo são levados a definir as suas próprias intenções, até

polêmica, esquecidas até então nos jornais do tempo, salvo as de Alencar e Monte Alverne. Segundo Castelo, Ômega seria Pinheiro Guimarães.

então meras veleidades ou impulsos subconscientes. É impressionante, no caso, verificar a fidelidade com que realizou n'*O guarani* (1857), n'*Os filhos de Tupã* (1863), em *Iracema* (1865) e *Ubirajara* (1874) o programa traçado nas *Cartas*, onde, absorvido pelo sonho interior, não chegou a fazer esforço real para compreender os motivos do poema de Magalhães. Era já então o criador que vislumbrara o caminho certo e se impacientava com os atalhos secundários.

Em 1856, apenas lançado na carreira literária, com dois pequenos romances de salão e o desejo ainda vago de fazer um livro nacional e forte, o que lhe parecia decisivo era um poema de vastas proporções, cuja ausência diminuía a seu ver o alcance da obra de Gonçalves Dias. "O autor dos *Últimos cantos*, do 'I-Juca-Pirama' e dos cantos guerreiros dos índios está criando os elementos de uma nova escola de poesia nacional, de que ele se tornará o fundador quando der à luz alguma obra de mais vasta composição."[45] Esta, como aparece sugerida nas *Cartas*, teria grande amplitude, indo do colossal ao terno, do heroico ao lírico, numa linguagem nova e brilhante, inspirada na dos indígenas, próxima como ela da natureza.

> Se algum dia fosse poeta e quisesse cantar a minha terra e as suas belezas, se quisesse compor um poema nacional, pediria a Deus que me fizesse esquecer um momento as minhas ideias de homem civilizado. Filho da natureza, embrenhar-me-ia por essas matas seculares etc. (p. 6)

O exemplo de Saint-Pierre e sobretudo de Chateaubriand (que atira a cada passo contra Magalhães para mostrar o que deve ser o estilo nacional...) apontavam para a prosa poética; a tradição do nosso Indianismo apontava para o verso. Ele se desdobrou e quis fazer ambas as coisas: no romance d'*O guarani*, o Indianismo em escala mais moderada, misturando heroísmo, sentimentalismo e realidade histórica: n'*Os filhos de Tupã*, (de que restam três cantos, e fragmento de outro), a epopeia em grande escala, agigantando os feitos e a natureza, numa réplica minuciosa a *A Confederação*. Neste poema inacabado, encontramos inclusive certos trechos e conceitos das *Cartas* transpostos em verso — como, por exemplo, o repúdio misantrópico à vida urbana e uma referência nostálgica ao vapor, ao trem de ferro. Ele próprio diz que o empreendeu para atender ao apelo que fizera, na *Carta* final, em prol do poema indianista cuja ausência lamentava.[46]

---

45 *Cartas sobre "A Confederação dos Tamoios"*, por Ig., p. 80.   **46** José de Alencar, "Carta ao dr. Jaguaribe", em *Iracema*, p. 178.

O instinto e a consciência crítica mostraram-lhe porém, desde logo, a vocação certa e, deixando o poema no 4º Canto, voltou-se para o afinamento da prosa poética. O que desejava exprimir nos modos menores do lirismo e da ternura elegíaca foi canalizado para *Iracema*, onde não falta a nota heroica, é certo, mas esmaecida e atenuada pelo encantamento sentimental. Quase dez anos depois quis ferir plenamente esta nota no *Ubirajara*, onde predomina, constituindo, com o seu ritmo de epopeia, uma espécie de realização tardia do poema abandonado em 1863. Mas o fato é que lhe foram necessárias quatro obras para conter toda a riqueza de temas e processos que desejava estivessem presentes na pobre *A Confederação dos Tamoios*...

Quando conseguiu firmar, n'*O guarani*, a linguagem que aperfeiçoaria nos outros dois romances indianistas, estava ganha a parada; descobrira o instrumento mágico a que aspirava nas *Cartas* — esse estilo musical e plástico, roubando os recursos das diversas artes, capaz de "arrancar do seio d'alma algum canto celeste, alguma harmonia original, nunca sonhada pela velha harmonia de um velho mundo".[47] Como bom romântico, sofre porém agudamente a nostalgia da expressão adequada à riqueza irreproduzível dos sentimentos e das coisas; mesmo esse estilo que se obtém penetrando na natureza é muito inferior a ela; a força da palavra (que celebra numa página admirável) descora ante a sua graça perfeita:

> Não há em todas as concepções humanas, por mais sublimes que sejam, uma ideia que valha a florzinha agreste que nasce aí em qualquer canto da terra; não há um primor d'arte que se possa comparar às cenas que a natureza desenha a cada passo com uma réstia de sol e um pouco de sombra.[48]

Mas a sua força de artista vem da disposição de lutar, malgrado a debilidade do verbo, para exprimir, o mais proximamente possível, a beleza inexprimível da terra e da gente rude que prolongava a sua fascinante poesia.

Quis o eterno retorno das coisas literárias que, quinze anos depois da polêmica sobre *A Confederação dos Tamoios*, a nova geração viesse pedir contas ao já glorioso Conselheiro Alencar, como ele as pedira, jovem e neófito, ao solene visconde de Araguaia. A coisa principiou pelos ataques do escritor português José Feliciano de Castilho, que morava no Rio, em vários artigos do seu periódico bissemanal, *Questões do Dia*, onde visava sobretudo à vida política de Alencar, mandando um ou outro bote ao literato. Eis senão quando surge

---

47 *Cartas sobre "A Confederação dos Tamoios"*, op. cit., p. 6.   **48** Ibid., p. 62, "A natureza, o primeiro poeta do mundo" etc., p. 92.

em auxílio um moço de Pernambuco, autor de um romance indianista na esteira d'*O guarani*, mas disposto agora a demolir o seu mestre de ontem: Franklin Távora. Castilho exultou e lhe abriu rasgadamente as portas do bissemanário, (que aliás, diga-se a bem da justiça e para desfazer a impressão de muitos escritores informados de oitiva, nada tinha de pasquim e se pautava, ao contrário, pelas normas do decoro jornalístico). O jovem escritor estava implicado com *O gaúcho* e sobre ele mandou oito cartas. Como Alencar respondesse com azedume, ferido na sua viva suscetibilidade, voltou à liça com mais doze, sobre *Iracema*, já então em tom mais áspero e maior minúcia analítica. São as famosas *Cartas a Cincinato*, assinadas com o pseudônimo de Semprônio.

Sílvio Romero, amigo e admirador de Távora, lamentava que se houvesse metido nessa empresa inglória, que segundo ele era parte de uma cabala surdamente orientada pelo Governo e movida por um medíocre testa de ferro, pago pelos cofres públicos para atacar o maior escritor brasileiro da época.[49] Nessa questão há dois aspectos: o ético, que preocupou até agora os historiadores, e o estético que realmente interessa à literatura, tanto mais quanto acaba se refletindo no outro. Com efeito, se nos esforçarmos, lendo as *Cartas*, para afastar a ganga polêmica e fixar o conteúdo crítico, sentimos que os motivos principais de Távora eram a tomada de posição contra um certo tipo de literatura — e nisto reside hoje o seu interesse. Elas representam o início da fase final do Romantismo, quando já se ia desejando a um incremento da observação e a superação do estilo poético na ficção. Távora censura n'*O gaúcho* a falta de fidelidade à vida rio-grandense, o abuso das situações pouco naturais, a idealização dos tipos; Alencar é para ele um homem de gabinete que escreve o que não conhece, quando a tarefa do escritor é observar de perto a realidade que procura transpor. As suas considerações constituem o primeiro sinal, no Brasil, de apelo ao sentido documentário das obras que versam a realidade presente. A sua atitude (ressalvadas deformações ocasionais devidas ao interesse polêmico) é coerente e compreensiva. Não recusa a literatura de imaginação, quando ela se apresenta como tal; mas entende que um romance de costumes, entremeado de fatos verídicos, como o de Alencar, é obrigado a se submeter aos dados reais. Poder-se-ia esquematizar a sua posição dizendo que ele preconiza, no romance, a mistura da verdade, concebida como fidelidade à natureza observada, e do ideal, concebido como enroupamento da observação pelo belo *inventado*. O segundo elemento lhe parece essencial à ficção, notando-se que repele com vigor tudo que seja vulgaridade, feiura,

---

49 Sílvio Romero e João Ribeiro, *Compêndio de história da literatura brasileira*, p. 307.

reprodução dos aspectos pouco elevados da vida. Para ele, talvez fosse demasiado forte o sentido alencariano das contradições e desarmonias: a bofetada de *Diva*; o pé grande d'*A pata da gazela*; as cenas desagradáveis do cretino de *Til* (que vimos corresponder às linhas mais ricas da personalidade literária de Alencar) lhe parecem mau gosto; acha que a realidade deve ser selecionada num sentido ideal; e nisto é bem romântico.

É interessante notar o caráter simétrico das suas *Cartas* e das de Ig. O tipo de argumento é o mesmo, são paralelas as injustiças e os excessos. Como Alencar fizera em relação a Magalhães, Távora o censura por não ter cumprido um programa que não se propusera; censura-lhe igualmente não estar à altura da realidade que pinta, por falta de vigor e de informação. Nos artigos sobre *Iracema*, esmiúça implacavelmente erros históricos, fantasias sintáticas, impropriedades etnográficas, negando ao autor (como o Alencar das *Cartas*) o direito à imaginação. Ainda como ele, assinala a impropriedade do estilo, afirmando que não é *nacional*, não corresponde ao espírito de uma literatura brasileira: finalmente, como ele, apoia toda a argumentação nacionalista... em autores e exemplos estrangeiros, notadamente os norte-americanos, como Cooper e outros, que teriam achado a fórmula ideal de fazer ficção sem trair a realidade.

É possível que esses ataques hajam movido Alencar a refletir sobre o sentido da própria obra e tentar uma espécie de teoria justificativa, que não restringisse o seu valor nacional aos livros indianistas. De qualquer modo, o radicalismo polêmico das *Cartas sobre "A Confederação dos Tamoios"* cede lugar a uma compreensão mais ampla, que se manifesta em 1872 no prefácio de *Sonhos d'ouro*, tendo antes existido mais como instinto do que como reflexão. Com efeito, o seu senso literário lhe teria feito sentir que essa literatura pitoresca, sendo embora a mais característica das condições locais, a que mais vivamente exprimia o que tínhamos de diferente da Europa, não era a única via. O referido prefácio vem, na verdade, classificar uma obra já em grande parte realizada: é posterior à experiência que lhe permitiu levantar as posições consideradas como integrando uma literatura nacional. Esta já não lhe parece mais consistir apenas na exploração da poesia primitiva, da natureza tropical e das relações iniciais entre colono e aborígine.

> A literatura nacional, que outra coisa é senão a alma da pátria, que transmigrou para este solo virgem com uma raça ilustre, aqui impregnou-se da seiva americana desta terra que lhe serviu de regaço; e cada dia se enriquece ao contato de outros povos e ao influxo da civilização?[50]

---

50 José de Alencar, "Bênção paterna", em *Sonhos d'ouro*, p. 34.

A essa altura, vencida a etapa do radicalismo nativista, o Romantismo exprime afinal claramente, pela pena do seu escritor mais ilustre, o verdadeiro sentido da sua tarefa, que felizmente nunca traíra, mesmo quando a praticara sem consciência nítida. A literatura nacional aparece, então, como expressão da dialética secular que sintetiza em formas originais e adequadas a posição do espírito europeu em face da realidade americana: não como a ilusão estática de um primitivismo artificialmente prolongado.

Assim, Alencar reconhece a legitimidade nacional das pesquisas essenciais do romance, liberto do pitoresco em benefício do humano social e psicológico; do humano contemporâneo, que nos toca de perto e envolve a sensibilidade com os seus problemas. Não se trata mais, com efeito, de ser brasileiro à Chateaubriand, o que no fundo é, como vimos há pouco, aceitar uma visão de estrangeiro, inclinado a ver o exótico e, confinando a ele os escritores, negar-lhes acesso aos grandes temas universais que o Neoclassicismo implantara aqui. Trata-se de descrever e analisar os vários aspectos de uma sociedade, no tempo e no espaço, exprimindo a sua luta pela autodefinição nacional como povo civilizado, ligado ao ciclo de cultura do Ocidente.

Neste sentido, Alencar define (com terminologia imprópria) o universo literário do escritor brasileiro, classificando três modalidades de temas que correspondam a três momentos da nossa evolução social: a vida do primitivo; a formação histórica da Colônia, marcada pelo contato entre português e índio; a sociedade contemporânea, que compreende dois aspectos: vida tradicional das zonas rurais e vida das grandes cidades, assinalada pelo contato vitalizador com os povos líderes da civilização, libertando-nos das estreitezas da herança lusitana. Assim, a literatura acompanha a própria marcha da nossa formação como país civilizado, contribuindo para definir a sua fisionomia espiritual através da descrição da sua realidade humana, numa linguagem liberta dos preconceitos linguísticos.

Essa tomada de consciência repercutiria imediatamente no jovem Machado de Assis, cujo artigo "Instinto de nacionalidade" (1873), feito para o periódico que José Carlos Rodrigues publicava então em português nos Estados Unidos, representa o desenvolvimento do tema de Alencar e a superação das suas próprias ideias em artigos anteriores. Aí se explica o significado real do Indianismo como útil presença do característico, e a necessidade de não se restringir a ele o escritor, a fim de poder atingir a maturidade que permite ser brasileiro, independente do tempo:

Não há dúvida que uma literatura, sobretudo uma literatura nascente, deve principalmente alimentar-se dos assuntos que lhe oferece a sua região; mas não estabeleçamos doutrinas tão absolutas que a empobreçam. O que se deve exigir do escritor, antes de tudo, é certo sentimento íntimo, que o torne homem do seu tempo e do seu país, ainda quando trate de assuntos remotos no tempo e no espaço.

Esta é a "outra independência" que "não tem Sete de Setembro nem campo de Ipiranga"; que "não se fará num dia, mas pausadamente, para sair mais duradoura; não será obra de uma geração, nem de duas; muitas trabalharão para ela até perfazê-la de todo".[51]

Estas palavras exprimem o ponto de maturidade da crítica romântica; a consciência real que o Romantismo adquiriu do seu significado histórico. Elas são adequadas, portanto, para encerrar este livro, onde se procurou justamente descrever o processo por meio do qual os brasileiros tomaram consciência da sua existência espiritual e social através da literatura, combinando de modo vário os valores universais com a realidade local e, desta maneira, ganhando o direito de exprimir o seu sonho, a sua dor, o seu júbilo, a sua visão das coisas e do semelhante.

---

[51] Machado de Assis, "Notícia da atual literatura brasileira: Instinto de nacionalidade", em *Crítica Literária*, pp. 131-132 e 125-126, respectivamente.

1. Biografias sumárias 699
2. Notas bibliográficas 731
3. Índice de nomes 774

I.
Biografias sumárias

Capítulo II

Feliciano Joaquim de Sousa Nunes nasceu no Rio em data incerta. Alberto de Oliveira fala em 1734, que me parece tardia. Nomeado almoxarife dos armazéns da mesma cidade por Gomes Freire, retribui animando a reunião comemorativa dos Seletos, em 1752, donde saíram os *Júbilos da América*. Passando a Lisboa, fez imprimir o 1º volume dos *Discursos político-morais*, Oficina de Miguel Menescal da Costa, 1758, que dedicou a Pombal. Este, por motivo não esclarecido, mandou-o voltar ao Brasil e fez destruir a edição. Segundo os bibliógrafos, teria ainda publicado dois opúsculos em 1771, em homenagem respectivamente ao marquês do Lavradio e ao conde de Azambuja.

A morte se deu em data igualmente incerta, talvez nos primeiros anos do século XIX: 1809 ou 1810, diz o pouco seguro SB.

Cláudio Manuel da Costa, filho do português João Gonçalves da Costa e sua mulher Teresa Ribeiro de Alvarenga (esta, "de famílias mui distintas" de S. Paulo), "nasceu aos 5 de junho de 1729 no bispado de Mariana em um dos distritos da cidade chamado Vargem, onde viviam situados seus pais em o exercício de minerar e plantar segundo o uso do País" (*Apontamentos*).

Parece ter deixado cedo o lugar natal, vivendo até os catorze ou quinze anos em Vila Rica sob a orientação de um tio, dr. frei Francisco Vieira, com quem iniciou os estudos. Daí passou ao Rio para estudar com os jesuítas até 1748, indo em 1749 para Coimbra, onde se formou em Cânones em 1753. Nesta cidade publicou em opúsculos pelo menos quatro poemas.

"De 1753 a 1754", diz ele, voltou a Vila Rica, onde viveu o resto da vida como advogado e minerador. Em 1759 é nomeado sócio correspondente dos Renascidos, e nos preciosos *Apontamentos para se unir ao catálogo dos acadêmicos da Academia Brasílica dos Renascidos* menciona várias obras suas, que se perderam, inclusive dois poemas longos, seis peças de teatro e mais sete traduzidas de Metastasio. Deste ramo de produção podemos ajuizar pelo *Parnaso obsequioso* (1786), peça comemorativa "para se pôr em música", no gênero das "ações e festas teatrais" do poeta cesáreo, que Caio de Melo Franco descobriu e publicou juntamente com outros versos, em 1931.

De 1762 a 1765 foi Secretário do Governo da capitania, e em 1768 estampou as *Obras*, onde se encontra a sua melhor produção. De 1769 a 1773 foi juiz medidor de terras da Câmara de Vila Rica. Mais ou menos no mesmo período devem ter sido compostos o poema épico *Vila Rica* (pronto por volta de 1773, mas publicado apenas em 1839, em Ouro Preto), e o respectivo "fundamento histórico", que saiu n'*O Patriota*, I, 1813, pp. 40-68, sob o nome de "Memória histórica e geográfica da descoberta das Minas".

Nos decênios de 1770 e 1780 escreveu várias poesias, em geral encomiásticas, mostrando preocupação com os problemas políticos e sociais, publicadas na maior parte por Ramiz Galvão em 1895. A partir de 1782 ligou-se de estreita amizade com Tomás Antônio Gonzaga, e por certo exerceu influência literária sobre ele, ao menos como estímulo. Nas *Cartas chilenas* — de que seria autor, conforme alguns críticos, — possivelmente auxiliou o amigo.

No decênio de 1780 fez parte da Câmara de Vila Rica como Juiz Ordinário. Era homem importante, com bens de fortuna, senhor de três fazendas, quando foi envolvido na Inconfidência, à qual deve ter dado um apoio sentimental, segundo parece, participando de conversas imprudentes. Preso, atemorizou-se no interrogatório, comprometeu os amigos e, por certo desesperado em consequência, suicidou-se logo após no cubículo da Casa dos Contos, onde fora encerrado, aos sessenta anos de idade, em julho de 1789. Era solteiro e deixou filhos naturais.

Capítulo III

Inácio José de Alvarenga Peixoto, filho de Simão de Alvarenga Braga e sua mulher Ângela Micaela da Cunha, nasceu no Rio, provavelmente em 1744, pois em novembro de 1789 declarava ter 45 anos. Feitos os estudos básicos, talvez na cidade natal, partiu para a Metrópole, bacharelando-se em leis na Universidade de Coimbra em 1767, um ano antes do seu primo Gonzaga. Como ele, escolheu a carreira judicial e foi juiz de Sintra, voltando à pátria provavelmente em 1776, ano em que o encontramos ouvidor da Comarca do Rio das Mortes na capitania de Minas, com sede em S. João del-Rei. Ali, porém, deixou o cargo e se dedicou à agricultura e mineração em terras do atual município de S. Gonçalo do Sapucaí, depois de casado em 1781 com Barbara Heliodora Guilhermina da Silveira. Se parece ter sido feliz no matrimônio, nos negócios, foi menos. Meteu-se em grandes trabalhos, a julgar pelos empreendimentos e a escravaria constantes no Sequestro dos seus bens; mas em 1786 precisou valer-se da amizade do governador Luís da Cunha Meneses (que o nomeara em 1785 coronel do Regimento de Cavalaria Auxiliar da Campanha do Rio Verde, título por que passou a ser tratado), para obter prorrogação de prazo no pagamento de impostos. E embora avaliados em mais de oitenta contos no Sequestro — quantia avultada para o tempo — sabemos que os bens do casal estavam gravados por dívidas.

Talvez as dificuldades materiais tenham favorecido nele uma atitude crítica em face do estatuto colonial. O certo é que na falação da Inconfidência teve papel destacado e aliciador, ao contrário dos outros poetas, sendo designado na Sentença como "um dos chefes". Preso em 1789, portou-se mal, denunciando os amigos com e sem propósito. Foi condenado à morte, em 1792, mas teve a pena comutada em degredo perpétuo para Angola, onde pouco durou, morrendo alguns meses depois no presídio de Ambaca, em janeiro de 1793.

Segundo a tradição, teria escrito muito, inclusive a tragédia *Eneias no Lácio*, mas o que restou foi pouquíssimo, aparecendo em antologias depois da sua morte, até que o benemérito Joaquim Norberto reunisse as *Obras poéticas*, Garnier, 1865.

Tomás Antônio Gonzaga nasceu no Porto em 1744, de gente bem situada, filho do futuro desembargador João Bernardo Gonzaga e sua mulher Tomásia Isabel Clarque (Clark). O pai e o avô, Tomé do Souto Gonzaga, também formado em direito, eram do Rio de Janeiro; pelo lado da mãe, descendia de troncos ingleses.

Em 1751, com sete anos, veio para o Brasil, onde o pai fora nomeado Ouvidor Geral de Pernambuco, estudando na Bahia com os jesuítas até o fechamento do seu colégio, em 1759. Em 1761 estava de volta a Portugal, matriculando-se em 1763 em Coimbra, onde se formou em leis em 1768. Do decênio subsequente sabemos que pretendeu ingressar no magistério da Universidade, escrevendo para isso uma tese sobre direito natural que não chegou a defender. Em 1779 era juiz em Beja, e em 1782 retornou ao Brasil como ouvidor de Vila Rica, onde travou amizade com Cláudio e reatou convívio com seu primo Alvarenga Peixoto, colega de Coimbra. Não tardou a apaixonar-se por Doroteia Joaquina de Seixas, de gente rica e importante do lugar, da qual ficou noivo em 1787 contra oposição da família. Em 1786 fora nomeado desembargador na Relação da Bahia, mas não chegou a tomar posse, protelando sempre a viagem.

O traço principal da sua atividade pública em Minas foi a contenda com o governador Luís da Cunha Pacheco e Meneses, mais tarde conde de Lumiares, contra quem são dirigidas as *Cartas chilenas*, de que é provavelmente autor. Em 1789 foi preso como implicado na Inconfidência e encerrado na fortaleza da ilha das Cobras até 1791, depois na Ordem Terceira de Santo Antônio até 1792, saindo de lá para o degredo em Moçambique. Ao que parece, era estranho a qualquer intuito rebelde, não participou das resoluções comprometedoras e teria, quanto muito, encarado com simpatia as especulações sobre a liberdade da Colônia.

Na África, ao contrário do que sempre se supôs, acomodou-se bem, casou com herdeira rica, negociou habilmente, ocupou cargos públicos, meteu-se com êxito em lutas políticas, tornando-se um dos principais personagens de Lourenço Marques, onde a morte o colheu em 1810, aos 55 anos. Devemos a Rodrigues Lapa o esclarecimento da fase final da sua vida, inclusive da lenda que o apontava como enlouquecido. Sempre manteve a energia e o equilíbrio evidenciados no processo, tirando da desgraça elementos para recompor a existência.

A história da sua obra é curiosa. Estava ainda preso quando apareceu em Lisboa a primeira coleção das liras, com as iniciais T.A.G.: *Marília de Dirceu*, Tip. Nunesiana, Lisboa, 1792, constando do que se chama hoje a "1ª parte". Quem teria ousado publicar um réu de lesa-majestade, e como teria alcançado os originais, ou cópias? A "2ª parte" apareceu em 1799, na mesma tipografia, estando o poeta no exílio. Em 1800, na Tip. Bulhões, apareceu uma edição com três partes, sendo falsa a 3ª como se evidenciou a seguir. Em 1811 a Tip. Lacerdina juntou novas liras e em 1812 a Impressão Régia publicou uma nova 3ª parte nunca mais republicada, até que Rodrigues Lapa a retomou na sua bela edição de 1937. As edições correntes até então reproduziam em essência a ed. Bulhões de 1800, com algumas peças que se foram depois ajuntando, e ressalvando sempre a falsidade da 3ª parte.

Das outras obras, o *Tratado de direito natural* foi publicado em 1944 por R. Lapa; as *Cartas chilenas*, parcialmente, por Santiago Nunes, em 1845; completas, por Luís Francisco da Veiga, Laemmert, Rio, 1863. Permanece inédita a *Dissertação sobre a usura*.

(Nota da 2. ed. — A "Carta sobre a usura" apareceu com alguns inéditos nas *Obras completas*, edição de Rodrigues Lapa, publicadas quando se imprimia este livro.)

José Basílio da Gama nasceu na vila de São José del-Rei, hoje cidade de Tiradentes, Minas Gerais, no ano de 1741, filho de Manuel da Costa Vilas-Boas, fazendeiro abastado, e sua mulher Quitéria Inácia da Gama. Parece que a morte do pai, ocorrida na sua primeira infância, acarretou situação difícil, valendo nesse transe um protetor, — o brigadeiro Alpoim, segundo Varnhagen, — que o encaminhou no Rio e facilitou os seus estudos. Por volta de 1753, em todo o caso, estava na capital da Colônia para estudar com os jesuítas e ingressar na sua Ordem, mas a respectiva expulsão, em 1759, devolveu-o à vida civil, pela qual optou. Terminados os estudos, provavelmente no Seminário de S. José, passou no decênio de 1760 à Itália, onde teria ficado alguns anos, sendo recebido na Arcádia Romana sob o nome de Termindo Sipílio. Segundo Kaulen, devido à proteção dos jesuítas, que lhe teriam emendado os versos acadêmicos, o que é crível dada a sua mocidade e nenhuma produção de vulto. O extravio de uma ficha me impede recordar onde li a indicação, sem comentário, de que as obras requeridas para o ingresso foram feitas pelo padre José Rodrigues de Melo. Este, com efeito, estava em Roma àquele tempo e lá ia escrevendo um poema didático em latim sobre coisas rústicas do Brasil, *De Rusticis Brasiliae Rebus*, publicado em 1781 e reeditado em 1941 pela Academia Brasileira, na tradução de Gualberto dos

Reis. Por outro lado, Ferreira Lima noticiava em 1943 a existência de um poema didático latino inédito de Basílio da Gama, em posse de um diplomata brasileiro; que o adquiriu na Itália em 1938; *Brasiliensis Aurifodinae — Poemate Didascalico ab Aurifodinensibus Musis depromptae, sive de Auro, ejusque extractione in Brasília appendice, saluta oratione et curiosa questione de Auri generi.* Sem qualquer elemento probatório, mas como simples hipótese, pode-se perguntar: não seria esta obra poética sobre a mineração, feita provavelmente na Itália, onde foi encontrada, o requisito com que Basílio se habilitou à Arcádia? E não há de fato certa analogia entre o assunto desta sua obra (assunto que nunca mais o interessou) e o da obra de José Rodrigues de Melo? Este o teria quem sabe sugerido ao jovem mineiro, além de emprestar-lhe a mão hábil no verso latino.

Em fevereiro de 1767, pelo menos, Basílio estava novamente no Rio, tendo antes, parece, visitado Portugal, para onde viajou de novo em 1768, no desejo de matricular-se em Coimbra; mas lá chegando foi preso e condenado ao degredo para Angola, como suspeito de partidário dos jesuítas. Suplicou então a graça num Epitalâmio à filha de Pombal. Este simpatizou com o poeta, perdoou-o e, mais tarde, colocou-o na Secretaria do Reino. Basílio identificou-se desde então à política pombalina, dentro de cujas diretrizes, e quem sabe por apelo do ministro, compôs *O Uraguai,* publicado em 1769 na Régia Oficina Tipográfica, Lisboa. A queda do protetor, em 1777, não lhe alterou a posição burocrática, devendo-se creditar a favor do seu caráter o não haver se juntado à malta dos que, aduladores da véspera, passaram então a vilipendiar o grande político. Morreu solteiro em Lisboa, em 1795, sem ter repetido os feitos poéticos da mocidade, pois o poema "Quitubia" (1791) é de pouco valor, e só publicara de permeio duas traduções e alguns versos de circunstância.

As suas poesias conhecidas só foram reunidas em nossos dias por José Veríssimo, na ed. Garnier das *Obras poéticas.*

Manuel Inácio da Silva Alvarenga nasceu de gente humilde em Vila Rica, capitania de Minas Gerais, filho do músico Inácio da Silva e uma mulher de cor, provavelmente em 1749, pois interrogado em 1795, na Devassa, declarou 46 anos de idade. Foi para o Rio, não se sabe quando, completar os estudos de humanidades, e possivelmente em 1771 seguiu para a Europa, matriculando-se em Coimbra, onde se formou em Cânones em 1776. Em Portugal ligou-se ao patrício Basílio da Gama, de quem sofreu influência, e que o aproximou dos círculos pombalinos. Escreveu mais de um verso em apoio à política cultural do marquês, notadamente o poema *O desertor* (1774), publicado a expensas do poderoso mecenas.

Voltou à pátria em 1777 e, fixando-se na capitania natal, teria exercido ali a advocacia e o magistério até 1782, quando foi para o Rio, provido da Cadeira de Retórica e Poética. Ensinando e advogando, tornou-se figura destacada na capital, onde desempenhou papel importantíssimo na formação da mocidade, cultivo das letras e difusão das ideias modernas. Animador da Sociedade Literária, nas suas duas fases; autor dos seus estatutos sibilinamente liberais; sem dúvida alguma simpático aos escritores ilustrados e à Revolução Francesa; provavelmente orientador de conversas sobre a insuficiência do estatuto colonial para promover os destinos do Brasil, — viu-se envolvido na Devassa ordenada pelo vice-rei conde de Resende em 1794. Preso em fins deste ano, só foi solto em meados de 1797, por mercê de d. Maria I, sem ter sido condenado.

Em 1799 apareceram em Lisboa, Oficina Nunesiana, as suas poesias amorosas, reunidas sob o nome de *Glaura.* Continuou a advogar e a ensinar, mas parece que escrevendo pouco, até 1814, quando morreu, solteiro, tendo podido assistir às primeiras reformas e inovações da fase joanina, inclusive o aparecimento da imprensa, sendo ele próprio colaborador d'*O Patriota.* A sua biblioteca foi incorporada, ao menos em parte, à Biblioteca Real.

Homem erudito e sensível, patriota e ilustrado, serviu de ponte entre os escritores coloniais e os que participaram do movimento da Independência. Além de algumas poesias, publicou em vida os dois livros mencionados. A sua produção conhecida foi reunida por Joaquim Norberto em 1864, na edição Garnier das *Obras poéticas*, salvo um poema, assinalado por Afonso Arinos no prefácio da reedição de *Glaura* (1943).

Domingos Caldas Barbosa teria nascido pouco antes de 1740, filho de português e preta escrava, no Rio, ou mais provavelmente no mar, a caminho desta cidade. Parece que serviu de soldado na guarnição da Colônia do Sacramento, como castigo de umas sátiras, por volta de 1760, até 1762. Depois deste ano foi para Portugal e lá viveu à sombra dos poderosos Vasconcelos, graças aos quais obteve um benefício eclesiástico, recebendo para isso as ordens menores. No meio lisboeta granjeou popularidade e estima com as modinhas brasileiras que cantava ao violão. Prezado acima dos méritos, — talvez pela doçura do temperamento, a simpatia e a honradez — chegou a presidir a Nova Arcádia, onde tinha o nome de Lereno Selinuntino, morrendo em 1800.

Em vida publicou poesias de circunstância, mas a sua obra principal são as peças ligeiras reunidas sob o título significativo de *Viola de Lereno*, cujo 1º volume apareceu em Lisboa no ano de 1798 pela Oficina Nunesiana, e o 2º apenas em 1826, na mesma cidade, pela Lacerdina.

Capítulo IV

(Sobre Silva Alvarenga e Tomás Antônio Gonzaga ver capítulo anterior)

Francisco de Melo Franco nasceu em Paracatu, Minas Gerais, no ano de 1757, filho do fazendeiro português João de Melo Franco e sua mulher Ana de Oliveira Caldeira, paulista. Foi para o Rio estudar humanidades em 1769, completando-as em Lisboa, para onde passara em 1771. Em 1775 ou 1776 matriculou-se na Universidade de Coimbra, em filosofia natural e medicina, mas o curso foi interrompido pela condenação do Santo Ofício, que o reteve preso de 1777 a 1781, por ideias avançadas. Neste ano, acusado de "Herege, Naturalista, Dogmático", além de "negar o Sacramento do Matrimônio", participou com Sousa Caldas no mesmo auto de fé. Retomando o curso em 1782, formou-se em 1785, sem que a Inquisição lhe tivesse podido quebrar a fibra nem desviar as ideias, pois no mesmo ano compôs o seu vivo poema que, espalhado em cópias, deu lugar a um inquérito rigoroso, com punição de inocentes.

Tendo procurado inutilmente ingressar no ensino universitário, de que o barrava o seu passado rebelde, dedicou-se à clínica em Lisboa, a partir de 1786, com grande êxito profissional e financeiro, chegando a médico do Paço. Em 1817 veio para o Brasil na comitiva de d. Leopoldina da Áustria, vivendo ao que parece obscuramente no Rio até a morte, ocorrida no ano de 1822 ou 1823 em Ubatuba, de volta duma viagem a S. Paulo, onde fora à busca de melhoras da saúde.

O reino da estupidez, em que possivelmente o ajudou ou aconselhou o amigo José Bonifácio, só apareceu em 1818, em Paris. Além dele, escreveu livros de medicina, notadamente um *Tratado da educação física dos meninos*, que um pediatra moderno, José Martinho da Rocha, considera de primeira qualidade e, em muitas partes, ainda válido.

Capítulo V

Frei José de Santa Rita Durão nasceu em 1722 em Cata-Preta, no distrito da cidade de Mariana, capitania de Minas Gerais. "Foram meus pais Paulo Rodrigues Durão, sargento-mor das milícias urbanas, e Ana Garcês de Morais. Meu pai nasceu em Portugal de família ordinária. Minha mãe nasceu na província de S. Paulo do Brasil" (*Retratação*).

Foi aos nove anos para Portugal e nunca mais voltou à pátria. Estudou com os oratorianos (1733-1736) e professou na Ordem dos Eremitas de Santo Agostinho, em 1738, ao terminar o 1º ano da Faculdade de Teologia, Coimbra, onde seguiu regularmente os cursos até 1745, quando, embora continuasse matriculado, foi como lente de teologia para Braga, voltando a Coimbra em 1754, para ensinar a mesma disciplina no colégio da sua ordem. É provavelmente desse tempo a *Descrição da função do imperador de Eiras* etc., curioso poemeto em latim macarrônico, inédito até 1920 no conjunto, onde satirizou as festas do "Império do Divino". Em 1756 recebeu o grau de doutor e foi admitido à Academia Litúrgica.

Em 1758, já reputado como teólogo e pregador, entrou em relação com o bispo de Leiria, d. João Cosme da Cunha, mais tarde cardeal. Como este, parente dos Távoras, temesse pelo próprio destino a partir do atentado de 1759, Durão (com o fito de tirar proveito) orientou-o numa hábil e desonesta política de adulação a Sebastião José de Carvalho, redigindo inclusive escritos antijesuíticos, que depois reconheceu serem caluniosos, e passaram como de autoria do prelado. As manobras tiveram êxito, tornando-se este agradável ao ministro, que o elevou a arcebispo de Évora e, depois, a maiores alturas. Mas, poderoso e seguro de si, d. João não cumpriu as promessas nem recompensou o instrumento da sua grandeza, que, enfurecido, rompeu com ele, incompatibilizou-se na sua Ordem e, embora nomeado professor de hebraico, fugiu de Portugal em 1761, roído de remorso e temor. Alternadamente bem recebido e maltratado, levou uma vida errante pela Espanha, França e Itália, onde se aquietou em 1763, depois de ter apresentado ao papa uma Retratação pessoal e um relato (*Epítome*) sobre a perseguição dos jesuítas em Portugal. Em 1761 já redigira no mesmo sentido uma *Informação* ao marquês de Sarria, na Espanha, sendo estes documentos publicados apenas em 1914.

Residiu em Roma até 1777, tendo sido muitos anos bibliotecário da Lanciziana e poderia ter visto Basílio da Gama, que por lá esteve no decênio de 1760, ainda nas boas graças dos jesuítas. Naquele ano, a queda de Pombal permitiu o seu regresso a Portugal, onde ocupou uma cátedra de Coimbra, proferindo em 1778 a aula inaugural dos cursos, que foi publicada: *Pro annua studiorum instauratione Oratio*.

Por altura de 1780, as recordações de José Agostinho de Macedo mostram-no ditando o seu poema épico, publicado em 1781. Depois disso — os dados não permitem precisar a data — transferiu-se para Lisboa, onde morreu em 1784. Apesar de afastado da pátria desde os nove anos, foi o único dentre os poetas maiores aqui estudados que registrou a naturalidade na folha de rosto da obra: *Caramuru*, Poema Épico do Descobrimento da Bahia, composto por frei José de Santa Rita Durão, da Ordem dos Eremitas de Santo Agostinho, natural da Cata-Preta nas Minas Gerais, na Régia Oficina Tipográfica, 1781.

Capítulo VI

Francisco Vilela Barbosa nasceu em 1769 no Rio, de família abastada, filho do comerciante de mesmo nome e Ana Maria da Conceição. Feitos os preparatórios na cidade natal, foi para Coimbra estudar matemáticas em 1790, publicando, como estudante, os *Poemas* (1794). Formado em 1796, foi a princípio oficial na Marinha de Guerra, tendo combatido em Túnis. Mais tarde passou ao corpo de Engenharia Militar e ao magistério, ensinando na Academia da Marinha até a jubilação, em 1822. Em função do ensino, publicou *Elementos de geometria* (1815) e *Breve tratado de geometria esférica* (1816).

Deputado às cortes de Lisboa pelo Rio, em 1821, voltou à pátria depois da independência, em 1823, alcançando as mais altas posições: conselheiro de Estado, senador, ministro em quase todos os gabinetes do Primeiro Reinado, inclusive o da Abdicação, que encerrou praticamente a sua atividade política e o levou a expatriar-se por algum tempo. Senador apagado durante a Regência, ainda foi ministro no início do Segundo Reinado, falecendo no Rio em 1846. As suas melhores poesias, posteriores aos *Poemas*, apareceram em publicações esparsas e coletâneas.

Homem culto, bom administrador, muito dedicado às obrigações, era por feição e convicção um conservador de pendores áulicos, típico daqueles patriotas mornos, apegados à ordem e à segurança, desconfiados ante o liberalismo, que encontraram a solução ideal no paternalismo autoritário de Pedro I, a quem serviu com devotamento e que o fizera, primeiro visconde (1824), depois marquês (1826) de Paranaguá.

José Bonifácio de Andrada e Silva nasceu, de gente bem situada, em Santos, capitania de São Paulo, no ano de 1765, filho do coronel Bonifácio José de Andrada e sua mulher, Maria Bárbara da Silva. Feitos os preparatórios na vila natal e em São Paulo, partiu para a Europa em 1783, matriculando-se em Coimbra nos cursos de direito e filosofia natural. Formado em 1788, dedicou-se sobretudo à mineralogia e à química, aperfeiçoando-se numa longa viagem pela Europa de 1790 a 1800, durante a qual fez cursos, publicou trabalhos, foi acatado e recebido em sociedades científicas. Daí a 1819 aplicou-se principalmente à administração e ao ensino, sempre nos setores dos seus estudos, tendo de entremeio lutado contra os franceses. Voltando à vila natal em 1819, foi retirado dos livros pelos acontecimentos políticos de 1820, em Portugal, que precipitaram os problemas da autonomia brasileira. A partir de então a sua atividade é tão conhecida que dispensa referência, bastando lembrar que a ele, mais do que a ninguém, ficou o Brasil devendo as medidas que lhe asseguraram a independência sem esfacelamento. É muito extensa a lista dos trabalhos científicos e políticos desse alto espírito. No campo literário, quase toda a sua produção se encontra reunida nas *Poesias avulsas de Américo Elísio*, que era o seu pseudônimo arcádico, editadas em Bordéus, onde estava exilado, no ano de 1825. As edições atuais incorporam o restante dos seus versos.

José Elói Ottoni nasceu na então Vila do Príncipe, atual cidade do Serro na capitania de Minas Gerais, em 1764, filho de Manuel Vieira Ottoni e sua mulher Ana Felizarda Pais Leme. Estudou humanidades na atual Diamantina e em Catas Altas, passando depois à Itália, pátria de seu avô, onde se preparou para a carreira eclesiástica (que não seguiu) e morou vários anos, voltando ao Brasil por altura de 1790. Nomeado professor de latim na atual Minas Novas, transferiu-se no decênio de 1790 para Portugal, onde frequentou as rodas literárias, foi protegido da marquesa de Alorna e sofreu a influência de Bocage, com o qual manteve relações. Ocupou um cargo na Embaixada portuguesa de Madri, voltando ao Brasil em 1809. Tendo pleiteado em vão um emprego público no Rio, mudou-se em 1811 para a Bahia, onde o protegeu o governador d. Manuel de Portugal e Castro. De novo em Lisboa pela altura de 1820, foi eleito deputado por Minas às cortes, não chegando a tomar assento. Em 1825 estava de volta ao Brasil, fixando-se no Rio, onde foi nomeado funcionário da Secretaria da Marinha graças ao patrocínio dum confrade e amigo, Vilela Barbosa, e onde morreu, muito velho, no ano de 1851.

Publicou várias pequenas coleções de versos, nos primeiros anos do século XIX, como *Poesia dedicada à condessa de Oeynhausen*, 1801, contendo seis poesias; *Anália de Josino*, 1802 etc. A partir de 1808 dedicou-se apenas à poesia religiosa, traduzindo notadamente os *Provérbios de Salomão*, estampados na Bahia em 1815, e o *Livro de Jó*, que começou por este tempo, elaborou por longos anos e só foi publicado depois da sua morte, em 1852.

Francisco Carlos da Silva, em religião **Frei Francisco de São Carlos**, nasceu em 1763 no Rio de Janeiro, filho de José Carlos da Silva e sua mulher Ana Maria de Jesus, ambos cariocas. Estudou com os franciscanos, primeiro no Rio, depois em Macacu (atual estado do Rio), em cujo Convento de S. Boaventura ingressou em 1776 e recebeu mais tarde as ordens. Em 1790 foi mandado a São Paulo ensinar teologia, e de volta ao Rio, em 1796, foi algum tempo comissário dos Terceiros da Penitência. Visitador geral das Ordens Terceiras e Confrarias Franciscanas da capitania de Minas Gerais, ali esteve até 1801, quando foi nomeado professor de eloquência sagrada do Seminário de S. José, Rio de Janeiro, não registrando os biógrafos por quanto tempo. O fato é que antes de 1809 foi cinco anos guardião de dois conventos, na capitania do Espírito Santo, e por este tempo, isto é, mais ou menos entre 1804 e 1809, deve ter composto *A assunção*, ao menos uma versão inicial, pelo que se depreende duma conversa narrada por Monte Alverne a Porto-Alegre. Em 1809 foi nomeado Pregador da Capela Real, depois de haver, reza a tradição, deslumbrado o príncipe regente, ante o qual pregara por ocasião da sua chegada, e que o nomeou ainda examinador da Mesa de Consciência e Ordem. Foi em 1813 guardião do convento de Santo Antônio, chegando a definidor e visitador geral da província franciscana do Brasil.

Morreu aos 66 anos em 1829, famoso pelos excepcionais dotes oratórios a que juntava, parece, uma bela e máscula presença.

Dos seus numerosos sermões nada resta, além dum e outro fragmento e a oração fúnebre da rainha d. Maria I (1816), que foi impressa. O seu maior título é *A assunção: Poema composto em honra da Santa Virgem*, Imprensa Régia, Rio, 1819. Monte Alverne contou a Porto-Alegre ter visto nas mãos do poeta, pouco antes da sua morte, um exemplar muito emendado, com folhas intercaladas, que depois se extraviou.

Antônio Pereira de Sousa Caldas, filho do comerciante Luís Pereira de Sousa e sua mulher Ana Maria de Sousa, portugueses, nasceu no Rio em 1762. Por ser doentio, e, parece, de constituição frágil, mandaram-no para Portugal aos oito anos em 1770, à busca de melhor clima. Sobre o seu período de estudos há bastante obscuridade: sabemos, de certo, que foi matriculado em Coimbra em 1778, no curso de matemática, de que se exigia então um ano para os candidatos ao curso de leis, no qual se formou apenas em 1789. Enquanto aluno, o "Caldinhas", como era chamado pelos colegas, foi irrequieto e inclinado às "ideias francesas". Em 1781 foi preso pelo Santo Ofício, aparecendo junto a outros estudantes, inclusive Francisco de Melo Franco, num auto de fé daquele ano, sob acusação de "Herege, Naturalista, Deísta e Blasfemo", sendo recolhido para penitência ao Convento de Rilhafoles. Os seus biógrafos bem-pensantes dizem que de lá saiu "regenerado"; mas o fato é que em 1784 compõe a "Ode ao homem selvagem", ousadamente rousseauísta, e em 1785 era apontado como um dos prováveis autores d'*O reino da estupidez*. Do mesmo período é o poemeto didático "As aves", inacabado e deformado por Garção Stockler, — onde, não obstante, repontam o ilustrado e o patriota. Antes de se formar, dizem que foi à França, isto é, entre 1781 e 1789. Depois da formatura viajou novamente, recebendo ordens sacras em Roma no ano de 1790. Como se vê, era agitado e instável, — "alternativamente santo e jacobino", como o qualificou d. Rodrigo de Sousa Coutinho, — havendo disso mais dum sinal em sua obra. A partir daí, teria abandonado a poesia profana, ganhando fama como pregador.

Deve ser encarada com reserva a informação de que recusou dois bispados; tais cargos dificilmente seriam oferecidos a um homem suspeito às autoridades. Com efeito, ainda em 1801, vindo ele ao Rio visitar a mãe, um ofício ministerial o apontava ao vice-rei como "temível" pelas ideias, recomendando que o vigiassem de perto.

Em 1808 voltou definitivamente à pátria, onde confirmou o renome de orador sacro; e é significativo que, apesar disso, nunca tenha sido nomeado pregador da Capela Real, como os confrades de igual e menor porte. Cerca de 1810-1812 compôs as *Cartas*, de que restam infeliz-mente cinco, quando seriam pelo menos meia centena. Versam a liberdade de opinião, num tom parecido ao do *Correio Brasiliense* e talvez nele inspirado mostrando que a fé religiosa, sin-cera e forte, coexistia nele com a extrema liberdade intelectual.

Desinteressado e modesto, sempre achacado, extinguiu-se esse livre e atormentado espí-rito na cidade natal, aos 51 anos, em 1814. As suas *Poesias sacras e profanas* e a versão parcial dos *Salmos de Davi* foram publicados em 1820-1821 pelo sobrinho Antônio de Sousa Dias, em Paris. Das suas cartas restantes a 47ª e a 48ª apareceram na *Revista do Instituto Histórico e Geográfico*.

José Joaquim Lisboa nasceu em Vila Rica, Minas Gerais, em 1775, ignorando-se a data e local da morte. Foi alferes da tropa de linha em sua terra e publicou uma série de opúsculos em verso: *Descrição curiosa* etc., 1806; *Liras de Jonino* etc., 1807; *Ode (a) Francisco da Silveira Pinto da Fonseca* etc., 1808; *A proteção dos ingleses* etc., 1808; *Ode à chegada de sua alteza* etc., 1810; *Liras* etc., 1812.

Joaquim José da Silva teria nascido pela mesma altura no Rio, onde foi sapateiro. As suas déci-mas satíricas começaram a ser recolhidas por Januário da Cunha Barbosa, encontrando-se tam-bém no *Florilégio* de Varnhagen e no *Parnaso* de Melo Morais Filho.

Silvério Ribeiro de Carvalho nasceu no decênio de 1760 na capitania de Minas, freguesia de Paraopeba, onde viveu e morreu, no ano de 1843, e que lhe valeu o cognome. Era padre e, a jul-gar por uns versos, fazendeiro. As produções satíricas do padre Silvério do Paraopeba foram reunidas em 1863 por José Maria Vaz Pinto Coelho, salvo as de cunho mais livre.

Capítulo VII

Hipólito José da Costa Pereira Furtado de Mendonça nasceu na Colônia do Sacramento, atual República do Uruguai, em 1774, filho de um fazendeiro da capitania do Rio de Janeiro lá desta-cado como alferes de ordenanças, Félix da Costa Furtado de Mendonça e sua mulher Ana Jo-sefa Pereira, natural daquela colônia. Fez os preparatórios em Porto Alegre, como recentemente estabeleceu Carlos Rizzini, formou-se em leis e filosofia na Universidade de Coimbra, em 1798. No mesmo ano é encarregado pelo ministro d. Rodrigo de Sousa Coutinho de estudar questões econômicas nos Estados Unidos, onde ficou até 1800, resultando o *Diário de minha viagem para Filadélfia*, publicado apenas em 1955. Nomeado para a Imprensa Real em 1801, fez nova viagem oficial, à Inglaterra e França, sendo preso na volta, em 1802, sob acusação de maçonaria. Dos cár-ceres da Inquisição escapou em 1805, escrevendo a respeito a *Narrativa da perseguição*, 2 v., Lon-dres, 1811. Estabelecido em 1805 nesta cidade, que nunca mais deixou, protegido pelo duque de Sussex, filho do rei e maçom ele próprio, funda em 1808 o *Correio Brasiliense ou Armazém Lite-rário*, que publicou até 1822 e foi a mais completa tribuna de análise e crítica da situação portu-guesa e brasileira. Partidário da união equivalente dos dois reinos, abraçou a ideia de separação apenas quando os acontecimentos se precipitaram, em 1821, como José Bonifácio e tantos ou-tros. Encerrou então as atividades do jornal e morreu pouco depois, em 1823, sem chegar a saber que fora nomeado cônsul do novo Império em Londres.

Frei Joaquim do Amor Divino Rabelo e Caneca nasceu em 1779 no Recife, dum casal modesto. O pai, Domingos da Silva Rabelo, era português e tanoeiro de ofício, donde o apelido que o filho incorporou altivamente ao nome e com o qual passou à posteridade; a mãe, brasileira, se chamava Francisca Alexandrina Siqueira. Tendo feito os estudos e o noviciado no Convento dos Carmelitas da sua terra, ordenou-se em 1796, passou logo ao ensino e foi nomeado em 1805 professor de filosofia e substituto de retórica e geometria do Recife. Das atividades docentes resultaram algumas obras, de caráter em grande parte compilatório: *Breve compêndio de gramática portuguesa*, *Tratado de eloquência*, *Tábuas sinóticas do sistema retórico de Fábio Quintiliano* etc. Homem culto e curioso, com certo nome na tribuna sagrada, foi todavia como político que realizou, intelectual e praticamente, o seu temperamento arrebatado e destemido. Participante da Revolução de 1817, ficou preso até 1821 na cadeia da Bahia. Em Recife, retomou as atividades docentes e ingressou numa grande fase de doutrinação política, participando do movimento da Independência e das subsequentes dissensões regionais, que o levaram ao separatismo, de que foi doutrinador principal, e à rebelião de 1824. São dessa fase a importante *Dissertação sobre o que se deve entender por pátria do cidadão*, as enérgicas e inspiradas *Cartas de Pítia a Damão*, além de verrinas polêmicas e o jornal *O Tífis Pernambucano*. Foragido com outros revolucionários, anotou a jornada no *Roteiro do Ceará*, onde o prenderam. Processado e condenado à morte, foi fuzilado no Recife em 1825, portando-se com admirável sobrancería.

Evaristo Ferreira da Veiga nasceu no Rio em 1799, filho de um professor primário português, depois livreiro, Francisco Luís Saturnino da Veiga, e sua mulher Francisca Xavier de Barros, brasileira. Fez estudos com o pai e, a partir de 1811, cursou as diversas aulas régias da capital, até 1818, trabalhando a seguir como caixeiro do pai. Em 1823 estabeleceu livraria própria, e dela viveu confortavelmente até a morte. Sabemos que era apaixonado pelo estudo e fez versos com pertinácia desde a infância, inclusive a letra do Hino da Independência, musicado por Pedro I. A grande vocação política o absorveu a partir de 1827 em detrimento de tudo o mais, desde o seu ingresso no recém-fundado jornal *Aurora Fluminense*, de que logo se tornou proprietário, escrevendo quase todos os artigos. Empenhado na defesa das liberdades constitucionais como condição de existência da jovem pátria, criou um estilo e uma conduta de moderação combativa, conciliando mais que ninguém o apego à ordem e ao decoro com as reivindicações liberais. Em 1830 foi eleito deputado por Minas, e sempre reeleito até morrer. Protagonista destacado do Sete de Abril, tornou-se um dos pilares da situação durante as Regências, conduzindo a opinião liberal, orientando-a entre os extremos, contribuindo decisivamente para a defesa das instituições públicas, além de trabalhar para o desenvolvimento intelectual e artístico, aplaudindo os jovens escritores, animando-os e auxiliando-os materialmente. Artífice máximo da eleição de Feijó em 1835 logo se separou dele e de outros companheiros de luta liberal. Desgostoso com a orientação autoritária do regente, com a inclinação direitista de velhos correligionários como Vasconcelos e Honório Hermeto, fechou o jornal naquele ano e partiu para uma longa estada em Minas, morrendo poucos meses depois no Rio, em 1837. As suas poesias só foram publicadas em 1915, nos *Anais da Biblioteca Nacional*.

Capítulo VIII

(Sobre Evaristo da Veiga, ver capítulo anterior)

Januário da Cunha Barbosa nasceu no Rio em 1780, filho de Leonardo José da Cunha Barbosa e sua mulher Bernarda Maria de Jesus. Estudou no Seminário de S. José e se ordenou padre em 1803, passando a seguir um ano em Portugal. Em 1808 foi nomeado pregador da Capela Real e substituto de filosofia moral e racional, tornando-se catedrático em 1814. Famoso como orador sacro, atirou-se decididamente em 1821 no movimento preparatório da Independência, de que foi um dos principais autores, fundando com Joaquim Gonçalves Ledo o famoso jornal *Revérbero Constitucional Fluminense*. Adverso aos Andradas, foi exilado em 1821 por instigação deles, voltando em 1823. Cônego da Capela Imperial em 1824, deputado por Minas de 1826 a 1829, foi a partir de então, com breve intervalo, diretor do *Diário Fluminense* e da Imprensa Nacional, respectivamente até 1834 e 1837. Em 1838 foi um dos fundadores do Instituto Histórico e Geográfico, falecendo em 1846 no exercício do mandato de deputado.

Há dele vinte e tantos discursos e sermões impressos em folhetos, mas nunca reunidos em livro; dois poemas longos: *Niterói*, impresso em Londres em 1822, *Os garimpeiros*, herói-cômico, Rio, 1837; uma comédia política, *A rusga da Praia Grande*, Rio, 1831, — além da colaboração esparsa em periódicos e manuscritos inéditos. A sua principal contribuição à literatura são, todavia a grande ação patrocinadora depois de 1830, a antologia *Parnaso brasileiro* (1829-1831) e as biografias publicadas na *Revista do Instituto Histórico e Geográfico*.

José da Natividade Saldanha, filho do padre João José de Saldanha Marinho e Lourença da Cruz, mulher de cor, nasceu no ano de 1795 em Santo Amaro do Jaboatão, Pernambuco. Matriculou-se em Coimbra em 1819, colando grau em direito no ano de 1823; como estudante, publicou as *Poesias dedicadas aos amigos e amantes do Brasil*, Imprensa da Universidade, Coimbra, 1822.

De volta à pátria foi eleito secretário da Junta que dirigiu no Recife a rebelião de 1824, participando ativamente do movimento. Em janeiro de 1825 fugiu para os Estados Unidos, passando à França, donde foi expulso como elemento subversivo, dizendo o prefeito de polícia ao ministro do interior num ofício publicado por Alberto Rangel: "A fisionomia deste mulato é penetrante e inteligente, e ele tem uma audácia e segurança pouco comuns". Indo para a Inglaterra, já estava na Venezuela em agosto de 1826, quem sabe enviado pelos exilados pernambucanos de Londres para estabelecer contato com Bonald. Em Caracas fez duas retumbantes defesas, de cunho político, e passou a Bogotá, onde entrevistou o Libertador. Ali viveu muito pobremente de aulas particulares; possivelmente por pressão dos conservadores, que atingira nas causas de Caracas, não lhe deram licença para advogar. Granjeou reputação entre alguns jovens escritores, frequentando El Parnasillo, espécie de Arcádia local, sobre cujos sócios influiu. Em noite de tempestade, no ano de 1832, morreu afogado numa valeta de esgoto, com certeza desacordado pela queda. Um dos seus admiradores colombianos, José Joaquim Ortiz, consagrou-lhe o epicédio *"En la muerte del desgraciado poeta brasileño Natividade Saldanha"*.

Em vida, publicou, além das *Poesias*, o *Discurso sobre a tolerância*, Tomás Antero, Caracas, 1826, que reproduz uma das suas citadas defesas. Nas vicissitudes por que passou perderam-se numerosos manuscritos, alguns dos quais vêm assinalados por Alberto Rangel. Em 1875, Ferreira da Costa reuniu os seus versos conhecidos sob o título de *Poesias de José da Natividade Saldanha*.

Théodore Taunay nasceu nos primeiros anos do século XIX e veio em 1816 para o Brasil com a família, filho que era de Nicolau Antônio Taunay, pintor da Missão Artística chamada por d. João VI. Voltando o pai à Europa em 1821 permaneceu aqui na companhia de dois irmãos. No decênio de 1830 foi nomeado cônsul da França no Rio, morrendo nestas funções em 1880, muito estimado pela sua bondade. Além de *Idylles brésiliennes*, Rio, 1830, escritos durante o decênio de 1820 em latim e traduzidos por seu irmão Félix Emílio, conheço dele apenas um longo poema, lamentando a morte do irmão Adriano, afogado no Guaporé em 1828, e publicado pelo sobrinho, visconde de Taunay.

Édouard Corbière, pai de Tristan Corbière, nasceu em Brest em 1793 e morreu em Morlaix, em 1875. Começou a vida na Armada, de que foi expulso em 1816 por liberalismo. Entrou para o jornalismo político, caracterizando-se por uma extrema combatividade liberal, que o levou a ser processado mais de uma vez e preso. Cerca de 1823 mudou de atividade e ingressou na

Marinha Mercante, comandando até 1828 navios que vinham à América. Retornando ao jornalismo até 1829, passou nesta data a dirigir uma companhia de navegação costeira. Entre 1832 e 1846 publicou vários romances de aventuras marítimas que tiveram popularidade, mas o seu interesse para nós reside nas *Élégies brésilennes, suivies de Poésies diverses et d'une Notice sur la traile des noirs*, Brissot-Thivars etc., Paris, jun. 1823, onde diz ajustar ao francês poesias indígenas colhidas no sertão de Ilhéus por um compatriota. De qualquer modo elas se enquadram no modelo ossianesco e servem aos propósitos liberais de Corbière, sendo o primeiro livro na linha indianista pré-romântica dos "franco-brasileiros", que operam a passagem do Indianismo neoclássico ao dos românticos.

Jean Ferdinand Denis nasceu em Paris em 1798. Em 1816 veio ao Brasil com a intenção de passar à Índia, onde pretendia ganhar a vida, mas acabou por ficar, primeiro no Rio, depois, mais longamente, na Bahia, até 1819. Daí o seu interesse e especialização em assuntos ibéricos e sul-americanos, notadamente brasileiros, que cultivou por toda a vida. Da sua extensa bibliografia, mencionem-se os seguintes títulos, de maior interesse para nós:

Le Brésil, em colaboração com Hippolyte Taunay, 1821-1822; *Scènes de la nature sous les tropiques*, 1824; *Résumé de l'histoire du Brésil* etc., 1825; *Résumé de l'histoire littéraire du Portugal, suivi du Résumé de l'histoire littéraire du Brésil*, 1826; *Histoire géographique du Brésil*, 1833; *Une Fête brésilienne* etc., 1850.

Em 1838 foi nomeado bibliotecário e em 1841 conservador da Biblioteca de Sainte Geneviève; chegou a diretor em 1865 e foi aposentado em 1885, ali passando a vida erudita, grande amigo do Brasil e dos brasileiros. Morreu em 1890. Era ligado a Sainte-Beuve e principalmente Senancour, a quem foi muito fiel, sendo o único amigo a seguir o seu enterro em 1846.

Daniel Gavet nasceu em Paris no ano de 1811 e morreu depois de 1867. De 1818 a 1825 viveu no Brasil e Uruguai, aprendendo as línguas respectivas. Depois dos estudos secundários entrou para a administração pública, chegando a Coletor de Amiens. Além de traduções do português e do espanhol, e de escritos e poemas esparsos, publicou cinco livros, de que nos interessam dois: *Zaccaria, anecdote brésilienne*, 1826, e *Jakaré-Ouassou ou Les Tupinambas: Chronique brésilienne*, 1830, em colaboração com Philippe Boucher, de quem não pude obter nenhum dado, e considero um orientador mais idoso do jovem autor. Este livro é fruto da influência de Denis e da tradução do *Caramuru*, de Monglave, sendo o primeiro romance indianista, do grupo "franco-brasileiro", depois do conto de Denis sobre os Machakalis.

François-Eugène Garay de Monglave nasceu em Bayonne em 1796 e esteve no Brasil alguns anos, talvez de 1820 a 1823. Neste ano iniciou, já em Paris, uma breve e agitada carreira de jornalista liberal. Funcionário de 1830 a 1832, foi em 1833 um dos fundadores do Institut Historique, de que se tornou secretário perpétuo, e onde patrocinou, junto com Debret, a admissão de Magalhães, Torres Homem e Porto-Alegre, abrindo-lhes as páginas do respectivo *Journal*. Foi sócio honorário do nosso Instituto Histórico e Geográfico em 1838, e no decênio seguinte a *Minerva Brasiliense* registrava que havia dado um curso sobre a literatura brasileira. Autor de obras polêmicas, de divulgação e de romances, interessa-nos por haver traduzido a *Marília de Dirceu*, com uma introdução histórico-literária, e o *Caramuru*.

Domingos Borges de Barros nasceu em Santo Amaro na Bahia, em 1779, de uma antiga e ilustre família de senhores de engenho, clérigos e militares, que já havia dado poetas e oradores à Colônia. Foram seus pais o sargento-mor Francisco Borges de Barros e Luísa Clara de Santa Rita. Passou a Portugal em 1796, estudou no Colégio dos Nobres e matriculou-se em 1802 na

Universidade de Coimbra, onde colou grau de bacharel em filosofia no ano de 1804. De 1805 a 1810 esteve na França, visitando outros países em 1807, sempre interessado nas ciências naturais. Embora poetasse desde os vinte anos, foi o estímulo de Filinto Elísio, ao qual se ligou afetuosamente em Paris, que o lançou na poesia. Amigo da marquesa de Alorna, frequentou também escritores franceses, como Delille e Legouvé, cujas obras traduziu.

Em 1810 veio para o Brasil via América do Norte, sendo preso equivocadamente por jacobinismo quando chegou à Bahia. Remetido ao Rio foi logo posto em liberdade, mas ali se demorou até 1813, tendo colaborado ativamente n'*O Patriota*, onde apareceram nada menos de oito memórias da sua autoria, sobre agronomia e química.

A partir de 1814 dedicou-se ao cultivo das suas terras, até que o ano de 1820 o lançasse na política. Deputado às cortes de Lisboa, foi depois encarregado de negócios em Paris até 1828, contribuindo decisivamente para o reconhecimento da Independência. Contribuiu também decisivamente para o segundo casamento do imperador, que o encheu de honrarias na ocasião. Em 1825 estampou naquela cidade, anônimas, as *Poesias oferecidas às senhoras brasileiras por um baiano*, em dois volumes, contendo peças inéditas e já publicadas, numerosas traduções, inclusive do poema *Le Mérite des femmes*, de Legouvé, e a primeira parte do poema fúnebre *Os túmulos*. Voltando ao Brasil em 1831, tomou em 1833 assento no Senado, para o qual fora nomeado em 1826, mas dedicou-se principalmente aos seus negócios e obras de caridade, na Bahia, onde morreu em 1855.

Parece não ter escrito depois de 1825, salvo acréscimo a *Os túmulos*, cuja versão completa foi publicada e prefaciada por Melo Morais pai em 1850 (Tipografia Poggetti, Bahia). Mas era tido como figura tutelar pelos literatos baianos, que o puseram como patrono d'*A Época Literária*, jornal publicado em 1849-1850. Fora criado barão (1825) e depois visconde (1826) de Pedra Branca pelo primeiro imperador.

Frei Francisco do Monte Alverne, no século Francisco de Carvalho, nasceu no Rio em 1784, filho do ourives português João Antônio da Silveira e sua mulher Ana Francisca da Conceição, brasileira. Ingressando em 1801 na Ordem Franciscana, estudou no Convento de Santo Antônio, Rio, e no de São Francisco, São Paulo, para onde veio em 1804, aqui se ordenando em 1808 e ensinando filosofia até cerca de 1816. Em São Paulo iniciou a carreira de pregador, no ano de 1810; mas foi após 1816, ao transferir-se para o Rio, como professor de filosofia e retórica, e pregador da Capela Real, que alçou voo e abriu um período de êxitos ininterruptos. Ardente patriota, foi uma espécie de consciência oratória do Primeiro Reinado, não trepidando em atacar violentamente o imperador numa cerimônia, pouco antes da Abdicação. Para os moços, era o mais alto exemplo de talento aplicado no engrandecimento intelectual da nação. Isto durou até 1836, quando cegou e, amargurado, privado da atividade triunfal que lhe satisfazia a vaidade e o pendor histriônico, recolheu-se ao convento, onde permaneceu à margem, apesar de sempre glorificado pelos admiradores e ex-alunos, entre os quais alguns dos fundadores do Romantismo. Em 1853 publicou as *Obras oratórias*, 4 v.; no ano seguinte, a pedido do jovem imperador, voltou a pregar na Capela Imperial, num retorno espetacular, sem dúvida um dos maiores acontecimentos da vida intelectual da época. Nos três anos que ainda viveu, fez alguns discursos e um sermão, correspondeu-se publicamente com outro grande cego, Antônio Feliciano de Castilho, — a quem se ligara de amizade fraterna, — e, sempre a pedido do imperador, deu à luz uma análise d'*A Confederação dos Tamoios*, de Magalhães. Morreu em Niterói no ano de 1857, e em 1858 apareceu o *Compêndio de filosofia*.

Francisco Bernardino Ribeiro nasceu no Rio em 1815, filho de Francisco das Chagas Ribeiro e Bernardina Rosa Ribeiro. Aluno da Academia de S. Paulo, redigiu um jornal liberal, *A Voz Paulistana* (1831), e fundou a Sociedade Filomática (1833), redigindo a respectiva revista. Talento famoso no seu tempo, foi bacharel em 1834, doutor em 1835, vencendo o concurso para lente de Direito Criminal no mesmo ano. Pouco ensinou, morrendo na cidade natal aos 22 anos, em 1837. Deixou poesias e artigos esparsos, mas a sua influência foi muito grande sobre os jovens do tempo.

Justiniano José da Rocha nasceu no Rio em 1811, filho de José Caetano da Rocha e sua mulher Maria Luísa Muzi. Fez estudos secundários na França, matriculando-se em 1829 na Academia de S. Paulo, onde se bacharelou em 1833. Fez parte da Sociedade Filomática, em cuja revista escreveu, dedicando-se depois de formado ao jornalismo político, a serviço do Partido Conservador. Além de ter sido um dos maiores jornalistas do tempo, interessa à literatura pela atividade precursora do Romantismo em S. Paulo, e por haver introduzido entre nós a ficção em folhetim, pouco antes criada na França. Neste sentido traduziu vários romances, inclusive de Victor Hugo e Dumas, e adaptou outros, como *A paixão dos diamantes* ou *Os assassinos misteriosos*, também considerado de sua autoria exclusiva. Morreu no Rio, muito pobre, em 1862.

Firmino Rodrigues Silva nasceu em Niterói em 1815, filho de outro do mesmo nome, formando-se na Academia de S. Paulo em 1837. Muito amigo de Francisco Bernardino, que o protegia e orientava nos estudos, compôs por ocasião da sua morte, naquele ano, a famosa *Nênia*, que lhe deu lugar na literatura. Conhecem-se dele, ao todo, seis poesias, todas de boa qualidade. Magistrado, jornalista e político, fez carreira como membro do Partido Conservador, chegando ao Senado. Morreu em Paris no ano de 1879.

Capítulo X

(Para as biografias de Teixeira e Sousa e Macedo, ver o capítulo seguinte.
Para a de Norberto, ver capítulo XVI)

Domingos José Gonçalves de Magalhães nasceu no Rio de Janeiro em 1811, filho de Pedro de Magalhães Chaves, não registrando os biógrafos o nome de sua mãe. Nada se sabe dos estudos preparatórios que precederam o seu ingresso, em 1828, no curso médico, em que se diplomou no ano de 1832. Concomitantemente, tornara-se amigo de Monte Alverne, cujas aulas seguiu e cuja influência sofreu. Em 1832 publica as *Poesias*, bem recebidas pelo acanhado meio intelectual do Rio, e em 1833 parte para a Europa com intenção de aperfeiçoar-se em medicina, só voltando à pátria em 1837. Dessa viagem resultaram a sua adesão ao Romantismo, a formação de um grupo literário brasileiro em Paris, a publicação da revista *Niterói* (1836) e o seu livro renovador *Suspiros poéticos e saudades* (1836). Aclamado na pátria como chefe da "nova escola", a sua primeira atenção é para o teatro, (que passava então por um momento de voga com a produção de Martins Pena e os desempenhos de João Caetano), escrevendo duas tragédias: *Antônio José* (1838) e *Olgiato* (1839). Ainda em 1838 é nomeado professor de filosofia do Colégio Pedro II, onde pouco ensinou. Com efeito, de 1838 a 1841, e de 1842 a 1846, foi secretário de Caxias no Maranhão e no Rio Grande do Sul, e em 1847 entrou para a diplomacia, de que não mais se afastou, sendo encarregado de negócios nas Duas Sicílias, no Piemonte, na Rússia e na Espanha, ministro residente na Áustria, ministro nos Estados Unidos, Argentina, Santa Sé, morrendo em Roma no ano de 1882. Fora criado barão em 1872 e, em 1874, visconde de Araguaia, com grandeza.

Amigo do imperador, bem relacionado, muito cônscio do seu valor, foi a primeira figura na vida literária oficial até a publicação d'*A Confederação dos Tamoios*, quando Alencar, abrindo a polêmica famosa, promoveu a sua redução a proporções mais modestas.

Depois dos citados, publicou os seguintes livros: *A Confederação dos Tamoios*, em 1856; *Os mistérios*, 1857; *Fatos do espírito humano*, 1858; *Urânia*, 1862; *Cânticos fúnebres*, 1864; *Opúsculos históricos e literários*, 1865; *A alma e o cérebro*, 1876; *Comentários e pensamentos*, 1880. Nem todos os escritos foram reunidos nos *Opúsculos*, e em 1934 a RABL publicou as suas cartas a Porto-Alegre.

Francisco de Sales Torres Homem nasceu no Rio em 1812, de origem obscura. Estudou medicina no Rio, provavelmente ao mesmo tempo que Magalhães, e direito em Paris, onde esteve de 1833 a 1837, mais ou menos. Lá foi adido de legação, encarregado de negócios e integrou o movimento da *Niterói*, cabendo-lhe prefaciar o livro renovador de Magalhães, cujo papel definiu com argúcia. De volta à pátria teve uma carreira política brilhante, como deputado, senador, ministro, sendo criado em 1872 visconde com grandeza de Inhomirim. Não interessa mencionar os escritos políticos e econômicos de Torres Homem, ligado episodicamente à literatura, bastando lembrar que foi um dos dirigentes da *Minerva Brasiliense* e autor, sob pseudônimo de Timandro, do importante *O Libelo do Povo*, 1849, que representa uma das posições mais avançadas do liberalismo da sua geração, e de que se arrependeu amargamente desde quando, por volta do decênio de 1850, começou a aproximar-se do Trono. Morreu em Paris no ano de 1876.

Antônio Peregrino Maciel Monteiro, filho do dr. Manuel Francisco Maciel Monteiro e sua mulher Manuela Lins de Melo, nasceu em Recife em 1804. Fez estudos em Olinda e, a partir de 1823, Paris, em cuja Universidade se doutorou em medicina no ano de 1829. De volta à pátria, ocupou alguns cargos médicos, mas sobretudo políticos. Deputado geral em 1836, foi ministro de 1837 a 1839, e, deste ano a 1844, diretor da Faculdade de Olinda, elegendo-se de novo em 1850, quando foi presidente da Câmara. Nomeado ministro plenipotenciário em Lisboa no ano de 1853, morreu no posto em 1868, cabendo a Porto-Alegre, cônsul-geral, providenciar as exéquias. Famoso galanteador e sibarita, nada publicou além da tese de medicina e algumas poesias e discursos. Como ocorre com certos poetas noutras literaturas, o seu lugar na nossa é devido a uma única peça, o belo soneto "Formosa qual pincel". Era conselheiro titular e fora criado em 1860 barão de Itamaracá, segundo do título.

Manuel José de Araújo, que mais tarde juntou ao nome o da capital da sua província, Porto Alegre, nasceu em 1806 em S. José do Rio Pardo, Rio Grande do Sul, filho de Francisco José de Araújo e sua mulher Francisca Antônia Viana.

Em 1826 veio para o Rio estudar pintura com Debret, cursando também a Escola Militar e aulas de anatomia do curso médico, além de filosofia, com frei Santa Gertrudes. Em 1831, graças a uma subscrição promovida por Evaristo da Veiga, e à proteção dos Andradas, seguiu o mestre à Europa, onde estudou, escreveu e pintou, na França e na Itália, até 1837. Ligado a Garrett, talvez tenha sido quem orientou os patrícios chegados a Paris no interesse pelo Romantismo. De volta ao Rio, desenvolveu intensa atividade artística, educacional, administrativa e literária, como pintor oficial, professor da Academia de Belas Artes, vereador, orador do Instituto Histórico e Geográfico etc., tendo fundado com Macedo e Gonçalves Dias a revista *Guanabara*, em 1849. Em 1858 ingressou na carreira consular, servindo como cônsul-geral na Prússia, com sede em Berlim, depois na Saxônia, com sede em Dresden (1860-1866), finalmente em Lisboa (1866-1879), onde morreu. Em 1874 recebera o título barão de Santo Ângelo.

Homem bom, era dotado de grande senso do dever e rara capacidade de trabalho, a julgar pelas obras de arquitetura e pintura, as comemorações que organizou, a atividade associativa, os escritos. Escreveu artigos, biografias, peças de teatro, estudos políticos, poesias, que ainda não foram todas reunidas, tendo ele enfeixado as principais nas *Brasilianas*, 1863. A sua empresa literária foi todavia o poema épico *Colombo*, 2 v., 1866, em que trabalhou desde o decênio de

1840, e de que veio publicando episódios pelas revistas do tempo, a partir de 1850. Embora endeusasse reverentemente o seu compadre e fraternal amigo Magalhães, atribuindo-lhe a chefia da "regeneração das nossas letras", não ignorava, intimamente, o papel que lhe cabia, possuindo mesmo, conforme Pinto da Silva, "noção exata da influência que os seus livros exerceram". Parece que se atribuía especialmente o início da cor local nativista.

Antônio Francisco Dutra e Melo nasceu no Rio em 1823, filho de Antônio Francisco Dutra e Melo e sua mulher Antônia Rosa de Jesus Dutra. Órfão de pai, ficou a cargo da mãe, que o instruiu e encaminhou nos estudos. Feitos alguns preparatórios, foi professor de inglês do Colégio Pedro II com menos de dezoito anos, arrimando a casa pobre com este e outros trabalhos. Em 1846 morria, aos 22 anos e meio, deixando fama de moço prodígio, como tal celebrado pelos consócios do Instituto Histórico e Geográfico no discurso fúnebre de Porto-Alegre. Publicou uma gramática inglesa; quatro coleções de charadas em versos; um voluminho de décimas às flores, em colaboração; meia dúzia de poesias; outro tanto de artigos e invocações. Inéditos, deixou boa quantidade de versos, que haviam sido colecionados para publicação por Luís Francisco da Veiga, e parece se terem extraviado.

Antônio Gonçalves Dias nasceu na zona rural de Caxias, Maranhão, em 1823, filho natural do comerciante português João Manuel Gonçalves Dias e de Vicência Ferreira, mestiça, não se sabe se de índio e branco, de índio e negro, ou das três raças.

Casado em 1829 com outra mulher, o pai não o desampara; além de lhe dar instrução e fazê-lo trabalhar na loja, pretendia levá-lo para estudar em Portugal, quando morre, às vésperas da viagem, em 1837. A madrasta o ampara igualmente, realizando o desejo do marido. Gonçalves Dias passa a Coimbra em 1838 e prepara-se para a Universidade, mas a situação financeira da família fica difícil em Caxias, por causa da Balaiada, e a madrasta manda-o voltar, mas ele pôde continuar os estudos graças ao auxílio de colegas. Matriculado no curso jurídico em 1840, volta à pátria em 1845 sem o grau final.

No ano seguinte estava no Rio, onde estampa os *Primeiros cantos*, postos à venda em 1847, que lhe deram renome imediato, seguindo-se os *Segundos cantos* em 1848. Em 1849 é nomeado professor de latim e história do Colégio Pedro II e funda a *Guanabara*, com Macedo e Porto-Alegre. Em 1851 aparecem os *Últimos cantos*, encerrando a melhor fase da sua poesia, e ele parte para o Norte em missão oficial. Frustrado no intuito de desposar Ana Amélia Ferreira do Vale, o grande amor da sua vida, casa-se no Rio em 1852 com Olímpia Carolina da Costa e é nomeado para a Secretaria dos Negócios Estrangeiros. De 1854 a 1858 permanece na Europa em missão oficial de estudos e pesquisas, publicando em Leipzig em 1857 a edição reunida dos *Cantos* e a parte inicial d'*Os timbiras*, redigida dez anos antes. De 1859 a 1861 viaja pelo Norte, como membro da Comissão Científica de Exploração. Volta ao Rio em 1862 e segue logo para a Europa, em tratamento da saúde bastante abalada, demorando-se até 1864. Neste ano, ao voltar à pátria, morre no naufrágio do navio *Ville de Boulogne*, à vista de terra tendo-se salvado todos os demais. Desde 1856 estava praticamente separado da mulher, com quem nunca se entendera e que lhe dera uma filha, falecida na primeira infância.

Na sua vida intelectual, como assinala Josué Montello, há dois nítidos períodos: um, criador, que vai até 1851, em que escreve os *Cantos*, as *Sextilhas*, a *Meditação*, quase todas as peças de teatro (*Patkul*, *Beatriz Cenci*, *Leonor de Mendonça*); outro, em que dominam os pendores eruditos, favorecidos pelas comissões oficiais e as viagens à Europa, e se pode considerar iniciado com a memória *Brasil e Oceânia* (1852), compreendendo o *Dicionário da língua tupi*, os relatórios científicos, as traduções do alemão, a epopeia elaborada e pouco inspirada d'*Os timbiras*, cujos trechos iniciais, os melhores, datam do período anterior.

Francisco Otaviano de Almeida Rosa nasceu no Rio em 1825, filho do dr. Otaviano Maria da Rosa, médico, e sua mulher Joana Maria da Rosa. Matriculado na Faculdade de São Paulo em 1841, bacharelou-se em 1845 e iniciou imediatamente a advocacia e o jornalismo, no Rio. De 1853 a 1867 foi deputado geral, passando neste ano para o Senado.

Foi plenipotenciário na Argentina e Uruguai e tinha o título do Conselho, falecendo em 1889. Embora poetasse desde menino, e algumas das suas composições ganhassem a maior popularidade, nunca reuniu os versos, granjeando fama sobretudo como jornalista.

João Cardoso de Meneses e Sousa, filho de um pai do mesmo nome, nasceu no ano de 1827 em Santos, província de São Paulo, em cuja capital se formou em direito na turma de 1848. Professor, advogado, funcionário, deputado, teve alguma vibração original na quadra juvenil, para tornar-se depois um poeta árido e rotineiro. Estreou com *Harpa gemedora*, São Paulo, 1847, e em seguida traduziu Ésquilo, Lamartine e La Fontaine, além de metrificar uma síntese d'*Os Lusíadas* na *Camoniana brasileira*, empresa de verdadeiro sacrilégio poético. Em 1910 apareceram *Poesias e prosas seletas*, englobando a produção de maturidade e velhice. Morreu no Rio, onde morava desde meado do século anterior, em 1915. Era conselheiro titular e fora criado barão de Paranapiacaba em 1883.

Capítulo XI

(Para a biografia de Pereira da Silva, ver capítulo XVI)

Antônio Gonçalves Teixeira e Sousa nasceu em 1812 em Cabo Frio, capitania do Rio de Janeiro, filho natural do comerciante português Manuel Gonçalves e de Ana Teixeira de Jesus, mulher de cor. Aprendiz de carpinteiro aos dez anos, trabalha neste ofício com o pai, que perdera os bens em 1822. Em 1830 compõe a sua primeira obra conhecida, que foi também a primeira publicada dez anos depois: a tragédia *Cornélia*. Em 1841 e 1842 saem as duas séries dos *Cantos líricos*, estando já o autor definitivamente instalado no Rio; em 1843, o romance *O filho do pescador*, em 1844, *Os três dias de um noivado*, poema narrativo no tema indianista. Uma acentuada versatilidade, como se vê, coroada em 1847 pelos seis primeiros cantos da epopeia *A Independência do Brasil*, aliás mal recebida pela crítica e pelo público. Do mesmo ano é o romance *As tardes de um pintor ou As intrigas de um jesuíta*.

Em 1846 casara e fora nomeado professor primário. De 1848 é o primeiro volume do romance histórico *Gonzaga ou A Conjuração de Tiradentes*, aparecendo o segundo em 1851, seguido pela publicação parcelada de *Maria ou A menina roubada* (1852-1853), posta em volume em 1859. Em 1854, outro romance, *A providência*; em 1855, os seis cantos finais da desconsertada epopeia e a tragédia em verso *O cavaleiro teutônico ou a freira de Mariemburgo*; em 1856, *As fatalidades de dois jovens*, último livro que compôs. Já então melhorara bastante a posição, tendo-lhe o conselheiro Nabuco de Araújo arranjado em 1855 o lugar de escrivão judicial numa vara do Comércio. Em 1861 morreu de tuberculose, que o minara desde a adolescência.

Pertencia ao grupo literário de Paula Brito, e, mesmo em vida, não obstante a pobreza intelectual do meio, sempre ficou no segundo plano. Era, ao que parece, homem bom, humilde e enleado, muito melancólico e algo abatido pelos reveses materiais.

Joaquim Manuel de Macedo, filho de Severino de Macedo Carvalho e sua mulher Benigna Catarina da Conceição, nasceu em Itaboraí, província do Rio de Janeiro, em 1820. Formado em medicina pela Faculdade do Rio em 1844, publicara no mesmo ano *A Moreninha*, que lhe deu fama instantânea e constituiu a seu modo uma pequena revolução literária, inaugurando a voga do romance nacional. Consta que a heroína do livro é uma clara transposição da sua namorada, ou noiva, e futura mulher, Maria Catarina de Abreu Sodré, prima-irmã de Álvares de Azevedo.

Foi ativa e fecunda a sua carreira intelectual de jornalista, poeta, autor teatral, romancista, divulgador, sendo considerado em vida uma das maiores figuras da literatura contemporânea e, até o êxito de Alencar, o principal romancista.

Professor de história e geografia do Brasil no Colégio Pedro II, membro muito ativo do Instituto Histórico e Geográfico, militou no Partido Liberal como jornalista e político, tendo sido deputado provincial parece que várias vezes, em datas que não apurei, e deputado geral de 1864 a 1868 e de 1878 a 1881. Em 1849 fundou com Porto-Alegre e Gonçalves Dias a revista *Guanabara*, onde apareceu grande parte d'*A nebulosa*. De 1852 a 1854 redigiu *A Nação*, jornal do seu partido. Era muito ligado à Família Imperial, tendo sido professor dos filhos da princesa Isabel.

É a seguinte a lista dos seus romances, que se dividem naturalmente em duas etapas, começando do inicial, já referido: *O moço loiro*, 1845; *Os dois amores*, 1848; *Rosa*, 1849; *Vicentina*, 1853; e *O forasteiro*, 1855. A partir daí abandona o gênero por cerca de dez anos, quem sabe abalado, ou um pouco intimidado com a entrada de Alencar, em 1856, na liça que até então dominava. Neste lapso publica os contos reunidos impropriamente sob o título de *Romances da semana*, 1861, dedica-se ao teatro e outros tipos de escritos, como as duas sátiras político-sociais *A carteira de meu tio*, 1855, e *Memórias do sobrinho do meu tio*, 1867-1868. Em 1865 volta ao romance com *O culto do dever*, seguido em 1869 por nada menos de quatro: *A luneta mágica*, *O rio do quarto*, *Nina* e *As vítimas-algozes*, — este último compreendendo três obras. A seguir: *As mulheres de mantilha* e *A namoradeira*, 1870; *Um noivo e duas noivas*, 1871; *Os quatro pontos cardeais* e *A misteriosa*, 1872; *A baronesa de amor*, 1876.

Para teatro escreveu: *O cego*, 1849; *Cobé*, 1852; *O fantasma branco*, 1856; *O primo da Califórnia*, 1858; *O sacrifício de Isaac*, 1859; *Luxo e vaidade*, 1860; *A torre em concurso*, *Lusbela* e *O novo Otelo*, 1863; *Remissão de pecados*, 1870; *Cincinato Quebra-Louça*, 1873; *Vingança por vingança*, 1877; e mais duas ou três inclusive *Amor e pátria*.

As poesias líricas nunca foram reunidas em volume; o "poema-romance" *A nebulosa* é de 1857. Escreveu ainda livros didáticos nas matérias que ensinava, sátiras, variedades, além do *Ano biográfico brasileiro*, 3 v., 1876, série muito lacunosa de biografias organizadas pelos dias e meses de nascimento.

Nos últimos tempos sofreu de decadência das faculdades mentais morrendo antes de completar 62 anos, em 1882.

Capítulo XII

(Para a biografia de Bernardo Guimarães, ver capítulo XIII)

Luís José Junqueira Freire nasceu na Bahia em 1832, filho de José Vicente de Sá Freire e Felicidade Augusta de Oliveira Junqueira. Feitos os estudos primários e os de latim de maneira irregular, por motivo de saúde, matricula-se em 1849 no Liceu Provincial, onde foi excelente aluno, grande ledor e já poeta. Por motivos não esclarecidos, mas provavelmente ligados a aborrecimentos com a conduta do pai, que não foi homem de bem e a partir de certa altura viveu separado da família, entra em 1851 na Ordem Beneditina, sem vocação e mesmo, ao que parece, sem fé segura, professando em 1852, após um ano de noviciado, com o nome de frei Luís de Santa Escolástica Junqueira Freire.

No Mosteiro de São Bento, da sua cidade natal, viveu amargurado e revoltado, arrependido por certo, bem cedo, da decisão irrevogável que tomara. Mas leu, poetou, e até ensinou, numa grande atividade, apesar dos males que assaltavam a sua constituição débil. Em 1853 pediu a secularização, que lhe permitiria libertar-se da disciplina monástica, embora permanecendo sacerdote, por força dos votos perpétuos. Obtendo-a no fim de 1854, recolheu-se à casa da mãe, onde redigiu a breve *Autobiografia*, que manifesta um senso agudo de autoanálise. Ao mesmo tempo, providencia a impressão de uma coletânea de versos, a que deu o nome de *Inspirações do claustro*, impressa na Bahia em 1855, pouco antes da sua morte, ocorrida em junho e motivada por moléstia cardíaca de que sofria desde a infância e lhe atormentou a curta vida.

Deixou vários manuscritos: poemas, fragmentos de dramas, notas e uns *Elementos de retórica nacional*, publicados em 1869.

Laurindo José da Silva Rabelo nasceu no Rio de Janeiro em 1826. Sabemos que era mulato e tinha sangue de cigano, não precisando os informantes se do lado do pai, o procurador e oficial de milícias Ricardo José da Silva Rabelo, ou da mãe, Luísa Maria da Conceição, gente humilde do povo carioca. Cresceu na maior pobreza — de que só se libertou nos últimos anos da vida — entre lutos e desgraças familiares. Fez estudos na Escola Militar e no Seminário, acabando por seguir medicina, no Rio e na Bahia, onde terminou o curso em 1856, vindo porém defender tese na cidade natal. Em ambas ficou famoso pela capacidade de improvisar e cantar ao violão, que se reflete na sua obra e a torna elo entre a poesia popularesca e a erudita.

Formado, ingressou em 1857 como oficial-médico no Corpo de Saúde do Exército, servindo no Rio Grande do Sul até 1858 e novamente de 1860 a 1863. Neste ano volta ao Rio, como professor de história, geografia e português no curso preparatório anexo à Escola Militar, morrendo em 1864. Havia casado em 1860 e, desde então, abandonado a boêmia em que sempre vivera e cujo ambiente o estimulava literariamente.

Em vida publicou as *Trovas*, Bahia, 1853. Depois da sua morte, Eduardo de Sá Pereira de Castro reuniu-as a outras peças para formar as *Poesias*, Rio, 1867, e do mesmo ano seria a Iª edição do *Compêndio de gramática da língua portuguesa*, reeditado em 1872.

Manuel Antônio Álvares de Azevedo nasceu em São Paulo no ano 1831, filho do então estudante de direito Inácio Manuel Álvares de Azevedo e de Maria Luísa Silveira da Mota, ambos de famílias ilustres. No Rio se criou a partir dos dois anos e fez os estudos secundários (salvo um ano em São Paulo), bacharelando-se no Colégio Pedro II em fins de 1847. Desde então se destacava pelo amor ao estudo, a facilidade para as línguas, a delicadeza de sentimentos e a jovialidade. O professor Stoll, em cujo colégio esteve de 1840 a 1844, disse dele que manifestava a "mais vasta capacidade intelectual que já encontrei na América em um menino da sua idade".

Em 1848 matriculou-se na Faculdade de São Paulo, onde foi estudante aplicadíssimo e de cuja intensa vida literária participou ativamente, fundando, inclusive, a *Revista Mensal* da Sociedade Ensaio Filosófico Paulistano. Durante as férias, no Rio, lia e escrevia muito, acumulando rapidamente considerável produção, que já pensava em publicar, como se vê pelo prefácio da *Lira dos vinte anos*. Em São Paulo, ligara-se com amizade íntima a Bernardo Guimarães e Aureliano Lessa, dando vaza, com eles, ao temperamento brincalhão. Ao mesmo tempo, o meio literário paulistano, impregnado de afetação byroniana, favorecia nele componentes de melancolia, sobretudo a previsão da morte, que parece tê-lo acompanhado como demônio familiar. Morreu em abril de 1852 devido a infecção originada pelo traumatismo de uma queda, como esclareceu Vicente de Paulo Vicente de Azevedo, desfazendo a versão tradicional de morte por tuberculose (ver artigo "Álvares de Azevedo foi tuberculoso?", *Suplemento Literário de O Estado de S. Paulo*, 26 nov. 1966).

Em vida, nos quatro anos de atividade literária, publicou alguns poemas, artigos, discursos. Depois da sua morte surgiram as *Poesias* (1853 e 1855), a cujas edições sucessivas se foram juntando outros escritos, alguns dos quais publicados antes em separado. As suas obras completas, como as conhecemos hoje, compreendem a *Lira dos vinte anos*; *Poesias diversas*; *O poema do frade* e *O conde Lopo*, poemas narrativos; *Macário*, "tentativa dramática"; *Noite na taverna*, episódios romanescos; a terceira parte do romance *O livro de Fra Gondicário*; os estudos críticos sobre *Literatura e civilização em Portugal, Lucano, George Sand, Jacques Rolla*; alguns artigos, discursos e 69 cartas.

Convém anotar que foi excepcionalmente admirado durante a vida, penetrando na glória imediatamente após a publicação póstuma dos versos. Mas ao contrário do que se deu com outros poetas românticos a sua voga parece ter caído bruscamente em nosso século, a julgar pelo movimento de reedições, que se manteve, quanto a ele, apenas para a *Noite na taverna*, muito reproduzida em tiragens populares. Entre a 1ª edição das suas poesias (1853-1855) e a 7ª (1900) vão 45 anos, isto é, uma edição em cada seis anos e pouco. A 8ª, porém, só apareceu em 1942.

Casimiro José Marques de Abreu nasceu em 1839 na freguesia da Barra de São João, província do Rio de Janeiro (como declara no testamento), filho natural do abastado comerciante e fazendeiro português José Joaquim Marques de Abreu e de Luísa Joaquina das Neves. O pai nunca residiu com a mãe de modo permanente, acentuando assim o caráter ilegal de uma origem que parece ter causado bastante humilhação ao poeta. Passou a infância sobretudo na propriedade materna, fazenda da Prata, na freguesia de Correntezas, onde fez os primeiros estudos, completados por quatro anos no colégio Freese, de Nova Friburgo (1849-1852), onde foi colega de Pedro Luís, seu grande amigo para o resto da vida. Em 1852 foi para o Rio estudar e praticar comércio, atividade que lhe desagradava, e a que se submeteu por vontade do pai, com o qual viaja para a Europa no ano seguinte. Em Lisboa inicia a atividade literária, publicando um conto, alguns outros escritos e, sobretudo, compondo o drama *Camões e o Jáo*, publicado e representado em 1856, no Teatro d. Fernando. Em 1857 volta ao Rio, onde continua residindo a pretexto dos estudos comerciais, mas onde frequenta sobretudo as rodas literárias, nas quais era bem relacionado. Em 1859 publica *As primaveras*. Em 1860 morre o pai, que sempre o amparou e custeou de bom grado as despesas da sua vida literária, e com o qual parece ter vivido bem, apesar das queixas românticas contra a imposição da carreira. Neste sentido, chegou a expansões bem amargas e sem dúvida injustas, se consideradas de ângulo usual. Mas a paixão absorvente que consagrou à poesia, levando-o a relegar tudo mais para segundo plano, justifica os rompantes contra a visão limitada com que o velho Abreu procurava encaminhá-lo na vida prática, como herdeiro eventual dos seus negócios e haveres.

Assaltado pela tuberculose, busca alívio no clima de Nova Friburgo, de onde, não obtendo melhora, vai para a fazenda de Indaiaçu, em S. João, onde morrera o pai, e onde morre, seis meses depois dele, em outubro de 1860, faltando três meses para completar 22 anos.

Já estimado literariamente em vida, a morte veio mostrar como o seu livro impressionara o meio, a julgar pela quantidade de artigos que motivou. Desde então, permaneceu na estima do público, sucedendo-se as reedições.

Aureliano José Lessa nasceu em 1828 na cidade de Diamantina, província de Minas Gerais. Feitos os estudos secundários no Seminário de Congonhas do Campo, matriculou-se na Faculdade de S. Paulo, talvez em 1846 ou 1847, integrando a roda boêmia e literária de Álvares de Azevedo e Bernardo Guimarães. Transferido para Olinda, lá se formou em 1851 e, depois de exercer um cargo público em Ouro Preto por pouco tempo, foi vagamente advogado na terra natal, depois em Conceição do Serro, onde morreu em 1861. Levou sempre vida irregular e desajustada de boêmio, sem maior aplicação à poesia que o capricho da inspiração fácil. Os seus versos foram reunidos sob o título de *Poesias póstumas* em 1873.

José Alexandre Teixeira de Melo nasceu em Campos, província do Rio de Janeiro, em 1833, doutorando-se na Faculdade de Medicina do Rio em 1859. Depois de clinicar na sua cidade, foi, a partir de 1875, funcionário da Biblioteca Nacional, da qual chegou a diretor. Escreveu sobre vários assuntos, sendo a sua obra mais apreciada as *Efemérides nacionais*, 3 v., 1881. Como poeta, publicou *Sombras e sonhos* em 1858, ainda estudante, e *Miosótis*, 1877, reunidos em *Poesias*, 1914, com um estudo de Sílvio Romero. Faleceu no Rio em 1907.

Franklin Américo de Meneses Dória nasceu numa fazenda da ilha dos Frades, Bahia, em 1836, filho de José Inácio e Águeda Clementina de Meneses Dória. Formando-se em direito no Recife em 1856, foi, na sua província, promotor, delegado e juiz, ocupando depois três presidências (Piauí, Maranhão, Pernambuco). Foi deputado geral de 1878 a 1885, três vezes ministro, conselheiro titular e, em 1888, barão com grandeza de Loreto. Era muito ligado à Família Imperial, que acompanhou no exílio, falecendo no Rio em 1906.

Além de *Enlevos*, Recife, 1859, a sua produção poética abrange a tradução da *Evangelina*, de Longfellow (1874), e poesias esparsas.

Francisco Leite de Bittencourt Sampaio, filho do comerciante português de igual nome e sua mulher Maria de Santana Leite Sampaio, nasceu em Laranjeiras, província de Sergipe, no ano de 1836. Formou-se em direito pela Faculdade de S. Paulo em 1859, foi deputado geral de 1864 a 1870, presidente do Espírito Santo de 1867 a 1868. Em 1870, aderiu à causa republicana pela qual militou na imprensa, sendo nomeado depois da Proclamação da República diretor da Biblioteca Nacional. Publicou, juntamente com Macedo Soares e Salvador de Mendonça, *Poesias*, S. Paulo, 1859; no ano seguinte estampou no Rio as *Flores silvestres* e, em 1884, *Poemas da escravidão*, contendo versos seus e traduzidos de Longfellow. Convertido ao espiritismo, de que foi praticante fervoroso, traduziu e comentou, neste sentido, o *Quarto evangelho*, sob o título de *A divina epopeia de S. João Evangelista*, Rio, 1882. Faleceu no Rio em 1895.

Trajano Galvão de Carvalho nasceu em Barcelos, perto da vila de Nossa Senhora de Nazaré, província do Maranhão, em 1830, filho de Francisco Joaquim de Carvalho e Lourença Virgínia Galvão. Fez os estudos preparatórios em Lisboa, onde viveu de 1838 a 1844, e veio para S. Paulo com fito de estudar direito, não chegando a fazer os exames nos três anos que aqui viveu. Matriculou-se em 1849 na Faculdade de Olinda, onde se formou em 1854. Nunca se valeu da carta, nem aceitou qualquer emprego. Apaixonado pela vida rural, fez-se fazendeiro, e assim morreu em 1864. As suas poesias estão nas *Três liras*, Maranhão, 1863, junto a outras de Almeida Braga e Antônio Marques Rodrigues. Mais tarde, a sua parte foi reeditada, acrescida de outros versos, nas *Sertanejas*, com prefácio de Raimundo Corrêa (Rio, 1898).

Bruno Henrique de Almeida Seabra nasceu no Pará em 1837. Estudou preparatórios na sua terra e tentou a carreira militar; foi depois funcionário da Alfândega no Rio e no Maranhão, secretário da presidência no Paraná e em Alagoas, morrendo na Bahia em 1876 como oficial da Secretaria da Presidência. Publicou algumas poesias e facécias, um romance, *Paulo*, 1861, uma comédia, *Por direito de Patchulli*, 1863, e as poesias *Flores e frutos*, 1862, que lhe deram nome.

Gentil Homem de Almeida Braga nasceu em São Luís do Maranhão no ano de 1835, filho do capitão Antônio Joaquim Gomes Braga e sua mulher Maria Afra de Almeida. Formado em direito pelo Recife em 1857, foi deputado geral e, na sua província, magistrado, deputado e jornalista. Publicou: *Clara Verbena* e *Sonidos*, reunidos, em 1872, e colaborou nas *Três liras* com Trajano Galvão e Antônio Marques Rodrigues. Parafraseou a *Eloá* de Vigny, 1867, e colaborou no romance coletivo *A casca da caneleira*, 1866. *Entre o céu e a terra*, 1869, reúne artigos de jornal. Faleceu na cidade natal em 1876.

Joaquim de Sousa Andrade nasceu no Maranhão em 1853, estudou em Paris, viajou muito e acabou se aquietando como fazendeiro na província natal onde morreu em 1902. Publicou os seguintes livros de poesias: *Harpas selvagens*, 1857; *O guesa errante*, 1866; *Impressões*, 1868; *Eólias*, 1868. Colaborou no romance coletivo *A casca da caneleira*.

Capítulo XIII

Manuel Antônio de Almeida nasceu no Rio de Janeiro em 1831, filho dum modesto casal de portugueses: o tenente Antônio de Almeida e sua mulher Josefina Maria. Perdeu o pai com cerca de dez anos e pouco sabemos dos seus estudos elementares e preparatórios; estudou um pouco de desenho na Academia de Belas Artes e em 1848 foi aprovado nas matérias necessárias ao ingresso na Faculdade de Medicina, cursando o 1º ano em 1849 e o último (5º) apenas em 1855, parecendo haver perdido dois, talvez por dificuldades financeiras. A sua vida era, de fato, muito dura, e foi a necessidade que o trouxe às letras, tendo começado, ainda no 2º ano, a traduzir para os folhetins de jornal. Desde então viveu sobretudo no jornalismo, e foi no *Correio Mercantil* que publicou, anonimamente e aos poucos, de junho de 1852 a julho de 1853, as *Memórias de um sargento de milícias*, reunidas em livro em 1854 (1º volume) e 1855 (2º volume), com o pseudônimo de *Um brasileiro*. O seu nome apareceu apenas na 3ª edição, já póstuma, em 1863.

Em 1858 foi nomeado administrador da então Tipografia Nacional, onde era tipógrafo Machado de Assis, cujos inícios patrocinou. No ano seguinte foi nomeado 2º oficial da Secretaria da Fazenda, e em 1861 desejou candidatar-se à Assembleia Provincial do Rio de Janeiro, visando à melhoria financeira. Dirigia-se a Campos para iniciar as consultas eleitorais quando morreu, no naufrágio da barca a vapor *Hermes*, onde viajava.

Além do romance, publicou a tese de doutoramento e um libreto de ópera, ("imitação do italiano de Piave") com música da condessa Roswadowska, representada sem êxito depois da sua morte. A produção jornalística — crônicas, críticas etc. — permanece dispersa, embora já em 1863 Machado de Assis preconizasse a sua reunião em volume.

Insuficientemente apreciado em vida, apesar das boas rodas literárias a que pertencia, a sua glória póstuma tem-se mantido firme.

José Martiniano de Alencar nasceu em Mecejana, perto de Fortaleza, província do Ceará, no ano de 1829, filho do padre, depois senador José Martiniano de Alencar e de sua prima Ana Josefina de Alencar, com quem formara uma união ostensiva e socialmente bem-aceita, havendo-se aliás desligado bem cedo de qualquer atividade sacerdotal.

Ainda na primeira infância transferiu-se com a família para o Rio, onde o pai desenvolveria a carreira política e onde fez os estudos elementares e alguns preparatórios, tendo retornado à terra natal, apenas uma vez, aos doze anos. Apaixonado pela literatura desde a infância, levava em 1843 esboços de romance para S. Paulo onde ficou até 1850, terminando os preparatórios e cursando direito, salvo o ano de 1847, em que fez o 3º ano na Faculdade de Olinda. Neste ano, inspirado pela proximidade e as recordações da terra natal escreve o primeiro romance, inacabado, *Os contrabandistas*, que um companheiro de casa queimou mais tarde, durante sua ausência, para fazer cigarros. Em S. Paulo, fundara em 1846 a revista

Ensaios Literários. Era estudante sem brilho, arredio, orgulhoso, tímido e aferrado aos livros, devorando os românticos franceses e alguns anglo-americanos.

Formado, começou a advogar no Rio e, logo em seguida, a escrever para o *Jornal do Commercio* os folhetins que reuniu sob o título de *Ao correr da pena*. Estava iniciada uma vida operosa e variada de advogado, jornalista político, funcionário, romancista, autor dramático. Redator-chefe do *Diário do Rio de Janeiro* em 1855, foi várias vezes deputado geral conservador pelo Ceará e, de 1868 a 1870, ministro da Justiça; não conseguiu realizar a ambição de ser senador, devendo contentar-se com título do conselho.

A sua notoriedade começou com as *Cartas sobre "A Confederação dos Tamoios"*, publicadas em 1856 com o pseudônimo de Ig. no *Diário do Rio de Janeiro* e reunidas em opúsculo. No mesmo ano e lugar, do mesmo modo, publicou o primeiro romance conhecido: *Cinco minutos*. Em 1857 mostra-se escritor maduro com *O guarani*, ladeado pelas comédias *O demônio familiar* e *Verso e reverso*. Atraído pelo teatro, escreveu ainda os dramas *As asas de um anjo*, 1858, e *Mãe*, 1860, encetando pelo mesmo tempo *As minas de prata* e a epopeia *Os filhos de Tupã*, inacabada. Seguem-se os romances *A viuvinha*, 1860, *Lucíola*, 1862, *As minas de prata*, 1862 (edição da parte inicial) e 1864-1865 (redação e publicação do resto), *Diva*, 1864, *Iracema*, 1865.

Interfere aí uma etapa de absorção pela política, que o afasta por alguns anos da literatura, e durante a qual aparecem vários escritos de doutrina ou crítica ao sistema: *Ao imperador: Cartas políticas de Erasmo* e *Ao imperador: Novas cartas políticas de Erasmo*, 1865; *Ao povo: Cartas políticas de Erasmo*, 1866; *O juízo de Deus* e *Visão de Jó*, 1867; *O sistema representativo*, 1868.

Em 1870 contrata com a Livraria Garnier a publicação dos livros anteriores e dos que viesse a escrever. Sentindo-se pela primeira vez amparado editorialmente, enceta nova fase criadora, a que se devem: *O gaúcho* e *A pata da gazela*, 1870; *O tronco do ipê*, 1871; *Sonhos d'ouro* e *Til*, 1872; *Alfarrábios*, 1873; *A guerra dos mascates*, 1873-1874; *Ubirajara*, 1874; *Senhora* e *O sertanejo*, 1875.

Em 1877 morre, cansado, desiludido, sempre magoado na vaidade, tão intensa quanto retraída, embora já então considerado a primeira figura das nossas letras. Casado em 1864 e muito feliz no matrimônio, encontrou guarida no lar para os choques que a vida causava à sua sensibilidade mórbida, dividida entre a ambição de preeminência e a fuga dos obstáculos, a agressividade e a timidez, que o levavam inclusive à predileção pelos pseudônimos — Ig., Al., Erasmo, Sênio, G.M. — quando não ao anonimato.

Deixou numerosos manuscritos, dos quais se publicaram alguns volumes jurídicos, o romance *Encarnação*, a autobiografia intelectual *Como e por que sou romancista*.

Bernardo Joaquim da Silva Guimarães nasceu em Ouro Preto, Minas, no ano de 1825, filho de João Joaquim da Silva Guimarães e Constança Beatriz de Oliveira. A partir dos quatro anos, e até um momento da adolescência não fixado pelos biógrafos, viveu em Uberaba e Campo Belo, impregnando-se das paisagens que descreveria com predileção nos seus romances. Antes dos dezessete estava de volta a Ouro Preto, onde terminou os preparatórios, matriculando-se tardiamente, em 1847, na Faculdade de S. Paulo, na qual, sempre mau estudante, se bacharelou em 2ª época no começo de 1852, depois de um quinquênio ruidoso de troças, patuscadas e irreverência. Já então o distinguiam a indisciplina, as alternativas de bom humor e melancolia, o coração bondoso e a completa generosidade. Juiz municipal de Catalão, província de Goiás, em 1852-1854 e 1861-1863, foi, de permeio, jornalista no Rio, de 1858 a 1860 ou 1861. Magistrado descuidado e humano, promoveu no segundo período de judicatura um júri sumário para libertar os presos, pessimamente instalados, e, intervindo motivos de conflito com o superior, sofreu processo, sem resultado. Depois de nova estada no Rio fixou-se a partir de 1866 na cidade natal, onde casou no ano seguinte e foi nomeado professor de retórica e poética no Liceu Mineiro. Extinta a cadeira, foi nomeado em 1873 professor de latim e francês em Queluz, atual Lafaiete, onde morou uns poucos anos. Também esta cadeira foi extinta e Basílio de Magalhães sugere que o motivo deve ter sido, em ambos os casos, ineficácia e pouca assiduidade do poeta. Voltando a Ouro Preto, ali viveu até a morte, em 1884.

Embora tenha começado a escrever ficção nos fins do decênio de 1850, e tenha feito poesias até os últimos anos, como qualidade a sua melhor produção poética vai até o decênio de 1860; a partir daí, realiza-se de preferência na ficção. Estreando com os *Cantos da solidão* em 1852, reúne-os com outros em 1865 nas *Poesias*. De 1866 é a publicação parcelada d'*O ermitão do Muquém* (posto em livro em 1869, mas redigido em 1858), seguido por *Lendas e romances*, 1871; *O garimpeiro*, 1872; *Lendas e tradições da província de Minas Gerais* (incluindo *A filha do fazendeiro*) e *O seminarista*, 1872; *O índio Afonso*, 1873; *A escrava Isaura*, 1875; *Maurício*, 1877; *A ilha maldita e O pão de ouro*, 1879; *Rosaura, a enjeitada*, 1883. Publicara mais duas coletâneas de versos: *Novas poesias*, 1876, e *Folhas de outono*, 1883. Postumamente apareceram o romance *O bandido do rio das Mortes*, 1904, e o drama *A voz do pajé*, 1914. Deve-se registrar, além disso, uma saborosa produção de poesia obscena, cuja maioria deve ter-se perdido, salvo alguns poemas recolhidos em folheto.

Capítulo XIV

Luís Nicolau Fagundes Varela nasceu em 1841 numa fazenda do município de Rio Claro, província do Rio de Janeiro, filho do dr. Emiliano Fagundes Varela e sua mulher Emília de Andrade, ambos de famílias fluminenses bem situadas. Criado na fazenda natal, propriedade do avô materno, e na vila de S. João Marcos, de que o pai era juiz, acompanha a família a Catalão, Goiás, para onde o magistrado fora transferido em 1851 e onde permaneceu até 1852, tendo talvez encontrado o juiz municipal nomeado nesta data, Bernardo Guimarães. De volta à terra natal, Varela reside em Angra dos Reis e Petrópolis, seguindo a carreira do pai, alternadamente juiz, deputado provincial, advogado. Os estudos foram feitos por todos esses lugares. Em 1859 vai terminar os preparatórios em S. Paulo, com o fim de matricular-se na Faculdade de Direito, de que fora lente o seu avô e homônimo. É provável a influência da paisagem campestre, das mudanças de casa e de professores na formação do seu espírito e sensibilidade. Ao chegar a S. Paulo era um moço de saúde delicada, sucessivamente loquaz e taciturno, sonhador e já atraído pela solidão. Mau estudante, matricula-se apenas em 1862 no curso superior, que nunca terminou, preferindo a literatura e dissipando-se na boêmia. Em 1861 publica as *Noturnas* e em 1863 *O pendão auriverde*, dois opúsculos. De permeio, contraíra um matrimônio que provou mal, agravou a sua penúria financeira e lhe deu o filho Emiliano, logo falecido, para sua dor terrível. A partir daí acentuam-se a tendência ambulatória e o alcoolismo, mas também a eminência criadora. Publica *Vozes da América* em 1864 e a sua obra-prima, *Cantos e fantasias*, em 1865, ano em que vai cursar o 3º ano na Faculdade do Recife, onde Castro Alves era primeiranista, lá continuando a mesma vida irregular. Nesse ano morreu sua mulher, que não o acompanhara ao Norte, e ele volta, matriculando-se no seguinte em São Paulo, na 4ª série, que não termina, abandonando de vez o curso e recolhendo-se à casa paterna, em Rio Claro, ou melhor, à fazenda em que nascera, onde permanece até 1870, poetando e vagando pelos campos. No intervalo, casara novamente e publicara (1869) *Cantos do ermo e da cidade* e *Cantos meridionais*, além de ter escrito, provavelmente, todo ou quase todo *Anchieta ou O evangelho nas selvas*. Em 1870 muda-se com o pai para Niterói e, daí até a morte, em 1875, vive nesta cidade, com largas estadas nas fazendas dos parentes e certa frequência nas rodas da boêmia intelectual do Rio. Deixou inédito o *Anchieta*, *O diário de Lázaro* e outras poesias, tendo Otaviano Hudson, amigo fiel, reunido os *Cantos religiosos*, com o fim de auxiliar a viúva e os filhos do poeta.

Antônio Frederico de Castro Alves nasceu em 1847 na zona rural de Curralinho, Bahia, filho do médico dr. Antônio José Alves, mais tarde professor na Faculdade de Medicina de Salvador, e sua mulher Clélia Brasília da Silva Castro, falecida quando o poeta ia pelos doze anos. Viveu na fazenda natal das Cabaceiras até 1852 e, ao mudar pouco depois com a família para a capital, estudou no famoso Colégio de Abílio César Borges, futuro barão de Macaúbas, onde foi colega de Rui Barbosa e demonstrou vocação apaixonada e precoce para a poesia, além de gosto e facilidade para o desenho. Passou em 1862 ao Recife para ultimar os preparatórios e, depois de duas vezes reprovado, matriculou-se na Faculdade de Direito em 1864, cursando o 1º ano em 1865, na mesma turma que Tobias Barreto. Logo integrado na vida literária acadêmica e bem cedo admirado graças aos seus versos, cuidou mais deles e dos amores que dos estudos. Em 1866, quando perdeu o pai e cursou o 2º ano, iniciou a apaixonada ligação amorosa com a atriz Eugênia Câmara, decisiva para sua poesia e sua vida. Foi nesse momento que entrou numa fase de grande inspiração, tomou consciência do seu papel de poeta social, escreveu o drama *Gonzaga* e, em 1868, veio para o Sul em companhia da amante, matriculando-se no 3º ano da Faculdade de São Paulo, na mesma turma que Rui Barbosa. No fim do ano o drama é representado com êxito enorme, mas o seu espírito se abate pela ruptura com Eugênia Câmara, que o abandona por outro homem. A descarga acidental de uma espingarda lhe fere o pé esquerdo, que, sob ameaça de gangrena, é afinal amputado no Rio, em meados de 1869. Voltando à Bahia no fim deste ano, passa grande parte do seguinte em fazendas de parentes, à busca de melhoras para a saúde comprometida pela tuberculose. Em novembro saíram as *Espumas flutuantes*, único livro que chegou a publicar, recebido muito favoravelmente pelos leitores. Daí por diante, apesar do declínio físico, continua escrevendo e produz mesmo alguns dos seus mais belos versos, animado por um derradeiro amor, este platônico, pela cantora Agnese Murri. Em julho de 1871 morreu, aos 24 anos, sem ter podido acabar a maior empresa que se propusera, o poema *Os escravos*, na verdade uma série de poesias em torno do tema da escravidão. Em 1870, numa das fazendas em que repousava, havia completado *A Cascata de Paulo Afonso*, publicada em 1876 como *A Cachoeira de Paulo Afonso*, parte do empreendimento, como se vê pelo esclarecimento do poeta: *Continuação do "poema dos escravos"* sob o título de *Manuscritos de Stênio*. Em nossos dias, o benemérito Afrânio Peixoto juntou-a aos outros versos do ciclo para compor o que resta do poema, assim como reuniu também as poesias líricas esparsas, sob o título que o poeta lhes destinava: *Hinos do Equador*.

Principiada em vida, a popularidade de Castro Alves não decresceu, sucedendo-se as edições dos seus versos.

Pedro Luís Pereira de Sousa nasceu em Araruama, província do Rio de Janeiro, em 1839, filho de Luís Pereira de Sousa e sua mulher Maria Carlota de Viterbo. Formado em 1860 pela Faculdade de S. Paulo, foi deputado, presidente de província, ministro, e recebeu o título do conselho, ganhando fama como orador. Morreu em Bananal, S. Paulo, no ano de 1884. As suas poesias de cunho épico, publicadas separadamente em vida, foram reunidas depois da sua morte (1897).

Rozendo Moniz Barreto nasceu na Bahia em 1845, filho do famoso repentista Francisco Moniz Barreto e sua mulher Mariana de Barros. Quando estudante de medicina no Rio, alistou-se como voluntário em 1866 e serviu até o fim da guerra do Paraguai no corpo de saúde, formando-se na volta. Foi funcionário de secretaria e professor de filosofia do Colégio Pedro II, falecendo em 1897. É autor de várias obras, inclusive um estudo sobre o pai, um romance e os seguintes livros de versos: *Cantos d'aurora*, 1860; *Voos icários*, 1877, com introdução de Francisco Octaviano; *Tributos e crenças*, 1891.

Narcisa Amália de Campos nasceu em S. João da Barra, província do Rio de Janeiro, em 1852, filha de Joaquim Jácome de Oliveira Campos Filho e sua mulher Narcisa Inácia de Campos. A publicação das *Nebulosas* (1872) deu-lhe notoriedade e criou certa expectativa nos meios literários. Nada mais produziu, todavia, de apreciável, morrendo em 1924 no Rio, onde fora professora pública.

Tobias Barreto de Meneses nasceu em Campos, província de Sergipe, em 1839, filho do modesto casal Pedro Barreto de Meneses e sua mulher Emerenciana de Meneses. Fez preparatórios em Estância e Lagarto, obtendo em 1857 a cadeira de latim de Itabaiana, onde ficou até 1860. Em 1861 foi para a Bahia completar os preparatórios, com intenção, logo abandonada, de seguir a carreira eclesiástica. Em 1864 matriculou-se na Faculdade do Recife, onde se formou em 1869, ensinando depois até 1871 num colégio por ele fundado. A maioria absoluta dos seus versos pertence a esse período recifense. De 1871 a 1881 advogou em Escada e em 1882 se tornou lente da Faculdade do Recife, onde ensinou até à morte, em 1889. Os seus versos foram reunidos postumamente por Sílvio Romero sob o título de *Dias e noites*.

Luís Caetano Pereira Guimarães Júnior nasceu no Rio em 1847. Matriculou-se na Faculdade de Direito de S. Paulo e terminou o curso no Recife em 1869, ano em que publicou o livro de versos *Corimbos*. Foi brevemente jornalista e em 1872 entrou para o serviço diplomático, tendo sido adido em Santiago do Chile, Londres e Roma, onde serviu sob as ordens de Gonçalves de Magalhães; secretário e encarregado de negócios em Lisboa; ministro em Caracas e Lisboa, onde morreu em 1898. Publicou em 1880 *Sonetos e rimas*, já dentro da orientação parnasiana. Há dele alguns volumes em prosa: *Histórias para gente alegre*; *Filigranas*; *Contos sem pretensão*; *Curvas e zigue-zagues* etc.

João Júlio dos Santos nasceu em 1844 em Diamantina, província de Minas, filho dum humilde casal de gente de cor, Tristão dos Santos e Ana Constança do Espírito Santo. Estudou em S. Paulo de 1864 a 1866, graças ao auxílio de amigos, não passando dos primeiros anos de direito. Em seguida foi por algum tempo jornalista no Rio e acabou de volta à terra natal, onde morreu em 1872. Bastante prezado como poeta nas cidades em que viveu, deixou produção esparsa e inédita, reunida em 1921 sob o título de *Auroras de Diamantina*, por seu sobrinho, monsenhor Felisberto Edmundo Silva.

Joaquim Maria Machado de Assis nasceu em 1839 no Rio de Janeiro (onde morreu em 1908), filho de um humilde mulato, o pintor de casas Francisco José de Assis, e sua mulher Maria Leopoldina Machado, portuguesa. Fez apenas estudos primários e em 1856 foi admitido como tipógrafo aprendiz na Imprensa Nacional. Em 1858 se tornou revisor da tipografia de Paula Brito e, em 1859, também do *Correio Mercantil*. Já então colaborava em jornais e formara relações literárias, não tardando em se tornar jornalista. De 1864 é o primeiro livro de versos, *Crisálidas*, que lhe deu nome; de 1870, o segundo, *Falenas*, e de 1875 o terceiro, *Americanas*. (*As ocidentais*, 1902, já pertencem à orientação parnasiana.) Paralelamente, apareciam as coleções *Contos fluminenses*, 1870, *Histórias da meia-noite*, 1873; os romances *Ressurreição*, 1872, *A mão e a luva*, 1874, *Helena*, 1876 e *Iaiá Garcia*, 1878, que se costuma considerar como pertencentes ao seu período romântico. A partir daí entra na grande fase das obras-primas, que escapam ao intuito do presente livro.

Sílvio Vasconcelos da Silveira Ramos Romero nasceu em Lagarto, província de Sergipe, em 1851, filho do comerciante português comendador André Ramos Romero e sua mulher Maria Vasconcelos da Silveira. Estudou direito em Recife, onde se formou em 1873, mudando-se em

1876 para o Sul. No Rio viveu a maior parte da vida, tendo sido professor de filosofia do Colégio Pedro II e da Faculdade de Direito, crítico militante, deputado federal por Sergipe, falecendo em 1914. A sua importância capital na literatura brasileira como crítico foge ao âmbito deste trabalho, bastando assinalar que, em poesia, publicou *Cantos do fim do século*, 1878, e *Últimos harpejos*, 1883, abandonando a seguir as tentativas poéticas.

Lúcio Eugênio de Meneses e Vasconcelos Drummond Furtado de Mendonça nasceu numa fazenda do município de Piraí, província do Rio de Janeiro, em 1854, filho do casal Salvador e Amália Furtado de Mendonça. Fez os estudos secundários em São Gonçalo do Sapucaí, Minas, no Rio e em São Paulo, cursando direito na Faculdade desta cidade, onde se formou em 1877, militando no jornalismo desde aluno. Como jornalista, advogado e, ocasionalmente, funcionário, viveu por várias cidades do Rio e de Minas, sempre ligado ativamente à propaganda republicana, até 1888, quando se fixou na capital do Império. Com a República entrou para o alto funcionalismo, sendo nomeado em 1895 ministro do Supremo Tribunal, cargo em que se aposentou por saúde no ano de 1907, falecendo em fins de 1909. Foi um dos principais fundadores da Academia Brasileira de Letras. É a seguinte a sua obra poética: *Névoas matutinas*, com prefácio do seu amigo Machado de Assis, 1872; *Alvoradas*, 1875; *Visões do abismo*, 1888; *Vergastas*, com capa de Raul Pompeia, 1889; *Canções de outono*, com prefácio de Araripe Júnior, 1896. Em 1902 reuniu todos eles em *Murmúrios e clamores*.

José Isidoro Martins Júnior nasceu no Recife, província de Pernambuco, em 1860. Formou-se em 1883 na Faculdade Jurídica local, de que veio a ser professor em 1889. Mais tarde fixou-se no Rio, onde advogou, falecendo em 1904. Foi uma vigorosa personalidade de orador e jornalista, empenhado a fundo na propaganda republicana. Como poeta, publicou: *Visões de hoje*, 1881; *Retalhos*, 1884; *Estilhaços* (ed. definitiva 1885); *Tela polícroma*, 1892. Em prol da sua concepção escreveu *A poesia científica*, 1883. Como jurista deixou outras obras.

Matias José dos Santos Carvalho, nascido na Bahia em 1851, é autor dos seguintes livros de versos: *Linha reta*, 1883 (que engloba folhetos anteriores); *Ritmos*, [s.d.], *Trovas modernas*, 1884; *Riel*, 1886.

Capítulo XV

João Franklin da Silveira Távora nasceu em Baturité, província do Ceará, em 1842, filho de Camilo Henrique da Silveira Távora e Maria de Santana da Silveira. Em 1884 transferiu-se com os pais para Pernambuco, estudando preparatórios em Goiana e Recife, em cuja Faculdade de Direito matriculou-se em 1859, formando-se em 1863. Lá viveu até 1874, tendo sido funcionário, deputado provincial e advogado, com um breve intervalo em 1873 no Pará, como secretário de governo. Iniciou a vida literária ainda estudante; e, no que se pode chamar a sua face recifense, publicou os contos d'*A trindade maldita*, 1861; os romances *Os índios do Jaguaribe*, 1862; *A casa de palha*, 1866; *Um casamento no arrabalde*, 1869; os dramas *Um mistério de família*, 1862 e *Três lágrimas*, 1870. Além disso foi jornalista ativo, redigindo *A Consciência Livre*, 1869-1870, e *A Verdade*, 1872-1873. Essa fase da sua carreira literária termina simbolicamente com as *Cartas a Cincinato*, 1870, que inauguram nova orientação estética no Brasil, manifestando concepção mais realista dentro do Romantismo, ao compendiarem de certo modo a experiência de *Um casamento no arrabalde*.

Mudando-se para o Rio em 1874, viveu como funcionário da Secretaria do Império e teve influência na vida literária, fundando e dirigindo com Nicolau Midosi a excelente *Revista*

Brasileira (2ª fase), de que saíram dez volumes de 1879 a 1881, e é das publicações mais importantes da nossa literatura, bastando dizer que nela apareceram as *Memórias póstumas de Brás Cubas*, de Machado de Assis, e a parte inicial da *História da literatura brasileira*, de Sílvio Romero, na primeira versão. Ao mesmo tempo enceta uma fase de reconstituição do passado pernambucano, com forte impregnação regionalista teórica e prática, tanto na ficção quanto na investigação histórica. A ela pertencem os romances: *O Cabeleira*, 1876; *O matuto*, 1878; *Lourenço*, 1881 e os estudos: "Os Patriotas de 1817" e "As obras de frei Caneca", ambos em RB, apresentados como partes de livro que não se conservou, a ter sido escrito. Na sua revista (onde, note-se, apareceu também *Lourenço*) publicou ainda o romance *O sacrifício*, 1879, em que já são patentes as concepções naturalistas. Em 1888 faleceu no Rio. Homem reto e combativo, tem grande importância como intérprete literário de um regionalismo que se vinha exprimindo ideologicamente desde o início do século, sobretudo com frei Caneca, e que no seu tempo experimentou um apogeu com a chamada Escola do Recife, constituindo movimento ainda vivo em nossa literatura.

Alfredo d'Escragnolle Taunay nasceu no Rio de Janeiro em 1843, filho de Félix Emílio Taunay, barão de Taunay, e sua mulher Gabriela de Robert d'Escragnolle, sendo neto do famoso pintor Nicolau Antônio Taunay, um dos chefes da Missão Artística francesa de 1816. Criado em ambiente culto, impregnado de arte e literatura, desenvolveu bem cedo a paixão literária e o gosto pela música e o desenho, praticando ambos com certa graça. Bacharel em letras pelo Colégio Pedro II em 1858, ingressou em 1859 no Curso de Ciências Físicas e Matemáticas da Escola Militar. Alferes-aluno em 1862, bacharel em matemáticas em 1863, é promovido a segundo-tenente de artilharia em 1864, inscrevendo-se no 2º ano de engenharia militar, que não terminou, por receber ordem de mobilização, com os outros oficiais alunos, em 1865, no início da guerra do Paraguai. Incorporado à Expedição de Mato Grosso como ajudante da Comissão de Engenheiros, traria da campanha profunda experiência do país e inspiração para a maior parte dos seus escritos, a começar do primeiro livro, *Cenas de viagem*, 1868. Em 1869 volta à guerra como primeiro-tenente, no Estado-Maior do conde d'Eu, sendo encarregado de redigir o *Diário do Exército*, cujo conteúdo foi em 1870 reproduzido no livro de mesmo nome. Terminada a guerra, é promovido a capitão e termina o curso de engenharia, passando a professor de geologia e mineralogia da Escola Militar. Nunca mais voltaria ao serviço ativo e, promovido a major em 1875, demite-se neste posto em 1885, já tomado por outras atividades. Deputado geral conservador em 1872, reeleito em 1875, foi de 1876 a 1877 presidente de Santa Catarina. Depois de uma viagem de estudos à Europa, encetou em 1880 uma fase de intensa atividade em prol de medidas como o casamento civil, a imigração, a libertação gradual dos escravos, a naturalização automática dos estrangeiros. Deputado novamente de 1881 a 1884, presidiu o Paraná de 1885 a 1886, pondo em prática a sua política imigratória. Deputado outra vez em 1886, é ainda neste ano eleito senador por Santa Catarina e, em 1889, criado visconde, com grandeza. Estava no início duma alta preeminência nos negócios públicos quando a Proclamação da República lhe cortou a carreira, dada a intransigente fidelidade com que permaneceu monarquista, até à morte, em 1899. Em 1871 publicara o primeiro romance, *Mocidade de Trajano* (com o pseudônimo de Sílvio Dinarte, que usaria na maior parte das suas obras de ficção), e, em francês, *A retirada da Laguna*, sobre o desastroso e heroico episódio de que foi parte. No terreno da ficção, publicou ainda: *Inocência*, 1872; *Lágrimas do coração*, 1873, mais tarde crismado *Manuscrito de uma mulher*; *Ouro sobre azul* e *Histórias brasileiras*, 1874; *O encilhamento*, 1894 (com o pseudônimo de Heitor Malheiros); *No declínio*, 1899. No gênero teatral: *Da mão à boca se perde a sopa*, 1874; *Por um triz coronel*, 1880; *Amélia Smith*, 1886. *A conquista do filho* foi publicado postumamente em 1931.

São numerosas as narrativas de guerra e viagem, as descrições, evocações, recordações, depoimentos, destacando-se: *Céus e terras do Brasil*, 1882; *Reminiscências*, publicação póstuma, 1907; *Memórias*, idem, 1948, que reúne muitos escritos anteriormente publicados pelos herdeiros sob várias designações. Os artigos de crítica foram coligidos por ele nos livros *Estudos críticos*, 2 v., 1881 a 1883, deixando preparado um outro, que se publicou em 1921 sob o título *Filologia e crítica*. Dos escritos políticos, destaquem-se *Casamento civil*; *A nacionalização ou grande naturalização e naturalização tácita*, 1886; *Questões de imigração*, 1889.

Taunay foi um infatigável trabalhador, patriota e homem público esclarecido, apaixonado homem de letras. Se havia nele vaidade pueril e mesmo certa presunção, havia, também, grande dignidade de vida e inteligência.

Capítulo XVI

(As biografias de Ferdinand Denis, Magalhães, Torres Homem, Dutra e Melo, Álvares de Azevedo, José de Alencar, Franklin Távora, se encontram em capítulos anteriores)

João Manuel Pereira da Silva nasceu em Iguassu, perto da cidade do Rio de Janeiro, em 1817, filho do negociante português Miguel Joaquim Pereira da Silva e sua mulher Joaquina Rosa de Jesus. Em 1834 foi estudar direito em Paris, formando-se no ano de 1838. Lá participou das atividades do grupo da *Niterói*, escrevendo para o segundo número um artigo importante, o primeiro em que um brasileiro expunha certas diretrizes da crítica romântica. De volta à pátria, foi advogado e político, elegendo-se deputado conservador, a princípio provincial, depois, geral, quase sem interrupção, de 1840 a 1888, quando entrou para o Senado. Era titular do conselho e morreu em 1897, chegando a fazer parte da Academia Brasileira.

Como ficcionista, escreveu os romances, ou novelas históricas, *O aniversário de d. Miguel em 1828*, 1839; *Religião, amor e pátria*, 1839; *Jerônimo Corte Real*, 1840; *Manuel de Morais*, 1866 e o romance sentimental *Aspásia*, [187-]. Como historiador, a sua obra principal é a *História da fundação do Império do Brasil*, 7 v., 1864-1868, seguida do *Segundo período do reinado de d. Pedro I no Brasil*, 1871, e da *História do Brasil de 1831 a 1840*, 1879. Os contemporâneos assinalaram logo a deficiência de informação e a fragilidade dos juízos.

Em história e crítica literária publicou notadamente: *Parnaso brasileiro*, 2 v., 1843-1848, boa antologia com um longo ensaio sobre a nossa literatura; *Plutarco brasileiro*, 2 v., 1847, que, nas 2ª e 3ª edições, 1858 e 1871, passou a intitular-se *Varões ilustres do Brasil durante os tempos coloniais*. Quase todas as biografias são de intelectuais, abundando os erros e leviandades, muitos dos quais assinalados em IFS, que aponta igualmente o fato de Pereira da Silva retomar em grande parte, sem contribuição pessoal a mais, o trabalho de biógrafos como Januário da Cunha Barbosa, Varnhagen e outros (que, pode-se acrescentar, em geral não cita). Mencionem-se, ainda: *Obras literárias e políticas*, 2 v., 1862; *Nacionalidade da língua e literatura de Portugal e do Brasil*, 1884; *Filinto Elísio e a sua época*, 1891. Deixou grande número de outros escritos políticos, coletâneas etc.

Santiago Nunes Ribeiro nasceu no Chile, presumivelmente; quando, e filho de quem, não registram os poucos e mal informados biógrafos. Órfão, teria sido trazido para o Brasil por um tio sacerdote, foragido por questões políticas e falecido pouco depois. Cresceu e se formou na cidade de Paraíba do Sul, província do Rio, ganhando a vida como empregado do comércio. Depois foi para a corte, onde se impôs desde logo, escrevendo e ensinando, inclusive no Colégio Pedro II, do qual foi professor de retórica. A sua vida intelectual gravita ao redor da *Minerva Brasiliense*, de que foi colaborador desde o início, mais tarde redator, e onde se contém a maioria do que escreveu — ensaios e notas que revelam acentuado nacionalismo literário, bom estilo e grande equilíbrio crítico. As poucas poesias que ali publicou são, ao contrário, péssimas. Por mais duma indicação, vejo que dirigiu a revista *Nova Minerva*, que nunca vi e da qual não tenho especificações suficientes, podendo inclusive ser a terceira série da anterior, publicada sob a sua direção. De saúde frágil, morreu em Rio Preto, província de Minas, no ano de 1847.

Joaquim Norberto de Sousa Silva nasceu no Rio de Janeiro em 1820, filho de um comerciante abastado, Manuel José de Sousa e Silva, e de sua mulher Emerenciana Joaquina da Natividade Dutra. Fez os estudos de maneira pouco sistemática, enquanto praticava como caixeiro, ingressando aos 21 anos na burocracia, onde fez carreira longa e pacata. Homem esforçado e consciencioso, apaixonado pela literatura, insistiu em ser poeta por mais de vinte anos; escreveu vários romances, novelas, peças de teatro; participou fielmente das atividades do Instituto Histórico e Geográfico, de que foi um dos líderes; redigiu ou colaborou em revistas e jornais; fez investigações históricas pacientes; editou vários poetas com abundância de notas e elementos biográficos, criando um certo tipo de edição erudita no Brasil; esboçou uma história da literatura brasileira.

Desde os primeiros trabalhos norteou-se pelas convicções nacionalistas, que não abandonou jamais, e constituem o princípio estrutural da sua contribuição crítica, das mais importantes do Romantismo, pois se lhe faltam penetração e originalidade, sobram-lhe minudência e bom senso, graças aos quais reuniu uma documentação importante, salvou textos esquecidos, procurou ligar a explicação da obra ao dado informativo do tempo e da biografia.

Da sua vultosa bibliografia mencionem-se os seguintes livros de versos: *Modulações poéticas*, 1841, onde vem o famoso "Bosquejo da história da poesia brasileira"; *O livro de meus amores*, 1849; *Cantos épicos*, 1861; *Flores entre espinhos*, 1864; as antologias: *Mosaico poético*, 1844, de colaboração com Emílio Adet, trazendo uma importante "Introdução sobre a literatura nacional"; *A cantora brasileira*, 3 v., 1871. Romances e contos: *As duas órfãs*, 1841; *Maria ou vinte anos depois*, 1844; *Januário Garcia e O testamento falso*, reunidos todos nos *Romances e novelas*, 1852. Teatro: *Clitenestra*, 1846; *Amador Bueno*, 1854; *O chapim do rei*, 1851. Publicou ainda: *História e biografia: Memória histórica e documentada das aldeias dos índios da província do Rio de Janeiro*, 1856; *Brasileiras célebres*, 1862; *História da Conjuração Mineira*, 1873.

A produção crítica consiste nas referidas introduções, nas dezenas de artigos em MB, BF, G, RP, RIHGB, nos estudos biográficos e críticos, nas notas das edições de Gonzaga, Alvarenga Peixoto, Silva Alvarenga, Laurindo Rabelo, Casimiro de Abreu, Álvares de Azevedo, além do material reunido para as de Basílio da Gama e Cláudio Manuel, posteriormente aproveitado por José Veríssimo e João Ribeiro. Os trabalhos crítico-biográficos de Norberto inauguram uma nova era em tais estudos, superando os anteriores pelo esforço documentário e a coordenação. Note-se, porém, que, apesar de ter sobrevivido como crítico, não se considerava tal, à maneira, aliás, dos que ao seu tempo estudavam no Brasil as obras literárias; mas, sim, um escritor de sete instrumentos, como era o ideal brasileiro da época. Morreu em Niterói em 1891.

Joaquim Caetano Fernandes Pinheiro nasceu no Rio de Janeiro em 1825, filho de outro do mesmo nome, da família do visconde de São Leopoldo, e lá morreu em 1875. Ordenando-se padre em 1848, recebeu mais tarde o doutorado em teologia em Roma (1854). Viveu principalmente do ensino, como professor no Seminário Episcopal e no Colégio

Pedro II; e a sua obra de crítica, ou foi feita com finalidade didática, ou sempre guardou certo dogmatismo pedagógico, ressumando pedantismo em ambos os casos. No primeiro, estão o *Curso elementar de literatura nacional*, 1862; *Meandro poético*, 1864, antologia anotada; *Postilas de retórica e poética*, 3. ed., 1877; *Resumo de história literária*, 2 v., 1873. Como crítico propriamente dito, exerceu atividade nas revistas do tempo, como a *Guanabara*, que dirigiu na segunda fase (1855-1856), e a *Revista Popular*, de que parece ter sido orientador principal. Devem-se-lhe ainda biografias e estudos sobre Elói Ottoni, Monte Alverne, São Carlos, Gonçalves Dias etc., além de um livro de poesias e outro de ficção. Nos *Estudos históricos*, 2 v., 1876, se encontram os trabalhos sobre Antônio José, as Academias dos Esquecidos e dos Renascidos.

Francisco Adolfo de Varnhagen nasceu em 1816 na capitania de São Paulo, no lugar de São João de Ipanema, onde dirigia a fundição de ferro de seu pai, Frederico Luís Guilherme de Varnhagen, engenheiro militar alemão a serviço de Portugal, sendo sua mãe Maria Flávia de Sá Magalhães. Cursou a mesma especialidade em Portugal e veio em 1840 para o Brasil, a fim de obter reconhecimento da sua nacionalidade, sendo admitido no Corpo de Engenheiros do Exército. Adido de legação em Lisboa em 1842, passou em 1847 como secretário a Madri, onde foi encarregado de negócios e ficou até 1859. Neste ano veio para o Paraguai como ministro residente, posto em que foi transferido no ano de 1861 para Venezuela-Colômbia-Equador e, em 1864, para Equador-Peru-Chile. Em 1868 foi promovido a ministro plenipotenciário na Áustria, lá morrendo em 1878. Fora criado em 1872 barão e, em 1874, visconde de Porto Seguro, com grandeza.

À literatura interessam a sua atividade de investigador erudito no terreno dos cancioneiros e romances medievais e dos cronistas do Brasil; as biografias de homens de letras, publicadas na maior parte na *RIHGB*; as pesquisas sobre o tema de Durão; as antologias anotadas; o esforço de síntese da nossa literatura na introdução do *FPB* e as partes a ela consagradas na sua *História geral do Brasil*, 1854.

Indiquem-se: *Épicos brasileiros*, 1845; *O Caramuru perante a história*, 1846; *Florilégio da poesia brasileira*, 3 v., 1850-1853, com o "Ensaio sobre as letras no Brasil"; *Carta ao sr. L. F. da Veiga sobre a autoria das "Cartas chilenas"*, 1867; biografias de *Eusébio de Matos, Durão, Antônio José, Botelho de Oliveira, Brito e Lima, Itaparica, Gonzaga, Caldas Barbosa*. Como historiador publicou, além da obra referida, a *História das lutas com os holandeses no Brasil*, 1871, e meio cento de monografias eruditas e edições críticas, deixando inédita a *História da Independência*.

Amante sincero da literatura, apesar do mau gosto, empreendeu certas tentativas de criação, como o "romance histórico" *Caramuru* (versos), complacentemente incluído no *Florilégio*; *O descobrimento do Brasil*, 1840, crônica romanceada; *Amador Bueno*, 1847, drama.

Francisco Sotero dos Reis, filho de Baltazar José dos Reis e Maria Teresa Cordeiro, nasceu no ano de 1800 em São Luís do Maranhão, lá morrendo em 1871. Instruiu-se como pôde na terra natal, onde passou toda a laboriosa vida de professor e jornalista, grande sabedor da língua, tendo participado da política militante como deputado provincial em várias legislaturas. A sua obra decorre quase toda do seu ensino, no Liceu Maranhense e no Instituto de Humanidades, a que o seu curso de literatura parece ter dado foros de pequena Faculdade de Letras.

Publicou: *Postilas de gramática geral*, 1862; *Gramática portuguesa*, 1866, obra famosa e muito difundida; *Curso de literatura brasileira e portuguesa*, 5 v., 1873; além de colaborar no romance coletivo *A casca da caneleira*, 1866.

Apesar da formação gramatical, da inclinação conservadora do espírito, do gosto convencional, procurou realizar no Brasil uma crítica mais sistemática, pela combinação do método ilustrativo de Blair com a visão histórica de Villemain.

Antônio Joaquim de Melo nasceu em Recife no ano de 1794 e ali morreu em 1873. Envolveu-se nos movimentos revolucionários da sua província e nas lutas políticas do Primeiro Reinado e da Regência, tendo vivido como advogado e funcionário. Poeta arcádico (*Versos*, 1847), cultivou o Indianismo patriótico. No setor que aqui interessa, escreveu as *Biografias de alguns poetas e homens ilustres de Pernambuco*, 3 v., 1856-1859, a *Biografia de José da Natividade Saldanha* (póstuma), além de publicar as obras de frei Caneca e do padre Francisco Ferreira Barreto.

Antônio Henriques Leal nasceu em Itapecuru-Mirim, província do Maranhão, no ano de 1828, filho de Alexandre Henriques Leal e Ana Rosa de Carvalho Reis. Formado em medicina pela Faculdade do Rio em 1853, foi, na sua terra, político militante, morando depois muitos anos em Lisboa, por motivo de saúde. De volta à pátria, fixou-se no Rio, onde dirigiu o Internato do Colégio Pedro II, morrendo em 1885. Escreveu trabalhos de medicina pública, políticos, históricos, literários — alguns destes, como as críticas à língua de José de Alencar, reunidos no volume *Locubrações*, 1874. A sua obra capital é o *Panteon maranhense*, 4 v., 1873-1875, onde alinhou os coprovincianos ilustres do seu tempo numa excelente galeria biográfica, avultando a vida de Gonçalves Dias (todo um volume) de quem foi amigo íntimo e cujas obras póstumas editou.

Antônio Joaquim de Macedo Soares nasceu em Maricá, província do Rio de Janeiro, em 1838, formando-se em direito pela Faculdade de S. Paulo em 1859. Como estudante, desenvolveu intensa atividade crítica, nas publicações acadêmicas e outras, do Rio e de S. Paulo, manifestando um talento apreciável no gênero. Mais tarde dedicou-se às questões linguísticas e jurídicas, fazendo carreira na magistratura e chegando a ministro do Supremo Tribunal.

2.
Notas bibliográficas

Nas seguintes Notas bibliográficas o leitor encontrará, ordenadas por capítulos e suas divisões, as obras utilizadas, seja textos dos autores, seja estudos e informações sobre eles. Não se trata de uma bibliografia completa, mas dos títulos que se recomendam, excluindo-se deliberadamente os que, mesmo consultados, de nada servem ou ficaram superados por aqueles.

As obras são aqui referidas com todos os dados, ao contrário do que foi feito nas citações de rodapé, onde apareciam apenas título e número de página. Mas não achei necessário, salvo nalguns casos, dar todos os subtítulos e especificações das folhas de rosto, por vezes muito longos, sobretudo nas obras antigas. Para simplificar, reduzi tudo à ortografia corrente.

Quando um trabalho foi citado mais de uma vez, a especificação completa aparecerá na primeira; nas outras, o leitor será remetido a ela por uma indicação entre parênteses; por exemplo: José Veríssimo, *Estudos de literatura brasileira*, op. cit. (cap. III, § 2); isto é, ver na bibliografia do parágrafo [subdivisão] 2 do capítulo III os dados completos — editor, data, lugar etc.

O nome do autor que é objeto da nota só aparecerá por extenso no começo; em seguida, para simplificar, aparecerão apenas as suas iniciais. Tratando-se, por exemplo, de Castro Alves, a menção de um estudo denominado *Revisão de CA* quer dizer: *Revisão de Castro Alves*.

As obras gerais, discriminadas abaixo em primeiro lugar, não serão mencionadas nas notas, para evitar a sua repetição enfadonha; mas o leitor deve tê-las sempre em mente, como se em cada nota estivessem citadas, pois na verdade estão implícitas, por se considerarem de consulta obrigatória. Nem sempre elas incluem cada um dos autores estudados, seja por omiti-los, seja por se restringirem à poesia ou à prosa. Não se encontrarão prosadores na *Apresentação da poesia*, de Manuel Bandeira, nem poetas na *Evolução da prosa*, de Agripino Grieco. Mas o inconveniente compensa a alternativa, isto é, repetição exaustiva duma longa série de títulos a cada página.

O leitor não deverá subestimar estas obras gerais em relação à bibliografia especializada, pois muitas vezes nelas se encontra o que há de melhor sobre o autor em questão, como crítica ou dados informativos. Em muitos casos não há material além delas, e isto basta para exprimir a sua importância e a necessidade de subentendê-las em cada nota bibliográfica.

Antes de discriminá-las, mencionemos algumas obras rápidas de síntese, proveitosas e elucidativas, como: Guilherme de Almeida, *Do sentimento nacionalista na poesia brasileira* (São Paulo: Garraux, 1926), brilhante e inspirada apresentação do tema fazendo corresponder o amadurecimento do nativismo literário à consciência progressiva da terra; Viana Moog, *Uma interpretação da literatura brasileira* (Rio de Janeiro: CEB, 1943), procura distinguir a influência das diferentes regiões sobre as características dos escritores; Roger Bastide, *Études de littérature brésilienne* (Paris: Centre de Documentation Universitaire, [1955]), cheio de pontos de vista penetrantes, além de opiniões com que não raro coincido aqui, naturalmente por ter sido aluno do autor e recebido a sua influência; José Osório de Oliveira, *História breve da literatura brasileira*, 2. ed. (São Paulo: Martins, [1946]), compreensivo e simpático.

Passemos às obras gerais, consideradas de consulta obrigatória.

Inocêncio Francisco da Silva, *Dicionário bibliográfico português*, 7 v. (Lisboa: Imprensa Nacional, 1858-1862), mais 15 de Suplemento, os primeiros redigidos pelo autor, os demais continuados e ampliados por P. V. Brito Aranha, e outros, 1867-1923, ibid. (uso aqui a numeração corrida de I a XXII).

Sacramento Blake, *Dicionário bibliográfico brasileiro*, 7 v. (Rio de Janeiro: Imprensa Nacional, 1883-1902), indispensável, em muitos casos insubstituível, mas muito imperfeito. Há um *Índice alfabético*, por Jango Fischer (Rio de Janeiro: Imprensa Nacional, 1937).

Otto Maria Carpeaux, *Pequena bibliografia crítica da literatura brasileira* (Rio de Janeiro: Ministério da Educação, 1951), é o mais moderno instrumento de trabalho no gênero, bem-feito e útil, mas comprometido por excessiva compartimentação de períodos e fases, com denominações não raro arbitrárias e arrevesadas, constituindo verdadeiro elemento de confusão numa obra excelente pelo conteúdo.

Joaquim Caetano Fernandes Pinheiro, *Curso elementar de literatura nacional* (Rio de Janeiro: Garnier, 1862); Id., *Resumo de história literária*, 2 v. (Rio de Janeiro: Garnier, [s.d.]), 2º volume. Interessam ainda como exemplo da crítica laudatória e por serem as primeiras histórias da literatura brasileira, considerada em continuação ou apêndice da portuguesa. Abrangem até a segunda geração romântica.

Ferdinand Wolf, *Le Brésil littéraire* (Berlim: Ascher, 1863), é a primeira visão sistemática de um estrangeiro, até o meado do século XIX.

Sílvio Romero, *História da literatura brasileira*, 2. ed., 2 v. (Rio de Janeiro: Garnier, 1902-1903), é o monumento central da nossa historiografia literária, aproveitando os trabalhos anteriores numa primeira sistematização e, por isso, menos "incausada" do que o autor pretendia. Embora envelhecida na fundamentação, insuficiente nos dados, irregular nos juízos, não raro medíocre nas análises, ainda vale por haver fixado o elenco do que se chama a nossa literatura, sobretudo pela presença viva duma grande personalidade, empenhando-se sem reserva com sabor e franqueza. Um dos seus grandes interesses reside nas extensas transcrições de trechos e peças, às vezes raras e de acesso difícil. Nisto, seguia, sem declarar e quiçá sem perceber, o método de Blair, aplicado entre nós por Sotero dos Reis, e deste modo plantava a velha crítica no meio das inovações "científicas". É algo irônico, pois, que a ela deva o seu livro grande parte da importância que ainda possui...

Id., *Evolução do lirismo brasileiro* (Recife: Edelbrook, 1905), é uma vista mais bem-ordenada das manifestações poéticas.

Id. e **João Ribeiro**, *História da literatura brasileira*, 2. ed. (Rio de Janeiro: Francisco Alves, 1909), excelente compêndio, como organização e equilíbrio das informações e juízos.

José Veríssimo, *História da literatura brasileira*, 2º milheiro (Rio de Janeiro: Francisco Alves, 1916), possivelmente ainda hoje a melhor como unidade de concepção e fatura, ambas originais e independentes. Mais severa e discriminada que as de Sílvio, atribui aos fatores históricos o lugar devido, sem comprometer a autonomia do juízo crítico, as mais das vezes ainda plenamente aceitável. Peca somente pelo relativo pedantismo da língua e secura do sentimento artístico.

Ronald de Carvalho, *Pequena história da literatura brasileira*, 4. ed. (Rio de Janeiro: Briguiet, 1929), obra acessível, agradável e bem escrita, com uma inútil digressão prévia. O seu mérito foi haver reduzido quase ao essencial o elenco dos autores e apresentado a matéria com um gosto e amenidade até então desconhecidos. Mas dá, na maior parte, a impressão de estar baseada na leitura de Sílvio Romero e José Veríssimo, não dos autores arrolados, o que explicaria certos erros imperdoáveis e a tendência para dizer coisas incaracterísticas sobre eles.

Antônio Soares Amora, *História da literatura brasileira* (São Paulo: Saraiva, 1955; 3. ed., revista e ampliada, 1960), no momento a melhor visão sintética, leva mais longe a operação iniciada por Ronald, isto é, reduzir o elenco dos escritores ao mínimo admissível dentro do critério de valor artístico ou eminência intelectual. Além disso, firma a designação "literatura luso-brasileira" para a dos períodos anteriores ao Romantismo, dando consistência e tratando sistematicamente a um ponto de vista que encontramos de modo mecânico na *Literatura nacional*, de Fernandes Pinheiro. Adotou-a também, mas inconsequentemente, Valentim Magalhães, na menos que medíocre *A literatura brasileira* (1870-1895), parceria Antônio Maria Pereira (Lisboa, 1896).
Artur Mota, *História da literatura brasileira*, 2 v. (São Paulo: Editora Nacional, 1930), é uma série de biografias, até o fim do século XVIII, feitas por um estimável erudito e bibliófilo, sem qualquer capacidade crítica. Útil e mesmo necessária, deve contudo ser manuseada com certa cautela, pois contém erros.
Haroldo Paranhos, *História do Romantismo brasileiro*, 2 v. (São Paulo: Cultura Brasileira, [s.d.]), chega até os escritores da primeira geração romântica. É uma série de biobibliografias, devendo ser consultada com a maior precaução.

(Nota da 3ª ed. — Dois livros importantes aparecidos nos últimos anos: José Aderaldo Castello, *Manifestações literárias da era colonial* (1962) e Antônio Soares Amora, *O Romantismo* (1967), respectivamente volumes I e II da obra coletiva *A literatura brasileira*, São Paulo: Cultrix.)
Agripino Grieco, *Evolução da poesia brasileira* e *Evolução da prosa brasileira*, ambos Ariel, Rio, respectivamente 1932 e 1933, são uma revoada impressionista de juízos cortantes, sumários, vivamente apresentados, dando ao leitor uma noção movimentada e saborosa da nossa literatura.
Manuel Bandeira, *Apresentação da poesia brasileira* (Rio de Janeiro: CEB, 1946), é uma admirável história crítica, cheia de finura e precisão, acompanhada de excelente antologia.

O livro atualmente mais importante sobre o conjunto da nossa evolução literária é a obra coletiva, *A literatura no Brasil*, sob a direção de Afrânio Coutinho, 3 v. (Rio de Janeiro: Sul Americana, 1955-1956), que recomendo ao leitor como obra geral de consulta, embora não a tenha podido utilizar salvo poucas exceções.

(Nota da 7. ed. — A obra dirigida por Afrânio Coutinho está na 3. ed. revista [codireção de Eduardo Coutinho], 6 v. [Rio de Janeiro: José Olympio; Universidade Federal Fluminense, 1986].

Em 1970 apareceu a notável *História concisa da literatura brasileira*, de Alfredo Bosi [São Paulo: Cultrix], com dezesseis reimpressões.

Fora do Brasil, destaca-se: Luciana Stegagno Picchio, *La letteratura brasiliana* ([Florença: Sansoni; Milão: Edizioni Accademia, 1972].)

Mencionemos agora certas obras de referência não implícitas nas notas bibliográficas de cada capítulo, por não possuírem a generalidade das anteriores, seja porque abrangem escritores de apenas um estado, seja porque se referem a outros agrupamentos de atividade ou qualificação social, em cujos quadros se encontram ocasionalmente escritores.

Num e noutro caso estão as seguintes, de valor muito variável:
Antônio Henriques Leal, *Panteon maranhense*, 4 v. Lisboa: Imprensa Nacional, 1873-1875.
Barão de Studart, *Dicionário biobibliográfico cearense*, 3 v. Fortaleza: [s.n.], 1910-1915.
F. A. Pereira da Costa, *Dicionário biográfico de pernambucanos célebres*. Recife: Tipografia Universo, 1882.
Armindo Guaraná, *Dicionário biobibliográfico sergipano*. Rio de Janeiro: Pongetti, 1925.
Lery dos Santos, *Panteon fluminense*. Rio de Janeiro: Leuzinger, 1880.

Luís Correia de Melo, *Dicionário de autores paulistas*. São Paulo: [s.n.], 1954.

Barão de Vasconcelos e **Barão Smith de Vasconcelos**, *Arquivo nobiliárquico brasileiro*. Lausanne: Imprimerie La Concorde, 1918.

Argeu Guimarães, *Dicionário bibliográfico brasileiro de diplomacia, política externa e direito internacional*. Rio de Janeiro: Edição do Autor, 1938.

Clóvis Bevilácqua, *História da Faculdade de Direito do Recife*, 2. v. Rio de Janeiro: Francisco Alves, 1927.

Almeida Nogueira, *A Academia de São Paulo: Tradições e reminiscências*, 9 v. São Paulo: [s.n.], 1907-1912.

Estas obras não serão referidas nas notas, salvo quando escaparem ao tipo estritamente bio-bibliográfico, como é o caso de Henriques Leal, Clóvis e Almeida Nogueira. Quanto às outras, o leitor perceberá as que poderão ter sido utilizadas, conforme o autor seja, por exemplo, fluminense, diplomata, pernambucano, titular do Império etc.

Dada as ligações da nossa literatura com certas correntes, temas e autores europeus, seria bom ter à mão algumas obras gerais que informem a respeito, como: Ángel Valbuena Prat, *Historia de la literatura española*, 3 v. (Barcelona: Gustavo Gill, [s.d.]), já em 5. ed.; René Jasinski, *Histoire de la littérature française*, 2 v. (Paris: Boivin, 1947); Francesco Flora, *Storia della letteratura italiana*, 5 v. (Milão: Mondadori, 1948-1949); George Sampson, *The Concise Cambridge History of English Literature* (Nova York: Macmillan, 1942).

Para as literaturas clássicas, há os velhos, mas ainda prestantes: Alfred e Maurice Croiset, *Manuel d'histoire de la littérature grecque*. 10e édition revue et corrigée (Paris: E. de Boccard, [s.d.]), resumo da monumental *Histoire*, dos mesmos autores, em 5 v.; René Pichon, *Histoire de la littérature latine*, 10e édition (Paris: Hachette, 1926, s.f.)

Caso à parte é o da literatura-mãe, a que a nossa está muito ligada na maioria dos momentos estudados aqui, e cujo conhecimento é pressuposto em qualquer estudo como este. Recomenda-se especialmente: Antônio José Saraiva e Oscar Lopes, *História da literatura portuguesa* (Porto: Porto Editora, [s.d.]), exemplar pela segurança do plano, a integração dos materiais informativos, o equilíbrio entre a visão histórico-social e o ponto de vista estético.

Nas notas de rodapé, e nas que agora seguem, as publicações periódicas, antologias e repertórios biobibliográficos gerais foram indicados por abreviações, abaixo discriminadas:

IFS — Inocêncio Francisco da Silva, *Dicionário bibliográfico português*.

SB — Sacramento Blake, *Dicionário bibliográfico brasileiro*.

PB (1) — Januário da Cunha Barbosa, *Parnaso brasileiro*.

PB (2) — Pereira da Silva, Id.

FPB — Varnhagen, *Florilégio da poesia brasileira* (2. ed.).

ABN — *Anais da Biblioteca Nacional*, Rio, 1878...

B — *Brasília*, Coimbra, 1942...

BF — *O Beija-flor*, Rio, 1849-1852.

C — *Cultura*, Rio, 1948...

EAP — *Ensaios literários do Ateneu paulistano* (1ª série), São Paulo, 1852-1860.

G — *Guanabara*, Rio, 1851-1855.

IR — *Iris*, Rio, 1848-1849.

MB — *Minerva Brasiliense*, Rio, 1843-1845.

N — *Niterói*, Paris, 1836.

RABL — *Revista da Academia Brasileira de Letras*, Rio, 1910...

RAM — *Revista do Arquivo Municipal*, São Paulo, 1934...

RAPL — *Revista da Academia Paulista de Letras*, São Paulo, 1938...

RB (2) — *Revista Brasileira*, 2ª fase, Rio, 1879-1881.

RB (3) — *Revista Brasileira*, 3ª fase, Rio, 1895-1899.

RdB (1) — *Revista do Brasil*, 1ª fase, São Paulo, 1916-1925.

RdB (2) — *Revista do Brasil*, 2ª fase, Rio, 1926-1927.

RdB (3) — *Revista do Brasil*, 3ª fase, Rio, 1939-1944.

REF — *Revista mensal do Ensaio Filosófico Paulistano*, São Paulo, 1850-186?

RIC — *Revista do Instituto Científico*, São Paulo, 1860-186?

RIHGB — *Revista do Instituto Histórico e Geográfico Brasileiro*, mesmo quando denominada *Revista Trimestral de História e Geografia* etc., Rio, 1839...

RLP — *Revista de Língua Portuguesa*, Rio, 1920-1932.

RP — *Revista Popular*, Rio, 1859-1862.

RSF — *Revista da Sociedade Filomática*, São Paulo, 1833.

Capítulo I
Razão, natureza, verdade

1. **Textos fundamentais para o estudo das ideias** Montesquieu, *De l'Esprit des lois*, ed. Gonzague Truc, 2 v. (Paris: Garnier, 1944, s.f.); Voltaire, *Dictionnaire philosophique*, ed. Julian Benda, 2 v. (Paris: Garnier, 1936, s.f.); Rousseau, *Du Contrat social* etc. etc. (Paris: Garnier, [s.d.]); Id., *Émile ou l'Éducation*, ed. F. e P. Richard (Paris: Garnier, 1951); Condorcet, *Esquisse d'un tableau historique des progrès de l'esprit humain*, ed. O. H. Prior (Paris: Boivin, 1933, s.f.).

   Para a posição de Ana Josefina de Alencar, ver Michel Uta, *La Théorie du Savoir dans la philosophie d'Auguste Comte* (Paris: Felix Alcan, 1928), pp. 5-58: "La Théorie du Savoir dans la philosophie de D'Alembert et Saint-Simon".

2. **Obras consagradas ao século XVIII e seus problemas culturais** Trabalho fundamental, de consulta obrigatória, é Ernst Cassirer, *La filosofia de la ilustración*, tradução de Eugenio Imaz (México: Fondo de Cultura Económica, 1943). Veja-se um excelente panorama integrativo em Paul Hazard, *La Pensée européenne au XVIIIᵉ siècle*, 2 v. (Paris: Boivin, 1949, s.f.).

   Passando aos casos nacionais, citemos quanto a Portugal, inicialmente, as obras clássicas de Teófilo Braga, *História da Universidade de Coimbra*, 4 v. (Lisboa: Tipografia da Academia Real das Ciências, 1892-1902), tomo III (1700-1800), 1898, e *A arcádia portuguesa* (Porto: Lello & Irmão, 1899). Mais moderno e satisfatório é Hernâni Cidade, *Lições de cultura e literatura portuguesa*, 2. ed., 2 v. (Coimbra: Coimbra Editora, 1940), v. 2; devendo citar-se ainda Fidelino de Figueiredo, *História da literatura clássica*, 3. ed. rev., 3 v. (São Paulo: Anchieta, 1946). Para o estudo do pombalismo temos uma obra geral e outra especial: João Lúcio de Azevedo, *O marquês de Pombal e a sua época*, 2. ed. (Rio de Janeiro: Anuário do Brasil, 1922, s.f.); Laerte Ramos de Carvalho, *As reformas pombalinas da Instrução Pública* (São Paulo: [s.n.], 1952). Sobre Verney, L. Cabral de Moncada, *Um "iluminista" português do século XVIII: Luís Antônio Verney* (São Paulo: Saraiva, 1941).

   O significado da Arcádia Romana e da sua influência no nosso Arcadismo é estudado em Sérgio Buarque de Holanda, "Gosto arcádico", *Revista Brasiliense*, n. 3, pp. 97-114, 1956.

   O estudo teórico do Arcadismo italiano é objeto de Giuseppe Toffanin, *L'Arcadia* (Bolonha: Zanichelli, 1945). Para a França (influência capital) ver a síntese de Daniel Mornet, *La Pensée française au XVIIIᵉ siècle*, 7. ed. (Paris: Colin, 1947); do mesmo autor, *Les Sciences de la nature en*

France au XVIII⁴ siècle (Paris: Colin, 1911), útil para compreender a importância e difusão deste ramo do saber na literatura e na concepção da vida. Pierre Trahard, *Les Maîtres de la sensibilité française au XVIII⁴ siècle*, 4 v. (Paris: Boivin, 1937, s.f.), é importante para avaliar a importância e extensão da revolução sentimental, num século tido às vezes como seco e ponderado.

Sobre o caso inglês, há o estudo de W. J. Bates, *From Classic to Romantic* (Cambridge: Harvard University Press, 1946), que dá uma visão complexa e penetrante. Marjorie Hope Nicholson, *Newton Demands the Muse: Newton's Opticks and the Eighteenth Century Poets* (Princeton: Princeton University Press, 1946), analisa um dos problemas mais característicos do tempo: o impacto da ciência sobre as concepções e formas poéticas.

(Nota da 7. ed. — Apareceu recentemente a obra póstuma e fragmentária de Sérgio Buarque de Holanda, *Capítulos de literatura colonial*, organização e notas de Antonio Candido [São Paulo: Brasiliense, 1991], contendo estudos notáveis sobre o Arcadismo em geral, Basílio da Gama, Durão, Cláudio.)

3. **Obras relativas à teoria literária neoclássica e suas raízes** Aristóteles, *Art rhétorique et Art poétique*, tradução de Voilquin e Capelle (Paris: Garnier, 1944, s.f.); (Longino), *Du sublime*, tradução de Lebègue (Paris: Belles Lettres, 1939); Horácio, *Epîtres*, tradução de Villeneuve (Paris: Belles Lettres, 1934); Boileau, *Oeuvres*, ed. Bainville, 5 v. (Paris: La Cité des Livres, 1928-1929); Gustave Lanson, *Boileau* (Paris: Hachette, [s.d.]); René Bray, *La Formation de la doctrine classique en France*, 2. ed. (Paris: Droz, 1931); Henry Peyre, *Le Classicisme français* (Nova York: Maison Française, 1942); Fontenelle, *Oeuvres*, 5 v. (Paris: Salmon, Peytieux, 1825), v. 5: "Description de l'empire de la poésie"; "Sur la poésie en général"; "Discours sur la nature de l'églogue"; Pope, "An Essay on Criticism", em *English Critical Essays*, ed. E. D. Jones (Londres: Oxford University Press, 1941), pp. 245-266; Voltaire, *La Henriade*, incluindo: "Essai sur la poésie épique"; "Discours sur l'homme"; "Poème sur la loi naturelle"; "Poème sur le desastre de Lisbonne"; "Le Temple du goût" (Paris: Didot. 1854); (L. A. Verney) *Verdadeiro método de estudar* etc., 2 v. (Valença: Antonio Balle, 1747); Francisco José Freire, *Arte poética, ou Regras da verdadeira poesia* etc., 2. ed., 2 v. (Lisboa: Francisco Luís Ameno, 1759); Antônio Diniz da Cruz e Silva, "Dissertação sobre o estilo das Éclogas" e "Dissertação sobre o estilo da Écloga", *Poesias*, 6 v. (Lisboa: Lacerdina, 1807-1817), v. 2, pp. 3-38 e 1-25 (numeração independente). P. A. Corrêa Garção, "Dissertações" e "Orações", em *Obras poéticas e oratórias*, ed. J. A. de Azevedo Castro (Roma: Centenari, 1888), pp. 431-590; M. I. da Silva Alvarenga, "Epístola II, a José Basílio da Gama, Termindo Sipílio", *Obras poéticas*, ed. Norberto, 2 v. (Rio de Janeiro: Garnier, [s.d.]), v. 1, pp. 289-294.

4. **Obras ocasionalmente citadas** Louis Untermeyer, *The Forms of Poetry*, Rev. Edition (Nova York: Harcourt Brace, 1942); Karl Geiringer, *The Bach Family* (Londres: Allen and Unwin, 1954); Leopardi, *Zibaldone*, 2 v., ed. Flora, 2 v. (Milão: Mondadori, 1945); (Garrett), "Bosquejo da história da poesia e da língua portuguesa", *Parnaso lusitano* etc., 6 v. (Paris: Aillaud, 1826-1827, 1834), v. I, pp. VII-LXVII; Gonçalves de Magalhães, "Discurso sobre a história da literatura do Brasil", *Opúsculos históricos e literários*, 2. ed. (Rio de Janeiro: Garnier, 1865), pp. 241-271.

As citações de Góngora, Gonzaga e Elói Ottoni se encontram em edições que serão indicadas respectivamente nas notas dos capítulos II, III e IV. A de Tenreiro Aranha, nas *Obras literárias de Bento de Figueiredo Tenreiro Aranha* (Belém, Pará: Tipografia de Santos e Filhos, 1850). A de Quevedo, em Francisco de Quevedo, *Antología poética*, ed. R. Esteban Scarpa (Buenos Aires: Espasa-Calpe, 1943).

A citação de José Bonifácio pertence à "Representação à Assembleia-Geral Constituinte e Legislativa do Império do Brasil sobre a escravatura", publicada em Paris em 1825 e reproduzida em Alberto Sousa, *Os Andradas* (São Paulo: Tipografia Piratininga), v. III, pp. 445-470.

Capítulo II
Transição literária

1. **Literatura congregada** Não há ainda estudo de conjunto sobre as Academias do século XVIII, levando em conta os resultados da pesquisa parcial (que marcha auspiciosamente) e as modernas exigências críticas. Mencionemos o apanhado sintético de José Aderaldo Castello, "O movimento academicista", em *A literatura do Brasil*, direção de Afrânio Coutinho, op. cit. (nas obras gerais), v. I, tomo I, pp. 431-452. Recentemente, tem-se desenvolvido o interesse pela investigação das comemorações *ocasionais*, permitindo ver, cada vez mais, como constituíam realmente a vida literária por excelência no século XVIII, referindo as características do gosto e as poucas exigências intelectuais dos grupos sociais da Colônia. Citou-se além de obras gerais: Carlos Rizzini, *O livro, o jornal e a tipografia no Brasil* etc. (Rio de Janeiro: Kosmos, 1946, s.f.).

2. **Grêmios e celebrações**

- Para o estudo da Academia dos Renascidos, as duas fontes principais são: Alberto Lamego, *A Academia Brasílica dos Renascidos: Sua fundação e trabalhos inéditos* (Paris; Bruxelas: Gaudio, 1923), e João Lúcio de Azevedo, "Academia dos Renascidos", *Novas epanáforas* (Lisboa: Livraria Clássica, 1932), pp. 232-249, onde reúne e condensa dois estudos publicados anteriormente em RLP, devendo-se ainda consultar o estudo precursor de Fernandes Pinheiro, "A Academia dos Renascidos", *Estudos históricos*, 2. (Rio de Janeiro: Garnier, 1876), pp. 273-296, importante sobretudo pelo Catálogo dos seus membros. Ainda não existe, porém, publicação integral do acervo.

- O da Academia dos Seletos, mais feliz, foi logo publicado pelo seu secretário, no volume *Júbilos da América*, na gloriosa exaltação e promoção do Ilustríssimo Excelentíssimo Senhor Gomes Freire de Andrada etc. etc., pelo dr. Manuel Tavares de Sequeira e Sá etc., Manuel Álvares Solano, Lisboa, 1754.

- A vida do fundador dos Renascidos é objeto do livro de Henrique Fontes, *O conselheiro José Mascarenhas Pacheco Pereira Coelho de Melo* (Florianópolis: Alberto Entres, 1938). Informação muito importante para esclarecer a sua desgraça veio em Artur Viegas, *O poeta Santa Rita Durão* etc. (Paris; Bruxelas: Gaudio, 1914).
  Sobre a possibilidade do acadêmico Silvestre de Oliveira Serpa ser o árcade Eureste Fenício, referido por Cláudio Manuel da Costa, ver o engenhoso estudo de Henrique Fontes, "Conjeturas sobre três acadêmicos", *Anuário Catarinense*, n. 4, pp. 32-34, 1951.

- A "Academia" de Paracatu, citada como exemplo das numerosas *ocasionais*, vem descrita e compendiada no referido Ms. da Biblioteca Central da Faculdade de Filosofia, Ciências e Letras da Universidade de São Paulo, Coleção Lamego, Seção de Manuscritos, Ms. n. 38: *Exposição fúnebre e simbólica das exéquias* etc., cujo principal autor e organizador foi o padre João de Sousa Tavares. Encontrei-o referido como contribuinte no Livro 7º do *2º Contrato de Paracatu*, fls. 5 vs. e 26 vs., Seção de Manuscritos do Arquivo Público Mineiro.

3. **Sousa Nunes e a autonomia intelectual** Os raríssimos *Discursos políticos-morais*, de Feliciano Joaquim de Sousa Nunes, de cuja edição original (1758) restam apenas três exemplares, ao que parece, foram reeditados graças a Alberto de Oliveira pela Academia Brasileira, Rio, 1931, precedidos de um estudo do mesmo poeta, fundado nas poucas informações de IFS e SB: "O autor do livro", pp. 5-10.

4. **No limiar do novo estilo: Cláudio Manuel da Costa** Registre-se como curiosidade que a Iª edição das *Obras* de CMC (Coimbra: Luís Seco Ferreira, 1768) traz o título errado de *Orbas* na folha de rosto.

Faz falta uma edição crítica; a única, depois da original, é a de João Ribeiro, *Obras poéticas*, 2 v. (Rio de Janeiro: Garnier, 1903), que reúne ao texto de 1768 o *Epicédio* de 1753, o *Vila Rica*, estampado pela primeira vez em Ouro Preto no ano de 1839, as poesias colhidas em antologias e os inéditos publicados por Ramiz Galvão, RB (3), v. II, 1895. Novo e importante material apareceu posteriormente em Caio de Melo Franco, o *Inconfidente* CMC etc. (Rio de Janeiro: Schmidt, 1931).

A sua vida só se esclareceu, nos pontos essenciais, a partir da notável comunicação de Joaquim Norberto, "Notas biográficas", RIHGB, LIII, 1890, pp. 118-137, que supera e anula tudo o que se escrevera antes. Este número contém a *Comemoração do centenário* de CMC, realizada em 1889, comportando 192 p., de estudos, juízos, antologia, e, sobretudo as peças do processo. Em 1894 publica Ramiz Galvão documentos decisivos na *Gazeta de Notícias*, dando-lhes o essencial em "CMC", RB (3), v. II, 1895, pp. 65-73. Finalmente, em 1914, Alberto Lamego revela na RABL os decisivos documentos pessoais, apresentados para ingresso na Academia dos Renascidos, que reproduz mais tarde no citado livro sobre esta agremiação, e se podem ver na Biblioteca Central da Faculdade de Filosofia, da Universidade de São Paulo, coleção Lamego, Ms. n. 3. Há pouco, José Afonso Mendonça de Azevedo, em "Documentos do arquivo da Casa dos Contos (Minas Gerais)", ABN, V. LXV, 1945, pp. 5-308, trouxe alguns dados interessantes, além de uma perícia grafológica, sustentando a tese de que o poeta foi assassinado na prisão.

O melhor estudo crítico ainda é o "CMC" de João Ribeiro, na sua edição das *Obras poéticas*, I, pp. 1-45. O de Francisco Piccolo, CMC: *Saggio sulla letteratura brasiliana del Settecento* (Roma: Amici del Brasile, 1939), é decepcionante, trazendo poucas indicações sobre as influências italianas, importantíssimas na sua obra.

Para o papel na Inconfidência, ver Joaquim Norberto, *História da Conjuração Mineira* etc. (Rio de Janeiro: Garnier, 1873, s.f.), e Lúcio José dos Santos, *A Inconfidência Mineira* etc. (São Paulo: Escolas Profissionais do Liceu Coração de Jesus, 1927), além, é claro, dos referidos documentos processuais.

A título de complemento, dou as referências dos textos utilizados para o estudo do tema de Polifemo, cuja importância me parece decisiva para compreender a impregnação barroca de C: *Les Bucoliques grecs: Théocrite, Moschos, Bion*, tradução de Chambry (Paris: Garnier, 1931); R. C. Trevelyan, *A Translation of the Idylls of Theocritus* (Cambridge: Cambridge University Press, 1947); Ovídio, *Les Metamorphoses*, tradução de Chamonard, 2. v. (Paris: Garnier, 1953), v. II, Livro XIII; Góngora, *Poemas y sonetos* (Buenos Aires: Losada, 1939); Marino, *Poesie varie*, ed. B. Croce (Bari: Laterza, 1913); Francisco de Vasconcelos, "Fábula de Polifemo e Galatea", *Fênix renascida*, 2. ed., v. 2 (Lisboa: José Lopes Pereira, 1746); Jacinto Freire de Andrade, "Fábula de Polifemo e Galatea", ibid., v. 3, 1718; Metastasio, *Opere*, 12 v. (Milão: Silvestre, 1815), v. II (*Il Ciclope*) e v. X (*Galatea*); Diniz, *Poesias*, op. cit. (cap. I, § 3), v. I, Centúria 2ª. A redondilha de Camões se encontra nas *Obras completas*, ed. Hernani Cidade, v. I (Lisboa: Sá da Costa, [s.d.]).

Sobre as bibliotecas dos "árcades mineiros", ver os *Autos de devassa da Inconfidência Mineira*, 7 v. (Rio de Janeiro: Ministério da Educação, 1936-1937), passim, e o interessantíssimo estudo de Eduardo Frieiro, *O diabo na livraria do cônego* (Belo Horizonte: Cultura Brasileira, 1945), que analisa a de Luís Vieira da Silva, "o mais instruído e eloquente de todos os conjurados".

Citaram-se: Joaquim Norberto, "Nacionalidade da literatura brasileira", RP, tomo VII, pp. 201-208; Voltaire, "Dissertation sur la Mort de Henri IV", *La Henriade* etc., op. cit. (cap. I, § 3), pp. 190-198.

Capítulo III
Apogeu da reforma

1. **Uma nova geração** Usei de Alvarenga Peixoto as *Obras poéticas* (Rio de Janeiro: Garnier, 1865), editadas por Joaquim Norberto, dentro dos moldes que seguia: estudo biográfico e crítico, documentos, juízos. Apesar de inexatidões, a "Notícia", seguida das "Notas" (pp. 27-122), ainda constitui o melhor estudo sobre o poeta. Nele aparecem os resultados da investigação sobre a participação de brasileiros na Arcádia Romana, que só seria retomada em 1952, por Sérgio Buarque de Holanda. Aparece, igualmente, a análise muito aguda, embora inconclusiva, da autoria das *Cartas chilenas*.

A vida do poeta é pouco conhecida, avultando como fonte os *Autos de devassa da Inconfidência*, op. cit. (cap. II, § 4), além de dados esparsos, devidos, por exemplo, a Alberto Faria, *Aérides* (Rio de Janeiro: Jacinto Ribeiro dos Santos, 1918), e *Acendalhas* (Rio de Janeiro: Leite Ribeiro, 1920); Alfredo Valadão, *Campanha da princesa*, v. I (Rio de Janeiro: Leuzinger, 1937); Mendonça Azevedo, "Documentos do arquivo da Casa dos Contos", op. cit. (cap. II, § 4). Sobre a participação na Inconfidência, além dos citados *Autos*, vejam-se Joaquim Norberto, *História da Conjuração Mineira* etc. etc., op. cit. (cap. II, § 4), e Lúcio José dos Santos, *A Inconfidência Mineira* etc. etc., op. cit. (cap. II, § 4).

Estando já este livro nas mãos do editor, apareceu nova edição das *Obras poéticas*, a cargo de Domingos Carvalho da Silva (São Paulo: Clube da Poesia, 1957), com texto melhor e mais bem-ordenado, inclusive a supressão de algumas peças, duas das quais, sem fundamento convincente; outra, com boas razões.

(Nota da 2. ed. — O conhecimento da vida e da obra do poeta progrediu notavelmente graças a M. Rodrigues Lapa, *Vida e obra de AP* [Rio de Janeiro: Instituto Nacional do Livro, 1960]. Compõem o livro: 1. Um importante "Prefácio", trazendo a primeira biografia segura e fundamentada; 2. A edição crítica da obra, com texto rigorosamente apurado, incluindo alguns esparsos e cinco sonetos inéditos, de boa qualidade, que modificam para melhor a nossa impressão; 3. Dezoito cartas; 4. Vinte e quatro documentos.)

2. **Naturalidade e individualismo de Gonzaga** Utilizei sobretudo a edição Rodrigues Lapa: *Marília de Dirceu e mais poesias* (Lisboa: Sá da Costa, 1937), que representa um marco nas edições gonzaguianas pelo estabelecimento do texto, inclusive a retomada da 3ª parte verdadeira, da edição de 1812, e repúdio definitivo da falsa, da edição Bulhões de 1800. Recomenda-se igualmente a de Afonso Arinos de Melo Franco, única feita a partir das primeiras edições de cada parte (1792, 1799, 1812), superando neste particular a anterior, que lhe serviu de base metodológica: *Marília de Dirceu* (São Paulo: Martins, 1944). Devem-se ainda a Rodrigues Lapa as *Obras completas* (São Paulo: Editora Nacional, 1942), contendo as *Cartas chilenas* e o *Tratado de direito natural*; mas as liras vêm numeradas segundo uma tentativa discutível de cronologia.

O melhor estudo biográfico é o "Prefácio" desta edição, pp. IX-XLIII, que supera o da edição Sá da Costa, pp. VII-XXXVI. Este excelente, e por assim dizer sensacional estudo, esclarece de vez a fase final em Moçambique, clareando obscuridades e desfazendo lendas. Acrescente-se o livrinho de Antônio Cruz, *TAG* (Porto: Fernando Machado, 1944), onde há documentos biográficos inéditos, notadamente sobre a ascendência do poeta. O estudo da participação nos acontecimentos de Minas — para o qual é necessário consultar os *Autos de devassa* — foi sistematizado por Almir de Oliveira, *G e a Inconfidência* (São Paulo: Editora Nacional, 1948). Quase tudo que se escreveu de informativo sobre G no século passado está superado, sendo todavia interessante rastrear a formação do mito romântico do gênio marcado pelo infortúnio em obras como Pereira da Silva, *Plutarco brasileiro*, 2 v. (Rio de Janeiro: Laemmert, 1847), e o romance de Teixeira e Sousa, *G ou A Conjuração de Tiradentes*, 2 v., v. 1 (Rio de Janeiro: Teixeira, 1848) e v. 2 (Niterói: Tipografia Fluminense, 1851). Muito pitoresca e inteligente é a tentativa de reconstituir documentariamente a aparência do poeta, em Eduardo Frieiro, *Como era Gonzaga?* (Belo Horizonte: Secretaria da Educação de Minas Gerais, 1950).

Têm ainda interesse histórico, como exemplo do ponto de vista romântico, a *História da Conjuração Mineira*, de Joaquim Norberto, op. cit. (cap. II, § 4) e, do mesmo autor, a "Notícia sobre TAG e suas obras", na edição da *Marília de Dirceu*, 2 v. (Rio de Janeiro: Garnier, 1862), v. 1, pp. 41-113, que também inclui um dos estudos mais importantes, e ainda agora válido: "Reflexões sobre as diversas edições", pp. 7-18, onde o nosso esforçado crítico estabelece, numa bela análise, a falsidade da 3ª parte da *Liras*, da ed. Bulhões; até então, quase todos os estudiosos a tinham como tal, mas nenhum se havia ainda abalançado a uma demonstração sistemática. Não se pode todavia perdoar-lhe a fraqueza de ter incluído as pretensas liras de Marília a Dirceu, *pastiche* ingênuo de sua autoria.

São apreciáveis os estudos críticos de José Veríssimo: "G", nos *Estudos de literatura brasileira*, II (Rio de Janeiro: Garnier, 1901), pp. 211-223; "G e a Marília de Dirceu", na sua edição das liras (Rio de Janeiro: Garnier, 1910), pp. 15-38. Para o conhecimento da posição ideológica, é básico o livro de Lourival Gomes Machado, *O tratado de direito natural de TAG* (Rio de Janeiro: Ministério da Educação e Saúde, 1953). Sobre as relações com a noiva, há o livro do descendente colateral desta, Tomás Brandão, *Marília de Dirceu* (Belo Horizonte: Guimarães, 1932). Alberto Faria estudou vários aspectos literários e biográficos em artigos excelentes como, nas *Aérides*, op. cit. (cap. III, § 1): "Loura ou morena?", pp. 52-57; "Capistrano de Abreus do grupo mineiro", pp. 213-219, "Amores de G", pp. 249-255: nas *Acendalhas*, op. cit. (cap. III, § 1): "Primos de G", pp. 77-96, "Lendas literárias", pp. 231-257, e outros especialmente sobre as *Cartas chilenas*, que veremos, com a demais bibliografia, no capítulo respectivo.

(Nota da 2. ed. — Já se imprimia este livro quando apareceu o texto atualmente mais completo e apurado, o das *Obras completas de TAG*, edição crítica de M. Rodrigues Lapa, 2 v. [Rio de Janeiro: Instituto Nacional do Livro, 1957], que inclui todas as obras acima referidas e mais, notadamente, a "Carta sobre a usura". O "Prefácio" do erudito organizador retoma e aperfeiçoa o da sua edição anterior.)

3. **O disfarce épico de Basílio da Gama** Utilizei como textos: para o poema, a edição fac-similar da Academia Brasileira, anotada por Afrânio Peixoto, Rodolfo Garcia e Osvaldo Braga, *O Uraguai*, Rio, 1941; para as poesias, a ed. José Veríssimo, *Obras poéticas de JBG* (Rio de Janeiro: Garnier, 1920, s.f.) Consultei a carta a Metastasio, firmada, "Basílio de Gama, Brasiliano", e a resposta do poeta Cesáreo, datada de Viena, 7 de abril de 1770, em *Tutte le Opere di Pietro Metastasio* (Florença: Borghi Compagni, 1832), em um só volume gigante, pp. 1029-1030.

Para a biografia e a gênese do poema, há bons subsídios na verrina anônima *Reposta* (sic) *apologética ao poema intitulado "O Uraguai"* etc. (Lugano, 1786), cujo autor é o jesuíta Lourenço Kaulen. Estudos apreciáveis são os de Varnhagen, "Notícia de JBG", *Épicos brasileiros*, 1845, pp. 387-398, e Teófilo Braga, JBG, *Filinto Elísio e os dissidentes da Arcádia* (Porto: Lello, 1901), pp. 480-505; mas o melhor continua sendo o do José Veríssimo, "BG, sua vida e suas obras", na referida edição, pp. 19-76, que aproveita os estudos anteriores e os dados reunidos por Norberto. É valioso sobretudo pela análise das ideias do poeta, feita com justeza e equilíbrio, concluindo pela honestidade e coerência da sua posição, (como já indicara de passagem Sílvio Romero) — ao contrário de Afrânio Peixoto e Rodolfo Garcia na edição citada, onde o condenam acerbamente, seguindo Capistrano de Abreu. Veríssimo já escrevera sobre o poema no ensaio "Duas epopeias brasileiras", *Estudos de literatura brasileira*, II, op. cit. (cap. III, § 2), pp. 89-129, notadamente 104-116, onde assinala a sua originalidade, espontaneidade e caráter precursor do "americanismo" poético.

Henrique de Campos Ferreira Lima, "JBG: Alguns novos subsídios para a sua biografia" (B, II, Coimbra, 1943), pp. 15-32, traz documentos e pequenos esclarecimentos, além da referência a um poema didático inédito, em latim, sobre a mineração do ouro no Brasil: *Brasiliensis Aurifodinae, Poemate Didascalico ab Aurifodinensibus Musis depromptae, sive de Auro, ejusque extractione in Brasilia appendice, soluta oratione et curiosa quaestione de Auri generi*. As suas relações com a Arcádia Romana, de que foi o único brasileiro a fazer parte, foram estudadas e definitivamente esclarecidas por Sérgio Buarque de Holanda, em artigos publicados no jornal *Folha da Manhã*, 1953. A primeira referência ao fato de ter introduzido o alexandrino "espanhol" se encontra, salvo erro, em Manuel da Costa Honorato, *Sinopses de eloquência e poética nacional* etc., 2. ed. (Rio de Janeiro: Tipografia Americana, 1870). Mas o estudo sistemático só foi feito por Sérgio Buarque de Holanda, *Antologia dos poetas brasileiros da fase colonial*, 2 v. (Rio de Janeiro: Ministério da Educação, 1952), v. 2, pp. 275-280, onde o considera uma transição adaptativa para o alexandrino francês. É interessante notar que Sílvio Romero considerava o uso deste metro como erro de BG.

Para o estudo d'*O Uraguai* e questões históricas relacionadas ao seu objeto e ideologia, é indispensável a famosa *Relação abreviada da república que os jesuítas das províncias de Portugal e Espanha estabeleceram nos domínios ultramarinos das duas monarquias* etc. etc., sem menção de editor nem data (1757), logo reforçada pelo *Ragguaglio Mandato alla Santità di Clemente XIII* etc. etc., Lisboa, 1759. Deles extraiu Basílio a linha geral da sua narrativa, não contando argumentos e dados acusatórios, que encontraria, em sentido menos local, na *Instrução a príncipes sobre a política dos padres jesuítas* etc., Lisboa, 1760, obra italiana do século XVII que se traduziu e ampliou então. Em defesa da ação de Gomes Freire há a *Relação verdadeira* etc. etc. (Lisboa: Domingos Rodrigues, 1757).

Recentemente apareceu um estudo sobre a ação da Companhia de Jesus nas Reduções, onde vêm os referidos padres deformados por Basílio: C. Lugon, *La République communiste chrétienne des Guaranis* (Paris: Ouvrières, 1949).

4. Poesia e música em Silva Alvarenga e Caldas Barbosa

– Usei a edição de Joaquim Norberto, por ser a mais completa abrangendo os dois livros publicados pelo poeta, *Glaura* e *O desertor*, além das poesias esparsas em antologias e publicações comemorativas: *Obras poéticas de MISA* etc., 2 v. (Rio de Janeiro: Garnier, [s.d.]) O Instituto do Livro publicou em 1944 uma edição de *Glaura*, a cargo de Afonso Arinos de Melo Franco, reproduzindo fielmente o texto da Iª edição.

Sobre a vida e a obra, o material mais importante continua sendo o reunido na edição de Norberto, inclusive a "Notícia sobre MISA e suas obras", pp. 35-126. Nele se incluem os documentos relativos ao poeta na Devassa de 1794, que se podem agora ler na íntegra em ABN, v. LXI, 1939.

Para a biografia, o ponto de partida é Januário da Cunha Barbosa, "Biografia do doutor MISA", RIHGB, III, 1841, pp. 338-343, artigo impreciso e pouco detalhado, que começa por confundir o lugar do nascimento e ignorar as datas, mas exprime o testemunho de um discípulo e amigo que o conheceu na fase final, e acentua a sua influência intelectual sobre o meio. Neste sentido ver Francisco de Paula Meneses, "Elogio histórico do cônego Januário da Cunha Barbosa", RIHGB, X, 1848, pp. 240-259. Além das obras gerais de referência, veja-se a síntese de Afonso Arinos de Melo Franco, "Notícia sobre SA", na referida edição, pp. IX-XXVII, no momento o melhor estudo.

Para as fontes, algumas indicações nos "Juízos críticos" da edição de Norberto, sendo indispensável o recurso a Metastasio, *Opere*, op. cit. (cap. II, § 4), ou na nova edição *Tutte le Opere di PM*, 5 v. (Milão: Mondadori, 1946-1954).

- De Caldas Barbosa consultei *A viola de Lereno* etc., v. 1 (Lisboa: Nunesiana, 1798) e v. 2 (Lisboa: Lacerdina, 1826). Mais acessível é a edição moderna do Instituto do Livro, a cargo de Francisco de Assis Barbosa, 2 v. (Rio de Janeiro: Imprensa Nacional, 1944), recomendando-se o "Prefácio" do organizador, v. I, pp. IX-XX.

Quanto à biografia, consultar: Januário da Cunha Barbosa, "DCB", RIHGB, IV, 1842, 2. ed., 1863, pp. 210-211; Varnhagen, "DCB", RIHGB, XIV, 1851, pp. 449-460, a segunda, melhor que a primeira, mas ambas insatisfatórias.

Capítulo IV
Musa utilitária

1. **O poema satírico e o herói-cômico** Para as indicações feitas a respeito, ver: Tassoni, *La Secchia Rapita* etc. (Florença: Salani, 1930), em cujo prefácio (1618) vem empenhadamente reivindicada a invenção do novo gênero (p. 18); Boileau, *Le Lutrin, Oeuvres*, ed. Bainville, op. cit. (cap. I, § 3), v. III, pp. 3-58; Diniz, *O Hissope*, na ed. de João Ribeiro, *Satíricos portugueses* (Rio de Janeiro: Garnier, 1910); Silva Alvarenga, "Discurso sobre o poema herói-cômico", *O desertor*, Coimbra, 1774, páginas iniciais sem numeração.

2. **O desertor e O reino da estupidez** Para *O desertor* utilizei correntemente o texto de Norberto, op. cit. (cap. III, § 4), conferindo quando necessário, para as citações, com a Iª edição, acima referida. Para *O reino da estupidez* usei a edição de João Ribeiro, cujo texto é tão incorreto que obriga a recorrer, nas dúvidas e citações, a outra mais autorizada, que para mim foi a de Hamburgo, 1820. São indispensáveis sobre o poeta os dados de Teófilo Braga, *História da Universidade de Coimbra*, v. III, op. cit. (cap. I, § 2) e "FMF", *Filinto Elísio* etc., op. cit. (cap. III, § 3), pp. 448-479; a obra mais atualizada é José Martinho da Rocha, *Nosso primeiro puericultor* (Rio de Janeiro: Agir, 1946), trazendo bibliografia, pp. 13-88, transcrevendo e anotando o *Tratado de educação física dos meninos*, pp. 91-291, que MF publicou em Lisboa em 1790.

A referida "Epístola" de José Bonifácio se encontra nas *Poesias avulsas de Américo Elísio*; a "Carta" de Vilela Barbosa nos *Poemas*; a de Sousa Caldas nas *Poesias sagradas e profanas*, que serão discriminadas nas notas bibliográficas do cap. VI.

3. ***Cartas chilenas*** Utilizei o texto de Critilo (Tomás Antônio Gonzaga), *Cartas chilenas*, precedidas de uma epístola atribuída a Cláudio Manuel da Costa, introdução e notas de Afonso Arinos de Melo Franco (Rio de Janeiro: Imprensa Nacional, 1940). A "Introdução", pp. 5-134, é um estudo importante, que revê os anteriores e sintetiza as opiniões e dados favoráveis à autoria de Gonzaga.

A importância ou significado de cada um dos estudos abaixo mencionados já foi assinalada no texto, bastando agora indicá-los:

Pereira da Silva, *Plutarco brasileiro*, 2 v. (Rio de Janeiro: Laemmert, 1847), v. I, p. 206; *Varões ilustres do Brasil durante os tempos coloniais*, 2 v. (Paris: Franck e Guillaumin, 1848), v. II, pp. 84; F. A. de Varnhagen, *Épicos brasileiros*, 1845, nota às pp. 400-401; Id., FPB, II, pp. 12-14; Id., "Carta ao sr. dr. L. F. da Veiga acerca do autor das *Cartas chilenas*" (1867), reproduzida em Apêndice na *História geral do Brasil*, 3. ed., 5 v. (São Paulo: Melhoramentos, [s.d.]), v. 4, pp. 421-424; Joaquim Norberto, "Notícia", *Obras poéticas* de Alvarenga Peixoto, op. cit. (cap. III, § 1), pp. 94-104; Lívio de Castro, "As *Cartas chilenas*", *Questões e problemas* (São Paulo: Empresa de Propaganda Literária Luso-Brasileira, 1913), pp. 23-51; Sílvio de Almeida, "O problema das *Cartas chilenas*", RAPL,

v. III, n. 12, pp. 5-28, 1940; Alberto Faria, "Restituição de um verso", *Aérides*, op. cit. (cap. III, § 1), pp. 45-49; "Criptônimos das *Cartas chilenas*" (1912) e "Tropologia das *Cartas chilenas*", *Acendalhas*, op. cit. (cap. III, § 1), respectivamente pp. 5-41 e 157-178; Lindolfo Gomes, *A autoria das "Cartas chilenas"* (Juiz de Fora: Tipografia Brasil, 1932); Caio de Melo Franco, *O inconfidente Cláudio Manuel da Costa*, op. cit. (cap. II, § 4); Luís Camilo de Oliveira, "Terra do Brasil" e "As *Cartas chilenas*", *O Jornal*, II-VI, 2 dez. 1939 a 28 jan. 1940; Sud Mennucci, *À margem das* Cartas chilenas (São Paulo: [s.n.], 1941); Manuel Bandeira, "A autoria das *Cartas chilenas*", RdB (3), n. 22, 1940, pp. 1-25; Arlindo Chaves, *Identificação estatística do autor das "Cartas chilenas"* (Belo Horizonte: [s.n.], 1941); Paulo Malta Ferraz, *Tomás Antônio Gonzaga: Aspectos da sua vida e da sua obra* (Florianópolis: Imprensa Oficial, 1944); Cecília Meireles, "Um enigma do século XVIII: Antônio Diniz da Cruz e Silva", *Proceedings of the International Coloquium on Luso-Brazilian Studies*, Nashville, pp. 161-164, 1953.

Consultem-se ainda os estudos sobre Gonzaga, citados na bibliografia do cap. III, § 2.

(Nota da 2. ed. — O problema recebeu uma contribuição decisiva na obra de M. Rodrigues Lapa, *As "Cartas chilenas": Um problema histórico e filológico* [Rio de Janeiro: Instituto Nacional do Livro, 1958], que firma de modo convincente a autoria de G.)

4. **A laicização da inteligência** Os dados sobre as sociedades estudadas se encontram em "Devassa Ordenada pelo vice-rei conde de Resende — 1794", ABN, v. LXI, 1939, Rio, 1941, pp. 239-523. Consulte-se, sobre a "metamorfose política das Academias", Carlos Rizzini, *O livro, o jornal e a tipografia no Brasil*, op. cit. (cap. II, § 1), pp. 259-280.

Sobre Silva Alvarenga, ver a bibliografia do cap. III, § 4.

Capítulo V
O passadista

Utilizei como texto corrente do *Caramuru* o das Edições Cultura, São Paulo, 1945, inçado de erros, que parece reproduzir o da ed. Garnier. Reportei-me por isso, para as citações, à 1ª ed. (Lisboa: Regia Oficina Tipográfica, 1781).

A fonte principal para a biografia são os importantíssimos documentos autobiográficos publicados por Artur Viegas, *O poeta SRD* etc., op. cit. (cap. II, § 2), que fazem dele o mais bem conhecido e presente dos escritores brasileiros do tempo: "Retratação", pp. 1-69; "Informação", pp. 71-189 e "Epítome", pp. 190-394, a que se deve juntar a "Introdução" do organizador, pp. V-LXXXI. Como se sabe, Artur Viegas é pseudônimo do padre Antunes Vieira, S. J. Acrescente-se Mendes dos Remédios, "Alguma coisa de novo sobre SRD", RLP, ano I, n. 6, pp. 69-82, 1920, que traz documentos inéditos da sua vida universitária e o poemeto satírico em latim macarrônico sobre o "Império do divino" em Celas. Apesar de superado, ainda conserva interesse Teófilo Braga, "Frei JSRD", *Filinto Elísio* etc., op. cit. (cap. III, § 3), pp. 506-524, que, além de documentos, traz uma "Ode lírica" inédita.

Para a apreciação crítica no velho estilo, ver Sotero dos Reis, *Curso de literatura portuguesa e brasileira*, 5 v. (Maranhão: [s.n.], 1866-73), v. 4, 1868, pp. 171-199; e, de um ângulo mais flexível, José Veríssimo, "Duas epopeias brasileiras", op. cit. (cap. III, § 3), especialmente pp. 116-129.

Para o estudo dos temas e assunto do poema, ver: F. A. de Varnhagen, "Notícia de frei JSRD", a primeira informação crítica e biográfica apreciável, e "O Caramuru perante a história (fragmento)", *Épicos brasileiros*, op. cit. (cap. III, § 3), respectivamente pp. 405-415 e 415-437. O segundo se encontra completo em RIHGB, V, 1848, pp. 129-152, e o primeiro fora reproduzido no v. VIII, 1846, 2. ed., 1867, pp. 276-283. Das obras que serviram de fonte ao poeta, consultei as seguintes edições: Simão de Vasconcelos, *Crônica da Companhia de Jesus do Estado do Brasil* etc. etc., tomo I, *Da entrada da Companhia de Jesus nas partes do Brasil* etc. (Lisboa: Henrique Valente de Oliveira, 1663); Francisco de Brito Freire, *Nova lusitânia* etc. (Lisboa: João Galrão, 1675); Sebastião da Rocha Pita, *História da América portuguesa* etc. etc., 2. ed. (Lisboa: Francisco Artur da Silva, 1880); frei Antônio de Santa Maria Jaboatão, *Novo orbe seráfico* etc. 2. ed., 2 v. (Rio de Janeiro: Maximiliano Gomes Ribeiro, 1858); frei Antônio do Rosário, *Frutas do Brasil numa nova e ascética monarquia* etc. (Lisboa: Antônio Pedroso Galrão, 1702).

Capítulo VI
Formação da rotina

Como os escritores são aqui tratados de maneira englobada, em função dos aspectos que as suas obras ilustram, a bibliografia deste capítulo não será demarcada por parágrafos.

Sobre a maioria dos poetas estudados, consultar José Aderaldo Castello, *A introdução do Romantismo no Brasil*, tese (São Paulo: Universidade de São Paulo, 1950), onde vem analisado o seu papel de precursores.

- De Francisco Vilela Barbosa utilizei o texto dos *Poemas* (Coimbra: Imprensa da Universidade, 1794) valendo-me de PB (2), v. II, pp. 29-63 e FPB, II, pp. 309-335, para as peças posteriores, aliás, as melhores. O exemplar dos *Poemas* consultado na Seção de Livros Raros da Biblioteca Nacional, é intacto, contrariando o que afirmam IFS e SB, segundo os quais a Censura teria mutilado *todos* os exemplares. Além das obras gerais, e de referência, nada há a assinalar para o seu estudo crítico e biográfico.
- De José Bonifácio usei a edição fac-similar das *Poesias* (Rio de Janeiro: Academia Brasileira, 1942), que traz em apêndice peças posteriores. Sobre o poeta leia-se o prefácio de Afrânio Peixoto nessa edição, pp. V-XVII, onde afirma o seu pré-romantismo, e o de Sérgio Buarque de Holanda, em *Poesias avulsas de Américo Elísio* (Rio de Janeiro: Imprensa Nacional, 1946), pp. 7-14, além das excelentes notas, pp. III-131. Para um estudo geral da personalidade e atuação, ver Octávio Tarquínio de Sousa, *JB* (Rio de Janeiro: José Olympio, 1945).
- Consultei de Elói Ottoni: *Poesia dedicada à [...] condessa de Oeynhausen* (Lisboa: Corrêa da Silva, 1801); *Anália de Josino*, Corrêa da Silva (Lisboa: Corrêa da Silva, 1802); PB (2), v. II, pp. 142-157; FPB, III, pp. 29-61; *Paráfrase dos provérbios de Salomão em verso português* etc. (Bahia: Silva Serva, 1815); *O livro de Jó*, 2. ed. (Rio de Janeiro: Leite Ribeiro, 1923). Sobre a vida do poeta, a fonte principal é Teófilo Ottoni, *Notícia histórica sobre a vida e as poesias* etc. (Rio de Janeiro: Villeneuve, 1851)
- De São Carlos utilizei: *A assunção* etc., nova edição etc. (Rio de Janeiro: Garnier, 1862). Sobre a vida e a composição do poema, ver a biografia e o juízo crítico de Fernandes Pinheiro, nesta edição, pp. IX-XLIV, e a biografia por Pereira da Silva, com suplemento de Porto-Alegre, RIHGB, X, 1848, 2. ed., 1870, pp. 524-542 e 542-546. Apreciação moderna muito simpática é a de Jackson de Figueiredo, "Nossa Senhora do Brasil", em *Durval de Morais e os poetas de Nossa Senhora* (Rio de Janeiro: Anuário do Brasil, 1925, s.f.), pp. 141-147. Para avaliar a forte impregnação de Tasso (além da de Camões), consultei: Torquato Tasso, *Poesie*, ed. Francesco Flora (Milão; Nápoles: Ricciardi, 1952, s.f.).
- O que restou de Sousa Caldas está nas *Obras poéticas*, 2 v., v. 1: *Salmos de Davi* etc., v. 2: *Poesias sacras e profanas* etc. (Paris: Rougeron, 1820 e 1821), publicadas pelo seu sobrinho Antônio de Sousa Dias, anotadas por Francisco de Borja Garção Stockler. Das obras em prosa se falará na bibliografia do capítulo VII. O principal estudo biográfico é Januário da Cunha Barbosa, "O doutor padre APSC", RIHGB, II, 1840, 2. ed., 1858, pp. 127-132, que tem servido de base às demais. Veja-se ainda: Teófilo Braga, *História da Universidade de Coimbra*, v. III, op. cit. (cap. I,

§ 2) e *Filinto Elísio e os dissidentes da Arcádia*, op. cit. (cap. III, § 3), pp. 467-469. Para o estudo literário: Sotero dos Reis, *Curso de literatura portuguesa e Brasileira* etc., op. cit. (cap. V), v. 4, 1868, pp. 231-286, que exprime bem a atitude de irrestrita admiração, baseada em motivos de origem linguística, que predominou até quase o fim do século. SC foi muito estimado até então, recebendo menção e juízos em vários escritos gerais, aparecendo amplamente nas antologias, servindo de modelo no ensino — o que terá contribuído para a sua influência sobre os românticos. (Ver neste sentido uma referência de José de Alencar, *Como e por que sou romancista*, op. cit. (cap. XI, § 4), p. 16. Que era utilizado como texto escolar, mostram-no as *Poesias sacras de APSC* etc., nova edição para uso das escolas públicas de instrução primária do Município da Corte (Rio de Janeiro: Tipografia Cinco de Março, 1872).

- Dos outros poetas citados, consultei: José Joaquim Lisboa, *Liras de Josino* etc. (Lisboa: Impressão Régia, 1807); *Ode oferecida ao ilmo. e exmo. Francisco da Silveira Pinto da Fonseca* etc. (Lisboa: Simão Tadeu Ferreira, 1808); *A proteção dos ingleses* etc. (Impressão Régia, Lisboa 1808); *Ode à chegada de Sua Alteza Real* etc. (Lisboa: Impressão Régia, 1810); *Liras* etc. (Lisboa: Impressão Régia, 1812); "Descrição curiosa das principais produções, rios e animais do Brasil, principalmente da capitania de Minas Gerais", Mário de Lima, *Coletânea de autores mineiros, poetas*, v. I (Belo Horizonte: Imprensa Oficial, 1922), pp. 249-271.
- Joaquim José da Silva, PB (I), 3º caderno, e FPB, II, pp. 221-226.
- Silvério Ribeiro de Carvalho (Padre Silvério do Paraopeba), *Trovas mineiras* (Rio de Janeiro: Tipografia Portugal e Brasil, 1863), antecedidas de "Duas palavras do editor", pp. 5-18. Ver ainda: Alberto Faria, "Um satírico mineiro", *Aérides*, op. cit. (cap. III, § I), pp. 161-175.
- Com relação aos problemas dos grandes textos religiosos traduzidos por Ottoni e Sousa Caldas vejam-se: quanto ao primeiro, J. Steinman, *Le Livre de Job* (Paris: Cerf, 1955), não só pela tradução moderna, mas pela admirável elaboração crítica na introdução e comentários; quanto ao estado atual do conhecimento sobre os Salmos, *Les Psaumes*, traduit par R. Tournay et Raymond Schwab, 2ème ed. revue avec la collaboration de J. Gelineau et Th. G. Chifflot (Paris: Cerf, 1955). Já se encontram gravados em discos de longa duração vários salmos, segundo este texto e a reconstituição musical de Gelineau, como SM 33-08 e SM 33-09.

Capítulo VII
Promoção das luzes

I. As condições do meio e 2. A nossa *Aufklärung*

- Para o estudo das transformações culturais da fase joanina: F. A. de Varnhagen, *História geral do Brasil*, op. cit. (cap. IV, § 3), v. V, cap. LIV; Oliveira Lima, *D. João VI no Brasil*, 2 v. (Rio de Janeiro: Jornal do Commercio, 1908), sobretudo v. I, caps. IV e V; Carlos Rizzini, *O livro, o jornal e a tipografia no Brasil*, op. cit. (cap. II, § I), notadamente caps. VII a IX.
- Quanto ao testemunho dos contemporâneos: Luís Gonçalves dos Santos, *Memórias para servir à história do Brasil*, ed. Noronha Santos, 2 v. (Rio de Janeiro: Zélio Valverde, 1943); *Cartas de Luís Joaquim dos Santos Marrocos* etc., ABN, v. LVI, 1934; Andrew Grant, *History of Brazil* etc. (Londres: Henry Colburn, 1809); John Luccock, *Notas sobre o Rio de Janeiro e partes meridionais do Brazil* etc., tradução de Milton da Silva Rodrigues (São Paulo: Martins, 1942, s.f.); J. B. von Spix e C. F. P. von Martius, *Viagem pelo Brasil* etc., tradução de Lúcia Furquim Lahmayer, 4 v. (Rio de Janeiro: Imprensa Nacional, 1948), notadamente o v. I; João Emanuel Pohl, *Viagem ao interior do Brasil* etc., tradução de Teodoro Cabral, 2 v. (Rio de Janeiro: Instituto Nacional do Livro, 1951), sobretudo v. I; Henry Koster, *Viagens ao nordeste do Brasil*, tradução de L. Câmara Cascudo (São Paulo: Editora Nacional, 1942); John Mawe, *Viagens*

ao interior do Brasil etc., tradução de Solena Benevides Viana (Rio de Janeiro: Zélio Valverde, 1944); C. Schlichthorst, *O Rio de Janeiro como é* etc., tradução de Emmy Dodt e Gustavo Barroso (Rio de Janeiro: Getúlio Costa, [s.d.]); Ferdinand Denis, "Algumas cartas copiadas no arquivo de FD", por Afonso Arinos de Melo Franco, B, II, 1942, pp. 649-667; Muniz Tavares, *História da revolução pernambucana em 1817*, 3. ed. a cargo de Oliveira Lima (Recife: Imprensa Oficial, 1917); *Documentos interessantes para servir à história e costumes de S. Paulo*, XXX (São Paulo: Tipografia do Diário Oficial, 1899); Luís dos Santos Vilhena, *Recopilação de notícias soteropolitanas e brasílicas* etc., 2 v. (Bahia: Imprensa Oficial, 1922); Daniel Pedro Müller, *Quadro estatístico da província de S. Paulo* etc., 2ª etc., *O Estado de S. Paulo*, 1923.

- Textos de escritores estudados ou referidos: Tomás Antônio dos Santos e Silva, *A Brasilíada ou Portugal imune e salvo* etc. (Lisboa: Impressão Régia, 1815); Antônio José Osório de Pina Leitão, *Alfonsíada: Poema heroico da fundação da monarquia portuguesa* etc. (Bahia: Silva Serva, 1818); *Relação dos festejos, que à feliz aclamação do muito alto, muito poderoso e fidelíssimo senhor d. João VI [...] votaram os habitantes do Rio de Janeiro, seguida das poesias dedicadas ao mesmo venerado Objeto, coligida por Bernardo Avelino Ferreira e Sousa* etc. (Rio de Janeiro: Tipografia Real, 1818); José Joaquim Lisboa, *A proteção dos ingleses* etc., op. cit. (cap. VI); José da Silva Lisboa, *Memória dos benefícios políticos do governo de el-rei nosso senhor d. João VI* etc. (Rio de Janeiro: Impressão Régia, 1818); José Bonifácio, *Poesias avulsas de Américo Elísio*, op. cit. (cap. VI); Silvestre Pinheiro Ferreira, *Preleções filosóficas* etc. (Rio de Janeiro: Impressão Régia, 1813); d. José Joaquim da Cunha de Azeredo Coutinho, *Ensaio econômico sobre o comércio de Portugal e suas colônias*, 2. ed. (Lisboa: Tipografia da Academia Real das Ciências, 1816). O soneto de Antônio Carlos foi citado conforme Alberto Sousa, *Os Andradas*, op. cit. (cap. I, § 4), v. III, p. 504.
- Obras modernas citadas a propósito de aspectos particulares: Octávio Tarquínio de Sousa, *Evaristo da Veiga* (São Paulo: Editora Nacional, 1939); Ver Correia Filho, *Alexandre Rodrigues Ferreira* (São Paulo: Editora Nacional, 1939); Padre Silvério Gomes Pimenta, *Vida de d. Antônio Ferreira Viçoso* etc., 3. ed. (Mariana: Tipografia Arquiepiscopal, 1920); Damasceno Vieira, *Memórias históricas brasileiras*, 2 v. (Bahia: Dois Mundos, 1903); Newman Ivey White, *Portrait of Shelley* (Nova York: Knopf, 1945).

3. Os gêneros públicos

- "Cartas do padre Antônio Pereira de Sousa Caldas", RIHGB, III, 1841, pp. 133-148 (47ª) e 216-221 (48ª). Estas e mais três inéditas, podem ser lidas num apógrafo da Seção de Manuscritos do Instituto Histórico e Geográfico, lata 8, doc. 40.

(Nota da 7. ed. — As três cartas inéditas foram publicadas, com as anteriores, por Alexandre Eulálio, *Revista do Livro*, n. 25, mar. 1964.)

O original do citado ofício de d. Rodrigo de Sousa Coutinho se encontra no Arquivo Nacional, Col. 67, Livro 27, fl. 34 (havendo cópia na citada seção do IHGB, lata 8, Ms. 159), sob o título: "Aviso do governo português ao vice-rei do Brasil para investigar sobre as opiniões religiosas e políticas das pessoas vindas de Portugal, e para vigiar o procedimento do Pe. APC".

- *O Patriota*, fundado e dirigido por Manuel Ferreira de Araújo Guimarães, publicou-se nos anos de 1813 e 1814, num total de dezoito números, sendo os doze primeiros mensais e os seis últimos bimestrais.
- O *Correio Brasiliense ou Armazém Literário*, fundado e dirigido por Hipólito da Costa, foi publicado mensalmente, de 1808 a 1822, perfazendo 175 números, num total de 29 volumes, dos quais tomei dezesseis para o meu estudo. De Hipólito, convém ler ainda: *Diário da minha viagem a Filadélfia: 1798-1799* (Rio de Janeiro: Academia Brasileira, 1955); *Narrativa da perseguição de HJCPFM* etc. etc., 2 v. (Londres: W. Lewis, 1811), sendo que os documentos e relatos de interesse pessoal se encontram no v. I.

Sobre ele, além das obras gerais de referência, consultar o citado livro de Rizzini (cap. II, § 1) cap. IX, e Múcio Leão, "Notícia sobre HC", na citada edição da Academia, pp. 21-37, além de certos livros de história, como Oliveira Lima, *D. João VI no Brasil*, op. cit., passim; Varnhagen, *História geral*, op. cit., v. X, passim.

Já estava este livro nas mãos do editor quando apareceram duas obras importantes, que infelizmente não pude mais aproveitar: Carlos Rizzini, *HC e o Correio Brasiliense* (São Paulo: Editora Nacional, 1958), e Mecenas Dourado, *HC e o Correio Brasiliense*, 2 v. (Rio de Janeiro: Biblioteca do Exército, 1957).

- Os escritos de frei Caneca, citados aqui, se encontram nas *Obras políticas e literárias de Frei JADC*, ed. Ant. Joaquim de Melo, 2 v. (Recife: Tipografia Mercantil, 1875-1876), a saber: v. II, pp. 181-221, "O que se deve entender por pátria do cidadão, e deveres deste para com a mesma pátria"; pp. 253-287, "Polêmica partidária"; pp. 291-413, *Cartas de Pítia a Damão*; pp. 417-620, "O Tífis pernambucano". Deste jornal saíram 28 números, de dezembro de 1823 a agosto de 1824.

Sobre a vida, consultar Lemos Brito, *A gloriosa sotaina do primeiro reinado* (São Paulo: Editora Nacional, 1937). A atuação política é bem estudada em Tobias Monteiro, *História do Império*, tomo I (Rio de Janeiro: Briguiet, 1939).

- *Aurora Fluminense* apareceu de 1827 a 1837, três vezes por semana, num total de 1139 números, de que tomei cerca de quinhentos como amostra.

Sobre Evaristo a obra autorizada é a de Octávio Tarquínio de Sousa, *EV*, op. cit. (§ anterior). Logo após a sua morte apareceram duas úteis publicações in memoriam: *Honras e saudades à memória de EFV* (Rio de Janeiro: Tipografia Imparcial de F. de P. Brito, 1837) e *Coleção das diversas peças relativas à morte do ilustre brasileiro EFV* (Rio de Janeiro: [s.n.], 1837).

Citei ainda Joaquim Norberto, "Bosquejo da história da poesia brasileira", *Modulações poéticas* etc. (Rio de Janeiro: Tipografia Francesa, 1841; s.f., 1843), pp. 15-56; Pereira da Silva, *Memórias de meu tempo*, 2 v. (Rio de Janeiro: Garnier, [1896]).

Capítulo VIII
Resquícios e prenúncios

1. Poesia a reboque

- Para o *Niterói*, de Januário da Cunha Barbosa, vali-me a princípio do texto defeituoso de FPB, II, pp. 339-352, mas retifiquei os trechos referidos e citados pela 1ª edição, *Niterói: Metamorfose do Rio de Janeiro* (Londres: Greenlaw, 1822). Além das obras gerais, que tocam na sua atividade poética, e das histórias que assinalam o seu importante papel político na Independência, ver J. F. Sigaud, "Elogio histórico do secretário perpétuo, cônego JCB", RIHGB, X, 1848, pp. 185-195, sem dúvida o melhor estudo. Para julgar a veneração com que foi tido pelos intelectuais do tempo veja-se o discurso fúnebre de Porto-Alegre, em nome do Instituto Histórico e Geográfico, RIHGB, VIII, 1846, 2. ed., 1867, pp. 145-151, mas, sobretudo, as peças constantes da sessão pública de 6 de abril de 1848, para a inauguração do seu busto, RIHGB, X, 1848: Francisco de Paula Meneses, "Elogio histórico do cônego JCB", pp. 240-259, e os poemas de Joaquim Norberto, pp. 266-275 e Gonçalves Dias, pp. 285-287.
- De Natividade Saldanha usei o texto mais completo: *Poesias de JNS* etc., ed. José Augusto Ferreira da Costa (Pernambuco: J. W. Medeiros, 1875).

A obra autorizada sobre a biografia é Argeu Guimarães, *Vida e morte de NS* (Lisboa: Edições Luz-Bras, 1932), que esclarece afinal a última etapa na Venezuela e na Colômbia, até então perdida em conjecturas e fantasias. *A biografia de JNS*, de Antônio Joaquim de Melo (Recife: Manuel Figueiroa Faria & Filho, 1895), traz o testemunho de um amigo de mocidade e é importante para a fase anterior a 1824. Há nela, de valioso, algumas cartas de NS ao poeta espanhol d. José de Urcullu, onde fala dos seus modelos e tendências poéticas. A estada na França foi deslindada graças a documentos publicados por Alberto Rangel, *Textos e pretextos* etc. (Tours: Arrault, 1926), pp. 36-58: "Brasileiros e a polícia francesa — JNS". Apesar de superado pelas publicações citadas, ainda conserva interesse o "Estudo histórico-biográfico" de Ferreira da Costa, na sua edição, pp. XIX-CXII; mas sobretudo as "Notas", pp. 159-192, com bons dados para entendimento das poesias.

– A obra poética de Evaristo se encontra toda em "Poesias de EFV", ABN, v. XXIII, 1911, Rio, 1915, pp. 145-331.

2. Pré-Romantismo franco-brasileiro

– Sobre as características do Pré-Romantismo, consultar André Monglond, *Le Préromantisme français*, 2 v. (Grenoble: Arthaud, 1920); Paul Van Tieghem, *Le Préromantisme* etc., 3 v. (Paris: Sfelt, 1947-1948, s.f.). Para o estudo de Ossian, cuja dominadora influência nos chegou direta e indiretamente, utilizei a seguinte edição: James Macpherson's *Ossian*, Faksimile-Neudruck der Erstausgabe von 1762-63 [...] Herausgegeben von Otto L. Jiriczek, 3 v. (Heidelberg: Carl Winter, 1940).

– Sobre as manifestações pré-românticas no Brasil e as influências estrangeiras: José Aderaldo Castello, *A introdução do Romantismo no Brasil*, op. cit. (cap. VI); Paul Hazard, "As origens do Romantismo no Brasil", RABL, v. XXVI, 1927, pp. 24-45; Georges Le Gentil, *La Littérature portugaise* (Paris: Colin, 1935). Acessoriamente: Visconde de Taunay, *A cidade do ouro e das ruínas*, 2. ed. (São Paulo: Melhoramentos, [1923]); Afonso d'Escragnolle Taunay, *A missão artística de 1816*, edição do IHGB (Rio de Janeiro: Tipografia do Jornal do Commercio, 1912) — e também RIHGB, LXXIV, Iª parte, 1911. Quanto aos viajantes citados, Spix e Martius, e Pohl, ver a referência na bibliografia do cap. VII, n. 1 e 2.

Dos "pré-românticos franco-brasileiros", consultei:

– *Idylles brésiliennes*, écrites en vers latins par Théodore Taunay, et traduites en vers français par Félix Émile Taunay (Rio de Janeiro: Gueffier, 1830). Sobre ele há referências em mais de um livro do visconde, seu sobrinho (além dos mencionados acima), inclusive *Memórias* (São Paulo: Instituto Progresso Editorial, 1948).

– Édouard Corbière, *Élégies brésiliennes; suivies de* Poésies diverses; *et d'une* Notice sur la traite des noirs (Paris: Brissot-Thivars, 1823). Sobre ele consultei o verbete de Maurice Tourneaux em *La Grande Encyclopédie*, XII (Paris: Henri Lamirault, [s.d.]), p. 936, além de outras obras de referência, e mais: Jean Rousselot, "Tristan Corbière", em Tristan Corbière, *Choix de poèmes* (Paris: Seghers, 1951, s.f.), pp. 9-85; Yves-Gérard Le Dantec, "Introduction", em Tristan Corbière, *Les Amours jaunes* etc. (Paris: Gallimard, 1953), pp. 7-20.

– Daniel Gavet e Philippe Boucher, *Jakaré-Ouassou ou Les Tupinambas: Chronique brésilienne*, (Paris: Thimothée de Hay, 1830). Nada sei do segundo: do primeiro, apenas o que dizem as obras de referência, sobretudo o *Larousse du XIXᵉ siècle*, VIII, pp. 1095. Apesar de longo esforço, através de anos, não pude obter, ou mesmo localizar, o seu livro *Zaccaria: Anecdote brésilienne* (Paris: [s.n.], 1826).

– A contribuição de Eugène de Monglave foi a tradução para o francês, com Pierre Chalas, da *Marília de Dirceu* (Paris: Panckoucke, 1825), trazendo um prefácio informativo sobre a literatura portuguesa e a Inconfidência. Traduziu também o *Caramuru*, dividindo-o em episódios, acentuando a tonalidade novelística, declarando que era a primeira obra realmente brasileira e propondo-a como exemplo: *Caramurú, ou La découverte de Bahia: Roman-poème brésilien, par José de Santa Rita Durão*, 3 v. (Paris: Renduel, 1829). Deste modo, tornou acessíveis na França, e valorizou aos olhos dos jovens brasileiros, dois temas fundamentais do Romantismo: a "nacionalidade" dos árcades e o Indianismo. Sobre ele, ver Octávio Tarquínio de Sousa, "Um brasileiro adotivo", C, ano I, n. 3, 1949, pp. 113-120, e a biografia na *Grande Encyclopédie*, v. XXIV, p. 64.

– De Ferdinand Denis (que veremos detalhadamente noutro capítulo), a obra mais importante é, no caso, *Scènes de la nature sous les tropiques et de leur influence sur la poésie, suivies de Camoens et José Indio* (Paris: Louis Janet, 1824). Ver sobre eles os artigos de Sainte-Beuve, "FD: Scènes de la nature sous les tropiques" etc., e "André le Voyageur" etc., em *Premiers lundis*, em *Oeuvres*, tomo I (Paris: Bibliothèque de la Pléiade, 1949), pp. 64-71 e 272, bem como as referências em *Portraits littéraires*, em *Oeuvres*, tomo II (Paris: Bibliothèque de la Pléiade, 1951), pp. 129-130. Sobre o seu papel no Romantismo brasileiro, consultar Paul Hazard, op. cit., e Le Gentil, op. cit.

Para o estudo das influências sobre a concepção e fatura das *Scènes*, convém consultar os livros *americanos* de Chateaubriand e os romances e narrativas de viagem de Bernardin de Saint-Pierre, cujas *Harmonies de la nature*, embora escritas nos últimos anos do século XVIII, foram publicadas apenas em 1815 e eram novidade palpitante às vésperas da partida de Denis para o Brasil. *Os quadros da natureza*, de Humboldt, foram logo traduzidos e se reeditaram por todo o século; Denis se serviu com certeza da tradução de Eyriés, de 1808, ano do aparecimento da obra em alemão. Vali-me da de Galuski, Legrand, Pomey et Crouzet, Paris [1850-1851], que reproduz o texto definitivo, após as modificações do autor.

3. O "vago n'alma"

– De Domingos Borges de Barros consultei: *Poesias oferecidas às senhoras brasileiras por um baiano*, 2 v. (Paris: Aillaud, 1825); para a versão completa do seu poema fúnebre, publicada em 1850: visconde de Pedra Branca, *Os túmulos*, 4. ed. (Rio de Janeiro: Academia Brasileira, 1945), IFS, v. IX, p. 139, menciona umas *Novas poesias* (Rio de Janeiro: Laemmert, 1841), que não pude localizar, não vêm referidas em SB e nenhum estudo sobre o poeta, a não ser Castelo, op. cit., como simples registro.

Para a biografia, o melhor trabalho é Franklin Dória, "O visconde de PB: Alguns períodos de sua vida", RB (3), v. VIII, 1896, pp. 129-141, 221-227 e 265-276, que para, infelizmente, em 1830. Outros dados se encontram em Afrânio Peixoto, "Um precursor do Romantismo", na op. cit. ed. da Academia, pp. 5-44, ensaio irregular, mas que teve o grande mérito de chamar novamente a atenção sobre o poeta, desenvolvendo o tema do seu pré-romantismo, já referido por Franklin Dória. Para avaliar as afinidades com Millevoye, ver *Oeuvres de M.*, com estudo de Sainte-Beuve (Paris: Garnier, [s.d.]). Para a influência de Parny, *Oeuvres de P.*, nouvelle édition, com estudo de Sainte-Beuve (Paris: Garnier, [s.d.]), trazendo, às pp. 409-418, uma carta datada do Rio de Janeiro, onde o poeta, oficial de marinha, esteve em 1773, e que descreve de modo muito interessante e vivo.

A citação de Rojas à p. 239 se encontra em Guilhermo Diaz-Plaja, *Hacia um concepto de literatura española* (Buenos Aires: Espasa-Calpe, 1942).

– Como texto de Monte Alverne usei: *Obras oratórias de Pe Mestre FMA*, 3. ed., 2 v. (Rio de Janeiro: Garnier, [s.d.]), na qual se incluem os escritos coligidos por R. A. da Câmara Bittencourt, *Trabalhos oratórios de Fr. FMA* (1863), que a torna mais completa e útil.

Sobre ele: Manuel de Araújo Porto-Alegre, "Discurso", RIHGB, XXI, 1858, pp. 499-501, e J. F. Fernandes Pinheiro, "Fr. FMA", RP, tomo I, 1859, pp. 168-175, que exprimem a opinião literária no momento da sua morte, aquele, acentuando a sua influência na formação filosófica espiritualista dos primeiros românticos; Gonçalves de Magalhães, "Biografia do Pe MA", *Opúsculos históricos e literários* etc., op. cit. (cap. I, § 4), pp. 305-322, igualmente precioso como testemunho da primeira geração romântica sobre um dos seus mestres; R. A. da Câmara Bittencourt, "Introdução" ao citado folheto, *Obras oratórias*, v. II, pp. 435-442; Antônio Feliciano de Castilho, "Frei FMA", importante estudo e testemunho pessoal, acompanhado de cartas, que abre a 2. ed. das *Obras oratórias*, Porto, 1867-1885, e consultei em *Estante Clássica da RLP*, v. VI (Rio de Janeiro: Castilho, 1921), pp. 73-116; Ramiz Galvão, *O púlpito no Brasil* (Rio de Janeiro: Tipografia do Correio Mercantil, 1867), focaliza MA no conjunto da nossa eloquência sacra.

A sua volta à tribuna sagrada, com o famoso 2º Sermão de S. Pedro de Alcântara provocou notícias e comentários entusiasmados de toda sorte, como, por exemplo, os de José de Alencar, *Ao correr da pena* (Rio de Janeiro: Garnier, [s.d.]), pp. 41-44, e barão de Paranapiacaba, *Poesias e prosas seletas* (Rio de Janeiro: Leuzinger, 1910), pp. 394-399.

Quanto à obra filosófica: *Compêndio de filosofia*, pelo padre Mestre Fr. FMA (Rio de Janeiro: Francisco Luís Pinto, 1859), e os seguintes estudos: Sílvio Romero, *A filosofia no Brasil* (Porto Alegre: Tipografia da Deutsche Zeitung, 1878), pp. 1-12; Laerte Ramos de Carvalho, "A lógica de MA", *Boletins da Faculdade de Filosofia, Ciências e Letras da Universidade de São Paulo*, São Paulo, LXVII, 1946, pp. 37-77.

Para a influência de Chateaubriand, *Le Génie du christianisme* etc., 2 v. (Paris: Didot, [s.d.]); *Les Martyrs*, 3 v. (Paris: Ladvocat, 1826-1827). Dele citei *Mémoires d'Outre Tombe*, 2 v. (Paris: Bibliothèque de la Pléiade, 1951). A mencionada oração de Januário da Cunha Barbosa é o *Sermão na solenidade da sagração do exmo. e rev.mo sr. d. Manuel do Monte Rodrigues d'Araújo, bispo do Rio de Janeiro e capelão-mor, recitado na imperial capela no dia 24 de maio de 1840* etc. (Rio de Janeiro: J. S. S. Cabral, 1840).

(Nota da 2. ed. — Quando terminava a impressão deste livro, saiu uma obra importante, baseada em documentos inéditos, que contribui decisivamente para a biografia: frei Roberto Lopes, *MA: Pregador imperial* [Petrópolis: Vozes, 1958].)

4. **Independência literária** Veja-se Ferdinand Denis: *Résumé de l'histoire littéraire du Brésil*, em seguimento a *Résumé de l'histoire littéraire de Portugal* (Paris: Lecointe et Durey, 1825), pp. 513-601; *Scènes*, op. cit. (cap. VIII, § 2); Garrett, "Bosquejo", op. cit. (cap. I, § 4); Gavet et Boucher, "Préface", *Jakaré-Ouassou*, op. cit. (cap. VIII, § 2), pp. V-XIV; Schlichthorst, *O Rio de Janeiro como é* etc., op. cit. (cap. VII, § 1); (Januário da Cunha Barbosa), *Parnaso brasileiro, ou Coleção das melhores poesias dos poetas do Brasil, tanto inéditas como já impressas*, 2 v. (Rio de Janeiro: Tipografia Imperial e Nacional, 1829-1832).

Foram citados ainda: Francisco Gomes de Amorim, *Garrett: Memórias biográficas*, 3 v. (Lisboa: Imprensa Nacional, 1881-1884); Diogo Barbosa Machado, *Biblioteca lusitana histórica, crítica e cronológica* etc., 4 v. (Lisboa: Antônio Isidoro da Fonseca, 1741).

(Nota da 2. ed. — Durante a impressão deste livro apareceu uma obra importante: Léon Bourdon, *Lettres familières et fragment du journal intime de Ferdinand Denis à Bahia 1816-1819* [Coimbra: Coimbra Editora, 1957]. Ele esclarece a estada brasileira, estuda a formação do "americanismo" de Denis e o papel da novela "Les Machakalis" no Indianismo, estabelecendo um paralelo interessante com *O guarani*.)

5. **O limbo**
- Dos escritores citados: (Anônimo), "Vista d'olhos sobre a poesia portuguesa dos últimos anos do século 18, e em particular sobre o poema Camões, geralmente atribuído ao sr. Garrett", RSF, n. II, 1833, pp. 36-47, cuja autoria suponho de Francisco Bernardino Ribeiro; Justiniano José da Rocha, "Ensaio crítico sobre a coleção de poesias do sr. D. J. G. Magalhães", RSF, n. II, 1833, pp. 45-57; (Anônimo), "O dr. Francisco Bernardino Ribeiro", MB, v. II, 1844, pp. 556-558; Joaquim Norberto, "Bosquejo da história da poesia brasileira", op. cit. (cap. VII, § 3).

– As referências a Firmino Rodrigues Silva e à importância da sua contribuição se encontram, além das obras gerais, em: Álvares de Azevedo, "Discurso recitado no dia 11 de agosto de 1849" etc., *Obras completas*, ed. Homero Pires, 2 v. (São Paulo: Editora Nacional, 1942), v. II, pp. 399-415; (José de Alencar), *Cartas sobre "A Confederação dos Tamoios"*, por Ig. (Rio de Janeiro: Empresa Tipográfica Nacional do Diário, 1856); Paulo Antônio do Vale, *Parnaso acadêmico paulistano* (São Paulo: Tipografia do Correio Paulistano, 1881); Almeida Nogueira, *A Academia de São Paulo: Tradições e reminiscências*, 9 v. (São Paulo: [s.n.], 1907-1912), v. 8, 1910, pp. 9-23, que dá a biografia. As suas poesias publicadas se encontram, em número de 6, no PB (2), v. II, pp. 193-213.

Para o estudo dos problemas suscitados neste parágrafo, ver Castello, op. cit. (cap. VI) e Manuel Bandeira, *Antologia dos poetas brasileiros da fase romântica*, 2. ed. (Rio de Janeiro: Imprensa Nacional, 1940), pp. 356-358, além do ponto de partida; Joaquim Norberto, "Bosquejo da história da poesia brasileira", op. cit. (cap. VII, § 3).

(Notas da 3. ed.:

1. Sobre Justiniano José da Rocha, apareceu, com novos dados, Elmano Cardim, *JJR*, (São Paulo: Editora Nacional, 1964).

2. Agora sabemos que a *Revista de Sociedade Filomática* teve seis números. A coleção, que não estava fichada anteriormente a 1962 na Biblioteca Nacional, foi ali localizada por Pérola de Carvalho e estudada em: Onédia Célia de Carvalho Barbosa, "RSF", *Suplemento Literário de O Estado de S. Paulo*, 18 mar. 1967.)

Capítulo IX
O indivíduo e a pátria

1. **O nacionalismo literário** Sobre a orientação "nacional", expressa conforme os contemporâneos: "Résumé de l'histoire de la littérature, des sciences et des arts au Brésil, par trois brésiliens, membres de l'Institut Historique", *Journal de l'Institut Historique*, Paris, ano I, n. 1, pp. 47-53, ago. 1834 (são Magalhães, Torres Homem e Porto-Alegre, que ocupam, respectivamente, pp. 47, 47-49, 49-53); *Niterói: Revista Brasiliense de Ciências, Letras e Artes*, 2 v. (Paris: Dauvin et Fontaine, 1836), onde se encontram, notadamente, Gonçalves de Magalhães, "Ensaio sobre a história da literatura do Brasil", que cito conforme *Opúsculos históricos e literários*, op. cit. (cap. I, § 4), pp. 241-271, e ainda: Porto-Alegre, "Os contornos de Nápoles", n. II, pp. 161-211; Macedo Soares, "Considerações sobre a atualidade de nossa literatura", EAP, n. 1-2, 1857, pp. 363-369 e n. 3-4, pp. 391-397; Álvares de Azevedo, *Obras completas*, ed. Norberto, 7. ed., 3 v. (Rio de Janeiro: Garnier, [1900]), *Macário*, v. III, pp. 243-330. Citei ainda José Veríssimo, *Estudos de literatura brasileira*, II, op. cit. (cap. III, § 2).

O problema da "orientação nacional" tornou-se corriqueiro na crítica, dando lugar a opiniões e escritos de toda espécie, podendo-se consultar como exemplo, além das obras gerais, Mota Filho, *Introdução ao estudo do pensamento nacional: O Romantismo* (São Paulo: Novíssima, 1926). É preciso acrescentar o estudo já clássico de Gilberto Freyre, *Sobrados e mucambos: Decadência do patriarcado rural no Brasil* (São Paulo: Editora Nacional, 1936), onde se encontra a análise da mudança social e cultural da sociedade brasileira do fim do século XVIII ao meado do XIX, a que os fatos literários estudados no presente livro estão ligados, do ponto de vista histórico. Nessa obra notável, a literatura é amplamente referida, sob o ângulo sociológico, aparecendo algumas considerações penetrantes sobre o seu caráter adaptativo e o seu papel na expressão, tanto das elites tradicionais quanto — sobretudo com o Romantismo — das novas camadas em ascensão.

Sobre as tendências e manifestações religiosas, citei:

Gonçalves de Magalhães, "Filosofia da religião", *Opúsculos históricos e literários*, op. cit. (cap. I, § 4), pp. 273-304; Teixeira e Sousa, "Alguns pensamentos", *Os três dias de um noivado* (Rio de Janeiro: Paula Brito, 1844), pp. XV-XXIV; Antônio Rangel de Torres Bandeira, *Oblação ao cristianismo* etc. (Pernambuco: Santos & Cia., 1844); Macedo Soares, "Cantos da solidão (impressões de leitura)", EAP, n. 3-4, 1857, pp. 386-391.

A este respeito, a crítica pós-romântica tem-se limitado a indicações, sobretudo nas obras gerais. Ver, para a influência estrangeira, Antônio Sales Campos, *Origens e evolução dos temas da primeira geração de poetas românticos brasileiros*, tese (São Paulo: Universidade de São Paulo, 1945).

Sobre o Indianismo os românticos escreveram abundantemente e no decorrer destas notas se encontrarão algumas indicações, inclusive dos críticos modernos. Limitando-me ao que foi citado no capítulo, registro apenas, por enquanto:

Joaquim Norberto, "Considerações gerais sobre a história brasileira", MB, v. I, 1843, pp. 415-417; Carlos Miller, "Um fragmento de romance A...", BF, v. I, n. 21, 1849, pp. 6-8; C. Schlichthorst, *O Rio de Janeiro como é* etc., op. cit. (cap. VII, § I); Capistrano de Abreu, "A literatura brasileira contemporânea", *Ensaios e estudos*, Iª série (Rio de Janeiro: Sociedade Capistrano de Abreu, 1931), pp. 61-107; Sérgio Buarque de Holanda, "Prefácio", *Suspiros poéticos e saudades* etc. (Rio de Janeiro: Ministério de Educação, 1939), pp. IX-XXXI; Octávio Tarquínio de Sousa, *A vida de Pedro I*, 3 v. (Rio de Janeiro: José Olympio, 1952); João Francisco Lisboa, *Obras*, 4 v. (São Luís, Maranhão: Tipografia B. Mattos, 1864), v. II: "Apontamentos, notícias e observações para servirem à história do Maranhão".

As balatas de Norberto — cuja maioria, aliás, não versa o tema indianista — foram consultadas em MB e IR; o poema de Oliveira Araújo no *Parnaso acadêmico paulistano*, de Paulo do Vale (São Paulo: Tipografia do Correio Paulistano, 1881); os de Cardoso de Meneses nas *Poesias e prosas seletas*, do barão de Paranapiacaba (Rio de Janeiro: Leuzinger, 1910).

2. **O Romantismo como posição do espírito e da sensibilidade** É decepcionante constatar, quanto à bibliografia brasileira, que, embora o Romantismo seja abordado largamente através de biografias, artigos, referências, capítulos de obras gerais, não há até o momento nenhum estudo de conjunto sobre ele, e muito poucos sobre os seus aspectos importantes. Além das obras citadas de Mota Filho e Sales Campos, (cap. IX, § I), acrescente-se o interessante e engenhoso estudo de Jamil Almansur Haddad, *O Romantismo e as sociedades secretas*, tese (São Paulo: Universidade de São Paulo, 1945). Citemos, sobretudo como curiosidade, Bezerra Coutinho, *Romanticismo: Contribuição para uma fisiognomonia da história literária* (Rio de Janeiro: [s.n.], 1932), onde o autor, seguindo Spengler, procura definir o Romantismo como categoria universal, exprimindo aspectos profundos da cultura, como uma breve e pouco convincente aplicação ao Brasil.

Para a teoria do Romantismo, o estudo dos seus aspectos e fatos significativos, impõe-se o recurso à bibliografia estrangeira, mesmo porque foi nos países europeus que se definiram as diretrizes do movimento a que os nossos escritores aderiram.

Vejam-se inicialmente os livros relativos à literatura-mãe: Teófilo Braga, *Garrett e o Romantismo* (Porto: Lello & Irmão, 1903), notadamente "Ideia geral do Romantismo", pp. 11-121; Id., *As modernas ideias na literatura portuguesa*, 2 v. (Porto: Lugan & Genelioux, 1892), v. I; Fidelino de Figueiredo, *História da literatura romântica*, 2. ed. (Lisboa: Livraria Clássica Editora, 1923).

Recorra-se, em seguida, aos trabalhos de base, que definem com profundidade o espírito e a estética romântica, mesmo quando ignoram ou antecedem esta designação (é o caso de Schiller), marcando as suas características em oposição às do Classicismo: Schiller, *Poésie naïve et poésie sentimentale*, ed. bilíngue, tradução de Robert Leroux (Paris: Aubier, 1947, s.f.); Hegel, *Esthétique*, tradução de J. G., 4 v. (Paris: Aubier, 1944, s.f.), sbdo., v. II, 3ª seção, "L'Art romantique", pp. 243-344; Arthur Schopenhauer, *Le Monde comme volanté et comme representation*, tradução de Burdeau, 2. ed., 3 v. (Paris: Alcan, 1893), principalmente v. I, livro 3, pp. 173-279. A. W. Schlegel, *Cours de littérature dramatique*, tradução de Necker de Saussure, nova edição, 2 v. (Paris: Lacroix, Verboeckhoven, 1865); Stendhal, *Racine et Shakespeare*, ed. Martino, 2 v. (Paris: Champion, 1925); e o famoso "Prefácio" de Victor Hugo ao drama *Cromwell*, que consultei na ed. Flammarion, Paris, 1932, s.f.

Sobre a decisiva contribuição alemã à definição do Romantismo, ver Ricarda Huch, *Die Romantik*, 2 v. (Leipzig: Haessel, 1920), obra inspirada, muito livre e pessoal, sem preocupação sistemática, voltada para o estudo dos problemas como foram vividos pelas personalidades. Mais tecnicamente atentos à formação das ideias, são os dois admiráveis estudos de Arthur Lovejoy, "The Meaning of Romantic in Early German Romanticism" e "Schiller and the Genesis of German Romanticism", em *Essays in the History of Ideas* (Baltimore: Johns Hopkins University Press, 1948), pp. 185-206 e 207-227. No mesmo livro, ver o estudo sobre as variações e estruturação do conceito: "On the Discriminations of Romanticism", pp. 228-253.

Uma visão muito viva da implantação do Romantismo, polêmicas, tentativas de definição etc., é dada pelas seguintes coletâneas: Edmond Eggli e Pierre Martino, *Le Débat romantique en France, 1813-1830: Pamphlets, manifestes, polémiques de presse*, tomo I, 1813-1816, par Edmond Eggli (Paris: Presses Universitaires de France, 1933, s.f.); *Discussioni e polemiche sul Romanticismo (1816-1826)*, a cura di Egidio Bellorini, 2 v. (Paris: Laterza, 1943); Paul van Tieghem, *Le Romantisme dans la littérature européenne* (Paris: Albin Michel, 1948), é um bom panorama comparativo.

Pierre Moreau, *Le Classicisme des romantiques* (Paris: Plon, 1932, s.f.), aborda o importantíssimo problema definido no título, levando-nos a matizar a separação didática entre os dois períodos, enquanto *Les Petits Romantiques français*, presentés par Francis Dumont (Paris: Cahiers du Sud, 1949), focaliza os traços arraigadamente românticos.

Para o estudo de diversos aspectos particulares, assinalem-se: Maximilien Rudwin, *Romantisme et satanisme* (Paris: Belles Lettres, 1927); Mario Praz, *La carne, la morte e il diavolo nella letteratura romantica*, 3. ed. (Florença: Sansoni, 1948); Albert Béguin, *L'Âme romantique et le rêve*, nova edição (Paris: Corti, 1946); Carl Schmitt, *Romantisme politique*, tradução de P. Linn (Paris: Valois, 1928); H. J. Hunt, *Le Socialisme et le Romantisme en France* (Oxford: Claredon, 1935); Roger Picard, *Le Romantisme social* (Nova York: Brentano's, 1944).

Dos poemas citados, consultei as edições seguintes: Magalhães, *Suspiros poéticos e saudades*, 3. ed. (Rio de Janeiro: Garnier, 1865); Musset, *Premières poésies* e *Poésies nouvelles* (Paris: Charpentier, 1867); Vigny, *Poésies complètes*, ed. A. Dorchain (Paris: Garnier, [s.d.]); Goethe, *Faust* (Basileia: Birkhäuser, 1944), e *Poems*, ed. Eastman (Nova York: Crofts, 1941); Hölderlin, *Poèms (Gedichte)*, ed. bilíngue (Paris: Aubier, 1943); Shelley e Keats, *Complete Poetical Works* (Nova York: Modern Library, [s.d.]); Victor Hugo, *Les Feuilles d'automne* etc. (Paris: Flammarion, 1941, s.f.); Leopardi, *Tutte le opere*, ed. Flora, v. I (Milão: Mondadori, 1945); Álvares de Azevedo, *Obras completas*, ed. Homero Pires, op. cit. (cap. VIII, § 5), v. II; Castro Alves, *Obras poéticas*, ed. Afrânio Peixoto, v. I (São Paulo: Editora Nacional, 1938); Antero de Quental, *Sonetos*, ed. A. Sérgio (Lisboa: Couto Martins, 1943).

3. **As formas de expressão** Sobre a impregnação musical da literatura e da vida mundana no fim do século XVIII e começo do XIX ver: A. P. D. G., *Sketches of Portuguese Life: Manners, Costume and Character* (Londres: George B. Whittaker, 1826), caps. IX e XI com referências ao Brasil; e Oliveira Lima, *Aspectos da literatura colonial brasileira* (Leipzig: Brockaus, 1896), cap. IV. Sobre a musicalidade profunda do espírito romântico: Wackenroder, *Fantaisies sur l'art*, ed. bilíngue, tradução de J. Boyer (Paris: Aubier, [s.d.]); Arturo Farinelli, "O Romantismo e a música", *Conferências brasileiras*, tradução de M. Milano (São Paulo: Antônio Tisi, 1930), pp. 15-41.

Para os problemas de versificação: frei Caneca, "Tratado de eloquência" etc., *Obras políticas e literárias*, 2 v. (Recife: Tipografia Mercantil, 1875-1876), pp. 65-155; Manuel da Costa Honorato, *Sinopses de eloquência e poética nacional* etc. (Rio de Janeiro: Tipografia Americana, 1870); Antônio Feliciano de Castilho, *Tratado de metrificação portuguesa*, 5. ed., 2 v. (Lisboa: Empresa da História de Portugal, 1908); Olavo Bilac e Guimarães Passos, *Tratado de versificação*, 8. ed. (Rio de Janeiro: Francisco Alves, 1944); Said Ali, *Versificação portuguesa* (Rio de Janeiro: Imprensa Nacional, 1949); Amorim de Carvalho, *Tratado de versificação portuguesa* (Porto: [s.n.], 1941); Thiers Martins Moreira, *O verso de arte maior no teatro de Gil Vicente* (Rio de Janeiro: [s.n.], 1945); Pedro Henríquez Ureña, *La versificación española irregular*, 2. ed. (Madri: Publicaciones de la Revista de Filología Española, 1933).

Quanto aos ritmos italianos que influenciaram na musicalização do nosso verso romântico, ver exemplos nos autores citados: Metastasio, *Opere*, 12 v. (Milão: Silvestre, 1815); nas edições Ricordi, Ranieri de' Calzabigi, *Orfeo ed Euridice*, e Lorenzo da Ponte, *Le Nozze di Figaro, Don Giovanni, Così fan tutte*. Para a sua utilização no teatro de ópera contemporâneo do nosso Romantismo, ver, entre centenas, as seguintes peças, muito estimadas no Brasil de então, todas em edições Ricordi: Felice Romani, *Norma*; F. M. Piave, *Ernani, Rigoletto*; Cammarano, *Il Trovatore*.

Para a alusão a possíveis influências espanholas e francesas no uso dos *ritmos românticos*, ver exemplos em Espronceda, *Obras poéticas* (Paris: Dramard-Baudry, 1867); Zorrilla, *Obras*, nova edição, 3 v. (Paris: Garnier, [s.d.]), v. I; Béranger, *Chansons*, 5 v. (Paris: Perrotin; Bruxelas: Tarlier, 1829-1833).

Capítulo X
Os primeiros românticos

1. **Geração vacilante** As três revistas básicas do primeiro grupo romântico se especificam do modo seguinte: *Niterói* (cap. IX, § 1), de que apareceram dois números em 1836; *Minerva Brasiliense: Jornal de Ciências, Letras e Artes*, publicada por uma associação de homens de letras; publicou-se no Rio de 1843 a 1845, formando três volumes, os dois primeiros dirigidos por Torres Homem, o terceiro por Santiago Nunes Ribeiro; *Guanabara: Revista Mensal, Artística, Científica e Literária*, redigida por uma Associação de Literatos e dirigida por Joaquim Manuel de Macedo, Antônio Gonçalves Dias, Manuel de Araújo Porto-Alegre; imprimia-se no Rio, na tipografia de Paula Brito, e forma três volumes; o primeiro, de 1849 a 1851; o segundo e o terceiro, de 1854 a 1855, após uma longa interrupção devida a desinteligências motivadas por Cândido Batista de Oliveira, e dirigidos por Fernandes Pinheiro.

Citaram-se no texto: *Gemidos poéticos sobre os túmulos ou Carmes epistolares* de Ugo Foscolo, Hipólito Pindemonte e João Torti sobre os sepulcros, traduzidos do italiano pelo dr. Luís Vicente de Simoni, com outros do mesmo autor sobre a religião dos túmulos, e sobre os túmulos do Rio de Janeiro (Rio de Janeiro: Villeneuve, 1842); Almeida Garrett, *O Cronista: Semanário de Política, Letras e Artes*, Lisboa, 1827; *Catálogo da Livraria de B.L. Garnier*, n. 23, [s.d.]; Emílio Adet, "A leitura de uma tragédia inédita", MB, v. I, 1844, pp. 355-364; Joaquim Norberto, *Clitenestra*, tragédia em cinco atos (Rio de Janeiro: Villeneuve, 1846), reunida com outras no importante *Arquivo teatral*, do mesmo editor, com folha de rosto de 1845; Id., *História da Conjuração Mineira* (Rio de Janeiro: Garnier, [1873]); Gonçalves Dias, *Obras póstumas, Meditação* etc. (Rio de Janeiro: Garnier, 1909, s.f.), pp. 1-89; (Torres Homem), *O Libelo do Povo*, por Timandro (Rio de Janeiro: Tipografia do Correio Mercantil,

1849); Gonçalves de Magalhães, "Memória histórica da revolução na província do Maranhão" etc., *Opúsculos históricos e literários*, op. cit. (cap. I, § 4), pp. 2-153; (José de Alencar), *O marquês do Paraná* (Rio de Janeiro: Tipografia do Diário, 1856). Para um estudo mais cabal do caráter dos partidos na fase em questão, consultar o admirável João Francisco Lisboa, "Partidos e eleições no Maranhão", "Jornal de Timon", *Obras*, op. cit. (cap. IX, § 1), v. I, cap. VIII, mas de modo geral todo o estudo.

Para verificar a influência de Herculano ou Lamennais sobre a *Meditação*, consultei, deste, *Paroles d'un croyant, Le Livre du peuple* etc. (Paris: Garnier, 1925, s.f.); daquele: *A voz do profeta* (Rio de Janeiro: Villeneuve, 1837), anônimo, que traz inclusa a referida "Visão achada entre os papéis de um solitário, morto nas imediações de Macacu, vítima das febres de 1829", pp. 191-212. A obra de Herculano saiu originalmente em dois folhetos anônimos, um de Ferrol (1836), outro de Lisboa (1837), sendo provavelmente suposto o lugar do primeiro. Sobre a influência de Garrett nos primeiros românticos, ver José Veríssimo, "G e a literatura brasileira", *Estudos de literatura brasileira*, II, op. cit. (cap. III, § 2), pp. 165-182.

2. A viagem de Magalhães

– Utilizei, de Magalhães, textos das *Obras completas* (Rio de Janeiro: Garnier), a saber: *Poesias avulsas*, 1864, que contêm a produção anterior à fase romântica; *Suspiros poéticos e saudades*, 3. ed., 1865, recorrendo, em caso de dúvida, à ed. do Instituto do Livro, 1939, que dá as variantes; *A Confederação dos Tamoios*, 2. ed., 1864; *Urânia*, 1865; *Cânticos fúnebres*, 1864; *Opúsculos históricos e literários*, op. cit. (cap. I, § 4).

Sobre ele, há referências inumeráveis e elogiosas nos escritos do tempo, e as obras gerais o estudam satisfatoriamente. Estudos coevos, apenas motivados pel'*A Confederação dos Tamoios* — de Alencar, Porto-Alegre, Monte Alverne, Pedro II etc., — estão coligidos com uma introdução em José Aderaldo Castello, *A polêmica sobre "A Confederação dos Tamoios"*, Faculdade de Filosofia, Ciências e Letras da Universidade de São Paulo, 1953; Alcântara Machado, *GM ou O romântico arrependido* (São Paulo: Livraria Acadêmica, 1936) é bem-feito e vivo, o mais organizado e satisfatório até agora, mas prejudicado pelo tom de fácil chacota; José Aderaldo Castello, *GM* (São Paulo: Assunção, 1946), tem finalidade didática e traz antologia. A bibliografia mais minuciosa se encontra em Antônio Simões dos Reis, *Bibliografia da história da literatura brasileira de Sílvio Romero*, tomo I, v. I (Rio de Janeiro: Zélio Valverde, 1944), pp. 161-173.

– De Maciel Monteiro consultei: *Poesias* (Recife: Imprensa Industrial, 1905), onde não se inclui a glosa do poema de Borges de Barros, que pode ser lida na obra deste, *Poesias oferecidas às senhoras brasileiras por um baiano*, 2 v. (Paris: Aillaud, 1825), v. I, pp. 214-216, antecedida pela nota: "O senhor Maciel Monteiro dirigiu de Paris ao autor (1824) sobre a mesma quadra, a seguinte glosa" etc.

Sobre o poeta, referido de passagem em muitos estudos, e nas obras gerais, o que há de mais completo continua sendo o abundante material crítico e informativo reunido na edição de 1905 pelos seus organizadores, João Batista Regueira Costa e Alfredo de Carvalho, correndo do primeiro, em separata, *A lírica de MM*.

– Obras citadas: Santiago Nunes Ribeiro, "Da nacionalidade da literatura brasileira", MB, v. I, 1843, pp. 7-23; Manuel de Araújo Porto-Alegre, "Observação", *Brasilianas* (Viena: Imperial e Real Tipografia, 1863), pp. 1-2; Joaquim Norberto, "Bosquejo da história da poesia brasileira", op. cit. (cap. VII, § 3), pp. 3-54; *Urânia ou os amores de um poeta*, álbum de canto nacional, poesia do dr. DJGM, música de Rafael Coelho Machado, Rio de Janeiro, [s.d.].

As "Noites lúgubres", de Cadalso, apareceram traduzidas por Francisco Ribeiro, MB, v. II, pp. 483-491 e 515-517. O original espanhol pode ser consultado em edição recente:

José Cadalso, *Noches Lúgubres* (Buenos Aires: Emecê, 1943), com um bom estudo de Luís Alberto Menafra, "Prólogo", pp. 7-33.

3. **Porto-Alegre, amigo dos homens e da poesia** Textos utilizados: *Brasilianas*, op. cit. (cap. X, § 2) sendo importante consultar a edição original do poema "A voz da natureza", N, I, pp. 161-213, onde se podem ler os "Contornos de Nápoles", que o precedem, pp. 161-186; *Colombo*, 2 v. (Rio de Janeiro: Garnier, 1866).

Sobre ele, o trabalho mais útil é o de Hélio Lobo, MAPA (Rio de Janeiro: Academia Brasileira, 1938), que utiliza importante material inédito, devendo-se ainda consultar sobretudo quanto à sua iniciativa no começo do Romantismo, João Pinto da Silva, *História literária do Rio Grande do Sul* (Porto Alegre: Globo, 1924), cap. III. De Paranhos Antunes, *O pintor do Romantismo: Vida e obra de MAPA* (Rio de Janeiro: Zélio Valverde, 1943), estuda principalmente a atuação artística, enquadrando-a porém no panorama da vida. Para as relações com Almeida Garrett, ver o seu discurso referido no cap. VIII, § I, e Francisco Gomes de Amorim, *Garrett: Memórias biográficas*, op. cit. (cap. VIII, § 4), v. I.

4. **Êmulos**
   - Textos utilizados de Joaquim Norberto: *Modulações poéticas*, op. cit. (cap. VII, § 3); *Cantos épicos* (Rio de Janeiro: Laemmert, 1861), com um interessante prefácio de Fernandes Pinheiro, traçando da poesia uma visão evolutiva baseada no prefácio de *Cromwell*, de Victor Hugo; *Flores entre espinhos* (Rio de Janeiro: Garnier, 1864). Para as balatas e várias outras poesias reunidas depois em volume consultei as publicações originais em MB, IR, e também PB (2), v. II, pp. 260-276. Parece que, além das obras gerais, e dos louvores dos contemporâneos, só estuda Norberto como poeta, modernamente, Almir Câmara de Matos Peixoto, *Direção em crítica literária: Joaquim Norberto de Sousa Silva e seus críticos* (Rio de Janeiro: Ministério da Educação e Saúde, 1951).
   - As poesias de Dutra e Melo não foram reunidas em volume embora relativamente abundantes, tanto esparsas quanto manuscritas. L. F. da Veiga dá uma relação ampla, talvez completa, e narra as vicissitudes editoriais, transcrevendo vários fragmentos; o mais, deve ser buscado em MB. O estudo fundamental para a vida e obra continua sendo o referido de L. F. da Veiga, "AFDM", RIHGB, XLI, 2, 1876, pp. 143-218. (Note-se, como curiosidade, neste trabalho, uma lista de escritores falecidos na mocidade, mais tarde aproveitada como ilustração do "mal do século" por mais de um autor, inclusive Sílvio Romero, sem referência à fonte.) Por ocasião da sua morte, Norberto escreveu um poema, "DM", publicado em RP, tomo VII, 1860, pp. 120-121, que exprime bem a atitude reverente dos contemporâneos.
   - De Teixeira e Sousa consultei os *Cânticos líricos*, 2 v. (Rio de Janeiro: Paula Brito, 1841-1842), vendo as poesias posteriores sobretudo em MB; e mais: *Os três dias de um noivado*, op. cit. (cap. IX, § I); *A Independência do Brasil: poema épico em XII cantos etc.* (Rio de Janeiro: Paula Brito), v. I, 1847; v. 2, 1855. Para os estudos sobre ele, ver cap. XI, § 3.

5. **Gonçalves Dias consolida o Romantismo** O melhor texto é, atualmente, *Obras poéticas de AGD*, ed. Manuel Bandeira, 2 v. (São Paulo: Editora Nacional, 1944), que adota a ordem dos diferentes livros publicados pelo poeta, ao contrário da ed. Norberto, que os reagrupou segundo as divisões internas de cada livro; contém, além disso, os versos que o poeta não publicou, ou não reuniu em volume, e se encontravam nas *Poesias póstumas*, ed. Antônio Henriques Leal (Rio de Janeiro: Garnier, 1909, s.f.), incluindo as traduções. As notas são excelentes; apenas é de estranhar que não haja índice no v. 2.

Os estudos são abundantes, cabendo destacar: Antônio Henriques Leal, *Panteon maranhense*, 4 v., "AGD", todo o v. 3 (Lisboa: Imprensa Nacional, 1874), fonte básica de referência; Lúcia Miguel Pereira, *A vida de GD* (Rio de Janeiro: José Olympio, 1943), a obra mais completa, juntando rigor de informação à capacidade interpretativa; Fritz Ackermann, *Die Verdichtung der Brasilier-AGD* (Hamburgo: Paul Evert, 1938), tradução de Egon Schaden, RAM, v. XL-XLII, primeiro estudo de análise sistemática do estilo; Josué Montello, *GD* (Rio de Janeiro: Academia Brasileira, 1942); Manuel Bandeira, *GD* (Rio de Janeiro: Pongetti, 1952), excelente biografia, com um belo capítulo final sobre a versificação do poeta.

A título de mera curiosidade, veja-se o artigo de Alexandre Herculano, que tanto desvaneceu o poeta e contribuiu para acreditar a sua obra, mas não passa dum "a propósito" oco e retórico, voltado sobretudo para os caracteres gerais da literatura romântica brasileira. Consultei-o na transcrição do próprio poeta, prefácio à reedição dos *Primeiros cantos*, em *Poesias de AGD*, nova edição organizada e revista por Joaquim Norberto etc., 2 v. (Rio de Janeiro: Garnier, [s.d.]; reimpr. 1926), v. I, pp. 8-13.

São ainda vivos como interpretação: José Veríssimo, "GD", *Estudos de literatura brasileira*, II, op. cit. (cap. III, § 2), pp. 22-34, e sobretudo Olavo Bilac, "GD", *Conferências literárias*, 2. ed. (Rio de Janeiro: Francisco Alves, 1930), pp. 7-26. Síntese formosa e penetrante é a de Amadeu Amaral, "GD", *O elogio da mediocridade* (São Paulo: Nova Era, 1924), pp. 169-177, onde são destacados a sua psicologia brasileira, as características formais renovadoras, a admiração dos contemporâneos, a eminência do "I-Juca-Pirama". Vejam-se também as notas sugestivas de Carlos Drummond de Andrade, "O sorriso de GD", *Confissões de Minas* (Rio de Janeiro: Americ-Edit, 1944), pp. 36-44.

A bibliografia do poeta foi objeto de M. Nogueira da Silva, *Bibliografia de GD* (Rio de Janeiro: Imprensa Nacional, 1942), trabalho monumental de um apaixonado gonçalvino, a que se devem outros, como: *As edições alemãs dos "Cantos" de GD* (Niterói: [s.n.], 1929); *O maior poeta* (Rio de Janeiro: A Noite, 1937); *GD e Castro Alves* (Rio de Janeiro: [s.n.] 1943).

Foram citados no texto, para exemplificar a opinião dos contemporâneos: Álvares de Azevedo, "Discurso recitado no dia 11 de agosto de 1849" etc., (cap. VIII, § 5); N. J. Costa, "Literatura brasileira: Algumas considerações sobre a poesia", BF, v. I, n. 50, 1850, pp. 1-2; Macedo Soares, "Jovens escritores e artistas da academia de S. Paulo", RP, tomo II, [1859], pp. 376-378; Fagundes Varela, *Anchieta ou O evangelho nas selvas*, *Obras poéticas*, 3 v. (Rio de Janeiro: Garnier, 1896, s.f.), v. 3; (Gentil Homem de Almeida Braga), *Versos de Flávio Reimar*, *Clara Verbena: Sonidos* (Maranhão, [s.n.], 1872); Machado de Assis, *Americanas* (1875), em *Poesias completas* (Rio de Janeiro: Garnier, 1901); Franklin Távora, *O Cabeleira*, nova edição (Rio de Janeiro: Garnier, 1902), "Prefácio", pp. V-XV; José Joaquim da Silva Pereira Caldas, *Desafogo da saudade na desastrosa morte do distinto vale maranhense AGD na madrugada de 3 de dezembro de 1864, nos baixios dos Atins nas costas de Guimarães no Maranhão, nas proximidades do farol d'Itacolomin* (Braga: G. Gouvêa, 1865). A opinião de Bernardo Guimarães foi referida apud. Basílio de Magalhães, BG (Rio de Janeiro: Anuário do Brasil, 1926).

Citaram-se ainda: Fidelino de Figueiredo, *História da literatura romântica*, op. cit. (cap. IX, § 2); Antônio Sales Campos, *Origens e evolução dos temas da primeira geração de poetas românticos*, op. cit. (cap. IX, § 1); Alexandre Herculano, *Poesias*, 1. ed. brasileira (Rio de Janeiro: Francisco Alves, 1907).

A título de curiosidade: "Leito de folhas verdes", a que dei particular importância, foi publicado pela primeira vez em 1849, em BF, n. 4, p. 7, com duas variantes. As modificações do texto definitivo deram maior beleza aos versos.

6. Menores

– Do poema de Macedo, utilizei como texto corrente *A nebulosa*, nova edição (Rio de Janeiro: Garnier, [s.d.]); quanto às poesias líricas, vali-me de MB e G.

– Consultei as obras de Otaviano na edição de Xavier Pinheiro (filho do tradutor de Dante); FO etc. (Rio de Janeiro: RLP, 1925), com estudo biográfico e ampla seleção de poesias, já publicadas ou até então inéditas, além de artigos e discursos, constituindo o mais completo repositório dos escritos de FO, cujos poemas ainda não têm edição sistemática. Pelo que se depreende desta obra utilíssima e meritória, há, ou havia em 1925, inéditos em posse da família. Phocion Serpa, *FO: Ensaio biográfico* (Rio de Janeiro: Academia Brasileira, 1952), traz alguns elementos interessantes. Veja-se ainda Almeida Nogueira, *A Academia de São Paulo*, op. cit. (cap. VIII, § 5), v. 2, 1907, pp. 114-125.

– Consultei de Cardoso de Meneses: *A harpa gemedora* (São Paulo, Tipografia Silva Sobral, 1847), na folha de rosto, na verdade, 1849, por atraso da impressão (com um interessante prefácio onde invoca o patrocínio de Magalhães como criador da nova poesia brasileira e menciona as influências europeias); *Poesias e prosas seletas do barão de Paranapiacaba* (Rio de Janeiro: Leuzinger, 1910), onde não se encontra, porém, o citado soneto, que pode ser lido em Almeida Nogueira, *A Academia de São Paulo*, op. cit. (cap. VIII, § 5), v. 3, 1908, p. 21, incluído num interessante relato de Cardoso de Meneses, a pedido do autor, ocupando pp. 2-27, onde fala do gênero bestialógico e seus cultores em prosa e verso.

Capítulo XI
O aparecimento da ficção

1. **Um instrumento de descoberta e interpretação** Não há estudo crítico fundamentado e amplo sobre o nosso romance romântico muito menos sobre as suas origens. O trabalho de Prudente de Morais, neto, *O romance brasileiro* (Rio de Janeiro: Ministério das Relações Exteriores; Divisão de Cooperação Intelectual; Resumo n. 3, 1939), mimeografado, sendo um ensaio sobre todas as suas épocas, é todavia o que melhor apresenta as condições do seu aparecimento em pouco mais de três páginas admiravelmente densas e ricas de sugestões, nas quais me inspirei para algumas linhas da interpretação proposta. Fica entendido que daqui por diante está implícita a referência a este ensaio, para todos os romancistas estudados.

    Referências a: Georg Lukács, *Saggi sul Realismo* (Turim: Einaudi, 1950), tradução; F. R. Leavis, *The Great Tradition* (Londres: Chatto and Windus, 1948).

2. **Os primeiros sinais** Para os dados referentes ao início do romance romântico é muito útil o levantamento feito por Basílio de Magalhães, *Bernardo Guimarães*, op. cit. (cap. X, § 5), pp. 145-150, e o das traduções, por J. M. Vaz Pinto Coelho, "Da propriedade literária no Brasil", RB (2), v. VI, 1880, pp. 474-491, e v. VIII, 1881, pp. 474-498. Dentre as obras gerais, é necessário chamar a atenção para as de Fernandes Pinheiro, como documento da opinião dos contemporâneos. Consulte-se também José Aderaldo Castello, "Notas sobre o romance brasileiro". *Diário de S. Paulo*, 15, 22, 29 maio e 13 jun. 1949.

    Citou-se: J. C. Fernandes Pinheiro, "*Vicentina*: Romance do sr. dr. Joaquim Manuel de Macedo", G, v. III, 1855, pp. 17-20.

    Sobre o curioso Caetano Lopes de Moura, ver a sua "Autobiografia", publicada por Alberto de Oliveira na RABL, v. III, n. 8 e 9, 1912.

    Das obras aqui tomadas como amostra, consultei os seguintes textos: J. M. Pereira da Silva, *Jerônimo Corte Real: Crônica portuguesa do século XVI* (Rio de Janeiro: Villeneuve, 1840), aparecido originalmente no *Jornal do Commercio* em 1839; Joaquim Norberto, "Maria, ou vinte anos depois, romance brasiliense", MB, v. I, 1844, pp. 318-328; Gonçalves de Magalhães, "Amância, novela", em *Opúsculos históricos e literários*, op. cit. (cap. I, § 4), pp. 347-392, tendo aparecido inicialmente em MB, I, 1843, pp. 267-274 e 291-294.

(Nota da 2. ed. — Sobre a nossa novelística inicial, apareceu a valiosa coletânea: *Os precursores do conto no Brasil*, pesquisa e seleção de Barbosa Lima Sobrinho [Rio de Janeiro: Civilização Brasileira, 1960].)

3. **Sob o signo do folhetim: Teixeira e Sousa** Não há edição uniforme dos romances de TS, que consultei nas seguintes: *O filho do pescador: Romance brasileiro original*, (Rio de Janeiro: Paula Brito, 1859) — não traz menção de edição; a primeira é de 1843; *As tardes de um pintor ou As intrigas de um jesuíta*, 2. ed., 3 v. (Rio de Janeiro: Cruz Coutinho, 1868); *Gonzaga ou A Conjuração de Tiradentes*, 2 v., v. I (Rio de Janeiro: Teixeira & Cia., 1848) e v. 2 (Niterói: C. M. Lopes, 1851); *A providência: Recordação dos tempos coloniais*, 5 v. (Rio de Janeiro: M. Barreto, 1854); *As fatalidades de dois jovens: Recordações dos tempos coloniais* (Rio de Janeiro: J. R. Santos, 1895), deve ser a 2. ou 3. ed. *Maria ou A menina roubada* (Rio de Janeiro: Paula Brito, 1859), impressa parceladamente em 1852-1853.

   Sobre a sua vida, consultar Félix Ferreira, "Traços biográficos de AGTS", *As tardes de um pintor*, v. I, pp. III-XXIV. O melhor estudo crítico é de Aurélio Buarque de Holanda, "TS: *O Filho do pescador* e *As fatalidades de dois jovens*", RdB (3), ano IV, n. 35, 1941, pp. 12-25, reproduzido em *O romance brasileiro* etc. (Rio de Janeiro: Cruzeiro, 1952), pp. 21-36, reedição aumentada da publicação anterior.

4. **O honrado e facundo Joaquim Manuel de Macedo** Creio que quase todos os romances de M. foram editados por Garnier; atualmente, bom número se encontra em edições Melhoramentos. Consultei da primeira: *Nina*, 2. ed., [s.d.]; *Vicentina*, 3. ed., 3 v., 1870; *Romances da semana*, 4. ed., 1902; *As vítimas-algozes*, 2. ed., 2 v., 1896, s.f.; *O rio do quarto*, 2. ed., 1880; *A baronesa de amor*, 2. ed., 2 v., 1896; da segunda: *A Moreninha*, *O moço louro*, *Os dois amores*, *Rosa*, *A luneta mágica*, *As mulheres de mantilha*, todos sem mencionar data ou edição; das Edições Cultura: *A namoradeira*, 2 v., 1944; da Editora Aurora: *O culto do dever*, [s.d.]. Em edições Garnier consultei: *A carteira de meu tio*, 4. ed., 1896, s.f.; *Memórias do sobrinho de meu tio*, nova edição, 1904, e o *Teatro*, 3 v., 1863.

   Não há biografia sistemática do romancista, objeto apenas de estudos e referências, nas obras gerais e outras. Para a opinião crítica do tempo ver A. F. Dutra e Melo, "*A Moreninha*", MB, v. II, 1844, pp. 746-751; sobre a voga e influência, José de Alencar, *Como e por que sou romancista* (Rio de Janeiro: Leuzinger, 1893); sobre o seu modo de ser, Alcides Flávio, "JMM", *Velaturas* (Rio de Janeiro: Castilho, 1920), pp. 271-281; sobre o sentido de documentário social da sua obra, Astrogildo Pereira, "Romancistas da cidade: Manuel Antônio, Macedo e Lima Barreto", *Interpretações* (Rio de Janeiro: CEB, 1944), pp. 78-91. Para o estudo propriamente crítico, há apenas as obras gerais, sendo estranhável o desinteresse pelo escritor que deu forma ao romance brasileiro.

Capítulo XII
Avatares do egotismo

1. **Máscaras** Obras citadas: M. Nascimento da Fonseca Galvão e Luís Rômulo Peres Moreno, "Parecer", REF, 7ª série, n. 2, 1857; A. Corrêa de Oliveira, "Fragmentos de um escrito — III — A poesia", RIC, 2ª série, 1863; José de Alencar, *Ao correr da pena* (Rio de Janeiro: Garnier, [s.d.]); (Joaquim Norberto), *A cantora brasileira*, 3 v. (Rio de Janeiro: Garnier, 1871); Melo Morais Filho, *Serenatas e saraus* etc., 3 v. (Rio de Janeiro: Garnier, 1902); Renato Almeida, *História da música brasileira*, 2. ed. (Rio de Janeiro: Briguiet, 1942).

   Sobre o refugiado carlista que tanto influiu na vida musical do tempo, ver também Melo Morais Filho, "A ópera nacional: d. José Amat", em *Artistas do meu tempo* etc. (Rio de Janeiro: Garnier, 1904), pp. 71-79. Sobre a relação entre modinha e ária de ópera, ver Mário de Andrade, *Modinhas imperiais* (São Paulo, Chiarato, 1930), "Prefácio", pp. 5-11.

O citado verso de Kirsanov é do seu poema "Zoluchka", *Anthologie de la poésie russe*, tradução e organização de Jacques David, 2 v. (Paris: Stock, 1946-1948), v. 2.

Para o caráter de desvario dessa geração importam as informações sobre as suas associações e excentricidades, notadamente Paulo do Vale, *Parnaso acadêmico paulistano*, op. cit. (cap. IX, § 1), que traz como introdução o famoso relato de Couto de Magalhães, "Esboço da história literária da academia de S. Paulo", transcrito da *Revista Acadêmica*, n. 4, 1859; Almeida Nogueira, *A Academia de São Paulo*, op. cit. (cap. VIII, § 5). Sobre este aspecto e, em geral, a boêmia estudantil, ver o interessante testemunho e comentário lírico que é o romance anônimo de costumes, *Genesco: Vida acadêmica*, 2 v. (Rio de Janeiro: Tipografia Perseverança, 1866), de autoria de Teodomiro Alves Pereira. Para a caracterização literária, ver José Veríssimo, "Os poetas da segunda geração romântica", *Estudos de literatura brasileira*, II, op. cit. (cap. III, § 2), pp. 13-22.

É conveniente, a fim de apreciar a sua psicologia e poética, ver os principais poetas europeus que os inspiraram, inclusive os portugueses, com quem tiveram marcada afinidade. Edições que consultei: Byron, *The Works of Lord B*, 5 v. (Leipzig: Tauchnitz), os v. 3 e 5 datam de 1866, os outros, [s.d.]; Victor Hugo, *Odes et Ballades — Les Orientales* (Paris: Nelson, [s.d.]); Id., *Les Feuilles d'automne* etc., op. cit. (cap. IX, § 2); Vigny, *Poésies complètes*, ed. Dorchain, op. cit. (cap. IX, § 2); Musset, *Premières poésies* e *Poésies nouvelles*, op. cit. (cap. IX, § 2); Espronceda, *Obras poéticas*, op. cit. (cap. IX, § 3); João de Lemos, *Cancioneiro*, 3 v. (Lisboa: Escritório do Editor, 1858, 1859 e 1866); Luís Augusto Palmeirim, *Poesias*, 4. ed. (Lisboa: Tipografia de O Panorama, 1864); Soares de Passos, *Poesias*, v. 3 e 5, 9. ed., Teófilo Braga (Porto: Lello, 1909); Mendes Leal, *Cânticos* (Lisboa: Tipografia de O Panorama, 1858).

A marcada inclinação de Álvares de Azevedo por Heine — assinalada por Norberto e Machado de Assis — ainda não foi objeto de estudo. Também ainda não foi estudada, ao que eu saiba, a possível influência de Espronceda sobre os portugueses e brasileiros ultrarromânticos, seja no espírito, seja na técnica do verso.

(Fica entendido que as referências aos poetas estrangeiros valem também para o cap. XIV.)

2. **Conflito da forma e da sensibilidade em Junqueira Freire** Usei como texto de JF os de *Obras poéticas*, 2 v., 4. ed. (Rio de Janeiro: Garnier, [s.d.]), e *Poesias completas*, ed. Roberto Alvim Corrêa, 2 v. (Rio de Janeiro: Zélio Valverde, 1944), que traz 21 poesias esparsas e inéditas. Consultei ainda *Elementos de retórica nacional* (Rio de Janeiro: Laemmert, 1869).

Sobre ele, a obra principal é a biografia de Homero Pires, *JF: Sua vida, sua época, sua obra* (Rio de Janeiro: A Ordem, 1929), importante também sob o aspecto crítico, apontando a impregnação clássica e certas influências decisivas, notadamente Herculano, além de traçar um admirável perfil psicológico. Vejam-se ainda: Macedo Soares, "Ensaios de análise crítica — III — *Inspirações de claustro* — Poesias de JF", EAP, n. 1-2, 1859, pp. 553-574, talvez o melhor ensaio que a crítica romântica dedicou ao poeta; Pereira da Silva, "LJJF" (1855), no v. 1 das *Obras poéticas*, op. cit., p. 1334, muito medíocre, mas típico de certo aspecto da crítica do tempo, isto é, a digressão nacionalista a propósito de um autor; Franklin Dória, "Estudo sobre JF", v. 2 das mesmas *Obras*, pp. 5-62, bom trabalho, voltado principalmente para a biografia; Machado de Assis, "*Inspirações do claustro*, por JF", *Crítica literária* (Rio de Janeiro: Jackson, 1937), pp. 77-87, analisa sobretudo o drama religioso, mas aponta os defeitos de forma e ressalta a originalidade; J. Capistrano de Abreu, "Perfis Juvenis — II — LJJF", *Ensaios e estudos*, Iª série (Rio de Janeiro: Sociedade Capistrano de Abreu, 1931), pp. 43-47, breve nota sem o menor interesse; José Veríssimo, "JF", *Estudos de literatura brasileira*, II, op. cit. (cap. III, § 2), pp. 59-76, de pouco valor crítico; Afrânio Peixoto, "Vocação e martírio de JF", *Ramo de louro: Novos ensaios de crítica e de história* (São Paulo: Editora Nacional, 1928), pp. 47-84, tem intuições originais sobre os aspectos mórbidos do poeta; Roberto Alvim Corrêa, estudo liminar na ed. Zélio Valverde, op. cit., v. I, pp. VII-XXIX, traz boas análises sobre o aspecto religioso da sua obra.

3. **As flores de Laurindo Rabelo** Usei o melhor texto, *Obras completas de LJSR*, ed. Osvaldo Melo Braga (São Paulo: Editora Nacional, 1946), que inclui uma gramática escrita pelo poeta e possui a virtude de reproduzir, praticamente, tudo o que há de interessante para o seu estudo, que até hoje não motivou qualquer obra sistemática, seja do ponto de vista biográfico, seja do ponto de vista crítico. Ela dispensa, pois, outra referência especificada, bastando dizer que contém a "Introdução" de Eduardo de Sá Pereira de Castro à ed. de 1867; a "Notícia", de Norberto, à de 1876; o estudo de Teixeira de Melo; o de Melo Morais Filho, muito vivo, indispensável à reconstituição da personalidade; os dois de Constâncio Alves, e outros de menor importância. Acrescente-se a nota biobibliográfica inicial do benemérito organizador. Pouco expressivo é José Veríssimo, "LR", *Estudos de literatura brasileira*, II, op. cit. (cap. III, § 2), pp. 76-88, que superestima o poeta sem fundamento convincente.

4. **Bernardo Guimarães, poeta da natureza** Consultei: *Poesias*, 3. ed. (Rio de Janeiro: Garnier, 1899, s.f.); *Novas poesias* (Rio de Janeiro: Garnier, 1876); *Folhas de outono* (Rio de Janeiro: Garnier, 1883). Consultei de algumas poesias obscenas, inclusive o admirável "O elixir do pajé", a cópia datilográfica de uma edição de cordel, conservada em Ouro Preto. O drama *A voz do pajé* foi publicado por Dilermando Cruz, na obra abaixo citada.

O trabalho fundamental, embora pouco satisfatório, é ainda de Basílio de Magalhães, *BG*, op. cit. (cap. X, § 5). Continua tendo interesse Dilermando Cruz, *BG* (Juiz de Fora: Costa & Cia., 1911).

Para o estudo da sua vida em São Paulo, ver Francisco de Paula Ferreira de Rezende, *Minhas recordações* (Rio de Janeiro: José Olympio, 1944), caps. XXVII e XXXV, importante e pitoresco testemunho de um contemporâneo, pelo qual se pode avaliar certo tipo de poesia satírica de BG, sensível aos motivos do cotidiano; o citado depoimento de Couto de Magalhães, em Paulo do Vale, *Parnaso acadêmico paulistano* op. cit. (cap. IX, § 1); Almeida Nogueira, *A Academia de São Paulo*, op. cit. (cap. VIII, § 5), v. II, 1907, pp. 168-173, que traz um poema não publicado noutra parte.

Vejam-se também: José Veríssimo, "BG", *Estudos de literatura brasileira*, II, op. cit. (cap. III, § 2), pp. 253-264 e, principalmente, Antônio de Alcântara Machado, "O fabuloso BG", *Cavaquinho e saxofone* (Rio de Janeiro: José Olympio, 1940), pp. 215-224, cheio de humor, penetrando nalguns aspectos fundamentais da sua psicologia.

5. **Álvares de Azevedo, ou Ariel e Caliban** Utilizei duas edições: *Obras completas*, ed. Homero Pires, op. cit. (cap. VIII, § 5), a melhor e mais completa; *Obras completas*, ed. Norberto, 7. ed., 3 v. (Rio de Janeiro: Garnier, [1900]).

Embora alguns livros lhe hajam sido consagrados, ainda estamos longe de uma biografia e interpretação satisfatórias, que englobem a investigação documentária e a análise crítica. Vejam-se os livros: Vicente de Paulo Vicente de Azevedo, *AA* (São Paulo: Revista dos Tribunais, 1931), informativo e superficial, trazendo, porém, uma importante carta da irmã do poeta sobre o local do seu nascimento; Veiga Miranda, *AA* (São Paulo: Revista dos Tribunais, 1931), mais sistemático e ambicioso, embora pouco penetrante; Homero Pires, *AA* (Rio de Janeiro: Academia Brasileira, 1931), estudo biobibliográfico. Já não pude aproveitar a síntese bem-feita de Edgard Cavalheiro, *Álvares de Azevedo* (São Paulo: Melhoramentos, [s.d.]).

Para o estudo crítico, a melhor publicação é o número comemorativo da *Revista Nova*, ano I, n. 3, 1931, subtitulado "Homenagem a AA", que contém, além de inéditos do poeta, mais tarde incorporados à ed. Homero Pires, os seguintes estudos: Afrânio Peixoto,

"A originalidade de AA", pp. 338-345; Azevedo Amaral, "AA, o único romântico brasileiro", pp. 346-354; Homero Pires, "Influência de AA", pp. 335-374; Vicente de Paulo Vicente de Azevedo, "… o ferrão bem no centro", pp. 375-396; Artur Mota, "AA", pp. 397-415; Mota Filho, "O drama acadêmico de AA", pp. 416-423; Luís da Câmara Cascudo, "AA e os charutos", pp. 424-429; Aurélio Gomes de Oliveira, "AA poeta", pp. 430-436; Mário de Andrade, "Amor e medo", pp. 437-469, estudo magistral, o mais profundo, imaginoso e rico de consequências que a nossa literatura romântica já motivou. (Vem reproduzido em *O Aleijadinho e AA*. Rio de Janeiro: R. A. Editora, 1935, pp. 67-134.)

A estes ensaios podemos juntar: Joaquim Norberto, "Notícia sobre o autor e suas obras", na citada edição, pp. 29-114, reproduzindo uma conferência no Instituto Histórico e Geográfico em 1872; é um estudo convencional, fixando a imagem elaborada nos vinte anos anteriores, mas procura estudar convenientemente a obra. Nessa edição, tem muito interesse a reunião de peças coevas, notadamente as da sessão fúnebre promovida pela sociedade Ensaio Filosófico Paulistano, pp. 129-190, que trazem o testemunho intelectual e afetivo da Academia de São Paulo. Nela pode-se ler, ainda, o "Discurso biográfico", de Domingos Jacy Monteiro (1852), pp. 191-218, que serviu mais tarde de introdução à 2. ed. das *Obras* (1862); é o primeiro escrito de certo vulto, feito por um primo e amigo, empresa tipicamente romântica de elaborar do poeta um perfil de dor, melancolia e solidão, que influiu em toda a crítica posterior. Apenas como exemplo da sua repercussão imediata em Portugal, pode-se ler o ensaio laudatório e oco de A. P. Lopes de Mendonça, "Perfis literários em 1855 IV — M. A. Álvares de Azevedo", *Memórias da literatura contemporânea* (Lisboa: Tipografia de O Panorama, 1855), pp. 318-324.

Vejam-se ainda: Machado de Assis, "Lira dos vinte anos, poesias de AA", *Crítica literária*, citada acima (§ 2), pp. 102-107, breve artigo, aflorando a obra com perspicácia e intuição, de tal modo que ainda hoje permanece válido como prenúncio das melhores interpretações desenvolvidas a seguir; José Veríssimo, "AA", *Estudos de literatura brasileira*, II, op. cit. (cap. III, § 2), pp. 35-47, excelente ensaio, marcando a experiência livresca, o toque de genialidade e, como o anterior, a impregnação byroniana; Ferreira de Rezende, *Minhas recordações*, op. cit. (cap. XII, § 4), traz o depoimento de um contemporâneo de faculdade sobre a sua linha impecável na boêmia; Almeida Nogueira, *A Academia de São Paulo*, op. cit. (cap. VIII, § 5), v. 7, 1909, pp. 100-107, dá importantes precisões sobre o nascimento; Armando Prado, "AA", *Conferências* (São Paulo: Sociedade de Cultura Artística, 1944), pp. 43-95, bom estudo, apresentando com inteligência a versão convencional; Luís Filipe Vieira Souto, "MAAA", *Dois românticos brasileiros*, RIHGB, Boletim, Rio de Janeiro, 1931, importa pela publicação da correspondência e de desenhos do poeta; Homero Pires, de "AA", *Obras completas*, op. cit. (cap. VIII, § 5), pp. XI-XXIX, síntese correta, de acordo com os conhecimentos atuais; Cândido Mota Filho, "AA, o poeta do destino", *O caminho das três agonias* (Rio de Janeiro: José Olympio, 1944), pp. 37-63, é uma análise filosófica, visando apreender a essência dramática da sua personalidade literária.

6. **O "belo, doce e meigo": Casimiro de Abreu** Utilizei o texto da ed. Sousa da Silveira, comemorativa do centenário do poeta, *Obras de CA* (São Paulo: Editora Nacional, 1940), que reestabelece a ordem original dos poemas. Em 1945, o Ministério da Educação editou *Primaveras*, fac-similar, com prefácio de Afrânio Peixoto. Em 1939, publicou Ferreira Lima, no artigo citado abaixo, o conto, ou pequena novela, "Carolina", aparecido num jornal português em 1856 e não incluído nas edições.

O principal estudo biográfico é de Nilo Bruzzi, *CA* (Rio de Janeiro: Editora Aurora, 1949), bastante irregular, sem indicação de fontes, parecendo mescla de imaginação e pesquisa documentária, que esclarece pontos mal conhecidos, dá como local do nascimento Capivari, não São João Marcos, e, no afã de fazer justiça ao pai, desacredita um pouco o poeta. Em contestação apareceu, publicado pela Academia Fluminense de Letras, *A naturalidade de* CA *e mais falsidades, erros e mistificações de um biógrafo* (Niterói, 1950), parece que organizado por Carlos Maul, trazendo documentos relevantes. Muito mais importantes são dois artigos que antecederam estas publicações: Henrique de Campos Ferreira Lima, "CA em Portugal", RAM, v. LVII, 1939, pp. 5-40, que esclarece com excelentes documentos a estada na Europa e começo da vida intelectual, publicando em apêndice o conto acima referido; Afrânio Peixoto, "O poeta d'*As primaveras*", introdução à citada ed. fac-similar, onde, com base em correspondência inédita, analisa as relações com o pai e a vida no Rio, concluindo pela reabilitação do velho português, deformado pela lenda.

Do ponto de vista interpretativo, não há estudo satisfatório. Muito importante é a edição de Joaquim Norberto, *Obras completas de* CJMA (Rio de Janeiro: Garnier, 1877), que consultei na reimpressão de 1920, onde estão reunidas as críticas do tempo, esparsas em jornais e revistas, permitindo avaliar largamente o ponto de vista dos contemporâneos, a saber: Justiniano José da Rocha, pp. 11-12; Fernandes Pinheiro, pp. 12-16; Pedro Luís, pp. 16-39; Velho da Silva, pp. 39-50; Ernesto Cibrão, pp. 50-52; Reinaldo Carlos Montoro, pp. 54-58 e 119-122; Maciel do Amaral, pp. 58-63; Ramalho Ortigão, pp. 63-70; Pinheiro Chagas, pp. 71-73, além de poesias a ele consagradas e, do organizador, a "Notícia sobre o autor e suas obras", pp. 91-110, versão ampliada de "CA", RIHGB, XXXIII, 1ª parte, 1870, pp. 295-320.

Ver ainda: Capistrano de Abreu, "CJMA", *Ensaios e estudos*, I, op. cit. (cap. XII, § 2), pp. 17-39, ensaio simpático, procurando localizar os elementos fundamentais da arte do poeta; José Veríssimo, CA, *Estudos de literatura brasileira*, II, op. cit. (cap. III, § 2), pp. 47-59, um dos estudos mais compreensivos, sugerindo a armadilha que a sua facilidade pode constituir para a crítica e fixando, por assim dizer, a convenção sobre a poesia casimiriana; Goulart de Andrade, "CA", RABL, n. 14, 1920, pp. 7-49, visão simpática mas algo estreita e condescendente dum parnasiano, dando algumas indicações sugestivas sobre a sua métrica e vocabulário romântico; Múcio Leão, "CA", RABL, n. 53, 1937, pp. 4-29, retoma alguns dados biográficos da anterior e acentua o desleixo da sintaxe e do verso; Sousa da Silveira, "CA", em *Obras de* CA, citada acima, pp. XIII-XXV, mas sobretudo as notas abundantes e inteligentes a cada poema, nas quais o ilustre filólogo demonstra a pureza e a correção da língua de C, tida geralmente como desleixada e incorreta. Carlos Drummond de Andrade, "No jardim público de CA", *Confissões de Minas*, op. cit. (cap. X, § 5), pp. 27-35, é um belo ensaio, acentuando a força expressiva que o poeta obtém através da banalidade dos temas e sentimentos.

Lembremos que o sentimento amoroso de CA foi reinterpretado nalgumas observações de Mário de Andrade, "Amor e medo", op. cit. (cap. XII, § 5), de onde se pode inferir que é o avesso de Álvares de Azevedo. Mas para compreender o erotismo dos poetas desta geração, é preciso recorrer à análise histórico-sociológica sob todos os títulos admirável da relação entre os sexos ao tempo do aparecimento do Romantismo, em Gilberto Freyre, *Sobrados e mucambos*, op. cit. (cap. IX, § 1), cap. IV, pp. 117-158: "A mulher e o homem".

7. Os menores

- Ver a antologia muito significativa de Macedo Soares, *Harmonias brasileiras: Cantos nacionais coligidos e publicados por* AJMS (São Paulo: Tipografia imparcial de Joaquim Roberto de Azevedo Marques, 1859), com um importante prefácio.
- Consultei de Aureliano Lessa, *Poesias póstumas*, 2. ed. (Belo Horizonte: Beltrão & Cia., 1909), que traz o prefácio simpático e elucidativo de Bernardo Guimarães, "AL", pp. III-XIII, onde vem descrita a "devassidão do espírito" a que se entregava o grupo. Sobre ele, além das obras de referência, ver as citadas a propósito de Bernardo e Álvares de Azevedo, que geralmente se referem ao terceiro amigo da inseparável trinca.

- De Teixeira de Melo, *Poesias, 1855-1873* (Liège: Brimbois, 1914), que reúne *Sombras e sonhos* (1853) e *Miosótis* (1873), com um encomiástico prefácio de Sílvio Romero, "TM como poeta", pp. I-XXVIII, o principal escrito para estudo, não obstante o exagero do juízo.
- De Franklin Dória, *Enlevos* (Recife: Tipografia Universal, 1859).
- De Bittencourt Sampaio, *Flores silvestres* (Rio de Janeiro: Garnier, 1860).
- De Trajano Galvão, *Sertanejas* (Rio de Janeiro: Imprensa Americana, 1898); *Três liras: Coleção de poesias dos bacharéis TGC, A. Marques Rodrigues, G. H. de Almeida Braga*, sem menção de editor, lugar, nem data (por indicação no verso da folha de rosto, vemos que foi impressa por B. Matos, o que permite identificar o operoso e esclarecido impressor maranhense Belarmino de Matos, biografado por Antônio Henriques Leal no *Panteon maranhense*, v. II, pp. 223-264). Sobre o poeta: Henriques Leal, *Panteon maranhense*, op. cit. (cap. X, § 5), v. II, pp. 201-222; Raimundo Corrêa, "Prefácio", nas *Sertanejas*, op. cit., pp. IX-XVI, muito interessante; Oscar Lamagnère Leal Galvão, "Traços biográficos de TCG", ibid., pp. 1-8.
- De Almeida Braga, as referidas *Três liras*; *Eloá: Mistério*, tradução parafrásica de Flávio Reimar (São Luís, Maranhão: [s.n.], 1867); *Versos de Flávio Reimar* etc., op. cit. (cap. X, § 5).
- De Bruno Seabra, *Flores e frutos* (Rio de Janeiro: Garnier, 1872). Sobre ele, ver Machado de Assis, "Flores e frutos" etc., *Crítica literária*, op. cit. (cap. XII, § 2), pp. 20-24, artigo elogioso mas insignificante.
- De Sousa Andrade, *Harpas selvagens* (Rio de Janeiro: Laemmert, 1857). Sobre o poeta, ver a breve nota de João Ribeiro, "SA", *Crítica: Clássicos e românticos brasileiros* (Rio de Janeiro: Academia Brasileira, 1952), pp. 158-160.

Capítulo XIII
O triunfo do romance

1. **Novas experiências** Citaram-se: José de Alencar, *Como e por que sou romancista*, op. cit. (cap. XI, § 4); Lúcia Miguel Pereira, *Prosa de ficção: de 1870-1920* (Rio de Janeiro: José Olympio, 1950); Araripe Júnior, *José de Alencar*, 2. ed. (Rio de Janeiro: Fauchon et Cia., 1894).

2. **Manuel Antônio de Almeida: o romance em moto-contínuo** Utilizei como texto: *Memórias de um sargento de milícias*, ed. Marques Rebelo (Rio de Janeiro: Imprensa Nacional, 1944), com um breve prefácio.

    O principal trabalho informativo é de Marques Rebelo, *Vida e obra de MAA* (Rio de Janeiro: Instituto Nacional do Livro, 1943), biografia sumária, honesta e compreensiva, trazendo belo material iconográfico e bibliográfico. Ao mesmo autor se deve a *Bibliografia de MAA* (Rio de Janeiro: Instituto Nacional do Livro, 1951).

    Para o estudo crítico, avultam: José Veríssimo, "Um velho romance brasileiro", *Estudos brasileiros*, 2ª série (Rio de Janeiro: Laemmert, 1894), pp. 107-124, que analisa o seu caráter representativo da índole e costumes nacionais, e "dá o tom" a toda a crítica posterior, ferindo os principais aspectos a que ela se tem aplicado; Mário de Andrade, "Introdução" à ed. Martins, São Paulo, 1941, s.f., pp. 5-19, localiza agudamente os elementos responsáveis pela eficácia do livro. Ver ainda: Xavier Marques, "O tradicionalismo de Manuel de Almeida", *Letras Acadêmicas* (Rio de Janeiro: Renascença, 1933), pp. 7-23; Olívio Montenegro, *O romance brasileiro* (Rio de Janeiro: José Olympio, 1938), cap. V, "O romance de costumes"; Astrojildo Pereira, "Romancistas da cidade: MA, Macedo e Lima Barreto", op. cit. (cap. XI, § 4); Paulo Rónai, "Préface" à sua tradução, *Mémoires d'un Sergent de la Milice* (Rio de Janeiro: Atlântica, 1944), pp. 5-12.

Para a referência a E. M. Forster, ver *Aspects of the Novel* (Londres: Edward Arnold, 1949), cap. IV: "People (Continued)". A propósito do romance estruturado pelo princípio da ação, ver Edwin Muir, *The Structure of the Novel*, 4. ed. (Londres: Hogarth, 1946), cap. I: "Novels of Action and Character".

3. **Os três Alencares** Alencar é, no momento, o romancista brasileiro de cuja obra há melhor texto, a saber, a edição da Livraria José Olympio, em dezesseis volumes, 1951. Infelizmente, o meu capítulo foi escrito antes do seu aparecimento, e dela não pude me valer. Mas revi as citações por ela, mencionando-a em tais casos.

As minhas leituras haviam sido feitas nas edições quase todas pouco satisfatórias até então disponíveis, no caso as seguintes: de Garnier: *Cinco minutos*, *A viuvinha*, *Sonhos d'ouro*, *Alfarrábios*, *A guerra dos mascates*; da Comp. Melhoramentos: *O guarani*, *A pata da gazela*, *O gaúcho*, *O tronco do ipê*, *Til*, *Ubirajara*, *O sertanejo*, *Encarnação*; da Livraria Martins: *Lucíola*, *Diva*, *As minas de prata*, *Senhora*; do Instituto do Livro: *Iracema*, edição modelar de Gladstone Chaves de Melo.

O escrito mais importante para conhecimento da personalidade é a autobiografia literária *Como e por que sou romancista*, op. cit. (cap. XI, § 4), um dos mais belos documentos pessoais da nossa literatura. Não há ainda biografia à altura do assunto, podendo-se dizer o mesmo da interpretação crítica. Mas há um conjunto de estudos que, somados, permitem bom conhecimento.

A obra mais sistemática ainda é Araripe Júnior, *JA*, 2. ed. (Rio de Janeiro: Fauchon & Cia., 1894; 1. ed., 1882), de leitura obrigatória. Pretende aplicar os métodos da crítica *positiva* de Taine, distingue uma fase de inspiração e outra de decadência, inclina-se a uma interpretação psicopatológica e sociológica da biografia e seu reflexo na obra, apresentando análises e juízos de bom teor.

Dos outros contemporâneos, interessam, por motivos de informação ou ponto de vista: (José Feliciano de Castilho), *Questões do dia* etc., coordenadas por Lúcio Quinto Cincinato, tomo I (Rio de Janeiro: Tipografia Imparcial, 1871), contendo ataques à sua posição política e à sua arte literária, através da análise d'*O gaúcho*; (Franklin Távora), *Cartas a Cincinato: Estudos críticos de Semprônio sobre* O gaúcho *e* Iracema, 2. ed. (Pernambuco: J. W. de Medeiros, 1872), reforçando o anterior, numa análise negativa bem desenvolvida, embora pouco compreensiva; Antônio Henriques Leal, "Questão filológica, a propósito da segunda edição da *Iracema*", *Locubrações*, Magalhães & Cia. (Maranhão: Magalhães & Cia., 1874), pp. 235-246, pode ser lido como amostra das críticas feitas à correção da linguagem; Machado de Assis, "*Iracema*, de JA", "*O guarani*, de JA", *Crítica literária*, op. cit. (cap. XII, § 2), pp. 64-76 e 332-341; Visconde de Taunay, "JA", *Reminiscências*, 2. ed. (São Paulo: Melhoramentos, 1923), pp. 81-213, extenso e importantíssimo estudo sobre a sua carreira política, com elementos para o perfil psicológico; José Veríssimo, JA, *Estudos brasileiros*, X, op. cit. (cap. XIII, § 2), pp. 153-164, bom estudo de conjunto, apontando traços interessantes da sua psicologia literária, modo de ser e relação com o público; Id., "JA e o seu drama *O Jesuíta*", *Estudos de literatura*, III, op. cit. (cap. III, § 2), 1903, pp. 135-162, apesar de consagrado ao teatro, é valioso para a compreensão da personalidade literária; R. A. da Rocha Lima, "Senhora, perfil de mulher publicado por G. M.", *Crítica e literatura* (Maranhão: Tipografia do País, 1878), pp. 79-97, estudo pedantesco e digressivo, muito curioso como abordagem de Alencar pela crítica "científica", no qual Araripe Júnior colheu os elementos centrais da sua interpretação.

Consulte-se, como mera curiosidade, Lopes Trovão, *JA: O romancista* (Rio de Janeiro: Livraria do Povo, 1897), discurso feito no dia do enterro, em 1877, vazio e desconexo, mas ilustrativo do setor da opinião que o idolatrava, chegando LT a negar à crítica o direito de analisar as suas obras...

Dos críticos posteriores, assinalem-se: Magalhães de Azeredo, *JA* (Rio de Janeiro: Monte Alverne, 1895), conferência palavrosa e digressiva, onde todavia há uma indicação interessante sobre as análises femininas, sendo também uma reação contra os críticos naturalistas, ao afirmar a excelência da segunda fase de Alencar, que procura caracterizar; Agripino Grieco, *Vivos e mortos*, 2. ed. (Rio de Janeiro: José Olympio, 1947), pp. 117-122, tributo de um apaixonado alencariano que sempre soube sentir, nos momentos de descrédito do grande romancista junto aos meios intelectuais, aspectos básicos do seu valor; Olívio Montenegro, *O romance brasileiro*, op. cit. (cap. XIII § 2), cap. IV; Augusto Meyer, "De um leitor de romances: A", RdB (3), ano IV, n. 35, 1941, pp. 69-74; Gladstone Chaves de Melo, "Introdução" à citada edição de *Iracema* (Rio de Janeiro: Imprensa Nacional, 1948), pp. VII-LVI, que reexamina e põe nos devidos termos os aspectos linguísticos da obra.

Na referida ed. José Olympio, há estudos originais, outros que são transcrições de trabalhos anteriores, outros, enfim, brilhantes mas curtos sem o caráter de estudo. Citemos, no primeiro grupo, a bela síntese de Brito Broca, *Introdução biográfica*, tomo I, pp. 19-39; Wilson Lousada, "*As minas de prata*", tomo V, pp. 11-18, que focaliza a sua capacidade fabuladora; no mesmo volume, Pedro Calmon, "A verdade d'*As minas de prata*", pp. 19-25, dá algumas úteis indicações históricas; Gilberto Freyre, "JA, renovador das letras e crítico social", tomo X, pp. 12-32, é um excelente estudo de revalorização do romancista como observador da sociedade e artista ajustado ao meio; Josué Montello, "Uma influência de Balzac: JA", tomo XVI, pp. 11-23, excelente análise inicial de uma influência pouco referida, embora expressamente indicada pelo romancista na autobiografia. Muito importantes são as notas bibliográficas da editora, dando o elenco mais perfeito até o momento das edições dos romances. As bibliografias gerais mais completas parecem as de Gladstone Chaves de Melo, na citada edição, e José Aderaldo Castello, "Bibliografia e plano das obras completas de JA", *Boletim Bibliográfico*, São Paulo, v. XIII, 1949, pp. 37-57, onde vêm levantadas as sucessivas edições de cada obra.

4. **Um contador de casos: Bernardo Guimarães** Há edição uniforme das obras de BG, sob o título de *Obras completas de BG*, 13 v., sob a direção de M. Nogueira da Silva (Rio de Janeiro: Briguiet, 1941). Dela me utilizei apenas de *A escrava Isaura*, 11. ed., 1941, e *Maurício*, 2. ed., 1941; dos demais, usei: Garnier: *Lendas e romances* (contém: *Uma história de quilombolas*, *A garganta do inferno*, *A dança dos ossos*), [s.d.]; *História e tradições de Minas Gerais* (incluindo *A cabeça do Tiradentes*, *A filha do fazendeiro*, *Jupira*), [s.d.]; *A ilha maldita* e *O pão de ouro*, [s.d.], e *Rosaura, a enjeitada*, 2 v., 1914, s.f.; Martins: *Quatro romances* (*O ermitão do Muquém*, *O índio Afonso*, *O seminarista*, *O garimpeiro*), 1944; Imprensa Oficial do Estado de Minas Gerais: *O bandido do Rio das Mortes*, 1904.

Quanto às obras sobre ele, consultar, acima, as notas do cap. XII, § 4.

Capítulo XIV
A expansão do lirismo

1. **Novas direções na poesia** Textos dos poetas referidos: Pedro Luís, *Poesias* (São Paulo: Ramos Moreira, 1897) — sobre ele, ver Mário Neme, "Pedro Luís (notas para uma biografia)", RAM, v. LXIII, 1940, pp. 5-44; Rozendo Moniz Barreto, *Voos icários* (Rio de Janeiro: Instituto Artístico, [s.d.]), com a importante introdução de Francisco Otaviano, "Neve a descoalhar", pp. III-XXXII; Narcisa Amália, *Nebulosas* (Rio de Janeiro: Garnier, [1872]), trazendo prefácio de Pessanha Póvoa, pp. V-XXVI — sobre ela, consultar Antônio Simões dos Reis, *Narcisa Amália* (Rio de Janeiro: Simões, 1949); Tobias Barreto, *Dias e noites* (Rio de Janeiro: Laemmert, 1903), com introdução de Sílvio Romero, "TB: Breve notícia sobre a sua vida", pp. III-XV; Luís Guimarães Júnior, *Corimbos* (Recife: Tipografia do Correio de Pernambuco, 1869); João Júlio dos Santos, *Auroras de Diamantina e outros poemas* (Rio de Janeiro: A Noite, [1944]), com

introdução de Américo Pereira, "Um grande poeta esquecido", pp. VII-XXXIII; Machado de Assis, *Poesias completas* (Rio de Janeiro: Garnier, 1901).

Para ilustrar a invasão melódica na poesia citou-se *O trovador: Coleção de modinhas, recitativos, áreas* (sic), *lundus* etc., 5 v., nova edição correta (Rio de Janeiro: Cruz Coutinho, 1876).

Mencionou-se, finalmente, *Riachuelo*, poema épico em 5 cantos por Luís José Pereira da Silva (Rio de Janeiro: Tipografia Imperial do Instituto Artístico, 1868).

2. **Transição de Fagundes Varela** Usei o texto das *Obras completas de LNFV*, ed. Visconti Coaraci, 3 v. (Rio de Janeiro: Garnier, 1919-1920, s.f.), *Obras completas*, ed. Edgard Cavalheiro (São Paulo: Cultura, 1943), traz alguns outros poemas.

Sobre a sua vida, a obra atualmente mais autorizada, que supera as anteriores, é Edgard Cavalheiro, *FV* (São Paulo: Martins, [s.d.]), retificando erros, trazendo novos dados, traçando um penetrante retrato psicológico e poético. Em apêndice vêm documentos e obras inéditas, algumas das quais incorporadas depois na ed. Cultura, onde se deve destacar a introdução do organizador.

Quanto aos artigos e ensaios, citem-se; Machado de Assis, "Cantos e fantasias por FV", *Crítica literária*, op. cit. (cap. XII, § 2), pp. 89-97, interessante por saudar V como tendo ficado imune à influência byroniana, que analisa rapidamente com argúcia; Franklin Távora, "O Diário de Lázaro, poemeto de LNFV", RB (2), v. V, 1880, pp. 357-390, reproduzido mais tarde na ed. Garnier, aborda toda a obra antes de concentrar-se no objeto principal, que supervaloriza; mas a primeira parte é excelente, constituindo, salvo erro, o primeiro estudo de conjunto; José Veríssimo, "FV", *Estudos de literatura brasileira*, II, op. cit. (cap. III, § 2), pp. 131-146, talvez o melhor estudo crítico, apontando a impregnação dos predecessores imediatos, a inspiração irregular, a maestria no verso branco etc.; Alberto Faria, "FV", RABL, 41, 1925, pp. 349-394, estudo bastante sobrecarregado, biograficamente muito bom, justificando o poeta ante as alegações de plágio ou falta de originalidade; Agripino Grieco, "V", *São Francisco de Assis e a poesia cristã* (Rio de Janeiro: Ariel, [s.d.]), pp. 217-223, é um breve estudo compreensivo, acentuando o caráter de vivência brasileira dos seus poemas da natureza; Carlos Drummond de Andrade, "FV, solitário imperfeito", *Confissões de Minas*, op. cit. (cap. X, § 5), pp. 13-26, é um ensaio penetrante, que desvenda aspectos básicos da psicologia do poeta.

3. **Poesia e oratória em Castro Alves** Utilizei: *Obras completas*, ed. Afrânio Peixoto, 2 v. (São Paulo: Editora Nacional, 1938), com introdução e notas importantes.

Há muitos livros sobre o poeta, destacando-se, como interpretação baseada em vários instrumentos de análise, Jamil Almansur Haddad, *Revisão de CA*, 3 v. (São Paulo: Saraiva, 1953), que focaliza não apenas a sua psicologia e arte, mas o panorama do tempo, num vasto esforço de integração metodológica.

A primeira biografia sistemática e fundamentada foi a de Xavier Marques, *Vida de CA* (Bahia: Cincinato Melquíades, 1911), ed. correta Anuário do Brasil, 1924, que traz valiosos pormenores biográficos e aborda pela primeira vez a história dos amores, guardando interesse ainda hoje; seguem-se Afrânio Peixoto, *CA: O poeta e o poema* (Lisboa: Aillaud, 1922), que obedece ao critério de todos os seus ulteriores trabalhos, a saber, utilização da obra como documentário psicológico; Pedro Calmon, *História de CA* (Rio de Janeiro: José Olympio, 1947), bom estudo biográfico; Lopes Rodrigues, *CA*, 3 v. (Rio de Janeiro: Pongetti, 1947), livro enorme e redundante, com menos substância do que aparenta.

Há alguns estudos de inspiração política, notadamente marxista, que apresentam os aspectos sociais do poeta, acentuando o conteúdo da sua mensagem liberal e abolicionista, bem como as condições do meio. Deles podem-se destacar: Heitor Ferreira Lima, *CA e sua época* (São Paulo: Anchieta, 1942), onde infelizmente a parte socioeconômica não se entrosa com a literária; Édison Carneiro, *Trajetória de CA* (Rio de Janeiro: Vitória, 1947).

Os artigos e ensaios sobre CA têm geralmente em comum três elementos que, tornados critérios únicos, acabam por transformar-se em graves defeitos críticos: o invariável tom de exaltação, a romantização da biografia, o tratamento retórico do seu liberalismo. Isto lhes dá uniformidade e monotonia, bastando assinalar alguns poucos: Tito Lívio de Castro, "CA", *Questões e problemas* (São Paulo: Empresa de Propaganda Literária Luso-Brasileira, 1913), pp. 137-156, digressivo e ralo, mas com o mérito de procurar definir a atitude ideológica e, sobretudo, apontar algumas características do estilo; Euclides da Cunha, *CA e seu tempo*, edição do Grêmio Euclides da Cunha, sem menção de editor, local e data, pouco ou nada diz sobre o poeta, mas traça um quadro breve e sugestivo de arrancada liberal do seu tempo; José Veríssimo, "CA", *Estudos de literatura brasileira*, II, op. cit. (cap. III, § 2), pp. 147-163, bom ensaio, apontando a vocação retórica e a importância da idealização do escravo; Xavier Marques, "CA no decênio de sua morte", *Letras acadêmicas*, op. cit. (cap. XIII, § 2), pp. 45-57, interessa por apontar alguns elementos para estudo da repercussão imediata da obra no terreno do abolicionismo; Agripino Grieco, "CA", *Vivos e mortos*, 2. ed. (Rio de Janeiro: José Olympio, 1947), pp. 7-14, ilustra bem o tom apaixonado dos idólatras do poeta; no caso, da parte de um crítico que sabe apreciar o que há nele de melhor; Mário de Andrade, "CA", *Aspectos da literatura brasileira* (Rio de Janeiro: Americ-Edit, 1943), pp. 145-164, sem dúvida o melhor e mais penetrante ensaio sobre o poeta, situando-o por meio de coordenadas precisas e inspiradas. (*Aspectos da literatura brasileira* talvez seja, aliás, a mais alta coletânea de ensaios críticos das nossas letras.)

(Nota da 2. ed. — Mencionemos o importante estudo, contendo a mais completa bibliografia castro-alvina: Hans Jürgen Hoch, *ACA: Seine Sklavendichtung und ihre Beziehungen zur Abolition in Brasilien*, (Hamburgo: Cram, De Gruyter & Co., 1958). Do mesmo: *Bibliografia de CA* [Rio de Janeiro: Instituto Nacional do Livro, 1960].)

4. A morte da águia

- De Sílvio Romero consultei *Cantos do fim do século* (Rio de Janeiro: Tipografia Fluminense, 1878), e *Últimos harpejos* (Pelotas; Porto Alegre: Carlos Pinto & Cia., 1883). Vejam-se os importantes prefácios-manifestos de ambos, respectivamente "A poesia de hoje" e "Advertência", sobretudo o primeiro.

  Sobre a sua poesia, ver: Teixeira Bastos, *SR: Poetas brasileiros* (Porto: Lello & Irmão, 1895), pp. 105-113; Carlos Süssekind de Mendonça, *SR: Sua formação intelectual, 1851-1880* (São Paulo: Editora Nacional, 1938), pp. 162-169; e Antonio Candido de Mello e Souza, *Introdução ao método crítico de SR* (São Paulo: Empresa Gráfica da Revista dos Tribunais, 1945), pp. 49-54.

- De Matias Carvalho, péssimo poeta, aqui posto como índice dos aspectos mais radicais da poesia política, consultei *Linha reta* (Rio de Janeiro: Evaristo R. da Costa, 1883).

- A poesia política de Lúcio de Mendonça se encontra principalmente em *Alvoradas: Vergastas e visões do abismo*, reunidos com os demais livros nos *Murmúrios e clamores: Poesias completas* (Rio de Janeiro: Garnier, 1902).

- Consultei, de Martins Júnior, *Estilhaços*, edição definitiva (Recife: Tipografia Industrial, 1885), e *Visões de hoje* (Recife: Tipografia Industrial, 1881). Ele próprio expôs e defendeu a sua concepção em *A poesia científica: Escorço de um livro futuro* (Recife: Tipografia Industrial, 1883).

  Sobre ele: Clóvis Bevilácqua, *História da Faculdade de Direito do Recife*, 2 v. (Rio de Janeiro: Francisco Alves, 1927), v. 2, pp. 135-147; Teixeira Bastos, "IMJ", *Poetas brasileiros*, op. cit., pp. 89-104, dá boas indicações sobre as influências; Artur Orlando, "A poesia científica", *Filocrítica* (Rio de Janeiro: Garnier, [s.d.]), pp. 90-96.

Capítulo XV
A corte e a província

1. **Romance de passagem** Serviram-me de apoio as excelentes considerações de Lúcia Miguel Pereira, *Prosa de ficção*, op. cit. (cap. XIII, § 1), pp. 27-34.

2. **O regionalismo como programa e critério estético: Franklin Távora** Não consegui *Os índios do Jaguaribe* e *A casa de palha*. Consultei em "novas edições" Garnier: *Um casamento no arrabalde*, 1903; *O Cabeleira*, 1902; *Lourenço*, 1902. Consultei na edição original *O matuto* (Rio de Janeiro: Tipografia Perseverança, 1878); *O sacrifício*, ainda não editado em volume, ao que eu saiba, em RB (2), v. I, pp. 20, 45, 236, 305, 377, 477 e 537; II, pp. 5, 93, 169.

   Para o conhecimento da personalidade literária, é necessário ler as *Cartas a Cincinato*, op. cit. (cap. XIII, § 3), onde explica a sua concepção de romance; e também os fragmentos publicados de estudos históricos, onde evidencia a curiosidade documentária, voltada para os fatos da sua região: "Os patriotas de 1817: Uma sessão do governo provisório" e "As obras de frei Caneca" (esta, com a menção "continua" e a nota: "faz parte de um livro inédito intitulado *A constituinte e a Revolução de 1824*), RB (2), respectivamente v. IV, 1889, pp. 37-66 e v. VIII, 1881, pp. 461-473.

   Além das obras gerais, pouco há sobre FT, convindo citar inicialmente *Excertos das principais obras de FT*, com biobibliografia por seu filho, Baltazar Martins Franklin Távora (Rio de Janeiro: Drummond, 1920), que traz na verdade apenas o drama *Um mistério na família*. Ver ainda Clóvis Bevilácqua, "FT", RABL, v. IV, n. 9, pp. 12-52; José Veríssimo, "FT e a literatura do Norte", *Estudos de literatura brasileira*, V, op. cit. (cap. III, § 2), 1905, pp. 129-140, não estuda a obra em si, mas apenas a sua concepção de autonomia literária regional, que analisa e combate, qualificando-a muito bem de "uma ilusão de bairrista e romântico".

   Recentes e recomendáveis são, de Lúcia Miguel Pereira, "Três romancistas regionalistas", RdB (3), n. 35, pp. 86-96, e *Prosa de ficção*, op. cit. (cap. XIII, § 1), pp. 27-34 e 39-46.

3. **A sensibilidade e o bom senso do visconde de Taunay** As obras de T, e não apenas as de ficção, foram em grande número editadas pela Cia. Melhoramentos de São Paulo, mas algumas permanecem em edições originais. Consultei da Garnier: *A mocidade de Trajano*, 1. ed., 1874; *Histórias brasileiras*, 1. ed., 1874; *Manuscrito de uma mulher* (inicialmente *Lágrimas do coração*), 3. ed., 1900; *Ouro sobre azul*, 5. ed., 1900, s.f. Da Melhoramentos consultei: *Inocência*, 18. ed., [s.d.]; *O encilhamento*, 4. ed., [s.d.]; *No declínio*, 3. ed., [s.d.].

   Das suas obras sobre a guerra e o sertão foram aqui citadas, e devem ser lidas como introdução à sua arte literária, pelo menos *Céus e terras do Brasil*, *A retirada da Laguna* e *Visões do sertão* (São Paulo: Melhoramentos), respectivamente: 5. ed., 1922; 7. ed., [s.d.]; 1. ed., 1922.

   Outro elemento valioso para o mesmo objetivo são os estudos críticos, hoje divididos (os literários e os linguísticos) nos dois volumes *Filologia e crítica* (1921), *Brasileiros e estrangeiros* [s.d.], ed. Melhoramentos, onde se percebe uma posição de romântico desconfiado ante o Naturalismo e pendendo, ao impacto deste, para um realismo mitigado, que sempre existiu como componente da sua personalidade literária.

   Os documentos pessoais, de capital importância, se encontram agora reunidos e completados nas *Memórias*, op. cit. (cap. VIII, § 2).

   Citei ainda *Questões de imigração* (Rio de Janeiro: Leuzinger, 1889).

   Faz falta, sobre ele, um Estudo amplo, tanto biográfico, quanto crítico. Dos ensaios, artigos e trechos de livros, consultem-se, excluídas sempre as obras gerais: Martin Garcia Merou, *El Brasil intelectual* (Buenos Aires: Lajouane, 1900), caps. XIII a XVI, apresentação descritiva e invariavelmente laudatória, que aponta, porém, alguns aspectos capitais; José Veríssimo, "T e a *Inocência*", *Estudos de literatura brasileira*, II, op. cit. (cap. III, § 2), pp. 265-277, assinala a diferença qualitativa entre *Inocência* e as outras obras e o fácil temperamento literário; Sílvio Romero, "O visconde de T (o homem de letras)", *Outros estudos de literatura contemporânea* (Lisboa: A Editora, 1905), pp. 187-206, é um bom estudo, onde o grande crítico procurou, serenamente, retificar a birra anterior, apontando a qualidade própria do "brasileirismo" de T, acentuando o senso da natureza e a familiaridade com o interior do país. Dos atuais, mencionem-se: Olívio Montenegro, *O romance brasileiro*, op. cit. (cap. XIII, § 2), cap. VI, mas sobretudo Lúcia Miguel Pereira, "Três romancistas regionalistas", RdB (3), n. 35, pp. 86-96, e *Prosa de ficção* (cap. XIII, § I), pp. 27-39.

A título complementar, como registro da opinião elogiosa de um confrade exigente, ver a resenha de Franklin Távora, "La Retraite de Laguna" etc., RB (2), v. II, 1879, pp. 77-80.

Capítulo XVI
A consciência literária

1. **Raízes da crítica romântica** Para o estudo dos grandes teóricos do Romantismo que influíram direta ou indiretamente na formação das ideias críticas dos românticos brasileiros, utilizei alguns textos e comentadores abaixo discriminados:

- A. W. Schlegel, *Cours de littérature dramatique*, op. cit. (cap. IX, § 2). Sobre ele há uma análise penetrante em Ricarda Huch, *Die Romantik*, op. cit. (cap. IX, § 2), v. I, *Blütezeit der Romantik*, caps. I e II, havendo tradução francesa de André Babelon (Paris: Grasset, 1933, s.f.); mais didático é Emil Ermatinger, *Deutscher Dichter, 1700-1900: Eine Geistesgeschichte in Lebensbildern* II (Bonn: Athenäum, 1949), Livro I, cap. 5. Em ambos vem estudado, no conjunto, o grupo Frederico-Guilherme-Carolina, com referência sobretudo às personalidades. Recentemente, apareceu um excelente estudo da sua posição pessoal na história da crítica, bem como a de Frederico, muito mais importante: René Welleck, *A History of Modern Criticism: 1750-1950*, 2 v. (New Haven: Yale University Press, 1955), v. 2, caps. I e 2.

- Mme. de Staël, "De la Littérature considerée dans ses rapports avec les institutions sociales", *Oeuvres complètes*, 2 v. (Paris: Didot, 1836); *De l'Allemagne*, nova edição, 2 v. (Paris: Garnier, 1932). Sobre a sua contribuição crítica: Albert Sorel, *Mme. de S.* (Paris: Hachette, [s.d.]); Rocheblave, "La Vie et l'oeuvre de Mme. de S", *Pages choisies*, 5. ed. (Paris: Colin, 1929), pp. I-LXI; Sainte-Beuve, "Mme. de S", *Portraits de femmes*, *Oeuvres*, v. 2 (Paris: Bibliothèque de la Pléiade, 1951), pp. 1058-1133; Mary Colum, *From these Roots* (Nova York: Columbia University Press, 1944), cap. IV, onde estuda as origens alemãs das suas ideias; René Welleck, op. cit., v. 2, cap. 8.

- Chateaubriand, *Le Génie du christianisme*, op. cit. (cap. VIII, § 3). Sobre ele, a obra crítica fundamental continua sendo, apesar das deformações psicológicas, a de Sainte-Beuvre, *C et son groupe littéraire sous l'Empire*, ed. M. Allem, 2 v. (Paris: Garnier, 1949, s.f.). Veja-se também o citado cap. 8 do livro de Welleck. Tanto para ele quanto para Mme. de S. ver os livros franceses citados no cap. IX, § 2, notadamente os de Pierre Moreau e Edmond Eggli.

- Quanto a Ferdinand Denis, eis a referência completa da sua obra, nunca reeditada: *Résumé de l'histoire littéraire du Portugal suivi du résumé de l'histoire littéraire du Brésil* (Paris: Lecointe et Durey, 1826). A aplicação do naturismo pré-romântico à visão do Brasil vem difusa, e em alguns pontos explícita, nas *Scènes de la nature sous les tropiques* etc. (Paris: Louis Janet, 1824). Para o estudo da sua posição no Pré-Romantismo, ver Sainte-Beuve, "FD: Scènes de la nature sous les tropiques" etc., e "André le Voyageur" etc., em *Premiers Lundis*, em *Oeuvres*, tomo I, (Paris: Bibliothèque de la Pléiade, 1949), pp. 64-71 e 272. A fiel amizade por Senancour vem referida na obra citada de Sainte-Beuve sobre Chateaubriand, v. I, p. 288, e em André

Monglond, *Le Journal intime d'Oberman* (Grenoble: Arthaud, 1947), pp. 36 e 49. A sua biografia, acentuadas as relações com o Brasil, foi feita por Escragnolle Dória, "Um amigo do Brasil", RIHGB, LXXV, Iª parte, pp. 219-230, reproduzida em Antônio Simões dos Reis, *Bibliografia da história da literatura brasileira de Sílvio Romero*, op. cit. (cap. X, § 2), pp. 103-109; na mesma obra há bibliografia minuciosa, pp. 113-126.

– O "Bosquejo da história da poesia e língua portuguesa", de Garrett, saiu como introdução anônima do *Parnaso lusitano* etc., op. cit. (cap. I, § 4), v. I, 1826, pp. VII-LXVII; ver ainda *O Cronista*, op. cit. (cap. X, § 1).

– Foram mencionados Jamil Almansur Haddad, *Revisão de CA*, op. cit. (cap. XIV, § 3); Gomes de Amorim, *Garrett: Memórias biográficas*, op. cit. (cap. VIII, § 4).

2. **Teoria da literatura brasileira** Textos consultados:

Francisco Bernardino Ribeiro, "Epístola", FPB, III, pp. 93-95; Magalhães, "Os indígenas do Brasil perante a história", "Discursos sobre a história da literatura no Brasil", "Filosofia da religião", *Opúsculos históricos e literários*, op. cit. (cap. I, § 4), pp. 155-240, 241-272, 273-304; Pereira da Silva, "Estudos sobre a literatura", N, II, 1836, pp. 214-243; "Introdução", PB (2), v. I, pp. 7-45; Torres Homem, "Suspiros poéticos e saudades por D. J. G. de Magalhães", N, II, 1836, pp. 246-256; Santiago Nunes Ribeiro, "Da nacionalidade da literatura brasileira", MB, v. I, 1843, pp. 7-23; Joaquim Norberto, "Introdução", *Mosaico poético* etc., em colaboração com E. Adet (Rio de Janeiro: Berthe e Haring, 1844); "Bosquejo da história da poesia brasileira", op. cit. (cap. VII, § 3); "Introdução histórica sobre a literatura brasileira", RP, tomo IV, pp. 357-364, V, pp. 21-55; "Nacionalidade da literatura brasileira", RP, tomo VI, pp. 153-163 e 201-208, VII, pp. 105-112, 143-163, 201-208, 286 ss.; "Da inspiração", RP, tomo XVI, pp. 261-269; "Originalidade da literatura brasileira", RP, tomo IX, pp. 160-173 e 193-200; "Da tendência dos selvagens para a poesia", RP, tomo II, pp. 343-357, III, pp. 5-17, IV, pp. 271 ss.; "Da catequese e instrução dos selvagens pelos jesuítas", III, pp. 287-303; (esta é a ordem lógica, conforme nota da Redação, RP, tomo XVI, p. 261); Álvares de Azevedo, "Literatura e civilização em Portugal", *Obras completas*, ed. Homero Pires, op. cit. (cap. VIII, § 5), v. II, pp. 321-387; Joaquim Caetano Fernandes Pinheiro, ver acima relação das obras gerais, p. 391.

Alguns estudos a respeito destes críticos, além das obras gerais:

Sobre Francisco Bernardino: Anônimo, "Biografia: O dr. FBR", MB, v. I, 1844, pp. 556-558, que considero da autoria provável de Santiago Nunes Ribeiro; Almeida Nogueira, *A Academia de São Paulo*, op. cit. (cap. VIII, § 5), v. 6, 1909, pp. 40-49.

Sobre Magalhães, ver cap. X, § 2.

Sobre P. da Silva, nada além das obras gerais.

Sobre Torres Homem, há um belo estudo do visconde de Taunay, "STH", *Reminiscências*, op. cit. (cap. XIII, § 3), pp. 33-80.

Sobre Santiago Nunes, Porto-Alegre, "Discurso" etc., RIHGB, XV, 1853, pp. 513-514.

Sobre Norberto, ver cap. X, § 4.

3. **Crítica retórica** Obras citadas:

Lafayette Rodrigues Pereira, "Literatura: Curso de literatura portuguesa e brasileira pelo sr. F. Sotero dos Reis no instituto de humanidades do Maranhão, 1866", *Diário do Povo*, Rio de Janeiro, n. 164, 165 e 166, de 1868; consultei a reprodução em apêndice a Antônio Henriques Leal, *Panteon maranhense*, op. cit. (cap. X, § 5), v. I, pp. 307-318; Hugh Blair, *Leçons de réthorique et de belles-lettres* etc., tradução de J. P. Quénot, 3. ed., 2 v. (Paris: Hachette, 1845); Junqueira Freire, *Elementos de retórica nacional*, op. cit. (cap. XII, § 2); frei João José de Montefiore, *Lições elementares de literatura expostas sob o ponto de vista cristão* (São Paulo: Tipografia Imparcial, 1864); Manuel da Costa Honorato, *Sinopses de eloquências e poética nacional* etc., op. cit. (cap. IX, § 3); J. C. Fernandes Pinheiro, *Postilas de retórica e poéticas*, 3. ed. (Rio de Janeiro: Garnier, 1885).

4. Formação do cânon literário

– As referidas coletâneas de poesias são: (Januário da Cunha Barbosa), *Parnaso brasileiro*, ou *Coleção das melhores poesias dos poetas do Brasil, tanto inéditas como já impressas*, 2 v. (Rio de Janeiro: Tipografia Imperial e Nacional, 1829-1831), divididos em oito cadernos com folhas de rosto independentes, datadas respectivamente: v. 1 — 1º, 1829; 2º a 4º, 1830; v. 2 — 5º a 8º, 1831; Pereira da Silva, *Parnaso brasileiro, ou Seleção de Poesias dos melhores poetas brasileiros desde o descobrimento do Brasil precedida de uma introdução histórica e biográfica sobre a literatura brasileira*, 2 v. (Rio de Janeiro: Laemmert, 1843-1848); F. A. de Varnhagen, *Florilégio da poesia brasileira, ou Coleção das mais notáveis composições dos poetas brasileiros falecidos, contendo as biografias de muitos deles, tudo precedido de um ensaio histórico sobre as letras no Brasil*, 2. ed., 3 v. (Rio de Janeiro: Academia Brasileira, 1946).

– As coletâneas biográficas são: de Pereira da Silva, *Plutarco brasileiro*, 2 v. (Rio de Janeiro: Laemmert, 1847); Id., *Varões ilustres do Brasil durante os tempos coloniais*, 2. ed., 2 v. (Paris: Franck; Guillaumin, 1858); 3. ed. muito aumentada e correta, 2 v. (Rio de Janeiro: Garnier, 1868). É provável que PS se haja inspirado, para a sua empresa, no repertório biográfico *Le Plutarque français: Vies des hommes et femmes illustres de la France, avec leurs portraits en pied*, 8 v. (Paris: Crapelet, 1835-1841), organizado e publicado por Édouard Mennechet.

De Antônio Joaquim de Melo: *Biografias de alguns poetas e homens ilustres da província de Pernambuco*, 3 v. (Recife: Tipografia Universal, 1856-1858), e *Biografia de José de Natividade Saldanha* (Recife: M. Figueroa Faria & Filhos, 1895).

De Antônio Henriques Leal, *Panteon maranhense: Ensaios biográficos dos maranhenses ilustres já falecidos*, 4 v. (Rio de Janeiro: Imprensa Nacional, Lisboa, 1873-1875).

De Joaquim Manuel de Macedo, *Ano biográfico brasileiro*, 3 v. (Rio de Janeiro: Instituto Artístico, 1876).

– Quanto às tentativas de história, ver na relação das obras gerais a indicação dos livros de Fernandes Pinheiro, *Curso elementar de literatura nacional* (1862) e *Resumo de história literária* (1872).

De Sotero dos Reis, *Curso de literatura portuguesa e brasileira, professado* [...] *no Instituto de Humanidades da província do Maranhão* etc., 5 v. (Maranhão; [s.n.], 1866-1873). Os autores brasileiros aí estudados são: Durão, Basílio, Sousa Caldas, Odorico Mendes, Gonçalves Dias, marquês de Maricá, Monte Alverne, Antônio Henriques Leal e João Francisco Lisboa. Sobre ele, além do citado artigo de Lafayette, A. H. Leal, *Panteon*, v. 1, pp. 119-183 e a nota n. 2.

Citei: Wilson Martins, *A crítica literária no Brasil* (São Paulo: Departamento de Cultura, 1952).

A referência à busca dos ossos de Sousa Caldas é feita conforme a carta de J. Norberto ao presidente do Instituto Histórico e Geográfico (então Fernandes Pinheiro), em 1859, que se encontra na Seção de Manuscritos do mesmo, lata 336, Ms. 13.

5. A crítica viva

– De Macedo Soares pude consultar: em EAP, 1857, "Considerações sobre a atualidade da nossa literatura", n. 1-2, pp. 363-369 e n. 3-4, pp. 391-397; "*Cantos da solidão* (Impressos de leitura)", n. 3-4, pp. 386-391; "Ensaios de análise crítica — I — *Cantos da solidão*" etc., n. 4-5, pp. 513-524; 1859, "Ensaios de análise crítica — III — *Inspirações do claustro*" etc., n. 1-2, pp. 553-574. Em "RP: Notícia histórica sobre alguns escritores, poetas e artistas acadêmicos", tomo II, pp. 376 ss., tomo III, pp. 23 ss.; "Da crítica brasileira", VIII, pp. 272-277.

Finalmente, o prefácio às *Harmonias brasileiras: Cantos nacionais coligidos e publicados por AJMS* (São Paulo: Tipografia Imparcial de Joaquim Roberto de Azevedo Marques, 1859). Tendo sido empastelada em 1930 a redação do *Correio Paulistano*, perderam-se as coleções antigas, entre as quais a do ano de 1858, em que manteve um folhetim dominical, segundo SB; não a encontrei também nas Bibliotecas Públicas. Pela nota de um dos seus artigos, vê-se que tencionava publicar um volume denominado *Ensaios de análise crítica*.

– A. F. Dutra e Melo, "*A Moreninha*, por Joaquim Manuel de Macedo" etc., op. cit. (cap. XI, § 4). Não encontrei a revista *Nova Minerva*, em cujo volume I há, segundo L. F. da Veiga, (artigo citado no cap. X, § 4) "um extenso artigo intitulado "Bibliografia: Algumas reflexões a propósito da nova edição de *Marília de Dirceu*"; mas pode-se ver dele, em *Marília de Dirceu*, ed. Norberto, 2 v. (Rio de Janeiro: Garnier, 1862), v. I, pp. 185-189, um trecho, aliás decepcionante, sobre o tolo pastiche do organizador — *Dirceu de Marília*.

– Álvares de Azevedo, "Lucano", "George Sand", "Jacques Rolla", "Literatura e Civilização em Portugal", "Carta sobre a atualidade do teatro entre nós", "Discurso recitado no dia 11 de agosto de 1849" etc., "Discurso pronunciado na sessão da instalação da Sociedade Ensaio Filosófico" etc., *Obras completas*, ed. Homero Pires, op. cit. (cap. VIII, § 5), v. II, respectivamente pp. 241-249, 250-275, 276-320, 323-387, 388-391, 399-415, 416-427; "Prefácio" d'*O conde Lopo*, ibid., v. I, pp. 413-426.

– José de Alencar, *Cartas sobre "A Confederação dos Tamoios"*, por Ig. (Rio de Janeiro: Empresa Tipográfica Nacional do Diário, 1856); "Carta ao dr. Jaguaribe", *Iracema* (Rio de Janeiro: José Olympio, 1951), pp. 176-182, e também o "Pós-escrito", pp. 183-205; "Bênção paterna", *Sonhos d'ouro*, ibid., pp. 29-38. Consultei *Os filhos de Tupã* em RABL, v. I, n. 1, pp. 5-25; n. 2, pp. 267-282; v. II, n. 3, pp. 6-18.

A polêmica sobre "A Confederação dos Tamoios": Críticas de José de Alencar, Manuel de Araújo Porto-Alegre, d. Pedro II e outros, coligidas e precedidas de uma introdução por José Aderaldo Castello, Faculdade de Filosofia, Ciências e Letras da Universidade de São Paulo, 1953, reúne todo o material da famosa questão literária.

– (José Feliciano de Castilho), *Questões do dia: Observações políticas e literárias escritas por vários e coordenadas por Lúcio Quinto Cincinato*, tomo I (Rio de Janeiro: Tipografia e Litografia Imparcial, 1871). Cincinato era o pseudônimo de Castilho, provavelmente também autor da maioria dos artigos assinados com outros nomes latinos.

– As cartas de Távora saíram nos tomos I e II da referida publicação; logo a seguir foram reunidas em volume, que traz a menção de 2. ed. (devendo-se entender que a Iª é a publicação periódica): *Cartas a Cincinato: Estudos críticos de Semprônio sobre* O gaúcho *e a* Iracema, obras de Sênio (J. de Alencar), 2. ed., com extratos de cartas de Cincinato e notas do autor (Pernambuco: J. W. de Medeiros, 1872).

– Citou-se, finalmente: Machado de Assis, "Instinto de nacionalidade", *Crítica literária*, op. cit. (cap. XII, § 2), pp. 125-146.

– Alguns pontos de vista e dados deste capítulo se encontram, em forma diversa, num estudo anterior; Antonio Candido de Mello e Souza, *Introdução ao método crítico de Sílvio Romero*, op. cit. (cap. XIV, § 4), "A crítica pré-romeriana e o Modernismo", pp. 13-44.

3.
Índice de nomes

A

Abbeville, Claude d', 298

Abreu, Capistrano de [João Capistrano Honório de Abreu], 135, 341, 740, 752, 760, 763

Abreu, Casimiro de [Casimiro José Marques de Abreu], 37, 129, 130, 364, 365, 386, 473, 479, 506, 507, 521, 529, 532, 575, 583, 678, 681, 728, 762

Abreu, José Joaquim Marques de, 718

Ackermann, Fritz, 757

Addison, Joseph, 676

Adet, Emílion, 371, 373, 663, 677, 728, 754, 771

Afonso Henriques, d. [Afonso I, rei de Portugal], 242, 272

Aguiar, marquês de [Fernando José de Portugal e Castro], 46, 245

Aires, Matias [Matias Aires Ramos da Silva de Eça], 30

Alceste (pseudônimo) ver Costa, Cláudio Manuel da

Aleijadinho [Antônio Francisco Lisboa], 178, 511, 762

Alembert, Jean Le Rond D', 59, 247, 735

Alencar, Ana Josefina de, 720, 735

Alencar, José de [José Martiniano de Alencar] (pseudônimo: Ig.), 29, 30, 326, 340, 344, 358, 406, 439, 443, 478, 541, 544, 550, 551, 604, 626, 644, 684, 689, 691, 694, 727, 730, 745, 750, 751, 755, 759, 764, 773

Alencar, José Martiniano de [senador, pai de José de Alencar], 720

Alexandre II, tsar da Rússia, 617

Alfieri, Vittorio, 430

Allem, Maurice, 770

Almeida, Antônio de [tenente, pai de Manuel Antônio], 720

Almeida, Correia de, padre [José Joaquim Correia de Almeida], 206

Almeida, Guilherme de [Guilherme de Andrade e Almeida], 731

Almeida, Manuel Antônio de, 439, 461, 464, 478, 539, 541, 545, 547, 560, 561, 564, 625, 720, 764

Almeida, Maria Afra de, 719

Almeida, Moacir de, 597

Almeida, Renato [Renato Costa Almeida], 478, 759

Almeida, Sílvio de [Sílvio Tibiriçá de Almeida], 174, 742

Alorna, marquesa de [Leonor de Almeida e Lencastre], 209, 300, 382, 705, 711

Alpoim, brigadeiro [José Maria de Alpoim de Cerqueira Borges Cabral], 701

Alvarenga, Silva [Manuel Inácio da Silva Alvarenga], 20, 28, 44, 60, 61, 63, 70, 72, 75, 110, 113, 115, 116, 118, 119, 121, 137, 142, 145, 150, 151, 152, 158, 163, 164, 180, 181, 182, 183, 185, 189, 209, 219, 220, 230, 247, 251, 261, 286, 323, 346, 359, 360, 413, 493, 525, 647, 653, 678, 681, 702, 703, 728, 736, 741, 742, 743

Alvarenga, Teresa Ribeiro de, 699

Alves, Antônio José, 723

Alves, Castro [Antônio Frederico de Castro Alves], 15, 231, 338, 339, 353, 357, 358, 362, 364, 365, 366, 408, 414, 421, 458, 477, 479, 481, 505, 507, 512, 515, 524, 526, 531, 573, 575, 577, 578, 579, 580, 581, 582, 583, 588, 590, 597, 598, 599, 600, 602, 603, 604, 605, 607, 608, 611, 612, 613, 614, 615, 616, 617, 618, 621, 651, 722, 723, 731, 753, 757, 767

Alves, Constâncio [Constâncio Antônio Alves], 761

Amado, Jorge, 440, 633, 652

Amália, Narcisa [Narcisa Amália de Campos], 580, 583, 584, 724, 766

Amaral, Amadeu [Amadeu Ataliba Arruda Amaral Leite Penteado], 757

Amaral, Azevedo [Antônio José Azevedo do Amaral], 762

Amaral, José Maria do, 281, 327

Amaru, Túpac, 341

Amat, José, 478, 759

Amora, Antônio Soares, 328, 733

Amorim, Francisco Gomes de, 290, 319, 393, 750, 756

Anacreonte, 20, 43, 125, 149, 220, 254, 301, 373

Anchieta, José de, padre, 26, 195, 339, 358, 389, 390, 407, 595, 722, 735, 757, 768

Andrada, Antônio Carlos Ribeiro de, 248, 255, 256, 271, 746

Andrada, Gomes Freire de [conde de Bobadela], 70, 79, 83, 84, 96, 106, 107, 139, 140, 174, 459, 737, 741

Andrade, Carlos Drummond de, 757, 763, 767

Andrade, Emília de, 722

Andrade, Goulart de [José Maria Goulart de Andrade], 763

Andrade, Jacinto Freire de, 101, 738

Andrade, Manuel de Carvalho Pais de, 290

Andrade, Mário de [Mário Raul de Morais Andrade], 154, 306, 348, 364, 494, 511, 518, 522, 547, 655, 759, 762, 763, 764, 768

Andrade, Sousa [Joaquim de Sousa Andrade], 530, 531, 536, 720, 764

Anjos, Augusto dos [Augusto de Carvalho Rodrigues dos Anjos], 487, 620

Antunes, Paranhos [Deoclécio de Paranhos Antunes], 756

Apolônio, 254

Araguaia, visconde de ver Magalhães, Gonçalves de

Aranha, P. V. Brito, 732

Aranha, Tenreiro [Bento de Figueiredo Tenreiro Aranha], 54, 736

Araripe Júnior, Tristão de Alencar, 544, 558, 764, 765

Araújo, Antônio Lopes de Oliveira, 344, 752

Araújo, Francisco José de, 713

Araújo, José Gomes de, 96, 107

Araújo, Nabuco de [José Tomás Nabuco de Araújo, conselheiro Nabuco], 715

Araújo, Pizarro e ver Pizarro, Monsenhor

Arcos, conde dos [Marcos Noronha e Brito], 246

Arinos, Afonso [Afonso Arinos de Melo Franco], 175, 542, 703, 739, 741, 746

Ariosto, Ludovico Giovanni, 657

Aristóteles, 66, 326, 736

Arquimedes, 254

Assis, Francisco José de, 724

Assis, Machado de [Joaquim Maria Machado de Assis], 16, 344, 345, 407, 428, 440, 443, 454, 462, 471, 478, 541, 543, 544, 545, 549, 560, 583, 585, 625, 626, 627, 684, 695, 696, 720, 724, 725, 726, 757, 760, 762, 764, 765, 767, 773

Azambuja, conde de [Antônio Rolim de Moura Tavares], 699

Azeredo Coutinho, bispo [José Joaquim da Cunha de Azeredo Coutinho], 70, 254, 255, 256, 318, 333, 334, 746

Azeredo, Magalhães de [Carlos Magalhães de Azeredo], 765

Azevedo, Aluísio [Aluísio Tancredo Gonçalves de Azevedo], 443, 635

Azevedo, Álvares de [Manuel Antônio Álvares de Azevedo], 205, 304, 326, 337, 338, 339, 348, 352, 364, 383, 391, 406, 407, 424, 431, 473, 475, 476, 477, 479, 485, 489, 499, 501, 505, 506, 508, 511, 515, 516, 517, 521, 522, 524, 525, 529, 530, 533, 535, 552, 572, 575, 579, 581, 586, 587, 594, 597, 608, 670, 674, 678, 681, 683, 684, 685, 686, 687, 688, 715, 717, 718, 727, 751, 753, 757, 760, 761, 762, 763, 771, 773

Azevedo, Inácio Manuel Álvares de, 717

Azevedo, João Lúcio de, 82, 83, 735, 737

Azevedo, José Afonso Mendonça de, 738

Azevedo, José Pedro de Sousa, 245

Azevedo, Moreira de [Manuel Duarte Moreira de Azevedo], 679

Azevedo, Vicente de Paulo Vicente de, 717, 761, 762

B

Babelon, André, 770

Bach, Carl Philipp Emanuel, 61

Bachelard, Gaston, 91

Bacon, Francis, 633

Bahiense, Elmano (pseudônimo) *ver* Guimarães, Manuel Ferreira de Araújo

Balda, padre, 135, 141

Balzac, Honoré de, 356, 436, 440, 442, 447, 462, 550, 561, 563, 684, 766

Bandeira, Manuel [Manuel Carneiro de Sousa Bandeira Filho], 173, 322, 348, 408, 590, 731, 733, 743, 751, 756, 757

Bandeira, Monteiro, 173

Bandeira, Torres [Antônio Rangel de Torres Bandeira], 339, 752

Baraúna, Francisco Bastos, frei, 229

Barbacena, marquês de [Felisberto Caldeira Brant Pontes Oliveira e Horta], 274

Barbacena, visconde de [Luís AntonioFurtado de Castro do Rio de Mendonça e Faro], 132

Barbosa, Domingos Caldas, 28, 113, 115, 145, 158, 159, 174, 703, 729, 741, 742

Barbosa, Francisco de Assis, 742

Barbosa, Francisco Vilela (marquês de Paranaguá), 170, 207, 208, 220, 222, 251, 252, 303, 704, 705, 742, 744

Barbosa, Januário da Cunha, 146, 207, 228, 287, 311, 312, 334, 337, 396, 654, 667, 707, 708, 727, 734, 741, 742, 744, 747, 750, 772

Barbosa, Leonardo José da Cunha, 708

Barbosa, Marcos, d., 236

Barbosa, Rui [Rui Barbosa de Oliveira], 213, 250, 262, 367, 723

Barboza, Onédia Célia de Carvalho, 328

Barca, conde da [Antônio de Araújo Azevedo], 247, 262, 263

Bard, 448

Barral-Montferrat, Luís de, 307

Barreto, Francisco Ferreira, padre, 229, 730

Barreto, Lima [Afonso Henrique de Lima Barreto], 759

Barreto, Rozendo Moniz, 489, 579, 723, 766

Barreto, Tobias [Tobias Barreto de Meneses], 577, 581, 723, 724, 766

Barreto Filho, José, 462

Barros, Domingos Borges de (visconde de Pedra Branca), 35, 207, 212, 213, 221, 223, 252, 262, 286, 291, 300, 301, 304, 305, 306, 318, 321, 333, 348, 382, 387, 391, 494, 653, 710, 749, 755

Barros, Francisca Xavier de, 708

Barros, Francisco Borges de, 710

Barros, João de [João de Barros Falcão Cavalcanti de Albuquerque], 323, 683

Barros, Mariana de, 723

Barroso, Gustavo, 746

Barthes, Roland, 279

Bastide, Roger, 731

Bastos, Teixeira, 768

Bates, W. J., 736

Baudelaire, Charles, 356, 487

Beauchamp, Alphonse de, 298

Béguin, Albert, 753

Bellini, Vincenzo, 360, 478

Bellorini, Egidio, 753

Benda, Julian, 27, 735

Béranger, Pierre-Jean de, 362, 481, 754

Bernardes, Diogo, 97

Berthet, Elie, 448

Bertoni, 141

Bevilácqua, Clóvis, 734, 768, 769

Bilac, Olavo [Olavo Brás Martins dos Guimarães Bilac], 358, 367, 754, 757

Bittencourt, R. A. da Câmara, 749, 750

Blair, Hugh, 674, 675, 682, 730, 732, 771

Blake, Sacramento [Augusto Vitorino Alves Sacramento Blake], 732, 734

Blake, William, 56

Bobadela, conde de *ver* Andrada, Gomes Freire de

Bocage, Manuel Maria Barbosa Du, 53, 56, 75, 128, 129, 160, 173, 189, 206, 209, 220, 221, 230, 286, 288, 364, 365, 386, 671, 705

Bocalino, Trajano, 326

Boiardo, Matteo Maria, 516

Boileau, Nicolas, padre, 43, 46, 47, 51, 54, 59, 65, 67, 68, 163, 164, 171, 688, 736, 742

Bolívar, Simón [Simón José Antonio Bolívar], 278

Bonald, Louis de, 682, 709

Bonaparte, Napoleão, 290, 400, 447, 588, 589

Bonifácio, José [José Bonifácio de Andrada e Silva, patriarca da Independência], 71, 73, 169, 208, 213, 214, 219, 222, 226, 243, 252, 253, 255, 286, 295, 335, 341, 376, 490, 664, 703, 705, 707, 736, 742, 744, 746

Bonifácio, José (O Moço) [José Bonifácio de Andrada e Silva, poeta], 577

Borges, Abílio César, 723

Bosch, Hieronymus [Jeroen Van Aeken], 502

Bosi, Alfredo, 733

Bossuet, Jacques Bénigne, 311

Botelho, Manuel ver Oliveira, Manuel Botelho de

Boucher, Philippe, 298, 299, 320, 653, 661, 710, 748, 750

Bourdon, Léon, 296, 750

Bourget, Paul, 627, 644

Boyer, J., 753

Braga, Antônio Joaquim Gomes, 719

Braga, Gentil Homem de Almeida (pseudônimo: Flávio Reimar), 359, 407, 530, 534, 536, 719, 757, 764

Braga, Osvaldo Melo, 740, 761

Braga, Simão de Alvarenga, 700

Braga, Teófilo [Joaquim Fernandes Teófilo Braga], 144, 168, 615, 735, 740, 742, 743, 744, 752, 760

Branco, Alves, 255, 286, 290, 372, 577

Brandão, Tomás [Tomás da Silva Brandão], 131, 740

Bray, René, 736

Bremond, Henri, padre, 416

Brito, Lemos [José Gabriel de Lemos Brito], 747

Brito, Paula [Francisco de Paula Brito], 400, 447, 452, 715, 724, 752, 754, 756, 759

Broca, Brito [José Brito Broca], 766

Bruzzi, Nilo, 762

Buffon, conde de [Georges Louis Leclerc], 59, 247

Burdeau, 753

Burdin, 619

Butler, Samuel, 163

Byron, Lord [George Gordon Noel Byron], 208, 231, 338, 339, 356, 359, 384, 385, 419, 430, 478, 480, 487, 506, 515, 519, 590, 600, 602, 603, 657, 670, 688, 760

C

Cabral, Pedro Álvares, 83

Cabral, Teodoro, 745

Cabral, Vale [Alfredo Vale Cabral], 26, 678

Cadalso, José, 372, 391, 755, 756

Caetano, João [João Caetano dos Santos], 712

Cairu, visconde de ver Lisboa, José da Silva

Caldas, José Joaquim da Silva Pereira, 407, 757

Caldas, Sousa [Antônio Pereira de Sousa Caldas], 30, 70, 73, 170, 207, 210, 212, 216, 221, 226, 227, 228, 229, 230, 231, 233, 234, 236, 237, 251, 259, 260, 261, 286, 335, 348, 381, 384, 414, 647, 653, 662, 679, 680, 683, 703, 706, 742, 744, 745, 746, 772

Caldeira, Ana de Oliveira, 703

Calderón de La Barca, Pedro, 648, 666

Calmon, Pedro [Pedro Calmon Moniz de Bittencourt], 766, 767

Calzabigi, Ranieri de', 361, 754

Câmara Cascudo, Luís da, 745, 762

Câmara, Arruda, padre, 248, 249, 252, 257, 268

Câmara, Eugênia [Eugênia Infante da Câmara], 608, 613, 723

Câmara, intendente [Manuel Ferreira da Câmara Bittencourt Aguiar e Sá], 246

Camarão, Antônio Filipe, 290, 582

Camilo, Luís [Luís Camilo de Oliveira], 173, 743

Caminha, Adolfo Ferreira, 443

Cammarano, Salvatore, 363, 754

Camões, Luís Vaz de, 44, 49, 97, 102, 136, 192, 195, 209, 242, 297, 319, 324, 325, 364, 448, 655, 671, 683, 718, 738, 744, 750

Campos, Antônio Sales, 415, 752, 757

Campos, Narcisa Inácia de, 724

Campos Filho, Joaquim Jácome de Oliveira, 724

Candido, Antonio [Antonio Candido de Mello e Souza], 19, 21, 22, 615, 681, 736, 768, 773

Caneca, frei [Joaquim do Amor Divino Rabelo e Caneca], 71, 207, 257, 259, 268, 269, 270, 279, 286, 290, 361, 647, 726, 730, 747, 754, 769

Cardim, Elmano, 751

Cardim, Fernão, padre, 669

Cardoso, Estanislau Vieira, 242

Carlos IV (rei da Espanha), 266

Carlos, Antônio ver Andrada, Antônio Carlos Ribeiro de

Carneiro, Édison [Édison de Sousa Carneiro], 768

Carpeaux, Otto Maria, 732

Carvalho Júnior, Francisco Antônio de, 220

Carvalho, Alfredo de, 755

Carvalho, Amorim de, 754

Carvalho, F. Gomes de, 96

Carvalho, Francisco Freire de, 192, 674

Carvalho, Laerte Ramos de, 17, 735, 750

Carvalho, Matias [Matias José dos Santos Carvalho], 614, 616, 617, 619, 620, 768

Carvalho, Pérola de, 751

Carvalho, Ronald de, 16, 475, 485, 486, 585, 732

Carvalho, Severino de Macedo, 715

Carvalho, Silvério Ribeiro de (padre Silvério do Paraopeba), 226, 707, 745

Carvalho, Trajano Galvão de, 530, 531, 595, 628, 680, 719, 720, 764

Carvalho, Vicente de [Vicente Augusto de Carvalho], 35, 595

Casal, Aires de [Manuel Aires de Casal], 318

Cassirer, Ernst, 735

Castanheda, Fernão Lopes de, 671

Castello, José Aderaldo, 80, 204, 323, 324, 689, 733, 737, 744, 748, 755, 758, 766, 773

Castelo Branco, Pedro Gomes Ferrão, 246

Castelo-Branco, bispo, 461

Castilho, Antônio Feliciano de, 359, 363, 711, 750, 754

Castilho, José Feliciano de (pseudônimo: Lúcio Quinto Cincinato), 692, 765, 773

Castro, Clélia Brasília da Silva, 723

Castro, Eduardo de Sá Pereira de, 717, 761

Castro, Gama e, 665, 667

Castro, Lívio de [Tito Lívio de Castro], 172, 173, 175, 742, 768

Castro, Manuel de Portugal e, d., 246, 705

Catulo, 428, 430

Cavaleiros, conde de, 118

Cavalheiro, Edgard, 588, 594, 761, 767

Caxias, duque de [Luís Alves de Lima e Silva], 712

Celso, Afonso [Afonso Celso de Assis Figueiredo Júnior], 228, 494

Cepelos, Batista [Manuel Batista Cepelos], 358

Chagas, Pinheiro [Paulo Pinheiro Chagas], 763

Chalas, Pierre, 298, 748

Chateaubriand, François René de, 229, 295, 297, 298, 299, 300, 309, 310, 313, 335, 367, 374, 384, 385, 409, 439, 441, 447, 544, 550, 636, 637, 642, 647, 649, 650, 655, 666, 691, 695, 749, 750, 770

Chaves, Arlindo, 174, 743

Chaves, Pedro de Magalhães, 712

Chénier, André Marie, 128

Chevalier, 448

Chifflot, T. G., 745

Cibrão, Ernesto [Ernesto Pego de Kruger Cibrão], 763

Cícero, 254

Cidade, Hernâni [Hernâni Antônio Cidade], 735

Cincinato, Lúcio Quinto (pseudônimo) ver Castilho, José Feliciano de

Clarque, Tomásia Isabel, 700

Clément, Jacques, 109

Coaraci, Visconti [José Alves Visconti Coaraci], 678, 767

Coelho, Furtado [Luís Cândido Cordeiro Pinheiro Furtado Coelho], 478

Coelho, Jorge de Albuquerque, 679

Coelho, José Maria Vaz Pinto, 446, 447, 448, 707, 758

Coelho Neto, Henrique Maximiniano, 542

Colum, Mary, 770

Comte, Auguste, 436, 559, 619, 735

Conceição, Ana Francisca da, 711

Conceição, Ana Maria da, 704

Conceição, Benigna Catarina da, 715

Conceição, Luísa Maria da, 717

Condillac, Étienne Bonnot de, 59

Condorcet, marquês de [Marie Jean Antoine Nicolas de Caritat], 69, 619, 649, 735

Constant, Benjamin, 279

Cooper, Fenimore [James Fenimore Cooper], 439, 550, 630, 694

Corbière, Jean-Antoine René Édouard, 296, 709, 748

Corbière, Tristan (pseudônimo) [Édouard Joachim Corbière], 709, 748

Cordeiro, Maria Teresa, 729

Cordovil, Bartolomeu Antônio, 116, 118

Corrêa, Raimundo [Raimundo da Mota Azevedo Corrêa], 425, 482, 719, 764

Corrêa, Roberto Alvim, 760, 761

Corrêa, Salvador, 679

Correia, Diogo Álvares, 83, 191

Correia Filho, Virgílio, 253, 746

Costa, Cláudio Manuel da (pseudônimos: Alceste; Glauceste Satúrnio), 21, 27, 30, 63, 77, 82, 90, 91, 108, 115, 126, 155, 174, 175, 214, 226, 228, 230, 251, 261, 348, 388, 406, 654, 664, 668, 699, 728, 737, 742, 743

Costa, Francisco Augusto Pereira da, 733

Costa, Hipólito da [Hipólito José da Costa Pereira Furtado de Mendonça], 71, 73, 230, 243, 248, 253, 259, 262, 266, 279, 707, 746

Costa, João Batista Regueira, 755

Costa, João Gonçalves da, 699

Costa, José Augusto Ferreira da, 747, 748

Costa, José de Rezende, 374

Costa, Maciel da [João Severiano Maciel da Costa, marquês de Queluz], 255, 272

Costa, Miguel Menescal da, 699

Costa, N. J., 757

Costa, Olímpia Carolina da, 714

Coutinho, Afrânio [Afrânio dos Santos Coutinho], 80, 733, 737

Coutinho, Bezerra, 752

Coutinho, Eduardo [Eduardo de Faria Coutinho], 733

Coutinho, Francisco Pereira, 298, 653

Coutinho, Rodrigo de Sousa, d. (conde de Linhares), 245, 263, 706, 707, 746

Couto, J. Vieira, 252

Couto, Loreto, 82

Croce, Benedetto, 738

Croiset, Alfred e Maurice, 734

Cruz, Antônio, 739

Cruz, Dilermando [Dilermando Martins da Costa Cruz], 569, 761

Cruz, Lourença da, 288, 709

Cunha, cardeal da [João Cosme da Cunha, bispo de Leiria], 199, 200, 704

Cunha, Carlos da, padre, 199

Cunha, Euclides da [Euclides Rodrigues Pimenta da Cunha], 577, 629, 637, 768

Cunha, José Anastácio da, 75

D

D'Eu, conde [Luís Filipe Maria Fernando Gastão de Orléans], 726

Dante Alighieri, 195, 338, 388, 519, 666, 758

Daudet, Alphonse, 644

Daunou, Pierre Claude François, 279

David, Jacques, 760

Debret, Jean-Baptiste, 393, 710, 713

Delavigne, Casimiro [Casimir], 307, 654

Delfino, Luís [Luís Delfino dos Santos], 581, 583, 614

Delille, Jacques, padre, 222, 300, 301, 711

Demóstenes, 254

Denis, Ferdinand [Jean Ferdinand Denis], 30, 73, 245, 294, 296, 297, 318, 334, 408, 637, 649, 650, 651, 662, 710, 727, 746, 749, 750, 770

Descartes, René, 59

Dias, Antônio de Sousa, 707, 744

Dias, Gonçalves [Antônio Gonçalves Dias], 16, 30, 136, 194, 237, 281, 304, 326, 327, 336, 339, 340, 342, 343, 344, 345, 348,

358, 359, 362, 364, 365, 369, 371, 372, 375, 377, 381, 382, 383, 393, 400, 406, 407, 408, 409, 410, 413, 414, 418, 419, 421, 423, 428, 431, 452, 476, 477, 478, 479, 481, 482, 496, 497, 505, 507, 515, 525, 529, 530, 534, 542, 551, 552, 575, 577, 586, 588, 594, 597, 604, 607, 613, 670, 678, 681, 683, 684, 691, 713, 714, 716, 729, 730, 747, 754, 756, 772

Dias, Henrique, 290

Dias, João Manuel Gonçalves, 714

Dias, Teófilo [Teófilo Odorico Dias de Mesquita], 220

Diaz-Plaja, Guilhermo, 305, 749

Dickens, Charles, 436, 455, 462, 632

Dinarte, Sílvio (pseudônimo) ver Taunay, Alfredo d'Escragnolle

Dinis, d. (rei de Portugal), 447

Dirceu (pseudônimo) ver Gonzaga, Tomás Antônio

Dodt, Emmy, 746

Donizetti, Gaetano [Domenico Gaetano Maria Donizetti], 478

Dorat, Claude Joseph, 143, 146, 365

Dorchain, A., 753, 760

Dória, Águeda Clementina de Meneses, 719

Dória, Escragnolle [Luís Gastão d'Escragnolle Dória], 771

Dória, Franklin [Franklin Américo de Meneses Dória, barão de Loreto], 301, 530, 531, 532, 678, 749, 760, 764

Dória, José Inácio de Meneses, 719

Doroteia, Maria Francisca, d. [Infanta de Portugal], 80

Dostoiévski, Fiódor Mikhailovitch, 39, 545

Dourado, Mecenas, 747

Dragroens, Furriel de, 86

Drummond de Andrade, Carlos ver Andrade, Carlos Drummond de

Drumond, Carlos (professor de tupi), 17, 141

Duclerc, Jean-François, 459

Duguay-Trouin, René, 459

Dulaurens [Henri Joseph Laurens], 272

Dumas, Alexandre (pai), 324, 338, 437, 442, 447, 450, 550, 712

Dumont, Francis, 753

Durão, Paulo Rodrigues, 703

Durão, Santa Rita [Frei José de Santa Rita Durão], 21, 28, 30, 66, 75, 83, 95, 108, 109, 116, 134, 143, 187, 189, 190, 191, 192, 193, 194, 195, 197, 199, 224, 297, 298, 319, 326, 327, 334, 335, 340, 341, 358, 390, 398, 406, 652, 653, 662, 670, 671, 678, 703, 704, 729, 736, 737, 749, 772

Dutra, Antônia Rosa de Jesus, 714

Dutra, Emerenciana Joaquina da Natividade, 728

E

Eggli, Edmond, 753, 770

Eliot, George [pseudônimo de Mary Ann Evans], 644

Elísio, Américo, 207, 208, 243, 286, 705, 742, 744, 746

Elísio, Filinto [pseudônimo de padre Francisco Manuel do Nascimento], 53, 144, 209, 300, 307, 388, 481, 675, 711, 727, 740, 742, 743, 745

Ellis Jr., Alfredo, 628

Encarnação, Gaspar da, frei, 100

Ericeira, conde da, 47

Ermatinger, Emil, 770

Escragnolle, conde d', 295

Escragnolle, Gabriela de Robert d', 726

Espírito Santo, Ana Constança do, 724

Espronceda y Delgado, José de, 359, 362, 384, 480, 754, 760

Ésquilo, 715

Eulálio, Alexandre [Alexandre Eulálio Pimenta da Cunha], 746

Eyriés, 749

F

Faria, Alberto, 126, 172, 175, 739, 740, 743, 745, 767

Faria, Francisco de, padre, 83

Farinelli, Arturo, 360, 753

Feijó, Benito Jerónimo, padre [Benito Jerónimo de Montenegro y Feijó], 88

Feijó, Diogo Antônio, 276, 708

Fenício, Eureste (possível pseudônimo), 83, 737; *ver também* Serpa, Silvestre de Oliveira

Ferraz, Paulo Malta, 179, 743

Ferreira, Alexandre Rodrigues, 250, 253, 746

Ferreira, Félix, 452, 759

Ferreira, João de Deus Pires, 211, 384

Ferreira, Luís Seco, 106

Ferreira, Silvestre Pinheiro, 244, 746

Ferreira, Vicência, 714

Feuillet, Octave, 643

Féval, Paul de, 448

Fielding, Henry, 62, 644

Figueiredo, Antônio Pereira de, padre, 272

Figueiredo, Fidelino de [Fidelino de Sousa Figueiredo], 408, 735, 752, 757

Figueiredo, Jackson de [Jackson de Figueiredo Martins], 744

Fischer, Jango, 732

Flaubert, Gustave, 367, 632

Flávio, Alcides, 469, 759

Flora, Francesco, 734, 744

Fonseca, Borges da [Antônio Borges da Fonseca], 82

Fonseca, Francisco da Silveira Pinto da, 707, 745

Fonseca, Hermes da [marechal Hermes Rodrigues da Fonseca], 213

Fonseca, Mariano José Pereira da (marquês de Maricá), 182, 183, 230, 772

Fontenelle, Bernard Le Bovier de, 46, 65, 482, 736

Fontes, Henrique, 82, 83

Forster, Edward Morgan, 547, 765

Foscolo, Ugo, 391, 754

Frade, José Bernardo da Silveira, 182

Fragonard, Jean-Honoré, 123

France, Anatole [Anatole François Thibault France], 241

Francisco de Assis, São, 214, 767

Franco, Caio de Melo, 110, 174, 699, 738, 743

Franco, Francisco de Melo, 70, 164, 171, 703, 706

Franco, João de Melo, 703

Franklin, Benjamin, 378

Freire, Francisco de Brito, 191, 744

Freire, Francisco José, padre (pseudônimo: Cândido Lusitano), 47, 49, 50, 51, 52, 65, 349, 674, 736

Freire, José Vicente de Sá, 716

Freire, Junqueira [Luís José Junqueira Freire], 205, 304, 360, 401, 408, 473, 475, 477, 481, 483, 486, 487, 488, 489, 499, 506, 507, 521, 522, 524, 525, 597, 608, 673, 675, 678, 684, 685, 716, 760, 771

Freitas, Afonso de, 325

Freyre, Gilberto [Gilberto de Melo Freyre], 629, 631, 751, 763, 766

Frieiro, Eduardo, 110, 738, 740

Fry, Roger, 55

G

Galeno, Juvenal [Juvenal Galeno da Costa e Silva], 595, 628

Galvão, Lourença Virgínia, 719

Galvão, M. Nascimento da Fonseca, 476, 759

Galvão, Oscar Lamagnère Leal, 764

Galvão, Ramiz [Benjamin Franklin Ramiz Galvão, barão Ramiz Galvão], 110, 314, 699, 738, 750

Galvão, Trajano [Trajano Galvão de Carvalho], 530, 531, 595, 628, 680, 719, 720, 764

Gama, Basílio da [José Basílio da Gama] (pseudônimo: Termindo Sipílio), 20, 21, 60, 66, 70, 72, 109, 110, 113, 115, 118, 119, 134, 135, 141, 145, 146, 147, 190, 194, 214, 251, 290, 319, 326, 341, 344, 365, 406, 422, 497, 647, 653, 662, 701, 702, 704, 728, 736, 740

Gama, José Fernandes, 268

Gama, Quitéria Inácia da, 701

Ganilh, 279

Garção, Corrêa [Pedro Antônio Corrêa Garção], 54, 736

Garcia, Rodolfo [Rodolfo Augusto de Amorim Garcia], 740

Garrett, Almeida [João Batista da Silva Leitão de Almeida Garrett], 30, 53, 73, 297, 305, 318, 319, 321, 324, 325, 326, 334, 336, 359, 363, 372, 382, 384, 388, 393,

394, 413, 481, 496, 647, 651, 654, 655, 657, 659, 662, 665, 667, 682, 713, 736, 750, 752, 754, 755, 756, 771

Gavet, Daniel, 298, 299, 320, 652, 653, 661, 710, 748, 750

Geiringer, Karl, 61, 736

Gelineau, J., 745

Gestas, conde de, 295

Girodet-Troison [pseudônimo de Anne-Louis Girouet de Roussy], 374

Godwin, William, 256

Goethe, Johann Wolfgang von, 324, 353, 354, 384, 430, 447, 666, 687, 753

Gomes, Carlos, 478

Gomes, Francisco Agostinho, padre, 246

Gomes, Lindolfo [Lindolfo Eduardo Gomes], 174, 743

Gonçalves, Manuel, 715

Góngora y Argote, Luis de, 39, 56, 97, 100, 101, 205, 736, 738

Gonzaga, João Bernardo, 700

Gonzaga, Tomás Antônio (pseudônimos: Critilo; Dirceu), 30, 58, 61, 63, 72, 74, 75, 91, 113, 115, 116, 119, 120, 121, 126, 127, 128, 129, 130, 131, 132, 133, 150, 155, 172, 173, 174, 175, 176, 177, 178, 179, 189, 209, 215, 219, 230, 245, 247, 261, 293, 298, 352, 374, 388, 413, 449, 452, 457, 458, 459, 483, 653, 678, 679, 681, 684, 699, 700, 701, 703, 710, 715, 723, 728, 729, 736, 739, 740, 742, 743, 748, 759, 773

Gonzaga, Tomé do Souto, 700

Gonzalès, Louis Emmanuel, 448

Gorceix, Henri Claude, 91

Gracián y Morales, Baltasar, 97

Grant, Andrew, 245, 745

Gresset, Jean-Baptiste Louis, 163

Grieco, Agripino, 731, 733, 766, 767, 768

Guaraná, Armindo [Manuel Armindo Cordeiro Guaraná], 733

Guarini, Giovanni Battista, 97

Guiccioli, Teresa, condessa, 600

Guimaraens, Alphonsus de [Afonso Henriques da Costa Guimarães], 360

Guimarães, Argeu [Argeu de Segadas Machado Guimarães], 734, 747

Guimarães, Bernardo [Bernardo Joaquim da Silva Guimarães], 37, 206, 225, 340, 362, 407, 431, 437, 440, 448, 463, 473, 475, 476, 477, 489, 495, 496, 518, 521, 530, 539, 541, 542, 543, 544, 564, 569, 577, 594, 605, 636, 684, 716, 717, 718, 722, 757, 758, 761, 763, 766

Guimarães, João Joaquim da Silva, 721

Guimarães, Manuel Ferreira de Araújo (pseudônimo: Elmano Bahiense), 253, 261, 746

Guimarães, Pinheiro [Francisco Pinheiro Guimarães], 690

Guimarães Júnior, Luís [Luís Caetano Pereira Guimarães Júnior], 583, 621, 724, 766

Guinguené, Pierre Louis, 649

Guyau, Jean-Marie, 615

H

Haddad, Jamil Almansur, 598, 608, 651, 752, 767, 771

Handelmann, Gottfried Heinrich, 628

Hazard, Paul, 297, 735, 748, 749

Hegel, Georg Wilhelm Friedrich, 665, 666, 752

Heine, Heinrich, 760

Heliodora, Bárbara [Bárbara Heliodora Guilhermina da Silveira], 700

Helvétius, Claude A., 286

Henríquez Ureña, Pedro, 362, 754

Herculano, Alexandre [Alexandre Herculano de Carvalho e Araújo], 363, 376, 382, 384, 388, 408, 414, 415, 436, 481, 569, 632, 634, 683, 755, 757, 760

Herder, Johann Gottfried, 651

Hermeto, Honório [Honório Hermeto Carneiro Leão, marquês de Paraná], 376, 378, 379, 708

Hesíodo, 208

Hoch, Hans Jürgen, 768

Hoffmann, 515

Holanda, Aurélio Buarque de, 759

Holanda, Sérgio Buarque de, 14, 17, 153, 735, 736, 739, 741, 744, 752

Hölderlin, Friedrich, 133, 354, 415, 753

Homero, 163, 247, 254, 276, 399, 655, 666, 761

Honorato, Manuel da Costa, 361, 675, 741, 754, 771

Horácio, 43, 53, 60, 68, 125, 147, 326, 428, 430, 554, 557, 559, 560, 655, 688, 736

Hortênsia, rainha consorte da Holanda, 307

Huch, Ricarda, 753, 770

Hudson, Otaviano, 722

Hugo, Victor [Victor-Marie Hugo], 231, 324, 357, 382, 395, 420, 430, 436, 456, 496, 515, 526, 578, 581, 603, 608, 609, 614, 617, 670, 683, 687, 712, 753, 756, 760

Humboldt, Alexander von, 297, 335, 649, 650, 668, 749

Hunt, Herbert James, 753

I

Ig (pseudônimo) *ver* Alencar, José de

Imaz, Eugenio, 735

Irving, Washington, 447

Isabel, princesa, 469, 716

Itamaracá, barão de *ver* Monteiro, Maciel

Itaparica, Manuel de Santa Maria, frei, 27, 75, 192, 228, 729

J

Jaboatão, Antônio de Santa Maria, frei, 191, 744

James, Henry, 632

Jasinski, René, 734

Jesus, Ana Maria de, 706

Jesus, Ana Teixeira de, 715

Jesus, Bernarda Maria de, 708

Jesus, Joaquina Rosa de, 727

Jiriczek, Otto, 748

João I, d. (rei de Portugal), 634

João VI, d. (príncipe regente), 71, 206, 207, 227, 229, 233, 241, 242, 244, 245, 254, 258, 266, 295, 548, 659, 745, 746, 747

Johnson, Samuel, 676

José I, d. (rei de Portugal), 70, 79, 86, 183, 184

Jouy, Victor-Joseph-Étienne, 279

Joyce, James, 453

Junius, 279

Junqueira, Felicidade Augusta de Oliveira, 716

Junqueiro, Guerra [Abílio Manuel Guerra Junqueiro], 164, 487, 616, 617

K

Kafka, Franz, 453

Kant, Immanuel, 59, 619

Kaulen, Lourenço, 135, 701, 740

Keats, John, 384, 753

Keller, Gottfried, 632

Kempis [A. Kempis Thomas], 174

Kirsanov, Simeão, 477, 760

Klopstock, Friedrich Gottlieb, 232, 655

Kock, Paul de, 447

Koster, Henry, 245, 745

Kotzebue, August Friedrich Ferdinand von, 654

Kubitschek, João Nepomuceno, 312, 579

L

La Fontaine, Jean de, 296, 715

La Harpe, Jean-François de, 676

La Motte, Houdart de, 46, 47

La Motte-Fouqué, Friedrich Heinrich Karl de, barão de, 425

La Tour du Pin, Patrice de, 236

Laclos, Choderlos de [Pierre Choderlos de Laclos], 62, 357

Lafayette, conselheiro [Francisco Lafayette Rodrigues Pereira], 544, 673, 674, 676, 681, 682, 683, 771, 772

Lamartine, Afonso de [Alphonse Marie Louis de Prat de Lamartine], 229, 307, 357, 382, 383, 526, 544, 654, 662, 683, 715

Lamego, Alberto [Alberto Frederico de Morais Lamego], 82, 83, 86, 737, 738

Lamennais, Félicité Robert de, 376, 755

Lanson, Gustave, 67, 68, 736

Lapa, Manuel Rodrigues, 115, 129, 179, 701, 739, 740, 743

Lavradio, marquês de [Luís de Almeida Soares Portugal Alarcão de Eça e Melo], 180, 181, 699

Le Dantec, Yves-Gérard, 748

Le Gentil, Georges, 297, 649, 748, 749

Leal, Alexandre Henriques, 730

Leal, Antônio Henriques, 377, 419, 674, 677, 678, 680, 730, 733, 756, 764, 765, 772

Leal, Cândido José Ferreira, 577

Leal, Mendes, 480, 578, 760

Leão, Múcio [Múcio Carneiro Leão], 747, 763

Leavis, Frank Raymond, 435, 758

Ledo, Joaquim Gonçalves, 708

Legouvé, Gabriel, 300, 301, 711

Leibniz, Gottfried Wilhelm, 619

Leiria, bispo de *ver* Cunha, cardeal da

Leiris, Michel, 533

Leitão, Pina [Antônio José Osório de Pina Leitão], 242

Leme, Ana Felizarda Pais, 705

Lemos, João de, 480, 481, 527, 760

Leopardi, Giacomo, 68, 275, 353, 356, 415, 426, 736, 753

Leopoldina, imperatriz [Maria Leopoldina Josefa Carolina de Habsburgo], 703

Leroux, Robert, 752

Léry, Jean de, 298

Lessa, Aureliano [Aureliano José Lessa], 477, 489, 518, 530, 572, 717, 763

Lessing, Gotthold Ephraim, 676

Levèque, Charles, 631

Lima, Abreu e [José Inácio de Abreu e Lima], 667

Lima, Heitor Ferreira, 768

Lima, Henrique de Campos Ferreira, 741, 763

Lima, João de Brito e, 26

Lima, Jorge de [Jorge Mateus de Lima], 236

Lima, Mário de [Mário Franzen de Lima], 745

Lima, Oliveira [Manuel de Oliveira Lima], 244, 745, 746, 747, 753

Lima, Rocha [Raimundo Antônio da Rocha Lima], 765

Lima Sobrinho, Barbosa, 759

Linhares, conde de *ver* Coutinho, Rodrigo de Sousa, d.

Linneu, Carlos, 59

Lisboa, Baltasar [Baltasar da Silva Lisboa], 679

Lisboa, João Francisco, 341, 342, 345, 371, 375, 681, 752, 755

Lisboa, José da Silva (visconde de Cairu), 242, 259, 263, 274, 746

Lisboa, José Joaquim, 216, 224, 707, 745, 746

Lívio [Tito Lívio], 254

Livramento, Joaquim do, irmão, 255

Lobato, Monteiro [José Bento Monteiro Lobato], 542

Lobo, Hélio [Hélio Lobo Leite Pereira], 394, 756

Locke, John, 59

Longfellow, Henry Wadsworth, 719

Longino, 47, 48, 736

Lopes, B., 535

Lopes, Fernão, 634

Lopes, Oscar [Oscar Amadeu Lopes Ferreira], 734

Lopes, Roberto, 750

Lopes Neto, Simões, 542

Loreto, barão de *ver* Dória, Franklin

Lousada, Wilson [Wilson de Almeida Lousada], 766

Lovejoy, Arthur Oncken, 753

Luccock, John, 245, 246, 247, 745

Lugon, C., 135, 741

Luís XIV, rei da França, 47

Luís, Pedro [Pedro Luís Pereira de Sousa], 577, 578, 581, 582, 599, 616, 718, 723, 763, 766

Lukács, Georg, 435, 758

Lumiares, conde de *ver* Meneses, Luís da Cunha Pacheco e

Lusitano, Cândido (pseudônimo) *ver* Freire, Francisco José

Luzán, Inácio de, 50

Lytton, Lord [Edward George Bulwer], 632

M

Mably, Gabriel Bonnot de, 182

Macedo, Álvaro Teixeira de, 323

Macedo, Joaquim Manuel de, 375, 433, 439, 440, 445, 462, 463, 469, 541, 547, 604, 625, 681, 715, 754, 758, 759, 772, 773

Macedo, José Agostinho de, padre, 192, 266, 704

Machado, Alcântara [Antônio Castilho de Alcântara Machado], 381, 391, 755, 761

Machado, Diogo Barbosa, 750

Machado, Lourival Gomes, 740

Machado, Maria Leopoldina, 724

Machado, Nunes, 582

Machado, Rafael Coelho, 392, 755

Macpherson, James (pseudônimo: Ossian), 208, 295, 296, 299, 343, 430, 674, 748

Madre de Deus, Gaspar da, frei, 82

Maffei, Cipião [Francesco Scipione Di Maffei], 251

Magalhães, Basílio de, 407, 448, 564, 569, 722, 757, 758, 761

Magalhães, Couto de [José Vieira Couto de Magalhães], 323, 564, 760, 761

Magalhães, Gonçalves de [Domingos José Gonçalves de Magalhães, visconde de Araguaia], 285, 286, 299, 333, 339, 350, 358, 380, 448, 550, 577, 658, 689, 692, 712, 724, 736, 749, 751, 752, 755, 758

Magalhães, José Amaro de Lemos, 323

Magalhães, Maria Flávia de Sá, 729

Magalhães, Valentim [Antônio Valentim da Costa Magalhães], 733

Maistre, Xavier de, 546

Mallarmé, Stéphane, 494

Malot, Hector, 632

Mancebo, Genuíno, 576

Marcheti, 183

Maria I, d. (rainha de Portugal), 70, 118, 183, 195, 207, 230, 702, 706

Maria, Josefina, 720

Maricá, Marquês de ver Fonseca, Mariano José Pereira da

Marília (pseudônimo) ver Seixas, Doroteia de

Marinho, Saldanha, padre [João José de Saldanha Marinho], 288, 578, 709

Marino, Giambattista, 101, 738

Marmontel, Jean-François, 341

Marques, José Pereira, 173

Marques, Xavier [Francisco Xavier Ferreira Marques], 764, 767, 768

Marrocos, Luís Joaquim dos Santos, 267, 745

Marryat, capitão, 447, 550

Martino, Pierre, 753

Martins, Domingos José, 286

Martins, Wilson, 681, 772

Martins Júnior, José Isidoro, 581, 614, 616, 617, 620, 725, 768

Martius, Carl Friedrich Philipp von, 245, 246, 247, 294, 745, 748

Marvell, Andrew, 352

Matos, Belarmino de, 764

Matos, Eusébio de [frei Eusébio da Soledade], 729

Matos, Gregório de [Gregório de Matos Guerra], 26, 30, 56, 225, 361, 493, 653, 678

Maul, Carlos, 763

Maurício, José, padre [José Maurício Nunes Garcia], 359

Mawe, John, 246, 745

Meireles, Cecília, 175, 743

Meleagro, 208

Melo e Castro, Martinho de, 173

Melo Franco, Afonso Arinos de ver Arinos, Afonso

Melo, Antônio Joaquim de, 229, 677, 680, 730, 748, 772

Melo, Dutra e [Antônio Francisco Dutra e Melo, pai], 714

Melo, Dutra e [Antônio Francisco Dutra e Melo], 371, 372, 376, 381, 400, 401, 452, 464, 468, 469, 684, 714, 727, 756, 759, 773

Melo, Gladstone Chaves de, 765, 766

Melo, José Mascarenhas Pacheco Pereira Coelho de, 82, 737

Melo, José Rodrigues de, padre, 701, 702

Melo, Luís Correia de, 734

Melo, Manuela Lins de, 713

Melo, Paulo José de, 300

Melo, Teixeira de [José Alexandre Teixeira de Melo], 490, 521, 530, 531, 532, 582, 719, 761, 764

Menafra, Luís Alberto, 756

Mendes, Murilo [Murilo Monteiro Mendes], 236

Mendes, Odorico [Manuel Odorico Mendes], 214, 276, 281, 286, 399, 680, 683, 772

Mendonça, Amália Furtado de, 725

Mendonça, Antonio Pedro Lopes de, 762

Mendonça, Carlos Süssekind de, 768

Mendonça, Félix da Costa Furtado de, 707

Mendonça, Lúcio de [Lúcio Eugênio de Meneses e Vasconcelos Drummond Furtado de Mendonça], 614, 616, 620, 768

Mendonça, Salvador de, 478, 719

Meneses, Cardoso de [João Cardoso de Meneses e Sousa, barão de Paranapiacaba], 327, 344, 423, 430, 431, 715, 750, 752, 758

Meneses, Emerenciana de, 724

Meneses, Francisco de Paula, 741, 747

Meneses, José Tomás de, d., 118

Meneses, Luís da Cunha Pacheco e [conde de Lumiares], 172, 173, 700, 701

Meneses, Pedro Barreto de, 724

Menezes, Agrário de [Agrário de Souza Menezes], 16

Mennechet, Édouard, 667, 680, 772

Mennucci, Sud, 174, 743

Mérimée, Prosper, 447

Merou, Martin Garcia, 769

Metastasio, 44, 50, 56, 75, 101, 141, 149, 151, 152, 158, 159, 253, 301, 359, 361, 699, 738, 740, 742, 754

Meyer, Augusto, 462, 766

Midosi, Nicolau, 725

Miguelinho, padre, 257

Miller, Carlos, 343, 752

Millevoye, Charles Hubert, 307, 749

Milton, John, 109, 191, 195, 232, 655

Mindlin, José, 328

Miranda, Sá de [Francisco de Sá de Miranda], 364

Miranda, Veiga [João Pedro Veiga Miranda], 761

Moncada, L. Cabral de, 735

Monglave, François-Eugène de, 298, 299, 334, 335, 652, 653, 710, 748

Monglond, André, 748, 771

Montaigne, Michel Eyquem de, 676

Monte Alverne, Francisco de, frei [Francisco José de Carvalho], 207, 212, 250, 300, 307, 308, 310, 311, 313, 333, 334, 348, 366, 374, 381, 689, 690, 706, 711, 712, 729, 749, 755, 765, 772

Montefiore, João José de, frei, 675, 771

Monteiro, Cândido Borges, 383

Monteiro, Domingos Jacy, 762

Monteiro, Maciel [Antonio Peregrino Maciel Monteiro, barão de Itamaracá], 208, 304, 322, 323, 382, 494, 713, 755

Monteiro, Manuel Francisco Maciel, 713

Monteiro, Tobias [Tobias do Rego Monteiro], 747

Monteiro Júnior, J. P., 576

Montello, Josué [Josué de Sousa Montello], 714, 757, 766

Montenegro, Olívio Bezerra, 764, 766, 770

Montesquieu [Charles-Louis de Secondat, barão de La Brède e de Montesquieu], 68, 69, 270, 271, 651, 735

Montezuma, Francisco Gê Acaiaba de, 372

Montoro, Reinaldo Carlos, 763

Moog, Viana [Clodomir Viana Moog], 628, 731

Moore, Thomas, 430

Morais, Ana Garcês de, 704

Morais, Durval de, 744

Morais, Melo [Alexandre José de Melo Morais, pai], 301, 711

Morais, Prudente de (neto), 758

Morais Filho, Melo [Alexandre José de Melo Morais Filho], 478, 479, 582, 583, 606, 707, 759, 761

Moreau, Pierre, 753, 770

Moreira, Thiers Martins, 362, 754

Moreno, Luís Rômulo Peres, 476, 759

Mornet, Daniel, 735

Mota, Artur, 81, 733, 762

Mota, Maria Luísa Silveira da, 717

Mota Filho, Cândido, 751, 752, 762

Moura, Caetano Lopes de, 758

Muir, Edwin, 765

Müller, Daniel Pedro, 246, 746

Muratori, Ludovico Antonio, 44, 50, 51, 65, 326

Murri, Agnese, 723

Musset, Alphonse de, 338, 347, 359, 430, 476, 478, 480, 506, 511, 515, 518, 535, 685, 687, 688, 753, 760

Muzi, Maria Luísa, 712

N

Nabuco, conselheiro *ver* Araújo, Nabuco de

Nabuco, Joaquim [Joaquim Aurélio Barreto Nabuco de Araújo], 577, 578

Napoleão III (imperador da França), 307

Negrão, Esteves, 96

Negreiros, Vidal de [André Vidal de Negreiros], 290

Neme, Mario, 766

Neves, Luísa Joaquina das, 718

Neves, Manuel Moreira, 335

Newton, Isaac, 59, 619, 736

Nicholson, Marjorie Hope, 736

Nietzsche, Friedrich, 57, 356

Nóbrega, Manuel da, padre, 195

Nogueira, Almeida [José Luís de Almeida Nogueira], 734, 751, 758, 760, 761, 762, 771

Norberto, Joaquim [Joaquim Norberto de Sousa Silva], 145, 152, 173, 175, 281, 323, 338, 343, 344, 363, 371, 374, 380, 395, 400, 448, 662, 663, 667, 668, 678, 700, 703, 728, 738, 739, 740, 741, 742, 747, 750, 751, 752, 754, 755, 756, 757, 758, 759, 762, 763

Noronha, Antonio de, d., 96, 107

Nossa Senhora, Lourenço de, irmão, 254

Nunes, Carlos Alberto, 358

Nunes, Sousa [Feliciano Joaquim de Sousa Nunes], 77, 83, 88, 89, 699, 737

O

Olímpio, Domingos [Domingos Olímpio Braga Cavalcanti], 543, 627

Oliveira, A. Corrêa de, 476, 759

Oliveira, Alberto de [Antônio Mariano Alberto de Oliveira], 595, 699, 737, 758

Oliveira, Almir de, 739

Oliveira, Aurélio Gomes de, 762

Oliveira, Cândido Batista de, 754

Oliveira, Constança Beatriz de, 721

Oliveira, José Osório de, 731

Oliveira, Luís Camilo de, 173, 743

Oliveira, Manuel Botelho de, 75, 192, 729

Orlando, Artur [Artur Orlando da Silva], 768

Ortigão, Ramalho [José Duarte Ramalho Ortigão], 763

Ortiz, José Joaquim, 709

Ossian (pseudônimo) *ver* Macpherson, James

Otaviano, Francisco [Francisco Otaviano de Almeida Rosa], 423, 427, 684, 715, 766

Ottoni, José Elóin, 208, 705

Ottoni, Manuel Vieira, 705

Ottoni, Teófilo [Teófilo Benedito Ottoni], 209, 578, 744

Ovídio, 101, 149, 657, 738

P

Paine, Thomas, 247

Palmeirim, Luís Augusto, 578, 588, 589, 760

Paraná, marquês de *ver* Hermeto, Honório

Paranaguá, marquês de *ver* Barbosa, Francisco Vilela

Paranapiacaba, barão de *ver* Meneses, Cardoso de

Paranhos, Haroldo [Haroldo de Freitas Paranhos], 323, 392, 446, 733, 756

Paraopeba, Silvério do, padre *ver* Carvalho, Silvério Ribeiro de

Parny, visconde de [Évariste Désiré de Forges], 56, 221, 301, 307, 749

Pascal, Blaise, 444

Passos, Guimarães [Sebastião Cícero dos Guimarães Passos], 754

Passos, Soares de [Antônio Augusto Soares de Passos], 480, 527, 760

Pato, Bulhão [Raimundo Antônio de Bulhão Pato], 479

Paulo, Vicente de *ver* Azevedo, Vicente de Paulo Vicente de

Pedra Branca, visconde de *ver* Barros, Domingos Borges de

Pedro I, d., 229, 244, 258, 295, 341, 360, 376, 404, 577, 705, 708, 727, 752

Pedro II, d., 342, 393, 397, 469, 616, 689, 712, 714, 729, 755, 773

Pedro, o Grande [tsar da Rússia], 70, 107, 118

Peixoto, Afrânio [Júlio Afrânio Peixoto], 135, 301, 307, 487, 723, 740, 749, 753, 760, 761, 762, 763, 767

Peixoto, Alvarenga [Inácio José de Alvarenga Peixoto], 70, 75, 109, 115, 116, 117, 118, 173, 174, 175, 177, 216, 230, 251, 375, 681, 700, 728, 739, 742

Pela, João Batista, 70

Pena, Martins [Luís Carlos Martins Pena], 16, 360, 371, 712

Pereira, Américo, 767

Pereira, Ana Josefa, 707

Pereira, Astrojildo [Astrojildo Pereira Duarte Silva], 548, 764

Pereira, Francisco Lafayette Rodrigues *ver* Lafayette, conselheiro

Pereira, Joaquim B., 256

Pereira, Lúcia Miguel, 17, 462, 543, 635, 756, 764, 769, 770

Pereira, Mateus de Abreu, d., 312

Pereira, Saturnino da Costa, 262

Pereira, Teodomiro Alves, 760

Perereca, padre *ver* Santos, Luís Gonçalves dos

Pessoa, João Ribeiro, padre, 246, 249

Petrarca, Francesco, 136, 431

Peyre, Henry, 736

Piave, Francesco Maria, 363, 720, 754

Picard, Roger, 753

Picchio, Luciana Stegagno, 733

Piccolo, Francisco, 738

Pichon, René, 734

Pimenta, Silvério Gomes, padre, 250, 255, 746

Píndaro, 208, 214

Pindemonte, Hipólito [Hippolito], 391, 754

Pinheiro, Fernandes [Joaquim Caetano Fernandes Pinheiro], 15, 192, 193, 366, 371, 372, 380, 391, 445, 452, 670, 671, 675, 677, 678, 681, 728, 732, 733, 737, 744, 749, 754, 756, 758, 763, 771, 772

Pinheiro, Xavier [José Pedro Xavier Pinheiro], 758

Pinto, Elzeário Lapa, 431

Pio VI, papa, 680

Pires, Homero, 338, 481, 587, 760, 761, 762

Pita, Rocha [Sebastião da Rocha Pita], 27, 83, 191, 192, 193, 199, 228, 744

Pizarro, Monsenhor [José de Souza Azevedo Pizarro e Araújo], 679

Plassan, M., 296, 297

Pohl, João Emanuel, 245, 246, 247, 294, 295, 745, 748

Pollock, Thomas Clarck, 19

Pombal, marquês de [Sebastião José de Carvalho e Melo], 46, 63, 70, 88, 107, 109, 115, 117, 118, 134, 135, 143, 145, 165, 169, 183, 184, 200, 252, 699, 702, 704, 735

Pompeia, Raul, 443, 543, 636, 725

Ponte, Lorenzo da, 361, 754

Pope, Alexander, 46, 55, 68, 163, 169, 245, 254, 516, 736

Porto-Alegre, Manuel de Araújo (barão de Santo Ângelo), 16, 255, 279, 281, 285, 314, 323, 333, 334, 336, 345, 358, 369, 371, 372, 375, 380, 381, 385, 393, 394, 396, 397, 398, 408, 431, 477, 478, 661, 679, 689, 706, 710, 713, 714, 716, 744, 747, 749, 751, 754, 755, 756, 771, 773

Portugal, Marcos, 359

Póvoa, Pessanha [José Joaquim Pessanha Póvoa], 584, 766

Prado, Armando [Armando da Silva Prado], 762

Praz, Mario, 753

Prévost, Antoine François, padre, 189

Proudhon, Pierre-Joseph, 616

Proust, Marcel, 37, 385, 453

Seixas, Doroteia de [Maria Doroteia Joaquina de Seixas, 123, 124

Púchkin, Aleksandr Sergeevich, 359

Pueyrredón, Prilidiano, 373

Pulci, Luigi, 506, 516

Q

Queiroga, Antônio Augusto de, 323, 328

Queiroga, José Salomé, 323

Queirogas, irmãos, 322, 323

Queirós, Eça de [José Maria Eça de Queirós], 443, 447, 462

Quental, Antero de [Antero Tarqüínio de Quental], 356, 487, 753

Quevedo, Francisco [Francisco Gómez de Quevedo y Villegas], 58, 97, 736

Quinet, Edgar, 598, 615, 688

Quita, Domingos dos Reis, 63, 80, 96

R

Rabelo, Domingos da Silva, 707

Rabelo, Laurindo [Laurindo José da Silva Rabelo], 307, 473, 475, 488, 533, 678, 681, 717, 728, 761

Rabelo, Ricardo José da Silva, 717

Rabou, Charles, 448

Racine, Jean, 47, 193, 655, 753

Ramos, Graciliano, 631, 652

Rangel, Alberto, 291, 709

Ravaillac, François, 109

Ravel, Maurice, 72

Raynal, Guillaume, padre, 182, 185

Rebelo, Francisco, 290

Rebelo, Marques [pseudônimo de Edi Dias da Cruz], 764

Rego, José Lins do [José Lins do Rego Cavalcanti], 631, 633

Reimar, Flávio (pseudônimo) *ver* Braga, Gentil Homem de Almeida

Reis, Américo Vespúcio dos, 683

Reis, Ana Rosa de Carvalho, 730

Reis, Antônio Simões dos, 755, 766, 771

Reis, Baltazar José dos, 729

Reis, Gualberto dos, 225

Reis, Sotero dos [Francisco Sotero dos Reis], 371, 652, 674, 676, 677, 681, 682, 729, 743, 745, 771, 772

Remédios, Mendes dos, 743

Resende, conde de [José Luís de Castro Resende], 146, 180, 181, 702, 743

Rezende, Francisco de Paula Ferreira de, 761

Ribeiro, Bernardina Rosa, 711

Ribeiro, Francisco Bernardino, 318, 323, 344, 391, 656, 711, 712, 750, 771

Ribeiro, Francisco das Chagas, 711

Ribeiro, João [João Batista Ribeiro de Andrade Fernandes], 108, 246, 249, 257, 628, 635, 678, 693, 728, 732, 738, 742, 764

Ribeiro, Júlio [Júlio César Ribeiro Vaughan], 568, 626

Ribeiro, Roberto Car, 84

Ribeiro, Santiago Nunes, 324, 334, 371, 380, 452, 662, 664, 667, 669, 670, 701, 727, 754, 755, 771

Ribeyrolles, Charles, 637

Richardson, Samuel, 62

Richelieu, cardeal de [Armand Jean Du Plessis], 634

Rizzini, Carlos, 81, 246, 707, 737, 743, 745, 747

Rocha, José Caetano da, 712

Rocha, José Martinho da, 703, 742

Rocha, José Monteiro da, 168

Rocha, Justiniano José da, 323, 328, 447, 712, 750, 751, 763

Rocheblave, Pierre de, 770

Rodovalho, frei [Antônio de Melo Freitas, frei Antônio de Santa Úrsula Rodovalho], 251

Rodrigues, Antônio Marques, 719, 720

Rodrigues, José Carlos, 695

Rodrigues, Lopes, 767

Rodrigues, Milton da Silva, 745

Rojas, Ricardo, 305, 749

Roma, padre [José Inácio Ribeiro de Abreu e Lima], 257

Romani, Felice, 754

Romero, André Ramos, 724

Romero, Sílvio [Sílvio Vasconcelos da Silveira Ramos Romero], 16, 19, 174, 214, 322, 323, 324, 327, 366, 371, 382, 428, 431, 452, 537, 577, 581, 614, 615, 629, 634, 635, 640, 651, 656, 657, 665, 677, 678, 681, 682, 684, 693, 719, 724, 726, 732, 740, 741, 750, 755, 756, 764, 766, 768, 771, 773

Rónai, Paulo, 764

Ronsard, Pierre de, 352, 594

Roquefeuil, condessa de, 295

Rosa, Joana Maria da, 715

Rosa, Otaviano Maria da, 715

Rosário, Antônio do, frei, 193, 744

Rossini, Gioacchino, 395

Roswadowska, condessa, 720

Rouan, baronesa de, 295

Rouilly, 279

Rousseau, Jean-Jacques, 59, 62, 68, 71, 169, 182, 210, 234, 254, 259, 286, 295, 735

Rousselot, Jean, 748

Rudwin, Maximilien, 753

S

Sá, Sequeira e [Manuel Tavares de Sequeira e Sá], 83, 84, 737

Sade, marquês de [Donatien Alphonse François], 56, 62, 357

Safo, 301, 353

Said Ali, Manuel, 754

Sainte-Beuve, Charles Augustin, 297, 710, 749, 770

Saint-Hilaire, Auguste François César Prouvençal de, 565

Saint-Maur, Dupré de, 109

Saint-Pierre, Bernardin de [Jacques Henri Bernardin de Saint-Pierre], 74, 222, 649, 691, 749

Saldanha, Natividade [José da Natividade Saldanha], 214, 286, 288, 289, 291, 341, 577, 680, 709, 730, 747, 772

Salomão (rei de Israel), 209, 229, 373, 705, 744

Salvador, Vicente do, frei, 678

Sampaio, Bittencourt [Francisco Leite Bittencourt Sampaio], 490, 530, 531, 719, 764

Sampaio, Bittencourt [Francisco Leite Bittencourt Sampaio, pai], 719

Sampaio, Francisco de, frei, 258

Sampaio, Maria de Santana Leite, 719

Sampson, George, 734

Sanches, Ribeiro [Antônio Nunes Ribeiro Sanches], 46

Sand, George [pseudônimo de Aurore Dupin, baronesa Dudevant], 447, 685, 688, 718, 773

Sannazaro, Iacopo, 230, 232

Santa Gertrudes, frei, 713

Santa Rita, Luísa Clara de, 710

Santana, José Antônio de, frei, 89

Santo Angelo, barão de *ver* Porto-Alegre, Manuel de Araújo

Santos Dumont, Alberto, 250

Santos, Antônio Gonçalves dos, 185

Santos, João Júlio dos, 579, 583, 724, 766

Santos, José Teodomiro de, 280

Santos, Lery dos [Presaldino Leri dos Santos], 733

Santos, Lúcio José dos, 738, 739

Santos, Luís Gonçalves dos [padre Perereca], 245, 745

Santos, Tristão dos, 724

Santos, viscondessa/marquesa de [Domitila de Castro Canto e Melo], 341

São Carlos, Francisco de, frei, 209, 214, 312, 327, 706

São Leopoldo, visconde de [José Feliciano Fernandes Pinheiro], 728

Sapucaí, marquês de *ver* Viana, Araújo

Saraiva, Antônio José, 734

Saraiva, Manuel Lopes, 86

Sarria, marquês de [Luis de Sarria], 704

Satúrnio, Glauceste (pseudônimo) *ver* Costa, Cláudio Manuel da

Saussure, Necker de, Madame, 648, 753

Scarron, Paul, 163

Scey, conde de (príncipe de Montbéliard), 295

Schaden, Egon, 17, 141, 757

Schiller, Johann Christoph Friedrich von, 324, 430, 648, 659, 752, 753

Schlegel, Augusto Guilherme [August Wilhelm von Schlegel], 335, 647, 648, 649, 651, 657, 659, 666, 667, 676, 678, 682, 753, 770

Schlichthorst, C., 247, 258, 319, 341, 653, 746, 750, 752

Schmidt, Augusto Frederico, 236

Schmitt, Carl, 753

Schopenhauer, Arthur, 444, 752

Schwab, Raymond, 236, 745

Scot (pseudônimo), 670

Scott, Walter, 208, 447, 544, 550, 552, 632, 634, 654

Scribe, Eugène, 448

Seabra, Bruno [Bruno Henrique de Almeida Seabra], 490, 531, 533, 595, 764

Sebastião, d. (rei de Portugal), 448

Semprônio (pseudônimo) *ver* Távora, Franklin

Senancour, Étienne Pivert de, 297, 649, 710, 770

Serpa, Phocion, 758

Serpa, Silvestre de Oliveira (pseudônimo: Eureste Fenício), 83, 737

Serra, Ricardo Franco de Almeida, 262

Shakespeare, William, 270, 338, 356, 430, 515, 519, 648, 654, 655, 666, 675, 753

Shelley, Percy Bysshe, 256, 354, 357, 384, 430, 603, 688, 746, 753

Sigaud, José Francisco Xavier, 747

Silva, Antônio Diniz da Cruz e, 63, 65, 93, 101, 145, 164, 165, 175, 180, 223, 286, 653, 736, 743

Silva, Antônio Ferreira da, 173

Silva, Domingos Carvalho da, 739

Silva, Felisberto Edmundo, 724

Silva, Firmino Rodrigues, 323, 325, 326, 327, 344, 408, 712, 751

Silva, Inocêncio Francisco da, 732, 734

Silva, J. M. da Costa e, 152

Silva, Jacinto José da, 180

Silva, João Manuel Pereira da, 333, 727

Silva, João Pinto da, 756

Silva, Joaquim José da ["sapateiro Silva"], 225

Silva, José Carlos da, 706

Silva, Luís José Pereira da, 358, 577, 767

Silva, Luís Vieira da, 738

Silva, Manuel José de Sousa e, 728

Silva, Manuel Nogueira da, 757, 766

Silva, Maria Bárbara da, 705

Silva, Miguel Joaquim Pereira da, 727

Silva, Tomás Antônio dos Santos e, 746

Silva, Velho da, 763

Silveira, Bárbara Heliodora Guilhermina da *ver* Heliodora, Bárbara

Silveira, João Antônio da, 711

Silveira, Maria de Santana da, 725

Silveira, Maria Vasconcelos da, 724

Silveira, Sousa da [Álvaro Ferdinando Sousa da Silveira], 762, 763

Silveira, Valdomiro, 542

Silvério, d. *ver* Pimenta, Silvério Gomes

Simoni, Luís Vicente de, 372, 391, 424, 754

Sipílio, Termindo (pseudônimo) *ver* Gama, José Basílio da

Siqueira, Francisca Alexandrina, 707

Sismondi, Sismonde de [Jean-Charles Léonard Sismonde de Sismondi], 647, 651

Smith, Adam, 247

Soares, Gabriel, 345, 678

Soares, Macedo [Antônio Joaquim de Macedo Soares], 332, 340, 344, 407, 529, 530, 684, 719, 730, 751, 752, 757, 760, 763, 772

Sodré, Maria Catarina de Abreu, 715

Sófocles, 655

Sorel, Albert, 356, 556, 770

Soulié, Frédéric, 448

Sousa, Alberto [João Alberto Sousa], 71, 736, 746

Sousa, Ana Maria de, 706

Sousa, Bernardo Avelino Ferreira e, 242, 746

Sousa, Inglês de [Herculano Marcos Inglês de Sousa], 440, 626, 635

Sousa, Joaquim Gomes de (Sousinha), 250

Sousa, Luís de Vasconcelos e, d., 180, 181, 459

Sousa, Luís Pereira de, 706, 723

Sousa, Octávio Tarquínio de, 246, 341, 744, 746, 747, 749, 752

Sousa, Teixeira e [Antonio Gonçalves Teixeira e Sousa], 16, 323, 339, 344, 358, 359, 364, 371, 372, 374, 375, 381, 400, 403, 405, 433, 439, 440, 446, 449, 452, 453, 454, 455, 456, 457, 459, 460, 461, 463, 464, 541, 546, 547, 560, 625, 684, 712, 715, 740, 752, 756, 759

Southey, Robert, 295

Souto, Luís Filipe Vieira, 762

Souvestre, Émile, 448

Spengler, Oswald, 752

Spix, Johann Baptist von, 245, 246, 247, 294, 745, 748

Staël, Mme. de [Germaine Necker, baronesa de Staël-Holstein], 324, 335,

647, 648, 649, 650, 651, 652, 655, 657, 659, 660, 666, 770

Steinman, J., 234, 745

Stendhal [Henry Beyle], 39, 307, 356, 453, 462, 465, 638, 753

Sterne, Laurence, 444, 657

Stockler, Garção [Francisco de Borja Garção Stockler], 227, 236, 706, 744

Stoll, professor, 717

Studart, barão de [Guilherme Studart], 733

Sue, Eugène, 448, 460

Sussex, duque de, 707

Suzano, Azambuja [Luís da Silva Alves de Azambuja Suzano], 449

Swift, Jonathan, 444

T

Taine, Hippolyte, 657, 765

Taques, Pedro [Pedro Taques de Almeida Pais Leme], 82, 108, 639, 640

Tasso, Torquato, 136, 195, 209, 232, 338, 388, 655, 744

Tassoni, Alessandro, 163, 164, 742

Taunay, Adriano [Aimé-Adrien Taunay], 709

Taunay, Afonso d'Escragnolle, 295, 748

Taunay, Alfredo d'Escragnolle, visconde de (pseudônimo: Sílvio Dinarte), 295, 442, 542, 623, 625, 627, 636, 639, 640, 642, 709, 726, 748, 765, 769, 771

Taunay, Félix Emílio [Félix Émile Taunay, barão de Taunay], 726

Taunay, Hippolyte, 298, 710

Taunay, Nicolau Antônio [Nicolas-Antoine Taunay], 709, 726

Taunay, Teodoro [Théodore], 295, 709, 748

Taunay, visconde de ver Taunay, Alfredo d'Escragnolle, visconde de

Tavares, João de Sousa, 86, 737

Tavares, Muniz, 246, 274, 746

Távora, Camilo Henrique da Silveira, 725

Távora, Franklin [João Franklin da Silveira Távora] (pseudônimo: Semprônio), 407, 437, 439, 440, 551, 623, 625, 626, 627,

628, 629, 632, 638, 684, 693, 725, 727, 757, 765, 767, 769, 770, 773

Tedeo, padre, 135

Teixeira, Bento [Bento Teixeira Pinto], 318, 678

Teixeira, José, 246

Teixeira, Múcio [Múcio Scervola Lopes Teixeira], 614

Teles, Domingos da Silva, padre, 83

Teles, Leonor, 634

Teócrito, 43, 65, 101

Teresa Cristina, imperatriz, 488

Thackeray, William Makepeace, 455

Thévet, André, 298

Tieghem, Paul Van, 748, 753

Tiradentes [Joaquim José da Silva Xavier], 109, 374, 375, 400, 449, 453, 457, 701, 715, 740, 759, 766

Toffanin, Giuseppe, 735

Tolentino, Nicolau [Nicolau Tolentino de Almeida], 144, 206

Tolstói, Leon, 14, 632

Torres Homem, Francisco de Sales, 279, 333, 334, 371, 375, 377, 378, 385, 662, 664, 665, 710, 713, 727, 751, 754, 771

Torti, João [Giovanni], 391, 754

Tournay, R., 236, 745

Tourneaux, Maurice, 748

Tracy, Destutt de, 279

Trahard, Pierre, 736

Trevelyan, R. C., 738

Trovão, Lopes [José Lopes da Silva Trovão], 765

Tucídides, 254

Turgot, Anne-Robert Jacques, 619

U

Udny-Yule, George, 174

Uhland, Ludwig, 430

Untermeyer, Louis, 55, 736

Urcullu, José de, 748

Uta, Michel, 735

V

Valadão, Alfredo, 739

Valadares, conde de [José Luís de Meneses Abranches Castelo Branco], 86

Valbuena Prat, Angel, 734

Vale, Ana Amélia Ferreira do, 714

Vale, Paulo Antônio do, 327, 751

Varela, Emiliano Fagundes [pai de Luís Nicolau], 722

Varela, Fagundes [Luís Nicolau Fagundes Varela], 35, 365, 573, 586, 588, 722, 757, 767

Varnhagen, Francisco Adolfo de [visconde de Porto Seguro], 26, 135, 174, 191, 192, 677, 678, 701, 707, 727, 729, 734, 740, 742, 743, 745, 747, 772

Varnhagen, Frederico Luís Guilherme de [pai de Francisco Adolfo], 729

Vasconcelos, barão de, 734

Vasconcelos, Bernardo Pereira de, 276

Vasconcelos, Francisco de, 101, 738

Vasconcelos, José Smith de, barão, 734

Vasconcelos, Simão de, padre, 191, 743

Veiga, Evaristo da [Evaristo Ferreira da Veiga], 71, 246, 275, 286, 291, 334, 383, 708, 713, 746

Veiga, Luís Francisco da, 701, 714

Veiga, Saturnino da [Francisco Luís Saturnino da Veiga], 172, 708

Veloso, Mariano da Conceição, frei, 250

Verdi, Guiseppe, 478

Veríssimo, José [José Veríssimo Dias de Matos], 16, 135, 144, 334, 447, 496, 635, 639, 678, 702, 728, 731, 732, 740, 743, 751, 755, 757, 760, 761, 762, 763, 764, 765, 767, 768, 769

Verlaine, Paul, 47

Verney, Luís Antônio, 43, 46, 47, 48, 49, 50, 52, 735, 736

Viana, Araújo [Cândido José de Araújo Viana, marquês de Sapucaí], 208, 494

Viana, Francisca Antônia, 713

Viana, Solena Benevides, 746

Vicente, Gil, 362, 754

Viegas, Artur (pseudônimo) *ver* Vieira, Antunes

Vieira, Antônio, padre, 26, 234, 312

Vieira, Antunes, padre (pseudônimo: Artur Viegas), 190, 199, 737, 743

Vieira, Damasceno, 746

Vieira, Francisco, frei, 699

Vieira, João Fernandes, 290

Vigny, Alfred de, 231, 351, 353, 355, 447, 550, 590, 621, 634, 720, 753, 760

Vilas-Boas, Manuel da Costa, 701

Vilhena, Luís dos Santos, 246, 604, 746

Villegaignon, Nicolas Durand de, 341

Villemain, Abel François, 652, 676, 682, 683, 730

Villon, François, 352, 599

Virgílio, 43, 54, 136, 163, 192, 195, 276, 301, 397, 655

Viterbo, Maria Carlota de, 723

Volney, conde [Constantin François de Chassebœuf], 286, 299

Voltaire [pseudônimo de François Marie Arouet], 62, 68, 108, 109, 135, 141, 169, 185, 189, 191, 296, 301, 516, 688, 735, 736, 738

W

Wackenroder, Wilhelm Heinrich, 753

Washington, George, 378

Welleck, René, 770

White, Newman Ivey, 256, 746

Winckelmann, Johann Joachim, 208

Wolf, Ferdinand, 732

Wordsworth, William, 357, 415, 688

Y

Yonge, Charlotte, 632

Young, Edward, 208, 222, 295

Z

Zaluar, Emílio Augusto, 576

Zola, Émile, 437, 443, 447

Zorrilla, José, 362, 754

Antonio Candido de Mello e Souza nasceu no Rio de Janeiro, em 1918. Crítico literário, sociólogo, professor, mas sobretudo um intérprete do Brasil, foi um dos mais importantes intelectuais brasileiros. Candido partilhava com Gilberto Freyre, Caio Prado Jr., Celso Furtado e Sérgio Buarque de Holanda uma largueza de escopo que o pensamento social do país jamais voltaria a igualar, aliando anseio por justiça social, densidade teórica e qualidade estética. Com eles também tinha em comum o gosto pela forma do ensaio, incorporando o legado modernista numa escrita a um só tempo refinada e cristalina. É autor de clássicos como este *Formação da literatura brasileira* (1959), *Literatura e sociedade* (1965) e *O discurso e a cidade* (1993), entre diversos outros livros. Morreu em 2017, em São Paulo.

© Ana Luisa Escorel, 2023

Todos os direitos desta edição reservados à Todavia.

Grafia atualizada segundo o Acordo Ortográfico da Língua Portuguesa
de 1990, que entrou em vigor no Brasil em 2009.

Este volume tomou como base a 16ª edição de *Formação da literatura brasileira: Momentos decisivos, 1750-1880* (Rio de Janeiro: Ouro sobre Azul, 2017), elaborada a partir da última versão revista por Antonio Candido. Em casos específicos, e a pedido dos representantes do autor, a Todavia também seguiu os critérios de estilo da referida edição.
O texto de orelha, redigido originalmente pelo próprio Antonio Candido, foi mantido.

capa
Oga Mendonça
composição
Maria Lúcia Braga e Fernando Braga,
sob a supervisão da Ouro sobre Azul
índice de nomes
Luciano Marchiori
preparação e revisão
Jane Pessoa
Huendel Viana

Dados Internacionais de Catalogação na Publicação (CIP)

Candido, Antonio (1918-2017)
  Formação da literatura brasileira : Momentos decisivos
(1750-1880) / Antonio Candido. — 1. ed. — São Paulo :
Todavia, 2023.

  Ano da primeira edição: 1959
  ISBN 978-65-5692-401-4

  1. Literatura brasileira. 2. Ensaio. 3. Teoria crítica.
4. Literatura — Crítica e estudo. I. Título.

CDD B869.4

Índice para catálogo sistemático:
1. Literatura brasileira : Ensaio B869.4

Bruna Heller — Bibliotecária — CRB 10/2348

todavia
Rua Luís Anhaia, 44
05433.020 São Paulo SP
T. 55 11. 3094 0500
www.todavialivros.com.br

Acesse e leia textos encomendados especialmente
para a Coleção Antonio Candido na Todavia.
www.todavialivros.com.br/antoniocandido

fonte Register*
papel Pólen natural 80 g/m²
impressão Geográfica